岳麓書社

读名著　选岳麓

国学经典文库

春秋左传（全本）一

陈戍国　校注

岳麓書社·长沙

《四书五经》总序

中国古代近代的经学遭到严酷的空前的批判，始于1919年五四运动前夕。20世纪60年代中期到70年代中期整整十年的大革文化命，更把对经学与孔子的批判推上了顶峰。早在五四运动前后若干年，经书经学被宣判为“古衣冠的僵尸”。大革文化命的年月，据说已将“孔老二”再次打倒，将经书经学定性为“封建文化的糟粕”。如果说五四运动前后“打倒孔家店”的宣传与对经学的清算为启发民智、解放思想所必需，只是那偏离理智的狂热终究在历史的检验面前难免令人遗憾；那么，后来大革文化（包括经书经学）命的浩劫，就未免让人觉得十分可笑而且可恶了。

2001年，距离五四运动已经八十余载，告别大革文化命的时代也已二十多年。这一年的8月15日，《中华读书报·文史天地》的首篇《李学勤谈清代学术的几个问题》，如下的综述中华学术的议论赫然在目：

> 乾嘉学术的核心是在经学。实际上，整个中国学术的核心都是经学……说中国学术的核心在经学，是就其学术地位和影响而言。从实际情况来看，中国学术的核心不是佛道，应该是儒学。儒学的中心就是经学。

大学者评价经学到如此高度，上世纪委实罕见，而新世纪此时始闻之。没有非凡的穿云破雾的洞察力，没有源于真知灼见的巨大的学术勇气，谁敢说经学原本有如此重要的学术地位呢？凡是尊重历史、尊重学术的文化人，只要认真思索，都应该承认：中国经学史固然积弊不少，而经学本身终以精华为多。谁能说学勤先生言过其实了呢？难道中国古代史上曾有别的什么能够取代经学的学术地位与影响吗？

从学勤先生的高论得到启发，我对中国古代学术的林林总总思索有年，自觉大体上弄清楚了若干问题。已知前修时贤关于中国学术多有精辟之言。在反复证实了他们的种种见解之后，如果加以融会贯通的功夫，一以实事求是为上，那是可以就中国古代的学术（包括经学）与学术史（包括经学史）略述梗概或心得的。其要有七。

自东周到清朝，中国人文社会科学的核心只能是经学，只能是解说、研究《易》《书》《诗》《礼》《乐》《春秋》六经（汉以后附加《论语》《孝经》与小学，宋以后加上《孟子》）的经学。没有别的什么学术盛行时间如此之长，包罗内容如此之广。如果不是这样，自立于世界民族之林的中华民族思想文化的独立性就会丧失殆尽。此其一。

昔司马迁论六经要指，充分表现了他熟谙六经的学识。“《易》著天地阴阳四时五行，故长于变。《礼》经纪人伦，故长于行。《书》记先王之事，故长于政。《诗》记山川溪谷禽兽草木牝牡雌雄，故长于风。《乐》乐所以立，故长于和。《春秋》辩是非，故长于治人。”（《史记・太史公自序》）这是说六经各有所长，各有其显著的学术特色。联系后世通行的学科分类，《易》是讲哲学的，《礼》是讲行为实践，讲伦理学、社会学与政治学的，《书》和《春秋》是讲历史是非的，《诗》和《乐》是讲文学乐、舞、艺术的。然而人为的划分界限并不完全符合各经所有的内容。实际上，人文社会科学所有领域，经学几乎没有不涉及的。太史公说的只是各经的主要情况。他论六经与他的父亲论六家要指一样具有权威性。此其二。

中国古代人文社会科学当然有列于经学之外者，然而唯有经学才是当时学术的中心。诸经各有其主要分野，然而诸经之间的关系是不是平列的呢？历来有《易》或《诗》为群经之首两说，经古文学家与今文学家各执其是。但是没有说《诗》为经之原或经之本的。倒是《汉书·艺文志》早就说过六经“《易》为之原”。鄙意：六经（后来《乐经》亡佚）对于中国社会科学都很重要，可是六经之间并非平列关系，而与《汉志》不同的说法确已存在。至迟初唐以前就有学者说：“六经其教虽异，总以《礼》为本。”这话是南朝梁皇侃说的，而初唐孔颖达等人援引之，突出《礼》在六经中的地位，这个观点毕竟已见于小戴辑《礼记·经解》的孔疏了。后来吾湘经学家皮鹿门先生作《经学通论》，其中有一条目为“论六经之义《礼》为尤重，其所关系为尤切要”，此条正文一开头就说：“六经之文，皆有礼在其中。六经之义，亦以《礼》为尤重。”皮氏以为《礼记·经解》“首节泛言六经，其后乃专归重于礼”，正可以证明他的论点。换一个视角看：《礼》之外任何一经与他经的关系，都不如《礼》与他经关系之“切要”。我们相信：学术之贵，在于经世致用。质言之：任何历史时期的统治阶级都不会重视对于当时的统治、当时的社会稳定没有任何帮助的所谓学术，而与统治阶级关系最密切的社会活动首先是保护其所代表的社会群体经济利益的政治，统治阶级此类意识形态才是占统治地位的思想。这就牵涉政治与礼的关系。《礼记·哀公问》记孔子的话：“为政先礼。礼其政之本与!”礼者长于行，礼者政之本。礼的经世致用最为现实，最为直接。所以历代统治者无不重视礼制建设与礼学教育。属于经学的其他诸经本来就没有谁离得开礼，如皮鹿门所言：“皆有礼在其中。”

张惠言《虞氏易礼序》：“《易》者，礼象也。”《周易郑荀义·略例》说到“易三义”，又说：“其言爻象消息皆变易也，礼制经论乃不易也。”曹毅荪元弼先生《礼经学》：“《书》者，圣人以礼治天下之实政也。”王安石《答吴孝宗书》早就说过：“《诗》《礼》足以相解，以其理同故也。”而司马迁《史记·太史公自序》更早就说过：“《春秋》者，礼义之大宗也。”至于郑康成《六艺论》说的“善于礼”的《左氏春秋》，这里就不必说了。让我们再说到《周易》。《易·系辞上》“列贵贱者存乎位，齐小大者存乎卦”，根据是什么？“圣人有以见天下之动，而观其会通以行其典礼，系辞焉以断其吉凶，是故谓之爻”，那繁多的爻位之变，难道不是以礼制原则为根据吗？这里伴随着相关的疑问：六经“《易》为之原”的说法究竟该作何理解？难道《书》《诗》《礼》《乐》《春秋》之“原”都在于《易》吗？我们认为：《易》长于变，这个强调“变”的思想原理为六经所证实。礼也会变化，不能一成不变；总该变得适应社会的需要，才会有永恒的生命力。礼学也是如此。与五经相关的各个领域的学术莫不如此，所以说“《易》为之原”。然而，由于诸经之撰作都在社会生活中无时或缺的礼仪礼典实行之后，包括《易经》在内的经书都不可避免地反映当时社会“政之本”的礼制，所以说“总以礼为本”。[①] 此其三。

其四，应该说到经学与史、子、集部之学的关系。吾湘近代经学家王壬秋的弟子为王氏编辑诗文集《王志》，其卷一论“子史不必读”，写道：“为学但当治经，读子史者失学之人也。”我们不敢附和此说。说“为学当治经”，不错；说“为学但当治

---

① 拙撰《论六经总以礼为本》《经学札记三则》已畅论礼书礼制与其他经书的关系，请参看。

经”，加一“但”字，这就不对了。我们认为经、史、子、集之学都应该学，都应该治。一则史、子、集部之学自身重要，其内容与作用非经学所能取代；二则史、子、集部文献或者可以证明五经文字，或者可以证经学道理。

其五，应该说，作为儒学中心的经学不必排斥佛道二氏之学。明余继登《典故纪闻》卷六：

> 永乐初，有献《道经》者。成祖曰：“朕所用治天下者，五经耳。《道经》何用？”斥去之。

朱棣认为儒学五经可以帮助他治理天下，而《道经》无用，帮不了什么忙。王伯申《经传释词》卷七解释文言语词“耳”，说：“犹‘而已’也。”从“五经耳”句可以推断，在永乐帝朱棣心目中，佛经也是没有用的。其实，佛道虽然不是中国古代学术的核心，但绝不是无用之物。就中国魏晋以后学术大厦而言，佛道二氏之学无疑也是支撑大厦的栋梁。（而中国道家道学的历史不会短于儒家儒学。）它们对于各相应历史时期的统治都是有用的，不知朱明太宗为何不肯承认二氏之学的价值、地位与功用。他的父皇和他的后嗣并非如此。

其六，《论语》《孟子》多记孔子、孟子的话，《大学》《中庸》相传分别为曾参、子思所作，已被历史证明其中大部分言论确有道理。既如此，将这四种文献视为经书可以说是对的。汉代学者与宋代学者先后将《论语》《孟子》与《大学》《中庸》列入经学，表现了非常有远见的眼光。然而必须指出：南宋以后兴起的“四书学”，固然是传统经学发展的重要产物，已经在经学史里占有重要位置，但它毕竟只是经学的一个重要部分而已。有人坚持“朱熹用四书学取代五经学”的观点，既背离史实，也不合道理。

还有其七。早在20世纪50年代以前，有学者宣布了经学的死亡。那么此后的“易学”研究、“尚书学”研究、“诗学”研究以及“礼学”研究算什么呢？刘起釪先生的《尚书学史》、杨伯峻先生的《春秋左传注》算不算经学研究呢？近年编辑出版的《经学今诠》算什么呢？20世纪80年代以来，中华书局陆续整理出版了成系列的十三经清人注疏，有力地推动了经学的普及和经学研究的深入。在中国大陆举行的与经学研究有关的大型活动，最有影响的也许要算是2003年11月中旬的“清代经学与文化国际学术研讨会”，2005年11月上旬的“首届中国经学学术研讨会”，两个会议召开地点都在大陆的清华大学甲所。高度重视经学及其研究的李学勤先生是研讨会的主要主持人。为数不少的学者向大会提交了他们的研究成果。台湾学者1997年成立清代经学研究室，此前此后，在经学研究目录的编辑、经学典籍的标点整理、经学家研究资料与经学史研究诸方面投入大量人力物力，取得了可观的成果。自2002年起，台湾的清代经学研究室诸君，由林庆彰先生率领，“推动晚清经学研究计画，采分年进行、从各地区入手之方式，以凸显各地区经学研究的特色”（见台湾“中央研究院”中国文哲研究所2002年发行的专刊《中国文哲研究所》）。其计划之宏伟，方式之切实可行，值得击节称赏。诸君揭橥“经学研究”的大方案，如果认真实施，对于我国人文社会科学事业应该可以产生推动作用。看来经学已经复活，现在是生机勃发。如果承认中国古代学术中经学的中心地位，为什么不能承认经学研究的继续呢？经学没有死，经学不会死。数十年来，经学研究实际上已经融入哲学、史学、社会学、政治学、法学、伦理学、教育学、文学以及语言文字学诸领域的研究中了。中国古代经学既为中国哲学、史学、文学、伦理学以及其他相应诸学科之源，又伴随诸学科的发展而获得新生或者繁衍，这和传说中的凤凰涅槃是不是有点相似呢？君不见中国大陆的党政领导人，海峡彼岸有眼光的政治家，都在祖国传统经书经学中找到了共同语言，这又意味着什么呢？

20世纪80年代，我们有亲手点校的《四书集注》与《周礼·仪礼·礼记》白文本问世，90年代则有《四书五经》点校本出版。拙著《中国礼制史·元明清卷》脱稿于2001年年底。自2002年以来，我们的大部分时间是在《四书五经》的校注工作与出版后的《四书五经校注》各册的修订工作中度过的，至今快五年了。若论读经书治经学的功夫，至迟可以从20世纪70年代末忝列郭君重晋稀先生门下做研究生算起，二十六年了。我们之于经书经学，“尽心焉耳矣”。而今年过耳顺，于经书经学竟不敢说已经无惑。这里敢说也不能不说的意思，可以用三句话概括如下：愿意继续用功学习。但求与时俱进就好。期盼专家学者继续赐教是幸。

这里还应该交代的是：本套《四书五经》，是《四书五经》的校注本，以中华书局1980年影印阮刻本《十三经注疏》相对应的部分为底本，参校本则另外注明。

是为校注本《四书五经》总序。

陈戍国2006年5月4日深夜三时二十分
写于湖南大学友谊村之三楼

说明：

十五年前，我曾为《四书五经》写过一篇序，读者可以从岳麓书社1991年出版之后多次重印的白文本《四书五经》中看到。现在写的《总序》，就思想而言，自是十五年前那篇序的续篇。这里向那些给我写续篇的机会的朋友们致谢了。

陈戍国谨识

又过了十年半。感谢岳麓书社给予我重订此书的机会。

陈戍国2016年11月19日深夜

写于湖南大学友谊村之三楼

2017年来了，我继续对国家规划办所赐课题12AZD077与13&ZD058的研究，又对《四书五经》做了一些补充。

陈戍国2017年3月谨识

《春秋左传》序

留心古代文献的学者，看《汉书·艺文志》六艺略春秋类，都知道其中著录有“《春秋古经》十二篇”“《左氏传》三十卷”。包括四库馆臣在内的不少学者知道这所谓“《古经》十二篇即《左传》之经，故谓之古”（见《四库全书总目》卷二六），而所谓《左氏传》即后来学人称呼的《春秋左传》（简称《左传》或《左氏》）。《孟子·滕文公下》《史记·孔子世家》，还有别的好些古代文献，认为《春秋》是孔子所作。至于《左氏传》，不少古人说是出自一位叫作左丘明的学者笔下，譬如《汉志》班氏自注就是这样说的。关于《春秋》与《左氏传》的作者，我们已经注意到早就有与上文所述不同的议论，但我们仍然相信上文所述大体上不假。孔子本不愿徒托空言以救世，然而他在汲汲道途求见用而不可得的情况下，据“鲁史”而修《春秋》，“采周之旧以会成王义，垂法将来”（杜预《春秋序》），“冀垂训于后昆”（孔颖达《春秋正义序》），应该是可以做到的事。何况“鲁史”本来就有的，孔仲尼先生不过是对“鲁史”加工，把史料修订成《春秋》罢了。《左氏传》也不是天书，总该有它的撰写人与编辑者，他（他们）姓甚名谁，现在已经不太重要。

上文已言及学术界关于《春秋》与《左传》作者的说法有分歧，然而经学、史学研究者以及《春秋左传》的广大读者至少对于下面的客观事实抱有基本或完全一致的看法：一、《春秋》记载鲁隐公元年至哀公十六年间（公元前722—前479年）凡244年（也可以说是243年）周王室与各诸侯国的大事，主要是鲁国的历史，而鲁哀公十六年正好是孔子卒年。孔子不可能修订他身后的鲁史。二、《左传》所记史事，前期早于《春秋》，后期晚于《春秋》。前期姑不论，后期到鲁哀公二十七年止，比《春秋》多了十一年。实际上，鲁哀公二十七年以后的事，《左氏》也略有交代。书上写得明明白白，不应该也不容许产生异议。三、《春秋》与《左传》都是先秦儒家文献。四、《左传》的思想学术价值远在《春秋》之上。《春秋》很难说有明显的哲学思想体系，《左传》则相反。除了比较完整的哲学体系，我们还可以从《左传》找到中华民族传统美德许多方面的明确的表述，然而《春秋》则恐怕无从谈起。《春秋》质木无文，而"《左氏》艳而富"（范宁《春秋穀梁传序》），无疑称得上我国史传文学的杰作。

《汉书·艺文志》还告诉我们：《左氏传》之外，与《春秋》有关的书，已亡佚者居多数，而"《公羊传》十一卷""《穀梁传》十一卷"见存。我们现在看到的《春秋公羊传》《春秋穀梁传》都止于鲁哀公十四年，据说这是因为传者认为鲁哀公十四年有"西狩获麟"的事，孔子自叹"吾道穷矣"，所以传者不乐意写下去了。

经学史把《春秋公羊传》《春秋穀梁传》《春秋左传》合而称之为"春秋三传"。《春秋公羊传》（以下简称为《公羊》，或简称为《公》）属今文经学。《左传》属古文经学。《春秋穀梁传》（以下简称为《穀梁》，或简称为《穀》）归于今文抑或古文，有异议，比较多的学者说是属于今文经。《汉志》春秋类著录有《春秋》"经十一卷"，论者说那就是公羊、穀梁两家《春秋》今文经。十一卷也就是十一篇。今文《春秋经》比《春秋古经》少一篇，有学者认为那是由于今文经"系闵公篇于庄公下"，因为闵公在位年短，其事不足成篇。这当然不必是定论。

现在也许不大有人说《左传》是伪书了。不论今文经、古文经，只要都是指孔子修订的《春秋》，那就应该只有字体或书法的差别。经文原本一样，而传者传经，由于观点不同，见闻不同，传经之作也就肯定有了差异。经过汉代大学者刘歆《移让太常博士书》、桓谭《新论》以及后来一些学者的辩论，特别是现代著名学者杨伯峻先生《春秋左传注·前言》的辩护，谓《左氏》不传《春秋》的说法恐怕也不能成立了。现在我们应该说：《左传》作者不但是《春秋》的传人，而且是《春秋》传人中最重要的功臣。桓谭说："《左氏传》之与经，犹衣之表里，相待而成。有经而无传，使圣人闭门思之，十年不能知也。"（《太平御览》卷六百十引《新论》）若无《左传》，不仅春秋时代当中有250余年的天下大事不可能比较清晰，而且春秋之前的史迹也会难于追踪。《公羊》《穀梁》两传合起来的篇幅也大大小于《左传》，其容量小于《左传》，毫无可疑。当然还可以说：《公羊传》《穀梁传》在中国古代学术史上自有其贡献，值得研究；但是《左传》在中国史学、政治学、社会学、经济学以及哲学、文学、语言学诸方面的贡献，是《公羊传》《穀梁传》无法取代的。

我们这里还要特别说到《春秋》与《左传》对于中国古代礼学礼制的巨大贡献。为《春秋左传》作疏的唐初大学者孔冲远等人引前修或时贤说："《春秋》者，礼也。"近代大学者王壬秋先生《代丰春秋例表序》："《春秋》者，礼也。"苏厚庵《春秋繁露义证·楚庄王第一》："《春秋》原于礼。"我们认为：前贤这一类论断都是对的。周公之后的大礼学家孔子修订的《春秋》，虽然没有写出"礼"字，而实际上自始至终都在宣扬礼制精神。《经典释文》引郑康成《六艺论》说："左氏善于礼。"先秦周礼的原则精神、五礼大典及其演变，《左传》都有反映。《左传》是先秦礼书的重要辅助读物。从某种意义上说，《左传》本身就是一部重要的礼书。[①] 不读《左传》，至少治春秋时代礼制者会感到一定程度上的缺陷。（当然，我们不是说有了《左传》，研究春秋礼制就什么都好办了。）

这里还应该说到《左传》与《周易》《尚书》《诗经》的密切关系。虽然不能说《左传》为其他数经之汇归，但是完全可以说《左传》一书有《易》，有《书》，有《诗》，更有《礼》。这是只要读过《左传》的人都明白的。

自古以来治《春秋左传》者不少。成就比较大而有著述传世的，首先是西晋的杜预（字元凯）。杜氏有《左传》癖，好《左传》而深思。他的《春秋经传集解》（以后简称杜注），代表了晋以前《春秋左传》研究的最高成就，称得上“春秋左传学”史上第一块里程碑。唐初，孔颖达等人撰作的《春秋左传正义》（以后简称孔疏），也还可以算是“左传学”史上的重要成果。唐陆淳著《春秋集传纂例》《春秋集传辨疑》，宋刘敞著《春秋权衡》、胡安国《春秋传》，元吴澄《春秋纂言》、赵汸《春秋集传》《春秋属辞》，明末清初大学者顾炎武著《左传杜解补正》、王夫之著《春秋稗疏》《春秋家说》《春秋世论》《续春秋左氏传博议》，清学者江永《春秋地理考实》、毛奇龄著《春秋毛氏传》、顾栋高著《春秋大事表》、洪亮吉著《春秋左传诂》、刘文淇著《春秋左氏传旧注疏证》、王引之有《〈左传〉述闻》、俞曲园有《〈春秋左传〉平议》，也都是“春秋学”或“春秋左传学”的有代表性的成果。而20世纪90年代初出版的杨伯峻先生大著《春

① 毛奇龄《春秋毛氏传》卷十一：“谁谓《春秋》非礼书乎！”按：毛奇龄先生著述甚丰，他的怪论不少，但他说《春秋》是礼书，此论甚精。仿照此论，我们认为可以说：谁谓《左传》非礼书乎！

秋左传注》（以后简称杨注）修订本，则为“春秋左传学”的集大成之作，称得上该领域的第二块里程碑。[1] 杨先生的《春秋左传注·凡例》写道：“《春秋》经、传，礼制最难。”“故此注释，以求真为本，于‘三礼’之说有取有舍。”可见他的大著已经在礼制研究方面下过大功夫。没有历代学者的智慧和辛勤，我们的阅读和研究肯定会碰到更多的困难。

我们的《春秋左传》，仍以阮刻本为底本，注意汲取前修时贤特别是杜注与杨注的研究成果，并贡献自己的一得之愚。我们的好些说法与前修时贤不同，这是因为我们自认为应该不同。《春秋左传》本来是儒家重视的经书中最大的一部，我们的校注不能不历时十九个月之久。感谢岳麓书社的朋友放宽了字数篇幅方面的限制。本书校注终于能够较多地放开手脚，校注者本人的话不算少了。

本来《春秋》是经，《左传》只是传，但是唐人《五经正义》之后，“春秋三传”都上升为经了。这里预先说明：20 世纪 90 年代初本人点校《四书五经》而成白文本的办法，现在有了改善。本校注依春秋十二公之次序，以“经某年”“传某年”为标题，然后以“原文”标示《经》《传》的内容，以“注释”标示我们校注的内容。因为《经》文都很简短，除了隐公元年（《春秋》第一年）之首为《传》文（所记时事在本年之前发生），此下，包括隐公元年在内的任何一年的《经》文都在同年《传》文之前全部一次推出，不必划分层次。这样做，既于阮刻本原文无一字增删，又不致混淆《经》《传》，庶几乎于心可安。

---

① 20 世纪 80 年代初出版的《春秋左传注》（中华书局 1981 年第 1 版），讲得好的地方很多，可是错了的字句也很多，尚不足以享有“春秋学”里程碑之称誉。

有的《传》文较长，校注较多，我们将其划分为两个或两个以上的小段了，校注也相应地拆分开了，其校注的注码数字依次递升。这种拆分是出于阅读的方便，而非内容的差异。

我们注意到不少学者对于杜注、杨注以及其他相关著述的批评。以杜镇南将军终生钻研《春秋左传》的功力，以大学者杨伯峻先生的博学，尚且难免差错，何况浅学如我呢？先师郭君重晋稀先生在世时，多次谈到他和杨先生的交谊。而今郭、杨两先生都已仙逝，无由讨教，心何悢悢！好在可以向广大读者朋友、学界同道与健在的先生请教，是为至盼。

陈戍国 2004 年 3 月谨序于湖南大学，2005 年 8 月改订

目录

隐公

传

原文

惠公元妃孟子。孟子卒,继室以声子,生隐公。

宋武公生仲子。仲子生而有文在其手,曰“为鲁夫人”,故仲子归于我。生桓公而惠公薨,是以隐公立而奉之。[1]

注释

1. 作为题目的“传”指《左传》,以后不再说明。我们认为有《经》才有《传》,《经》先《传》后才合规矩,《春秋》首先必解说大题“隐公”二字,而《左氏》开篇这一段传文正是对“隐公”由来及其身份的说明,所说的事情基本上发生在隐公元年之前。依史家传统说法,我国春秋时期实始于公元前770年。而鲁惠公元年为公元前768年。“继室”不是夫人,其所生子照例不能做太子,只是庶子。“有文在其手,曰‘为鲁夫人’”,孔疏置疑,杨注认为盖手纹之附会,而杜注所谓“有若天命”,已足以启示后人作出《左传》在宣扬天命观的判断。“归于我”,这里“我”指鲁惠公。《春秋》经传记事以鲁史为主,所谓“我”即以鲁国的口气说话。隐公是鲁惠公的庶子(非嫡子),姓姬名息(一说名息姑)。隐公何以立桓公而奉之?只因为如杜注所说:桓公为太子(嫡子)。又,《左传》之作在《春秋经》后,所以“隐公”一类谥号早出。谥本应出现在受谥者卒后。

经元年[1]

原文

春，王正月。[2]

三月，公及邾仪父盟于蔑。[3]

夏，五月，郑伯克段于鄢。

秋，七月，天王使宰咺来归惠公、仲子之赗。[4]

九月，及宋人盟于宿。[5]

冬，十有二月，祭伯[6]来。

公子益师卒。

注释

❶ 鲁隐公元年即公元前722年，周平王四十九年。"经"即《春秋》经文，以后不再说明。

❷ 孔疏："言'王正月'者，王者革前代，驭天下，必改正朔、易服色以变人视听……'正'是时王所建，故以'王'字冠之，言是今王之正月也。"又说："'王'不先'春'，'王'必连'月'，故'王'处'春'下。周以建子为正，则周之二月三月皆是前世之正月也。故于春每月书'王'。'王二月'者，言是我王之二月，乃殷之正月也。'王三月'者，言是我王之三月，乃夏之正月也。既有正朔之异，故每月称'王'以别之。"杨注："《春秋》之四时，则不合于实际时令。相传有'三正'，夏以建寅之月（今农历正月）为正，殷以建丑之月（今农历十二月）为正，周以建子之月（今农历十一月）为正，而仍以正月为春，则殷、周之春皆今之冬。"又说："鲁为周最亲近之国，奉周历唯谨。"我们认为《春秋》书"王某月"者，正表明鲁国奉周正朔、尊重周王室。而《左传》书"月"并不与《春秋》保持一致，所以《春秋》经传发生月令的抵牾。但若明白此种抵牾的由

来,也就不至于大惑不解了。

❸ 凡《春秋》单称公,都指在世而无谥之鲁君。这里经文书“公”,即因为当时尚无“隐公”之谥。“父”读 fǔ。邾仪父,邾君。蔑,地名,即姑蔑。

❹ 咺读 xuān。赗读 fèng。杜注:“宰,官。咺,名也。”孔疏:“赗者,助丧之物。”引《传》文公五年杜注:“车马曰赗。”杨注:“归,同馈,赠送之意。”

❺ 杜注:“客主无名,皆微者也。”孔疏引《穀梁传》:“‘及’者何? 内卑者也。‘宋人’,外卑者也。”又说:“卑微,言非卿也。客谓宋,主谓鲁。”按:《春秋》有书“人”之通例,内容颇不简单,本校注将随时加以说明。杜注又说:“宿,小国……凡盟以国地者,国主亦与盟。例在僖十九年。”

❻ 这里“祭”读 zhài。祭伯,时为王朝卿士。

传元年

原文

“春”,“王”——周——“正月”。不书即位,摄也。[1]

“三月,公及邾仪父盟于蔑”,邾子克也。未王命,故不书爵。曰“仪父”,贵之也。公摄位而欲求好于邾,故为蔑之盟。

夏,四月,费伯帅师城郎。不书,非公命也。[2]

注释

❶ 杜注:“言周以别夏殷。假摄君政,不修即位之礼,故史不书于策,传所以见异于常。”孔疏:“隐以桓公幼少,且摄持国政,待其年长,所以不行即位之礼。史官不书即位,仲尼因而不改,故发传以解之。”按:鲁隐公为惠公继室所出。《史记·鲁周公世家》明言隐公为妾子,应有据。其同父异母弟,后来的桓公,为嫡室所出。春秋

时期的传承制度讲究嫡庶身份，所以隐公虽年长，只能暂时摄位。

❷ 费读 bì，地名。杜注："费伯，鲁大夫……《传》曰：'君举必书。'然则史之策书皆君命也。今不书于《经》，亦因史之旧法，故《传》释之。"按：杜元凯往往能揭示《春秋》经传义例。又，由此亦可见其时已有不听君命而擅自采取军事行动者，如《论语·季氏》所说的礼乐征伐"自大夫出"了。

原文

初，郑武公娶于申，曰"武姜"。生庄公及共叔段。庄公寤生[1]，惊姜氏，故名曰"寤生"，遂恶之。爱共叔段，欲立之；亟请于武公，公弗许。及庄公即位，为之请制。公曰："制，岩邑也，虢叔死焉。佗邑唯命。"[2]请京，使居之。谓之"京城大叔"。

祭仲曰："都，城过百雉，国之害也。先王之制：大都，不过参国之一；中，五之一；小，九之一。今京不度，非制也。君将不堪。"[3]公曰："姜氏欲之，焉辟害？"对曰："姜氏何厌之有！不如早为之所，无使滋蔓！蔓，难图也。蔓草犹不可除，况君之宠弟乎？"[4]公曰："多行不义必自毙。子姑待之。"

既而大叔命西鄙、北鄙贰于己。公子吕曰："国不堪贰，君将若之何？欲与大叔，臣请事之。若弗与，则请除之，无生民心。"[5]公曰："无庸。将自及。"大叔又收贰以为己邑，至于廪延。子封曰："可矣！厚将得众。"公曰："不义，不昵。厚将崩。"[6]

注释

❶ 关于"寤生"解说不一。杜注："寐寤而庄公已生，故惊而恶之。"孔疏没有不同说法。但是现在大多学者不认为这种说法可取。杨注："寤字当属庄公言，乃牾之借字，寤生犹言逆生，现代谓之足先出。"这是用明代学者焦竑《笔乘》的说法。

❷ "亟请"的亟，《释文》："数也。""请制"的制，地名，《左氏》自己解

释为“岩邑”，杨注：“岩邑即险邑。”（本前贤说）按：虢读 guó，国名。杜注：“虢叔，东虢君也，恃制岩险而不修德，郑灭之。恐段复然，故开以他邑。”

❸ 杜注：“祭仲，郑大夫。方丈曰堵，三堵曰雉。一雉之墙，长三丈，高一丈。”百雉，就是高一丈的城墙长三百丈。诸侯之国的城墙不得超过三百丈长，这是姬周的礼制规定，春秋时期犹如此。据孔疏推算，王城方九里，长五百四十雉，其大都方三里，长一百八十雉……诸侯国五等爵，其大都、中都、小都亦不得超过规定，不具录。譬如侯伯之城三百雉，其大都则不能过百雉。“今京不度”以下，杜注：“不合法度，非先王制。”杨注：“堪，胜也，任也。不堪，犹言受不了。”

❹ “蔓，难图也”以下，孔疏：“此以草喻也。草之滋长引蔓，则难可芟除，喻段之威势稍大难可图谋也。”杨注已指出“蔓，难图也”一句的蔓是“若使滋蔓”的意思，自成一读。我们认为“蔓草犹不可除”一句的“蔓”也可自成一读，也是“若使滋蔓”的意思。但也可以“蔓草”连读，即滋蔓之草。

❺ 杜注：“鄙，郑边邑。贰，两属。”孔疏：“两属则赋役倍，赋役倍则国人不堪也。”

❻ 杜注：“廪延，郑邑。”“不义于君，不亲于兄，非众所附，虽厚必崩。”按：昵读 nì。杨注认为“不义，不昵”当解为不义则不昵，自成一说，亦通。

原文

大叔完聚，缮甲兵，具卒乘，将袭郑。❶夫人将启之。公闻其期，曰：“可矣！”命子封帅车二百乘以伐京。京叛大叔段，段入于鄢。公伐诸鄢。五月辛丑，大叔出奔共。❷

书曰：“郑伯克段于鄢。”段不弟，故不言“弟”。❸如二君，故曰“克”。称“郑伯”，讥失教也。——谓之郑志❹。——不言“出奔”，难之也。

遂置姜氏于城颍，而誓之曰："不及黄泉[5]，无相见也！"既而悔之。

注释

❶ 杜注认为"完聚"是"完城郭，聚人民"，又说："步曰卒，车曰乘。"按：服虔以"聚"为聚禾黍，杨注从之。杨注又说："缮，修补也。甲兵，指武器。"这样讲，是把甲胄也当武器看了。"卒乘"之乘，读 shèng。杨注谓"卒乘指战士"，与杜注义同。

❷ 鄢、共，都是地名。共读 gōng。

❸ 这两句也可以作上下句文同义异的例证。上"弟"字实即"悌"，"不弟"就是目无兄长。下"弟"字用本义，是兄弟之弟。

❹ "郑志"，孔疏说是"郑伯本志"，杨注说是"郑庄公之意志"，义实一致。

❺ 杜注："地中之泉，故曰黄泉。"实指死后葬身地下。

原文

颍考叔为颍谷封人，闻之，有献于公。公赐之食。食舍肉，公问之。对曰："小人有母，皆尝小人之食矣，未尝君之羹。请以遗之。"公曰："尔有母遗，繄我独无！"颍考叔曰："敢问何谓也？"公语之故，且告之悔。对曰："君何患焉？若阙地及泉，隧而相见，其谁曰不然！"公从之。[1]公入而赋："大隧之中，其乐也融融！"姜出而赋："大隧之外，其乐也泄泄！"遂为母子如初。

君子曰："颍考叔，纯孝也。爱其母，施及庄公。《诗》曰：'孝子不匮，永锡尔类。'其是之谓乎！"[2]

注释

❶ 郑庄公原来对母亲姜氏说"不及黄泉无相见"，如杨注所揭示的，本为"不死不相见"之意。颍考叔为郑庄公出主意，用"黄泉"字

面的意思,劝庄公派人"阙地及泉",庄公就可以在隧道与他的母亲相见了。盖以为国君言出必行,所以这样做,就顾全了郑庄公的面子。早在春秋之前,"孝"的观念已经流行。姜氏纵有不是处,郑庄公不应把话说绝了,把事做绝了,因为那样说那样做终究有伤孝道。所以下文称赞颍考叔为"纯孝",他帮了郑庄公的大忙。今按:"请以遗之""尔有母遗",两句中"遗"字读 wèi,"繄我独无"句"繄"为语助词。

❷ 杜注:"不匮,纯孝也。庄公虽失之于初,孝心不忘。考叔感而通之,所谓'永锡尔类'。"孔疏:"此《诗·大雅·既醉》之五章。言孝子为孝,不有竭极之时,故能以此孝道长赐予女之族类。"按:《左氏》引《诗》断章取义,而注疏所说毕竟与《诗》原意相合。"施及庄公"句,依《释文》,施读 yì,孔疏说是"延及旁人"的意思。

原文

"秋,七月,天王使宰咺来归惠公、仲子之赗。"缓,且子氏未薨,故名。天子七月而葬,同轨毕至;诸侯五月,同盟至;大夫三月,同位至;士逾月,外姻至。赠死不及尸,吊生不及哀,豫凶事,非礼也。❶

八月,纪人伐夷。夷不告,故不书。有蜚,不为灾,亦不书。❷

惠公之季年,败宋师于黄。公立而求成焉。"九月,及宋人盟于宿",始通也。❸

注释

❶ 杜注:"尸,未葬之通称。"杨注:"此所谓哀者,指自始死至返哭时。"按:小戴辑《礼记·檀弓下》:"周反哭而吊。"可证杨注有据。《问丧》:"其反哭也……故哭泣辟踊,尽哀而止矣。"吊是吊生者,自当以行于生者哀痛之剧时为宜。赠死而在葬后,吊生而在卒哭之后,人未死而来赠死,皆非礼之事。这一段说的葬期,也是春秋以前西周已经规定并实行的制度。

❷ 纪与夷,国名。蜚,虫名。杜注引《传》隐公十一年例:“凡诸侯有命,告则书,不然则否。”又引《传》庄二十九年例:“凡物不为灾,不书。”是有例可循。

❸ 杜注:“黄,宋邑。”杨注:“成,解怨结好也,今言媾和。”“隐公立,始与宋通好也。”按:这里杨注可补旧注疏之阙。

原文

冬,十月庚申,改葬惠公。公弗临,故不书。[1]

惠公之薨也,有宋师,太子少,葬故有阙。[2]是以改葬。卫侯来会葬,不见公,亦不书。

郑共叔之乱,公孙滑出奔卫。卫人为之伐郑,取廪延。郑人以王师、虢[3]师伐卫南鄙。请师于邾,邾子使私于公子豫。豫请往,公弗许。遂行,及邾人、郑人盟于翼。不书,非公命也。[4]

新作南门,不书,亦非公命也。

“十二月,祭伯来”,非王命也。

众父卒,公不与小敛,故不书日。[5]

注释

❶ 杜注:“以桓为太子,故隐公让而不敢为丧主。”前有传文谓“生桓公而惠公薨”,孔疏:“改葬惠公而隐公不临,使桓为主。”说的正是同一回事。《礼经·士虞礼》“如临”,郑注:“临,朝夕哭。”《左氏》这里说“弗临”,就是不临丧哭泣。杜注又说:“隐摄君政,故据隐而言。”隐公既然不是丧主,所以鲁史干脆不记载改葬惠公一事了,所以据鲁史修定的《春秋》经文不见此事。

❷ 孔疏:“隐公将兵御宋,委葬事于太子,故有阙也。”这样解释是对的。原文“太子少”句,明白地点出了桓公的身份。既为太子,则理当是丧主。因为不是太子,不是丧主,所以改葬惠公而隐公“弗临”。又因为“太子少”,而隐公不主持甚至不参与管理葬事,则

葬事"有阙"也就不奇怪了。按:上文说改葬惠公而"公弗临",这里说"太子少"而为丧主,原因只有一个,那就是宗法制度如此。

❸ 杜注:"公孙滑,共叔段之子。"据杜注,此虢非前文"虢叔"之虢。

❹ "使私于公子豫"以下,杜注:"公子豫,鲁大夫。私请师。翼,邾地。"《春秋》有不书之例,此其一,即"非公命,不书"。

❺ 自"八月,纪人伐夷"以下至此,传文说"不书"者七。加上正月、三月、四月三"不书",可知《左传》隐公元年已经说到十不书。同类合并之后,可以说是七不书。由此可以判断如下两点:其一,《春秋》经文有不少该记载的事情没有记,这就要依靠别的文献(主要是《左传》)做补充。其二,《春秋》何以"不书",实有规律可循,而《左传》将这中间的规律一一揭出,对《春秋》研究实有重要意义。由此也就可见《左传》在《春秋》学领域的地位了。杜注:"众父,公子益师字。礼:卿佐之丧,小敛大敛,君皆亲临之,崇恩厚也。始死,情之所笃,礼之所崇,故以小敛为文。至于但临大敛及不临〔其〕丧,亦同不书日。"按:杜说是。例外情况很少。

经二年[1]

原文

春,公会戎于潜。

夏,五月,莒人入向。

无骇帅师入极。[2]

秋,八月庚辰,公及戎盟于唐。

九月,纪裂繻来逆女。[3]

冬,十月,伯姬归于纪。

纪子帛、莒子盟于密。

十有二月乙卯,夫人子氏[4]薨。

郑人伐卫。

注释

❶ 鲁隐公二年是公元前721年,周平王五十年。

❷ 杜注:“向,小国也。”“将卑师少称‘人’,弗地曰‘入’。例在襄十三年。”又说:“无骇,鲁卿。极,附庸小国。无骇不书氏,未赐族。赐族例在八年。”按:经文这上下两句反映的是书“入”不书氏之例。

❸ 繻读xū。逆,这里借为“迎”。请参见同年《传》注。

❹ 这个“夫人子氏”,就是《经》《传》隐公元年说的“仲子”,鲁惠公夫人,鲁桓公之母。由此可知隐元年七月周王使宰咺来归仲子之赗为“预凶事”,失礼了。

传二年

原文

“春,公会戎于潜”,修惠公之好也。戎请盟,公辞。

莒子娶于向。向姜不安莒而归。夏,莒人入向,以姜氏还。

司空无骇入极,费庈父胜之。❶

戎请盟。“秋,盟于唐”,复修戎好也。

“九月,纪裂繻来逆女。”卿为君逆也。❷

“冬,纪子帛、莒子盟于密。”鲁故也。

“郑人伐卫”,讨公孙滑之乱也。

注释

❶ 庈读qín。“庈父”之父,读fǔ。杜注:“庈父,费伯也。前年城郎,今因得以胜极。”这里意思是说:无骇能够帅师入极,实因费伯前年已城于郎,可以说是费伯造成的胜利。

❷ 经文“纪裂繻来逆女”句杜注:“裂繻,纪大夫。《传》曰‘卿为君逆

也’,以别卿自逆也。逆女或称使,或不称使,昏礼不称主人,史各随其实而书,非例也。”这杜注之下孔疏有很精辟的概述,说:“为君逆则称‘女’,自逆则书字。”其下文还说到昏礼不称主人或称主人的情况,文长不录。《传》隐二年“卿为君逆也”,其实就是对《经》原文的解释,所以为杜注所引用。

经三年[1]

原文

春,王二月己巳,日有食之。
三月庚戌,天王崩。
夏,四月辛卯,君氏卒。
秋,武氏子来求赙。[2]
八月庚辰,宋公和卒。
冬,十有二月,齐侯、郑伯盟于石门。
癸未,葬宋穆公。

注释

1. 鲁隐公三年是公元前720年,周平王五十一年(平王薨之年)。
2. 赙读fù。拿钱财帮人办理丧事叫赙。(《传》隐公元年“赠死不及尸”句下孔疏引杜氏《释例》:“丧赠之币:车马曰赗,货财曰赙。”)杜注:“鲁不共奉王丧,致令有求。《经》直文以示不敬,故《传》不复具释也。”这样说来,《春秋》经文确实有微言大义在其中了。

传三年

原文

春,王三月壬戌,平王崩。赴以“庚戌”,故书之。

“夏，君氏卒”，声子也。不赴于诸侯，不反哭于寝，不祔于姑，故不曰“薨”。不称夫人，故不言葬，不书姓。为公故，曰“君氏”。❶

郑武公、庄公为平王卿士。王贰于虢❷，郑伯怨王；王曰：“无之。”故周、郑交质❸。王子狐为质于郑，郑公子忽为质于周。王崩，周人将畀虢公政。四月，郑祭足帅师取温之麦。秋，又取成周之禾。周、郑交恶。

君子曰：“信不由中，质无益也。明恕而行，要之以礼，虽无有质，谁能间之？苟有明信，涧、溪、沼、沚之毛，蘋、蘩、薀藻之菜，筐、筥、锜、釜之器，潢、污、行潦之水，可荐于鬼神，可羞于王公；而况君子结二国之信，行之以礼，又焉用质？《风》有《采蘩》《采蘋》，《雅》有《行苇》《泂酌》，昭忠信也。”❹

“武氏子来求赙”，王未葬也。

注释

❶ 杜注认为夫人丧礼有三：一是赴于同盟之国，二是反哭于寝，三是卒哭而祔于祖姑。“其或不赴，不祔，则为不成丧……今声子三礼皆阙”，所以不曰薨，不称夫人，不言葬。杜注又说：“不书姓，辟正夫人也。隐见为君，故特书于《经》，称曰‘君氏’，以别凡妾媵。”杨注义同。

❷ 这里“贰”与隐元年《传》“命西鄙北鄙贰于己”的“贰”，“国不堪贰”的“贰”，意思相似，也就是现代汉语“有二心”的意思。杜注：“王欲分政于虢，不复专任郑伯。”周平王想让虢公与郑庄公分掌朝政，不想让郑公独掌朝政，杜注是对的。

❸ 这里“质”是人质，交质就是互相派人质做抵押的意思。周平王与诸侯国互派人质，这就把周王为天下共主、至高无上的尊严否决了，违背了周礼的原则精神。

❹《左传》所谓“君子曰”，其实代表了作者的观点。这一段“君子曰”，宣扬“明恕而行，要之以礼”，强调“明信”，这是有些道理的。

但是，作者所谓“结二国之信”，把周郑二国摆在同等位置上，让周平王与郑庄公处于同等地位，在这样的前提下讲礼讲信，还有什么周礼可言？还有何王法体统可言？可见《左传》作者并没有悟出“周郑交质”问题的要害所在。杜注：“溪亦涧也。沼，池也。沚，小渚也。毛，草也。”又说：“方曰筐，员曰筥。无足曰釜，有足曰锜。潢、污，停水。行潦，流潦。羞，进也。”杜、杨两注都认为“蕰藻”之蕰是“聚”的意思。杨注认为潢、污皆积水之义，唯大小之别；认为“行潦”之行是道路，荐、羞皆进献之义。杨注可从。按：筥读 jǔ，锜读 qí，潦读 lǎo。

原文

宋穆公疾，召大司马孔父而属殇公焉，曰：“先君舍与夷而立寡人，寡人弗敢忘。若以大夫之灵，得保首领以没，先君若问与夷，其将何辞以对？请子奉之，以主社稷。寡人虽死，亦无悔焉！”对曰：“群臣愿奉冯也。”公曰：“不可！先君以寡人为贤，使主社稷。若弃德不让，是废先君之举也，岂曰能贤？光昭先君之令德，可不务乎？吾子其无废先君之功！”使公子冯出居于郑。八月庚辰，宋穆公卒，殇公即位。❶

君子曰：“宋宣公可谓知人矣！立穆公，其子飨之，命以义夫！《商颂》曰：‘殷受命咸宜，百禄是荷。’❷其是之谓乎！”

“冬，齐、郑盟于石门”，寻卢之盟也。庚戌，郑伯之车偾于济。❸

注释

❶ “属殇公”的属，读 zhǔ，音义与现代汉语的“嘱”相同。杜注：“先君，穆公兄宣公也。与夷，宣公子，即所属殇公。冯，穆公子庄公也。”又说：“先君以举贤为功。我若不贤，是废之。”宋穆公的意思是：他的老兄宣公把国君之位传给他，是因为相信他“为贤”，将来能主动地把这个位置让给宣公之子与夷；如果他到时候不肯

让位，那怎么称得上“能贤”呢？那也就有辱宣公知贤之明，辜负宣公“令德”，废弃宣公举贤之功了。今按：宋本殷商之后，宣公传位穆公，实为殷商兄弟相及的余波。而穆公以传兄子与夷为德，则从一个侧面证明宋国传承制度已经接受周礼区分嫡庶之别的影响了。

❷ 杜注：“《诗·颂》言殷汤、武丁受命皆以义，故任荷天之百禄也。”孔疏已指出这里引《诗》出自《商颂·玄鸟》之卒章。杨注认为不应仅就殷汤、武丁为言，其说是。

❸ 杜注：“卢盟在春秋前。卢，齐地。”又说：“十二月无庚戌，日误。”承杜注，孔疏谓“车偾于济”是“风吹之坠济水，非常之事”，杨注斥为臆说。杨注认为寻盟就是修旧好之义。偾读 fèn，《释文》：“仆也。”

原文

卫庄公娶于齐东宫得臣之妹，曰庄姜，美而无子，卫人所为赋《硕人》也。[1]又娶于陈，曰厉妫，生孝伯，早死。其娣戴妫生桓公，庄姜以为己子。

公子州吁，嬖人之子也，有宠而好兵。公弗禁。庄姜恶之。石碏谏曰：“臣闻：爱子，教之以义方，弗纳于邪。骄、奢、淫、泆，所自邪也。四者之来，宠禄过也。将立州吁，乃定之矣；若犹未也，阶之为祸。夫宠而不骄、骄而能降、降而不憾、憾而能眕者，鲜矣。[2]且夫贱妨贵，少陵长，远间亲，新间旧，小加大，淫破义，所谓六逆也；君义，臣行，父慈，子孝，兄爱，弟敬，所谓六顺也。去顺效逆，所以速祸也。君人者将祸是务去，而速之，无乃不可乎！”弗听。其子厚与州吁游，禁之，不可。桓公立，乃老。[3]

注释

❶ 杜注：“《硕人》诗义取庄姜美于色、贤于德而不见答，终以无子，

国人忧之。”按:此用《诗序》说。赋有二义,诵古诗亦称赋。孔疏:“此‘赋’谓自作诗也。”

❷ 嬖读 bì,宠幸的意思。嬖人,指被最高统治者宠幸的人。碏读 què。眕读 zhěn。《释文》:“憾,本又作感……恨也。眕,之忍反,重也。”孔疏:“恃君宠爱,未有不骄。亦既骄矜,必不能自降其心。强降其心,未有不恨。亦既怨恨,必不能自重其身。”又说:“憾而不能眕,言其心难自抑,故言其能然者少也。”我们认为这里孔疏是准确的。杨注用《说文》,认为“眕”是“目有所恨而止”的意思,亦通。

❸ 杜注:“老,致仕也。”按:小戴辑《礼记·曲礼上》:“七十曰老,而传。”《王制》:“七十致政。”《内则》也说:“七十致政。”又说:“七十致事。”郑注:“致其事于君而告老。”致仕就是为官者致事退休。又按:《左传》隐三年这里说的是石碏预料州吁一伙人(包括石碏之子石厚)会惹祸,所以主动告老致仕。

经四年[1]

原文

春,王二月,莒人伐杞,取牟、娄。

戊申,卫州吁弑其君完[2]。

夏,公及宋公遇于清。[3]

宋公、陈侯、蔡人、卫人伐郑。

秋,翚帅师会宋公、陈侯、蔡人、卫人伐郑。[4]

九月,卫人杀州吁于濮。

冬,十有二月,卫人立晋。[5]

注释

❶ 鲁隐公四年即公元前 719 年,周桓王元年。

❷ 这里称“其君完”，可是同年《左传》称同一人为“桓公”，这是因为谥事在后。

❸ 《周官·大宗伯》：“冬见曰遇。”可是《春秋》隐四年经这里记“公及宋公”之遇分明在“夏”，而同年《左传》并无异辞，可见《周官》的说法未必可信。《大宗伯》注：“遇，偶也，欲其若不期而俱至。”这个说法可以参考。杜注：“清，卫邑。”

❹ “蔡人、卫人”称“人”，其“人”为大夫，非国君，这是《左传》通例。“翚”则称名，有讨厌的意思。这就是所谓称名之例。

❺ 杜注：“卫人逆公子晋而立之，善其得众，故不书‘入于卫’。变文以示义，例在成十八年。”杨注无异议。

传四年

原文

春，卫州吁弑桓公而立。

公与宋公为会，将寻宿之盟。[1]未及期，卫人来告乱。

“夏，公及宋公遇于清。”

宋殇公之即位也，公子冯出奔郑；郑人欲纳之。及卫州吁立，将修先君之怨于郑，而求宠于诸侯，以和其民；使告于宋曰：“君若伐郑以除君害，君为主，敝邑以赋与陈、蔡从，则卫国之愿也。”[2]宋人许之。于是陈、蔡方睦于卫，故宋公、陈侯、蔡人、卫人伐郑；围其东门，五日而还。

公问于众仲曰：“卫州吁其成乎？”对曰：“臣闻以德和民，不闻以乱。以乱，犹治丝而棼之也。夫州吁，阻兵而安忍。[3]阻兵无众，安忍无亲。众叛亲离，难以济矣。夫兵犹火也，弗戢[4]，将自焚也。夫州吁弑其君而虐用其民，于是乎不务令德；而欲以乱成，必不免矣！”

注释

❶ 杜注:“宿盟在元年。”

❷ “修先君之怨”,杜注:“谓二年郑人伐卫之怨。”杨注:“此先君当包括庄公、桓公以上各君。修,治也。治怨犹报复怨仇。”这样讲,时间范围大于杜注,较为妥当。“求宠于诸侯”,杜注:“诸篡立者,诸侯既与之会,则不复讨,故欲求此宠。”这样讲,正抓住了卫州吁的心理状态。

❸ 杨注:“阻,仗恃也。”“安忍谓安于残忍。”按:“阻”训“恃”,杜注、孔疏已如此。又按:“以德和民,不闻以乱”,这个观点很可宝贵,也很重要。和民不可以乱,以乱则害民。

❹ 戢读jí,收敛、收藏、停止的意思。

原文

秋,诸侯复伐郑。宋公使来乞师,公辞之。羽父请以师会之,公弗许;固请而行。故书曰“翚帅师”,疾之也。诸侯之师败郑徒兵,取其禾而还。

州吁未能和其民,厚问定君于石子。石子曰:“王觐为可。”曰:“何以得觐?”曰:“陈桓公方有宠于王。陈、卫方睦,若朝陈使请,必可得也。”❶厚从州吁如陈。石碏使告于陈曰:“卫国褊小。老夫耄矣,无能为也。此二人者,实弑寡君。敢即图之!”陈人执之,而请莅于卫。九月,卫人使右宰丑莅杀州吁于濮,石碏使其宰獳羊肩莅杀石厚于陈。❷

君子曰:“石碏,纯臣也。恶州吁而厚与焉。‘大义灭亲’,其是之谓乎!”

卫人逆公子晋于邢。冬,十二月,宣公即位。书曰“卫人立晋”,众也。❸

注释

❶ “石子”，指《左传》上年提到的石碏。“王觐为可”，孔疏：“于王处行觐礼，此事是为可也。”按：其时诸侯之立必须经过周王批准，而觐礼乃是诸侯觐见周王的大典，所以，如果州吁向周桓王行觐礼而得到接见，那也就等于诸侯地位得到认可。因为卫州吁不便直接向周王提出要求，所以请陈桓公向周王建议。

❷ “请莅于卫”，杜注：“请卫人自临讨之。”獳，读 nōu，或读 nòu。石碏派家臣之长名叫獳羊肩的人赴陈国杀石厚。

❸ “宣公即位”，杜注：“公子晋也。”经文“卫人立晋”的晋，即公子晋，也就是受拥立的卫宣公。这一段“卫人”两见，意思未必完全相同。前一“卫人”指赴邢国迎接公子晋的大夫，后一“卫人”指所有拥立卫宣公的大夫（或谓“卫人”指卫国所有拥立宣公的臣民，但我们认为这里仍以指大夫为宜）。两处“卫人”都是众人（多数人），不止一人，所以说“众也”。

经五年[1]

原文

春，公矢鱼于棠。[2]

夏，四月，葬卫桓公。

秋，卫师入郕[3]。

九月，考仲子之宫。初献六羽。[4]

邾人、郑人伐宋。

螟。

冬，十有二月辛巳，公子弫[5]卒。

宋人伐郑，围长葛。

注释

❶ 鲁隐公五年即公元前718年,周桓王二年。

❷《尔雅·释诂》:"矢,陈也。"杜注:"书陈鱼,以示非礼也。书棠,讥远地也。"孔疏:"陈鱼者,兽猎之类……非谓既取得鱼而陈列之也。""矢",《公》《穀》作"观"。《左传》:"公将如棠观鱼者。"《释文》:"'观鱼者'本亦作'渔者'。"而渔者自是渔人。身为国君,跑到老远老远的地方去看渔人捕鱼,"以为戏乐"(可能介入其中),故注疏以为"非礼"。但此行也许另有目的。

❸ 郕,读 chéng,《释文》:"音成,国名。"

❹《诗·考槃》传:"考,成也。"《尔雅·释诂》:"考,成也。"同年《穀梁传》:"考者,成之也。"《春秋》杜注:"成仲子宫,安其主而祭之。"孔疏:"考谓祭以成之,非谓始筑宫成也。"引服虔的说法:"宫庙初成祭之名为考。"可知考仲子之宫就是衅庙之祭。按:这个"仲子"就是《经》《传》隐元年所谓"仲子",《经》隐二年、《传》隐二年所谓"夫人子氏"。这里所谓"宫"就是庙。"初献六羽",孔疏:"初,始也。往前用八,今乃用六也。献者奏也。奏进声乐以娱神也。六羽,谓六行之人秉羽舞也。"杨注:"初献六羽者,仲子神主入庙,献六羽乐舞也。六羽即六佾。"我们认为上引注疏皆可参,而孔疏、杨注甚是,当从之。

❺ 彄读 kōu。《经》所言公子彄,即同年《传》说的臧僖伯。

传五年

原文

春,公将如棠观鱼者。臧僖伯谏曰:"凡物不足以讲大事,其材不足以备器用,则君不举焉。君,将纳民于轨、物者也。故讲事以度轨量谓之轨,取材以章物采谓之物。不轨不物,谓之乱政。乱政亟行，所以败也。故春蒐、夏苗、秋狝、冬狩，皆于农隙以讲事也。三年而治兵，入而振旅，归而饮至，以数军实。昭文章，明贵贱，辨等列，顺少长，习威仪也。鸟兽：(之)〔其〕肉不登于俎，皮革、齿牙、骨角、毛羽不登于器，则公不射，古之制也。若夫山林、川泽之实，器用之资，皂隶之事，官司之守，非君所及也。"❶公曰："吾将略地焉。"遂往，陈鱼而观之。僖伯称疾不从。书曰"公矢鱼于棠"，非礼也，且言远地也。

曲沃庄伯以郑人、邢人伐翼，王使尹氏、武氏助之。翼侯奔随。

"夏，葬卫桓公。"卫乱，是以缓。

四月，郑人侵卫牧，以报东门之役。卫人以燕师伐郑，郑祭足、原繁、洩驾以三军军其前，使曼伯与子元潜军军其后。燕人畏郑三军而不虞制人。六月，郑二公子以制人败燕师于北制。❷君子曰："不备不虞，不可以师。"❸

曲沃叛王。秋，王命虢公伐曲沃，而立哀侯于翼。❹

卫之乱也，郕人侵卫，故卫师入郕。

注释

❶ "讲事以度轨量"，度读 duó，揣度、估计、推测的意思。《释文》：亟，"数也"。杜注："大事，祀与戎。材，谓皮革、齿牙、骨角、毛羽也。器用，军国之器。言器用众物不入法度，则为不轨不物，乱败之所起。"蒐读 sōu，指春天打猎。狝，读 xiǎn，指秋日打猎。四季打猎，应注意不得妨碍农业生产。杜注："治兵礼毕，整众而还。振，整也。旅，众也。"这是所谓振旅。"饮于庙以数车徒器械及所获也。"这是所谓"饮至，以数军实"。"鸟兽之肉"，《释文》："一本作'其肉'。"王伯申《经义述闻》卷十七以"一本"为是，"鸟兽二字绝句"，今从之。"皂隶"，士之下卑贱之人。卑贱者干的活，各部门的职守，那都不是诸侯国君亲自做的事。

❷ "不虞制人"以下，杨注："虞，度也，备也。"不虞就是不考虑，不防

备。杜注:“北制,郑邑……一名虎牢。二公子,曼伯、子元也。”弄清楚人物地点,原文的意思就好懂了。

❸ 杨注:“此言不防备意外,则不可以率军作战。”杨说是。

❹ 杜注:“春,翼侯奔随,故立其子光。”按:光即哀侯。

原文

“九月,考仲子之宫”,将万焉。公问羽数于众仲,对曰:“天子用八,诸侯用六,大夫四,士二。夫舞,所以节八音而行八风,故自八以下。”公从之。于是初献六羽,始用六佾也。[1]

宋人取邾田。邾人告于郑曰:“请君释憾于宋,敝邑为道。”郑人以王师会之,伐宋,入其郛,以报东门之役。[2]

宋人使来告命。公闻其入郛也,将救之,问于使者曰:“师何及?”对曰:“未及国。”公怒,乃止,辞使者曰:“君命寡人同恤社稷之难。今问诸使者,曰‘师未及国’,非寡人之所敢知也!”

冬十二月辛巳,臧僖伯[3]卒。公曰:“叔父有憾于寡人。寡人弗敢忘!”葬之加一等。

“宋人伐郑,围长葛”,以报入郛之役也。

注释

❶《春秋公羊传》宣公八年:“万者何?干舞也。”万舞就是干舞,与羽舞(籥)相对而言。这里干就是盾,万舞就是持盾而舞。“天子用八”以下,孔疏解说杜注的意思:杜以为“舞势宜方”。行列数与每行人数相等,就可以组成正方形舞队。依杜注,“天子用八”,用八八六十四人;“诸侯用六”,用六六三十六人;“大夫四”,用四四十六人;“士二”,用二二凡四人。但是杜元凯这里的说法并未得到学界认可。为学界大多数学者采用的,是孔疏引述的服虔的解释:用六为六八四十八人,大夫四为四八三十二人,士二为二八十六人。除了“天子用八”,服、杜两说都不相同。“节八音”

的节，杜注以为是“节制”的意思。《释文》：“八音：金钟，石磬，丝琴瑟，竹箫管，土埙，木柷敔，匏笙，革鼓也。八方之风，谓东方谷风，东南清明风，南方凯风，西南凉风，西方阊阖风，西北不周风，北方广莫风，东北方融风。”可是《吕氏春秋》与《淮南子》关于八风的说法与《释文》无一相同。“自八以下”，依杜注，是诸侯以下不得用八佾的意思。“初献六羽”，说见上文《经》注。“始用六佾”，意思是说：仲子宫庙之祭乐舞用六八四十八人，这是鲁国宫庙用六佾的开始。

❷ “释憾”就是泄忿、解恨，杨注最为明白。郛读 fú，杜注：“郭也。”按：这个“郛”指城郭，古代城圈外围的大城。

❸ 臧僖伯就是同年经文说的“公子彄”。

经六年❶

原文

春，郑人来渝平。❷

夏，五月辛酉，公会齐侯盟于艾。

秋，七月。

冬，宋人取❸长葛。

注释

❶ 鲁隐公六年即公元前 717 年，周桓王三年。

❷ 渝，《释文》：“变也。”杜注：“和而不盟曰平。”孔疏：“‘平’实解怨和好之辞，非要盟也。彼自既平之后，别为盟耳。”《朱子语类》卷八十三：“谓变渝旧盟，以从新好也。”杨注：“渝平与渝盟不同……渝盟谓毁弃盟约，渝平则谓弃旧怨而修新好。”按：杨先生注比旧说准确而且好懂。渝，《公》《穀》作“输”，谐声通借。

❸ 《左传》襄十三年：“凡书‘取’，言易也。”这里“取长葛”的“取”，

前文《经》隐四年“取牟娄”的“取”，都是说取之不难。

传六年

原文

“春，郑人来渝平”，更成也。

翼九宗五正顷父之子嘉父逆晋侯于随，纳诸鄂，晋人谓之鄂侯。[1]“夏，盟于艾”，始平于齐也。

五月庚申，郑伯侵陈，大获。

往岁，郑伯请成于陈，陈侯不许。五父谏曰：“亲仁善邻，国之宝也。君其许郑！”陈侯曰：“宋、卫实难，郑何能为？”[2]遂不许。

君子曰：“善不可失，恶不可长，其陈桓公之谓乎！长恶不悛，从自及也。虽欲救之，其将能乎！《商书》曰：‘恶之易也，如火之燎于原，不可乡迩，其犹可扑灭？’周任有言曰：‘为国家者，见恶如农夫之务去草焉，芟夷蕴崇之，绝其本根，勿使能殖，则善者信矣。’”[3]

秋，宋人取长葛。[4]

冬，京师来告饥，公为之请籴于宋、卫、齐、郑，礼也[5]。

郑伯如周，始朝桓王也。王不礼焉。周桓公言于王曰：“我周之东迁，晋、郑焉依。善郑以劝来者，犹惧不蔇，况不礼焉？[6]郑不来矣。”

注释

❶ 杜注：“翼，晋旧都也。唐叔始封，受怀姓九宗、职官五正，遂世为晋强家。五正，五官之长。九宗，一姓为九族也。”按：这里杜注的根据应该是《左传》定公四年的记载。翼、随与鄂都是地名。鄂侯即上年《左传》所谓翼侯。杨注于相关史事有考证，不具录。

❷ “亲仁善邻，国之宝也”，可以证明春秋时人对当时外交政策的重视。亲仁善邻，也可以视为处理人际关系的准则。“宋卫实难”

句，王伯申说："实，是也。""难，患也。""宋卫实难者，言唯宋卫是患也。"说见《经义述闻》卷十七。

❸ 悛读 quān。"从自及也"这一句的"从"，王伯申"疑当作徒"，杨注认为王说不可从。按：杜注："悛，止也。从，随也。"说自可通。这里所引《商书》，指《尚书·盘庚》。"恶之易也"，"易"是蔓延的意思，王氏父子的解说很准确，杨注即用王说。然而如杨注所说，"恶之易也"句未必出自《盘庚》。杜注："周任，周大夫。芟，刈也。夷，杀也。蕴，积也。崇，聚也。"章太炎、杨伯峻先生认为这是古人去杂草借以肥田之法。按：至今我们乡下种地犹有此法。"善者信矣"，杨注谓"信"同"伸"，"善者"既指长得好的农作物，又指好人好事（包括好的政治措施），说得很对。

❹ 经文说是冬季的事，传文说是秋天的事，杜注："秋取冬乃告也。"按：杨注采用刘敞、于鬯的说法。我们认为《经》用周正，《传》于宋国可能用殷正这一说法可以解释《春秋左传》全书相关的文句，刘敞、于鬯的说法较为圆通。

❺ 这里所谓"礼也"，属于《周官·大宗伯》所谓"凶礼"之中"以荒礼哀凶札"一项。

❻ 蔇读 jì，或读 qì，或读 xì。杜注："周桓公，周公黑肩也……幽王为犬戎所杀，平王东徙，晋文侯、郑武公左右王室，故曰'晋郑焉依'。蔇，至也。"按：这里杜注是对的。"晋、郑焉依"，王伯申说这里"焉犹'是'也"，杨注用王氏说。

经七年[1]

原文

春，王三月，叔姬归于纪。

滕侯卒。

夏，城中丘。

齐侯使其弟年来聘。[2]

秋，公伐邾。

冬，天王使凡伯来聘。戎伐凡伯于楚丘以归。

注释

❶ 鲁隐公七年即公元前716年，周桓王四年。

❷《礼经》十七篇中有《聘礼》一篇。郑君《三礼目录》："大问曰聘。诸侯相於久无事，使卿相问之礼。小聘使大夫。"小戴辑《礼记·经解》："聘问之礼，所以使诸侯相尊敬也。"《春秋》隐七年经文这一句，说的是齐侯派他的名叫年的亲弟弟来鲁国行聘礼。

传七年

原文

"春，滕侯卒。"不书名，未同盟也。凡诸侯同盟，于是称名，故薨则赴以名，告终、〔称〕[1]嗣也。以继好息民，谓之礼经[2]。

"夏，城中丘。"书，不时也。

齐侯使夷仲年来聘，结艾之盟也。

秋，宋及郑平。七月庚申，盟于宿。公伐邾，为宋讨也。

初，戎朝于周，发币于公卿，凡伯弗宾。[3]冬，王使凡伯来聘。还，戎伐之于楚丘以归。

陈及郑平。十二月，陈五父如郑莅盟。壬申，及郑伯盟，歃如忘。洩伯曰："五父必不免，不赖盟矣。"[4]

郑良佐如陈莅盟。辛巳，及陈侯盟，亦知陈之将乱也。

郑公子忽在王所，故陈侯请妻之。郑伯许之，乃成昏。

注释

❶ 据阮元等《校勘记》补入。

❷ 这里说的“礼经”，不是我们常说的《仪礼》一书，不是杜注说的“周公所制《礼经》”。杨注：“礼经犹言礼之大法。”其说甚谛。

❸ 王伯申说：“发币犹致币也。”弗宾，不把来者当贵客看待。宾，本为名词，这里作动词用。

❹ 歃读 shà，《释文》：“歃血也。”古人行盟会礼，用嘴吸取牲畜的血，然后涂在嘴唇上，以表示诚意。《释文》引服虔解释“歃如忘”，说：“如，而也。”杜注：“志不在于歃血。”行歃血礼而不专心，表明没有诚意。“不赖”，这里是不认为可以依赖之意，也就是不相信盟会可靠。杨注：“盟时必宰牛，割其左耳，取其血，以敦盛之，与盟者一一微饮其血，谓之歃血。”“歃而忘，谓临歃而意不在盟。”“不免，谓不免于祸。”这与旧说不完全相同，而比旧说允当。

经八年[1]

原文

春，宋公、卫侯遇于垂。

三月，郑伯使宛来归祊[2]。庚寅，我入祊。

夏，六月己亥，蔡侯考父卒。

辛亥，宿男卒。

秋，七月庚午，宋公、齐侯、卫侯盟于瓦屋。

八月，葬蔡宣公。[3]

九月辛卯，公及莒人盟于浮来。

螟。

冬，十有二月，无骇卒。[4]

注释

❶ 鲁隐公八年即公元前715年，周桓王五年。

❷ “归祊”之祊，今读 bēng，杜注：“郑祀泰山之邑。”孔疏引刘炫云：

“言祀泰山之邑者，谓泰山之旁有此邑，邑内有郑宗庙之祀，盖祀桓武之神。”我们认为经文明言“归祊”，则其祊本应为鲁所有地。孔疏又说：“郑以桓公之故，受邑泰山之下。天子祭泰山，必从往助祭，使共汤沐焉，故《公羊》谓之汤沐之邑。”这样讲，与《公羊》隐八年相符。唯《左氏》之祊，《公羊》《穀梁》作邴。祊、邴声同，故可相假。

❸ 蔡侯六月卒时称呼其名字“考父”，八月葬时称“宣公”，证明谥在卒后葬前。

❹ 垂，瓦屋，浮来，都是地名。浮来，《公羊》《穀梁》作“包来”。古无轻唇音，浮、包声同帮母，韵同幽摄，故可通假。宛，郑大夫名。宿男，宿国之君。无骇，鲁大夫名。

传八年

原文

春，齐侯将平宋、卫，有会期。宋公以币请于卫，请先相见。卫侯许之，故遇于犬丘。

郑伯请释[1]泰山之祀而祀周公，以泰山之祊易许田。“三月，郑伯使宛来归祊”，不祀泰山也。

夏，虢公忌父始作卿士于周。

四月甲辰，郑公子忽如陈逆妇妫。辛亥，以妫氏归。甲寅，入于郑。陈鍼子送女。先配而后祖。鍼子曰：“是不为夫妇，诬其祖矣。非礼也，何以能育？”[2]

齐人卒平宋、卫于郑。秋，会于温，盟于瓦屋，以释东门之役，礼也。[3]

注释

❶ 这个“释”，杜注作“废”讲，杨注作“舍弃”讲，其义相同。

❷ 杜注:"礼:逆妇,必先告祖庙而后行……郑忽先逆归而后告庙,故曰先配而后祖。"孔疏则认为郑忽见讥是因为他"先为配匹而后告祖"。按:《礼经·士昏礼》:"凡行事必用昏昕,受诸祢庙。"可是于醴尊先生说"逆妇先告庙在《礼经》亦无明文",我们认为他这样说,未免鲁莽。"是不为夫妇"句,意思是不承认郑忽逆妇"先配而后祖"的失礼行为合法。"何以能育"句,意思是失礼的婚姻不会有好结果。

❸ 齐僖公终于使宋、卫与郑三国结盟讲和,抛弃了东门之役结下的嫌隙。这个"释",与前文"请释泰山之祀"的"释"义近。

原文

八月丙戌[4],郑伯以齐人朝王,礼也。

公及莒人盟于浮来,以成纪好也。

冬,齐侯使来,告成三国。公使众仲对曰:"君释三国之图以鸠其民,君之惠也。[5]寡君闻命矣,敢不承受君之明德!"

无骇卒,羽父请谥与族。公问族于众仲。众仲对曰:"天子建德,因生以赐姓,胙之土而命之氏。诸侯以字为谥,因以为族。官有世功,则有官族。邑亦如之。"公命以字为展氏。[6]

注释

❹ 注疏已指出这里所记干支的错误。这一类问题,以后不再说明。

❺ "三国",指宋、卫、郑。杜注:"鸠,集也。"杨注:"图,谋也……谓使三国舍弃其互相侵伐报复之谋议。"杨先生认为这里"释"也是舍弃的意思,"鸠"则作"安集"讲较好(用《左传》定四年杜注的说法)。按:小戴辑《礼记·曲礼上》有"安定辞""安民哉"两句。《左氏》隐八年这里"释三国之图以鸠其民",意思应与上引《曲礼》两句相同。

❻ "请谥与族"句:谥是死后之名,反映世人对死者之评价。族,探

下文，可知其为姓氏，杨注可参。“天子建德，因生以赐姓”，杜注：“立有德以为诸侯，因其所由生以赐姓。”胙读 zuò，阮元等《校勘记》：“胙者祚之俗。”《释文》：“报也。”孔疏对“胙之土而命之氏”句作了解释，说：“胙训报也。有德之人必有美报，报之以土，谓封之以国名，以为之氏。诸侯之氏，则国名是也。”今按：上引注疏代表了我国古代学者解释姓氏来源的最为流行的意见。“诸侯以字为谥”句以下，杨注较好：“此谓诸侯于大夫，以其字为其谥，而其后人因之以为族姓。以字为族者，多用于公族。”杨先生指出：有“以先世有功之官名为族姓”者，有“以先世所食之采邑（以）为族姓”者。杜注谓无骇为公子展之孙，故为展氏。但后世学者已不信此说，然则无骇之祖非公子展，抑或《左传》（或有关注疏）的说法未必准确吧？

经九年[1]

原文

春，天（子）〔王〕[2]使南季来聘。

三月癸酉，大雨，震电。

庚辰，大雨雪。[3]

挟[4]卒。

夏，城郎。

秋，七月。

冬，公会齐侯于防[5]。

注释

❶ 鲁隐公九年为公元前 714 年，周桓王六年。

❷ 子当作王，阮元等《校勘记》详之。

❸ 杜注：“三月，今正月。”孔疏引《公羊》何注：“震，雷也。”雨读 yù，

雨雪即下雪。

❹ 杜注:"挟,鲁大夫,未赐族。"《公》《穀》作"侠"。

❺ "防",《公羊》作"邴"。这与上年《春秋经》"归祊"之"祊"《公》《穀》作"邴"一样,音同假借。

传九年

原文

"春,王三月癸酉,大雨",霖以"震"。书,始也。"庚辰,大雨雪",亦如之。书,时失也。凡雨,自三日以往为霖。[1]平地尺为大雪。

"夏,城郎。"书,不时也。

宋公不王。[2]郑伯为王左卿士,以王命讨之,伐宋。宋以入郛之役怨公,不告命。公怒,绝宋使。

秋,郑人以王命来告伐宋。

注释

❶ 杜注:"夏之正月,微阳始出,未可震电;既震电,又不当大雨雪:故皆为时失。"又说:"《经》无'霖'字,《经》误。"孔疏:"《传》发凡以解《经》,若《经》无'霖'字,则《传》无由发,故知《经》误,然则《经》当如《传》言'大雨霖以震',不当云'大雨震电'。"按:注疏言非是。《公》《穀》两传之《春秋》皆作"大雨震电",是以知《经》本无误。杨注辩之甚详,不具录。

❷ "不王",杜注:"不供王职。"王氏父子认为"宋公不王"犹言宋公不朝。

原文

"冬,公会齐侯于防",谋伐宋也。

北戎侵郑。郑伯御之,患戎师,曰:"彼徒我车,惧其侵轶我也。”公子突曰:“使勇而无刚者尝寇而速去之,君为三覆以待之。[1]戎轻而不整,贪而无亲;胜不相让,败不相救。先者见获,必务进;进而遇覆,必速奔;后者不救,则无继矣。乃可以逞[2]。”从之。戎人之前遇覆者奔,祝聃逐之;衷戎师,前后击之,尽殪。[3]戎师大奔。十一月甲寅,郑人大败戎师。

注释

❶ 杜注:“尝,试也。勇,则能往。无刚,不耻退。覆,伏兵也。”这是诱敌深入而伏击之的战术。《春秋左传》不但善于礼,而且善于用兵,这里是《左氏》写用兵的第一例。

❷ 杜注:“逞,解也。”杨注:“解者,谓忧患可解。”“逞若作快意解,亦通。”按:杨先生的说法较为全面,可从之。

❸ 杜注:“戎前、后及中三处受敌,故曰‘衷戎师’。殪,死也。”孔疏:“‘衷戎师’者,谓戎师在三伏之中。”杨注:“衷借为中,中断之意。”按:上引杜注、孔疏义近,杨注有区别而较顺。

经十年[1]

原文

春,王(二)〔正〕月[2],公会齐侯、郑伯于中丘。

夏,翚帅师会齐人、郑人伐宋。

六月壬戌,公败宋师于菅[3]。辛未,取郜。辛巳,取防。

秋,宋人、卫人入郑。宋人、蔡人、卫人伐(戴)〔载〕[4]。郑伯伐取之。

冬,十月壬午,齐人、郑人入郕。

注释

❶ 鲁隐公十年即公元前713年,周桓王七年。

❷ 杜注:"《传》言正月会,癸丑盟。《释例》推《经》《传》日月,癸丑是正月二十六日,知《经》'二月'误。"此说可从。

❸ 据《释文》反切,可知这个"菅"读 guān,不读 jiān。杜注:"菅,宋地。"

❹ 这个"戴"当作"载",说详阮元等人的《校勘记》。其实,《释文》与孔疏已经很明白。《公》《穀》皆作"载"。杨注不认为"戴"当作"载",盖以为两字古音相同之故。

传十年

原文

"春,王正月,公会齐侯、郑伯于中丘"。癸丑,盟于邓,为师期。

夏五月,羽父先会齐侯、郑伯伐宋。

六月戊申,公会齐侯、郑伯于老桃。[1]"壬戌,公败宋师于菅。"庚午,郑师入郜。辛未,归于我。庚辰,郑师入防。辛巳,归于我。君子谓郑庄公于是乎可谓正矣:以王命讨不庭,不贪其土,以劳王爵,正之体也。[2]

蔡人、卫人、郕人不会王命。

秋七月庚寅,郑师入郊,犹在郊。宋人、卫人入郑,蔡人从之伐(戴)〔载〕。

八月壬戌,郑伯围(戴)〔载〕。癸亥,克之,取三师焉。[3]宋、卫既入郑,而以伐(戴)〔载〕召蔡人,蔡人怒,故不和而败。

九月戊寅,郑伯入宋。

"冬,齐人、郑人入郕",讨违王命也。

注释

❶ 杜注:"会不书,不告于庙也。老桃,宋地。六月无'戊申'。戊申,五月二十三日。日误。"杨注义同。

❷ “不庭”，杜注：“下之事上，皆成礼于庭中。”那么“不庭”究竟是什么意思呢？杜注殊未能了然。杨注：“庭，动词，朝于朝廷也……不庭即不朝……此不庭为名词，义谓不庭之国……”杨先生在古文献中找出不少证据，其说不可易。“劳王爵”，劳读 lào，杜注：“劳者叙其勤以答之。诸侯相朝，逆之以饔饩，谓之郊劳。鲁侯爵尊，郑伯爵卑，故言以劳王爵。”孔疏为杜注这些说法作了补正。杨注：“‘正’即‘政’字。郑伯为王左卿士，以王命讨宋，不宜接受此土，故以归鲁。故《传》言以劳王爵，得治政之体。杜注未了。”我们认为杨先生的解释最为有理，而杜注也有是处，未可一概否定。譬如关于“劳”字，杜武库还是说对了的。

❸ 杜注：“三国之军在戴，故郑伯合围之。师者，军旅之通称。”杨注无异议。

经十有一年[1]

原文

春，滕侯、薛侯来朝。[2]

夏〔五月〕，公会郑伯于时来。[3]

秋，七月壬午，公及齐侯、郑伯入许。

冬，十有一月壬辰，公薨。

注释

❶ 鲁隐公十一年为公元前 712 年，周桓王八年。

❷ 杜注：“诸侯相朝例在文十五年。”按：《左传》文十五年：“诸侯五年再相朝，以修王命，古之制也。”孔疏认为“春秋之时犹有世相朝法”，然而“无五年再朝之制”，“此云‘古之制也’，必是古有此法，但礼文残缺，未知‘古’是何时”。我们认为孔疏说得对。古代诸侯世相朝法应可信其有，因为《春秋左传》有记载。而五

年再朝之制是否存在过，尚无证据。这里还有两个问题应予研究：一、诸侯相朝，有没有范围限制？二、诸侯相朝与相聘问之礼有何区别？不要忘了《左传》隐十一年“寡人若朝于薛”一语，薛国实小于鲁。

❸ “夏”字下，《公》《穀》有“五月”二字，《左氏》脱，当据补。杜注：“时来，郲也……郑地也。”按：“时来”，《穀梁传》与《春秋》同，《公羊》作“祁黎”。时与祁古声纽较近，来、黎本双声，故偶有假借之事发生。①

传十一年

原文

春，滕侯、薛侯来朝，争长。薛侯曰：“我先封。”滕侯曰：“我，周之卜正也。薛，庶姓也，我不可以后之。”❶

公使羽父请于薛侯曰：“君与滕君辱在寡人。周谚有之曰：‘山有木，工则度之。宾有礼，主则择之。’周之宗盟，异姓为后。寡人若朝于薛，不敢与诸任齿。君若辱贶寡人，则愿以滕君为请。”薛侯许之，乃长滕侯。❷

注释

❶ 杜注：“薛祖奚仲，夏所封，在周之前。卜正，卜官之长。庶姓，非周之同姓。”杨注义同。

❷ “辱在寡人”，杜镇南无注，王伯申认为“在”是存问之意，说本《尔

---

① 《广韵》“时”市之切，“祁”渠脂切（依《说文》段注）。“时”是禅纽字，“祁”是群纽字。黄季刚先生《音略》认为群纽是溪之变声，禅纽是定之变声；《声韵通例》说“群为溪浊”，“禅为审浊”，群、禅同位。由季刚先生所论，可以推知时、祁声近。按：由曾星笠先生《古纽及古韵学》，可以推得相同的结论。

雅·释诂》。“工则度之”，度读 duó，揣度、计算的意思。“主则择之”，杜注：“择所宜而行之。”按：宾有礼，则主当报之以礼，这就是“择所宜”了。“周之宗盟，异姓为后”，杜注：“盟载书皆先同姓。例在定四年。”既有成例，自当照例行事。“寡人若朝于薛”的设想，或许可以作为春秋之时实有诸侯相朝之礼的旁证。“与诸任齿”，杜注：“薛，任姓。齿，列也。”孔疏引《世本》证明薛为任姓之国，其说有据。又按：两个以上的小国同时来第三国行朝礼，所以有“争长”之事。姬周已有成熟的宗法制度，亲近同姓之国是宗族观念的表现。

原文

“夏，公会郑伯于郲”，谋伐许也。

郑伯将伐许，五月甲辰，授兵于大宫。❶公孙阏与颍考叔争车，颍考叔挟辀以走，子都拔棘以逐之。❷及大逵❸，弗及，子都怒。

秋七月，公会齐侯、郑伯伐许。庚辰，傅于许。颍考叔取郑伯之旗蝥弧❹以先登，子都自下射之；颠。瑕叔盈又以蝥弧登，周麾而呼曰：“君登矣！”郑师毕登。壬午，遂入许。许庄公奔卫。

齐侯以许让公。公曰：“君谓许不共，故从君讨之。许既伏其罪矣，虽君有命，寡人弗敢与闻。”乃与郑人。

注释

❶“大宫”，杜注：“郑祖庙。”《释文》：“大音泰。”杨注认为郑之大宫即周厉王庙，其说有据。按：“授兵于大宫”，殷周时期已有此发兵制度。

❷辀读 zhōu，这里指车辕。走，这里是在大宫中庭快跑的意思。(《尔雅·释宫》：“中庭谓之走。”)杨注：“棘即戟。戟为戈、矛两种兵器之合体……兼有勾、刺两种作用。”其说是。

❸《尔雅·释宫》：“九达谓之逵。”郭璞注：“四道交出，复有旁通。”

我们认为大逵就是四通八达的大路。

④ 蝥读 máo。蝥弧，杜注："旗名。"

原文

郑伯使许大夫百里奉许叔以居许东偏，曰："天祸许国，鬼神实不逞于许君，而假手于我寡人。寡人唯是一二父兄不能共亿[1]，其敢以许自为功乎？寡人有弟，不能和协，而使糊其口于四方，其况能久有许乎？吾子其奉许叔以抚柔此民也，吾将使获也佐吾子。若寡人得没于地，天其以礼悔祸于许，无宁兹许公复奉其社稷。[2]唯我郑国之有请谒焉，如旧昏媾，其能降以相从也？无滋他族实逼处此[3]，以与我郑国争此土也。吾子孙其覆亡之不暇，而况能禋祀许乎？寡人之使吾子处此，不唯许国之为，亦聊以固吾圉也。"[4]乃使公孙获处许西偏，曰："凡而器用财贿，无置于许。我死，乃亟去之！吾先君新邑于此。王室而既卑矣，周之子孙日失其序。夫许，大岳之胤也；天而既厌周德矣，吾其能与许争乎？"

君子谓郑庄公于是乎有礼。礼，经国家，定社稷，序民人，利后嗣者也。许无刑而伐之，服而舍之，度德而处之，量力而行之；相时而动，无累后人：可谓知礼矣！[5]

郑伯使卒出豭，行出犬、鸡，以诅射颍考叔者。[6]

君子谓郑庄公失政刑矣。政以治民，刑以正邪。既无德政，又无威刑，是以及邪。邪而诅之，将何益矣！[7]

注释

❶ 杜注："父兄，同姓群臣。供，给。亿，安也。"可见杜氏读"共"为"供"。王氏父子认为"共亿犹今人言相安也"，不能共安犹下文"不能和协"。说见《经义述闻》卷十七。

❷ 杜注："弟，共叔段也。糊，粥也……获，郑大夫公孙获……无

宁,宁也。"孔疏:"《说文》云:'糊,寄食也。'以此《传》言糊口四方,故以'寄食'言之。"杨注:"抚柔一词,犹言抚安。"《左氏》"天其以礼废祸于许"以下,杨注:"谓天或者依礼撤回加于许之祸……兹,使也。谓愿使许公重执国政。"按:这里摘录的两注一疏都是对的。

❸ "无滋",杨注:"滋,同兹,使也。"无滋就是不要让的意思。逼读bī,这里是靠近的意思。

❹ 杨注:"覆亡犹言挽救危亡。"杜注:"洁齐以享谓之禋祀,谓许山川之祀。"按:圉读yǔ。《尔雅·释诂》:"疆、界、边、卫、圉,垂也。"可见这里圉与疆界义同。

❺ "礼,经国家"以下,是古人关于礼的功用的著名论断之一,我们认为其中多有道理。"无刑而伐之",杜注:"刑,法也。"杨注:"无刑犹言不法,违背法度。"甚确。

❻ 豭读jiā,《释文》:"猪别名。"杜注:"百人为卒,二十五人为行。行亦卒之行列。疾射颍考叔者,故令卒及行间皆诅之。"孔疏:"诅者盟之细,杀牲告神,令加之殃咎。"孔疏明确指出"豭谓豕之牡者",就是"雄猪";杨注认为这里说的豭、犬、鸡就是《诗·何人斯》所谓"出此三物":都说得对。

❼ 如何认识政与刑的功用,如何认识古人关于德政与"诅"的观念,《左传》这里记载的"君子"之言,有参考价值。

原文

王取邬、刘、蒍、邘之田于郑,而与郑人苏忿生之田:温、原、絺、樊、隰郕、欑茅、向、盟、州、陉、隤、怀。❶

君子是以知桓王之失郑也。恕而行之,德之则也,礼之经也。己弗能有,而以与人;人之不至,不亦宜乎!

郑、息有违言。息侯伐郑,郑伯与战于竟❷。息师大败而还。

君子是以知息之将亡也。不度德,不量力,不亲亲,不征辞,不察有罪:犯五不韪[3],而以伐人,其丧师也,不亦宜乎?

冬十月,郑伯以虢师伐宋。壬戌,大败宋师,以报其入郑也。

宋不告命,故不书。凡诸侯有命,告则书,不然则否。师出臧否,亦如之。虽及灭国,灭不告败,胜不告克,不书于策。[4]

羽父请杀桓公,将以求大宰。公曰:"为其少故也,吾将授之矣。使营菟裘,吾将老焉。"[5]羽父惧,反谮公于桓公而请弑之。

公之为公子也,与郑人战于狐壤,止焉。郑人囚诸尹氏。赂尹氏,而祷于其主钟巫;遂与尹氏归,而立其主。十一月,公祭钟巫,齐于社圃,馆于寪氏。壬辰,羽父使贼弑公于寪氏,立桓公,而讨寪氏,有死者。不书葬,不成丧也。[6]

注释

❶ 寪读 wěi。《释文》:"邘音于。"杜注:"寪、邘,郑二邑。"隰郕为另一地,郕即城,说见《经义述闻》卷十七。欑读 cuán,"欑茅"也是地名。陉读 xíng,地名。隤读 tuí,地名。以上自邬至怀,凡十六地。

❷ 这里"竟"就是"境","战于竟"即战于边境。

❸ 韪读 wěi,杜注:"是也。"五不韪,即上文"不度德"至"不察有罪"五个方面的错误。

❹ 臧读 zāng,否读 pǐ。臧否,意思是褒贬,引申为评论。杜注:"臧否,谓善恶得失也。"整个这一段说的是《春秋》书与不书之例。

❺ 杜注:"菟裘,鲁邑……不欲复居鲁朝,故别营外邑。"杨注:"老,谓终老。"鲁隐公早有让位之意,让位则必然住到朝庭之外去,故有此说。

❻ "齐于社圃",齐读 zhāi,这里指祭祀之前为了表示对神灵的尊敬而除去身体上的不洁与思想中的杂念的行为。"馆于寪氏",寪读 wěi,杜注:"馆,舍也。寪氏,鲁大夫。"按:"不成丧",意思是没有为隐公举行相当的丧葬礼。所以《春秋》经不书葬而记载

“公薨”二字,而杜注说:“实弑书‘薨’,又不地者,史策所讳也。”孔疏引《传》僖元年:“讳国恶,礼也。”意思是说:当年孔子撰述《春秋》,书与不书之例也是为了维护礼制。同年《公》《穀》二传都有关于“不书葬”的议论,可参看。

桓公

经元年[1]

原文

春，王正月，公即位。

三月，公会郑伯于垂，郑伯以璧假许田。[2]

夏，四月丁未，公及郑伯盟于越。[3]

秋，大水。

冬，十月。

注释

❶ 据《史记·鲁周公世家》，鲁桓公名允，与隐公为同父异母兄弟。鲁桓公元年为公元前711年，周桓王九年。

❷ 毛奇龄《春秋毛氏传》："甫即位而修邻……桓之为此，则意在固其位也。"毛氏言及"《春秋》之微词"。按：同年《公羊传》："有天子存，则诸侯不得专地也。"《穀梁传》："礼：天子在上，诸侯不得以地相与也。"所以《春秋》经文说"郑伯以璧假许田"，如《公羊》说"为恭也"，如《穀梁》说"讳易地也"。《左氏》对《春秋》经文这一句的解说不如《公》《穀》偏重于尊天子之义，靠了杜注才算说清楚。请参看同年《左传》及其所附杜注。

❸ 杜注："公以篡立而修好于郑，郑因而迎之，成礼于垂，终易二田然后结盟。垂，犬丘，卫地也。越，近垂地名。"按："篡立"一说，未必妥当。

传元年

原文

春，公即位。修好于郑。郑人请复祀周公，卒易祊田。公许之。“三月，郑伯以璧假许田”，为周公、祊故也。

“夏，四月丁未，公及郑伯盟于越。”结祊成也。盟曰：“渝盟，无享国！”[1]

“秋，大水。”凡平原出水为大水。

冬，郑伯拜盟。

宋华父督见孔父之妻于路，目逆而送之，曰：“美而艳！”[2]

注释

1. 春秋时期诸侯国结盟有盟辞，用以互相约束，表示诚信。这是《左传》记的第一段盟辞。渝，变。这里盟辞的意思是：谁个不守盟约，他就会丧国失位！
2. 这一段传文应与下年第一段传文连读，后世人由割裂之误而分为两段。说详杨注。

经二年[1]

原文

春，王正月戊申，宋督弑其君与夷及其大夫孔父。

滕子来朝。

三月，公会齐侯、陈侯、郑伯于稷，以成宋乱。[2]

夏，四月，取郜大鼎于宋。戊申，纳于大庙。

秋，七月，杞侯来朝。

蔡侯、郑伯会于邓。

九月，入杞。

公及戎盟于唐。

冬，公至自唐。[3]

注释

❶ 鲁桓公二年是公元前710年，周桓王十年。

❷ 这里稷是地名。杜注："成，平也。"孔疏："郑众、服虔皆以成宋乱为成就宋乱……"可知这里有异议。章太炎先生《春秋左传读》实取郑、服说。杨注自认从章先生说，我们认为杨先生这里实从郑、服说。

❸ 杜注："传例曰：'告于庙也。'特相会，故致地也。凡公行还，不书'至'者，皆不告庙也。"据孔疏引《释例》，《春秋》书"至"者八十二，其不书"至"者九十四，皆不告庙。

传二年

原文

春，宋督攻孔氏，杀孔父而取其妻。公[1]怒。督惧，遂弑殇公。君子以督为有无君之心而后动于恶，故先书"弑其君"。

"会于稷以成宋乱"，为赂故，立华氏也。

宋殇公立，十年十一战，民不堪命。孔父嘉为司马，督为大宰，故因民之不堪命，先宣言曰："司马则然。"已杀孔父而弑殇公，召庄公[2]于郑而立之以亲郑。以郜大鼎赂公[3]，齐、陈、郑皆有赂，故遂相宋公。

注释

❶ 这个"公"即宋殇公。

❷ 这里"庄公"指《左传》隐三年"出居于郑"的公子冯。出居于郑者得立为宋君,自是亲郑者所为。按:《史记·宋微子世家》可参。

❸ 这个"公"指鲁桓公。郜大鼎即郜国所造之鼎。

原文

"夏四月,取郜大鼎于宋。戊申,纳于大庙。"非礼也。臧哀伯谏曰:"君人者,将昭德塞违以临照百官,犹惧或失之,故昭令德以示子孙。是以清庙茅屋,大路越席,大羹不致,粢食不凿,昭其俭也。[1]衮、冕、黻、珽,带、裳、幅、舄,衡、紞、纮、綖,昭其度也。[2]藻、率、鞞、鞛,鞶、厉、游、缨,昭其数也。[3]火、龙、黼、黻,昭其文也。[4]五色比象,昭其物也。钖、鸾、和、铃,昭其声也。[5]三辰旂旗,昭其明也。夫德:俭而有度,登降有数,文、物以纪之,声、明以发之;以临照百官,百官于是乎戒惧而不敢易纪律。今灭德立违,而置其赂器于大庙,以明示百官;百官象之,其又何诛焉?国家之败,由官邪也。官之失德,宠赂章也。郜鼎在庙,章孰甚焉!武王克商,迁九鼎于雒邑,义士犹或非之;而况将昭违[6]乱之赂器于大庙,其若之何?"公不听。

周内史闻之,曰:"臧孙达其有后于鲁乎!君违,不忘谏之以德。"

注释

❶ 杜注:"以茅饰屋,著俭也。""大路,玉路,祀天车也。越席,结草。""大羹,肉汁。"依孔疏,"越席,结蒲为席,置于玉路之中,以茵藉示其俭也","大羹者,大古初食肉者煮之而已,未有五味之齐","粢食不凿,谓以黍稷为饭不使细也"。上引注疏已经指出:臧哀伯谏请鲁桓公"昭令德以示子孙"的内容,首先是从"清庙茅屋""大路""大羹""粢食"四方面昭示俭朴之德。

❷ 黻读 fú,珽读 tǐng,幅读 bī,舄读 xì,紞读 dǎn,纮读 hóng,綖读 yán。杜注:"衮,画衣也。冕,冠也。黻,韦韠以蔽膝也。珽,玉

笏也。”“带，革带也。衣下曰裳。幅，若今行縢者。舄，复履。衡，维持冠者。紞，冠之垂者。纮，缨从下而上者。綖，冠上覆。”孔疏：“此上十二物者，皆是明其制度。”杨注认为“带裳幅舄”之带是大带，非革带，又说：“衮冕以下十二物，皆就祭服言之。”按：此十二物大多与祭服制度有关。而如珽，与祭服无关。

❸ 率，依《释文》可读 lǜ，依杨注当读 shuài，或读 shuì，音义与“帨”同。鞞读 bǐng。鞛读 běng，一作琫。鞶读 pán。杜注：“鞞，佩刀削上饰；鞛，下饰。鞶，绅带也，一名大带。厉，大带之垂者。游，旌旗之游。缨，在马膺前，如索裙。”孔疏引《周官·典瑞》郑司农注，引《觐礼》郑注并加以发挥，说明藻所以藉玉；又引服虔注说“率为刷巾”。杨注认为这里鞶当为革带。按：以上诸物，说明尊卑各有数。

❹ 黼读 fǔ，指古代礼服上白黑相间的花纹。黻，这里指古代礼服上半青半黑的花纹。杜注：“白与黑谓之黼，形若斧。黑与青谓之黻，两已相戾。”杨注认为黻所有花纹像两弓形相背，更准确。按：这里文是文章、文采，器物的外在表现。

❺ 钖读 yáng。杜注：“钖在马额，鸾在镳，和在衡，铃在旂。动皆有鸣声。”按：四者皆马饰，以金属为之。

❻ 这个“违”字，与上文“昭德塞违”“灭德立违”之“违”，都是奸邪的意思，说见王伯申《经义述闻》卷十七。

原文

秋七月，杞侯来朝，不敬。杞侯归，乃谋伐之。

“蔡侯、郑伯会于邓”，始惧楚也。

“九月，入杞”，讨不敬也。

“公及戎盟于唐”，修旧好也。“冬，公至自唐”，告于庙也。凡公行，告于宗庙；反行，饮至，舍爵，策勋焉：礼也。特相会，往来称地，让事也。自参以上，则往称地，来称会，成事也。[1]

初,晋穆侯之夫人姜氏以条之役生大子,命之曰“仇”。其弟以千亩之战生,命之曰“成师”。师服曰:“异哉,君之名子也!夫名以制义,义以出礼,礼以体政,政以正民,是以政成而民听,易则生乱。嘉耦曰妃,怨耦曰仇,古之命也。今君命大子曰‘仇’,弟曰‘成师’,始兆乱矣。兄其(簪)〔替〕乎![2]”

惠之二十四年,晋始乱,故封桓叔于曲沃。靖侯之孙栾宾傅之。[3]师服曰:“吾闻国家之立也,本大而(未)〔末〕小,是以能固。故天子建国,诸侯立家,卿置侧室,大夫有贰宗,士有隶子弟,庶人工商各有分亲,皆有等衰[4]。是以民服事其上而下无觊觎。今晋,甸侯[5]也;而建国,本既弱矣,岂能久乎?”

惠之三十年,晋潘父弑昭侯而立桓叔,不克。晋人立孝侯。惠之四十五年,曲沃庄伯伐翼,弑孝侯。翼人立其弟鄂侯。鄂侯生哀侯。哀侯侵陉庭之田。陉庭南鄙启曲沃伐翼。[6]

注释

1. “公”自是诸侯之称。先秦礼制:诸侯出行或回国,都要在宗庙行礼报告祖祢神灵。“反行”以下,杜注:“爵,饮酒器也。既饮置爵,则书勋劳于策,言速纪有功也。”孔疏:“行言告庙,反言饮至,以见至有饮而行无饮也。饮至者,嘉其行至,故因在庙中饮酒为乐也。”“公行告至,必以嘉会昭告祖祢,有功则舍爵策勋,无功则告事而已。”《春秋》公行而不书“至”者,不告庙也。杜注:“‘特相会’,公与一国会也。会必有主。二人独会,则莫肯为主,两让,会事不成,故但书地。”杨注:“参同三,会者三国以上,必有一国担任主人……公往,则称举所会之地;他国来,则称会而已。”此本太炎先生《春秋左传读》说。按:这里其实也是说的《左传》通例。
2. 簪,《释文》作“替”,解释说:“废也。”杨注:“替,衰微也。”兄与弟对言,弟若“成师”,兄就要衰落被废了。

③ 杜注:"惠,鲁惠公也。"惠之二十四年,是隐公元年之前二十三年,周平王二十六年。由《晋世家》可知桓叔即成师,靖侯之玄孙,晋文侯(仇)之弟。

④ 这里"衰"读 cuī。等衰,就是等次。

⑤ 杜注:"诸侯而在甸服者。"孔疏:"周公斥大九州广土万里,制为九服,邦畿方千里,其外每五百里谓之一服,侯、甸、男、采、卫、要六服为中国……"杨注引顾颉刚先生的说法,认为晋在周之王畿之内,所以说在甸服之中。依杜注,诸侯在甸服者称为"甸侯"。

⑥ 杜注:"陉庭,翼南鄙邑。"杨注:"启,引导也。"按:以上三段("初,晋穆侯之夫人"以下)是关于晋国历史的补叙。

经三年[1]

原文

春,正月,公会齐侯于嬴。

夏,齐侯、卫侯胥命[2]于蒲。

六月,公会杞侯于郕。

秋,七月壬辰朔,日有食之,既。[3]

公子翚如齐逆女。

九月,齐侯送姜氏于讙。[4]

公会齐侯于讙。

夫人姜氏至自齐。

冬,齐侯使其弟年来聘。

有年[5]。

注释

❶ 鲁桓公三年为公元前 709 年,周桓王十一年。

❷ 胥命,杜注:"申约言以相命而不歃血也。"杨注义同,引《荀子·

大略》"《春秋》善胥命而《诗》非屡盟"，认定"胥命为可信之约言"，其说良是。按：所谓"《春秋》善胥命"，始见于《春秋》经传桓三年。而《诗·小雅·巧言》"君子屡盟，乱是用长"，这可真是"《诗》非屡盟"了。

❸ 杜注："既，尽也。历家之说谓日光以望时遥夺月光，故月食；日月同会，月掩日，故日食。"孔疏："食既者，谓日光尽也……月体无光，待日照而光生，半照即为弦，全照乃成望。"杨注指出《春秋》桓三年经文记录的"日有食之，既"是一次日全食，并推算出这一次日全食的时日，实有根据，准确可信。

❹ 依《释文》反切，讙读 huān。杜注："讙，鲁地……已去齐国，故不言'女'。未至于鲁，故不称'夫人'。"按：本年经文上言"公子翚如齐逆女"，杜注："礼，君有故，则使卿逆。"上引杜注都说得对。又，《春秋》经传中显系地名者，为省篇幅计，本校注多不做解释。

❺ 杜注："五谷皆熟，书'有年'。"可是《春秋》经文中只有这一处与宣十六年记"有年"，如果春秋时期的五谷丰登实际上不止于这两年，那么，杜注关于书"有年"的意见就未必是通例。这也可以证明《春秋》有阙漏。

传三年

原文

春，曲沃武公伐翼，次于陉庭。韩万御戎，梁弘为右。逐翼侯于汾隰，骖絓而止。❶夜获之，及栾共叔。

"会于嬴"，成昏于齐也。

"夏，齐侯、卫侯胥命于蒲"，不盟也。

"公会杞侯于郕"，杞求成也。

"秋，公子翚如齐逆女。"修先君之好，故曰"公子"。

"齐侯送姜氏〔于讙〕❷"，非礼也。凡公女嫁于敌国，姊妹，则上卿送之,以礼于先君;公子,则下卿送之。于大国,虽公子亦上卿送之。于天子,则诸卿皆行。公不自送。于小国,则上大夫送之。[3]

冬,齐仲年来聘,致夫人[4]也。

芮伯万之母芮姜恶芮伯之多宠人也,故逐之,出居于魏。

注释

❶ 絓读guà,音义与"挂"相同。杨注:"骖在旁,如道路狭侧,则易为树木所絓碍。"两骖受到絓碍,自然就逃不脱、跑不了。

❷ "于谨"两字,阮刻本阙,据《释文》引文补入。

❸ 这一段记公女、姊妹与公子出嫁送行的礼制。"公子"指女公子。无论是何身份,父不送女出嫁。齐侯送女,其于礼实非。

❹ 所谓"致夫人",就齐侯而言,是当时致女之礼;就鲁而言,是齐国致夫人。参看《春秋》经传成九年及其注疏。

经四年[1]

原文

春,正月,公狩于郎。[2]

夏,天王使宰渠伯纠来聘。[3]

注释

❶ 鲁桓公四年是公元前708年,周桓王十二年。

❷ 杜注:"冬猎曰狩……周之春,夏之冬也。田狩从夏时。郎非国内之狩地,故书地。"孔疏:"诸国各有常狩之处,违其常处则犯害居民,故书地以讥之。"按:上引注疏言是。

❸ 杜注:"宰,官。渠,氏。伯纠,名也。"杨注:"伯盖其行次,纠是其名,伯纠以行次冠名。"按:两注宜合观。经文没有记秋冬之事,如杜注所说:"《春秋》有空时而无事者",是由于"史阙文"之故。

传四年

原文

“春正月,公狩于郎。”书时,礼也。[1]

夏,周“宰渠伯纠来聘”。父在,故名。

秋,秦师侵芮,败焉,小之也。[2]

冬,王师、秦师围魏,执芮伯以归。[3]

注释

❶ 杜注:“郎非狩地,故‘书时’合礼。”孔疏:“以时合礼,地非礼也。”按:如经文杜注所说,“得田狩之时,故《传》曰‘书时,礼也’”。

❷ 杜注:“秦以芮小,轻之,故为芮所败。”这里“小之”意思是轻视它,“小”是意动用法。

❸ 此芮伯是《传》桓三年所记出居于魏之芮伯,非此君出奔后更立之芮伯。杜注以为秦“将欲纳之”。

经五年[1]

原文

春,正月甲戌、己丑[2],陈侯鲍卒。

夏,齐侯、郑伯如纪。

天王使仍叔之子来聘。

葬陈桓公。[3]

城祝丘。

秋,蔡人、卫人、陈人从王伐郑。

大雩[4]。

螽[5]。

冬，州公如曹。[6]

注释

❶ 鲁桓公五年为公元前707年，周桓王十三年。

❷ 这里出现用干支表示的两个日子，杜注云“陈乱故再赴”“从赴两书”。

❸ 卒时称“陈侯鲍”，葬时称“陈桓公”，这是因为葬时已经有了“桓公”这个谥号。

❹ 同年《公羊传》：“大雩者何？旱祭也。”据何休注，大雩是“君亲之南郊”之祭。

❺ 这里记一“螽”字，与《春秋经》隐五年记的“螟”字一样，记当时灾异而已。

❻ 州与曹都是当时小国。州公，州国之君。

传五年

原文

“春，正月甲戌、己丑，陈侯鲍卒。”再赴也。于是陈乱，文公子佗杀太子免而代之。公疾病而乱作，国人分散，故再赴。[1]

夏，齐侯、郑伯朝于纪，欲以袭之。纪人知之。

王夺郑伯政，郑伯不朝。[2]

注释

❶ 佗读tuó。据《释文》，“太子免”的免读wèn。杜注：“佗，桓公弟五父也。称‘文公子’，明佗非桓公母弟也。免，桓公大子。”按：《释文》已指出“五父”之父读fǔ。“公疾病”，疾病与《檀弓上》“曾子寝疾病”，《论语·子罕》“子疾病”（《述而》篇亦有此句）的

"疾病"意思相同。《左传》桓五年孔疏引郑君《论语注》云:"病,谓疾益困也。"但无论如何,陈桓公病死应该只有一次,不可能病死两次。《左传》桓五年记陈侯鲍卒之日有甲戌、己丑两天,中间相隔十四天(前后十六天),这该如何解释?《左传》说是"再赴也",《史记·陈杞世家》用《左传》说法。"赴"是赴告噩耗(今作"讣"),"再赴"是赴报两次,所以史官记卒日有了两说。

❷ 杜注:"夺不使知王政。"孔疏:"此言王夺郑伯政,全夺与虢,不使郑伯复知王政,故郑伯积恨不复朝王。"杨注用孔疏。

原文

秋,王以诸侯伐郑。郑伯御之。

王为中军;虢公林父将右军,蔡人、卫人属焉;周公黑肩将左军,陈人属焉。

郑子元请为左拒以当蔡人、卫人,为右拒以当陈人,曰:"陈乱,民莫有斗心。若先犯之,必奔。王卒顾之,必乱。蔡、卫不枝,固将先奔。既而萃于王卒,可以集事。"从之。曼伯为右拒,祭仲足为左拒,原繁、高渠弥以中军奉公,为鱼丽之陈。先偏后伍,伍承弥缝。[1]

战于繻葛。命二拒曰:"旝动而鼓!"蔡、卫、陈皆奔,王卒乱。郑师合以攻之,王卒大败。祝聃射王中肩,王亦能军。祝聃请从之,公曰:"君子不欲多上人,况敢陵天子乎?苟自救也,社稷无陨,多矣。"[2]

夜,郑伯使祭足劳王,且问左右。

注释

❶ 杜注:"子元,郑公子。拒,方陈……萃,聚也。集,成也。"杜氏认为"蔡卫不枝"是"不能相支持"的意思,又引《司马法》说:"车战,二十五乘为偏,以车居前,以伍次之,承偏之隙而弥缝阙漏也。"又解释说:"五人为伍。此盖鱼丽陈法。"而清代大学者江永引《司马法》认为"百二十五乘为伍",则伍者五倍于偏,与杜注不

同。杨注认为《司马法》非春秋战法,则不能用来解说《左传》所谓鱼丽之陈,所以杨先生的结语是“姑阙疑可也”。我们认为《司马法》固然不是产生于春秋,但是离春秋时期很近,对于春秋战法的研究应该有参考作用。《司马法》有可能是在借鉴春秋战法并总结战国经验的基础上产生的。

❷ 旝读 kuài。《释文》:“本亦作桧,建大木置石其上。”杜注:“旝,旃也。通帛为之盖,今大将之麾也,执以为号令。”关于“王亦能军”句,杜注:“虽军败身伤,犹殿而不奔,故言‘能军’。”郑庄公说“君子不欲多上人”,杨注:“上亦驾陵之义。”《左传》“社稷无陨,多矣”,杨注:“国家免于危亡,则足矣。”按:上引杜注、杨注都是可取的。

原文

“仍叔之子”,弱也。[1]

“秋,大雩。”书,不时也。凡祀,启蛰而郊,龙见而雩,始杀而尝,闭蛰而烝。过则书。[2]

冬,淳于公如曹。度其国危,遂不复。[3]

注释

❶ 或据杜注在“仍叔之子”下补入“来聘”二字。可是孔疏很明白地说这里《左传》(简称为“传”)“不言聘意”,所以我们认为这里不必将“来聘”二字补入。

❷ 启蛰即惊蛰,其时行郊祭。“龙见”之见读 xiàn,音义与“现”同,杜注:“苍龙宿之体昏见东方,万物始盛,待雨而大,故祭天,远为百谷祈膏雨。”杨注认为不必苍龙七宿全都出现始行雩祭,只要其中角、亢两宿于黄昏出现于东方即可。十月是尝祭之常期,其时秋气肃杀,而《左传》说的是“始杀”,则如杜注所言,“阴气始杀,嘉谷始熟,故荐尝于宗庙”。而王伯申谓此时当孟秋建申之月,言其盛,非言其始,是用贾逵、服虔说,杨注从之。又,孟冬昆

虫蛰闭,万物皆成而可荐者众,故可行烝祭。杨注:"过,谓非常祭。"有非常祭则必有记录。

❸ 杜注:"淳于,州国所都……国有危难,不能自安,故出朝而遂不还。"杨注:"淳于公即州公"。度读 duó。

经六年[1]

原文

春,正月,(寔)〔实〕[2]来。

夏,四月,公会(纪)〔杞〕[3]侯于成。

秋,八月壬午,大阅[4]。

蔡人杀陈佗。

九月丁卯,子同[5]生。

冬,纪侯来朝。

注释

❶ 鲁桓公六年为公元前 706 年,周桓王十四年。

❷ 据阮元等《校勘记》改。

❸ 据《左传》桓公三年、《穀梁传》桓公六年、陆德明《音义》改。

❹ 同年《春秋公羊传》:"大阅者何? 简车徒也。"同年《左传》:"简车马也。"《穀梁传》:"阅兵车也。"范宁《集解》:"阅为简练。"

❺ 子同,就是鲁桓公之子庄公。杜注:"十二公唯子同是適夫人之长子,备用大子之礼,故史书之于策。"

传六年

原文

春,自曹来朝。书曰"(寔)〔实〕来",不复其国也。[1]

楚武王侵随，使薳章求成焉，军于瑕以待之。随人使少师董成。

斗伯比言于楚子曰："吾不得志于汉东也，我则使然。我张吾三军而被吾甲兵，以武临之，彼则惧而协(来)〔以〕[2]谋我，故难间也。汉东之国随为大，随张，必弃小国；小国离，楚之利也。少师侈，请羸师以张之。"熊率且比曰："季梁在，何益？"斗伯比曰："以为后图。少师得其君。"王毁军而纳少师。[3]

少师归，请追楚师。随侯将许之，季梁止之，曰："天方授楚。楚之羸，其诱我也。君何急焉？臣闻小之能敌大也，小道大淫。所谓道，忠于民而信于神也。上思利民，忠也。祝史正辞，信也。今民馁而君逞欲，祝史矫举以祭，臣不知其可也。"公曰："吾牲牷肥腯[4]，粢盛丰备，何则不信？"对曰："夫民，神之主也，是以圣王先成民而后致力于神。[5]故奉牲以告，曰'博硕肥腯'，谓民力之普存也，谓其畜之硕大蕃滋也，谓其不疾瘯蠡也，谓其备腯咸有也[6]；奉盛以告，曰'洁粢丰盛'，谓其三时不害而民和年丰也；奉酒醴以告，曰'嘉栗旨酒'，谓其上下皆有嘉德而无违心也。所谓馨香，无谗慝也。故务其三时，修其五教，亲其九族，以致其禋祀，于是乎民和而神降之福，故动则有成。[7]今民各有心，而鬼神乏主，君虽独丰，其何福之有？君姑修政而亲兄弟之国，庶免于难。"随侯惧而修政，楚不敢伐。

注释

1. 杜注："亦承五年冬《传》，淳于公如朝也。"杨注义同。"寔来"之寔当作实，据阮元等《校勘记》改。
2. "协来"之来当作以，据阮元等《校勘记》改。
3. 杜注："张，自侈大也。羸，弱也。熊率且比，楚大夫。季梁，随贤臣。"孔疏："少师得其君心，君将必用其计。"毁军就是示弱，纳是接洽的意思。
4. 牷读 quán，全体纯色的意思。腯读 dùn，一读 tú，《说文》："牛羊曰肥，豕曰腯。”段注：“按：人曰肥，兽曰腯，此人物之大辨也。又析言之，则牛羊得称‘肥’，豕独称‘腯’。”合而言之，“牲牷肥腯”指祭祀用牲体全色纯膘肥。这就表现出行祭礼的人对神灵的尊重。

❺ “先成民而后致力于神”，这个观点很值得重视。春秋时代的思想家们信神而重民，与殷商以前信神而不重民的思想比较，无疑是前进了一大步。杜注：“言鬼神之情依民而行。”这样说符合原意。

❻ 瘯读 cù，一读 zú。蠡，依《释文》读 luǒ，《释文》：“《说文》作瘰，云：瘯瘰，皮肥也。”今按：“奉牲以告曰博硕肥腯”是总冒，以下四“谓”句是分释，《说文》段注：“下文以‘谓民力普存’释‘博’，以‘谓其畜之硕大蕃滋’释‘硕’，以‘谓其不疾瘯蠡’释‘肥’，以‘谓其备腯咸有’释‘腯’。”杨遇夫（树达）先生用段玉裁说。

❼ 杜注：“三时，春、夏、秋。嘉，善也。栗，谨敬也。”五教，谓“父义，母慈，兄友，弟恭，子孝”。九族，杜释与孔安国、郑玄不同（见陆氏《释文》），不具录。杨注：“嘉栗旨酒，犹言既好又清而美之酒。”又说：“有成即有功”，用杨遇夫先生说。① 我们认为“三时不害”指人与自然环境的关系和谐，“上下皆有嘉德而无违心”指社会关系和谐。

原文

夏，会于成，（纪）〔杞〕来咨谋齐难也。

北戎伐齐，齐使乞师于郑。郑大子忽帅师救齐。六月，大败戎师，获其二帅大良、少良，甲首三百，以献于齐。于是诸侯之大夫戍齐，齐人馈之饩，使鲁为其班。后郑。❶郑忽以其有功也，怒，故有郎

---

① 按：俞曲园先生《群经平议》卷二十五：“栗当读为洌……《周易·井·九五》‘井洌，寒泉，食’，王弼注曰：‘洌，洁也。’嘉洌旨酒，言其既嘉善而又清洁也。”杨先生可能参考了俞曲园说。

之师。

公之未昏于齐也，齐侯欲以文姜妻郑大子忽。大子忽辞，人问其故；大子曰：“人各有耦。齐大，非吾耦也。《诗》云：‘自求多福。’在我而已，大国何为？”[2]君子曰：“善自为谋。”及其败戎师也，齐侯又请妻之。固辞。人问其故，大子曰：“无事于齐，吾犹不敢。今以君命奔齐之急，而受室以归，是以师昏也。民其谓我何？”[3]遂辞诸郑伯。

注释

❶ 杜注：“班，次也。鲁亲班齐馈……”班齐馈而后郑，无论是谁的安排，都让帅师救齐的郑大子忽想不通，因为没有谁说出正当的理由。《传》隐十一年记滕侯薛侯朝鲁而争长，隐公说出了“长滕侯”的理由。班齐馈而后郑的理由是什么呢？料想鲁人并未说出正当理由。

❷ “齐大，非吾耦也”以下，意思是：齐国虽是大国，但齐女并非我的匹配。杜注：“《诗·大雅·文王》言求福由己，非由人也。”为何非求婚于大国不可呢？

❸ 杨注：“意谓劳民出师，而己成婚以归，民将谓己所以劳民者，为娶妻于齐耳。”关于“以师昏”的含义，杨注至确。杜注：“言必见怪于民。”说得也对，只是意思不如杨注显豁。

原文

“秋，大阅”，简车马也。

“九月丁卯，子同生。”以大子生之礼举之：接以大牢，卜士负之，士妻食之，公与文姜、宗妇命之。[1]

公问名于申繻。对曰：“名有五：有信，有义，有象，有假，有类。以(名)生〔名〕[2]为信，以德命为义，以类命为象，取于物为假，取于父为类。不以国，不以官，不以山川，不以隐疾，不以畜牲，不以器币。周人以讳事神;名,终将讳之。故以国则废名,以官则废职,以山川则废主,以畜牲则废祀,以器币则废礼。晋以僖侯废司徒,宋以武公废司空,先君献、武废二山,是以大物不可以命。”[3]公曰:“是其生也,与吾同物,命之曰同。”

冬,纪侯来朝,请王命以求成于齐。公告不能。

注释

1. 杜注:“大牢,牛羊豕也。以礼接夫人,重適也。礼:世子生三日,卜士负之,射人以桑弧蓬矢射天地四方,卜士之妻为乳母。世子生三月,君夫人沐浴于外寝,立于阼阶,西乡,世妇抱子升自西阶,君命之,乃降,盖同宗之妇。”孔疏:“公与夫人共命之,故使宗妇侍夫人。”按:杜注对于“大子生之礼”的解说,孔疏已指出是本《礼记·内则》言之。
2. 据阮元等《校勘记》乙正。
3. 以上说的是取名的意义与不可以取为人名的范围。这当然与其时盛行的避讳的原则直接相关。晋僖侯名司徒,则司徒一职不得不废为中军。宋武公名司空,则司空一职只好改叫司城。鲁献公名具,武公名敖,有人问具、敖二山,鲁人只好以其乡对。可见大物是不可取来作名字用的。

经七年[1]

原文

春,二月己亥,焚咸丘。[2]

夏,穀伯绥来朝。邓侯吾离来朝。

注释

1. 鲁桓公七年是公元前705年,周桓王十五年。
2. 杜注:“焚,火田也。咸丘,鲁地……讥尽物,故书。”孔疏:“以火焚地，明为田猎，故知焚是火田也……以火田非蒐狩之法，而直书其焚以讥其尽物也。”按：杨注与杜注、孔疏义近。

传七年

原文

春，穀伯、邓侯来朝。名，贱之也。[1]

夏，盟、向求成于郑[2]，既而背之。

秋，郑人、齐人、卫人伐盟、向。王迁盟、向之民于郏。

冬，曲沃伯诱晋小子侯[3]，杀之。

注释

1. 这一段是对《春秋》经文“夏，穀伯绥来朝，邓侯吾离来朝”的解说。杜注：“辟陋小国，贱之。礼不足，故书名。以春来，夏乃行朝礼，故《经》书‘夏’。”按：杜注甚是。
2. 杜注：“盟、向，二邑名。”孔疏：“言求成于郑，是王求成也。”
3. 杜注：“曲沃伯，武公也。小子侯，哀侯子。”

经八年[1]

原文

春，正月己卯，烝。[2]

天王使家父来聘。[3]

夏，五月丁丑，烝。

秋，伐邾。

冬，十月，雨雪。

祭公来，遂逆王后于纪。[4]

注释

❶ 鲁桓公八年是公元前704年,周桓王十六年。

❷ 烝祭本冬事(《穀梁传》说得很清楚),这一年春正月行烝祭,如孔疏引卫氏所说,“一责过时,二责见渎”。

❸ 这是天王派特使赴诸侯国行聘礼。这里“家父”是天子特使的氏字。杜注:“家,氏。父,字。”

❹ “祭公来”,来是来鲁国。祭公逆王后于纪,何以与鲁国有关?杨注已说明当时王室托鲁君主昏的原因。参看毛奇龄《昏礼主人说》一文。

传八年

原文

春,灭翼。

随少师有宠。楚斗伯比曰:“可矣!仇有衅[1],不可失也。”

夏,楚子合诸侯于沈鹿。黄、随不会。使薳章让黄。楚子伐随,军[2]于汉、淮之间。

季梁请下之[3]:“弗许而后战,所以怒我而怠寇也。”少师谓随侯曰:“必速战!不然,将失楚师。”随侯御之。望楚师,季梁曰:“楚人上左,君必左,无与王遇。且攻其右。右无良焉,必败。偏败,众乃携矣。”[4]少师曰:“不当王,非敌也。”弗从。

战于速杞。随师败绩。随侯逸[5]。斗丹获其戎车,与其戎右少师。

秋,随及楚平。[6]楚子将不许,斗伯比曰:“天去其疾矣,随未可克也。”[7]乃盟而还。

冬,王命虢仲立晋哀侯之弟缗于晋。

“祭公来,遂逆王后于纪。”礼也。

注释

❶ 杜注:“衅,瑕隙也。”今按:杨注认为这个“衅”,“犹今言空子”,通俗易懂。“仇有衅”,这里意思是“敌国有空子可钻”。

❷ 这个“军”是动词,意思是“驻扎”。

❸ 杜注:“下之,请服也。”意思是请允许自动表示甘拜下风。

❹ 杨注:“君谓随侯。随侯之左师当楚军之右师。”“且攻其右”的“且”,杨注认为“作‘而’用”,又说:“偏,偏师,犹言非主力军。携,离也。”季梁这一番话的意思是:楚人以左为上,楚王必定驻扎在楚国军队左边,所以随侯应该率部驻在随国军队之左,以面对楚军右边的部分,而不与楚王面对面为敌。楚军右边没有精锐之师,必然抵挡不了随军主力的进攻。楚军偏师吃了败仗,必然导致楚军的溃散。

❺ 这里“逸”是逃走的意思。

❻ 杨注:“随将与楚和也。”

❼ 杜注:“去疾,谓少师见获而死。”天把他的大病去掉了,随国不可打败了。

经九年[1]

原文

春,纪季姜归于京师。[2]

夏,四月。

秋,七月。

冬,曹伯使其世子射姑来朝。[3]

注释

❶ 鲁桓公九年,当公元前703年,周桓王十七年。

❷ 杜注:“季姜,桓王后也。”孔疏引《公羊传》说明“自我言纪”是申

父母之尊，又引《公羊传》说："京师者何？天子之居也。京者何？大也。师者何？众也。天子之居，必以众大之辞言之。"杨注谓京师指周都城洛邑，"周人于地名之下往往加师为称"，本遇夫先生说。

❸ "世子"就是太子。请参看《左传》襄公五年"大子"注。"来朝"是来朝见鲁侯。

传九年

原文

"春，纪季姜归于京师。"凡诸侯之女行，唯王后书。[1]

巴子使韩服告于楚，请与邓为好。楚子使道朔将巴客以聘于邓。邓南鄙鄾人攻而夺之币[2]，杀道朔及巴行人。楚子使薳章让于邓，邓人弗受。

夏，楚使斗廉帅师及巴师围鄾。邓养甥、聃甥帅师救鄾，三逐巴师，不克。斗廉衡陈其师于巴师之中，以战，而北。邓人逐之，背巴师。而夹攻之，邓师大败。鄾人宵溃。

秋，虢仲、芮伯、梁伯、荀侯、贾伯伐曲沃。

冬，曹大子来朝。宾之以上卿，礼也。享曹大子，初献[3]，乐奏而叹。施父曰："曹大子其有忧乎？非叹所也。"[4]

注释

❶ 杜注："为书妇人行例也。适诸侯，虽告鲁犹不书。"意思是：《左传》这里提供了记载妇人之行的通例。"行"，在这里指妇人出嫁，这样的用法先秦文献多有之，后世也还这样用，譬如《艺文类聚》卷四十、《御览》卷五百四十一录梁简文帝《资遣孔焘二女教》："闻其在室二女并未有行，可广访姻家。"然而妇人之行记入《左传》，则只有一种情况，诸侯之女出嫁而为王后者书之，否则不书。

❷ 这里"币"不是钞票，而是指送给别人的一切礼物。《礼经》中

"币"字都是指这个意思。

❸ 古人享宴宾客之礼,依来宾身份等级而定献酒次数,第一次叫初献。

❹ 在不该发出悲叹的时间、地点叹气,可以用"非叹所也"来批评。孔疏引服虔说:"古之为享食,所以观威仪,省祸福。无丧而戚忧,必仇焉。今大子临乐而叹,是父将死而兆先见也。"相信什么先兆,可能有道理,但是未必都有道理。然而"临乐而叹",无论如何,总是会有人觉得奇怪而认为"非叹所"的。

经十年❶

原文

春,王正月庚申,曹伯终生卒。

夏,五月,葬曹桓公。❷

秋,公会卫侯于桃丘,弗遇。❸

冬,十有二月丙午,齐侯、卫侯、郑伯来战于郎。

注释

❶ 鲁桓公十年,是公元前702年,周桓王十八年。

❷ 此公正月卒,五月葬,其丧葬之始与终历时五个月,与周礼有关规定相符。先书名("终生"),后书谥("桓公"),谥在卒后。

❸《周官·大宗伯》:"时见曰会。"注:"时见者,言无常期。"按:"时见曰会",属宾礼。杜注:"卫侯与公为会期,中背公,更与齐郑,故公独往而不相遇也。"

传十年

原文

春,曹桓公卒。

虢仲谮其大夫詹父于王。詹父有辞[1]，以王师伐虢。夏，虢公出奔虞。

秋，秦人纳芮伯万于芮。

初，虞叔有玉，虞公求旃。弗献，既而悔之，曰："周谚有之：'匹夫无罪，怀璧其罪。'吾焉用此？其以贾害也？"[2]乃献〔之〕。又求其宝剑。叔曰："是无厌也。无厌，将及我。"遂伐虞公，故虞公出奔共池。

"冬，齐、卫、郑来战于郎。"我有辞也。

初，北戎病齐，诸侯救之，郑公子忽有功焉。齐人饩诸侯，使鲁次之。鲁以周班后郑。[3]郑人怒，请师于齐。齐人以卫师助之，故不称侵伐。先书"齐、卫"，王爵也。

注释

❶ "有辞"，意思是有话说，有理由。

❷ "求旃"的"旃"，可理解为"之焉"之合音。也可以直接解释为"之"或"焉"，因为"之""旃"声相转，"旃""焉"韵同，音相近。说见《经传释词》卷九。杜注："贾，买也。"按：这里"贾"读 gǔ。贾害，把祸害买回来。这当然是不值得做的事。

❸ 杨注："依周室封爵之次，郑应在后。"按："后郑"的"后"，在这里也是使动用法，使郑居后的意思。

经十有一年[1]

原文

春，正月，齐人、卫人、郑人盟于恶曹[2]。

夏，五月癸未，郑伯寤生卒。

秋，七月，葬郑庄公。[3]

九月，宋人执郑祭仲。突归于郑。郑忽出奔卫。

柔会宋公、陈侯、蔡叔,盟于折。

公会宋公于夫钟。

冬,十有二月,公会宋公于阚❹。

注释

❶ 鲁桓公十一年,当公元前701年,周桓王十九年。

❷ 杜注:“恶曹,地,阙。”意思是:这是地名,而地在何处,弄不清了。

❸ 先书名,后书谥,因为谥在其卒后。五月卒,七月葬,依当时周礼有关诸侯丧葬制度论之,未免太快。

❹ 阚,读kàn,这里不读hǎn,地名。

传十一年

原文

春,齐、卫、郑、宋盟于恶曹。

楚屈瑕将盟贰、轸。郧人军于蒲骚,将与随、绞、州、蓼伐楚师。莫敖患之。斗廉曰:“郧人军其郊,必不诫,且日虞四邑之至也。❶君次于郊郢,以御四邑;我以锐师宵加于郧。郧有虞心而恃其城,莫有斗志。若败郧师,四邑必离。”莫敖曰:“盍请济师于王❷?”对曰:“师克在和,不在众。商、周之不敌,君之所闻也。成军以出,又何济焉?”莫敖曰:“卜之?”对曰:“卜以决疑。不疑何卜?”遂败郧师于蒲骚,卒盟而还。

郑昭公之败北戎也,齐人将妻之,昭公辞。祭仲曰:“必取之!君多内宠,子无大援,将不立。三公子皆君也。”弗从。

夏,郑庄公卒。

初,祭封人仲足有宠于庄公,庄公使为卿。为公娶邓曼,生昭公。故祭仲立之。宋雍氏女❸于郑庄公,曰雍姞,生厉公。雍氏宗[4],有宠于宋庄公,故诱祭仲而执之,曰:“不立突,将死!”亦执厉公而求赂焉。祭仲与宋人盟,以厉公归而立之。

秋,九月丁亥,昭公奔卫。己亥,厉公立。

注释

❶ 郧读 yún,《释文》:“郧音云,国名。”又说:“随、绞、州、蓼,四国名。”按:杜注说贰、轸为“二国名”,“蒲骚”为“郧邑”。又说:“莫敖,楚官名。”“虞,度也。四邑,随、绞、州、蓼也。邑,亦国也。”杨注对于“日虞四邑之至”句中“虞”的解释,用王氏父子说(见《经义述闻》卷十七),认为是“望”的意思,其他的说法与杜注无异。

❷ 杜注:“盍,何不也。济,益也。”何不向王请求增派部队?

❸ 杜注:“雍氏姞姓,宋大夫也。以女妻人曰女。”这个“女”读 nǜ,不读 nǚ,也不读 rǔ,与前文“齐人将妻之”句中“妻之”意思相同。

❹ 杨注:“宗,为人所尊仰也。”按:《说文》:“宗,尊祖庙也。”段注:“宗尊双声。按:当云‘尊也,祖庙也’。今本夺上‘也’字……凡尊者谓之‘宗’,尊之则曰‘宗之’。”

经十有二年[1]

原文

春,正月。

夏,六月壬寅,公会杞侯、莒子,盟于曲池。

秋,七月丁亥,公会宋公、燕人,盟于穀丘。

八月壬辰,陈侯跃[2]卒。

公会宋公于虚。

冬,十有一月,公会宋公于龟。

丙戌,公会郑伯,盟于武父。[3]

丙戌,卫侯晋卒。[4]

十有二月，及郑师伐宋。丁未，战于宋。

注释

❶ 鲁桓公十二年，是公元前700年，周桓王二十年。

❷ 杜注说陈侯跃就是厉公，孔疏："跃为厉公，《世本》文也……妄称跃为利公……皆是马迁妄说。"按：这里杜注、孔疏都是对的。司马贞《史记索隐》也说到《史记·陈杞世家》记载之误。说又见崔適《史记探原》卷五。

❸ 依杜注，虚、龟为宋地，武父为郑地。《释文》已指出"武父"之父读fǔ。

❹ 孔疏："《春秋》之中唯此重书日。"杨注："晋即宣公。"

传十二年

原文

夏，"盟于曲池"，平杞、莒也。

公欲平宋、郑。秋，公及宋公盟于句渎之丘。❶宋成未可知也，故又会于虚。冬，又会于龟。宋公辞平。❷故与郑伯盟于武父，遂帅师而伐宋，战焉，宋无信也。

君子曰："苟信不继，盟无益也。《诗》云'君子屡盟，乱是用长'，无信也。❸"

楚伐绞，军其南门。莫敖屈瑕曰："绞小而轻，轻则寡谋。请无捍采樵者以诱之。"从之。绞人获三十人。明日，绞人争出，驱楚役徒于山中。楚人坐其北门，而覆诸山下；大败之，为城下之盟❹而还。

伐绞之役，楚师分涉于彭。罗人欲伐之，使伯嘉谍之；三巡数之。❺

注释

❶ “平杞”“平宋”之“平”，与《经》隐六年“郑人来渝平”、《传》“始平于齐”的“平”义同，结好媾和的意思。杜注：“句渎之丘即穀丘也。”按：这里“句”读 gōu。“句渎”合音为穀。句渎之丘就是同年经文“秋七月”条的“穀丘”。

❷ “辞平”的“平”，也就是上文“平杞”“平宋”的“平”。“宋公辞平”，杜注：“宋公贪郑赂，故与公三会而卒辞不与郑平。”

❸ 引诗见《诗·小雅·巧言》。杜注：“言无信故数盟，数盟则情疏，情疏而憾结，故云长乱。”

❹ 强敌兵临城下，弱者力屈势沮，求服受盟，这个时候的盟约，于弱者肯定不利。所谓城下之盟，指弱者被迫接受的不平等盟约。（参见本传孔疏以及《左传》宣公十五年孔疏）

❺ 彭，水名。杜注：“罗，熊姓国。”“伯嘉，罗大夫。谍，伺也。巡，遍也。”按：这里记罗人欲伐楚，派大夫伯嘉侦察敌情，伯嘉计数(shǔ)楚军的人数(shù)，反复了多回。

经十有三年❶

原文

春，二月，公会纪侯、郑伯。己巳，及齐侯、宋公、卫侯、燕人战。齐师、宋师、卫师、燕师败绩。❷

三月，葬卫宣公。❸

夏，大水。

秋，七月。

冬，十月。

注释

❶ 鲁桓公十三年，当公元前 699 年，周桓王二十一年。

❷ 杜注:“大崩曰败绩,例在庄十一年。或称人,或称师,史异辞也。卫宣公未葬,惠公称侯以接邻国,非礼也。”孔疏:“杜言违礼失制,礼制亦无明文。案:文八年八月天王崩。九年春毛伯来求金。《传》曰:‘不书王命,未葬也。’彼以逾年未葬,不得称王命使,是其礼制;未可以此知接邻国则违礼制也。”我们认为孔疏说得对。杨注秉承孔疏的意思,而说得更加明白了。

❸ 上年《春秋经》记十有一月“丙戌卫侯晋卒”,“晋”是卫侯之名。此记“三月,葬卫宣公”,“宣公”是彼卫侯之谥。谥在卒后,应为通例,以后此类情况,不再注。又,自上年十一月至此年三月,卫侯晋自卒至葬跨五个月,与周礼有关规定相合。

传十三年

原文

春,楚屈瑕伐罗。斗伯比送之,还,谓其御曰:“莫敖必败。举趾高,心不固矣。”遂见楚子,曰:“必济师!”[1]楚子辞焉,入告夫人邓曼。邓曼曰:“大夫其非众之谓。其谓君抚小民以信,训诸司以德,而威莫敖以刑也。莫敖狃于蒲骚之役,将自用也,必小罗。[2]君若不镇抚,其不设备乎?夫固谓君训众而好镇抚之,召诸司而劝之以令德,见莫敖而告诸天之不假易也。[3]不然,夫岂不知楚师之尽行也?”楚子使赖人追之,不及。莫敖使徇于师曰:“谏者有刑!”及鄢,乱次以济,遂无次。且不设备。及罗,罗与卢戎两军之[4],大败之。莫敖缢于荒谷。

群帅囚于冶父以听刑。楚子曰:“孤之罪也!”皆免之。

宋多责赂于郑。郑不堪命,故以纪、鲁及齐与宋、卫、燕战。不书所战,后也。

郑人来请修好。

注释

❶ 杜注:"难言屈瑕将败,故以益师讽谏。"意思是:不增派部队,那就必败!"济师",可参看前文《传》桓十一年注❷。

❷ 狃,读 niǔ,这里意思是"因袭""习惯"。孔疏:"狃,贯也。贯于蒲骚之得胜,遂恃胜以为常,将自用其心,不受规谏。必轻小罗国,以为无能。"按:"自用其心",就是只相信自己的想法(心思),自以为是。"小罗"之"小"是轻视的意思。可以说"小罗"之"小"是意动用法,"小罗"就是以罗为小国,不足惧,不足挂齿。

❸ 杜注:"诸,之也。言天不借贷慢易之人。"王氏父子认为"假""易"都是宽纵之意,"天不假易,谓天道之不相宽纵也"(《经义述闻》卷十七)。杨注用王氏父子说。

❹ "两军之",两面夹击之。"军"在这里作动词用。

经十有四年❶

原文

春,正月,公会郑伯于曹。

无冰。

夏,五❷。郑伯使其弟语来盟。

秋,八月壬申,御廪灾❸。

乙亥,尝❹。

冬,十有二月丁巳,齐侯禄父卒。

宋人以齐人、蔡人、卫人、陈人伐郑。❺

注释

❶ 鲁桓公十四年,为公元前698年,周桓王二十二年。

❷ 杜注:"不书'月',阙文。"据文例本可在"五"下补"月"字。因为不知

道“五”下脱文究竟有多少,所以干脆不补了,这是为了表示谨慎。

❸ 杜注:“御廪,〔藏〕公所亲耕以奉粢盛之仓也。天火曰灾。”孔疏也认为事与耤田礼有关。

❹《尔雅·释天》:“秋祭曰尝。”郭注:“尝新谷。”《春秋》桓十四年此处所记之“尝”在“御廪灾”后,杜注认为“苟不害嘉谷,则祭不应废,故书以示法”。又,共尝祭之嘉谷,应出自“公所亲耕”之耤田。小戴辑《礼记·祭义》:“昔者天子为藉千亩……诸侯为藉百亩……躬秉耒,以事天地山川社稷先古,以为醴酪齐盛于是乎取之,敬之至也。”孔疏引《祭义》为证,是对的。

❺ 杜注:“凡师能左右之曰‘以’。例在僖二十六年。”我们认为宋人未必能左右众诸侯派遣的军队,但是应该可以起一点主导作用。

传十四年

原文

春,会于曹。曹人致饩,礼也。[1]

夏,郑子人来寻盟[2],且修曹之会。

“秋,八月壬申,御廪灾。乙亥,尝。”书,不害也。

冬,宋人以诸侯伐郑,报宋之战也。焚渠门,入,及大逵。伐东郊,取牛首。以大宫之椽归为卢门之椽。[3]

注释

❶ 杜注:“熟曰饔,生曰饩。”有宾客来,尽地主之谊而致生物于宾,这叫致饩礼。杨注引《传》哀十二年述子服景伯之言(“地主归饩”云云)为证,恰到好处。

❷ 杜注:“子人即‘弟语’也。”杨注:“寻盟,重温十二年武父之盟。”按:《左传》哀公十二年:“若可寻也,亦可寒也。”彼孔疏引《礼经》郑注:“寻,温也。”所谓“寻盟”,“皆以前盟已寒,更温之使热”。

彼杜注云："寻，重也。"这个"重"读 chóng，是重复、再次、继续的意思。

❸ 杜注："渠门，郑城门。逵，道方九轨。东郊，郑郊。牛首，郑邑。大宫，郑祖庙。卢门，宋城门。告伐而不告入取，故不书。"《释文》：椽，"榱也，圆曰椽，方曰桷"。章太炎先生《春秋左传读》谓椽假为传，即《尔雅·释宫》"植谓之传"之传，杨注认为其说亦可通。

经十有五年[1]

原文

春，二月，天王使家父来求车。

三月乙未，天王崩。[2]

夏，四月乙巳，葬齐僖公。

五月，郑伯突出奔蔡。

郑世子忽复归于郑。

许叔入于许。

公会齐侯于艾。

邾人、牟人、葛人来朝。

秋，九月，郑伯突入于栎。

冬，十有一月，公会〔齐侯、〕[3]宋公、卫侯、陈侯于袲[4]，伐郑。

注释

❶ 鲁桓公十五年，当公元前 697 年，周桓王二十三年。

❷ 这个"家父"，应该就是《春秋》桓八年记"天王使家父来聘"的家父。"天王使家父来求车"，反映当时礼节有阙，天子不再是天下首富，因而不得不主动向诸侯乞讨了。"天王崩"，记周桓王姬林之死。

❸ 据《公羊传》《说文解字》引文补入。

❹ 袲读 chǐ,这里不读 nuǒ,因为没有“夜长好貌”的意思。杜注:“袲,宋地。”

传十五年

原文

春,天王使家父来求车,非礼也。诸侯不贡车服,天子不私求财。[1]祭仲专。郑伯患之,使其婿雍纠杀之。将享诸郊,雍姬知之,谓其母曰:“父与夫孰亲?”其母曰:“人尽夫也,父一而已,胡可比也?”遂告祭仲曰:“雍氏舍其室而将享子于郊。吾惑之,以告。”祭仲杀雍纠,尸诸周氏之汪。[2]公载以出,曰:“谋及妇人,宜其死也。”夏,厉公出奔蔡。六月乙亥,昭公入。

“许叔入于许。”

“公会齐侯于艾”,谋定许也。

秋,郑伯因栎人杀檀伯[3],而遂居栎。

冬,会于袲,谋伐郑,将纳厉公也。弗克而还。

注释

❶ 杜注:“车服,上之所以赐下。诸侯有常职贡。”按:依杜注,诸侯虽然有常职贡,但是车服非诸侯所得贡者。车服虽非诸侯所得贡,然而制作车服的材料应由诸侯进贡。天子直接向诸侯索取车服,是礼节有阙。诸侯未及时向天子(朝廷)进贡制作车服所需要的材料,也是礼节有阙。这叫作上下皆失礼。

❷ 女儿向亲生父亲称“子”,足证这里所谓“子”只能是敬称。“尸诸周氏之汪”,杜注:“汪,池也。周氏,郑大夫。杀而暴其尸以示戮也。”杨注无异议。

❸ 杜注:“檀伯,郑守栎大夫。”《史记·郑世家》檀作单,《索隐》斥为

误，实则字之假借而已。杨注："《经》《传》称人者，皆指国君或大夫。"按：《春秋》经文固有称"人"之例，唯杨说包括传文，恐不尽然。又，"郑伯因栎人杀檀伯"，郑伯有指使作用。

经十有六年[1]

原文

春，正月，公会宋公、蔡侯、卫侯于曹。
夏，四月，公会宋公、卫侯、陈侯、蔡侯伐郑。
秋，七月，公至自伐郑。
冬，城向。
十有一月，卫侯朔[2]出奔齐。

注释

❶ 鲁桓公十六年，为公元前696年，周庄王元年。

❷ 杜注："惠公也。"按：此人为卫宣公子，时已为君四年。杜注斥其"谗构取国"，实有根据。《公羊传》："卫侯朔何以名？绝。曷为绝之？得罪于天子也。"《穀梁传》："朔之名，恶也。天子召而不往也。"《左传》也不说卫侯朔一句好话。看来《春秋》经传称诸侯之名确实有贬义。焦循《春秋左传补疏》谓孔子作《春秋》，此等处所以使乱臣贼子惧。此即有所谓微言大义者。

传十六年

原文

春，正月，会于曹，谋伐郑也。
夏，伐郑。
"秋七月，公至自伐郑"，以饮至之礼[1]也。

“冬,城向。”书,时也。

初,卫宣公烝于夷姜,生急子,属诸右公子。为之娶于齐,而美,公取之。生寿及朔,属寿于左公子。夷姜缢。宣姜与公子朔构急子。公使诸齐,使盗待诸莘,将杀之。寿子告之,使行。不可,曰:“弃父之命,恶用子矣?有无父之国则可也。”及行,饮以酒。寿子载其旌以先,盗杀之。急子至,曰:“我之求也,此何罪?请杀我乎!”又杀之。二公子故怨惠公。❷

十一月,左公子洩、右公子职立公子黔牟。惠公奔齐。

注释

❶ “饮至之礼”,参见《左传》桓公二年“冬,公至自唐”下注。书“至”,依凡例,其行告庙饮至之礼可知。

❷ 杜注:“夷姜,宣公之庶母也。上淫曰烝。”“宣姜,宣公所取急子之妻。构,会其过恶。”按:这里“属”与后起的“嘱”音同义同。杨注:“所谓属之者,使傅之也。”“构,谓进谗言以挑拨离间。”下文“寿子告之,使行”,杨注谓“行犹逃走”。“二公子故怨惠公”,惠公指继卫宣公为卫君的公子朔,二公子指前文言及的右公子与左公子。又,“急子”之急,《左传》之外文献多作“伋”。卫宣公的丑恶行径,《史记·卫康叔世家》记载甚详,而《诗·邶风》《诗·鄘风》早有反映。

经十有七年❶

原文

春,正月丙辰,公会齐侯、纪侯,盟于黄。

二月丙午,公(会)〔及〕❷邾仪父盟于趡❸。

夏,五月丙午,及齐师战于奚。

六月丁丑,蔡侯封人卒。

秋，八月，蔡季自陈归于蔡。

癸巳，葬蔡桓侯。[4]

及宋人、卫人伐邾。

冬，十月朔，日有食之。

注释

❶ 鲁桓公十七年，为公元前695年，周庄王二年。

❷ 据《公羊》《穀梁》所传之《经》及本年《左传》，"会"当作"及"。

❸ 趡读cuǐ，鲁地名。

❹ 杜注："称'侯'，盖谬误。三月而葬，速。"孔疏："五等诸侯卒则各书其爵，葬则举谥称'公'，礼之常也。此无贬责而独称'侯'，故云'盖谬误'也。"是有可疑者。而自卒至葬凡三月，太快，与当时礼制不合，则无可疑者。

传十七年

原文

春，"盟于黄"，平齐、纪，且谋卫故也。

"及邾仪父盟于趡"，寻蔑之盟也。

"夏，及齐师战于奚"，疆事也。于是齐人侵鲁疆，疆吏来告。公曰："疆埸之事，慎守其一而备其不虞。姑尽所备焉。事至而战，又何谒焉？"[1]

蔡桓侯卒。蔡人召蔡季于陈。"秋，蔡季自陈归于蔡"，蔡人嘉之也。"伐邾"，宋志也。

"冬十月朔，日有食之。"不书日，官失之也。天子有日官，诸侯有日御。日官居卿以(底)〔厎〕日，礼也。[2]日御不失日，以授百官于朝。

初，郑伯将以高渠弥为卿。昭公恶之，固谏，不听。昭公立，惧其杀己也,辛卯,弑昭公而立公子亹。君子谓昭公知所恶矣。公子达曰:“高伯其为戮乎?复恶,已甚矣![3]”

注释

[1] “疆事”“疆埸之事”,指边界纠纷。杜注:“虞,度也。不度,犹不意也。”杨注:“事,戎事,指他国之武力。谒,请也,告也,犹言报告请示。鲁桓意谓邻国来侵犯,可自行抵抗,不必事先请示。”按:上引杜注、杨注都是准确的。

[2] 杜注:“日官、日御,典历数者。日官,天子掌历者,不在六卿之数而位从卿,故言居卿也。厎,平也,谓平历数。”杨注:“厎音旨,致也,《周礼·春官·典瑞》所谓‘土圭以致四时日月’、《冯相氏》所谓‘冬夏致日,春秋致月’是也。”按:古代天子掌历者定历,颁告朔于诸侯,是重大礼典之一。

[3] “复恶”,杜注:“复,重也。本为昭公所恶,而复弑君,重为恶也。”阮元等《校勘记》引惠栋已指出“杜训为重,失之”,应如《周礼·大司寇》郑注所说:“复犹报也。”杨注:“报恶犹报怨。已,太也。”已甚矣,太过分了。

经十有八年[1]

原文

春,王正月,公会齐侯于泺[2]。公与夫人姜氏遂如齐。

夏,四月丙子,公薨于齐。

丁酉,公之丧至[3]自齐。

秋,七月。

冬,十有二月己丑,葬我君桓公。[4]

注释

[1] 鲁桓公十八年,当公元前694年,周庄王三年。

❷ 据杜注，泺即泺水，这就该读 luò，不能读 pō。

❸ 这里书“至”，必行告庙之礼。可参看前文为《左传》桓二年“冬，公至自唐”及其下文所作注释。

❹ 杜注：“九月乃葬，缓慢也。”按：自卒（或薨）至葬，诸侯而超过五个月的，都在缓慢一类。缓慢亦失礼。

传十八年

原文

春，公将有行，遂与姜氏如齐。申𦈡曰：“女有家，男有室，无相渎也，谓之有礼。易此，必败。”

公会齐侯于泺，遂及文姜如齐。齐侯通焉，公谪[1]之。以告。

夏，四月丙子，享公。使公子彭生乘公，公薨于车。[2]

鲁人告于齐曰：“寡君畏君之威，不敢宁居，来修旧好。礼成而不反，无所归咎，恶于诸侯。请以彭生除之。”齐人杀彭生。

秋，齐侯师于首止。子亹会之，高渠弥相。七月戊戌，齐人杀子亹而轘[3]高渠弥。祭仲逆郑子于陈而立之。是行也，祭仲知之，故称疾不往。人曰：“祭仲以知免。”仲曰：“信也。”[4]

周公[5]欲弑庄王而立王子克。辛伯告王，遂与王杀周公黑肩。王子克奔燕。

初，子仪有宠于桓王，桓王属诸周公。辛伯谏曰：“并后，匹嫡，两政，耦国，乱之本也。”周公弗从，故及。[6]

注释

❶ 杜注：“谪，谴也。”《释文》：“谪，直革反，责也。”按：“直革反”，读 zhé。

❷ 杜注：“上车曰乘。”孔疏引《齐太公世家》：“襄公使力士彭生抱上鲁君车，因折杀鲁桓公，下车则死矣。”按：这里“乘”读 chéng，意

思是“助其登车”,作动词用。

❸ 轘读 huàn,指古代用车分裂人体的一种酷刑。

❹ 依《释文》,“以知免”的“知”,就是“智慧”的“智”。杨注:“信也犹言诚然。”可否理解为祭仲自诩“以信(诚信)免”呢?从实际情况看,杨先生的注释较为准确。

❺ 这个“周公”就是下文的“周公黑肩”,应为周公姬旦的后裔。

❻ 这里所谓“属诸周公”,应该是把子仪托付给周公黑肩的意思,请周公黑肩辅导子仪。“属”与《左传》桓十六年“属诸右公子”“属寿于左公子”的“属”义同。“并后,匹嫡,两政,耦国”,杜注:“妾如后。庶如嫡。臣擅命。都如国。”在《左传》作者看来,这四种情况都是灾难之源。“故及”,杜注:“及于难也。”王氏《述闻》与杨注意思相同,唯解释“两政”与杜注不同。正与政通,两政就是“宠臣之权与正卿相敌”的意思。

庄公

经元年[1]

原文

春,王正月。

三月,夫人孙[2]于齐。

夏,单伯送王姬。

秋,筑王姬之馆于外。[3]

冬,十月乙亥,陈侯林卒。

王使荣叔来锡桓公命。[4]

王姬归于齐。

齐师迁纪郱、鄑、郚。[5]

注释

❶ 鲁庄公的姓名是“姬同”。他是鲁桓公的儿子,即位的元年为公元前693年,周庄王四年。

❷《释文》:“逊,本亦作孙,音同。”可证这里“孙”通“逊”。杜注:“内讳奔,谓之孙,犹孙让而去。”是用《公》《穀》两传的说法。孔疏引《释例》:“使若不为臣子所逐,自孙位而去者。”

❸ 杜注:“单伯,天子卿也……王将嫁女于齐,既命鲁为主,故单伯送女不称‘使’也。王姬不称字,以王为尊,且别于内女也。天子嫁女于诸侯,使同姓诸侯主之。不亲昏,尊卑不敌。”孔疏引《公羊传》说明周王嫁女之礼,与杜注同。《释文》谓“单音善”,与现代“单”姓读shàn相同。按:“筑王姬之馆于外”,是当时特殊情

况下举行特殊婚礼的一项礼仪设施。孔疏:“其意言公与齐为仇,又身有重服,不得与齐侯为礼,故筑于外也。”同年《穀梁传》:“筑之外,变之为正,何也?仇雠之人,非所以接昏姻也。衰麻,非所以接弁冕也。其不言齐侯之来逆何也?不使齐侯得与吾为礼也。”是孔疏用《穀梁传》的说法。

❹ 《公羊传》:“锡者何?赐也。命者何?加我服也。其言‘桓公’何?追命也。”《左传》孔疏还引用其他文献,既证成《公羊传》说,更使锡命礼内容明确了。杜注:“荣叔,周大夫……追命桓公,褒称其德,若昭七年王追命卫襄之比。”

❺ 郱读 píng,鄑读 jìn,一读 zī,郚读 wú。是纪国三地名。

传元年

原文

春,不称即位,文姜出故也。[1]

“三月,夫人孙于齐。”不称姜氏,绝,不为亲,礼也。[2]

“秋,筑王姬之馆于外。”为外,礼也。[3]

注释

❶ 杜注:“庄公父弑母出,故不忍行即位之礼。”这里解释了经文不书即位的原因。

❷ 孔疏引《公羊传》说明了“不称姜氏,绝,不为亲”的理由:“何以不称姜氏?贬。曷为贬?与弑公也。”《穀梁传》义同。孔疏又说《左氏》先儒的意思是:“庄公绝母,不复以之为亲,为父绝母,得礼尊父之义,故曰礼也。”杜注认为“礼也”指公当与齐绝,其说义长。

❸ 于醴尊先生《香草校书》卷三十七:“上文云:‘不为亲,礼也。’此云:‘为外,礼也。’两句相应,是此‘外’字与上文‘亲’字为对。‘亲’指文姜,则‘外’指王姬。文姜为鲁大夫(引者按:‘鲁大夫’

当作'鲁夫人'),是'亲'也。王姬非鲁女,是'外'也。因仇齐而不为'文姜',是'不为亲'也,所以为'礼'。不以仇齐而不为'王姬',是为'外'也,亦所以为'礼'。"按:于氏对《传》桓公元年两处"礼也"做的解说颇为精当。又,依《左氏》的说法,"筑王姬之馆于外",本来合符礼制,与当时"有丧制""恨齐"的特殊背景并无关系。孔疏引郑君《箴膏肓》解释《左氏》,倒也值得注意。参见《春秋》桓公八年记"祭公来逆王后于纪"注。

经二年❶

原文

春,王二月,葬陈庄公。

夏,公子庆父帅师伐於余丘❷。

秋,七月,齐王姬卒。

冬,十有二月,夫人姜氏会齐侯于禚❸。

乙酉,宋公冯卒。

注释

❶ 鲁庄公二年,为公元前692年,周庄王五年。

❷ 杜注:"於余丘,国名也。"《穀梁》所传之《经》亦作"於余丘"。《公羊》所传《春秋经》脱"於"字。按:此"於"字读 wū。

❸ 禚读 zhuó,这里是齐国一地名。

传二年

原文

冬,"夫人姜氏会齐侯于禚"。书,奸也。❶

注释

❶《左传》这里很明白地揭露鲁桓公夫人姜氏会齐侯实出于奸情，足见齐襄公与文姜兄妹之淫当时已为人熟知，《诗·齐风》三诗(《南山》《敝笱》《载驱》)刺之固宜。拙撰《诗经校注》有说明，可参看。关于春秋齐国的这一段秽史，说史说《诗》者应无异议。

经三年[1]

原文

春，王正月，溺会齐师伐卫。

夏，四月，葬宋庄公。

五月，葬桓王。[2]

秋，纪季以酅入于齐。[3]

冬，公次于滑[4]。

注释

❶ 鲁庄公三年，当公元前691年，周庄王六年。

❷ 周桓王崩于鲁桓公十有五年，公元前697年，至此已超过6年。这与小戴辑《礼记·王制》说的“天子七日而殡，七月而葬”相距很远。

❸ 酅读xī，本纪国一邑名。杜注：“季，纪侯弟。酅，纪邑……季以邑入齐为附庸，先祀不废，社稷有奉，故书字贵之。”按：主动请求列为附庸之国，得到的待遇高于那些被消灭的国家，可以理解。又，《春秋》称名通常有贬义。杨注：“史例，诸侯之弟类以仲、叔、季称……”引《秦始皇本纪赞》证明“季”非纪侯弟之名，其说有据。既非名，则很可能为字。

❹ “滑”，杜注：“郑地。”《公》《穀》所传《经》皆作“郎”。

传三年

原文

“春，溺会齐师伐卫。”疾之[1]也。

“夏五月，葬桓王。”缓也。

“秋，纪季以酅入于齐。”纪于是乎始判。[2]

“冬，公次于滑。”将会郑伯谋纪故也。郑伯辞以难。凡师，一宿为舍，再宿为信，过信为次。[3]

注释

1. “疾之”，恨之，恶之，以为其人讨厌，可恶。这与前文已说过的“称名之例”相合。《左传》作者早在《传》隐四年就将含义点破。这里再说一遍，所以杜注说是“《传》重明上例”。
2. 杜注：“判，分也。言分为附庸始于此。”纪季以酅入于齐为附庸，而纪国酅地之外的江山仍由纪侯统治，奉行原来的制度。这有可能是一国两制的萌芽。
3. 率领人马在某地住一个晚上，叫舍。驻扎两个晚上，叫信。在某地驻扎三天以上，叫次。据杨注，不必师出，个人在外地住下来，也可以有这些说法。

经四年[1]

原文

春，王二月，夫人姜氏享齐侯于祝丘。

三月，纪伯姬卒。

夏，齐侯、陈侯、郑伯遇于垂。

纪侯大去其国。[2]
六月乙丑，齐侯葬纪伯姬。
秋，七月。
冬，公及齐人狩于禚。[3]

注释

❶ 鲁庄公四年，即公元前690年，周庄王七年。

❷ 杜注："大去者，不反之辞。"按：纪侯永远不反其国君之位，意思很明白，实等于说其国已经灭亡。

❸ 杜注："公越竟与齐微者俱狩，失礼可知。"按：《公》《穀》谓"齐人"为齐侯。而《左传》杜注说是"齐微者"，盖鄙视齐侯之故，《春秋》称"人"之例实有此意。《春秋经》庄公四年所记六件事，或合礼，或失礼，都与当时周礼有关。限于篇幅，本校注未能一一加以批评。全部《春秋经》一以贯之的是礼制精神，我们的校注加以批评的，都只是其中典型的事例罢了。又，"狩于禚"的"禚"，《公》《穀》作"郜"。此类异文，其间亦应有音韵方面的联系。

传四年

原文

春，王正月。楚武王荆尸授师孑，焉以伐随。[1]将齐[2]，入告夫人邓曼曰："余心荡。"邓曼叹曰："王禄尽矣！盈而荡，天之道也。先君其知之矣，故临武事、将发大命而荡王心焉。若师徒无亏，王薨于行，国之福也。"王遂行，卒于樠木之下。令尹斗祁、莫敖屈重除道梁溠，营军临随。随人惧，行成。[3]莫敖以王命入盟随侯，且请为会于汉汭。而还，济汉而后发丧。

纪侯不能下齐，以与纪季。"夏，纪侯大去其国"，违齐难也。[4]

注释

❶ 据上个世纪八十年代前后学者们对睡虎地秦简《日书》的研究，已经弄清楚《春秋左传》庄公四年的所谓“荆尸”，实即楚历“刑夷”之称的保留。“荆”与“刑”实一字，“尸”与“夷”实际也是同一个字。荆尸，刑夷，指楚历每一年的正月。① 杜注引扬雄《方言》：“孑者，戟也。”此时楚师始用戟为兵器。又，据《经传释词》，这里“焉”应该是“于是”“则”或“乃”的意思，当属下句读。

❷ “将齐”，齐读 zhāi（音义同“斋”）。这里不读 qí。古时迷信鬼神的人举行祭礼之前整洁身心的行为，叫“斋”。

❸ 樠读 mén，又读 mán，又读 lǎng。樠木，一种名叫“樠”的树。“令尹”，楚官名，相当于后来的宰相。“莫敖”也是楚官名。溠读 zhà。杨注：“除道犹开路。”“梁溠，于溠水筑桥。”“行成犹言求和。”

❹ 这一段解释经文说的“纪侯大去其国”的原因：一是“不能下齐”（杜注：“不能降屈事齐”），二是为了“违齐难”（杜注：“违，辟也”），躲避齐人制造的灾难。

经五年❶

原文

春，王正月。

夏，夫人姜氏如齐师。❷

秋，郳犁来来朝。❸

冬，公会齐人、宋人、陈人、蔡人伐卫。

---

① 请参看于豪亮先生写的《秦简〈日书〉记时记月诸问题》（收入中华书局1985年版《于豪亮学术文存》）。

注释

❶ 鲁庄公五年，当公元前689年，周庄王八年。

❷《左传》《公羊》无讥。《穀梁传》："妇人既嫁不逾竟。逾竟非礼也。"按：《春秋》称"姜氏"，其义应与《穀梁》同。

❸ 郳读ní，杜注："附庸国也……犁来，名。"按：郳，《公羊传》作"倪"，音同。其地在今山东省内应无可疑。《释文》："国名。后为小邾。"当时为鲁之附庸国，所以有"来朝"之事。犁，《公》《穀》作黎，音同。依《公》《穀》，黎来是微国之君，《左传》义同。《朱子语类》卷八十三："朝非微者之礼"。所以应该说：黎来在他的本国决非微者。

传五年

原文

"秋，郳犁来来朝。"名，未王命也。[1]

"冬，伐卫"，纳惠公也。

注释

❶ 杜注："未受爵命为诸侯。《传》发附庸，释名例也。其后数从齐桓以尊周室，王命以为小邾子。"孔疏："郳者附庸之国，犁来其君之名。《传》言'未王命'者，解其称名之意，由未得爵命为诸侯，故称名也。"由此可见周王其时做为天下共主的地位还多少得到一些承认。

经六年[1]

原文

春，王正月，王人子突[2]救卫。

夏,六月,卫侯朔入于卫。

秋,公至自伐卫。

螟。

冬,齐人来归卫俘[3]。

注释

❶ 鲁庄公六年为公元前688年,周庄王九年。

❷ “王人”始见于此。杜注:“王人,王之微官也。虽官卑而见授以大事,故称‘人’而又称字。”按:此王人“子突”是名还是字,杨注有异议。

❸ 这里说是卫俘,同年《左传》说是“卫宝”。杨注:“俘、保、宝古音皆近,得相通假。”证以《逸周书·世俘》(即真《尚书·武成》),知杨说是。按:《公》《穀》都作“宝”,可知作“俘”作“宝”都是可以的。杜注疑此《经》“俘”为误字,是以不误为误了。

传六年

原文

春,王人救卫。

夏,卫侯入,放公子黔牟于周,放甯跪于秦,杀左公子洩、右公子职,乃即位。君子以二公子之立黔牟为不度矣。夫能固位者,必度于本末而后立衷焉。不知其本,不谋;知本之不枝,弗强。《诗》云:“本枝百世。”[1]

“冬,齐人来归卫宝”,文姜请之也。

楚文王伐申,过邓。邓祁侯曰:“吾甥也。”止而享之。骓甥、聃甥、养甥请杀楚子,邓侯弗许。三甥曰:“亡邓国者,必此人也。若不早图,后君噬齐,其及图之乎?图之,此为时矣!”邓侯曰:“人将不食吾余。”对曰:“若不从三臣,抑社稷实不血食,而君焉取余?”[2]

弗从。还年,楚子伐邓。十六年,楚复伐邓,灭之。

注释

❶ “不度”之“度”,读 duó,揣度、推测、估计的意思。杜注:“本末,终始也。衷,节适也。譬之树木,本弱者其枝必披,非人力所能强成。”孔疏:“君子以二公子之立黔牟也,为不知揆度形势矣。夫立人为君,使能自坚固其位者,必当揆度于本末。度其本者,谓其人才德贤善根本牢固;度其末者,谓其久终能保有邦国,蕃育子孙:知其堪能自固而后立其衷焉。衷谓节适,言使得节适时,乃立之也。”按:我们认为“本之不枝”的“枝”,这里应该就相当于“支撑”的“支”。杨注认为“本之不枝”的意思是说“虽有根而不生枝叶”,比喻其人“孤立无助,不能安国家,固后世”,这就把“枝”当成动词讲了,亦通。依杨注,这里“强”读 qiǎng,“弗强”就是不勉强为之。又,“本枝百世”句见《大雅·文王》,杨注已指出这里引《诗》是断章取义。

❷ “后君噬齐……其及图之乎?”这是后来“噬脐何及”的说法所从出,其中“齐”假为脐。“不食吾余”“焉取余”,余指残渣废物,不食之,意思是唾弃之。杨注是对的,当从之。“社稷实不血食”:社稷得不到牺牲祭祀,实指亡国。

经七年❶

原文

春,夫人姜氏会齐侯于防。

夏,四月辛卯,夜,恒星不见;夜中,星陨如雨❷。

秋,大水。

无麦、苗。

冬,夫人姜氏会齐侯于穀❸。

注释

❶ 鲁庄公七年，即公元前687年，周庄王十年。

❷ 杜注："如，而也。"孔疏："此《传》言：'星陨如雨，与雨偕也。'偕训为俱，与雨俱下，不得为状似雨也。"按：古音"如"与"而"同（所谓"娘日古入泥"），本可通假。杜注认为这里"如"不是常见的比况之辞，实本《左传》"与雨偕也"，孔疏已指明。《公》《穀》二传则认为经文原是说的"状似雨"。杨注说是"流星雨"，义同《公》《穀》。

❸ 杜注："穀，齐地。"按：此"夫人姜氏会齐侯于防""于穀"，与《诗·齐风》之《南山》《敝笱》《载驱》可以合观。

传七年

原文

"春，文姜会齐侯于防"，齐志❶也。

夏，"恒星不见"，夜明也。"星陨如雨"，与雨偕也。

"秋，无麦、苗"，不害嘉谷❷也。

注释

❶ "齐志"，意思是：齐襄公和他的已经做了鲁桓公夫人的妹妹多次相会行淫秽之事，本齐襄之志（私意）。

❷ "嘉谷"：其广义指嘉美之谷物，黍稷之类，如《书·吕刑》"农植嘉谷"、《诗·生民》"天降嘉谷"是。又称禾，《说文》："禾，嘉谷也。"其狭义，特指专门种植供祭祀用的作物，如《左传》僖公三十年"羞嘉谷"是。

经八年[1]

原文

春，王正月，师次于郎，以俟陈人、蔡人。

甲午，治兵。[2]

夏，师及齐师围郕[3]。郕降于齐师。

秋，师还。

冬，十有一月癸未，齐无知弑其君诸兒[4]。

注释

❶ 鲁庄公八年是公元前686年，周庄王十一年。

❷ 杜注："治兵于庙，习号令，将以围郕。"孔疏："虽在郊内，亦用刚日甲午治兵。"按：这里"治兵"实为授兵于庙，由下文《左传》可以判断。既如此，则上引杜注、孔疏虽然训诂有根据，但就《经》与《传》对应之大义而言，实误，不可取。又，经文"治兵"，《公羊》作"祠兵"，郑玄《驳五经异义》说是字之误。《穀梁》所传之《经》亦作"治兵"，穀梁自云"出曰治兵"，则其意亦当为授兵于庙而出师。

❸ 郕，一作成（见《公羊传》），地名。

❹ 这里"诸兒"之兒读ní。按：诸兒即齐襄公。

传八年

原文

春，"治兵"于庙，礼也。[1]

"夏，师及齐师围郕。郕降于齐师。"仲庆父请伐齐师，公曰："不可。我实不德，齐师何罪？罪我之由。《夏书》曰：'皋陶迈种德。德，乃降。'[2]姑务修德以待时乎！”秋，师还。君子是以善鲁庄公。

齐侯使连称、管至父戍葵丘，瓜时而往，曰：“及瓜而代。”期戍，公问不至。请代，弗许。故谋作乱。[3]

注释

❶ 杜氏《经》注认为“治兵”是“习号令”，本《传》杨注认为“治兵”就是“授兵”。按：治兵如果是演习操练，自当在郊野。授兵在庙，则古礼确实如此，杨注是对的。参见《左传》隐公十一年。

❷ 杜注：“‘夏书’，逸《书》也。称皋陶能勉种德。迈，勉也。”孔疏说这里引《书》为《皋陶谟》之文，阮元等《校勘记》将《皋陶谟》更正为《大禹谟》。孔疏又说：“杜不见古文。故以为逸《书》。”按：这里孔疏所谓“古文”实指东晋梅赜奏上的伪古文《尚书》，杜预确实未见过。但杜氏判断《左传》这里引《书》为逸《书》却是不错的。

❸ 杜注：“连称、管至父，皆齐大夫。戍，守也。葵丘，齐地……问，命也。”依《释文》，“期戍”之期读 jī。杨注认为“及瓜而代”意思是“至来年食瓜季节，当使人替代”，又说期是一周年，“时戍已一岁”，“问”是音讯，这些解释都很准确。本来约定满一年就有人来替换，而今不准换人，无人来换，所以连称、管至父阴谋作乱。

原文

僖公之母弟曰夷仲年，生公孙无知，有宠于僖公，衣服礼秩如適。襄公绌之。[1]二人因之以作乱。连称有从妹在公宫，无宠。使间公[2]，曰：“捷，吾以女为夫人。”[3]

冬十二月，齐侯游于姑棼，遂田于贝丘。见大豕，从者曰：“公子彭生也。”公怒，曰：“彭生敢见！”射之。豕人立而啼。公惧，队于车，伤足丧屦。反，诛屦于徒人费，弗得；鞭之，见血。[4]走出，遇贼于门。劫而束之。费曰:“我奚御哉?”袒而示之背,信之。费请先入;伏公而出,斗死于门中。石之纷如死于阶下。遂入,杀孟阳于床,曰:“非君也,不类。”见公之足于户下,遂弑之,而立无知。

初,襄公立,无常。鲍叔牙曰:“君使民慢,乱将作矣!”[5]奉公子小白出奔莒。乱作,管夷吾、召忽奉公子纠来奔。

初,公孙无知虐于雍廪。[6]

注释

❶ 適,读 dí(音义与“嫡”同)。杜注:“適,大子。”“衣服礼秩如適”,则可知其原本非嫡。非適而“如適”,难免招致非议,故“襄公绌之”。

❷ 杜注:“伺公之间隙。”按:这里所谓“间”,实际上是从事间谍活动。

❸ 杜注:“捷,克也。宣无知之言。”意思是:如果连称从妹帮助公孙无知弑君篡位成功,无知就让她做夫人。

❹ 这里“彭生敢见”的“见”,音义与“现”同。“队”为“坠”之借。杜注:“诛,责也。”杨注:“诛屦,责其觅屦也。”王伯申《经义述闻》卷十七已指出“徒人”之徒“当为‘侍’字之误”,“侍人即寺人”,其说是。费读 bì,人名。

❺ “无常”指政令多变而言。“君使民慢”,这个“慢”应该是轻慢、侮慢的意思。“君使民慢”,应该是君慢于使民。“慢”还是说“君”的行为,不应该是“民”的表现。

❻ 杜注:“雍廪,齐大夫。”今按:“虐于雍廪”句中“于”字,不应该表示被动文中之原主动作者,也不应该表示形容词之比较级,而应该表示下文说的是形容词之对象,与《孟子·公孙丑下》“吾甚惭于孟子”句式相同。这一句意思应该是说公孙无知虐待雍廪。参见杨遇夫先生《词诠》卷九解释“於”字的第十二条、十三条、十四条。“于”在不少情况下用法同“於”。

经九年[1]

原文

春,齐人杀无知。

公及齐大夫盟于蔇。[2]

夏,公伐齐,纳(子)[3]纠。齐小白入于齐。

秋,七月丁酉,葬齐襄公。

八月庚申,及齐师战于干时[4],我师败绩。

九月,齐人取子纠杀之。

冬,浚洙。[5]

注释

❶ 鲁庄公九年,当公元前685年,周庄王十二年。

❷ 《释文》:"蔇,其器反。"用现代汉语拼音,应该读qì。也有辞书说蔇应读许既切(xì)。此字《公》《穀》作"暨",两字可通作。杜注:"齐乱无君,故大夫得敌于公,盖欲迎子纠也。来者非一人,故不称名。蔇,鲁地。"如果不是有杜注揭示的原因,鲁庄公与齐大夫盟于蔇的事就不会发生。大夫得敌于鲁国之君的事毕竟失礼。

❸ 这里衍"子"字,说见《公羊传》何休注、《左传》孔疏以及阮元等《校勘记》。

❹ 杜注:"干时,齐地。时水在乐安界,岐流旱则竭涸,故曰干时。"

❺ 同年《公羊传》:"洙者何?水也。浚之者何?深之也。"《释文》:"浚,深也。洙,水名。"按:浚读jùn,疏通、挖深的意思。

传九年

原文

春，雍廪杀无知。

“公及齐大夫盟于蔇”，齐无君也。

“夏，公伐齐，纳(子)纠。”桓公自莒先入。

秋，师及齐师战于干时，我师败绩。公丧戎路，传乘而归。秦子、梁子以公旗辟于下道，是以皆止。❶

鲍叔帅师来言曰：“子纠，亲也；请君讨之。管、召，仇也；请受而甘心焉。”乃杀子纠于生窦。召忽死之。管仲请囚，鲍叔受之，及堂阜而税之。归而以告曰：“管夷吾治于高傒。使相可也。”❷公从之。

注释

❶ 杜注：“戎路，兵车。传乘，乘他车。二子，公御及戎右也。”“止，获也。”按：杨注认为“传乘之乘应是动词”“辟同避”。二子打着国君的旗帜避于下道，目的是招诱齐师，使鲁庄公逃跑而免于成为俘虏。二子被抓获，而鲁庄公逃脱了追捕。

❷ 杜注：“生窦，鲁地。堂阜，齐地。”又说：“高傒，齐卿高敬仲也。言管仲治理政事之才多于敬仲。”杨注：“堂阜……为齐、鲁交界处而地属齐。一至齐境，即释管仲之缚。”鲍叔识才，向桓公推荐管仲为相治国。

经十年❶

原文

春，王正月，公败齐师于长勺。

二月,公侵宋。

三月,宋人迁宿。

夏,六月,齐师、宋师次于郎。公败宋师于乘丘[2]。

秋,九月,荆败蔡师于莘,以蔡侯献舞归。[3]

冬,十月,齐师灭谭,谭子奔莒。

注释

[1] 鲁庄公十年是公元前684年,周庄王十三年。

[2] 据《释文》,这个“乘”读shèng。乘丘,鲁地名。

[3] 杜注:“荆,楚本号,后改为楚。楚辟陋在夷,于此始通上国。然告命之辞犹未合典礼,故不称将帅。莘,蔡地。献舞,祭季。”孔疏指出“僖之元年乃书‘楚人伐郑’,盖于尔时始改为‘楚’,以后常称楚也”,引《穀梁传》曰:“‘以归’,犹愈乎执也。”杨注认为“荆”是以地名为国号。按:杜注所谓“祭季”,诸本多作蔡季。

传十年

原文

春,齐师伐我。公将战,曹刿请见。其乡人曰:“肉食者谋之,又何间焉?”[1]刿曰:“肉食者鄙,未能远谋。”乃入见,问何以战。公曰:“衣食所安,弗敢专也,必以分人。”对曰:“小惠未遍,民弗从也。”公曰:“牺牲玉帛,弗敢加也。必以信。”对曰:“小信未孚,神弗福也。”[2]公曰:“小大之狱,虽不能察,必以情。”对曰:“忠之属也,可以一战。战,则请从。”

公与之乘。战于长勺。公将鼓之,刿曰:“未可。”齐人三鼓,刿曰:“可矣!”齐师败绩。公将驰之,刿曰:“未可。”下,视其辙;登,轼[3]而望之;曰:“可矣!”遂逐齐师。

既克,公问其故。对曰:“夫战,勇气也。一鼓作气,再而衰,三而竭。彼竭我盈,故克之。夫大国,难测也;惧有伏焉。吾视其辙乱,望其旗靡,故逐之。”[4]

注释

❶ 杜注:“肉食,在位者。间犹与也。”孔疏:“盖位为大夫乃得食肉也。”杨注用孔疏说。

❷ 杜注:“孚,大信也。”杨注认为“孚借为覆”“覆有盖被之意,即遍及之意”。这一句说的是小信不能让国民都得到好处,神祇不会让你得到幸福。

❸《释名·释车》:“轼,式也,伏以式所敬者也。”按:这里轼与式通,伏而观望之曰式。《曲礼上》“式宗庙”“式路马”“入里必式”,式即此意。按:《释名》用声训。实则轼为古制车阑上之木,可以倚而伏之,但不可登上去。

❹ 辙是车轮的痕迹。旗靡是旗帜倒了。杨注:“辙乱则行列不整,旗倒是师失耳目,是知其为真败。”

原文

夏六月,齐师、宋师次于郎。公子偃曰:“宋师不整,可败也。宋败,齐必还。请击之。”公弗许。自雩门窃出,蒙皋比[1]而先犯之。公从之,大败宋师于乘丘。齐师乃还。

蔡哀侯娶于陈,息侯亦娶焉。息妫将归,过蔡。蔡侯曰:“吾姨也。”止而见之,弗宾。[2]息侯闻之,怒,使谓楚文王曰:“伐我,吾求救于蔡;而伐之。”楚子从之。秋九月,楚败蔡师于莘,以蔡侯献舞归。

齐侯之出也,过谭;谭不礼焉。及其入也,诸侯皆贺,谭又不至。“冬,齐师灭谭”,谭无礼也。“谭子奔莒”,同盟故也。

注释

❶ 杜注:“皋比,虎皮。”孔疏引《传》僖二十八年“胥臣蒙马以虎皮”

为证,以为《传》庄十年所记事“与彼同”。按:这里“比”读 pí。

❷ 杜注:“妻之姊妹曰姨。”孔疏引《释亲》为证。“弗宾”,杜注:“不礼敬也。”

经十有一年[1]

原文

春,王正月。

夏,五月戊寅,公败宋师于鄑[2]。

秋,宋大水。

冬,王姬归于齐。[3]

注释

❶ 鲁庄公十一年为公元前683年,周庄王十四年。

❷ 鄑,已见于《春秋》庄元年经文。《释文》:“鄑,子斯反。”读 zī。《春秋》庄元年注还列出了鄑的另两个读音。

❸ 杜注:“鲁主昏,不书。齐侯逆不见公。”按:此说可疑,岂有迎亲而不见主昏者之礼?不书者,盖王姬出嫁,例由鲁君主昏,以为常事,不必书也。抑或两君有隙?

传十一年

原文

夏,宋为乘丘之役故,侵我。公御之。宋师未陈而薄之,败诸鄑。

凡师,敌未陈曰败某师,皆陈曰战,大崩曰败绩,得俊曰克,覆而败之曰取某师,京师败曰王师败绩于某。[1]

秋，宋大水。公使吊焉，曰："天作淫雨，害于粢盛，若之何不吊？"对曰："孤实不敬，天降之灾；又以为君忧，拜命之辱。"[2]臧文仲曰："宋其兴乎！禹、汤罪己，其兴也悖焉；桀、纣罪人，其亡也忽焉。且列国有凶，称孤，礼也。言惧而名礼，其庶乎！"既而闻之曰："公子御说之辞也。"臧孙达曰："是宜为君，有恤民之心。"[3]

冬，齐侯来逆共姬。

乘丘之役，公以金仆姑射南宫（长）万，公右歂孙生搏之。宋人请之。宋公靳之，曰："始，吾敬子。今子鲁囚也，吾弗敬子矣！"[4]病之。

注释

❶ 这里说的是《左传》关于记叙武装冲突用语的通例。杨注认为这些用语未必准确。

❷《周官·春官·大宗伯》："以吊礼哀祸灾。"郑注即举《春秋左传》庄十一年记鲁君遣使吊宋大水为例证之一。

❸ 公子御说就是明年受到拥立的宋桓公。据《释文》，"公子御说"的说读 yuè。有恤民之心者宜为君，这个说法很重要。凡是置人民疾苦于不顾的人，无论背景如何，都不宜为国君，不宜当什么领导人。

❹ 歂读 chuán。杜注："金仆姑，矢名。南宫长万，宋大夫。"又说："戏而相愧曰靳。"又说："万不以为戏，而以为己病。"这里为明年秋宋万弑其君张本。《释文》认为"南宫长万"之"长"是衍字。探下文，知其说可信。关于"靳"的解说，孔疏认为杜注比服虔说"耻而恶之曰靳"妥当。

经十有二年[1]

原文

春，王三月，纪叔姬归酅。[2]

夏，四月。

秋，八月甲午，宋万弑其君捷及其大夫仇牧。

冬，十月，宋万出奔陈。

注释

❶ 鲁庄公十二年，当公元前682年，周庄王十五年。

❷ 杜注："来归不书，非宁，且非大归。"这一种"归"，不是"于归"(出嫁归夫家)之"归"，也不是《左传》文公十八年"夫人姜氏归于齐，大归也"之"归"，而是回归祖国的"归"。其父纪侯去国而死，纪叔姬只好如孔疏所说，"徒归于叔尔"。

传十二年

原文

秋，宋万弑闵公于蒙泽。遇仇牧于门，批而杀之。[1]遇大宰督于东宫之西，又杀之。立子游。群公子奔萧。公子御说奔亳，南宫牛、猛获帅师围亳。

冬十月，萧叔大心及戴、武、宣、穆、庄之族以曹师伐之。杀南宫牛于师，杀子游于宋，立桓公。猛获奔卫。南宫万奔陈，以乘车辇其母，一日而至。[2]

宋人请猛获于卫。卫人欲勿与，石祁子曰："不可！天下之恶一也，恶于宋而保于我，保之何补？得一夫而失一国，与恶而弃好，非谋也。"卫人归之。亦请南宫万于陈，以赂。陈人使妇人饮之酒，而以犀革裹之。比及宋，手足皆见。宋人皆醢[3]之。

注释

❶ 杜注："蒙泽，宋地。"《释文》："批……《字林》云：击也。"杜注："手批之也。"

❷ 这里“乘”读 shèng。辇读 niǎn。杜注:“乘车,非兵车。驾人曰辇。宋去陈二百六十里,言万之多力。”这样说,很准确。

❸ 醢读 hǎi。杜注:“醢,肉酱。并醢猛获,故言‘皆’。”按:这个“醢”,与小戴辑《礼记·檀弓上》“醢之矣”、《春秋左传》襄十九年“醢卫于军”两“醢”字义同,作动词用。

经十有三年[1]

原文

春,齐侯、宋人、陈人、蔡人、邾人会于北杏。[2]

夏,六月,齐人灭遂。

秋,七月。

冬,公会齐侯,盟于柯。

注释

❶ 鲁庄公十三年,是公元前681年,周僖王元年。

❷ 这里“齐侯”指齐桓公。杜注:“北杏,齐地。”杨注:“以诸侯而主天下之盟会,以此为始。”按:春秋第一霸齐桓公显赫于当时天下,亦当以此为始。

传十三年

原文

春,会于北杏,以平宋乱。遂人不至。

夏,齐人灭遂而戍之。

“冬,盟于柯”,始及齐平也。[1]

宋人背北杏之会。

注释

❶ 杜注:“始与齐桓通好。”杨注于此论证鲁与齐盟于柯一事以及前此数事见于诸书者多有不同,其说甚是,要当以《左传》所述为可信。我们认为《春秋》经传于此最可惊怪者实在是大事阙略的内容。周庄王在位十五年崩,子釐王(即僖王)胡齐立,如此大事竟然不见于《春秋》经传,实大不该。

经十有四年[1]

原文

春,齐人、陈人、曹人伐宋。

夏,单伯会伐宋。

秋,七月,荆入蔡。

冬,单伯会齐侯、宋公、卫侯、郑伯于鄄。[2]

注释

❶ 鲁庄公十四年,当公元前680年,周僖王二年。

❷ 鄄读juàn,杜注:“卫地。”按:单伯为周王朝卿大夫。齐桓修霸业,希望得到周王朝承认,所以请周王派人来会。据孔疏,“《春秋》因《鲁史》之文,《鲁史》自书其事,会他国者皆言己往会之,不问君之与臣;会诸侯者,皆鲁人在‘会’字之上;若微人往会,则‘会’上无字,直言其会”,“今‘会’字乃在‘齐侯’之上,是齐桓归功天子,故赴以‘单伯会诸侯’为文,所以尊天子示名义也”。这样说,当然也可以归入释例性质的解说。古今学人颇有不信所谓《春秋》义例者,我们认为不可全信,也不可全不信,应视具体情况而定。《朱子语类》卷八十三:“《春秋》之有例固矣。”可见朱夫子也不完全否认《春秋》有通例贯串全书。

传十四年

原文

春,诸侯伐宋。齐请师于周。[1]夏,单伯会之。取成于宋而还。

郑厉公自栎侵郑,及大陵,获傅瑕。傅瑕曰:"苟舍我,吾请纳君。"与之盟而赦之。六月甲子,傅瑕杀郑子及其二子而纳厉公。[2]

注释

❶ 杜注:"齐欲崇天子,故请师假王命以示大顺。"按:此举为齐桓始修霸业所需,孔疏已指出。

❷ 栎,这里读 yuè,不读 lì。杜注:"厉公以桓十五年入栎,遂居之。大陵,郑地。傅瑕,郑大夫。郑子,庄四年称'伯'会诸侯;今见杀,不称'君'、无谥者,微弱,臣子不以君礼成丧告诸侯。"《释文》:"郑子,子仪。""苟舍我",舍是释放的意思。

原文

初,内蛇与外蛇斗于郑南门中,内蛇死。六年而厉公入,公闻之,问于申𦈡曰:"犹有妖乎?"对曰:"人之所忌,其气(焰)〔炎〕以取之。妖由人兴也。人无衅焉,妖不自作。人弃常,则妖兴。故有妖。"[1]

厉公入,遂杀傅瑕。使谓原繁曰:"傅瑕贰,周有常刑,既伏其罪矣。纳我而无二心者,吾皆许之上大夫之事,吾愿与伯父图之。且寡人出,伯父无里言[2];入,又不念寡人:寡人憾焉!"对曰:"先君桓公命我先人典司宗祏[3]。社稷有主,而外其心,其何贰如之?苟主社稷,国内之民其谁不为臣?臣无二心,天之制也。子仪在位十四年矣,而谋召君者,庸非贰乎?庄公之子犹有八人,若皆以官爵行赂劝贰而可以济事，君其若之何？臣闻命矣！”乃缢而死。

蔡哀侯为莘故，绳息妫以语楚子。楚子如息，以食入享；遂灭息，以息妫归。生堵敖及成王焉，未言。楚子问之，对曰：“吾一妇人而事二夫，纵弗能死，其又奚言？”楚子以蔡侯灭息，遂伐蔡。秋七月，楚入蔡。[4]

君子曰：“《商书》所谓‘恶之易也，如火之燎于原，不可乡迩，其犹可扑灭’[5]者，其如蔡哀侯乎！”

“冬，会于鄄”，宋服故也。

注释

❶ “人之所忌，其气焰”之焰，阮元等《校勘记》认为“作炎是”。其实焰炎互通，作“焰”也未必是什么“大误”。“人无衅焉，妖不自作”，这个命题有它的道理。孔疏：“若使人无衅隙焉，则妖孽不能自作。”这样说，符合原意。我们想起了一代伟人的话：“妖为鬼蜮必成灾。”是妖孽，就不会不制造灾难，这与人间有无衅隙没有必然的联系。但是，妖孽乘衅而入，这个说法是不错的。“妖由人兴也”，意思就是说“妖不自作”。孔疏：“古者‘由’‘犹’二字义得通用。”其实，这个“由”不必读为“犹”，这里应该用“由”字的常训：“自”“从”，或者“由于”。

❷ “无里言”，杜注：“无纳我之言。”杨注：“里言者，以国内情况告于在外之厉公也。”依杨注，则所谓“里言”实即告密之言，报告内情之言。

❸ 祏读 shí，古时宗庙中藏神主的石室。杜注：“言己世为宗庙守臣。”孔疏：“周礼：王子母弟有功者得立祖王之庙。故桓公始封为君，即命臣使典宗祏。宗祏者，虑有非常火灾，于庙之北壁内为石室以藏木主。有事则出而祭之，既祭纳于石室。祏字从示，神之也。”按：孔疏对“宗祏”的解说已经很明确。

❹ 杜注：“绳，誉也。”《释文》：“绳”，“《说文》作譝”。蔡哀侯向楚文王夸赞息夫人的美貌，诱使楚王伐息。楚子与蔡侯合谋，伪设享

食之具,欺骗息君而灭其国,掳得息夫人归楚,纳入后宫并生有儿子。息夫人归楚之后,不肯主动开口说话,在回答楚子问话的时候,表示了当时社会已经产生的贞节观念。后来不久,楚文王出兵伐蔡,据杜注,"欲以说息妫"。

❺ 这里所引《商书》,已见于《左传》隐公六年。请参看彼注之❸。

经十有五年❶

原文

春,齐侯、宋公、陈侯、卫侯、郑伯会于鄄。

夏,夫人姜氏如齐。❷

秋,宋人、齐人、邾人伐郳。

郑人侵宋。

冬,十月。

注释

❶ 鲁庄公十五年为公元前679年,周僖王三年。

❷ 杜注:"父母在,则礼有归宁;没,则使卿宁。"孔疏举《左传》襄十二年"楚司马子庚聘于秦,为夫人宁,礼也"为证,又说:"但不知今桓公有母以否,故杜不明言得失。"在杜元凯、孔冲远等人看来:倘若当时齐桓公与鲁夫人姜氏共同的母亲还健在,则夫人姜氏如齐,那是归宁礼,无可厚非。如果他们的母亲已经去世,则鲁夫人应派卿大夫聘齐而不应该亲往。我们认为:齐桓公即位之后鲁夫人如齐,与齐襄公在位时期鲁夫人如齐相比,公已非昔人,事情的性质也应已不同。又,先秦归宁礼的具体内容究竟如何,杜注、孔疏的说法未必准确。

传十五年

原文

春,复会焉,齐始霸也。[1]

秋,诸侯为宋伐郳。郑人间[2]之而侵宋。

注释

[1] 杜注:"始为诸侯长。"按:这应该是齐桓公正式称霸之始。实际上,这以前齐桓公已经起到诸侯霸主的作用。

[2] 《释文》:"间,间厕之间。一本作闻。"按:间与闻两字没有互相通假的关系。一本作闻,盖形近之讹。杨注:"间,去声,承其空隙也。"那就是今所谓"钻空子"的意思。又按:这个"间"是不是"离间"之"间"?抑或本作"闻",闻众诸侯为宋伐郳,而郑人侵宋以救郳?无论如何,后人围魏救赵是受到郑人的启发了。

经十有六年[1]

原文

春,王正月。

夏,宋人、齐人、卫人伐郑。

秋,荆伐郑。

冬,十有二月,会齐侯、宋公、陈侯、卫侯、郑伯、许男、滑伯、滕子,同盟于幽。[2]

邾子克卒。

注释

[1] 鲁庄公十六年,即公元前678年,周僖王四年。

❷ 因为宋、陈属于三恪之客,所以班在卫上。齐桓公有意这样安排,自有尊三恪的意思。否则,宋与陈,特别是当时势力比较小的陈国参与盟会而列于卫侯之前,卫侯怎么会甘心呢?

传十六年

原文

夏,诸侯伐郑,宋故也。

郑伯自栎入,缓告于楚。秋,楚伐郑及栎,为不礼故也。

郑伯治与于雍纠之乱者。九月,杀公子阏,刖强鉏。公父定叔出奔卫。三年而复之,曰:"不可使共叔无后于郑。"使以十月入,曰:"良月也,就盈数焉。"[1]

君子谓"强鉏不能卫其足"。

冬,"同盟于幽",郑成也。

王使虢公命曲沃伯以一军为晋侯。[2]

初,晋武公伐夷,执夷诡诸。苏国请而免之。既而弗报,故子国作乱,谓晋人曰:"与我伐夷而取其地。"遂以晋师伐夷,杀夷诡诸。周公忌父出奔虢。[3]惠王立而复之。

注释

❶ 杜注已指出:公子阏、强鉏二子为祭仲党,公父定叔为共叔段之孙,"定"是谥号。"良月也"以下,杜注:"数满于十。"按:由此可见古人早有"就盈数",以盈数"十"为良的风俗观念。

❷ 杜注:"曲沃武公遂并晋国,僖王因就命为晋侯。小国,故一军。"孔疏:"晋土地虽大,以初并晋国,故以小国之礼命之。"小国一军,这是周礼的规定。

❸ 苏读 wěi。杜注:"夷诡诸,周大夫。夷,采地名。苏国,周大夫。"苏国请求晋君释放了诡诸。杨注:"诡诸不向苏国酬谢。子国即

芀国。"子国作乱,忌父出奔。

经十有七年[1]

原文

春,齐人执郑詹。[2]

夏,齐人歼于遂。[3]

秋,郑詹自齐逃来。

冬,多麋。

注释

❶ 鲁庄公十七年,当公元前677年,周僖王五年。

❷ 杜注:"詹为郑执政大臣,诣齐见执,不称'行人',罪之也。行人例在襄十一年。"孔疏:"无罪乃称'行人'。知不称'行人',罪之也。"按:这里所谓"行人例"与春秋时期外交礼制有关。

❸ "齐人歼于遂",准确的意思应该理解为驻戍遂地的齐人被遂人歼灭了。杜注:"歼,尽也。齐人戍遂,玩而无备,遂人讨而尽杀之,故时史因以自尽为文。"这样解释,与原意相符。

传十七年

原文

"春,齐人执郑詹",郑不朝也。

夏,遂因氏、颌氏、工娄氏、须遂氏飨齐戍,醉而杀之,齐人歼焉。[1]

注释

❶ 本年《左传》凡两段,上一段说明《春秋》所记"齐人执郑詹"的理

由，这下一段说明《春秋》所记载的“齐人歼于遂”的大体过程与事情真相。杜注：“飨，酒食也。四族，遂之强宗。”颔读 hé。

经十有八年[1]

原文

春，王三月，日有食之。

夏，公追戎于济西。

秋，有蜮[2]。

冬，十月。

注释

❶ 鲁庄公十八年，为公元前 676 年，周惠王元年。

❷ 杜注：“蜮，短（狐）〔弧〕也，盖以含沙射人为灾。”孔疏引陆机《毛诗义疏》为证。杨注：“《后汉书·明帝纪》引《诗》作‘去其螟蜮’，尤可证螣与蜮为一物。”训短狐之蜮应别为一物，本惠栋、马宗琏说，今从之。

传十八年

原文

春，虢公、晋侯朝王。王飨醴，命之宥。皆赐玉五瑴、马三匹，非礼也。王命诸侯：名位不同，礼亦异数；不以礼假人。[1]

虢公、晋侯、郑伯使原庄公逆王后于陈。陈妫归于京师，实惠后。

“夏，公追戎于济西。”不言其来，讳之也。

“秋，有蜮”，为灾也。

初，楚武王克权，使斗缗尹之。以叛，围而杀之。迁权于那处，使阎敖尹之。[2]及文王即位，与巴人伐申，而惊其师。巴人叛楚而伐那处，取之，遂门于楚[3]。阎敖游涌而逸[4]，楚子杀之。其族为乱。冬，巴人因之以伐楚。

注释

❶ 宥读 yòu。珏读 jué。杜注："王之觐群后，始则行飨礼，先置醴酒，示不忘古。饮宴则命以币物。宥，助也。所以助欢敬之意。"又说："双玉为珏。"王伯申已论证"马三匹"当作"马四匹"，其说可信。今按：这一段写周王对来朝见的虢公、晋侯行飨醴之礼与锡命礼，并说明"王命诸侯"的礼制原则。杜注："侯而与公同赐，是借人礼。"杨注："飨醴者，飨时用醴不用酒也。""酬有礼物谓之酬币。"杜、杨两注都有根据。孔疏："虢君不知何爵，称公，谓为三公也。《周礼》：王之三公八命，侯伯七命，是其名位不同也。其礼各以命数为节，是礼亦异数也。今侯而与公同赐，是借人礼也。"孔疏所称"周礼"，见《周礼·春官·典命》。因为虢公与晋侯名位不同，而周王赐与虢公、晋侯的玉和马数目相同，这就不符合当时的礼制精神，所以《左氏》说"非礼也"。

❷ 杜注："权，国名。"缗读 mín，这里是人名。那，这里读 nuó。据杜注，"那处"为楚地名。孔疏："尹，训正也。楚官多以'尹'为名。此灭权为邑，使缗为长，故曰尹也。"按：两"尹之"，都是任某地主政长官的意思。

❸ "门于楚"，这里"门"是动词，杜注："攻楚城门。"

❹ 涌，水名。"游涌而逸"，杜注："游涌水而走。"这里"走"是逃跑。

经十有九年[1]

原文

春，王正月。

夏，四月。

秋，公子结媵[2]陈人之妇于鄄，遂及齐侯、宋公盟。

夫人姜氏如莒。

冬，齐人、宋人、陈人伐我西鄙[3]。

注释

❶ 鲁庄公十九年，当公元前675年，周惠王二年。

❷ 媵读yìng，《释文》："送也。"

❸ 杜注："鄙，边邑。"西鄙，西部边境。

传十九年

原文

春，楚子御之，大败于津。还，鬻拳弗纳，遂伐黄，败黄师于踖陵。还，及湫，有疾。夏六月庚申，卒。鬻拳葬诸夕室；亦自杀也，而葬于绖皇。[1]

初，鬻拳强谏楚子，楚子弗从。临之以兵，惧而从之。鬻拳曰："吾惧君以兵，罪莫大焉。"遂自刖也。楚人以为大阍，谓之大伯；使其后掌之。君子曰："鬻拳可谓爱君矣：谏以自纳于刑，刑犹不忘纳君于善。"[2]

初，王姚嬖于庄王，生子颓。子颓有宠，蔿国为之师。及惠王即位，取蔿国之圃以为囿。边伯之宫近于王宫，王取之。王夺子禽祝跪与詹父田，而收膳夫之秩，故蔿国、边伯、石速、詹父、子禽祝跪作乱，因苏氏。[3]秋，五大夫奉子颓以伐王，不克，出奔温。苏子奉子颓以奔卫。卫师、燕师伐周。冬，立子颓。

注释

❶ 踖读jí。据旧注疏，知"黄"是国名，"踖陵"是黄国之地。他如

“津”为楚地，“湫”为城名，“夕室”亦地名，“绖皇”为冢前阙，也是由旧注疏知道的。后来章太炎先生论定“夕室”为柩台（安放灵柩的地方），杨注认为“绖皇”为殿前之庭，鬻拳死而葬此，仍旧充当国君的守卫，这样说，比旧注疏准确。

❷ 鬻拳曾经动用兵器强迫楚文王接受意见，自己认识到这样做的罪过，所以自断其足以示惩罚。楚王朝廷让他的子孙掌管大阍一职，主持启闭国门的事情。整个这一段说的是与鬻拳有关的事。

❸ 嬖读 bì，旧指被统治者宠爱。蒍读 wěi。据旧注疏，王姚为周庄王之妾，子禽、祝跪与詹父三人为周之大夫，“秩，禄也”，“苏氏，周大夫，桓王夺其十二邑以与郑，自此以来遂不和”。以上交代了东周庄王至惠王时期朝廷动乱的因缘。又，于醴尊先生认为子禽祝跪为一人而非两人，其说实有道理，杨注实用此说，今从之。

经二十年❶

原文

春，王二月，夫人姜氏如莒。

夏，齐大灾❷。

秋，七月。

冬，齐人伐戎。

注释

❶ 鲁庄公二十年为公元前 674 年，周惠王三年。

❷ 杜注：“天火曰灾。例在宣十六年。”按：所谓“例在宣十六年”，指《左传》宣十六年说的“凡火，人火曰火，天火曰灾”。杨注认为可信。

传二十年

原文

春,郑伯和王室,不克。[1]执燕仲父。

夏,郑伯遂以王归,王处于栎。

秋,王及郑伯入于邬。遂入成周,取其宝器而还。

冬,王子颓享五大夫,乐及遍舞。郑伯闻之,见虢叔,曰:“寡人闻之:哀乐失时,殃咎必至。今王子颓歌舞不倦,乐祸也。夫司寇行戮,君为之不举;而况敢乐祸乎?奸王之位,祸孰大焉?临祸忘忧,忧必及之。[2]盍纳王乎?”虢公曰:“寡人之愿也!”

注释

❶ “和王室”之和,是动词,不是连词。杨注:“在惠王与子颓之间调和也。”按:周惠王与子颓之间矛盾很深,只须看上年《左传》就会明白。既不和,则须和之。本年《左传》记“郑伯和王室,不克”,杨注:“克,能也。此处意谓调停不果。”

❷ 杜注:“司寇,刑官。”关于“不举”,杜注:“去盛馔。”孔疏引《周官·膳夫》以及郑注为证,又引《左传》襄二十六年说:“古之治民者将刑,为之不举,不举则彻乐。”由是孔疏作结论,认为“不举者,贬膳食,彻乐声也”。这样解释是对的。今按:《左传》这里记郑伯(郑厉公)批评“乐祸”“临祸忘忧”“奸王位”者的一番议论,很值得注意。“哀乐失时”,社会不和谐,究竟有什么好?

经二十有一年[1]

原文

春,王正月。

夏，五月辛酉，郑伯突卒。[2]

秋，七月戊戌，夫人姜氏薨。

冬，十有二月，葬郑厉公。[3]

注释

❶ 鲁庄公二十一年，当公元前673年，周惠王四年。

❷ 郑伯突，即郑厉公。“突”为名，“厉公”为谥。

❸ 杜注：“八月〔乃〕葬，缓慢也。”

传二十一年

原文

春，胥命于弭。夏，同伐王城。郑伯将王，自圉门入。[1]虢叔自北门入。杀王子颓及五大夫。

郑伯享王于阙西辟，乐备。王与之武公之略，自虎牢以东。[2]

原伯曰：“郑伯效尤，其亦将有咎！”[3]五月，郑厉公卒。

王巡虢守。[4]虢公为王宫于玤，王与之酒泉。

郑伯之享王也，王以后之鞶鉴予之。虢公请器，王予之爵。郑伯由是始恶于王。[5]

冬，王归自虢。

注释

❶ “胥命于弭”，杜注：“郑虢相命也。弭，郑地。”训胥为相，于古有据，《诗·角弓》郑笺可为证。杨注：“谓郑伯、虢公在弭相约也。胥命者，诸侯相见，约言而不歃血也。”按：“胥命”已见于《经》桓三年，请参看彼注❷。“郑伯将王自圉门入”，将是奉送，圉门是王城南门，杨注已明言之。

❷ 杜注：“阙，象魏也。乐备，备六代之乐。略，界也。郑武公傅平

王,平王赐之自虎牢以东,后失其地,故惠王今复与之。”杨注:“辟同僻,偏也。”“阙西僻者,双阙中之西阙也。”这是对杜注的补充,其他似无异议。

❸ 效尤,意思是学坏样。“有咎”的反面是“无咎”,《周易》中多见。《周易》中不见“有咎”,与“有咎”相近的是“有言”“有眚”“有厉”。杜注:“言效子颓舞遍乐。”按:上年《传》谓子颓享五大夫“乐及遍舞”,本年《传》记“郑伯享王乐备”,证知杜注有据。效尤者将有咎,在理论上没有什么可疑。

❹ 杜注:“巡守于虢国也。天子省方谓之巡守。”按:就礼制而言,这属于周礼之巡守(一作狩)礼。

❺ 玤读 bàng。杜注:“玤,虢地。酒泉,周邑。后,王后也。鞶,带而以鉴为饰也……爵,饮酒器。”郑伯认为周惠王待虢公厚,待己薄,所以不满。

经二十〔有〕二年[1]

原文

春,王正月,肆大眚。[2]

癸丑,葬我小君[3]文姜。

陈人杀其公子御寇。

夏,五月。

秋,七月丙申,及齐高傒盟于防。

冬,公如齐纳币。[4]

注释

❶ 鲁庄公二十二年,即公元前672年,周惠王五年。

❷ 杜注:“赦有罪也。《易》称‘赦过宥罪’,《书》称‘眚灾肆赦’,《传》称‘肆眚围郑’。”孔疏:“‘肆大眚’者:肆,缓也;眚,过也。

缓纵大过,是赦有罪也。”说者或以为与夫人文姜之葬有关,恐附会之词。母亲有过错,岂是儿子赦免得了的?

❸ 杜注:“反哭成丧,故称小君。”关于国君妾与夫人的称呼,请参看《传》隐公三年及彼注之❶。

❹ 纳币是姬周昏礼六项仪注中的第四项,即《礼经·士昏礼》之纳征。杜注:“公不使卿而亲纳币,非礼也。”其失有二,一是“母丧未再期而图昏”,二是诸侯图昏使卿,不当亲纳币,礼制如此。

传二十二年

原文

春,陈人杀其大子御寇。陈公子完与颛孙奔齐。颛孙自齐来奔。

齐侯使敬仲为卿。辞曰:“羁旅之臣,幸若获宥,及于宽政,赦其不闲于教训,而免于罪戾、弛于负担,君之惠也。所获多矣,敢辱高位以速[1]官谤?请以死告。《诗》云:‘翘翘车乘,招我以弓。岂不欲往?畏我友朋。’”[2]使为工正[3]。

饮桓公酒,乐。公曰:“以火继之。”辞曰:“臣卜其昼,未卜其夜,不敢!”君子曰:“酒以成礼,不继以淫,义也。以君成礼,弗纳于淫,仁也。”

初,懿氏卜妻敬仲。其妻占之,曰:“吉!是谓:‘凤皇于飞,和鸣锵锵。有妫之后,将育于姜。五世其昌,并于正卿。八世之后,莫之与京!’”[4]

注释

❶ 这个“速”是招致的意思。

❷ 杜注:“逸诗也。翘翘,远貌。古者聘士以弓。言虽贪显命,惧为朋友所讥责。”按:杜氏所谓“聘士以弓”,这个“聘”自是招聘之

聘，不是“昏聘”之聘，也不是“聘问”之聘。古有所谓招礼，统治者招聘人才即用此礼。《左传》昭二十年说到招礼，拙著《诗经刍议·说周代建旗赏马赐赠丝帛之制与〈诗·干旄〉》论到先秦招礼，可参看。《左传》庄二十二年所引逸诗说的正是招礼，杜注不误。先秦已有隐士对那些急于为朝廷任用的干禄之士发出讥笑，所以逸诗有“畏我友朋”的说法。又，这首诗的韵脚是“乘”“弓”“朋”，曾星笠先生收入他的《古韵三十部谐声谱·膺摄》，段玉裁收入他的《六书音均表》第六部。

❸ 工正，杜注：“掌百工之官。”正即长官。百工之长官即工正。

❹ “凤皇于飞”及其下凡繇辞八句为韵文，第二、四、五、六、八句谐韵。杜注：“妫，陈姓。姜，齐姓。京，大也。”八世，指陈恒。孔疏：“莫之与京，谓无与之比大，言其位最高也。”

原文

陈厉公，蔡出也，故蔡人杀五父而立之。生敬仲。其少也，周史有以《周易》见陈侯者，陈侯使筮之，遇“观䷓”之“否䷋”曰：“是谓‘观国之光，利用宾于王’。此其代陈有国乎？不在此，其在异国；非此其身，在其子孙：光远而自他有耀者也。‘坤’，土也；‘巽’，风也；‘乾’，天也：风为天于土上，山也；有山之材而照之以天光，于是乎居土上，故曰‘观国之光’。（利用宾于王）庭实旅百，奉之以玉帛，天地之美具焉，故曰‘利用宾于王’。犹有观焉，故曰：其在后乎！风行而著于土，故曰：其在异国乎！若在异国，必姜姓也。姜，大岳之后也。山岳则配天。物莫能两大。陈衰，此其昌乎！”❺

及陈之初亡也，陈桓子始大于齐；其后亡也，成子得政。❻

注释

❺ 这一段话的内容主要是对“‘观䷓’之‘否䷋’”的解说，对“有妫之后”“光远而自他有耀”的预言。研究《周易》性质与《左传》预

言的学者,没有不注意《左传》庄二十二年这一段话的。观䷓之否䷋,就是观卦自下向上数第四爻由阴爻(--)变为阳爻(—),变为否卦了。“观国之光,利用宾于王”是观卦六四爻辞。观摩国家以为荣耀的事物,是观国之光。杨注:“‘利用宾于王’犹言利于为君主之上客。”(杨先生自言说本高亨《周易古经今注》)然则“观光”“利用宾”都可以是聘问异国之事。“坤,土也”以下,解说由观卦变为否卦因而产生含义的演进。杨注既讲本卦、变卦,又用互体说(其实杜注早已采用互体说),可供参考,不具录。“庭实旅百”,指聘问异国所陈礼物丰盛,杜注于此亦用互体说。“若在异国,必姜姓也”以下,预言有妫之后将来会在齐国走向昌盛。又,“利用宾于王”句凡三出,第二句是衍文,前人已指出。

❻ “陈之初亡”,杜注:“昭八年楚灭陈。”按:自鲁庄公二十二年到昭公八年(公元前672年—前534年),相距138年。“其后亡也”,杜注:“哀十七年楚复灭陈。”按:自庄公二十二年到哀十六年(公元前672年—前479年),相距193年。可见《左传》这里写的是预计一百多年之后的事。有趣的是一百多年前的预言竟然一一应验。这应该出自《左传》作者的精心构思。

经二十有三年[1]

原文

春,公至自齐。
祭叔来聘。
夏,公如齐观社。
公至自齐。
荆人来聘。
公及齐侯遇于穀。
萧叔朝公。

秋,丹桓宫楹。[2]

冬,十有一月,曹伯射姑卒。

十有二月甲寅,公会齐侯盟于扈。

注释

❶ 鲁庄公二十三年,乃公元前671年,周惠王六年。

❷ “祭叔来聘”失礼,因为祭叔是周王朝廷内臣,而正常情况无王命内臣参与外交之事,说见《穀梁》。“公如齐观社”非礼,《左传》《穀梁》都有批评。《穀梁》:“‘观’,无事之辞也,以是为尸女也。”《左传》杜注:“齐因祭社蒐军实,故公往观之。”杨注引《墨子·明鬼下》说明“齐之社如宋之桑林,所以聚男女而相游观者也”,不必是检阅军队。既如此,堂堂国君特意跑到齐国去欣赏男女游观,岂不与隐公五年“矢鱼于棠”同样无聊?“丹桓宫楹”句,杜注:“桓公庙也。楹,柱也。”诸侯庙柱漆不用丹,说见《穀梁》。

传二十三年

原文

“夏,公如齐观社”,非礼也。曹刿谏曰:“不可!夫礼,所以整民也。故会以训上下之则,制财用之节;朝以正班爵之义,帅长幼之序;征伐以讨其不然。诸侯有王,王有巡守,以大习之。非是,君不举矣。君举必书。书而不法,后嗣何观?”[1]

晋桓、庄之族逼[2],献公患之。士蒍曰:“去富子,则群公子可谋也已。”[3]公曰:“尔试其事。”士蒍与群公子谋,谮富子而去之。[4]

秋,丹桓宫之楹。

注释

❶ 《左传》说“公如齐观社非礼”,但实际上没有讲清楚根据或理由。

我们从曹刿的劝谏可以作如下的大致的判断：当时齐国人举行社祀之礼，必然有违“上下之则”“财用之节”“班爵之义”与“长幼之序”，有违“夫礼，所以整民也”这一重要原则。《左传》并未记载“公如齐观社”的详情，盖为尊者讳之故。“君不举矣”以下，意谓国君不应做违礼之事。国君的行为是要记入史册的。倘若载在史册而又不可效法，后来人观之何益？

❷ 逼读 bī。杜注：“桓叔、庄伯之子孙强盛，逼迫公室。”按：这种情形，与《论语·季氏》所谓“礼乐征伐自大夫出”“禄之去公室”相似。当时齐鲁等国都有逼迫公室的势力崛起。

❸ 杜注：“士蒍，晋大夫。富子，二族之富强者。”若是除掉富子，则群公子都可以设法除掉。

❹ 杜注：“以罪状诬之。同族恶其富强，故士蒍得因而间之。用其所亲为谮则似信，离其骨肉则党弱，群公子终所以见灭。”杨注据彝器富子登与方濬益说，认为富是士族之称，今以为其说可从。

经二十有四年[1]

原文

春，王三月，刻桓宫桷。[2]

葬曹庄公。

夏，公如齐逆女。[3]

秋，公至自齐。

八月丁丑，夫人姜氏入。

戊寅，大夫宗妇觌，用币。[4]

大水。

冬，戎侵曹。曹羁出奔陈。赤归于曹。

郭公。[5]

注释

❶ 鲁庄公二十四年,为公元前670年,周惠王七年。

❷ 桷读jué,《释文》引《字林》:“齐鲁谓榱为桷。”杜注:“桷,椽也。”如同对于“丹桓宫楹”表示不满一样,《穀梁传》认为刻桓宫桷“非正也”,不以为然。《左传》孔疏认为“丹桓宫楹”“刻桓宫桷”是“取非礼与非正而加之于宗庙”。按:“非正”也是“非礼”。

❸ 杜注:“亲逆,礼也。”按:《公羊传》认为“亲逆礼也”,《左传》孔疏认为“亲逆是正礼,有故得使卿逆”。这样说是对的。小戴辑《礼记·哀公问》:“大昏既至,冕而亲迎,亲之也。”并不认为“冕而亲迎”过分了。如果因为有什么事故,诸侯不亲迎,派卿大夫为专使代表国君迎亲,也行。这种情况,春秋时期较为常见。其实正常的情况是诸侯亲迎于边境,而卿大夫奉命到女方所在之异国迎接。总而言之,国君亲迎不必出境,但若深居国都一步也不动,那是不妥当的。有没有国君亲迎到女方所在之国的情况呢?我们认为有。譬如《诗·韩奕》描写“韩侯取妻”,取的是“蹶父之子”,“韩侯迎止,于蹶之里”,即其证。

❹ 杜注:“宗妇,同姓大夫之妇。礼:小君至,大夫执贽以见,明臣子之道。庄公欲奢夸夫人,故使大夫宗妇同贽俱见。”今按:杜注所说的大夫贽见小君之礼,孔疏不得不承认,还明确指出“《礼》亦无此文”。又,诚如杨注所说,其实《左传》并没有说大夫贽见小君,仅仅说“公使宗妇觌用币”。同年《公羊传》:“宗妇者,大夫之妻也。觌者何?见也。”亦未明言大夫贽见小君。而宗妇贽见小君之礼,则先秦已有设施。《左传》认为“宗妇觌,用币”则失礼。其意盖谓宗妇用币失去了宗妇特色,导致男女无别,这就是失礼了。《公》《穀》二传也说“用币非礼也”“用者不宜用也”,何休注:“不宜用币为贽也。”是男女用贽有别。

❺ 杜注:“盖《经》阙误也。”我们认为杜氏此说较为融通,可信。

传二十四年

原文

春，刻其桷，皆非礼也。[1]御孙谏曰："臣闻之：'俭，德之共也；侈，恶之大也。'[2]先君有共德，而君纳诸大恶，无乃不可乎！"

秋，哀姜至，公使宗妇觌；用币，非礼也。御孙曰："男贽：大者玉帛，小者禽鸟，以章物也。女贽不过榛、栗、枣、脩，以告虔也。今男女同贽，是无别也。男女之别，国之大节也[3]，而由夫人乱之，无乃不可乎！"

晋士𫇭又与群公子谋，使杀游氏之二子。士𫇭告晋侯曰："可矣。不过二年，君必无患。"

注释

❶ "皆非礼"，杜注："并非丹楹，故言'皆'。"杨注从《春秋左传》经传单行的角度，解释后人对《左传》的割裂导致脉络不连贯的情况，其说可信。

❷ 杨注据俞曲园《群经平议》，将"德之共也"的"共"读为"洪"，解说为"大"，与下文"侈，恶之大也"相对而言（见《群经平议》卷二十五），颇为精辟。

❸ 视"男女之别"为"国之大节"，反映了春秋时代已经流行的一种思想观念。但这种观念与后来男尊女卑之别不完全等同。

经二十有五年[1]

原文

春，陈侯使女叔[2]来聘。

夏,五月癸丘,卫侯朔卒。

六月辛未,朔,日有食之。鼓、用牲于社。[3]

伯姬归于杞。

秋,大水,鼓、用牲于社,于门。[4]

冬,公子友如陈。

注释

❶ 鲁庄公二十五年,为公元前669年,周惠王八年。

❷ 杜注:"女叔,陈卿。女,氏。叔,字。"杨注认为这样解释的根据在《左传》:"嘉之,故不名。"

❸ 鼓是伐鼓,用牲是举行祭祀,地点都是"社"。这是鲁人为应付日食采取的非常措施。孔疏谓"鼓,用牲于社"有三失,其说有据。

❹ 这里"鼓、用牲于社于门",目的应该是禳除水灾。

传二十五年

原文

"春,陈女叔来聘",始结陈好也。嘉之,故不名。

"夏六月辛未,朔,日有食之。鼓、用牲于社。"非常也。唯正月之朔,慝未作[1],日有食之,于是乎用币于社,伐鼓于朝。

"秋,大水,鼓、用牲于社,于门。"亦非常也。凡天灾,有币无牲,非日、月之眚不鼓。[2]

晋士蔿使群公子尽杀游氏之族,乃城聚而处之。[3]

冬,晋侯围聚,尽杀群公子。

注释

❶ 慝,读tè,杜注说是"阴气",孔疏:"恶也。人情爱阳而恶阴,故谓阴为恶,故云:'慝,阴气也。'未作,谓阴气未起也。"杨注对于

“慝”的解说并无异议，而于天子诸侯救日食之礼加以区别，其说有据。

❷ 杜注：“眚，犹灾也。”杨注据《诗·云汉》证明救天灾之祭礼有币有牲，可见这里《左传》不完全正确。既然“非日月之眚不鼓”，那么，《春秋》庄二十五年记载的为“大水”而“鼓”就是失礼了。

❸ 杜注：“聚，晋邑。”这里意思是：以修筑聚邑的名义安排群公子居于其地。

经二十有六年❶

原文

春，公伐戎。

夏，公至自伐戎。

曹杀其大夫。

秋，公会宋人、齐人伐徐。

冬，十有二月癸亥，朔，日有食之。

注释

❶ 鲁庄公二十六年，当公元前668年，周惠王九年。

传二十六年

原文

春，晋士蒍为大司空。

夏，士蒍城绛，以深其宫。❶

秋，虢人侵晋。

冬，虢人又侵晋。

注释

❶ 杜注:"绛,晋所都也。"杨注:"《传》意仅谓士芀为高其宫而城绛……宫,墙垣也。"按:士芀这样做,与文献所记"大司空"的职掌正相合。

经二十有七年[1]

原文

春,公会杞伯姬于洮。[2]

夏,六月,公会齐侯、宋公、陈侯、郑伯,同盟于幽。

秋,公子友如陈,葬原仲。

冬,杞伯姬来。[3]

莒庆来逆叔姬。[4]

杞伯来朝。

公会齐侯于城濮。

注释

❶ 鲁庄公二十七年,为公元前667年,周惠王十年。

❷ 洮读 táo。杜注:"伯姬,庄公女。洮,鲁地。"按:此庄公女而嫁为杞伯夫人者。

❸《左传》以及杜注、《公羊》疏、《穀梁》注认为这里记的是杞伯姬归宁。

❹ 杜注:"庆,莒大夫。叔姬,庄公女。卿自为逆,则称字。例在宣五年。"《公羊传》《穀梁疏》认为"莒庆来逆叔姬"失礼。按:这里可定《左传》为是。只要大夫与女方所在国君或代表国君意志的机构允许,大夫行亲逆礼,应该可以直到女方之家。本年《左传》:"卿非君命不越竟。"所以不得忘记君命。

传二十七年

原文

"春,公会杞伯姬于洮",非事也。天子非展义不巡守,诸侯非民事不举,卿非君命不越竟。❶

夏,"同盟于幽",陈、郑服也。

"秋,公子友如陈,葬原仲。"非礼也。原仲,季友之旧也。❷

"冬,杞伯姬来",归宁也。凡诸侯之女,归宁曰"来",出曰"来归",夫人归宁曰"如某",出曰"归于某"。❸

晋侯将伐虢,士蒍曰:"不可!虢公骄,若骤得胜于我,必弃其民。无众而后伐之,欲御我,谁与?夫礼乐、慈爱,战所畜也。夫民,让事,乐和,爱亲,哀丧,而后可用也。虢弗畜也,亟战,将饥。"❹

王使召伯廖赐齐侯命❺,且请伐卫,以其立子颓也。

注释

❶ 这是《左传》揭示的三个级别的人不出行的规律。"不巡守",指天子不到诸侯各国去视察。"不举",其广义指不采取什么行动或措施,狭义则指诸侯不出行,例如《左传》庄二十三年"君不举矣"的"不举"就是这个意思。"不越竟",指卿大夫不出国。杜注:"天子巡守所以宣布德义。"意思是:如果不是为了宣布德义,天子就不要视察各诸侯国。依此类推:不是为了民事,诸侯也就不必到国内各地方去;不是由国君批准赴外国办事,卿大夫也就不要出国。这样,公费旅游的门径就堵住了。

❷ 公子友如陈葬原仲,本来是笃于友谊的表现,为什么说"非礼也"?盖非君命而越竟之故。

❸ 这里说的是诸侯之女归宁与见绝而出的带通例性的习惯说法。孔疏与杨注解说详明,不具录。

❹ 这一段有两个重要意思：一是如何利用敌国民众心理；二是如何动员本国民众在思想素质方面做好投入战争的准备。“亟战，将饥”，杨注：“饥非指肚腹言，乃指民气士气言。”这样说很对。

❺ 杜注：“召伯廖，王卿士。赐命为侯伯。”孔疏认为此赐齐侯命与僖二十八年策命晋侯为侯伯同。侯伯即诸侯之伯。

经二十有八年[1]

原文

春，王三月甲寅，齐人伐卫。卫人及齐人战，卫人败绩。

夏，四月丁未，邾子琐卒。

秋，荆伐郑。公会齐人、宋人救郑。

冬，筑郿[2]。

大无麦、禾。[3]臧孙辰告籴于齐。

注释

❶ 鲁庄公二十八年，为公元前666年，周惠王十一年。

❷ 郿读méi。杜注：“郿，鲁下邑。”可知这不是陕西之郿。《公》《穀》二传作“微”。按：古郿、微两字音同。

❸ 杜注：“书于冬者，五谷毕入，计食不足而后书也。”估计此冬之后粮食明显不足，所以说“大无麦、禾”。杨注谓此处麦、禾分言，禾为黍稷之属。

传二十八年

原文

春，齐侯伐卫，战败卫师，数之以王命[1]，取赂而还。

晋献公娶于贾，无子。烝于齐姜，生秦穆夫人及大子申生。又娶二女于戎,大戎狐姬生重耳,小戎子生夷吾。晋伐骊戎,骊戎男女以骊姬[2]。归,生奚齐。其娣生卓子。

骊姬嬖,欲立其子。赂外嬖梁五与东关嬖五,使言于公曰:“曲沃,君之宗也;蒲与二屈,君之疆也:不可以无主。宗邑无主,则民不威;疆埸无主,则启戎心。戎之生心,民慢其政,国之患也。若使大子主曲沃,而重耳、夷吾主蒲与屈,则可以威民而惧戎,且旌君伐。”使俱曰:“狄之广莫,于晋为都。晋之启土,不亦宜乎!”晋侯说之。夏,使大子居曲沃,重耳居蒲城,夷吾居屈。群公子皆鄙,唯二姬之子在绛。二五卒与骊姬谮群公子而立奚齐,晋人谓之“二〔五〕耦”。[3]

注释

❶ 上年《左传》:“王使召伯廖赐齐侯命,且请伐卫,以其立子颓也。”这就是本年《左传》“数之以王命”的内容。杨注:“数,责也。”以其立子颓责之,奉王命责之。

❷ 杜注:“骊戎……其君姬姓,其爵男也。纳女于人曰女。”有了这个注,原文句读也就明白了。

❸ 梁五与东关嬖五,人称“二五”。为晋献公所嬖幸,因其如杜注所说为“视听外事”者,“在闺闼之外”,故称“外嬖”,与“内嬖”相对而言。杜注又说:“曲沃,桓叔所封,先君宗庙所在。蒲,今平阳蒲子县。二屈,今平阳北屈县。”“旌,章也。伐,功也。”杨注明确指出:“君之宗也”即“君之宗邑也”,二屈指南屈与北屈。骊姬贿赂二五,要他们劝说献公把非二姬所生子都派到都城之外去,“威民而惧戎,且旌君伐”(在人民中立国家之威,让人民屈服于国家压力,让异族人惧怕,而且可以炫耀国君的功绩)。晋献公采纳了二五的主意,“使大子居曲沃,重耳居蒲城,夷吾居屈”,把其他的非二姬所生子都派往边境要地。由于这些情况,当时晋国人把狼狈为奸的骊姬与二五称为“二五耦”。

原文

楚令尹子元欲蛊文夫人，为馆于其宫侧而振万焉。夫人闻之，泣曰："先君以是舞也，习戎备也。今令尹不寻诸仇雠，而于未亡人之侧，不亦异乎！"[1]御人以告子元，子元曰："妇人不忘袭仇[2]，我反忘之！"

秋，子元以车六百乘伐郑，入于桔(秩)〔柣〕之门。子元、斗御彊、斗梧、耿之不比为旆，斗班、王孙游、王孙喜殿。众车入自纯门，及逵市，县门不发。楚言而出，子元曰："郑有人焉。"[3]诸侯救郑，楚师夜遁。郑人将奔桐丘，谍告曰："楚幕有乌。"乃止。

冬，饥，"臧孙辰告籴于齐"，礼也。[4]

"筑郿"，非都也。凡邑，有宗庙先君之主曰都，无曰邑。邑曰"筑"，都曰"城"。[5]

注释

1. "子元欲蛊文夫人"，杜注："文王夫人息妫也。子元，文王弟。蛊，惑以淫事。"又说："振，动也。万，舞也。"今按：借乐舞传达爱慕之情，用音声挑动或激发异性的注意，这是楚令尹子元振万于文夫人宫侧一事的实质。"是故古之君子不必亲相与言也，以礼乐相示而已。"（小戴辑《礼记·仲尼燕居》）可知音乐示情，古人已深明此中消息。其实文夫人当时已知道子元用心，她批评子元用乐不得其所，是其证。
2. "袭仇"，与上文"寻诸仇雠"义同。这里袭是承袭、因袭、继承的意思。质言之，袭仇就是以先世之仇为仇。
3. 桔读 jié，柣读 dié。杜注："桔柣，郑远郊之门也。子元自与三子特建旆以居前。"孔疏已指出"旆居前而殿在后"。杜注又说："纯门，郑外郭门也。逵市，郭内道上市。县门施于内城门，郑示楚以闲暇，故不闭城门，出兵而效楚言，故子元畏之，不敢进。"按：所谓"畏之"，就是畏"郑有人焉"。杨注指出操楚言者应为子元率领的楚军，又说："人谓人才。"今以为杨注可信。

④ 杜注:“嫌或讳讥,故曰礼。”本年《经》杜注:“臧孙辰,鲁大夫臧文仲。”孔疏引《鲁语》《公》《穀》证臧文仲如齐告籴得礼。按:哀邦国之忧,古之大礼。

⑤《左传》这里发明的凡例,可以帮助我们理解“都”与“邑”之别,“筑”与“城”用法也有区别。

经二十有九年[1]

原文

春,新延厩。[2]

夏,郑人侵许。

秋,有蜚。

冬,十有二月,纪叔姬卒。

城诸及防。[3]

注释

① 鲁庄公二十九年,乃是公元前665年,周惠王十二年。

② 厩读jiù。延厩是名为延的马棚。杜注:“言新者,皆旧物不可用,更造之辞。”

③ 杜注:“诸,防,皆鲁邑。”这里“城”与《春秋》隐公九年“城郎”、《春秋》桓公十六年“城向”中的“城”字一样,名词作动词用。

传二十九年

原文

春,新作延厩。书,不时也。凡马,日中而出,日中而入。[1]

“夏,郑人侵许。”凡师:有钟鼓曰“伐”,无曰“侵”,轻曰“袭”。[2]

“秋，有蜚。”为灾也。凡物不为灾，不书。

冬十二月，“城诸及防”。书，时也。凡土功：龙见而毕务，戒事也；火见而致用，水昏正而栽，日至而毕。[3]

樊皮叛王。

注释

❶ 杜注：“日中，春秋分也。治厩当以秋分，因马向入而修之。今以春作，故曰‘不时’。”孔疏：“此周典之制也。今春而作厩，已失民务，又违马节，故曰‘书，不时也’。”杨注无异议。

❷ 孔疏：“此所以别兴师用兵之状也。”按：春秋时期用兵作战，伐、侵、袭三种情况都有。

❸ “龙见”“火见”之“见”，读 xiàn，音义与“现”同。杜注：“龙星，角、亢，晨见东方，三物始毕，戒民以土功事。大火，心星，次角、亢见者，致筑作之物。”孔疏：“东方之宿尽为龙星。角即苍龙角也，故角亢专得龙名。”“毕务，谓农务竟而民闲也。”筑作之物，自是指兴土功之器具、设施。孔疏又说：“‘水昏正而栽’，谓夏之十月定星昏而中，于是树板干而兴作焉。‘日至而毕’，谓日既南至，微阳始动，故土功息。”今按：“水昏正而栽”，与《诗》“定之方中，作于楚宫”意思相似。《释文》引《说文》谓“栽”是“筑墙长板”，可以引人思索《左传》所谓土功与《诗·绵》“缩版以载”的类同。又，土功不能妨农务，自有止息之时。孔疏明言“冬至之后，当更修来年农事，不得复兴土功也”，其说有理，可从之。

经三十年[1]

原文

春，王正月。

夏，次于成。

秋，七月，齐人降鄣。[2]

八月癸亥，葬纪叔姬。

九月庚午朔，日有食之。鼓、用牲于社。[3]

冬，公及齐侯遇于鲁济[4]。

齐人伐山戎。

注释

❶ 鲁庄公三十年，为公元前664年，周惠王十三年。

❷ 杜注："鄣，纪附庸国……小国孤危，不能自固，盖齐遥以兵威胁使降附。"孔疏："不言侵伐，故云盖以兵威胁使降附。"

❸《春秋》庄公二十五年也有因为日食而"鼓、用牲于社"的记载。请参看彼注❸。

❹ 杜注："济水历齐、鲁界，在齐界为齐济，在鲁界为鲁济，盖鲁地。"

传三十年

原文

春，王命虢公讨樊皮。夏四月丙辰，虢公入樊，执樊仲皮[1]，归于京师。

楚公子元归自伐郑，而处王宫。斗射师谏，则执而梏之。[2]秋，申公斗班杀子元。斗穀於菟为令尹，自毁其家以纾楚国之难。[3]

"冬，遇于鲁济"，谋山戎也，以其病燕故也。[4]

注释

❶ 杨注："樊仲皮即樊皮，皮其名，仲其行次。"周惠王不能容忍叛臣。

❷ 楚公子元处王宫，杜注："欲遂蛊文夫人。"此所谓旧情难忘。"斗射师谏"以下，杜注："射师，斗廉也。足曰桎，手曰梏。"

❸ "斗穀於菟"：据《释文》，穀读gòu，一读nòu，楚人谓乳为穀。

“於”读 wū,菟读 tú,楚人谓虎为於菟。《左传》宣公四年有关于令尹子文(即斗穀於菟)神奇出生的记载,可参看。纾读 shū,杜注:“缓也。”毁小家而缓解国难,这是应予肯定的牺牲精神。

❹ “病燕”之病,苦的意思,为患的意思。杜注:“齐桓行霸,故欲为燕谋难。”

经三十有一年[1]

原文

春,筑台于郎。

夏,四月,薛伯卒。

筑台于薛。

六月,齐侯来献戎捷。[2]

秋,筑台于秦。[3]

冬,不雨。

注释

❶ 鲁庄公三十一年,当公元前663年,周惠王十四年。

❷ 杜注:“献,奉上之辞。齐侯以献捷礼来,故书以示过。”齐桓称霸,鲁不在齐上,齐侯毫无必要向鲁公献捷。《左传》干脆斥为“非礼”,自有根据,因为如杜注引传例所说:“诸侯不相遗俘。”其实本年《左传》就是说齐侯献戎捷非礼的专传。

❸ 本年《经》记三筑台,郎、薛、秦皆鲁地。

传三十一年

原文

夏六月,“齐侯来献戎捷”,非礼也。凡诸侯有四夷之功,则献于王，王以警于夷；中国则否。诸侯不相遗俘。[1]

注释

❶ “诸侯不相遗俘”，遗读 wèi，这里不读 yí，赠与的意思。杜镇南认为“警于夷”句意思是警惧夷狄。杜注又说：“虽夷狄俘，犹不以相遗。”如果献俘而求其合礼，那一定是“诸侯有四夷之功”而献于天子。

经三十有二年[1]

原文

春，城(小)穀[2]。

夏，宋公、齐侯遇于梁丘。

秋，七月癸巳，公子牙卒。

八月癸亥，公薨于路寝[3]。

冬，十月己未，子般卒。

公子庆父如齐。

狄伐邢。

注释

❶ 鲁庄公三十二年，即公元前 662 年，周惠王十五年。

❷ 这里“小”字为衍文，说见阮元等《校勘记》。杨注认为“小”字非衍，其证据是《水经·济水篇》言及春秋之“小穀城”。我们认为《左传》昭十一年“城穀”无“小”字，以《左氏》证《左氏》，最有说服力。北魏人的《水经注》毕竟成书在后，恐不足为《左传》有“小穀城”之证。有小穀则应有大穀，不知大穀安在。

❸ 路寝就是正寝。古人看重寿终正寝，如小戴辑《礼记·丧大记》说：“君、夫人卒于路寝。”鲁庄公薨于路寝，旧注疏认为“得其正”，也就是“死得其所”了。

传三十二年

原文

“春，城（小）穀”，为管仲也。❶

齐侯为楚伐郑之故，请会于诸侯。宋公请先见于齐侯。夏，遇于梁丘。秋七月，有神降于莘。

惠王问诸内史过曰：“是何故也？”对曰：“国之将兴，明神降之，监其德也；将亡，神又降之，观其恶也。故有得神以兴，亦有以亡。虞、夏、商、周皆有之。”王曰：“若之何？”对曰：“以其物享焉。其至之日，亦其物也。”王从之。内史过往，闻虢请命，反曰：“虢必亡矣，虐而听于神。”❷

神居莘六月。虢公使祝应、宗区、史嚚享焉，神赐之土田。史嚚曰：“虢其亡乎！吾闻之：国将兴，听于民；将亡，听于神。神，聪明正直而壹者也，依人而行。❸虢多凉德❹，其何土之能得？”

注释

❶ 杜注：“公感齐桓之德，故为管仲城私邑。”按：《左传》昭公十一年记申无宇之言：“齐桓公城穀而置管仲焉。”杨注认为彼《传》文本《传》庄三十二年为说，甚是。穀作为管仲私邑，齐桓命人所筑，抑或鲁庄所筑，不详。

❷ “以其物享焉”以下，杜注：“享，祭也。若以甲乙日至，祭先脾，玉用苍，服上青，以此类祭之。”杨注：“虐谓虢君暴虐。听于神，则不以民为心。”然则虢必亡。

❸ 由以上记载可以判断春秋时期有神论的主要内容，一是神能鉴德观恶，知国家兴亡；二是民比神重要，“国将兴，听于民；将亡，听于神”；三是神“依人而行”；四是“神，聪明正直而壹”；五、享神者得到神赐。当时像内史过这样的思想家相信虞、夏、商、周四代都有

神，国家兴亡和得神与否有关。

❹ 杜注："凉，薄也。"凉德就是薄德。

原文

初，公筑台，临党氏；见孟任，从之；閟。而以"夫人"言；许之，割臂盟公。生子般焉。雩，讲于梁氏，女公子观之；圉人荦自墙外与之戏。子般怒，使鞭之。[1]公曰："不如杀之，是不可鞭。荦有力焉，能投盖于稷门。"[2]

公疾，问后[3]于叔牙，对曰："庆父材。"问于季友，对曰："臣以死奉般。"公曰："乡者牙曰'庆父材'。"成季使以君命命僖叔，待于鍼巫氏，使鍼季鸩之，曰："饮此，则有后于鲁国。不然，死且无后！"饮之，归，及逵泉而卒。立叔孙氏。

八月癸亥，公薨于路寝。子般即位，次于党氏。[4]冬十月己未，共仲使圉人荦贼子般于党氏。[5]成季奔陈。立闵公。

注释

❶ "党氏"之"党"，依《释文》当读 zhǎng。雩读 yú。荦读 luò。杜注："党氏，鲁大夫。""孟任，党氏女。閟，不从公。""雩，祭天也。讲，肄也。梁氏，鲁大夫。女公子，子般妹。"孔疏引服虔说，认为"见孟任，从之"是"欲与通"的意思。孟任不从公，公许以为夫人。后来的结果是生下了公子子般及其妹。一个名叫荦的养马的人调戏子般之妹，子般用鞭子抽打了荦，由是种下了祸根。于醴尊先生有不同说法，既谓"女公子"的"女"字为衍文，又据《鲁周公世家》断言："上文雩字当长字之误，讲读为媾，'媾于梁氏女'为句。公子观之，公子亦指斑，斑即般也。"我们认为于氏说有些道理。

❷ 杜注："盖，覆也。稷门，鲁南城门。"按："盖于稷门"句是什么意思，众说纷纭。杨伯峻先生说盖(蓋)借为盍，指户扇，"此盖谓稷

门之门扇……能举而投之,足见其力”。说本焦循,今从之。

❸ 这个“后”指可立为后者,即指接班人而言。“问后”,问谁可做接班人。

❹ 杜注:“即丧位。次,舍也。”按:杜氏说是。

❺ 杜注:“共仲,庆父。”这里“贼”是杀的意思。《书·尧典》:“寇贼奸宄。”王肃注:“杀人曰贼。”

闵公

经元年[1]

原文

春，王正月。

齐人救邢。

夏，六月辛酉，葬我君庄公。[2]

秋，八月，公及齐侯盟于落姑。季子来归。[3]

冬，齐仲孙来。

注释

❶ 鲁闵公是庄公之子，姓姬名启方。《史记·鲁周公世家》说他名开，应该是避汉景帝讳而改。闵公即位元年为公元前661年，周惠王十六年。

❷ 庄公卒于去年八月癸亥，至今年六月辛酉下葬，时间跨度不少于十个月，远远超过周礼的规定，因为《左传》已有解说，所以杜元凯无注。

❸ 杜注："落姑，齐地。季子，公之友之字。季子忠于社稷，为国人所思，故贤而字之。齐侯许纳，故曰归。"按：《春秋》经传有称名之例，称名贬之，称字则美之。这里称"季子"，与《经》《传》庄三年书"纪季"，《经》《传》庄廿五年书"女叔"相同，是所谓"书字贵之"，"嘉之"。这里说的"来归"，与《左传》庄公二十七年说的诸侯之女"出曰'来归'"根本不同。请参看本年《左传》。

传元年

原文

“春”，不书即位，乱故也。

狄人伐邢。管敬仲言于齐侯曰：“戎狄豺狼，不可厌也。诸夏亲昵，不可弃也。宴安鸩毒，不可怀也。《诗》云：‘岂不怀归？畏此简书。’简书，同恶相恤之谓也。❶请救邢以从简书。”齐人救邢。

“夏六月，葬庄公。”乱故，是以缓。

“秋八月，公及齐侯盟于落姑”，请复季友也。齐侯许之，使召诸陈，公次于郎以待之。“季子来归”，嘉之也。

冬，齐仲孙湫来省难。书曰“仲孙”，亦嘉之也。仲孙归，曰：“不去庆父，鲁难未已。”公曰：“若之何而去之？”对曰：“难不已，将自毙。❷君其待之。”公曰：“鲁可取乎？”对曰：“不可。犹秉周礼。周礼，所以本也。臣闻之：‘国将亡，本必先颠，而后枝叶从之。’鲁不弃周礼，未可动也。君其务宁鲁难而亲之。亲有礼，因重固，间携贰，覆昏乱：霸王之器也。”❸

注释

❶ 鸩读 zhèn，不读 dān，毒酒。“宴安鸩毒”，杜注：“以宴安比之鸩毒。”贪图安逸的思想像毒酒一样害死人，这是无数事实证明了的，可惜很多人（包括现在的一些年青人）不懂得其中道理。引《诗》见《小雅·出车》。毛传：“简书，戒命也。邻国有急，以简书相告，则奔命救之。”毛诗孔疏：“古者无纸，有事书之于简，谓之简书。以相戒命之救急，故云戒命……言同恶于彼，共相忧念，故奔命相救。”《春秋左传》孔疏：“诸侯有事则书之于简，遣使执简以告命，告则须救，故畏而不归也。”两孔疏互相足。

❷ 仲孙认为庆父是鲁国内乱的祸根，故有此说。杨注谓“难不已，

将自毙”与《传》隐元年“多行不义必自毙”义近,甚确。

❸ 依《释文》,湫读 jiǎo,这里不读 qiū。“省难”,杨注:“省,视察。”霸主国派人来视察遭难(包括天灾)的情况,可以理解。问“鲁可取乎”,想算计已经遭难的国家,这也没有什么不可理解的。“周礼,所以本也。”犹秉周礼,意思是鲁还抱有立国之本,则其国不可取(不可亡,不好对付),足证礼为立国之本的重要。小戴辑《礼记·礼运》:“坏国、丧家、亡人,必先去其礼。”去其礼,就是去其本。这里“所以本也”的周礼,乃是姬周王朝政刑法度之总称,我们认为其中应当包括足以显示王朝威仪的各类大典。“亲有礼”以下至“覆昏乱”,为四个动宾结构,杜注:“能重能固,则当就成之。离而相疑者,则当因而间之。覆,败也。”孔疏:“杜以此《传》四句相类。‘间携贰’,携贰皆间之。‘覆昏乱’,昏乱皆败之。知此‘重固’皆因之。”注、疏皆是。杜注又说:“霸王所用,故以器为喻。”这也说对了,当时齐公正是霸主。

原文

晋侯作二军,公将上军,大子申生将下军,赵夙御戎❶,毕万为右,以灭耿、灭霍、灭魏。还,为大子城曲沃,赐赵夙耿,赐毕万魏,以为大夫。

士蒍曰:“大子不得立矣。分之都城而位以卿,先为之极,又焉得立?不如逃之,无使罪至。为吴大伯,不亦可乎?犹有令名,与其及也。且谚曰:‘心苟无瑕,何恤乎无家?’天若祚大子,其无晋乎?”❷

卜偃曰:“毕万之后必大。万,盈数也;魏,大名也。以是始赏,天启之矣。天子曰兆民,诸侯曰万民。今名之大以从盈数,其必有众!”

初,毕万筮仕于晋,遇“屯䷂”之“比䷇”。辛廖占之,曰:“吉!‘屯’固,‘比’入,吉孰大焉?其必蕃昌!‘震’为土,车从马;足居之,兄长之,母覆之,众归之:六体不易,合而能固,安而能杀,公侯之卦也。❸公侯之子孙,必复其始!”

注释

❶ 御戎:驾驶兵车。

❷ 杜注:"'位以卿',谓将下军。大伯,周大王之適子,知其父欲立季历,故让位而适吴。""先为之极"两句,杨注:"意谓身为储君而今位极人臣,则难以嗣君位矣。"《左氏》下文"犹有令名,与其及也",杜注:"言虽去犹有令名,胜于留而及祸。"《左氏》下文引谚语,意思是:只要心地无瑕,何愁没有家呢?祚读 zuò。天若福佑太子,岂能不为晋主?(怎么会没有晋国呢?)

❸ 李镜池先生撰《〈左〉〈国〉中〈易〉筮之研究》说:"《左传》《国语》常说某卦'之'某卦……'之'者,变也……《屯》之《比》,《屯卦》的初九,变为初六,成为《比卦》也。"(本校注前文解说《左传》庄二十二年所谓观之否的时候未曾援用李镜池先生的意见,今补录于此。)杨注引高亨先生所撰《左传国语的周易说通解》,对《左传》闵元年记载的"《屯》之《比》"解说加详,可供参考。其实杜注说的基本上也有根据,譬如:"屯险难,所以为坚固。比亲密,所以得入。""震为车,坤为马。震为足。震为长男。坤为母。""比合屯固坤安震杀,故曰公侯之卦。"这些都与诸卦爻本义相符。

经二年❶

原文

春,王正月,齐人迁阳。❷

夏,五月乙酉,吉禘于庄公。❸

秋,八月辛丑,公薨。

九月,夫人姜氏孙于邾。❹

公子庆父出奔莒。

冬,齐高子来盟。❺

十有二月，狄入卫。
郑弃其师。[6]

注释

❶ 鲁闵公二年是公元前660年，周惠王十七年。

❷ 杜注："阳，国名。盖齐人逼徙之。"孔疏："与'宋人迁宿'文同。"按："宋人迁宿"见《春秋》庄公十年。

❸ 杜注："三年丧毕，致新死者之主于庙，庙之远主当迁入祧，因是大祭以审昭穆，谓之禘。庄公丧制未阕，时别立庙，庙成而吉祭，又不于大庙，故详书以示讥。"孔疏："庄公以其三十二年八月薨，至此年五月，唯二十二月，故丧制未阕也。"丧制未阙而行吉禘，所以《左传》讥之为"速"。孔疏又说："今未可以吉祭而为吉祭，又不于大庙，故详书以示讥也。既云'吉禘'，又云'于庄公'，是其详也。"按：杜注、孔疏说已很明确。

❹ 《春秋经》庄元年："夫人孙于齐。"此"夫人"为文姜。《春秋经》闵二年："夫人姜氏孙于邾。"此"夫人"为哀姜。孔疏："贾服之说皆以为文姜杀夫罪重，故去'姜氏'；哀姜杀子罪轻，故不去'姜氏'。"何以称"孙"？请参看《春秋经》庄元年注。

❺ 杜注："盖高傒也。齐侯使来平鲁乱。僖公新立，因遂结盟，故不称'使'也。鲁人贵之，故不书名。子，男子之美称。"孔疏："盟非齐侯之命，故不称'使'也……齐侯使之来平鲁乱，新君既立，遂盟而安之，亦足称齐侯之意，其盟非专擅也。"按：注疏说是。

❻ 杜注："高克见恶，久不得还，师溃而克奔陈，故克状其事以告鲁也。"按："见恶"之恶读wù。

传二年

原文

春，虢公败犬戎于渭汭。舟之侨曰："无德而禄，殃也。殃将至矣！”遂奔晋。[1]

“夏，吉禘于庄公”，速也。

初，公傅夺卜齮田，公不禁。秋八月辛丑，共仲使卜齮贼公于武闱。成季以僖公適邾，——共仲奔莒，——乃入，立之。以赂求共仲于莒，莒人归之。及密，使公子鱼请。不许，哭而往。共仲曰：“奚斯之声也！”乃缢。[2]

闵公，哀姜之娣叔姜之子也，故齐人立之。共仲通于哀姜，哀姜欲立之。闵公之死也，哀姜与知之，故孙于邾。齐人取而杀之于夷，以其尸归，僖公请而葬之。

成季之将生也，桓公使卜楚丘之父卜之。曰：“男也。其名曰友，在公之右；间于两社，为公室辅。季氏亡，则鲁不昌。”又筮之，遇“大有䷍”之“乾䷀”，曰：“同复于父，敬如君所。”[3]及生，有文在其手曰“友”，遂以命之。[4]

注释

❶ 杜注：“犬戎，西戎别在中国者……水之隈曲曰汭。舟之侨，虢大夫。”

❷ 齮读 yǐ，或读 qǐ。共仲就是公子庆父。贼，这里是杀的意思。公子鱼就是奚斯。这里“密”是地名。庆父使公子鱼请求宽恕而未蒙允许。听到公子鱼的哭声，庆父知道回国必死，于是自杀。

❸ 《大有》六五变为九五，则成乾卦。孔疏：“《离》是乾子迁变为《乾》，故云‘同复于父’，言其尊与父同也。国人敬之，其敬如君之处所，言其贵与君同也。《说卦》：‘乾为君父。’言其身之尊，则云‘同复于父’；言其为人所敬，则云‘敬如君所’：属意异故分为二也。”这里孔疏说得很精当。

❹ 这也是看手纹而命名。

原文

冬十二月，狄人伐卫。卫懿公好鹤，鹤有乘轩者。将战，国人受甲者皆曰："使鹤！鹤实有禄位。余焉能战？"公与石祁子玦，与甯庄子矢，使守，曰："以此赞国，择利而为之。"❶与夫人绣衣，曰："听于二子。"渠孔御戎，子伯为右，黄夷前驱，孔婴齐殿。及狄人战于荧泽，卫师败绩。遂灭卫。卫侯不去其旗，是以甚败。狄人囚史华龙滑与礼孔以逐卫人，二人曰："我，大史也，实掌其祭。不先，国不可得也。"乃先之。❷至则告守曰："不可待也。"夜与国人出。狄入卫，遂从之，又败诸河。

初，惠公之即位也少，齐人使昭伯烝于宣姜。不可，强之。生齐子、戴公、文公、宋桓夫人、许穆夫人。文公为卫之多患也，先适齐。及败，宋桓公逆诸河，宵济。卫之遗民男女七百有三十人，益之以共、滕之民为五千人。立戴公以庐于曹。许穆夫人赋《载驰》。齐侯使公子无亏帅车三百乘、甲士三千人以戍曹；归公乘马，祭服五称，牛、羊、豕、鸡、狗皆三百，与门材；归夫人鱼轩，重锦三十两。❸

郑人恶高克，使帅师次于河上，久而弗召。师溃而归，高克奔陈。郑人为之赋《清人》❹。

注释

❶ 杜注："赞，助也。玦，示以当决断。矢，示以御难。""与夫人绣衣"句，杜注："取其文章顺序。"今按："矢"与"死"古声纽相近，又都在段玉裁《六书音均表》十五部（曾星笠先生《古韵三十部谐声谱·衣摄》）。音谐意通，与之矢，盖示以誓死御难之意。无论如何，玦，矢，绣衣，都是有特殊含意的。

❷ "史华龙滑与礼孔"，华龙滑与礼孔二人皆"大史"之官。古史祝之官有与鬼神打交道的职能，所以有"实掌其祭"的说法。小戴辑《礼记·曾子问》"命祝史告于社稷宗庙山川"，是其证。

❸ 许穆夫人赋《载驰》，其诗见《诗·鄘风》。杜注："《载驰》，《诗·

卫风》也。”也不算说错，邶、鄘、卫实一地，其风实一风。杜注又说：“归，遗也。四马曰乘。衣单复具曰称。门材，使先立门户。鱼轩，夫人车以鱼皮为饰。重锦，锦之熟细者，以二丈双行，故曰两。三十两，三十匹也。”杨注：“归读为馈。”这与杜注是一致的。杨注又引章炳麟《春秋左传读》：“乘马者，通指当乘之马，非四马为乘之谓也。”又说：“门材，为门户之材也。”此类不同于杜注的说法，自当以后出者为是。

❹《清人》，见《诗·郑风》。《左氏》关于此诗的说明，与《诗序》与诗本文正相合。请参看拙著《诗经刍议·说毛诗序》与拙撰《诗经校注》相关的解说。

原文

晋侯使大子申生伐东山皋落氏。里克谏曰：“大子奉冢祀、社稷之粢盛，以朝夕视君膳者也，故曰冢子。君行则守，有守则从。从曰抚军，守曰监国，古之制也。夫帅师，专行谋，誓军旅，君与国政之所图也，非大子之事也。师在制命而已，禀命则不威，专命则不孝，故君之嗣適不可以帅师。[1]君失其官，帅师不威，将焉用之？且臣闻皋落氏将战。君其舍之！”公曰：“寡人有子，未知其谁立焉！”不对而退。

见大子。大子曰：“吾其废乎？”对曰：“告之以临民，教之以军旅，不共是惧，何故废乎？[2]且子惧不孝，无惧弗得立。修(已)〔己〕而不责人，则免于难。”

注释

❶“嗣適”即適嗣，指符合宗法制度的继承人。適读 dí，即“嫡”字。杜注：“国政，正卿。命，将军所制。大子统师，是失其官也。专命则不孝，是为帅必不威也。”古人认为大子即位之前不应过问军事，只要“奉冢祀社稷之粢盛”“朝夕视君膳”就行了。古制实长期如此。

❷ 孔疏："克畏大子还曲沃，告百姓以临示下民之事，并教之军旅之法，不共是二事为惧矣。"杨注提供了两种解释，一是读"共"为"供"，二是读"共"为"恭"。我们认为杨注亦通。

原文

大子帅师，公衣之偏衣，佩之金玦。[3]狐突御戎，先友为右。梁余子养御罕夷[4]，先丹木为右。羊舌大夫为尉。先友曰："衣身之偏，握兵之要，在此行也，子其勉之！偏躬无慝，兵要远灾，亲以无灾，又何患焉！"狐突叹曰："时，事之征也。衣，身之章也。佩，衷之旗也。故敬其事，则命以始；服其身，则衣之纯；用其衷，则佩之度。今命以时卒，閟其事也；衣之尨服，远其躬也；佩以金玦，弃其衷也：服以远之，时以閟之；尨，凉；冬，杀；金，寒；玦，离。胡可恃也！[5]虽欲勉之，狄可尽乎？"梁余子养曰："帅师者，受命于庙，受脤于社，有常服矣。不获而尨，命可知也。[6]死而不孝，不如逃之！"罕夷曰："尨奇无常，金玦不复。虽复何为？君有心矣！"先丹木曰："是服也，狂夫阻之。[7]曰'尽敌而反'，敌可尽乎？虽尽敌，犹有内谗，不如违之。"狐突欲行。羊舌大夫曰："不可！违命不孝，弃事不忠。虽知其寒，恶不可取。子其死之！"

注释

❸ 杜注："偏衣，左右异色，其半似公服。以金为玦。"按：太子上衣一半的颜色与公服相似，这样布置虽怪，然而必有用意。所谓以金为玦，金即青铜。

❹ 杜注："罕夷，晋下军卿也。梁余子养为罕夷御。"按：上文说"大子帅师"，意思是申生以大子之身份将上军。所以下军交由罕夷统领。

❺ 依杜注：衣所以"章贵贱"，"旗，表也，所以表明其中心"；"命以始"即"赏以春夏"，那是"敬其事"；"衣之纯""佩之度"，那是"用之衷"，而不是"远其躬"。然而晋侯安排给大子申生的一切都与

前面说的正常情况相反,"命以时卒"而不是"命以始","衣之偏衣"而不是"衣之纯","佩之金玦"而不是"佩之度"(佩玉才是士君子常度),是"闳其事""远其躬""弃其衷"十分明显,还有什么可以保险、可以依靠呢?

❻ 脤读 shèn。杜注:"脤,宜社之肉,盛以蜃器。韦弁服,军之常也。尨,偏衣。"按:受命于庙,受脤于社,将士有常服,是古代军礼之为人熟知者。宜社是起大事、动大众之前祭社稷的典礼,《周官·大祝》、小戴辑《礼记·王制》《尔疋·释天》都说到这一类礼典。《左传》闵二年孔疏:"出兵必祭社,祭社名为宜……今言受脤于社,明是祭社之肉盛以(脤)〔蜃〕器赐元帅也。"这样说,颇为简明。杨注:"不获,谓不得常服。""命指公命,谓献公之命不怀善意。"这样说,也很准确。

❼ 《晋语》韦注:"狂夫,方相氏之士也。阻,古诅字也。将服是衣,必先诅之。"杜注:"阻,疑也。言虽狂夫,犹知有疑。"孔疏援引刘炫的意见,谓"是由无证训,各以意解"。于醴尊先生说:"此当读狂字句,谓是服狂服也。狂,不正也。""'夫阻之曰'句。夫,语辞。阻当读为诅……谓晋侯以偏衣服大子时而诅之也。'尽敌而反'即是其诅之辞也。"按:"尽敌而反"见《左传》下文。我们认为于先生也是以意解之。他竟斥晋侯为狂夫,恐怕未必与原意相符。杨注引《释诂》"阻,难也",然后说:"狂夫阻之,谓狂夫亦难穿之。"这样说,较为顺畅。

原文

大子将战,狐突谏曰:"不可!昔辛伯谂周桓公云:'内宠并后,外宠二政,嬖子配嫡,大都耦国:乱之本也。'❽周公弗从,故及于难。今乱本成矣,立可必乎?孝而安民,子其图之!与其危身以速罪❾也。"

注释

❽ 谂读 shěn,《释文》引《说文》:“深谋。”杜注:“告也。事在桓十八年。”杜注又说:“骊姬为内宠,二五为外宠,奚齐为嬖子,曲沃为大都,故曰‘乱本成矣’。”孔疏引刘炫的意见表示对杜注的异议,譬如说:“大子不以曲沃作乱,不得为‘大都’。”而孔疏批评如下:“此据太子,故以曲沃为文。刘君不达此时而为规过,违《传》意也。”我们认为孔疏这里说的有道理。“内宠并后”以下至“乱之本也”,原来是辛伯的话,后人引用并加以比附,不必完全落实。何况大子所据之曲沃终为祸难呢?

❾ “速罪”之“速”,杜注、孔疏解释为“召”,与《易·需·上六》“不速之客”之“速”义同。杨注谓“速罪”是“使罪戾速至”,恐不确。

原文

成风闻成季之繇[1],乃事之而属僖公焉,故成季立之。

僖之元年,齐桓公迁邢于夷仪。二年,封卫于楚丘。邢迁如归,卫国忘亡。

卫文公大布之衣、大帛之冠[2],务材训农,通商惠工,敬教劝学,授方任能,元年革车三十乘,季年乃三百乘。[3]

注释

❶ 繇读 zhòu,杜注:“卦兆之占辞。”

❷ 杜注:“大布,粗布。大帛,厚缯,盖用诸侯谅闇之服。”按:杨注据小戴辑《礼记·杂记上》郑注,谓“大布衣、大白冠,所以示俭”,这样讲较为允当。

❸ 注重实用,鼓励农商百工,敬教劝学,贯彻为官之正道,任用贤能,这些政策都是对的。此公“务材训农”的政策还不算先进,而“通商惠土,敬教劝学,授方任能”的思想、政策在当时应该是很进步很可贵的。卫文公若是真能这样做,那他不失为先秦诸侯中一贤君。

僖公

经元年[1]

原文

春,王正月。

齐师、宋师、曹(伯)〔师〕次于聂北,救邢。[2]

夏,六月,邢迁于夷仪。

齐师、宋师、曹师城邢。

秋,七月戊辰,夫人姜氏薨于夷,齐人以归。

楚人伐郑。

八月,公会齐侯、宋公、郑伯、曹伯、邾人于柽[3]。

九月,公败邾师于偃。

冬,十月壬午,公子友帅师败莒师于郦,获莒(拏)〔挐〕。

十有二月丁巳,夫人氏之丧至自齐。

注释

❶ 鲁僖公姓姬名申,庄公之子。《史记·鲁周公世家》说他是闵公之弟,孔疏说他是闵公庶兄。他即位元年是公元前659年,周惠王十八年。

❷ 这里"伯"当作"师",说见阮元等《校勘记》。杜注:"聂北,邢地。"

❸ 柽读chēng。这里是宋地名,不是树名。

传元年

原文

"春",不称即位,公出故也。公出复入,不书,讳之也。讳国恶,礼也。❶

诸侯救邢。邢人溃,出奔师。师遂逐狄人,具邢器用而迁之,师无私焉。

"夏,邢迁于夷仪",诸侯城之,救患也。凡侯伯,救患,分灾,讨罪,礼也。❷

"秋,楚人伐郑",郑即齐故也。盟于荦,谋救郑也。

"九月,公败邾师于偃",虚丘之戍将归者也。

冬,莒人来求赂。公子友败诸郦,获莒子之弟挐。——非卿也,嘉获之也。——公赐季友汶阳之田及费。❸

"夫人氏之丧至自齐",君子以齐人〔之〕杀哀姜也为已甚矣。女子,从人者也。❹

注释

❶ 孔疏:"国乱,国之恶事。讳国恶,是礼也。"按:讳国恶,这里是为尊者讳。

❷ "凡侯伯,救患,分灾,讨罪,礼也",这一条作为春秋时期侯伯之礼,反映了当时各小国对霸主(侯伯)之国的希望。谁不能做到这一点,他就不能做霸主(侯伯)。可以说:这一条与上一条("讳国恶"),作为当时礼制确曾存在过。

❸ 嘉获,杜注说是"嘉季友之获"。僖公将汶阳之田与费地赐给季友,此即所谓"嘉之"。按:汶阳之田,杜注说是汶水北地。费,《释文》说"音秘"。

❹ 杜注:"言女子有三从之义,在夫家有罪,非父母家所宜讨也。"

按:这是对齐侯杀哀姜的批评。其实,哀姜若为夫家所杀,也可以说过分("已甚")了。

经二年[1]

原文

春,王正月,城楚丘[2]。

夏,五月辛巳,葬我小君[3]哀姜。

虞师、晋师灭下阳[4]。

秋,九月,齐侯、宋公、江人、黄人盟于贯[5]。

冬,十月,不雨。

楚人侵郑。

注释

❶ 鲁僖公二年,当公元前658年,周惠王十九年。

❷ 杜注:"楚丘,卫邑。"孔疏:"此则先城楚丘,将以封卫。言城楚丘,不言城卫,卫未迁也。"这样说确有根据。按:《左传》闵二年说僖公"二年,封卫于楚丘"。《左传》僖二年亦记此事。《诗·鄘风·定之方中》"作于楚宫",毛传:"楚宫,楚丘之宫也。"《史记·卫康叔世家》:"齐桓公以卫数乱,乃率诸侯伐翟,为卫筑楚丘。"皆古文献之证。

❸ 杜注:"反哭成丧,故称'小君'。例在定十五年。"按:可参看《左传》隐三年及其注❶。

❹ 下阳,《公》《穀》作夏阳。

❺ 杜注:"贯,宋地。"

传二年

原文

春,诸侯城楚丘而封卫焉。不书所会,后也。

晋荀息请以屈产之乘与垂棘之璧假道于虞以伐虢。公曰:“是吾宝也。”对曰:“若得道于虞,犹外府也。”[1]公曰:“宫之奇存焉。”对曰:“宫之奇之为人也,懦而不能强谏。且少长于君,君昵之。虽谏,将不听。”乃使荀息假道于虞,曰:“冀为不道,入自颠軨,伐鄍三门。冀之既病,则亦唯君故。今虢为不道,保于逆旅,以侵敝邑之南鄙。敢请假道,以请罪于虢。”[2]虞公许之,且请先伐虢。宫之奇谏。不听,遂起师。夏,晋里克、荀息帅师会虞师伐虢,灭下阳。先书虞,贿故也。

“秋,盟于贯”,服江、黄也。

齐寺人貂始漏师于多鱼。[3]

虢公败戎于桑田。晋卜偃曰:“虢必亡矣!亡下阳不惧,而又有功,是天夺之鉴而益其疾也。必易晋而不抚其民矣。不可以五稔。”[4]

冬,楚人伐郑,斗章囚郑聃伯。

注释

❶ 杜注:“屈地生良马,垂棘出美玉,故以为名。四马曰乘。自晋适虢,途出于虞,故借道。”孔疏据《礼经·聘礼》说明了假道之礼的内容。《周官》“外府”掌邦布之出入,以供百物而待邦之用,这里指府库之在外者。《左传》僖二年的意思是:用屈产之马、垂棘之璧假道于虞,不过是暂时换个府库保管而已。

❷ 軨读 líng。鄍读 míng。“冀为不道”以下,杜注:“前是冀伐虞至鄍。鄍,虞邑。河东大阳县东北有颠軨坂。”杨注:“不道,犹言残暴。”“伐鄍三门者,伐鄍邑之三门也,犹言围攻。”“此言冀为强暴,无故伐虞邑。”“冀之既病者,晋助虞伐冀已使冀受损伤也。则亦唯君故者,言我伐冀,非自为也,为虞复仇击敌耳。晋因有惠于虞,故先提此事,以责其还报。”按:所谓责其还报,从表面看,也不过就是请虞假道罢了。这里杨注用于醴尊先生说,合情合

理。又按：所谓“请罪于虢”，杜注说是“问虢伐己以何罪”，其实就是要讨伐虢国、找虢君算账的意思。

❸ 杜注：“寺人，内奄官竖貂也。多鱼，地名，阙。齐桓多嬖宠……《传》言貂于此始擅贵宠，漏泄桓公军事，为齐乱张本。”孔疏：“言‘漏师’者，漏泄师之密谋也。漏师已是大罪，此云‘始’者，言其终又甚焉……”按：注疏说是。

❹ 杜注：“桑田，虢地。”“鉴所以自照。骄则生疾。稔，熟也。”稔读rěn，本来指庄稼成熟，引申为年岁的意思。彼时庄稼皆一年一熟，故五稔即五年。按：“天夺之鉴”，则其不自量可知；“益其疾”，其骄而轻视晋人（“易晋”）而不抚其民可知。这样，不出五年，虢必亡。

经三年[1]

原文

春，王正月，不雨。

夏，四月，不雨。

徐人取舒。

六月，雨。

秋，齐侯、宋公、江人、黄人会于阳穀。[2]

冬，公子友如齐莅盟。[3]

楚人伐郑。

注释

❶ 鲁僖公三年，当公元前657年，周惠王二十年。

❷ 杜注：“阳穀，齐地。”可知山东阳穀（今作阳谷）县名，至迟春秋时代齐国已有之。《国语·齐语》亦记此诸侯之会，杨注已指出。

❸ 杜注：“莅，临也。”孔疏：“盟者，杀牲歃血，告誓神明。”同年《公羊传》：“莅盟者何？往盟乎彼也。来盟者何？来盟于我也。”按：结

盟是为了交流意见,统一意志,协调行动。结盟必然伴随着礼仪活动,而效果则由种种因素决定,详后。

传三年

原文

“春,不雨。”“夏六月,雨。”自十月不雨至于五月。不曰旱,不为灾也。[1]

“秋,会于阳穀”,谋伐楚也。齐侯为阳穀之会来寻盟。

“冬,公子友如齐莅盟。”

楚人伐郑,郑伯欲成。孔叔不可,曰:“齐方勤我。[2]弃德,不祥。”[3]

齐侯与蔡姬乘舟于囿,荡公。公惧,变色;禁之,不可。公怒归之,未〔之〕绝(之)也。[4]蔡人嫁之。

注释

❶ 阮元等《校勘记》说“六”当作“四”,非是。杜注:“周六月,夏四月,于播种五稼无损。”这是对《春秋左传》原文的解释。而《传》“夏六月”句并非《经》“夏四月”句的重复,所以这里《传》与注并非“六”当作“四”的证据。杜注中“周”“夏”对言,这个“夏”不是“春夏秋冬”的“夏”。如果把这个“夏”看作“春夏”之夏,与本年《左传》相对于“春”而言的“夏”一样,而《春秋》经文说“夏四月不雨”,《左传》这里“六”若作“四”,那就成了“夏四月雨”,岂不与经文发生矛盾了吗?这里必须明确:“夏”字在本年《左传》的杜注中不是“春夏”之夏,乃是与“周”对言之夏;而在《春秋经》与本年《左传》中,“夏”实为“春夏”之夏。这里很自然地牵涉《春秋》经传的历法问题。汉以前为《春秋》经传作注解的三大家(左氏、公羊氏、穀梁氏)都在所传《春秋》的开头就历法作过必要的说明。上世纪七八十年代集《春秋左传》注释之大成的杨伯峻先

生关于《春秋》历法也有简要的论述(参见本书《经》隐公元年的第二条注释)。杨先生为《春秋》隐公元年作注说:“周以建子之月(今农历十一月)为正,而仍以正月为春,则殷、周之春皆今之冬。”这与《春秋经》隐元年孔疏说的“我王之三月乃夏之正月也”完全相合。明乎此,可知《左传》僖三年“春不雨”“夏六月雨”,乃是援引《春秋经》本来并不连贯的原文;所谓“春不雨”,实即夏历之冬不雨;“夏六月雨”应为符合农时的“夏四或五月雨”:这样,正好与下句“自十月不雨至于五月”相应。“不曰旱,不为灾”,也就是杜注说的“于播种五稼无损”了。顾栋高《春秋大事表》四十二之二云:“此书六月雨,则正当孟夏,自宜不为灾也。”杨伯峻先生认为此书六月“实当仲夏,今农历五月”,这样讲,就与《左传》“自十月不雨至于五月”完全相合了。

❷ 杜注:“孔叔,郑大夫。勤,恤郑难。”杨注据杨遇夫(树达)先生《读左传》解释说:“勤,劳也。勤我,为我勤劳也。”这样讲当然有道理。其实,“勤我”就是待我勤恳。

❸ 祥,或作详,详者,祥之借。杜注:“祥,善也。”背弃德我(勤我)者,自属不善。

❹ 齐桓公将蔡姬赶回娘家,但尚未决绝。

经四年[1]

原文

春,王正月,公会齐侯、宋公、陈侯、卫侯、郑伯、许男、曹伯侵蔡,蔡溃。遂伐楚,次于陉[2]。

夏,许男新臣卒。

楚屈完来盟于师,盟于召陵。

齐人执陈辕涛涂[3]。

秋,及江人、黄人伐陈。

八月，公至自伐楚。

葬许穆公。

冬，十有二月，公孙兹帅师会齐人、宋人、卫人、郑人、许人、曹人侵陈。

注释

❶ 鲁僖公四年，为公元前656年，周惠王二十一年。

❷ 陉读xíng。据杜注，知陉为楚地。船山先生《春秋稗疏》卷上谓“陉为楚塞之山”而“非召陵之境矣”。

❸ 杜注：“辕涛涂，陈大夫。”《释文》：“袁，陈大夫氏也。本多作辕。”按：《公》《穀》皆作袁。

传四年

原文

春，齐侯以诸侯之师侵蔡，蔡溃。遂伐楚。

楚子使与师言曰：“君处北海，寡人处南海，唯是风马牛不相及也。[1]不虞君之涉吾地也何故？”管仲对曰：“昔召康公命我先君大公曰：‘五侯九伯，女实征之，以夹辅周室！’赐我先君履，东至于海，西至于河，南至于穆陵，北至于无棣。尔贡(包)〔苞〕茅不入，王祭不共，无以缩酒，寡人是徵。[2]昭王南征而不复，寡人是问！”对曰：“贡之不入，寡君之罪也，敢不共给？昭王之不复，君其问诸水滨！”

师进，次于陉。夏，楚子使屈完如师。师退，次于召陵。

齐侯陈诸侯之师，与屈完乘而观之。齐侯曰：“岂不穀是为？先君之好是继。与不穀同好如何？”对曰：“君惠徼福于敝邑之社稷，辱收寡君，寡君之愿也。”[3]齐侯曰：“以此众战，谁能御之？以此攻城，何城不克？”对曰：“君若以德绥诸侯，谁敢不服？君若以力，——楚国方城以为城，汉(水)以为池；虽众，无所用之！”[4]

屈完及诸侯盟。

注释

❶《尚书·费誓》:“马牛其风。”孔疏引贾逵说:“风,放也。牝牡相诱谓之风,然则马牛风佚,因牝牡相逐而遂至放佚远去也。”《左传》僖四年孔疏引服虔的话:“风,放也。牝牡相诱谓之风……此言‘风马牛’,谓马牛风逸,牝牡相诱,盖是末界之微事。言此事不相及,故以取喻不相干也。”按:服虔比贾逵说得更明白。杜注仅言及“末界之微事”,实未了。

❷ 杜注:“召康公,周大保召公奭也。五等诸侯,九州之伯,皆得征讨其罪。齐桓因此命以夸楚。”今按:关于“五侯九伯”的解说,王伯申《经义述闻》有汇辑,杨注归纳的说法更多。我们认为不必拘泥于五、九之数,其原意应该是指凡周之不宁侯,齐太公都有权力征讨。杨注:“其旨皆谓五侯九伯统言天下诸侯。”其说甚是。下文“赐我先君履”数句,亦不必太拘泥东西南北之界,实际上也应该是凡所践履之界有不廷者,皆可征伐之。“尔贡苞茅不入”以下凡四句,则专责楚国君臣不贡苞茅而妨碍了朝廷祭典大事。

❸ 徼读 yāo,“求”的意思。徼福就是求福,后来“托福”的词源也在这里。说详见拙著《中国礼制史·先秦卷》第四章第五节。“惠”“辱”在这里是向对方表示尊敬的用语,“敝”则表示自谦。

❹ 服德而不畏强暴,这样的精神应予肯定。“汉水”之“水”为衍文,据陆德明《左传音义》删。杨注认为“水”不是衍文,但是没有说出理由。“虽众”,王氏父子认为其中夺“君之”二字,我们认为未必然。当时态度激昂,语急言促,不必说出“君之”二字而其义并不含糊。

原文

陈辕涛涂谓郑申侯曰:“师出于陈、郑之间,国必甚病。❶若出于东方,观兵于东夷,循海而归,其可也。”申侯曰:“善。”涛涂以告齐侯,许之。申侯见,曰:“师老矣,若出于东方而遇敌,惧不可用也。若出于陈、郑之间,共其资粮屝屦❷,其可也。”齐侯说,与之虎牢。执辕涛涂。

秋,伐陈,讨不忠也。

许穆公卒于师,葬之以侯,礼也。凡诸侯薨于朝、会,加一等;死王事,加二等。于是有以衮敛。❸

冬,叔孙戴伯帅师,会诸侯之师侵陈。陈成,归辕涛涂。

注释

❶ 杜注:“申侯,郑大夫。当有共给之费故。”所谓“国必甚病”,指诸侯之师若出于陈郑之间,则陈、郑两国必承担供给之费,会碰到困难,遭受损失。杨注实同。

❷《传》僖三十三年杜注:“师久为老。”按:人马服役久,则疲惫不堪。《传》僖四年屝读 fèi。据杜注,屝是草鞋。据《方言》,屝是手工粗糙的麻鞋。

❸ 这一段说的是诸侯薨于朝会,则葬礼加一等;死于王事,葬礼加二等。这也可以说是摄盛之礼。杜注谓许穆公之葬为“男而以侯礼,加一等”,因为许穆公本为男爵。杜镇南又说:“衮衣,公服也。谓加二等。”《左氏》原意正如此。

原文

初,晋献公欲以骊姬为夫人,卜之,不吉;筮之,吉。公曰:“从筮。”卜人曰:“筮短龟长,不如从长。且其繇曰:‘专之渝,攘公之羭。一薰一莸,十年尚犹有臭。’❶必不可!”弗听,立之。生奚齐。其娣生卓子。

及将立奚齐,既与中大夫成谋。姬谓大子曰:“君梦齐姜,必速祭之!”大子祭于曲沃,归胙于公。公田,姬置诸宫六日。公至,毒而献之。公祭之地,地坟;与犬,犬毙;与小臣,小臣亦毙。姬泣曰:“贼由大子!”大子奔新城。公杀其傅杜原款。或谓大子:“子辞,君必辩焉。”大子曰:“君非姬氏,居不安,食不饱。我辞,姬必有罪。君老矣,吾又不乐。”曰:“子其行乎?”大子曰:“君实不察其罪。被此名也以出,人谁纳我?”[2]十二月戊申,缢于新城。姬遂谮二公子曰:“皆知之。”重耳奔蒲,夷吾奔屈。

注释

[1] 这里繇读 zhòu,羭读 yú,莸读 yóu。杜注:“繇,卜兆辞。渝,变也。攘,除也。羭,美也。言变乃除公之美。薰,香草。莸,臭草。十年有臭,言善易消,恶难除。”孔疏:“言公若专心爱之,公心必将改变,变乃除公之美。公先有美,此人将除去之。”又说:“一薰一莸”两句,“言善恶聚而多少敌,善不能止恶而恶能消善”。简言之,这一段繇辞说的是专宠可以发展到排斥美善,而恶臭的影响往往大于香与美的东西。

[2] 这一段至此,记骊姬设法假献公之力陷害大子申生至死,可参看《史记·晋世家》《国语·晋语》。胙读 zuò。归胙,指用于祭祀的酒肉在典礼完成之后奉献国君享用。地坟,地面忽隆起像坟墓一样。毙是死而倒地。“子辞”“我辞”,辞是申诉辩诬的意思。被读 pī。“被此名”,背负这谋弑君父的名声。

经五年[1]

原文

春,晋侯杀其世子申生。

杞伯姬来朝其子。[2]

夏,公孙兹如牟。

公及齐侯、宋公、陈侯、卫侯、郑伯、许男、曹伯会王世子于首止。[3]

秋，八月，诸侯盟于首止。

郑伯逃归不盟。

楚人灭弦。弦子奔黄。

九月戊申朔，日有食之。

冬，晋人执虞公。[4]

注释

❶ 鲁僖公五年，是公元前655年，周惠王二十二年。

❷ 杜注："伯姬来宁，宁成风也。'朝其子'者：时子年在十岁左右，因有诸侯子得行朝义，而卒不成朝礼，故系于母而曰朝其子。"《释文》："'杞伯姬来'绝句。'来'，归宁。'朝其子'，犹言其子朝。"孔疏："桓九年，曹伯使世子射姑来朝，是诸侯之子得有摄君之礼、行朝之义。但此子幼弱而卒不成朝，故系于母而曰朝其子也。若其能行朝礼，则世子当如射姑，伯姬别言'来'耳。"杨注没有采用杜注与《释文》的句读，而以《公羊传》读法为是。我们认为《公羊传》句读固然可用，而《释文》关于"朝其子"的解释并无错误。

❸ 上文"公孙兹如牟"的牟，是鲁的附庸之国。这里"首止"，是卫地名。

❹ 杜注："称'人'以执，同于无道于其民之例。例在成十五年。"关键看国君给人民造福还是作孽，这个凡例定得好。

传五年

原文

春，王正月辛亥朔，日南至。公既视朔，遂登观台以望。而书，礼也。凡分、至、启、闭，必书云物，为备故也。[1]

晋侯使以杀大子申生之故来告。

初，晋侯使士蒍为二公子筑蒲与屈，不慎，置薪焉。夷吾诉之。

公使让之,士蒍稽首而对曰:“臣闻之:‘无丧而戚,忧必仇焉。无戎而城,仇必保焉。寇仇之保,又何慎焉?守官废命,不敬。固仇之保,不忠。失忠与敬,何以事君?’《诗》云:‘怀德惟宁,宗子惟城。’君其修德而固宗子,何城如之?三年将寻师焉,焉用慎?”退而赋,曰:“狐裘龙茸,一国三公,吾谁适从?”[2]

及难,公使寺人披伐蒲。重耳曰:“君父之命不校[3]。”乃徇曰:“校者吾仇也。”逾垣而走。披斩其袪[4]。遂出奔翟。

“夏,公孙兹如牟”,娶焉。

注释

❶ 杜注:“分,春秋分也。至,冬夏至也。启,立春、立夏。闭,立秋立冬。云物,气色、灾变也。”这些解释都是对的。“为备故也”,杜注:“素察妖祥,逆为之备。”所谓未雨绸缪,一发现天灾预兆就开始做防灾准备,原意正如此。

❷ “无丧而戚”以下,大意是:没有丧而哀戚,其所忧必在于仇人。没有敌人入侵而筑城,仇者一定会占领、保守。对寇仇必然保守、把持之事,何必慎重呢?有职守而不执行君命,是于君不敬。工作的结果为仇者把持利用,是于国不忠。《诗·大雅·板》说:“怀德惟宁,宗子惟城。”宗子好比捍卫宗主国君的城池,“固宗子”为当务之急;宗子固则若干年后必有用,而今筑蒲与屈又何必那么慎重、认真呢?龙读 méng,茸读 róng,适这里读 dí。杜注:“龙茸,乱貌。”《诗·卫风·伯兮》“谁适为容”,毛传:“适,主也。”“狐裘龙茸”以下三句意思是:一国而多公,我听谁的好呢?

❸ 这个“校”读 jiào。不校,就是不要计较,不要对抗(较量)。

❹ 袪读 qū。杜注:“袂也。”孔疏说是“袖之末”。按:即今所谓衣袖筒。

原文

“会于首止”,会王大子郑,谋宁周也。[1]

陈辕宣仲怨郑申侯之反(已)〔己〕于召陵,故劝之城其赐邑,曰:“美城之!大名也,子孙不忘。吾助子请。”乃为之请于诸侯而城之,美。遂谮诸郑伯曰:“美城其赐邑,将以叛也。”申侯于是得罪。

秋,诸侯盟。王使周公召郑伯,曰:“吾抚女以从楚,辅之以晋,可以少安。”郑伯喜于王命,而惧其不朝于齐也,故逃归不盟。孔叔止之,曰:“国君不可以轻。轻则失亲;失亲,患必至。病而乞盟,所丧多矣,君必悔之!”弗听,逃其师而归。[2]

楚斗穀於菟灭弦,弦子奔黄。于是江、黄、道、柏方睦于齐,皆弦姻也;弦子恃之而不事楚,又不设备,故亡。

注释

❶ 杜注:“惠王以惠后故,将废大子郑而立王子带,故齐桓帅诸侯会王大子以定其位。”按:定大子位,正所以安定王国,这就是所谓“谋宁周”。《左传》僖二十四年有关记载可参。

❷ “病而乞盟”,这个“病”指国家碰到困难,“乞”是求的意思。等到国家生死存亡关头,乞求大国同意结为盟友,那就势必遭受较大较多的损失。“逃其师”,杨注:“郑伯赴盟,有师随之。郑伯弃其师,只身逃逸,故曰‘逃其师’。”杨先生所释甚是。

原文

晋侯复假道于虞以伐虢。宫之奇谏曰:“虢,虞之表也。虢亡,虞必从之。晋不可启,寇不可玩。一之谓甚,其可再乎?谚所谓‘辅车相依,唇亡齿寒’[1]者,其虞、虢之谓也。”公曰:“晋,吾宗也,岂害我哉?”对曰:“大伯、虞仲,大王之昭也。大伯不从,是以不嗣。虢仲、虢叔,王季之穆也;为文王卿士,勋在王室,藏于盟府。将虢是灭,何爱于虞?且虞能亲于桓、庄乎?其爱之也?桓、庄之族何罪,而以为戮,不唯逼乎?亲以宠逼,犹尚害之,况以国乎?”公曰:“吾享祀丰洁,神必据我。”对曰:“臣闻之:鬼神非人实亲,惟德是依。故《周书》曰:

'皇天无亲,惟德是辅。'又曰:'黍稷非馨,明德惟馨。'又曰:'民不易物,惟德繄物。'如是,则非德民不和、神不享矣。神所冯依,将在德矣。若晋取虞,而明德以荐馨香,神其吐之乎?"❷弗听,许晋使。宫之奇以其族行,曰:"虞不腊矣!在此行也,晋不更举矣。"❸

注释

❶ 杜注:"辅,颊辅。车,牙车。"孔疏:"牙车,颔车,牙下骨之名也。颊之与辅,口旁肌之名也。盖辅车一处分为二名耳。辅为外表,车是内骨,故云'相依'也。"杨注:"辅,车两旁之板。大车载物必用辅支持,故辅与车有相依之关系。杜注解辅为面颊,是以辅为酺,误。"按:此本王氏父子说(见《经义述闻》卷十七)。王氏说解与杨注义长。

❷ "神必据我",王伯申证明"据"是"依"的意思,确不可易。"鬼神非人实亲,惟德是依"至"神其吐之乎",凡七言"德",充分突出了"德"的决定性地位。《左氏》明引《周书》,后来伪古文《尚书》的编辑者将"黍稷非馨,明德惟馨"抄入《君陈》,将"民不易物,惟德繄物"抄入《旅獒》(其中"民"改作"人","繄"改为"其"),将"皇天无亲,惟德是辅"抄入《蔡仲之命》。"《周书》曰"以下大意是:皇天只辅相(帮助)有德的人。远闻的香气唯在明德而非黍稷。人们并未改变祭品,可是唯有德性者的牲玉酒饭才算是受用的祭品。鬼神所歆享者所凭依者在德而非其他。有明德者荐以馨香,神灵是不会拒绝的。由这些提法可知春秋时期以前统治阶层已在强调"德"的重要意义。

❸ 杜注:"腊,岁终祭众神之名。"宫之奇预言:虞国不能再举行腊祭了,其亡就在晋军此行,晋国不要再举兵了。

原文

八月甲午,晋侯围上阳。问于卜偃曰:"吾其济乎?"对曰:"克之。”公曰：“何时?”对曰：“童谣云：‘丙之晨，龙尾伏辰。(均)〔袀〕服振振，取虢之旂。鹑之贲贲，天策焞焞，火中成军，虢公其奔。’[4]其九月、十月之交乎！丙子旦，日在尾，月在策，鹑火中，必是时也。”

冬十二月丙子朔，晋灭虢。虢公丑奔京师。师还，馆于虞。遂袭虞，灭之。执虞公及其大夫井伯，以媵秦穆姬。而修虞祀，且归其职贡于王。[5]

故书曰：“晋人执虞公。”罪虞公，〔且〕言易也。[6]

注释

[4] 袀，读 jūn。“贲”，这里读 bēn。焞读 tún，一读 tūn。杜注：“龙尾，尾星也。日月之会曰辰。日在尾，故尾星伏不见。戎事上下同服。振振，盛貌。旂，军之旌旗。鹑，鹑火星也。贲贲，鸟星之体也。天策，傅说星。时近日星微，焞焞无光耀也。言丙子平旦鹑火中，军事有成功也。”一首童谣竟能藏有重大的军事机密，自是当时人有意为之。

[5] “修虞祀，且归其职贡于王”，意思是不废虞国原来实行的祀典(受王所命之祀)，如同宫之奇所说，“取虞而明德以荐馨香”，并且把虞的职贡归还周王。

[6] 诸本有“公”作“且”，阮元等《校勘记》以为“不误”。我们不完全赞同《校勘记》的说法。今按：“公”字无由误作“且”。公自公，且自且。“公”字从上读，非衍，亦非误。《春秋》经传“执虞公”，《战国策·魏策三》“罪虞公”，可证有“虞公”连文。兹据诸本补“且”字。

经六年[1]

原文

春，王正月。

夏，公会齐侯、宋公、陈侯、卫侯、曹伯伐郑，围新城[2]。

秋，楚人围许，诸侯遂救许。

冬，公至自伐郑。

注释

❶ 鲁僖公六年，是公元前654年，周惠王二十三年。

❷ 新城为郑地。杜、杨两注实同。

传六年

原文

春，晋侯使贾华伐屈。夷吾不能守，盟而行。将奔狄，郤芮曰："后出同走，罪也。不如之梁，梁近秦而幸焉。"乃之梁。

夏，诸侯伐郑，以其逃首止之盟故也。围新密，郑所以不时城也。[1]

秋，楚子围许以救郑。诸侯救许。乃还。

冬，蔡穆侯将许僖公以见楚子于武城。许男面缚，衔璧，大夫衰绖，士舆榇。[2]楚子问诸逢伯，对曰："昔武王克殷，微子启如是。武王亲释其缚，受其璧而祓之，焚其榇，礼而命之，使复其所。"楚子从之。[3]

注释

❶ 杜注："实新密，而《经》言新城者，郑以非时兴土功，齐桓声其罪以告诸侯。"孔疏："郑以非时筑城，违礼害民……故书'新城'，以新城为郑之罪状。"按：《左传》以及注疏解《经》言新城之意，孔疏引刘炫与《司马法》的意见为证，可以信据。杨注据顾炎武《左传杜解补正》谓郑筑新城是为了防诸侯之伐，这当然符合情理，而齐桓据当时通行的礼制声讨郑君之罪，以其霸主地位而言，固亦情理之中。

❷ 杜注:"缚手于后,唯见其面,以璧为贽,手缚,故衔之。榇,棺也。将受死,故衰绖。"按:衰绖是丧服,这里"舆"是对举(上抬)而行之。丧服与棺木已备好,有听候处死的意思。

❸ 前乎此者,如逢伯所说,有微子启行过此礼。后乎此者,蜀后主刘禅、吴末帝孙皓也曾恭行此礼。南唐后主李煜、南宋恭宗赵㬎本来有恭行此礼的机会,但他们似乎并未实行此礼。宋太祖、元世祖似乎并未步楚子后尘,并无兴趣观赏"面缚""士舆榇"而来乞降的礼仪。

经七年[1]

原文

春,齐人伐郑。

夏,小邾子来朝。[2]

郑杀其大夫申侯。

秋,七月,公会齐侯、宋公、陈世子款、郑世子华,盟于甯母[3]。

曹伯班卒。

公子友如齐。

冬,葬曹昭公。

注释

❶ 鲁僖公七年,为公元前653年,周惠王二十四年。由同年《左传》知惠王崩于此年,《春秋》经文将此事记入明年了。

❷ 杜注:"郳犁来始得王命而来朝也。邾之别封,故曰小邾。"按:春秋人重视王命。参见庄五年《春秋经》庄五年注❸以及同年《左传》注❶。

❸ 这里"甯母"只可能是地名。杨注:"当系鲁地。"

传七年

原文

“春，齐人伐郑。”孔叔言于郑伯曰：“谚有之，曰：‘心则不竞，何惮于病？’既不能强，又不能弱，所以毙也。国危矣，请下齐以救国。”[1]公曰：“吾知其所由来矣。姑少待我。”对曰：“朝不及夕，何以待君？”

夏，郑杀申侯以说于齐，且用陈辕涛涂之谮也。初，申侯——(申)〔楚〕出也，——有宠于楚文王。文王将死，与之璧，使行，曰：“唯我知女，女专利而不厌。予取予求，不女疵瑕也。后之人将求多于女，女必不免。[2]我死，女必速行！无适小国，将不女容焉！”既葬，出奔郑，又有宠于厉公。子文闻其死也，曰：“古人有言曰：‘知臣莫若君。’弗可改也已！”

注释

❶“则”，有时可训“若”，见《经传释词》卷八。“心则不竞”，杨注认为这里“则”应训“若”，其说甚是。杜注：“竞，强也。惮，难也。”孔疏：“言心则不能强盛，则当须屈服于人，何得难于屈弱之病而不下齐？”按：“难于屈弱之病”，意思是以自认力弱、表示屈服为病，觉得难堪。强敌压境，既不能战，又不肯暂时表示屈服，一点也不愿忍让，那就只有自毙，只有灭亡一条路了。

❷“申出”之“申”当作“楚”，说见于醴尊先生《香草校书》卷三十八。杨注不赞成这一类说法，亦有理。比较而言，于氏稍胜。“不女疵瑕”，就是不疵瑕女。“疵瑕”在这里作动词用，非难、怪罪的意思。“后之人将求多于女”，杜注：“谓嗣君也。求多，以礼义大望责之。”“女必不免”句，意思是：你就必定难免受到惩处。

原文

“秋，盟于甯母”，谋郑故也。

管仲言于齐侯曰：“臣闻之：招携以礼，怀远以德。德、礼不易，无人不怀。”齐侯修礼于诸侯，诸侯官受方物。❶

郑伯使大子华听命于会，言于齐侯曰：“泄氏、孔氏、子人氏三族实违君命。(若)君〔若〕去之以为成，我以郑为内臣，君亦无所不利焉。”齐侯将许之。管仲曰：“君以礼与信属诸侯，而以奸终之，无乃不可乎？子父不奸之谓礼，守命共时之谓信。违此二者，奸莫大焉！”公曰：“诸侯有讨于郑，未捷。今苟有衅，从之，不亦可乎？”对曰：“君若绥之以德，加之以训；辞，而帅诸侯以讨郑：郑将覆亡之不暇，岂敢不惧？若总其罪人以临之，郑有辞矣，何惧？且夫合诸侯，以崇德也；会而列奸，何以示后嗣？夫诸侯之会，其德、刑、礼、义无国不记；记奸之位，君盟替矣。作而不记，非盛德也。❷君其勿许！郑必受盟。夫子华既为大子，而求介于大国以弱其国，亦必不免。郑有叔詹、堵叔、师叔三良为政，未可间也。”齐侯辞焉。子华于是得罪于郑。

冬，郑伯使请盟于齐。

闰月，惠王崩。襄王恶大叔带之难，惧不立，不发丧，而告难于齐。❸

注释

❶ 杜注：“携，离也。”招纳离心离德者以礼，让远人怀归的唯一办法是“以德”。这里分明是在宣扬“德”与“礼”的意义与功用。“齐侯修礼于诸侯，诸侯官受方物”，说的是齐侯（霸主）与诸侯之间的关系。杜注：“诸侯官司各于齐受其方所当贡天子之物。”其实当时诸侯不仅要向天子进贡，还得将方物贡献给霸主，杨注已经指出了这一点。

❷ 这里记管仲劝齐桓公始终坚持礼、信，四次说到“德”，还说到刑、

义，可见其治国思想并没有偏重于法家的刑法，反而是以德、礼为主导思想。《论语·八佾》："管氏而知礼，孰不知礼！"把管仲说成完全不知礼的人，未免过分了。我们认为：管夷吾固然有失礼的时候，但是他对礼的重视也是事实，无可置疑。"加之以训"句，"辞"另作一句，这是武亿《经读考异》的句读，杨注从之；今以为必有郑之"辞"而后有齐桓率众诸侯之讨伐，杨注用武亿句读是正确的。

❸ 这个襄王，就是《春秋》僖五年经文所记的"王世子"，同年《左传》记的"王大子郑"。《左传》僖五年已说到"谋宁周"的事。请参看《左传》僖二十四年。又，由《左传》僖七年此条可以看出其时周王与霸主之间的关系。王船山《春秋稗疏》卷上"天王崩"条，认为僖七年"左氏之说诬"。我们认为《左氏》此处记事而已，未必为诬。

经八年[1]

原文

春，王正月，公会王人、齐侯、宋公、卫侯、许男、曹伯、陈世子款，盟于洮。郑伯乞盟。

夏，狄伐晋。

秋，七月，禘于大庙，用致夫人。[2]

冬，十有二月丁未，天王崩。[3]

注释

❶ 鲁僖公八年为公元前652年，周惠王二十五年。

❷ 杜注："禘，三年大祭之名。大庙，周公庙。致者，致新死之主于庙而列之昭穆。夫人淫而与杀，不薨于寝，于礼不应致，故僖公疑其礼，历三禘，今果行之。嫌异常，故书之。"按：《春秋经》僖元年记此夫人之丧，而据杜元凯的理解，春秋时期有三年一大祭之禘，然

则僖八年致此夫人之主于大庙,是"历三禘"而行之。杨注指出"三年之丧,二十五月而毕",这是有根据的,对于理解杜注所谓"历三禘"实有帮助。杨注又说:"考之《左传》,禘无定月。"这样说有没有证据?杨先生列举的证据都没有什么说服力。闵二年之吉禘实不于大庙,本不可称禘。《春秋》经传昭二十五年并无禘襄公之事,其他数例也与禘祭无关。可见《左传》不能证明"禘无定月"。至于《礼记·明堂位》的"季夏六月"、《杂记下》的"七月",与《春秋》经传僖八年的"七月",又有多大的差别呢?这与《左传》僖三年"自十月不雨至于五月"一句的"五月"怎么理解,不是同一类问题吗?又按:关于《春秋》经传之说禘,惠士奇有详论,文长不录。

❸ 杜注:"实以前年闰月崩,以今年十二月丁未告。"这样说的根据,就是《左传》的记事,相信《左传》的记载可靠。

传八年

原文

"春,盟于洮",谋王室也。"郑伯乞盟",请服也。襄王定位而后发丧。晋里克帅师,梁由靡御,虢射为右,以败狄于采桑。梁由靡曰:"狄无耻。从之,必大克!"里克曰:"惧之而已,无速众狄[1]。"虢射曰:"期年狄必至,示之弱矣。"

夏,狄伐晋,报采桑之役也。复期月。

秋,禘而致哀姜焉,非礼也。凡夫人,不薨于寝,不殡于庙,不赴于同,不祔于姑,则弗致也。[2]

冬,王人来告丧。难故也,是以缓。

宋公疾,大子兹父固请曰:"目夷长且仁,君其立之!"公命子鱼;子鱼辞,曰:"能以国让,仁孰大焉?臣不及也,且又不顺。"[3]遂走而退。

注释

1. 杜注："恐怨深而群党来报。"按：这里"速"自是招惹的意思。
2. 杜注："寝，小寝。同，同盟。将葬又不以殡过庙。据《经》哀姜薨葬之文，则为殡庙、赴同、祔姑，今当以不薨于寝不得致也。"杨注解说加详，但基本不出于杜注范围。
3. 杜注："兹父，襄公也。目夷，兹父庶兄子鱼也。立庶不顺礼。"按：由此可知依据宗法制度的传承观念，在曾经长期实行兄终弟及制度的殷商之后的宋国，春秋前期稍晚，已经深入人心被接受。

经九年[1]

原文

春，王三月丁丑，宋公御说[2]卒。

夏，公会宰周公、齐侯、宋子[3]、卫侯、郑伯、许男、曹伯于葵丘。

秋，七月乙酉，伯姬卒。

九月戊辰，诸侯盟于葵丘。

甲子，晋侯佹诸[4]卒。

冬，晋里(奚)克杀其君之子奚齐。[5]

注释

1. 鲁僖公九年，是公元前651年，周襄王元年。
2. 《释文》："说音悦。"
3. 杜注："传例曰：在丧公侯曰子。"同年《左传》也有这个说法。按："宋子"即宋襄公名兹父者，以其在丧，故称"子"。
4. 佹读guǐ，佹诸是晋献公的大名。
5. 杜注："献公未葬，奚齐未成君，故称'君之子'。奚齐受命继位无罪，故里克称名。"按：《春秋》有称名之例。

传九年

原文

春，宋桓公卒。未葬而襄公会诸侯，故曰“子”。凡在丧，王曰“小童”，公侯曰“子”。❶

夏，会于葵丘。寻盟，且修好，礼也。

王使宰孔赐齐侯胙，曰：“天子有事于文、武，使孔赐伯舅胙。”齐侯将下拜，孔曰：“且有后命。天子使孔曰：‘以伯舅耋老，加劳，赐一级，无下拜。’”对曰：“天威不违颜咫尺，小白余敢贪天子之命，无下拜？恐陨越于下，以遗天子羞，敢不下拜？”下，拜；登，受。❷

秋，齐侯盟诸侯于葵丘，曰：“凡我同盟之人，既盟之后，言归于好！”

宰孔先归，遇晋侯，曰：“可无会也。齐侯不务德而勤远略，故北伐山戎，南伐楚，西为此会也。东略之不知，西则否矣。其在乱乎？君务靖乱，无勤于行！”❸晋侯乃还。

注释

❶ 依孔疏，此发“在丧之例”。说的是王与诸侯在丧之称，而杜注已指出其说未必然。

❷ 杜注：“拜堂下，受胙于堂上。”孔疏认为《觐礼》所记侯氏降阶再拜是此“下拜”，彼“升成拜”是此“登受”。按：注疏说是。

❸ 这里记宰孔的话，批评齐桓公“不务德而勤远略”，意思仍然在于宣扬实施德政。杜注说这几句话“微戒献公，言晋将有乱”，这样讲也很有见地。“其在乱乎”以下，杜注：“在，存也。”还是专意平定内乱吧，不要老是在路上行走不怕累！

原文

九月，晋献公卒。里克、丕郑欲纳文公，故以三公子之徒作乱。

初,献公使荀息傅奚齐。公疾,召之,曰:“以是藐诸孤辱在大夫,其若之何?”稽首而对曰:“臣竭其股肱之力,加之以忠、贞。其济,君之灵也;不济,则以死继之。”公曰:“何谓忠、贞?”对曰:“公家之利,知无不为,忠也。送往事居,耦俱无猜,贞也。”❶

及里克将杀奚齐,先告荀息曰:“三怨将作,秦、晋❷辅之,子将何如?”荀息曰:“将死之!”里克曰:“无益也。”荀叔曰:“吾与先君言矣,不可以贰。能欲复言而爱身乎?虽无益也,将焉辟之?且人之欲善,谁不如我?我欲无贰,而能谓人已乎?”

冬十月,里克杀奚齐于次。书曰“杀其君之子”,未葬也。荀息将死之,人曰:“不如立卓子而辅之。”荀息立公子卓以葬。十一月,里克杀公子卓于朝。荀息死之。

君子曰:“《诗》所谓‘白圭之玷,尚可磨也;斯言之玷,不可为也’❸,荀息有焉!”

注释

❶ 丕读 pī。杜注:“丕郑,晋大夫。三公子,申生、重耳、夷吾。”这样说是对的。“以是藐诸孤”,杜注:“言其幼贱与诸子县藐。”孔疏:“藐诸孤者,言年既幼稚,县藐于诸子之孤。”王伯申认为杜注孔疏的解说“斯为不词矣”,他说,“藐”当依顾宁人训为“小”,“诸”即“者”字,“藐者孤,犹言羸者阳耳”。杨注:“全句意谓以此弱小孤儿付托于汝”,这是采用王氏的说法。按:“是藐诸孤”指晋献公与骊姬所生子奚齐。佹诸临终托孤,荀息表示忠贞。“送往事居,耦俱无猜”,杜注:“往,死者。居,生者。耦,两也。送死事生,两无疑恨,所谓正也。”这样解释,很准确。

❷ 于醴尊先生《香草校书》卷三十八说这个“晋”当作“齐”,杨注驳之,故今仍之。

❸ 引诗见《诗·大雅·抑》。杜注:“言此言之缺难治甚于白圭。”意思是告诫人们出话发言要慎重,言出必信。

原文

齐侯以诸侯之师伐晋，及高梁而还，讨晋乱也。令不及鲁，故不书。

晋郤芮使夷吾重赂秦以求入，曰："人实有国，我何爱焉？入而能民，土于何有？"从之。齐隰朋帅师会秦师，纳晋惠公。[1]秦伯谓郤芮曰："公子谁恃？"对曰："臣闻亡人无党，有党必有仇。夷吾弱不好弄，能斗不过，长亦不改，不识其他。"公谓公孙枝曰："夷吾其定乎？"[2]对曰："臣闻之：唯则定国。《诗》曰：'不识不知，顺帝之则。'文王之谓也。又曰：'不僭不贼，鲜不为则。'无好无恶、不忌不克之谓也。今其言多忌克，难哉！"[3]公曰："忌则多怨，又焉能克？是吾利也。"

宋襄公即位，以公子目夷为仁，使为左师以听政，于是宋治。故鱼氏世为左师。

注释

❶ 郤是姓，读 xì。隰也是姓，读 xí。"人实有国"及其下凡四句，杜注："言国非己之有，何爱而不以赂秦？"杨注："土于何有，何有于土之倒装句……此盖言先求入为晋君，土地不足惜，得民为要。"按：上引两注皆是。

❷ "弱不好弄"，杜注："弄，戏也。"下句"能斗不过"，杜注："有节制。"两句串起来说：夷吾年虽小而不贪玩，能斗争而有节制。

❸ 这一段引《诗》分别见《大雅·皇矣》与《抑》篇。这四句诗的意思，杜注："言文王暗行自然合天之法。僭，过差也。贼，伤害也。皆忌克也。能不然，则可为人法则。"其说近是。"无好无恶，不忌不克"，"好"读 hào，"恶"读 wù，孔疏解释作"无所偏好，无所私恶，不为忌差，不好胜人之谓也"，又说："今其此夷吾之言多有所忌，多欲陵人，以此而求安定，难哉！"其说可通。

经十年[1]

原文

春，王正月，公如齐。

狄灭温，温子奔卫。

晋里克弑其君卓及其大夫荀息。

夏，齐侯、许男伐北戎。

晋杀其大夫里克。

秋，七月。

冬，大雨雪。[2]

注释

❶ 鲁僖公十年，即公元前650年，周襄王二年。

❷ 这里“雨”读yù，作动词用。“大雨雪”就是下大雪。杜注：“平地尺为大雪。”这其实是引用《左传》隐公九年的话。

传十年

原文

春，“狄灭温”，苏子无信也。苏子叛王即敌，又不能于狄；狄人伐之，王不救，故灭。[1]苏子奔卫。

夏四月，周公忌父、王子党会齐隰朋立晋侯。晋侯杀里克以说[2]。将杀里克，公使谓之曰：“微子，则不及此。虽然，子(弑)〔杀〕二君与一大夫，为子君者不亦难乎？”对曰：“不有废也，君何以兴？欲加之罪，其无辞乎？臣闻命矣！”伏剑而死。于是丕郑聘于秦，且谢缓赂，故不及。[3]

注释

❶ 杜注:"苏子,周司寇苏公之后也。国于温,故曰温子。"杨注:"不能于狄,犹言与狄不相得也。"既不为王所容,又不能与狄和睦共处,所以只剩下亡国一条路了。

❷ 杜注:"自解说不篡。"杨注:"以说,谓示讨恶之义。"按:杨注用沈钦韩说。我们认为这里两说可以合而言之。

❸ 杜注:"丕郑,里克党,以在秦,故不及里克俱死。"杨注解说"谢缓赂"一句的意思:"谓所许之赂缓与之,致歉意。其实不与。"按:这里杜、杨两注已将《左氏》原意道出。

原文

晋侯改葬共大子。

秋,狐突适下国,遇大子。大子使登、仆,而告之曰:"夷吾无礼。余得请于帝矣,将以晋畀秦;秦将祀余。"[1]对曰:"臣闻之:'神不歆非类,民不祀非族。'君祀无乃殄乎?[2]且民何罪?失刑,乏祀,君其图之!"君曰:"诺!吾将复请。七日,新城西偏将有巫者而见我焉。"许之,遂不见。及期而往,告之曰:"帝许我罚有罪矣,敝于韩。"[3]

丕郑之如秦也,言于秦伯曰:"吕甥、郤称、冀芮实为不从。若重问以召之,臣出晋君,君纳重耳,蔑不济矣。"

冬,秦伯使泠至报、问,且召三子。郤芮曰:"币重而言甘,诱我也。"遂杀丕郑、祁举及七舆大夫:左行共华、右行贾华、叔坚、骓歂[4]、累虎、特宫、山祁,皆里、丕之党也。

丕豹奔秦,言于秦伯曰:"晋侯背大主而忌小怨,民弗与也。伐之,必出。"公曰:"失众,焉能杀?违祸,谁能出君?"

注释

❶ 杜注:"忽如梦而相见。狐突本为申生御,故复使登车为仆。"按:

《春秋》僖五年、《左传》僖四年已记大子申生之死,《左传》僖十年记狐突遇大子申生事,有神奇色彩,应该是记梦中事。

❷《左传》成公四年:"非我族类,其心必异。"这种议论出自狭隘的宗族观念,在宗法社会实不可避免。与此相应,古代社会就产生了"神不歆非类,民不祀非族"的理论,古人视为大事的祭典也就规定:"若功不被于下民者,不载于祀典,唯其子孙祀之。"(见《左传》僖十年孔疏)但我们认定:这样的祭典理论与实践,大概是周礼成熟时期最终形成的。殷商时期已有形成这种理论并付诸实施的偏向或趋势。殷商以前并不如此或基本不如此。而且可以这样说:为了纠正"民不祀非族"的偏差,弥补"神不歆非类"的理论产生的缺陷,几乎就在产生这一类理论的同时,纠正偏差、弥补缺陷的理论与实践也就出现了。请参看拙著《中国礼制史·先秦卷》第四章第五节,这里不拟复述。杜注:"歆,飨也。殄,绝也。"由于"神不歆非类,民不祀非族",大子申生指望秦人祭祀他,那恐怕只有绝望了。

❸ 杜注:"敝,败也。韩,晋地。独敝惠公,故言'罚有罪'。"按:"敝于韩",预言惠公夷吾将败于韩原。《春秋》《左传》僖十五年记"敝于韩"一事。

❹ 骓读 zhuī。歂读 chuán。骓歂,人名。

经十有一年[1]

原文

春,晋杀其大夫丕郑父[2]。

夏,公及夫人姜氏会齐侯于阳穀。[3]

秋,八月,大雩。

冬,楚人伐黄。

注释

❶ 鲁僖公十一年，当公元前649年，周襄王三年。

❷ 阮元等《校勘记》据《公羊疏》定“父”为衍字。杨注谓此“父”字省与不省“其实一也”，这样说固然于原文本义无伤。但是，《公羊疏》出自唐代学者徐彦，徐氏看到的《左氏》经文无“父”字，而早于徐氏的《公》《穀》二《传》的作者看到的《春秋经》都有“父”字。《左》《公》《穀》所传《春秋》本应相同。今以为如果从众，则此处“父”字以不删为宜，故仍之。

❸ 杜注：“妇人送迎不出门，见兄弟不逾阈。与公俱会齐侯，非礼。”这里说的礼节颇违人情，未免过分。盖杜元凯认为姜氏与齐侯又是兄妹关系，故杨注驳之。杨注推定姜氏为齐桓公之女，其说可信。

传十一年

原文

春，晋侯使以丕郑之乱来告。

天王使召武公、内史过赐晋侯命。受玉惰。过归，告王曰：“晋侯其无后乎？王赐之命，而惰于受瑞，先自弃也已，其何继之有！礼，国之干也。敬，礼之舆也。不敬则礼不行，礼不行则上下昏，何以长世？”❶

夏，扬、拒、泉、皋、伊、雒之戎同伐京师，入王城，焚东门，王子带召之也。秦、晋伐戎以救周。秋，晋侯平戎于王。❷

黄人不归楚贡。冬，楚人伐黄。

注释

❶ 杜注：“天王，周襄王。召武公，周卿士。内史过，周大夫。诸侯即位，天子赐之命圭为瑞。”孔疏：“召武公亦名过。”按：《国语·周

语》亦记周襄王使召公过及内史过赐晋惠公命一事。晋侯受瑞玉失礼，内史过借题发挥，论断“礼”与“敬”的重大意义。“礼，国之干也”以下，大意是：礼制为国家的主干。恭敬为行礼必具的载体。心不敬者不能行礼。不能行礼，则国家上下昏乱，国运必不能长久。杨注援引《汉书·五行志》师古注概述“国之干”“礼之舆”的比喻意义，颇为精辟。

❷ 杜注：“王子带，甘昭公也。召戎，欲因以篡位。”杨注：“平，和也。晋侯使戎与周室构和而实未成功，故明年又有齐使平戎之事。”按：两注皆是。

经十有二年❶

原文

春，王三月庚午，日有食之。❷

夏，楚人灭黄。

秋，七月。

冬，十有二月丁丑，陈侯杵臼卒。

注释

❶ 鲁僖公十二年，为公元前648年，周襄王四年。

❷ 杨注引王韬《春秋日食辨正》谓“是年仍用商正建丑，日食在四月庚午朔（当纪元前六四八年四月六日），《经》乃误四为三”。按：王氏的天文历算学较为先进可信，今从之。

传十二年

原文

春，诸侯城卫楚丘之郛，惧狄难也。❶

黄人恃诸侯之睦于齐也，不共楚职[2]，曰："自郢及我九百里，焉能害我？"夏，楚灭黄。

王以戎难故，讨王子带。秋，王子带奔齐。

冬，齐侯使管夷吾平戎于王，使隰朋平戎于晋。

王以上卿之礼飨管仲。管仲辞曰："臣，贱有司也。有天子之二守国、高在，若节春秋来承王命，何以礼焉？陪臣敢辞！"王曰："舅氏！余嘉乃勋。应乃懿德，谓督不忘。往践乃职，无逆朕命！"[3]管仲受下卿之礼而还。

君子曰："管氏之世祀也宜哉！让不忘其上。《诗》曰：'恺悌君子，神所劳矣！'"[4]

注释

❶ 杜注："楚丘，卫国都。郛，郭也。"按：郭是外城。筑此郛为的是帮助卫国防止狄人之侵。

❷ 杨注："职，贡也。"《淮南子·原道训》"四夷纳职"，高注："职，贡也。"是其证。

❸ 杜注："诸侯之臣曰陪臣。"杨注："隔一层之臣子曰陪臣。"这样讲，无疑扩大了陪臣的范围。孔疏："乃，女也。应，当也。懿，美也。督，正也。言我善女功勋，当女美德，谓女功德正而不可忘，宜受此礼。"杨注："应，受也。"又说："督借为笃，厚也，言其甚不能忘也。"我们认为：这里凡是与孔疏不同的解释，自当以杨注为是。

❹ 引诗见《诗·大雅·旱麓》。杜注："恺，乐也。悌，易也。言乐易君子为神所劳来，故世祀也。"按：这里对管子的评价是肯定的。

经十有三年[1]

原文

春，狄侵卫。

夏，四月，葬陈宣公。[2]

公会齐侯、宋公、陈侯、卫侯、郑伯、许男、曹伯于咸[3]。

秋，九月，大雩。

冬，公子友如齐。

注释

❶ 鲁僖公十三年，当公元前 647 年，周襄王五年。

❷ 陈宣公卒于上年十有二月，见《春秋经》僖十二年。次年四月葬，符合周代葬礼的规定。

❸ 杜注："咸，卫地。"

传十三年

原文

春，齐侯使仲孙湫聘于周，且言王子带。[1]事毕，不与王言。归，复命曰："未可。王怒未怠，其十年乎？不十年，王弗召也。"

夏，会于咸，淮夷病杞故，且谋王室也。

秋，为戎难故，诸侯戍周。[2]齐仲孙湫致之。

冬，晋荐饥[3]，使乞籴于秦。秦伯谓子桑："与诸乎？"对曰："重施而报，君将何求？重施而不报，其民必携。携而讨焉；无众，必败。"谓百里："与诸乎？"对曰："天灾流行，国家代有。救灾恤邻，道也。行道，有福。"丕郑之子豹在秦，请伐晋。秦伯曰："其君是恶，其民何罪？"秦于是乎输粟于晋，自雍及绛相继，命之曰"泛舟之役"。[4]

注释

❶ 湫读 qiū，这里似不应读 jiǎo。"言王子带"，为王子带说好话，欲王室复之。

❷ 杜注:“戍,守也。致诸侯戍卒于周。”杨注无异议。

❸ “荐饥”,杜注:“麦禾皆不熟。”杨注不赞成杜注这个说法。孔疏引用了两种文献:“《释天》云:谷不熟为饥,仍饥为荐。李巡曰:谷不成熟曰饥,连岁不熟曰荐。”按:《尔疋》郭注说荐是连岁不熟。所谓不熟当然包括麦禾皆不熟的意思。就大体而言,李巡、郭璞说是,杨注是。

❹ 百里宣扬“救灾恤邻”之“道”,秦穆公看重救灾为救民,这些言论表达的思想很可宝贵。子桑所求在“重施而报”,这也没有什么错;但若人家不报,则“讨”之,虽然过分,但还不是毫无理由。所谓“泛舟之役”,指利用河运送粮救灾的义举。《诗·柏舟》:“泛彼柏舟,亦泛其流。”毛传:“泛,流貌。”《国语·晋语三》也记载了秦穆救晋灾一事,韦注:“泛,浮也。”浮与流意近。

经十有四年❶

原文

春,诸侯城缘陵❷。

夏,六月,季姬及鄫子遇于防。使鄫子来朝。❸

秋,八月辛卯,沙鹿❹崩。

狄侵郑。

冬,蔡侯肸卒。

注释

❶ 鲁僖公十四年,是公元前646年,周襄王六年。

❷ 杜注:“缘陵,杞邑。辟淮夷,迁都于缘陵。”同年《传》杨注证明缘陵本齐地,可信。

❸ 杜注:“季姬,鲁女,鄫夫人也。鄫子本无朝志,为季姬所召而来……”杨注谓季姬归宁父母,本《左氏》而言。

❹ 杜注："沙鹿，山名。"

传十四年

原文

"春，诸侯城缘陵"而迁杞焉。不书其人，有阙[1]也。

鄫季姬来宁，公怒，止之。以鄫子之不朝也，夏，遇于防而使来朝。[2]秋八月辛卯，沙鹿崩。晋卜偃曰："期年将有大咎，几亡国。"[3]

冬，秦饥，使乞籴于晋。晋人弗与。庆郑曰："背施，无亲。幸灾，不仁。贪爱，不祥。怒邻，不义。四德皆失，何以守国？"虢射曰："皮之不存，毛将安傅？"庆郑曰："弃信背邻，患孰恤之？无信，患作；失援，必毙：是则然矣！"虢射曰："无损于怨而厚于寇，不如勿与。"庆郑曰："背施幸灾，民所弃也。近犹仇之，况怨敌乎？"[4]弗听。退，曰："君其悔是哉！"

注释

❶ 毛西河认为这个"阙"意思是说有阙文，史官已不能详记其事，说见《春秋毛氏传》。杨注赞成毛氏说。

❷ "公怒"，盖因其来宁而怒。杨注据下年《经》"季姬归于鄫"推断本有"止"字，其说是。与鄫子"遇于防"者实为季姬，据《经》文可以推断。是季姬被止于途。

❸ 期年就是一整年，十二个月。大咎，大祸，大灾难。"几亡国"，"几"读 jī，这里不读 jǐ，几乎、险些的意思。几亡国，险莫大于此。

❹ 这里所谓"晋人"指晋惠公、虢射之流（主要指惠公夷吾），他们背德弃义，其言行为公道所不齿。而庆郑所论信义与四德，毕竟说明晋人之中也有公道。

经十有五年[1]

原文

春,王正月,公如齐。楚人伐徐。

三月,公会齐侯、宋公、陈侯、卫侯、郑伯、许男、曹伯盟于牡丘,遂次于匡。公孙敖帅师,及诸侯之大夫救徐。

夏,五月,日有食之。

秋,七月,齐师、曹师伐厉。

八月,螽。

九月,公至自会。季姬归于鄫。

己卯晦,震夷伯之庙。[2]

冬,宋人伐曹。楚人败徐于娄林。

十有一月壬戌,晋侯及秦伯战于韩,获晋侯。[3]

注释

1. 鲁僖公十五年,为公元前645年,周襄王七年。
2. 杜注:"夷伯,鲁大夫,展氏之祖父,夷谥伯字。震者,雷电击之。大夫既卒书字。"由此可见春秋时期鲁国大夫卒后不但有谥,而且有庙。
3. 《左传》僖十年记晋故大子申生预告夷吾将"敝于韩",《左传》僖十四年记晋卜偃预言"期年将有大咎,几亡国",至此终于有了应验。杜注:"例,得大夫曰获。晋侯背施无亲,愎谏违卜,故贬绝,下从众臣之例……"孔疏指出例见《左传》昭二十三年。

传十五年

原文

"春,楚人伐徐",徐即诸夏故也。[1]"三月,盟于牡丘",寻葵丘之盟，且救徐也。孟穆伯帅师及诸侯之师救徐，诸侯次于匡以待之。

“夏五月，日有食之。”不书朔与日，官失之也。

秋，伐厉，以救徐也。

晋侯之入也，秦穆姬属贾君焉，且曰：“尽纳群公子！”[2]晋侯烝于贾君，又不纳群公子，是以穆姬怨之。晋侯许赂中大夫，既而皆背之。赂秦伯以河外列城五，东尽虢略，南及华山，内及解梁城，既而不与。晋饥，秦输之粟；秦饥，晋闭之籴。故秦伯伐晋。

卜徒父筮之：“吉！涉河，侯车败。”诘之，对曰：“乃大吉也。三败，必获晋君！其卦遇‘蛊(䷭)〔䷑〕[3]’，曰：‘千乘三去。三去之余，获其雄狐。’夫‘狐蛊’，必其君也。‘蛊’之贞，风也；其悔，山也。岁云秋矣，我落其实而取其材，所以克也。实落材亡，不败何待？”[4]

注释

❶ 这里“即”是靠拢、亲近的意思。诸夏，指姬周与周王朝建立的国家以及三恪之国，不包括秦、楚以及戎狄诸国。设若徐即荆楚，就不会有上句“楚人伐徐”了。

❷ 杜注：“穆姬，申生姊，秦穆夫人。贾君，晋献公次妃，贾女也。”《释文》：“属音烛。”则属是嘱托。

❸ 蛊卦画为䷑(巽下艮上)，阮刻本误作䷭(巽下坤上)，这就变为升卦了。盖印刷之误。今为正之。

❹ 杜注：“徒父，秦之掌龟卜者。卜人而用筮，不能通三《易》之占，故据其所见杂占而言之。秦伯之军涉河，则晋侯车败也，秦伯不解，谓败在己，故诘之。”以下“对曰”之人应是卜徒父。“千乘三去”至“获其雄狐”，杜注说：“盖卜筮书杂辞。”杨注说：“盖其繇词。”诸家解说“三去”意见不一，或以为“去”即“阹”，或以为“三去”即三驱，或以为“三去”即以三除之。我们作过比较，认为后一说近是。以三除一千，实有余数。杜注已指出“以狐蛊为君，其

义欲以喻晋惠公”，杨注举《诗·齐风·南山》为例，证“古人喜以雄狐喻君”，又说：“内卦为贞，外卦为悔。”“巽为内卦（下体）为风，艮为外卦为山。”“巽为内卦，自秦言之，代表本国；艮为外卦，代表敌国。秦为风，晋为山，风经山上，故附会有落实取材之象。”这样说来，韩原一战晋之败亡的命运是早已注定了。

原文

三败，及韩。晋侯谓庆郑曰：“寇深矣，若之何？”对曰：“君实深之，可若何！”公曰：“不孙！”卜右，庆郑吉。弗使。步扬御戎，家仆徒为右。乘小驷，郑入也。庆郑曰：“古者大事必乘其产。[5]生其水土而知其人心，安其教训而服习其道，唯所纳之，无不如志。今乘异产以从戎事，及惧而变，将与人易：乱气狡愤，阴血周作，张脉偾兴，外强中干；进退不可，周旋不能。[6]君必悔之！”弗听。

注释

5 “公曰：‘不孙！’卜右”，杜注：“恶其不孙，不以为车右，此夷吾之多忌。”按：不孙即不敬。又，“乘其产”，意思是乘本土马所驾之车。

6 杜注：“狡，戾也。愤，动也。气狡愤于外，则血脉必周身而作，随气张动，外虽有强形而内实干竭。”孔疏：“外为阳，内为阴。血在肤内，故称阴血。血既动作，脉必张起，故言张脉也。气愤于外，内必干燥。内血为力，故内润则强，内干则弱。言干竭者：竭，尽也，内干则力尽。”那时候，进不得，退不得，战场之上不能周旋，真叫左右为难了。

原文

九月，晋侯逆秦师，使韩简视师。复曰：“师少于我，斗士倍我。”公曰：“何故？”对曰：“出因其资，入用其宠，饥食其粟，三施而无报，是以来也。今又击之，我怠秦奋，倍犹未也。”公曰：“一夫不可狃，况国乎？”遂使请战，曰：“寡人不佞，能合其众而不能离也。君若不还，无所逃命！”秦伯使公孙枝对曰：“君之未入，寡人惧之；入而未定列，犹吾忧也。苟列定矣，敢不承命！”韩简退，曰：“吾幸而得囚。”❶

壬戌，战于韩原。晋戎马还泞而止。公号庆郑，庆郑曰：“愎谏，违卜，固败是求，又何逃焉？”遂去之。梁由靡御韩简，虢射为右，辂秦伯，将止之。郑以救公误之，遂失秦伯。秦获晋侯以归。晋大夫反首拔舍从之，秦伯使辞焉，曰：“二三子何其戚也！寡人之从〔晋〕君而西也，亦晋之妖梦是践，岂敢以至？”晋大夫三拜稽首，曰：“君履后土而戴皇天，皇天后土实闻君之言！群臣敢在下风。”❷

注释

❶ “倍犹未也”，盖谓我方兵力即使两倍于敌，还不能抵挡。狃读niǔ。《玉篇·犬部》：“狃，狎也。”狎戏轻忽则必失礼。杨注：“惠公谓匹夫犹不可轻而狎侮，何况国君？”这样理解正与原意相符。“寡人不佞，能合其众而不能离也。”“不佞”犹“不才”，固是谦辞，而下一句就毫无谦逊的意思了。已经集合在此的人马不肯散开，意思是必欲一逞而后快，分明已经摆出非决一雌雄不可的架势。这一层含意，竟有不少注家未曾察觉，或者以为易知而无须道出吧？下文“未入”，意指晋惠公夷吾未入其国，“未定列”指夷吾尚未即位为君之时。“吾幸而得囚”，杜注：“得囚为幸，言必败。”意思是能当上俘虏而免于战死，算幸运了。

❷ “还泞而止”，杜注：“泞，泥也。还，便旋也。小驷不调，故隋泥中。”隋即堕。“辂秦伯，将止之”，辂，依《释文》当读yà。杜注：“辂，迎也。止，获也。”交战的结果是晋方失掉了俘获秦穆公的机会，而秦方以俘获晋侯而凯旋。晋惠公当了俘虏，他的部属只好“反首拔舍从之”。杜注：“反首，乱头发下垂也。拔草舍止，坏形毁服。”杨注认为“拔舍”应是“拔起帐篷”的意思。“寡人之从晋君而西也”，“晋”字依严可均说补入。“亦晋之妖梦是践”以

下,杜注:“狐突不寐而与神言,故谓之妖梦。”章太炎先生《春秋左传读》认为“以至”是太甚的意思。这一段后面三句,晋国大夫向秦穆公表示谦恭,并表示将以谦恭之态度等候国君回国,还有如下的意思:您秦穆公说话要算话,皇天后土也听到您说过的话了。这就是下文穆公说的“天地以要我”的意思。

原文

穆姬闻晋侯将至,以大子䓨、弘与女简璧登台而履薪焉;使以免服衰绖逆,且告曰:“上天降灾,使我两君匪以玉帛相见,而以兴戎。若晋君朝以入,则婢子夕以死;夕以入,则朝以死。唯君裁之!”乃舍诸灵台。❶

大夫请以入。公曰:“获晋侯,以厚归也。既而丧归,焉用之?大夫其何有焉!且晋人戚忧以重我,天地以要我:不图晋忧,重其怒也;我食吾言,背天地也。重怒难任,背天不祥,必归晋君!”公子絷曰:“不如杀之,无聚慝焉。”子桑曰:“归之而质其大子,必得大成。晋未可灭而杀其君,只以成恶。且史佚有言曰:‘无始祸,无怙乱,无重怒。’❷重怒难任,陵人不祥。”乃许晋平。

注释

❶ 䓨,读 yīng。免,读 wèn,这里不读 miǎn。衰,读 cuī。绖,读 dié。杜注:“䓨,康公名。弘,其母弟也。简璧,䓨、弘姊妹。”又说:“免,衰绖,遭丧之服。”逆是迎接的意思。以丧服逆穆公,是表示将以耻辱自杀,希望穆公勿以战俘视晋惠公。

❷ 杜注:“史佚,周武王时大史,名佚。”他是有进步思想的贤人。可参看《左传》襄十四年注。“无始祸”,勿为祸始,也就是不要惹祸(制造祸端)。“无重怒”,由下文“重怒难任”句可以判断“重”为加重之意。怙,读 hù。依杜注,“无怙乱”意思是不要“恃人乱为己利”。

原文

晋侯使郤乞告瑕吕饴甥,且召之。子金教之言,曰:“朝国人而以君命赏,且告之曰:孤虽归,辱社稷矣！其卜贰圉也。”众皆哭,晋于是乎作爰田。吕甥曰:“君亡之不恤,而群臣是忧,惠之至也。将若君何?”众曰:“何为而可?”对曰:“征缮以辅孺子。[3]诸侯闻之,——丧君有君,群臣辑睦,甲兵益多,——好我者劝,恶我者惧,庶有益乎!”众说。晋于是乎作州兵。

注释

[3] 杜注:“郤乞,晋大夫也。瑕吕饴甥,即吕甥也,盖姓瑕吕,名饴甥,字子金。晋侯闻秦将许之平,故告吕甥,召使迎己。”杨注无异议。“其卜贰圉也”,杜注:“贰,代也。圉,惠公大子怀公。”杨注认为就是“卜日立其子圉为君”的意思。今按:《说文》:“贰,副益也。”(段注:“当云副也、益也。《周礼》注:‘副,贰也。’”)“其卜贰圉也”,就是卜问辅佐太子圉者为谁吧。立太子圉为君的意思已在其中。如杜注训“贰”为“代”,则贰圉就是代圉,为何要取代圉呢?殊无道理。或疑辅佐之臣不必卜问,我们认为不然。就在同年《左传》里,就在记韩原之战的文章里,不是有“卜右,庆郑吉”的话吗?“作爰田”,杜注:“分公田之税应入公者爰之于所赏之众。”孔疏:“服虔、孔晁皆云:爰,易也。赏众以田,易其疆畔。”杜注的意思,与服、孔实同。杨注取《汉书·地理志》“制辕田,开阡陌”一说,认为晋惠以田土分赏众人,必变更旧日田土所有制,又不能不开阡陌以益之,可备一说;然晋惠韩原之战后有没有变更田土所有制的宏图,从其人战前战中的表现找不到证明,所以仍有可疑之处。“征缮”的意思,杜注:“征,赋也。缮,治也。”征收赋税,缮修城郭甲兵,这些事情当然不可不做。孺子,这里指子圉,杨注说得对。

原文

初，晋献公筮嫁伯姬于秦，遇“归妹䷵”之“睽䷥”。史苏占之曰：“不吉。其繇曰：‘士刲羊，亦无衁也。女承筐，亦无贶也。西邻责言，不可偿也。“归妹”之“睽”，犹无相也。’‘震’之‘离’，亦‘离’之‘震’。‘为雷为火，为嬴败姬。车说其輹，火焚其旗。不利行师，败于宗丘。“归妹”“睽”孤，寇张之弧。侄其从姑，六年其逋；逃归其国，而弃其家；明年其死于高梁之虚。’”❶

及惠公在秦，曰：“先君若从史苏之占，吾不及此夫！”韩简侍，曰：“龟，象也。筮，数也。物生而后有象，象而后有滋，滋而后有数。先君之败德，及可数乎？史苏是占，勿从何益？《诗》曰：‘下民之孽，匪降自天。僔沓背憎，职竞由人。’”❷

注释

❶ 刲读 kuī，《释文》：“刺割也。”衁读 huāng，贶读 kuàng。杜注：“衁，血也。贶，赐也。刲羊，士之功。承筐，女之职。上六无应，所求不获，故下刲无血，上承无实，不吉之象也。离为中女，震为长男，故称士女。”杨注认为《左传》下文说的“西邻”指秦，那么下文就有晋嫁女于秦而有责让之言的意思。杜注又说：“《归妹》，女嫁之卦。《睽》，乖离之象，故曰‘无相’；相，助也。”今按：下文“为嬴败姬”自是指韩原一战嬴秦战胜姬晋一事。“车说其輹”：“说”为“脱”之借，輹为车下伏兔（杨注）。“车说其輹”与“火焚其旗”都不是出师的好兆头。“《归妹》《睽》孤”，与前文“《归妹》之《睽》”句相应，“寇张之弧”句自《周易·睽》上九爻辞化出。“侄其从姑”句至“明年其死于高梁之虚”凡五句，预言晋太子子圉的命运，后来竟一一成为事实。

❷ 引诗见《诗·小雅·十月之交》。大意说的是下民遭遇的灾祸“职竞由人”，都是人们自己造成的。僔读 zǔn。

原文

“震夷伯之庙”，罪之也，于是展氏有隐慝焉。❶

“冬，宋人伐曹”，讨旧怨也。

“楚败徐于娄林”，徐恃救也。

十月，晋阴饴甥会秦伯，盟于王城。秦伯曰：“晋国和乎？”对曰：“不和。小人耻失其君而悼丧其亲，不惮征缮以立圉也，曰：‘必报仇！宁事戎狄。’君子爱其君而知其罪，不惮征缮以待秦命，曰：‘必报德，有死无二！’以此不和。”秦伯曰：“国谓君何？”对曰：“小人戚，谓之不免。君子恕，以为必归。小人曰：‘我毒秦，秦岂归君？’君子曰：‘我知罪矣，秦必归君。贰而执之，服而舍之，德莫厚焉，刑莫威焉！服者怀德，贰者畏刑。此一役也，秦可以霸。纳而不定，废而不立，以德为怨，秦不其然！’”秦伯曰：“是吾心也！”改馆晋侯，馈七牢焉。❷

蛾析谓庆郑曰：“盍行乎？”对曰：“陷君于败，败而不死，又使失刑，非人臣也。臣而不臣，行将焉入？”十一月，晋侯归。丁丑，杀庆郑而后入。

是岁，晋又饥。秦伯又饩之粟，曰：“吾怨其君而矜其民。且吾闻唐叔之封也，箕子曰：‘其后必大。’晋其庸可冀乎？姑树德焉，以待能者。”❸于是秦始征晋河东，置官司焉。

注释

❶ 孔疏：“慝训恶也。隐蔽之恶不见于外，非法令所得绳也。其人尊贵，非刑罚所能加也。忽有震破其庙，乃是幽冥加罪。”《易》称“圣人以神道设教”，而《春秋》所书妖祥之事，据说都是孔子以神道助教。注、疏此类解说，固然带有主观性，但是无疑宣传了作注疏者的思想意识。本来，《春秋》记事，应该有思想倾向。

❷ 杜注：“牛羊豕各一为一牢。”杨注：“先拘之于灵台，今改礼之于客馆。以诸侯之礼待之，将归之也。”款待诸侯以七牢，是诸侯礼

之一。这里杜注与杨注都是对的。

❸ “其庸”句,含推测而有希望的意思。“姑树德焉”,可证像秦这样非“诸夏”之国的国家,也懂得德政外交的意义。“以待能者”,等待晋国能者出来治国。

经十有六年[1]

原文

春,王正月戊申朔,陨石于宋,五。[2]是月,六(鹢)〔鹝〕退飞,过宋都。[3]

三月壬申,公子季友卒。

夏,四月丙申,鄫季姬卒。

秋,七月甲子,公孙兹卒。

冬,十有二月,公会齐侯、宋公、陈侯、卫侯、郑伯、许男、邢侯、曹伯于淮。

注释

❶ 鲁僖公十六年,是公元前644年,周襄王八年。

❷ 杜注:“陨,落也。闻其陨。视之,石。数之,五。各随其闻见先后而记之。”文章学研究者多乐于举此文做记叙简炼的典范,的确有些说服力。

❸ “鹢”当作“鹝”,阮元等《校勘记》有说明。杜注:“是月,陨石之月。重言是月,嫌同日。鹝,水鸟,高飞遇风而退。”同年《公羊传》:“曷为先言六而后言鹢?‘六鹢退飞’,记见也。视之则六,察之则鹢,徐而察之则退飞。”按:《公羊传》记叙井然不紊,描述也很准确细致。又,《公羊传》“鹢”亦当作“鹝”,据《释文》,两字音同,都可以读 yì。

传十六年

原文

春,“陨石于宋,五”,陨星也。“六(鹢)〔鶂〕退飞,过宋都”,风也。周内史叔兴聘于宋,宋襄公问焉,曰:“是何祥也?吉凶焉在?”对曰:“今兹鲁多大丧,明年齐有乱,君将得诸侯而不终。”退而告人,曰:“君失问。是阴阳之事,非吉凶所生也。吉凶由人。[1]吾不敢逆君故也。”

夏,齐伐厉,不克,救徐而还。

秋,狄侵晋,取狐、厨[2]、受铎,涉汾,及昆都,因晋败也。

王以戎难告于齐。齐征诸侯而戍周。

冬,十一月乙卯,郑杀子华。

十二月,会于淮,谋鄫,且东略也。城鄫,役人病[3],有夜登丘而呼曰:“齐有乱!”不果城而还。

注释

❶ 杜注:“祥,吉凶之先见者。”又说:“石陨鹢退,阴阳错逆所为,非人所生,襄公不知阴阳而问人事,故曰君失问。”“积善余庆,积恶余殃,故曰‘吉凶由人’。”我们认为《左传》这里记周内史叔兴数语表达的思想是进步的,科学的,反迷信的。这里杜注是准确的,可以接受的。

❷ 杜注将“狐厨”合为一邑。杨注判断“狐、厨为两邑”,用洪亮吉《春秋左传诂》说,今从之。

❸ 这个“病”,与《孟子·公孙丑上》“今日病矣”句中“病”字义同。杨注训为“困弊”,甚确。

经十有七年[1]

原文

春，齐人、徐人伐英氏。

夏，灭项。

秋，夫人姜氏会齐侯于卞。

九月，公至自会。

冬，十有二月乙亥，齐侯小白卒。[2]

注释

❶ 鲁僖公十七年，当公元前643年，周襄王九年。

❷ 齐侯小白即齐桓公。自鲁庄公九年（公元前685年）返齐即位，至此已43年。杜注："与僖公八同盟，赴以名。"盖尝同盟则赴以名，通例如此。

传十七年

原文

春，齐人为徐伐英氏，以报娄林之役也。

夏，晋太子圉为质于秦，秦归河东而妻之。

惠公之在梁也，梁伯妻之。梁嬴孕，过期。卜招父与其子卜之。其子曰："将生一男一女。"招曰："然，男为人臣，女为人妾。"故名男曰圉，女曰妾。[1]及子圉西质，妾为宦女焉。

师灭项。淮之会，公有诸侯之事，未归，而取项。齐人以为讨，而止公。[2]

秋，声姜以公故，会齐侯于卞。九月，公至。书曰"至自会"，犹有诸侯之事焉，且讳之也。

齐侯之夫人三：王姬，徐嬴，蔡姬，皆无子。齐侯好内，多(内)宠。内嬖如夫人者六人：长卫姬，生武孟；少卫姬，生惠公；郑姬，生孝公；葛嬴，生昭公；密姬，生懿公；宋华子，生公子雍。公与管仲属孝公于宋襄公，以为大子。雍巫有宠于卫共姬，因寺人貂以荐羞于公，亦有宠。公许之立武孟。管仲卒，五公子皆求立。冬十月乙亥，齐桓公卒。易牙入，与寺人貂因内宠以杀群吏，而立公子无亏。孝公奔宋。十二月乙亥，赴。[3]辛巳夜，殡。

注释

❶ 杜注："圉，养马者。不聘曰妾。"按：养马者自是人臣。不聘而为妾，则不为妻。臣妾地位都比较低下。

❷ 杜注："诸侯之事，会同讲礼之事。内讳执，皆言'止'。"明明是僖公被拘留，为尊者讳，所以说是"止公"。

❸ "多内宠"的"内"是衍文，说见阮元等《校勘记》。这条《校勘记》有说服力的理由是：杜氏不应舍上"内宠"不注。杜注："武孟，公子无亏。"又说："雍巫，雍人名巫，即易牙。"孔疏："《周礼》掌食之官有内雍、外雍。此人为雍官，名巫而字易牙也。"按：齐桓公大行前后，齐侯之子及其周围的人展开了一场争权夺利的生死之争。《春秋》僖十七年记齐侯卒于"十有二月乙亥"，同年《左传》记"冬十月乙亥，齐桓公卒"，这还是因为历法不同，如同《春秋》僖公三年记"正月不雨"而同年《左传》写成了"十月不雨"。另一种解释认为"实卒于十月乙亥，赴以十二月，书从赴"，这种解释以其太巧合而令人生疑。齐鲁相距不远，何以恰恰迟至两月始闻赴告呢？

经十有八年[1]

原文

春，王正月，宋公、曹伯、卫人、邾人伐齐。

夏，师救齐。

五月戊寅，宋师及齐师战于甗[2]，齐师败绩。

狄救齐。

秋，八月丁亥，葬齐桓公。[3]

冬，邢人、狄人伐卫。

注释

❶ 鲁僖公十八年即公元前642年，周襄王十年。

❷ 甗，《释文》罗列四种读法，我们的看法是一般读 yǎn，或读 yàn。杜注："齐地。"

❸ 杜注："十一月而葬，乱故。八月无丁亥，日误。"杨注无异词。按：十一月而葬，与周礼不合。原因在于齐桓死后齐国政局之乱，杜注是对的。

传十八年

原文

春，宋襄公以诸侯伐齐。三月，齐人杀无亏。

郑伯使朝于楚。楚子赐之金，既而悔之，与之盟曰："无以铸兵！"[1]故以铸三钟。

齐人将立孝公，不胜四公子之徒，遂与宋人战。夏五月，宋败齐师于甗，立孝公而还。

秋八月，葬齐桓公。

冬，邢人、狄人伐卫，围菟圃。卫侯以国让父兄子弟，及朝众，曰："苟能治之，毁请从焉。"众不可，而（从）〔后〕师于訾娄。[2]狄师还。

梁伯益其国而不能实也，命曰新里。秦取之。[3]

注释

❶ 杜注:“楚金利故。”按:由这件事可以悟出两点意思。一是当时楚国生产力已赶上中原诸夏,在冶炼技术方面已居先进水平。二是由于当时诸侯各国争霸图强,存在生产技术保密的情况并不足怪。

❷ “从”当作“后”,据阮元等《校勘记》改。訾,读 zī,这里不读第三声 zǐ。杜注:“訾娄,卫邑。”

❸ 这是嬴秦扩张领土、奋发图强的一个例子。“益其国而不能实”,杜注:“多筑城邑而无民以实之。”秦是乘虚而入了。

经十有九年[1]

原文

春,王三月,宋人执滕子婴齐。

夏,六月,宋公、曹人、邾人盟于曹南。

鄫子会盟于邾。己酉,邾人执鄫子,用之。[2]

秋,宋人围曹。卫人伐邢。

冬,会陈人、蔡人、楚人、郑人盟于齐。梁亡。

注释

❶ 鲁僖公十九年,为公元前 641 年,周襄王十一年。

❷ 杜注:“鄫虽失大国会盟之信,然宋用之,为罚已虐,故直书‘用之’,言若用畜产也。不书社,赴不及也。不书宋使邾而以邾自用为文,南面之君善恶自专,不得托之于他命。”杨注:“‘用之’者,谓杀之以祭于社也。”“用义与‘用牲于社’之用同。”孔疏与杨注都说到《春秋》经传昭十一年所记楚用人牲的事,杨注力辨这里所谓“用”就是杀而祭之。这些解说都准确而可信,其时统治阶级实有如此野蛮。

传十九年

原文

春，遂城而居之。❶

宋人执滕宣公。

夏，宋公使邾文公用鄫子于次睢之社，欲以属东夷。司马子鱼曰："古者六畜不相为用，小事不用大牲，而况敢用人乎？祭祀，以为人也。民，神之主也。用人，其谁飨之？齐桓公存三亡国以属诸侯，义士犹曰薄德。今一会而虐二国之君，又用诸淫昏之鬼，将以求霸，不亦难乎？得死为幸！"❷

秋，卫人伐邢，以报菟圃之役。于是卫大旱，卜有事于山川，不吉。甯庄子曰："昔周饥，克殷而年丰。今邢方无道，诸侯无伯，天其或者欲使卫讨邢乎？"从之。师兴而雨。❸

注释

❶ 这一句话不通，让人觉得意思不完整，不明白，原因还是在于《左传》本与《春秋经》分离而单行，后来逐年与经文合编，就难免发生本来连贯的传文被割裂隔离的情况，也就出现了如同《左传》僖十九年开头这样不便理解的句子。这一句如果与上一年《左传》末了一段连接起来，就好读好懂了。杨注已经提出并解决了这一类问题。

❷ 睢读 suī，这不是"雎"字，所以不应读 jū。杜注："睢水受汴。"孔疏："'属'训聚也……凡水首从水出，谓之受；流归他水，谓之入……次谓水旁也。"可知"次睢之社"就是出自汴水的睢水之滨的社坛。宋襄公要邾文公将鄫子杀于次睢之社以致祭，想通过这个祭典聚集东夷诸侯，"将以求霸"。司马子鱼深刻地批判了用人牲的暴行。视民为"神之主"，这是古人思想的一大进步。杜

注、孔疏解释了“齐桓公存三亡国”以下数句,不具录。“得死为幸”,比《左传》僖十五年记韩简说的“幸而得囚”更加悲观绝望。

❸ 卫大旱求雨无望,一出兵伐邢就盼得老天降雨,这当然只是巧合。历史上不可能有“师兴而雨”的规律,然而“周饥,克殷而年丰”的传说确曾有过。

原文

“宋人围曹”,讨不服也。子鱼言于宋公曰:“文王闻崇德乱而伐之,军三旬而不降;退修教而复伐之,因垒而降。《诗》曰:‘刑于寡妻,至于兄弟,以御于家邦。’❶今君德无乃犹有所阙,而以伐人,若之何?盍姑内省德乎,无阙而后动❷?”

陈穆公请修好于诸侯以无忘齐桓之德。“冬,盟于齐”,修桓公之好也。

“梁亡。”不书其主,自取之也。初,梁伯好土功,亟城而弗处。民罢而弗堪,则曰“某寇将至”。❸乃沟公宫,曰:“秦将袭我。”民惧而溃,秦遂取梁。❹

注释

❶ 杜注谓崇是崇侯虎,《释文》说垒是军垒。“军三旬”就是攻打了三十天。“复伐之,因垒而降”,杜注:“复往攻之,备不改前,而崇自服。”杨注:“因垒者,依前所筑之垒……”这样讲,与杜注一致。引诗见《诗·大雅·思齐》。杜注:“刑,法也。”杨注:“御,治也。”这是用《释文》说。两注都认为寡妻即嫡妻,指大姒。按:这三句诗说的是文王德教的影响。

❷ 前面说“德无乃犹有所阙”,则此“无阙而后动”句所谓“无阙”,自是德备(不阙德)的意思。

❸ “亟城而弗处”,杨注:“亟,去声,屡也。”屡次征发民众筑城,不肯安处,则“民罢而弗堪”就是必然的了。“民罢”之罢,音义与“疲”同。

❹ 由“秦将袭我”句，可以判断“沟公宫”之目的是防备秦国袭击。杨注：“于公宫外为深沟也。”沟公宫，就是挖护宫的堑壕。无奈民众不肯忍受役使之苦，沟未成而溃散，秦还是把梁灭了。

经二十年[1]

原文

春，新作南门。[2]

夏，郜子来朝。

五月乙巳，西宫灾。[3]

郑人入滑。[4]

秋，齐人、狄人盟于邢。

冬，楚人伐随。

注释

❶ 鲁僖公二十年是公元前640年，周襄王十二年。

❷ 杜注：“鲁城南门也。本名稷门，僖公更高大之。”按：杜注、孔疏皆以为是“更造”。

❸ 杜注：“西宫，公别宫也。天火曰灾。例在宣十六年。”按：这里所谓“灾”，与《春秋》桓十四年“御廪灾”之“灾”同。

❹ 杜注：“入例在襄十三年。”按：《左传》襄十三年：“用大师焉曰灭，弗地曰入。”彼注：“谓胜其国邑，不有其地。”《春秋》僖二十年这里的意思是：郑人打败了滑，但没有占领。

传二十年

原文

“春，新作南门。”书，不时也。凡启塞从时。[1]

滑人叛郑而服于卫。夏，郑公子士、泄堵寇帅师入滑。

“秋，齐、狄盟于邢”，为邢谋卫难也。于是卫方病[2]邢。

随以汉东诸侯叛楚。冬，楚斗穀於菟帅师伐随，取成而还。君子曰：“随之见伐，不量力也。量力而动，其过鲜矣。善败由己，而由人乎哉？《诗》曰：‘岂不夙夜？谓行多露。’”[3]

宋襄公欲合诸侯。臧文仲闻之，曰：“以欲从人则可，以人从欲鲜济。”[4]

注释

❶ 杜注：“门户道桥谓之启，城郭墙堑谓之塞。皆官民之开闭，不可一日而阙。”孔疏引服虔的解释：“阖扇所以开，键闭所以塞。”此所谓“从时”与“土功之时”大不相同。

❷ “卫方病邢”的病，应该是损害、逼迫、压制的意思。

❸ 引诗见《诗·召南·行露》。杜注对这两句诗的解说如下：“《诗·召南》。言岂不欲早暮而行？惧多露之濡己。以喻违礼而行必有污辱。是亦量宜相时而动之义。”这样解说大体是对的。我们的解释：岂不勤勉谨慎？奈路上多露水何！这里“谓”作“奈”“如”讲，说见王伯申《经传释词》卷二、杨遇夫（树达）先生《词诠》卷八。杨注：“喻有所畏则不动，量力而后动也。”二杨先生说亟是。

❹ 杜注：“屈己之欲从众之善。”为人处事当如此。强迫人家服从一己之欲，很少有能成功的。

经二十有一年[1]

原文

春，狄侵卫。

宋人、齐人、楚人盟于鹿上。[2]

夏，大旱。

秋,宋公、楚子、陈侯、蔡侯、郑伯、许男、曹伯会于盂。[3]执宋公以伐宋。

冬,公伐邾。

楚人使宜申来献捷。[4]

十有二月癸丑,公会诸侯,盟于薄,释宋公。

注释

❶ 鲁僖公二十一年,即公元前639年,周襄王十三年。

❷ 杜注:“鹿上,宋地……宋为盟主,故在齐人上。”按:凡“盟于某”“会于某”,某皆地名。

❸ 杜注:“盂,宋地。楚始与中国行会礼,故称爵。”按:杨注实已包含杜注。又,楚国以强悍、坚毅而勇于开拓的形象活跃在中国政治、军事、经济、外交与文化舞台,早在春秋时期以前。

❹ 楚人本来不必向鲁国献捷。此事与《春秋》庄公六年“齐人来归卫俘”、《春秋》三十一年“齐人来献戎捷”性质有相同的地方,用《左传》庄三十一年的话加以评判,可以说:“非礼也。”

传二十一年

原文

春,宋人为鹿上之盟以求诸侯于楚,楚人许之。公子目夷曰:“小国争盟,祸也。宋其亡乎？幸而后败[1]。”

夏,大旱。公欲焚巫尪,臧文仲曰:“非旱备也！修城郭,贬食省用,务穑劝分,此其务也。巫尪何为？天欲杀之,则如勿生。若能为旱,焚之滋甚！”公从之。是岁也,饥而不害。[2]

秋,诸侯会宋公于盂。子鱼曰:“祸其在此乎？君欲已甚,其何以堪之！”于是楚执宋公以伐宋。冬,会于薄以释之。子鱼曰:“祸犹未也,未足以惩君。”

任、宿、须句、颛臾，风姓也，实司大皞与有济之祀，以服事诸夏。邾人灭须句；须句子来奔，因成风也。成风为之言于公曰："崇明祀，保小寡，周礼也。蛮夷猾夏，周祸也。若封须句，是崇皞、济而修（祀）〔礼〕纾祸也。"❸

注释

❶ "幸而后败"，"幸"与《传》僖十五年"幸而得囚"、《传》僖十九年"得死为幸"的"幸"意思相同。

❷ 尪读 wāng。杜注："巫尪，女巫也，主祈祷请雨者。或以为尪非巫也。瘠病之人，其面上向，俗谓天哀其病，恐雨入其鼻，故为之旱，是以公欲焚之。"臧文仲批评了"欲焚巫尪"的思想，着眼于人事天意两个方面，有道理。僖公接受了意见，不焚巫尪了，结果是"饥而不害"，证明不焚巫尪是对的。小戴辑《礼记·檀弓下》记录县子批评暴巫尪的一段话可以参看。

❸ "须句"，《公羊传》作须朐，可见句音应与朐相同，读 qú。今山东有临朐县，应为古地名之遗。有济，即济水。杜注："司，主也。大皞，伏羲。四国伏羲之后，故主其祀……四国封近于济，故世祀之。"四国指任、宿、须句、颛臾。《左传》闵二年杜注说成风为僖公之母。《左传》僖廿一年杜注说须句为成风之家，"崇明祀"以下，杜注："明祀，大皞、有济之祀。保，安也。""滑夏，乱诸夏。纾，解也。"孔疏已指出"蛮夷猾夏"为《舜典》文。俞曲园《群经平议》卷二十五谓"修祀"之"祀"为"礼"之形讹，杨注表示赞成。以文法而论，"修礼"承前文"周礼"，"纾祸"承前文"周祸"，俞说甚确。

经二十有二年❶

原文

春，公伐邾，取须句。

夏，宋公、卫侯、许男、滕子伐郑。

秋，八月丁未，及邾人战于升陉。[2]

冬，十有一月己巳朔，宋公及楚人战于泓。宋师败绩。

注释

❶ 鲁僖公二十二年，是公元前638年，周襄王十四年。

❷ 陉读xíng。杜注："升陉，鲁地。邾人县公胄于鱼门，故深耻之，不言'公'，又不言'师败绩'。"毛西河斥邾"无礼"，似有失议论之公。我们认为读者如果只读《春秋》，不读相关的别的文献如《左传》，就不明事情真相，从知避讳之例有可能误人。

传二十二年

原文

春，伐邾，取须句，反其君焉，礼也。[1]

三月，郑伯如楚。

夏，宋公伐郑。子鱼曰："所谓祸在此矣！"

初，平王之东迁也，辛有适伊川，见被发而祭于野者，曰："不及百年，此其戎乎！其礼先亡矣。"[2]

秋，秦、晋迁陆浑之戎于伊川。

晋大子圉为质于秦，将逃归，谓嬴氏曰："与子归乎？"对曰："子，晋大子而辱于秦。子之欲归，不亦宜乎！寡君之使婢子侍执巾栉，以固子[3]也。从子而归，弃君命也。不敢从，亦不敢言。"遂逃归。

富辰言于王曰："请召大叔。《诗》曰：'协比其邻，昏姻孔云。'[4]吾兄弟之不协，焉能怨诸侯之不睦？"王说。王子带自齐复归于京师，王召之也。

注释

❶ 取须句而反其君，杜注："得恤寡小之礼。"按：上年《传》记成风对僖公说的话，将"保小寡"列入周礼。可见这里说"礼也"实有根据。

❷ 杨注："祭于野疑即祭于墓。"按：此说恐不确。祭于墓固然是祭于野，但是祭于野应该还有别的内容。"其礼先亡矣"，孔疏："其中国之礼先亡矣。"意思是此地将通行夷狄之俗。

❸ 这里"固子"的意思，应该是使大子圉安心留此，勿思变迁。

❹ 引诗见《诗·小雅·正月》。杜注："言王者为政，先和协近亲，则昏姻甚相归附也。邻犹近也。孔，甚也。"孔疏："其诗之意，欲令王亲亲以及远。"

原文

邾人以须句故出师。公卑邾，不设备而御之。臧文仲曰："国无小，不可易也。无备，虽众，不可恃也。《诗》曰：'战战兢兢，如临深渊，如履薄冰。'又曰：'敬之敬之！天惟显思，命不易哉！'❶先王之明德，犹无不难也，无不惧也，况我小国乎？君其无谓邾小；蜂虿❷有毒，而况国乎！"弗听。

八月丁未，公及邾师战于升陉❸，我师败绩。邾人获公胄，县诸鱼门。

注释

❶ "战战兢兢，如临深渊，如履薄冰"，见《诗·小旻》。第一、第三两句又见于《诗·小宛》。杜注："言常戒惧。"《吕氏春秋·慎大》引其中两句而后说："以言慎事也。"这样解释是对的。"敬之敬之！天惟显思，命不易哉！"这三句见《诗·周颂·敬之》。孔疏："言天之临下，善恶必察，奉承天命不易哉！言其承天命甚为难。"这样，也就表示了"戒惧""慎事"的意思。

❷ 虿读 chài。蝎子一类的毒虫。

❸ 升陉,《释文》:"本亦作登陉。"按:升、登韵同。

原文

楚人伐宋以救郑。宋公将战,大司马固谏曰:"天之弃商久矣。君将兴之,弗可赦也已。"[1]弗听。

冬十一月己巳朔,宋公及楚人战于泓。宋人既成列,楚人未既济。司马曰:"彼众我寡,及其未既济也,请击之。"公曰:"不可。"既济而未成列,又以告。公曰:"未可。"既陈而后击之,宋师败绩,公伤股,门官歼焉。[2]

国人皆咎公。公曰:"君子不重伤,不禽二毛。古之为军也,不以阻隘也。寡人虽亡国之余,不鼓不成列。"子鱼曰:"君未知战。勍敌之人隘而不列,天赞我也;阻而鼓之,不亦可乎?犹有惧焉。且今之勍者,皆吾敌也。虽及胡耇,获则取之,何有于二毛?明耻教战,求杀敌也。伤未及死,如何勿重?若爱重伤,则如勿伤。爱其二毛,则如服焉。三军以利用也,金鼓以声气也。利而用之,阻隘可也;声盛致志,鼓儳可也。"[3]

注释

❶ 宋为殷商之后。天已弃商,岂可兴之?"弗可赦也已",俞曲园《群经平议》卷二十五:"盖即违天必有大咎之意。天固弃之,君必兴之,是得罪于天也,故曰弗可赦也已。"杨注用此说,今从之。

❷ 杜注:"门官,守门者。师行则在君左右。歼,尽也。"孔疏:"近公,故尽死也。"按:门官究为何种身份,有异议。

❸ "不重伤"的"重"读 chóng。勍读 qíng。耇读 gǒu。儳读 chán。杜注:"二毛,头白有二色。""勍,强也。""胡耇,元老之称。"君子不重伤,杨注:"已伤之后不再伤之。"今按:在宋襄公的军事理论宝库中,君子打仗,不应该杀伤敌人第二次,不应活捉头发黑白相

间者,不能阻敌军于险隘面前,不向那些还没有列开阵势的人发起攻击。可是宋司马子鱼加以反驳,他说:“楚是强敌,被阻于险隘面前,这是老天爷在帮助我们。阻敌于险隘,我们还担心赢不了呢。碰到敌人,即使他已老了,也该抓获他,管他有没有花白头发呢!明耻教战,为的就是要求军民杀敌。只要敌人还没有死,为何不杀他第二次呢?如果怜悯“重伤”之敌,那就应该一次也不要伤他。怜悯头发花白的人当俘虏,那就应该服从他、侍奉他。出动三军打仗,本来就是利则用之,战场上金鼓本来就是用来调节勇气的。既然是“利而用之”,阻敌于险隘当然可以。既然宏亮的声音引发杀敌的勇气,在敌人紊乱尚未成列的时候鸣鼓而攻之,有什么不可以的呢!子鱼说的是战场上的一般情形,带普遍性。而宋襄公诚如子鱼所批评,只能算是“君未知战”,“宋襄之仁”则成了迂腐、未知战的另一种说法,让后世人讥笑。

原文

丙子晨,郑文夫人芈氏、姜氏劳楚子于柯泽。楚子使师缙示之俘馘。君子曰:“非礼也!妇人送迎不出门,见兄弟不逾阈。戎事不迩女器。”❹

丁丑,楚子入(飨)〔享〕于郑。九献,庭实旅百,加笾豆六品。(飨)〔享〕毕,夜出,文芈送于军。取郑二姬以归。叔詹曰:“楚王其不没乎?为礼卒于无别,无别不可谓礼。将何以没?”诸侯是以知其不遂霸也。❺

注释

❹《春秋经》僖公十一年杜注引“妇人送迎不出门,见兄弟不逾阈”两句,原出于《左传》僖公二十二年此处。阈读 yù。杜注:“阈,门限。迩,近也。器,物也。言俘馘非近妇人之物。”按:古代等级社会礼制对妇人实有限制,后世不必以为怪事。

❺ 这一段话有三点意思应予注意。一是飨礼。“九献”之九不是虚数，而实指主人与宾客之间酬酌凡九次。庭实指庭中陈列礼品，而笾豆六品是外加的(不在庭实旅百之内)。二是“无别不可谓礼”，这样说，抓住了礼的一个重点。三是楚“不遂霸”。由于楚王疏于周礼，时人据以判断楚王不能像齐桓、晋文那样终成霸业。“楚王其不没乎”，杜注：“不以寿终。”叔詹这样说，与《左氏》常见的预言相类。

经二十有三年❶

原文

春，齐侯伐宋，围缗❷。

夏，五月庚寅，宋公兹父卒。

秋，楚人伐陈。

冬，十有一月，杞子卒。❸

注释

❶ 鲁僖公二十三年，当公元前637年，周襄王十五年。

❷ 缗读mín，杜注：“宋邑。”

❸ 杜注：“传例曰：不书名，未同盟也。杞入春秋称侯，庄二十七年绌称伯，至此用夷礼，贬称子。”杨注无异议。

传二十三年

原文

“春，齐侯伐宋，围缗”，以讨其不与盟于齐也。

夏五月，宋襄公卒，伤于泓故也。

秋，楚成得臣帅师伐陈，讨其贰于宋也。遂取焦、夷，城顿而还。子文以为之功,使为令尹。叔伯曰:“子若国何?”对曰:“吾以靖国也。夫有大功而无贵仕,其人能靖者与有几?”[1]

九月,晋惠公卒。怀公〔立〕,命无从亡人,期;[2]期而不至,无赦。狐突之子毛及偃从重耳在秦,弗召。冬,怀公执狐突,曰:“子来则免!”对曰:“子之能仕,父教之忠,古之制也。策名,委质,贰乃辟也。[3]今臣之子名在重耳,有年数矣。若又召之,教之贰也。父教子贰,何以事君?刑之不滥,君之明也,臣之愿也。淫刑以逞,谁则无罪?臣闻命矣!”乃杀之。卜偃称疾不出,曰:“《周书》有之:‘乃大明,服。’[4](已)〔己〕则不明而杀人以逞,不亦难乎?民不见德而唯戮是闻,其何后之有?”

十一月,杞成公卒。书曰“子”,杞,夷也。不书名,未同盟也。凡诸侯同盟,死则赴以名,礼也。赴以名,则亦书之;不然则否,辟不敏也。[5]

注释

❶《诗·菀柳》“俾予靖之”,毛传:“靖,治。”《周语下》“自后稷之始基靖民”,韦注:“靖,安也。”张平子《思玄赋》“既防溢而靖志兮”,旧注:“靖,静也。”今按:“靖国”的“靖”,自应解释为“治”或“安”。然而“其人能靖者与”,这个“靖”应训为“静”,是形容词;训为“安”亦通,而“安”在这里也只是“安静”的“安”,是形容词,非动词,与“安国”的“安”有区别。依杜注的意思,有大功而无“贵位”,其人必“矜功为乱”,不肯安静。“其人能靖者与,有几”:不让有大功劳的人享有贵仕,那人能安静平和吗?有几人能安静(平心静气)呢?

❷王伯申证明“怀公”下脱一“立”字,杨注“从金泽文库本补‘立’字”,今从之。“亡人”指流亡在国外者,这里指重耳。怀公即位,禁止臣民跟随流亡者奔命,限期要他们归国。这当然是因为在位者对流亡者心存恐惧,害怕他们力量大了,会回国夺位。

❸ 孔疏:"策,简策也。质,形体也。古之仕者于所臣之人书己名于策,以明系属之也。拜则屈膝而委身体于地,以明敬奉之也。名系于彼所事之君,则不可以贰心。"贰心乃是罪过。杨注:"委质,质同贽……凡贽必相授受,唯臣之于君,则不亲授,置之于庭,不敢送于君前也。"策名,委质,则身有所属。除了关于"委质"的解说,上引孔疏是对的。

❹ "淫刑以逞",滥用刑具以图快意并达到逼供之目的。"谁则无罪",王伯申《经传释词》卷八:"言谁其无罪也。"《左氏》下文引《周书》"乃大明,服",杜注:"《周书·康诰》。言君能大明则民服。"联系上下文看,君若不明而不施德政,一味杀戮用高压手段,人民是不会心悦诚服表示拥护的。

❺ 这一段《左传》说的是关于诸侯卒后如何赴告的书法,是《左传》通例之一。"辟不敏也",杜注:"敏犹审也。"孔疏:"'辟不敏'者,谓虽同盟而赴不以名,则亦不书名,以审违谬也。"杨注:"避其不审,恐误书也。"注、疏都不错,而杨注较为简明。

原文

晋公子重耳之及于难也,晋人伐诸蒲城。蒲城人欲战,重耳不可,曰:"保君父之命而享其生禄,于是乎得人。有人而校,罪莫大焉!吾其奔也。"遂奔狄。从者狐偃、赵衰、颠颉、魏武子、司空季子。狄人伐廧咎如,获其二女叔隗、季隗,纳诸公子。公子取季隗,生伯鯈、叔刘。以叔隗妻赵衰,生盾。[1]将适齐,谓季隗曰:"待我,二十五年不来而后嫁。"对曰:"我二十五年矣,又如是而嫁,则就木焉。请待子!"处狄十二年而行。

过卫,卫文公不礼焉。出于五鹿,乞食于野人;野人与之块。公子怒,欲鞭之。子犯曰:"天赐也!"稽首,受而载之。[2]

及齐,齐桓公妻之,有马二十乘。公子安之。从者以为不可,将行,谋于桑下。蚕妾在其上,以告姜氏。姜氏杀之,而谓公子曰:

“子有四方之志，其闻之者，吾杀之矣。”公子曰：“无之。”姜曰：“行也！怀与安，实败名。”公子不可。姜与子犯谋，醉而遣之。醒，以戈逐子犯。❸

及曹，曹共公闻其骈胁，欲观其裸。浴，薄而观之。僖负羁之妻曰：“吾观晋公子之从者，皆足以相国。若以相，夫子必反其国。反其国，必得志于诸侯。得志于诸侯而诛无礼，曹其首也。子盍蚤自贰焉！”乃馈盘飧，置璧焉。公子受飧反璧。❹

及宋，宋襄公赠之以马二十乘。

注释

❶ 据《释文》，这里“衰”读 cuī。“廧咎”读 qiáng gāo。隗读 wěi。儵，这里读 chóu。“保君父之命而享其生禄”，杜注：“享，受也。保，犹恃也。”杜君又说：“廧咎如，赤狄之别种也，隗姓。盾，赵宣子。”按：《史记·晋世家》相关记载，稍有不同。

❷ 杜注：“五鹿，卫地……得土，有国之祥，故以为天赐。”顾亭林《日知录》卷二十八“拜稽首”条：“古人以稽首为敬之至。”重耳拜天赐，自当行重礼。

❸ 重耳安于现状，本无四方之志（至少可以说在某个阶段内如此）。他的幸运是碰上了贤内助与一批有四方之志的“从者”。可怜蚕妾死于非命，实不幸。

❹ 《释文》引《说文》：“骈胁，并也。”引《广雅》：“胁干谓之肋。”引《通俗文》云：“腋下谓之胁。”孔疏引孔晁说“闻公子胁干是一骨”；孔疏加以解释说：“干是肋之别名，骈训比也。骨相比迫，若一骨然。”《左氏》“薄而观之”，杜注：“薄，迫也。”按：杨注认为“薄而观之”应解释为“设帘而窥之”，自有其理由；如果请重耳进浴于早已布置好的浴室，那也是可以讲通的。但未必胜过旧注。“盍蚤自贰焉”以下，《释文》：“蚤音早。”“馈，遗也。飧音孙，《说文》云：‘餔也。’《字林》云：‘水浇饭也。’”杜注：“自贰，自别异于曹。臣无竟外之交，故用盘藏璧飧中，不欲令人见。”按：杜注这样

讲，与情理不背。又，古代相见礼中实有返璧之例。

原文

及郑，郑文公亦不礼焉。叔詹谏曰："臣闻天之所启，人弗及也。晋公子有三焉，天其或者将建诸，君其礼焉。男女同姓，其生不蕃。晋公子，姬出也，而至于今，一也。离外之患，而天（下）不靖晋国，殆将启之，二也。有三士足以上人，而从之，三也。晋、郑同侪，其过子弟固将礼焉，况天之所启乎！"[5]弗听。

及楚，楚子飨之，曰："公子若反晋国，则何以报不穀？"对曰："子女玉帛则君有之，羽毛齿革则君地生焉。其波及晋国者，君之余也。其何以报君？"曰："虽然，何以报我？"对曰："若以君之灵得反晋国，晋、楚治兵，遇于中原，其辟君三舍；若不获命，其左执鞭弭，右属櫜鞬，以与君周旋。"[6]子玉请杀之，楚子曰："晋公子广而俭，文而有礼。其从者肃而宽，忠而能力。晋侯无亲，外内恶之。吾闻姬姓唐叔之后，其后衰者也，其将由晋公子乎！天将兴之，谁能废之？违天，必有大咎！"乃送诸秦。

秦伯纳女五人。怀嬴与焉，奉匜沃盥；既而挥之；怒，曰："秦、晋匹也，何以卑我？"公子惧，降服而囚。[7]

他日，公享之。子犯曰："吾不如衰之文也，请使衰从。"公子赋《河水》。公赋《六月》，赵衰曰："重耳拜赐！"公子降，拜，稽首，公降一级而辞焉。衰曰："君称所以佐天子者命重耳，重耳敢不拜？"[8]

注释

[5] "天之所启"，天为之开道者。"天下不靖晋国"，"下"字误衍，说见阮元等《校勘记》。"不靖"的"靖"，与前文"吾以靖国也"句中"靖"字义同，可训为"安定"。侪读 chái，杜注："侪，等也。"晋、郑本来地位相等，互相礼待过往子弟是当然之事，何况晋重耳实为上天佑助之人，郑国岂可怠慢了他？

❻《左传》庄三年:“凡师一宿为舍。”据《左传》僖二十八年杜注,“一舍三十里”。则辟君三舍应该是退避九十里的意思,这所谓三舍九十里应该不是表示多数的虚数。“若不获命”,设若还不能得到原谅或宽恕。杜注:“弭,弓末无缘者。櫜,以受箭。鞬,以受弓。属,著也。周旋,相追逐也。”用后世的行话来说:“与君周旋”,就是与您玩一玩吧。

❼ 从这一段话可以看出春秋时期男女婚姻的若干情况以及观念。一、不是一夫一妻制。二、不要求妇女从一而终。三、有要求平等的观念。“降服而囚”,杜注:“去上服,自拘囚以谢之。”杨注无异议。

❽“公子赋《河水》,公赋《六月》”,杜注:“《河水》,逸诗。义取河水朝宗于海,海喻秦。《六月》,《诗·小雅》,道尹吉甫佐宣王征伐,喻公子还晋必能匡王国。古者礼会因古诗以见意,故言赋诗断章也。”今按:注释《晋语》的韦昭说“河当为沔,字相误也”,因为《诗·小雅·沔水》有“沔彼流水,朝宗于海”句,正与杜注说的那首诗的内容相合。这样讲是对的,而《沔水》并非逸诗,可知杜注视为逸诗实不确。但杜注对《六月》一诗的说明实不误,原诗有“以匡王国”“以佐天子”“以定王国”数句,正与《左传》下文记赵衰要“重耳拜赐”的原因相符。

经二十有四年[1]

原文

春,王正月。

夏,狄伐郑。

秋,七月。

冬,天王出居于郑。[2]

晋侯夷吾卒。

注释

❶ 鲁僖公二十四年,为公元前636年,周襄王十六年。

❷ 这个"天王"就是周襄王。孔疏:"出居,实出奔也……然天子以天下为家,所在皆得安居,故为天子别立此名。"按:事实本来是周襄王因为王室内部斗争被迫出走(杜注说是"辟母弟之难"),只是为了说来好听,所以就说是"出居"了。

传二十四年

原文

春,王正月,秦伯纳之。不书,不告入也。

及河,子犯以璧授公子,曰:"臣负羁绁从君巡于天下,臣之罪甚多矣,臣犹知之,而况君乎!请由此亡。"公子曰:"所不与舅氏同心者,有如白水!"[1]投其璧于河。

济河,围令狐,入桑泉,取臼衰。二月甲午,晋师军于庐柳,秦伯使公子絷如晋师。师退,军于郇。辛丑,狐偃及秦、晋之大夫盟于郇。壬寅,公子入于晋师。丙午,入于曲沃。丁未,朝于武宫。[2]戊申,使杀怀公于高梁。不书,亦不告也。

吕、郤畏逼,将焚公宫而弑晋侯。寺人披请见。公使让之,且辞焉,曰:"蒲城之役,君命一宿,女即至。[3]其后余从狄君以田渭滨,女为惠公来求杀余,——命女三宿,女中宿至。虽有君命,何其速也!夫袪犹在,女其行乎!"对曰:"臣谓君之入也,其知之矣;若犹未也,又将及难。君命无二,古之制也。除君之恶,唯力是视!蒲人、狄人,余何有焉?今君即位,其无蒲、狄乎!齐桓公置射钩而使管仲相,君若易之,何辱命焉!行者甚众,岂唯刑臣?"[4]公见之。以难告。三月,晋侯潜会秦伯于王城。己丑晦,公宫火。瑕甥、郤芮不获公,乃如河上。秦伯诱而杀之。

晋侯逆夫人嬴氏以归。秦伯送卫于晋三千人,实纪纲之仆。[5]

注释

❶《经传释词》卷九:“所犹若也,或也。”《左传》“所不与舅氏同心者”:“言若不与舅氏同心也。”孔疏:“诸言‘有如’,皆是誓辞。”我们认为先秦典籍中“有如……”句式确是如此。“有如”,或作“有若”。“有如某某”,实即某某鉴之;若是违背誓言,则某某(神灵)必施以惩罚。杨注:“‘有如白水’即‘有如河’,意谓河神鉴之,《晋世家》译作‘河伯视之’,是也。”这样说很对。

❷“武宫”,杜注:“文公之祖武公庙。”按:“朝于武宫”应该是在武公庙行朝拜祭奠大礼的意思。

❸“女即至”,杜注:“即日至。”意思是说寺人披执行国君命令之快速。

❹“臣谓君之入也,其知之矣”,杜注:“知君人之道。”我们认为这里说的就是应该懂得驾御臣下的为君之术。如果不明此道,那为君者就又要遭难了。臣子心目中只有君命,为君除恶,有多大能力都要拿出来。“蒲人、狄人,余何有焉”,杜注:“当二君世,君为蒲、狄之人,于我有何义?”这里“二君世”,指献公惠公当政时期,我心目中怎么会有蒲人、狄人的位置呢?现在你当政,我心目中也一样没有蒲人、狄人的位置。杜注:“干时之役,管仲射桓公中带钩。”而桓公任管仲为相。您若反桓公之道而行之,“己将自去,不须辱君命”,可以肯定地说:离君而去的人很多,岂止是我一人呢!杜注:“披,奄人,故称刑臣。”这是说得很对的。

❺夫人嬴氏,由《左传》僖三十三年记秦晋殽之战后请释秦囚的文字,可知指文嬴,不是怀嬴。杜注:“以兵卫文公,诸门户仆隶之事,皆秦卒共之,为之纪纲。”孔疏:“纲是维之大绳,纪者别理丝缕。诸门户仆隶之事,皆使秦卒共之。与晋人为纪纲,谓为之首领主帅也。”杨注:“纪纲之仆犹言得力之仆。”我们认为这些秦卒的职责是保卫工作与仆隶之事,有维护纪纲的作用。

原文

初，晋侯之竖头须，——守藏者也，——其出也，窃藏以逃；尽用以求纳之。及入，求见；公辞焉以沐。谓仆人曰："沐则心覆，心覆则图反，宜吾不得见也。居者为社稷之守，行者为羁绁之仆，其亦可也，何必罪居者？国君而仇匹夫，惧者甚众矣！"[1]仆人以告，公遽见之。

狄人归季隗于晋而请其二子。文公妻赵衰，生原同、屏括、(搂)〔楼〕婴。赵姬请逆盾与其母，子余辞。姬曰："得宠而忘旧，何以使人？必逆之！"固请，许之。来。以盾为才，固请于公，以为嫡子，而使其三子下之；以叔隗为内子，而已下之。[2]

晋侯赏从亡者。介之推不言禄，禄亦弗及。推曰："献公之子九人，唯君在矣。惠、怀无亲，外内弃之。天未绝晋，必将有主。主晋祀者，非君而谁？[3]天实置之，而二三子以为己力，不亦诬乎！窃人之财犹谓之盗，况贪天之功以为己力乎？下义其罪，上赏其奸；上下相蒙，难与处矣！"[4]其母曰："盍亦求之？以死，谁怼？"对曰："尤而效之，罪又甚焉。[5]且出怨言，不食其食。"其母曰："亦使知之，若何？"对曰："言，身之文也。身将隐，焉用文之？——是求显也。"其母曰："能如是乎！与女偕隐。"遂隐而死。晋侯求之，不获；以绵上为之田，曰："以志吾过，且旌[6]善人。"

注释

[1] 杜注："头须一曰里凫须。竖，左右小吏。"按：《周官·天官·序官》"内竖"注："竖，未冠者之官名。"另有文献(譬如《韩诗外传》)记此里凫须为人卑劣，在重耳亡命途中"盗重耳资而亡"，害得"重耳无粮，馁不能行"(见《释文》引文)。《左传》这里记此竖头须"窃藏以逃"，与其他文献相关记载相符。据《晋语四》，则知此竖头须不曾从重耳亡命，他应该是"为社稷之守"的"居者"。王氏父子认为"惧者甚众矣"句中的"甚"当作"其"。我们认为

"甚"与"其"两通。

❷ 小戴辑《礼记·杂记上》注:"内子,卿之適妻也。"《左传》此处杜注也说:"卿之嫡妻为内子。"嫡妻所生子方为嫡子。

❸ "主晋祀者",实即践阼登国君位者。当时诸侯把主持宗庙祭祀看作头等大事,《左传》成十三年说"国之大事在祀与戎",《左传》襄廿六年:"政由甯氏,祭则寡人。"是其证。

❹ 杜注:"蒙,欺也。"孔疏:"在下者以贪天之功为立君之义,是下义其罪也。在上者以立君之勋赏盗天之罪,是上赏其奸也……如此上下相欺蒙,难可与并居处矣。"杨注于此全用杜注、孔疏。

❺ 怼读 duì,怨恨的意思。杨注:"尤,说文作'訧',或亦作'郵',罪也。"效尤,效法罪恶行为(或者说是模仿错误行为),那罪过(或错误)更大。

❻ 杜注:"旌,表也。"今谓表扬(依杨注)。

原文

郑之入滑也,滑人听命。师还,又即卫。郑公子士、泄堵俞弥帅师伐滑。王使伯服、游孙伯如郑请滑。[1]郑伯怨惠王之入而不与厉公爵也,又怨襄王之与卫、滑也,故不听王命而执二子。王怒,将以狄伐郑。

富辰谏曰:"不可!臣闻之:大上以德抚民,其次亲亲以相及也。昔周公吊二叔之不咸,故封建亲戚以蕃屏周。管,蔡,郕,霍,鲁,卫,毛,聃,郜,雍,曹,滕,毕,原,酆,郇,文之昭也。邘,晋,应,韩,武之穆也。凡,蒋,邢,茅,胙,祭,周公之胤也。[2]召穆公思周德之不类,故纠合宗族于成周而作诗,曰:'常棣之华,鄂不韡韡。凡今之人,莫如兄弟。'其四章曰:'兄弟阋于墙,外御其侮。'如是,则兄弟虽有小忿,不废懿亲。[3]今天子不忍小忿以弃郑亲,其若之何?庸勋,亲亲,昵近,尊贤,德之大者也。即聋,从昧,与顽,用嚚,奸之大者也。弃德，崇奸，祸之大者也。郑有平、惠之勋，又有厉、宣之亲，弃嬖宠而用三良，于诸姬为近，四德具矣。耳不听五声之和为聋，目不别五色之章为昧，心不则德义之经为顽，口不道忠信之言为嚚：狄皆则之，四奸具矣。[4]周之有懿德也，犹曰'莫如兄弟'，故封建之。其怀柔天下也，犹惧有外侮。扞御侮者莫如亲亲，故以亲屏周。——召穆公亦云。今周德既衰，于是乎又渝周、召以从诸奸，无乃不可乎？民未忘祸，王又兴之，其若文、武何？"王弗听，使颓叔、桃子出狄师。[5]

注释

❶ 杜注："堵俞弥，郑大夫。"伯服、游丝伯，"二子，周大夫"。杨注："请滑者，为滑请命，劝郑不伐之。"

❷ 杜注："吊，伤也。咸，同也。周公伤夏殷之叔世疏其亲戚以至灭亡，故广封其兄弟。"这样讲，有欠妥之处。"咸"，杨遇夫（树达）先生训为"终也，竟也"，"不咸谓不终也"（《积微居小学述林》卷六《诗敦商之旅克咸厥功解》），杨伯峻先生注《左传》即用此义。杨注："杜预本马融之说，谓二叔为'夏殷之叔世'，误。"杨注用王伯申《经义述闻》与李贻德《左传贾服注辑述》说，认为二叔指管、蔡二叔。杨注又说："封建，分封土地建国家也。"分封给谁呢？《左传》原文说是"亲戚"，杜注说是"兄弟"，从《左传》下文看，文之昭，武之穆，周公之胤，反正是姬周一族中人。《左传》这里"亲戚""兄弟"指同族人。但周初不完全是这样，不仅分封姬族中人，也封异族功臣。总之，分封是为了"蕃屏周"，这样说是不会错的。

❸ 杜注："类，善也。纠，收也。召穆公，周卿士，名虎。召，采地……周厉王之时，周德衰微，兄弟道缺，召穆公于东都收会宗族，特作此周公之乐歌《常棣》，诗属《小雅》。"今按："作此周公之乐歌"的说法十分牵强。究竟是谁作呢？据《国语·周语》，《常棣》应为周公之作，召穆公只是赋诵此诗而已。据《左传》这里的讲法，诗是召穆公作。依前一说，则《左传》误。依后一说，则《国语》

误。杨注:"若言作诗,则只能有自作之一义。"所以杨先生坚主此诗为召公作。我们认为:周公对于管、蔡二叔的处置,不应成为周公作此诗的障碍。处罚兄弟中的背叛者,与强调兄弟团结,为什么不可以兼而有之呢?"兄弟阋于墙,外御其侮",《诗》本文就可以说明内部争执与团结对外并不矛盾。所以,用不着排除周公作此诗的可能。如果将《常棣》一诗理解为周公原作、召穆公推广周公之意的改作,则《国语》与《左传》两不误矣。"兄弟虽有小忿,不废懿亲",说的也是大原则基础上的团结与小范围内的私忿并存。这个懿,可训为美,训为深,都可通,懿亲是深厚的亲戚关系。

❹ "庸勋,亲亲,昵近,尊贤",是为四德。聋,昧,顽,嚚,是为四奸。郑四德具,狄四奸具,怎么能"以狄伐郑"呢?

❺ "颓叔、桃子",杜注:"二子,周大夫。"《释文》谓桃"本或作姚"。

原文

夏,狄伐郑,取栎。王德狄人,将以其女为后。富辰谏曰:"不可!臣闻之曰:'报者倦矣,施者未厌。'狄固贪婪,王又启之。[1]女德无极,妇怨无终。[2]狄必为患!"王又弗听。

初,甘昭公有宠于惠后,惠后将立之,未及而卒。昭公奔齐,王复之;又通于隗氏。王替隗氏。颓叔、桃子曰:"我实使狄。狄其怨我。"遂奉大叔以(狄师)攻王。王御士将御之,王曰:"先后其谓我何?宁使诸侯图之。"王遂出,及坎欿,国人纳之。[3]

秋,颓叔、桃子奉大叔以狄师伐周,大败周师,获周公忌父、原伯、毛伯、富辰。王出适郑,处于氾。大叔以隗氏居于温。

郑子华之弟子臧出奔宋,好聚鹬冠。[4]郑伯闻而恶之,使盗诱之。八月,盗杀之于陈、宋之间。

君子曰:"服之不衷,身之灾也。《诗》曰:'彼己之子,不称其

服。'子臧之服,不称也夫!《诗》曰'自诒伊戚',其子臧之谓矣。《夏书》曰'地平天成',称也。"❺

注释

❶ 孔疏引《方言》:"杀人取财曰婪。""启之"的启,这里是诱发、开导的意思。据说狄本贪婪,王又引诱之,狄自然更加胆大妄为了。

❷ 杜注:"妇女之志,近之则不知止足,远之则忿怨无已。"按:原文说的是"女""妇",杜注概括为"妇女之志",不误。依杜注,也就使人想起《论语·阳货》说的"唯女子与小人为难养也,近之则不孙,远之则怨"。但孔子说的是"女子与小人",与《左传》说的"女""妇"毕竟有区别。

❸ "奉大叔以狄师攻王","狄师"二字衍,说见《经义述闻》卷十七。杨注:"御士,盖王侍御之士。"杜注:"先后,惠后也。诛大叔,恐违先后志。坎欿,周地。"

❹ 这个"好"读 hào。鹬读 yù,杜注:"鸟名。聚鹬羽以为冠,非法之服。"杨注:"所聚者为此羽所饰之冠。"杜、杨两注有区别,未详孰是。正因为这种冠是"非法之服",所以终成祸端。

❺ 杜注:"衷,犹适也。"服之不衷,即服之不称、不适合,这是会惹祸害人的。"彼己之子,不称其服",这两句诗见《诗·曹风·候人》。"自诒伊戚",见《诗·小雅·小明》,杜注:"诒,遗也。戚,忧也。取其自遗忧。"这样注释是对的。"《夏书》曰'地平天成'",杜注:"《夏书》,逸书。地平其化,天成其施,上下相称为宜。"按:"地平天成"句,今见于伪古文《尚书·大禹谟》。孔疏说杜预不见孔传。杜预不见者,伪古文伪孔传也。

原文

宋及楚平,宋成公如楚。还,入于郑。郑伯将享之,问礼于皇武子。对曰:"宋,先代之后也,于周为客。天子有事膰焉,有丧拜焉。丰厚可也。”[1]郑伯从之。享宋公有加，礼也。

冬，王使来告难曰：“不穀不德，得罪于母(弟)〔氏〕[2]之宠子带，鄙在郑地氾，敢告叔父。”臧文仲对曰：“天子蒙尘于外，敢不奔问官守？”王使简师父告于晋，使左鄢父告于秦。

天子无出。书曰“天王出居于郑”，辟母弟之难也。天子凶服降名，礼也。[3]

郑伯与孔将鉏、石甲父、侯宣多省视官、具于氾，而后听其私政，礼也。[4]

卫人将伐邢，礼至曰：“不得其守，国不可得也。我请昆弟仕焉。”乃往，得仕。

注释

❶ 膰读 fán，古人祭祀时用的熟肉。杜注：“有事，祭宗庙也。膰，祭肉。尊之，故赐以祭胙。宋吊周丧，王特拜谢之。”孔疏：“宋是先代之后，王以敌礼待之，故拜其来吊。其余诸侯则否。”按：杨注已指出，“有事膰焉”的“膰”作动词用，是“致胙”的意思。丧主拜谢来吊者，周礼有规定。所谓“于周为客”，反指三恪而言。待三恪之礼，尽管丰厚(当然也有礼制规定)，不应太薄。

❷ 阮元等《校勘记》以为“弟作氏是也”，今从之。

❸ 杜注：“凶服，素服。降名，称不穀。”按：凶服，这里指避难蒙尘之服，不必是丧服。降名则是指凶服时候的自称。这就牵涉《春秋》经传的书法。

❹ 鉏读 chú。孔疏：“郑伯与三大夫每日亲自省视当国官司，令具其器用，送之于氾，而后听其私政也。”杨注用天子适诸侯官庭之礼解说这一段，更加明确。

经二十有五年[1]

原文

春,王正月丙午,卫侯毁灭邢。

夏,四月癸酉,卫侯毁卒。

宋荡伯姬来逆妇。[2]

宋杀其大夫。

秋,楚人围陈,纳顿子于顿。

葬卫文公。

冬,十有二月癸亥,公会卫子、莒庆,盟于洮。

注释

❶ 鲁僖公二十五年,当公元前635年,周襄王十七年。

❷ 杜注:"伯姬,鲁女,为宋大夫荡氏妻也。自为其子来逆。称'妇',姑存之辞。妇人越竟迎妇非礼,故书。"孔疏:"'妇'者对'姑'之文,'姑'即伯姬,故知自为子来逆妇……姑自来逆,故即称'妇'也。"注、疏说的都有根据,有道理。

传二十五年

原文

春,卫人伐邢。二礼从国子巡城,掖以赴外,杀之。[1]"正月丙午,卫侯毁灭邢。"同姓也,故名。礼至为铭曰:"余掖杀国子,莫余敢止。"

秦伯师于河上,将纳王。狐偃言于晋侯曰:"求诸侯,莫如勤王。诸侯信之,且大义也。继文之业而信宣于诸侯,今为可矣。[2]"使卜偃卜之,曰:"吉!遇黄帝战于阪泉之兆。"公曰:"吾不堪也!"

对曰:“周礼未改。今之王,古之帝也。”公曰:“筮之。”筮之,遇“大有䷍”之“睽䷥”,曰:“吉!遇‘公用享于天子’之卦(也)。战克而王飨,吉孰大焉?且是卦也,天为泽以当日,天子降心以逆公,不亦可乎?‘大有’去‘睽’而复,亦其所也。”[3]晋侯辞秦师而下。三月甲辰,次于阳樊,右师围温,左师逆王。夏四月丁巳,王入于王城,取大叔于温,杀之于隰城。

戊午,晋侯朝王。王飨醴,命之宥。请隧,弗许,曰:“王章也。未有代德而有二王,亦叔父之所恶也。”与之阳樊、温、原、欑茅之田,晋于是始(起)〔启〕南阳。[4]

阳樊不服。围之。苍葛呼曰:“德以柔中国,刑以威四夷,宜吾不敢服也。此谁非王之亲姻,其俘之也?”乃出其民。

注释

❶ 孔疏:“《说文》云:‘掖,持臂也。’谓执持其臂投之城外也。”阮元等《校勘记》引段玉裁的说法,谓“赴”当“仆”字之误,意思是:二礼在国子左右,一人挟其一臂,将他扑倒,投之城下,这样将国子杀了。杨注认为“赴”字亦通。

❷ “继文之业”以下,“文”谓晋文侯(名仇)。杜注:“晋文侯仇为平王侯伯,匡辅周室。”孔疏:“言欲继文侯之功业而使信义宣布于诸侯,今日纳王,是为可矣。”按:“信宣于诸侯”,也就是前文“求诸侯”(求得诸侯拥戴)的意思。

❸ 黄帝战于阪泉的传说,大戴辑《礼记·五帝德》有记载。“《大有》䷍之《睽》䷥”以下,杜注:“《大有》九三变而为《睽》。”“三为三公,而得位变而为兑。兑为说,得位而说,故能为王所宴飨。”“乾为天,兑为泽。乾变为兑而上当离。离为日,日之在天,垂曜在泽,天子在上,说心在下,是降心逆公之象。”按:“《大有》去《睽》”,正如杜注所言,“乾尊离卑,降尊下卑,亦其义也”,意思是也有天子降心之象。杨注:“本卦转为之卦,终要回到本卦。《大

有》去《睽》,即《大有》变为《睽》,《睽》终将复于《大有》……即天子复位。筮者以为理所当然,故云‘亦其所也’。”两注皆是。

❹ 宥读 yòu,欑读 cuán,这里不读 zǎn。“王飨醴,命之宥”,杜注:“既行飨礼而设醴酒,又加之以币帛以助欢也。宥,助也。”《左传》庄十八年早有这两句话。“请隧”以下,杜注:“阙地通路曰隧,王之葬礼也。诸侯皆县柩而下。”孔疏:“诸侯皆县柩而下,故不得用隧。晋侯请隧者,欲请以王礼葬也。”这当然是王朝典章制度所不允许的。“始起南阳”的“起”,依阮元等《校勘记》改为“启”。杨注:“启,开也,此开疆辟土义。”

原文

秋,秦、晋伐鄀。楚斗克、屈御寇以申、息之师戍商密。秦人过析,(隈)入〔隈〕而系舆人,以围商密,昏而傅焉。宵,坎血加书,伪与子仪、子边盟者。❶商密人惧,曰:“秦取析矣,戍人反矣!”乃降秦师。秦师❷囚申公子仪、息公子边以归。楚令尹子玉追秦师,弗及。遂围陈,纳顿子于顿。

冬,晋侯围原,命三日之粮。原不降,命去之。谍出,曰:“原将降矣。”军吏曰:“请待之。”公曰:“信,国之宝也,民之所庇也。得原失信,何以庇之?所亡滋多。”❸退一舍而原降,迁原伯贯于冀。赵衰为原大夫,狐溱为温大夫。〔晋侯问原守于寺人勃鞮。对曰:“昔赵衰以壶飧从,径馁而弗食。”故使处原。〕❹

卫人平莒于我。十二月,盟于洮,修卫文公之好,且及莒平也。❺(晋侯问原守于寺人勃鞮。对曰:“昔赵衰以壶飧从,径馁而弗食。”故使处原。)

注释

❶ “隈入”当作“入隈”,据《周官·弓人》注乙之。“坎血加书”,坎是掘地为坎,血是杀牲而有血,加书是加盟书其上,同盟者表态遵

守共同的誓词,这就是春秋时代结盟之礼。

❷ 阮元等《校勘记》说"《石经》、宋本、淳熙本、岳本重'秦师'二字"。我们认为"乃降"作一句读,"秦师"连下句读,则"秦师"二字可不重而不改原文意思。

❸ 把"信"(诚信)看作国家之宝,看作国民所赖以安身立命的依托,这样的思想任何时候都应该借鉴。诚信为国民素质应该重视的因素之一,为国民基本道德之一,古人已知之。如果丧失信用而暂时得到别的什么,那么,失去的东西只会更多。

❹ 本年《传》末二十八字为错简,当移置此处,说见王氏《经义述闻》。杜注:"勃鞮,披也。"据杨注,"以壶飧从"是携带饮食随行,"径"是行小路,赵衰生怕主子少了吃的,宁肯自己挨饿走小路。

❺ 杜注:"莒以元年郦之役怨鲁,卫文公将平之,未及而卒。成公追成父志,降名以行事,故曰修文公之好。"使鲁与莒两国和好,卫文公没有来得及做到,其子成公做到了。

经二十有六年[1]

原文

春,王正月己未,公会莒子、卫甯速,盟于向。

齐人侵我西鄙。公追齐师,至酅,(不)〔弗〕及。[2]

夏,齐人伐我北鄙。

卫人伐齐。

公子遂如楚乞师。

秋,楚人灭夔,以夔子归。[3]

冬,楚人伐宋,围缗。公以楚师伐齐,取穀。

公至自伐齐。

注释

❶ 鲁僖公二十六年,是公元前634年,周襄王十八年。

❷ 阮元等《校勘记》认为若干本"'不'作'弗',不误",这就是说"不"当作"弗"。按:同年《公羊传》何休《解诂》:"弗者,不之深者也。"《公羊传》桓十年何休《解诂》说同。可知作"弗"自有其深意。今据改。

❸ 杜注:"夔,楚同姓国……夔有不祀之罪,故不讥楚灭同姓。"按:本年《左传》记叙楚人对夔子不祀先祖的批评,煞有介事。以不祀为罪,先秦文献多有之,譬如商汤批评葛伯不祀,见《孟子·滕文公下》;周武王批评商纣"昏弃厥肆祀",见《尚书·牧誓》。

传二十六年

原文

春,王正月,公会莒兹丕公、甯庄子,"盟于向",寻洮之盟也。"齐师侵我西鄙",讨是二盟也。❶夏,齐孝公伐我北鄙,卫人伐齐,洮之盟故也。

公使展喜犒师,使受命于展禽。齐侯未入竟,展喜从之,曰:"寡君闻君亲举玉趾,将辱于敝邑,使下臣犒执事。"齐侯曰:"鲁人恐乎?"对曰:"小人恐矣,君子则否。"齐侯曰:"室如县罄,野无青草,何恃而不恐?"对曰:"恃先王之命。昔周公、大公股肱周室,夹辅成王。成王劳之而赐之盟,曰:'世世子孙,无相害也!'载在盟府,大师职之。桓公是以纠合诸侯而谋其不协,弥缝其阙而匡救其灾,昭旧职也。及君即位,诸侯之望曰:'其率桓之功!'❷我敝邑用不敢保聚,曰:'岂其嗣世九年而弃命废职?其若先君何?君必不然!'恃此以不恐。"齐侯乃还。

东门襄仲、臧文仲如楚乞师。臧孙见子玉而道之伐齐、宋,以其不臣也。

夔子不祀祝融与鬻熊，楚人让之。对曰："我先王熊挚有疾，鬼神弗赦而自窜于夔，吾是以失楚，又何祀焉？"秋，楚成得臣、斗宜申帅师灭夔，以夔子归。

宋以其善于晋侯也，叛楚即晋。冬，楚令尹子玉、司马子西帅师伐宋，围缗。

"公以楚师伐齐，取穀。"凡师能左右之曰"以"。[3]置桓公子雍于穀，易牙奉之以为鲁援。楚申公叔侯戍之。桓公之子七人，为七大夫于楚。

注释

❶ 杜注："兹丕，时君之号。莒夷无谥，以号为称。"杨注："二盟，洮盟与向盟。"杨注说明了齐何以侵伐鲁国，不录。

❷《释文》："罄，亦作磬，尽也。"杜注："如，而也。时夏四月，今之二月，野物未成，故言居室而资粮县尽，在野则无蔬食之物，所以当恐。"阮元等《校勘记》引程瑶田《通艺录》谓"从缶与从石同意"，则作罄作磬皆可。室内无粮，室外无草，凭什么不慌张呢？一恃先王之命，二恃在位之君，展喜回答齐孝公的质疑颇为得体。凭先王之命，周公大公有盟约载在盟府，说是"世世子孙无相害"，而齐大公正是主管盟府之人。"大师职之"，杜注："职，主也。大公为大师兼主司盟之官。"而齐桓公也曾以此为己任。到现在的齐君您即位，众诸侯对您的期待也就是："其率桓之功！"杜注："率，循也。"您会遵循桓公的功业，我们鲁国还慌什么呢？

❸ 杜注："左右，谓进退在己。"孔疏："传例称'师'，则诸不言'师'者皆不用'以'为例也。"又，"谓求助于诸侯而专制其用，征伐进退，帅意而行，故变'会''及'之文而曰'以'。"可见用"以"与否是有前提的，有条件的。

经二十有七年[1]

原文

春，杞子来朝。

夏六月庚寅，齐侯昭卒。

秋，八月乙未，葬齐孝公。[2]

乙巳，公子遂帅师入杞。[3]

冬，楚人、陈侯、蔡侯、郑伯、许男围宋。

十有二月甲戌，公会诸侯，盟于宋。

注释

❶ 鲁僖公二十七年，为公元前633年，周襄王十九年。

❷ 齐孝公六月庚寅卒，八月乙未葬，与周礼规定的诸侯葬制不符，其葬也太快。

❸ 杜注："弗地曰'入'。八月无乙巳……"这就引起读者注意如下两点：一是何以书"入"，二是《春秋》经传所书的干支时日未必都准确无误。杨注："疑《经》失书月。"意思是说：《春秋经》这里应该在"乙巳"前记上"九月"二字。

传二十七年

原文

春，杞桓公来朝。用夷礼，故曰"子"。[1]公卑杞，杞不共也。

夏，齐孝公卒。有齐怨，不废丧纪，礼也。[2]

秋，入杞，责无礼也。

楚子将围宋，使子文治兵于睽；终朝而毕，不戮一人。子玉复治兵于蒍，终日而毕，鞭七人，贯三人耳。国老皆贺子文，子文饮之酒。芀贾尚幼，后至，不贺；子文问之。对曰："不知所贺。子之传政于子玉，曰：'以靖国也。'靖诸内而败诸外，所获几何？子玉之败，子之举也。举以败国，将何贺焉？子玉刚而无礼，不可以治民；过三百乘，其不能以入矣。苟入而贺，何后之有？"[3]

注释

❶ 因为杞来朝用夷礼，所以贬其爵称"子"，这是杜注的说法。不少学者认为春秋时代诸侯爵称无定，也可以举出不少例证。我们认为依礼制而言，诸侯爵称应有定规；何时有异称，则视实际情况而定，而这也就是礼制。爵称混乱，可能是因为人们尚未明白其中规律，也可能是发生在礼崩乐坏时期。

❷ 去年（僖二十六年）"春，齐人侵我西鄙""夏，齐人伐我北鄙"，所以"有齐怨"。孔疏："丧纪者，丧事之总名。诸侯相与，唯有吊赠。故注云'吊赠之数不有废'也。"虽有积怨而不废吊赠，这当然合礼。

❸ 孔疏："国老者，国之卿大夫士之致仕者也。"国老贺子文，依杜注，是"贺子玉堪其事"；依杨注，是贺子文"举拔得人"。其时芀贾尚幼，独不贺，他提出了一个假设：如果子玉率三百乘出国打仗，将不能全师入国，意思是很可能不得凯旋；若是他那时候能全师入国，我自当表示祝贺不迟，现在不贺，算什么"后"呢！难道治兵一日"鞭七人，贯三人耳"，就表明子玉能"靖国"吗？那有什么值得称贺的！难怪芀贾说是"不知所贺"。

原文

冬，楚子及诸侯围宋。宋公孙固如晋告急，先轸曰："报施救患，取威定霸，于是乎在矣。"狐偃曰："楚始得曹，而新昏于卫。若伐曹、卫，楚必救之，则齐、宋免矣。"

于是乎蒐于被庐，作三军，谋元帅。赵衰曰："郤縠可。臣亟闻其言矣，说礼、乐而敦《诗》《书》。《诗》《书》，义之府也；礼、乐，德之则也。德、义，利之本也。《夏书》曰：'赋纳以言，明试以功，车服以庸。'[1]君其试之！"乃使郤縠将中军，郤溱佐之。使狐偃将上军，让于狐毛而佐之。命赵衰为卿，让于栾枝、先轸。使栾枝将下军，先轸佐之。荀林父御戎，魏犨[2]为右。

晋侯始入而教其民，二年，欲用之。子犯曰："民未知义，未安其居。"于是乎出定襄王，入务利民，民怀生矣。将用之，子犯曰："民未知信，未宣其用。"于是乎伐原以示之信。民易资者，不求丰焉，明征其辞。公曰："可矣乎？"子犯曰："民未知礼，未生其共。"于是乎大蒐以示之礼，作执秩以正其官。民听不惑，而后用之。出穀戍，释宋围，一战而霸，文之教也。[3]

注释

❶ 縠读 hú。称《诗》《书》为"义之府"，礼、乐为"德之则"，德、义为"利之本"，这是前无古人的。孔疏："说，谓爱乐之。敦，谓厚重之……心说礼乐，志重《诗》《书》。遵礼〔乐〕以布德，习《诗》《书》以行义。有德有义，利民之本也。"这样理解不应有什么错误。所引《夏书》，见《尚书·皋陶谟》（制造伪古文《尚书》者从这一篇分出《益稷》一篇），杜注："'赋纳以言'，观其志也。'明试以功'，考其事也。'车服以庸'，报其劳也。赋，犹取也。庸，功也。"杨注将"赋纳以言"之"赋"读为"敷"，解释为"遍也"，似别无大异。

❷ 犨读 chōu。

❸ 这一段的意思，记晋文公重耳采纳子犯的建议，教民知义、知信、知礼，而后投入战争，取得霸主地位。孔疏："今晋侯以义、信、礼教民，然后用之，是文德之教也。"杨注认为"文"指晋文公。我们认为两说皆通。《论语·子路》："以下教民战，是谓弃之。""善人

教民七年，亦可以即戎矣。”按：子犯活跃在孔子之前大约一百年。孔子关于“教民”与战争关系的论述，应是对历史经验的深刻的总结。

经二十有八年[1]

原文

春，晋侯侵曹。晋侯伐卫。

公子买戍卫，不卒戍，刺之。[2]

楚人救卫。

三月丙午，晋侯入曹，执曹伯。畀宋人。

夏四月己巳，晋侯、齐师、宋师、秦师及楚人战于城濮，楚师败绩。

楚杀其大夫得臣。卫侯出奔楚。

五月癸丑，公会晋侯、齐侯、宋公、蔡侯、郑伯、卫子、莒子，盟于践土。[3]陈侯如会。

公朝于王所。[4]

六月，卫侯郑自楚复归于卫。卫元咺出奔晋。[5]

陈侯款卒。

秋，杞伯姬来。公子遂如齐。

冬，公会晋侯、齐侯、宋公、蔡侯、郑伯、陈子、莒子、邾（人）〔子〕[6]、秦人于温。

天王狩于河阳。[7]

壬申，公朝于王所。

晋人执卫侯，归之于京师。卫元咺自晋复归于卫。

诸侯遂围许。曹伯襄复归于曹，遂会诸侯围许。

注释

❶ 鲁僖公二十八年，为公元前632年，周襄王二十年。

❷ 杜注："公子买，鲁大夫子丛也。内杀大夫皆书'刺'，言用《周礼》'三刺'之法，示不枉滥也。"孔疏指出当时鲁受晋、楚两大国压迫的处境，鲁《春秋》这里用"刺"字的良苦用心，不具录。按：三刺之法见《周官·司刺》。郑注："刺，杀也，讯而有罪则杀之。"

❸ "卫子"，杜注："卫侯出奔，其弟叔武摄位受盟，非王命所加，从未成君之礼，故称'子'而序'郑伯'之下。"按：《春秋》书法有此一例，前文已出现过。又，杜注："践土，郑地。"杜氏指出《经》或《传》书月或日有误，姑识之。

❹ 杜注："王在践土，非京师，故曰'王所'。"同年《穀梁传》："朝不言'所'。言'所'者，非其所也。"明白地说：朝王而言"所"，实不正常。请参见下文"天王狩于河阳"条注。

❺ 咺读 xuǎn，一读 xuān。杜注："奔例在宣十年。"这是无罪而被迫出奔的一种情况。

❻ "邾人"当作邾子，说见阮元等《校勘记》。"莒子、邾子"书"子"，小国之君，爵位本低而称"子"。杜注："陈共公称'子'，先君未葬，例在九年。"按：彼《传》云："凡在丧，王曰小童，公侯曰子。"

❼ 河阳为晋地。杜注："晋实召王，为其辞逆而意顺，故《经》以'王狩'为辞。"这个"狩"，《释文》说"本又作'守'，音同"，或者说是巡守，或者说是"狩猎"，两说皆通。《左氏》引孔子的说法，批评了所谓"天王狩于河阳"的记录。《穀梁》明白地指出这是"为天王讳"。为了争夺霸主地位，晋文公重耳一方面表示尊重周天子，一方面破坏周礼，擅自决定"作王宫于践土""以臣召君"，非其地，也就大非其礼了。

传二十八年

原文

春，晋侯将伐曹，假道于卫。卫人弗许。还，自〔南〕河（南）[1]济，侵曹，伐卫。正月戊申，取五鹿。二月，晋郤縠卒。原轸将中军，胥臣佐下军，上德也。晋侯、齐侯盟于敛盂。卫侯请盟，晋人弗许。卫侯欲与楚，国人不欲，故出其君以说于晋。卫侯出居于襄牛。[2]

公子买戍卫，楚人救卫，不克。公惧于晋，杀子丛以说焉。谓楚人曰："不卒戍也。"

晋侯围曹，门焉，多死。曹人尸诸城上，晋侯患之。听舆人之谋（曰），称"舍于墓"，师迁焉。[3]曹人凶惧，为其所得者棺而出之。因其凶也而攻之，三月丙午入曹，数之以其不用僖负羁而乘轩者三百人也，且曰献状。[4]

令无入僖负羁之宫，而免其族，报施也。魏犫、颠颉怒，曰："劳之不图，报于何有？"爇僖负羁氏。魏犫伤于胸。公欲杀之，而爱其材；使问，且视之。病，将杀之。魏犫束胸见使者，曰："以君之灵，不有宁也！"距跃三百，曲踊三百。[5]乃舍之。杀颠颉以徇于师，立舟之侨以为戎右。

注释

❶ "河南"当作"南河"，说见杨注。

❷ 五鹿，敛盂，襄牛，杜注认为皆卫地。据杜注，原轸、胥臣之升迁，是破格提拔，盖因其德行受到重视。

❸ "门焉"，杜注："攻曹城门。"这里"门"作动词用。"尸诸城上"，杜注："磔晋死人于城上。"这里"诸"为"之于"之合音字。"舆人"，杜注："舆，众也。""谋曰"之"谋"，孔疏："或作'诵'，涉下文

而误耳。"但是孔疏接着就说:"此称'舍于墓',直是计谋之言,不得为'诵'。""曰"字涉下文而衍,说见王伯申《经义述闻》。

❹ "师迁焉"以下,杜注:"迁至曹人墓。凶凶,恐惧声。轩,大夫车。言其无德居位者多,故责其功状。"杨注谓"凶惧为同义词平列,犹今言恐惧""数之云云,数其罪也",其说可从。"三百"是虚数,言其多耳。"献状"句,惠栋认为其意谓诛观状之罪。

❺ 爇读 ruò,或读 rè,一读 ruì。杜注:"烧也。"杨注:"氏犹家也。""爱,惜也。""问,馈遗以物。视,察病情。病,谓伤甚,言若其伤甚重,则将杀之。"无怪乎魏犨要装出受轻伤不碍事的样子了。"距跃""曲踊",解说不一,我们认为总该与跳跃有关。

原文

宋人使门尹般如晋师告急。公曰:"宋人告急,舍之,则绝;告楚,不许。我欲战矣,齐、秦未可,若之何?"先轸曰:"使宋舍我而赂齐、秦,藉之告楚。我执曹君,而分曹、卫之田以赐宋人。楚爱曹、卫,必不许也。喜赂,怒顽,能无战乎?[1]"公说,执曹伯,分曹、卫之田以畀宋人。

楚子入居于申,使申叔去穀,使子玉去宋,曰:"无从晋师!晋侯在外十九年矣,而果得晋国。险阻艰难,备尝之矣;民之情伪,尽知之矣。天假之年,而除其害。天之所置,其可废乎?[2]《军志》曰:'允当则归。'又曰:'知难而退。'又曰:'有德不可敌。'此三志者,晋之谓矣。"

子玉使伯棼请战,曰:"非敢必有功也,愿以间执谗慝之口。"王怒,少与之师,唯西广、东宫与若敖之六卒实从之。[3]

注释

❶ 杜注:"言齐、秦喜得宋赂而怒楚之顽,必自战也。不可告请,故曰顽。"杨注义同。

❷《诗·齐风·还》:“并驱从两肩兮。”毛传:“从,逐也。”《左传》这里“无从晋师”的“从”也是“逐”的意思。据《国语·晋语四》所说“晋公子生十七而亡”,《左传》这里说的“在位十九年”,可以推算晋楚城濮大战那一年重耳的年龄(其时已即位四年)。应该承认:晋文公重耳在流亡岁月确实遭过难,受过苦。“民之情伪”的“情”,与《左传》庄十年“必以情”的“情”义同。“天之所置”,置是“设立”“安置”的意思。《左传》僖二十三年说重耳为“天之所启”,上天为他开道。这里说上天把重耳安排在晋君之位,无非说此君有上天帮助。棼读 fén。慝读 tè。

❸ 杜注:“间执,犹塞也。谗慝,若苏贾之言谓子玉不能以三百乘入。”这里引苏贾的话,见上年《左传》。“王怒,少与之师”以下,杜注:“楚有左右广,又太子有宫甲,分取以给之。若敖,楚武王之祖父……六卒,子玉宗人之兵六百人。言不悉师以益之。”孔疏引《左传》宣十二年记栾武子语以及其他相关文献证明杜注,其说多可信。杨注谓若敖为楚君之葬于若者,六卒为一百八十乘,对杜注略有补正,当从之。

原文

子玉使宛春告于晋师曰:“请复卫侯而封曹,臣亦释宋之围。”子犯曰:“子玉无礼哉!——君取一,臣取二。——不可失矣!”先轸曰:“子与之!定人之谓礼。楚一言而定三国,我一言而亡之。我则无礼,何以战乎?不许楚言,是弃宋也;救而弃之,谓诸侯何?楚有三施,我有三怨。怨仇已多,将何以战?不如私许复曹、卫以携[1]之,执宛春以怒楚,既战而后图之。”公说,乃拘宛春于卫,且私许复曹、卫,曹、卫告绝于楚。

子玉怒,从晋师。晋师退。军吏曰:“以君辟臣,辱也。且楚师老矣,何故退?”子犯曰:“师直为壮,曲为老,岂在久(矣)〔乎〕?微楚之惠不及此,退三舍辟之,所以报也。背惠食言,以亢其仇,我曲楚直。其众素饱，不可谓老。我退而楚还，我将何求？若其不还，君退臣犯，曲在彼矣。”退三舍❷，楚众欲止，子玉不可。

注释

❶ 杜注：“携，离也。”使曹、卫二国背离楚国。这“离”是“离间”的意思。

❷《左传》僖二十三年记重耳当面答应楚子，“晋楚治兵，遇于中原，其辟君三舍”。至此果然退三舍辟楚兵，算是实践了诺言。

原文

夏四月戊辰，晋侯、宋公、齐国归父、崔夭、秦小子慭次于城濮。楚师背酅而舍，晋侯患之。听舆人之诵曰：“原田每每，舍其旧而新是谋。”❸公疑焉。子犯曰：“战也！战而捷，必得诸侯！若其不捷，表里山河，必无害也。”公曰：“若楚惠何？”栾贞子曰：“汉阳诸姬，楚实尽之。思小惠而忘大耻，不如战也！”晋侯梦与楚子搏，楚子伏己而盬其脑，是以惧。子犯曰：“吉！我得天，楚伏其罪。吾且柔之矣！”❹

子玉使斗勃请战，曰：“请与君之士戏。君冯轼而观之，得臣与寓目焉。”晋侯使栾枝对曰：“寡君闻命矣。楚君之惠，未之敢忘，是以在此。为大夫退，其敢当君乎？既不获命矣，敢烦大夫谓二三子：‘戒尔车乘，敬尔君事，诘朝将见！’”❺

晋车七百乘，韅、靷、鞅、靽。晋侯登有莘之虚以观师，曰：“少长有礼，其可用也！”❻遂伐其木，以益其兵。

注释

❸ 酅读 xī。杜注说这个“酅”是“丘陵险阻名”。“原田每每”，与《诗·大雅·绵》“周原膴膴”有相同的意思，古音“膴膴”与“每每”声同义通。“舍其旧而新是谋”，可以看作《诗·周颂·臣工》

提出的“如何新畲”一问的回答。

❹ 盬读 gǔ，杜注：“唼也。”按：唼读 zā，同“咂”，《集韵》：“咂，啖也。”吸、吃的意思。一读 shà。脑被食，是以惧。子犯说的话，正如杜注所说：是“权言以答梦”。

❺ 杜注：“斗勃，楚大夫。寓，寄也。”“烦斗勃令戒敕子玉、子西之属。诘朝，平旦。”杨注义无二致。

❻ 韅读 xiǎn。靷读 yǐn。靽读 bàn。杜注：“在背曰韅。在胸曰靷。在腹曰鞅。在后曰靽。言驾乘修备。”杨注认为“靷”当作“靳”，与《左传》定公九年“如骖之有靳”意同。按：杨先生将战马分为骖与服两类，自有根据。总之，这一段开头两句是说投入战场的车马都装备好了。“少长有礼，其可用也”，应该是上年《左传》记载的长时期里教民知义知信知礼而终于可用的结果。

原文

己巳，晋师陈于莘北，胥臣以下军之佐当陈、蔡。子玉以若敖之六卒将中军，曰：“今日必无晋矣！”子西将左，子上将右。❼胥臣蒙马以虎皮，先犯陈、蔡。陈、蔡奔，楚右师溃，狐毛设二旆而退之。栾枝使舆曳柴而伪遁，楚师驰之，原轸、郤溱以中军公族❽横击之。狐毛、狐偃以上军夹攻子西，楚左师溃。楚师败绩。子玉收其卒而止，故不败。

晋师三日馆、谷，及癸酉而还。甲午，至于衡雍，作王宫于践土。❾

注释

❼ “必无晋矣”一语表现子玉骄傲轻敌。杜注：“子西，斗宜申。子上，斗勃。”

❽ 杜注：“公族，公所率之军。”本年《传》杨注：“中军之中有以公族为之者，故云中军公族。”《传》宣二年杨注：“中军公族者，中军中

由晋公室子弟所组成者也。”按：此种军队，至迟西周即有之，周穆王时期《班簋》铭文可为证。

❾ 杜注：“馆，舍也。食楚军谷三日。衡雍，郑地……襄王闻晋战胜，自往劳之，故为作宫。”按：所谓馆谷，就是吃的住的都是败军逃跑后留下来的。“襄王自往劳之”，如可信，违礼了。

原文

乡役之三月，郑伯如楚致其师。为楚师既败而惧，使子人九行成于晋。❶晋栾枝入盟郑伯。五月丙午，晋侯及郑伯盟于衡雍。

丁未，献楚俘于王：驷介百乘，徒兵千。郑伯傅王，用平礼也。己酉，王享醴，命晋侯宥。王命尹氏及王子虎、内史叔兴父策命晋侯为侯伯，赐之大辂之服、戎辂之服，彤弓一，彤矢百，玈弓矢千，秬鬯一卣，虎贲三百人；曰：“王谓叔父：‘敬服王命，以绥四国，纠逖王慝！’”晋侯三辞，从命，曰：“重耳敢再拜稽首，奉扬天子之丕显休命！”受策以出。❷出入三觐。

卫侯闻楚师败，惧，出奔楚，遂适陈，使元咺奉叔武以受盟。癸亥，王子虎盟诸侯于王庭，要言曰：“皆奖王室，无相害也！有渝此盟，明神殛之！俾队其师，无克祚国；及(其)〔而〕玄孙，无有老幼！”❸君子谓是盟也信；谓晋于是役也，能以德攻。

注释

❶ “乡役之三月”，杜注：“乡，犹属也。城濮役之前三月。”王伯申《经义述闻》卷九：“属，适也。”“属，犹今人言适才也。”我们认为这里“乡役”的“乡”就是“向”，就是“前一向”，也就是指刚过去的某一段时间。孔疏：“‘致其师’者，致其郑国之师，许以佐楚也。”楚军既败，郑伯自然感到恐惧，所以派子人九到晋国谈和。杜注：“子人，氏。九，名。”这个名氏不常见，然而只能这样解释了。

❷ 杜注:“驷介,四马被甲。徒兵,步卒。傅,相也。以周平王享晋文侯仇之礼享晋侯。”《左传》以下记周襄王锡命晋文公重耳之礼,在春秋时期的锡命礼中有典型性,拙著《中国礼制史·先秦卷》第五章第六节也曾言及。“王享醴,命晋侯宥”,这样的礼仪,我们在《尚书·文侯之命》与《左传》庄十八年、僖二十五年里已经见过。杜注:“以策书命晋侯为伯也。”又说:“诸侯赐弓矢,然后专征伐。”经过策命为侯伯,赐车服弓矢及其他人(如虎贲)物(如秬鬯)诸礼仪,晋文公为齐桓公之后新霸主的地位就确定了。(本年《左传》关于锡命晋文公的礼仪的记载并不算完备,而确立新霸主即“侯伯”的礼节主要在于策命与赐弓矢两项。应该有膴钺之赐,可能失载了。)三官奉王命锡命晋侯,既有策书文字,又有口头传达的王命(“王谓叔父”以下三句)。“纠逖王慝”,杜注:“逖,远也。有恶于王者纠而远之。”孔疏:“纠者绳治之名。有恶于王者,敢绳治之而使远于王也。”这是天子对侯伯的希望与嘱托。“晋侯三辞”,三辞也是应有的礼仪。“再拜稽首”“奉扬休命”,则为接受锡命后的伴有礼仪动作的表白。“受策以出”,就是接受策命为侯伯的文书走出王庭。册命之礼至此结束。

❸ 以上引号内是一段诸侯盟辞。“有渝此盟”以下为诅咒之辞,说的是如果谁变更盟约(也就是背叛结盟)就会遭受何种惩罚。“俾队其师”,队读 zhuì(音义与“坠”同)。杜注:“俾,使也。队,陨也。”神明会诛杀背盟者,使他的军队与民众垮掉。

原文

初,楚子玉自为琼弁、玉缨,未之服也。先战,梦河神谓己曰:“畀余!余赐女孟诸之麋。”弗致也。大心与子西使荣黄谏,弗听。荣季曰:“死而利国,犹或为之。况琼玉乎?是粪土也,而可以济师,将何爱焉?”❶弗听。出,告二子曰:“非神败令尹。令尹其不勤民,实自败也。”

既败，王使谓之曰："大夫若入，其若申、息之老何？"子西、孙伯曰："得臣将死，二臣止之曰：'君其将以为戮。'"及连谷而死。晋侯闻之而后喜可知也，曰："莫余毒也已！苈吕臣实为令尹，奉己而已，不在民矣。"❷

注释

❶"未之服也"，是没有享用过的意思。杜注："孟诸，宋薮泽。水草之交曰麋。"按：这里麋借为湄。杜注又说："荣黄，荣季也。""死而利国"的"而"，杨注："而犹假如之如。""将何爱焉"的"爱"，是"吝啬"的意思，与《孟子·梁惠王上》"吾何爱一牛"的"爱"义同。

❷"喜可知也"，杜注："喜见于颜色。"杨注："知犹见也。"这个"见"音义与"现"相同。下文意思是说：晋文公早已了解到子玉的接班人苈吕臣唯能奉己，胸无大志，不复以国民事业为重，所以听到子玉死讯后感到高兴。

原文

或诉元咺于卫侯曰："立叔武矣。"其子角从公，公使杀之。咺不废命，奉夷叔以入守。六月，晋人复卫侯。甯武子与卫人盟于宛濮，曰："天祸卫国，君臣不协，以及此忧也。今天诱其衷，使皆降心以相从也。不有居者，谁守社稷？不有行者，谁扞牧圉？不协之故，用昭乞盟于尔大神以诱天衷。自今日以往，既盟之后，行者无保其力，居者无惧其罪。有渝此盟，以相及也。明神先君，是纠是殛！"❶国人闻此盟也，而后不贰。

卫侯先期入。甯子先，长牂守门以为使也，与之乘而入。公子歂犬、华仲前驱。叔孙将沐，闻君至，喜，捉发走出；❷前驱射而杀之。公知其无罪也，枕之股而哭之。歂犬走出，公使杀之。元咺出奔晋。

注释

❶《左传》本年开头说“卫侯欲与楚，国人不欲”，这就是所谓“君臣不协”。“天诱其衷”，杜注：“衷，中也。”我们认为原文的意思是上天开导他们的内心。“降心以相从”，依杨注，就是放弃成见而求得和协。“不有居者”以下，意思是：没有留下来的，谁为您守国家？没有随行的，谁为您保管行李物品？因为有不和谐的地方，所以向您大神明白地请求结盟众人。据杜注，既盟之后，有背弃盟约者，“以恶相及”，明神先君会制裁他，甚至会诛杀他。

❷ 叔孙，前文已出现过（卫侯“使元咺奉叔武以受盟”）。叔孙固然就是叔武，但毕竟应该以确定的底本为据。《说文》：“沐，濯发也。”

原文

城濮之战，晋中军风于泽，亡大旆之左旃。祁瞒奸命，司马杀之以徇于诸侯，使茅茷代之。师还，壬午济河。舟之侨先归，士会摄右，秋七月丙申振旅，恺以入于晋，献俘授馘，饮至，大赏；征会讨贰；杀舟之侨以徇于国：民于是大服。❶

君子谓文公其能刑矣，三罪而民服。《诗》云：“惠此中国，以绥四方。”不失赏、刑之谓也。❷

注释

❶ 茷读 fèi，又读 pèi，或读 bá，也有读 fá 的。振旅，军队凯旋所行之礼。恺，音与“凯”同，而且义近，恺指奏凯之军乐，孔疏引《司马法》：“得意则恺乐恺歌，示喜也。”今按：振旅而奏凯，军礼之常。馘读 guó，与“俘”对言，应指死获，杨注很明确。这里“献俘授馘”与上文之奏凯、下文之“饮至，大赏”诸仪注，都在晋先祖之庙举行。而“征会讨贰”，征召诸侯会于某地，讨伐背盟有贰心的国君，则应指此次振旅大典之后的事了。

❷ “三罪”，杜注：“颠颉，祁瞒，舟之侨。”杨注：“杀三罪人而民服也。”引诗见《诗·大雅·民劳》。毛传：“中国，京师也。四方，诸夏也。”杜注：“言赏刑不失，则中国受惠，四方安靖。”由此可以悟出两点：一、作为霸主，赏刑两手不可失；二、春秋时代霸主稳定社会的作用，应予适当肯定。

原文

冬，会于温，讨不服也。

卫侯与元咺讼，甯武子为辅，鍼庄子为坐，士荣为大士。❶卫侯不胜，杀士荣，刖鍼庄子，谓甯俞忠而免之。“执卫侯，归之于京师”，置诸深室。甯子职纳橐饘焉。❷元咺归于卫，立公子瑕。

是会也，晋侯召王，以诸侯见，且使王狩。仲尼曰：“以臣召君，不可以训。”故书曰“天王狩于河阳”，言非其地也，且明德也。❸

壬申，公朝于王所。

注释

❶ 杜注：“大士，治狱官也。《周礼》：命夫命妇不躬坐狱讼。”孔疏：“元咺不宜与君对坐，故使鍼庄子代卫侯为坐狱之主，甯子为辅辅庄子也。”杨注认为甯武子在这场讼事中辅相卫侯。是甯子、庄子、士荣都在帮卫侯说话，而士荣负主要责任。杨注本俞曲园《茶香室经说》，可从之。

❷ 杜注：“甯俞以君在幽隘，故亲以衣食为己职。橐，衣囊。饘，糜也。”杨注谓杜注以“橐饘代表衣食，不为无理”。

❸ 这里引孔子语，评价晋文公召王至河阳一事。本“非其地”，应斥其召君之失。所谓“明德”，孔疏：“功德谓尊事天子是也。”“须圣言以为证，故特称仲尼以明之。”我们基本赞成孔疏的说法。仲尼的话，春秋时期虽然未必称为圣言，但是当名人名言看是不会大错的。实质上，不斥晋文公召王，反明其勤王之德，把召王至河阳

写作“天王狩于河阳”，不过为尊者讳罢了。既为周天子讳，又为晋文公讳，鲁史官用心良苦！我们认为这里还有必要说明：孔子这些话应该是后来说的，绝对不是僖公二十八年说的，因为这时孔子还没有出生呢。

原文

丁丑，诸侯围许。

晋侯有疾，曹伯之竖侯獳货筮史[4]，使曰——以曹为解：“齐桓公为会而封异姓，今君为会而灭同姓。曹叔振铎，文之昭也；先君唐叔，武之穆也。且合诸侯而灭兄弟，非礼也；与卫偕命，而不与偕复，非信也；同罪异罚，非刑也。礼以行义，信以守礼，刑以正邪：舍此三者，君将若之何？”[5]公说，复曹伯，遂会诸侯于许。

晋侯作三行[6]以御狄：荀林父将中行，屠击将右行，先蔑将左行。

注释

[4] 獳读 nòu，一读 nōu（阴平声而非第四声），这里不读 rú。杜注：“竖，掌通内外者。史，晋史。”杨注：“货，贿赂也。筮史，晋掌卜筮之官。”我们认为“曹伯之竖”的竖，与《传》僖二十四年“晋侯之竖”的竖，应该是一类人。曹伯之竖贿赂晋掌卜筮之官，为的是求他向晋文公进言，劝说晋侯把曹伯放归，复曹国。曹伯之竖达到了目的，也算是忠君爱国了。

[5] 这里又说到礼、义与信三者之间的关系与刑的功用。此三者（指礼、义与信三者）不讲，你还有什么办法什么作为呢？

[6] 杜注：“晋置上中下三军，今复增置三行，以辟天子六军之名。”可知“三行”犹三军，所谓“行”，实为一支武装力量作为一个大团体（大单位）的名称。杨注：“行为步卒。”这样说，很明确。

经二十有九年[1]

原文

春，介葛卢来。[2]

公至自围许。

夏，六月，会王人、晋人、宋人、齐人、陈人、蔡人、秦人，盟于翟泉。

秋，大雨雹。

冬，介葛卢来。

注释

❶ 鲁僖公二十九年，为公元前631年，周襄王二十一年。

❷ 杜注："介，东夷国也……葛卢，介君名也。不称'朝'，不见公，且不能行朝礼。虽不见公，国宾礼之，故书。"而《左传》明言介葛卢来朝，所以杜注引起怀疑。按：《春秋》只说"来"，安知其是否"来朝"？《公》《穀》都不说"来朝"，尊《经》也。如《春秋》庄五年明言"郳犁来来朝"，则可无疑。

传二十九年

原文

春，〔介〕葛卢来朝，舍于昌衍之上[1]。公在会，馈之刍、米，礼也。

夏，公会王子虎、晋狐偃、宋公孙固、齐国归父、陈辕涛涂、秦小子慭，盟于翟泉，寻践土之盟，且谋伐郑也。卿不书，罪之也。在礼卿不会公侯，会伯子男可也。[2]

"秋，大雨雹"，为灾也。

"冬，介葛卢来"，以未见公故，复来朝。礼之，加燕好。[3]

介葛卢闻牛鸣,曰:“是生三牺,皆用之矣。——其音云。”问之,而信。[4]

注释

❶ 杜注:“鲁县东南有昌平城。”杨注:“昌衍即昌平山。”是舍于昌衍之上,即舍于山上。杨注义长。

❷ 杜注:“《经》书‘蔡人’而《传》无名氏,即微者。”又说:“王子虎下盟列国以渎大典,诸侯大夫上敌公侯,亏礼伤教,故贬诸大夫,讳公与盟。”又说:“大国之卿当小国之君,故可以会伯子男。诸卿之见贬,亦兼有此阙,故《传》重发之。”孔疏以为杜注“唯责诸侯大夫上敌公侯,不责上盟天子之使”,因为杜注已指出“大国之卿当小国之君,故可以会伯子男”。这也就是所谓“班爵禄”的礼制规定。

❸ 杜注:“燕,燕礼也。好,好货也。一岁再来,故加之。”杨注并无异议。

❹ 杜注:“传言人听或通鸟兽之情。”这一段话的意思是:介葛卢听到为祭祀大典所杀的牛的鸣叫,能够模仿牛的叫声。“其音云”,杨注:“云,如此也。”或许他听出了牺牲之牛的悲哀?声音的模仿是可以问清楚的,其声音内含的情感究竟如何,那就只能凭揣度了。

经三十年[1]

原文

春,王正月。

夏,狄侵齐。

秋,卫杀其大夫元咺及公子瑕。[2]卫侯郑归于卫。

晋人、秦人围郑。

介人侵萧。

冬,天王使宰周公来聘。

公子遂如京师,遂如晋。[3]

注释

❶ 鲁僖公三十年,当公元前630年,周襄王二十二年。

❷ 上年《传》:"冬……元咺归于卫,立公子瑕。"本年《经》杜注:"咺见杀称名者,讼君求直,又先归立公子瑕,非国人所与,罪之也。瑕立经年未会诸侯,故不称君。"按:这里杜注言之成理,可信。

❸ 前一"遂"为公子之名,后一"遂"为《春秋》僖四年杜注所谓"两事之辞",《穀梁》所谓"继事之辞"。

传三十年

原文

春,晋人侵郑,以观其可攻与否。狄间晋之有郑虞也,夏,狄侵齐。[1]

晋侯使医衍鸩卫侯。甯俞货医,使薄其鸩,不死。[2]公为之请,纳玉于王与晋侯,皆十瑴[3]。王许之。秋,乃释卫侯。

卫侯使赂周歂、冶廑曰:"苟能纳我,吾使尔为卿。"周、冶杀元咺及子適、子仪。公入,祀先君。[4]周、冶既服,将命。周歂先入,及门,遇疾而死。冶廑辞卿。

注释

❶ 杜注:"齐,晋与国。"《释文》:"间,间厕之间。"杨注:"间,犹言乘隙,今曰钻空子。"又说:"虞,忧也。"狄人乘晋人以敌郑为忧而忽视其他的空子,侵犯晋国的友邦齐国。

❷ 这里"货医"的"货",与《左传》僖廿八年"货筮史"的"货"义同。"使薄其鸩",使医衍减轻鸩毒的程度。

❸ 瑴读jué,杜注:"双玉曰瑴。"

❹ 入国祀先君,这是行告庙之礼。古人重视告庙礼,去国、入国都将

这件事放在前头。

原文

九月甲午，晋侯、秦伯围郑，以其无礼于晋，且贰于楚也。晋军函陵，秦军氾南。❶

佚之狐言于郑伯曰："国危矣！若使烛之武见秦君，师必退。"公从之。辞曰："臣之壮也，犹不如人；今老矣，无能为也已。"公曰："吾不能早用子，今急而求子，是寡人之过也。然郑亡，子亦有不利焉。"许之。夜，缒而出，见秦伯，曰："秦、晋围郑，郑既知亡矣。若亡郑而有益于君，敢以烦执事。越国以鄙远，君知其难也。焉用亡郑以(倍)〔陪〕邻？邻之厚，君之薄也。若舍郑以为东道主，行李之往来，共其乏困，君亦无所害。❷且君尝为晋君赐矣，许君焦、瑕，朝济而夕设版焉，君之所知也。夫晋何厌之有？既东封郑，又欲肆其西封，(若)不阙秦，(将)焉取之？❸阙秦以利晋，惟君图之！"秦伯说，与郑人盟，使杞子、逢孙、杨孙戍之，乃还。

子犯请击之。公曰："不可。微夫人〔之〕力不及此。因人之力而敝之，不仁。失其所与，不知。以乱易整，不武。吾其还也！"亦去之。❹

注释

❶ 这里"军"作动词用，"军某"就是在某地驻军的意思。氾读 fán，地名。

❷ "敢以烦执事"，客套话，杜注："执事亦谓秦。"连同上句，意思是说：如果灭了郑而对您秦君有益，那就麻烦您或您的属下动手吧。烛武后面说的话，就是一个目的，告诉秦君：灭郑无益，舍郑有益。杜注："设得郑以为秦边邑，则越晋而难保。"相反，若舍郑，则郑可以做东道主，于秦国"行李之往来"多有方便。这样，对您秦君而言，当然有益而无害。杜注："行李，使人。"《传》昭十三年所谓

"行理之命",行理也是使人。《周语》有"行理",孔晁认为理亦作李,"行李,行人之官也"。孔晁注《国语》,杜预注《左传》,皆不误。

❸ 这里说的是晋不可靠,将有害于秦,意在进一步促使秦君下决心舍郑而去。其实要驳斥烛武并不困难,因为他的说法是以偏概全,将盖然说成必然,用推测当作事实。他说的"许君"而食言的"晋君",实指晋惠公一人,朝济河而夕设版筑以距秦的就是此人。实际上,晋文公重耳深知礼义与诚信的价值,返国即位以后并未做食言自肥之人。烛武不做具体分析,将重耳纳入含混笼统的"晋君"这一概念之内,更毫无根据地推测晋文公"何厌之有",并无多少道理。但是烛武很幸运,他成功地说服了秦穆公,拆散了秦晋的翁婿联盟,保全了郑国。

❹ 微,无也,非也,见《经传释词》卷十。这里"夫人"的"夫"读 fú,杜注:"夫人,谓秦穆公。"没有秦穆公的支持,重耳很难走到即位为晋君这一步。凭借秦君的力量而做了晋君,做了霸主("侯伯"),怎么能反目成仇打击秦君呢?晋文公重耳在秦君舍郑班师之后保持了清醒的头脑,不愿做"不仁""不知""不武"之事,他是对的。他的言行并未成为烛武所下论断的证据。他和齐桓公一样,无愧于春秋时期霸主的称号。

原文

初,郑公子兰出奔晋,从于晋侯伐郑,请无与围郑。许之。使待命于东。郑石甲父、侯宣多逆以为大子,以求成于晋,晋人许之。❶

冬,王使周公阅来聘,飨有昌歜、白黑、形盐。辞曰:"国君,文足昭也,武可畏也,则有备物之飨,以象其德;荐五味,羞嘉谷,盐虎形,以献其功。吾何以堪之?"❷

东门襄仲将聘于周,遂初聘于晋。

注释

❶ 公子兰就是后来的郑穆公。郑石甲父、侯宣多,杜注:"二子,郑大

夫。言穆公所以立。”杨注无异议。

❷ 歜读 zàn,又读 cǎn,这里不读 chù。杜注:“昌歜,昌蒲菹。白,熬稻。黑,熬黍。形盐,盐形象虎。嘉谷,熬稻黍也,以象其文也。盐虎形,以象武也。”杨注:“荐,羞,皆进也。”按:“象其德”与“献其功”相对而言,表明国君有文有武,有相应的物质享受,有足以表明国君地位的设施品位(实亦“备物之飨”)。周公阅来聘,鲁僖公以国君之礼相待,周公阅自觉过分,所以感到难堪。孔疏已指出以周公阅之地位,“其主国待之当尊于国君”(本可“视上公之礼”),周公阅所发议论,适足以表明自谦。

经三十有一年[1]

原文

春,取济西田。

公子遂如晋。

夏四月,四卜郊,不从,乃免牲。犹三望。[2]

秋,七月。

冬,杞伯姬来求妇。

狄围卫。十有二月,卫迁于帝丘。

注释

❶ 鲁僖公三十一年,即公元前629年,周襄王二十三年。

❷ 杜注:“龟曰卜。不从,不吉也。卜郊不吉,故免牲。免犹纵也。”孔疏:“言‘四卜郊’者,盖三月每旬一卜,至四月上旬更一卜,乃成为四卜也。”“卜郊不吉,不复为郊,牲无所用,故免牲。免犹纵放,不杀之也。”“‘犹三望’句,杜注:“三望,分野之星、国中山川皆郊祀,望而祭之。鲁废郊天而修其小祀,故曰‘犹’。犹者,可止之辞。”杨注认为望祭只祭山川,不得祭分野之星,自有根据。所

谓鲁之三望，或以为指东海、泰山以及淮水，都在鲁人视野中，这样讲，也说得过去。古代学者还有认为鲁卜郊这件事本身非礼的，要说清楚究竟合礼与否，牵涉面较广（譬如周成王是否特许鲁郊），我们这里姑且置之不论。请参看下文本年《传》注❶。

传三十一年

原文

“春，取济西田”，分曹地也。使臧文仲往，宿于重馆。重馆人告曰：“晋新得诸侯，必亲其共。不速行，将无及也！”从之。分曹地，自洮以南，东傅于济，尽曹地也。

襄仲如晋，拜曹田也。

“夏四月，四卜郊，不从，乃免牲”，非礼也。“犹三望”，亦非礼也。礼不卜常祀，而卜其牲、日。牛卜日曰牲。牲成而卜郊，上怠慢也。望，郊之细也。不郊，亦无望可也。[1]

秋，晋蒐于清原，作五军以御狄。赵衰为卿。

冬，狄围卫，卫迁于帝丘，卜曰三百年。

卫成公梦康叔曰：“相夺予享。”公命祀相，甯武子不可，曰：“鬼神非其族类，不歆其祀。杞、鄫何事？相之不享于此久矣，非卫之罪也。不可以间成王、周公之命祀。请改祀命。”[2]

郑洩驾恶公子瑕，郑伯亦恶之，故公子瑕出奔楚。

注释

❶ 这一段要解决的还是鲁国郊祀与望祭的问题。杜注：“诸侯不得郊天。鲁以周公故，得用天子礼乐，故郊为鲁常祀。”既然郊为鲁常祀，而“礼不卜常祀”，所以不论如何卜郊（譬如不论卜问若干次，不论牲成与否），皆非礼。既然鲁郊合礼，则当行郊祭，仅仅望而祭之就不妥了。这是《左传》的看法。不郊则不必望。《朱子

语类》卷八十三:"如'不郊犹三望',是不必望而犹望也。"至于卜其牲、日,《左氏》认为是合礼的,是必要的。杜注:"既得吉日,则牛改名曰牲。"孔疏:"必当先卜牲而后卜日,卜得吉日则改牛为牲。"这样理解是对的。

❷ 杜注:"相,夏后启之孙,居帝丘。享,祭也。歆,犹飨也。"杨注:"康叔,卫之始祖。"按:周公摄位,封康叔于卫,见《尚书·康诰》。卫成公下令为夏后相举行祭祀,甯武子不赞成,理由是"鬼神非其族类,不歆其祀",与《左传》僖十年所记狐突听晋太子申生说的"神不歆非类,民不祀非族"义同。《左传》僖三十一年孔疏:"相无功德于民,惟当子孙自祭,故称'杞鄫何事,非卫之罪',与鲧异也。"意思是夏后相不像鲧那样有功德而载在历朝祀典,他只能接受他自己的后人杞、鄫的祭祀;若无人祭他,那不是卫君的罪过。如杜注所说,"诸侯受命各有常祀",请卫公收回祭祀夏相的成命吧。

经三十有二年❶

原文

春,王正月。

夏,四月己丑,郑伯捷卒。

卫人侵狄。秋,卫人及狄盟。

冬,十有二月己卯,晋侯重耳卒。

注释

❶ 鲁僖公三十二年,为公元前628年,周襄王二十四年。

传三十二年

原文

春,楚斗章请平于晋,晋阳处父报之。晋、楚始通。

夏，狄有乱。卫人侵狄，狄请平焉。秋，卫人及狄盟。

冬，晋文公卒。庚辰，将殡于曲沃，出绛，柩有声如牛。[1]卜偃使大夫拜，曰："君命大事：将有西师过轶我。击之，必大捷焉。"[2]

杞子自郑使告于秦曰："郑人使我掌其北门之管。若潜师以来，国可得也。"穆公访诸蹇叔，蹇叔曰："劳师以袭远，非所闻也。师劳力竭，远主备之，无乃不可乎？师之所为，郑必知之。勤而无所，必有悖心。且行千里，其谁不知？"公辞焉，召孟明、西乞、白乙，使出师于东门之外。[3]蹇叔哭之，曰："孟子！吾见师之出而不见其入也！"公使谓之曰："尔何知？中寿，尔墓之木拱矣。"蹇叔之子与师，哭而送之，曰："晋人御师必于殽。殽有二陵焉：其南陵，夏后皋之墓也；其北陵，文王之所辟风雨也。必死是间，余收尔骨焉！"秦师遂东。[4]

注释

❶ 杜注："殡，窆棺也。曲沃有旧宫焉。"《释文》："窆，彼验反，一本作涂。"这就告诉读者：窆应读 biǎn，有版本不作"窆"，而作"涂"。阮元等《校勘记》："殡用涂，不可云窆，葬乃云窆。"我们认为作"涂"是对的。小戴辑《礼记·丧大记》有关于"涂"的记叙，可参看。本年《左传》孔疏："晋武公自曲沃而兼晋国，曲沃有旧时宫庙，故公卒而往殡焉。"这样做，可以理解。

❷ 杜注："声自柩出，故曰'君命'。大事，戎事也。卜偃闻秦密谋，故因柩声以正众心。"今按：《左氏》好奇，"艳而富，其失也巫"，然而这里杜注的讲法倒是比较合理可信的。

❸ "北门之管"，杜注："管，籥也。"秦穆公接到杞子的报告之后，终于决定劳师袭郑，表示了很想得到郑国的贪欲，顾不上前年（僖三十年）烛武当面告诉他的"越国以鄙远，君知其难"了，也顾不上老臣蹇叔的忠告了。"公辞焉"，杜注："辞，不受其言。"意思是秦穆公不接受蹇叔之谏。

❹ “与师”，就是参军。蹇叔对参军的儿子说：“我看你们这支部队是有去无回了。”出言不吉利，所以穆公颇为恼火，就用也不吉利的话责骂蹇叔：“你若只活到中寿，你坟墓边上的树木也该有双手合抱那么粗大了。”意思是你蹇叔早该死了。用后世的话说，就是骂蹇叔为“老不死的东西”。当时秦穆公为贪人之国的利欲所蒙蔽，刚愎自用，所以不听老者言，信口胡说，满嘴混账话。

经三十有三年[1]

原文

春，王二月，秦人入滑。

齐侯使国归父来聘。

夏，四月辛巳，晋人[2]及姜戎败秦师于殽。

癸巳，葬晋文公。[3]

狄侵齐。

公伐邾，取訾娄。

秋，公子遂帅师伐邾。

晋人败狄于箕。[4]

冬，十月，公如齐。

十有二月，公至自齐。

乙巳，公薨于小寝。[5]

陨霜不杀草。李梅实。

晋人、陈人、郑人伐许。

注释

❶ 鲁僖公三十三年，是公元前627年，周襄王二十五年。

❷ 杜注：“晋侯讳背丧用兵，故通以贱者告。”孔疏：“杜以诸侯之贬不至称‘人’，故知讳在丧用兵，以贱者告也。”可知本条书“晋

人”,也合符书“人”之例。

❸ 晋文公以去年十二月卒,今年四月葬,符合周礼关于诸侯葬期的规定,故杜注无讥。

❹ 訾娄、箕,皆地名。杜注:“郤缺称‘人’者,未为卿。”但此说未为诸家认可。我们认为应与《经》上文书“晋人”情况相同。其时晋人仍然是背丧用兵,讳之,故又以贱者告。

❺ 杜注:“小寝,内寝也。乙巳,十一月十二日。《经》书‘十二月’,误。”同年《传》杨注于杜注并不认同。关于小寝,杨注指出此所谓小寝实为诸侯之燕寝,非夫人寝。今按:《春秋》经传历法月日之误,杜注、杨注都有指正,但并不全同。我们觉得即使不没前贤大名,也没有必要把前人的成果都抄入本书,只要在这里交代一两句就可以了。古人重视寿终正寝,而鲁僖公死于小寝(燕寝),与当时礼制毕竟还有距离。鲁史所记本国君薨于何处,自应可信。记他国君卒(譬如《春秋》僖公三十二年记晋文公重耳之卒、郑伯捷卒),不记卒于何处,自是因为情况不详。

传三十三年

原文

春,(晋)秦师过周北门。左右免胄而下,超乘者三百乘。王孙满尚幼,观之,言于王曰:“秦师轻而无礼,必败。轻则寡谋,无礼则脱。入险而脱,又不能谋,能无败乎?”❶

及滑,郑商人弦高将市于周,遇之;以乘韦先,牛十二,犒师,曰:“寡君闻吾子将步师出于敝邑,敢犒从者。不腆敝邑为从者之淹,居则具一日之积,行则备一夕之卫。”且使遽告于郑。❷

〔郑穆公使视客馆,❸〕则束载、厉兵、秣马矣。使皇武子辞焉,曰:“吾子淹久于敝邑,唯是脯资饩牵竭矣。为吾子之将行也,——郑之有原圃,犹秦之有具囿也,——吾子取其麋鹿以(间)〔闲〕敝邑，若何？”[4]杞子奔齐，逢孙、扬孙奔宋。

孟明曰：“郑有备矣，不可冀也。攻之不克，围之不继，吾其还也。”灭滑而还。

齐国庄子来聘，自郊劳至于赠贿，礼成而加之以敏。臧文仲言于公曰：“国子为政，齐犹有礼，君其朝焉！臣闻之：服于有礼，社稷之卫也。”[5]

注释

❶ 杜注：“兵车，非大将，御者在中，故左右下，御不下。”据孔疏，大将兵车则御者在左，大将居中，在右者应为武士或别的人，总之他是大将军的助手。杨注：“免胄，则仅脱去头盔，并不去其甲，亦未必束其兵，于当时之礼貌犹未全合。”超乘者三百乘，前一“乘”读chéng，后一“乘”读shèng。三百辆战车上的左右武士刚下车就很快跳上车。过周王城门而下车，这是对的。才下车，旋即跳上车，这就失礼了。“无礼则脱”，杜注：“脱，易也。”杨注：“脱，简易也，今曰脱略，疏略。”进入危险境地而行为轻佻，必不能谨慎谋画，怎能不失败呢？

❷ 杜注：“商，行贾也。乘，四韦。先韦乃入牛。古者将献遗于人，必有以先之。腆，厚也。淹，久也。积，刍米菜薪。遽，传车。”《释文》：“‘步师’，步犹行也。”杨注：“步师，犹今言行军。”今按：《左传》记载商人弦高言行的这一段文章充分表现了这位郑国人爱国的慷慨与智慧。他权当国君派遣来犒劳秦师的使者，行礼得当，辞令得体。譬如他对秦国来犯者说：“你们到我们这儿来居住，我们可以提供日常生活所需的刍米菜薪。你们若是要走，我们可以充当夜间的保卫工作。”这就既表示了愿为东道主的心意，也就等于发出了提醒来者不得妄为的警告。他一面稳住来侵者，一面派人速报国内君臣，十分机智果断。杨注认为“遽”字解为急、疾亦通，这样讲当然也是对的。

❸ 孔疏本脱此句。这里据阮元等《校勘记》补入。

❹ 杜注："资，粮也。生曰饩。牵，谓牛、羊、豕。""原圃、具囿，皆囿名。使秦戍自取麋鹿以为行资，令敝邑得闲暇。'若何'犹'如何'。"杨注义同。

❺ 向持礼之国施礼以示善意，可以保卫国家，从知礼的意义与功用。

原文

晋原轸曰："秦违蹇叔而以贪勤民，天奉我也。❶奉不可失，敌不可纵。纵敌患生，违天不祥，必伐秦师！"栾枝曰："未报秦施而伐其师，其为死君乎？"先轸曰："秦不哀吾丧而伐吾同姓，秦则无礼，何施之为？吾闻之：'一日纵敌，数世之患也。'谋及子孙，可谓死君乎！"遂发命，遽兴姜戎。子墨衰绖，梁弘御戎，莱驹为右。夏四月辛巳，败秦师于殽，获百里孟明视、西乞术、白乙丙以归。遂墨以葬文公。晋于是始墨。❷

文嬴请三帅，曰："彼实构吾二君。寡君若得而食之，不厌，君何辱讨焉？使归就戮于秦，以逞寡君之志，若何？"公许之。

先轸朝，问秦囚。公曰："夫人请之，吾舍之矣。"先轸怒，曰："武夫力而拘诸原，妇人暂而免诸国，堕军实而长寇仇，亡无日矣！"❸不顾而唾。

注释

❶ "以贪勤民"，因为国君一己之贪欲而勤苦国民。"天奉我也"，杜注："奉，与也。"原文意思是：秦穆公因为贪图郑国的土地，勤民劳师以袭远，这其实是上天把打击或重创秦师的好机会给了我们晋国。

❷ "子墨衰绖"以下，杜注："晋文公未葬，故襄公称子以凶服从戎，故墨之。后遂常以为俗，记礼所由变。"杨注："襄公此时居丧，宜丧服，而丧服为白色，不宜从戎，故虽着衰绖之丧服，而染为黑色，黑色固戎服之色也。墨衰绖者，墨其衰与绖也。"又说："晋自此

以后用黑色衰绖为常”，这当然是指服丧期间的装束。自此以后，由素白改为墨黑的丧服就产生而且增多了。

❸ 据《释文》，堕读 huī，音义同隳，这里不读 duò。杜注：“暂，犹卒也。堕，毁也。”于醴尊《香草校书》卷三十九认为“暂者当是不用力之义，非谓暂卒也”“暂必读摰，谓武夫费尽力而得之，妇人仅一举手而免之”。章太炎先生《春秋左传读》：“暂借为渐。《书·盘庚》‘暂遇奸宄’，王引之曰‘暂读为渐，渐，诈欺也……’，此暂亦诈也。文嬴言皆诈语也。”诸说比较，章先生据王伯申说而作出的推阐与《左传》原文记文嬴语最为切合。杨注：“免谓赦宥而释放。”此说是。细细玩味，知杨注用王伯申与章太炎说，今从之。杨遇夫(树达)先生《左传军实解》认为军实指晋军之士卒，把“堕军实而长寇仇”这一句译作“残伤晋国之士卒以得秦俘，今无故舍之以增寇仇之气焰”。我们认为这里遇夫先生说可通，然而未必是唯一正确的解释。具体地说，“长寇仇”可以是长了敌方力量(因为该消灭而未灭)，而“堕军实”更可能有不同的说法。

原文

公使阳处父追之。及诸河，则在舟中矣。释左骖，以公命赠孟明。孟明稽首曰：“君之惠，不以累臣衅鼓，使归就戮于秦；寡君之以为戮，死且不朽。若从君惠而免之，三年将拜君赐！”

秦伯素服郊次，乡师而哭，曰：“孤违蹇叔以辱二三子，孤之罪也！”不替孟明[4]，“孤之过也，大夫何罪？且吾不以一眚掩大德。”[5]

注释

❹ 据俞樾《古书疑义举例》，这里不当补“曰”字。

❺ 眚读 shěng，杜注：“过也。”不用一次过失掩盖大功大德，这样看问题是对的。按：秦穆公敢于承认自己的过失，表现用人不疑的

眼光,《左传》记载的这些言论足以作证(《左传》文元年记秦穆公的言论也可以作证,而且更为明确)。《尚书·秦誓》表明对"谋人""勇夫"的看法,特别看重"能容"之人,看重"受责俾如流"之人,尊重"黄发",这也就表明了他自己接受批评的态度与用人原则。应该说《秦誓》与《左传》这里记载的秦穆公的言论有思想的联系与一致,然而二者主旨并不完全相同。

原文

"狄侵齐",因晋丧也。

公伐邾,取訾娄,以报升陉之役。邾人不设备。秋,襄仲复伐邾。

狄伐晋,及箕。八月戊子,晋侯败狄于箕。郤缺获白狄子。

先轸曰:"匹夫逞志于君而无讨,敢不自讨乎?"免胄入狄师,死焉。狄人归其元,面如生。❶

初,臼季使过冀;见冀缺耨,其妻馌之,敬,相待如宾。❷与之归,言诸文公曰:"敬,德之聚也。能敬必有德。德以治民,君请用之!臣闻之:出门如宾,承事如祭,仁之则也。"公曰:"其父有罪,可乎?"对曰:"舜之罪也殛鲧,其举也兴禹。管敬仲,桓之贼也,实相以济。《康诰》曰:'父不慈,子不祗,兄不友,弟不共,不相及也。'《诗》曰:'采葑采菲,无以下体。'君取节焉可也。"❸文公以为下军大夫。反自箕,襄公以三命命先且居将中军,以再命命先茅之县赏胥臣,曰:"举郤缺,子之功也。"以一命命郤缺为卿,复与之冀,亦未有军行。❹

注释

❶ 杜注:"元,首。"这是常训。按:先轸"免胄入狄师",本来就下定决心抛头颅了。

❷ 馌读 yè。杜注:"臼季,胥臣也。冀,晋邑。耨,锄也。野馈曰

馌。"《释文》:"馈……饷也。"按:《左传》这里记冀缺与其妻相敬如宾事,可能是见之于我国古代文献的夫妇相敬互爱的最早的一例。

❸ 孔疏:"此虽言'《康诰》曰',直引《康诰》之意耳,非《康诰》之全文也。"这是说对了的。如果求其与《左传》这里本意相合,那么,应该说这里所引《康诰》佚文的意思是说父子兄弟罪不相及。杨注这里对孔疏的批评未必妥当。引《诗》见《邶风·谷风》,杜注:"葑菲之菜上善下恶,食之者不以其恶而弃其善,言可取其善节。"杨注已指出葑即《唐本草》所谓蔓菁,"为芸苔之变种,大头菜又此物之变种""菲即今之萝卜"。其善节可取则取之,不要顾虑其他,也有罪不相及的意思。

❹ 杜注:"虽登卿位,未有军列。"按:意思是未用之于从戎治军。

原文

冬,公如齐,朝,且吊有狄师也。反,薨于小寝,即安也。

晋、陈、郑伐许,讨其贰于楚也。

楚令尹子上侵陈、蔡。陈、蔡成,遂伐郑,将纳公子瑕。门于桔柣之门,瑕覆于周氏之汪,外仆髡屯禽之以献。[1]文夫人敛而葬之郐城之下。

晋阳处父侵蔡,楚子上救之,与晋师夹泜而军。阳子患之,使谓子上曰:"吾闻之:'文不犯顺,武不违敌。'子若欲战,则吾退舍,子济而陈,迟速唯命。不然,纾我。老师费财,亦无益也。"乃驾以待。子上欲涉,大孙伯曰:"不可!晋人无信,半涉而薄我,悔败何及?不如纾之。"乃退舍。阳子宣言曰:"楚师遁矣!"遂归。楚师亦归。大子商臣谮子上曰:"受晋赂而辟之,楚之耻也。罪莫大焉!"王杀子上。[2]

葬僖公。缓作主,非礼也。凡君薨,卒哭而祔,祔而作主,特祀于主，烝、尝、禘于庙。[3]

注释

❶ 桔读 jié。柣读 dié。这里“门于桔柣之门”，前一“门”是动词，攻打城门的意思（这种用法《左传》多见，如僖廿八年的“晋侯围曹，门焉”，襄公九年的“门其三门”，等等），后一“门”是名词。“桔柣之门”，已见于《左传》庄廿八年。“瑕”即公子瑕。“覆于周氏之汪”，杜注：“车倾覆池水中。”杨注：“汪，池之污浊者。”外仆与内仆相对而言。外仆髡屯抓住（一说为“杀死”）公子瑕，献给郑伯。这样，楚人立公子瑕为郑君的计划就落空了。

❷ 泜读 chí，一读 zhī，或读 dì，还有读 zhì 的，这里是水名。“文不犯顺，武不违敌”，意思大概是：从事文的一套，不应该偏要与顺理成章的情况过不去，也就是不要非唱反调不可；从事武的一套，不应该回避敌人。“子若欲战”以下，意思是：您如果愿意决战，那么我方后退三十里，等贵军过河列阵之后开战，或迟或速，悉听尊便。杜注：“欲辟楚使渡成陈而后战。”这样解说很准确。“纾我”，杜注：“纾，缓也。”杨注：“缓我者，楚军退舍，使我得济而陈也。”当时的战争手段，必须面对面厮杀，才能解决问题。若是双方一味隔着泜水叫喊，总不是办法。“老师”与“费财”是两个并列的动宾结构，长久地在野外暴露部队，空耗财物，有什么好处呢？后来的情况是楚军先退，两军皆回归本国，而楚大子商臣诬告子上将军“受晋赂而辟之”，由是楚王杀了子上。今按：将接受贿赂而回避敌人视为耻辱，认为罪莫大于此，从这个侧面可以了解楚国君臣的思想观念，可以推断当时楚人的勇武之风。

❸ 杜注“缓”字句绝，杨注认为当从万斯大《学春秋随笔》、洪亮吉《春秋左传诂》以“缓作主”三字为句。杨读是对的。（实际上，葬僖公在明年四月，作主在后年二月。）“凡君薨”句以下，杜注：“既葬反虞则免丧，故曰卒哭，〔哭〕止也。以新死者之神祔之于祖，尸柩已远，孝子思慕，故造木主、立几筵焉。”又说：“冬祭曰烝。

秋祭曰尝。新主既立,特祀于寝,则宗庙四时常祀自如旧也。三年礼毕,又大禘,乃皆同于吉。”孔疏:“此皆自诸侯上达天子之制也。”杨注认为“特祀于主”亦在庙,“三年丧中亦有烝、尝、禘诸祭”,这样讲,与《左传》记叙的实际情况相符。

文公

经元年❶

原文

春,王正月,公即位。

二月癸亥,日有食之。

天王使叔服来会葬。❷

夏,四月丁巳,葬我君僖公。

天王使毛伯来锡公命。❸

晋侯伐卫。

叔孙得臣如京师。

卫人伐晋。

秋,公孙敖会晋侯于戚。

冬,十月丁未,楚世子商臣弑其君頵。❹

公孙敖如齐。

注释

❶ 鲁文公姓姬名兴。他是鲁僖公之子,即位之元年为公元前626年,周襄王二十六年。

❷ 杜注:"叔,氏。服,字。诸侯丧,天子使大夫会葬,礼也。"按:所谓会葬,有天下同哀的意思。就诸侯而言,同盟各国有会葬之礼。

❸ 杜注:"毛,国;伯,爵:诸侯为王卿士者。诸侯即位,天子锡以命圭,合瑞为信。"按:《周官·大宗伯》"以玉作六瑞以等邦国",

"侯执信圭";《典瑞》也说"侯执信圭"。《考工记》说玉人之事，认为桓圭、信圭、躬圭虽然尺寸不一，但是都叫命圭。依《左传》文公元年孔疏："《冬官·玉人》桓圭以下，皆谓之命圭，是用之以命诸侯也。"赐以信圭，是周襄王派遣毛伯来锡鲁公命的重要内容之一。

4 頵读 jūn，或读 yūn，也有读 qún 的。依《左传》宣四年所谓弑君之例，《左传》文元年这里所记弑君事，弑者、被弑者皆称名，是君无道，臣有罪也。

传元年

原文

春，王使内史叔服来会葬。公孙敖闻其能相人也，见其二子焉。叔服曰："穀也食子，难也收子。穀也丰下，必有后于鲁国。"[1]

于是闰三月，非礼也。先王之正时也，履端于始，举正于中，归余于终。履端于始，序则不愆。举正于中，民则不惑。归余于终，事则不悖。[2]

夏，四月丁巳，葬僖公。

王使毛伯卫来赐公命。叔孙得臣如周拜。

晋文公之季年，诸侯朝晋。卫成公不朝，使孔达侵郑，伐绵、訾及匡。晋襄公既祥[3]，使告于诸侯而伐卫。及南阳，先且居曰："效尤，祸也。请君朝王，臣从师。"晋侯朝王于温，先且居、胥臣伐卫。五月辛酉朔，晋师围戚。六月戊戌，取之，获孙昭子。

卫人使告于陈，陈共公曰："更伐之，我辞之。"卫孔达帅师伐晋。君子以为古，——古者越国而谋。[4]

秋，晋侯疆戚田，故公孙敖会之。

注释

❶ “见其二子”的“见”，音义与“现”同。穀与难，为公孙敖二子名。杜注：“食子，奉祭祀共养者也。收子，葬子身也。丰下，盖面方。”杨注：“丰下，颐颔丰满也。”按：由此可知，我国古代相面术发源也早。

❷ 杜注：“步历之始以为术之端首。期之日，三百六十有六日，日月之行又有迟速，而必分为十二月。举中气以正月，有余日则归之于终，积而为闰，故言归余于终。”孔疏指明这一段大意是“论置闰之法”，先王正时的办法是“于终末乃置闰”。杨注据江永《群经补义》更正了杜注若干不准确的说法，如：“履端于始”的“始”指冬至，谓步历以冬至为始；“举正于中”，谓三代虽然各有正朔，但都以正朔之月为正月。至于岁终置闰法，杨注亦指出实不尽然。“序则不愆”句及下文，杜注：“四时无愆过，斗柄不失其次，寒暑不失其常，故无疑惑。四时得所，则事无悖乱。”这样说应该与原意相符。问题在于：“归余于终”的办法既然与历法史并不相合，其事“不悖”的概括就难免费解。

❸ 祥，杜注说是祥祭，孔疏说这是指期而小祥。这里注、疏都是对的。

❹ 杜注：“合古之道而失今事霸主之礼，故国失其邑，身见执辱。”这里杜注误甚。杨注：“此古字当与沽通。国事不自主，越国而谋，是粗略之甚也。”说本朱彬《经传考证》。杨先生从《礼记·檀弓上》找到“以为沽”句。经过比较，确知这样说最好。

原文

初，楚子将以商臣为大子，访诸令尹子上。子上曰：“君之齿未也，而又多爱。黜乃乱也。楚国之举，恒在少者。且是人也，蜂目而豺声，忍人也，不可立也！”❶弗听。

既,又欲立王子职而黜大子商臣。商臣闻之而未察,告其师潘崇曰:“若之何而察之?”潘崇曰:“享江芈而勿敬也。”从之。江芈怒,曰:“呼,役夫!宜君王之欲杀女而立职也!”告潘崇,曰:“信矣。”潘崇曰:“能事诸乎?”曰:“不能!”“能行乎?”曰:“不能!”“能行大事乎?”曰:“能!”

冬十月,以宫甲围成王。王请食熊蹯而死,弗听。丁未,王缢。谥之曰“灵”,不瞑;曰“成”,乃瞑。穆王立,以其为大子之室与潘崇,使为大师,且掌环列之尹。❷

穆伯如齐,始聘焉,礼也。凡君即位,卿出并聘,践修旧好,要结外援,好事邻国,以卫社稷,忠、信、卑让之道也。忠,德之正也。信,德之固也。卑让,德之基也。❸

殽之役,晋人既归秦帅,秦大夫及左右皆言于秦伯曰:“是败也,孟明之罪也,必杀之!”秦伯曰:“是孤之罪也。周芮良夫之诗曰:‘大风有隧,贪人败类。听言则对,诵言如醉。匪用其良,覆俾我悖。’是贪故也,孤之谓矣。孤实贪以祸夫子,夫子何罪?”复使为政。❹

注释

❶ “君之齿未也”,杜注:“齿,年也。言尚少。”意思是说楚成王还不到立大子的时候。“楚国之举,恒在少者”,杜注:“举,立也。”这是说楚成王以前楚国王位的传承制度。“且是人也”以下,说商臣之为人,结论是“不可立”为大子。

❷ 蹯读 fán。熊蹯即熊掌。古人真有食熊掌者。杜注:“环列之尹,宫卫之官,列兵而环王宫。”孔疏:“商臣今既为王,以其为大子之时所居室内财物仆妾尽以与潘崇,非与其所居之宫室也。”这里注、疏都很准确。

❸ 把忠、信、卑让与德联系起来,这是很值得重视的思想观念。

❹ 这一段话应与《左传》僖三十三年所记殽之战以及战后秦穆公的

言行联系起来考察。引诗见《诗·大雅·桑柔》。杜注用传统说法,指原诗为周大夫芮伯(芮良夫)刺厉王之诗。杨注:“夫子指孟明。”这些说解都有根据。

经二年[1]

原文

春,王二月甲子,晋侯及秦师战于彭衙。秦师败绩。

丁丑,作僖公主。[2]

三月乙巳,及晋处父盟。[3]

夏,六月,公孙敖会宋公、陈侯、郑伯、晋士縠,盟于垂陇。

自十有二月不雨,至于秋七月。

八月丁卯,大事于大庙,跻僖公。[4]

冬,晋人、宋人、陈人、郑人伐秦。

公子遂如齐纳币。[5]

注释

❶ 鲁文公二年,是公元前625年,周襄王二十七年。

❷ 若依杜注,则僖公之葬缓;依《左传》,则僖公之葬不为缓。《左传》僖三十三年记鲁僖公该年十二月薨,《左传》文元年记四月葬僖公。是葬期为五月,与周礼规定的诸侯葬制正相合。《檀弓下》:“周卒哭而祔。”卒哭祭在葬后六日,次日举行祔祭,于是藏主于祖庙。周礼定制,不得不如此。可是《春秋经》文二年记该年二月“作僖公主”,显然过迟,难怪《左传》僖三十三年说成“缓作主”了。《春秋经》文二年杜注:“主者,殷人以柏,周人以栗,三年丧终则迁入于庙。”今按:三年丧终迁主于庙的说法没有根据,不可信。若依此杜注,文二年二月作僖公主,因不到三年终丧而不迁于庙,那就只能特祀一年之后再说了,然则特祀于何地呢?

❸ 本年《传》杜注:"使大夫盟公,欲以耻辱鲁也。"《左传》明言"晋人使阳处父盟公以耻之",可证杜说有据。结盟时间,《经》《传》不一,必有一误,杜注已指出。

❹ 跻读jī。杜注:"跻,升也。僖公,闵公庶兄,继闵而立,庙坐宜次闵下,今升在闵上,故书而讥之。"同年《左传》称之为"逆祀",并以"君子"名义批评为"失礼"。

❺ 士昏六礼有纳征,诸侯昏礼仪注与纳征相当者称为纳币。关于此公子遂如齐纳币的批评,《春秋》三传并不一致。我们认为《公羊传》的理由可以成立。无论如何计算,此公子遂纳币一事行于三年丧期之内,当时实无道理。

传二年

原文

春,秦孟明视帅师伐晋,以报殽之役。二月,晋侯御之。先且居将中军,赵衰佐之。王官无地御戎,狐鞫居为右。甲子,及秦师战于彭衙,秦师败绩。晋人谓秦"拜赐之师"。

战于殽也,晋梁弘御戎,莱驹为右。战之明日,晋襄公缚秦囚,使莱驹以戈斩之。囚呼,莱驹失戈,狼瞫取戈以斩囚,禽之以从公乘。遂以为右。箕之役,先轸黜之而立续简伯。狼瞫怒。其友曰:"盍死之?"瞫曰:"吾未获死所。"其友曰:"吾与女为难。"瞫曰:"《周志》有之:'勇则害上,不登于明堂。'❶死而不义,非勇也。共用之谓勇。吾以勇求右;无勇而黜,亦其所也。谓上不我知,黜而宜,乃知我矣。子姑待之。"及彭衙,既陈,以其属驰秦师,死焉。晋师从之,大败秦师。君子谓狼瞫于是乎君子。《诗》曰:"君子如怒,乱庶遄沮。"又曰:"王赫斯怒,爰整其旅。"怒不作乱而以从师,可谓君子矣!❷

秦伯犹用孟明。孟明增修国政,重施于民。赵成子言于诸大夫曰:“秦师又至,将必辟之。惧而增德,不可当也。《诗》曰:‘毋念尔祖,聿修厥德。’孟明念之矣。念德不怠,其可敌乎?”

“丁丑,作僖公主。”书,不时也。[3]

注释

❶ 瞫读 shěn,这里不读 tán。杜注:“《周志》,周书也。明堂,祖庙也,所以策功序德,故不义之士不得升。”杨注明确指出所引《周志》实即《逸周书》,引文见该书《大匡篇》,又据《通典·吉礼》引“高堂隆议”,指出引文“言有勇而无义,死不登堂而配食”,杜注所谓“策功序德”恐非原义。显然,这里应以杨注为是。

❷ “君子如怒,乱庶遄沮”,见《诗·巧言》。杜注:“言君子之怒,必以止乱。遄,疾也。沮,止也。”下文引诗,见《诗·皇矣》,杜注:“言文王赫然奋怒,则整师旅以讨乱。”两处引《诗》,都是为了说明怒不妄作,作则用以止乱,这才是君子。

❸ 杜注:“过葬十月,故曰‘不时’。”孔疏谓《传》僖三十三年“言作主非礼……彼因葬缓遂通讥作主之失”。今按:上引杜注不误,而孔疏有得有失。言及“作主之失”,这是不错的;然而《左传》僖三十三年并未言“作主非礼”,并未言“葬缓”。事实是葬并不缓,“缓作主”则非礼。孔疏对《传》僖三十三年的理解发生错误,因而出现了错误的判断。

原文

晋人以公不朝来讨。公如晋。夏四月己巳,晋人使阳处父盟公以耻之。书曰“及晋处父盟”,以厌之也。适晋不书,讳之也。[1]

公未至,六月,穆伯会诸侯及晋司空士縠“盟于垂陇”,晋讨卫故也。书“士縠”,堪其事也。

陈侯为卫请成于晋,执孔达以说。

秋八月丁卯,“大事于大庙,跻僖公”,逆祀也。于是夏父弗忌

为宗伯,尊僖公,且明见曰:“吾见新鬼大,故鬼小。先大后小,顺也。跻圣贤,明也。明、顺,礼也。”❷

君子以为失礼。礼无不顺。祀,国之大事也;而逆之,可谓礼乎?子虽齐圣,不先父食,久矣。故禹不先鲧,汤不先契,文、武不先不窋。宋祖帝乙,郑祖厉王,犹上祖也。是以《鲁颂》曰:“春秋匪解,享祀不忒:皇皇后帝,皇祖后稷。”君子曰礼,谓其后稷亲而先帝也。《诗》曰:“问我诸姑,遂及伯姊。”君子曰礼,谓其姊亲而先姑也。❸

注释

❶ 杜注:“厌犹损也。晋以非礼盟公,故文厌之以示讥。”杨注认为这个“厌”是“憎恶、厌弃之意”,其说可从。《经》不书“公如晋”,是因为如晋受辱,所以为尊者讳。

❷ 古人对先人的祭祀有先后次序之分,诸侯祭先君亦如此。杜注:僖公尝为闵公臣,“位应在下,令居闵上,故曰逆祀”。又说:“宗伯,掌宗庙昭穆之礼。”孔疏:“礼,父子异昭穆,兄弟昭穆同。”杨注用《鲁语上》说,以为昭穆“何常之有”,我们认为解说昭穆当从孔疏,确定昭穆的原则应有常规,《鲁语》所记夏父弗忌的说法违背礼制,非是。《左传》所谓“新鬼大,故鬼小”以下,杜注:“新鬼,僖公。既为兄,死时年又长。故鬼,闵公,死时年少。弗忌明言其所见,又以僖公为圣贤。”孔疏:“弗忌之意以先大后小为顺,故言‘明、顺,礼也’。”这也算是道出了弗忌的部分原意。

❸ “齐圣”之“齐”,杜注:“肃也。”契,这里读 xiè,不读 qì。窋,读 zhú。杜注:“鲧,禹父。契,汤十三世祖。不窋,后稷子。帝乙,微子父。厉王,郑桓公父。”今按:《左传》上一段是为逆祀作辩护,这一段则说明反对逆祀的理由。“春秋匪解,享祀不忒”及其下凡四句,见《诗·鲁颂·閟宫》,其中分明有祭祀先祖不能有差忒的意思。“问我诸姑,遂及伯姊”,见《诗·邶风·泉水》,从中也可以悟出讲究先后、礼无不顺的意思。

原文

仲尼曰：臧文仲，其不仁者三，不知者三。下展禽，废六关，妾织蒲，三不仁也。作虚器，纵逆祀，祀爰居，三不知也。[4]

冬，晋先且居、宋公子成、陈辕选、郑公子归生伐秦，取汪及彭衙而还，以报彭衙之役。卿不书，为穆公故，尊秦也，谓之崇德。

襄仲如齐纳币，礼也。凡君即位，好舅甥，修昏姻，娶元妃以奉粢盛，孝也。孝，礼之始也。[5]

注释

[4] 据杜注："展禽，柳下惠也。文仲知柳下惠之贤，而使在下位。"此一不仁。"塞关、阳关之属凡六，关所以禁绝末游而废之"，此二不仁。"家人贩席""与民争利"，此三不仁。杜注又说："有其器而无其位，故曰虚。"此臧文仲"三不知"之一。"听夏父跻僖公"，此文仲"三不知之二"。"海鸟曰爰居，止于鲁东门外，文仲以为神，命国人祀之"，此文仲"三不知"之三。杨注认为"废六关"从《孔子家语》作"置六关""近是"，唯此与杜注不同。我们认为这些话也该是孔子后来读鲁史或整理鲁史的时候说的，而文公二年距孔子之生还有七十四年。

[5] 视孝为礼之始，这是《春秋左传》说明礼之原始的重要观点。这个观点是否十分确切，还可研究，但无论如何，总归有些道理。

经三年[1]

原文

春，王正月，叔孙得臣会晋人、宋人、陈人、卫人、郑人伐沈，沈溃。

夏，五月，王子虎卒。[2]

秦人伐晋。

秋,楚人围江。

雨螽于宋。

冬,公如晋。十有二月己巳,公及晋侯盟。

晋阳处父帅师伐楚以救江。

注释

❶ 鲁文公三年为公元前624年,周襄王二十八年。

❷ 杜注:“不书爵者,天王赴也。”孔疏:“王子虎即王叔文公也。”“不书爵者,畿内之国不得外交诸侯,其臣不敢赴鲁,必天子为之赴。”按:《经》《传》所记时间不同,杨注认为《经》误,可备一说。而《公羊传》《穀梁传》经文皆书“夏五月”,与《左氏》所见经文相同。《公羊传》:“王子虎者何?天子之大夫也。”《穀梁传》:“王子虎卒。叔服也。”说王子虎即叔服者,《穀梁》,非《公羊》。杨注:“《公羊》《穀梁》均谓王子虎即叔服。”这就不完全妥当,将“公羊”与“均”三字删除就对了。何休《解诂》谓“王子虎即叔服”,误,但何休不可以完全代表《公羊》。

传三年

原文

春,庄叔会诸侯之师伐沈,以其服于楚也。“沈溃”,凡民逃其上曰溃,在上曰逃。

卫侯如陈,拜晋成也。

夏四月乙亥,王叔文公卒。来赴,吊如同盟,礼也。❶

秦伯伐晋,济河焚舟,取王官及郊。晋人不出。遂自茅津济,封殽尸而还。❷遂霸西戎,用孟明也。

君子是以知秦穆(公)之为君也,举人之周也,与人之壹也;孟明之臣也，其不解也，能惧思也；子桑之忠也，其知人也，能举善也。《诗》曰："于以采蘩？于沼于沚。于以用之？公侯之事。"秦穆有焉。"夙夜匪解，以事一人"，孟明有焉。"诒厥孙谋，以燕翼子"，子桑有焉。[3]

"秋，雨螽于宋"，队而死也。

楚师围江，晋先仆伐楚以救江。冬，晋以江故告于周，王叔桓公、晋阳处父伐楚以救江。门于方城，遇息公子朱而还。

晋人惧其无礼于公也，请改盟。公如晋，及晋侯盟。晋侯飨公，赋《菁菁者莪》。庄叔以公降、拜，曰："小国受命于大国，敢不慎仪？君贶之以大礼，何乐如之？抑小国之乐，大国之惠也。"晋侯降，辞。登，成拜。公赋《嘉乐》。[4]

注释

❶ 杜注："因王子虎异于诸侯，王叔又未与文公盟，故于此显示体例也。"如果依此杜注，则王子虎与王叔为两人。《左传》内容固然多于《春秋》经文的记载，但我们认为《春秋》经传应该有共同的时地与人物事件，《左氏》传《经》之文与经文所言应该是同一回事，譬如《左传》文三年四月所记"王叔文公卒"，应与《春秋经》五月记"王子虎卒"是同一回事。杨注："王子虎乃周室卿士，非诸侯，亦以同盟诸侯之礼吊之，故曰'吊如同盟'。"唯王室卿士爵禄实可与诸侯相比，所以说"礼也"。

❷ 杜注："封，埋藏之。"《秦本纪》裴骃《集解》引贾逵说，认为是"封识之"。朱骏声《说文通训定声·丰部》解释"封殽尸而还"，亦引贾注"封识之"。杨注赞成把"封殽尸"解说为"表识其地"。我们不赞成这个说法。原文明言"封殽尸"，与"表识其地"是两个概念，两回事。将"封"解释为"表识"，岂有"表识"其尸之理？说者以彼时已无尸可埋为由，也只是揣测而已。与其相信后世注家的揣测，恐不如以传统文献的记载为据。总该本有其事，《左氏》据

传闻记其事而已,"封殽尸"就是埋葬当年殽之战抛尸于此的将士。何况当时死伤者众,野莽中留下尸骨,应该不是荒唐。就算其时殽地尸骨全无,我们也只能依照原文作讲解,也要看原文可以讲通与否。

❸ "秦穆"之下"公"字衍,说见阮元等《校勘记》。"孟明之臣也,其不解也"以下,杨注:"解同懈,下'夙夜匪解'同。""惧思……谓既败而惧,惧而思,思而修德也。"引章炳麟《春秋左传读》谓子桑举荐百里奚是"一举而得贤二世"(因为百里奚为孟明之父),也很恰当。"于以采蘩"及其下凡四句,见《诗·召南·采蘩》,杜注认为引此诗"以喻秦穆不遗小善"。"夙夜匪解,以事一人",见《诗·大雅·烝民》,杨注已指出"一人"借指秦穆。"诒厥孙谋,以燕翼子",见《诗·大雅·文王有声》,杨注:"《后汉书·班彪传》引此诗,以得贤辅佐为遗子孙谋之事,与此引诗谓子桑能举百里奚父子为秦穆之辅,两意相合。"今按:上引古今诸贤已经把《左传》这一段说清楚了。

❹ 杜注:"《菁菁者莪》,《诗·小雅》。取其'既见君子,乐且有仪'。"又说:"《嘉乐》,《诗·大雅》。取其'显显令德,宜民宜人,受禄于天'。"按:上年《左传》记"晋人使阳处父盟公以耻之",鲁文公慑于霸主之威,无可奈何,鲁《春秋》既厌之,又讳之。本年《春秋》既不厌,又不讳,而《左传》这一段记载两君之盟,礼仪和协,毫无压迫之感。晋侯赋《菁菁者莪》,庄叔相礼,知道晋侯赋诗之意,使鲁文公降阶答拜,杜注:"谢其以公比君子也。"这就很明白,晋侯完全没有"耻之"之意。"晋侯降,辞",表明平等相待的态度。"登,成拜",杜注:"俱还上成拜礼。"杨注:"两人皆升阶至堂上,然后完成拜礼。"两注都很允当而且一致。我们由此明白了平等的盟礼应该有怎样的礼仪了。礼仪之不讲,就会失去和谐,所以说"敢不慎仪"。

经四年[1]

原文

春，公至自晋。

夏，逆妇姜于齐。[2]

狄侵齐。

秋，楚人灭江。

晋侯伐秦。

卫侯使甯俞来聘。

冬，十有一月壬寅，夫人风氏薨。

注释

❶ 鲁文公四年，为公元前623年，周襄王二十九年。

❷ 杜注："称'妇'，有姑之辞。"孔疏："其礼轻略，异于常文。徒以有姑，故称'妇'；以齐女，则称'姜'。直云'逆妇姜于齐'，略贱之文也。"按：同年《左传》对鲁文公这次婚姻的批评，一是"非礼"，二是"不允"，已为孔疏定下情调。

传四年

原文

春，晋人归孔达于卫，以为卫之良也，故免之。

夏，卫侯如晋，拜。曹伯如晋，会正。[1]

逆妇姜于齐，卿不行，非礼也。君子是以知出姜之不允于鲁也，曰：贵聘而贱逆之，君而卑之，立而废之，弃信而坏其主，在国必乱，在家必亡。不允，宜哉！《诗》曰："畏天之威，于时保之。"敬主之谓也。[2]

秋，晋侯伐秦，围(刓)〔邧〕、新城[3]，以报王官之役。

注释

❶ 会正，杜注："会受贡赋之政也。《传》言襄公能继文之业而诸侯服从。"杨注："盖当时小国诸侯有向霸主纳贡赋之义务，因以定其额也。"按：杜、杨两注甚是。读"正"为"政"，《尚书》《逸周书》多有之。

❷ 《左传》桓三年已交代春秋时期诸侯昏姻聘迎之通例。杜注："礼，诸侯有故则使卿逆。允，信也。始来不见尊贵，故终不为国人所敬信也。文公薨而见出，故曰'出姜'。公子遂纳币，是贵聘也。君，小君也。不以夫人礼迎，是卑废之。主，内主也。"这些解说，都可以把原文说通。但是另有注家对"不允"的解说比杜注更允当。太炎先生读"允"为"遂"，说是"终"的意思，谓出姜不终于鲁；又认为"允"与"骏"通，谓出姜子孙不长茂于鲁。这样解释，比杜注所谓"终不为国人所敬信"显然要实在一些。引诗见《诗·周颂·我将》，杜注："言畏天威，于是保福禄。"而《左氏》对所引诗句的解释是"敬主之谓也"，自是断章取义的说法。

❸ 这里邧可读 yuán。杜注："邧、新城，秦邑也。"

原文

楚人灭江，秦伯为之降服，出次，不举，过数。大夫谏，公曰："同盟灭，虽不能救，敢不矜乎？吾自惧也。"君子曰："《诗》云：'惟彼二国，其政不获。惟此四国，爰究爰度。'其秦穆之谓矣！"[4]

卫甯武子来聘。公与之宴，为赋《湛露》及《彤弓》。不辞，又不答赋。使行人私焉，对曰："臣以为肄业及之也。昔诸侯朝正于王，王宴乐之，于是乎赋《湛露》，则天子当阳，诸侯用命也。诸侯敌王所忾而献其功，王于是乎赐之彤弓一、彤矢百、玈弓〔十、玈〕矢千，以觉报宴。今陪臣来继旧好,君辱贶之,其敢干大礼以自取戾?”[5]

冬,成风薨。

注释

❹ 杜注:“降服,素服也。出次,辟正寝。不举,去盛馔。邻国之礼有数,今秦伯过之。”当时就有大夫认为秦穆哀邻国丧亡礼数过分,秦穆加以解释,说他那样做,一是表示对江国的哀怜,二是表示自惧自警。引诗见《诗·大雅·皇矣》,杜注:“言秦穆亦能感江之灭,惧而思政。”赋诗是古为今用,秦穆公已经懂得赋诗明志了。

❺《左传》这一段可以证明如下五个观点:一、《诗经》中每首诗都有其中心思想(或叫主体思想);二、其中心思想(主体思想)为春秋时期士以上各阶层大多数人所熟知;三、春秋时期士以上各阶层把赋诗明志当作交流思想的一个重要而又巧妙的手段;四、赋诗者由个人目的和对方身份决定自己选择哪一首或几首诗为好;五、听诗者由诗的中心思想是否适合自身地位与要求,决定非表示不可的态度。譬如《诗·小雅》的《湛露》和《彤弓》两首,本来产生于诸侯朝正于王的礼典之后,赋此两诗也就应该考虑是否具备相应的环境。所以卫甯武子聘鲁,鲁文公在招待甯武子的宴会上赋《湛露》与《彤弓》两诗的时候,由于身份不合,甯武子不敢表示接受。甯武子当时的言行恰好符合礼制要求。杜注:“肄,习也。鲁人失所赋,甯武子佯不知此,其愚不可及。”孔疏:“臣以为工人自习诗业以及此篇,非谓歌之以为己也。”他不敢,也不愿干犯大礼以自取罪过,他的态度是对的。要不然,孔子怎么会称赞他“愚不可及”呢(见《论语·公冶长》)?认真考察一番,可知当时倒是鲁文公等鲁人有疏失了。又,据孔疏、杨注,“天子当阳”是说天子向明而治,当阳光坐。“以觉报宴”,杨注用冯登府说,“觉与校古相假”,“谓校诸侯之功报之以宴乐”。杨注列文献证明“玈弓矢千”当作“玈弓十玈矢千”,我们认为可信。

经五年[1]

原文

春，王正月，王使荣叔归含且赗。[2]

三月辛亥，葬我小君成风。[3]王使召伯来会葬。

夏，公孙敖如晋。

秦人入鄀。[4]

秋，楚人灭六[5]。

冬，十月甲申，许男业卒。

注释

1. 鲁文公五年，为公元前622年，周襄王三十年。
2. 这里"归"读kuì（音义与"馈"同）。赗读fèng。杜注："珠玉曰含。含，口实。车马曰赗。"《释文》："含……《说文》作琀，云：'送终口中玉。'"按：亲人去世，孝子"缘生以事死，不忍虚其口"，所以有"实亲口"的仪注，说见同年《公羊传》何休注。据大量文献记载，所以实亲口者为米贝珠玉，有学者认为其中有等级之别。有文献（譬如《公羊传》《穀梁传》）认为"归含且赗"非礼，因为含赗之归不可兼之。有异议，不具录。
3. 杜注："反哭成丧，故曰'葬我小君'。"请参看《经》《传》隐公三年之注。
4. 鄀读ruò，小国名。杜注："入例在十五年。"按：《左传》文十五年说："获大城焉曰入之。"杜注："得大都而不有。"其实《传》襄十三年再发例说得更明白。既然所谓"入"是"得大都而不有"，那么，文五年"夏，秦人入鄀"，是否有将鄀之都城并入秦的事，似可商榷。照例是没有的。
5. 杜注已指出这里"六"为一小国名。

传五年

原文

春，王使荣叔来含且赗，召昭公来会葬，礼也。

初，鄀叛楚即秦，又贰于楚。夏，秦人入鄀。

六人叛楚即东夷。秋，楚成大心、仲归帅师灭六。冬，楚公子燮灭蓼。臧文仲闻六与蓼灭，曰："皋陶、庭坚不祀忽诸。德之不建，民之无援，哀哉！"❶

晋阳处父聘于卫，反过甯。甯嬴从之，及温而还。其妻问之，嬴曰："以刚。《商书》曰：'沈渐刚克，高明柔克。'夫子壹之，其不没乎？天为刚德，犹不干时，况在人乎？且华而不实，怨之所聚也。犯而聚怨，不可以定身。余惧不获其利而离其难，是以去之。"❷

晋赵成子、栾贞子、霍伯、臼季皆卒。

注释

❶ 杜注："蓼与六皆皋陶后也。伤二国之君不能建德，结援大国，忽然而亡。"按：杜武库将"忽诸"作一句读。杨伯峻先生认为"忽诸"应从上句读，"不祀忽诸"即忽焉不祀。于醴尊先生主张"忽诸"二字属下文为义。三说读法各异，都可以讲通。今姑从杨读。

❷ "以刚"意思是太刚直（刚烈），杨注至确。下引《商书》见《洪范》，杜注："沈渐，犹滞溺也。高明，犹亢爽也。言各当以刚柔胜己本性，乃能成全也。"依杜氏理解，在甯嬴看来，"阳子性纯刚"，"刚则犯人"，他还有"华而不实"的缺点，其为怨之所聚，终遭大难是必然的，所以应该离开他。后来事实证明甯氏的判断是对的。

经六年[1]

原文

春,葬许僖公。[2]

夏,季孙行父如陈。

秋,季孙行父如晋。

八月乙亥,晋侯骧卒。

冬,十月,公子遂如晋。葬晋襄公。[3]

晋杀其大夫阳处父。

晋狐射姑出奔狄。[4]

闰月不告月,犹朝于庙。

注释

❶ 鲁文公六年,即公元前621年,周襄王三十一年。

❷ 据同年《左传》,秦穆公卒于这一年夏,而《春秋经》不书。以地位与影响而论,秦穆公大于许僖公无可疑。如果鲁《春秋》真出夫子之手,不知夫子为何记许僖之葬而不书秦穆之卒,后世人总该讨一个说法才是。

❸ 杜注:"卿共葬事,文襄之制也。三月而葬,速。"孔疏引《左传》昭三年证明晋文襄做霸主的时候,有"君薨,大夫吊,卿共葬事"的制度,是"其务不烦诸侯"的事情不全是假话。"三月而葬"诸侯,在当时是太快了。

❹ 狐射姑,据《释文》,"射音亦,一音夜",是读yì读yè均可。杜注:"射姑,狐偃子贾季也。奔例在宣十年。"按:《左传》宣十年说"诸侯之大夫违"则有告诸侯事。狐射姑也是诸侯之大夫,其奔狄也,盖有告鲁文公事。

传六年

原文

春，晋蒐于夷，舍二军。使狐射姑将中军，赵盾佐之。阳处父至自温，改蒐于董，易中军。阳子，成季之属也，故党于赵氏，且谓赵盾能，曰："使能，国之利也。"是以上之。宣子于是乎始为国政，制事典，正法罪，辟(刑)狱〔刑〕，董逋逃，由质要，治旧洿，本秩礼，续常职，出滞淹。[1]既成，以授大傅阳子与大师贾佗，使行诸晋国，以为常法。

臧文仲以陈、卫之睦也，欲求好于陈。夏，季文子聘于陈，且娶焉。

秦伯任好卒，以子车氏之三子奄息、仲行、鍼虎为殉。皆秦之良也，国人哀之，为之赋《黄鸟》。[2]

注释

❶ "辟刑狱"，以作"辟狱刑"为好，说见阮元等《校勘记》。杜注："辟，犹理也。"《释文》："洿音乌，本又作污，同。"值得注意的杜注还有一些。"董逋逃，由质要"，杜注："董，督也。由，用也。质要，券契也。""续常职，出滞淹"，杜注："修废官，拔贤能也。"孔疏："辟狱刑者，有事在官未决断者，令于今理治之也。董逋逃者，旧有逋逃负罪播越者，督察追捕之也。由质要者，谓断争财之狱，用券契正定之也。治旧洿者，国之旧政，洿秽不洁，理治改正之也。本秩礼者，时有僭逾，贵贱相滥，本其次秩使如旧也。续常职者，职有废阙，任贤使能，令续故常也。出滞淹者，贤能之人沈滞田里，拔出而官爵之也。"杨注认为"由质要者，盖谓财物之出入，皆用契约、账目以为凭据定夺"，比杜注、孔疏更明确，别无异议。

❷《诗·秦风·黄鸟》写三良从穆公之死，凡三章，每一章都有"临

其穴，惴惴其慄；彼苍者天，歼我良人”四句。旧说都认为“临其穴”者为国人临视三良之穴。在疑“临其穴”者为三良，“惴惴其慄”者亦三良，盖三良遭活埋而殉葬，恐未必视死如归也。

原文

君子曰：“秦穆之不为盟主也，宜哉！死而弃民。先王违世，犹诒之法。而况夺之善人乎！《诗》曰：‘人之云亡，邦国殄瘁。’无善人之谓。[3]若之何夺之！古之王者知命之不长，是以并建圣哲，树之风声，分之采物，著之话言，为之律度，陈之艺极，引之表仪，予之法制，告之训典，教之防利，委之常秩，道之(以)礼则，使毋失其土宜，众隶赖之，而后即命。圣王同之。今纵无法以遗后嗣，而又收其良以死，难以在上矣！”君子是以知秦之不复东征也。[4]

秋，季文子将聘于晋，使求遭丧之礼以行。其人曰：“将焉用之？”文子曰：“‘备豫不虞’，古之善教也。求而无之，实难。过求何害？”[5]

注释

❸ 这里引诗见《诗·大雅·瞻卬》。杜注：“言善人亡则国瘁病。”一个专门惩创善人，容不下贤明的国家，不可能拥有或希望可观的光明的前途。秦穆终于成不了如同齐桓晋文那样的霸主，那肯定是有原因的。

❹ 这一段“古之王者”以下，拿秦穆公与古之王者比较，批评秦穆“难以在上”，算不得有为之主。“并建圣哲”至“道之礼则”，论“古之王者”所为，依杜注有如下十项：“建立圣知以司牧民。因土地风俗为立声教之法。旌旗衣服各有分制。”“为作善言遗戒。钟律度量所以治历明时。”“贡献多少之法。”引导“威仪”。告以“先王之书”。“防恶兴利。”委任“常职”。还有“予之法制”“道之礼则”两项，杜注没有作解释。“予之法制”好懂，现在社会各

界还多用“法制”一词。“道之礼则”，阮刻本作“道之以礼”，“则”字属下句，阮元等《校勘记》已指明“以”字为衍文，应该读“道之礼则”为一句，甚是。孔疏：古之王者“知其必将有死，不得长生久视，故制法度以遗后人，非独为当己之世设善法也”。“‘并建圣哲’以下，即位便为之，非临死始为此也。下云‘众隶赖之而后即命’，言其施行此事，功成乃就死耳。”这实际上已经对原文“古之王者”以下至“而后即命”的大意作了概括。按：“并建圣哲”句，王伯申《经义述闻》说“并”是“普”“遍”的意思。《诗·大雅·抑》有“告之话言”句，“话言”为“古之善言”。“为之律度”，杨注说律度是“法度、法制”，这就使下文“予之法制”句成为重出犯复，恐非《传》意，这里仍当以杜注为较妥。“陈之艺极”句，杜注：“艺，准也。极，中也。”杨注：“艺、极亦为同义词连用，犹言准则也。”这样说，与杜注义同，但杜注所谓“贡献多少之法”未必准确。“毋失其土宜”，杨注：“即因地制宜之意。”末句谓“秦之不复东征”，杜注：“不能复征讨东方诸侯为霸主。”这是说得很对的。

❺《礼经·聘礼》有“聘遭丧”诸仪节。《左传》文六年这一段记季文子“求遭丧之礼以行”，其用意是“备豫不虞”。杜注：“所谓文子三思。”这样说，根据是《论语·公冶长》有“季文子三思而后行”的记载。邢昺疏也把“季文子三思而后行”与他“求遭丧之礼以行”联系上了。“过求何害”，准备超过要求有什么害呢？

原文

八月乙亥，晋襄公卒。灵公少，晋人以难故，欲立长君。赵孟曰：“立公子雍：好善而长，先君爱之，且近于秦。秦，旧好也。置善则固，事长则顺，立爱则孝，结旧则安。为难故，故欲立长君。有此四德者，难必抒矣！”贾季曰：“不如立公子乐。辰嬴嬖于二君，立其子，民必安之。”赵孟曰：“辰嬴贱，班在九人，其子何震之有？且为二〔君〕嬖，淫也。为先君子，不能求大而出在小国，辟也。母淫子辟，无威；陈小而远，无援：将何安焉？杜祁以君故，让逼姞而上之；以狄故，让季隗而己次之：故班在四，先君是以爱其子而仕诸秦，为亚卿焉。秦大而近，足以为援；母义子爱，足以威民：立之不亦可乎？”❶使先蔑、士会如秦，逆公子雍。贾季亦使召公子乐于陈，赵孟使杀诸郫。

贾季怨阳子之易其班也，而知其无援于晋也，九月，贾季使续鞫居杀阳处父。书曰“晋杀其大夫”，侵官也。❷

注释

❶ 晋襄公卒，诸大臣为立国君展开争论。赵孟主张立公子雍，杜注：“赵孟，赵盾也。公子雍，文公子，襄公庶弟，杜祁之子。”按：杜祁为公子雍之母。这里所谓立长君就是立先君之弟。“难必抒矣”，杜注：“抒，除也。”阮元等《校勘记》明确指出“抒”为“纾”之借字。立长君就是为了抒难，为了国家安宁。贾季主张立公子乐，赵孟驳斥贾季的理由，认为公子乐之母“贱，班在九人”，杜注：“班，位也。”其母位在老九，“其子何震之有”？杜注：“震，威也。”意思是公子乐在公室中没有威望，臣民不服，又“出在小国”，僻远无援，不能让臣民有安定感：所以不宜立。而公子雍情况不同，其母杜祁“以君故，让逼姞而上之；以狄故，让季隗而己次之，故班在四”，杜注：“然则杜祁本班在二。”其母贵，其本人“仕诸秦为亚卿”，杜注：“亚，次也。言其贤，故位尊。”其有强援可知。所以宜立为国君。

❷ 杜注：“君已命帅，处父易之，故曰‘侵官’。”杨注无异词。

原文

冬十月，襄仲如晋。葬襄公。

十一月丙寅，晋杀续简伯。贾季奔狄。宣子使臾骈送其帑。

夷之蒐，贾季戮臾骈；臾骈之人欲尽杀贾氏以报焉。臾骈曰："不可。吾闻《前志》有之曰：'敌惠敌怨，不在后嗣。'忠之道也。夫子礼于贾季，我以其宠报私怨，无乃不可乎？介人之宠，非勇也。损怨益仇，非知也。以私害公，非忠也。释此三者，何以事夫子？"尽具其帑与其器用财贿，亲帅扞之，送致诸竟。[3]

闰月不告朔，非礼也。闰以正时，时以作事，事以厚生，生民之道于是乎在矣。不告闰朔，弃时政也，何以为民？[4]

注释

[3] "送其帑"，杜注："帑，妻子也。"按：这里帑读 nú。"贾季戮臾骈"，杨注引《广雅·释诂》将"戮"解释为"辱""罪"是对的，这里戮不是杀戮。"敌惠敌怨，不在后嗣"，杜注："敌犹对也，若及子孙，则为非对。"孔疏："敌惠谓有惠于彼，不可望彼人之子报。敌怨谓有怨于彼，不可仇彼人之子。"这里注、疏都是对的。"介人之宠，非勇也"，杜注："介，因也。"因为自己得到宣子宠信而报私怨，这不算勇敢。"损怨益仇"，损减自己怨气而增加别人的仇恨，这不算聪明。于是臾骈亲自护卫贾季妻子，送到边境。如果说前文记贾季杀阳处父是假借名义报私仇的例子，那么，这里记臾骈护送贾季妻子，自然要算是以德报怨的例子。

[4] 杜注："《经》称'告月'，《传》称'告朔'，明告月必以朔。四时渐差则致闰以正之。"又说："事不失时则年丰。"依《左氏》之意，告朔正时当中有"生民之道"；若是"不告闰朔"，就等于将时政抛弃了，就谈不上治民了。《释文》认为这里"为民"就是治民，说得不错。

经七年[1]

原文

春，公伐邾。

三月甲戌，取须句。遂城郚。[2]

夏，四月，宋公王臣卒。宋人杀其大夫。

戊子，晋人及秦人战于令狐。

晋先蔑奔秦。

狄侵我西鄙。

秋，八月，公会诸侯、晋大夫，盟于扈。[3]

冬，徐伐莒。公孙敖如莒莅盟。

注释

❶ 鲁文公七年，是公元前620年，周襄王三十二年。

❷《释文》："郚音吾。"杜注："郚，鲁邑。"按：伐邾，取须句，城郚，这三个动宾结构，说的是连贯的行为。杜注说"因伐邾师以城郚……备邾难"，应符合原意。

❸ 杜注："扈，郑地。"《经》上文"战于令狐"，杨注已指出"令狐"早见于《传》僖二十四年。

传七年

原文

"春，公伐邾"，间晋难也。[1]三月甲戌，取须句，置文公子焉，非礼也。

夏四月，宋成公卒。于是公子成为右师，公孙友为左师，乐豫为司马，鳞矔[2]为司徒，公子荡为司城，华御事为司寇。

昭公将去群公子，乐豫曰："不可！公族，公室之枝叶也；若去之，则本根无所庇荫矣。葛藟犹能庇其本根，故君子以为比，况国君乎？此谚所谓'庇焉而纵寻斧焉'者也，必不可！[3]君其图之。亲之以德，皆股肱也，谁敢携贰？若之何去之？"不听。

穆、襄之族率国人以攻公，杀公孙固、公孙郑于公宫。六卿和公室，乐豫舍司马以让公子卬。昭公即位而葬。书曰“宋人杀其大夫”，不称名，众也，且言非其罪也。

注释

❶ 杜注：“公因霸国有难而侵小。”《释文》：“间，间厕之间。”按：《广雅·释诂三下》：“间，觋也。”王氏《疏证》举《左传》庄八年“使间公”为证，彼杜注：“伺公之间隙。”这里说“间晋难”，间犹《孟子·离娄下》之瞯，伺知晋国有内乱，于是钻空子侵占小国。

❷ 矔读 guàn。这里是人名。杜注：“桓公孙。”按：《史记·宋微子世家》无鳞矔其人，而《世本》有之。

❸ 杜注：“葛之能藟蔓繁滋者以本枝荫庥之多。”这里《左传》说“君子以为比”，杜注：“谓诗人取以喻九族兄弟。”孔疏指出这是说《王风·葛藟》之篇。谚所谓“庇焉而纵寻斧焉者”，杜注：“纵，放也。”寻得斧斤，目的是砍伐本枝，那就谈不上庇护了。这里《左传》用作比喻，说明公族不可去的意思。

原文

秦康公送公子雍于晋，曰：“文公之入也无卫，故有吕、郤之难。”乃多与之徒卫。

穆嬴日抱大子以啼于朝，曰：“先君何罪？其嗣亦何罪？舍適嗣不立而外求君，将焉置此？”❶出朝，则抱以适赵氏，顿首于宣子，曰：“先君奉此子也而属诸子，曰：‘此子也才，吾受子之赐；不才，吾唯子之怨。’今君虽终，言犹在耳，而弃之，若何？”宣子与诸大夫皆患穆嬴，且畏逼，乃背先蔑而立灵公，以御秦师。❷

箕郑居守。赵盾将中军，先克佐之。荀林父佐上军。先蔑将下军，先都佐之。步招御戎，戎津为右。及堇阴，宣子曰：“我若受秦，秦则宾也；不受，寇也。既不受矣，而复缓师，秦将生心。先人有夺人之心，军之善谋也。逐寇如追逃，军之善政也。”训卒利兵，秣马蓐食[3],潜师夜起。戊子,败秦师于令狐,至于刳首。[4]

注释

❶ 大子,即太子。这里“適”读 dí,音义与“嫡”同。杨注:“此指所抱太子夷皋。”按:此太子就是后来的晋灵公。穆嬴即太子母,已故襄公的夫人。立嗣以嫡是周礼的一项重要内容,春秋时期凡实行周礼的诸侯国莫不如此。穆嬴所持以批评诸大臣的理由就是已经长期实行的传承制度。

❷ 这里“患”是害怕的意思,与下句“畏逼”之“畏”义同。“畏逼”的意思,杜注:“畏国人以大义来逼己。”杨注:“所畏者穆嬴之党也。”《御览》卷一四六引服虔注:“畏他公子徒来相迫也。”按:宣子与诸大夫“畏逼”的内容,以上引文所说的三项都是。当时唯立嗣以嫡的制度可以间执众口,尽管这个制度本身弊病太多。

❸ 蓐读 rù。杜注:“蓐食,早食于寝蓐也。”王伯申《经义述闻》引《方言》将“蓐食”解释为“厚食”,于义为长。杨注即用此说,说是“战前必令士卒饱餐”。

❹ 刳读 kū。杜注:“令狐在河东,当与刳首相接。”按:令狐,刳首,皆地名无可疑。

原文

己丑,先蔑奔秦,士会从之。

先蔑之使也,荀林父止之,曰:“夫人、大子犹在,而外求君,此必不行。子以疾辞,若何?不然,将及。摄卿以往可也,何必子?同官为寮;吾尝同寮,敢不尽心乎?”弗听。为赋《板》之三章[1],又弗听。及亡,荀伯尽送其帑及其器用财贿于秦,曰:“为同寮故也。”

士会在秦三年,不见士伯。其人曰:“能亡人于国,不能见于此,焉用之?”士季曰:“吾与之同罪,非义之也,将何见焉?”及归,遂不见。

狄侵我西鄙，公使告于晋。赵宣子使因贾季问酆舒，且让之。酆舒问于贾季曰："赵衰、赵盾孰贤？"对曰："赵衰，冬日之日也。赵盾，夏日之日也。"❷

注释

❶ 杜注："《板》，《诗·大雅》。其三章，义取'刍荛'之言犹不可忽，况同寮乎！"按：毛传："刍荛，薪采者。"孔疏有"樵采之贱者"句，可见"刍荛"指下民而言。《诗·板》说我等下民（贱者）之言犹有可采，何况你的同僚的意见呢！

❷ 杜注："冬日可爱，夏日可畏。"按：据赵衰、赵盾平生事迹而言，应该说衰贤于盾。

原文

秋八月，齐侯、宋公、卫侯、〔陈侯、〕郑伯、许男、曹伯会晋赵盾，盟于扈，晋侯立故也。公后至，故不书所会。凡会诸侯，不书所会，后也。后至，不书其国，辟不敏也。❶

穆伯娶于莒，曰戴己，生文伯。其娣声己生惠叔。❷戴己卒，又聘于莒，莒人以声己辞，则为襄仲聘焉。

冬，徐伐莒。莒人来请盟，穆伯如莒莅盟，且为仲逆。及鄢陵，登城见之，美，自为娶之。仲请攻之，公将许之，叔仲惠伯谏曰："臣闻之：'兵作于内为乱，于外为寇。寇犹及人，乱自及也。'今臣作乱而君不禁，以启寇仇，若之何？"公止之。惠伯成之，使仲舍之，公孙敖反之，复为兄弟如初。❸从之。

注释

❶ 杜注："此《传》还自释凡例之意。"孔疏："不敏犹不达也。诸国皆在，公独后至，是公不达于事。辟公之不达于事，讳公罪而归责于诸侯者，若言诸侯无功然，故贬诸侯而总之，所以辟公耻也。"按：

《左传》僖二十三年有"辟不敏也"句,前修时贤认为"辟不敏"就是辟其不审,与《左传》文七年这里讲法不同。一为史官说话(恐误书),一为鲁君讳。

❷ 娶戴己而其娣声己从,这一类文献记载可以证明当时的媵妾制度。

❸ "惠伯成之",杜注:"平二子。"意即使穆伯与襄仲和解。杨注以《周官·调人》"凡有斗怒者成之"句为书证,至确。"使仲舍之",杜注:"舍不娶。"那么莒女归谁家呢?"公孙敖反之",杜注:"还莒女。"按:公孙敖就是穆伯。莒女回归娘家了。这样,一场内乱是平息了。可是莒女的人格地位呢?不见了。

原文

晋郤缺言于赵宣子曰:"日卫不睦,故取其地。今已睦矣,可以归之。叛而不讨,何以示威?服而不柔,何以示怀?非威非怀,何以示德?无德,何以主盟?子为正卿,以主诸侯,而不务德,将若之何?❹《夏书》曰:'戒之用休,董之用威,劝之以《九歌》,勿使坏。'九功之德皆可歌也,谓之《九歌》。六府、三事,谓之九功。水、火、金、木、土、谷谓之六府,正德、利用、厚生谓之三事。义而行之,谓之德、礼。无礼不乐,所由叛也。❺若吾子之德莫可歌也,其谁来之?盍使睦者歌吾子乎?"宣子说之。

注释

❹ 以上记晋郤缺劝告赵宣子"务德"。杜注:"日,往日。"杨注:"不睦者,谓不睦于我,意即不服于晋。"往日不睦于我,则取其地。今已睦矣,自当归其地。不睦则示之以威,已睦自当示之以怀。其时晋犹为盟主(霸主),而赵宣子为正卿执政,如果不重视"务德",将怎么办呢?

❺ 所引《夏书》,杜注为"逸书",孔疏说是《虞书·大禹谟》之文。杜

元凯注释《左传》时，此《夏书》已佚，后来造伪古文《尚书》者将见于文献征引者钞录到《大禹谟》一篇中。今存之《大禹谟》固伪，然而“戒之用休”以下原本出自真古文《尚书》的文句实不伪。伪孔传：“休，美。董，督也。言善政之道，美以戒之，威以督之，歌以劝之，使政勿坏，在此三者而已。”杜氏对“戒之用休”句的解释是：“有休则戒之以勿休。”杨注：“以庆喜命之告之。”我们认为两说皆可通。又，依《左传》这里的说法，《九歌》是歌颂九功之德的，而九功之德指的是水、火、金、木、土、谷六府与正德、利用、厚生三事。下文提出了“德礼”的概念，杜注：“德，正德也。礼以制财用之节，又以厚生民之命。”这样讲，很值得中国思想史、礼制史研究者注意。“无礼不乐”的命题也值得重视。孔疏：“在上为政无礼，则民不乐，是叛之所由。”这样讲，那么“礼”是对在上为政者的要求而于民众有利了。研究礼制思想史者应该考虑这个说法。杨注对“无礼不乐”句的分析，认为这里“乐”既可以是音乐之乐，也可以是快乐之乐；可是，倘若作音乐之乐讲，如何与“所由叛也”一句连接得上呢？恐不如杜注顺畅。

经八年[1]

原文

春，王正月。

夏，四月。

秋，八月戊申，天王崩。[2]

冬，十月壬午，公子遂会晋赵盾，盟于衡雍。

乙酉，公子遂会雒戎，盟于暴。

公孙敖如京师，不至而复。[3]丙戌，奔莒。

螽。

宋人杀其大夫司马。宋司城来奔。[4]

注释

❶ 鲁文公八年，为公元前619年，周襄王三十三年。

❷ 记周襄王之崩，鲁《春秋》当如此。周礼在鲁，鲁《春秋》不应无王。查考《春秋》，实有不应该失载而居然失载的事情。譬如《春秋经》僖七年不见周惠王崩，而同年《左传》有记录，后世读者疑《经》是难免的。

❸ 同年《左传》说“穆伯如周吊丧，不至”，奔莒了。据《礼经·聘礼》，使者归国有“反命”之仪。使者死，则由介归国复命。《春秋经》文八年“不至而复”，意思是不至京师，介归复命。杨注引唐陆淳《春秋集传纂例》：“还者，事毕；复者，未毕。”此外没有别的关于原意的解释。今按：陆淳说的义例有可以成立的，但所谓“还者事毕，复者未毕”这一条不能成立，拙作《说〈春秋经〉“公孙敖不至而复”》已辩之。《左传》文十七年襄仲之“复”可为证。

❹ 杜注：“司马死不舍节，司城奉身而退，故皆书官而不名，贵之。”按：本年《左传》记叙较详。杜注所言书法，亦本《左传》。

传八年

原文

春，晋侯使解扬归匡、戚之田于卫，且复致公婿池之封，自申至于虎牢之竟。❶

夏，秦人伐晋，取武城，以报令狐之役。

秋，襄王崩。

晋人以扈之盟来讨。

冬，襄仲会晋赵孟，盟于衡雍，报扈之盟也。遂会伊、雒之戎。书曰“公子遂”，珍之也。❷

穆伯如周吊丧，不至，以币奔莒，从己氏焉。

宋襄夫人,襄王之姊也,昭公不礼焉。夫人因戴氏之族,以杀襄公之孙孔叔、公孙钟离及大司马公子卬,皆昭公之党也。司马握节以死,故书以官。司城荡意诸来奔,效节于府人而出。公以其官逆之,皆复之。亦书以官,皆贵之也。[3]

夷之蒐,晋侯将登箕郑父、先都,而使士縠、梁益耳将中军。先克曰:"狐、赵之勋[4],不可废也。"从之。先克夺蒯得田于堇阴,故箕郑父、先都、士縠、梁益耳、蒯得作乱。

注释

❶ "解扬",解读 xiè(《释文》:"解音蟹")。"公婿池",孔疏:"《传》称'公婿',知是晋君之女婿。池,其名也。"匡本卫邑,过去封给公婿池的那片土地本亦卫地,今一并退还卫人。时晋灵公年幼,还卫地的决定实出于赵盾,表明赵宣子上一年接受郤缺的劝告,将"务德"付诸行动。

❷ 杜注:"珍,贵也。大夫出竟,有可以安社稷、利国家者,专之可也。"按:孔疏已指明杜注"'大夫出竟'以下皆庄十九年《公羊传》文"。又,杜注所谓"专之可也",以"安社稷,利国家"为前提。《左传》下文记穆伯(公孙敖)如周吊天子丧而不至,携带吊丧之币奔莒,为女人而弃公事,求私欲而忘大礼,左氏、公羊氏、杜氏当然不应以"专之可也"许之。

❸ 杜注:"节,国之符信也。握之以死,示不废节。效犹致也。意诸,公子荡之孙。'卿违从大夫。'公贤其效节,故以本官逆之,请宋而复之。司城官属悉来奔,故言'皆复'。"孔疏:"今握节以死,示已不废命也。""'卿违从大夫',昭七年《传》文也。效节于府人然后出奔,示己解任而退,不敢带官而逃。公贤其效节,故以本官逆之。为是书'宋司城来奔',善其人,故书其官也。'请宋复之',事在十六年。"杨注认为文八年"公以其官逆之,皆复之"与《传》文十一年"襄仲聘于宋,且言司城荡意诸而复之"是两事,就这两事而言,杨先生的判断是对的。他批评杜注"混为一事",这个批

评也有道理。杜注实有可疑为将两事"混为一事"的话(也可能只是误解原文)。杜注、孔疏并没有言及《传》文十一年,孔疏说的是"事在十六年",恐不确。

❹ "狐、赵之勋",杜注:"狐偃、赵衰有从亡之勋。"按:追随晋文公重耳流亡的功劳,狐、赵为大。

经九年[1]

原文

春,毛伯来求金。[2]

夫人姜氏如齐。

二月,叔孙得臣如京师。辛丑,葬襄王。[3]

晋人杀其大夫先都。

三月,夫人姜氏至自齐。

晋人杀其大夫士縠及箕郑父。

楚人伐郑。

公子遂会晋人、宋人、卫人、许人,救郑。

夏,狄侵齐。

秋,八月,曹伯襄卒。

九月癸酉,地震。

冬,楚子使椒来聘。

秦人来归僖公、成风之(隧)〔襚〕。[4]

葬曹共公。

注释

❶ 鲁文公九年,乃公元前 618 年,周顷王元年。

❷ 杜注:"求金以共葬事。虽逾年而未葬,故不称王使。"杨注:"求金即求赙,求赙非礼。"按:本年《左传》已斥其非礼。《春秋》经传

隐公三年早有这一类记载。又，我们认为：宋高闶《春秋集注》谓“公孙敖既不至京师，鲁遂不共天子之丧，故毛伯于是来求金也”，这个意见应该还是可以斟酌的。

❸ 这里有两种相反的说法。杜注：“卿共葬事，礼也。”孔疏赞成这个意见，但又引《左传》昭三十年记载的郑游吉的说法，似以为诸侯无故则当亲往。《左传》隐元年说得很明白：“天子七月而葬，同轨毕至。”而中国礼制史的事实是两种意见、两种做法都存在过。拙著《中国礼制史》有论述，可参阅。

❹《释文》：“隧音遂。《说文》作祱，云：‘赠终者衣被曰祱。’以此隧为衣死人衣。”按：杨注已指出“成风卒于文四年，僖公则卒已十年”。秦人之禭太迟。在我们看来，这里重要的是秦人已在实行周礼。

传九年

原文

春，王正月己酉，使贼杀先克。乙丑，晋人杀先都、梁益耳。

毛伯卫来求金，非礼也。不书王命，未葬也。

二月，庄叔如周。葬襄王。

三月甲戌，晋人杀箕郑父、士縠、蒯得。

范山言于楚子曰：“晋君少，不在诸侯[1]，北方可图也。”楚子师于狼渊以伐郑。囚公子坚、公子龙及乐耳。郑及楚平。

公子遂会晋赵盾、宋华耦、卫孔达、许大夫救郑，不及楚师。卿不书，缓也，以惩不恪。[2]

夏，楚侵陈，克壶丘，以其服于晋也。

秋，楚公子朱自东夷伐陈。陈人败之，获公子茷。陈惧，乃及楚平。

冬，楚子越椒来聘，执币傲。叔仲惠伯曰：“是必灭若敖氏之宗。傲其先君，神弗福也。”[3]

秦人来归僖公、成风之禭，礼也。诸侯相吊贺也，虽不当事，苟有礼焉，书也，以无忘旧好。[4]

注释

1. “不在诸侯”，与《左传》襄二十六年“吾子独不在寡人”句式相同。《左传》襄廿六年杜注：“在，存问之。”按：《左传》文九年杨注“谓其心志不在称霸诸侯”，似乎否定了此时晋的霸主地位，恐怕未必准确。
2. 这里说的又是《春秋》书法。恪读 kè，恭敬、谨慎的意思。《春秋》文九年经文记公子遂参与的“救郑”之会，不书与会诸国卿名，含有惩治诸卿办事不敬不力的意思。
3. 傲则不敬。不敬先君，就得不到先君之神的护佑与赐福。其时人们信神，由是也就不能不产生敬神的观念。
4. 杜注：“送死不及尸，故曰‘不当事’。书者，书于典策，垂示子孙，使无忘过厚之好。”孔疏引何休《膏肓》与郑君《箴膏肓》，肯定了秦人有礼。杜注还表示了“不讥其缓而以接好为礼”的意思。按：秦人归禭虽迟，然而总要算是好意。书之，表示无忘旧好，也算合情合礼。

经十年[1]

原文

春，王三月辛卯，臧孙辰卒。

夏，秦伐晋。

楚杀其大夫宜申。

自正月不雨，至于秋七月。

及苏子盟于女栗。

冬,狄侵宋。

楚子、蔡侯次于厥貉。[2]

注释

❶ 鲁文公十年,为公元前617年,周顷王二年。

❷ 杜注:"女栗,地名,阙。""厥貉,地名,阙。"女栗与厥貉都是地名,但它们究竟在何处,杜镇南弄不清楚了。

传十年

原文

春,晋人伐秦,取少梁。

夏,秦伯伐晋,取北徵。

初,楚范巫矞似谓成王与子玉、子西曰:"三君皆将强死。"[1]城濮之役,王思之,故使止子玉曰:"毋死!"不及。止子西,子西缢而县绝,王使适至,遂止之,使为商公。沿汉溯江,将入郢。王在渚宫;下,见之。惧而辞曰:"臣免于死,又有谗言谓臣将逃。臣归死于司败也。"王使为工尹。又与子家谋弑穆王。穆王闻之,五月,杀斗宜申及仲归。

"秋七月,及苏子盟于女栗",(项)〔顷〕王立故也。陈侯、郑伯会楚子于息。冬,遂及蔡侯次于厥貉,将以伐宋。

宋华御事曰:"楚欲弱我也,先为之弱乎?何必使诱我?我实不能,民何罪?"乃逆楚子,劳,且听命。遂道以田孟诸。宋公为右盂,郑伯为左盂。期思公复遂为右司马,子朱及文之无畏为左司马,命夙驾载燧。宋公违命,无畏抶其仆以徇。[2]

或谓子舟曰:"国君不可戮也!"子舟曰:"当官而行,何强之有?《诗》曰:'刚亦不吐,柔亦不茹。''毋纵诡随,以谨罔极。'是亦非辟强也。敢爱死以乱官乎?"[3]

厥貉之会，麇子逃归。

注释

❶ 矞读yù。杜注："矞似，范邑之巫。"孔疏："强，健也。无病而死，谓被杀也。"按：楚成王被迫自缢，事见《左传》文元年。《左传》文十年下文记子玉、子西之死。三人皆所谓"健死"。《左传》记预言应验之事颇多，楚范巫的预言是其中一例。

❷ "抶"读chì，或读zhì。杜注："孟诸，宋大薮也。""盂，田猎陈名。""将猎，张两甄，故置二左司马，然则右司马一人当中央。""燧，取火者。"按：宋华御事主动迎接、慰劳来伐宋国的楚子及其军队，并引领他们到孟诸行猎。右盂、左盂，杨注："晋、宋人谓之左右甄。"复遂为楚期思之公（相当于县长），在孟诸之猎中担任右司马。另有两人在田猎中任左司马，即杜注所谓"二左司马"。宋公没有执行田猎之初发布的"夙驾载燧"的命令，文之无畏鞭笞宋公的仆御，并且宣示诸军。这实际上是对宋国的侮辱。

❸ 引《诗》见《大雅·烝民》与《民劳》。《左氏》对所引诗的概括："非辟强也。"应该说抓住了主旨。"敢爱死以乱官乎"，杨注："言不敢惜死以弃职守。"按：原文意思的确如此。

经十有一年❶

原文

春，楚子伐麇。

夏，叔（仲）彭生会晋郤缺于承（筐）〔匡〕。❷

秋，曹伯来朝。

公子遂如宋。

狄侵齐。

冬，十月甲午，叔孙得臣败狄于咸。

注释

❶ 鲁文公十一年，当公元前616年，周顷王三年。

❷ “仲”为衍字，“筐”当作“匡”，说见阮元等《校勘记》。

传十一年

原文

春，楚子伐麇。成大心败麇师于防渚。潘崇复伐麇，至于钖穴。[1]

夏，叔（仲）惠伯会晋郤缺于承（筐）〔匡〕，谋诸侯之从于楚者。

秋，曹文公来朝，即位而来见也。

襄仲聘于宋，且言司城荡意诸而复之。因贺楚师之不害也。

鄋瞒[2]侵齐，遂伐我。公卜使叔孙得臣追之，吉。侯叔夏御庄叔，绵房甥为右，富父终甥驷乘。冬十月甲午，败狄于咸，获长狄侨如。富父终甥摏其喉以戈，杀之，埋其首于子驹之门。[3]以命宣伯。

注释

❶ 《释文》：“钖音羊，或作锡。”按：钖与锡，必有一误。杜注以为防渚、钖穴都是麇地。

❷ 鄋读 sōu。杜注：“鄋瞒，狄国名，防风之后，漆姓。”阮元等《校勘记》认定这个“漆”当为“涞”字之讹。

❸ 摏读 chōng，音义与“舂”同。杨注：“此读‘摏其喉以戈’为句，‘杀之’为句，盖谓以戈冲其喉，然后杀之。”今从之。

原文

初，宋武公之世，鄋瞒伐宋。司徒皇父帅师御之。耏班御皇父充石，公子穀甥为右，司寇牛父驷乘，以败狄于长丘，获长狄缘斯。

皇父之二子死焉。宋公于是以门赏耏班,使食其征,谓之耏门。[4]

晋之灭潞也,获侨如之弟焚如。齐(襄)〔惠〕公之二年,鄋瞒伐齐;齐王子成父获其弟荣如,埋其首于周首之北门。[5]卫人获其季弟简如。鄋瞒由是遂亡。

郕大子朱儒自安于夫钟,国人弗徇。[6]

注释

❹ 耏读 ér。"皇父之二子死焉",杜注:"皇父与穀甥及牛父皆死,故耏班独受赏。"孔疏引贾逵、服虔两注也说皇父与此二子凡三人皆死。王伯申《经传释词》卷九:"之,犹与也……二子者,公子穀甥、司寇牛父也。言皇父与此二子皆死也。"杨遇夫、裴学海、杨伯峻诸先生都认为贾逵将"皇父之二子"句中"之"作"与"讲是对的。今从之。"宋公于是以门赏耏班,使食其征"句,杜注:"门,关门。征,税也。"《经义述闻》卷十七:"城门与关皆有税。此所食者,城门之税,非关税也。""《传》言'以门赏耏班'而不及关,下文又言谓之'耏门',则为城门之征明甚。杜乃以门为关门,是直不知门与关之有辨矣。"按:江慎修《周礼疑义举要》也纠正了杜注的说法,言之更早。

❺ 杨注:"此'齐襄公'之'襄'字,当从《史记》改作'惠'。阮芝生亦主此说。"今从之。杜注:"周首,齐邑。"杨注同。

❻ 杜注:"安,处也。夫钟,郕邑。徇,顺也。"郕国大子朱儒自安于一邑,不以国事为念,国人也就不肯从他了。

经十有二年[1]

原文

春,王正月,郕伯来奔。[2]

杞伯来朝。

二月庚子，子叔姬卒。[3]

夏，楚人围巢。

秋，滕子来朝。

秦伯使术来聘。

冬，十有二月戊午，晋人、秦人战于河曲。

季孙行父帅师城诸及郓。

注释

❶ 鲁文公十二年，即公元前615年，周顷王四年。

❷ 杜注："称爵，见公以诸侯礼迎之。"孔疏："此实大子，公以诸侯礼迎之。公既尊之为君，史遂从公之意。"按：同年《左传》说"郕伯卒，郕人立君，大子……来奔"，可见这个大子并未成君。由此也就知道鲁公待以诸侯礼，有拔高大子身份之失。

❸ 杜注："既嫁成人，虽见出弃，犹以恩录其卒。"杨注："若未嫁之女，则不冠以'子'字，僖九年书'伯姬卒'，盖未适人者也。"按：《春秋经》文十二年这里"子叔姬卒"，冠以"子"字，明其已嫁，可见两注有相通的地方。《公羊传》谓此叔姬因"许嫁，字而笄之"，《穀梁传》认为有"许嫁以'卒'之"一说，盖另有据。

传十二年

原文

春，郕伯卒。郕人立君。大子以夫钟与郕(邽)〔圭〕来奔。公以诸侯逆之，非礼也。故书曰"郕伯来奔"。不书地，尊诸侯也。[1]

杞桓公来朝，始朝公也，且请绝叔姬而无绝昏，公许之。

二月，"叔姬卒"。不言"杞"，绝也。书"叔姬"，言非女也。[2]

楚令尹大孙伯卒，成嘉为令尹。群舒叛楚。夏，子孔执舒子平及宗子，遂围巢。

注释

❶ 杜注:“郕邽亦邑。”《御览》卷一四六引服虔注提出了另一种说法,把“郕邽”解释为“郕邦之宝圭”,则“邽”字当作“圭”。王伯申《经义述闻》认为“宝圭之说是也”,阮元等《校勘记》倾向于赞同这“宝圭之说”。杨注:“郕邽仍以解为郕国之宝为宜。”今从之。又,《左传》文十二年这里既批评“公以诸侯逆之,非礼”,然后说同年《春秋经》“不书地”为的是“尊诸侯”,不知这所谓“尊诸侯”是否“礼也”。如果“尊诸侯”是“礼也”,那么,与上句“非礼也”岂不矛盾?杜注:“既尊以为诸侯,故不复见其窃邑之罪。”我们的看法:既然尊其为诸侯非礼,则《春秋经》“不书地”而没其窃邑之罪实无道理可言。

❷ 杜注:“既许其绝,故不言‘杞’。”按:所谓“绝”,实际上就是“出”,断绝婚姻关系。杨注:“非女者,谓其已嫁。”已嫁,就不再具“女子子”之女的意义了,这样说,与后世说的女儿在父母面前永远是女儿,自有意义的差别。

原文

秋,滕昭公来朝,亦始朝公也。

秦伯使西乞术来聘,且言将伐晋。襄仲辞玉,曰:“君不忘先君之好,照临鲁国,镇抚其社稷,重之以大器,寡君敢辞玉!”对曰:“不腆敝器,不足辞也。”主人三辞,宾(客)〔答〕曰:“寡君愿徼福于周公、鲁公以事君。不腆先君之敝器,使下臣致诸执事以为瑞节,要结好命,所以藉寡君之命,结二国之好,是以敢致之!”❸襄仲曰:“不有君子,其能国乎?国无陋矣。”厚贿之。❹

注释

❸ “宾客曰”,“客”当作“答”,据阮元等《校勘记》改。“襄仲辞玉”句以下,杜注:“大器,圭璋也。不欲与秦为好,故辞玉。”按:《礼

经·聘礼》注:"圭,贽之重者。辞之,亦所以致尊让也。"胡竹村《仪礼正义》卷十六言及《左传》文十二年"襄仲辞玉"事,然后说:"是辞玉之礼,春秋时犹有存者。杜注谓'不欲与秦为好,故辞玉',非矣。但彼言三辞,此不言三,江氏永以为'省文,见前',敖氏则云'此辞亦礼辞耳'。"杨注:"辞玉为聘礼中应有之仪节。"可知前辈学者多已指出杜元凯之失。其实小戴辑《礼记·聘义》已有关于辞玉之礼的明确的说法,此不具录。又,"不腆敝器",杜注:"腆,厚也。"不腆,敝,自是谦词。器,指圭璋一类玉器。"先君之敝器",杜注:"出聘必告庙,故称先君之器。"杨注引"或曰:'使臣所执圭,亦传自先君,故以先君为言'"皆言之成理。"所以藉寡君之命",杜注:"藉,荐也。"孔疏:"《聘礼》'执圭所以致君命',君命致,藉玉而后通,若坐之有荐席然,故以藉为荐也。"这里注、疏皆是。

❹《左传》文十二年这段话的意思可以概括说:国无陋不陋,有君子则国。唐刘梦得《陋室铭》:"山不在高,有仙则名。水不在深,有龙则灵。斯是陋室,惟吾德馨。"按:《论语·里仁》:"君子怀德。"《易·乾》:"君子进德修业","君子以成德为行"。《易·坤》:"君子以厚德载物。"《易·坎》:"君子以常德行。"《易·晋》:"君子以自昭明德。"《易·蛊》:"君子以振民育德。"《易·升》:"君子以顺德。"无德不成为君子。有君子,陋室可不陋,国亦无陋矣。《陋室铭》主旨可能自《左传》启之,不知道这个说法可否成立。"厚贿之",杜注:"贿,赠送也。"鲁贤大夫襄仲认为秦使不失礼数,于是不嫌秦国僻陋,赠以厚礼,亦礼之应当。

原文

秦为令狐之役故,冬,秦伯伐晋,取羁马。晋人御之,——赵盾将中军,荀林父佐之。❶郤缺将上军,臾骈佐之。栾盾将下军,胥甲佐之。范无恤御戎。——以从秦师于河曲。臾骈曰:"秦不能久,请深垒固军以待之。”从之。

秦人欲战。秦伯谓士会曰：“若何而战？”对曰：“赵氏新出其属曰臾骈，必实为此谋，将以老我师也。赵有侧室曰穿，晋君之婿也，有宠而弱，不在军事；好勇而狂，且恶臾骈之佐上军也。若使轻者肆焉，其可。”❷

秦伯以璧祈战于河。

十二月戊午，秦军掩晋上军。赵穿追之，不及；反，怒曰：“裹粮坐甲，固敌是求。敌至不击，将何俟焉？”军吏曰：“将有待也。”穿曰：“我不知谋，将独出。”乃以其属出。宣子曰：“秦获穿也，获一卿矣。秦以胜归，我何以报？”乃皆出战，交绥。❸

秦行人夜戒晋师曰：“两君之士皆未憖也，明日请相见也。”臾骈曰：“使者目动而言肆，惧我也，将遁矣。薄诸河，必败之！”胥甲、赵穿当军门呼曰：“死伤未收而弃之，不惠也。不待期而薄人于险，无勇也。”❹乃止。秦师夜遁。复侵晋，入瑕。

“城诸及郓”，书，时也。

注释

❶ 杜注：“令狐役在七年。羁马，晋邑。”按：这里“御”有防止、对付、抵抗的意思。

❷ “老我师”，使我师老，使我们的军队久困而疲惫。“侧室”，杜注：“支子。”这当然是相对于“正室”“嫡子”而言。“有宠而弱”句以下，杜注：“弱，年少也。又未尝涉知军事。”“肆，暂往而退也。”杨注：“‘轻者’即‘勇而无刚者’。”引《诗·大雅·皇矣》“是伐是肆”句传笺解说《左传》这里“若使轻者肆焉”的“肆”。我们认为这些解释都有道理，士会对秦君说的话也有道理。“不在军事”的“在”，是“察”“存问”的意思。“其可”，是“庶几可以了”的意思。

❸ 杜注、孔疏都引《司马法》为据，谓“古名退军为绥”，秦、晋双方退

军,所以说是"交绥"。

❹ 憖读 yìn,杜注:"缺也。"《释文》引《方言》:"伤也。"伤也是缺的意思。"薄诸河",杜注:"薄,迫也。"下文"不待期而薄人于险,无勇也"句,让人很自然地想起《左传》僖二十二年所记宋襄公的话:"古之为军也,不以阻隘也。寡人……不鼓不成列。"由赵穿公开宣示的宋襄之仁,可知士会批评赵穿"不在军事,好勇而狂"的话一点也不错。

经十有三年❶

原文

春,王正月。

夏,五月壬午,陈侯朔卒。

邾子蘧蒢❷卒。

自正月不雨,至于秋七月。

大室屋坏。❸

冬,公如晋。

卫侯会公于沓。

狄侵卫。

十有二月己丑,公及晋侯盟。公还自晋。

郑伯会公于棐。❹

注释

❶ 鲁文公十三年,是公元前 614 年,周顷王五年。

❷ 蘧蒢读 qú chú,本指用竹、苇编织的粗席,在《左传》这里是人名。《公》《穀》二字并从竹。

❸ 依杜注,这里"大室"指大庙之室。孔疏:"此周公之庙坏也。""此是大庙当中之室,其上之屋坏,非大庙全坏也。"杨注用杜注、孔疏

说。《公羊》“大”作“世”，二字可通。

❹ 杜注：“沓，地，阙。”“棐，郑地。”《公羊》棐作斐，二字声同可通。

传十三年

原文

春，晋侯使詹嘉处瑕，以守桃林之塞。

晋人患秦之用士会也，夏，六卿相见于诸浮。[1]赵宣子曰：“随会在秦，贾季在狄，难日至矣，若之何？”中行桓子曰：“请复贾季，——能外事，且由旧勋。”郤成子曰：“贾季乱，且罪大，不如随会，——能贱而有耻，柔而不犯；其知足使也；且无罪。”

乃使魏寿余伪以魏叛者以诱士会。执其帑于晋，使夜逸。请自归于秦，秦伯许之。履士会之足于朝。秦伯师于河西，魏人在东，寿余曰：“请东人之能与夫二三有司言者，吾与之先。”使士会。士会辞曰：“晋人，虎狼也。若背其言，臣死，妻子为戮，无益于君，不可悔也。”秦伯曰：“若背其言，所不归尔帑者，有如河！”[2]乃行。绕朝赠之以策，曰：“子无谓秦无人，吾谋适不用也。”既济，魏人噪而还。秦人归其帑。其处者为刘氏。

邾文公卜迁于绎。史曰：“利于民而不利于君。”邾子曰：“苟利于民，孤之利也。天生民而树之君，以利之也。民既利矣，孤必与焉。”左右曰：“命可长也，君何弗为？”邾子曰：“命在养民。死之短长，时也。民苟利矣，迁也！吉莫如之！”遂迁于绎。五月，邾文公卒。君子曰：“知命！”[3]

注释

❶ 杜注：“诸浮，晋地。”孔疏：“六卿在朝旦夕聚集，而特云‘相见于诸浮’者，将欲密谋，虑其漏泄，故出就外野，屏人私议。诸浮当是城外之近地耳。”按：孔疏言之有理。

❷ “所不……有如……”句式,《左传》僖二十四年已出现过,又见于《左传》襄二十五年、定六年、哀十四年。“有如”或作“有若”,因为“如若”二字双声,例得通假,杨注有例证。有前句不用“所不”而先说如何如何者,如襄十八年“有如日”的前文,又如《左传》定八年“有如卫君”的前一句也不用“所不”。有不用“所不”,改用“而不”者,如《左传》襄九年“郑国而不唯晋命是听,而或有异志者,有如此盟”,《左传》定十年“齐师出竟,而不以甲车三百乘从我者,有如此盟”。《诗·王风·大车》“谓予不信,有如皦日”句,“有如”句的前一句改为“所不信者”,也可以表达原句的意思。

❸ 以民之利为利,不以国君一人之利为利,把一人之利融入民之利中,春秋时代竟然有国君能这样想,最为可贵。邾文公是小国之君,但他以养民为命、视民利为大吉的思想实足以永垂不朽。君子表扬邾文公“知命”,是不是在孔仲尼先生自认为“知命”(《论语·为政》)之前?

原文

秋七月,大室之屋坏。书,不共也。❹

冬,公如晋;朝,且寻盟。卫侯会公于沓,请平于晋。公还,郑伯会公于棐,亦请平于晋。公皆成之。

郑伯与公宴于棐,子家赋《鸿雁》。季文子曰:“寡君未免于此。”文子赋《四月》。子家赋《载驰》之四章。文子赋《采薇》之四章。❺郑伯拜,公答拜。

注释

❹ 这里“共”读 gōng(音义与“恭”同)。杜注:“简慢宗庙,使至倾颓,故书以见臣子不共。”按:如孔疏所说,宗庙(大室)为“国之所尊”,“朽而不缮”,足见“不共之甚”。

❺ 杨注:“《传》言赋诗某篇,不言某章,皆指首章。”我们认为这样说

是对的。杜注:“《鸿雁》,《诗·小雅》。义取侯伯哀恤鳏寡,有征行之劳。言郑国寡弱,欲使鲁侯还晋恤之。”“《四月》,《诗·小雅》。义取行役逾时,思归祭祀,不欲为还晋。”“《载驰》,《诗·鄘风》。四章以下,义取小国有急,欲引大国以救助。”“《采薇》,《诗·小雅》。取其‘岂敢定居,一月三捷’,许为郑还不敢安居。”我们认为杜元凯对有关诗义的概述与原诗基本相符,与《左传》上下文意思相合。

经十有四年[1]

原文

春,王正月,公至自晋。

邾人伐我南鄙。叔彭生帅师伐邾。

夏,五月乙亥,齐侯潘卒。

六月,公会宋公、陈侯、卫侯、郑伯、许男、曹伯、晋赵盾。癸酉,同盟于新城。

秋,七月,有星孛入于北斗。[2]

公至自会。

晋人纳捷菑[3]于邾,弗克纳。

九月甲申,公孙敖卒于齐。

齐公子商人弑其君舍。

宋子哀来奔。

冬,单伯如齐。

齐人执单伯。[4]

齐人执子叔姬。[5]

注释

❶ 鲁文公十四年,为公元前613年,周顷王六年。

❷ 据《释文》，孛读 bèi。杜注："孛，彗也。"按：同年《公羊传》说"孛"就是彗星，杜注当即用此说。孔疏："《经》言'入于北斗'，则从他处而入，是既见而移入北斗也。"杨注："孛、彗虽同类，而仍有不同，孛盛而彗弱也。"杨先生引文献为证，其说可信。杨注又说："孛字之义，犹言彗星光芒蓬蓬孛孛而过，作为彗星出现之术语矣。"据说《春秋》文十四年所书之"星孛"为世界上彗星之最早记录。

❸ "捷菑"，《公羊》"捷"作"接"。杨注已指出捷、接互通，捷菑为人名。

❹ 杜注："单伯，周卿士，为鲁如齐，故书。""诸侯无执王使之义，故不依行人例。"按：单读 shàn。

❺ 杨注："此子叔姬自非十二年已死之子叔姬。"按：《春秋》文十二年书"子叔姬卒"，则《春秋》文十四年记"齐人执子叔姬"，自是另一人。孔疏谓两子叔姬"并在室"，这在文十二年前是无矛盾的。

传十四年

原文

春，顷王崩。周公阅与王孙苏争政，故不赴。凡崩、薨，不赴则不书；祸、福，不告亦不书：惩不敬也。[1]

邾文公之卒也，公使吊焉，不敬。邾人来讨，伐我南鄙，故惠伯伐邾。

子叔姬〔妃〕齐昭公，生舍。叔姬无宠，舍无威。公子商人骤施于国，而多聚士；尽其家，贷于公有司以继之。[2]夏五月，昭公卒，舍即位。

邾文公元妃齐姜生定公，二妃晋姬生捷菑。文公卒，邾人立定公。捷菑奔晋。

"六月，同盟于新城"，从于楚者服，且谋邾也。

秋七月乙卯夜，齐商人（弑）〔杀〕舍而让元。元曰："尔求之久矣！我能事尔。尔不可使多蓄憾，将免我乎？尔为之！"[3]

"有星孛入于北斗。"周内史叔服曰："不出七年，宋、齐、晋之君皆将死乱。"

注释

[1] 这一段说的是《春秋》书法。我们的校注已经提出《春秋》有遗漏的问题，也就是应当有记载而失载的问题，譬如有天王崩而不见于《春秋》经文的问题。《左传》文十四年对这一类问题的解答是："凡崩薨，不赴，则不书。"仅仅以"不赴"为理由，我们认为恐亦失之狭。当时还有什么事情比天王崩薨更大更重要呢？如果《春秋》真出仲尼之手，勇于捍卫周礼的孔子怎么会弃天王之崩于不顾呢？周礼在鲁，鲁《春秋》不应当遗漏天王崩这样的大事。又，如果说"不书"是因为"不赴"，那么，"惩不敬"就该惩周王朝廷之"不赴"了。

[2] 阮元等《校勘记》说"姬"下有"妃"字，今据补。《释文》："妃音配，本亦作配。"可见陆德明所见本也有"妃"字。"叔姬无宠"，意思是不为国君（这里指齐昭公）所宠爱。"舍无威"，意思是舍在国中没有威望。"骤施于国"以下，杜注："骤，数也。商人，桓公子。家财尽，从公及国之有司富者贷。"杨注认为"'公有司'为一词，谓掌公室之财物者"。按：这几句意思是说公子商人为聚士而散财，散尽了家财，就向公有司借贷。其目的是为了夺取君位。

[3] "尔不可使多蓄憾"句以下，杜注："不为君则恨多。"孔疏："我若为君，尔将肯放免我乎？"所以元以为商人应当自为君。

原文

晋赵盾以诸侯之师八百乘纳捷菑于邾。邾人辞曰："齐出貜且长。"[1]宣子曰："辞顺，而弗从，不祥。"乃还。

周公将与王孙苏讼于晋。王叛王孙苏,而使尹氏与聃启讼周公于晋。赵宣子平王室而复之。

楚庄王立。子孔、潘崇将袭群舒,使公子燮与子仪守,而伐舒蓼。二子作乱,城郢,而使贼杀子孔,不克而还。八月,二子以楚子出。[2]将如商密,庐戢梨及叔麇诱之,遂杀斗克及公子燮。

初,斗克囚于秦。秦有殽之败,而使归求成;成而不得志。公子燮求令尹而不得。故二子作乱。

穆伯之从己氏也,鲁人立文伯。穆伯生二子于莒而求复。文伯以为请,襄仲使无朝。听命,复而不出,(二)〔三〕年而尽室以复适莒。文伯疾,而请曰:“穀之子弱,请立难也。”许之。文伯卒,立惠叔。穆伯请重赂以求复。惠叔以为请,许之,将来。九月,卒于齐,告丧。请葬,弗许。

宋高哀为萧封人,以为卿;不义宋公而出,遂来奔。书曰“宋子哀来奔”,贵之也。[3]

齐人定懿公,使来告难,故书以“九月”。齐公子元不顺懿公之为政也,终不曰“公”,曰“夫己氏”。[4]

襄仲使告于王,请以王宠求昭姬于齐,曰:“杀其子,焉用其母?请受而罪之。”冬,单伯如齐请子叔姬,齐人执之;又执子叔姬。

注释

❶ 貜读 jué,且读 jū。这一句意思是说:齐女所生的貜且年长。立嫡以长,所以貜且当立。

❷ 杨注:“度其势不能敌子孔,乃挟持庄王而离郢都。”按:这里“以”可训“与”,从当时情势看,可否说“以”有挟持的意思?

❸ 杜注:“萧,宋附庸……贵其不食污君之禄,辟祸速也。”杨注:“封人,镇守边疆之地方官……诸侯之大夫来奔,未有不称名者。惟八年于荡意诸书官,此于高哀书字,故皆曰‘贵之也’。”按:杜注认为“贵之”是贵其品行,杨注则据《春秋》书法论其贵,我们认为

两注皆可通，而杨注较为坚实。

4 “曰‘夫己氏’”，杜注：“犹言某甲。”杨注：“己读如《诗·王风·扬之水》之‘彼其之子’之‘其’……夫己氏犹‘彼其之子’，亦犹《礼记·檀弓上》曾子称子游为‘夫夫’，亦即今日之‘那个人’。”我们认为杜、杨两注都对。

经十有五年[1]

原文

春，季孙行父如晋。

三月，宋司马华孙来盟。

夏，曹伯来朝。

齐人归公孙敖之丧。

六月辛丑朔，日有食之。鼓、用牲于社。[2]

单伯至自齐。

晋郤缺帅师伐蔡。戊申，入蔡。

〔秋，〕[3]齐人侵我西鄙。

季孙行父如晋。

冬，十有一月，诸侯盟于扈。

十有二月，齐人来归子叔姬。

齐侯侵我西鄙，遂伐曹，入其郛[4]。

注释

1 鲁文公十五年，为公元前612年，周匡王元年。

2 同年《左传》明确指出这里“鼓、用牲于社”非礼，可参看下文同年《传》注。《春秋经》庄二十五年有相同的记载，请参看彼注。

3 阮元等《校勘记》谓诸本“齐”上有“秋”字。我们认为依《春秋》经文例，亦当有“秋”字。故为补之。

❹ 郛读 fú，杜注："郭也。"按：此"郛"自是城郭之郭。

传十五年

原文

春，季文子如晋，为单伯与子叔姬故也。

三月，宋华耦来盟。其官皆从之。书曰"宋司马华孙"，贵之也。公与之宴，辞曰："君之先臣督，得罪于宋殇公，名在诸侯之策。臣承其祀，其敢辱君？请承命于亚旅。"❶鲁人以为敏。

"夏，曹伯来朝"，礼也。诸侯五年再相朝，以修王命，古之制也。

齐人或为孟氏谋，曰："鲁，尔亲也。饰棺置诸堂阜，鲁必取之。"从之。卞人以告。惠叔犹毁以为请，立于朝以待命。许之。取而殡之，齐人送之。书曰："齐人归公孙敖之丧。"为孟氏，且国故也。❷

葬视共仲。声己不视，帷堂而哭。襄仲欲勿哭，惠伯曰："丧，亲之终也。虽不能始，善终可也。史佚有言曰：'兄弟致美。'救乏，贺善，吊灾，祭敬，丧哀，情虽不同，毋绝其爱，亲之道也。子无失道，何怨于人？"❸襄仲说，帅兄弟以哭之。

他年，其二子来。孟献子爱之，闻于国。或谮之曰："将杀子！"献子以告季文子。二子曰："夫子以爱我闻，我以将杀子闻，不亦远于礼乎？远礼不如死！"一人门于句鼆，一人门于戾丘，皆死。❹

注释

❶ 上年（文十四年）《左传》说"书曰'宋子哀来奔'，贵之也"。《传》文十五年这里说"书曰'宋司马华孙'，贵之也"，此"贵之"与上年《传》所说的"贵之"比较，知其意思相同。杜注："亚旅，上大夫也。"孔疏："华孙不敢当君，请受上大夫之宴。"这样讲，道出了

原意。

❷ “饰棺”就是对棺柩以及载柩之车的装饰,详见小戴辑《礼记·丧大记》以及《杂记上》。杜注:“堂阜,齐鲁竟上地。饰棺不殡,示无所归。”又说:“敖卒则惠叔请之,至今期年而犹未已,毁过丧礼。”按:这里所谓毁,是因丧葬之事过度哀痛而损伤身体。据孔疏,卞邑近堂阜,卞人(卞邑大夫)见公孙敖之饰棺(或者说是知公孙敖不殡之事),以告鲁君。鲁君批准孟氏将穆伯之棺殡于他自家之寝。《左传》下文解释《春秋经》“齐人归公孙敖之丧”句,说:“为孟氏,且国故也。”杜注:“为惠叔毁请,且国之公族,故听其归殡而书之。”这就道出了鲁君同意“归公孙敖之丧”的原因。

❸ 治亲之丧,是事亲之终。与亲人相处一生,感情随事而异,但无论如何,爱亲之心不变不止,是事亲之道。此道不失,则无愧于心,不必责问人家怨恨与否。也可以这样说:你不失事亲之道,人家有什么埋怨呢?怎么会埋怨呢?

❹ 句读 gōu。鄳读 měng,《释文》:“鄳又作黾。”杜注:“句鄳、戾丘,鲁邑。有寇攻门,二子御之而死。”杨注:“门作动词,有二义。一为攻门……一为守门……此则宜为后一义。”按:二子寻死之法与门有关,为守门而死的可能性是有的。然而为守门而死也只是猜测罢了,安知其有守门之责?但是,他们懂得“远礼不如死”的道义,足以表明他们为人胜过纵情弃命而失大礼的父亲。

原文

“六月辛丑朔,日有食之。”“鼓、用牲于社”,非礼也。日有食之:天子不举,伐鼓于社;诸侯用币于社,伐鼓于朝。以昭事神、训民、事君,示有等威,古之道也。❶

齐人许单伯请而赦之,使来致命。书曰“单伯至自齐”,贵之也。

新城之盟，蔡人不与。晋郤缺以上军、下军伐蔡，曰：“〔君〕弱，不可以怠。”戊申入蔡，以城下之盟而还。凡胜国，曰“灭之”；获大城焉，曰“入之”。❷

“秋，齐人侵我西鄙。”故季文子告于晋。

冬十一月，晋侯、宋公、卫侯、蔡侯、〔陈侯、〕郑伯、许男、曹伯盟于扈，寻新城之盟，且谋伐齐也。齐人赂晋侯，故不克而还。于是有齐难，是以公不会。书曰“诸侯盟于扈”，无能为故也。凡诸侯会，公不与，不书，讳君恶也；与而不书，后也。❸

注释

❶ 杜注：“得常鼓之月而于社用牲，为非礼。”孔疏：“此与庄二十五年《经》文正同。彼《传》云‘非常’，此《传》云‘非礼’者，彼失常鼓之月，言鼓之为非常。此得常鼓之月，而用牲为非礼。”按：“日有食之，天子不举”以下，杜注：天子“去盛馔”。“天子不举，诸侯用币，所以事神；尊卑异制，所以训民。”“等威，威仪之等差。”而鲁国因为周公旦为王朝立下大功，王朝特许用礼超过一般诸侯，所以我们对于有关记载应该另加思索。

❷ 这一段说的是《春秋》书“灭”书“入”之例。书“入”，《春秋》前文(譬如隐二年、僖二十七年、文五年)早有之；而《左传》解释书“灭”书“入”之例，则见于文十五年与襄十三年。杜注：“胜国，绝其社稷，有其土地。”这当然是把某国给灭了。又说：“得大都而不有。”得手而不占有，这就是所谓“入”，仅仅是“出入”过此地罢了。

❸ 这一段也是对《春秋》凡例的说明，说的是《春秋》记载的会盟而鲁君或在其中或不在其中则如何书法。只有两种情况：《春秋》会盟，鲁公或未参与，或在其中。可是有这样的书法：鲁君实际上参与了，而《春秋》并不明确记录鲁君与会之事。《左传》这里解释说：“公不与，不书，讳君恶也；与而不书，后也。”前一种情况，笼统地记一句“诸侯会”，不依次记录入会之国；

后一种情况，虽然迟到了，但是不必如实写后期，只要说与会就行了。

原文

“齐人来归子叔姬”，王故也。

“齐侯侵我西鄙”，谓诸侯不能也。“遂伐曹，入其郛”，讨其来朝也。季文子曰：“齐侯其不免乎？己则无礼，而讨于有礼者，曰：‘女何故行礼？’礼以顺天，天之道也。己则反天，而又以讨人，难以免矣。《诗》曰：‘胡不相畏？不畏于天？’君子之不虐幼贱，畏于天也。在《周颂》曰：‘畏天之威，于时保之。’不畏于天，将何能保？以乱取国，奉礼以守，犹惧不终；多行无礼，弗能在矣！”[4]

注释

[4] “礼以顺天，天之道也”，这话说得很精辟。天是彼苍苍者天，礼多与天有关，特别古礼是这样。天也可以理解为一种自然产生的、无法避免的关系，一种非如此则不可的规则。礼应该这样自然，而不应该勉强，可是古代礼典中颇多勉强之礼、被迫实行的礼，那是违背人性的。什么时候人类社会的礼仪都成了自然而然的规矩，那该是多么自由多么融洽（和谐）的社会！“多行无礼，弗能在矣”，这话也很精辟。杨注引《尔雅·释诂》“在，终也”一训，又说：“终谓善终。”这样解释当然有理有据。多行无礼的恶人不能得到善终，这是常规，可以说是一条真理。引诗“胡不相畏”两句见《诗·小雅·雨无正》，“畏天之威”两句见《诗·周颂·我将》。关于前两句，孔疏认为是“原齐侯之意而为之辞”以责曹，而原诗之意，孔疏解释说：“诗人责朝廷之臣：女群臣上下何以不相畏乎？女上下不相畏乃是不畏于天也。”关于后两句，杜注：“言畏天威，于是保福禄。”我们认为原诗可以照注疏的解释讲通。

经十有六年[1]

原文

春，季孙行父会齐侯于阳穀。齐侯弗及盟。

夏，五月，公四不视朔。[2]

六月戊辰，公子遂及齐侯盟于郪丘。[3]

秋，八月辛未，夫人姜氏薨。

毁泉台。

楚人、秦人、巴人灭庸。

冬，十有一月，宋人弑其君[4]杵臼。

注释

❶ 鲁文公十六年，是公元前611年，周匡王二年。

❷ 杜注："诸侯每月必告朔听政，因朝于庙。今公以疾阙不得视二月、三月、四月、五月朔也。"孔疏："天子颁朔于诸侯，诸侯受而藏之于祖庙，每月之朔以特羊告庙受而施行之，遂听治此月之政，谓之视朔。因以其日又以朝享之礼祭皇考以下，谓之朝庙。此年公疾，自二月至于五月，已经四月不得视朔，故书'公四不视朔'。"按：孔疏认为本年《春秋经》"以五月书四"，"不得豫书其数"。孔疏又说："视朔由公疾而废，其告朔或有司告之，不必废也。"《公》《穀》皆认为自是之后废视朔。杨注不以为然。

❸ 郪读xī，一读qī。杜注："信公疾且以赂故。郪丘，齐地。"按："公使襄仲纳赂于齐侯"，见同年《左传》（《公》《穀》两传没有这一类记载）。

❹ 杜注："称'君'，君无道也。例在宣四年。"按：这里《春秋》之三传注疏皆可参。

传十六年

原文

春,王正月,及齐平。公有疾,使季文子会齐侯于阳穀。请盟,齐侯不肯,曰:“请俟君间。”[1]

“夏五月,公四不视朔”,疾也。公使襄仲纳赂于齐侯,故盟于郪丘。

有蛇自泉宫出,入于国,如先君之数。[2]

秋八月辛未,声姜薨。毁泉台。

楚大饥,戎伐其西南,至于阜山,师于大林。又伐其东南,至于阳丘,以侵訾枝。庸人帅群蛮以叛楚。麇人率百濮聚于选,将伐楚。于是申、息之北门不启。

楚人谋徙于阪高。蒍贾曰:“不可!我能往,寇亦能往,不如伐庸。夫麇与百濮谓我饥不能师,故伐我也;若我出师,必惧而归。百濮离居,将各走其邑,谁暇谋人?”乃出师。旬有五日,百濮乃罢。

自庐以往,振廪同食。次于句澨。[3]使庐戢梨侵庸,及庸方城。庸人逐之,囚子扬窗。三宿而逸,曰:“庸师众,群蛮聚焉。不如复大师,且起王卒,合而后进。”师叔曰:“不可。姑又与之遇以骄之。彼骄我怒,而后可克:先君蚡冒所以服陉隰也。”又与之遇,七遇皆北,唯裨、儵、鱼人实逐之。[4]庸人曰:“楚不足与战矣。”遂不设备。

楚子乘驲[5],会师于临品。分为二队:子越自石溪,子贝自仞,以伐庸。[6]秦人、巴人从楚师。群蛮从楚子盟,遂灭庸。

注释

[1] 杜注:“间,疾瘳。”(瘳,《释文》:“差也。”)鲁君以疾故派遣季文

子会齐侯而请盟,齐侯不同意(“不肯”),指示等鲁君身体好了再说。杨注:“齐懿公以与大夫盟为失体,故不肯。”杨先生道出了问题的实质。按:失体即失礼。

❷ 杨注已指出《左传》这一段为“怪异之说”。旧注疏纷纷争论所谓“先君之数”,实无谓。左氏好奇,借传闻而记怪事,后世只宜以常识辨之。

❸ “自庐以往”两句,杜注:“往,往伐庸也。振,发也。廪,仓也。同食,上下无异馔也。”句读 gōu,澨读 shì。句澨,杜注:“楚西界也。”按:据《传》文,“次于句澨”亦振廪同食可知。

❹ 蚡读 fén。陉读 xíng,隰读 xí。裨读 bì。儵读 chóu,据《释文》与阮元等《校勘记》,字一作儵。杜注:“蚡冒,楚武王父。”唯《楚世家》谓楚武王熊通(《释文》引作熊达)为蚡冒弟。孔疏认为当以杜注为是。杜注又说:“裨、儵、鱼,庸三邑……轻楚,故但使三邑人逐之。”杨注:“裨、儵、鱼恐俱是庸人所帅‘群蛮’之部落名,杜注不可信。”按:杜元凯所谓“三邑”实不确,但他关于原句的解说大体不误。

❺ 驲读 rì,杜注:“传车也。”孔疏引《尔雅·释言》:“驲,传也。”又引舍人注:“驲,尊者之传也。”引郭注:“传车,驿马之名也。”杨注无异词。

❻ 杜注:“临品,地名。子越,斗椒也。石溪、仞,入庸道。”杨注义同。

原文

宋公子鲍礼于国人。宋饥,竭其粟而贷之。年自七十以上,无不馈诒也,时加羞珍异。无日不数于六卿之门。国之材人,无不事也。亲自桓以下,无不恤也。❶

公子鲍美而艳。襄夫人欲通之,而不可;夫(人)〔乃〕助之施。昭公无道,国人奉公子鲍以因夫人。❷

于是华元为右师,公孙友为左师,华耦为司马,鳞鱹为司徒,荡意诸为司城，公子朝为司寇。初，司城荡卒；公孙寿辞司城，请使意诸为之。既而告人曰：“君无道。吾官近，惧及焉。弃官则族无所庇。子，身之贰也，姑纾死焉。虽亡子，犹不亡族。”

既，夫人将使公田孟诸而杀之。公知之，尽以宝行。荡意诸曰：“盍适诸侯？”公曰：“不能其大夫，至于君祖母以及国人，诸侯谁纳我？[3]且既为人君，而又为人臣，不如死！”尽以其宝赐左右（以）〔而〕使行。[4]

夫人使谓司城去公。对曰：“臣之而逃其难，若后君何？”

冬十一月甲寅，宋昭公将田孟诸。未至，夫人王姬使帅甸攻而杀之。[5]荡意诸死之。书曰：“宋人弑其君杵臼。”君无道也。

文公即位，使母弟须为司城。华耦卒，而使荡虺为司马。

注释

❶ 杨注认为“贷”有两义，一为施与之义，一为借贷之义，于“竭其粟而贷之”句两义皆可通，其说有据。杜注：“羞，进也。数，不疏。”孔疏：“礼与人物曰馈。诒，遗也。馈、诒，皆是与人物之名也。民年七十以上，无有不馈遗以饮食也。珍异，谓非常美食。”不但赈饥民，特别关照民之老者，而且与六卿，与国之材人，与同宗亲属，都保持密切关系，敬事之，礼待之，没有不关心、不体恤、不救济的。长期这样做，其得人心无疑。

❷ “因夫人”之“因”，杜、孔、杨诸家未予理睬。今按：《诗·鄘风·载驰》“谁因谁极”，“因”可以解释为“依”（古韵因依两部对转），有依靠、依仗的意思。又，这里“因”可训为“亲”。《论语·学而》“因不失其亲”，何晏《集解》引所谓孔注：“因，亲也。”《诗·大雅·皇矣》“因心则友”，毛传：“因，亲也。”是其证。《诗·鄘风·载驰》“谁因谁极”句，“因”训为“亲”也是可以讲通的。

❸ 《尔雅·释地》：“宋有孟诸。”田孟诸，即在孟诸打猎。“不能”至“国人”，杨注：“此十四字宜作一句读。”又说：“不能即不得，与诸

人不睦。"引沈钦韩《春秋左传补注》,谓"君祖母是適祖母之称"。所说皆至确,可从之。按:这里"不能"的"能"与古籍恒言之"柔远能迩"的"能"义同。

❹ 阮元等《校勘记》认为这里"以"作"而"为是。杜注:"行,去也。"

❺ 杜注:"襄夫人,周襄王姊,故称王姬。帅甸,郊甸之帅。"杨注本沈钦韩说,认为帅甸即《周官·天官》之甸师。我们认为杜注说亦可通。

经十有七年[1]

原文

春,晋人、卫人、陈人、郑人伐宋。[2]

夏,四月癸亥,葬我小君声姜。

齐侯伐我(西)〔北〕[3]鄙。

六月癸未,公及齐侯盟于穀。

诸侯会于扈。

秋,公至自穀。

冬,公子遂如齐。

注释

❶ 鲁文公十七年,为公元前610年,周匡王三年。

❷ 杜注:"自闵僖已下,终于《春秋》,陈侯常在卫侯上。今大夫会在卫下,《传》不言陈公孙宁后至,则宁位非上卿故也。"按:春秋时期诸侯大夫会盟,位有尊卑次序,而次序并不固定,其变化与各国地位以及各国大夫自身地位有关。卫与陈两国大夫参与盟会的位次变化情况,孔疏有交代。注、疏作者读书细心,注意到位次的排列,进而道出位次变化的缘故,值得玩味。

❸ 依《左传》、杜氏注、陆氏《音义》、孔氏疏改。

传十七年

原文

春，晋荀林父、卫孔达、陈公孙宁、郑石楚伐宋，讨曰："何故弑君?"犹立文公而还。卿不书，失其所也。[1]

夏，四月癸亥，葬声姜。有齐难，是以缓。

"齐侯伐我北鄙"，襄仲请盟。六月，盟于穀。

晋侯蒐于黄父，遂复合诸侯于扈，平宋也。[2]公不与会，齐难故也。书曰"诸侯"，无功也。

注释

❶ 不少学者认为这里《左氏》说误。譬如啖助、陆淳、刘敞、方苞、张自超等，认为《春秋》不命之卿例书"人"，实非贬。可以从《经》桓二年、宣六年得到相关的启发。我们认为这一类意见很可贵，不必为《经》《传》辩护，无须为《春秋》经传书例寸土必争。而其"人"地位不高亦可知。

❷《春秋经》文七年书"盟于扈"，实为晋卿赵盾代表晋灵称霸主盟之始。《左传》文十七年这里记"晋侯蒐于黄父，遂复合诸侯于扈"，应是晋灵公称霸而以蒐会诸侯并亲自出席盟会之始。解决宋国的问题是这次会盟主持人的主观愿望之一。黄父，杜注："一名黑壤，晋地。"

原文

于是晋侯不见郑伯，以为贰于楚也。郑子家使执讯[1]而与之书，以告赵宣子，曰：

寡君即位三年，召蔡侯而与之事君。九月，蔡侯入于敝邑以行。敝邑以侯宣多之难，寡君是以不得与蔡侯偕。十一月，克减侯宣多，而随蔡侯以朝于执事。十二年六月，归生佐寡君之嫡夷，以请陈侯于楚而朝诸君。十四年七月，寡君又朝以蒇陈事。❷十五年五月，陈侯自敝邑往朝于君。往年正月，烛之武往，朝夷也。八月，寡君又往朝。以陈、蔡之密迩于楚而不敢贰焉，则敝邑之故也。虽敝邑之事君，何以不免？在位之中，一朝于襄而再见于君，夷与孤之二三臣相及于绛。虽我小国，则蔑以过之矣。今大国曰："尔未逞吾志。"敝邑有亡，无以加焉。❸

古人有言曰："畏首畏尾，身其余几？"又曰："鹿死不择音。"小国之事大国也：德则其人也，不德则其鹿也。铤而走险，急何能择？命之罔极，亦知亡矣；将悉敝赋以待于鯈。唯执事命之！❹

文公二年六月壬申，朝于齐。四年二月壬戌，为齐侵蔡，亦获成于楚。居大国之间而从于强令，岂其罪也？大国若弗图，无所逃命！

注释

❶ 杜注："执讯，通讯问之官。"孔疏："'使执讯'，使之行适晋也。"依注疏，则此"执讯"实乃传递国书之使者。既如此，自与《诗·小雅·出车》《小雅·采芑》"执讯获丑"、《大雅·皇矣》"执讯连连"之"执讯"不同。但若如《皇矣》郑笺所说，"执所生得者而言问之"，执所生得者而使之适晋送书，应该也是可以讲通原文的。

❷ "克减侯宣多"，杜注："减，损也。"王伯申《经义述闻》卷十七："减谓灭绝也。"灭了侯宣多，即随蔡侯朝晋。蒇读 chǎn，杜注："蒇，敕也。敕成前好。"杨注认为杜注"恐不确"，杨先生说："蒇陈事者，完成陈国从服于晋之工作也，故下云'陈侯自敝邑往朝于君'。"按：杨注引《方言》"备也"证"蒇"字之义，其说有据，当从之。

❸ “未逞吾志”的“逞”，与《左传》成十三年“穆公是以不克逞志于我”的“逞”义同，杜注：“逞，快也。”《文选·西京赋》“逞志究欲”，薛注：“逞，娱也。”按：娱与快义同。《左传》文十七年这里的意思是：现在大国说“你们郑国未能快我之志”（未能让我满意）。我们小小的郑国就只有灭亡一条路可走，没有别的法子了。

❹ “畏首畏尾，身其余几”，杜注：“言首尾有畏，则身中不畏者少。”这就是说可畏者多。“鹿死不择音”，这一句的关键在于“音”字如何理解。杜注：“音，所茠荫之处。”认为“音”假借为荫。可是孔疏引服虔说：“鹿……将死不暇复择善音，急之至也。”两说皆可通。服说不借助声训，较为直切。杨注以为“服说合本义”，也就是认为服说可信。“小国之事大国也”至“急何能择”，杜注：“以德加己，则以人道相事。铤，疾走貌。言急则欲荫茠于楚，如鹿赴险。”这样做，实为人之常情。“命之罔极”，杜注：“言晋命无极。”杨注说得最为明白：“此言晋对待郑国之命，毫无准则。”郑国怎么办？“将悉敝赋以待于鯈”，杜注：“鯈，晋郑之竟。言欲以兵距晋。”这也就是铤而走险了，当然这是迫不得已而为之。“唯执事命之”，听凭你大国执事吩咐吧！今按：这文字不算长的书信（约四百字），摆事实，引古语，不卑不亢，有说服力，可以算是书信中的佳作。

原文

晋巩朔行成于郑，赵穿、公婿池为质焉。

秋，周甘歜败戎于邥垂，乘其饮酒也。[1]

冬十月，郑大子夷、石楚为质于晋。

襄仲如齐，拜穀之盟。复[2]曰：“臣闻齐人将食鲁之麦。以臣观之，将不能。齐君之语偷。臧文仲有言曰：‘民主偷，必死。’”[3]

注释

❶ 歜读 chù。邥读 shěn。杜注：“歜，周大夫。邥垂，周地。”

❷ 这个"复"只能是出使归国后复命的意思,绝没有唐陆淳所谓复者事未毕的意思,因为襄仲出使拜盟事已毕。请参看《春秋经》文公八年注❸。

❸ 杨注:"则此'将食鲁之麦'者,谓将伐鲁也。此'将'字与昭五年《传》'礼之本末,将于此乎在'之'将'字用法同,殆也,表示不肯定。"杜注:"偷,犹苟且。"按:"民主偷",意思是为民之主的国君(或者执政大夫)苟且偷生,轻佻不实,则必然碌碌无为而死。

经十有八年❶

原文

春,王二月丁丑,公薨于台下。

秦伯罃卒。❷

夏,五月戊戌,齐人弒其君商人。❸

六月癸酉,葬我君文公。

秋,公子遂、叔孙得臣如齐。

冬,十月,子卒。❹

夫人姜氏归于齐。

季孙行父如齐。

莒弒其君庶其。

注释

❶ 鲁文公十八年,即公元前609年,周匡王四年。

❷ 罃读yīng。杜注:"未同盟而赴以名。"按:此即秦康公,穆公之子。因有赴告之事,所以鲁《春秋》记其卒。其父秦穆任好之卒,鲁《春秋》不书,据说是因为没有赴告诸侯。

❸ 杜注:"不称'盗',罪商人。"孔疏:"弒君称臣,臣之罪。贱臣弒君则称'盗'……此弒商人者邴歜阎职,亦应书'盗'。不称'盗弒'

者，罪商人，令从弑君称'君'之例也。"按：《春秋经》书"齐人弑其君商人"，正所谓"称国以弑"者，其君失道为国人所弃可知。注疏是，宋萧楚《春秋辨疑》卷一《弑杀辨》可参。《经》下文"莒弑其君庶其"，亦所谓"称国以弑"者。

❹ 杜注："先君既葬，不称'君'者，鲁人讳弑，以未成君书之。'子'，在丧之称。"可参看《左传》僖九年。

传十八年

原文

春，齐侯戒师期而有疾。医曰："不及秋，将死。"公闻之，卜，曰："尚无及期！"惠伯令龟，卜楚丘占之，曰："齐侯不及期，非疾也。君亦不闻。令龟有咎。"[1]二月丁丑，公薨。

齐懿公之为公子也，与邴歜之父争田，弗胜。及即位，乃掘而刖之，而使歜仆。纳阎职之妻，而使职骖乘。夏五月，公游于申池。二人浴于池。歜以扑挟职，职怒。歜曰："人夺女妻而不怒，一挟女庸何伤？"职曰："与刖其父而弗能病者何如？"乃谋，弑懿公，纳诸竹中。归，舍爵而行。[2]齐人立公子元。

六月，葬文公。

秋，襄仲、庄叔如齐。惠公立故，且拜葬也。[3]

注释

❶ 齐侯曾约定伐鲁之期，鲁文公卜，希望齐侯在伐鲁之期前死去。卜楚丘占问的结果是：齐侯先师期而死，但不是病死。可是鲁君将先齐侯而终。杜注："令龟者亦有凶咎见于卜兆。"这是为惠伯死张本。

❷ 杜注："扑，棰也。挟，击也。欲以相感激。"王伯申《经传释词》卷三："庸犹何也。""庸与何同意，故亦称'庸何'。"王氏举《左传》

文十八年“庸何伤”为证,其说甚是。“弗能病”之“病”,杜注以为是“病恨”的意思,也还可以讲通。“舍爵而行”,杜注:“饮酒讫,乃去。言齐人恶懿公,二人无所畏。”《释文》把“舍”解释为“置”,则“舍爵”就是放置酒爵的意思。杨注:“舍爵者,谓告奠于庙也。”杨先生举《传》定八年“辨舍爵于季氏之庙而出”句为证,这就比杜元凯说得好。

❸ 杜注:“襄仲贺惠公立,庄叔谢齐来会葬。”是使者二人,各有任务。

原文

文公二妃。敬嬴生宣公。敬嬴嬖,而私事襄仲,宣公长而属诸襄仲。襄仲欲立之,叔仲不可。仲见于齐侯而请之。齐侯新立而欲亲鲁,许之。冬十月,仲杀恶及视而立宣公。书曰“子卒”,讳之也。❶

仲以君命召惠伯。其宰公冉务人止之,曰:“入必死。”叔仲曰:“死君命可也。”公冉务人曰:“若君命,可死。非君命,何听?”弗听,乃入。杀而埋之马矢之中。公冉务人奉其帑以奔蔡,既而复叔仲氏。❷

“夫人姜氏归于齐”,大归也。将行,哭而过市,曰:“天乎!仲为不道,杀嫡立庶。”市人皆哭。鲁人谓之“哀姜”。❸

注释

❶ 这是《左传》对同年《春秋经》书“子卒”的解释。杀一未即位成君之人,自然可以不算弑君。讳之,自有其隐衷。

❷ 马矢就是马粪。杨注据马王堆出土帛书《春秋事语》,说叔仲被杀之后未必埋在马矢中。复叔仲氏,即复立其子,杜注:“不绝其后。”

❸ 哀姜哭号,以“杀嫡立庶”为“不道”,市人表示同情,足见其时社会观念与人心。

原文

莒纪公(子)生大子仆,又生季佗;爱季佗而黜仆,且多行无礼于国。仆因国人以弑纪公,以其宝玉来奔,纳诸宣公。公命与之邑,曰:"今日必授!"季文子使司寇出诸竟,曰:"今日必达!"公问其故。季文子使大史克对曰:

先大夫臧文仲教行父事君之礼,行父奉以周旋,弗敢失队,曰:"见有礼于其君者,事之如孝子之养父母也;见无礼于其君者,诛之如鹰鹯之逐鸟雀也。"先君周公制周礼曰:"则以观德,德以处事,事以度功,功以食民。"❶作《誓命》曰:"毁则为贼,掩贼为藏。窃贿为盗,盗器为奸。主藏之名,赖奸之用,为大凶德,有常无赦。在《九刑》不忘!"❷

行父还观❸莒仆,莫可则也。孝敬忠信为吉德,盗贼藏奸为凶德。夫莒仆:则其孝敬,则弑君父矣;则其忠信,则窃宝玉矣。其人则盗贼也,其器则奸兆也。保而利之,则主藏也。以训则昏,民无则焉。不度于善而皆在于凶德,是以去之。❹

注释

❶《左传》文公六年杜注:"季文子,季孙行父也。"按:臧文仲为季文子之父。失队即失坠。鹯读 zhān,像鹞鹰一样凶猛的大鸟。"周公制周礼"句,应予注意者有三:一是"周公制周礼"的事可信,有文献为证(《左传》文十八年即一证,但决非孤证);二是"周公制周礼",后面有"曰"字,则周礼可能有文字记载,但也可能是口头方式的宣布,当然应该是系统的而非零星的;三是出自周公的周礼与后世流行的《周礼》一书是两回事。"则以观德"以下,杜注:"则,法也。合法则为吉德。处,犹制也。度,量也。食,养也。"按:"功以食民",有学者理解为立大功后可得食于民,亦通。

❷ 据文意,《誓命》应为周公姬旦的一篇文章,今已不可得见,盖已亡。"毁则为贼"以下凡四句,杜注:"毁则,坏法也。掩,匿也。

贿，财也。器，国用也。”杨注用黄生《义府》说，把“掩贼为藏”句理解为“得贼之物而隐庇其人”。从上下文句式看，把“藏”讲成“赃主”“窝主”是可以的。“主藏之名”句，杜注：“以掩贼为名。”而“有常无赦”句杜注：“刑有常。”意即对“大凶德”之人，唯有用刑，不得赦罪。“在《九刑》不忘”，杜注：“《誓命》以下皆《九刑》之书……《九刑》之书今亡。”杨注：“赖奸之用者，以奸人所盗之大器为利也。”“九刑者，九种刑罚之谓……亦为刑书之名。”“忘读为妄。在九刑不忘者，于大凶德之人，依其情节之轻重，以九刑之一适当处之，亦不为过度也。”按：杜、杨两注可互参。

❸ 杜注：“还犹周旋。”杨注说“还观”是遍观、细审之意，还犹观也（依章太炎说）。今从之。

❹ 杜注：“兆，域也。”杨注：“奸兆”，意指其属于奸人类。杜注：“度，居也。”不度于善，杨注说是不属于吉德一类。杨先生引俞曲园、章太炎说，认为“兆”读佻，与“奸”平列，较杜注义长。

原文

昔高阳氏有才子八人，苍舒、隤敳、梼戭、大临、尨降、庭坚、仲容、叔达；齐，圣，广，渊，明，允，笃，诚，天下之民谓之“八恺”。❶高辛氏有才子八人，伯奋、仲堪、叔献、季仲、伯虎、仲熊、叔豹、季狸；忠，肃，共，懿，宣，慈，惠，和，天下之民谓之“八元”。此十六族也，世济其美，不陨其名。以至于尧，尧不能举。舜臣尧，举八恺，使主后土，以揆百事，莫不时序，地平天成；举八元，使布五教于四方，父义、母慈、兄友、弟共、子孝，内平外成。❷

注释

❶ 隤读 tuí。敳读 ái。戭读 yǎn，一读 yǐn，这里不读 yǒu。杜注：“高阳，帝颛顼之号。八人，其苗裔。此即垂、益、禹、皋陶之伦。庭坚，即皋陶字。”孔疏引服虔也说：“八人，禹、垂之属也。”又说：

"不知谁为禹,谁为益,故云'之伦''之属',不敢斥言也。"按:庭坚与皋陶是否一人,虽然郑君注《论语》有相同的说法,也算不上坚实的证据。要之,《左氏》关于古史传说的记载,就当作传说看好了。"齐,圣,广,渊,明,允,笃,诚"以下,杜注:"齐,中也。渊,深也。允,信也。笃,厚也。恺,和也。"孔疏:"此并序八人,总言其德,或原其心,或据其行,一字为一事,其意亦更相通。"这样说,有概括力。孔疏对"齐圣"以下八字的解说比杜注更明白,此不具录。

❷ 八元,杜注:"元,善也。"关于八元,孔疏:"此亦总言其德,于义亦得相通。"又引《易·乾·文言》:"元者,善之长也。"八元与上文八恺,称"十六族"。"世济其美,不陨其名",杜注:"济,成也。陨,队也。"这个"队"就是"坠"。孔疏说这两句意思是:"后世承前世之美""不队前世之美名"。杨注这里用孔疏说。"地平天成",杜注:"成亦平也。"孔疏已指出这一句为《大禹谟》之文。按:《大禹谟》为伪古文,然而"地平天成"句不伪,因为如杨注所说,《左传》僖廿四年已引用过。《传》文十八年亦可为证。孔疏又说:"成亦为平,其义一也。"《尚书》伪孔传:"水土治曰平,五行叙曰成。"是地指水土,天指五行,可备一说。下文"内平外成",杜注:"内,诸夏。外,夷狄。"孔疏:"诸夏夷狄皆从其教,是为内平外成。"承上文看,我们认为注疏言是。

原文

昔帝鸿氏有不才子,掩义隐贼,好行凶德;丑类恶物,顽嚚不友,是与比周,天下之民谓之"浑敦"。少皞氏有不才子,毁信废忠,崇饰恶言,靖谮庸回,服谗蒐慝,以诬盛德,天下之民谓之"穷奇"。颛顼〔氏〕有不才子,不可教训,不知话言;告之则顽,舍之则嚚;傲很明德,以乱天常:天下之民谓之"梼杌"。此三族也,世济其凶,增其恶名。以至于尧,尧不能去。缙云氏有不才子,贪于饮食,冒于货贿;侵欲崇侈,不可盈厌;聚敛积实,不知纪极;不分孤寡,不恤穷匮:天下之民以比三凶,谓之“饕餮”。舜臣尧,宾于四门,流四凶族——浑敦、穷奇、梼杌、饕餮,投诸四裔,以御螭魅。[3]

是以尧崩而天下如一,同心戴舜以为天子,以其举十六相、去四凶也。故《虞书》数舜之功,曰“慎徽五典,五典克从”,无违教也;曰“纳于百揆,百揆时序”,无废事也;曰“宾于四门,四门穆穆”,无凶人也。[4]

舜有大功二十而为天子,今行父虽未获一吉人,去一凶矣。于舜之功,二十之一也,庶几免于戾乎!

注释

[3] 梼读 táo,杌读 wù。缙读 jìn。饕读 tāo,餮读 tiè。这一段说的是传说中的不才子“四凶族”。上一段说的是传说中的才子十六人(八恺八元),意义与这一段正相反对。杜注:“帝鸿,黄帝。丑,亦恶也。比,近也。周,密也。”“少皞,金天氏之号,次黄帝。崇,聚也。靖,安也。庸,用也。回,邪也。服,行也。蒐,隐也。慝,恶也。盛德,贤人也。”按:帝鸿究竟是谁,杨注用前贤说法,认为“难以审定”,而少皞身世,则另有文献传说。杨注用俞曲园说:“‘掩义’与‘隐贼’同义,义与俄通,邪也。”又用沈钦韩说而加以发挥:“丑,类也。丑类,同义词连用,此作动词,恶物为其宾语,言与恶物相比类也。”又据《国语》韦注说:“‘崇饰’为同义词连用。”据杜注孔疏说:“靖谮者,安于谗谮之谓也。庸回者,信用回邪之谓也。”“服谗”即施行谗言。“蒐慝”是隐瞒为恶之人;或者理解为聚积奸慝之人,那么,蒐就不是“隐”,而是如《尔雅·释诂》所说的“聚”了。这样讲,与杜注、孔疏有合有不合,然而无论如何,杨注都有根据。《左氏》所谓“浑敦”,杜注:“谓驩兜。浑敦,不开通之貌。”所谓“穷奇”,杜注:“谓共工。其行穷其好奇。”所谓“梼杌”,杜注:“谓鲧。梼杌,顽凶无俦匹之貌。”所谓“饕餮”,杜注:“贪财为饕,贪食为餮。”所谓“以御螭魅”:螭一作魑,

读 chī;魅读 mèi。杜注:“使当螭魅之灾。螭魅,山林异气所生为人害者。”杜注又说:“缙云,黄帝时官名。冒亦贪也。盈,满也。实,财也。”我们认为除了前辈学者指出的饕餮为联绵词,不当分开讲,杜元凯这些说法都有道理。或以为“浑敦”“穷奇”“梼杌”“饕餮”皆兽名,说法不同,可以与杜注、孔疏并存。

❹ 孔疏:“此《虞书》,《舜典》之篇也。三事六句,《舜典》本文。其云‘无违教也’‘无废事也’‘无凶人也’,是史克解《虞书》之意也。”按:孔疏所说的《舜典》,指伪造古文《尚书》者从《尧典》分出来的一篇。杜注:“徽,美也。典,常也。此八元之功。”所谓“无废事”,杜注说是“八恺之功”,“无凶人”则是“流四凶”的结果。杨注认为“宾于四门”两句应指敬待诸侯群臣与远方宾客之事,是杜注不妥,《左氏》亦非。

原文

宋武氏之族道昭公子,将奉司城须以作乱。十二月,宋公杀母弟须及昭公子,使戴、庄、桓之族攻武氏于司马子伯之馆,遂出武、穆之族。❶使公孙师为司城。公子朝卒,使乐吕为司寇,以靖国人。

注释

❶ “遂出武、穆之族”,“出”是驱逐出境的意思,与上文“季文子使司寇出诸竟”的“出”意思相同。杜注已指出“穆族党于武氏”。由于权利之争,所以戴、庄、桓族要把武、穆之族赶走。

国学经典文库

春秋左传（全本）二

陈戍国　校注

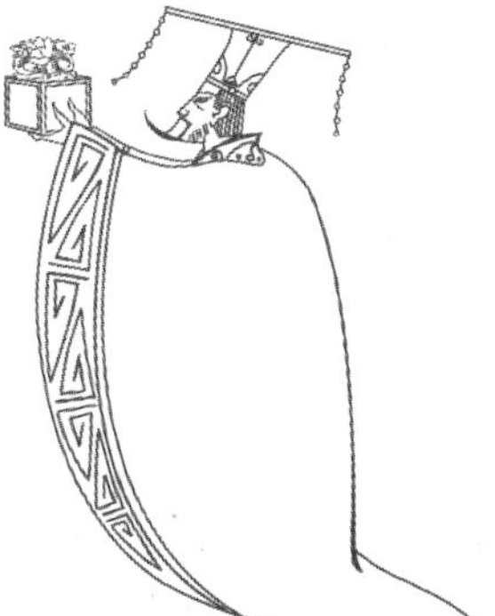

岳麓書社 · 长沙

宣公

经元年[1]

原文

春,王正月,公即位。

公子遂如齐逆女。三月,遂以夫人妇姜至自齐。[2]

夏,季孙行父如齐。

晋放其大夫胥甲父于卫。

公会齐侯于平州。

公子遂如齐。

六月,齐人取济西田。

秋,邾子来朝。

楚子、郑人侵陈,遂侵宋。晋赵盾帅师救陈。[3]宋公、陈侯、卫侯、曹伯会晋师于棐林,伐郑。

冬,晋赵穿帅师侵崇。

晋人、宋人伐郑。

注释

❶ 鲁宣公其人,《释文》:“名倭,一名接,又作委。文公子。”孔疏:“以匡王五年即位。”宣公元年,周匡王五年,当公元前608年。

❷ 杜注:“不讥丧娶者,不待贬责而自明也。卿为君逆,例在文四年。称‘妇’,有姑之辞。”按:上引杜注不误,其说与春秋时期尚在实行的周礼相合。

❸ 杜注："《传》言'救陈宋'，《经》无'宋'字，盖阙。"实则如孔疏所说："言救陈宋者，皆是致其意耳。"竟无战事。

传元年

原文

春，王正月，"公子遂如齐逆女"，尊君命也。"三月，遂以夫人妇姜至自齐"，尊夫人也。

夏，季文子如齐，纳赂以请会。

晋人讨不用命者[1]，放胥甲父于卫而立胥克。先辛奔齐。

会于平州，以定公位。

东门襄仲如齐拜成。

"六月，齐人取济西之田"，为立公故，以赂齐也。

宋人之弑昭公也，晋荀林父以诸侯之师伐宋。宋及晋平，宋文公受盟于晋。又会诸侯于扈，将为鲁讨齐，皆取赂而还。

郑穆公曰："晋不足与也。"遂受盟于楚。陈共公之卒，楚人不礼焉。陈灵公受盟于晋。[2]

秋，楚子侵陈，遂侵宋。晋赵盾帅师救陈、宋，会于棐林，以伐郑也。楚蒍贾救郑，遇于北林，囚晋解扬。晋人乃还。

晋欲求成于秦。赵穿曰："我侵崇。秦急崇，必救之；吾以求成焉。"冬，赵穿侵崇。秦弗与成。

晋人伐郑，以报北林之役。

于是晋侯侈；赵宣子为政，骤谏而不入。故不竞于楚。[3]

注释

❶ "不用命者"：不为命令所用者，也就是不听话的人。这里指《左传》文十二年所记的战河曲不肯薄秦于险的胥甲、赵穿。

❷ "不足与"的"与"，本为"交结""共事"或"党与"之意。这里是说

不值得交往结盟。从这一段话可以看出当时的外交关系。晋人好赂而不讲原则。郑人受盟于楚。楚人失礼于陈,陈灵公受盟于晋。受盟与否,必有原因。

❸ 侈是骄纵任性或奢侈。杜注:“竞,强也。”杨注:“骤谏,屡谏也。”“不竞于楚,犹言不能与楚相争也。”两注皆是。

经二年[1]

原文

春,王二月壬子,宋华元帅师及郑公子归生(帅师)[2]战于大棘。宋师败绩。获宋华元。

秦师伐晋。

夏,晋人、宋人、卫人、陈人侵郑。[3]

秋,九月乙丑,晋赵盾弑其君夷皋。

冬,十月乙亥,天王崩。

注释

❶ 鲁宣公二年,为公元前607年,周匡王六年。

❷ 此“帅师”二字涉上文而衍,说见《春秋公羊传》哀公二年阮元等《校勘记》。

❸ 杜注:“郑为楚伐宋,获其大夫。晋赵盾兴诸侯之师,将为宋报耻,畏楚而还,失霸者之义,故贬称‘人’。”孔疏:“诸侯之将不言名氏,则实是微者,非贬之也。赵盾畏楚而还,故贬之称人。”按:霸者畏人,霸气已失,注疏言之在理。这里有个问题:《春秋》宣二年之前称“晋人”如何理解,莫非都是微者出国?

传二年

原文

春,郑公子归生(受)命于楚,伐宋。宋华元、乐吕御之。二月壬子,战于大棘,宋师败绩。囚华元,获乐吕,及甲车四百六十乘,俘二百五十人,馘百(人)。❶

狂狡辂郑人,郑人入于井。倒戟而出之,获狂狡。君子曰:“失礼违命,宜其为禽也。戎,昭果毅以听之之谓礼。杀敌为果,致果为毅。易之,戮也。”❷

将战,华元杀羊食士,其御羊斟不与。及战,曰:“畴昔之羊,子为政。今日之事,我为政。”与入郑师,故败。君子谓羊斟非人也,以其私憾败国殄民,于是刑孰大焉!《诗》所谓“人之无良”者,其羊斟之谓乎,残民以逞!❸

注释

❶ “受”字衍,说见阮元等人《校勘记》。陆氏《音义》:“或‘馘百人’者,‘人’衍字。”

❷ “辂郑人”的“辂”,与《左传》僖十五年“辂秦伯”的“辂”同义,读yà(音义与“迓”同)。杜注:“狂狡,宋大夫。辂,迎也。”杨注说是“迎战”,更为明确。“戎,昭果毅以听之之谓礼”,杜注:“听,谓常存于耳,著于心,想闻其政令。”杨注:“此句意谓兵戎之事在于表明果毅精神,唯发扬果毅存念于心,行动于外,斯乃谓之礼。”又说:“易之犹言反之。”按:两注合而言之,则原意可明。违反果毅精神,就会自取其戮。

❸ 这里“为政”不是“从政”“执政”的意思,而是“做主”,有“主事”的意思。《吕氏春秋·察微》作“为制”,制是制断。总之是主持其事,说话算数。(“政”“正”可通,如《尚书·立政》之政就是

正，立政就是设立长官。“为政”犹“做主当家”，应无可疑。）“以其私憾败国殄民”，杜注：“憾，恨也。殄，尽也。”杨注：“殄民当与下文‘残民’同意。”引诗见《诗·小雅·角弓》，唯“人”字，《诗》作“民”字，而意思应该相同。“残民以逞”，杨注：“残害人民以快己意。”其说可从。

原文

宋人以兵车百乘、文马百驷以赎华元于郑。半入，华元逃归。立于门外，告而入。见叔牂，曰：“子之马然也？”对曰：“非马也，其人也。”既合而来奔。[4]

宋城，华元为植，巡功。城者讴曰：“睅其目，皤其腹，弃甲而复。于思于思，弃甲复来！”使其骖乘谓之曰：“牛则有皮，犀兕尚多，弃甲则那？”役人曰：“从其有皮，丹漆若何？”[5]华元曰：“去之！夫其口众我寡。”

注释

4 杜注：“叔牂，羊斟也。卑贱得先归，华元见而慰之。”“叔牂言毕，遂奔鲁。合犹答也。”杨注引阮芝生《左传杜注拾遗》，认为羊斟“陷元于敌，即脱身而逃，不与元同获”，则未必然。我们认为羊斟先华元逃归，可能是因为他不如华元身份重要，没有引起敌军重视，所以得乘机逃走，杜注或许有些道理。

5 睅读 hàn。皤读 pó。“于思”之思，读 sāi，音义同“腮”。“弃甲则那”，那读 nuó。杜注：“植，将主也。睅，出目。皤，大腹。弃甲，谓亡师。于思，多须之貌。那，犹何也。”孔疏：“植，谓将领主帅监作者也。巡功，谓巡城检作功也。”杨注：“弃甲指其战败，复指其逃归。”“‘于思’，于为助语词，无义。“复来，指其巡功。”“那，奈何之合音……言纵令有皮，但丹漆难给，将若之何。”按：役人之讴，明白地表达了对华元吃败仗而逃归的讥讽。

原文

“秦师伐晋”，以报崇也。遂围焦。夏，晋赵盾救焦，遂自阴地，及诸侯之师侵郑，以报大棘之役。

楚斗椒救郑，曰：“能欲诸侯而恶其难乎？”遂次于郑以待晋师。赵盾曰：“彼宗竞于楚，殆将毙矣。姑益其疾。”乃去之。❶

晋灵公不君。厚敛以雕墙。从台上弹人而观其辟丸也。宰夫胹熊蹯不(熟)〔孰〕，杀之，置诸畚，使妇人载以过朝。❷赵盾、士季见其手，问其故而患之。将谏，士季曰：“谏而不入，则莫之继也。会请先，不入，则子继之。”三进，及溜，而后视之，曰：“吾知所过矣，将改之。”稽首而对曰：“人谁无过？过而能改，善莫大焉。《诗》曰：‘靡不有初，鲜克有终。’夫如是，则能补过者鲜矣。君能有终，则社稷之固也，岂惟群臣赖之？又曰：‘衮职有阙，惟仲山甫补之。’能补过也。君能补过，衮不废矣。”❸

犹不改，宣子骤谏。公患之，使鉏麑贼之。晨往，寝门辟矣，盛服将朝。尚早，坐而假寐。❹麑退，叹而言曰：“不忘恭敬，民之主也。贼民之主，不忠；弃君之命，不信：有一于此，不如死也！”触槐而死。

注释

❶ “欲诸侯”，意思是想得到诸侯各国拥戴，想实现霸主事业。这当然不能因为事业艰难而感到厌恶。“彼宗竞于楚”以下，这个“竞”与上年《左传》“不竞于楚”句“竞”字义同，杜注：“竞，强也。”杨注：“彼宗，斗椒，若敖氏之族也……竞，强也，强于楚，世为楚之强者。”这里赵盾的话可以引起两点思考：一、“姑益其疾”（杜注：“欲示弱以骄之”），是出于谋略上的考虑。若真是这样，杜元凯为《经》宣元年作注所说的赵盾“畏楚而还，失霸者之义”就没有根据，而《春秋经》贬称为“人”也就不那么妥当了。二、如果经、注都不错，则可以判断，赵盾的话只是掩饰之辞罢了。

❷ 胹读 ér，《释文》：“煮也。”蹯读 fán，兽足。熊蹯就是熊掌。畚读

běn,《释文》:"草器也。"孔疏引《周官·挈壶氏》郑司农注:"畚所以盛粮之器。"《左传》下文"使妇人载以过朝",孔疏:"过朝以示人,令众惧己。"杨注认为这里应取《晋世家》说:"使妇人持其尸出弃之,过朝。"这是晋灵公"不君"("失君道")的重要例证。

❸ "靡不有初,鲜克有终"两句,见《诗·大雅·荡》。意思是:没有起初做得不好的,但是很少能做到善终。"衮职有阙,惟仲山甫补之"两句,见《诗·大雅·烝民》,杜注:"衮,君之上服。阙,过也。言服衮者有过,则仲山甫能补之。"杨注:"衮,天子以及上公之礼服。职犹适也……诗以衮衣之阙喻周王之过失,以能缝补衮衣之阙喻仲山甫能匡救君过。"这样解说,最为明白准确。"衮不废矣",也是比喻,意思是国君能匡正过失,则衮服不会被剥夺,社稷可以继续保持,国家可以维护巩固。

❹ 鉏读 chú。麑读 ní,据《释文》,一读 mí。《尧典》"寇贼奸宄"(今见于自《尧典》分割而出的《舜典》),伪孔传:"杀人曰贼。"这里"贼"作动词用,意思也就是"杀"。"假寐",杜注:"不解衣冠而睡。"今按:《左传》这里描写了一个勤于政事的高级大夫的形象。

原文

秋九月,晋侯饮赵盾酒,伏甲将攻之。其右提弥明知之,趋登,曰:"臣侍君宴,过三爵,非礼也!"遂(扶)〔跣〕❶以下。公嗾夫獒焉,明搏而杀之。❷盾曰:"弃人用犬,虽猛何为!"斗且出。提弥明死之。

初,宣子田于首山,舍于翳桑;见灵辄饿,问其病。曰:"不食三日矣!"食之,舍其半。问之。曰:"宦三年矣❸,未知母之存否。今近焉,请以遗之。"使尽之,而为之箪食与肉,置诸橐以与之。既而与为公介,倒戟以御公徒而免之。问何故,对曰:"翳桑之饿人也。"问其名居,不告而退,遂自亡也。❹

乙丑,赵穿(攻)〔杀〕灵公于桃园。宣子未出山而复。大史书曰："赵盾弑其君。"以示于朝。宣子曰："不然。"对曰："子为正卿，亡不越竟，反不讨贼，非子而谁？"宣子曰："乌呼！'我之怀矣，自诒伊戚。'其我之谓矣！"孔子曰："董狐，古之良史也，书法不隐。赵宣子，古之良大夫也，为法受恶；惜也！越竟乃免。"❺

注释

❶ 作"扶"也可以讲通原文，陆氏《音义》云："服虔注作跣。"揆之以礼及当时情状，自以"跣"字为切。

❷ 嗾读 sǒu，这里是指唆使狗咬人的意思，《说文》："使犬也。"獒读 áo，杜注："猛犬也。"夫，这里作指示代词用，相当于"彼"。灵公嗾使恶狗咬忠臣，当然还是"不君"的表现。

❸ 杜注："宦，学也。"孔疏："《曲礼》云：'宦学事师。'则二者俱是学也。但宦者学仕宦，学者寻经艺，以此为异耳。"杨注引文献证明：学仕宦之事，"宦者，殆亦为人臣隶"，故灵辄穷饿如此。"三年"，可能只是表示岁月长久，也可能刚好是三年（三十六个月）。

❹ 杜注："灵辄为公甲士。"灵辄本当与公徒一起扑杀赵盾，反而将戟倒过来抵挡公徒，让赵盾逃走。"不告而退"，不把姓名居处告诉赵盾，杜注："不望报也。"灵辄本为报恩而冒死救助赵盾，可是这样一来，就必不可"与为公介"了。"遂自亡也"，杜注："辄亦去。"因为不可不去。王伯申《经义述闻》认为"自亡"者是赵盾，杨注驳之，较近情理。

❺ "我之怀矣，自诒伊戚"，这两句诗的出处，王子雍以为是《邶风·雄雉》，杜元凯认为是逸《诗》，因为与《诗》三百篇（包括《邶风·雄雉》《小雅·小明》）原文都有差异。杜注解释这两句诗说："言人多所怀恋则自遗忧。"其说是。孔子说"书法不隐"，意思是：史书撰写原则有不隐瞒真相一条。"为法受恶"，杜注："善其为法受屈。"我们赞成"书法不隐"，然而不赞成"为法受恶"。既然要反映真相，就不应该也不必让贤人"受屈"，总之，实事求是才好。为什么《春秋》经文不记录灵公不君而赵穿杀之呢？说什么"越

竟乃免”,越过国境就可以脱去干系,免除“弑其君”的罪责,否则就必须承担罪名而受屈,这只是仲尼先生无条件忠君观念及其史学思想的反映。与后来《孟子·梁惠王下》“闻诛一夫纣矣,未闻弑君也”相比较,孔子关于史籍书法的解释显然太落后了。

原文

宣子使赵穿逆公子黑臀于周而立之。壬申,朝于武宫。❶

初,丽姬之乱,诅无畜群公子,自是晋无公族。及成公即位,乃宦卿之適(子)而为之田,以为公族;又宦其余子,亦为余子;其庶子为公行。晋于是有公族、余子、公行。❷

赵盾请以括为公族,曰:“君姬氏之爱子也。微君姬氏,则臣狄人也。”公许之。冬,赵盾为旄车之族❸,使屏季以其故族为公族大夫。

注释

❶ “朝于武宫”,是晋国新君即位必须举行的大礼,旨在告先祖以取得认可,并借此大典以身份明示天下。前文《左传》僖廿四年记晋文公重耳回国即位第二天“朝于武宫”事,亦其比。

❷ 杜注:“诅,盟誓。”孔疏引服虔说:“丽姬与献公及诸大夫诅无畜群公子,欲令其二子专国。”杜注根本不言丽姬,孔疏也不肯把造成“无畜群公子”这一局面的责任完全判归丽姬。当时“晋之公子悉皆出在他国,是其因行而不改”,孔疏这样说,也应为事实。此外,孔疏还说到群公子“膏粱之性难正”,也应为事实。“及成公即位”至“以为公族”,杜注:“宦,仕也。为置田邑以为公族大夫。”关于“宦其余子,亦为余子”两句,杜氏解释说:“余子,嫡子之母弟也。亦治余子之政。”关于“其庶子为行”句,杜注:“庶子,妾子也。掌率公戎行。”总之,杜元凯认为“公族、余子、公行”三者“皆官名”。今按:《诗·魏风·汾沮洳》有“公族”“公路”与“公行”三名,可为晋有此类官名之证。杨注谓“公族”有广、狭二

义，“自是晋无公族”是“晋自此以后无公族大夫之官”的意思，《魏风》“公路”即《左传》之“余子”，其说有据，可补正注疏之阙失，当从之。

❸ 杜注：“旄车，公行之官。”按：杜氏此注误。杨注：“旄车之族，即余子，亦即公路。”郑君为《诗·魏风·汾沮洳》作笺，已指出“公路，主君之轩车”。杨先生更正杜注关于“赵盾为旄车之族”的误说，除了有郑笺为证，还有不少先贤的说法可资参考，我们这里从略了。

经三年[1]

原文

春，王正月，郊牛之口伤，改卜牛；牛死，乃不郊。[2]犹三望。

葬匡王。[3]

楚子伐陆浑之戎。

夏，楚人侵郑。

秋，赤狄侵齐。

宋师围曹。

冬，十月丙戌，郑伯兰卒。

葬郑穆公。

注释

❶ 鲁宣公三年，即公元前606年，周定王元年。

❷ 杜注：“牛不称牲，未卜日。”先卜择牛可否作祭祀用，可，则卜祭祀之日。卜得牛吉日吉，则牛可称牲。郊祭不可废止，倘若无牲则不行郊祭之礼。

❸ 上年《春秋经》书“十月乙亥天王崩”，本年《经》书“春王正月……葬匡王”，杜注说“四月而葬，速”，则其葬就在本年正月，不应在二月或三月。又，天王崩，诸侯国应有吊丧致赙之礼，譬如《春

秋》经传文八年分明有相关记载。《春秋》经传宣二年、三年不见有诸侯国这一类表示，可见《经》《传》分明有阙文，或者说是分明有疏漏。

传三年

原文

春，不郊，而望，皆非礼也。望，郊之属也。不郊，亦无望可也。❶

晋侯伐郑，及郔❷。郑及晋平，士会入盟。

楚子伐陆浑之戎，遂至于雒，观兵于周疆。定王使王孙满劳楚子。楚子问鼎之大小、轻重焉，对曰："在德，不在鼎。昔夏之方有德也，远方图物，贡金九牧，铸鼎象物，百物而为之备，使民知神、奸。故民入川泽、山林，(不逢)〔禁御〕不若。螭魅罔两，莫能逢之。用能协于上下，以承天休。❸桀有昏德，鼎迁于商，载祀六百。商纣暴虐，鼎迁于周。德之休明，虽小，重也；其奸回昏乱，虽大，轻也。天祚明德，有所厎止。成王定鼎于郏鄏，卜世三十，卜年七百，天所命也。周德虽衰，天命未改。鼎之轻重，未可问也。"❹

"夏，楚人侵郑"，郑即晋故也。❺

宋文公即位三年，杀母弟须及昭公子，武氏之谋也。使戴、桓之族攻武氏于司马子伯之馆，尽逐武、穆之族。武、穆之族以曹师伐宋。秋，宋师围曹，报武氏之乱也。

注释

❶ 杜注："言牛虽伤、死，当更改卜，取其吉者，郊不可废也。"孔疏："案《经》，牛死在正月，郊当用三月，其间足得养牛。牛虽一伤一死，当更改卜，取其吉者，郊天之礼不可废也。牛死而遂不郊，故为非礼也。"依《左传》的说法，不行郊祭，则望祭也就不必行，行则非礼。"望，郊之属也"与《左传》僖卅一年说的"望，郊之细也"，仅一字之

差。两《传》都有“不郊，亦无望可也”的说法。请参看彼注。

❷ 郔读 yán。杜注：“郔，郑地。”

❸ 据大量文献记载，中国自夏商周秦以来，镇国宝鼎为历朝所重视。而东周定王时期的王孙满毫不含糊地说明“在德，不在鼎”的道理，足以证知德之可宝贵更在宝鼎之上。“不逢不若”句，“不逢”当作“禁御”，说见惠栋《春秋左传补注》以及阮元等《校勘记》。杜注：“若，顺也。螭，山神，兽形。魅，怪物。罔两，水神。”杨注：“‘不若’即下文‘螭魅罔两’之类。”禁御不若，谁也没有见到螭魅罔两一类怪物，这当然是好事。“用能协于上下，以承天休”两句，杜注：“民无灾害，则上下和而受天佑。”我们认为这里“上下”应指上层社会与下民百姓，上下和协，非德政不能致此。祈求受天佑，这在古代社会各阶层都是自然之事。

❹ 厎读 zhǐ。郏读 jiá。鄏读 rǔ。“天祚明德”两句，杜注：“厎，致也。”杨注：“祚，福也。”“厎止意义相近，故同用，于此盖固定之义。句谓上天赐福于明德之人，必有所固定，非随时可变者。”两注皆可通。今按：成王定鼎事，实即平乱定天下之成功，其时如果铸鼎以资纪念，也是可以做到的。“卜年七百”可能是传说，而两周实际经过的年岁超过此数。“鼎之轻重未可问也”，意思是天命尚在姬周，周为天下共主，旁人休得觊觎神器。

❺ 这里“即”是靠拢、亲附、依就的意思。“郑即晋”，郑依附于晋。《传》宣元年记郑本附于楚，而《传》宣三年记“郑及晋平”，故楚人侵郑。

原文

冬，郑穆公卒。

初，郑文公有贱妾曰燕姞，梦天使与己兰，曰：“余为伯鯈。余，而祖也。以是为而子。以兰有国香，人服媚之如是。”既而文公见之，与之兰而御❶之。辞曰：“妾不才，幸而有子。将不信❷，敢征兰乎?”公曰:“诺!”生穆公,名之曰“兰”。

文公报[3]郑子之妃曰陈妫,生子华、子臧。子臧得罪而出。诱子华而杀之南里,使盗杀子臧于陈、宋之间。又娶于江,生公子士。朝于楚,楚人鸩之,及叶[4]而死。又娶于苏,生子瑕、子俞弥。俞弥早卒。泄驾恶瑕,文公亦恶之,故不立也。公逐群公子。公子兰奔晋,从晋文公伐郑。

石癸曰:“吾闻姬、姞耦,其子孙必蕃。姞,吉人也,后稷之元妃也。今公子兰,姞甥也;天或启之,必将为君,其后必蕃。先纳之可以亢宠[5]。”与孔将鉏、侯宣多纳之,盟于大宫而立之,以与晋平。[6]

穆公有疾,曰:“兰死,吾其死乎!吾所以生也。”刈兰而卒。

注释

❶ 这里“御”字的意思,与小戴辑《礼记·丧大记》“禫而从御”之“御”相同。

❷ 杨注:“将可作假设连词,假若之义。”今从之。“将不信”就是假若不相信。

❸ 杜注:“汉律:淫季父之妻曰报。”杨注:“报亦淫也。”但是“报”有对象范围的限定。

❹ 这个“叶”,古读 shè,杜注:“叶,楚地。”

❺ 杜注:“亢,极也。”然则亢宠就是极宠。杨注:“亢有捍蔽保护之义……亢宠犹言保护宠幸于不衰也。”按:两注皆可通。

❻ 杜注:“大宫,郑祖庙。”盟于祖庙,有报告先祖并请见证的意思。立国君于祖庙,则为古之常礼。

经四年[1]

原文

春,王正月,公及齐侯平莒及郯。莒人不肯。[2]公伐莒,取向。

秦伯稻卒。

夏,六月乙酉,郑公子归生弑其君夷。

赤狄侵齐。

秋,公如齐。公至自齐。[3]

冬,楚子伐郑。

注释

❶ 鲁宣公四年,当公元前605年,周定王二年。

❷ 这里说"莒人不肯",同年《左传》说"子良不可","不肯"与"不可"义同,就是不同意。

❸ "公至自齐"与《春秋经》桓二年书"公至自唐"句例相同。《左传》桓二年说:"告于庙也。"《春秋经》桓二年杜注:"凡公行还不书'至'者,皆不告庙也。"《春秋经》宣四年书"至",所以杜注说"告于庙"。

传四年

原文

"春,公及齐侯平莒及郯。莒人不肯。""公伐莒,取向",非礼也。平国以礼不以乱。[1]伐而不治,乱也。以乱平乱,何治之有?无治,何以行礼?

楚人献鼋于郑灵公。公子宋与子家将见。子公之食指动,以示子家,曰:"他日我如此,必尝异味。"及入,宰夫将解鼋。相视而笑。公问之,子家以告。及食大夫鼋〔羹〕,召子公而弗与也。子公怒,染指于鼎,尝之而出。[2]公怒,欲杀子公。

子公与子家谋先。子家曰:"畜老犹惮杀之,而况君乎?"反谮子家。子家惧而从之。夏,弑灵公。书曰"郑公子归生弑其君夷",权不足也。君子曰:"仁而不武,无能达也。"凡弑君:称君,君无道也;称臣,臣之罪也。[3]

郑人立子良。辞曰:“以贤则去疾不足,以顺则公子坚长。”乃立襄公。

襄公将去穆氏而舍子良,子良不可,曰:“穆氏宜存,则固愿也。若将亡之,则亦皆亡,去疾何为?”乃舍之,皆为大夫。[4]

注释

❶ “平莒及郯”,使莒与郯二小国讲和。莒人不肯,必有原因。鲁宣公不分青红皂白,兴师伐莒,实为“非礼”,怎么能用战乱迫使人家讲和呢?

❷ 杜注:“宋,子公也。子家,归生。”食指动则必尝异味,此种现象算不算特异功能,愿质诸高明,似不必惊诧。“及食大夫鼋”句下“羹”字,据王氏《经义述闻》卷十八补入。按:“染指”典故出于此。

❸ “谋先”,杜注:“先公为难。”用现代话说,就是先下手。“畜”,依杜注,就是家养六畜(chù)。牲畜老了还怕宰杀,何况国君呢?“书曰”以下,杜注:“子家权不足以御乱,惧谮而从弑君,故书以首恶。初称‘畜老’,仁也;不讨子公,是不武也:故不能自通于仁道而陷弑君之罪。”我们认为:以后世法律视角观之,子家是否首恶,当另有别论。“凡弑君”以下,属《左氏》揭出的《春秋》书法(或叫凡例、通例),杜注:“称君,谓唯书君名而称国以弑,言众所共绝也。称臣者,谓书弑者之名以示来世,终为不义。改‘杀’称‘弑’,辟其恶名,取有渐也。”孔疏引《释例》而有详说,杨注无异议。读者于此或不无感慨:《诗·小雅·伐木》说“民之失德,干糇以愆”,其实上层社会也有这一类事情,何止于下民?都是一念之差所致,稍微想宽一些,当不至于此。宣二年华元杀羊食士不公,宣四年郑灵公食大夫鼋羹不均,本来是为将帅为君者有过在先,终于招致祸难。但我们并不认为羊斟、子公们无过无罪,“以其私憾败国殄民”,实亦不足为训。难道那一块羊肉一杯羹就那

么重要吗？然而有的时候，一块羊肉一杯羹的的确确很重要！

❹ 这一段，问题在于“舍”字该作何理解。《说文》：“市居曰舍。”段注：“舍可止，引伸之为凡止之称。”舍的繁体为“捨”，《说文》：“捨，释也。”段注：“释者解也。按：《经》《传》多假‘舍’为之。”今“舍”行而“捨”废，所以“舍”如同假借为“捨”的时候一样，包括了“捨”的含义。《传》宣四年“去穆氏”，杜注：“逐群兄弟。”这里“去”与下文“舍”相对，“舍”则为不去，应该是止、留的意思。也可以说：去之，则不释其罪；不释就是不赦（不舍）。舍之，就是释之、赦之，这样就可以留下了。“去疾何为”，去疾是子良之名，杜注：“何为独留？”意思是留则皆留。

原文

初，楚司马子良生子越椒。子文曰：“必杀之！是子也，熊虎之状而豺狼之声；弗杀，必灭若敖氏矣。谚曰：‘狼子野心。’是乃狼也，其可畜乎！”子良不可。子文以为大戚；及将死，聚其族，曰：“椒也知政，乃速行矣，无及于难！”且泣曰：“鬼犹求食，若敖氏之鬼不其馁而！”❶

及令尹子文卒，斗般为令尹，子越为司马。𫇭贾为工正，谮子扬而杀之。子越为令尹，己为司马。子越又恶之，乃以若敖氏之族圄伯嬴于轑阳而杀之。❷遂处烝野，将攻王。王以三王之子为质焉，弗受。

师于漳澨。秋七月戊戌，楚子与若敖氏战于皋浒。伯棼射王，（汰）〔汏〕辀，及鼓跗，著于丁宁；又射，（汰）〔汏〕辀，以贯笠毂。师惧，退。❸王使巡师曰：“吾先君文王克息，获三矢焉。伯棼窃其二，尽于是矣。”鼓而进之，遂灭若敖氏。

注释

❶ 我国古代早有人死为鬼的观念，甲骨文就有“鬼”字（譬如《卜辞

通纂》430)。"鬼犹求食",杨注认为"犹"作假设连词若字用,其说本《经传释词》卷一"犹"条,甚确,可从之。鬼若求食,食从后人祭祀所供来。"不其馁而",杜注:"而,语助。言必馁。"《释文》:"馁……饿也。"杨注:"不其馁而,犹言不将饥饿乎,意谓子孙灭绝,无人祭祀之。"这样解释,很准确。

❷ 圄读 yǔ。轑读 liáo。杜注:"圄,囚也。伯嬴,艻贾也。轑阳,楚邑。"

❸ 澨读 shì。汰当作汏,说见阮元等《校勘记》。汏读 tài。辀读 zhōu。"丁宁"合声为"钲","丁"读 zhēng。杜注:"漳澨,漳水边。皋浒,楚地。伯棼,越椒也。辀,车辕。汏,过也。箭过车辕上。丁宁,钲也。兵车无盖。尊者,则边人执笠依毂而立,以御寒暑,名曰笠毂。此言箭过车辕,及王之盖。"杨注:"古兵车宜有盖……笠毂者,车盖弓骨之所聚也。"引钱绮说,谓伯棼"一矢稍下及鼓跗,一矢稍上贯笠毂,皆几中于王,其势甚危,故师惧而退"。按:杨先生更正了杜元凯的两处误解,引钱氏说颇得当,由是原文就明白了。

原文

初,若敖娶于䢵,生斗伯比。若敖卒,从其母畜于䢵。淫于䢵子之女,生子文焉。䢵夫人使弃诸梦中,虎乳之。䢵子田,见之,惧而归。〔夫人〕以告,遂使收之。楚人谓乳穀,谓虎於菟,故命之曰(斗)穀於菟。❹以其女妻伯比。实为令尹子文。

其孙箴尹克黄使于齐。还,及宋,闻乱。其人曰:"不可以入矣!"箴尹曰:"弃君之命,独谁受之?君,天也;天可逃乎?"遂归,复命,而自拘于司败。❺王思子文之治楚国也,曰:"子文无后,何以劝善?"使复其所❻,改命曰"生"。

"冬,楚子伐郑",郑未服也。

注释

❹ 郧读 yún。杨注盖谓穀为彀之借（彀为本字）。这里穀、彀皆读 gòu。於菟读 wū tú。杜注："郧，国名。畜，养。梦，泽名。"杨注用旧说："梦即楚之云梦泽。"《说文》："彀，乳也。"按：《左传》这里记楚人之音，研究古音韵者应予注意。"斗穀於菟"，"斗"字为衍文，说见《经义述闻》卷十八。

❺ 出使而还，还而复命，与《礼经·聘礼》相符。请参看《春秋经》文公八年注❸。

❻ 杨注："使克黄复任箴尹之官。"按：此说是。

经五年[1]

原文

春，公如齐。

夏，公至自齐。

秋，九月，齐高固来逆叔姬。[2]

叔孙得臣卒。[3]

冬，齐高固及子叔姬来。[4]

楚人伐郑。

注释

❶ 鲁宣公五年，为公元前 604 年，周定王三年。

❷ 杜注："高固，齐大夫。不书女归，降于诸侯。"今按：卿非君命不越竟，故孔疏认为"此高固亦是因来聘而自逆也"，名义上是奉公命来聘，因而有了越竟的理由，实则来自迎妻归。孔疏又说："嫁于诸侯者，皆书其归。此不书'归'者，差降于诸侯也。"注疏言之有理，而《春秋经》书法正是春秋时期奉行周礼的佳证。

❸ 杜注："不书日，公不与小敛。"杨注引《左传》隐公元年语"公不与

小敛，故不书日”为证，言之有据。

❹ 杜注：“叔姬宁，固反马。”按：叔姬已嫁，新昏夫妇行反马之礼，《春秋》经传可为证。《经》上文称“叔姬”，这里称“子叔姬”，上文杨注：“‘子叔姬’为已嫁之称。”上下《经》文所言异时，故异称。孔疏：“叔姬已适高氏而犹言‘子叔姬’者，以其新归于夫，反马乃成为妇，今始来反马，故以父母之辞言之。”杨注所言与孔疏不尽一致。两说各执一偏，言各有当。我们认为“反马乃成为妇”一说与《礼经·昏礼》所说三月庙见乃成为妇实际上有一致性。反马与庙见礼自不同，但都是新妇得到认可的结果。

传五年

原文

春，公如齐。高固使齐侯止公，请叔姬焉。

“夏，公至自齐。”书，过也。❶

秋九月，齐高固来逆女，自为也。故书曰“逆叔姬”，(即)〔卿〕自逆也。

冬“来”，反马也。❷

楚子伐郑。陈及楚平。晋荀林父救郑，伐陈。

注释

❶ 这里晋侯指晋成公，中行桓子即荀林父，杨注已指出。杜注：“公既见止，连昏于邻国之臣，厌尊毁列，累其先君，而于庙行饮至之礼，故书以示过。”按：依《释例》，书“至”者，有告庙之事。孔疏：“公如齐见止，求与高固为昏方始得归，当以耻而不告。亦复告庙饮至，故依常书之以示过。”这是一种解释。杨注认为《春秋经》宣五年书“至”与《春秋》经传桓二年所书之“至”不同，未可以一例视之。但是杨注并未说明坚实可信的理由。我们认为这里杜注、孔疏还是有道理的。

❷ 杜注:“礼,送女留其送马,谦不敢自安。三月庙见,遣使反马,高固遂与叔姬俱宁,故经传具见以示讥。”孔疏:“至三月庙见,夫妇之情既固,则夫家遣使反其所留之马,以示与之偕老,不复归也。法当遣使,不合亲行。高固因叔姬归宁,遂亲自反马,与之俱来,故《经》《传》具见其事以示讥也。”引郑君《鍼膏肓》为证,颇有论辩必不可阙的说服力。

经六年[1]

原文

春,晋赵盾、卫孙免侵陈。

夏,四月。

秋,八月,螽。

冬,十月。

注释

❶ 鲁宣公六年,即公元前603年,周定王四年。

传六年

原文

春,晋、卫侵陈,陈即楚故也。

夏,定王使子服求后于齐。

秋,赤狄伐晋,围怀,及邢丘。晋侯欲伐之,中行桓子曰:“使疾其民,以盈其贯,将可殪也。《周书》曰‘殪戎殷’,此类之谓也。”[1]

冬,召桓公逆王后于齐。[2]

楚人伐郑,取成而还。

郑公子曼、满与王子伯廖语:欲为卿。伯廖告人曰:“无德而贪,其在《周易》‘丰䷶’之‘离(䷕)〔䷝〕’,弗过之矣。”[3]间一岁,郑人杀之。

注释

❶ 这里“晋侯”指晋成公,“中行桓子”即荀林父,杨注已言之。杜注:“骄则数战,为民所疾。殪,尽也。贯,犹习也。《周书·康诰》也,义取周武王以兵伐殷,尽灭之。”杨注引俞曲园《春秋左传平议》:“疾其民犹言病其民也。”杨注:“盈贯犹言满贯……将为副词,殆也……此处之殪乃一举而绝灭之义……殪戎殷者,灭绝大国殷也。”又说:“周文、武待纣之恶贯满盈然后一举灭之。我之待赤狄亦犹是也。”今按:孔疏引刘炫的说法,认为《泰誓》“商罪贯盈”之“贯”“不得为习也”。通过比较,可知杨先生注《左传》实有许多比杜元凯注得好的地方。

❷ 这里召读 shào,不读 zhào。杜注:“召桓公,王卿士。事不关鲁,故不书。”按:这里说“事不关鲁,故不书”,实不确。无论是《春秋》,还是《左传》,所书“不关鲁”的事情很多,并非关乎鲁者书之,“不关鲁”者一概不书。

❸ 杜注:“丰上六变而为纯离也。《周易》论变,故虽不筮,必以变言其义。丰上六曰‘丰其屋,蔀其家……三岁不觌,凶’,义取无德而大其屋,不过三岁必灭亡。”孔疏:“丰卦上六变而为纯离之卦,故为‘丰之离’也。”“伯廖引此者,义取无德而居乃屋,不过三岁必灭亡。”按:注疏对“《周易》丰之离”的解说,应已道出原义。又,阮刻本离之卦画九四作六四,误使离卦成了贲卦,今校正之。

经七年[1]

原文

春,卫侯使孙良夫来盟。

夏,公会齐侯伐莱。

秋,公至自伐莱。

大旱。

冬,公会晋侯、宋公、卫侯、郑伯、曹伯于黑壤❷。

注释

❶ 鲁宣公七年,当公元前602年,周定王五年。

❷ 杨注:“黑壤即黄父,见《传》文十七年注。”

传七年

原文

春,卫孙桓子来盟。始通,且谋会晋也。

“夏,公会齐侯伐莱”,不与谋也。凡师出,与谋曰“及”,不与谋曰“会”。❶

赤狄侵晋,取向阴之禾。

郑及晋平,公子宋之谋也,故相郑伯以会。冬,盟于黑壤。王叔桓公临之,以谋不睦。❷

晋侯之立也,公不朝焉,又不使大夫聘。晋人止公于会,盟于黄父。公不与盟,以赂免。故黑壤之盟不书,讳之也。❸

注释

❶ 杜注:“与谋者,谓同志之国相与讲议利害,计成而行之,故以相连及为文。若不获已,应命而出,则以外合为文。皆据鲁而言。师者,国之大事,存亡之所由,故详其举动,以例别之。”孔疏已指出有“本不在例”而学人欲强合之者。杨注认为《左传》宣七年这里概括的“师出”而书“及”或“会”之例,“考之《经》《传》,亦有未必然者”,其说有据。对于前人揭示的所谓通例、凡例,我们都应该加以检验,方可知其信否。

❷ 杜注："王叔桓公，周卿士，衔天子之命以监临诸侯。"谋不睦，意思是商量解决诸侯国之间不和睦的问题。这样增字解《经》，实不得已。

❸ 杜注："黄父即黑壤。慢盟主以取执止之辱，故讳之。"杨注："被止则讳，故昭十六年《传》亦云'……晋人止公，不书，讳之也'。"按：杨先生说的"被止则讳"，"被止"，是被拘留、被囚禁、被关押的意思。验之《春秋》经传，"被止则讳"可信。

经八年[1]

原文

春，公至自会。

夏，六月，公子遂如齐，至黄乃复。[2]

辛巳，有事于大庙，——仲遂卒于垂。——壬午，犹绎。万入，去籥。[3]

戊子，夫人嬴氏薨。

晋师、白狄伐秦。

楚人灭舒蓼。

秋，七月甲子，日有食之，既。

冬，十月己丑，葬我小君敬嬴。雨，不克葬。庚寅，日中而克葬。[4]

城平阳。

楚师伐陈。

注释

❶ 鲁宣公八年，为公元前601年，周定王六年。

❷ 杜注："盖有疾而还。大夫受命而出，虽死，以尸将事。遂以疾还，非礼也。"孔疏："《聘礼》曰：'宾入竟而死，遂也。''若宾死未将

命，则既敛于棺，造于朝，介将命。'哀十五年《传》曰：'有朝聘而终以尸将事之礼。'是入所聘之竟，则当遂行。黄是齐竟，遂以疾还，非礼也。"按：这里注疏很明确，自当从之。

❸ 杜注："绎，又祭。陈昨日之礼，所以宾尸。万，舞名。籥，管也。犹者，可止之辞。鲁人知卿佐之丧不宜作乐，而不知废绎，故内舞去籥，恶其声闻。"孔疏："《穀梁传》云：'绎者，祭之旦日之享宾也。'天子诸侯谓之为绎。少牢馈食，大夫之礼也，谓之宾尸。"《公羊传》何休注、《穀梁传》杨疏同。据杨伯峻先生注，我们知道：仲遂就是公子遂。小戴辑《礼记·檀弓下》记录孔仲尼先生批评绎祭仲遂的两句话，说是"非礼也，卿卒不绎"。这是依当时礼制言之。

❹ 小戴辑《礼记·曲礼上》："外事以刚日，内事以柔日。"郑注："出郊为外事。"孔疏："甲丙戊庚寅五奇为刚也。"顾炎武《日知录》卷四有"葬用柔日"条。杨注："春秋时，葬埋均以柔日，此因雨，改用明日，盖不得已，非用刚日也。"按：杨先生这里采用了顾炎武的说法，其说与原文相符，有道理，今从之。何以称"小君"？请参看《左氏》隐公三年注。

传八年

原文

春，白狄及晋平。夏，会晋伐秦。晋人获秦谍❶，杀诸绛市，六日而苏。

"有事于大庙"，襄仲卒而绎，非礼也。

楚为众舒叛故，伐舒蓼，灭之。楚子疆之❷，及滑汭，盟吴、越而还。

晋胥克有蛊疾❸，郤缺为政。秋，废胥克，使赵朔佐下军。

冬，葬敬嬴。旱，无麻，始用葛茀。"雨，不克葬"，礼也。礼：卜葬先远日,辟不怀也。[4]

"城平阳",书,时也。

陈及晋平。楚师伐陈,取成而还。

注释

❶《释文》:"谍……间也,今谓之细作。"按:今谓之间谍。

❷"疆之",杜注:"正其界也。"按:灭了别国,将别国纳入本国版图,改变了原来的疆界,这就是所谓"疆之",所谓正其界。

❸杜注:"惑以丧志。"光是这样讲,意思不明白。《说文》:"蛊,腹中虫也。"段注:"'中''虫'皆读去声……腹'中虫'者,谓腹内中虫食之毒也。"杨注:"古之所谓蛊疾者即食物中毒,或以为鬼物所迷,其现象为神经错乱。"这样讲,明确好懂,当从之。

❹苐读 fú,《释文》:"引棺索也。"杜注:"苐所以引柩,殡则有之以备火,葬则以下柩。"孔疏:"苐字,《礼》或作绋,或作綍,绳之别名也。"又说:"此云'始用葛苐',则自此以后常用葛。"这是对杜注所谓"记礼变之所由"的解说。"雨不克葬"句以下,孔疏:"卜葬先卜远日,辟不思念其亲,似欲汲汲而早葬之也。今若冒雨而葬,亦是不思其亲,欲得早葬,故举卜葬先远日以证为雨而止,礼也。"按:小戴辑《礼记·曲礼上》:"丧事先远日。"可见《左传》宣八年所谓"卜葬先远日"实有礼制根据。但是《礼记·王制》有"庶人县封,葬不为雨止"的说法,那是因为礼制本有等级之异,所以,对《左传》宣八年的这一类讲法,要注意具体分析,不可拘泥。

经九年[1]

原文

春,王正月,公如齐。

公至自齐。

夏，仲孙蔑如京师。

齐侯伐莱。

秋，取根牟。

八月，滕子卒。

九月，晋侯、宋公、卫侯、郑伯、曹伯会于扈。

晋荀林父帅师伐陈。

辛酉，晋侯黑臀卒于扈。

冬，十月癸酉，卫侯郑卒。

宋人围滕。

楚子伐郑。晋郤缺帅师救郑。

陈杀其大夫泄冶。[2]

注释

❶ 鲁宣公九年，应为公元前600年，周定王七年。

❷ 杜注："泄冶直谏于淫乱之朝以取死，故不为《春秋》所贵而书名。"按：为《春秋》所贵则不书名。泄冶直谏陈灵公，孔疏说是"无骨肉之亲，怀宠不去，仕于乱朝，以区区之心欲止一国之淫昏，死而无益，可谓狷矣"。依此说，则淫昏之朝不应当有直谏之臣，则彼淫昏之朝还有何希望，非举国沉沦不可了。我们认为这里孔疏实无道理。可见《春秋》书例并不都值得肯定。

传九年

原文

春，王使来征聘。[1]

夏，孟献子聘于周，王以为有礼，厚贿之。

"秋，取根牟"，言易也。

滕昭公卒。

“会于扈”，讨不睦也。陈侯不会，晋荀林父以诸侯之师伐陈。晋侯卒于扈，乃还。

冬，“宋人围滕”，因其丧也。

陈灵公与孔宁、仪行父通于夏姬，皆衷其衵服以戏于朝。泄冶谏曰：“公卿宣淫，民无效焉。且闻不令。君其纳之！”[2]公曰：“吾能改矣。”公告二子，二子请杀之。公弗禁，遂杀泄冶。孔子曰：“《诗》云：‘民之多辟，无自立辟。’其泄冶之谓乎！”[3]

楚子为厉之役[4]故，伐郑。

晋郤缺救郑。郑伯败楚师于柳棼。国人皆喜，唯子良忧曰：“是国之灾也。吾死无日矣！”

注释

❶ 杜注：“征，召也。言周征也。征聘不书，微加讽谕，不指斥。”按：征聘就是表示要诸侯国来聘问的希望，要人家来，而不是人家要来，不是诸侯国按规定自动前来。这当然是姬周王朝对诸侯国约束力已很微小的结果。

❷ 衵读 nì，《释文》引《说文》：“日日所衣裳也。”又引《字林》：“妇人近身内衣也。”杜注：“衷，怀也。衵服，近身衣。宣，示也。纳，藏衵服。”按：“闻不令”的闻，读 wèn，这里指名声。令，这里是“好”“善”的意思。闻不令，意即名声不好。

❸ 杜注：“辟，邪也。辟，法也。《诗·大雅》。言辟邪之世不可立法，‘国无道，危行言孙’。”按：引诗见《诗·大雅·板》。“民之多辟”的辟，是邪辟。“无自立辟”的辟，是法律、法令。“国无道，危行言孙”，见《论语·宪问》，何晏《集解》：“孙，顺也。厉行不随俗，顺言以远害。”杜注依《左传》批评泄冶，恐未必妥当。无论何时何地，总应该有若干是非标准。难道举国淫昏，士人反以从俗为安？不知后来孔夫子的批评有何道理？也许他说的只是当时的事实罢。其实我们也不必为孔子讳，他老人家引《诗·大雅·

板》批评泄冶,实有违于他积极入世的人生态度。

❹ 据《左传》宣公九年、十一年杜注以及阮元等人《校勘记》,知此"厉之役"可能指《左传》宣公六年所记"楚人伐郑取成"之役。有前辈学者认为未必可信。

经十年[1]

原文

春,公如齐。
公至自齐。
齐人归我济西田。
夏,四月丙辰,日有食之。
己巳,齐侯元卒。
齐崔氏出奔卫。[2]
公如齐。[3]
五月,公至自齐。
癸巳,陈夏征舒弑其君平国。
六月,宋师伐滕。
公孙归父如齐。葬齐惠公。[4]
晋人、宋人、卫人、曹人伐郑。
秋,天王使王季子来聘。[5]
公孙归父帅师伐邾,取绎。
大水。
季孙行父如齐。
冬,公孙归父如齐。齐侯使国佐来聘。
饥。
楚子伐郑。

注释

❶ 鲁宣公十年,即公元前599年,周定王八年。

❷ 孔疏:"崔杼有宠于惠公。惠公既薨,高、国二家恐其借前世之宠,又有宠于新君,故畏其逼己,因君薨而逐之。崔杼未有罪也。"因为依通例,被逐出国者必有罪于国,所以孔疏这里作此说明。杜注"见举族去",以其不合《经》旨,有学者疑之。我们认为,这里杜注解释原文本义,应该可以采纳。《穀梁传》:"氏者,举族而出之之辞也。"同年《左传》下文记郑人斫子家之棺而逐其族,可见崔氏一族被逐出,并非不可能之事。

❸《经》上文说"齐侯元卒",这里说"公如齐",应该是赴齐吊丧。《左传》即记此事为奔丧,杜注:"公亲奔丧,非礼也。"这样说是符合当时礼制规定的,其时无诸侯奔诸侯丧之礼。

❹ 派遣卿大夫参加诸侯国君的会葬,这是合礼的。前文已有记载(如文六年"公子遂如晋"就是赴会葬晋襄公之礼)。

❺ 据同年《左传》,可知所谓"王季子"即刘康公,杜注:"即王季子也,其后食采于刘。"杨注:"谥康公也。"

传十年

原文

春,公如齐。齐侯以我服故,归济西之田。

夏,齐惠公卒。崔杼有宠于惠公;高、国畏其逼也,公卒而逐之。奔卫。书曰"崔氏",非其罪也;且告以族,不以名。凡诸侯之大夫违,告于诸侯曰:"某氏之守臣某失守宗庙,敢告。"所有玉帛之使者,则告;不然,则否。❶

公如齐奔丧。

陈灵公与孔宁、仪行父饮酒于夏氏。公谓行父曰:"徵舒似女。"对曰:"亦似君。"徵舒病之。公出,自其厩射而杀之。二子奔楚。

滕人恃晋而不事宋。六月,宋师伐滕。

郑及楚平。诸侯之师伐郑,取成而还。

秋,刘康公来报聘。❷

师伐邾,取绎。

季文子初聘于齐。

冬,子家如齐,伐邾故也。

国武子来报聘。❸

楚子伐郑。晋士会救郑,逐楚师于颍北。诸侯之师戍郑。

郑子家卒。郑人讨幽公之乱,斫子家之棺而逐其族。❹改葬幽公,谥之曰"灵"。

注释

❶ 杜注:"违,奔放也。"这以下说的是诸侯之大夫出奔或见放的通例。古人看重宗庙之事,若非迫不得已,不肯"失守宗庙"。杜注:"玉帛之使谓聘。"孔疏:"《聘礼》:执玉致命,执帛致享,故云'玉帛之使谓聘'也。"引刘炫的说法:"'玉帛之使',谓国家有交好之国皆告,非指奔者之一身。"杨注以为"刘炫之义较杜为长"。其实杜注说的"玉帛之使谓聘",未必指奔者之一身,也可能就是刘炫说的意思,所以后世读者实无法判断刘炫之义是否较杜为长。孔疏说的"若奔者未尝往聘,恩好不接,则不告;唯告奔者尝聘之国,余不告也",从原文脉络看,未必就是杜元凯的意思。下句"不然则否",杜注:"恩好不接,故亦不告。"所谓"恩好不接",也未必不是指国家恩好。

❷ 杜注:"报孟献子之聘。"按:孟献子聘周,事见上年《春秋》经传。上年《经》谓"仲孙蔑如京师",仲孙蔑就是孟献子;《左传》则直书"孟献子聘于周"。

❸ 杜注:"报文子也。"按:上文记"季文子初聘于齐",这里记齐侯派国武子(即《经》所谓国佐)来报聘。

❹ 杜注:"以四年弑君故也。斲薄其棺,不使从卿礼。"按:这里说的子家,就是《经》《传》宣四年记其弑郑灵公之罪的子家。杨注认为斫棺就是剖棺。我们认为杜注关于斫棺的解释未必就是臆说。从礼制上讲,杜注也是可以讲通的。但是从当时国人仇恨弑君者这一点来讲,也许杨注更合情理。

经十有一年[1]

原文

春,王正月。

夏,楚子、陈侯、郑伯盟于辰陵。

公孙归父会齐人伐莒。

秋,晋侯会狄于欑函[2]。

冬,十月,楚人杀陈夏徵舒。[3]

丁亥,楚子入陈。

纳公孙宁、仪行父于陈。[4]

注释

❶ 鲁宣公十一年,即公元前598年,周定王九年。

❷ 欑读cuán。《左传》隐十一年有"欑茅"。欑函也是地名。

❸ 杜注:"不言'楚子',而称'人',讨贼辞也。"孔疏:"'讨贼辞'者,言弑君之贼人人皆欲杀之。作举国共杀之文,故不言'楚子'也。"我们由此联想到三点:一、在《春秋》作者看来,君君臣臣,臣永远不可犯君,即使君为"一夫纣",臣不可作周武王,这正是仲尼先生的思想。本年《左传》说"书有礼也",其时礼制固如此,然而在今日读者看来,这一类礼制实无道理。二、明明是楚子命人

杀夏徵舒,偏偏只说是"楚人",如果要弄清事情真相,那就只好借助别的文献了。三、这里说"楚人",与前文早已出现的《春秋》书"人"之例合还是不合?似有不合。

❹ 杜注:"二子淫昏乱人也……定亡君之嗣,灵公成丧,贼讨国复,功足以补过,故君子善楚复之。"孔疏与杜注一样为二子辩护。然则泄冶何罪?

传十一年

原文

春,楚子伐郑,及栎。子良曰:"晋、楚不务德而兵争,与其来者可也。晋、楚无信,我焉得有信!"❶乃从楚。夏,楚"盟于辰陵",陈、郑服也。

楚左尹子重侵宋,王待诸郔❷。

令尹蔿艾猎城沂,使封人虑事,以授司徒。量功命日,分财用,平板干,称畚筑,程土物,议远迩,略基趾,具糇粮,度有司。事三旬而成,不愆于素。❸

注释

❶ "与其来者可也",意思是谁来我们就跟谁(服从谁)。晋、楚两大国不讲信用,我们怎么能恪守信用呢?

❷ 郔读 yán。杜注:"郔,楚地。"

❸ 杜注:"艾猎,孙叔敖也。沂,楚邑。封人,其时主筑城者。虑事,无虑计功。"孔疏:"虑事者,谋虑筑城之事,无则虑之,讫则计功也。史书多有'无虑'之语,皆谓揆度前事也。"这样说来,主持筑城的"封人"有似于现代所谓工程师设计师。设计好了,就上报给司徒官。杜注:"司徒,掌役。"当为政府主管建设的部门长官。"命日",杜注:"命作日数。"这是预计工程所需时日。"财用",杜

注:“筑作具。”这样讲,是把“财”看作“材”了。“平板干(榦)”,杜注:“干 ,桢也。”孔疏:“干为桢,谓墙之两头立木也。板在两旁,卧障土者,即彼文干也。平板干者,等其高下使城齐也。”按:这是说筑城的具体操作了。“称畚筑”,杜注:“量轻重。畚,盛土器。”孔疏:“筑者,筑土之杵。”“称畚筑者,量其轻重,均负土与筑者之力也。”这还是说具体细节。“程土物”,杜注:“为作程限。”这样讲,与前文“量功命日”何异?孔疏:“谓锹镬畚舆之属,为作程限备豫也。”杨注:“土谓筑城土……犹今计算土方。物谓材木……土方与材木皆先计算之,作为程限,使之预备不致停工待料。”试作比较,可知孔疏关于“程土物”的说解优于杜注,而杨先生说得最为准确。“议远迩”至“事三旬而成”五句好懂,姑置之不论。“不愆于素”,杜注:“不过素所虑之期也。”也就是按既定计划行事。

原文

晋郤成子求成于众狄。众狄疾赤狄之役,遂服于晋。“秋,会于欑函”,众狄服也。

是行也,诸大夫欲召狄。郤成子曰:“吾闻之:非德,莫如勤;非勤,何以求人?能勤,有继。其从之也!《诗》曰:‘文王既勤止。’文王犹勤,况寡德乎?”❹

注释

❹“非德,莫如勤”,意思是:不能以德服人用人,那就没有比自己勤劳能招致人了。杜注:“勤则功继之。”自己不怕勤苦,才能做成一件又一件事。既然求成于众狄,何必召而会之?“其从之也”,这个“其”,以训“当”为妥(杨遇夫先生《词诠》卷四:其犹当也),也可作“必”“宁”讲,作“可”讲(裴学海先生《古书虚字集释》卷五:“‘其’犹‘必’也”,“‘其’犹‘宁’也,愿词也”,“‘其’犹‘可’也”)。杨注:“从,就也。”引顾炎武《左传杜解补正》:“言往而会狄。”意即当就而会之。引《诗》见《周颂·赉》,杜注:“《诗》颂文

王勤以创业。”文王尚且如此，何况我们这些寡德之人呢！

原文

冬，楚子为陈夏氏乱故，伐陈；谓陈人：“无动！将讨于少西氏。”遂入陈，杀夏徵舒，轘诸栗门。因县陈。[1]陈侯在晋。

申叔时使于齐，反，复命而退。王使让之，曰：“夏徵舒为不道，弑其君，寡人以诸侯讨而戮之。诸侯、县公皆庆寡人。女独不庆寡人，何故？”对曰：“犹可辞乎？”王曰：“可哉！”曰：“夏徵舒弑其君，其罪大矣。讨而戮之，君之义也。抑人亦有言曰：‘牵牛以蹊人之田，而夺之牛。’牵牛以蹊者，信有罪矣；而夺之牛，罚已重矣。诸侯之从也，曰讨有罪也。今县陈，贪其富也。以讨召诸侯，而以贪归之，无乃不可乎？”[2]王曰：“善哉！吾未之闻也。反之，可乎？”对曰：“〔可哉！〕[3]吾侪小人所谓取诸其怀而与之也。”乃复封陈；乡取一人焉以归，谓之夏州。[4]故书曰：“楚子入陈。纳公孙宁、仪行父于陈。”书有礼也。

厉之役，郑伯逃归，自是楚未得志焉。郑既受盟于辰陵，又徼事于晋。[5]

注释

1. 杜注：“少西，徵舒之祖子夏之名。轘，车裂也。栗门，陈城门。”楚人将夏徵舒车裂于城门旁边，“因县陈”，杜注：“灭陈以为楚县。”这就不仅是“讨于少西氏”了。
2. “犹可辞乎”，杨注说这个“辞”与《左传》僖四年“子辞”“我辞”的“辞”义同，声辩的意思。“抑人亦有言曰”以下，杜注：“抑，辞也。蹊，径也。”蹊读 xī，不读 qī，本义是小路，这里名词作动词用，以“人之田”为小路，任意踩踏。申叔时劝谏楚子“复封陈”，用了一个形象的比方，意思是：牵牛踩踏人家的庄稼田，那是真错了，可你夺了他的牛，对他的惩罚就太重了。楚王您讨伐陈国有罪的人,这有道理,所以众诸侯跟随您;可您吞并陈国,把陈国当作楚国的一个县,那分明是贪图陈国之富啊!怕是不对吧。

❸ 此"可哉"二字,阮刻本无,杨伯峻先生《春秋左传注》亦无。今按:揆之文意当有。四部丛刊本正有此二字,洪亮吉《春秋左传诂》亦有,宋元人注《春秋三传》亦有,当据补。

❹ "吾侪小人,所谓取诸其怀而与之也",侪读 chái,《释文》:"辈也。"杜注:"叔时谦言小人意浅,谓譬如取人物于其怀而还之为愈于不还。"这样浅近的话,其中道理实不难明白。"谓之夏州",杜注:"州,乡属,示讨夏氏所获也。"孔疏:"讨夏氏,乡取一人以归楚而成一州,故谓之夏州。"

❺ "徼事",徼读 yāo,杨注:"求也。"求事于晋,这与郑求事于楚一样,乃是夹之于南北两大国之间的小国不得已而采取的外交政策。

经十有二年[1]

原文

春,葬陈灵公。[2]

楚子围郑。

夏,六月乙卯,晋荀林父帅师及楚子战于邲。晋师败绩。

秋,七月。

冬,十有二月戊寅[3],楚子灭萧。

晋人、宋人、卫人、曹人同盟于清丘。[4]

宋师伐陈。卫人救陈。

注释

❶ 鲁宣公十二年,即公元前 597 年,周定王十年。

❷ 杜注:"贼讨国复,二十一月然后得葬。"按:二十一月然后得葬,

显然与当时实行的周礼不合。因为国乱,所以出现国君之薨不得及时安葬的情况。

❸ 杜注:"十二月无戊寅。戊寅,十一月九日。"孔疏:"案:《传》称'师人多寒',若是十一月,则今之九月,未是寒时,当月是而日误也。"这是疏不同注的一个例子。

❹ 四国与盟者皆称"人",皆贬为"人"。据杜注、孔疏,这与《春秋》书法称"人"之例相合。

传十二年

原文

春,楚子围郑。旬有七日,郑人卜行成,不吉;卜临于大宫且巷出车,吉。国人大临,守陴者皆哭。[1]楚子退师。郑人修城,进复围之三月,克之。入自皇门,至于逵路。郑伯肉袒牵羊以逆,曰:"孤不天,不能事君,使君怀怒以及敝邑,孤之罪也。敢不唯命是听?其俘诸江南以实海滨,亦唯命;其翦以赐诸侯,使臣妾之,亦唯命。若惠顾前好,徼福于厉、宣、桓、武,不泯其社稷,使改事君,夷于九县:君之惠也,孤之愿也,非所敢望也!敢布腹心,君实图之!"[2]左右曰:"不可许也,得国无赦!"王曰:"其君能下人,必能信用其民矣,庸可几乎?"[3]退三十里而许之平。潘尫入盟。子良出质。

注释

❶ 杜注:"临,哭也。大宫,郑祖庙。"孔疏引《杂记》客致含赗讫请临为证,《杂记》郑君注:"临,视也,言欲入视丧所不足而给助之,谦也,其实为哭耳。"然则可以判断:"临"训为"哭"还是不错的。孔疏又说:"宫即庙也。象其尊貌则谓之为庙,言其墙屋则称之为宫。大宫,宫之大者。郑祖庙者,谓郑大祖之庙也。"这样说是对的。其实,郑之大宫,前在《传》宣三年已经出现过。杜注:"出车

于巷，示将见迁，不得安居。”杨注采用贾逵的讲法：“巷出车，陈于街巷，示虽困不降，必欲战也。”可是对于郑人而言，实际情况是行成吉，战则不吉，结局是盟而出质。如果依左氏卜筮多应验的结构，这里应该是“郑人卜行成，吉；卜临于大宫且巷出车，不吉”。陴读 pí，杜注：“陴，城上俾倪。皆哭，所以告楚穷也。”杨注：“守陴即守城也。”举国皆哭，哭声在大多情况下是动情的，感人的。

❷ 杜注：“涂方九轨曰逵。”逵路就是四通八达的大路。“肉袒牵羊以逆”，杜注：“示服为臣仆。”按：《左传》前文已出现过这一类记载。“孤不天”，杜注：“不为天所佑。”杨注：“不天者，不承奉天之旨意也。”从上下文联系看，杨注较杜注妥当。“其俘诸江南”以下，意思是：随便如何处置，俘我而至于江南天涯海角，灭我国而分赐诸侯做奴婢，我都唯命是听。“徼福”句以下，杜注：“周厉王、宣王，郑之所自出也。郑桓公、武公，始封之贤君也。愿楚要福于此四君，使社稷不灭。泯犹灭也。楚灭九国以为县，愿得比之。”孔疏为落实“九县”之数费了些工夫。杨注：“夷于九县，即等于九县……九可以用作虚数，汪中《述学·释三九》已详言之，则九县犹言诸县耳。”杨注甚确。

❸ 孔疏：“庸，用也。‘几’读如‘冀’。言用可冀幸而得之乎，何必灭其国？”杨注：“此言其后望无穷。”意思也是说不必灭其国。

原文

夏六月，晋师救郑。荀林父将中军，先縠佐之。士会将上军，郤克佐之。赵朔将下军，栾书佐之。赵括、赵婴齐为中军大夫，巩朔、韩穿为上军大夫，荀首、赵同为下军大夫，韩厥为司马。

及河，闻郑既及楚平，桓子欲还，曰：“无及于郑而剿民，焉用之？楚归而动，不后。”❶

随武子曰：“善！会闻用师，观衅而动。❷德、刑、政、事、典、礼不易，不可敌也，不为是征。楚(军)〔君〕讨郑，怒其贰而哀其卑，叛而伐之，服而舍之，德刑成矣。伐叛，刑也；柔服，德也：二者立矣。昔岁入陈，今兹入郑，民不罢劳，君无怨讟，政有经矣。荆尸而举，商农工贾不败其业而卒乘辑睦，事不奸矣。蒍敖为宰，择楚国之令典。军行：右辕，左追蓐，前茅虑无，中权，后劲。百官象物而动，军政不戒而备，能用典矣。其君之举也：内姓选于亲，外姓选于旧；举不失德，赏不失劳。老有加惠，旅有施舍；君子小人，物有服章；贵有常尊，贱有等威：礼不逆矣。德立刑行，政成事时，典从礼顺：若之何敌之？见可而进，知难而退，军之善政也。兼弱攻昧，武之善经也。[3]子姑整军而经武乎，犹有弱而昧者，何必楚？仲虺有言曰：'取乱侮亡'，兼弱也。《汋》曰：'於铄王师，遵养时晦。'耆昧也。《武》曰：'无竞惟烈。'抚弱耆昧以务烈所，可也。"[4]

注释

❶ 杜注："桓子，林父。剿，劳也。"这里桓子的意思是：不能及时救郑而劳动我军，何必呢？等到楚国军队归去之后，我们动兵伐郑，不算迟。

❷ "观衅而动"的"衅"，《释文》引服虔云："间也。"孔疏："衅是间隙之名。""观衅而动"，就是发现有空子可钻，而采取行动。

❸ 这里"不易"是不变、不违反的意思。不违背德、刑、政、事、典、礼的人，无敌而不可征。"楚军讨郑"句，"军"当作"君"，说见阮元等《校勘记》。《左传》这里记随武子(士会)的话，赞许楚君讨郑伐陈，执政治国，用典行礼，已经做到"德、刑、政、事、典、礼不易"，是"不可敌"，所以晋国应该"不为是征"。讟，读 dú，杜注："谤也。"孔疏："政有常则民不恨，故国君无人怨，无人谤。"《左氏》下句"政有经矣"，正是"政有常"的意思。"荆尸"，已在前文《左传》庄四年出现过，秦墓《日书》出土以前解说者无一不误。我们已知"荆尸"就是楚之正月，那是岁之始，可以说一年之计在

于春。“卒乘辑睦，事不奸矣”，杜注：“步曰卒，车曰乘。奸，犯也。”众民和睦，诸业兴旺，没有作奸犯科的事。“军行”以下，杜注：“在车之右者挟辕为战备，在左者追求草蓐为宿备。”“虑无：如今军行，前有斥候蹋伏，皆持以绛及白为幡，见骑贼举绛幡，见步贼举白幡，备虑有无也。茅，明也。或曰：时楚以茅为旌识。”另有学者认为“辕谓将车之辕，‘右辕’言右军从将军之辕所向而进退”，“茅当读为旄，盖旌之饰或以羽，或以旄”（旄即牛尾），“虑无”就是“思虑所未必有之事，盖备豫不虞之意”，我们认为这样讲比杜注好。而杜注亦有解说得当不可易者，譬如说：“中军制谋，后以精兵为殿。”总而言之，治军如此，可以说是“百官动，军政备”的重要内容。“象物而动”“不戒而备”，杜注：“物犹类也。戒，敕令。”孔疏说“百官象物而动，军政不戒而备”是治兵之法，我们认为孔疏持之有故，正是原意所在，也算是“能用典”了。以下说楚君“礼不逆矣”。人家是能够做到“德立刑行，政成事时，典从礼顺”的明君，你为何要与他为敌呢？可以进军则进，知其难敌则退，这才是治军之良策。“兼弱攻昧，武之善经”，杜注：“昧，昏乱。经，法也。”兼并弱小，攻取昏乱，这才是用兵之善法啊！

❹ 汋读 zhuó（音义同“酌”），《诗》作“酌”。杜注：“仲虺，汤左相，薛之祖奚仲之后。《汋》，《诗·颂》篇名。铄，美也。言美武王能遵天之道，须暗昧者恶积而后取之。耆，致也，致讨于昧。《武》，《诗·颂》篇名。烈，业也。言武王兼弱攻昧，故成无疆之业。”孔疏：“‘取乱侮亡’，《尚书·仲虺之诰》文也。”“於，叹辞也。时，是也。晦，昧也。言於美乎哉，武王之用师也！能遵天之道，养是暗昧之君，待暗昧者恶积而后取之。”关于《汋》篇“於铄王师，遵养时晦”，杨注：“句谓率领军队以攻取此昏昧者。”引陈硕甫先生《诗毛氏传疏》：“耆昧即攻昧。”这当然比杜注、孔疏讲得好。“抚弱耆昧以务烈所”，杜注：“言当务从武王之功业抚而取之。”孔疏：“士会言：不须敌楚，兼抚余诸侯弱者，致讨诸侯昧者，以务武王烈业之所可也。”杨注无异议。

原文

彘子曰:“不可!晋所以霸,师武臣力也。今失诸侯,不可谓力;有敌而不从,不可谓武。由我失霸,不如死!且成师以出,闻敌强而退,非夫也。[5]命(有)〔以〕军(师)〔帅〕[6],而卒以非夫,唯群子能,我弗为也!”以中军佐济。

注释

❺ 彘子即先縠。“非夫也”,杜注:“非丈夫。”我们从彘子这几句话可以悟出以下三点意思:其一,晋文公开创的霸业,当时还没有丢失;其二,晋国将军知道“晋所以霸,师武臣力也”这个道理,并且还准备为维护霸业而战死;其三,“闻敌强而退,非夫也”,懂得这个道理,不畏强敌,当然并非坏事;可是楚庄王领导的楚国的强大,毕竟已成事实。

❻ 依阮元等《校勘记》改。“有”,《正义》作“为”,亦通。

原文

知庄子曰:“此师殆哉!《周易》有之,在‘师䷆’之‘临䷒’,曰:‘师出以律。否臧,凶。’执事顺成为臧,逆为否;众散为弱,川壅为泽,有律以如己也:故曰律否臧,且律竭也。盈而以竭,夭且不整,所以凶也。不行(谓)之〔谓〕‘临’。有帅而不从,临孰甚焉!此之谓矣。果遇,必败,彘子尸之。虽免而归,必有大咎!”[7]

韩献子谓桓子曰:“彘子以偏师陷,子罪大矣!子为元帅,师不用命,谁之罪也?失属亡师,为罪已重,不如进也。事之不捷,恶有所分。与其专罪,六人同之不犹愈乎?”师遂济。

注释

❼《周易》“师”之“临”,是“师”初六变而之“临”。“师出以律,否臧,凶”,杜注:“此‘师’卦初六爻辞。律,法。否,不也。”按:

"师"卦是坎下坤上,"临"卦是兑下坤上。"师"初六变而为阳爻,由是坎变成了兑。"众散为弱"以下,杜注:"坎为众,今变为兑,兑柔弱。坎为川,今变为兑,兑为泽,是川见壅。如,从也。法行则人从法,法败则法从人。坎为法象。今为众则散,为川则壅,是失法之用,从人之象。竭,败也。坎变为兑,是法败。"孔疏:"《易·说卦》'兑为少女',故为柔弱。众聚则强,散则弱。坎变为兑,是众散为弱也。《说卦》:'坎为沟渎',沟渎即是川也。《说卦》:'兑为泽。'川是流水,今变为泽,是川见壅也。"上引注疏实据卦象与《易传》为言,其说大体可信。(说大体可信,是因为其中还有个别词句的训诂未必妥当。)"盈而以竭,夭且不整",还是就坎一变而为兑言之,杜注:"水遇夭塞,不得整流,则竭涸也。"这里"竭涸"连言,竭与涸义同。前引杜注训竭为败,败者废灭之意,其实与竭涸意思相通。"不行谓之'临'",杨注将"谓之"乙正为"之谓",今从之。杜注:"水变为泽,乃成'临'卦。泽,不行之物。"这还是就卦象而言。"有帅而不从,'临'孰甚焉",杜注:"譬彘子之违命亦不可行。"知庄子由彘子的表现联想到《周易》"师"之"临"的象征意义,进而作出判断:"果遇,必败,彘子尸之。"依杜注,这几句意思是说:彘子帅中军之佐渡河以后,若果遇敌军,必败无疑,而彘子必主此祸。即使能活着回来,其终有祸难是不可避免的。

原文

楚子北,师次于郔。沈尹将中军,子重将左,子反将右,将饮马于河而归。闻晋师既济,王欲还。嬖人伍参[1]欲战。令尹孙叔敖弗欲,曰:"昔岁入陈,今兹入郑,不无事矣。战而不捷,参之肉其足食乎!"参曰:"若事之捷,孙叔为无谋矣。不捷,参之肉将在晋军,可得食乎?"令尹南辕反旆,伍参言于王曰:"晋之从政者新,未能行令。其佐先縠刚愎不仁,未肯用命。其三帅者专行不获。听而无上，众谁适从？此行也，晋师必败！且君而逃臣，若社稷何？”王病之，告令尹：改乘辕而北之，次于管以待之。[2]

注释

❶《释文》：“参，七南反。”知此字读 cān，不必读 shēn，也不必读 cēn。杜注：“参，伍奢之祖父。”

❷“其三帅者专行不获”以下，杜注：“欲专其所行而不得。听彘子、赵同、赵括，则为军无上，令众不知所从。”关于“众谁适从”句，杨注：“适当读如《诗·卫风·伯兮》‘谁适为容’之適，主也，专也。”按：两注说是。“王病之”，这个“病”与《论语·卫灵公》“君子病无能焉”句中“病”字义同，邢疏：“病犹患也。”或者说与小戴辑《礼记·乐记》“病不得其众也”句“病”字义同，郑君注：“病犹忧也。”担心的意思。

原文

晋师在敖、鄗之间，郑皇戌使如晋师，[3]曰：“郑之从楚，社稷之故也，未有贰心。楚师骤胜而骄，其师老矣而不设备。子击之，郑师为承，楚师必败！”彘子曰：“败楚，服郑，于此在矣。必许之！”栾武子曰：“楚自克庸以来，其君无日不讨国人而训之于民生之不易、祸至之无日、戒惧之不可以怠，在军无日不讨军实而申儆之于胜之不可保、纣之百克而卒无后，训之以若敖、蚡冒筚路蓝缕以启山林，箴之曰‘民生在勤，勤则不匮’：不可谓‘骄’。[4]先大夫子犯有言曰：‘师直为壮，曲为老。’我则不德，而徼怨于楚。我曲楚直，不可谓‘老’。其君之戎分为二广，广有一卒，卒偏之两。右广初驾，数及日中；左则受之，以至于昏。内官序当其夜，以待不虞。不可谓‘无备’。子良，郑之良也。师叔，楚之崇也。师叔入盟，子良在楚，楚、郑亲矣。来劝我战，我克则来，不克遂往：以我卜也。郑不可从！”[5]赵括、赵同曰：“率师以来，唯敌是求。克敌，得属，又何俟？必从彘子!”知季曰:“原、屏,咎之徒也。”赵庄子曰:“栾伯善哉?实其言,必长晋国!”[6]

注释

❸ 鄗,读 qiāo。“郑皇戌”的“戌”,阮元等《校勘记》:“作戌是也。《释文》亦作戌。浦镗云:‘凡人名,除定十三年公叔戌外,并从戌亥之戌。”按:阮刻本作戌,不误。

❹ 郑皇戌劝晋军将帅伐楚,认为晋师必胜,他的理由是“楚师骤胜而骄,其师老矣,而不设备”,何况晋军这一方面还有“郑师为承”。彘子立即要求晋方接受郑皇戌的建议。而栾武子立即驳斥郑皇戌的四点说法与彘子的主张。这里先驳斥郑国使者皇戌的第一点,说明不可谓楚师已骄。“训之于……”“申儆之于……”杜注:“于,曰也。”先师郭君重晋稀先生也说“于”为“曰”之借,然则“箴之曰”句正与上文同一句式。《尔雅·释诂》:“于,曰也。”也可以作“于”“曰“相通”之证。太老师杨遇夫(树达)先生以及师伯杨伯峻先生另有说法,谓“于,以也”,“训之于……”句“谓以民生之不易、祸至之无日、戒惧之不可怠训导国人也”。(按:此本刘武仲《助字辨略》说,遇夫先生的解说见《读左传》《古书疑义举例续补》第二十条,杨伯峻先生说见《春秋左传注》。)以下可类推。我们认为:“于”“曰”可通,“于”“以”亦通,然则上引两说皆可通,应可并存。遇夫先生不以杜注为然,认为转述不当用“曰”字,我们认为不尽然。可以举出一些古籍用“曰”字转述的例子,如《诗·十月之交》:“抑此皇父,岂曰不时?……曰予不戕,礼则然矣。”《诗·雨无正》也有这一类句子。《左传》宣十五年、十七年、成二年用“曰”字转述的句子就有好几处,不烦引。现代人转述他人之词用“说”,实与古人转述用“曰”相当,恐怕并没有什么不可以。“军实”,杜注:“军器。”而遇夫先生《左传军实解》(收入《积微居小学金石论丛》)认为“军实盖指人言,谓军中之士卒也”,列数证以明之,其说甚确。“若敖、

蚡冒筚路蓝缕以启山林”，杜注：“若敖、蚡冒皆楚之先君。筚路，柴车。蓝缕，敝衣。此二君勤俭以启土。”这样解释是对的。

❺ 栾武子这里驳斥郑国使者皇戌所谓楚师老矣而不设备、“郑师为承”的说法以及彘子所谓“必许之”的主张，认为楚师“不可谓老”“不可谓无备”，结论是“郑不可从”。“其君之戎”以下，杜注：“君之亲兵十五乘为一广。《司马法》：“百人为卒，二十五人为两，车十五乘为大偏。”杨注认为这里《司马法》不可取，杨先生说：“广有一卒者，谓每部之车数有一卒耳。其数为偏之两，即两偏，故又云卒偏之俩。据下文‘楚子为乘广三十乘’，则一偏是十五乘，两偏是三十乘。楚以三十乘为一卒，以一卒为一广。”我们认为就广、卒与偏之两而言，杨注较为近理。“右广初驾，数及日中；左则受之”以下，杜注：“内官，近官。序，次也。”孔疏：“右广鸡鸣初驾，数及日中，则左广受而代之，以至于昏，此昼日事也。其内官亲近王者为次序，以当其夜，若今宿直递持更也。”如此，怎么能说楚师无备呢？“我克则来，不克遂往：以我卜也”，孔疏：“将我晋战之胜负卜其遂来遂往，犹人揲蓍看卦善恶而卜其去之与住也。”这样讲，已把原意说得很明确了。

❻ 杜注：“知季，庄子也。原，赵同。屏，赵括。徒，党也。”杨注：“咎谓殃咎……徒借为途……此句犹云实行赵括、赵同之言乃自取殃咎之道。”这样解说，又胜过杜注。“实其言，必长晋国”，杨注：“此盖谓若行栾书之言，必能使晋国长久也。”将“实其言”的“实”训为“实行”“实践”，也比杜注“实犹充也”义长。

原文

楚少宰如晋师，曰：“寡君少遭闵凶，不能文。闻二先君之出入此行也，将郑是训定，岂敢求罪于晋？二三子无淹久！”随季对曰：“昔平王命我先君文侯曰：‘与郑夹辅周室，毋废王命！’今郑不率，寡君使群臣问诸郑，岂敢辱候人？敢拜君命之辱！”彘子以为谄，使赵括从而更之,曰:“行人失辞。寡君使群臣迁大国之迹于郑,曰:‘无辟敌!’群臣无所逃命!”[7]

注释

❼ 杜注:“候人,谓伺候望敌者。”杨注:“候人为道路迎送宾客之吏。”两说皆通。“行人”,应为从事外交的官吏。“行人失辞”,杜注:“言误对。”失辞就是失言。“寡君使群臣迁大国之迹于郑”以下,杨注很明确,意思是说我们晋国将帅奉命把楚军赶出郑国,无法回避,只有在战场上拚命了。

原文

楚子又使求成于晋,晋人许之,盟有日矣。楚许伯御乐伯,摄叔为右,以致晋师。许伯曰:“吾闻:致师者御靡旌摩垒而还。”乐伯曰:“吾闻:致师者左射以菆,代御执辔,御下两马,掉鞅而还。”摄叔曰:“吾闻:致师者右入垒,折馘、执俘而还。”皆行其所闻而复。晋人逐之,左右角之。乐伯左射马而右射人,角不能进;矢一而已。麋兴于前,射麋丽龟。[8]晋鲍癸当其后,使摄叔奉麋献焉,曰:“以岁之非时,献禽之未至,敢膳诸从者。”鲍癸止之,曰:“其左善射,其右有辞,君子也!”既免。

注释

❽ 孔疏:“《周礼·环人》‘掌致师’,郑玄云:‘致师,致其必战之志。’则致师者致已欲战之意于敌人,故单车扬威武以挑之,下云赵旃‘请挑战’是也。挑彼晋师,故言‘以致晋师’也。”简言之,“致师”就是阵前挑战而耀武扬威。“御靡旌”以下,菆读 zōu,杜注:“靡旌,驱疾也。摩,近也。左,车左也。菆,矢之善者。两,饰也;掉,正也:示闲暇。”杨注:“摩垒者,迫近敌人之营垒也……两马可有二解……为刷拭马毛之义,此一解也。俞樾《平议》则云:‘……御者下车排比其马,使两骖两服不致傀互不齐,亦示闲

暇之意也。'此又一解也。后说合理。"又说:"掉鞅谓整理马颈革。"杨先生这些注释,比旧注疏更加明白。"射麋丽龟"句,杜注:"丽,着也。龟,背之隆高当心者。"孔疏:"龟之形,背高而前后下。此射麋丽龟,谓着其高处,故杜以龟为背之隆高当心者。服虔亦然,是相传为此说也。"杨注:"龟指禽兽之背部。古之田猎者,其箭先着背以达于腋为善射……则乐伯之射麋中龟,亦状其善射也。"今按:古代蒐田礼有所谓上杀、中杀、下杀,楚乐伯射麋丽龟,当为上杀。

原文

晋魏锜求公族未得而怒,欲败晋师。请致师,弗许。请使,许之。遂往,请战而还。楚潘党逐之。及荧泽,见六麋,射一麋以顾献,曰:"子有军事,兽人无乃不给于鲜?敢献于从者。"叔党命去之。

赵旃求卿未得,且怒于失楚之致师者,请挑战。弗许。请召盟,许之;与魏锜皆命而往。郤献子曰:"二憾[9]往矣。弗备,必败。"彘子曰:"郑人劝战,弗敢从也;楚人求成,弗能好也:师无成命,多备何为?"士季曰:"备之善。若二子怒楚,楚人乘我,丧师无日矣。不如备之。楚之无恶,除备而盟,何损于好?若以恶来,有备,不败。且虽诸侯相见,军卫不彻,警也。"彘子不可。

士季使巩朔、韩穿帅七覆于敖前,故上军不败。[10]赵婴齐使其徒先具舟于河,故败而先济。

注释

[9] 憾,愤恨,苦恼,不满。二憾,两个怀怒之人,或者说是两个抱有不满情绪的人,这里指魏锜和赵旃。

[10] 杜注:"帅,将也。覆为伏兵七处。"敖,就是前文"晋师在敖、鄗之间"的敖,杜注说是山名。

原文

潘党既逐魏锜。赵旃夜至于楚军，席于军门之外，使其徒入之。楚子为乘广三十乘，分为左右：右广鸡鸣而驾，日中而说；左则受之，日入而说。[11]许偃御右广，养由基为右；彭名御左广，屈荡为右。乙卯，王乘左广以逐赵旃。赵旃弃车而走林；屈荡搏之，得其甲裳。晋人惧二子之怒楚师也，使軘车逆之。潘党望其尘，使骋而告曰："晋师至矣！"楚人亦惧王之入晋军也，遂出陈。孙叔曰："进之！宁我薄人，无人薄我。《诗》云：'元戎十乘，以先启行。'先人也。《军志》曰：'先人有夺人之心。'薄之也。"[12]遂疾进师，车驰，卒奔，乘晋军。

桓子不知所为，鼓于军中，曰："先济者有赏！"中军、下军争舟，舟中之指可掬也。晋师右移，上军未动。

注释

[11] "楚子为乘广三十乘，分为左右"，这里两"乘"字都读 shèng，量词。杨注："此句谓楚子分乘广为左右，每广三十乘。"杨先生认为"不如此解，则不足以解上文'卒偏之两'"，其说有理。"日中而说"句，说，读 shuì，杜注："舍也。"止息的意思。

[12] 軘读 tún。杜注："軘车，兵车名。"《正义》引服虔的说法："軘车，屯守之车，古名难得而知，其义或当然矣。"《左传》这里引《诗》见《小雅·六月》。杜注："元戎，戎车在前也。""言王者军行必有戎车十乘在前开道，先人为备。"孔疏："元，大也。戎，车也。"这个说法与杜注并不一致，恐当以杜注为是。"'先人有夺人之心。'薄之也"，"薄"与前文"宁我薄人"的"薄"义同，压迫的意思，主动进攻的意思。

原文

工尹齐将右拒卒以逐下军。楚子使唐狡与蔡鸠居告唐惠侯曰："不穀不德而贪，以遇大敌，不穀之罪也。然楚不克，君之羞也。

敢借君灵以济楚师!”[13]使潘党率游阙四十乘,从唐侯以为左拒,以从上军。

驹伯曰:“待诸[14]乎?”随季曰:“楚师方壮,若萃于我,吾师必尽。不如收而去之。分谤,生民,不亦可乎?”殿其卒而退,不败。

注释

[13] “楚子使唐狡与蔡鸠居告唐惠侯”以下,杜注:“二子,楚大夫。唐,属楚之小国。”孔疏:“此未战之前告。”按:注、疏说皆是,然而都没有道破事情实质及其原委。这里“告”是告祭。其时楚子与二大夫所处之地原为唐国,唐惠侯即其国君。楚子为了济师克敌,乞灵于唐侯。唐、蔡本姬姓之国(《楚世家》张氏《正义》引《世本》可供参考),唐狡则应当是唐侯之后。为了乞得唐侯之灵的护佑,楚子使唐狡与蔡鸠居告祭唐侯,为其时祭祀观念与相关礼制所决定。拙著《中国礼制史·先秦卷》第四章第五节论例外之祭,所论正好是与楚子借唐侯之灵同类的问题,祛古今学界群贤之惑,可供参考。

[14] 王伯申《经义述闻》卷十八:“‘待诸’者,御之也。”王氏例举了不少书证。其说是,当从之。

原文

王见右广,将从之乘。屈荡(尸)〔户〕[15]之,曰:“君以此始,亦必以终。”自是楚之乘广先左。

晋人或以广队不能进,楚人惎之脱扃。少进,马还,又惎之拔旆投衡,乃出。顾曰:“吾不如大国之数奔也。”[16]

注释

[15] 尸当作户,依阮元等《校勘记》改正。杜注:“户,止也。”杨注:“字亦作扈,昭十七年《传》‘扈民无淫’是也。”按:杨先生有所本,其说是。“扈”字从“户”,与“户”字相通无疑。

⑯ 杜注:“广,兵车。”《释文》:“队,直类反。”据此音读,可知“队”即“坠”字。惎读 jì,《说文》:“毒也。”段注:“《左传》用此字,有用其本义者,如定四年‘惎间王室’、哀元年‘惎浇能戒之’……此用其本义也。宣十二年‘晋人惎之脱扃’,注云:‘惎,教也。’此假惎为諅也。諅,诫也。”扃读 jiōng。孔疏引服虔说:“扃,横木。有横木投于轮间。一曰:扃,车前横木。”杨注:“句谓楚人教晋抽去车前横木以出坑。”甚确。“马还”以下,杜注:“还,便旋不进。旆,大旗也。拔旆投衡上,使不帆风,差轻。”刘文淇《春秋左氏传旧注疏证》引黄承吉的说法,认为“拔旆投衡”是“拔去旆,又拔去衡”,杨注谓此说似“较胜”,我们认为两说皆可通。如果考虑到军旗不可轻抛,则此杜注尤不可轻易舍去。杨注又说:“晋人既脱,反嘲笑楚人,谓出陷之智不如楚人者,以不如楚人之常奔逃而有此经验也。”杨先生此注妙极,将当时晋人“顾曰”的神态揭示出来,令人忍俊不禁。

原文

赵旃以其良马二济其兄与叔父,以他马反。遇敌不能去,弃车而走林。逢大夫与其二子乘,谓其二子:“无顾!”顾,曰:“赵傁在后。”怒之,使下,指木曰:“尸女于是!”授赵旃绥,以免。明日,以表尸之,皆重获在木下。⑰

楚熊负羁囚知罃。知庄子以其族反之,厨武子御,下军之士多从之。每射抽矢,菆纳诸厨子之房。厨子怒曰:“非子之求而蒲之爱,董泽之蒲可胜既乎?”⑱知季曰:“不以人子,吾子其可得乎?吾不可以苟射故也。”射连尹襄老,获之,遂载其尸;射公子縠臣,囚之。以二者还。

及昏,楚师军于邲。晋之余师不能军,宵济,亦终夜有声。⑲

注释

⑰ “逢大夫”以下,“逢”读 páng,傁读 sǒu(音义与“叟”同)。杜注:

"逢,氏。""傁,老称也。"逢大夫不欲见赵旃,所以吩咐其二子"无顾"。盖逢大夫早已看见赵旃逃入林中,假装不知,可以带着自家儿子逃走而心安理得。今已知赵叟在后,逢大夫就不能顾儿子了,不能弃老将军而不救了,虽然赵叟是二憾之一。"指木曰:尸女于是"以下,杜注:"表所指木,取其尸。兄弟累尸而死。"杨注:"'尸女'者,收女之尸骨也。""依其所为标志而收其尸骨。"果然得其二子尸于树下。孔疏:"累,即《传》之'重'也。"

⑱ 杜注:"负羁,楚大夫。知䓨,知庄子之子。族,家兵。反,还战。"又说:"抽,擢也。菆,好箭。房,箭舍。蒲,杨柳,可以为箭。董泽,泽名……既,尽也。"杨注:"胜音升,尽也。既,《广雅·释诂》作摡,云'取也'。"按:杨注本王怀祖《广雅疏证》说。这个"既"与上文"既免"之"既"义异,不应都训为"尽"。

⑲ 以上是晋楚邲之战的记录,结果是"晋师败绩",如《春秋》经文所说。自晋文公即位以来,晋人在战场上胜多负少,一直维系着霸主地位。邲之战曾一度动摇晋人的霸主地位,这是不必否认的史实。

原文

丙辰,楚重至于邲,遂次于衡雍。潘党曰:"君盍筑武军而收晋师以为京观?臣闻克敌必示子孙,以无忘武功。"❶楚子曰:"非尔所知也。夫文,止戈为武。武王克商,作《颂》曰:'载戢干戈,载櫜弓矢。我求懿德,肆于时夏。允王保之!'又作《武》,其卒章曰:'耆定尔功。'其三曰:'铺时绎思,我徂维求定。'其六曰:'绥万邦,(屡)〔娄〕丰年。'夫武,禁暴、戢兵、保大、定功、安民、和众、丰财者也,故使子孙无忘其章。今我使二国暴骨,暴矣;观兵以威诸侯,兵不戢矣;暴而不戢,安能保大?犹有晋在,焉得定功?所违民欲犹多,民何安焉?无德而强争诸侯,何以和众?利人之几而安人之乱以为己荣,何以丰财?武有七德,我无一焉,何以示子孙?其为先君宫,告成事而已;武非吾功也。古者明王伐不敬,取其鲸鲵而封之,以为大戮；于是乎有京观，以惩淫慝。今罪无所，而民皆尽忠以死君命，又何以为京观乎？”[2]祀于河，作先君宫，告成事而还。

注释

❶ 杜注：“重，辎重也。”“积尸，封土其上，谓之京观。”杨注：“武军、京观盖是一事，收晋尸而封土，即谓之武军；建表木而书之，即谓京观。”杜元凯为“武军”作注，说是“筑军营以章武功”，分武军、京观为两事，杨先生认为“恐误”。证以《汉书·翟方进传》所叙王莽诛翟义三族、筑为武军封之事，可知杨注实较为妥当。

❷ 引诗皆见于《诗·周颂》。“载戢干戈”至“允王保之”，见于《周颂》之《时迈》。“铺时绎思，我徂维求定”见于《诗·周颂》之《赉》。“绥万邦，娄丰年”见于《周颂》之《桓》。“耆定尔功”引自《周颂》之《武》，则《左传》已自言之。唯左氏以为《桓》《赉》都在题名为《武》的颂诗之中，而《武》一诗分章（或阕）不少于六。楚庄王引《诗》明志，说明《诗》的影响已深入南国。这位国君认为由武王克商所作《颂》诗可知武德有七，而他自己“无一焉”，不足以示后人，所以他不同意“筑武军而收晋师以为京观”。看来楚庄王关于《周颂》的理解与关于“武功”“武德”的把握，自有主见。杜注：“戢，藏也。櫜，韬也……《武》，《颂》篇名。耆，致也。”这些训诂都是对的。“利人之几”，杜注：“几，危也。”诸家无异议。“鲸鲵”的鲵，读 ní。杜注：“鲸、鲵，大鱼名。以喻不义之人吞食小国。”杨注认为鲸鲵喻指大憝首恶，比杜注说的“不义之人”更为准确。“今罪无所”以下，杨注：“此言晋无大罪，我战胜而无归罪之人。”楚庄赞许晋国人民“皆尽忠以死君命”，凭什么聚集其尸体以为京观呢？“何以为京观乎”，“何”或作“可”，“可以”也应该是“何以”的意思，杨注已指出王念孙、洪亮吉已经这样说过。

原文

是役也，郑石制实入楚师，将以分郑而立公子鱼臣。辛未，郑杀仆叔及子服。君子曰:“史佚所谓‘毋怙乱’者,谓是类也。《诗》曰:‘乱离瘼矣,爰其适归?’归于怙乱者也夫!”[1]

郑伯、许男如楚。

注释

[1] 杜注:“仆叔,鱼臣也。子服,石制也。”《传》下文记君子的话,其中“怙乱”正是杜注所谓“恃人之乱以要利”的意思。引诗见《诗·小雅·四月》,杜注:“离,忧也。瘼,病也。爰,于也。言祸乱忧病于何所归乎?叹之。”又说:“恃祸则祸归之。”杨注:“乱离为一词……爰作焉用,何处也……言祸害之甚,归罪于何人乎,归罪于恃人之乱以为己利者也夫。”按:杜注已经称得上基本准确。杨先生的说解自有比以往注释《春秋左传》的诸家都要准确的地方。

原文

秋,晋师归。桓子请死,晋侯欲许之,士贞子谏曰:“不可!城濮之役,晋师三日谷,文公犹有忧色。左右曰:‘有喜而忧,如有忧而喜乎?’公曰:‘得臣犹在,忧未歇也。困兽犹斗,况国相乎!’及楚杀子玉,公喜而后可知也,曰:‘莫余毒也已!’是晋再克而楚再败也,楚是以再世不竞。今天或者大警晋也,而又杀林父以重楚胜,其无乃久不竞乎?[1]林父之事君也,进思尽忠,退思补过,社稷之卫也,若之何杀之?夫其败也,如日月之食焉,何损于明?”晋侯使复其位。

冬,楚子伐萧,宋华椒以蔡人救萧。萧人囚熊相宜僚及公子丙。王曰:“勿杀!吾退。”萧人杀之。王怒,遂围萧。萧溃。

申公巫臣曰:“师人多寒。”王巡三军,拊而勉之,三军之士皆如挟纩。遂傅于萧。[2]

还无社与司马卯言,号申叔展。叔展曰:“有麦曲乎?”曰:“无。”“有山鞠穷乎?”曰:“无。”“河鱼腹疾奈何?”曰:“目于眢井而拯之。”“若为茅绖,哭井则(巳)〔己〕。”明日萧溃,申叔视其井,则茅绖存焉,号而出之。[3]

晋原縠、宋华椒、卫孔达、曹人同盟于清丘,曰:“恤病,讨贰。”于是卿不书,不实其言也。

宋为盟故,伐陈。卫人救之。孔达曰:“先君有约言焉。若大国讨,我则死之。”

注释

❶ “再世不竞”,不竞就是不强。杜注:“成王至穆王。”正是所谓再世不强。“警晋”,就是警戒晋人。“重楚胜”,使楚再获胜。“其无乃久不竞乎”,莫非晋国将会久衰不强大了吗?

❷ 拊读 fǔ,字一作“抚”。纩读 kuàng,杜注:“绵也。”“皆如挟纩”,都好像挟了一身绵絮而感到温暖。“傅于萧”,指楚军紧迫萧国都城而攻之。

❸ 杜注:“还无社,萧大夫。司马卯,申叔展,皆楚大夫也。无社素识叔展,故因卯呼之。麦曲、鞠穷,所以御湿。欲使无社逃泥水中,无社不解,故曰‘无’……叔展言无御湿药,将病。无社意解,欲入井,故使叔展视虚废井而求拯己。出溺为拯。叔展又教结茅以表井,须哭乃应以为信。”按:还无社与申叔展之间的一段军中隐语,赖有杜注、孔疏,后世读者终于可以弄清楚其中含义。第二天,申叔展果然从一口废井把还无社救了出来。这一段话首句“号申叔展”的号,《释文》说是“呼也”。末句“号而出之”的号,杜注:“哭也。”都对。杜注又说:“《传》言萧人无守心。”所以出现想方设法回避作战的情况。

经十有三年[1]

原文

春,齐师伐莒。

夏,楚子伐宋。

秋,螽。

冬,晋杀其大夫先縠。[2]

注释

❶ 鲁宣公十三年,当公元前596年,周定王十一年。

❷ 杜注:“书名,以罪讨。”按:《春秋》书名之例实含此义。先縠之罪见同年《左传》。

传十三年

原文

“春,齐师伐莒”,莒恃晋而不事齐故也。

“夏,楚子伐宋”,以其救萧也。君子曰:“清丘之盟,唯宋可以免焉。”[1]

秋,赤狄伐晋,及清,先縠召之也。

冬,晋人讨邲之败与清之师,归罪于先縠而杀之,尽灭其族。君子曰:“‘恶之来也,(已)〔己〕则取之。’其先縠之谓乎!”

清丘之盟,晋以卫之救陈也,讨焉。使人弗去,曰:“罪无所归,将加而师。”孔达曰:“苟利社稷,请以我说,罪我之由。我则为政,而亢大国之讨,将以谁任?我则死之!”[2]

注释

❶ 杜注:“宋讨陈之贰,今宋见伐,晋卫不顾盟以恤宋……”孔疏:“言‘唯宋可以免’,见诸国皆合责也。”按:这里注疏说是。

❷ “罪无所归,将加而师”,杨注:“而同尔。意谓若不得罪首而惩罚之,则将以兵来。”这是晋使人威胁卫国君臣的话。卫国执政大臣孔达此时表现了视死如归的精神。“请以我说”:请以我悦晋,此其一解。另一解则如杨注所说:“犹言以我为解也。”以我

之言(或以我之死)向晋国作解释好了。“苟利社稷”以下,意思说:罪责在我,只要对国家有利,就由我来向晋国解说理由、让晋国高兴吧。王氏《经义述闻》卷十八:“亢,当也。大国之讨,谓晋讨卫之救陈也。言我实掌卫国之政而当晋之讨,不得委罪于他人也。”这样说是对的,符合《传》意,而杜注关于“大国之讨”的说法是错误的。“我则死之”,这是表示必死的决心了。

经十有四年[1]

原文

春,卫杀其大夫孔达。

夏,五月壬申,曹伯寿卒。

晋侯伐郑。

秋,九月,楚子围宋。

葬曹文公。

冬,公孙归父会齐侯于穀。

注释

[1] 鲁宣公十四年,即公元前595年,周定王十二年。

传十四年

原文

春,孔达缢而死,卫人以说于晋而免。遂告于诸侯曰:“寡君有不令之臣达,构我敝邑于大国,既伏其罪矣,敢告!”卫人以为成劳,复室其子,使复其位。[1]

夏,晋侯伐郑,为邲故也。告于诸侯,蒐焉而还。中行桓子之谋也，曰："示之以整，使谋而来。"郑人惧，使子张代子良于楚。郑伯如楚，谋晋故也。郑以子良为有礼，故召之。

楚子使申舟聘于齐，曰："无假道于宋。"亦使公子冯聘于晋，不假道于郑。申舟以孟诸之役恶宋，曰："郑昭，宋聋，晋使不害，我则必死！"王曰："杀女，我伐之！"见犀而行。及宋，宋人止之。华元曰："过我而不假道，鄙我也；鄙我，亡也。❷杀其使者，必伐我；伐我，亦亡也。亡，一也。"乃杀之。楚子闻之，投袂而起，屦及于窒皇，剑及于寝门之外，车及于蒲胥之市。❸

秋，九月，楚子围宋。

注释

❶"不令犹言不善""成劳，犹言旧勋"，杨注颇为简明。"复室其子"，杜注："以有平国之功，复以女妻之。"孔疏："言卫侯以女妻之也。"刘炫说是"复以室家还其子"，孔疏斥其"于义非也"，意在维护杜注。"使复其位"，杜注："袭父禄位。"诸家无异辞。

❷"见犀而行"，见读 xiàn（音义同"现"），杜注："犀，申舟子。以子托王，示必死。"据《左传》上文，可知申舟已自料聘齐过宋而不假道"则必死"。宋华元对申舟不假道一事颇为恼火，说："鄙我，亡也。"杜注："以我比其边鄙，是与亡国同。"依聘礼规定，"若过邦，至于竟，使次介假道"。奉国君之命出使他国而途经第三国者，不向第三国假道（借路），那是目中无人，无视第三国的存在，把第三国当作本国的边界之地了。对第三国而言，这当然不可容忍。

❸"投袂而起"，杜注："投，振也。袂，袖也。"这是写楚庄王愤怒的样子。"屦及于窒皇"以下，依明代学者邵宝《左觿》与杨注，是说楚庄王闻讯发怒，没有穿鞋子而冲出路寝，送屦者追而及之于窒皇，送佩剑者追而及之于寝门之外，驾车者追而及之于蒲胥之市。杜注："窒皇，寝门阙。"孔疏谓此窒皇与《传》庄十九年"绖皇"字

异音同,其实两者含意亦同,指路寝前之庭。

原文

冬,公孙归父会齐侯于穀,见晏桓子,与之言鲁,乐。桓子告高宣子曰:“子家其亡乎?怀于鲁矣。[4]怀必贪,贪必谋人。谋人,人亦谋己。一国谋之,何以不亡!”

孟献子言于公曰:“臣闻小国之免于大国也,聘而献物,于是有庭实旅百;朝而献功,于是有容貌采章,嘉淑而有加货:谋其不免也。诛而荐贿,则无及也。[5]今楚在宋,君其图之!”公说。

注释

[4] 这个子家,不是《传》宣四年与子公谋弑郑灵公的子家,而是鲁公孙归父。杜注:“子家,归父字。怀,思也。”孔疏:“谓思高位于鲁也。”

[5] 杜注:“物,玉帛皮币也。”这是指小国卿大夫往聘大国应该贡献礼物。杨注:“庭实旅百是小国往聘大国所献之礼物,杜注谓‘主人亦设笾豆百品实于庭以答宾’,误。”此秉沈钦韩与邵瑛两人说。孔疏承杜注,有相同的说法,亦误。“朝而献功”,杜注:“献其治国若征伐之功于牧伯。”那么,“献功”者应该是小国之君,“朝”是小诸侯亲自朝见牧伯(大诸侯)。“于是有容貌采章,嘉淑而有加货”以下,杜注:“容貌,威仪容颜也。采章,车服文章也。嘉淑,令辞称赞也。加货,命宥币帛也。言往共,则来报亦备。荐,进也。见责而往,则不足解罪。”杨注:“容貌、彩章等亦均是小国所献大国之物,杜注以为大国报礼,其误与上同。”杜注关于容貌、采章、嘉淑、加货的解释,杨先生认为“亦误”。今按:若是依《礼经·聘礼》,则杜注、孔疏多少有点根据。可是这里记孟献子的话既以“小国之免于大国”为前提,则《礼经·聘礼》恐未可为据,应以杨注为是。

经十有五年[1]

原文

春，公孙归父会楚子于宋。

夏，五月，宋人及楚人平。

六月癸卯，晋师灭赤狄潞氏，以潞子婴儿归。

秦人伐晋。

王札子杀召伯、毛伯。[2]

秋，螽。

仲孙蔑会齐高固于无娄。

初税亩[3]。

冬，蝝[4]生。

饥。

注释

❶ 鲁宣公十五年，乃公元前594年，周定王十三年。

❷ 杜注："称杀者名，两下相杀之辞。两下相杀，则杀者有罪。王札子，王子札也，盖《经》文倒'札'字。"孔疏："《传》称此人为王子捷。'捷''札'一人而'札'在'子'上，故疑《经》文倒'札'字也。"按：王札子就是王子捷，应无疑问。孔疏引《释例》证明杜注所谓"杀者有罪"，唯由于有关史实不详，杀者罪在哪里，说不清楚。

❸ 杜注："公田之法，十取其一。今又履其余亩，复十收其一。故哀公曰'二，吾犹不足'，遂以为常。故曰'初'。"孔疏："言初税十二自此始也。"今按：《孟子·滕文公上》概述中国古代的井田制度，"方里而井，井九百亩，其中为公田；八家皆私百亩，同养公田，公事毕，然后敢治私事"。我们无法证明井田制是或者不是古代唯

一的赋税制度，但是相信鲁宣公十五年“初税亩”肯定是依田地多少征税的制度，肯定是对于以前赋税制度的重大改革。前辈史学家对这件大事评论不一，但都不敢轻视。有学者说此事为区分社会发展阶段的显著标志，可是迄今未见学界完全认同。又，杜注所谓“履其余亩”，应该是从理论上讲通统要纳税[1]。而孔疏所谓“初税十二”是否对所有耕地而言，《左氏》原意与史实如何，尚须研究。

❹ 蝝读 yuán，《释文》：“刘歆云：蚍蜉子也。董仲舒云：蝗子。”孔疏认为刘歆说非。

传十五年

原文

春，公孙归父会楚子于宋。

宋人使乐婴齐告急于晋。晋侯欲救之，伯宗曰：“不可。古人有言曰：‘虽鞭之长，不及马腹。’天方授楚，未可与争。虽晋之强，能违天乎？谚曰：‘高下在心。’川泽纳污，山薮藏疾，瑾瑜匿瑕，国君含垢，天之道也。❶君其待之！”乃止。

使解扬如宋，使无降楚，曰：“晋师悉起，将至矣。”郑人囚而献诸楚。楚子厚赂之，使反其言；不许。三而许之。登诸楼车，使呼宋〔人〕而告之，遂致其君命。❷楚子将杀之，使与之言曰：“尔既许不穀而反之，何故？非我无信，女则弃之。速即尔刑！”对曰：“臣闻之：君能制命为义，臣能承命为信，信载义而行之为利。谋不失利，以卫社稷，民之主也。义无二信，信无二命。君之赂臣，不知命也。受命以出，有死无霣，又可赂乎？臣之许君，以成命也。死

---

① 王船山《春秋稗疏》卷下“税亩”条：“言税亩者，谓无亩而不税。”

而成命,臣之禄也。寡君有信臣,下臣获考死,又何求?”[3]楚子舍之以归。

注释

❶“天方授楚”句以下,意思是上天正在帮楚国的忙,晋人亦未可与楚争锋。“高下在心”,杜注:“度时制宜。”杨注:“处理事务,或高之,或下之,唯由我心之裁度其宜。”两注是一致的。“川泽纳污”句以下,意思是无论何处何物,不免纳污藏疾匿瑕含垢,故国君亦当忍垢耻,以国家长远利益为重,不可以小不忍而乱大谋。须知纳污藏疾匿瑕含垢之不免,乃自然之道。

❷杜注:“楼车,车上望橹。”这个“橹”与《文选·上林赋》“泰山为橹”的“橹”有相同的意思。其实可以这样说:楼车是一种用于战阵,可以登上它的高处瞭望敌方的兵车。车上安装很高的位置,整个兵车形似高楼。阮刻本“使呼宋”,他本“宋”下有“人”字,今据补。“遂致其君命”,于是将晋君的意思传达给宋人。又,“解扬”之解音蟹,见《释文》。

❸重视信义,乃是中华民族的传统美德。“信载义而行之为利”,这在中国古代思想界长期讨论的义利观若干提法之中,应该是值得肯定的一种。“义无二信,信无二命”,杜注:“欲为义者不行两信。欲行信者不受二命。”这样讲,与原意相符。问题在于所受之“命”与所欲行之“信”、所欲为之“义”究竟如何。“获考死”,杨注:“考死为一词,犹《尚书·洪范》之‘考终命’,此谓死得其所。”按:此说至确。

原文

夏五月,楚师将去宋,申犀稽首于王之马前,曰:“毋畏知死而不敢废王命。王弃言焉?”王不能答。申叔时仆,曰:“筑室,反耕者,宋必听命!”[4]从之。

宋人惧,使华元夜入楚师,登子反之床,起之,曰:“寡君使元以病告,曰:‘敝邑易子而食,析骸以爨;虽然,城下之盟,有以国毙,不能从也。[5]去我三十里,唯命是听。’”子反惧,与之盟而告王。退三十里,宋及楚平。华元为质。盟曰:“我无尔诈,尔无我虞!”

注释

4 毋畏应为申犀之名。“申叔时仆”,这个“仆”读 pú,杜注:“御也。”按:就是《论语·子路》“冉有仆”的“仆”,驾车的意思。

5 骸读 hái。爨读 cuàn。华元坦承宋都城内陷入极度困难,已经到了换食小孩、劈碎骨头作燃料的境地。“城下之盟”,较早出现在《左传》桓公十二年。《左传》宣十五年杜注:“宁以国毙,不从城下盟。”这也就是宁死不屈了。

原文

潞子婴儿之夫人,晋景公之姊也。酆舒为政而杀之,又伤潞子之目。晋侯将伐之,诸大夫皆曰:“不可!酆舒有三俊才,不如待后之人。”伯宗曰:“必伐之!狄有五罪,俊才虽多,何补焉?不祀,一也;耆酒,二也;弃仲章而夺黎氏地,三也;虐我伯姬,四也;伤其君目,五也。怙其俊才,而不以茂德,兹益罪也。后之人或者将敬奉德义以事神人,而申固其命,若之何待之?[1]不讨有罪,曰‘将待后,后有辞而讨焉’,毋乃不可乎?夫恃才与众,亡之道也。商纣由之,故灭。天反时为灾,地反物为妖,民反德为乱。乱则妖灾生。故文反正为乏。[2]尽在狄矣!”晋侯从之。六月癸卯,晋荀林父败赤狄于曲梁;辛亥,灭潞。酆舒奔卫,卫人归诸晋,晋人杀之。

王孙苏与召氏、毛氏争政,使王子捷杀召戴公及毛伯卫,卒立召襄。[3]

注释

❶ “虐我伯姬”:“虐即杀也”,钱大昕《潜研堂文集》卷七《答问四》据惠栋撰《春秋左传补注》例举书证,有说服力。“后之人或者将敬奉德义以事神人,而申国其命”,杜注:“审其政令。”杨注:“申固其命,犹言强固其国家之命运。”按:比较两注,当以杨注为是。从上下文的内部联系看,“后之人”自是上文所谓“不如待后之人”的后之人,指未来的潞人,“申固其命”应该是继续延长、巩固潞国的命运。诚如杨注所说:“杜谓命为政令,不确。”

❷ “反‘正’为‘乏’”,杨注认为这一句意思是小篆“乏”形似“正”字之反,而造字之本意恐不如是。

❸ 孔疏:“卒,终也。谓后终立之,非此时即立。”杜注:“襄,召戴公之子。”

原文

秋七月,秦桓公伐晋,次于辅氏。壬午,晋侯治兵于稷,以略狄土,立黎侯而还。及雒,魏颗败秦师于辅氏,获杜回——秦之力人也。

初,魏武子有嬖妾,无子。武子疾,命颗曰:“必嫁是!”疾病,则曰:“必以为殉!”及卒,颗嫁之,曰:“疾病则乱。吾从其治也。”及辅氏之役,颗见老人结草以亢杜回。杜回踬而颠,故获之。夜梦之曰:“余,而所嫁妇人之父也。尔用先人之治命,余是以报。”❶

晋侯赏桓子狄臣千室,亦赏士伯以瓜衍之县,曰:“吾获狄(土)〔土〕❷,子之功也。微子,吾丧伯氏矣。”羊舌职说是赏也,曰:“《周书》所谓‘庸庸祗祗’者,谓此物也夫!士伯庸中行伯,君信之,亦庸士伯,此之谓明德矣。文王所以造周,不是过也。故《诗》曰‘陈锡载周’,能施也。率是道也,其何不济!”❸

注释

❶ “疾病则乱”，杨注：“古人谓病危曰疾病。”又说：“乱谓人之神智不清……治对乱而言，谓神智清醒时。”“亢”读 kàng，这里音义与“抗”相同，杜注：“御也。”由抵御而引申为堵挡、拦截的意思。“踬”读 zhì，被绊住的意思。颠，倒也。“而所嫁”的“而”，杜注：“女也。”这个“女”自是第二人称，一作“汝”。“治命”，依杨注，应是神智清醒时候的嘱咐、指示或命令。

❷ 据阮元等《校勘记》，士，一作土。按：上文记当年七月壬午晋侯治兵“以略狄土”，这里应以作“狄土”为是。

❸ 晋楚邲之战后，荀林父（即桓子）欲自杀以谢枉为主帅之罪。由于士贞子（即士伯）提醒，晋侯没有批准荀林父自杀，还恢复了他的职位。事见《传》宣十二年。《传》宣十五年这里记羊舌职的话，可以算是当时人对晋侯的恰当的评价。晋侯信任荀林父与士伯并且重赏二人，称得上有眼力了。杜注：“《周书·康诰》。庸，用也。祗，敬也。物，事也。言文王能用可用，敬可敬。”王氏《述闻》认为这里“事”当训为“类”，亦通。其实“事”与“类”并非不可联系，世上事情总归可以分类。“士伯庸中行伯”，杜注：“言中行伯可用。”杨注：“谓士伯以中行桓子为可用。此庸字为动词意动用法。”两注对原文的解释相同，杨注指出动词用法，这当然与杨先生研究古汉语语法功力很深有关。《左传》下文引《诗》见《大雅·文王》，杜注：“锡，赐也。《诗·大雅》。言文王布陈大利以赐天下，故能载行周道，福流子孙。”杨注无异议。“率是道也，其何不济”，意思是：依“明德”之道（“能施”之道）而行事，有何办不成呢？

原文

晋侯使赵同献狄俘于周，不敬。刘康公曰：“不及十年，原叔必有大咎。天夺之魄矣！”

"初税亩",非礼也。谷出不过藉,以丰财也。[4]
"冬,蝝生。饥。"幸之也。[5]

注释

[4] 说"初税亩"非礼,那是因为左氏认定"税亩"之制违背了"谷出不过藉"的旧法。杜注:"周法:民耕百亩;公田十亩,借民力而治之,税不过此。"孔疏:"欲以丰民之财,故不多税也。既讥其'税亩'言'非礼',乃举正礼言'谷出不过藉',则知所'税亩'者是藉外更税。"今按:这里所谓"丰财",究竟是丰谁人之财?所谓"民"究竟指哪些人?"谷"者谁之谷?问题不少,注疏还缺乏具体分析与明确答案。而所谓"非礼"与"谷出不过藉"两句的关系,注疏毕竟是清楚的。

[5] 杜注、孔疏对《春秋》与《左传》所记"蝝生"的解说,都有认为侥幸的意思。于醴尊先生《香草校书》卷三十九认为这里"幸之"非侥幸之幸,幸当作㚔,"㚔之者谓罪之也","罪宣公之税亩也","宣公宜受此罪耳"。杨注谓于氏"说颇新奇"。我们认为此说与将"幸之"解释为侥幸的说法比较,可以算是顺当一些。《穀梁传》说是"非税亩之灾也",杨注认为《穀梁》这里是"驳斥《公羊》义者",我们认为杨先生此说非是,杨先生误解《穀梁》了,因为如于醴尊先生所说:"范解云:非,责也。责犹罪也。"《公》《穀》义实一致。依于氏说,则三《传》义同。

经十有六年[1]

原文

春,王正月,晋人灭赤狄甲氏及留吁。[2]
夏,成周宣榭火。[3]
秋,郯伯姬来归。

冬，大有年。

注释

❶ 鲁宣公十六年，为公元前593年，周定王十四年。

❷ 杜注："甲氏、留吁，赤狄别种。晋既灭潞氏，今又并尽其余党。士会称人，从告。"按：上年《春秋》经传记载晋师灭赤狄潞氏之事，今年《左传》记"帅师灭赤狄甲氏及留吁铎辰"者为"晋士会"，故杜注云云。

❸ 榭读xiè，《释文》作谢，谓"本又作榭，音同"。杜注："传例曰：人火之也。成周，洛阳。宣榭，讲武屋，别在洛阳者。《尔雅》曰：'无室曰榭。'谓屋歇前。"按："火"字，《公》《穀》两传作"灾"，义同。但是关于"宣榭"的解说，《公》《穀》两传说是乐器之所藏，则不如《左传》准确。既然"无室曰榭"，怎么可以藏乐器呢？①

传十六年

原文

春，晋士会帅师灭赤狄甲氏及留吁、铎辰。

三月，献狄俘。晋侯请于王，戊申，以黻冕命士会将中军，且为大傅。于是晋国之盗逃奔于秦，羊舌职曰："吾闻之：'禹称善人，不善人远'，此之谓也夫。《诗》曰：'战战兢兢，如临深渊，如履薄冰'，善人在上也。❶善人在上，则国无幸民。谚曰：'民之多幸，国之不幸也。'❷是无善人之谓也。"

"夏，成周宣榭火"，人火之也。凡火，人火曰"火"，天火曰"灾"。❸

---

① 王夫之《春秋稗疏》卷下"宣榭"条："杜氏谓'讲武屋别在雒阳者'，其说甚允。"郭沫若先生《两周金文辞大系考释·虢季子白盘跋》认为宣榭在邵宫，自非周宣王之庙。

"秋,郯伯姬来归",出也。

为毛、召之难故,王室复乱,王孙苏奔晋。晋人复之。

冬,晋侯使士会平王室。定王享之,原襄公相礼。殽烝,武子私问其故。王闻之,召武子曰:"季氏,而弗闻乎?王享有体荐,宴有折俎;公当享,卿当宴:王室之礼也。"武子归而讲求典礼,以修晋国之法。❹

注释

❶ "禹称善人",杜注:"称,举也。"杨注:"谓提拔而任之也。"善人就是好人。"不善人"就是坏人。好人被提拔而在位,坏人就不能不逃避得远远的了。引《诗》见《小雅·小旻》,杜注:"言善人居位则无不戒惧。"其说基本正确。

❷ "幸民",就是靠侥幸过日子的人。他们抱有侥幸心理,认为即使胡作非为也有逃避惩罚的运气。这一类人多了,自然是国家的不幸。

❸ 孔疏:"人火从人而起,人失火而为害。本其火之所来,故指火体而谓之为火。天火则自然而起,不能本其火体,故以其所害言之,谓之为灾。"按:无论人火天火,其实都是火灾。称人火为火,只是表明其火为当时某人故意放纵而起。《左传》所写的人火之火,唯有宣十六年这一次。

❹ 由这一段记载,可知其时姬周最高统治者熟谙周礼并奉行之,而诸侯之大夫(所谓陪臣)未必如此,但是他们当中实有讲求典礼之人。"讲求典礼以修晋国之法",从这一句可以悟知其时礼法之关系。"殽烝"以下,杜注:"烝,升也。升殽于俎。""享则半解其体而荐之,所以示共俭。体解节折,升之于俎,物皆可食,所以示慈惠也。"孔疏:"王为公侯设享,则半解其体而荐之,为不食故……王为公侯设宴礼:体解节折,升之于俎,即殽烝是也。其物解折,使皆可食……"诸侯亲来朝王,则设享又设燕,享用体荐,燕用折俎;若使卿大夫来,则用公之燕法。总之,王室待宾之礼自有讲究,而《周语》言之较详。

经十有七年[1]

原文

春，王正月庚子，许男锡我卒。

丁未，蔡侯申卒。

夏，葬许昭公。葬蔡文公。

六月癸卯，日有食之。

己未，公会晋侯、卫侯、曹伯、邾子，同盟于断道[2]。

秋，公至自会。

冬，十有一月壬午，公弟叔肸卒。

注释

❶ 鲁宣公十有七年，即公元前592年，周定王十五年。

❷ 杜注："断道，晋地。"

传十七年

原文

春，晋侯使郤克征会于齐。[1]齐顷公帷妇人，使观之。郤子登，妇人笑于房。献子怒，出而誓曰："所不此报，无能涉河！"献子先归，使栾京庐待命于齐，曰："不得齐事，无复命矣。"

郤子至，请伐齐，晋侯弗许。请以其私属，又弗许。

齐侯使高固、晏弱、蔡朝、南郭偃会。及敛盂，高固逃归。夏，会于断道，讨贰也。盟于卷楚，辞齐人。晋人执晏弱于野王，执蔡朝于原，执南郭偃于温。[2]

苗贲皇使，见晏桓子。归，言于晋侯曰："夫晏子何罪？昔者诸侯事吾先君，皆如不逮。举言群臣不信，诸侯皆有贰志；齐君恐不得礼，故不出，而使四子来。左右或沮之，曰：‘君不出，必执吾使。’故高子及敛盂而逃。夫三子者曰：‘若绝君好，宁归死焉！’为是犯难而来。吾若善逆彼，以怀来者；吾又执之，以信齐沮，吾不既过矣乎？[3]过而不改，而又久之以成其悔，何利之有焉？使反者得辞，而害来者，以惧诸侯，将焉用之？”晋人缓之，逸。[4]

注释

❶《左传》宣九年“王使来征聘”，那是派人传达周定王的意思。《左传》宣十七年这里“晋侯使郤克征会”，是派遣使者郤克传达诸侯霸主的意思。杜注：“征，召也。”征会，就是召集各国诸侯到某地聚会。其时有诸侯会见或会盟之礼，《左传》鲁定公十年、《史记·孔子世家》可以提供例证。（鲁定公十年会齐景公于夹谷，孔子主持其时礼典，正可参考。）

❷ 敛盂、断道、卷楚、野王、原、温，皆地名。杜注：“卷楚即断道。”但此说有异议。

❸ 这里晏子即晏桓子，亦即上文晏弱。“如不逮”，杜注：“言汲汲也。”用现在的话说，是生怕巴结不上，唯恐高攀迟了。“举言群臣不信，诸侯皆有贰志”，杜注：“‘举’亦‘皆’也。”可见其时晋侯作为诸侯霸主的地位已经动摇。“或沮之”，杜注：“沮，止也。”实即劝阻之意。“及敛盂而逃”，到敛盂这个地方就逃走了。“若善逆彼”，俞曲园《群经平议》认为其中“若”训“当”，裴学海先生《古书虚字集释》卷七：“‘若’训‘当’，犹‘如’训‘当’也。”杨注亦用俞氏说。（刘武仲《助字辨略》将‘若’训为‘何若’‘何如也’，亦通。）“以信齐沮”，杨注：“以使齐国之阻止者其预料得证实。”“吾不既过矣乎”，我们不就已经做错了吗？按：杨先生的解说是对的。

❹ 杜注：“缓不拘执，使得逃去也。”

原文

秋八月，晋师还。

范武子将老，召文子曰："燮乎！吾闻之：喜怒以类者鲜，易者实多。《诗》曰：'君子如怒，乱庶遄沮。君子如祉，乱庶遄已。'君子之喜怒，以已乱也；弗已者，必益之。郤子其或者欲已乱于齐乎？不然，余惧其益之也。余将老，使郤子逞其志，庶有豸乎！[1]尔从二三子，唯敬！"乃请老。郤献子为政。

"冬，公弟叔肸卒"，公母弟也。凡大子之母弟，公在曰"公子"，不在曰"弟"。凡称"弟"，皆母弟也。[2]

注释

❶ "范武子将老"以下，杜注："老，致仕。初受随，故曰随武子。后更受范，复为范武子。文子，士会之子；燮，其名。易，迁怒也。"杨注："类，法也。喜怒合乎礼法者，曰以类；不然，便为不类……易可解为反易，谓反其道（'喜怒以类'）而行之者实多。亦可解为轻易（去声），谓轻易而喜怒者实多。"联系上文看，我们认为这个"易"以解为"反易"较妥。引《诗》见《小雅·巧言》。杜注："遄，速也。沮，止也。祉，福也。"杨注："祉，喜也。意谓君子之怒或者喜，皆庶几能速止乱也……若不欲其止乱，则必增加其乱。"那么郤子之怒于齐如何？"使郤子逞其志，庶有豸乎"，杜注："豸，解也。欲使郤子从政快志以止乱。"意思是：如果不让郤子满意，那患乱就不会停息。

❷ 这里说的是《春秋》两通例。杨注："母弟虽其父不存，亦有称'公子'者……"此外并无例外。黄式三先生《春秋释》："《春秋》书同母之兄弟，重宗法也。"此说甚精，因为宗法重嫡庶之别。

经十有八年[1]

原文

春，晋侯、卫世子臧伐齐。

公伐杞。

夏，四月。

秋，七月，邾人戕鄫子于鄫。

甲戌，楚子旅卒。❷

公孙归父如晋。

冬，十月壬戌，公薨于路寝。❸

归父还自晋，至笙❹，遂奔齐。

注释

❶ 鲁宣公十八年，为公元前591年，周定王十六年。

❷ 杜注："未同盟而赴以名。吴楚之葬僭而不典，故绝而不书，同之蛮夷，以惩求名之伪。"按：吴楚越王之"卒"，《春秋经》偶有记载；而周王之外称王者之葬，《春秋经》的确是"绝而不书，同之蛮夷"。孔疏："五等诸侯死，则称爵书卒；及葬，则从彼臣子之辞。"这样，记吴楚越诸国君之葬，势必从彼臣子书称葬某王，势必违背《坊记》所谓"天无二日，土无二王，家无二主，尊无二上"的信条，所以《春秋经》干脆不书周王之外自称王者之葬。《公羊传》："吴楚之君不书葬，辟其号也。"辟其僭号是为了维护周礼。杜注所谓"惩求名之伪"，实质上也是为了维护礼制原则。

❸ 薨于路寝，则死得其所，与周礼正合。

❹ 笙是地名，《公》《穀》作"柽"，音同可通。

传十八年

原文

春，晋侯、卫大子臧伐齐，至于阳穀。齐侯会晋侯，盟于缯；以公子彊为质于晋。晋师还。蔡朝、南郭偃逃归。

夏，公使如楚乞师，欲以伐齐。

"秋，邾人戕鄫子于鄫。"凡自〔内〕虐其君曰"弑"，自外曰

“戕”。[1]

楚庄王卒,楚师不出。既而用晋师,楚于是乎有蜀之役。

公孙归父以襄仲之立公也,有宠;欲去三桓以张公室[2]。与公谋,而聘于晋,欲以晋人去之。

注释

❶ “自内”之“内”,据阮元等《校勘记》补入。“虐其君”的“虐”,与《传》宣十五年“虐我伯姬”的“虐”义同,弑或者杀的意思。杜注:“弑戕皆杀也,所以别内外之名。弑者积微而起……戕者卒暴之名。”孔疏:“《春秋》弑君多矣,其戕唯此一事……戕者外人所杀,为无防被害,皆是君自招之。纵使君或无道,其恶不加外国,不得从弑君之例也。若战死则书‘灭’,此谓在国见杀耳。”如果不是杀之于其国内,则仍称“杀”而不叫“戕”。

❷ 杜注:“时三桓强,公室弱,故欲去之以张大公室。”按:这正是孔子的思想,有《论语》与《孔子世家》相关记载为证。

原文

冬,公薨。季文子言于朝曰:“使我杀適立庶以失大援者,仲也夫!”臧宣叔怒曰:“当其时不能治也,后之人何罪?子欲去之,许请去之!”遂逐东门氏。[3]

子家还,及笙,坛帷,复命于介。[4]既复命,袒,括发,即位哭,三踊而出,遂奔齐。[5]书曰“归父还自晋”,善之也。

注释

❸ 杜注:“宣叔,文仲子,武仲父。许,其名也。时为司寇,主行刑。”又说:“襄仲居东门,故曰东门氏。”如果依杜注读原文,可以把其中人物之间的关系理顺,也就可以弄懂原文的大意了。

❹ 杜注:“除地为坛而张帷。介,副也。将去,使介反命于君。”孔

疏："今身将出奔，不得亲自复命，故立介于位，介当南面，归父于介前北面执圭复命。既复命之后，北面哭，乃退……"回国复命，那就成了介（聘使副手）的事了。孔疏还提到《礼经·聘礼》所说的复命之礼，可谓恰到好处。

❺ 国君虽薨，亦当复命于君。又因为国君已薨，而归父已决心出奔，所以"复命于介"已终后行此哭丧之礼。

成公

经元年[1]

原文

春,王正月,公即位。

二月辛酉,葬我君宣公。

无冰。

三月,作丘甲。[2]

夏,臧孙许及晋侯盟于赤棘。

秋,王师败绩于茅[3]戎。

冬,十月。

注释

❶ 鲁成公,宣公之子,名黑肱。成公即位之年,乃公元前590年,周定王十七年。

❷《周官·小司徒》:"九夫为井,四井为邑,四邑为丘,四丘为甸,四甸为县,四县为都,以任地事而令贡赋,凡税敛之事。"杨注:"'丘'系地方基层组织之名。"又说"丘甲"之甲,"自以泛指甲士为正确"。引范文澜先生关于"丘甲"的解释说:"就是一丘出一定数量的军赋,丘中人各按所耕田数分摊。"今按:《左传》宣十五年所记"初税亩",乃是税制改革;这里《左传》成元年所记"作丘甲",该是军赋改革。

❸ 茅,《公》《穀》作"贸",杨注:"盖古同音假借。"此类假借,本校注多未暇顾及。

传元年

原文

春,晋侯使瑕嘉平戎于王,单襄公如晋拜成。❶刘康公徼戎❷,将遂伐之;叔服曰:"背盟而欺大国,此必败!背盟不祥。欺大国,不义。神人弗助,将何以胜?"不听,遂伐茅戎。三月癸未,败绩于徐吾氏。

为齐难故,作丘甲。

闻齐将出楚师,夏,盟于赤棘。

秋,王人来告败。❸

冬,臧宣叔令修赋、缮完、具守备,曰:"齐、楚结好,我新与晋盟。晋、楚争盟,齐师必至。虽晋人伐齐,楚必救之,是齐、楚同我也。知难而有备,乃可以逞。"❹

注释

❶ 杜注:"单襄公,王卿士。谢晋为平戎。"这个"平"与《传》隐七年"陈及郑平"的"平"义同,不是讨伐而平定的"平"。"平戎于王",就是调和周王与诸戎之间的关系。"拜成",杨注:"因晋调停有效而答谢。"

❷ 杜注:"康公,王季子也。戎平还,欲要其无备。"就是乘戎人无备而袭之。《释文》:徼,"要也"。

❸ 杜注:"解《经》所以秋乃书。"按:《左氏》上文说"三月癸未败绩",这里说"秋,王人来告败",所以《春秋经》记"秋,王师败绩"。于此可以判断两点:一、《春秋》所书事件发生时间,其根据是接到有关方面赴(或者说是来)告的时间,这就是所谓"从告"。二、《经》记"败绩于茅戎",《传》记"败绩于徐吾氏",则"徐吾氏"即"茅戎",杜注:"徐吾氏,茅戎之别也。"孔疏:"茅戎已是戎内之

别，徐吾又是茅戎之内聚落之名，王师与茅戎战之处。”这样解释，也还算说得过去。

❹ “齐、楚同我”，杜注：“同，共也。”同我就是共我，可惜意思还是不明白。杨注：“意谓两国同以我为敌。”这就说得很明白。“乃可以逞”，杜注：“逞，解也。”与上一句连起来讲，意思是：预知有难，早做准备，才可以纾难解忧。

经二年❶

原文

春，齐侯伐我北鄙。

夏，四月丙戌，卫孙良夫帅师及齐师战于新筑，卫师败绩。

六月癸酉，季孙行父、臧孙许、叔孙侨如、公孙婴齐帅师会晋郤克、卫孙良夫、曹公子首及齐侯战于鞌，齐师败绩。

秋，七月，齐侯使国佐如师。己酉，及国佐盟于袁娄。

八月壬午，宋公鲍卒。

庚寅，卫侯速卒。

取汶阳田。

冬，楚师、郑师侵卫。

十有一月，公会楚公子婴齐于蜀。

丙申，公及楚人、秦人、宋人、陈人、卫人、郑人、齐人、曹人、邾人、薛人、鄫人盟于蜀。❷

注释

❶ 鲁成公二年，为公元前589年，周定王十八年。

❷ 杜注：“齐在郑下，非卿。《传》曰：‘卿不书，匮盟也。’然则楚卿于是始与中国准。自此以下楚卿不书，皆贬恶也。”按：杜注这样讲，《春秋》书“人”之通例含义更备。“卿不书，匮盟也”，见同年《左

传》，请参见下文《传》注。

传二年

原文

春，齐侯伐我北鄙，围龙。顷公之嬖人卢蒲就魁门焉。龙人囚之。齐侯曰：“勿杀！吾与而盟，无入而封。”弗听，杀而膊诸城上。[1]齐侯亲鼓，士陵城。三日，取龙。遂南侵，及巢丘。

卫侯使孙良夫、石稷、甯相、向禽将侵齐。与齐师遇，石子欲还。孙子曰：“不可！以师伐人，遇其师而还，将谓君何？若知不能，则如无出。今既遇矣，不如战也！”

夏，有……[2]

石成子曰：“师败矣。子不少须，众惧尽。子丧师徒，何以复命？”皆不对。又曰：“子，国卿也。陨子，辱矣。子以众退，我此乃止。”且告车来甚众。齐师乃止，次于鞫居。新筑人仲叔于奚救孙桓子，桓子是以免。

注释

❶ “门焉”，杜注：“攻龙门也。”这里“门”用如动词，攻门的意思，《左传》多见。“无入而封”，杜注：“封，竟。”则“无入而封”就是不进你们的国境。膊读 bó，杜注：“磔也。”孔疏引《周官·掌戮》注：“膊谓去衣磔之。”按：磔是古代分裂肢体的酷刑。

❷ 这省略号不表示对原文的删削，只表示原本这里应有文字，后来脱简，现在看不到了。杜注：“阙文。失新筑战事。”

原文

既，卫人赏之以邑。辞，请曲县、繁缨以朝。[3]许之。

仲尼闻之，曰：“惜也！不如多与之邑。唯器与名，不可以假人:君之所司也。名以出信,信以守器,器以藏礼,礼以行义,义以生利,利以平民:政之大节也。若以假人,与人政也。政亡则国家从之,弗可止也已。"❹

注释

❸ "请曲县"以下,杜注:"轩县也。周礼:天子乐,宫县四面。诸侯轩县,阙南方。繁缨,马饰。皆诸侯之服。"孔疏引《周礼·小胥》有"王宫县,诸侯轩县,大夫判县,士特县"的说法,郑众注:"轩县三面,其形曲,故《春秋传》曰'请曲县、繁缨以朝',诸侯礼也。"按:后郑注:"轩县去南面,辟王也。"总而言之,如先郑所说,曲县繁缨乃诸侯礼。"卫人赏之以邑",那分明是赏大夫,怎么能用曲县、繁缨呢?又,县读 xuán(这里音义同"悬"),繁读 pán。

❹ "唯器与名"以下,杜注:"器,车服。名,爵号。名位不愆,为民所信。动不失信,则车服可保。车服,所以表尊卑。尊卑有礼,各得其宜,得其宜则利生。"孔疏:"礼明尊卑之别,车服以表尊卑。车服之器,其中所以藏礼,言礼藏于车服之中也。义者宜也。尊卑各有其礼,上下乃得其宜,此礼所以行其物宜也。物皆得宜,然则是利生焉。此义所以生利益也。"孔仲尼讲到"政之大节",我们可以从中推知礼的巨大功用。《左氏》引录孔子关于礼义名器的这一段议论很精辟,有关乎政之大节,治国安民者不可忽视。国民都应该懂得"唯器与名不可以假人"的道理。譬如:假设不学无术的"博士""院士""教授""研究员"遍地皆是,对国家民族而言,其实不是好事。名不副实的"大师"称号亦然,乏善可陈的长官称号亦然。

原文

孙桓子还于新筑,不入,遂如晋乞师。臧宣叔亦如晋乞师。皆主郤献子。晋侯许之七百乘。郤子曰:"此城濮之赋也。有先君之明与先大夫之肃，故捷。克于先大夫，无能为役；请八百乘。”许之。郤克将中军，士燮（将）〔佐〕上军，栾书将下军，韩厥为司马，以救鲁、卫。[1]臧宣叔逆晋师，且道之。季文子帅师会之。

及卫地，韩献子将斩人；郤献子驰，将救之。至，则既斩之矣。郤子使速以徇，告其仆曰：“吾以分谤也。”

师从齐师于莘。六月壬申，师至于靡笄之下。齐侯使请战，曰：“子以君师辱于敝邑，不腆敝赋，诘朝请见。”对曰：“晋与鲁、卫，兄弟也；来告曰：‘大国朝夕释憾于敝邑之地。’寡君不忍，使群臣请于大国，无令舆师淹于君地。能进不能退，君无所辱命。”齐侯曰：“大夫之许，寡人之愿也。若其不许，亦将见也。”[2]

齐高固入晋师，桀石以投人，禽之；而乘其车，系桑本焉，以徇齐垒，曰：“欲勇者，贾余余勇！”[3]

注释

❶ “皆主郤献子”，其中“主”与《孟子·万章上》“孔子于卫主痈疽，于齐主侍人瘠环”句中两“主”字义同。杨注：“两卿皆以郤克为主人”。其说是。“先大夫之肃”，王怀祖说：“肃，谓敏捷也。”“肃非肃敬之谓也。”（见《经义述闻》卷十八）其说甚确。“无能为役”，杜注：“无能为之役使。”杨注：“与先大夫相较，不足以为其仆役。”这既是自谦，也是“请八百乘”的理由。“士燮将上军”，阮元等《校勘记》以为“将”当作“佐”，今从之。

❷ 这一段，写齐侯与晋军主帅之间挑战与应战的话，颇多外交辞令。“不腆敝赋”，故作谦辞，意思是我们国家军力不强（不足）。“诘朝请见”，意思是请求明天早晨相会一战吧。“对曰”以下先是用“曰”字于转述的句子，代替鲁卫申诉，然后转告本国君主的意思，并作许战（接受挑战）的承诺。齐侯又说：“若其不许，亦将见也。”一方是“能进不能退”，一方是不许亦将见，齐晋鞌之战已是箭在弦上了。这一段文章还有两三个词语应该稍作解说。“释

憾”,《释文》:憾,“又作感”。即使作“感”,亦当作“憾”讲。释憾,应该是排遣愤怒之意,也就是“出恶气”“泄恨”、故意找岔子发火。“舆师”,杜注:“舆,众也。”舆师就是众军。“淹于君地”,杜注:“淹,久也。”无令舆师淹于君地,就是不准我们军众在你这块地方滞留过久,杨注:“意谓可速战一决胜负。”至确。

❸ “桀石”,杨注据焦循《左传补疏》将“桀”氏解释为“举也”,比杜注“担也”明确。(其实“举也”与“担也”义近。唯对于现代人而言,“举也”好懂些,明白“举”的意思的人多些。)“禽之而乘其车”句以下,杜注:“既获其人,因释己车而载所获者车。将至齐垒,以桑树系车而走,欲自异。贾,卖也。言己勇有余,欲卖之。”按:杜注是对的。这里贾读 gǔ。成语“余勇可贾”即出于《左传》此处。

原文

癸酉,师陈于鞌。

邴夏御齐侯,逢丑父为右。晋解张御郤克,郑丘缓为右。

齐侯曰:“余姑翦灭此而朝食!”不介马而驰之。❶

郤克伤于矢,流血及屦,未绝鼓音,曰:“余病矣!”张侯曰:“自始合,而矢贯余手及肘,余折以御;左轮朱殷,岂敢言病?吾子忍之!”缓曰:“自始合,苟有险,余必下推车,子岂识之?然子病矣!”张侯曰:“师之耳目,在吾旗鼓,进退从之。此车一人殿之,可以集事,若之何其以病败君之大事也?❷擐甲执兵,固即死也。病未及死,吾子勉之!”左并辔,右援枹而鼓。马逸不能止,师从之。齐师败绩。逐之,三周华不注。❸

注释

❶ “解张”的解读 xiè。杜注:“姑,且也。翦,尽也。介,甲也。”齐侯说:“我姑且全部消灭了这些敌人才吃早饭吧!”于是马不披甲而奔驰,冲向敌人。齐侯对敌军的轻视就这样暴露无遗。

❷ 古人疾加曰病，“余病矣”就是“我伤得厉害了”。杜注：“张侯，解张也。朱，血色。血色久则殷。殷，音近烟。今人谓赤黑为殷色，言血多污车轮，御犹不敢息。”又说：“殿，镇也。集，成也。”这中军帅车，有一人镇守之，就可以指挥全军成大事，怎么可以因为“病伤”而败坏国君的大事呢！

❸ 擐读 huàn，枹读 fú。“华不注”，“华”读 huà，“不”读 fū。杜注：“擐，贯也。即，就也。晋师从郤克车。华不注，山名。”《释文》：枹，“鼓槌也”。引《字林》：“击鼓柄也。”说此字“本亦作桴”。孔疏：“《说文》云：援，引也。枹，击鼓杖也。援枹而鼓，谓引杖以击之。”上引注、疏都是对的。

原文

韩厥梦子舆谓己曰：“(且)〔旦〕辟左右！”故中御而从齐侯。邴夏曰：“射其御者，君子也。”公曰：“谓之君子而射之，非礼也。”射其左，越于车下。射其右，毙于车中。綦毋张丧车，从韩厥，曰：“请寓乘。”从左右，皆肘之，使立于后。韩厥俯，定其右。逢丑父与公易位。将及华泉，骖絓于木而止。丑父寝于轏中；蛇出于其下，以肱击之，伤，而匿之，故不能推车而及。[4]韩厥执絷马前，再拜稽首，奉觞加璧以进，曰：“寡君使群臣为鲁、卫请曰：‘无令舆师陷入君地。’下臣不幸，属当戎行，无所逃隐。且惧奔辟而忝两君，臣辱戎士，敢告不敏，摄官承乏。”丑父使公下，如华泉取饮。郑周父御佐车，宛茷为右，载齐侯以免。[5]

韩厥献丑父，郤献子将戮之，呼曰：“自今无有代其君任患者。有一于此，将为戮乎！”郤子曰：“人不难以死免其君，我戮之，不祥！赦之以劝事君者。”乃免之。

齐侯免，求丑父，三入三出。每出，齐师以帅退。入于狄卒，狄卒皆抽戈楯冒之。以入于卫师，卫师免之。遂自徐关入，齐侯见保者，曰："勉之！齐师败矣！"辟女子，女子曰："君免乎？"曰："免矣！"曰："锐司徒免乎？"曰："免矣。"曰："苟君与吾父免矣，可若何！"乃奔。齐侯以为有礼。既而问之，辟司徒之妻也。予之石窌。⑥

注释

④ "且辟左右"，且当作旦，说见阮元等《校勘记》。"中御"，杜注："居中代御者，自非元帅，御者皆在中，将在左。"大概当时战车上面的位置本应御中将左。"越于车下"，杜注："越，队也。"晋大夫綦毋张丢了车，要求寄乘韩厥之车，韩厥以肘示意，要他站立在自己身后，杜注："以左右皆死，不欲使立其处。"又说："右被射，仆车中，故俯安稳之。"孔疏："言此者，为下'丑父与公易位'，由厥之俯，故不觉其易。"絓读 guà（音义同"挂"）。轏，依《释文》所列反切可读 shǎn；依孔疏则读 zhàn（音义同"栈"）。

⑤ "属当戎行"，杜注："属，适也。"杨注："戎行谓军旅之士。"联系上下句，这里意思是："下臣我不幸，适逢在军旅服役，没法逃避。"下文杜注："若奔辟，则为辱晋君，并为齐侯羞，故言二君。此盖韩厥自处臣仆谦敬之饰言。"今按：这里"臣辱戎士"之"臣"从上句读，也许较杜氏句读义长。"敢告不敏，摄官承乏"两句，杜注："言欲以己不敏，摄承空乏，从君俱还。"这里"敢告不敏"与"摄官承乏"显然都是谦敬之语，杜注是对的。下文有"茷"字，读 fèi。杜注："佐车，副车。"齐侯乘副车，由郑周父与宛茷帮助，得免为俘虏而逃跑了。

⑥ "狄卒皆抽戈楯冒之"以下，杜注："狄、卫畏齐之强，故不敢害齐侯，皆共免护之。"杨注："冒，覆也。"亦护卫之意。"齐侯见保者"以下，杜注："所过城邑，皆勉励其守者。"是保者即守邑保城之人。杜注又说："锐，司徒主锐兵者。""辟司徒，主垒壁者。石窌，邑名。"按：窌读 liù。齐侯逃回本国后，将石窌那个地方（城邑）赐给了辟司徒。

原文

晋师从齐师，入自丘舆，击马陉。

齐侯使宾媚人赂以纪甗、玉磬与地，“不可，则听客之所为”。宾媚人致赂。晋人不可，曰：“必以萧同叔子为质，而使齐之封内尽东其亩！”对曰：“萧同叔子非他，寡君之母也。若以匹敌，则亦晋君之母也。吾子布大命于诸侯，而曰必质其母以为信，其若王命何？且是以不孝令也。《诗》曰：‘孝子不匮，永锡尔类。’若以不孝令于诸侯，其无乃非德类也乎！[7]先王疆理天下，物土之宜而布其利，故《诗》曰：‘我疆我理，南东其亩。’今吾子疆理诸侯，而曰‘尽东其亩’而已，唯吾子戎车是利，无顾土宜，其无乃非先王之命也乎！反先王则不义，何以为盟主？其晋实有阙！四王之王也，树德而济同欲焉。五伯之霸也，勤而抚之，以役王命。今吾子求合诸侯，以逞无疆之欲。《诗》曰：‘布政优优，百禄是遒。’子实不优，而弃百禄，诸侯何害焉？[8]不然，寡君之命使臣，则有辞矣，曰：‘子以君师辱于敝邑。不腆敝赋，以犒从者。畏君之震，师徒桡败。吾子惠徼齐国之福，不泯其社稷，使继旧好；唯是先君之敝器、土地不敢爱。子又不许，请收合余烬，背城借一。[9]敝邑之幸，亦云从也。况其不幸，敢不唯命是听！’”鲁、卫谏曰：“齐疾我矣！其死亡者，皆亲昵也。子若不许，仇我必甚。唯子则又何求？子得其国宝，我亦得地，而纾于难，其荣多矣。齐、晋亦唯天所授，岂必晋？”晋人许之，对曰：“群臣帅赋舆以为鲁、卫请，[10]若苟有以借口而复于寡君，君之惠也，敢不唯命是听？”

禽郑自师逆公。

注释

[7] 引《诗》见《大雅·既醉》。杜注：“言孝心不乏者，又能以孝道长赐其志类。”按：《左氏》认为“以不孝令于诸侯”则“非德类”，其

正面的命题应该是以孝令于诸侯,以孝治国,后来两汉、两晋都正式提出了这一类以孝治国的道德规范。

❽ 引《诗》“我疆我理,南东其亩”,见《小雅·信南山》,杜注:“或南或东,从其土宜。”又说:“晋之伐齐,循垄东行易。”齐人已经明白晋人要他们“使齐之封内尽东其亩”的用心,仅仅是便于晋之伐齐而已。《左氏》下文引《诗》“布政优优,百禄是遒”,见《商颂·长发》,杜注:“殷汤布政优和,故百禄来聚。遒,聚也。”然而倘若布政有欠优和,那就谈不上什么福禄了。又,《左氏》这里言及“四王”“五伯”,应该是春秋鲁成公以前的人物,杨注认为“四王”当指舜禹汤文(或武),杜注认为“五伯”指夏伯昆吾、商伯大彭、豕韦、周伯齐桓、晋文。

❾ 烬,杜注:“火余木。”燃烧之后剩下的木渣或油渣叫烬,这里比喻大战之后残余的兵力。“背城借一”,杜注:“欲于城下复借一战。”意思是:你如果不许讲和,那我们就只有拼死一战了。

❿ 杜注:“赋舆犹兵车。”“为鲁、卫请”,应该是请求齐国原谅或宽待鲁、卫的意思,请求齐侯不要老是找鲁、卫的麻烦。

原文

秋七月,晋师及齐国佐盟于爰娄。使齐人归我汶阳之田。公会晋师于上鄍,赐三帅先路三命之服,司马、司空、舆帅、候正、亚旅皆受一命之服。⓫

注释

⓫ 杜注:“三帅,郤克、士燮、栾书。已尝受王先路之赐,今改而易新并此车所建所服之物。晋司马、司空皆大夫,舆帅主兵车,候正主斥候,亚旅亦大夫也。皆鲁侯赐。”孔疏:“此三帅皆卿也,本国三命,故鲁赐以三命之服。司马、司空、舆帅、候正、亚旅皆大夫,本国一命,故皆受一命之服。于卿言赐,于大夫言受,互相足也。”又说:“《周礼》大夫再命……春秋之时,其事已异于《周礼》,故大

夫一命。”我们认为这里旧注疏所说的命服制度是有根据的，有不少可靠文献（譬如《礼记》）为证。

原文

八月，宋文公卒。始厚葬，用蜃、炭，益车、马。始用殉，重器备。椁有四阿，棺有翰、桧。[1]

君子谓华元、乐举于是乎不臣。臣，治烦去惑者也，是以伏死而争。今二子者，君生则纵其惑，死又益其侈，是弃君于恶也，何臣之为？九月，卫穆公卒。晋（二）〔三〕[2]子自役吊焉，哭于大门之外。卫人逆之，妇人哭于门内。送亦如之。遂常以葬。

注释

❶ 蜃读 shèn，《释文》：“蛤也。”蛤，这里读 gé，不读 há。椁读 guǒ，指棺材外面套的大棺材。杜注：“烧蛤为炭以瘗圹，多埋车马，用人从葬。重，犹多也。四阿，四注椁也。翰，旁饰。桧，上饰。皆王礼。”今按：蜃炭以御湿。刘炫以为“用蜃炭”者用蜃复用炭，孔疏以为不然，说是烧蛤为炭。杨注认为蜃炭为二物，则与刘炫说相同。以大量古墓葬实际情况证之，杨先生之论是。又，“始用殉”一说实不确，因为用殉起源较早。“宋文公始厚葬”一说亦不确，因为厚葬的事情也是早已有之。这里严重的问题是诸侯之葬而用王礼。

❷ 二当作三，说见阮元等《校勘记》、杨伯峻先生《春秋左传注》。

原文

楚之讨陈夏氏也，庄王欲纳夏姬。申公巫臣曰：“不可！君召诸侯，以讨罪也。今纳夏姬，贪其色也。贪色为淫，淫为大罚。《周书》曰：‘明德慎罚’，文王所以造周也。[1]明德，务崇之之谓也；慎罚，务去之之谓也。若兴诸侯以取大罚，非慎之也。君其图之！”王乃止。

子反欲取之,巫臣曰:"是不祥人也!是夭子蛮,杀御叔,弑灵侯,戮夏南,出孔、仪,丧陈国,何不祥如是!人生实难,其有不获死乎?天下多美妇人,何必是?"子反乃止。

王以予连尹襄老。襄老死于邲,不获其尸。其子黑要烝焉。❷巫臣使道焉,曰:"归,吾聘女。"❸又使自郑召之,曰:"尸可得也,必来逆之!"姬以告王。王问诸屈巫,对曰:"其信。知䓨之父,成公之嬖也,而中行伯之季弟也,新佐中军,而善郑皇戌,甚爱此子。其必因郑而归王子与襄老之尸以求之。郑人惧于邲之役而欲求媚于晋,其必许之。"王遣夏姬归。将行,谓送者曰:"不得尸,吾不反矣。"巫臣聘诸郑,郑伯许之。

注释

❶ 杜注:"《周书》,《康诰》。"孔疏:"巫臣既引其言,乃申其意,言文王能为此行,故所以造周国也。"按:巫臣对《康诰》原文的理解,基本是对的。

❷ "黑要"之要,读 yāo。烝,与《传》桓十六年"卫宣公烝于夷姜"、闵二年"昭伯烝于宣姜"两"烝"字义同。

❸ 杜注:"道夏姬使归郑。"则"道"为"引导""开导"之义。孔疏:"《礼记·内则》云:'聘则为妻,奔则为妾。'道之云:'女归郑国,吾以礼聘女以为妻也。'"这当然是正常的妇女所希望的。注疏言是。

原文

及共王即位,将为阳桥之役,使屈巫聘于齐,且告师期。巫臣尽室以行。申叔跪从其父,将适郢,遇之,曰:"异哉!夫子有三军之惧,而又有《桑中》之喜❹,宜将窃妻以逃者也。"及郑,使介反币;而以夏姬行,将奔齐。齐师新败,曰:"吾不处不胜之国。"遂奔晋,而因郤至以臣于晋。晋人使为邢大夫。

子反请以重币锢之。[5]王曰:“止！其自为谋也,则过矣;其为吾先君谋也,则忠。忠,社稷之固也,所盖多矣。且彼若能利国家,虽重币,晋将可乎？若无益于晋,晋将弃之,何劳锢焉!”

注释

4 杜注:“《桑中》,《卫风》淫奔之诗。”按:《桑中》见《鄘风》。[①] 凡三章,每一章都有“期我乎桑中,要我乎上宫,送我乎淇之上矣”三句。无非是男女约会相爱,倒不一定非当作淫奔诗看不可。《左传》这里所谓桑中之喜,应该指巫臣道夏姬事。

5 杜注:“禁锢勿令仕。”孔疏:“《说文》云:‘锢,铸塞也。’铁器穿穴者,铸铁以塞之使不漏。禁人使不得仕宦者,其事亦似之,故谓之禁锢。今世犹然。”看原文的意思,应该是以重金禁锢某些人(或某人),使不得为官。杨注:“锢,后汉以后曰‘禁锢’,相当于近代之‘永不录用’。”这样讲,更为明确。

原文

晋师归,范文子后入。武子曰:“无为吾望尔也乎?”对曰:“师有功,国人喜以逆之;先入,必属耳目焉:是代帅受名也,故不敢。”武子曰:“吾知免矣!”[1]

郤伯见,公曰:“子之力也夫!”对曰:“君之训也,二三子之力也。臣何力之有焉?”范叔见,劳之如郤伯;对曰:“庚所命也,克之制也。燮何力之有焉?”栾伯见,公亦如之;对曰:“燮之诏也,士用命也。书何力之有焉?”

宣公使求好于楚。庄王卒,宣公薨,不克作好。公即位,受盟

---

① 但我们不必(或不能)说杜注认为《桑中》在《卫风》是个错误,因为《邶》《鄘》《卫》三风本来都是卫国之风。

于晋，会晋伐齐。卫人不行使于楚，而亦受盟于晋，从于伐齐。故楚令尹子重为阳桥之役以救齐。将起师，子重曰："君弱，群臣不如先大夫，师众而后可。《诗》曰：'济济多士，文王以宁。'夫文王犹用众，况吾侪乎？且先君庄王属之曰：'无德以及远方，莫如惠恤其民而善用之。'"乃大户，已责，逮鳏，救乏，赦罪。悉师，王卒尽行。[2]彭名御戎，蔡景公为左，许灵公为右。二君弱，皆强冠之。[3]

注释

❶ "必属耳目焉"："属"读 zhǔ。杨注："聚也，注也。属耳目，使众人耳目集中于我。"不肯出风头，不愿代帅受名，这是明白自己身份、守本分而谦和的表现。"吾知免矣"，杜注："知其不益己祸。"杨注："意谓范文子如此谦让，可以免于祸害刑戮。"杜注是说武子相信范文子不会给父亲添祸，杨注则谓武子相信范文子会平安过日子，不会惹祸害他自己。其实杜注也可以照杨注那样理解，读者可以把两注的意思综合起来。

❷ 引《诗》见《大雅・文王》，毛传："济济，多威仪也。"杜注："言文王以众士安。"关于"济济"的解释，毛、杜不一致，我们认为毛传较好，因为原诗"济济"下本有"多"字，多士即众士，杜注实际上并没有解释"济济"。侪读 chái，杜注："侪，等。"吾侪就是我等。"先君庄王属之"，属就是嘱(zhǔ)。依杜注，"大户"是"阅民户口"，"已责"是"弃逋责"，"逮鳏"是"施及老鳏"。杨注："责，同债。"救乏是"救济生活困难者"，悉师是"国家军士尽起"，王卒尽行是"楚王护卫军亦全部出动"。其说是。

❸ 杨注："不到成年，却勉行冠礼。"此注甚确。

原文

冬，楚师侵卫；遂侵我，师于蜀。使臧孙往，辞曰："楚远而久，固将退矣。无功而受名，臣不敢。"楚侵及阳桥，孟孙请往，赂之以执斫、执针、织纴，皆百人，公衡为质，以请盟。[1]楚人许平。

十一月，公及楚公子婴齐、蔡侯、许男、秦右大夫说、宋华元、陈公孙宁、卫孙良夫、郑公子去疾及齐国之大夫盟于蜀。卿不书，匮盟也。于是乎畏晋而窃与楚盟，故曰"匮盟"。蔡侯、许男不书，乘楚车也，谓之失位。[2]

注释

❶ 杜注："执斫，匠人。执针，女工。织纴，织缯布者。"按：鲁国的孟孙（孟献子仲孙蔑）奉命向楚国进赂（将三百工匠送给楚国），并送上有身份的公衡为人质，请求与楚国结盟。杜注说公衡为成公子，杨注说"成公此时未必有子"，我们认为公衡总归是有身份有地位之人。

❷ "畏晋而窃与楚盟，故曰匮盟。"杜注："匮，乏也。"孔疏："私窃为盟，盟终不固，此盟是匮乏之道也。"鲁与楚结盟，未经晋人允许，所以只好私下进行，所以叫作"窃与楚盟"。"蔡侯许男"以下，杜注："乘楚王车为左右则失位也。卿不书，则称人；诸侯不书，皆不见《经》：君臣之别。"孔疏："明贬诸侯无称人之法也。"本来，楚师侵卫侵鲁，后来会蜀结盟，蔡侯许男都曾参与，然而《经》文没有书写"蔡侯""许男"，那就因为他们"失位"（失国君之位）的缘故。《左传》这里的讲法，也与《春秋》书法通例有关。

原文

君子曰："位其不可不慎也乎！蔡、许之君一失其位，不得列于诸侯，况其下乎？《诗》曰：'不解于位，民之攸塈。'其是之谓矣。"[3]

楚师及宋，公衡逃归。臧宣叔曰："衡父不忍数年之不宴，以弃鲁国，国将若之何？谁居？后之人必有任是夫！国弃矣！"

是行也，晋辟楚，畏其众也。君子曰："众之不可〔以〕已也。大夫为政犹以众克，况明君而善用其众乎？《大誓》所谓商兆民离、周十人同者,众也。”[4]

注释

③ 引《诗》见《大雅·假乐》。杜注:“言在上者勤正其位,则国安而民息也。攸,所也。塈,息也。”杨注并无异议。按:《左氏》这里造作“君子之言”,就上文所记蔡侯许男“失位”之事发表议论感慨。引《诗》为了与“失位”相应,不惜断章取义,虽然扣住了“位”字,但毕竟让注家把目光跳到“民之攸塈”一句诗上去了。其实“民之攸塈”的塈,并不一定要解释为“休息”的。

④ 杜注:“《大誓》,周书。万亿曰兆。民离则弱,合则成众,言殷以散亡,周以众兴。”孔疏:“此言‘《大誓》所谓’者,引其意,非本文也。”今按:后出伪古文《尚书·泰誓》三篇并无“商兆民离,周十人同”两句,但有与可靠文献(譬如《左传》昭廿四年)引录《大誓》大意相类同的句子。孔疏说《左氏》“引其意,非本文”,不错。

原文

晋侯使巩朔献齐捷于周。王弗见,使单襄公辞焉,曰:“蛮夷戎狄不式王命,淫湎毁常;王命伐之,则有献捷,王亲受而劳之,所以惩不敬、劝有功也。兄弟甥舅侵败王略,王命伐之,告事而已,不献其功,所以敬亲昵、禁淫慝也。今叔父克遂,有功于齐,而不使命卿镇抚王室,所使来抚余一人;而巩伯实来,未有职司于王室,又奸先王之礼;余虽欲于巩伯,其敢废旧典以忝叔父?[1]夫齐,甥舅之国也,而大师之后也,宁不亦淫从其欲以怒叔父,抑岂不可谏诲?”士庄伯不能对。王使委于三吏,礼之如侯伯克敌使大夫告庆之礼,降于卿礼一等。王以巩伯宴,而私贿之。使相告之曰:“非礼也,勿籍!”[2]

注释

① “不式王命”以下,杜注:“式,用也。兄弟,同姓国。甥舅,异姓

国。略，经略法度。”杨注：“淫谓淫于女色。湎谓沈湎于酒。毁常，败坏规矩法度。”这样解说，正好补杜注之阙。“王命伐之，告事而已”以下，杜注：“告伐事而不献囚俘。”按：这里说的是告伐献捷之礼的前提与内容以及目的。前提是“王命伐之”，非王命者不得行此礼。内容是“告事”而不献囚俘。目的见下文《传》：“所以敬亲暱、禁淫慝也。”这其实就是防止诸侯国胡作非为。“巩伯实来”以下，杜注：“巩朔，上军大夫，非命卿，名位不达于王室。”意思是说巩伯本没有资格，可是晋侯把他派来了。“奸先王之礼”，杜注：“谓献齐捷。”意思是晋侯率领诸侯伐齐之战，本非王命伐之，所以不当行献捷之礼，而晋侯派巩朔行之，那是对周礼的冒犯。“余虽欲于巩伯”句以下，杜注：“欲受其献。”王伯申《经义述闻》卷十八：“欲，犹好也。言余虽爱好巩伯，不敢废旧典而以献捷之礼相待也。”显然，这里伯申说义长，杜注不确。

❷ 杜注：“委，属也。三吏，三公也。相，相礼者。籍，书也。王畏晋，故私宴贿以慰巩朔。”杨注：“以，与也。当时正式招待使者，先行享礼，礼终则宴。而于巩朔则宴而不享。”按：私贿，不是合礼的赠送礼品。送礼而不合礼，故要求“勿籍”。所谓“勿籍”，即不准记载入史册，就因为本为“非礼”之宴。

经三年[1]

原文

春，王正月，公会晋侯、宋公、卫侯、曹伯伐郑。

辛亥，葬卫穆公。

二月，公至自伐郑。

甲子，新宫灾。三日哭。[2]

乙亥，葬宋文公。[3]

夏，公如晋。

郑公子去疾帅师伐许。
公至自晋。
秋,叔孙侨如帅师围棘。
大雩。
晋郤克、卫孙良夫伐廧咎如[4]。
冬,十有一月,晋侯使荀庚来聘。
卫侯使孙良夫来聘。
丙午,及荀庚盟。丁未,及孙良夫盟。[5]
郑伐许。

注释

❶ 鲁成公三年是公元前588年,周定王十九年。

❷ 杜注:"三年丧毕,宣公神主新入庙,故谓之新宫。书'三日哭',善得礼。宗庙,亲之神灵所凭居,而遇灾,故哀而哭之。"按:鲁宣公在位十八年卒,至成公三年二月,已经是"三年丧毕"。《檀弓下》:"有焚其先人之室,则三日哭。故曰:新宫火,亦三日哭。"又,《传》宣十六年已出"天火曰灾"之例,则《传》成三年"新宫灾"的灾应为天火。

❸ 杜注:"七月而葬,缓。"按:《春秋》成二年经文记"宋公鲍卒""卫侯速卒"都在去年八月,本年(成公三年)经文记卫穆公葬在正月,是其卒至葬为五个月,符合周礼规定,所以杜元凯没有在"葬卫穆公"句下作注,没有说什么"缓"。至于宋文公自卒至葬,已逾五月之期,跨七个月份,确实是"缓"了。

❹ 廧读qiáng,咎读gāo。廧咎如,杜注:"赤狄别种。"

❺ 先与晋使荀庚盟,后与卫使孙良夫盟,杜注:"先晋后卫,尊霸主。"其说是。

传三年

原文

春,诸侯伐郑,次于伯牛,讨邲之役也。遂东侵郑。郑公子偃帅师御之,使东鄙覆诸鄤,败诸丘舆。皇(戍)〔戌〕如楚献捷。[1]

夏,公如晋,拜汶阳之田。

许恃楚而不事郑。郑子良伐许。

晋人归楚公子穀臣与连尹襄老之尸于楚,以求知罃。于是荀首佐中军矣,故楚人许之。王送知罃,曰:"子其怨我乎?"对曰:"二国治戎,臣不才,不胜其任,以为俘馘;执事不以衅鼓,使归即戮,君之惠也。臣实不才,又谁敢怨?"王曰:"然则德我乎?"对曰:"二国图其社稷而求纾其民,各惩其忿以相宥也,两释累囚以成其好。二国有好,臣不与及,其谁敢德?"王曰:"子归,何以报我?"对曰:"臣不任受怨,君亦不任受德,无怨无德,不知所报。"王曰:"虽然,必告不穀!"对曰:"以君之灵,累臣得归骨于晋,寡君之以为戮,死且不朽。若从君之惠而免之,以赐君之外臣首,首其请于寡君而以戮于宗,亦死且不朽。若不获命,而使嗣宗职,次及于事,而帅偏师以修封疆;虽遇执事,其弗敢违,其竭力致死,无有二心,以尽臣礼:所以报也。"[2]王曰:"晋未可与争。"重为之礼而归之。

注释

[1] 杜注:"覆,伏兵也。鄤,丘舆,皆郑地。晋偏军为郑所败,故不书。"《经》文不书晋偏军之败,这是为当时尚有霸主之名的晋侯避讳。阮刻本"皇戍"之"戍"当作"戌",说见阮元等《校勘记》。(阮刻本《传》宣十二年"皇戌"不误,可为旁证。)据《左氏》之例,"皇戌如楚献捷"自与周礼相违。

[2] 荀首为知罃之父。"外臣首"以下,杜注:"称于异国君曰外臣。"

"戮于宗"之宗,杨注说是宗庙。"嗣宗职",杜注:"嗣其祖宗之位职。""修封疆",意思是治理国界之事。"遇执事",碰上楚国将帅。"其弗敢违",杜注:"违,辟也。""其",犹"将"也。将不敢回避,意思是难免有正面交锋的事。

原文

秋,叔孙乔如围棘,取汶阳之田。棘不服,故围之。

晋郤克、卫孙良夫伐廧咎如,讨赤狄之余焉。廧咎如溃,上失民也。❶

冬十一月,晋侯使荀庚来聘,且寻盟。卫侯使孙良夫来聘,且寻盟。公问诸臧宣叔曰:"中行伯之于晋也,其位在三。孙子之于卫也,位为上卿。将谁先?"对曰:"次国之上卿当大国之中,中当其下,下当其上大夫。小国之上卿当大国之下卿,中当其上大夫,下当其下大夫。上下如是,古之制也。卫在晋,不得为次国。晋为盟主,其将先之。"❷丙午盟晋,丁未盟卫,礼也。

十二月甲戌,晋作六军。韩厥、赵括、巩朔、韩穿、荀骓、赵旃皆为卿,赏鞌之功也。

齐侯朝于晋,将授玉,郤克趋进,曰:"此行也,君为妇人之笑辱也,寡君未之敢任。"❸

晋侯享齐侯。齐侯视韩厥。韩厥曰:"君知厥也乎?"齐侯曰:"服改矣。"韩厥登,举爵,曰:"臣之不敢爱死,为两君之在此堂也!"

荀罃之在楚也,郑贾人有将置诸褚中以出。❹既谋之,未行,而楚人归之。贾人如晋,荀罃善视之,如实出己。贾人曰:"吾无其功,敢有其实乎?吾小人,不可以厚诬君子。"遂适齐。

注释

❶ 杜注:"此《传》释《经》之文,而《经》无'廧咎如溃',盖《经》阙此四字。"按:依《传》例,应知杜氏此注可信。

❷ 这一段话，是《经》文“丙午及荀庚盟，丁未及孙良夫盟”的好注解。杜注：“古制：公为大国，侯伯为次国，子男为小国。春秋时以强弱为大小，故卫虽侯爵，犹为小国。”小国降大国二等。所以，当晋荀庚、卫孙良夫来聘，先晋后卫的作法是合符当时礼制的。

❸ 授受圭玉，为朝聘异国常见礼仪。趋进，即快步上前，表示恭敬而不敢怠慢。郤克脚瘸，不走快点，势必不能及时上前说话。所谓“妇人之笑”，指《左传》宣十七年记郤子登齐庭为妇人所笑一事。“未之敢任”，意思是不敢当。

❹ 贾，这里读 gǔ。褚，这里依《释文》读 zhǔ，一读 chǔ。杨注认为褚是“装衣物所用之囊”，又说：“郑国商人拟盛知䓨于褚中逃出楚国。”按：此说本《经义述闻》卷十八“置诸褚中”条。

经四年[1]

原文

春，宋公使华元来聘。

三月壬申[2]，郑伯坚卒。

杞伯来朝。

夏，四月甲寅，臧孙许卒。

公如晋。

葬郑襄公。

秋，公至自晋。

冬，城郓。[3]

郑伯伐许。

注释

❶ 鲁成公四年，即公元前 587 年，周定王二十年。

❷ 杜注:“壬申,二月二十八日。”杨注:“三月无壬申,恐日月有误。”杨先生指出这里所谓“壬申”实二月二十五日,杜注不确。今从杨注。

❸ 郓读 yùn。依杜注,鲁成公发动筑郓城,是为了对付晋的攻击。孔疏说这个郓是西郓。按:预防晋的攻击,晋在西,孔疏说是西郓,不误。

传四年

原文

春,宋华元来聘,通嗣君也。

“杞伯来朝”,归叔姬故也。

夏,公如晋。晋侯见公,不敬。季文子曰:“晋侯必不免。《诗》曰:‘敬之敬之!天惟显思,命不易哉!’夫晋侯之命在诸侯矣,可不敬乎?”❶

秋,公至自晋,欲求成于楚而叛晋。季文子曰:“不可。晋虽无道,未可叛也。国大臣睦而迩于我,诸侯听焉,未可以贰。《史佚之志》有之,曰:‘非我族类,其心必异。’楚虽大,非吾族也,其肯字我乎?”❷公乃止。

冬十一月,郑公孙申帅师疆许田,许人败诸展陂。郑伯伐许,取鉏任、泠敦之田。

晋栾书将中军,荀首佐之,士燮佐上军,以救许伐郑。取(氾)〔汜〕、祭。❸

楚子反救郑。郑伯与许男讼焉,皇戌摄郑伯之辞。子反不能决也,曰:“君若辱在寡君,寡君与其二三臣共听两君之所欲,成其可知也。不然,侧不足以知二国之成。”❹

晋赵婴通于赵庄姬。

注释

❶ “晋侯必不免”，杜注：“言将不能寿终也。”引《诗》见《周颂·敬之》，杜注：“言天道显明，受其命甚难，不可不敬以奉之。”又说：“敬诸侯则得天命。”这一段意思是：晋景公不敬来朝见的诸侯，鲁季文子断言此公（晋景公）得不到天命，得不到寿终。我们不信“天命”，但是赞成尊敬对方甚至对手。

❷ “非我族类，其心必异”，现在看来这只是反映狭隘的氏族或家族观念的说法，但在当时实为通行的用人、立嗣以及祭祀制度的思想基础。“其肯字我乎”，杜注：“字，爱也。”杨注：“其作岂用。”两注皆是。今按：这一段话就鲁国“欲求成于楚而叛晋”的事作批评。因为晋、鲁同姓，鲁与楚异姓，所以引《史佚之志》而加以解说如此。

❸ 杜注：“展陂亦许地。”“氾、祭，郑地。”但阮元等《校勘记》认为氾应作汜，杨注同。

❹ 讼是争曲直而打官司。“摄郑伯之辞”，杜注：“代之对。”意思是代郑伯说话。“辱在寡君”，杨注：“在，存问也……辱在寡君……意欲使两君朝楚。”这样讲，很精当。“成其可知也”，杨注论证“成”有判断是非的意思。“侧不足以知二国之成”，杜注：“侧，子反名。”楚子反谦称自己无力判断二国的是非曲直。

经五年❶

原文

春，王正月，杞叔姬来归。❷

仲孙蔑如宋。

夏，叔孙侨如会晋荀首于穀。

梁山崩。

秋，大水。

冬，十有一月己酉，天王崩。

十有二月己丑，公会晋侯、齐侯、宋公、卫侯、郑伯、曹伯、邾子、杞伯，同盟于虫牢。[3]

注释

❶ 鲁成公五年，为公元前586年，周定王二十一年。

❷ 小戴辑《礼记·杂记下》："如三年之丧，则君夫人归。"若非三年之丧而君夫人归，则必是被出之故。"杞叔姬来归"，杜注："出也。"是鲁公之女嫁于杞者被杞出之。《杂记下》记有"诸侯出夫人"之礼，《春秋》经传成公五年所记此礼不详。

❸ 杜注："虫牢，郑地。"值得注意的是《春秋经》记虫牢之会皆书爵，不书"人"。

传五年

原文

春，原、屏放诸齐。婴曰："我在，故栾氏不作。我亡，吾二昆其忧哉！且人各有能有不能，舍我何害？"弗听。

婴梦天使谓己："祭余！余福女。"使问诸士贞伯，贞伯曰："不识也。"既而告其人曰："神福仁而祸淫。淫而无罚，福也。祭，其得亡乎？"祭之之明日而亡。[1]

孟献子如宋，报华元也。

夏，晋荀首如齐逆女，故宣伯餫诸谷。[2]

注释

❶ 相信神灵会保佑仁人得福，让淫者遭受灾祸，这是春秋时期很正常的思想观念。对赵婴来说，其为人淫而未曾受到惩罚，这是他的福气。"祭其得亡乎"，杜注："以得放遣为福。"杨注："'其得亡

乎’,犹言‘岂得无祸乎’,亡通无。”“祭之”,是祭天使。“之明日而亡”,到第二天则逃亡。将“祭其得亡乎”与“祭之之明日而亡”联系起来考虑,我们认为杜镇南将“亡”理解为“放遣”,有道理,不算错误。

❷ 餫读 yùn。杜注:“野馈曰餫。运粮馈之,敬大国也。”孔疏:“此言野馈,馈在野行路之人……彼自逆女,而往馈之者,敬大国也。”这里注疏的解说符合原意。

原文

梁山崩,晋侯以传召伯宗。伯宗辟重,曰:“辟传!”重人曰:“待我,不如捷之速也。”问其所,曰:“绛人也。”问绛事焉,曰:“梁山崩,将召伯宗谋之。”问:“将若之何?”曰:“山有朽壤而崩,可若何?国主山川,故山崩川竭,君为之不举、降服、乘缦、彻乐、出次,祝币,史辞,以礼焉。其如此而已。虽伯宗,若之何?”[3]伯宗请见之,不可。遂以告,而从之。

许灵公诉郑伯于楚。六月,郑悼公如楚,讼,不胜。楚人执皇戌及子国。故郑伯归,使公子偃请成于晋。秋八月,郑伯及晋赵同(盥)〔盟〕于垂棘。

宋公子围龟为质于楚而归。华元享之,请鼓噪以出,鼓噪以复入,曰:“习攻华氏。”宋公杀之。

冬,“同盟于虫牢”,郑服也。

诸侯谋复会,宋公使向为人辞以子灵之难。[4]

(十一月己酉,定王崩。)[5]

注释

❸ “以传召伯宗”,杜注:“传,驿。”按:“传”指驿站专用的传车,用传车,目的是快速。“辟重”,意思是避开重载之车。辟传,杨注:“为传车让路而避开。”“重人”自是与重载之车有牵连的人。“不

如捷之速也”，杜注：“捷，邪出。”孔疏：“捷亦速也。方行则迟，邪出则速。”意思是抄小路（走捷径）就快。“国主山川”，杜注：“主谓所主祭。”杨注认为这里杜注非是，应该是“国以山川为主”的意思。“君为之不举”，杜注：“去盛馔。”“降服”，杜注：“损盛服。”“乘缦”，杜注：“车无文。”“彻乐”，杜注：“息八音。”“出次”，杜注：“舍于郊。”“祝币”，杜注：“陈玉帛。”“史辞”，杜注：“自罪责。”“以礼焉”，杜注认为是“礼山川”。自“君为之不举”到“出次”，主语是“君”。“祝币”，主语是“祝”。“史辞”，主语是“史”。

4 杜注：“子灵，围龟也。宋公不欲会，以新诛子灵为辞。”

5 杜注：“众家《传》悉无此八字，或衍文。”孔疏：“《传》不虚举《经》文，此无所明；又上下倒错，诸家之《传》又悉无此言，必是衍文。”按：这里注疏所言甚是，当从之。

经六年[1]

原文

春，王正月，公至自会。

二月辛巳，立武宫。[2]

取鄟[3]。

卫孙良夫帅师侵宋。

夏，六月，邾子来朝。

公孙婴齐如晋。

壬申，郑伯费[4]卒。

秋，仲孙蔑、叔孙侨如帅师侵宋。

楚公子婴齐帅师伐郑。

冬，季孙行父如晋。

晋栾书帅师救郑。

注释

❶ 鲁成公六年,当公元前585年,周简王元年。

❷ 杜注:"鲁人自鞌之功至今无患,故筑武军,又作先君武公宫,以告成事,欲以示后世。"孔疏:"其意言筑为武军,又作武公之庙。""武公是成公九世之祖,其庙毁已久矣。今复立之,以为不毁之庙。"注疏言是。按:筑武军的事,我们在《左传》宣十二年已见过。唯据《左传》宣十二年记楚庄王语,彰武功武德则可以筑武军,鲁成公何德何能?其筑武军实非礼,本年《左传》是以讥之。

❸ 鄟读zhuān。据《释文》,此字又读tuán。杜注:"附庸国也。"

❹《释文》:"费,音祕。"依此说,则读bì。

传六年

原文

春,郑伯如晋拜成,子游相。授玉于东楹之东。士贞伯曰:"郑伯其死乎!自弃也已。视流而行速,不安其位,宜不能久。"❶

二月,季文子以鞌之功立武宫,非礼也。听于人以救其难,不可以立武。立武由己,非由人也。❷

"取鄟",言易也。

三月,晋伯宗、夏阳说、卫孙良夫、甯相、郑人、伊雒之戎、陆浑、蛮氏侵宋,以其辞会也。师于鍼。卫人不保。说欲袭卫,曰:"虽不可入,多俘而归,有罪不及死。"伯宗曰:"不可!卫唯信晋,故师在其郊而不设备。若袭之,是弃信也。虽多卫俘,而晋无信,何以求诸侯?"乃止。师还,卫人登陴。❸

注释

❶《礼经·聘礼》:"宾致命……公侧袭,受玉于中堂与东楹之间。"可是《左传》成六年郑伯在晋庭"授玉于东楹之东",而不是"中堂

与东楹之间”。杜注:“礼,授玉两楹之间。郑伯行疾,故东过。”孔疏:“聘礼:大夫奉命来聘,君臣不敌,故授玉于东楹之间。国君来朝,尊卑礼敌,《传》言东楹之东,以讥郑伯行速,明礼当授玉于两楹之间。”我们认为孔疏比较全面,依礼应该同意注疏的结论。既然郑君与晋侯“尊卑礼敌”,自不可要求郑君如同大夫来聘那样“授玉于东楹之间”,而应该如注疏所说,“授玉于两楹之间”。

❷ 杜注:“今鲁倚晋之功,又非霸主,而立武官,故讥之。”证以《左传》宣十二年关于立武军、作先君官的说法,这里杜注实有理由。“听于人以救其难”以下,杜注:“言请人救难,胜非己功。”胜之而实不武,立什么武官呢!

❸ 失信则失威,无以求诸侯。所谓“求诸侯”,就是赢得诸侯拥戴的意思。陴读 pí,城垛子,这里借代城墙。

原文

晋人谋去故绛,诸大夫皆曰:“必居郇、瑕氏之地!沃饶而近盬,国利君乐,不可失也。”❹韩献子将新中军,且为仆大夫。公揖而入,献子从。公立于寝庭,谓献子曰:“何如?”对曰:“不可!郇、瑕氏土薄水浅,其恶易觏。易觏则民愁,民愁则垫隘,于是乎有沈溺重膇之疾。不如新田:土厚水深,居之不疾,有汾、浍以流其恶,且民从教,十世之利也。夫山、泽、林、盬,国之宝也。国饶,则民骄佚;近宝,公室乃贫:不可谓乐。”❺公说,从之。夏四月丁丑,晋迁于新田。

注释

❹ 杜注:“盬,盐也。”孔疏:“土地良沃,五谷饶多,民丰则国利,财多则君乐,其处不可失也。”按:这里注疏言是。

❺ 膇读 zhuì。浍读 kuài。“其恶易觏”以下,杜注:“恶,疾疢。觏,成也。垫隘,羸困也。沈溺,湿疾。重膇,足肿。”按:杨注认为沈

溺即风湿病，“重”即“肿”字，说得明白好懂。汾指汾水，浍指浍水。“流其恶”之恶，杜注认为是“垢秽”。“国饶则民骄佚”以下，杜注：“财易致则民骄侈。近宝，则民不务本。”果如此，就未必可以乐观了。然而《左氏》这里的观点未必都可信，譬如：国饶，民就一定骄佚吗？近宝，公室为何反而一定会贫困呢？

原文

六月，郑悼公卒。

子叔声伯如晋，命伐宋。❶

秋，孟献子、叔孙宣伯侵宋，晋命也。

楚子重伐郑，郑从晋故也。

冬，季文子如晋，贺迁也。

晋栾书救郑，与楚师遇于绕角。楚师还，晋师遂侵蔡。楚公子申、公子成以申、息之师救蔡，御诸桑隧。赵同、赵括欲战，请于武子，武子将许之。知庄子、范文子、韩献子谏曰：“不可。吾来救郑，楚师去我，吾遂至于此，是迁戮也。戮而不已，又怒楚师，战必不克。虽克，不令。成师以出，而败楚之二县，何荣之有焉？若不能败，为辱已甚。不如还也！”❷乃遂还。

于是军帅之欲战者众。或谓栾武子曰：“圣人与众同欲，是以济事。子盍从众？子为大政，将酌于民者也。❸子之佐十一人，其不欲战者三人而已，欲战者可谓众矣。《商书》曰：‘三人占，从二人’，众故也。”武子曰：“善钧，从众。夫善，众之主也。三卿为主，可谓众矣。从之，不亦可乎？”❹

注释

❶ 杜注：“晋人命声伯。”不可能是声伯命晋人。

❷ 杜注：“绕角，郑地。申、息，楚二县。”按：桑隧也是地名。杨注引江永说，认为绕角乃是蔡地。楚伐郑，晋救郑则应与楚对抗，今侵

蔡，是为“迁戮”，改变了打击对象。楚以申、息二县之师救蔡。杜注：“迁戮不义，怒敌难当，故不克。”晋国成师以出，以六军对付楚二县之师，以大击小，即使打了胜仗，也不足为荣，所以说“虽克不令”，“不令”就是不好。

③ 杜注：“盍，何不也。”盍从众，何不依从多数人的意见呢？杨注：“大政，即《鼄君钟铭》之‘大正’，执政大臣也。”按：栾书为晋中军元帅，所以说他为大政。“酌于民”，杜注：“酌取民心以为政。”执政者能够酌取民心，自是好事。

④ 杜注：“《商书·洪范》。钧，等也。三卿，皆晋之贤人。《传》善栾书得‘从众’之义。”按：《洪范》本见于《周书》。《左氏》这里称《商书》，孔疏：“以箕子商人所陈故也。”杨注：“钧同均，善均等，始取多数之言。”关键是其言之善否。不善，言者虽众多，并不可从。荀首、士燮、韩厥三卿说得对，应该听他们的。

经七年[1]

原文

春，王正月，鼷鼠食郊牛角，改卜牛。鼷鼠又食其角，乃免牛。[2]

吴伐郯。

夏，五月，曹伯来朝。

不郊，犹三望。[3]

秋，楚公子婴齐帅师伐郑。

公会晋侯、齐侯、宋公、卫侯、曹伯、莒子、邾子、杞伯救郑。八月戊辰，同盟于马陵。

公至自会。

吴入州来。

冬，大雩。

卫孙林父出奔晋。

注释

❶ 鲁成公七年，为公元前584年，周简王二年。

❷ 鼷读xī。杜注："称牛，未卜日。免，放也。"按：关于郊与卜牛，《左传》僖三十一年概述的通例，可以为据。

❸ 杜注："免牛，可也。不郊，非礼也。"按：《左传》僖三十一年："望，郊之细也。不郊，亦无望可也。"可知成公七年的"三望"也不合周礼。须知神祇也有等级之分，而春秋时代的郊以天地大神为主要祭祀对象，望祀对象的地位低于天地大神，郊已不行，望也就不必了。

传七年

原文

春，吴伐郯。郯成。

季文子曰："中国不振旅，蛮夷入伐，而莫之或恤。无吊者也夫！《诗》曰：'不吊昊天，乱靡有定。'其此之谓乎！有上不吊，其谁不受乱？吾亡无日矣！"❶君子曰："知惧如是，斯不亡矣！"

郑子良相成公以如晋，见，且拜师。

夏，曹宣公来朝。

秋，楚子重伐郑，师于氾。诸侯救郑。郑共仲、侯羽军楚师，囚郧公钟仪，献诸晋。❷

"八月，同盟于马陵"，寻虫牢之盟，且莒服故也。

晋人以钟仪归，囚诸军府。

注释

❶ 杜注："振，整也。旅，众也。言中国不能相愍恤，故夷狄内侵。"王伯申《经义述闻》卷三十一《通说》"吊"条引《传》成公七年，解释说："此言蛮夷入伐而莫之或恤，皆由中国之无善君也。善君，

谓霸主也。”因为如杨注所说：“吊”字与“叔”字在金甲文本是一字，“叔”同“淑”，善也，无吊者就是无善君。引《诗》见《小雅·节南山》。“不吊昊天”即昊天不淑，也就是老天爷不好（不善）。“有上不吊”，杜注：“上谓霸主。”杨注：“有上而不善。”如此，谁能不受祸乱之害？“吾亡无日矣”，我们离灭亡没有多少日子了。按：杜注对于“不吊”的解释都不准确，而上引王氏《述闻》与杨注颇为精当。

❷ 据《释文》，氾读 fán，杜注：“郑地。”“军楚师”句的“军”，杨注：“今言包围。”引《说文》《广雅·释言》为证，持之有据。今从之。

原文

楚围宋之役，师还，子重请取于申、吕以为赏田；王许之。申公巫臣曰：“不可。此申、吕所以邑也，是以为赋，以御北方。若取之，是无申、吕也，晋、郑必至于汉。”王乃止。子重是以怨巫臣。子反欲取夏姬，巫臣止之，遂取以行。子反亦怨之。及共王即位，子重、子反杀巫臣之族子阎、子荡及清尹弗忌及襄老之子黑要，而分其室。[1]子重取子阎之室，使沈尹与王子罢分子荡之室，子反取黑要与清尹之室。巫臣自晋遗二子书，曰：“尔以谗慝贪婪[2]事君，而多杀不辜，余必使尔罢于奔命以死！”

巫臣请使于吴，晋侯许之。吴子寿梦说之。乃通吴于晋，以两之一卒适吴，舍偏两之一焉。[3]与其射御，教吴乘车，教之战陈，教之叛楚。置其子狐庸焉，使为行人于吴。吴始伐楚、伐巢、伐徐，子重奔命。马陵之会，吴入州来，子重自郑奔命。子重、子反于是乎一岁七奔命。蛮夷属于楚者，吴尽取之，是以始大，通吴于上国。

卫定公恶孙林父。冬，孙林父出奔晋。卫侯如晋，晋反戚焉。

注释

❶ 依杜注：“清尹弗忌”亦巫臣之族。章太炎《春秋左传读》谓清尹

非地方官而为朝廷官，姑备一说。“分其室”，杨注：“室，家财。”这当然是对的。

❷ 杨注：“谗、慝同义……贪、婪同义。”杨先生这里的解说也很精当。

❸ 杜注引《司马法》，谓“百人为卒，二十五人为两，车九乘为小偏，十五乘为大偏”。孔疏：“舍偏谓舍一偏之车九乘也。”《经义述闻》卷十八：“‘以两之一卒适吴’，‘两之’二字盖因下句‘舍偏两之一’而衍，当作‘以一卒适吴矣’。一卒，百人也。半其数则为偏。偏，五十人也。一卒有两偏。以一卒适吴者，以两偏适吴也。以两偏适吴而舍其一，是于偏舍两之一也，故曰舍偏两之一焉。”杨注用江永说：“两之一卒是合两偏成一卒之车，即兵车三十辆；舍偏两之一是留其卒之一偏，即留十五辆于吴。”则仍主兵车为言。比较江、王两说，这里当以江说为妥。

经八年[1]

原文

春，晋侯使韩穿来言汶阳之田，归之于齐。

晋栾书帅师侵蔡。

公孙婴齐如莒。

宋公使华元来聘。

夏，宋公使公孙寿来纳币。[2]

晋杀其大夫赵同、赵括。

秋，七月，天子使召伯来(赐)〔锡〕公命。[3]

冬，十月癸卯，杞叔姬卒。

晋侯使士燮来聘。

叔孙侨如会晋士燮、齐人、邾人伐郯。

卫人来媵。[4]

注释

❶ 鲁成公八年,当即公元前583年,周简王三年。

❷ “来聘”之聘,指“昏聘”,不是“朝聘”之聘。“来纳币”,也是昏礼中的一个环节。孔疏:“士礼纳徵有玄纁束帛纳俪皮。其诸侯谓之纳币,以其币多,故指币言之。”又说:“宋公使华元来聘,聘不应使卿,故《传》但言‘聘共姬也’。使公孙寿来纳币,纳币应使卿,故《传》明言得礼也。”按:试联系《传》文,可知孔疏这里说得很对。

❸ 本来这里锡作赐也通,既然作“锡”有版本根据如阮元等《校勘记》所言,那就尊重版本根据好了。

❹ 杜注:“古者诸侯取適夫人及左右媵,各有侄娣,皆同姓之国。国三人,凡九女,所以广继嗣也。鲁将嫁伯姬于宋,故卫来媵之。”按:以《公羊传》庄十九年证之,知杜注并非虚构。所谓媵从之制,春秋时期曾经实行过。

传八年

原文

“春,晋侯使韩穿来言汶阳之田,归之于齐。”季文子饯之,私焉,曰:“大国制义,以为盟主,是以诸侯怀德畏讨,无有贰心。谓汶阳之田,敝邑之旧也;而用师于齐,使归诸敝邑。今有二命曰‘归诸齐’。信以行义,义以成命,小国所望而怀也。信不可知,义无所立;四方诸侯,其谁不解体?《诗》曰:‘女也不爽,士贰其行。士也罔极,二三其德。’七年之中,一与一夺,二三孰甚焉?士之二三,犹丧妃耦,而况霸主?霸主将德是以,而二三之,其何以长有诸侯乎?❶《诗》曰:‘犹之未远,是用大简。’行父惧晋之不远犹而失诸侯也,是以敢私言之。❷”

晋栾书侵蔡，遂侵楚，获申骊。

注释

❶“私焉”，就是下文所说的“私言之”。“大国制义”句说的是“以为盟主”的前提，因为“诸侯怀德畏讨”，才会拥戴这个大国为盟主。汶阳之田本属鲁，齐人抢夺了这些田，晋国为盟主，“用师于齐”（指鞌之战），迫使齐国将汶阳之田归还鲁国，这也是“制义”。可是现在命令鲁国将汶阳之田“归诸齐”，这叫“二命”。晋国的信义在哪里？孔疏：“言而无信，则信不可知。所命非义，则义无所立。如是，则四方诸侯其谁不解体，谓事晋之心皆疏慢也。”杨注认为“解体”是“涣散，瓦解”的意思，说得很对。这里引《诗》见《卫风·氓》，杜注：“爽，差也。极，中也……喻鲁事晋犹女之事夫，不敢过差，而晋有罔极之心，反二三其德。”这样说也很对。“妃耦”就是配偶。“将德是以”，杜注：“以，用也。”霸主应该唯德是用，而二三其德，怎能长期得到诸侯的拥戴呢？

❷这里引《诗》见《大雅·板》，杜注：“犹，图也。简，谏也。”“言王者图事不远，故用大道谏之。”按：毛诗“简”作“谏”。《左传》下文记季文子自言“惧晋之不远犹而失诸侯”，应为杜注所本。

原文

楚师之还也，晋侵沈，获沈子揖初，从知、范、韩也。君子曰：“从善如流，宜哉！《诗》曰：‘恺悌君子，遐不作人？’求善也夫！作人，斯有功绩矣。”❸

是行也，郑伯将会晋师，门于许东门，大获焉。❹

声伯如莒，逆也。

宋华元来聘，聘共姬也。

“夏，宋公使公孙寿来纳币”，礼也。

注释

❸ 这里引《诗》见《大雅·旱麓》,杜注:"遐,远也。作,用也。""言文王能远用善人。不,语助。"《释文》:恺,乐也。悌,易也。杨注:"遐不,何不也。意谓恺悌君子,何故不起用人材。"我们认为这里杨注较为顺当。左氏谓"求善"而"作人",则自有功绩,这样说也自有道理。

❹ 杜注:"过许,见其无备,因攻之。"这里"门"又是名词作动词用,进攻城门的意思。

原文

晋赵庄姬为赵婴之亡故,谮之于晋侯,曰:"原、屏将为乱。"栾、郤为征。六月,晋讨赵同、赵括。武从姬氏畜于公宫。以其田与祁奚。韩厥言于晋侯曰:"成季之勋、宣孟之忠而无后,为善者其惧矣。三代之令王,皆数百年保天之禄。夫岂无辟王?赖前哲以免也。《周书》曰:'不敢侮鳏寡。'所以明德也。"❶乃立武,而反其田焉。

秋,召桓公来赐公命。

晋侯使申公巫臣如吴,假道于莒。与渠丘公立于池上,曰:"城已恶。"莒子曰:"辟陋在夷,其孰以我为虞?"对曰:"夫狡焉思启封疆以利社稷者,何国蔑有?唯然,故多大国矣。唯或思或纵也。勇夫重闭,况国乎?"❷

"冬,杞叔姬卒。"来归自杞,故书。

晋士燮来聘,言伐郯也。以其事吴故。公赂之,请缓师。文子不可,曰:"君命无贰,失信不立。礼无加货,事无二成。君后诸侯,是寡君不得事君也。燮将复之。"❸季孙惧,使宣伯帅师会伐郯。

卫人来媵共姬,礼也。凡诸侯嫁女,同姓媵之,异姓则否。

注释

❶ “为征”，依杜注、杨注，就是“作证”，证明“原、屏将为乱”。“武从姬氏畜于公宫”句，杜注：“赵武，庄姬之子。庄姬，晋成公女。畜，养也。”关于韩厥之言，杜注：“成季，赵衰。宣孟，赵盾。”“言三代亦有邪辟之君，但赖其先人以免祸耳。《周书·康诰》。言文王不侮鳏寡而德益明，欲使晋侯之法文王。”孔疏言及《史记·赵世家》所记屠岸贾谮杀赵氏之事为“妄说”，杨注也认为难信。但我们认为据《左传》这里的记载，赵氏忠诚而遭谮害，应为事实。

❷ 杜注：“渠丘公，莒子朱也。池，城池也。”“虞，度也……世有思开封疆者，有纵其暴掠者，莒人当唯此为命。”这些解说未必都可通。“城已恶”句，《释文》：“已犹大也。”按：这个“大”，其实就是现在说程度过分的副词“太”。杨注本章太炎先生说，将“以我为虞”之虞训为“望”，认为这一句“意谓无人觊觎此偏僻夷蛮之地”，这样讲比杜注好。“唯或思或纵也”句以下，杨注：“大国侵伐小国以开拓封疆，小国或思虑而为备，以是得存；或放纵而不为备，以是而亡。”这样讲，也比杜注明确。“勇夫重闭”，杨注谓重闭是“内外门户层层关闭”，则读“重”为 chóng，以“重”修饰“闭”，这样讲，“闭”就做了谓语。我们认为这个“重”应该读 zhòng，重视的意思，作谓语，“闭”是“重”的宾语。勇夫个人尚且如此，何况国家呢？

❸ “君命无贰，失信不立”，这是尊重君命、恪守信用的说法。礼，该送多少就送多少，不要随意加减。办事，依杜注，“公私不两成”。“燮将复之”，士燮自言即将向晋景公复命，表示已有决断而无“缓师”之可能。

经九年[1]

原文

春，王正月，杞伯来逆叔姬之丧以归。

公会晋侯、齐侯、宋公、卫侯、郑伯、曹伯、莒子、杞伯,同盟于蒲。

公至自会。

二月,伯姬归于宋。

夏,季孙行父如宋致女。❷

晋人来媵。

秋,七月丙子,齐侯无野卒。

晋人执郑伯。

晋栾书帅师伐郑。

冬,十有一月,葬齐顷公。

楚公子婴齐帅师伐莒。庚申,莒溃。❸

楚人入郓。

秦人、白狄伐晋。

郑人围许。

城中城。❹

注释

❶ 鲁成公九年,当即公元前582年,周简王四年。

❷ 杜注:"女嫁三月,又使大夫随加聘问,谓之致女,所以致成妇礼,笃昏姻之好。"孔疏:"礼:妇入三月庙见。知致女必以三月,盖庙见之后妇礼既成,使大夫聘问。谓之致女,〔致〕其成妇之礼,存谦敬,序殷勤,所以笃昏姻之好也。"按:注疏言是。《春秋毛氏传》有关解说可参。又,《传》桓三年记所谓"致夫人",实即致女之礼。

❸ 杜注:"民逃其上曰溃。"张应昌《春秋属辞辨例编》:"兵至而民逃,不能使民效死不去,则昧于为国之本也。"其说是。

❹ 杜注:"鲁邑也……此闰月。城在十一月之后,十二月之前,故《传》曰'书,时'。"这意思是说:鲁人修筑鲁邑,得其时。按:"城中城",第一个"城"是动词,筑城的意思。杨注:"据《穀梁传》,中城即内城。"今从之,因为《穀梁传》以及范注意思很明白。然

则杜注肯定《左氏》所谓“书，时”是对的，说“中城”为鲁邑则误。

传九年

原文

春，杞桓公来逆叔姬之丧，请之也。杞叔姬卒，为杞故也。逆叔姬，为我也。

为归汶阳之田故，诸侯贰于晋。晋人惧，会于蒲，以寻马陵之盟。季文子谓范文子曰：“德则不竞，寻盟何为？”范文子曰：“勤以抚之，宽以待之，坚(疆)〔强〕以御之，明神以要之，柔服而伐贰，德之次也。”❶

是行也，将始会吴，吴人不至。

二月，伯姬归于宋。

楚人以重赂求郑，郑伯会楚公子成于邓。

夏，季文子如宋致女。复命，公享之。赋《韩奕》之五章。穆姜出于房，再拜，曰：“大夫勤辱，不忘先君以及嗣君，施及未亡人，先君犹有望也。敢拜大夫之重勤！”❷又赋《绿衣》之卒章而入。❸

晋人来媵，礼也。

秋，郑伯如晋。晋人讨其贰于楚也，执诸铜鞮。❹

栾书伐郑，郑人使伯蠲行成。晋人杀之，非礼也。兵交，使在其间可也。❺

楚子重侵陈以救郑。

注释

❶ “德则不竞”，杜注：“竞，强也。”《经传释词》：“则犹若也。”德若不够强，寻盟何用？若无德行做基础，凭什么寻盟呢？“明神以要之”，“要”读 yāo，全句意思是：请明神为证，诚恳结盟。“柔服而伐贰”，柔服是施以恩惠，伐贰是讨伐背盟有二心者。“德之次

也”,仅仅比德行次一点而已。

❷ 杜注:“《韩奕》,《诗·大雅》篇名。其五章,言蹶父嫁女于韩侯,为女相所居,莫如韩乐。文子喻鲁侯有蹶父之德,宋公如韩侯,宋土如韩乐。”又说:“穆姜,伯姬母。闻文子言宋乐,喜而出谢其行劳。妇人夫死,自称未亡人。”按:据《释文》,“施及”之施读 yì,延及、旁及的意思。意思是大夫辛劳,带来的喜乐旁及于我未亡人了。

❸ “赋《绿衣》之卒章”,杜注:“取其‘我思古人,实获我心’。喻文子言得己意。”这样解释是对的。

❹ 鞮读 dī。杜注:“铜鞮,晋别县。”讨其贰于楚,就是上文说的“伐贰”。

❺ “兵交,使在其间可也”,这应该是古今中外通行的礼制规定。杜注:“明杀行人例。”换一个说法,就是“两军交战,不斩来使”。

原文

晋侯观于军府,见锺仪。问之曰:“南冠而絷者,谁也?”有司对曰:“郑人所献楚囚也。”使税之,召而吊之。再拜稽首。问其族,对曰:“泠人也。”公曰:“能乐乎?”对曰:“先父之职官也,敢有二事?”使与之琴。操南音。[1]公曰:“君王何如?”对曰:“非小人之所得知也。”固问之,对曰:“其为大子也,师、保奉之,以朝于婴齐而夕于侧也。[2]不知其他。”

公语范文子。文子曰:“楚囚,君子也:言称先职,不背本也;乐操土风,不忘旧也;称大子,抑无私也;名其二卿,尊君也。不背本,仁也;不忘旧,信也;无私,忠也;尊君,敏也。仁以接事,信以守之,忠以成之,敏以行之。事虽大,必济。君盍归之,使合晋楚之成?”[3]公从之,重为之礼,使归求成。

注释

❶ 杜注:“南冠,楚冠。絷,拘执。”又说:“税,解也。泠人,乐官。”

按:依《释文》,税读 tuō,音义与"脱"同;泠读 líng,音义与"伶"同。"操南音",杜注:"南音,楚声。"关于锺仪对晋侯问而说的一些话的意义,《左传》下文所记范文子的评论可参。

❷ 杜注:"婴齐,令尹子重。侧,司马子反。言其尊卿敬老。"按:联系上文看,这一句应该是说楚共王做太子的时候勤于向师、保请教。

❸ 能做到仁、信、忠、敏,"事虽大,必济",杜注:"言有此四德,必能成大事。"盍,"何不"的意思。君何不放他回国,让他调解晋、楚两大国,使两国和好呢?

原文

冬,十一月,楚子重自陈伐莒,围渠丘。渠丘城恶,众溃,奔莒。戊申,楚入渠丘。莒人囚楚公子平,楚人曰:"勿杀!吾归而俘。"莒人杀之。楚师围莒。莒城亦恶,庚申,莒溃。楚遂入郓,莒无备故也。

君子曰:"恃陋而不备,罪之大者也。备豫不虞,善之大者也。莒恃其陋而不修城郭,浃辰之间而楚克其三都,无备也夫!《诗》曰:'虽有丝、麻,无弃菅、蒯;虽有姬、姜,无弃蕉萃。凡百君子,莫不代匮。'言备之不可以已也。"❶

"秦人、白狄伐晋",诸侯贰故也。

"郑人围许",示晋不急君也。是则公孙申谋之,曰:"我出师以围许,为将改立君者,而纾晋使,晋必归君。"❷

"城中城",书,时也。

十二月,楚子使公子辰如晋,报锺仪之使,请修好结成。

注释

❶ 浃读 jiā。菅读 jiān。蒯读 kuǎi。杜注:"浃辰,十二日也。"引《诗》不见于流传至今的《诗经》三百篇。杜注:"逸诗也。姬姜,大国之女。蕉萃,陋贱之人。"杨注:"蕉萃即憔悴,面色枯槁貌。"

“古人多以姬、姜代美女……此谓不能因有美妇，抛弃不美者。匮，缺少。代匮，或缺此，或缺彼。”因为要预防“代匮”的麻烦，所以说“备之不可以已”。

❷ 杜注：“纾，缓也。勿亟遣使诣晋，示欲更立君。”按：“为将改立君者”，为，《释文》说“本或作伪”，杨注：“句意为伪装将另立一君。”这样，晋人拘留郑成公也就起不到要挟的作用了，肯定会把郑君放回来。又按：为、伪是古今字。《左氏》“为”有时候表示假装的意思，譬如《传》定公十二年“子为不知”，《释文》也说“一本为作伪”。《说文·人部》段注：“《经》《传》多假‘为’为‘伪’。”

经十年❶

原文

春，卫侯之弟黑背帅师侵郑。

夏，四月，五卜郊，不从，乃不郊。

五月，公会晋侯❷、齐侯、宋公、卫侯、曹伯伐郑。

齐人来媵。❸

丙午，晋侯獳❹卒。

秋，七月，公如晋。

（冬，十月。）❺

注释

❶ 鲁成公十年，即公元前581年，周简王五年。

❷ 杜注：“晋侯，太子州满也。称爵，见其生代父居位，失人子之礼。”按：晋景公死在后，其子晋厉公代居位在前，代居位不当称爵。孔疏：“《传》称凡在丧公侯曰子，父丧代位尚不称君，生代父位，讥之必矣。”又，据阮元等《校勘记》，晋厉公名州满，不知杨注

本《左传》何以仍作“州蒲”(杨先生没有说明理由)。

❸ 杜注:“异姓来媵,非礼也。”其说是。

❹ 獳读 nòu。这里獳不当读 rú。按:这个獳就是晋景公。

❺ 前修时贤据《礼记·中庸》疏说此三字为后人妄增,今据删。

传十年

原文

春,晋侯使籴茷如楚,报大宰子商之使也。

卫子叔黑背侵郑,晋命也。

郑公子班闻叔申之谋。三月,子如立公子繻[1]。夏四月,郑人杀繻,立髡顽。子如奔许。

栾武子曰:“郑人立君,我执一人焉,何益?不如伐郑而归其君,以求成焉。”晋侯有疾,五月,晋立大子州(蒲)〔满〕[2]以为君,而会诸侯伐郑。郑子罕赂以襄钟[3],子然盟于脩泽[4],子驷为质。辛巳,郑伯归。

注释

❶ 繻读 xū。杜注:“子如,公子班。”

❷ 蒲当为满,字之讹也。孔疏、阮元等《校勘记》已详之。

❸ 杜注:“子罕,穆公子。襄钟,郑襄公之庙钟。”杨注义同。

❹ 子然亦穆公子。脩泽,郑地名。

原文

晋侯梦大厉[1]被发及地,搏膺而踊曰:“杀余孙,不义!余得请于帝矣!”坏大门及寝门而入。公惧,入于室。又坏户。公觉,召桑田巫。巫言如梦,公曰:“何如?”曰:“不食新矣。”

公疾病，求医于秦。秦伯使医缓为之。未至，公梦疾为二竖子，曰："彼良医也。惧伤我，焉逃之？"其一曰："居肓之上、膏之下，若我何？"医至，曰："疾不可为也。在肓之上、膏之下，攻之不可，达之不及。药不至焉，不可为也！"[2]公曰："良医也！"厚为之礼而归之。

六月丙午，晋侯欲麦，使甸人献麦，馈人为之。召桑田巫，示而杀之。将食，张；如厕，陷而卒。小臣有晨梦负公以登天，及日中，负晋侯出诸厕，遂以为殉。[3]

郑伯讨立君者，戊申，杀叔申、叔禽。君子曰："忠为令德，非其人犹不可；况不令乎？"

秋，公如晋。晋人止公，使(逆)〔送〕葬。于是籴茷未反。

冬，葬晋景公。公送葬，诸侯莫在。鲁人辱之，故不书，讳之也。

注释

❶ 杜注："厉，鬼也。"大厉就是大恶鬼。

❷ 肓读 huāng。我国古代医学称心尖脂肪为膏，心脏和膈膜之间为肓。据说膏与肓之间的疾病不可救药。典故"病入膏肓"实出于此。杨注："疾病连言，病重也。"杜注："缓，医名。为，犹治也。"不可为也，这里就是不可治、无药可治的意思。

❸ 杜注："甸人，主为公田者。"馈人，杨注认为"相当于《周礼·天官》庖人"，杨先生自谓此议本程公说《春秋分纪》。"将食，张"，杜注："张，腹满也。"按：张，就是肚子发胀，这里张应读 zhàng(音义与"胀"同)。小臣，已见于《传》僖四年，杨注说是宦官。小臣殉葬，古代社会多有之。

经十有一年[1]

原文

春，王三月，公至自晋。[2]

晋侯使郤犨来聘。己丑,及郤犨盟。

夏,季孙行父如晋。

秋,叔孙侨如如齐。

冬,十月。

注释

❶ 鲁成公十一年,就是公元前580年,周简王六年。

❷ 杜注:"正月公在晋,不书,讳见止。"按:正月成公在晋,不得朝正于庙,故该年《春秋》不书"王正月"。在晋见止的事,《左传》据实记载而屡见之。

传十一年

原文

"春,王三月,公至自晋。"晋人以公为贰于楚,故止公。公请受盟,而后使归。

郤犨来聘,且莅盟。

声伯之母不聘。穆姜曰:"吾不以妾为姒。"生声伯而出之。[1]嫁于齐管于奚,生二子而寡,以归声伯。声伯以其外弟为大夫,而嫁其外妹于施孝叔。郤犨来聘,求妇于声伯。声伯夺施氏妇以与之。妇人曰:"鸟兽犹不失俪,子将若何?"曰:"吾不能死亡。"妇人遂行。生二子于郤氏。郤氏亡,晋人归之施氏。施氏逆诸河,沈其二子。妇人怒,曰:"(已)〔己〕不能庇其伉俪而亡之,又不能字人之孤而杀之,将何以终?"遂誓施氏。[2]

夏,季文子如晋报聘,且莅盟也。[3]

周公楚恶惠、襄之逼也,且与伯与争政,不胜,怒而出。及阳樊,王使刘子复之,盟于鄄而入。三日,复出奔晋。

注释

❶ 小戴辑《礼记·内则》:"聘则为妻,奔则为妾。"《传》成十一年注:"声伯之母,叔肹之妻。不聘,无媒礼。昆弟之妻相谓为姒。穆姜,宣公夫人。宣公,叔肹同母昆弟。"穆姜不以声伯之母为姒,实即不承认声伯之母为弟媳。"生声伯而出之",将声伯之母逐出公族之门了。其时昏姻制度与身份之关系,由此可以悟知一二。又,孔疏关于娣姒称谓的说明,可参看。

❷ "失俪"之俪,杜注:"耦也。"耦,一作偶。"字人之孤",杜注:"字,爱也。"今按:《周易》屯六二爻辞"女子贞不字",字是生育的意思,但《左传》成十一年这里"字"仍以训"爱"为是。"遂誓施氏",杜注:"约誓不复为之妇也。"杨注用杜氏说。

❸ 杜注:"郤犨文子交盟。"孔疏:"晋臣来盟于鲁,鲁臣往盟于晋,俱是相要,其意一也。"这里值得注意的是杜氏所谓"交盟",彼方君臣与我方君臣交相结盟。据本年《传》,所谓"交盟"的效果并不好。

原文

秋,宣伯聘于齐,以修前好。

晋郤至与周争鄇田,王命刘康公、单襄公讼诸晋。郤至曰:"温,吾故也,故不敢失。"刘子、单子曰:"昔周克商,使诸侯抚封。苏忿生以温为司寇,与檀伯达封于河。苏氏即狄,又不能于狄而奔卫。❶襄王劳文公而赐之温,狐氏、阳氏先处之,而后及子。若治其故,则王官之邑也,子安得之?"❷晋侯使郤至勿敢争。

宋华元善于令尹子重,又善于栾武子。闻楚人既许晋籴茷成,而使归复命矣。冬,华元如楚,遂如晋,合晋、楚之成。

秦、晋为成,将会于令狐。晋侯先至焉。秦伯不肯涉河,次于王城,使史颗盟晋侯于河东。晋郤犨盟秦伯于河西。范文子曰:

“是盟也何益？齐盟，所以质信也。会所，信之始也。始之不从，其何质乎？”秦伯归而背晋成。[3]

注释

❶ 杜注：“郇，温别邑。”按：郇读 hòu。“温，吾故也”，杜注：“言温，郤氏旧邑。”果如此，所以“不敢失”，怎么好意思让祖宗产业从自己手里丢了呢？“使诸侯抚封”，杜注：“各抚有其封内之地。”刘、单二子追溯温邑之早封，说明它并非郤氏故地。又，“不能于狄”，“不能”是不相得、不融洽的意思。

❷ 周襄王曾经将温邑赐于晋文公，见《传》僖二十五年。“狐氏、阳氏先处之”句，杜注：“狐溱、阳处父先食温地。”可见，如果拿“治其故”做理由，那就该说温为“王官之邑”，郤至怎么能得到它、据有它呢？

❸ “齐盟，所以质信也”，杜注：“齐，一心。质，成也。”按：这里杜注不确。杨注：“‘齐’同‘斋’……古人盟誓必先斋戒，故盟誓亦言‘斋盟’。”杨先生举《诅楚文》为证，有说服力。“会所，信之始也”：约定会盟之所，是保证会盟可靠的第一步。“其何质乎”，杨注据多种版本认定“何”当作“可”。阮刻本作“何”，我们认为可以讲通。两相比较，作“可”较好。又按：本年《春秋左传》杜注说的交盟，在这里找到了一个刚好可以说明问题的例证。“秦伯归而背晋成”，根本不曾打算接受考验，根本不可靠，如范文子所说：“是盟也何益？”

经十有二年[1]

原文

春，周公出奔晋。

夏，公会晋侯、卫侯于琐泽。

秋，晋人败狄于交刚。[2]

冬，十月。

注释

❶ 鲁成公十二年，即公元前 579 年，周简王七年。

❷ 杜注："琐泽，地，阙。交刚，地，阙。"

传十二年

原文

春，王使以周公之难来告。书曰"周公出奔晋"，凡自周无出，周公自出故也。[1]

宋华元克合晋、楚之成。夏五月，晋士燮会楚公子罢、许偃。癸亥，盟于宋西门之外，曰："凡晋、楚无相加戎，好恶同之。同恤灾危，备救凶患。若有害楚，则晋伐之；在晋，楚亦如之。交贽往来，道路无壅；谋其不协，而讨不庭。有渝此盟，明神殛之，俾队其师，无克胙国！"[2]郑伯如晋听成，会于琐泽，成故也。

狄人间宋之盟以侵晋，而不设备。"秋，晋人败狄于交刚。"

注释

❶ 杜注："天子无外，故奔者不言出。周公为王所复而自绝于周，故书'出'以非之。"孔疏："凡言'出'者，谓出其封内。天子以天下为家，本无出封之理。以无外之故，虽有出奔之人，史策皆不言'出'。"但若说周人其实无出者，则不合史实，孔疏也不以为然。其实，所谓天子无外，仅就天子而言，顶多算上王室在内。就天子卿相而言，譬如就周公姬旦的后嗣而言，即使为王卿相而仍称"周公"，为其"出奔"之事书"出"，本无可讳言。

❷ 据《释文》，"公子罢"之"罢"读 pí。"凡晋楚无相加戎"至"无克胙国"，为宋西门之外晋楚盟辞。"有渝此盟"及其下凡四句，已

见于《左传》僖二十八年。今按：晋楚历年交兵，终于认识到和平重要而结盟。《说文》："戎，兵也。"无相加戎，就是彼此不要以刀兵相见。好恶同之，就是喜好与厌恶相同。有灾危则同忧，有凶患则互相救助。杜注："贽，币也。讨背叛不来在王庭者。"孔疏："《传》言交贽往来，谓聘使来去也。聘礼：宾执圭以通命，执币以致享。故知贽是币，谓聘享之币也。"不和协者谋其协，不朝觐王庭者则讨伐之。两大国以王事互勉，那该多好。杨注认为"此'不庭'指背叛晋、楚之诸侯"，那就是要求诸侯国既朝晋，又朝楚，置周王朝庭于不顾，虽然不是完全不通，可是毕竟与当时天下形势不完全相合。虽然其时楚已僭称"王"，可是晋之"王庭"之称何来？何况春秋时代诸侯之立毕竟要请周王认可。

原文

晋郤至如楚聘，且莅盟。楚子享之，子反相。为地室而县焉；郤至将登，金奏作于下，惊而走出。子反曰："日云莫矣，寡君须矣，吾子其入也！"宾曰："君不忘先君之好，施及下臣，贶之以大礼，重之以备乐。如天之福，两君相见，何以代此？下臣不敢！"❶子反曰："如天之福，两君相见，无亦唯是一矢以相加遗，焉用乐？寡君须矣，吾子其入也！"❷宾曰："若让之以一矢，祸之大者，其何福之为？世之治也：诸侯(间)〔闲〕于天子之事，则相朝也，于是乎有享宴之礼。享以训共俭，宴以示慈惠。共俭以行礼，而慈惠以布政。政以礼成，民是以息。百官承事，朝而不夕，此公侯之所以捍城其民也，故《诗》曰：'赳赳武夫，公侯干城。'及其乱也：诸侯贪冒，侵欲不忌，争寻常以尽其民；略其武夫，以为己腹心、股肱、爪牙，故《诗》曰：'赳赳武夫，公侯腹心。'天下有道，则公侯能为民干城，而制其腹心；乱则反之。今吾子之言，乱之道也，不可以为法。然吾子主也，至敢不从？"❸遂入，卒事。归以语范文子，文子曰："无礼必食言，吾死无日矣夫!”

冬,楚公子罢如晋聘,且莅盟。十二月,晋侯及楚公子罢盟于赤棘。④

注释

① “为地室而县焉”,杜注:“县,钟鼓也。”杨注:“于地下室悬挂钟鼓。”郤至将登堂,而金奏作于堂下,孔疏:“作乐谓之奏,奏乐先击钟……钟以金为之,谓之金奏。”并引《周官·钟师》与《礼经·燕礼》郑注对“金奏”作了解释,总之是所奏乐器有金属才叫“金奏”。郤至作为当时嘉宾,闻金奏“惊而走出”,这是因为周礼规定一般情况下卿大夫没有资格享用钟鼓之乐。他提出了一个假设的问题:如果两方国君见面,该如何奏乐呢?拿什么音乐取代你们为我安排的金奏呢?杨注认为所谓金奏“应是奏《九夏》之一之《肆夏》”,“莫,暮本字,但此非昏暮义”,日暮“仅表示时间已不早而已”。我们认为杨先生对“日暮”的理解是对的,对“金奏”的解释也可备一说。

② “两君相见,无亦唯是一矢以相加遗”,杜注:“言两君战乃相见,无用此乐。”

③ 这里“宾”还是指郤至。他说到诸侯之间相朝之事,特意说到享宴之礼。杜注:“享有体荐,设几而不倚,爵盈而不饮,肴干而不食,所以训共俭。宴则折俎,相与共食。”孔疏:“相与共啗食之,所以表示慈惠也。”这些说法都有道理。“若让之以一矢”句,应与上文“唯是一矢以相加遗”句意思正相关。于醴尊先生说:“此让字当读为馕……即相加遗以一矢也。”所以下文说“祸之大者”。“闲于天子之事”,杨注:“意谓完成周王朝使命后闲暇之时。”这当然是外交辞令。“政以礼成”,这在中国古代社会自是论礼精言。《左传》襄公二十一年:“礼,政之舆也。”《荀子·大略》:“为政不以礼,政不行矣。”这些话意思相同。孔疏:“旦见君谓之朝,莫见君谓之夕……不夕,言无事也。”引《诗》“赳赳武夫”

两句，见《周南·兔罝》，杜注："赳赳，武貌。干，捍也。言公侯之以武夫，止于捍难而已。"杨注取闻一多说，以为"干借为闬，垣也，则干城为同义词连用"，这当然可以讲通。"贪冒"也是同义词连用。"争寻常以尽其民"，杜注："八尺曰寻，倍寻曰常。言争尺丈之地以相攻伐。"孔疏谓"尽其民"是"尽杀其民"，其实无非是尽可能多地压榨其民。"略其武夫"，杜注将这个"略"训为"取"，当然也可以讲通。"赳赳武夫，公侯腹心"，也见于《兔罝》一诗，《左传》下文已经表明了看法：公侯能为民干城而制其腹心，那是在有道之世。杨注认为郤至引《诗》已经在断章取义，不必与《诗》原意相合，杨先生说诚是。

❹ 晋郤至如楚聘，楚公子罢如晋，各莅盟，此即所谓"交盟"。

经十有三年[1]

原文

春，晋侯使郤锜来乞师。

三月，公如京师。[2]

夏，五月，公[3]自京师，遂会晋侯、齐侯、宋公、卫侯、郑伯、曹伯、邾人、滕人伐秦。

曹伯卢卒于师。

秋，七月，公至自伐秦。

冬，葬曹宣公。

注释

❶ 鲁成公十三年，是公元前578年，周简王八年。

❷ 杜注："伐秦，道过京师，因朝王。"意思是本不为朝王而至京师，只是路过京师，顺便看看周王。

❸ 阮元等《校勘记》已指出：此句"公"下有"至"字者，"至"为衍文。

传十三年

原文

春，晋侯使郤锜来乞师，将事不敬。孟献子曰："郤氏其亡乎！礼，身之干也。敬，身之基也。郤子无基。且先君之嗣卿也，受命以求师，将社稷是卫；而惰，弃君命也，不亡何为？"[1]

三月，公如京师。宣伯欲赐，请先使；王以行人之礼礼焉。孟献子从，王以为介而重贿之。[2]公及诸侯朝王，遂从刘康公、成肃公会晋侯伐秦。

注释

❶ 杜注："将事，致君命。"孔疏："干以树木为喻，基以墙屋为喻。树木以本根为干，有干故枝叶茂焉。墙屋以下土为基，有基乃墙屋成焉。人身以礼敬为本，必有礼敬，身乃得存。"其实《左氏》认为郤锜是无基无干之人，所以预言其将灭亡。这种情况，与《左传》成六年记士贞伯预言郑伯"宜不能久"，《左传》成十三年下文记刘康公预言成子弃命"其不反"相似。

❷ 杜注："介，辅相威仪者。献子相公以礼，故王重贿之。"按：《周语》有关于鲁成公这一次来朝始末以及周王所赐的记载。孔疏："简王八年，鲁成公来朝，使叔孙侨如先聘，且告见……孔晁云：'行人，使人也。以使人之礼礼之，不从聘者之赐礼也。'又曰：'鲁侯至，仲孙蔑为介……王厚贿之。'"可知周礼规定的朝廷对于一般行人的赏赐与对于聘使介副的赏赐颇有区别。

原文

成子受脤于社，不敬。[3]刘子曰："吾闻之：民受天地之中以生，所谓命也。是以有（动作）礼义〔动作〕[4]威仪之则以定命也。能者养(之)以〔之〕福,不能者败以取祸。是故君子勤礼,小人尽力。勤礼莫如致敬,尽力莫如敦笃。敬在养神,笃在守业。国之大事,在祀与戎。祀有执膰,戎有受脤,神之大节也。今成子惰,弃其命矣,其不反乎?[5]"

注释

❸ 脤读 shèn。杜注:"脤,宜社之肉也。盛以脤器,故曰脤。宜,出兵祭社之名。"孔疏:"脤是盛肉之器。受脤于社,受祭社之胙肉也。"《左氏》看重祭礼,春秋时期上层社会多有对不敬重祭祀者的批评。《左氏》下文记刘子对成子的批评是个有说服力的例证。

❹ 黄元同先生《礼书通故》引其父薇香先生说,认为这里"动作"二字应在"礼义"二字之下,有《汉书·律历志》《五行志》引《左传》为证,今从之。

❺ "养之以福","之以"当乙正为"以之",说见阮元等《校勘记》。杜注:"养威仪以致福。"杨注认为"养以之福"的"之"作动词,与下文"败以取祸"正相对为文,这个说法很准确。其实杜注已把这个"之"讲成动词"致"了。《左氏》下文把祀与戎当作"国之大事",这样讲,符合当时的思想观念。膰读 fán,指祭肉。既然是国之大事而有执膰受脤的礼仪,依杜注的说法,本应视为"交神之大节",怎么能"不敬"呢!"今成子惰",惰就是不敬,那不是"失中和之气",不要命了吗?他大概回不来了吧。这一段话的意思,其实与上文孟献子说"郤氏其亡乎"相似。

原文

夏四月戊午,晋侯使吕相绝秦,曰:

昔逮我献公及穆公相好,戮力同心,申之以盟誓,重之以昏姻。天祸晋国,文公如齐,惠公如秦。无禄,献公即世。穆公不忘旧德,俾我惠公用能奉祀于晋;又不能成大勋,而为韩之师；亦悔于厥心，用集我文公：是穆之成也。[1]

文公躬擐甲胄，跋履山川，逾越险阻，征东之诸侯，虞、夏、商、周之胤而朝诸秦，则亦既报旧德矣。郑人怒君之疆埸，我文公帅诸侯及秦围郑。秦大夫不询于我寡君，擅及郑盟。诸侯疾之，将致命于秦。文公恐惧，绥静诸侯；秦师克还无害，则是我有大造于西也。[2]

注释

1. 《诗·小雅·正月》："念我无禄。"笺："无禄者，言不得天禄，自伤值今生也。"朱子《集传》："无禄，犹言不幸尔。"《尔雅·释诂》："崩，薨，无禄……死也。"《曲礼下》："天子死曰崩，诸侯曰薨，大夫曰卒，士曰不禄……"又说："短折曰不禄。"不禄就是无禄。《尔雅》郭注："古者死亡尊卑同称耳。"可知《曲礼下》同为死而说法不同，乃是后来的区别，随身份而异。"即世"，杨注认为与《越语下》"先人就世"的"就世"义同，也就是"去世"的意思，这样说是对的。"为韩之师"，杜注："僖十五年，秦伐晋，获惠公。"那一场拼杀发生在名叫"韩原"的地方，所以叫"为韩之师"。孔疏："下云'亦悔于厥心'，谓秦悔伐晋也。"杜注："集，成也。成功于晋。"意思是秦穆公成就了晋文公，也就等于他自己在晋国获得了成就。

2. "郑人怒君之疆埸"以下，杜注："晋自以郑贰于楚，故围之，郑非侵秦也，晋以此诬秦。事在僖三十年。询，谋也。盟者秦伯，谦言'大夫'。"所谓"谦言"，实亦外交辞令。这一篇"晋侯使吕相绝秦"，外交辞令颇为出色。"诸侯疾之，将致命于秦"，杜注："致死命而讨秦。"文献并未记载哪一位诸侯当时遥致此意，亦外交辞令，实指《传》僖三十年记秦与郑人盟而"子犯请击之"一事。文公没有同意子犯提出的击秦的要求，率军班师，对于西还之秦而言，应该是有大功劳或者大恩德了。所谓大造，杜注："造，成也。言晋有成功于秦。"这个注释较为允当。

原文

无禄，文公即世。穆为不吊，蔑〔我〕死(我)君，寡我襄公，迭我殽地，奸绝我好，伐我保城，殄灭我费滑，散离我兄弟，挠乱我同盟，倾覆我国家。❸我襄公未忘君之旧勋，而惧社稷之陨，是以有殽之师；犹愿赦罪于穆公。穆公弗听，而即楚谋我。天诱其衷，成王陨命，穆公是以不克逞志于我。❹

穆、襄即世，康、灵即位。康公，我之自出；又欲阙翦我公室、倾覆我社稷，帅我蝥贼以来荡摇我边疆。我是以有令狐之役。康犹不悛，入我河曲，伐我涑川，俘我王官，翦我羁马。我是以有河曲之战。东道之不通，则是康公绝我好也。❺

注释

❸ "穆为不吊"，杜注："不见吊伤。"所谓吊伤，孔疏认为是吊生伤死，引郑君《曲礼》注以为"皆谓致命辞"。《释文》："'死我君'，本或以'我'字在'死'上。"阮元等《校勘记》认为《释文》所谓或本"非也"。我们认为《释文》所谓或本是也，因为"蔑我死君"正好与接下来的"寡我襄公"相对成文(前辈学者惠栋等人早有此说)。杜注："寡，弱也。"孔疏："轻蔑文公，以为死无知矣。谓襄公寡弱而陵忽之。"这里杜注、孔疏都说得对。"迭我殽地"以下，《释文》谓"迭"有读音与"逸"同者，阮元等《校勘记》："按：迭者轶之假借。凡浸突而过曰轶。"其说是。杨注依章太炎先生《春秋左传读》将"奸绝"解释为"遏绝、断绝"，今从之。杨注又说："'我好'即'我同好'，同盟友好国家也，实指郑国。""保城，同义词连用。""费滑即滑国。"这些解说也都是对的。今按：孔疏说"费即滑也，国都于费，国邑并举以圆文耳"，这可以理解；杜注谓"伐保城，诬之"，意思是认为必无其事，这就未免拘滞之嫌了。

❹ "穆公弗听，而即楚谋我"以下，杜注："秦使斗克归楚求成，事见文十四年。文元年，楚弑成王。逞，快也。"按：秦穆即楚谋晋，与

楚成王陨命事无关，时间不相及。“天诱其衷”的意思，请参看《左传》僖二十八年注。“不克逞志于我”，意思是不能在我们晋国为实现他的志向而快意。

❺ “帅我蝥贼”以下，杜注：“蝥贼，食禾稼虫名。谓秦纳公子雍。”孔疏：“纳雍害晋，若虫食禾然。彼晋自召雍，非秦罪也。”悛读quān，涑读sù。河曲，涑川，王官，羁马，皆地名（包括水名）。杜注：“悛，改也。”又说：“康公自绝，故不复东通晋。”实则事有出入，晋亦有责。

原文

及君之嗣也，我君景公引领西望，曰：“庶抚我乎！”君亦不惠称盟，利吾有狄难，入我河县，焚我箕、郜，芟夷我农功，虔刘我边(陲)〔垂〕。我是以有辅氏之聚。❻君亦悔祸之延，而欲徼福于先君献、穆，使伯车来命我景公曰：“吾与女同好弃恶，复修旧德，以追念前勋。”言誓未就，景公即世，我(寡君)是以有令狐之会。❼

注释

❻ 杜注：“夷，伤也。虔刘，皆杀也。聚，众也，在宣十五年。”杨注谓“芟夷我农功”指“秦人抢劫收割晋人庄稼”，“虔刘我边垂”“即屠杀晋边界人民之意”，“辅氏之聚即辅氏之战”，“此役见宣十五年《传》”。上引杜、杨注皆有据，可互参。

❼ “徼福”，《左氏》多见，求福的意思。“献、穆”，杜注：“晋献、秦穆。”又说：“令狐会在十一年。申厉公之命，宜言‘寡人’；称‘君’，误也。”孔疏辟刘炫说，申杜有理。而阮元等《校勘记》“疑寡君当为衍字”，准上文之例，我们认为《校勘记》的说法更有理，今从之。

原文

君又不祥，背弃盟誓。白狄及君同州，君之仇雠而我（之）昏姻也。君来赐命曰：“吾与女伐狄。”寡君不敢顾昏姻，畏君之威而受命于吏。君有二心于狄，曰：“晋将伐女。”狄应且憎，是用告我。楚人恶君之二三其德也，亦来告我曰：“秦背令狐之盟，而来求盟于我：‘昭告昊天上帝、秦三公、楚三王，曰：“余虽与晋出入，余唯利是视。”’不穀恶其无成德，是用宣之，以惩不壹。”诸侯备闻此言，斯是用痛心疾首，昵就寡人。[8]

寡人帅以听命，唯好是求。君若惠顾诸侯、矜哀寡人而赐之盟，则寡人之愿也，其承宁诸侯以退，岂敢徼乱？君若不施大惠，寡人不佞，其不能〔以〕诸侯退矣！[9]敢尽布之执事，俾执事实图利之。

注释

[8] “狄应且憎”，杜注：“言狄虽应答秦而心实憎秦无信。”《释文》：“应，应对之应，注同。”依吕相转达的晋厉公的说法，楚人也对秦君“二三其德”表示厌恶。杜注：“‘出入’，犹往来。疾亦痛也。昵，亲也。”孔疏：“楚道秦人用心不壹，其盟不足与固，宣示诸侯以惩创不壹之人。”按：上引注疏无误。王氏父子认为“应且憎”之应是接受的意思，亦通。

[9] “承宁诸侯以退”，杜注：“承君之意以宁静诸侯。”杨注：“承宁，止息也，安静也。与上文‘绥静诸侯’义同。”按：杨先生说本章太炎先生《春秋左传读》。诚如杨注所说，杜注分“承宁”为二义，实不确。“徼乱”，杜注谓“徼，要也”，是对的。“其不能以诸侯退矣”，意思是我和这些诸侯只好进军，与你决一死战了。

原文

秦桓公既与晋厉公为令狐之盟，而又召狄与楚，欲道以伐晋，诸侯是以睦于晋。

晋栾书将中军，荀庚佐之；士燮将上军，郤锜佐之；韩厥将下军，荀罃佐之；赵旃将新军，郤至佐之。郤毅御戎，栾鍼为右。孟献子曰："晋师乘和[1]，师必有大功。"五月丁亥，晋师以诸侯之师及秦师战于麻隧，秦师败绩。获秦成差及不更女父。[2]

曹宣公卒于师。师遂济泾，及侯丽而还。迓晋侯于新楚。

成肃公卒于瑕。

六月丁卯夜，郑公子班自訾求入于大宫，不能；[3]杀子印、子羽，反军于市。己巳，子驷帅国人盟于大宫，遂从而尽焚之，杀子如、子駹、孙叔、孙知。

曹人使公子负刍守，使公子欣时逆曹伯之丧。秋，负刍杀其大子而自立也，诸侯乃请讨之。晋人以其役之劳，请俟他年。

冬，葬曹宣公。既葬，子臧将亡，国人皆将从之。成公乃惧，告罪，且请焉。乃反，而致其邑。[4]

注释

1. 杜注："师，军帅。乘，车士。"杨注："帅乘和言上下一致。"两注皆是。这里"乘"读 shèng。
2. 杜注："不更，秦爵。"孔疏："秦之官爵有此'不更'之名，知'女父'是人之名字。"杨注："或此春秋时之不更，与商鞅以后之不更名同实异，职位较高。"杨先生据《续汉书·百官志五》刘昭注引刘劭《爵制》，又疑此不更或即车右。我们认为杨注可备一说。
3. 杜注："訾，郑地。大宫，郑祖庙。"这里訾读 zī；"大"，旧读音同"太"。
4. 杜注："子臧，公子欣时。"又说："成公，负刍。""将亡"之亡是逃亡、流亡的意思。"请焉"，杜注："请留子臧。"这里"请"应是向侯伯请求，留则不必流亡了。"乃反，而致其邑"，意思是子臧返国，还邑于成公。

经十有四年[1]

原文

春，王正月，莒子朱卒。

夏，卫孙林父自晋归于卫。

秋，叔孙侨如如齐逆女。[2]

郑公子喜帅师伐许。

九月，侨如以夫人妇姜氏至自齐。

冬，十月庚寅，卫侯臧卒。

秦伯卒。

注释

❶ 鲁成公十四年，当公元前577年，周简王九年。

❷ 杜注："成公逆夫人最为得礼，而《经》无'纳币'者，文阙绝也。"孔疏"疑仲尼修定后，其文始阙"。无论如何，经文有阙，杜注、孔疏是承认的。然而经文阙在仲尼先生修定之后的说法，还须要讨论。

传十四年

原文

春，卫侯如晋。晋侯强见孙林父焉，定公不可。夏，卫侯既归，晋侯使郤犨送孙林父而见之。卫侯欲辞，定姜曰："不可！是先君宗卿之嗣也，大国又以为请；不许，将亡。虽恶之，不犹愈于亡乎？君其忍之！安民而宥宗卿，不亦可乎？"卫侯见而复之。[1]

注释

❶ 这里定公是卫定公，定姜是卫定公夫人，孙林父是孙良夫之子，孙

良夫为卫之宗卿(杜注:“同姓之卿”)。孔疏引《世本》谓“孙氏出于卫武公”“至林父八世,是同姓也”。说孙林父为“先君宗卿之嗣”,言之有据。成公七年,孙林父见恶奔晋。晋国要求卫定公接见林父,实为当时一种礼节。接见意味着承认对方,意味着同意归国。晋人欲纳林父归卫,所以乘“卫侯如晋”的机会,“强见”之。依杜注,卫定公若是不肯见,那就是违大国,必见伐,那就有可能亡国,所以定姜劝定公见之。“卫侯见而复之”,杜注:“复林父位。”这样,起到“安民而宥宗卿”的作用,实明智之举。

原文

卫侯飨苦成叔,甯惠子相。苦成叔傲。甯子曰:“苦成〔叔〕家其亡乎!古之为享食也,以观威仪、省祸福也,故《诗》曰:‘兕觵其觩,旨酒思柔。彼交匪傲,万福来求。’今夫子傲,取祸之道也。”❷

注释

❷ 觵读 gōng,一作觥。觩,一作斛,读 qiú。引《诗》见《小雅·桑扈》。杜注:“言君子好礼,饮酒皆思柔德,虽设兕觵,觩然不用。以兕角为觵,所以罚不敬。觩,陈设之貌。彼之交于事而不惰傲,乃万福之所求。”孔疏:“与于燕者,皆思柔顺之德,无过可罚,故虽设觵爵,不用之也。”又说:“彼饮燕君子与人交接,非有傲慢之心,故万种福禄求来归之。”今按:这里引《诗》,为的是说明行礼不可傲惰高慢的道理。上年《传》记郤锜“将事不敬”,孟献子斥“郤氏其亡乎”;成子受脤不敬,刘子谓“成子惰,弃其命矣”:与甯惠子预言“苦成叔家其亡乎”,事正同类。小戴辑《礼记·曲礼》:“毋不敬。”“敖不可长。”正是这个道理。又,孔疏说“觩是角貌”,杨注说“其觩”为兽角弯曲貌,“思”“来”为语中助词,“交疑为骄之假借”,“万福来求,聚集万福也”(求,聚也,本王伯申说),这些解释比杜注准确。依我们的理解,《诗》三百中“其”字做形容词或副词的词头,此形容词或副词可视为该词之重叠,所以“其觩”

就是觩觩，正状写弯曲之貌。

原文

秋，宣伯如齐逆女。称族，尊君命也。

八月，郑子罕伐许，败焉。戊戌，郑伯复伐许。庚子，入其郛。许人平以叔申之封。❶

“九月，侨如以夫人妇姜氏至自齐。”舍族，尊夫人也。故君子曰：“《春秋》之称，微而显，志而晦，婉而成章，尽而不污，惩恶而劝善。非圣人，谁能修之？”❷

卫侯有疾，使孔成子、甯惠子立敬姒之子衎以为大子。冬十月，卫定公卒。夫人姜氏既哭而息，见大子之不哀也，不内酌饮，叹曰：“是夫也，将不唯卫国之败，其必始于未亡人。乌呼！天祸卫国也夫！吾不获鱄也使主社稷。”大夫闻之，无不耸惧。孙文子自是不敢舍其重器于卫，尽置诸戚，而甚善晋大夫。❸

注释

❶ 这一段中“败焉”是杜注所说“为许所败”的意思。郛读fú。杜注：“郛，郭也。”郭，古代指城圈外围的大城。“许人平以叔申之封”，杜注：“四年，郑公孙申疆许田，许人败之，不得定其封疆。今许以是所封田求和于郑。”事情原委与《传》意大致如此。

❷ 这里《左氏》设“君子”之言评判《春秋》。“微而显，志而晦”，杜注：“志，记也。”勉强可通。按：两句结构相同，“志”恐非常见名词。据《左传》昭廿五年孔疏，“志”可以是情动，晦则不显耳。“婉而成章”，婉也含“微”“晦”的意思，杜注：“婉，曲也。谓屈曲其辞，有所辟讳，以示大顺而成篇章。”可为一解。“尽而不污”，杜注：“谓直言其事，尽其事实，无所污曲。”这就与“婉而成章”有矛盾了。惩恶劝善，这倒是《春秋》一书的重要宗旨。可是，只要奉行为尊者亲者讳的原则，就无法做到“尽而不污”，就不可能

"直言"而"尽其事实",所谓圣人也做不到这样。

❸《释文》:"内如字。徐音纳。"不内酌饮,这里是守丧不吃喝的意思。鱄读 zhuān,杜注说鱄为卫献公衎之母弟,又说:"戚,孙氏邑。"按:孙文子身为卫国宗卿,为何"甚善晋大夫"? 杜注:"备乱起,欲以为援。"其说是。

经十有五年[1]

原文

春,王二月,葬卫定公。

三月乙巳,仲婴齐卒。

癸丑,公会晋侯、卫侯、郑伯、曹伯、宋世子成、齐国佐、邾人,同盟于戚。

晋侯执曹伯归于京师。[2]

公至自会。

夏,六月,宋公固卒。

楚子伐郑。

秋,八月庚辰,葬宋共公。

宋华元出奔晋。宋华元自晋归于宋。

宋杀其大夫山。[3]

宋鱼石出奔楚。

冬,十有一月,叔孙侨如会晋士燮、齐高无咎、宋华元、卫孙林父、郑公子鳝、邾人,会吴于钟离。

许迁于叶。

注释

❶ 鲁成公十五年,即公元前 576 年,周简王十年。

❷ 杜注:"不称'人'以执者,曹伯罪不及民。归之京师,礼也。"孔

疏:“诸侯不得相治,故归之京师,使天子治之,是礼也。”按:周礼本如此。春秋时期,周天子还有被侯伯利用的价值,所以侯伯有时候还装出尊重天子的样子。

❸ 杜注:“不书氏,明背其族。”《春秋经》书例如此,《左氏》已揭出,杜注据《左氏》而言之。

传十五年

原文

春,会于戚,讨曹成公也。执而归诸京师。书曰“晋侯执曹伯”,不及其民也。凡君不道于其民,诸侯讨而执之,则曰“某人执某侯”,不然则否。❶

诸侯将见子臧于王而立之。子臧辞,曰:“前《志》有之,曰:‘圣达节,次守节,下失节。’为君非吾节也。虽不能圣,敢失守乎?”❷遂逃,奔宋。

夏,六月,宋共公卒。

楚将北师,子囊曰:“新与晋盟而背之,无乃不可乎?”子反曰:“敌利则进,何盟之有?”申叔时老矣,在申,闻之,曰:“子反必不免!信以守礼,礼以庇身。信、礼之亡,欲免,得乎?”❸

楚子侵郑,及暴隧。遂侵卫,及首止。郑子罕侵楚,取新石。

栾武子欲报楚,韩献子曰:“无庸。使重其罪,民将叛之。无民,孰战?”❹

注释

❶ 这里说的也是《春秋经》书例之一。若是书“某人执某侯”,那是对“不道于其民”的国君的批判。但若《春秋》所记为“某侯执某人”,则属于《春秋经》书“人”之例,包含对某人的批判。若是《经》书“某侯执某爵”,譬如像本年《经》所书“晋侯执曹伯”,那

意思就是说:某侯固然有道于其民,某爵之为害犹不及于民。

❷“圣达节”,杜注:“圣人应天命,不拘常礼。”孔疏:“节犹分也……圣人达于天命,识己知分,若以历数在己,则当奉承灵命,不复拘君臣之交、上下之礼。”用杨注的说法,这叫“能进能退,能上能下,而俱合于节义”,这是最高道德。“次守节”,杜注:“谓贤者。”这是次于圣人一等的高境界。能保守节义,也不错了。“下失节”,杜注:“愚者妄动。”孔疏:“下愚之人,不识己分,侜张妄作,取非其理,干纪乱常……皆失节者也。”按:节犹分也,守节即守分,这也就是节义,就是礼节。子臧自言不敢失守,不肯失节,要是身体力行,也就不失为贤者了。

❸“信以守礼,礼以庇身”,所言显然是信与礼的重要。“信礼之亡”,之犹若也(王伯申说)。“欲免,得乎”,杜注:“言不得免。”然则无以自立。中国古籍中此类名言甚多,足见前人对信与礼的重视。

❹“无庸”,杜注:“庸,用也。”这里“无庸”就是没有必要这样做,不用这样做。“无民,孰战?”脱离了人民,失去了民心,谁上战场?谁为所用?中国古代贤哲已经知道人民的作用,这一类言论也很多。

原文

秋八月,葬宋共公。于是华元为右师,鱼石为左师,荡泽为司马,华喜为司徒,公孙师为司城,向为人为大司寇,鳞朱为少司寇,向帶为大宰,鱼府为少宰。荡泽弱公室,杀公子肥。华元曰:“我为右师。君臣之训,师所司也。今公室卑而不能正,吾罪大矣!不能治官,敢赖宠乎?”乃出,奔晋。❶

注释

❶《释文》:“帶音带,本又作带。”阮刻本《左氏》下文即作“带”,是

同一字而有不同写法。“弱公室”句，有两说。杜注：“轻公室以为弱，故杀其枝党。”杨注：“荡泽欲削弱公室，杀公子肥。”两说都通。无论哪种讲法，都离不开荡泽有意削弱宋国公室力量这一基本含义。据华元的说法，守“君臣之训”是右师的职责；今有人削弱公室而右师不能匡正，不能严肃官纪，这是右师之罪。依杨注，“不能治官”是不能尽职（不能尽官守）的意思，亦通。“敢赖宠乎”，杨注：“赖，利也。以得宠为利。”据我们肤浅的理解，这一句的意思是：华元自认为不能做为官该做的事，虽然得宠，又有什么可以依恋的呢？于是宋国的这个老功臣出奔晋国而去。这里问题在于：“公室卑而不能正”是何缘故？杜注：“不能讨荡泽。”这是为何？细看下文，我们认为华元出奔，为的是得到公室的理解与支持，似不能用逃避责任来解释。

原文

二华，戴族也。司城，庄族也。六官者，皆桓族也。鱼石将止华元，鱼府曰：“右师反，必讨，是无桓氏也。”鱼石曰：“右师苟获反，虽许之讨，必不敢。且多大功，国人与之；不反，惧桓氏之无祀于宋也。右师讨，犹有戌在；桓氏虽亡，必偏。”鱼石自止华元于河上。请讨，许之，乃反。❷使华喜、公孙师帅国人攻荡氏，杀子山。书曰“宋杀〔其〕大夫山”，言背其族也。

鱼石、向为人、鳞朱、向带、鱼府出舍于睢上。华元使止之，不可。冬，十月，华元自止之，不可，乃反。鱼府曰：“今不从，不得入矣。右师视速而言疾，有异志焉。若不我纳，今将驰矣！”登丘而望之，则驰。骋而从之，则决睢澨，闭门登陴矣。❸左师、二司寇、二宰遂出奔楚。华元使向戌为左师，老佐为司马，乐裔为司寇，以靖国人。

注释

❷“不反，惧桓氏之无祀于宋也。”这一句，我们认为意思是：右师若

不反(不讨荡泽),则荡泽将肆无忌惮,会像杀公子肥一样尽灭他那一支之外的桓族,而荡泽也终将灭亡,这样,桓氏祖宗就会没有人祭祀了。"右师讨,犹有戌在;桓氏虽亡,必偏",杜注:"向戌,桓公曾孙。言其贤,华元必不讨。偏,不尽。"杨注认为向戌可能是华元党羽,华元所以不会杀他,还要重用他,这也可备一说。鱼石挽留华元,华元提出要求,若能允许讨荡泽则反;鱼石表示许可,华元才返国。以下接着发生的就是讨灭荡泽的事了。

❸ 睢读 suī。澨读 shì。陴读 pí,指城垛。杜注:"澨,水涯。决,坏也。"决开睢水之堤,闭城门,登城垛,都是为了防止鱼石等人的攻击。

原文

晋三郤害伯宗,谮而杀之,及栾弗忌。伯州犁奔楚。韩献子曰:"郤氏其不免乎!善人,天地之纪也;而骤绝之,不亡何待?"[1]

初,伯宗每朝,其妻必戒之曰:"'盗憎主人,民恶其上。'子好直言,必及于难!"[2]

十一月,"会吴于钟离",始通吴也。

许灵公畏逼于郑,请迁于楚。辛丑,楚公子申迁许于叶。

注释

❶ "善人,天地之纪也",这个"纪"可以作"法"讲,"法纪"恒言。"骤绝之",杜注:"既杀伯宗,又及弗忌,故曰骤也。"杨注:"骤,屡也。先后杀害两人,故言骤。"这里杜、杨两注皆是。

❷ 《孔子家语·观周》引《金人铭》:"盗憎主人,民怨其上。"本义是说盗憎恨主人,百姓厌恶上层人物,这是很危险的。好直言则必及于难,意思是不可向上司直率地提出批评,否则会引火烧身。古代社会这样的事太多了,古代贤人早有这样的教训。

经十有六年[1]

原文

春，王正月，雨，木冰。[2]

夏，四月辛未，滕子卒。

郑公子喜帅师侵宋。

六月丙寅朔，日有食之。

晋侯使栾黡来乞师。

甲午晦，晋侯及楚子、郑伯战于鄢陵。楚子、郑师败绩。

楚杀其大夫公子侧。[3]

秋，公会晋侯、齐侯、卫侯、宋华元、邾人于沙随。不见公。

公至自会。

公会尹子、晋侯、齐国佐、邾人伐郑。

曹伯归自京师。

九月，晋人执季孙行父，舍之于苕丘。

冬，十月乙亥，叔孙侨如出奔齐。

十有二月乙丑，季孙行父及晋郤犨盟于扈。

公至自会。

乙酉，刺公子偃。[4]

注释

❶ 鲁成公十六年，当公元前575年，周简王十一年。

❷ 同年《公羊传》："雨而木冰也。"《穀梁传》同。《左传》杜注、孔疏都说是"冰封着树"。杨注："木冰即气象学之雾凇，于有雾寒冷天气下凝聚于树木枝叶白色松散而似雪者。俗称树挂。"

❸ 杜注："侧，子反。背盟无礼，卒以败师，故书名。"按：这里书名含贬意，正与通例相合。

❹ 杜注:“鲁杀大夫皆言‘刺’,义取于《周礼》‘三刺’之法。”按:《春秋经》僖二十八年注以及孔疏解说甚详,可参看。

传十六年

原文

春,楚子自武城使公子成以汝阴之田求成于郑。郑叛晋,子驷从楚子盟于武城。

夏,四月,滕文公卒。

郑子罕伐宋。宋将鉏、乐惧败诸汋陂;退舍于夫渠,不儆。郑人覆之,败诸汋陵,获将鉏、乐惧,宋恃胜也。[1]

卫侯伐郑,至于鸣雁,为晋故也。

晋侯将伐郑。范文子曰:“若逞吾愿,诸侯皆叛,晋可以逞。若唯郑叛,晋国之忧可立俟也。”栾武子曰:“不可以当吾世而失诸侯[2],必伐郑!”乃兴师。栾书将中军,士燮佐之。郤锜将上军,荀偃佐之。韩厥将下军。郤至佐新军。荀罃居守。

郤犨如卫,遂如齐,皆乞师焉。栾黡来乞师,孟献子曰:“〔晋〕[3]有胜矣。”

注释

❶ 汋读 què,又读 shuò,或读 zhuó。陂读 bēi,一读 pí。先是宋将在汋陂打败郑军,而后退舍于夫渠;由于宋人凭小胜而疏忽不警惕,后来郑军再来(一说“覆之”是埋伏而击之),宋人吃了大败仗,主将被俘虏了。这件事,可以说明骄兵必败的道理。

❷ 由“不可以当吾世而失诸侯”句,可以判断:其时晋国的霸主地位尚在维持之中。秦、齐,特别是楚,多年向霸主地位挑衅,严格说来,至鲁成公末年,迄未完全动摇晋君的霸主地位。

❸ 阮元等《校勘记》谓“晋”字妄加,而杨注谓“依文义以有‘晋’字

为强”，今从杨注。

原文

戊寅，晋师起。郑人闻有晋师，使告于楚，姚句耳与往。❶

楚子救郑，司马将中军，令尹将左，右尹子辛将右。过申，子反入见申叔时，曰：“师其何如？”对曰：“德、刑、详、义、礼、信，战之器也。德以施惠，刑以正邪，详以事神，义以建利，礼以顺时，信以守物。民生厚而德正，用利而事节，时顺而物成，上下和睦，周旋不逆，求无不具，各知其极。❷故《诗》曰：‘立我烝民，莫匪尔极。’是以神降之福，时无灾害，民生敦厖，和同以听，莫不尽力以从上命，致死以补其阙。此战之所由克也。❸今楚内弃其民而外绝其好，渎齐盟而食话言，奸时以动而疲民以逞。民不知信，进退罪也。人恤所(底)〔厎〕，其谁致死？❹子其勉之，吾不复见子矣！”

注释

❶ 杜注：“句耳，郑大夫。与往，非使也。为先归张本。”按：“句耳”之句读 gōu。

❷ “战之器”，杜注：“器，犹用也。”德、刑、详、义、礼、信，这六项都是战之器。“详以事神”，则应如杨注所说：“详通祥。祥即事鬼神之应有态度，顺也，善也。”说本梁履绳《左通补释》。“民生厚而德正”句，杜注：“财足则思无邪。”思无邪则德正。“用利而事节”句，杜注：“动不失利则事得其节。”这应该也是合乎礼节的意思。依杜注，“时顺而物成”是“群生得所”，“周旋不逆”是“动顺理”。杜注认为“求无不具”是“下应上”，我们认为不如杨注明确；“所求无不具备”，本意本来并不隐晦。“各知其极”，杜注：“无二心。”杨注：“人人皆知准则。”“极”即准则。这里还是杨注义长。

❸ 引《诗》见《周颂·思文》，杜注：“烝，众也。极，中也。《诗·颂》言先王立其众民，无不得中正。”杨注认为这个“极”还是“准则”，

与上文“极”同。“民生敦厖”以下,杜注:“敦,厚。厖,大也。”连同“和同以听”句,孔疏:“《管子》曰:‘仓廪实而知礼节,衣食足而知荣辱。’让生于有余,争生于不足。是其人生厚大则心和而听上命也。”这样解说,是朴素的唯物主义观点。“致死以补其阙”句,杜注:“阙,战死者。”百姓尽力,有战死而空缺则补充之,何愁战而不克呢?

❹ “渎齐盟而食话言”,杜注:“不详事神,信不守物。”杨注无异议。按:食话言也就是食言。这里“话言”不必解释为什么“善言”。“奸时以动”,依杜注,是不顺时而妨农业的意思。“疲民以逞”,应该是执政者使人民疲劳而图一己之快意的意思。厎读 zhǐ。“人恤所厎”,杜注:“厎,至也。”孔疏:“人人各忧其身,不知性命所至,谁肯致死战也?”我们认为这里注疏较为准确,可从之。

原文

姚句耳先归。子驷问焉,对曰:“其行速,过险而不整。速则失志。不整,丧列。志失列丧,将何以战?❺楚惧不可用也。”

五月,晋师济河。闻楚师将至,范文子欲反,曰:“我(伪)〔为〕逃楚,可以纾忧。夫合诸侯,非吾所能也,以遗能者。我若群臣辑睦以事君,多矣。”❻武子曰:“不可!”

注释

❺ “速则失志”,杜注:“不思虑也。”其实应如杨注所说,“动作太速,则考虑不周”,而不是不思虑。“志失列丧,将何以战”,意思是:考虑不周,行列不整,将来凭什么作战呢?

❻ “我伪逃楚”,俞曲园先生《群经平议》卷二十六说“伪”当作“为”,“为犹如也”,意思是“如果”“假若”①,今从之。“纾忧”,

① 《经传释词》卷二:“为犹如也,假设之词也。”

杜注："纾，缓也。"《左传》下文的意思是：那纠合诸侯做侯伯的事，不是我们能干的，让能者去做罢。我们若是能做到群臣和睦团结以事晋君，那就足够了。

原文

六月，晋、楚遇于鄢陵。范文子不欲战，郤至曰："韩之战，惠公不振旅。箕之役，先轸不反命。邲之师，荀伯不复从。[1]皆晋之耻也。子亦见先君之事矣。今我辟楚，又益耻也！"文子曰："吾先君之亟战也，有故。秦、狄、齐、楚皆强，不尽力，子孙将弱。今三强服矣；敌，楚而已。惟圣人能外内无患；自非圣人，外宁必有内忧。盍释楚以为外惧乎？"[2]

注释

❶ 振旅是军队凯旋之礼。"不振旅即失败"，杨注所言甚是。不反命就是战死在野外。不复从，杨注认为也是失败，这样讲，符合原文本义。问题是"从"的含义为何，不复从什么呢？杜注："荀林父奔走不复故道，在宣十二年。"这所谓"奔走"，就是因为失败。看《左传》宣十二年原文，我们认为杜注是对的。

❷ "吾先君之亟战也，有故"，杜注："亟，数也。"我们先君的数次大战，都有缘故。面对强敌，若不尽力，那子孙就会被削弱甚至灭亡。"今三强服矣"，杜注："三强，齐，秦，狄。"剩下的强敌就只有楚了。据说唯圣人当国，才没有内忧外患。我辈若非圣人，"外宁必有内忧"，不如有外忧而内宁。何不舍楚于不顾，何不留着楚作为可怕的外敌呢？后来《孟子·告子下》"生于忧患"的意识盖与此有关。

原文

甲午晦，楚晨压晋军而陈。军吏患之。范匄趋进，曰："塞井夷灶,陈于军中,而疏行首。晋、楚唯天所授,何患焉?”[3]文子执戈逐之,曰:“国之存亡,天也,童子何知焉!”栾书曰:“楚师轻窕,固垒而待之,三日必退。退而击之,必获胜焉。”郤至曰:“楚有六间,不可失也。其二卿相恶,王卒以旧,郑陈而不整,蛮军而不陈,陈不违晦,在陈而嚣,合而加嚣。各顾其后,莫有斗心。旧不必良,以犯天忌。[4]我必克之!”

注释

❸“范匄趋进”,这个“趋进”与《左传》成公三年“郤克趋进”的趋进,应有相同的意思。“塞井夷灶”,把井堵塞了,把灶平了。“陈于军中而疏行首”,陈读 zhèn(音义与“阵”同),行读 háng,杜注:“疏行首者,当陈前决开营垒为战道。”《经义述闻》卷十八:“……疏行首,非决开营垒之谓也。首,当读为道。疏,通也。谓通陈列队伍之道也。井灶已除,则队伍之道疏通,无所窒碍矣。”按:王伯申比杜元凯说得更允当。

❹“楚有六间”,杨注:“间,去声,间隙,空子。”也就是缺陷。下文说的就是楚国方面的六个缺陷,其具体内容,我们的看法与杨注不完全相同。“二卿相恶”,这是一间,二卿指子重、子反。“王卒以旧”,这是二间,日本竹添光鸿《左传会笺》:“以,用也。旧,旧家也。”杨注取这一说。“郑陈而不整,蛮军而不陈”为第三间,郑指郑军,蛮指蛮夷。“陈不违晦”,这是第四间。杜注:“晦,月终,阴之尽,故兵家以为忌。”可是楚国兴师用兵偏要违反这个大忌。“在陈而嚣,合而加嚣”,意思是列陈喧哗,临战噪杂,这要算是第五间了。“各顾其后,莫有斗心”是第六间。王卒本来是楚军精锐(《左传》下文说“楚之良……王族而已”),然而楚王这些旧部未必就好,何况他们犯了天忌。这一回打败楚军是可以肯定的了。

原文

楚子登巢车以望晋军[5],子重使大宰伯州犁侍于王后。王曰:“骋而左右何也?”曰:“召军吏也。”“皆聚于中军矣。”曰:“合谋也。”“张幕矣。”曰:“虔卜于先君也。”“彻幕矣。”曰:“将发命也。”“甚嚣,且尘上矣!”曰:“将塞井夷灶而为行也。”“皆乘矣,左右执兵而下矣。”曰:“听誓也。”“战乎?”曰:“未可知也。”“乘而左右皆下矣。”曰:“战祷也。”[6]伯州犁以公卒告王。

苗贲皇在晋侯之侧,亦以王卒告。皆曰:“国士在,且厚,不可当也。”苗贲皇言于晋侯曰:“楚之良在其中军王族而已。请分良以击其左、右,而三军萃于王卒,必大败之!”[7]公筮之。史曰:“吉!其卦遇‘复䷗’,曰:‘南国蹙,射其元王,中厥目。’国蹙王伤,不败何待?”[8]公从之。

注释

❺ 杜注:“巢车,车上为橹。”《释文》:“巢,《说文》作轈,云:‘兵车高如巢以望敌也。’《字林》同。橹,音鲁。”孔疏:“巢与橹,俱是楼之别名。”按:这里所谓巢车,与《左氏》宣十五年所谓楼车应为同一用途之车上装置。以其较高,登上去可以远望敌方。

❻ 虔卜,听誓,战祷,都是古代中原诸侯国将士投入战场之初照例实行的军礼仪节。杜注:“虔,敬也。”虔卜于先君,是对先祖的祭祀与祈祷。听誓,是所有将士与主帅一起立誓,由主帅领头发誓,所有将士同声呼应。战祷,杜注:“祷请于鬼神。”请求鬼神护佑。

❼ 贲读 fén。苗贲皇,楚斗椒的儿子,宣四年投奔晋国来了。他了解楚国军情,向晋侯建议,“请分良以击其左右”。“三军萃于王卒”句,杜注:“萃,集也。”杨注:“‘三军’当作‘四军’,指中、上、下、新四军,说详王引之《述闻》。”又引《传》襄二十六年记声子之追叙为证,其说可信。(按:王伯申《述闻》已言及《传》襄二十六年“四萃”之文。)

❽《周易》有《复卦》。杜注谓“《复》无变”,孔疏:“其筮六爻无变

者,故言其所遇之卦而已。""南国蹙"及其下凡三句,杜注说是卜者辞,杨注说是繇辞。按:"卜者辞"与"繇辞"有时候可能性质相同,但是这里终当以视作繇辞为切。杜注又说:"南国势蹙,离受其咎。离为诸侯,又为目。阳气激南,飞矢之象,故曰射其元王中厥目。"孔疏:"此既不用《周易》而别为之辞,盖卜筮之书更有此类,筮者据而言耳。"史官据此繇辞,作出"国蹙王伤"楚将败的预言,似乎也不奇怪了。

原文

有淖于前,乃皆左右相违于淖。[9]步毅御晋厉公,栾鍼为右。彭名御楚共王,潘党为右。石首御郑成公,唐苟为右。

栾、范以其族夹公行,陷于淖。栾书将载晋侯,鍼曰:"书退!国有大任,焉得专之?且侵官,冒也;失官,慢也;离局,奸也;有三罪焉,不可犯也!"乃掀公以出于淖。[10]

注释

⑨ 淖读nào,杜注:"泥也。"按:实为烂泥。陷入泥淖则不易自拔,所以将士或左或右都避开它。

⑩ "书退"以下,杜注:"在君前,故子名其父。大任,谓元帅之职。载公为侵官。去将而御,失官也。远其部曲为离局。掀,举也。"杨注不同意杜注、孔疏对"国有大任"句的解说,认为"大任"即"大事"。我们认为当时所谓大事就是对楚之战,而栾书任元帅,这正是大任;唯考虑到与下句"焉得专之"的联系,而"元帅"一职岂可与人共任?所以这里终当以杨注为允当。按:"君前臣名",《曲礼上》文。

原文

癸巳,潘尪之党与养由基蹲甲而射之,彻七札焉;以示王,曰:

“君有二臣如此，何忧于战！”王怒曰：“大辱国！诘朝尔射，死艺！”[11]吕锜梦射月，中之，退入于泥。占之，曰：“姬姓，日也。异姓，月也，必楚王也。[12]射而中之，退入于泥，亦必死矣！”及战，射共王，中目。王召养由基，与之两矢，使射吕锜。中项，伏韬；以一矢复命。

注释

[11] “蹲甲而射之”以下，杜注：“蹲，聚也。一发达七札，言其能陷坚。”杨注：“蹲甲，以甲置于物上。彻，穿透。七札，革甲内外厚薄复叠七层，见孙诒让《〈周礼·考工记·函人〉正义》。”按：上引杨注比杜注准确而且明白。于醴尊《香草校书》卷四十谓“大辱国”殆当时口头俗语，“固谓其人为大辱国家者”，但不可泥求其意，杨注用此说。“诘朝尔射，死艺”句，杜注：“言女以射自多，必当以艺死也。诘朝，犹明朝，是战日。”用现代汉语来说，这句话意思是：“你们以射技自夸，明朝你们若用箭，必当死于你们的射技。”

[12] 杜注：“周世姬姓尊，异姓卑。”梦中之日象征姬姓，月象征楚王，占梦之人这样解说，总还算是可以圆梦的。

原文

郤至三遇楚子之卒，见楚子，必下，免胄而趋风。楚子使工尹襄问之以弓，曰：“方事之殷也，有韎韦之跗注，君子也。识见不穀而趋，无乃伤乎？”[13]郤至见客，免胄承命，曰：“君之外臣至，从寡君之戎事。以君之灵，间蒙甲胄，不敢拜命，敢告不宁，君命之辱。为事之故，敢肃使者！”三肃使者而退。[14]

注释

[13] “免胄而趋风”，杜注：“疾如风。”杨注认为“趋风”是当时习语，联系上文，原文意思是说郤至数见楚王，必下车，脱下头盔，快步走过，表示恭敬。我们的意见：如果是趋进，则应该走近楚王；趋风则只是快步在楚王眼前走过。但都是表示恭敬。“问之以

弓”，杜注：“问，遗也。”以弓赠之，也是美意。“有韎韦之跗注”，杜注：“韎，赤色。跗注，戎服，若袴而属于跗，与袴连。”孔疏：“杜言‘连’者，谓要脚连耳……郤至服必鲜华，故楚王偏识之。”杨注认为“识见不穀而趋”的“识”为时间副词，识见即适见，楚王以为郤至之“趋风”或受伤所致，故派工尹襄问问情况。

⑭ 为臣者对异国国君自称“外臣”。“间蒙甲胄”，杜注：“间犹近也。”《释文》：“近，如字。一本或作‘与’，音预。”王伯申《述闻》卷十八：“一本作‘与’是也。言以君之灵，得与蒙甲胄也。”用现在的话说，意思是：托您的福，我当上了战士，参与了战争。“不敢拜命”，杜注：“介者不拜。”这是符合古代礼制规定的。“敢告不宁，君命之辱”，杜注：“以君辱赐命，故不敢自安。”杨注用刘文淇《春秋左氏传旧注疏证》说，认为宁读作憋（《方言》：憋，伤也），“不宁”就是未受伤。我们认为这里杜、杨两注都可以讲通。原文实为语倒，因为有“君命之辱”，所以才有“敢告不宁”。以上其实都是外交辞令。“为事之故，敢肃使者”，杜注：“言君辱命来问，以有军事不得答，故肃使者。肃，手至地，若今撎。”《释文》：“撎，伊志反，揖也。《字林》云：‘举首下手也。’”孔疏认为这里“肃”即《周官·大祝》所谓“肃拜”，这样说实有根据。可是王氏父子不赞成杜注对“为事之故”的解说，王伯申《述闻》引其父说：“杜以‘事’为军事，非也。事，谓楚子使人来问之事。”引《晋语》为证，有说服力。

原文

晋韩厥从郑伯，其御杜溷罗曰：“速从之！其御屡顾，不在马，可及也。”韩厥曰：“不可以再辱国君。”乃止。郤至从郑伯，其右茀翰胡曰：“谍辂之，余从之乘而俘以下。”郤至曰：“伤国君有刑！”亦止。

石首曰：“卫懿公唯不去其旗，是以败于荧。”乃内旌于韬中。

唐苟谓石首曰:“子在君侧,败者壹大。我不如子。子以君免,我请止。”[15]乃死。

注释

⑮ 内就是纳。韬是弓衣,盛弓用的弓套。将旌旗装进弓套之中,就不会像荧之战中卫懿公那样因为打出旗帜而惹人注意了。孔疏认为“韬是盛旌之囊”,也通。“唐苟谓石首曰”以下,杜注:“败者壹大,谓军大崩也。言石首亦君之亲臣,而就御与车右不同,故首当御君以退,己当死战。”杨注:“壹,专一。大指郑君。意谓战败之军应一心保护其君。”说本陶鸿庆《左传别疏》。按:杜元凯关于“败者壹大”的解释不对,关于“子以君免,我请止”的解释不误。

原文

楚师薄于险。[16]叔山冉谓养由基曰:“虽君有命,为国故,子必射!”乃射。再发,尽殪。叔山冉搏人以投,中车,折轼。晋师乃止。囚楚公子茷。

栾鍼见子重之旌,请曰:“楚人谓夫旌,子重之麾也,彼其子重也。日臣之使于楚也,子重问晋国之勇,臣对曰:‘好以众整。’曰:‘又何如?’臣对曰:‘好以暇。’今两国治戎,行人不使,不可谓整;临事而食言,不可谓暇。请摄饮焉。”公许之。使行人执榼承饮,造于子重,曰:“寡君乏使,使鍼御持矛,是以不得犒从者,使某摄饮。”子重曰:“夫子尝与吾言于楚,必是故也。不亦识乎?”受而饮之,免使者而复鼓。[17]

注释

⑯ 杜注:“薄,追也。”阮刻本如此。在疑杜注中“追”为“迫”字之误。杨注:“薄,迫也。楚军于险阻之地为晋军所迫。”其说是。

⑰ 榼读 kē,古人用以盛饮料(酒或水)的木制器皿。“承饮”,杜注:“承,奉也。”栾鍼使行人某奉持盛着酒的榼,“造于子重”,“摄饮”致意。杜注:“摄,持也。持饮,往饮子重。”杨注:“造,至也。”行人奉栾鍼命,代栾鍼向楚子重进酒,并且说:“寡君缺少使人,让栾鍼持矛任车右侍候,因此他没有前来犒劳您的从者的机会,派某前来进酒。”依杨注,这里书“某”而不书行人之名,“某”是此行人自称其名,盖微者。“子重曰”以下,杜注:“知其以往言‘好暇’,故致饮。”“不亦识乎”,识读 zhì,意思是记忆,盖自言记忆犹新。“免使者而复鼓”,杜注:“免,脱也。”让使者(行人)生还,然后继续击鼓勉励将士进击。

原文

旦而战,见星未已。子反命军吏察夷伤,补卒乘,缮甲兵,展车马,鸡鸣而食,唯命是听。晋人患之。苗贲皇徇曰:“蒐乘补卒,秣马利兵,修陈固列,蓐食申祷,明日复战!”⑱乃逸楚囚。王闻之,召子反谋。榖阳竖献饮于子反,子反醉而不能见。王曰:“天败楚也夫!余不可以待。”乃宵遁。

晋入楚军,三日谷。范文子立于戎马之前,曰:“君幼,诸臣不佞,何以及此?君其戒之!《周书》曰:‘惟命不于常。’有德之谓。”⑲

注释

⑱ 杜注:“蒐,阅也。秣,谷马也。固,坚也。申,重也。”按:刘文淇《春秋左氏传旧注疏证》取《尔雅·释诂》“蒐,聚也”一训,杨注认为“亦通”。蓐食,早见于《传》文七年,就是厚食,饱餐。

⑲ “诸臣不佞”,杜注:“佞,才也。”《左氏》下文“君其戒之”,杜注:“戒勿骄。”按:依杨注,这个“君”指晋厉公,上文“戎马”指晋厉公所乘车马,由“君幼”以下数句可以判断杨注是对的。“《周书》

曰”以下，杜注：“《周书·康诰》。言胜无常命，唯德是与。”

原文

楚师还，及瑕，王使谓子反曰：“先大夫之覆师徒者，君不在。子无以为过，不穀之罪也。”[1]子反再拜稽首，曰：“君赐臣死，死且不朽。臣之卒实奔，臣之罪也！”子重使谓子反曰：“初陨师徒者，而亦闻之矣。盍图之？”对曰：“虽微先大夫有之，大夫命侧，侧敢不义？侧亡君师，敢忘其死！”[2]王使止之，弗及而卒。

战之日，齐国佐、高无咎至于师，卫侯出于卫，公出于坏隤。[3]

注释

1. 杜注：“谓子玉败城濮时，王不在军。”意思是城濮之战楚军失败的责任应由子玉担负。而这一回鄢陵之战楚王在军，所以说是“不穀之罪也”，所以子反可“无以为过”，可不死。
2. “初陨师徒者”，杨注：“指子玉。”这是言者与听者都很明白的人物。“而亦闻之矣”，杨注：“而同尔。”这是常训。“盍图之”，意思是何不自己找一个处置办法，其实就是促使子反效仿子玉（成得臣）自杀。“虽微先大夫有之”句以下，是子反的话。“微”是无。孔疏：“虽无先大夫有此旧事，今大夫将义命己，敢不以为之义乎？”可见子反自分必死方可谢罪，此志已明。
3. 隤读 tuí。杜注：“坏隤，鲁邑。齐卫皆后，非独鲁。”

原文

宣伯通于穆姜，欲去季、孟而取其室。将行，穆姜送公，而使逐二子。公以晋难告，曰：“请反而听命。”姜怒，——公子偃、公子鉏趋过，——指之曰：“女不可，是皆君也。”公待于坏隤，申宫、儆备、设守而后行，是以后。[1]使孟献子守于公宫。

秋，会于沙随，谋伐郑也。

宣伯使告郤犨曰："鲁侯待于坏隤，以待胜者。"郤犨将新军，且为公族大夫，以主东诸侯。取货于宣伯而诉公于晋侯，晋侯不见公。

曹人请于晋曰："自我先君宣公即(位)〔世〕[2]，国人曰：'若之何？'忧犹未弭，而又讨我寡君，以亡曹国社稷之镇公子，是大泯曹也。先君无乃有罪乎？若有罪，则君列诸会矣。君唯不遗德刑以伯诸侯，岂独遗诸敝邑？[3]敢私布之！"

七月，公会尹武公及诸侯伐郑。将行，姜又命公如初。公又申守而行。诸侯之师次于郑西。我师次于督扬，不敢过郑。子叔声伯使叔孙豹请逆于晋师，为食于郑郊。师逆以至。声伯四日不食以待之，食使者而后食。

诸侯迁于制田。知武子佐下军，以诸侯之师侵陈；至于鸣鹿，遂侵蔡。未反，诸侯迁于颍上。戊午，郑子罕宵军之，宋、齐、卫皆失军。[4]

曹人复请于晋。晋侯谓子臧："反！吾归而君。"子臧反，曹伯归。子臧尽致其邑与卿而不出。

注释

❶ 杨注："申，古与司常互用……申宫即司宫，意即守宫；儆备，即加强戒备。"等到把守宫之人、守卫鲁国各地之人安排妥当，鲁成公始从坏隤出发，"是以后"，杜注："后晋楚战期。"鲁成公率领的军队没有赶上晋楚交战的日子，没有帮上侯伯什么忙。

❷ "即位"当作"即世"，说见杨注。按：杜注："在十三年。"据杜氏此注，也可以判断"即位"之"位"乃"世"字之误，因为《春秋经》成十三年书"曹伯卢卒于师"，而《左氏》成十六年这里说的是"先君宣公"的事，而"先君宣公"彼时岂有即位的事！

❸ 由此可见晋为当时侯伯，尚无他国取而代之；在小国诸侯看来，晋伯诸侯的原因是"不遗德刑"，意思是施德用刑两不失，恩威得

当。曹人这样讲,还有一层与自身相关的用意,在困惑的语气里流露责问的意思:侯伯恩威分明,怎么偏偏待我曹国有失公道呢?

❹ “郑子罕宵军之”句以下,杨注:“郑子罕发动夜袭,宋、齐、卫皆溃败。”十分明确。孔疏:“子罕宵军之,则军诸侯之营……”意思是夜袭诸侯并占据其军营,似亦可通。关于“失军”,杜注“将主与军相失”的说解应该是不错的。

原文

宣伯使告郤犨曰:“鲁之有季、孟,犹晋之有栾、范也,政令于是乎成。今其谋曰:‘晋政多门,不可从也。宁事齐、楚,有亡而已,蔑从晋矣!’若欲得志于鲁,请止行父而杀之,我毙蔑也,而事晋蔑有贰矣。[1]鲁不贰,小国必睦。不然,归必叛矣。”

九月,晋人执季文子于苕丘。公还,待于郓,使子叔声伯请季孙于晋。郤犨曰:“苟去仲孙蔑而止季孙行父,吾与子国,亲于公室。”对曰:“侨如之情,子必闻之矣。若去蔑与行父,是大弃鲁国而罪寡君也。若犹不弃,而惠徼周公之福,使寡君得事晋君;则夫二人者鲁国社稷之臣也,若朝亡之,鲁必夕亡。以鲁之密迩仇雠,亡而为雠,治之何及?”郤犨曰:“吾为子请邑。”对曰:“婴齐,鲁之常隶也,敢介大国以求厚焉?承寡君之命以请;若得所请,吾子之赐多矣!又何求?”[2]

范文子谓栾武子曰:“季孙于鲁,相二君[3]矣。妾不衣帛,马不食粟,可不谓忠乎?信谗慝而弃忠良,若诸侯何?子叔婴齐奉君命无私,谋国家不贰,图其身不忘其君。若虚其请,是弃善人也。子其图之!”乃许鲁平,赦季孙。

冬十月,出叔孙侨如而盟之。侨如奔齐。

注释

❶ “晋政多门”,杜注:“政不由君。”国家大事不由君作主,所以多

门。诸侯国无所适从,因为"不可从也"。下文三个"蔑"字,"蔑从晋矣"句与"蔑有贰矣"句中两"蔑"字义同,杜注:"蔑,无也。"而"我毙蔑也"句中"蔑"为人名,杜注:"蔑,孟献子,时留守公宫。"按:宣伯,即《左氏》上文所说"通于穆姜"者,为了一己之私利私欲,此人竟然为晋人出主意,出卖国家利益。

❷ "夫二人者",指上文说到的"季孙行父"(季文子)与仲孙蔑(孟献子)。杜注:"仇雠,谓齐楚。"密迩仇雠,这里是靠拢齐楚的意思,不仅指地理方面的邻近,主要指政治方面的伙伴关系。孔疏:"'朝亡之',谓朝失蔑与行父也;'鲁必夕亡',谓亡属他国也。下云'亡而为仇',是欲弃晋而属齐楚。"到那时候,再来修补晋鲁两国的关系,就来不及了。"常隶",杜注:"隶,贱官。"常隶,应为平凡庸贱的小官。"敢介大国",杜注:"介,因也。"杨注:"婴齐,声伯之名……声伯以隶自比,自是谦辞。"杨先生认为"敢介大国"的"介"可训为"仗恃,依靠",但也不否定杜注。按:上引杜注、孔疏与杨先生的解说都可以讲通。声伯奉成公之命出使与晋大臣谈判,婉拒郤犨为他"请邑"的承诺,以本国利益为重,其言谈颇得要领。

❸ 杜注:"二君,宣、成。"

原文

十二月,季孙及郤犨盟于扈。归,刺公子偃。召叔孙豹于齐而立之。❶

齐声孟子通侨如,使立于高、国之间。侨如曰:"不可以再罪。"奔卫,亦间于卿。❷

晋侯使郤至献楚捷于周。与单襄公语,骤称其伐。单子语诸大夫曰:"温季其亡乎!位于七人之下,而求掩其上;怨之所聚,乱之本也。多怨而阶乱,何以在位?《夏书》曰:'怨岂在明?不见是图。'将慎其细也。今而明之,其可乎?"❸

注释

❶ 杨注:“立之为叔孙氏之后。”这当然不是立为国君。

❷ “使立于高、国之间”,陶鸿庆《左传别疏》说这一句中“立”与“位”相同,杨注即用此说。杜注:“位比二卿。”这样说,也没有错。“间于卿”,《释文》:“徐音‘间厕’之间。读者或如字。”所谓“间于卿”,理解为“间厕于众卿之中”,也就是地位与卿相当。

❸ 杜注:“伐,功也。温季,郤至,佐新军,位在八。”“《夏书》曰”以下,杜注:“逸书也。不见,细微也。”按:《周语》有郤至称己之伐掩上功以及单襄公加以批评的记载,与《左氏》相关记载小异大同。孔疏关于《左氏》这里所引《夏书》的说解如下:“《夏书·五子之歌》第一章也。其为人所怨者,岂必在明日(此‘日’疑当作‘白’)之处乎?其于人所不见,当于是图谋之。”又说:“杜不见古文,故云‘逸书’。”现在我们已经明白了:其实孔颖达等人所见“古文”乃伪古文《尚书》(其中有《五子之歌》)。杜武库确实没有看到他去世之后才冒出来的所谓古文《尚书》。这里孔疏正可做伪古文《尚书》作伪于东晋的旁证。又,“将慎其细也”句,意思是为人处事即细微处亦当谨慎。

经十有七年❶

原文

春,卫北宫括帅师侵郑。

夏,公会尹子、单子、晋侯、齐侯、宋公、卫侯、曹伯、邾人伐郑。

六月乙酉,同盟于柯陵。

秋,公至自会。

齐高无咎出奔莒。

九月辛丑,用郊。❷

晋侯使荀罃来乞师。

冬,公会单子、晋侯、宋公、卫侯、曹伯、齐人、邾人伐郑。

十有一月,公至自伐郑。

壬申,公孙婴〔齐〕卒于貍脤。[3]

十有二月丁巳朔,日有食之。

邾子貜且卒。

晋杀其大夫郤锜、郤犨、郤至。

楚人灭舒庸。

注释

❶ 鲁成公十七年,当公元前574年,周简王十二年。

❷ 杜注:"九月郊祭,非礼明矣。书'用郊',从史文。"按:《郊特牲》:"郊之祭也,迎长日之至也……郊之用辛也。周之始郊,日以至。"看孔疏的解说,可知"九月郊祭非礼"的说法是有根据的。

❸ 阮刻本"公孙婴"下脱"齐"字,据各本补。杜注:"十一月无壬申,日误也。貍脤,阙。"所谓"阙",就是不知其在何方何地,而其为地名则可以无疑。

传十七年

原文

春,王正月,郑子驷侵晋虚、滑。卫北宫括救晋,侵郑,至于高氏。

夏五月,郑大子髡顽、侯獳为质于楚,楚公子成、公子寅戍郑。公会尹武公、单襄公及诸侯伐郑,自戏童至于曲洧。[1]

晋范文子反自鄢陵,使其祝宗祈死,曰:"君骄侈而克敌,是天益其疾也,难将作矣。爱我者惟祝我,使我速死,无及于难,范氏之福也。"[2]六月戊辰,士燮卒。

乙酉,同盟于柯陵,寻戚之盟也。

楚子重救郑,师于首止。诸侯还。

注释

❶ 上文出现的虚、滑、高氏、戏童、曲洧,皆地名。前辈注家落实这些地方的种种说法,皆可参考,为省篇幅,不具录。

❷ 杜注:“祝宗,主祭祀祈祷者。”“君”指晋厉公,“克敌”即鄢陵之战晋军胜楚。厉公原本骄侈,骄侈为人之疾,晋军胜楚,会使厉公更为骄侈,是老天让他加重困疾了。所以范文子要祝宗祝(诅咒)他速死,以免碰上厉公将要制造的祸难。愿死而免祸,对前景的估计可算是糟糕透了。

原文

齐庆克通于声孟子,与妇人蒙衣乘辇而入于闳。❶鲍牵见之,以告国武子。武子召庆克而谓之。庆克久不出,而告夫人曰:“国子谪我。”夫人怒。

国子相灵公以会,高、鲍处守。及还,将至,闭门而索客。孟子诉之曰:“高、鲍将不纳君而立公子角,国子知之。”秋七月壬寅,刖鲍牵而逐高无咎。无咎奔莒。高弱以卢叛。齐人来召鲍国而立之。❷

初,鲍国去鲍氏而来为施孝叔臣。施氏卜宰,匡句须吉。施氏之宰有百室之邑。与匡句须邑,使为宰,以让鲍国而致邑焉。施孝叔曰:“子实吉。”对曰:“能与忠良,吉孰大焉!”鲍国相施氏忠,故齐人取以为鲍氏后。

仲尼曰:“鲍庄子之知不如葵,葵犹能卫其足。”❸

注释

❶ 闳读 hóng。杜注:“闳,巷门。”孔疏:“衖门谓之闳。”引李巡的话:

"闳,衖头门也。"杨注:"蒙衣为当时妇女外出之习俗。"可备一说。

❷ "齐人来召鲍国而立之",杜注:"国,牵之弟文子。"所谓召而立之,实与《左氏》下文说的"齐人取以为鲍氏后"义同。

❸ 杜注:"葵,倾叶向日以蔽其根。言鲍牵居乱不能危行言孙。"按:焦里堂《左传补疏》认为这里葵是秋葵或金钱紫花葵,可以作菜,不是杜注说的向日葵。当从焦氏说。杜注所谓"危行言孙"早见于《论语·宪问》,何晏《集解》认为这话是"厉其行不随污俗,顺言辞以避当时之害"的意思。看来《论语》与《左氏》所记仲尼先生的话有相同或相通的思想。

原文

冬,诸侯伐郑。十月庚午,围郑。楚公子申救郑,师于汝上。十一月,诸侯还。

初,声伯梦涉洹,或与己琼瑰,食之;泣而为琼瑰盈其怀,从而歌之曰:"济洹之水,赠我以琼瑰。归乎归乎,琼瑰盈吾怀乎!"❶惧,不敢占也,还自郑。壬申,至于貍脤而占之,曰:"余恐死,故不敢占也。今众繁而从余三年矣,无伤也。"言之,之莫而卒。❷

齐侯使崔杼为大夫,使庆克佐之,帅师围卢。国佐从诸侯围郑,以难请而归;遂如卢师杀庆克,以穀叛。齐侯与之盟于徐关而复之。十二月,卢降。使国胜告难于晋,待命于清。❸

注释

❶ 杨注认为"琼瑰"与《诗经》"琼琚""琼瑶""琼玖"相同,不可分为二物,其说是。"泣而为琼瑰盈其怀",杜注:"泪下化为珠玉,满其怀。"又说:"从,就也。梦中为此歌。"按:济洹应该就是《左氏》上文说的涉洹。

❷ 貍脤,地名。"之莫而卒",《释文》:"莫音暮。"这一句意思是:到夜晚死了。

❸ 这里卢、榖、清都是地名。其实徐关亦地名，早见于《传》成公二年。“以难请而归”，杜注：“请于诸侯。”杨注：“以齐国之难请于诸侯而返国。”本来“从诸侯围郑”，岂能一声不响就离开了？“使国胜告难于晋”以下，杜注：“胜，国佐子。使以高氏难告晋。齐欲讨国佐，故留其子于外。”

原文

晋厉公侈，多外嬖。❶反自鄢陵，欲尽去群大夫，而立其左右。胥童以胥克之废也，怨郤氏，而嬖于厉公。郤锜夺夷阳五田，五亦嬖于厉公。郤犨与长鱼矫争田，执而梏之，与其父母妻子同一辕。既，矫亦嬖于厉公。

栾书怨郤至，以其不从己而败楚师也，欲废之，使楚公子茷告公曰：“此战也，郤至实召寡君，以东师之未至也，与军帅之不具也，曰：‘此必败，吾因奉孙周以事君。’”公告栾书，书曰：“其有焉！不然，岂其死之不恤而受敌使乎？君盍尝使诸周而察之？”郤至聘于周。栾书使孙周见之。公使觇之，信；遂怨郤至。❷

厉公田，与妇人先杀而饮酒，后使大夫杀。郤至奉豕，寺人孟张夺之，郤至射而杀之。❸公曰：“季子欺余！”

注释

❶ “外嬖”，嬖读 bì，旧指被统治者（有权势者）宠幸的人，不一定是女人。杜注：“外嬖，爱幸大夫。”其说是。

❷ “吾因奉孙周以事君”句，杜注：“孙周，晋襄公曾孙悼公。君，楚王也。”“受敌使”，杜注：“谓鄢陵战时楚子问郤至以弓。”“君盍尝使诸周而察之”，杜注：“尝，试也。”这一句意思是：您（晋君）何不试派他出使周王室，可以观察其有关之人与有关之事。杨注：“时孙周在周事单襄公，见《周语下》。”把当时这些关系弄清楚，有助于对原文的理解。觇读 chān，杜注：“伺也。”晋厉公派人窥伺郤

至聘于周的行动，发现孙周见郤至的情况，也就相信了栾书的话。

❸ 这里“田”是围猎，“杀”指猎射禽兽。依周礼规定，国君与众大臣行大田之礼，众大臣在国君发矢之后各显射技，没有妇人发矢的机会，更不容许妇人先于众臣发矢。这里说“与妇人先杀”，“后使大夫杀”，杜注：“《传》言厉公无道，先妇人而后卿佐。”分明是严重失礼。“郤至奉豕”，杜注：“进之于公。”亲近厉公的寺人要夺取郤至进献给厉公的一条豕，那寺人反被郤至射杀了。这件事为厉公所不容。

原文

厉公将作难，胥童曰：“必先三郤，族大多怨。去大族，不逼。敌多怨，有庸。”❹公曰：“然！”郤氏闻之。郤锜欲攻公，曰：“虽死，君必危。”郤至曰：“人所以立，信、知、勇也。信，不叛君；知，不害民；勇，不作乱。失兹三者，其谁与我？死而多怨，将安用之？君实有臣而杀之，其谓君何？我之有罪，吾死后矣。若杀不辜，将失其民；欲安，得乎？待命而已。受君之禄，是以聚党。有党而争命，罪孰大焉？”❺

注释

❹ 将大族除掉，公室就不会受到逼迫了。“敌多怨，有庸”，杜注：“讨多怨者，易有功。”杨注无异议。

❺ 郤至这一席话，证明他实在是当时晋国的忠臣。他对“信”“知”“勇”的解释，足以表明他忠君的立场。“失兹三者……死而多怨，将安用之”，杜注：“言俱死，无用多其怨咎。”王伯申《经传释词》卷二解释了《左传》成十七年“君实有臣而杀之，其谓君何”两句：“言其奈君何也。”这无可奈何的心情，本出于无条件的忠君思想。“我之有罪”句以下，意思是：我若有罪而被处死，也死在后了；我若发难杀无罪之人，将失去民心，这还能得到安宁吗？还

是等待命运吧。正是因为得到国君所赐之禄,手下才有条件聚集了一批人;有了这些人,反而抗命争生,罪莫大于此。这样讲,基本依杜、杨两注,而又并不完全相同。

原文

壬午,胥童、夷羊五帅甲八百,将攻郤氏。长鱼矫请无用众,公使清沸魋助之。抽戈结衽,而(伪)〔为〕讼者。三郤将谋于榭,矫以戈杀驹伯、苦成叔于其位。温季曰:“逃威也。”遂趋。矫及诸其车,以戈杀之。皆尸诸朝。❶

胥童以甲劫栾书、中行偃于朝。矫曰:“不杀二子,忧必及君!”公曰:“一朝而尸三卿,余不忍益也!”对曰:“人将忍君。臣闻乱在外为奸,在内为轨。御奸以德,御轨以刑。不施而杀,不可谓德;臣逼而不讨,不可谓刑。❷德刑不立,奸轨并至,臣请行!”遂出,奔狄。公使辞于二子,曰:“寡人有讨于郤氏,郤氏既伏其辜矣。大夫无辱,其复职位!”皆再拜稽首,曰:“君讨有罪,而免臣于死,君之惠也。二臣虽死,敢忘君德?”乃皆归。公使胥童为卿。

注释

❶ “伪讼者”以下,杜注:“伪与清沸魋讼。榭,讲武堂。位,所坐处也。驹伯,郤锜。苦成叔,郤犨。郤至本意欲禀君命而死,今矫等不以君命而来,故欲逃。凶贼为害,故曰威,言可畏也。”杨注认为榭不是讲武堂,而是“建于台上之房屋”,这比杜元凯讲得好。据杨注,威读为畏,“畏,无罪被杀害也”,逃威就是逃于无罪而被杀,这样讲,与杜注义同,然而较为简明。“皆尸诸朝”,杜注:“陈其尸于朝。”今按:《左传》这里所谓“温季”当即郤至。

❷ 《释文》:“轨,本又作宄,音同。”按:轨为宄之借。杨注:“其意若云:百姓造乱谓之‘奸’,朝廷之臣造乱谓之‘宄’。对付奸以德,对付宄以刑。对百姓,不先施惠施教即杀戮,不可以为德;朝廷之

臣其势逼君，不加讨伐，不可以谓刑。”这样解说，比杜注准确。

原文

公游于匠丽氏，栾书、中行偃遂执公焉。召士匄，士匄辞。召韩厥，韩厥辞，曰：“昔吾畜于赵氏。孟姬之谗，吾能违兵。古人有言曰：‘杀老牛，莫之敢尸。’而况君乎？[3]二三子不能事君，焉用厥也？”

舒庸人以楚师之败也，道吴人围巢，伐驾，围釐、虺，[4]遂恃吴而不设备。楚公子橐师袭舒庸，灭之。

闰月乙卯晦，栾书、中行偃杀胥童。民不与郤氏，胥童道君为乱，故皆书曰：“晋杀其大夫。”

注释

❸ “匠丽氏”，杜注：“匠丽，嬖大夫家。”杨注认为匠丽氏所在地当名翼，其说与杜注不必相左。另有文献（譬如《国语》）记载晋厉公被杀于翼，则匠丽氏当在翼，杨注自有根据。“昔吾畜于赵氏”句以下，杜注：“畜，养也。违，去也。韩厥少为赵盾所待养，及孟姬之乱晋，将讨赵氏，而厥去其兵，示不与党。言此者，明己无所偏助。孟姬乱在八年。”杨注：“古人以为牛耕田，因之虽疲老不能用，欲杀之，亦无人敢作主张。”韩厥的意思很明白：古人待牛尚且不轻言杀，何况待国君呢？今按：这里杜注、杨注都可以讲通原文，可供参考。

❹ 杜注：“巢、驾、釐、虺，楚四邑。”杨注关于四邑的说明颇为具体，不备录。

经十有八年[1]

原文

春，王正月，晋杀其大夫胥童。[2]

庚申，晋弑其君州(蒲)〔满〕。

齐杀其大夫国佐。

公如晋。

夏，楚子、郑伯伐宋。宋鱼石复入于彭城。[3]

公至自晋。

晋侯使士匄来聘。

秋，杞伯来朝。

八月，邾子来朝。

筑鹿囿。

己丑，公薨于路寝。[4]

冬，楚人、郑人侵宋。

晋侯使士鲂来乞师。

十有二月，仲孙蔑会晋侯、宋公、卫侯、邾子、齐崔杼，同盟于虚朾[5]。

丁未，葬我君成公。

注释

❶ 鲁成公十八年，为公元前573年，周简王十三年。

❷ 晋杀其大夫胥童一事，已见于《左传》成十七年。《左传》将这件事情记载于去年闰月，《春秋》将同一件事记于今年正月，发生时间差异的原因，杜注说是“从告”，可备一说。

❸ 杜注：“传例曰：以恶入也。”按：这里所谓“传例”，将见于同年《左传》。当时人们厌恶扰乱国家安宁、社会稳定的鱼石之流，后世人一样感到可恶。

❹ 与庄公、宣公一样，成公也薨于路寝，为所谓善终。春秋鲁十二公，其他九公不如此。

❺ 朾读 tīng，又读 chēng。杜注：“虚朾，地，阙。”只知道虚朾是地名，更具体的情况不清楚，所以又只好“阙”了。

传十八年

原文

春,王正月庚申,晋栾书、中行偃使程滑弑厉公,葬之于翼东门之外,以车一乘。❶使荀罃、士鲂逆周子于京师而立之,生十四年矣。

大夫逆于清原。周子曰:"孤始愿不及此。虽及此,岂非天乎!抑人之求君,使出命也。立而不从,将安用君?二三子用我今日,否亦今日。共而从君,神之所福也!"对曰:"群臣之愿也。敢不唯命是听!"庚午,盟而入,馆于伯子同氏。辛巳,朝于武宫。逐不臣者七人。周子有兄而无慧,不能辨菽麦,故不可立。❷

齐为庆氏之难故,甲申晦,齐侯使士华免以戈杀国佐于内宫之朝。师逃于夫人之宫。书曰"齐杀其大夫国佐",弃命、专杀,以榖叛故也。使清人杀国胜。国弱来奔。王湫奔莱。庆封为大夫,庆佐为司寇。既,齐侯反国弱,使嗣国氏,礼也。❸

注释

❶ 杜注:"言不以君礼葬。诸侯葬车七乘。"孔疏引《左传》襄廿五年记齐人葬庄公下车七乘为证。我们认为注疏说是。

❷ "朝于武宫",是晋国新君登位之初必须实行的礼典。"周子有兄而无慧"以下,解说何以不立周子之兄的原因,杜注:"菽,大豆也。豆麦殊形易别,故以为痴者之候。不慧,盖世所谓白痴。"白痴岂可治国为国君?所以周子之兄不得立。

❸ 这与上年《左传》"齐人来召鲍国而立之"句说的意思基本相同。杜注:"佐之罪不及不祀。"有后嗣,就有奉行祭祀之礼的人。无后嗣,则死后无人祭祀,那就要称作饿鬼了。

原文

二月乙酉朔，晋（侯）悼公即位于朝。始命百官，施舍，已责，逮鳏寡，振废滞，匡乏困，救灾患，禁淫慝，薄赋敛，宥罪戾，节器用，时用民，欲无犯时。[1]使魏相、士鲂、魏颉、赵武为卿。荀家、荀会、栾黡、韩无忌为公族大夫，使训卿之子弟共俭孝弟。使士渥浊为大傅，使修范武子之法。右行辛为司空，使修士芀之法。弁纠御戎，校正属焉，使训诸御知义。荀宾为右，司士属焉，使训勇力之士时使。[2]卿无共御，立军尉以摄之。祁奚为中军尉，羊舌职佐之；魏绛为司马，张老为候奄。铎遏寇为上军尉，籍偃为之司马，使训卒乘亲以听命。程郑为乘马御，六驺属焉，使训群驺知礼。[3]凡六官之长，皆民誉也。举不失职，官不易方，爵不逾德，师不陵正，旅不逼师：民无谤言，所以复霸也。[4]

公如晋，朝嗣君也。

注释

❶“乙酉朔，晋侯悼公即位于朝”，杨注认为这里“侯”为衍字，“据各本删”。今从之。杜注：“朝庙五日而即位也。厉公杀绝，故悼公不以嗣子居丧。”孔疏引《晋语》谓正月乙酉公即位，而孔晁有异议。杨注为孔疏辩护，认为晋正月乙酉朔当即鲁二月乙酉朔。孔疏为杜注所谓悼公不以嗣子居丧一说作了解释，今从之。“始命百官”，杜注：“始为政。”这样说，与《尚书·立政》有相通的意思。“施舍，已责”，杜注：“施恩惠，舍劳役，止逋责。”这是把“施舍”看作两个词了。杨注认为“施舍”就是“赐予”，应亦可通。“逮鳏寡”，杜注：“惠及微。”鳏寡自是微者。“振废滞”，杜注：“起旧德。”这与《论语·尧曰》“举逸民”的意思相近相类。“匡乏困”句以下，杜注：“匡亦救也。宥，宽也。节，省也。使民以时。不纵私欲。”按：纵私欲就会不顾时令，失去节制。这里杜注皆与原意相合。

❷ 杜注:“渥浊,士贞子。”范武子即士会,其以中军帅兼大傅,事见《传》宣十六年及其《注》。右行辛即贾辛,其为司空,事见《晋语七》。士芀事见《传》庄二十六年。“弁纠御戎”句以下,杜注:“弁纠,栾纠也。校正,主马官。”杨注:“御戎统率诸御。御戎为驾御国君戎车之御,诸御则驾御一般兵车之御。校正属于御戎,助御戎‘训诸御’。”杜注又说:“司士,车右之官。勇力,皆车右也。勇力多不顺命,故训之以供时之使。”孔疏引《晋语七》证士贞子、右行辛、栾纠、荀宾“四人者,皆公知其能而使之耳”,而范武子、士芀“皆前世能者,其法可遵,故使二大夫居其官而修其法也”。

❸ “卿无共御”,杜注:“省御戎御,令军尉摄御而已。”孔疏:“卿谓军之诸将也……往前恒有定员掌共卿御,今始省其常员,唯立军尉之官,临有军事使兼摄之,令军尉兼卿御也。”这里注疏已很明确。“祁奚”以下诸人,亦见于《晋语七》,孔疏:“《晋语》皆称其材而用之,善公之知人也。”杜注:“程郑,荀氏别族。乘马,御乘车之仆也。六驺,六闲之驺。《周礼》:诸侯有六闲马,乘车尚礼容。故训群驺,使知礼。”按:杜注有据。可参看《周官》中大驭、戎仆、齐仆、校人、趣马诸职及其注疏。

❹ “皆民誉也”,孔疏:“皆有民之美誉,故总举六官,则知群官无非其人者也。”杨注:“六官,犹言各部门。”我们认为原文明言“六官之长”,而《周礼》六官可以囊括群官,则说“群官”,说“各部门”,都是可以的。“官不易方”,杜注:“官守其业,无相逾易。”王伯申《经义述闻》卷十八:“方,常也。”杨注:“即常规旧典。”王氏《述闻》举《左传》之外例证凡六,有说服力,这里杜注实不妥。“师不陵正,旅不逼师”,王氏《述闻》:“言小不加大也。”王氏认为这里师旅为群有司之名,非士卒组织之名,“其大小之差,则旅卑于师,师又卑于正”。以《周官·天官·宰夫》“辨其八职”证之,知王氏说是,杜注又不妥。今按:由“所以复霸也”句,可知晋文公开创的霸业,晋悼公有恢复、维持之功。

原文

夏六月，郑伯侵宋。及曹门外，遂会楚子伐宋，取朝郏。楚子辛、郑皇辰侵城郜，取幽丘。同伐彭城，纳宋鱼石、向为人、鳞朱、向带、鱼府焉，以三百乘戍之，而还。书曰"复入"。凡去其国，国逆而立之，曰"入"；复其位，曰"复归"；诸侯纳之，曰"归"；以恶曰"复入"。[1]

注释

❶ "书曰'复入'"，杜注："恶其依阻大国，以兵威还，故书'复入'。"就宋五子还国而言，杜注说的实有根据。"凡去其国"句以下凡四条，为《左氏》概括的《春秋经》又一个系列的书法条例，治《春秋》的学者有的信其真确，有的驳其难信。杨注认为"存疑可也"，今从之。

原文

宋人患之，西鉏吾曰："何也！若楚人与吾同恶，以德于我，吾固事之也，不敢贰矣。大国无厌，鄙我犹憾；不然而收吾憎，使赞其政，以间吾衅，亦吾患也。[2]今将崇诸侯之奸而披其地，以塞夷庚，逞奸而携服，毒诸侯而惧吴、晋，吾庸多矣，非吾忧也。[3]且事晋何为？晋必恤之。"

"公至自晋。"晋范宣子来聘，且拜朝也。君子谓"晋于是乎有礼"。[4]秋，杞桓公来朝，劳公，且问晋故。公以晋君语之。杞伯于是骤朝于晋而请为昏。

注释

❷ 杜注："西鉏吾，宋大夫。'恶'，谓鱼石。言已事之，则以我为鄙邑犹恨不足，此吾患也。"我所憎恨者，大国收养之，杜注："谓不同恶鱼石，而用之使佐政。"杨注："言鱼石将受其利用，乘我间

隙,亦我之患。”按:这里杜注、杨注皆是。“鄙我”,与宣十四年“过我而不假道,鄙我也”的“鄙我”义同。

❸ 杜注:“崇,长也。谓楚今取彭城以封鱼石。披,犹分也。夷庚,吴晋往来之要道。楚封鱼石于彭城,欲以绝吴晋之道。”杨注本洪亮吉《春秋左传诂》,以为“夷,平也;庚与迒通,道也”,夷庚为“车马往来之平道”,这与相关杜注并无矛盾。“逞奸而携服”,孔疏:“逞,快也。封鱼石,为快奸人也。携,离也。诸侯见楚助贼,服从者其心皆离……”杨注说同。“毒诸侯而惧吴晋”句以下,杨注:“此指‘塞夷庚’……为诸侯之毒害而使吴、晋有所恐惧。楚国如此作为,足为吾利,非吾忧患。”我们认为西鉏吾站在宋国的立场上说的这些话,还是应该算有眼光的。

❹ “拜朝”,自是拜谢鲁成公“如晋朝嗣君”之朝。多年来,做为侯霸的晋国往往是来而不往,这一回竟然记起应该回拜鲁君来朝的礼节,所以赢得君子的赞赏:晋国君臣这里“有礼”了。

原文

七月,宋老佐、华喜围彭城,老佐卒焉。

八月,邾宣公来朝。即位而来见也。

“筑鹿宥。”书,不时也。

“己丑,公薨于路寝。”言道也。❶

冬十一月,楚子重救彭城,伐宋。宋华元如晋告急。韩献子为政,曰:“欲求得人,必先勤之。成霸安强,自宋始矣。”❷晋侯师于台谷以救宋,遇楚师于靡角之谷。楚师还。

晋士鲂来乞师。季文子问师数于臧武仲,对曰:“伐郑之役,知伯实来,下军之佐也。今彘季亦佐下军,如伐郑可也。事大国,无失班爵而加敬焉,礼也。”❸从之。

十二月,孟献子会于虚朾,谋救宋也。宋人辞诸侯而请师以围彭城。孟献子请于诸侯,而先归会葬。“丁未,葬我君成公”,书,顺也。[4]

注释

❶ 杜注:"在路寝,得君薨之道。"孔疏引《丧大记》"君夫人卒于路寝"为据。按:薨于路寝,也就是所谓"寿终正寝"。如果不是死于正寝,譬如说,如果死于妇人卧室,像僖公那样薨于小寝,像文公那样薨于台下,在古代是要遭人非议的。请参看《春秋经》庄三十二年注及本年《经》注。

❷ 杜注:"勤,恤其急。"这样可以讲通原文。所谓"得人",就是得人心,这里是得诸侯国服膺之心。想得到人家拥戴,而对于人家的急难漠不关心,懈怠而不肯帮助,那怎么行呢?韩献子能考虑到"成霸安强"的事业,把急宋之难看做"成霸安强"这个大事业的开始,就当时晋国而言,难能可贵。安强,杨注用章太炎先生的说法,解释为抑止强楚的意思,其说甚是。

❸ 杜注:"彘季,士魴。伐郑在十七年。"杨注:"此言以使者爵位高低决定出师多少,且有多无少。"这是有礼制根据的。

❹ 杜注:"薨于路寝,五月而葬,国家安静,世適承嗣,故曰'书顺也'。"孔疏认为自此以前鲁君薨葬"得道顺礼唯成公耳",引《释例》说法相同。按:据杜注,诸侯薨葬可以书"顺"者,标准有四。研究春秋时期诸侯葬礼者应注意及此。

襄公

经元年[1]

原文

春，王正月，公即位。

仲孙蔑会晋栾黡、宋华元、卫甯殖、曹人、莒人、邾人、滕人、薛人，围宋彭城。

夏，晋韩厥帅师伐郑。

仲孙蔑会齐崔杼、曹人、邾人、杞人，次于鄫。

秋，楚公子壬夫帅师侵宋。

九月辛酉，天王崩。

邾子来朝。

冬，卫侯使公孙剽来聘。

晋侯使荀罃来聘。[2]

注释

❶ 鲁襄公，成公之子，名午。此公即位元年，当公元前572年，周简王十四年。

❷ 杜注："冬者，十月初也。王崩，赴未至，皆未闻丧，故各得行朝聘之礼而《传》善之。"按：《曾子问》谓王崩当废礼，襄公元年卫使来聘，晋使来聘，这是为何？杜注用"赴未至，皆未闻丧"这两句说明原因，应该是对的。

传元年

原文

春己亥,"围宋彭城"。非宋地,追书也。于是为宋讨鱼石,故称宋,且不登叛人也,谓之宋志。[1]

彭城降晋,晋人以宋五大夫在彭城者归,置诸瓠丘。

齐人不会彭城,晋人以为讨。二月,齐大子光为质于晋。

夏五月,晋韩厥、荀偃帅诸侯之师伐郑,入其郛,败其徒兵于洧上。于是东诸侯之师次于鄫,以待晋师。晋师自郑以鄫之师侵楚焦、夷及陈。晋侯、卫侯次于戚,以为之援。

秋,楚子辛救郑,侵宋吕、留。郑子然侵宋,取犬丘。[2]

九月,邾子来朝,礼也。

冬,卫子叔、晋知武子来聘,礼也。凡诸侯即位,小国朝之,大国聘焉,以继好、结信、谋事、补阙,礼之大者也。[3]

注释

❶ 杜注:"下有'二月',则此'己亥'为正月。正月无己亥,日误。"杨注:"'己亥'疑'乙亥'之误。乙亥,正月二十五日。"杜注又说:"成十八年楚取彭城以封鱼石,故曰'非宋地'。夫子治《春秋》,追书系之宋。登,成也。不与其专邑叛君,故使彭城还系宋。称'宋',亦以成宋志。"孔疏:"谓之'宋志'者,言宋人志在攻取彭城,故以鱼石系之于宋,成此宋人之志。"杨注于此无异议。关于"追书",杨注有异议,可备一说。关于"不登叛人",杨注:"登,成也。不登即不赞同,直言之为反对。"这个说法好。

❷ 据杜注,这里吕、留、犬丘都是地名。《春秋左传》地名多得很,前辈学者多有考证,我们用功不多。

❸ 杜注:"阙,犹过也。礼以安国家、利民人为大。"按:这一段关于

诸侯即位时候他国诸侯行朝聘之礼的概括，本来是周礼的重要内容之一。朝聘之礼意在“继好、结信、谋事、补阙”，分明有“经国家，定社稷，序民人，利后嗣”的作用，说是“礼之大者”，不算过分。

经二年[1]

原文

春，王正月，葬简王。

郑师伐宋。

夏，五月庚寅，夫人姜氏薨。

六月庚辰，郑伯睔[2]卒。

晋师、宋师、卫甯殖侵郑。

秋，七月，仲孙蔑会晋荀罃、宋华元、卫孙林父、曹人、邾人于戚。

己丑，葬我小君齐姜。[3]

叔孙豹如宋。

冬，仲孙蔑会晋荀罃、齐崔杼、宋华元、卫孙林父、曹人、邾人、滕人、薛人、小邾人于戚，遂城虎牢。

楚杀其大夫公子申。

注释

❶ 鲁襄公二年，为公元前571年，周灵王元年。

❷ 睔读 lǔn，一读 gùn，或读 huán。杨注：“睔音昆，成公之名。”依杨注，用现代汉语拼音，则睔应读 kūn。按：这里成公指郑成公。

❸ 杜注：“齐，谥也。三月而葬，速。”孔疏认为晋大子申生之母齐姜之齐非谥，故此须明之。

传二年

原文

春,郑师侵宋,楚令也。

齐侯伐莱。莱人使正舆子赂夙沙卫以索马、牛,皆百匹,齐师乃还。君子是以知齐灵公之为“灵”也。❶

夏,齐姜薨。初,穆姜使择美檟,以自为榇与颂琴,季文子取以葬。❷

君子曰:“非礼也。礼无所逆。妇,养姑者也。亏姑以成妇,逆莫大焉。《诗》曰:‘其惟哲人,告之话言,顺德之行。’季孙于是为不哲矣。❸且姜氏,君之妣也。《诗》曰:‘为酒为醴,烝畀祖妣,以洽百礼,降福孔偕。’”❹

齐侯使诸姜、宗妇来送葬,召莱子。莱子不会,故晏弱城东阳以逼之。

注释

❶ 杜注:“夙沙卫,齐寺人。索,简择好者。《谥法》:‘乱而不损曰灵。’言谥应其行。”事实是齐侯伐莱,莱人选了好马牛各一百匹贿赂齐寺人夙沙卫,齐侯就退兵了,这肯定是因为齐侯听从夙沙卫建议的缘故。君子因此也就知道齐灵公何以谥为“灵”了。

❷ 檟读 jiǎ,杜注:“梓之属。”又说:“榇,棺也。颂琴,琴名,犹言雅琴。皆欲以送终。”本来,穆姜“自为榇与颂琴”,是用来给自己送终殉葬的。而季文子取来用于齐姜之葬了。

❸ “礼无所逆”,意思是没有为了成全在下位者而亏损居上位者的礼制。杜注:“哲,知也。话,善也。言知者行事无不顺。”孔疏:“《诗·大雅·抑》之篇也。其惟有知之人,告之以善言,则顺从之为美德之行矣……今季孙逆之,于是为不知矣。”这里“知”同

“智”,注疏是准确的。

❹ 杨遇夫先生说:“姜氏君之妣乃谓穆姜,非谓齐姜,君之妣谓君之祖母,非谓君之母也。”(《积微居小学述林》卷六《左传姜氏君之妣解》)这里君指襄公。杜注:“烝,进也。畀,与也。偕,遍也。言敬事祖妣则鬼神降福。季孙葬姜氏不以礼,是不敬祖妣。”孔疏:“《诗·周颂·丰年》之篇也……言今事妣失礼,神将不福佑之也。”这里注疏也是准确的。

原文

郑成公疾,子驷请息肩于晋。公曰:“楚君以郑故,亲集矢于其目,非异人任,寡人也。若背之,是弃力与言,其谁昵我?免寡人,唯二三子!”❶

秋七月庚辰,郑伯睔卒。于是子罕当国,子驷为政,子国为司马。晋师侵(卫)〔郑〕,诸大夫欲从晋。子驷曰:“官命未改。”❷

会于戚,谋郑故也。孟献子曰:“请城虎牢以逼郑。”知武子曰:“善!鄫之会,吾子闻崔子之言,今不来矣。滕、薛、小邾之不至,皆齐故也。寡君之忧不唯郑。罃将复于寡君,而请于齐。得请而告,吾子之功也。若不得请,事将在齐。吾子之请,诸侯之福也,岂唯寡君赖之!”❸

穆叔聘于宋,通嗣君也。❹

冬,复会于戚。齐崔武子及滕、薛、小邾之大夫皆会,知武子之言故也。“遂城虎牢”,郑人乃成。

楚公子申为右司马,多受小国之赂,以逼子重、子辛。❺楚人杀之,故书曰“楚杀其大夫公子申”。

注释

❶ “请息肩于晋”,杜注:“欲辟楚役,以负担喻。”可知小国对自己服从的大国有“负担”之责。“亲集矢于其目”,杜注:“谓鄢陵战晋

射楚王目。"按:此事在成十六年。"非异人任,寡人也"句下,杜注:"言楚子任此患,不为他人,盖在己。"孔疏:"今若背之,弃其助郑之力与盟誓之言,他人其谁肯亲我乎?免寡人此弃力背言之责,唯二三子耳。"杨注:"任,保也。非异人任即非保异人之倒装。"这样说,也可以把原文讲通。

❷ 阮刻本"晋师侵卫","卫"当作"郑",据杜注以及诸本改。"官命未改",杜注:"成公未葬,嗣君未免丧,故言'未改',不欲违先君意。"孔疏:"先君既葬,嗣君正位,乃得建官命臣,十六年晋侯改服修官,是其事也。"杨注无异议。

❸ "事将在齐",杜注:"将伐齐。"又说:"城虎牢,足以服郑息征伐。"所以说是"诸侯之福"。"岂唯寡君赖之",杨注:"赖,仗恃也,善也,利也。此三义皆可通。"原文意思是:难道只有我们的国君从中获利吗?

❹ 杨注:"嗣君指鲁襄公。"此次出使目的是通报新君即位,以新君名义致问行礼。

❺ "子辛",阮刻本作"子幸",而阮刻本《传》襄公三年文亦作"子辛",可见这里"子幸"之幸殆为误字。杜注:"逼,夺其权势。"这样讲,也是对的。

经三年[1]

原文

春,楚公子婴齐帅师伐吴。

公如晋。

夏,四月壬戌,公及晋侯盟于长樗。

公至自晋。

六月,公会单子、晋侯、宋公、卫侯、郑伯、莒子、邾子、齐世子光。己未,同盟于鸡泽。

陈侯使袁侨如会。

戊寅，叔孙豹及诸侯之大夫及陈袁侨盟。[2]

秋，公至自会。

冬，晋荀罃帅师伐许。

注释

❶ 鲁襄公三年，即公元前570年，周灵王二年。

❷ 孔疏："诸侯盟会，历序国君，其下云某人某人，皆是大夫也。若卿来，则书卿名氏……此袁侨来，若及盟，即序于列，当在'世子光'下……凡诸侯盟会，皆先目后凡。上文鸡泽之会，既以具序诸侯，此总言诸侯大夫，则鸡泽诸侯足以明矣，故不复具序诸国，从省文耳。"为什么独见叔孙豹之名呢？那是因为"《经》据鲁史，鲁史所记详内略外"。我们认为孔疏的这些解说可信，因为经得起查考。

传三年

原文

春，楚子重伐吴，为简之师。克鸠兹，至于衡山，使邓廖帅组甲三百、被练三千以侵吴。吴人要而击之，获邓廖；其能免者，组甲八十、被练三百而已。[1]

子重归，既饮至，三日；吴人伐楚，取驾。驾，良邑也；邓廖，亦楚之良也。君子谓子重于是役也，所获不如所亡。楚人以是咎子重。子重病之，遂遇心(病)〔疾〕而卒。[2]

注释

❶ 杜注："简，选练。鸠兹，吴邑……衡山，在吴兴乌程县南。组甲、被练，皆战备也。组甲，漆甲成组文。被练，练袍。"孔疏引贾逵的解释说："组甲，以组缀甲，车士服之。被练，帛也。以帛缀甲，步卒服之。"又引马融说："组甲，以组为甲里，公族所服。被练，以

练为甲里，卑者所服。”杨注认为“贾说有据”。唯孔疏认为贾马的解说皆有可疑：“何当造不牢之甲而令步卒服之？”“组是绦绳，不可以为衣服，安得以为甲里？”孔疏认为“被练文不言甲，必非甲名”。这样讲，值得注意。如孔疏言是，那么，率领“组甲三百、被练三千以侵吴”，哪有不败之理？“要而击之”，应与《孟子·万章上》“将要而杀之”义同；要，遮也。是不是也可以理解为拦腰截击的意思？

❷ 杜注：“忧患故成心疾。”阮刻本《传》文作“心病”，今据杜注及他本改为“心疾”。杨注谓“心疾”是今日之精神病、脑病，并非心脏病。当从之。

原文

公如晋，始朝也。夏，盟于长樗。孟献子相，公稽首。知武子曰：“天子在而君辱稽首，寡君惧矣！”❶孟献子曰：“以敝邑介在东表，密迩仇雠，寡君将君是望，敢不稽首？”

晋为郑服故，且欲修吴好，将合诸侯。使士匄告于齐曰：“寡君使匄以岁之不易，不虞之不戒，寡君愿与一二兄弟相见，以谋不协。请君临之，使匄乞盟。”齐侯欲勿许，而难为不协，乃盟于耏外。❷

祁奚请老，晋侯问嗣焉。称解狐，其仇也，将立之而卒。又问焉，对曰：“午也可。”于是羊舌职死矣，晋侯曰：“孰可以代之？”对曰：“赤也可。”❸于是使祁午为中军尉，羊舌赤佐之。

注释

❶ 杜注认为“始朝”是“公即位而朝”，又说：“稽首，首至地。”孔疏：“《周礼》九拜，一曰稽首，诸侯事天子之礼也。”按：《周礼》“九拜，一曰稽首”，文见《春官·大祝》。彼孔疏说：“稽首拜中最重，臣拜君之拜。”《左传》哀十七年记武伯语：“非天子，寡君无所稽首。”《左传》襄三年这里记知武子语，也可以证明稽首为诸侯拜

天子、臣拜君之仪。其时鲁襄公是个小娃娃,向晋君行稽首礼,知武子说“寡君惧矣”,那是因为其礼本该向天子施行,向晋君稽首,那就太重了。

❷ 据《释文》,耏读 ér。杜注:“不易,多难也。虞,度也。戒,备也。列国之君,相谓兄弟。”又说:“耏,水名。”杨注:耏即时水,“耏外,即齐都临淄西北郊近耏水处”。按:杜、杨两注可信,而杨注更加落实。

❸ “请老”句以下,杜注:“老,致仕。嗣,续其职者。”又说:“午,祁奚子;赤,职之子伯华:各代其父。”今按:这里“老”就是告老退休。“称解狐”,称就是举。

原文

君子谓祁奚于是能举善矣:称其仇,不为谄;立其子,不为比;举其偏,不为党。《商书》曰:“无偏无党,王道荡荡。”❹其祁奚之谓矣。解狐得举,祁午得位,伯华得官,建一官而三物成,能举善也夫!唯善,故能举其类。《诗》云:“惟其有之,是以似之。”❺祁奚有焉!

注释

❹ 杜注:“谄,媚也。偏,属也。《商书·洪范》也。荡荡,平正无私。”杨注:“不为比”之比,“阿党偏私之意”①;“举其偏”的偏,“佐也……今曰副职”。这里杜注、杨注都是对的。

❺ “建一官而三物成”,杜注:“一官,军尉。物,事也。”依杜注,则“建一官”应指“使祁午为中军尉”。孔疏:“尉、佐同掌一事,故为建一官也。三事成者,成其得举、得位、得官也。官位一也,变文相辟耳。”杨注这里用杜注、孔疏说。引《诗》见《小雅·裳裳者

---

① 这一句不见于杨先生《春秋左传注》第二版,但见于该书第一版,我们认为可用。

华》卒章，杜注："言唯有德之人能举似己者。"毛传郑笺谓"似之"即"嗣之"。按：这里两说皆通。

原文

六月，公会单顷公及诸侯。己未，同盟于鸡泽。

晋侯使荀会逆吴子于淮上，吴子不至。

楚子辛为令尹，（侵）欲〔侵〕于小国，陈成公使袁侨如会求成。晋侯使和组父告于诸侯。秋，"叔孙豹及诸侯之大夫及陈袁侨盟"，陈请服也。

晋侯之弟扬干乱行于曲梁，魏绛戮其仆。晋侯怒，谓羊舌赤曰："合诸侯以为荣也。扬干为戮，何辱如之？[1]必杀魏绛，无失也！"对曰："绛无贰志，事君不辟难，有罪不逃刑。其将来辞，何辱命焉？"言终，魏绛至，授仆人书，将伏剑。士鲂、张老止之。公读其书，曰：

> 日君乏使，使臣斯司马。臣闻："师众，以顺为武。军事，有死无犯为敬。"君合诸侯，臣敢不敬？君师不武，执事不敬，罪莫大焉。臣惧其死，以及扬干，无所逃罪。不能致训，至于用钺；臣之罪重，敢有不从以怒君心？请归死于司寇。[2]

注释

❶ 杜注："行，陈次。仆，御也。"按：这个"行"读 háng。杨注："乱行者，扰乱军行也。""杀扬干之御车者，即等于辱扬干，俗所谓'打狗欺主'，故曰'扬干为戮'。为戮，受辱也。"杨先生这些注解准确而生动。晋悼公知扬干受辱，亦自以为受辱，甚至认为这是最大的耻辱，所以说什么"何辱如之"。他也错怪魏绛了。

❷ 依杜注："臣惧其死"是"惧自犯不武不敬之罪"，"不能致训，至于用钺"是不能训导扬干辟不武不敬之罪而用钺斩杀了扬干之仆。"臣之罪重"句及其下，杜注："言不敢不从戮。"司寇是法官之长，

“请归死于司寇”意思是愿意接受法官处死之刑。按:“臣惧其死”句有别的解释,说是担心有关执事者犯下罪过而无法免死,这样讲也通,与下文联系还顺当些。又,“使臣斯司马”之斯,杨遇夫先生《读左传》认为“斯”当读为“司”,最为精当,杨伯峻先生即用此说,当从之。

原文

公跣而出,曰:“寡人之言,亲爱也。吾子之讨,军礼也。[3]寡人有弟,弗能教训,使干大命,寡人之过也。子无重寡人之过,敢以为请!”

晋侯以魏绛为能以刑佐民矣,反役与之礼食,使佐新军。张老为中军司马,士富为候奄。[4]

楚司马公子何忌侵陈,陈叛故也。

许灵公事楚,不会于鸡泽。冬,晋知武子帅师(代)〔伐〕许[5]。

注释

[3] 承认魏绛对扬干之仆的处置是“军礼”,既是对魏绛的肯定,也启发听众对“军礼”的内容、性质作一番深入的思索。看来军法就是军礼的重要项目。看来自古就有广义的礼。

[4] 孔疏:“与之礼食者,若《公食大夫礼》,以大夫为宾,公亲为之特设礼食。”杨注即用此说。按:候奄,已见于《传》成公十八年。

[5] “代许”,“代”当作“伐”,杨注本不误。

经四年[1]

原文

春,王三月己酉,陈侯午卒。

夏,叔孙豹如晋。

秋，七月戊子，夫人姒氏薨。

葬陈成公。

八月辛亥，葬我小君定姒。[2]

冬，公如晋。

陈人围顿。[3]

注释

[1] 鲁襄公四年，是公元前569年，周灵王三年。

[2] 杜注："定，谥也。赴同，祔姑，反哭成丧，皆以正夫人礼。母以子贵。逾月而葬，速。"孔疏："于例：赴同，称'薨'也。祔姑，称'小君'也。反哭成丧，书'葬'也。今定姒三礼皆具，'薨''葬'备文，皆以正夫人之礼者，由母以子贵故也。"但不知襄公既尊其母，何以葬之太速？盖其时娃娃做国君，无法用权，诸大臣或有不肯依礼行事尔。

[3] 古代治《春秋》者或以为陈"修怨于顿""卒困于楚"，"不度德量力之过也"。不思修德求和图强，实难辞其咎。

传四年

原文

春，楚师为陈叛故，犹在繁阳。韩献子患之，言于朝曰："文王帅殷之叛国以事纣，唯知时也。今我易之，难哉！"[1]

三月，陈成公卒。楚人将伐陈，闻丧乃止。[2]陈人不听命。臧武仲闻之，曰："陈不服于楚，必亡。大国行礼焉而不服，在大犹有咎，而况小乎？"

夏，楚彭名侵陈，陈无礼故也。

穆叔如晋，报知武子之聘也。晋侯享之。金奏《肆夏》之三，不拜。工歌《文王》之三，又不拜。歌《鹿鸣》之三，三拜。[3]

注释

❶ “唯知时也”，杜注：“知时未可争。”未可与争，就该韬光养晦，这也就是识时务的意思。“今我易之，难哉”，杜注：“晋力未能服楚，受陈为非时。”按：“受陈”，指上一年“晋侯使和组父告于诸侯……陈请服”之事。

❷ 杜注：“军礼不伐丧。”孔疏引《传》十九年所谓“闻丧而还，礼也”作证，杨注说同。按：春秋之后，中国军礼还有不伐丧这一项。

❸ 杜注：“《肆夏》，乐曲名。《周礼》以钟鼓奏《九夏》，其二曰《肆夏》，一名《樊》；三曰《韶夏》，一名《遏》；四曰《纳夏》，一名《渠》。盖击钟而奏此三夏曲。工，乐人也。《文王》之三，《大雅》之首：《文王》《大明》《绵》。《小雅》之首：《鹿鸣》《四牡》《皇皇者华》。”孔疏：“奏谓作乐也。作乐先击钟鼓，是金也，故称金奏……次工歌《文王》，乐已先作，非复以金为始，故言工歌也……《鹿鸣》又略不言工，互见以从省耳。”今按：关于《肆夏》之三，说多不同，杜注近是。

原文

韩献子使行人子员问之，曰：“子以君命辱于敝邑。先君之礼，藉之以乐，以辱吾子。吾子舍其大，而重拜其细，敢问何礼也？”对曰：“三《夏》，天子所以享元侯也，使臣弗敢与闻。《文王》，两君相见之乐也，〔使〕❹臣不敢及。《鹿鸣》，君所以嘉寡君也，敢不拜嘉？《四牡》，君所以劳使臣也，敢不重拜？《皇皇者华》，君教使臣曰：‘必谘于周。’臣闻之：‘访问于善为咨，咨亲为询，咨礼为度，咨事为诹，咨难为谋。’臣获五善，敢不重拜？”❺

注释

❹ 此处脱“使”字，王氏《经义述闻》详之。今据补。

❺ 杜注：“元侯，牧伯。及，与也。《文王》之三皆称文王之德，受命

作周,故诸侯会同以相乐。晋以叔孙为嘉宾,故歌《鹿鸣》之诗,取其'我有嘉宾'。叔孙奉君命而来,嘉叔孙乃所以嘉鲁君。"晋歌《鹿鸣》之三而叔孙三拜,杨注以为先是拜谢晋君之嘉好鲁君,其次乃拜谢晋君对使臣之慰劳,再次拜谢晋君之赐教而让使臣获得"五善";又认为所谓"三拜"是每歌一曲而以一拜作答。按:杨说是。我们注意到《左氏》所记穆叔关于《诗经》中某几首诗的理解以及注疏的说明,由穆叔的议论可以领悟诗与乐的关系,诗乐与礼仪的关系。晋侯享之以乐,穆叔立即判断何者不拜,何者当"重拜其细",将其中关系处理得十分允当,不能不令人赞赏。

原文

秋,定姒薨。不殡于庙,无榇,不虞。匠庆谓季文子曰:"子为正卿,而小君之丧不成,不终君也。君长,谁受其咎?"❶

初,季孙为己树六槚于蒲圃东门之外。匠庆请木,季孙曰:"略。"匠庆用蒲圃之槚,季孙不御。❷

君子曰:"《志》所谓'多行无礼,必自及也',其是之谓乎!"❸

冬,公如晋听政。晋侯享公。公请属鄫,晋侯不许。❹孟献子曰:"以寡君之密迩于仇雠,而愿固事君,无失官命。鄫无赋于司马。为执事朝夕之命敝邑,敝邑褊小,阙而为罪,寡君是以愿借助焉。"晋侯许之。

楚人使顿间陈而侵伐之,故陈人围顿。

注释

❶ 杜注:"榇,亲身棺。季孙以定姒本贱,既无器备,议其丧制欲殡不过庙,又不反哭。"孔疏:"葬讫,日中反虞于正寝,谓之反哭。"今按:这里所谓"虞",本是安葬死者后对死者所行祭礼。不虞,则是不为反哭之祭。"匠庆谓季文子"以下,杜注:"谓如季孙所议,则为夫人礼不成。慢其母,是不终事君之道。"将来襄公长大,不

责备那些慢待其母的人才怪呢！

❷ 匠庆请求用季孙亲自栽的“欲自为榇”的槚树为定姒作榇，季孙曰：“略。”杜注：“不以道取为‘略’。”杨注：“略，简略。谓不必选择美木。”这里似乎当以杨注较为切合，较为妥当。“匠庆用蒲圃之槚，季孙不御”，杜注：“御，止也。《传》曰‘遂得成礼’，故《经》无异文。”由于匠庆的提醒，季孙终于没有阻止匠庆用蒲圃之槚为定姒作榇，而定姒之葬终于成礼。

❸ 依孔疏，这里“志”是“古之志记”。多行无礼之人，他自己必然遭到无理之害。孔疏认为“其是之谓”的“是”指季孙，可是季孙终于没有阻挠定姒丧葬成礼，则不当遭受无礼之报。孔疏认为“被匠庆略木是自及也”，盖以“略”为盗取。如此，则前引杜注对于“略”的解说不误了（可以与杨注之说“略”并存）。也许《左氏》引《志》所谓“多行无礼必自及也”，不过是泛泛之论，不必落实到当时人事，不必落实如影响之速。

❹ 杜注认为“听政”的政是“受贡赋多少之政”，又说：“鄫，小国也。欲得使属鲁如须句、颛臾之比，使助鲁出贡赋。”孔疏：“附庸附大国耳。”杨注用旧注疏说。

原文

无终子嘉父使孟乐如晋，因魏庄子纳虎豹之皮，以请和诸戎。❶晋侯曰：“戎狄无亲而贪，不如伐之。”魏绛曰：“诸侯新服，陈新来和，将观于我：我德则睦，否则携贰。劳师于戎，而楚伐陈，必弗能救，是弃陈也；诸华必叛。戎，禽兽也。获戎失华，无乃不可乎？《夏训》有之曰：‘有穷后羿’——”公曰：“后羿何如？”❷

注释

❶ 杜注：“无终，山戎国名。孟乐，其使臣。欲戎与晋和。庄子，魏绛。”按：“无终子”的“子”与“楚子”的“子”义同，指其国领袖（或

部落酋长)。嘉父是无终子的大名。孟乐“请和诸戎”,可见诸戎已经知道爱好和平。

❷ 杜注:“《夏训》,夏书。有穷,国名。后,君也。羿,有穷君之号。”杨注:“魏绛之语未竟,下文是晋悼突然插问。”杜注:“怪其言不次,故问之。”看来杜元凯已经知道这里有话题的转换。他有《左传》癖,读得熟了,其中细微的语气变化也多能辨别。

原文

对曰:“昔有夏之方衰也,后羿自鉏迁于穷石,因夏民以代夏政。恃其射也,不修民事,而淫于原兽,弃武罗、伯(困)〔因〕、熊髡、龙圉而用寒浞。寒浞,伯明氏之谗子弟也,伯明后寒弃之;夷羿收之,信而使之,以为己相。浞行媚于内而施赂于外,愚弄其民而虞羿于田,树之诈慝以取其国家,外内咸服。❸羿犹不悛,将归自田,家众杀而亨之。以食其子;其子不忍食诸,死于穷门。靡奔有鬲氏。浞因羿室,生浇及豷。恃其谗慝诈伪而不德于民,使浇用师,灭斟灌及斟寻氏。处浇于过,处豷于戈。靡自有鬲氏收二国之烬,以灭浞而立少康。少康灭浇于过,后杼灭豷于戈,有穷由是遂亡,失人故也。❹昔周辛甲之为大史也,命百官,官箴王阙。于《虞人之箴》曰:‘芒芒禹迹,画为九州,经启九道。民有寝庙,兽有茂草;各有攸处,德用不扰。在帝夷羿,冒于原兽,忘其国恤,而思其麀牡。武不可重,用不恢于夏家。兽臣司原,敢告仆夫!’《虞箴》如是,可不惩乎?”❺于是晋侯好田,故魏绛及之。

注释

❸ “伯困”的“困”当作“因”,今据阮元等《校勘记》改。杜注已指出武罗、伯因、熊髡、龙圉四子皆羿之贤臣。杨注:“伯明后寒犹言寒后伯明,寒国之君伯明。”这是用孔疏的说法。寒浞的浞,读zhuó。寒浞为伯明氏之谗子弟,为寒后伯明所弃,可是后羿收留

了寒浞,而且重用此人,把武罗等贤臣抛弃了。寒浞想办法引诱后羿耽乐于田游,引诱宫人国民都信服他,终于用阴谋手段窃取了后羿的国家。

❹“杀而亨之”,亨读 pēng,音义同“烹”,这里不读 hēng。“有鬲氏”的鬲,《释文》说是音同“革”。浇,这里读 ào,不读 jiāo。豷读 yì。杼读 zhù。“其子不忍食诸,死于穷门”,《经传释词》卷九:“‘诸,之也。’常语。”杜注:“杀之于国门。”按:“穷门”就是有穷国的国门。“靡奔有鬲氏”,杜注:“靡,夏遗臣事羿者。有鬲,国名。”探下文,可知靡是挽救夏国的大功臣。“浞因羿室”,杜注:“就其妃妾。”按:“因”是沿用,“就”是将就。浇,《论语·宪问》作奡。“收二国之烬”,意思与《传》成二年记齐宾媚人说的“收合余烬”相同。杜注:“烬,遗民。”靡收集斟灌与斟寻氏二国遗民,灭浞而立夏后相之子少康。少康与其子后杼灭了浇与豷,光复了有夏氏。有穷国由是灭亡,其故在“失人”。失人,是失了贤人,失了民心。孔疏:“失人是国之大患,故言之以规悼公也。”

❺杜注:“辛甲,周武王太史。阙,过也。使百官各为箴辞戒王过。虞人,掌田猎。”《虞人之箴》自是掌田猎之官写的戒王过的箴辞。“在帝夷羿”句以下,杜注:“冒,贪也。言但念猎。重犹数也。羿以好武,虽有夏家而不能恢大之。兽臣,虞人。告仆夫,不敢斥尊。”今按:《虞人之箴》中“原兽”与“司原”之“原”,杨注:“谓田猎。”上引杜注与杨注都是对的。又,《虞人之箴》为韵文,其中有换韵。

原文

公曰:“然则莫如和戎乎?”对曰:“和戎有五利焉。戎狄荐居,贵货易土,土可贾焉,一也。❻边鄙不耸,民狎其野,穑人成功,二也。❼戎狄事晋,四邻振动,诸侯威怀,三也。以德绥戎,师徒不勤,甲兵不顿,四也。鉴于后羿,而用德度,远至迩安,五也。君其图之!”

公说，使魏绛盟诸戎；修民事，田以时。

注释

❻ 杜注："荐，聚也。易，犹轻也。"孔疏引服虔注："荐，草也。言狄人逐水草而居徙无常处。"刘炫谓"服言是"。杨注用服虔说，又说："重视财货，轻视土地。其土地可以买来。"这样说，从知当时少数民族（所谓狄人）已经重视商业行为了。

❼ 杜注："耸，惧。狎，习也。"杨注认为"边鄙不耸"，是因为"既已和戎，戎不犯边"，"民狎其野"的意思是"习居其边野而心安"。这里杜注、杨注也都是对的。

原文

冬十月，邾人、莒人伐鄫，臧纥救鄫、侵邾，败于狐骀。国人逆丧者皆髽，鲁于是乎始髽。国人诵之曰："臧之狐裘，败我于狐骀。我君小子，朱儒是使。朱儒朱儒，使我败于邾。"[1]

注释

❶ 骀，依《释文》，读 tái。髽读 zhuā。杜注："髽，麻发合结也。遭丧者多，故不能备凶服，髽而已。臧纥时服狐裘。襄公幼弱，故曰'小子'。臧纥短小，故曰'朱儒'。败不书，鲁人讳之。"按：小戴辑《礼记·檀弓上》说到"自败于狐鲐始"的"鲁妇人之髽而吊"。《左传》这里说"鲁人讳之"，指《春秋经》不书鲁人狐骀之败而言。"国人诵之"的六句，前四句韵，后两句韵。

经五年[1]

原文

春，公至自晋。

夏，郑伯使公子发来聘。

叔孙豹、鄫世子巫如晋。

仲孙蔑、卫孙林父会吴于善道。[2]

秋，大雩。

楚杀其大夫公子壬夫。

公会晋侯、宋公、陈侯、卫侯、郑伯、曹伯、莒子、邾子、滕子、薛伯、齐世子光、吴人、鄫人于戚。

公至自会。

冬，戍陈。

楚公子贞帅师伐陈。

公会晋侯、宋公、卫侯、郑伯、曹伯〔、莒子、邾子、滕子、薛伯、〕[3]齐世子光救陈。

十有二月，公至自救陈。

辛未，季孙行父卒。

注释

❶ 鲁襄公五年，为公元前568年，周灵王四年。

❷ 杜注："善道，地，阙。"道，《公》《穀》作稻，杨注说是"音近可通"。

❸ "莒子、邾子、滕子、薛伯"八字，据《公羊传》《穀梁传》补入。三《传》所传《春秋》经文应该相同而不当有异。

传五年

原文

春，公至自晋。

王使王叔陈生诉戎于晋，晋人执之。士鲂如京师，言王叔之贰于戎也。

夏，郑子国来聘，通嗣君也。[1]

穆叔觌鄫大子于晋，以成属鄫。书曰："叔孙豹、鄫大子[2]巫如晋"，言比诸鲁大夫也。

吴子使寿越如晋，辞不会于鸡泽之故，且请听诸侯之好。[3]晋人将为之合诸侯，使鲁、卫先会吴，且告会期。故孟献子、孙文子会吴于善道。

注释

1. "通嗣君"，前已在《传》襄二年见过。彼嗣君指鲁襄公，此嗣君指郑僖公，杜注："郑僖公初即位。"
2. "大子"，《春秋》经文作"世子"，这是因为上古"大"与"世"音同，例可通假。(《广韵》：大，徒盖切。世，舒制切。按：徒舒声近，盖制韵同。)
3. 杜注："三年会鸡泽，吴不至，今来谢之。"是杜氏已知句中"辞"有"谢"义。杨注："'辞'兼有解释与道歉二义。"至确。"且请听诸侯之好"，杜注："更请会。"杨注："听，听从。"两注皆是。

原文

"秋，大雩"，旱也。

楚人讨陈叛故，曰："由令尹子辛实侵欲焉。"乃杀之。书曰"楚杀其大夫公子壬夫"，贪也。

君子谓："楚共王于是不刑。《诗》曰：'周道挺挺，我心扃扃。讲事不令，集人来定。'已则无信，而杀人以逞，不亦难乎？《夏书》曰：'成允成功。'"[1]

九月丙午，盟于戚，会吴，且命戍陈也。

穆叔以属鄫为不利，使鄫大夫听命于会。

楚子囊为令尹。范宣子曰："我丧陈矣！楚人讨贰而立子囊，必改行而疾讨陈。陈近于楚，民朝夕急，能无往乎？有陈非吾事也，无之而后可。"

冬,诸侯戍陈。子囊伐陈。十一月甲午,会于城棣以救之。

季文子卒。大夫入敛,公在位。[2]宰庀家器为葬备,无衣帛之妾,无食粟之马,无藏金玉,无重器备。君子是以知季文子之忠于公室也:相三君矣,而无私积,可不谓忠乎?[3]

注释

❶ “君子谓楚共王于是不刑”,杜注:“子辛之贪虽足以取死,然共王用刑为失其节,故言不刑。”孔疏:“不刑者,言不得用刑之道也。”《左传》下文引诗,杜注:“逸诗也。挺挺,正直也。扃扃,明察也。讲,谋也。言谋事不善,当聚致贤人以定之。”杨注用杜镇南说。“已则无信”句以下,杜注:“共王伐宋封鱼石背盟,败于鄢陵。杀子反、公子申及壬夫,八年之中杀戮三卿,欲以属诸侯,故君子以为不可。”今按:杀子反见于《春秋》经传成公十六年,杀公子申见《经》《传》襄二年,可见杀子反、公子申及壬夫并非一时之事。长年多事不守信用,怎么行呢?孔疏:“逞训解也。共王杀此三人,望解己意,而诸侯不从,意竟不解,故云‘杀人以逞,不亦难乎’。”杨注于此亦无训诂之异议。《左传》下文引《夏书》,杜注:“亦逸《书》也。允,信也。言信成然后有成功。”孔疏:“此《虞书·大禹谟》之文……彼舜谓禹能成声教之信,成治水之功,为二事。此《传》引之,言共王无信,故无成功。杜顺传意,言信成然后有成功,为一事也。”今按:中国古代社会重视诚信,并且明确肯定诚信与成功的关系,《左传》襄五年这里可为一证。至于孔疏批评杜武库“不见古文,故称逸《书》”,那是由于孔颖达等人自己不知伪《古文尚书》真面目之故,这种情况我们已经见得多了。

❷ 杜注:“在阼阶,西乡。”孔疏引《礼经·士丧礼》与小戴辑《礼记·丧大记》,证明国君(诸侯)临大夫之丧即位于阼阶而西乡,言之在理在礼,可信。

❸ 庀读 pǐ,杜注:“具也。”又说:“器备,谓珍宝甲兵之物。”孔疏:“季孙行父以文六年见《经》,则为卿久矣。”相三君而无私积,廉洁奉

公,死而后已,实难能可贵。《论语·公冶长》:“季文子三思而后行。”此其所以寡过。

经六年❶

原文

春,王三月壬午,杞伯姑容卒。

夏,宋华弱来奔。

秋,葬杞桓公。

滕子来朝。

莒人灭鄫。❷

冬,叔孙豹如邾。

季孙宿如晋。

十有二月,齐侯灭莱。

注释

❶ 鲁襄公六年,即公元前567年,周灵王五年。

❷ 《左传》:“‘莒人灭鄫’,鄫恃赂也。”依杜注,鄫被灭的原因是仗着自己有贡赋之赂在鲁,误以为有鲁做靠山,所以敢于怠慢莒人,因而招致灭亡。可是《春秋公羊传》何注与《春秋穀梁传》范注都说莒人灭鄫“非兵灭”,只是因为莒公子(鄫之外甥)被立为鄫后,这就等于把鄫国灭了。兵灭说与非兵灭说可并存。于此可见《春秋》三传对于《春秋经》的解说竟有大不相同者。三传中这些情况,我们的校注未能一一揭出。我们认为《春秋》三传的异同应该有专书研究。

传六年

原文

春,杞桓公卒。始赴以名,同盟故也。

宋华弱与乐辔少相狎，长相优，又相谤也。子荡怒，以弓梏华弱于朝。平公见之，曰："司武而梏于朝，难以胜矣。"遂逐之。❶"夏，宋华弱来奔。"

司城子罕曰："同罪异罚，非刑也。专戮于朝，罪孰大焉？亦逐子荡！"子荡射子罕之门，曰："几日而不我从？"子罕善之如初。❷

秋，滕成公来朝，始朝公也。

"莒人灭鄫"，鄫恃赂也。

冬，穆叔如邾，聘，且修平。

晋人以鄫故来讨，曰："何故亡鄫？"季武子如晋见，且听命。

注释

❶ 杜注："狎，亲习也。优，调戏也。子荡，乐辔也。张弓以贯其颈，若械之在手，故曰梏。"孔疏："贯者穿也。张弓以贯沓其颈，颈穿于弓之中，故曰'贯其颈'……颈贯于弓，若手在梏，故云'以弓梏'也。"狎戏如此，是过分了一点。"司武而梏于朝"句以下，杜注："司武，司马。言其懦弱不足以胜敌。"这样的军事长官，国家要他何用？所以宋平公把华弱赶走了。

❷ 这里"非刑也"，与上年《左传》"君子谓楚共王于是不刑"句意思相同。孔疏："'亦逐子荡'一句亦是子罕之语，说子荡之罪，言亦宜逐子荡也……宋人不复更逐，故子罕善之如初，不恨其射门也。"我们赞成孔疏把"亦逐子荡"一句也看作子罕之语，因为下文说"子罕善之如初"，证明子荡并未被逐；若是子荡被逐，那么"善之"的"之"指谁呢？论刑罚之当，子荡本来也该被逐，但是子罕只是口头上说说罢了，并未向宋平公认真要求。"子荡射子罕之门"句以下，杜注："言我射女门，女亦当以不胜任见逐。"而"子罕虽见辱，不追忿，所以得安"，杜注这里说得对。但我们认为孔疏说的"宋人不复更逐，故子罕善之如初，不恨其射门也"，这只是一种情况；我们认为可能有另一种情况，可能是"子罕善之如初，不恨其射门，故宋人不复更逐也"。孔疏引服虔说，谓子罕

“茹柔吐刚,丧其志矣”,这样讲,也就是“忍忿求安”了。

原文

十一月,“齐侯灭莱”,莱恃谋也。

于郑子国之来聘也,四月,晏弱城东阳,而遂围莱。甲寅,堙之环城,傅于堞。及杞桓公卒之月,乙未,王湫帅师及正舆子、棠人军齐师,齐师大败之。[3]丁未,入莱。莱共公浮柔奔棠。正舆子、王湫奔莒,莒人杀之。四月,陈无宇献莱宗器于(襄)〔惠〕宫。[4]晏弱围棠,十一月丙辰而灭之。迁(莱)于郳,高厚、崔杼定其田。

注释

❸ 杜注:“堞,女墙也。堙,土山也。周城为土山及女墙。”这就是孔疏说的“兵书攻城有为堙之法”,造土山高与城等而攻之。“军齐师”,就是进攻齐师。

❹ 杜注:“无宇,桓子,陈完玄孙。襄宫,齐襄公庙。”杨注:“襄公至灵公已八代,依旧礼,襄公庙应早已不存。”“疑‘襄’当作‘惠’……惠公曾于鲁宣七年及九年伐莱,故献莱宗器于其庙。”按:小戴辑《礼记·丧服小记》:“有五世而迁之宗,其继高祖者也。是故祖迁于上,宗易于下。”《礼记·祭义》:“先王之孝也……心志嗜欲不忘乎心……”据这些文献,可以推知襄公庙早已不存(齐襄公不是开国之祖,离灵公已过五代),献莱宗器于惠公庙,正是不忘其心志,谕其志意,如愿以偿报其亲的快事。杨注至确,不可易。

经七年[1]

原文

春,郯子来朝。

夏,四月,三卜郊;不从,乃免牲。[2]

小邾子来朝。

城费[3]。

秋,季孙宿如卫。

八月,螽。

冬,十月,卫侯使孙林父来聘。壬戌,及孙林父盟。

楚公子贞帅师围陈。

十有二月,公会晋侯、宋公、陈侯、卫侯、曹伯、莒子、邾子于鄬。郑伯髡顽如会,未见诸侯;丙戌,卒于鄵。[4]

陈侯逃归。

注释

❶ 鲁襄公七年,为公元前566年,周灵王六年。

❷ 杜注:"称牲,既卜日也。卜郊,又非礼也。"按:《左传》僖三十一年:"礼不卜常祀,而卜其牲日。牛卜日曰牲。牲成而卜郊,上怠慢也。"《春秋》襄七年孔疏:"牛已称牲,是既卜日矣。牲既成矣,而又卜郊,与僖同讥,故云又非礼也。"

❸ 依《释文》,这里费读bì。

❹ 髡顽,《公》《穀》经文作"髡原"。鄵,《公》《穀》经文作"操"。皆音同假借字。

传七年

原文

"春,郯子来朝",始朝公也。

"夏四月,三卜郊;不从,乃免牲。"孟献子曰:"吾乃今而后知有卜、筮。夫郊祀后稷,以祈农事也,是故启蛰而郊,郊而后耕。今既耕而卜郊,宜其不从也。"[1]

南遗为费宰。叔仲昭伯为隧正[2],欲善季氏,而求媚于南遗;谓遗:“请城费,吾多与而役。”故季氏城费。

小邾穆公来朝,亦始朝公也。

秋,季武子如卫,报子叔之聘,且辞缓报:“非贰也。”

冬十月,晋韩献子告老。公族穆子有(废)〔疲〕疾,将立之,辞曰:“《诗》曰:‘岂不夙夜?谓行多露。’又曰:‘弗躬弗亲,庶民无信。’无忌不才,让其可乎?请立起也:与田苏游,而曰‘好仁’。《诗》曰:‘靖共尔位,好是正直。神之听之,介尔景福!’恤民为德,正直为正,正曲为直,参和为仁。如是,则神听之,介福降之。立之,不亦可乎!”❸

庚戌,使宣子朝,遂老。晋侯谓韩无忌仁,使掌公族大夫。

注释

❶ “启蛰而郊”句以下,杜注:“启蛰,夏正建寅之月。耕,谓春分。”孔疏:“《月令》祈谷之后即择日而耕,初耕亦在正月。《传》言‘既耕而卜郊,宜其不从’,是此卜之时已涉春分之节,时过不复可郊,故言‘耕谓春分’……言得启蛰即当卜郊,不得过春分也。”王伯申说:“耕谓正月……正月已耕矣,二月乃卜郊,故曰既耕而卜郊。”他认为杜注、孔疏皆非。其实,据《左传》僖三十一年,可以说卜郊已是违礼,更不必说过时而卜了。是王伯申犹未达一间。

❷ 杜注:“隧正,主役徒。”孔疏:“九年注云:‘隧正,官名也。五县为隧。’则隧正当《周礼》之遂人也,掌诸遂之政令徒役,出诸遂之名,故为‘主役徒’者。”按:杨注即用此说。

❸ 穆子是韩厥长子,公族是官名,其时穆子已是公族大夫。“将立之”,杜注:“代厥为卿。”这一段引《诗》有三处。“岂不夙夜,畏行多露”,见《召南·行露》之首章,杜注:“诗言虽欲早夜而行,惧多露之濡己,义取非礼不可妄行。”孔疏:“言非其才不可以妄居官位。”杨注:“此则断章取义,谓己有病而不能早夜从公。”杨先生将引诗者用意完全道破了。“弗躬弗亲,庶民弗信”,见《小雅·

节南山》，杜注："讥在位者不躬亲政事，则庶民不奉信其命。言已有疾不能躬亲政事。"杜氏这里已经把引诗者用意说明白了。下文杜注："无忌，穆子名。起，无忌弟宣子也。田苏，晋贤人。苏言起好仁。"无忌能让贤，引《诗》见《小雅·小明》，杜注："言君子当思不出其位，求正直之人与之并立，如是则神明顺之致大福也。"把恤民看作德行，视正己心与正人曲为正直，以德、正、直三者具备为仁（"参和为仁"），认为贤弟起具备这三项条件，故可立，看来韩无忌虽有疲疾，自不失为贤人。

原文

卫孙文子来聘，且拜武子之言，而寻孙桓子之盟。公登亦登。叔孙穆子相，趋进，曰："诸侯之会，寡君未尝后卫君。今吾子不后寡君，寡君未知所过。吾子其少安！"孙子无辞，亦无悛容。[1]

穆叔曰："孙子必亡！为臣而君，过而不悛，亡之本也。《诗》曰：'退食自公，委蛇委蛇。'谓从者也。衡而委蛇，必折。"[2]

楚子囊围陈，会于鄬以救之。

郑僖公之为大子也，于成之十六年[3]与子罕适晋，不礼焉。又与子丰适楚，亦不礼焉。及其元年朝于晋，子丰欲诉诸晋而废之，子罕止之。及将会于鄬，子驷相，又不礼焉。侍者谏，不听；又谏，杀之。及鄵，子驷使贼夜弑僖公，而以疟疾赴于诸侯。简公生五年，奉而立之。

陈人患楚。庆虎、庆寅谓楚人曰："吾使公子黄往，而执之。"楚人从之。二庆使告陈侯于会，曰："楚人执公子黄矣！君若不来，群臣不忍社稷宗庙，惧有二图[4]。"陈侯逃归。

注释

❶ 杜注："礼：登阶，臣后君一等。"孔疏引《礼经·聘礼》所记公先宾升二等而后宾始升一等，证杜注所谓礼。从知卫孙文子来聘，

“公登亦登”已失礼。“诸侯之会,寡君未尝后卫君”,杜注:“敌体并登。”这也是“礼”。杜注又说:“悛,改也。”孙文子听到叔孙穆子的批评之后,既说不出“公登亦登”的理由,又没有失礼之后改过的表情,这只能证明卫国的这位使者根本不懂礼节。叔孙穆子是懂礼之人,他对孙文子的批评,他“趋进”的行动可为证明。今按:《韩非子·难四》也记有卫孙文子聘鲁失礼的同一件事,有比《左传》说的更清楚的礼节,可参看。

❷ “为臣而君”,杨注:“与君相并行,若己亦是国君然。”《左传》这里引诗见《诗·召南·羔羊》,杜注:“言人臣自公门入私门,无不顺礼。”孔疏:“委蛇,顺从之貌。诗之此意,谓顺者也。今孙子为臣而君自处,是横不顺道,以横道而为委蛇,其人必将毁折,不得终其职位。”我们认为杜注、孔疏这里的解说基本正确。关于《羔羊》一诗的说解,我们赞成王壬秋先生的意见,请参看拙撰《诗经校注》。又,“委蛇”之蛇,旧读 yí,这是常识。

❸ “成之十六年”,杜注:“鲁成公。”孔疏:“杜必言鲁成公者,欲明非郑成公也。知非者,以郑成公成七年即位,至襄二年卒,唯十四年,无十六年故也。”按:注疏说是。

❹ “惧有二图”,杜注:“背君属楚。”杨注:“意谓将改立从楚之君。”两注都对。杨先生说出更立君的事,与上下文情势联系更紧。

经八年❶

原文

春,王正月,公如晋。

夏,葬郑僖公。❷

郑人侵蔡,获蔡公子燮。

季孙宿会晋侯、郑伯、齐人、宋人、卫人、邾人于邢丘。

公至自晋。

莒人伐我东鄙。

秋,九月,大雩。

冬,楚公子贞帅师伐郑。

晋侯使士匄来聘。

注释

❶ 鲁襄公八年,即公元前565年,周灵王七年。

❷ 由上年《春秋》经传可以推断,郑僖公固然算不上寿终正寝,但他的葬期可以算是符合周礼规定的。

传八年

原文

春,公如晋,朝,且听朝聘之数。[1]

郑群公子以僖公之死也,谋子驷。子驷先之。夏四月庚辰,辟杀[2]子狐、子熙、子侯、子丁。孙击、孙恶出奔卫。

庚寅,郑子国、子耳侵蔡,获蔡司马公子燮。郑人皆喜。唯子产不顺,曰:"小国无文德而有武功,祸莫大焉。楚人来讨,能勿从乎?从之,晋师必至。晋、楚伐郑,自今郑国不四五年弗得宁矣!"子国怒之,曰:"尔何知!国有大命,而有正卿;童子言焉,将为戮矣!"[3]

五月甲辰,会于邢丘;以命朝聘之数,使诸侯之大夫听命。季孙宿、齐高厚、宋向戌、卫甯殖、邾大夫会之。郑伯献捷于会,故亲听命。大夫不书,尊晋侯也。

"莒人伐我东鄙",以疆鄫田。[4]

"秋九月,大雩",旱也。

注释

❶ "朝聘之数",杜注:"晋悼复修霸业,故朝而禀其多少。"孔疏据

《左传》昭三年记郑子大叔语，认为这里杜注说的意思符合“诸侯三岁而聘，五岁而朝”的制约。杨注认为“杜注意指朝聘所用贡献财币之数”，并且认为这样理解“较确”。我们认为诸侯“三岁而聘，五岁而朝”的制约未必成为常制，即令为常法，由于“三岁”与“五岁”这样的数字并不复杂，亦不必汇报而霸主也不难弄清楚，所以应该说杜注理解为“贡献财币之数”诚然“较确”，当从之。

❷ 杜注：“辟，罪也。加罪以戮之。”孔疏：“不直言‘杀’而云‘辟杀’，明是加诬以罪而杀之。”按：这里注疏说得很对。

❸ “子产不顺”，杜注：“子产，子国子。不顺众而喜。”这是因为子产有与众不同的思想观点，不以众人为是，不肯随声附和。“自今郑国不四五年弗得宁矣”，杨注：“言郑国自此至少四五年内不得安宁。”子产不顺众的言论，遭到其父子国的斥责。“国有大命”，杜注：“大命，起师行军之命。”自有正卿主持大政，要你无知童子胡说什么！“言焉”之“焉”可以解释为“之”。“将为戮矣”，将有被杀的危险。这也就是《韩非子·外储说左下》记子国怒斥子产说的那些话“非徒危己也，又且危父”的意思。

❹ 杜注：“莒既灭鄫，鲁侵其西界，故伐鲁东鄙，以正其封疆。”杨注袭用杜镇南说。

原文

冬，楚子囊伐郑，讨其侵蔡也。子驷、子国、子耳欲从楚，子孔、子蟜、子展欲待晋。❶

子驷曰：“《周诗》有之曰：‘俟河之清，人寿几何？兆云询多，职竞作罗。’谋之多族，民之多违，事滋无成。民急矣！姑从楚以纾吾民。晋师至，吾又从之。敬共币帛以待来者，小国之道也。牺牲玉帛，待于二竟，以待强者而庇民焉。❷寇不为害，民不罢病，不亦可乎？”

注释

❶ 杜注:“待晋来救。子孔,穆公子。子蟜,子游子。子展,子罕子。”至此,郑国政坛明显地划分为“从楚”与“从晋”两大势力,而子产(子国之子)则主张小国重文德。

❷ “《周诗》有之曰”以下四句,杜注:“逸诗也。言人寿促而河清迟,喻晋之不可待。兆,卜。询,谋也。职,主也。言既卜且谋多,则竟作罗网之难无成功。”孔疏已指出“兆云询多”的“云”是语辞。杨注依《尔雅》将“询”解释为“信”,依杨遇夫先生《词诠》将“职竞”的“职”解说为“当”。杨注又据自己的研究将“竞”理解为语词,然后将“兆云询多,职竞作罗”意译为“卜问实多,当是自作罗网而已”,这就明白好懂了。“谋之多族,民之多违,事滋无成”,杜注:“族,家也。滋,益也。”我们认为这三句的大意,与《诗·小雅·小旻》“谋夫孔多,是用不集”,“如彼筑室于道谋,是用不溃于成”四句相近。《左氏》下文记子驷主张为“纾吾民”而两从晋楚的“小国之道”,但求“寇不为害,民不罢病”,牺牲玉帛在所不惜。后世赵宋采取的对辽与西夏一律朝贡的政策,不知道是否从子驷的“小国之道”推出。“待于二竟”,杜注:“二竟,晋楚界上。”杨注:“二境,楚来及晋来之郑边境。”这样说,更准确。“待强者而庇民焉”,可那“强者”竟不是自己的国家!

原文

子展曰:“小所以事大,信也。小国无信,兵乱日至,亡无日矣。五会之信,今将背之;虽楚救我,将安用之?亲我无成,鄙我是欲,不可从也。❸不如待晋。晋君方明,四军无阙,八卿和睦,必不弃郑。楚师辽远,粮食将尽,必将速归,何患焉!舍之闻之:‘杖莫如信。’完守以老楚,杖信以待晋,不亦可乎?”❹

子驷曰:“《诗》云:‘谋夫孔多,是用不集。发言盈庭,谁敢执其咎？如匪行迈谋，是用不得于道。’❺请从楚，騑也受其咎！”乃及楚平。

注释

❸“亲我无成，鄙我是欲”，杜注：“晋亲郑。楚欲以郑为鄙邑，而反欲与成。”杨注：“成，终也……楚之亲我将无好结果，反欲以我为其边鄙县邑。不可从楚。此用王念孙说。”按：“王念孙说”，见王伯申《经义述闻》卷十八。

❹“舍之闻之”句下，杜注：“舍之，子展名。”杨注：“能杖恃者莫如守信。完，坚固。坚固守备以使楚军疲惫无士气。”按：这里杜注、杨注都没有错。我们认为“老楚”应该有与楚人周旋以待时机的意思。

❺引诗见《诗·小雅·小旻》之三章。杜注：“匪，彼也。行迈谋，谋于路人也。不得于道，众无适从。”孔疏：“言谋事之夫甚多，是非相夺，无可适从，为是之故，其事用此益不成也。发言讻讻而盈满于庭，无能决当是非；事若不成，谁敢执其咎责者？”今按：“发言盈庭”及其下凡四句，杨注：“满朝发言，谁敢受过？……如同彼人且走且商于路人，故无所得。”比旧注简明。

原文

使王子伯骈告于晋，曰：“君命敝邑：‘修而车赋，儆而师徒，以讨乱略。’❶蔡人不从，敝邑之人不敢宁处，悉索敝赋以讨于蔡，获司马燮，献于邢丘。今楚来讨，曰：‘女何故称兵于蔡？’焚我郊保，冯陵我城郭。敝邑之众，夫妇男女，不皇启处，以相救也。翦焉倾覆，无所控告。民死亡者，非其父兄，即其子弟。夫人愁痛，不知所庇。❷民知穷困，而受盟于楚。孤也与其二三臣不能禁止，不敢不告！”

注释

❶“修而车赋，儆而师徒”，两“而”字都是第二人称“尔”（“你”）的

意思。杨注:“车赋犹言车乘。儆,音义同警,戒备。”又说:“不以道取曰略,与乱义近。”今从之。

❷ 王怀祖说:“保谓小城也,保与城同类,故言焚。”“冯,亦陵也。冯陵叠韵,不得分为二义。”(见《经义述闻》卷十八)“不遑启处”,杜注:“遑,暇也。启,跪也。”杨注:“古人坐即席地而跪。句意为无闲暇坐而互相救助。”按:《诗·小雅·四牡》有“不遑启处”句。毛传:“处,居也。”孔疏:“言臣受命即行,是不遑启处也。”在《左传》这里“夫妇男女”未必皆受君命,无非表示急迫而已。“翦焉倾覆”,杜注:“翦,尽也。控,引也。”杨注:“翦焉,状语,倾覆沈陷貌。”说本章炳麟先生《春秋左传读》。“夫人愁痛”,杜注:“夫人,犹人人也。”“不知所庇”,不知何处可以得到保护。

原文

知武子使行人子员对之,曰:“君有楚命,亦不使一介[3]行李告于寡君,而即安于楚。君之所欲也,谁敢违君?寡君将帅诸侯以见于城下,唯君图之!”

晋范宣子来聘,且拜公之辱,告将用师于郑。公享之。宣子赋《摽有梅》,季武子曰:“谁敢哉?今譬于草木,寡君在君,君之臭味也。欢以承命,何时之有?”武子赋《角弓》。宾将出,武子赋《彤弓》。宣子曰:“城濮之役,我先君文公献功于衡雍,受彤弓于襄王,以为子孙藏。匄也,先君守官之嗣也,敢不承命?”君子以为知礼。[4]

注释

❸ 阮刻本此字作“介”,诸本作“个”。按:两字可通。

❹ 杜注:“《摽有梅》,《诗·召南》……诗人以兴女色盛则有衰,众士求之宜及其时。宣子欲鲁及时共讨郑,取其汲汲相赴。”杨注于此实无异议。“君子臭味也”句下,杜注:“言同类。迟速无时。”意谓鲁与晋同声相应,同气相求,鲁人高兴地承担晋君命令,行动

迅速。杜注又说:“《角弓》,《诗·小雅》。取其兄弟昏姻无相远也。《彤弓》,天子赐有功诸侯之诗。欲使晋君继文之业,复受彤弓于王。”杨注于此实亦无异议。“匄”为范宣子自称。“先君守官之嗣”,杜注:“言己嗣其父祖为先君守官,不敢废命,欲匡晋君。”《左氏》以“君子”名义赞许范宣子“知礼”,盖宣子言行得体,可以当此美誉。

经九年[1]

原文

春,宋灾。[2]

夏,季孙宿如晋。

五月辛酉,夫人姜氏薨。

秋,八月癸未,葬我小君穆姜。[3]

冬,公会晋侯、宋公、卫侯、曹伯、莒子、邾子、滕子、薛伯、杞伯、小邾子、齐世子光伐郑。十有(二)〔一〕月己亥[4],同盟于戏[5]。

楚子伐郑。

注释

❶ 鲁襄公九年,即公元前564年,周灵王八年。

❷ “宋灾”,《穀梁》同。《公羊》作“宋火”,彼《传》谓“大者曰灾,小者曰火”,何注:“大者谓正寝、社稷、宗庙、朝廷也,下此则小矣。”

❸ 杜注:“四月而葬,速。”按:本年《经》上文记夫人姜氏五月薨,至八月,可以说已涉四月,与周礼规定的五月之期仍有距离,所以杜注说“速”。

❹ 杜注:“以长历推之,十二月无己亥,《经》误。”孔疏即以长历推之,谓己亥在十一月十日,癸亥为十二月五日。今依杜注改之。

❺ 杜注:“戏,郑地。”依《释文》,这里“戏”读 xì,不读 hū。

传九年

原文

“春,宋灾。”乐喜为司城以为政,使伯氏司里:火所未至,彻小屋,涂大屋。陈畚挶,具绠缶,备水器;量轻重,蓄水潦,积土涂;巡丈城,缮守备,表火道。❶使华臣具正徒,令隧正纳郊保,奔火所。使华阅讨右官,官庀其司;向戌讨左,亦如之。使乐遄庀刑器,亦如之。使皇郧命校正出马,工正出车,备甲兵,庀武守。使西鉏吾庀府守,令司宫、巷伯儆宫。❷二师令四乡正敬享,祝宗用马于四墉,祀盘庚于西门之外。❸

注释

❶ 挶读 jú。潦读 lǎo。杜注:“大屋难彻,就涂之。畚,篑笼。挶,土舆。绠,汲索。缶,汲器。”这都是为预防火灾而做准备的内容。以下“备水器”到“表火道”还是为了灭火。“巡大城”以下,杜注:“巡,行也。丈,度也。缮,治也。行度守备之处,恐因灾有乱。火起,则从其所趣摽表之。”杨注:“蓄水潦者,备汲取也。涂为名词,泥土。疑丈城为一词,即城郭四周。”这些解释都是对的。

❷ 杜注:“正徒,役徒也,司徒之所主也。隧正,官名也。五县为隧。”又说:“讨,治也。庀,具也。”“校正主马。工正主车。”“司官,奄臣。巷伯,寺人。皆掌宫内之事。”王氏父子说:“令隧正纳郊保,奔火所,亦谓纳外及县邑小城之民,使奔救火也。”(《经义述闻》卷十八)今按:“讨右官”与“讨左”相对,依杜注,讨右官是右师治其官属,则“讨左”应是左师治其官属。“庀刑器”“庀武守”“庀府守”并列,依杜注,庀刑器是掌具刑书,庀武守是掌具武守之官(如主马、主车等),庀府守则是掌具六官之典与载此六官诸典之书。杨注认为“庀府守”的意思应从刘炫说,掌府库守藏(包括物资财币与典策),这样讲较为准确。

❸ 杜注："二师，左右师也。乡正，乡大夫。享，祀也。祝，大祝。宗，宗人。墉，城也。用马祭于四城以禳火。盘庚，殷王，宋之远祖。城积阴之气，故祀之。凡天灾有币无牲，用马祀盘庚，皆非礼。"按："凡天灾有币无牲"，此说早见于《传》庄二十五年。《传》襄九年孔疏："'用马祀盘庚皆非礼'，言用马祭城祭盘庚皆非礼也。"《左传》这一段说的是备火灾所使群官，本来有条不紊，奈何以非礼之祭告终，是宋国为政者之疏失。

原文

晋侯问于士弱曰："吾闻之：宋灾，于是乎知有天道。何故？"对曰："古之火正，或食于心，或食于咮，以出内火。是故咮为鹑火，心为大火。陶唐氏之火正阏伯居商丘，祀大火而火纪时焉。相土因之，故商主大火。商人阅其祸败之衅，必始于火，是以日知其有天道也。"❹公曰："可必乎？"对曰："在道。国乱无象，不可知也。"

注释

❹ 咮读 zhòu。阏读 è，或读 yè，这里不读 yù，也不读 yān。据《传》昭二十九年，可知五行各有正。孔疏：五行之官"各掌其职，封为上公，祀为贵神"，譬如"祀火星之时，以此火正之神配食也"。杨注："或食于心于咮，则祭行星之火星，而以心宿或咮配飨。心为二十八宿之一……咮即柳宿……"又说："以出内火"句的"出内"，《汉志》引作"出入"，这个"火"，"亦系行星之火星"，非水火之火，"出入火者，火星或入又出于心宿或柳宿"①。杜注："陶唐，尧有天下号。阏伯，高辛氏之子。《传》曰：'迁阏伯于商丘，主辰。'辰，大火也。"又说："相土，契孙，商之祖也。始代阏伯之后

---

① 上引杨注，见《春秋左传注》第一版，我们认为还可以作解说之用。又，所谓"《汉志》引作出入"，《汉志》指《汉书·五行志》。

居商丘，祀大火。”孔疏：“祀大火者，阏伯祀此大火之星，居商丘而祀火星也。”杨注：“以大火星为辰，视其移动之迹而定时节。”这就是所谓“火纪时”。“商人阅其祸败之衅”句以下，杜注：“阅，犹数也。商人数所更历恒多火灾，宋是殷商之后，故知天道之灾必火。”杨注将“阅”理解为“考察”，将“衅”解释为“预兆”，认为“日知其有天道”之日即“往日”，比旧注疏顺当。

原文

夏，季武子如晋，报宣子之聘也。

穆姜薨于东宫。[1]始往而筮之，遇“艮〔䷳〕”之八（䷐）。[2]史曰：“是谓‘艮’之‘随䷐’。‘随’，其出也。君必速出！”[3]姜曰：“亡！是于《周易》曰：‘随，元，亨，利，贞，无咎。’元，体之长也。亨，嘉之会也。利，义之和也。贞，事之干也。体仁足以长人，嘉德足以合礼，利物足以和义，贞固足以干事。然，故不可诬也。是以虽‘随’无咎。[4]今我妇人而与于乱，固在下位而有不仁，不可谓元；不靖国家，不可谓亨；作而害身，不可谓利；弃位而姣，不可谓贞。有四德者，‘随’而无咎。我皆无之，岂‘随’也哉？我则取恶，能无咎乎？必死于此，弗得出矣！”

注释

❶ 杜注说这个“东宫”就是“太子宫”，“穆姜淫，侨如欲废成公，故徙居东宫”。杨注：“东宫盖别宫名，非太子之宫。”我们认为这里应以杜注为是，因为其时太子（即后来的襄公）还是个小娃娃，身为祖母的穆姜徙居东宫，既可以看管、护育小孙子为正当理由，又可以成全这位妇人与侨如的见不得人的事而无顾忌，杜注可通。

❷ 徙居之初，穆姜与侨如筮得“艮之八”。这里杜注言及今已失传的《连山》《归藏》二《易》，因为“艮之八”不见于《周易》，杜元凯不得其解，所以说是“杂用”了《周易》之外二《易》，盖推测之辞。

孔疏："《周易》之爻唯有九、六，此筮乃言遇'艮之八'，二《易》（按：当指《连山》《归藏》）皆以七、八为占，故此筮遇八，谓艮之第二爻不变者是八也。揲蓍求爻，《系辞》有法。其揲所得有七、八、九、六，说者谓七为少阳，八为少阴，其爻不变也；九为老阳，六为老阴，其爻皆变也……其《连山》《归藏》以不变为占，占七、八之爻，二《易》并亡，不知实然以否。"这样讲，似乎有些道理。然而毕竟书证已不可见，疑难无法弄清原委，孔疏只好说："所云'遇艮之八'，不知意何所道；以为先代之《易》，其意亦无所据，贾郑先儒相传云耳。"这些问题的解决，只好等待易学研究的推进了。

❸ "'艮'之'随'"，意思是艮卦变为随卦。杨注："此筮《艮卦》五爻皆变，唯第二爻（从下数）不变，则成《随卦》。"①杜注："史谓《随》非闭固之卦。"所以遇此种卦变，则主君必速出走。这里也产生了疑问：既然杂用《周易》之外二《易》，那么，对"艮之随"的解释又如何能够全用《周易》呢？

❹ 亡，杜注："亡犹无也。"《释文》："亡如字，读者或音'无'。"我们认为"或音"近是，"犹无也"，"无"字与"毋"字可通。"毋"者禁辞，不同意"速出"。"元，体之长也"句以下，杜注："言不诬四德，乃遇《随》无咎；明无四德者，则为淫而相随无吉事。"今按：杜注所谓"四德"，应指元、亨、利、贞，也可以说是指体仁、嘉德、利物、贞固。《传》襄九年记载的"元，体之长也"至"贞固足以干事"，又见于《周易·乾卦》之《文言》（严格说起来，唯有两个字的差异），而《文言》十分肯定地将"元""亨""利""贞"四字领头的四句概括为"四德"。《左传》记穆姜说的后面的话也将前头说的元、亨、利、贞概括为"四德"，可见杜注这里是有根据的。奇怪的是这出自《周易·文言》说的"四德"，在《左传》里竟出自穆姜之口，也许是可以说明一些问题的。

---

① 这里杨注亦见于《春秋左传注》第一版。以其犹可用，故不删。

原文

秦景公使士雃[1]乞师于楚，将以伐晋，楚子许之。子囊曰："不可。当今吾不能与晋争。晋君类能而使之，举不失选，官不易方。其卿让于善，其大夫不失守，其士竞于教，其庶人力于农穑，商工皂隶不知迁业。[2]韩厥老矣，知罃禀焉以为政。范匄少于中行偃而上之，使佐中军。韩起少于栾黡，而栾黡、士鲂上之，使佐上军。魏绛多功，以赵武为贤而为之佐。君明臣忠，上让下竞。[3]当是时也，晋不可敌，事之而后可。君其图之！"王曰："吾既许之矣。虽不及晋，必将出师。"

秋，楚子师于武城以为秦援。

秦人侵晋。晋饥，弗能报也。

注释

❶ 依《释文》，雃读 qiān。

❷ "类能而使之"，杜注："随所能。"杨注："类，分类。人各有能，按其能力之大小同异而使用，故曰类能而使之。"这里两注都对，而杨注较为明白。"官不易方"，杜注："方犹宜也。"王伯申认为这里"官不易方"应与《传》成十八年"官不易方"义同："方，常也。"不易方就是不易常。杨注："昭二十九年《传》云'官修其方'，方谓法术，此方字亦同义，犹今言政策、政令。"我们认为三说皆可通，而王、杨两说较为明确。《左传》下文说晋国卿、大夫、士、农、工、商都能乐业尽职守，而"其卿让于善"一句与"韩厥老矣"以下数句相呼应。

❸ "上让下竞"，杜注："尊官相让，劳职力竞。"按：待上位肯让于善，居下位愿争取尽职，这样的政治局面是事业兴旺的表现。

原文

冬十月，诸侯伐郑。庚午，季武子、齐崔杼、宋皇郧从荀罃、士匄门于鄟门，卫北宫括、曹人、邾人从荀偃、韩起门于师之梁，滕人、薛人从栾黡、士鲂门于北门，杞人、郳人从赵武、魏绛斩行栗。甲戌，师于汜，令于诸侯曰："修器备，盛糇粮，归老幼，居疾于虎牢，肆眚[1]，围郑！"

郑人恐，乃行成。中行献子曰："遂围之，以待楚人之救也而与之战。不然，无成。"知武子曰："许之盟而还师，以敝楚人。吾三分四军，与诸侯之锐以逆来者，于我未病，楚不能矣。犹愈于战。暴骨以逞，不可以争。大劳未艾。君子劳心，小人劳力，先王之制也。"[2]诸侯皆不欲战，乃许郑成。

注释

❶ 杜注："肆，缓也。眚，过也。"孔疏："肆训为缓，缓从罪人，谓放赦之也。"杨注用杜注，并引《尚书·舜典》"眚灾肆赦"而阐明其义："谓无意之错误可以赦免。"其说是。

❷ "犹愈于战"，知武子的意思是说用他的办法，比中行献子提议的围郑待楚来而与之战要好。"暴骨以逞"句以下，杜注："言争当以谋，不可以暴骨。艾，息也。言当从劳心之劳。"今按：劳心与劳力之分，《孟子·滕文公上》《鲁语下》也有很明白的说法。人类社会体力与脑力劳动的分工，本是生产力进步、社会文明发展的产物。只要不把这种分工作为轻视体力劳动、维护剥削制度的神圣根据，适当肯定这种分工应该是有道理的。

原文

十一月己亥，同盟于戏，郑服也。将盟，郑六卿公子骓、公子发、公子嘉、公孙辄、公孙虿、公孙舍之及其大夫、门子，皆从郑伯。[3]晋士庄子为载书，曰："自今日既盟之后，郑国而不唯晋命是听，而或有异志者，有如此盟！"[4]公子骓趋进，曰："天祸郑国，使介居二大国之间。大国不加德音而乱以要之，使其鬼神不获歆其禋祀，其民人不获享其土利，夫妇辛苦垫隘，无所(底)〔厎〕告。[5]自今日既盟之后，郑国而不唯有礼与强可以庇民者是从，而敢有异志者，亦如之！”荀偃曰：“改载书！”公孙舍之曰：“昭大神要言焉。若可改也，大国亦可叛也。”知武子谓献子曰：“我实不德而要人以盟，岂礼也哉？非礼，何以主盟？[6]姑盟而退，修德息师而来，终必获郑，何必今日？我之不德[7]，民将弃我，岂唯郑？若能休和，远人将至，何恃于郑？”乃盟而还。

注释

❸ “公孙虿”，虿读 chài，杜注告诉读者，公孙虿就是子蟜。“门子”，杜注：“卿之適子。”《周官》小宗伯之职：“掌三族之别以辨亲疏，——其正室皆谓之门子，——掌其政令。”郑注：“正室，嫡子也，将代父当门者也。政令，谓役守之事。”贾疏认为“九族之内但是適子正体主，皆是正室，亦谓之门子”。《左传》孔疏引《周礼》经注，已经清楚地解释了“门子”一词。

❹ 杜注：“庄子，士弱。载书，盟书。”杨注：“载书亦可以单曰载。”引《周官·司盟》注作证，然后说：“不用牲亦曰载书，定十三年《传》‘载书在河’可证。”按：杨注准确而且周密。

❺ “使介居二大国之间”，杜注：“介，犹间也。”《释文》：“介音界，注同。犹閒，音间厕之间。”杨注无异辞。“二大国”自指晋楚。“乱以要之”，杜注：“谓以兵乱之力强要郑。”这里“要”读 yāo。“夫妇辛苦”以下，杜注：“垫隘，犹委顿。厎，至也。”《释文》：“厎音旨。”则当读 zhǐ。杨注：“乱，兵乱。要，约言，指此载书。”“垫隘犹委顿，羸弱之极也。”“厎告，与《尚书·盘庚》‘凡尔众其惟致告’同。”甚确。

❻ “主盟”即称霸为盟主。强调以礼主盟，是春秋时期重视礼义的重要内容之一。

❼ 这个“之”，杨注认为假设连词。“我之不德”，“犹言我若不德”。亦甚确。按：《经传释词》卷七“之”条已有这种说法。

原文

晋人不得志于郑，以诸侯复伐之。十二月癸亥，门其三门。(闰月)〔门五日。〕戊寅[1]，济于阴阪，侵郑，次于阴口而还。子孔曰："晋师可击也，师老而劳，且有归志。必大克之!"子展曰："不可。"

公送晋侯。晋侯以公宴于河上，问公年。季武子对曰："会于沙随之岁，寡君以生。"晋侯曰："十二年矣。是谓一终，一星终也。国君十五而生子：冠而生子，礼也。君可以冠矣。大夫盍为冠具?"武子对曰："君冠，必以祼享之礼行之，以金石之乐节之，以先君之祧处之。今寡君在行，未可具也。请及兄弟之国而假备焉。"晋侯曰："诺。"公还及卫，冠于成公之庙，假钟磬焉，礼也。[2]

注释

❶ 杜注："以长历参校上下，此年不得有闰月戊寅，戊寅是十二月二十日。疑'闰月'当为'门五日'，'五'字上与'门'合为'闰'，则后学者自然转'日'为'月'……癸亥去戊寅十六日，以癸亥始攻，攻辄五日，凡十五日，郑故不服而去，明日戊寅济于阴阪……"杨注认为此杜注可信。按：这是校勘学史上出色的理校一例，既合历法，又合文理。

❷ 杜注："沙随在成十六年。"按：成十六年(公元前575年)至襄九年(公元前564年)，正是晋侯说的"十二年矣""一星终也"。杜注："岁星十二岁而一周天。"又说："祼谓灌鬯酒也。享，祭先君也。"孔疏引刘炫云："冠是大礼，当遍告群庙。"依季武子的说法，国君冠礼应行于祧庙(始祖之庙)，应以金石之乐(钟磬)为举动之节。而当时鲁襄公一行不在国内，不具备行冠礼的条件。据季武子建议，"请及兄弟之国而假备焉"，晋侯表示同意，由是在卫成公之庙举行了鲁襄公的冠礼。杜注："成公，今卫献公之曾祖。从卫所处。"孔疏指出杜氏此注本《卫康叔世家》。我们认为：借兄弟国之祧庙行冠礼，这里一个重要原因是本国与兄弟国毕竟有

着共同的始祖(但未必可以说共祧庙)。由此可以联想《左传》宣十二年记郯之战中"楚子使唐狡与蔡鸠居告唐惠侯"一事,唐狡的作用与鲁襄公冠礼中卫成公庙的作用不是有相似之处吗?鲁襄公在卫成公庙行过冠礼(钟磬当然只能是借用的),《左传》说"礼也",可见这冠礼已得到承认了。

原文

楚子伐郑。子驷将及楚平,子孔、子蟜曰:"与大国盟,口血未干而背之,可乎?"子驷、子展曰:"吾盟固云'唯强是从'。今楚师至,晋不我救,则楚强矣。盟誓之言,岂敢背之?且要盟无质,神弗临也。所临唯信。信者言之瑞也,善之主也,是故临之。明神不蠲要盟,背之可也。"乃及楚平。公子罢戎入盟,同盟于中分。[3]

楚庄夫人卒,王未能定郑而归。

晋侯归,谋所以息民。魏绛请施舍,输积聚以贷。自公以下,苟有积者,尽出之。国无滞积,亦无困人;公无禁利,亦无贪民。祈以币更,宾以特牲,器用不作,车服从给。行之期年,国乃有节,三驾而楚不能与争。[4]

注释

[3] 这一段话很能说明春秋时期上层社会对待当时盟誓之礼的比较全面的态度与观点。一是"盟誓之言岂敢背之",二是"信者言之瑞也,善之主也",三是"要盟无质,神弗临也"(这也就是"明神不蠲要盟"的意思)。重视诚信,认为非要盟则不可背之,这是社会公德。相信神弗临要盟,神"所临唯信",这不失为正义感的一种信念的沉淀,然而毕竟还是有神论的一种可以理解的反映。关于"要盟无质"的解说,杜注:"质,主也。"孔疏引服虔的说法:"质,诚也。无忠诚之信,故神弗临也。"我们认为这里服注义长。杜注又说:"瑞,符也。蠲,洁也。"这些都是可信的常训。"中分,郑

城中里名。罢戎,楚大夫。"这样讲,应该也有根据,可供参考。依《释文》,"罢戎"之罢读pí。

❹ "自公以下,苟有积者"至"亦无困人",是对"输积聚以贷"的说明。杜注:"输,尽也。"输积聚也就是"尽出之",也就是"国无滞积",这样,也就"无困人"了。"公无禁利",杜注:"与民共。"全民共享,自然用不着禁令了。"无贪民",杜注:"礼让行。"《左传》上文说"自公以下苟有积者,尽出之",这样也就无贪官了。"祈以币更,宾以特牲",杜注:"不用牲。务崇省。"其实,"宾以特牲"还是要用牲的。杨注:"祈祷不用牺牲,以皮币代之。""款待贵宾,只用一种牲畜。"这样讲,比杜注更为明确(但是上引杜注并无错误,因为杜注原文"不用牲"仅仅就"祈以币更"句而言)。"行之期年"以下,"期"读jī,意思是说:晋悼公"谋所以息民"一年,晋国精神面貌明显变化,有礼有节了,国力大为增强了。我们认为"国乃有节",应该表现为不再恃大而与小国要盟的泱泱气概。杜注:"三驾,三兴师,谓十年师于牛首,十一年师于向,其秋观兵于郑东门,自是郑遂服。"其说是。总之,这一段记叙晋悼公十年实行的一次国内改革及其成功,维护并发展了晋国的霸主事业。

经十年❶

原文

春,公会晋侯、宋公、卫侯、曹伯、莒子、邾子、滕子、薛伯、杞伯、小邾子、齐世子光,会吴于柤❷。

夏,五月甲午,遂灭偪阳。❸

公至自会。

楚公子贞、郑公孙辄帅师伐宋。

晋师伐秦。

秋,莒人伐我东鄙。

公会晋侯、宋公、卫侯、曹伯、莒子、邾子、齐世子光、滕子、薛伯、杞伯、小邾子，伐郑。

冬，盗杀郑公子騑、公子发、公孙辄。

戍郑虎牢。

楚公子贞帅师救郑。

公至自伐郑。

注释

❶ 鲁襄公十年，即公元前563年，周灵王九年。

❷ 柤读zū，这里不读zhā。杜注："柤，楚地。"

❸《释文》："偪，徐甫目反，又彼力反，本或作逼。"可知这里偪字读音有二：一读fù，一读bī。《穀梁传》作"傅"，则当以读fù者为多。杜注："偪阳，妘姓国……因柤会而灭之，故曰'遂'。"孔疏："'遂'者，因上事生下事之辞。"按：注疏说是。

传十年

原文

"春，会于柤"，会吴子寿梦[1]也。

三月癸丑，齐高厚相大子光，以先会诸侯于钟离，不敬。士庄子曰："高子相大子以会诸侯，将社稷是卫；而皆不敬，弃社稷也，其将不免乎？"

夏四月戊午，会于柤。

晋荀偃、士匄请伐偪阳，而封宋向戌焉。荀罃曰："城小而固，胜之不武，弗胜为笑。"固请。丙寅，围之，弗克。孟氏之臣秦堇父辇重如役。偪阳人启门，诸侯之士门焉。县门发，郰人纥抉之以出门者。狄虒弥建大车之轮，而蒙之以甲以为橹，左执之，右拔戟，以成一队。孟献子曰："《诗》所谓'有力如虎'者也。"主人县布，堇父登之，及堞而绝之，队；则又县之。苏而复上者三。主人辞焉，乃退。带其断以徇于军三日。[2]

注释

❶ 杜注："寿梦，吴子乘。"孔疏引服虔说："吴蛮夷，言多发声，数语共成一言，'寿梦'一言也。《经》言'乘'，《传》言'寿梦'，欲使学者知之也。"按："寿梦"合音为"乘"，服说是。

❷ 堇读 jǐn。"县门"之"县"读 xuán。郰读 zōu，一作鄹。纥读 hé，虒读 sī。"队则又县之"，队读 zhuì（音义与"坠"同），"县"也读 xuán。"秦堇父辇重如役"，杜注："堇父，孟献子家臣，步挽重车以从师。"孔疏："重者车名也……人挽以行，谓之辇。军行以载器物，止则以为藩营。"今按：人挽载重之车，可见其力大。"诸侯之士门焉"，杜注："见门开，故门之。""县门发"的"发"，应该是"放"的意思，脱落的意思。"发放"恒言，"发落"常语，不难证明。这里当然是偪阳人故意放落城门压下来。"郰人纥"以下，杜注："门者，诸侯之士在门内者也。纥，郰邑大夫，仲尼父叔梁纥也……言纥多力，抉举县门，出在内者。"孔疏："门者，谓攻门者也……公邑大夫皆以邑名冠之，呼为某人。"引服虔的话："抉，撅也。谓以木撅抉县门，使举令下容人出也。'门者'下属为句。"我们认为服说较为可信，或者服、杜两说可并取之。《传》下文杜注："狄虒弥，鲁人也。蒙，覆也。橹，大楯。百人为队。"孔疏："建，立也。立此大车之轮而覆之以甲以为橹也。"橹者防身之物，戟者攻敌之兵。引《诗》见《邶风·简兮》。"主人县布"之县，亦读 xuán，杜注谓"主人"为"偪阳人"，杨注："主人谓偪阳守城将。"说皆可通。堇父抓住偪阳人所悬之布，奋勇登城，可是刚到城垛边，偪阳人将布砍断而使堇父坠地。这样多次，场面壮烈。杜注："主人嘉其勇，故辞谢，不复县布。"而堇父"带其断布以示勇"，向参战部队炫耀了好几天。按：以上这一段写了三位力士，而秦堇父表现匹夫之勇的场面颇为壮烈。

原文

诸侯之师久于偪阳，荀偃、士匄请于荀罃曰："水潦将降，惧不能归，请班师。"知伯怒，投之以机，出于其间，曰："女成二事而后告余！余恐乱命，以不女违。女既勤君而兴诸侯，牵帅老夫以至于此，既无武守，而又欲易余罪，曰：'是实班师。不然，克矣。'[3]余羸老也，可重任乎？七日不克，必尔乎取之！"[4]

注释

❸ "女成二事"句下，杜注："二事，伐偪阳，封向戌。既成改之为乱命。"杨注："武守，犹言坚守武攻。易，施也，延也。易余罪犹言归罪于我。"疑杨注所谓"坚守武攻"之攻当作功，杜注谓"无武功可执守"是不错的。"曰'是实班师'"以下，是荀罃设想中的荀偃、士匄为推卸责任将要说出来的话，是转述假设中的话也用"曰"字领起冒下。

❹ "余羸老也，可重任乎"：杨注认为"也"作"矣"用，举遇夫先生《词诠》为据，其实早有人发表过这一类见解，譬如王伯申《经传释词》卷四："也，犹'矣'也。"杨注又说："邲之战被楚所俘，此为主帅又战而不胜，故曰重任。"认为任是"任罪"，这样讲可通。然则"重任"之重当读 chóng。"必尔乎取之"，杜注："言当取女以谢不克之罪。"杨注："'尔乎'犹言'于尔'……"都说得对。

原文

五月庚寅，荀偃、士匄帅卒攻偪阳，亲受矢石。甲午，灭之。书曰"遂灭偪阳"，言自会也。

以与向戌，向戌辞曰："君若犹辱镇抚宋国，而以偪阳光启寡君，群臣安矣，其何贶如之！若专赐臣，是臣兴诸侯以自封也，其何罪大焉？敢以死请！"乃予宋公。

宋公享晋侯于楚丘，请以《桑林》，荀罃辞。荀偃、士匄曰："诸侯宋、鲁，于是观礼。鲁有禘乐，宾、祭用之。[1]宋以《桑林》享君，不亦可乎？”舞，师题以旌夏，晋侯惧而退入于房。去旌，卒享而还。[2]及著雍，疾。卜，桑林见。荀偃、士匄欲奔请祷焉，荀罃不可，曰：“我辞礼矣，彼则以之。犹有鬼神，于彼加之。”晋侯有间。以偪阳子归，献于武宫，谓之夷俘。[3]偪阳，妘姓也。使周内史选其族嗣，纳诸霍人，礼也。

师归，孟献子以秦堇父为右。生秦丕兹，事仲尼。[4]

注释

❶ 杜注：“《桑林》，殷天子之乐名。宋，王者后；鲁以周公故：皆用天子礼乐，故可观。禘，三年大祭，则作四代之乐。别祭群公，则用诸侯乐。”孔疏：“敬邻国之宾，故得用大祭之乐也。其天子享诸侯，亦同祭乐。”而孔疏引刘炫说，认为“宾礼既轻，必异于禘，鲁以享宾，当时之失……荀偃、士匄引过谬之事以谄晋侯使听宋耳”。刘炫的意见是有道理的，“荀罃辞”是对的。

❷ 杜注：“旌夏，大旌也。题，识也，以大旌表识其行列。旌夏非常，卒见之，人心偶有所畏。”孔疏：“舞师，乐人之帅，主陈设乐事者也。谓舞初入之时，舞师建旌夏以引舞人而入，以题识其舞人之首，故晋侯卒见惧而退入于房也。谓之旌夏，盖形制大而别为之名也。”宋人将旌夏撤去，晋侯终受《桑林》之享而还。

❸ “犹有鬼神，于彼加之”，《经传释词》卷一：“言若有鬼神也。”杜注：“言自当加罪于宋。”这里《左氏》原意如此。“晋侯有间”以下，杜注：“间，疾差也。讳俘中国，故谓之夷。”今按：“献于武宫”而用人牲，这是军礼中很残忍的一幕。这在《左氏》前文已出现过。

❹ 秦丕兹事仲尼，这是把后来的事提前说了。其实此时（襄公十年）孔仲尼先生自己还未出生呢。

原文

六月，楚子囊、郑子耳伐宋，师于訾毋。庚午围宋，门于桐门。[1]

晋荀䓨伐秦，报其侵也。

卫侯救宋，师于襄牛[2]。郑子展曰："必伐卫！不然，是不与楚也。得罪于晋，又得罪于楚，国将若之何？"子驷曰："国病矣！"子展曰："得罪于二大国，必亡。病，不犹愈于亡乎？"诸大夫皆以为然。故郑皇耳帅师侵卫，楚令也。

孙文子卜追之，献兆于定姜。姜氏问繇。曰："兆如山陵，有夫出征，而丧其雄。"姜氏曰："征者丧雄，御寇之利也。大夫图之！"[3]卫人追之，孙蒯获郑皇耳于犬丘。

注释

1. 杜注：訾毋，"宋地"。《释文》："毋音无。"按：桐门为宋城门，亦见于杜注。
2. 杨注："襄牛，卫地。"
3. "兆如山陵"及其下凡三句为繇辞。"陵""雄"二字同在曾星笠先生《古韵三十部谐声谱》的膺摄（段玉裁《六书音均表》第六部），"征"字在曾先生《韵谱》婴摄（段《表》第十一部），"征"与"陵""雄"韵近。《易·蒙卦·上九》"利御寇"（一本"利"下有"用"字），孔疏："若物从外来，为之捍御，则物咸附之，故利用御寇也。"定姜据繇辞判断出征者丧雄为御寇者之利，所以提议卫国大夫考虑追击敌人。

原文

秋七月，楚子囊、郑子耳（伐）〔侵〕[4]我西鄙。还，围萧。八月丙寅，克之。九月，子耳侵宋北鄙。

孟献子曰："郑其有灾乎！师竞已甚。周犹不堪竞，况郑乎？[5]

有灾,其执政之三士乎?"

莒人间诸侯之有事也,故伐我东鄙。[6]

诸侯伐郑。齐崔杼使大子光先至于师,故长于滕。己酉,师于牛首[7]。

注释

4 依阮元等《校勘记》改。

5 杜注:"竞,争竞也。周,谓天王。"(《释文》:"争,争斗之争。")杨注:"竞,相争也。已,太也。周谓周王室。以天子之尊尚不堪屡用兵。"言下之意,郑国更无力屡次用兵了。

6 这里"间"字与《左传》庄八年"使间公"的"间"义同。《广雅·释诂》:"间,觇也。"王氏《疏证》卷三下:"《孟子·离娄篇》'王使人瞯夫子',瞯与间声义相近。"按:《说文》:"间,隙也。"段注:"间者,隙之可寻者也。"用作动词,则寻其隙也叫作间,所以杨注说:"间,今言钻空子。"莒人乘诸侯有兵事之机,钻空子侵犯鲁东部边境。

7 牛首,杜注:"郑地。"

原文

初,子驷与尉止有争。将御诸侯之师,而黜其车。尉止获,又与之争。子驷抑尉止曰:"尔车非礼也。"遂弗使献。初,子驷为田洫,司氏、堵氏、侯氏、子师氏皆丧田焉。故五族聚群不逞之人,因公子之徒以作乱。[1]

于是子驷当国,子国为司马,子耳为司空,子孔为司徒。冬十月戊辰,尉止、司臣、侯晋、堵女父、子师仆帅贼以入,晨攻执政于西宫之朝,杀子驷、子国、子耳,劫郑伯以如北宫。子孔知之,故不死。书曰"盗",言无大夫焉。[2]

注释

❶ “黜其车”，杜注：“黜，减损。”意思是子驷要求尉止减少出车之数。“尉止获”，杜注：“获，囚俘。”尉止在战场上有囚浮，本应受到郑国当政者嘉奖，可是子驷仍以“非礼”为由抑制尉止部下车数，杜注：“言女车犹多过制。”子驷变本加厉，“遂弗使献”，杜注：“不使献所获。”其实也就是不承认尉止及其部属的战功。杜注：“洫，田畔沟也。子驷为田洫以正封疆而侵四族田。”为了多占田产，子驷早就侵犯过四族；在御牛首之师一战中，子驷利用权势压抑尉止：所以五族联手，聚集了一群心有不快的人作乱，他们一齐把矛头对准了子驷之党。

❷ 杜注：“尉止等五人皆士也。大夫谓卿。”按：这是对《春秋经》书“盗”的解说。因为作乱者尉止之流皆非大夫，只够得上称为“盗”的资格，所以《春秋经》只能那样写。

原文

子西闻盗，不儆而出，尸而追盗。盗入于北宫。乃归授甲，臣妾多逃，器用多丧。子产闻盗，为门者，庀群司，闭府库，慎闭藏，完守备，成列而后出，兵车十七乘；尸而攻盗于北宫，子蟜帅国人助之；杀尉止、子师仆，盗众尽死。❸侯晋奔晋，堵女父、司臣、尉翩、司齐奔宋。

子孔当国，为载书，以位序、听政辟。大夫、诸司、门子弗顺。将诛之；子产止之，请为之焚书。子孔不可，曰：“为书以定国。众怒而焚之，是众为政也，国不亦难乎？”子产曰：“众怒难犯，专欲难成。合二难以安国，危之道也。不如焚书以安众，子得所欲，众亦得安，不亦可乎？专欲无成，犯众兴祸。子必从之！”乃焚书于仓门之外，众而后定。❹

注释

❸ 这里写子西与子产在动乱面前采取的两种不同的措施与效果，借子西以反衬子产的政治才能。“为门者”，杜注：“置守门。”“庀群司”，杜注：“具众官。”“兵车十七乘”，杜注：“千二百七十五人。”这是按一乘七十五人计算，对付“五族”不逞之人与“公子之徒”的力量是足够了。“尸而攻盗于北宫”，先临尸（收敛尸体）而后向聚集在北宫的群盗进攻。

❹ 孔疏：“于时郑伯幼弱，政在诸卿，国事相与议之，不得一人独决。子孔性好专权，自以身既当国，望其一听于己，新经祸乱，与大夫设盟，为盟载之书曰：自群卿诸司以下，皆以位之次序，一听执政之法，悉皆禀受成旨，不得干与朝政，令其权柄在己也。”子孔所为，侵犯了郑国卿大夫、诸司以及门子的权利，树敌众多，这些敌人都想杀了子孔。子产考虑到载书不除将会引起又一场动乱，所以向子孔晓以利害，建议焚除载书。子孔终于接受了子产的意见，焚载书于仓门，安定了众心。“子得所欲”句，杜注：“欲为政也。”止此而已，不是让子孔独掌乾坤，杜注是注意了分寸的。

原文

诸侯之师城虎牢而戍之。晋师城梧及制，士鲂、魏绛戍之。[1]书曰“戍郑虎牢”，非郑地也，言将归焉。郑及晋平。

楚子囊救郑。十一月，诸侯之师还[2]郑而南，至于阳陵。楚师不退。知武子欲退，曰：“今我逃楚，楚必骄。骄则可与战矣。”栾黡曰：“逃楚，晋之耻也。合诸侯以益耻，不如死！我将独进！”师遂进。

已亥，与楚师夹颍而军。子(矫)〔蟜〕曰：“诸侯既有成行，必不战矣。从之将退，不从亦退。退，楚必围我。犹将退也，不如从楚，亦以退之。”[3](霄)〔宵〕涉颍，与楚人盟。栾黡欲伐郑师，荀罃不可,曰:“我实不能御楚,又不能(庀)〔庇〕郑,郑何罪?不如致怨焉而还。今伐其师,楚必救之。战而不克,为诸侯笑。克不可命,不如还也!”❹

丁未,诸侯之师还,侵郑北鄙而归。楚人亦还。

注释

❶ 杜注:“梧、制,皆郑旧地。”按:杨注谓制即虎牢,梧、制相近。

❷ 杜注:“还,绕也。”《释文》:“还,本又作环。”可见“还”不是“还归”之还,而如杨注所说,是“围绕而行”。

❸ “既有成行,必不战矣”,杜注:“言有成去之志。”杨注:“谓退兵之准备已完成。”意思是众诸侯束装待归,不欲再战。“从之将退,不从亦退”,杜注:“从犹服也。”意思是无论服晋与否,诸侯都会退兵,晋也会退兵。《经传释词》卷一:“犹,犹‘均’也。物相若则均,故犹又有均义……‘犹将退’,均将退也。”意思是:既然同样要退,那我们就不如从(服)楚以退楚。

❹ “致怨焉而还”,杜注:“致怨为后伐之资。”杨注:“致怨谓使郑怨楚,盖郑服于楚,楚必诛求无厌。”这里杨先生的解说更为明白。“克不可命”,杜注:“胜负难要,不可命以必克。”杨注:“犹言胜不可必。命,信也,有信心之谓。”按:“命,信也。”见《国语·周语下》记叔向语。

原文

王叔陈生与伯舆争政。王右伯舆。王叔陈生怒而出奔,及河;王复之,杀史狡以说焉。不入,遂处之。晋侯使士匄平王室,王叔与伯舆讼焉。王叔之宰与伯舆之大夫瑕禽坐狱于王庭,士匄听之。❶王叔之宰曰:“筚门闺窦之人而皆陵其上,其难为上矣!”瑕禽曰:“昔平王东迁,吾七姓从王,牲用备具;王赖之,而赐之骍旄之盟,曰:‘世世无失职!’若筚门闺窦,其能来东底乎?且王何赖焉?今自王叔之相也，政以贿成，而刑放于宠，官之师旅不胜其富，吾能无筚门闺窦乎？[2]唯大国图之！下而无直，则何谓正矣？"范宣子曰："天子所右，寡君亦右之；所左，亦左之。"使王叔氏与伯舆合要，王叔氏不能举其契。[3]王叔奔晋。不书，不告也。单靖公为卿士，以相王室。

注释

❶ 王叔陈生，伯舆，杜注说"二子，王卿士"。杨注指出"争政犹争权"。杜注："右，助。"周王帮伯舆，这就让王叔发火了。"王复之，杀史狡以说焉"，这里"说"音义同"悦"，杜注："说王叔也。"可见周王还想做出不偏不倚的样子。"王叔与伯舆讼焉"，杜注："争曲直。"又说："狱，讼也。周礼：命夫命妇不躬坐狱讼，故使宰与属大夫对争曲直。"士匄奉晋侯之命平王室，不能不听双方的辩论。

❷ 据《释文》，"闺窦"，闺一作圭。杜注："筚门，柴门。闺窦，小户穿壁为户，上锐下方，状如圭也。言伯舆微贱之家。"又说："平王徙时，大臣从者有七姓，伯舆之祖皆在其中，主为王备牺牲，共祭祀。王恃其用，故与之盟，使世守其职。骍旄，赤牛也。举骍旄者，言得重盟不以犬鸡。"王叔之宰瞧不起伯舆出身寒微，伯舆之大夫瑕禽为伯舆辩护，如孔疏所说，"言其世贵也"。下文杜注："言我若贫贱，何能来东，使王恃其用而与之盟邪？"杨注："'来东厎'犹言来东而安止也。"这样讲较好。《左氏》下文记瑕禽批评王叔的政治，转守为攻，杜注："随财制政。宠臣专刑不任法。师旅之长皆受赂。言王叔之属富，故使吾贫。"王叔相王室，政治腐败，"吾能无筚门闺窦乎"，能不穷吗？

❸ "下而无直，则何谓正矣"，杜注："正者不失下之直。"孔疏："瑕禽自云已有直理，不被上知，则是使下无直，在上何谓正矣。"引刘炫的话："劝宣子使心正矣。"孔疏又说："合要者，使其各为要约言语，两相辩答……王叔无以应之，故不能举其要约之辞也。"杨注："若在下位者虽有理而不能为直，则不可谓正。""合要，谓前此两方相争之罪状、证辞等取而合之。契即要辞之契券。"这样讲，比

旧注疏更为明确。

经十有一年[1]

原文

春，王正月，作三军。[2]

夏，四月，四卜郊；不从，乃不郊。[3]

郑公孙舍之帅师侵宋。

公会晋侯、宋公、卫侯、曹伯、齐世子光、莒子、邾子、滕子、薛伯、杞伯、小邾子，伐郑。

秋，七月(已)〔己〕未，同盟于亳城[4]北。

公至自伐郑。

楚子、郑伯伐宋。

公会晋侯、宋公、卫侯、曹伯、齐世子光、莒子、邾子、滕子、薛伯、杞伯、小邾子，伐郑。会于萧鱼。[5]

公至自会。

楚人执郑行人良霄。

冬，秦人伐晋。

注释

❶ 鲁襄公十一年，为公元前562年，周灵王十年。

❷ 前人关于春秋时代军制的研究，说法很多。我们认为杜注、孔疏各备一说。杜注说是“增立中军”，孔疏说是“旧军尽废而全改作之，故云‘作三军’也”。

❸ 卜郊非礼。《经》僖卅一年注可参。

❹ “亳城”，《公》《穀》“亳”作“京”。阮元等《校勘记》引惠栋的意见，认为“亳”当作“京”。船山先生《春秋稗疏》也认为“二《传》作‘京’者是已”“左氏之《传》误”。杨注据田野考古资料与其他

文献证明杜注“亳城，郑地”之不误，今从之。然则《公》《穀》二传以经文“亳”为“京”，实误。

5 杜注：“萧鱼，郑地。”据本年《左传》，萧鱼之会在十二月，《经》置此会于秋，误。

传十一年

原文

春，季武子将作三军，告叔孙穆子曰：“请为三军，各征其军。”穆子曰：“政将及子，子必不能。”武子固请之。穆子曰：“然则盟诸？”乃盟诸僖闳，诅诸五父之衢。[1]

正月，作三军，三分公室而各有其一。三子各毁其乘。季氏使其乘之人，以其役邑入者无征，不入者倍征。孟氏使半为臣，若子若弟。叔孙氏使尽为臣，不然不舍。[2]

注释

1 杜注：“鲁本无中军，唯上下二军，皆属于上，有事三卿更帅以征伐。季氏欲专其民人，故假立中军，因以改作。”杨注：“此谓‘作三军’，明非仅增加一军而已，乃改组并重新编制，组成三军。”这里杜、杨二注颇不一致。“各征其军”，杜注：“征，赋税也。三家各征其军之家属。”杨注：“据下文，不过由三家各有一军耳。”这里杜、杨二注意思迥别。我们认为杜注固然未必合理，未必合符原意，而杨注所谓“据下文”，亦未必道出下文原意。“政将及子，子必不能”，杜注：“政者，霸国之政令。礼：大国三军。鲁，次国而为大国之制，贡赋必重，故忧不能堪。”杨注：“叔孙意谓不久政权将及于尔……恐季孙一人专政权、军权，不能团结三家。”依杜注，则“政将及子”的政读如“征税”之“征”；依杨注，则“政”为政权之政。为预防变故而落实责任，叔孙穆子要求与季武子设立盟誓。“盟诸僖闳，诅诸五父之衢”，杜注谓“僖闳”为僖宫之门，“五父，衢道名"，"诅"者"以祸福之言相要"。杨注于此无异议。

❷ "三子各毁其乘"，乘读 shèng，杜注："坏其军乘，分以足成三军。"孔疏："今既三分公室，所分得者即是己有，不须更立私乘，故三子各自毁坏旧时车乘部伍，分以足成三军也。"但是三家各毁其私乘之法并不相同。依杜注：季氏之法，"使军乘之人率其邑役入季氏者无公征，不入季氏者则使公家倍征之"；孟氏之法，"取其子弟之半也，四分其乘之人，以三归公而取其一"；叔孙氏之法，"尽取子弟，以其父兄归公"。孔疏："役谓共官力役，则今之丁也。邑谓赋税，若今之租调也。以其役之与邑皆求入季氏者，则无公征也。若不以入季氏者，则使公家倍征之。""叔孙氏臣其子弟，不臣父兄，谓取二分而二归公也。"注、疏皆引《传》昭五年解说"三分公室"之事，可参考，不具录。"孟氏使半为臣，若子若弟"句下，杨注："若，或也。其入军籍皆年青力壮，或自由民之子，或自由民之弟，而皆以奴隶待之，其父兄则为自由民。""叔孙氏则仍实行奴隶制，凡其私乘，本皆奴隶，今补入其军中者亦皆奴隶。'不然不舍'仅就叔孙言之，谓不如此不改置。"按：杨注义长，当从之。

原文

郑人患晋、楚之故，诸大夫曰："不从晋，国几亡。楚弱于晋，晋不吾疾也。晋疾，楚将辟之。何为而使晋师致死于我？楚弗敢敌，而后可固与也。"子展曰："与宋为恶，诸侯必至，吾从之盟。楚师至，吾又从之，则晋怒甚矣。晋能骤来。楚将不能，吾乃固与晋。"大夫说之。

使疆埸之司恶于宋。❸宋向戌侵郑，大获。子展曰："师而伐宋可矣。若我伐宋，诸侯之伐我必疾；吾乃听命焉，且告于楚。楚师至，吾(乃)〔又〕与之盟，而重赂晋师，乃免矣。"❹

注释

❸ 杜注："使守疆埸之吏侵犯宋。"杨注："使邻宋国边境官吏向宋挑

衅。"按:杜注可通。杨注更为明确。

④ 杜注:"言如此乃免于晋楚之难。"杨注:"免于年年遭兵患而亡国也。"这里杜、杨两注义归一致,皆可通。

原文

夏,郑子展侵宋。四月,诸侯伐郑。己亥,齐大子光、宋向戌先至于郑,门于东门。其莫,晋荀罃至于西郊,东侵旧许。卫孙林父侵其北鄙。六月,诸侯会于北林,师于向。右还,次于琐。围郑,观兵于南门,西济于济隧。[1]郑人惧,乃行成。

秋七月,同盟于亳。范宣子曰:"不慎,必失诸侯。诸侯道敝而无成,能无贰乎?"乃盟。载书曰:"凡我同盟,毋蕴年,毋壅利,毋保奸,毋留慝,救灾患,恤祸乱,同好恶,奖王室。或间兹命,司慎司盟、名山名川、群神群祀、先王先公、七姓十二国之祖,明神殛之!俾失其民,队命亡氏,踣其国家。"[2]

楚子囊乞旅于秦。秦右大夫詹帅师从楚子,将以伐郑。郑伯逆之。丙子,伐宋。

注释

① "门于东门"是进攻东门。"其莫",指那个傍晚。"旧许",杜注:"许之旧国,郑新邑。"北林,向,琐,皆地名。杜注:"济、隧,水名。"按:上文"西济"之"济"自是"渡过"的意思,动词。

② 这是《左传》记载的又一篇载书(盟誓之辞)。"蕴年",杜注:"蕴积年谷而不分灾。"杨注义同。"壅利",杜注:"专山川之利。"这一句与上一句都有"毋"字领头,则两句意思都与注释说的相反,就是禁止"蕴年",不准"壅利"。"奖王室",杜注:"奖,助也。"这样说是对的,这里"奖"不应该是别的意思。"或间兹命",杨注:"间,犯也。"正可补杜注、孔疏之阙。"司慎司盟",杜注:"二司,天神。""七姓十二国之祖",杜注:"七姓:晋鲁卫郑曹滕,姬姓;

邾、小邾，曹姓；宋，子姓；齐，姜姓；莒，己姓；杞，姒姓；薛，任姓。实十三国，言‘十二’，误也。”孔疏引服虔说，谓“晋主盟，不自数”，可是孔疏不赞成服氏说。杨注取俞曲园说，认为“此时郑尚未与盟，故不数之”，这样说是对的，《左氏》言十二，不误。“或间兹命”以下，是说天地人神必将对违犯盟约者采取的严厉惩罚。

原文

九月，诸侯悉师以复伐郑。郑人使良霄、大宰石㚟[3]如楚，告将服于晋，曰：“孤以社稷之故，不能怀君。君若能以玉帛绥晋；不然则武震以摄威之，孤之愿也。”楚人执之。书曰“行人”，言使人也。

诸侯之师观兵于郑东门，郑人使王子伯骈行成。甲戌，晋赵武入盟郑伯。冬十月丁亥，郑子展出盟晋侯。十二月戊寅，会于萧鱼。庚辰，赦郑囚，皆礼而归之；纳斥候[4]，禁侵掠。晋侯使叔肸告于诸侯，公使臧孙纥对曰：“凡我同盟，小国有罪，大国致讨；苟有以借手[5]，鲜不赦宥：寡君闻命矣。”

注释

3. “㚟”字怎么读？《释文》：“敕略反。”杨注谓“音与龊相近”。用现代汉语拼音，这个字音与 chuò 相近，姑且就读 chuò 吧。
4. 杨注：“斥候即侦察兵与巡逻兵。纳，收回。”将侦察兵与巡逻兵收回，意思是这些兵没有什么用了，也就是杜注所谓“不相备也”。
5. “借手”，杜注说是“借手之功”，意思仍然不明白。杨注：“据服虔注，少有所得皆可言‘借手’。”姑从之。

原文

郑人赂晋侯以师悝、师触、师蠲；广车、𫐌车淳十五乘，甲兵备，凡兵车百乘；歌钟二肆，及其镈、磬；女乐二八。[1]

晋侯以乐之半赐魏绛，曰：“子教寡人和诸戎狄以正诸华，八年之中九合诸侯，如乐之和，无所不谐。请与子乐之。”辞曰：“夫和戎狄，国之福也。八年之中九合诸侯，诸侯无慝，君之灵❷也，二三子之劳也。臣何力之有焉？抑臣愿君安其乐而思其终也。《诗》曰：‘乐只君子，殿天子之邦。乐只君子，福禄攸同。便蕃左右，亦是帅从。’夫乐以安德，义以处之，礼以行之，信以守之，仁以厉之，而后可以殿邦国、同福禄、来远人，所谓乐也。❸《书》曰：‘居安思危。’思则有备，有备无患。敢以此规！❹”公曰：“子之教，敢不承命？抑微子，寡人无以待戎，不能济河。夫赏，国之典也；藏在盟府，不可废也。子其受之！”魏绛于是乎始有金石之乐，礼也。❺

秦庶长鲍、庶长武帅师伐晋以救郑。鲍先入晋地。士鲂御之，少秦师而弗设备。壬午，武济自辅氏，与鲍交伐晋师。己丑，秦、晋战于栎，晋师败绩，易秦故也。

注释

❶ 悝读 kuī。蠲读 juān。輴读 tún。杜注：“悝、触、蠲，皆乐师名。广车、輴车，皆兵车名。淳，耦也。”又说：“肆，列也。县蘧十六为一肆。二肆，三十二枚。镈、磬，皆乐器。”所谓“女乐二八”，杜注：“十六人。”孔疏：“郑玄云：广车，横陈之车也。服虔云：輴车，屯守之车也。”又说：“言歌钟者，歌必先金奏，故钟以歌名之……刘炫云：传言‘歌钟二肆及其镈磬’，则镈磬亦二肆。肆之为名，实由钟磬相对……若磬无二肆，则‘半赐魏绛’无磬矣，安得有金石也？”今按：关于“广车、輴车淳十五乘”句，杨注：“淳同纯……此淳亦耦义。意谓广车与輴车相配为一淳，各十五乘，合共三十乘。”关于“歌钟二肆”句，杨注：“考所出土之编钟，肆、堵之数并不一定。”又说：“以实物证明，似可论断，音调音阶完备能演奏而成乐曲者始得为一肆。”我们认为既有实物可证，则杨注可从。

❷ 杨注：“灵，威也。”按：威者声威，灵者神通，指感召力、影响力而言。

❸ 引诗见《诗·小雅·采菽》,文字略有不同。杜注:"谓诸侯有乐美之德,可以镇抚天子之邦。殿,镇也。攸,所也。便蕃,数也。言远人相帅来服从,便蕃然在左右。"孔疏:"旨,美也……既能镇邦国、受福禄,虽复疏远之人,便蕃然数来,在其左右……"杨注认为"便蕃"是"得治之意","左右""皆谓附近小国",此外并无异议。"乐以安德"句以下,杜注:"言五德皆备乃为乐,非但金石。"今按:"乐以安德"之"乐"指音乐(杨注已很明确),"所谓乐也"之"乐"与前文"与子乐之"相呼应,应读 lè。

❹ "《书》曰",杜注:"逸《书》。"伪古文《尚书·周官》"居宠思危"不足为《左传》引《书》"居安思危"的出处。倘若《逸周书·程典》为春秋或春秋之前的文献,则其中"於安思危"的说法可以视为"居安思危"的源头。我们相信春秋时期已有基本相同的说法,《战国策·楚策四》"虞卿谓春申君"章:"臣闻之《春秋》:於安思危,危则虑安。"可以作一旁证。这个"於安思危"的"於"作"于"讲,也通;但我们认为这里应作"居"讲,《广雅·释诂二》:"於,居也。"又,"居安思危"的思想很重要,无论国家、政党抑或个人,都应该具备忧患意识。"敢以此规"的规,有规劝、规正的意思,前贤的注解很对。

❺ "于是乎始有金石之乐",意思很明白:这以前是没有金石之乐的。"礼也":晋侯赐予之,也算合礼;若非国君赐予,是不应该有的。须知当时社会各阶层用乐实有等级之分。

经十有二年[1]

原文

春,王(二)〔三〕月,莒人伐我东鄙,围台。

季孙宿帅师救台,遂入郓。

夏,晋侯使士鲂来聘。

秋,九月,吴子乘[2]卒。

冬,楚公子贞帅师侵宋。

公如晋。

注释

❶ 鲁襄公十二年,当公元前561年,周灵王十一年。

❷ 乘,同年《左传》作“寿梦”。阮元等《校勘记》引钱大昕的说法,谓“寿梦”与“乘”有双声叠韵的关系,“乘”是“并两字为一言”。而《左氏》襄十年孔疏引服虔说,已有“数语共成一言”的讲法。或认为“当是名字之异”。总之,《春秋经》之“乘”与《左传》之“寿梦”为同一人。请参看《左传》襄十年注。

传十二年

原文

春,莒人伐我东鄙,围台。季武子救台,遂入郓,取其钟以为公盘。夏,晋士鲂来聘,且拜师。

秋,吴子寿梦卒。临于周庙,礼也。凡诸侯之丧,异姓临于外,同姓于宗庙,同宗于祖庙,同族于祢庙。是故鲁为诸姬临于周庙,为邢、凡、蒋、茅、胙、祭临于周公之庙。[1]

注释

❶ 《左传》宣十二年杜注:“临,哭也。”《左传》襄十二年杜注:“周庙,文王庙也。周公出文王,故鲁立其庙。吴始通,故曰礼。”孔疏:“杜以下文‘周庙’尊于‘周公之庙’,知是文王庙也……鲁卫有大功德,王命立之,是其正也。”所谓“异姓临于外”,杜注认为是临“于城外向其国”。所谓“同姓于宗庙”,杜注认为这是临于“所出王之庙”,孔疏认为这“宗庙”就是“周庙”。依杜注,《左传》下文意思是:同宗之丧则临于“始封君之庙”即祖庙,同族之

丧即高祖以下之丧则临于父庙(即祢庙)。鲁为诸姬之丧当临于所出王之庙,因为诸姬皆同姓;为邢、凡、蒋、茅、胙、祭出者丧则临于祖庙即周公之庙,因为邢凡蒋茅胙祭"六国皆周公之支子别封为国,共祖周公"。又,这里"胙"可读 zuò,"祭"应读 zhài。

原文

冬,楚子囊、秦庶长无地伐宋,师于杨梁,以报晋之取郑也。

灵王求后于齐。齐侯问对于晏桓子,桓子对曰:"先王之礼辞有之。天子求后于诸侯,诸侯对曰:'夫妇所生若而人,妾妇之子若而人。'无女而有姊妹及姑姊妹,则曰:'先守某公之遗女若而人。'"❷齐侯许昏。王使阴里(逆)〔结〕之。❸

公如晋,朝,且拜士鲂之辱,礼也。

秦嬴归于楚。楚司马子庚聘于秦,为夫人宁,礼也。❹

注释

❷ "夫妇所生若而人",杜注:"不敢誉,亦不敢毁,故曰若如人。"阮芝生《左传杜注拾遗》:"若而人犹云若干人也。"杨注:"夫妇所生,谓己及嫡配所生。"杨先生关于"若而人"的解释取阮芝生说。"妾妇之子若而人",杜注:"言非適也。"意指己及非嫡配(妾)所生。"先守某公之遗女若而人",杨注:"先守,犹言先君。若为姊妹,则某公用其父之谥;若为姑姊妹,则用其祖之谥。"按:这里杨师伯解说至确。所谓姑姊妹,即父亲之姊妹。"姑姊"之称,今湘西南方言犹存。

❸ "王使阴里结之",杜注:"阴里,周大夫。结,成也。"杨注:"结,结言……盖即口头约定之意。"杨先生举文献为证,其说可信。我们认为"结"就是结成二姓之好。派使者结之,实即派使者充当媒人。

❹ 杜注:"子庚,庄王子午也。诸侯夫人父母既没,归宁使卿,故曰

礼。”孔疏：“此事不见于《经》，而《传》自广记备言以明礼之事耳。”“父母并在，则身自归宁。若父没母存，身不自归，则亦使卿宁也。杜云‘父母既没’，连言之耳。”按：这里说的诸侯夫人归宁之礼，有根据，但并不完整。请参看拙著《中国礼制史·先秦卷》第五章、第六章相关论说。

经十有三年[1]

原文

春，公至自晋。
夏，取邿。[2]
秋，九月庚辰，楚子审卒。
冬，城防。[3]

注释

❶ 鲁襄公十三年，即公元前560年，周灵王十二年。

❷ 《释文》：“邿，音诗。”是邿可读shī。杜注：“邿，小国也。”又说：“传例曰：书‘取’，言易也。”按：此传例即见于本年《左传》。

❸ 楚子审，杜注：“共王也。”按：“城防”之防，地名。

传十三年

原文

春，公至自晋。孟献子书劳于庙，礼也。[1]

夏，邿乱，分为三。师救邿，遂取之。凡书“取”，言易也；用大师焉曰“灭”，弗地曰“入”。[2]

荀罃、士鲂卒。晋侯蒐于绵上以治兵，使士匄将中军，辞曰：“伯游长。昔臣习于知伯，是以佐之，非能贤也。请从伯游。”荀偃将中军,士匄佐之。使韩起将上军,辞以赵武。又使栾黡,辞曰:“臣不如韩起。韩起愿上赵武,君其听之。”使赵武将上军,韩起佐之。栾黡将下军,魏绛佐之。新军无帅,晋侯难其人,使其什吏率其卒乘官属以从于下军,礼也。晋国之民是以大和,诸侯遂睦。

注释

❶ 杜注:“书勋劳于策也。”引《传》桓二年以及十六年,然后说:“还告庙及饮至及书劳三事,偏行一礼则亦书‘至’,悉阙乃不书‘至’,《传》因献子之事以发明凡例,《释例》详之。”孔疏:“其书劳与策勋一也。《周礼》‘王功曰勋,事功曰劳’,对则勋大而劳小,故《传》变文以包之。注云‘书勋劳于策’,明其不异也。”杨注:“此言书劳即桓二年《传》之策勋。”按:上引注疏说是。

❷ “凡书‘取’,言易也”以下,杜注:“不用师徒及用师徒而不劳,虽国亦曰‘取’。敌人距战,斩获俘馘用力难重,虽邑亦曰‘灭’。”杨注无异议。“弗地曰入”,杜注:“谓胜其国邑不有其地。”孔疏:“入谓入其都邑,制其民人。当入之日,与‘灭’亦同,但寻即去之,不为己有……”按:书“取”书“灭”书“入”之为通例,注疏已经说得很清楚。

原文

君子曰:“让,礼之主也。范宣子让,其下皆让。栾黡为(汰)〔汏〕,弗敢违也。晋国以平,数世赖之,刑善也夫! 一人刑善,百姓休和,可不务乎?❸《书》曰:‘一人有庆,兆民赖之,其宁惟永’,其是之谓乎!❹周之兴也,其诗曰:‘仪刑文王,万邦作孚’,言刑善也。及其衰也,其诗曰:‘大夫不均,我从事独贤。’言不让也。❺世之治也,君子尚能而让其下,小人农力以事其上,是以上下有礼而谗慝黜远,由不争也,谓之懿德。❻及其乱也,君子称其功以加小人,小人伐其技以冯君子,是以上下无礼,乱虐并生,由争善也,谓之昏德。❼国家之敝,恒必由之。"

注释

❸ 杜注:"刑,法也。"刑善就是制定了好法令。"百姓休和"以下,杨注:"百姓谓百官族姓,与今日言百姓意义不同。务谓尽力于此。"按:两注皆是。

❹ 引《书》见《周书·吕刑》。杜注:"一人,天子也。宁,安也。永,长也。义取上有好善之庆,则下赖其福。"杨注认为"一人"泛指在上者,"庆"即"善也","赖之"即"受其利","赖"即"利也",更为准确。

❺ "仪刑文王"两句见《诗·大雅·文王》,杜注:"言文王善用法,故能为万国所信。孚,信也。"孔疏:"仪,善也。刑,法也。"杨注:"仪刑,同义动词连用,犹言效法。"关于"仪刑"的解释,自当以杨先生说为佳。"大夫不均,我从事独贤"两句见《诗·小雅·北山》,杜注:"刺幽王役使不均,故从事者怨恨,称己之劳,以为独贤为让心。"孔疏:"我所以特从王事者,在上独以我为贤,自云己贤是不让也。"杨注:"贤,多也。但引此诗者则读贤为贤能,解诗意为自夸而不相让。"上引杜注、孔疏,还有《左氏》本文,都把《小雅·北山》的"独贤"误解了。杨注是对的。

❻ 王氏父子说:"'农力以事其上'与'尚能而让其下'对文,则农力非耕田之谓也。《广雅》:'农,勉也。'言勉力以事其上也。(王氏自注:农力犹努力,语之转耳。)小人,谓在下之人,亦非谓庶民也。"(《经义述闻》卷十八)杨注从之,又说:"懿,美也。"按:懿德自是美德。

❼ 杜注:"加,陵也。君子,在位者。冯亦陵也。自称其能为伐。""争善也",杜元凯说是"争自善也"。今按:古人重视礼让,以为美德。伐技称功而争善,那是昏德,不可谓明,不可取。

原文

楚子疾,告大夫曰:"不穀不德,少主社稷。生十年而丧先君,未及习师保之教训而应受多福[1]，是以不德，而亡师于鄢以辱社稷，为大夫忧，其弘多矣。若以大夫之灵，获保首领以殁于地，唯是春秋窀穸之事、所以从先君于祢庙者，请为'灵'若'厉'。[2]大夫择焉！"莫对。及五命乃许。

秋，楚共王卒。子囊谋谥。大夫曰："君有命矣。"子囊曰："君命以共，若之何毁之？赫赫楚国而君临之，抚有蛮夷、奄征南海以属诸夏，而知其过，可不谓共乎？请谥之'共'！"[3]大夫从之。

注释

❶ 杜注："多福谓为君。"杨注用此说，又据朱彬《经传考证》谓"应读为膺"，认为"应受"是同义词连用，其说是。

❷ 窀读 zhūn，穸读 xī。杜注："窀，厚也。穸，夜也。厚夜犹长夜。春秋谓祭祀，长夜谓葬埋。"又说："从先君代为祢庙。欲受恶谥以归先君也：乱而不损曰灵，戮杀不辜曰厉。"孔疏："此云祢庙，即彼考庙也。""祢，近也。于诸庙父最为近也。"杨注："楚共谓'所以从先君于祢庙者'即指议谥而言。"依原文之意，楚共自愿受谥为"灵"或"厉"，带着这两个谥号中的任何一个进入祢庙（考庙）。按：身为大国之君，临终而愿意自我检讨，说自己的不是，这种精神颇为可贵；自设恶谥，表示愿意承受恶谥，这事情就实在有点奇特了。关于古之立谥，我们可以从这件事领悟若干意思如上。

❸ 这个"共"音义与"恭"相同。君临大国，恭勤于"抚有蛮夷、奄征南海以属诸夏"的大事业，能自知其过，够称得上"共"（恭）了。

原文

吴侵楚。养由基奔命，子庚以师继之。养叔曰："吴乘我丧，谓我不能师也，必易我而不戒。子为三覆以待我，我请诱之。"[1]子庚从之。战于庸浦，大败吴师，获公子党。

君子以吴为不吊。《诗》曰："不吊昊天，乱靡有定。"[2]

“冬，城防。”书事，时也。于是将早城，臧武仲请俟毕农事，礼也。

注释

❶ “易我”的“易”，与《传》襄十一年“易秦”的“易”义同，轻视的意思。杜注：“覆，伏兵。”按：《左传》前文已出现过这样的“覆”字。

❷ “君子以吴为不吊”，意思是君子认为吴不善（不好）。不吊就是不淑，不善，不好，说见王静安先生《观堂集林》卷二《与友人论诗书中成语书》之一。引诗见《诗·小雅·节南山》。杜注：“言不为昊天所恤则致乱也。”杨注：“意谓上天不以汝为善，因之国家祸乱无有安定。”我们认为“不吊昊天”就是昊天不吊，也就是昊天不善不好。昊天不好，不肯护佑下民，所以国家动乱不得安定。

原文

郑良霄、大宰石臭犹在楚。石臭言于子囊曰：“先王卜征五年而岁习其祥，祥习则行，不习则增修德而改卜。❸今楚实不竞，行人何罪？止郑一卿以除其逼，使睦而疾楚，以固于晋，焉用之？❹使归而废其使，怨其君以疾其大夫，而相牵引也，不犹愈乎？”楚人归之。

注释

❸ 杜注：“先征五年而卜吉凶也。征谓巡守征行。五年五卜皆同吉，乃巡狩。不习，谓卜不吉。”孔疏：“‘先征五年而卜其吉凶也’者，以谓征前五年而预卜之也。征训行也……大礼远行莫过巡守，故知征谓巡守也。”又说：“修德改卜，更以卜吉为始，又得五吉乃行也。”杨注认为“卜征”的征应该依郑众解为征伐，而不应从郑玄解为征行、巡守，又说：“征伐于五年以前开始卜卦，似无此事理，他书亦无此记载。”我们认为杨先生这里怀疑“征伐于五年以前开始卜卦”，表现了谨慎的态度。这样怀疑是对的，他书实无此

记载。然而杨先生这里关于"卜征"之"征"的解说从郑众而违郑玄,实在是错误的。这里"卜征"应该是卜问征行或巡狩之吉凶,先郑说实非而后郑可从。《尚书·尧典》:"五载一巡守"(今见于《舜典》)。小戴辑《礼记·王制》:"天子五年一巡守。"《周礼·秋官·大行人》:"王之所以抚邦国诸侯者……五岁遍省……"可见文献实有此类记载。巡守为天子大礼,当时卜问吉凶是可以理解的。至于五载一巡守未必为常制,那是另一个问题。又,这里说卜征不习则增修德而改卜,意在劝告楚国君臣改变外交政策,并非"卜征五年"。

❹ "竞"有强的意思,不竞即不强。杜注:"位不逼则大臣睦,怨疾楚则事晋固。"孔疏:"今止郑一卿于楚以除其国内相逼之患……使郑在家之人和睦而疾楚,以牢固事于晋。'焉用之',何须用此良宵留之于楚?"按:这中间牵涉国与国之间的关系,人与人之间的关系,旧注疏已经作了深入的考察。

经十有四年[1]

原文

春,王正月,季孙宿、叔老会晋士匄、齐人、宋人、卫人、郑公孙虿、曹人、莒人、邾人、滕人、薛人、杞人、小邾人,会吴于向。[2]

二月乙未朔,日有食之。

夏,四月,叔孙豹会晋荀偃、齐人、宋人、卫北宫括、郑公孙虿、曹人、莒人、邾人、滕人、薛人、杞人、小邾人,伐秦。

己未,卫侯出奔齐。

莒人侵我东鄙。

秋,楚公子贞帅师伐吴。

冬,季孙宿会晋士匄、宋华阅、卫孙林父、郑公孙虿、莒人、邾人于戚。[3]

注释

❶ 鲁襄公十四年,即公元前559年,周灵王十三年。

❷ 杜注:"叔老,声伯子也。鲁使二卿会晋,敬事霸国。晋人自是轻鲁币而益敬其使,故叔老虽介亦列于会也。"按:凡出使,通常都要设立任介副一职者。而《春秋经》书介者名字,实始于此。

❸《春秋经》称"人"之例有称"人"者位贱的意思,从本年《经》文应该也可以领会。

传十四年

原文

春,吴告败于晋。会于向,为吴谋楚故也。范宣子数吴之不德也,以退吴人。执莒公子务娄,以其通楚使也。

将执戎子驹支,范宣子亲数诸朝,曰:"来,姜戎氏!昔秦人迫逐乃祖吾离于瓜州,乃祖吾离被苫盖、蒙荆棘以来归我先君。❶我先君惠公有不腆之田,与女剖分而食之。今诸侯之事我寡君不如昔者,盖言语漏泄,则职女之由。诘朝之事,尔无与焉。❷与,将执女!"对曰:"昔秦人负恃其众,贪于土地,逐我诸戎。惠公蠲其大德,谓我诸戎:'是四岳之裔胄也,毋是翦弃。'赐我南鄙之田,狐狸所居,豺狼所嗥。我诸戎除翦其荆棘,驱其狐狸豺狼,以为先君不侵不叛之臣,至于今不贰。昔文公与秦伐郑,秦人窃与郑盟而舍戍焉,于是乎有殽之师:晋御其上,戎亢其下,秦师不复,我诸戎实然。譬如捕鹿,晋人角之,诸戎掎之,与晋踣之。戎何以不免?❸自是以来,晋之百役与我诸戎相继于时,以从执政,犹殽志也,岂敢离逷?今官之师旅无乃实有所阙以携诸侯,而罪我诸戎!我诸戎饮食衣服不与华同,贽币不通,言语不达,何恶之能为?不与于会,亦无瞢焉!"赋《青蝇》而退。宣子辞焉,使即事于会,成恺悌也。❹

于是子叔齐子为季武子介以会，自是晋人轻鲁币而益敬其使。[5]

注释

❶ 苫读 shàn。杜注："盖，苫之别名。蒙，冒也。"孔疏引《释器》："白盖谓之苫。"引孙炎云："白盖，茅苫也。"

❷ 这里"诘"读 jí，不读 jié。"与"读 yù，不读 yǔ。杜注："职，主也。诘朝，明旦。不使复得与会事。"范宣子把"言语漏泄"的责任推到戎子驹支身上，横蛮地宣布禁止他参加第二天早上的会议。

❸ 掎读 jǐ。踣读 bó。杜注："亢犹当也。掎其足也。踣，僵也。"孔疏："角之，谓执其角也。掎之，言戾其足也。前覆谓之踣。言与晋共倒之。"戎子认为诸戎对晋国有功，为何不免于罪呢？

❹ 逿，今作逖，读 tì，《说文》："远也。"按："离逖"可以视为意思相同的两个动词连用，解说为"远离""远去"亦通。"贽币不通"，杨注："谓与诸侯不相往来。"因为外交场合用贽币为礼物，贽币不通，自是没有外交活动，故贽币无用。"亦无瞢焉"，瞢读 méng，杜注："瞢，闷也。"戎子的意思：不让他参加会议，他也不致于烦闷。"赋《青蝇》而退"，杜注："《青蝇》，《诗·小雅》。取其'恺悌君子，无信谗言'。"这样讲，很准确。"宣子辞焉"，杜注："辞，谢。"这也是对的。我们感兴趣的是：戎子驹支竟能赋《诗》而恰到好处，范宣子竟能接受戎子的批评，实耐人寻味。

❺ 杜注："齐子，叔老谥也。言晋敬鲁使，《经》所以并书二卿。"杨注认为"轻鲁币"意思是"减轻鲁国之献礼"。

原文

吴子诸樊既除丧，将立季札。[1]季札辞曰："曹宣公之卒也，诸侯与曹人不义曹君，将立子臧。子臧去之，遂弗为也，以成曹君，君子曰'能守节'。君，义嗣也，谁敢奸君？有国非吾节也。札虽不才，愿附于子臧，以无失节。"[2]固立之，弃其室而耕，乃舍之。

注释

1. 杜注："诸樊，吴子乘之长子也。""札，诸樊少弟。"
2. 杜注："诸樊，適子，故曰义嗣。"杨注："奸，犯也。"按：诸侯与曹人"将立子臧"为曹君而子臧去之，事见《左传》成十五年。子臧其时说过"为君非吾节也"这样的话，所以季札这里说"有国非吾节也"。"愿附于子臧，以无失节"，意思是愿效法子臧不失操守。

原文

夏，诸侯之大夫从晋侯伐秦，以报栎之役也。晋侯待于竟，使六卿帅诸侯之师以进。及泾，不济。叔向见叔孙穆子，穆子赋《匏有苦叶》，叔向退而具舟。[1]鲁人、莒人先济。郑子蟜见卫北宫懿子曰："与人而不固，取恶莫甚焉，若社稷何？"懿子说。二子见诸侯之师而劝之济。济泾而次。秦人毒泾上流，师人多死。郑司马子蟜帅郑师以进，师皆从之。至于棫林，不获成焉，荀偃令曰："鸡鸣而驾，塞井夷灶，唯余马首是瞻！"栾黡曰："晋国之命，未是有也。余马首欲东。"乃归，下军从之。左史谓魏庄子曰："不待中行伯乎？"庄子曰："夫子命从帅，栾伯吾帅也，吾将从之。从帅，所以待夫子也。"伯游曰："吾(今)〔令〕实过，悔之何及，多遗秦禽。"乃命大还。晋人谓之"迁延之役"。[2]

栾鍼曰："此役也，报栎之败也。役又无功，晋之耻也。吾有二位于戎路，敢不耻乎？"与士鞅驰秦师，死焉。士鞅反。栾黡谓士匄曰："余弟不欲往，而子召之。余弟死，而子来，是而子杀余之弟也。弗逐，余亦将杀之。"士鞅奔秦。

于是齐崔杼、宋华阅、仲江会伐秦。不书，惰也。向之会亦如之。卫北宫括不书于向，书于伐秦，摄也。[3]

注释

❶《匏有苦叶》见《诗·邶风》。杜注:“义取于‘深则厉,浅则揭’,言己志在于必济。”按:《传》下文说“叔向退而具舟”,可知叔向听穆子赋诗之后,取其必济之义。

❷“吾今实过,悔之何及,多遗秦禽”:“今”当作“令”,说见阮元等《校勘记》。王怀祖说:“多,读为‘亦祇以异’之祇。祇,适也。言我若不归,则适为秦所禽获而已。多与祇,古同声而通用。”(《经义述闻》卷十八)杨注从之。“大还”,杨注:“全军撤回。”这是劳师动众不战而退。“迁延之役”,杜注:“迁延,却退。”此注不尽确。杨注:“迁延者,因循拖拉而无成就也。”我们认为就是现在说的“瞎折腾”,或者说是“白拖时间”。

❸杜注:“能自摄整,从郑子蟜俱济泾。”意思是北宫括能整顿人马,率所属济河,应该书其姓名于伐秦之役。

原文

秦伯问于士鞅曰:“晋大夫其谁先亡?”对曰:“其栾氏乎!”秦伯曰:“以其(汏)〔汰〕乎?”对曰:“然。栾黡(汏)〔汰〕虐已甚,犹可以免。其在盈乎?”秦伯曰:“何故?”对曰:“武子之德在民,如周人之思召公焉,爱其甘棠❶,况其子乎?栾黡死,盈之善未能及人;武子所施没矣,而黡之怨实章:将于是乎在。”秦伯以为知言,为之请于晋而复之。

卫献公戒孙文子、甯惠子食。皆服而朝。日旰不召,而射鸿于囿。二子从之。不释皮冠而与之言,二子怒。❷

孙文子如戚,孙蒯入使。公饮之酒,使大师歌《巧言》之卒章,大师辞;师曹请为之。❸初,公有嬖妾,使师曹诲之琴,师曹鞭之;公怒,鞭师曹三百。故师曹欲歌之以怒孙子,以报公。公使歌之,遂诵之。

蒯惧，告文子。文子曰："君忌我矣。弗先，必死！"并帑于戚而入。见蘧伯玉，曰："君之暴虐，子所知也。大惧社稷之倾覆，将若之何？"对曰："君制其国，臣敢奸之？虽奸之，庸知愈乎？"[4]遂行，从近关出。

注释

❶ 杜注："召公奭听讼于甘棠之下，周人思之，不害其树，而作'勿伐'之诗，在《召南》。"（一本"听讼"下有"舍"字）按：《左传》这里记士鞅对秦伯语，取《甘棠》诗爱屋及乌之意。

❷ "戒孙文子、甯惠子食"，杜注："敕戒二子，欲共宴食。"按：这里"戒"有"约期""通知"的意思。旰读 gàn。杜注："旰，晏也。"又说："皮冠，田猎之冠也。既不释冠，又不与食。"卫献公如此怠慢、失礼，把孙文子、甯惠子两位激怒了。

❸ 杜注："《巧言》，《诗·小雅》。其卒章曰：'彼何人斯，居河之麋。无权无勇，职为乱阶。'戚，卫河上邑。公欲以喻文子居河上而为乱。大师，掌乐大夫。"按：这是国君使人赋诗，故意断章取义以警告臣下的一个实例。"大师辞"以下，杜注："辞，以为不可。师曹，乐人。"大师与师曹都知道歌《巧言》之卒章必促使文子为乱；由于动机不同，所以大师辞而师曹请为之。

❹ "并帑于戚"，杜注："帑，子也。"孔疏："将欲作乱，虑祸及其子，故令并帑处于戚。"杨注认为"帑"指子弟臣仆一切家众，这样说较为妥当。"君制其国"句下，杜注："奸犹犯也。言逐君更立，未知当差否。"杨注："庸，反问副词，岂也。""岂知新君胜于旧君乎？"按：两注皆是。

原文

公使子蟜、子伯、子皮与孙子盟于丘宫，孙子皆杀之。四月己未，子展奔齐，公如鄄。使子行〔请〕于孙子，孙子又杀之。公出奔齐,孙氏追之,败公徒于河泽,鄄人执之。

初,尹公佗学射于庾公差,庾公差学射于公孙丁。二子追公,公孙丁御公。子鱼曰:“射为背师,不射为戮,射为礼乎?”射两軥而还。❶尹公佗曰:“子为师,我则远矣。”乃反之。公孙丁授公辔而射之,贯臂。

子鲜从公。及竟,公使祝宗告亡,且告无罪。定姜曰:“无神,何告?若有,不可诬也。有罪,若何告无?舍大臣而与小臣谋,一罪也;先君有冢卿以为师保,而蔑之,二罪也。余以巾栉事先君,而暴妾使余,三罪也。❷告亡而已,无告无罪!”

注释

❶ 杜注:“子鱼,庾公差。礼射不求中。”《释文》:“或一读‘射而礼乎’。”王伯申认为一读“为”作“而”是也,又说:“‘射而礼乎’者,射而用礼射,不用军射也。”据杜注,王氏认为“本作‘射而礼乎’明矣”。(见《经义述闻》卷十八)按:这里杜注、王氏说都很精确。軥读 qú,或读 gōu,杜注:“軥,车轭卷者。”按:《孟子·离娄下》亦记有师承关系的射手三人之间与《左传》这里性质类似的事件,“其姓名与此略同,行义与此正反”。孔疏:“孟子辩士之说,或当假为之辞。此《传》应是实也。”我们认为这样说是对的。

❷ “先君有冢卿以为师保,而蔑之”,杜注:“谓不释皮冠之比。”杨注:“为卿佐即为其师保,下《传》文‘有君而为之贰使师保之’可证。蔑,轻视,鄙视。”我们认为综合杜、杨两注,可以得到《左传》原文的全面而正确的解说。“暴妾使余”,孔疏:“言暴虐使余如妾。”杨注义同。按:定姜指斥卫献公三罪,则卫献公待嫡母失礼可知。又,王伯申“疑‘暴’字本在上文‘蔑’字上,写者错乱在下耳”,可备一说而未必然,杨注不取,盖有以也。

原文

公使厚成叔吊于卫，曰：“寡君使瘠，闻君不抚社稷而越在他竟，若之何不吊？以同盟之故，使瘠敢私于执事曰：‘有君不吊，有臣不敏；君不赦宥，臣亦不帅职：增淫发泄，其若之何？’”❶卫人使大叔仪对曰：“群臣不佞，得罪于寡君。寡君不以即刑而悼弃之❷，以为君忧。君不忘先君之好，辱吊群臣，又重恤之。敢拜君命之辱，重拜大贶！”厚孙归复命，语臧武仲曰：“卫君其必归乎！有大叔仪以守，有母弟鱄以出，或抚其内，或营其外，能无归乎？”

齐人以郲寄卫侯。及其复也，以郲粮归。

注释

❶ 杜注：“越，远也。瘠，厚成叔名。执事，卫诸大夫。吊，恤也。敏，达也。”王怀祖认为“越”是“播越”（《经义述闻》卷十八），杨注说是“流亡”，更加明白。杨注又说：“抚，有也。不有社稷，谓失君位。”又说：“吊，同淑，善也。”“有君不善良，有臣不达于事。君对臣不宽恕，臣亦不尽为臣之职责……嫌怨既久，发泄便大，以至逐君。”比较杜、杨两注，杨先生既补杜氏之阙，而于“越在他竟”“有君不吊”两句则纠杜注之失，我们认为可从。“其若之何”：“其”可释为“将”，释为“岂”也通，“若之何”就是“奈何”“奈他何”。

❷ 依杨注，“不佞”就是不才，“不以即刑”就是不以群臣就刑，“而悼弃之”就是“远弃群臣，意即指流亡”。杨先生认为“悼弃”的悼，依俞曲园说借为卓，依章太炎说解释为逃，“皆可通”。

原文

右宰穀从而逃归，卫人将杀之。辞曰：“余不说初矣。余狐裘而羔袖。”❸乃赦之。

卫人立公孙剽，孙林父、甯殖相之，以听命于诸侯。

卫侯在郲，臧纥如齐唁卫侯。〔卫侯〕与之言，虐。退而告其人曰："卫侯其不得入矣。其言，粪土也。亡而不变，何以复国？"子展、子鲜闻之，见臧纥；与之言，道[4]。臧孙说，谓其人曰："卫君必入！夫二子者，或挽之，或推之；欲无入，得乎？"

注释

[3] "余不说初矣"，杜注："言初从君，非说之，不获已耳。"这里"说"字音义与"悦"同。"余狐裘而羔袖"，杜注："言一身尽善，唯少有恶，喻己虽从君出，其罪不多。"陶鸿庆《左传别疏》引《诗·唐风》"羔裘豹袪"毛传所谓"本末不同，在位与民异心"，然后解释《左传》此句说："此云然者，亦谓身虽从君，而与君异心，犹裘之本末不同。"杨注认为杜注、陶疏皆可通。于醴尊先生认为"狐裘而羔袖实指当初从君时身所著"，似亦可备一说。

[4] 杜注："顺道理。"杨注依杨遇夫先生《读左传》，引《管子·君臣》"顺理而不失之谓道"为证，甚确。

原文

师归自伐秦，晋侯舍新军，礼也。成国不过半天子之军。周为六军，诸侯之大者三军可也。[1]

于是知朔生盈而死，盈生六年而武子卒。彘裘亦幼。皆未可立也。新军无帅，故舍之。

师旷侍于晋侯。晋侯曰："卫人出其君，不亦甚乎？"对曰："或者其君实甚。良君将赏善而刑淫，养民如子，盖之如天，容之如地；民奉其君，爱之如父母，仰之如日月，敬之如神明，畏之如雷霆：其可出乎？夫君，神之主(也)〔而〕民之望也。若困民之(主)〔生〕，匮神(乏)〔之〕祀，百姓绝望，社稷无主，将安用之？[2]弗去何为？天生民而立之君，使司牧之，勿使失性；有君而为之贰，使师保之，勿使过度。[3]是故天子有公，诸侯有卿，卿置侧室，大夫有贰宗，士有朋友，庶人、工、商、皂、隶、牧、圉皆有亲昵，以相辅佐也。善则赏之，过则匡之,患则救之,失则革之。自王以下,各有父兄子弟以补察其政。史为书,瞽为诗,工诵箴谏,大夫规诲,士传言,庶人谤,商旅于市,百工献艺。故《夏书》曰:'遒人以木铎徇于路,官师相规,工执艺事以谏。'④正月孟春,于是乎有之,谏失常也。天之爱民甚矣!岂其使一人肆于民上,以从其淫而弃天地之性?必不然矣!"

注释

❶ 杜注:"成国,大国。"孔疏引《周礼·大宗伯》所谓"九仪之命"郑注,说:"如郑之言,成国者,唯公与侯耳;伯虽与侯同命,地方三百里,未得为成国也。成国乃得半天子之军,未成则不得也。《夏官》序云:大国三军,次国二军,小国一军……此据礼正法耳。春秋之世郑置六卿,未必不为三军。"按:郑若为三军,则以大国视之,然而仍与"半天子之军"的制度相合。

❷ "困民之主","主"当作"生",依沈彤《春秋左传小疏》、杨伯峻先生《春秋左传注》改正。"乏祀"之"乏",《释文》以为作"之"者"误也",但我们认为当作"之","匮神之祀"与上文"困民之生"结构相同。沈彤早就认为"乏"当作"之"。祀之乏在人,神之匮却是为何?匮者神之祀,匮者非神。

❸ "有君而为之贰,使师保之",与前文"先君有冢卿以为师保"句相应,可知大臣之于国君,有"师保"之责,也就是《左氏》下文说的"辅佐""补察"之责。

❹ 杜注:"赏谓宣扬。匡,正也……革,更也。补其愆过,察其得失。"杨注于此无异议。"史为书",杜注:"谓大史君举则书。""瞽为诗"以下,杜注:"瞽,盲者,为诗以风刺。工,乐人也,诵箴谏之辞。"杨注认为"瞽谓乐师",这样讲比杜注妥当;但是,就本义而言,杜注亦不误。"大夫规诲",杜注:"规正谏诲其君。"孔疏:"规亦谏也。"规正,规谏而正其失。"士传言,庶人谤",杜注:"士卑不得径达,闻君过失,传告大夫。庶人不与政,闻君过,得诽谤。"按:这里"诽谤"其实也只是批评的意思,严重者带有怨愤

而已。“商旅于市”，杨注：“商旅同义词连用……承上省一动词。”增一动词，譬如照《汉书·贾山传》增一“议”字，“商旅议于市”，全句就好懂了。然而这样说，毕竟有增字解经之嫌，不如依《汉书·序传》师古注，将“旅”解释为“陈也”，这里直接作“陈言”讲。“《夏书》”句，杜注：“逸《书》。遒人，行人之官也。木铎，木舌金铃。徇于路，求歌谣之言。”孔疏：“此在《胤征》之篇。”刘炫批评杜武库不见古文，孔疏：“杜氏不见古文，诚如刘说，然杜之所解于义自通……”今谓杜氏未见伪古文《尚书》，实非杜氏之过；而刘、孔不知伪古文《尚书》之伪，当然也不算刘、孔之过。伪孔传认为“遒人”是“宣令之官”，杨注从之，于义亦通。王伯申认为《左传》遒人当作迈人，说可从。“工执艺事以谏”句，与前文师旷对晋侯说的“百工献艺”句目的相同。

原文

秋，楚子为庸浦之役故，子囊师于棠以伐吴。吴不出而还，子囊殿，以吴为不能而弗儆。吴人自皋舟之隘要而击之，楚人不能相救。吴人败之，获楚公子宜穀。

王使刘定公赐齐侯命，曰：“昔伯舅大公右我先王，股肱周室，师保万民。世胙大师，以表东海。王室之不坏，繄伯舅是赖。今余命女环，兹率舅氏之典，纂乃祖考，无忝乃旧。[1]敬之哉，无废朕命！”

注释

[1] “师保万民”句，孔疏引《尚书·泰誓》伪孔传将“师保”解释为“可法以安者”，然后说：“是谓良臣为民之师保也。”可见良臣既可为国君之师保，也可作万民之师保。“世胙大师，以表东海”，杜注：“胙，报也。表，显也。谓显封东海以报大师之功。”“繄伯舅是赖”：繄是语气词（杜注说是“发声”）。“伯舅”的意思，孔疏引服虔说是齐桓公，孙毓认为是《左传》上文说的“伯舅大公”，当

以孙说为是。"今余命女环"以下,杜注:"环,齐灵公名。纂,继也。因昏而加褒显。《传》言王室不能命有功。"在我们看来,春秋时期王室基本上还是能够命有功的。"兹率舅氏之典"与"无忝乃旧"两句,杜注、孔疏不作解说,杨注:"兹借为孳,孜孜不倦。说本吴闿生《文史甄微》。率,循也。典,常也,经也。异姓诸侯有佐助周室之常法。"又说:"旧即上文之祖考。"我们认为这样解说可通。

原文

晋侯问卫故于中行献子。对曰:"不如因而定之。卫有君矣,伐之,未可以得志,而勤诸侯。史佚有言曰:'因重而抚之。'仲虺有言曰:'亡者侮之,乱者取之。推亡,固存,国之道也。'❷君其定卫以待时乎!"冬,会于戚,谋定卫也。

范宣子假羽、(毛)〔旄〕于齐而弗归,齐人始贰。❸

楚子囊还自伐吴,卒。将死,遗言谓子庚:"必城郢!"君子谓子囊忠:君薨不忘增其名,将死不忘卫社稷,可不谓忠乎?忠,民之望也。《诗》曰"行归于周,万民所望",忠也。❹

注释

❷ 史佚,在《逸周书·世浮》、小戴辑《礼记·曾子问》与《左传》僖十五年、文公十五年、宣公十二年、成公四年、襄公十四年、昭公元年都出现过。《曾子问》注:"史佚,成王时贤史也。"孔疏:"史佚,周初良史,武王、周公、成王时臣也。"然则《左传》引史佚的话,应自有古文献的根据。"因重而抚之",杜注:"重不可移,就抚安之。"意思是卫殇公既已定位,那就以做安抚工作为好,即中行献子(荀偃)说的"因而定之"。"仲虺有言"以下,杜注:"仲虺,汤左相。"孔疏认为《左传》这里引仲虺之言非本文,应即《尚书·仲虺之诰》"取乱侮亡,推亡固存,邦乃其昌"的意思。其说可信。伪古文《尚书·仲虺之诰》这几句,应是作伪者据《左传》引文之语改写。

❸ 毛当作旄,说见阮元等人《校勘记》。杜注:“析羽为旌,王者斿车之所建。齐私有之,因谓之羽(毛)〔旄〕。宣子闻而借观之。”借观而不还,齐人不满,所以又有了贰心。按:说“始贰”,不确。著名的齐晋鞌之战,已经可以证明齐人曾经有过“贰心”。

❹ 引诗见《诗·小雅·都人士》。杜注:“忠信为周。言德行归于忠信,即为万民所瞻望。”按:杜注有据。

经十有五年[1]

原文

春,宋公使向戌来聘。二月己亥,及向戌盟于刘。

刘夏逆王后于齐。[2]

夏,齐侯伐我北鄙,围成。公救成,至遇。[3]

季孙宿、叔孙豹帅师城成郛。

秋,八月丁巳,日有食之。[4]

邾人伐我南鄙。

冬,十有一月[5]癸亥,晋侯周卒。

注释

❶ 鲁襄公十五年,为公元前558年,周灵王十四年。

❷ “盟于刘”,孔疏:“《释例》:‘刘,地,阙。’盖鲁城外之近地也。”关于刘夏,杜注:“刘,采地。夏,名也。”孔疏谓此刘夏当即上年《左传》之刘定公,《左传》宣公十年有记载的刘康公之子。

❸ 杜注:“遇,鲁地。书‘至遇’,公畏齐,不敢至成。”杨注:“据下文帅师城成郛,则齐未得成,或鲁出兵而围解矣。”比较两注,杨注于《左传》下文可通,似胜一筹。

❹ 杜注:“八月无丁巳。丁巳,七月一日也。日月必有误。”这就明白地指出:若非“七”误为“八”,则“丁巳”必误了。杨注谓“仍从

七月丁巳朔为确”。

❺《春秋经》中凡十一月、十二月,十下必有“有”字,《左氏》则无。

传十五年

原文

春,宋向戌来聘,且寻盟。见孟献子,尤其室,曰:“子有令闻;而美其室,非所望也。”对曰:“我在晋,吾兄为之。毁之重劳,且不敢间。”❶

官师从单靖公逆王后于齐。卿不行,非礼也。❷

楚公子午为令尹,公子罢戎为右尹,蒍子冯为大司马,公子櫜师为右司马,公子成为左司马,屈到为莫敖,公子追舒为箴尹,屈荡为连尹,养由基为宫厩尹,以靖国人。君子谓楚于是乎能官人。官人,国之急也。能官人,则民无觎心。《诗》云:“嗟我怀人,置彼周行。”能官人也。王及公、侯、伯、子、男、甸、采、卫、大夫,各居其列,所谓周行也。❸

注释

❶ 杜注:“尤,责过也。传言献子友于兄,且不隐其实。”孔疏:“间,非也。不敢非兄,是友于兄也。不隐其实者,谓恕情实……”“毁之重劳”句,杨注:“言欲毁之,则又加重毁美室之劳。”是“重”当读 zhòng。按:上引两注一疏皆可参,都与原文原意相合。

❷ 杜注:“天子官师,非卿也……天子不亲昏,使上卿逆而公监之,故曰‘卿不行非礼’。”参看《春秋》经传桓八年注。

❸ 能官人,意思是任用人材得当。“民无觎心”,杜注:“无觊觎以求幸。”官人而有正确的一定的标准,不合标准(规格)者不得任用,自然“民无觎心”了。但据孔疏引服虔注,《左传》上文记楚养由基为宫厩尹,“弃能不用,岂得为能官人也”? 可见《左传》记“君

子谓楚于是乎能官人”，那君子的批评恐怕未必妥当。引诗见《诗·周南·卷耳》，杜注：“行，列也。周，遍也。诗人嗟叹，言我思得贤人，置之遍于列位，是后妃之志以官人为急。”杨注：“原本为妇女思念丈夫远出之诗”，意思是诗本与官人无关。杨注是对的。我们对于《诗·卷耳》的意见，见拙撰《诗经刍议》与《诗经校注》。“王及公侯伯子男”以下，杜注：“言自王以下诸侯大夫各任其职，则是诗人‘周行’之志也。”孔疏认为“求贤置之于公卿以下之位耳，非欲更别求贤置之于王位也”。今按：《左氏》与杜注、孔疏之于《诗·卷耳》皆断章取义，借旧说以表述自己的思想。“甸、采、卫”诸名，具见于《周官·职方氏》，而《尚书·禹贡》的“甸”“采”“卫”与《周官》的甸服、采服、卫服实有区别。

原文

郑尉氏、司氏之乱，其余盗在宋。郑人以子西、伯有、子产之故，纳赂于宋，以马四十乘与师茷、师慧。三月，公孙黑为质焉。司城子罕以堵女父、尉翩、司齐与之；良司臣而逸之，托诸季武子，武子置诸卞。郑人醢之三人也。❹

师慧过宋朝，将私❺焉。其相曰：“朝也。”慧曰：“无人焉。”相曰：“朝也，何故无人？”慧曰：“必无人焉！若犹有人，岂其以千乘之相易淫乐之矇？❻必无人焉故也。”子罕闻之，固请而归之。

注释

❹ “师茷、师慧”：茷读 fèi，或读 fá，又读 pèi，杜注：“乐师也。茷、慧其名。”杨注从之。“良司臣而逸之”，杜注：“贤而放之。”杨注：“良，动词意动用法，以司臣为良。”也就是杜注以为“贤”的意思。“郑人醢之三人也”，杜注：“三人，堵女父、尉翩、司齐。”是《左氏》用“之三人”的“之”为指示代词，相当于现代汉语的“这”。

❺ 杜注：“私，小便。”按：正常情况是小便于无人之处。其时朝廷旁

边岂是无人之地？故意装作视而不见的样子而已。

❻ 杜注："千乘相谓子产等也。言不为子产杀三盗，得赂而归之，是重淫乐而轻国相。"杨注："言宋不为子产等人主动送回堵如父等人，而必待赂以瞭人马匹而后归之，此即以'相'易'瞭'之意。"按：这里两注皆是。

原文

夏，齐侯围成，贰于晋故也。于是乎城成郛。

秋，邾人伐我南鄙，使告于晋。晋将为会以讨邾、莒，晋侯有疾，乃止。冬，晋悼公卒，遂不克会。

郑公孙夏如晋奔丧，子蟜送葬。❶

宋人或得玉，献诸子罕。子罕弗受。献玉者曰："以示玉人，玉人以为宝也，故敢献之。"子罕曰："我以不贪为宝，尔以玉为宝。若以与我，皆丧宝也；不若人有其宝。"稽首而告曰："小人怀璧，不可以越乡，纳此以请死也。"子罕置诸其里，使玉人为之攻之，富而后使复其所。❷

十二月，郑人夺堵狗之妻而归诸范氏。

注释

❶ 杜注："言诸侯畏晋，故卿共葬。"按：这是春秋时期霸主的葬事，卿奔丧，卿共葬，与《左传》昭三年、三十年记郑游吉所言先王之制与昔文襄之制相比，都有区别。

❷ "我以不贪为宝"，这应该可以算是美德之一。小戴辑《礼记·大学》记《楚书》所说的"唯善以为宝"，随晋文公重耳流亡者舅犯说"无以为宝，仁亲以为宝"，都称得上警世箴言。"小人怀璧，不可以越乡"，杜注："言必为盗所害。"这也就是"怀璧其罪"了。"请死"，杜注："请免死。"甚确。"置诸其里"以下：依杨注，"其里"即子罕所居之里，"使玉人为之攻之"就是派玉人为他治玉，"富

而后”即卖玉得富之后,“复其所则谓送之回乡里”。

经十有六年[1]

原文

春,王正月,葬晋悼公。[2]

三月,公会晋侯、宋公、卫侯、郑伯、曹伯、莒子、邾子、薛伯、杞伯、小邾子于(溴)〔湨〕梁[3]。戊寅,大夫盟。

晋人执莒子、邾子以归。

齐侯伐我北鄙。

夏,公至自会。

五月甲子,地震。

叔老会郑伯、晋荀偃、卫甯殖、宋人伐许。

秋,齐侯伐我北鄙,围郕[4]。

大雩。

冬,叔孙豹如晋。

注释

❶ 鲁襄公十六年,当公元前557年,周灵王十五年。

❷ 上年《春秋经》说:“冬十有一月癸亥,晋侯周卒。”至次年正月葬,如孔疏所说,“积三月也”,即使加上一个闰月,其葬期仍与诸侯葬制不合。杜注:“逾月而葬,速也。”孔疏说:“逾,越也。所越有多有少,俱是逾越之义,故杜弘通两解之。”按:无论如何,其葬速,不合周制,应无可疑。不知晋悼公生前一代霸主,其葬何以不得如法。

❸ 湨读jú,或读xù。湨梁应为湨水之梁。

❹ 《释文》:“郕音成。”《公》《穀》皆作成。《左氏》也有作成的本子。郕(成)是地名(据本年《传》注,郕为鲁孟氏邑),前已出现过。

传十六年

原文

春，葬晋悼公。平公即位，羊舌肸为傅，张君臣为中军司马，祁奚、韩襄、栾盈、士鞅为公族大夫，虞丘书为乘马御。改服，修官。烝于曲沃。[1]警守而下，会于（溴）〔湨〕梁，命归侵田。以我故，执邾宣公、莒犁比公，且曰“通齐楚之使”。

晋侯与诸侯宴于温，使诸大夫舞，曰：“歌诗必类！”齐高厚之诗不类，荀偃怒，且曰：“诸侯有异志矣！”[2]使诸大夫盟高厚，高厚逃归。于是叔孙豹、晋荀偃、宋向戌、卫甯殖、郑公孙虿、小邾之大夫盟曰：“同讨不庭！”

许男请迁于晋。诸侯遂迁许，许大夫不可。晋人归诸侯。

注释

1. 杜注：“既葬，改丧服。修官，选贤能。曲沃，晋祖庙。烝，冬祭也。诸侯五月而葬，既葬，卒哭，作主，然后烝尝于庙。今晋逾月葬，作主而烝祭，《传》言晋将有湨梁之会，故速葬。”依此杜注，晋悼公之速葬竟是为了湨梁之会。如果不是国家至高利益特别需要，则继位之君晋平公难辞其咎。
2. “晋侯与诸侯宴于温，使诸大夫舞”，三年之丧不当如此。“歌诗必类”，杜注：“歌古诗，当使各从义类。”我们认为“歌诗必类”应有切合当时形势的要求。晋侯新君初主盟，必定要求诸侯们表忠心，赋诗跳舞亦当与此情境相合。孔疏说“歌古诗，各从其恩好之义类，高厚所歌之诗独不取恩好之义类，故云齐有二心”，恐怕不是妄加揣度。

原文

郑子蟜闻将伐许，遂相郑伯以从诸侯之师。穆叔从公。齐子

帅师会晋荀偃。书曰“会郑伯”，为夷故也。❸

夏六月，次于棫林。庚寅，伐许，次于函氏。❹

晋荀偃、栾黡帅师伐楚，以报宋扬梁之役。楚公子格帅师及晋师战于湛阪，楚师败绩。晋师遂侵方城之外，复伐许而还。

注释

❸ 杜注：“夷，平也。《春秋》于鲁事所记不与外事同者，客主之言，所以为文固当异也。鲁卿每会公侯，《春秋》无讥，故于此示例。不先书主兵之荀偃，而书后至之郑伯，时皆诸侯大夫，义取皆平，故得会郑伯。”按：同年《春秋经》注：“荀偃主兵，当序郑上，方示叔老可以会郑伯，故荀偃在下。”诚如杨注所说：“如此序列方得平也。”

❹ 杜注：“棫林、函氏皆许地。”

原文

秋，齐侯围郕，孟孺子速徼之。齐侯曰：“是好勇，去之以为之名。”速遂塞海陉而还。❶

冬，穆叔如晋，聘，且言齐故。晋人曰：“以寡君之未禘祀，与民之未息；不然，不敢忘。”穆叔曰：“以齐人之朝夕释憾于敝邑之地，是以大请。敝邑之急，朝不及夕，引领西望曰：‘庶几乎！’比执事之(间)〔闲〕，恐无及也！”❷见中行献子，赋《圻父》。献子曰：“偃知罪矣。敢不从执事以同恤社稷，而使鲁及此！”❸见范宣子，赋《鸿雁》之卒章。宣子曰：“匄在此，敢使鲁无鸠乎？”❹

注释

❶ 这里据《释文》，徼读 jiǎo。杜注：“徼，要也。海陉，鲁隘道。”杨注把“徼”解释为“遮拦而截击”，认为“是好勇”指孟孺子好勇，“去之以为之名”是齐侯下令“撤围以成孟速勇猛名”，都很准确。

❷ 杜注：“禘祀，三年丧毕之吉祭。”孔疏说同。这里“释憾”应该是

泄忿、发怒、出怨气的意思,故意找麻烦、挑衅、损人的意思。“庶几乎”,杜注:“庶几晋来救。”更确切一点,意思是晋也该来救了吧。“比执事之闲”以下,意思是:倘若等到你们闲下来才来救我们,恐怕就来不及了。

❸ 杜注:“《圻父》,《诗·小雅》。周司马掌封畿之兵甲,故谓之圻父。诗人责圻父为王爪牙,不修其职,使百姓受困苦之忧而无所止居。”荀偃听出了穆叔赋《圻父》的意思,表示将与鲁君臣“同恤社稷”以免社稷之忧。

❹ 杜注:“《鸿雁》,《诗·小雅》。卒章曰:‘鸿雁于飞,哀鸣嗸嗸。唯此哲人,谓我劬劳。’言鲁忧困,嗸嗸然若鸿雁之失所。”又说:“鸠,集也。”孔疏:“国有兵寇,则民人不得集聚也。”杨注引《晋语九》韦注:“鸠,安也。”范宣子名匄,他听懂了鲁之穆叔赋《鸿雁》卒章的意思,表示他不会使鲁国不安,不会使鲁国民人流离失所。

经十有七年❶

原文

春,王二月庚午,邾子牼❷卒。

宋人伐陈。

夏,卫石买帅师伐曹。

秋,齐侯伐我北鄙,围桃。高厚帅师伐我北鄙,围防。

九月,大雩。

宋华臣出奔陈。

冬,邾人伐我南鄙。

注释

❶ 鲁襄公十七年,为公元前556年,周灵王十六年。

❷ 牼读 kēng,或读 jìng。

传十七年

原文

春，宋庄朝伐陈，获司徒卬，卑宋也。[1]

卫孙蒯田于曹隧，饮马于重丘，毁其瓶。重丘人闭门而詢之，曰："亲逐而君，尔父为厉。[2]是之不忧，而何以田为？"夏，卫石买、孙蒯伐曹，取重丘。曹人诉于晋。

齐人以其未得志于我故，秋，齐侯伐我北鄙，围桃；高厚围臧纥于防。师自阳关逆臧孙，至于旅松。郰叔纥、臧畴、臧贾帅甲三百，宵犯齐师，送之而复。齐师去之。

齐人获臧坚。齐侯使夙沙卫唁之，且曰："无死！"坚稽首，曰："拜命之辱。抑君赐不终，姑又使其刑臣礼于士！"以杙抉其伤而死。[3]

注释

❶ 杜注："卑宋，不设备。"按："卑宋"之卑，与《传》襄十一年记晋师败绩于栎，"易秦故也"之"易"的意思相同。"卑宋不设备"，与《传》襄十一年"少秦师而弗设备"、《传》十四年"以吴为不能而弗儆"大意也相同。所以三件事结局也一样。历史上这一类教训实在太多了。

❷ 詢读 gòu。杜注："越竟而猎。孙蒯，林父之子。重丘，曹邑。詢，骂也。厉，恶鬼。林父逐君在十四年。"孔疏："蒯与其父共逐其君，则是身亲为恶，故言'亲逐而君'。'尔父为厉'者，父为恶首，故以恶鬼骂之。"今按：杨注基本相同。

❸ 杜注："言使贱人来唁己，是惠赐不终也。夙沙卫奄人，故谓之刑臣。"杙读 yì，是小木桩。《释文》：伤，"一本作疡"。臧坚用小木桩剔抉创伤而死。

原文

“冬,邾人伐我南鄙”,为齐故也。

宋华阅卒。华臣弱皋比之室,使贼杀其宰华吴,贼六人以铍杀诸卢门合左师之后。[1]左师惧,曰:“老夫无罪!”贼曰:“皋比私有讨于吴。”遂幽其妻,曰:“畀余而大璧!”宋公闻之,曰:“臣也,不唯其宗室是暴,大乱宋国之政,必逐之!”左师曰:“臣也,亦卿也。大臣不顺,国之耻也。不如盖之。”[2]乃舍之。

左师为己短策,苟过华臣之门,必骋。

十一月甲午,国人逐瘈狗[3]。瘈狗入于华臣氏,国人从之。华臣惧,遂奔陈。

注释

❶ 铍读 pī,这里属刀剑一类。“皋比”之比也读 pí(《释文》:比音毗)。杜注:“臣,阅之弟。皋比,阅之子。”又说:“卢门,宋城门。合,向戌邑。后,屋后。”杨注:“弱,以为弱而侵害之。其宰,皋比家之总管。”“合左师即向戌。其官为左师,其采邑在合乡,故称为合左师。”比较杜、杨两注,又知其基本相同而杨注更为明白。杀华皋比家总宰于向戌(合左师)屋后,其用意可能是造成对向戌的威胁,也有可能是希望向戌知道。

❷ 两“臣也”句,臣指华臣其人。“大臣不顺”句,臣指国君所有之臣下,杨注:“顺,和顺。”向戌认为大臣不顺为国之耻,“不如盖之”。杨注:“盖,掩盖。”国耻是暴露好,还是掩盖好,这就决定于当政者了。

❸ 瘈读 zhì,这里不读 chì,《释文》:“狂犬也。”

原文

宋皇国父为大宰,为平公筑台,妨于农(功)〔收〕[4]。子罕请俟农功之毕,公弗许。筑者讴曰:“泽门之皙,实兴我役。邑中之黔,实慰我心。”[5]子罕闻之，亲执扑以行筑者，而抶其不勉者，曰：“吾侪小人，皆有阖庐以辟燥湿寒暑；今君为一台而不速成，何以为役？”讴者乃止。或问其故，子罕曰：“宋国区区而有诅有祝，祸之本也！”[6]

齐晏桓子卒。晏婴粗缞斩，苴绖、带、杖，菅屦，食鬻，居倚庐，寝苫，枕草。其老曰：“非大夫之礼也。”[7]曰：“唯卿为大夫。”

注释

4 据杜注、陆德明《春秋左传音义》、阮元等《校勘记》改。

5 杜注：“周十一月，今九月，收敛时。”收割季节强令为平公筑台，实有妨于农收。子罕请求待农功毕而兴役筑台，本来是对的。“筑者讴曰”以下，杜注：“泽门，宋东城南门也。皇国父，白皙而居近泽门。子罕，黑色而居邑中。”泽中之皙指皇国父，邑中之黔指子罕。谁个兴役伤农害民，谁个关心国计民生，老百姓心中一清二楚。

6 杜注：“扑，杖。”抶读 chì。“抶其不勉者”，鞭打那些不卖力干活的民工。“阖庐”，杜注：“阖谓门户闭塞。”孔疏：“阖为门扇，所以闭塞庐舍之门户也。”杨注：“扑，竹鞭。”“行，巡行督察。”“阖本义为木板门扇，此阖庐为一词，意即屋宇、房舍。辟同避。”这些注疏，都可供参考，而杨注较为周详。宋子罕本来不赞成筑台之役，后来亲自督促民工兴役，前后判若两人，那是因为他知道舆论统一对于一个小国家的重要性，他愿意为上司分谤。杜注：“《传》善子罕分谤。”这样讲也许是对的。

7 杜注：“斩，不缉之也。缞在胸前。粗，三升布……杖，竹杖。菅屦，草屦。此礼与《士丧礼》略同，其异惟枕草耳……时之所行士及大夫缞服各有不同。晏子为大夫而行士礼，其家臣不解，故讥之。”孔疏：“《丧服》及此《传》‘绖带杖’三者皆在‘苴’下，言其色皆苴也。绖带用麻，杖用竹，麻竹虽异，而其苴则同。故三者共蒙苴也……晏子反时以从正，其家老不解，谓晏子为失，故据时所行而讥之也。"杨注谓"春秋已不实行"三年之丧,此说实非是。昭《左氏》十五年载叔向之言不是说得很明确吗? 鄙人以为"说'无'难",说礼尤以谨慎为宜。

经十有八年[1]

原文

春,白狄来。

夏,晋人执卫行人石买。[2]

秋,齐师伐我北鄙。

冬,十月,公会晋侯、宋公、卫侯、郑伯、曹伯、莒子、邾子、滕子、薛伯、杞伯、小邾子,同围齐。

曹伯负刍卒于师。

楚公子午帅师伐郑。

注释

❶ 鲁襄公十八年,当公元前555年,周灵王十七年。

❷ 杜注:"晋因其为行人之使执之,故书'行人'以罪晋。"按:早有治《春秋》学者指出"行人非所执",意思是执行人即失礼。

传十八年

原文

春,白狄始来。

夏,晋人执卫行人石买于长子,执孙蒯于纯留,为曹故也。

秋,齐侯伐我北鄙。中行献子将伐齐,梦与厉公讼,弗胜;公以戈击之,首队于前,跪而戴之,奉之以走,见梗阳之巫皋。他日,见诸道,与之言,同。巫曰:"今兹主必死;若有事于东方,则可以逞。”[1]献子许诺。

注释

❶ 杜注:“厉公,献子所弑者。梗阳,晋邑……皋,巫名也。”按:中行献子梦见与他杀死的晋厉公争辩,厉公用戈击断了他的头,头坠落了,他跪下来将头戴上,然后双手捧着头走路,路遇名叫皋的巫者。他日真的在路上碰见了皋,皋说梦中情形与献子相同,又说:“今兹主必死,若有事于东方,则可以逞。”杜注:“巫知献子有死征,故劝使快意伐齐。”杨注:“今兹,今年。”“襄公而后,则对大夫屡称主。”“荀偃虽死明年二月,乃是周正,晋用夏正,周正之明年二月,实夏正当年之十二月,仍合‘今兹主必死’之言。”

原文

晋侯伐齐。将济河,献子以朱丝系玉二珏而祷曰:“齐环怙恃其险,负其众庶,弃好背盟,陵虐神主。曾臣彪将率诸侯以讨焉,其官臣偃实先后之。苟捷有功,无作神羞,官臣偃无敢复济。唯尔有神裁之!”沈玉而济。[2]

注释

❷ 珏,读 jué。杜注:“双玉曰珏。环,齐灵公名。负,依也。神主,民也,谓数伐鲁,残民人。彪,晋平公名。称臣者,明上有天子,以谦告神。曾臣,犹末臣。”杨注:“曾臣犹陪臣……天子于神称臣,诸侯为天子之臣,故于神称曾臣。”此说实有所本而较为妥当。杜注谓《左氏》下文“官臣”为“守官之臣”,又不妥,杨注:“受天子命能自置官吏以治家邑者为官臣。”此说本《周官·大宗伯》“六命赐官”郑注而前辈学者早有阐发,亦较杜注为胜。杨注又说:“‘先后’犹赞佐。捷即有功,词语重复,盖足成一语。”甚是。杜注:“羞,耻也。偃信巫言,故以死自誓。”这样说是对的。按:“沈玉而济”,意思是祭祀河神之后渡河。古人祭河神常用沈玉之礼。

原文

冬十月，会于鲁济，寻(湨)〔溴〕梁之言，同伐齐。齐侯御诸平阴，堑防门而守之，广里。[1]夙沙卫曰：“不能战，莫如守险。”弗听。诸侯之士门焉，齐人多死。

范宣子告析文子，曰：“吾知子，敢匿情乎？鲁人、莒人皆请以车千乘自其乡入，既许之矣。若入，君必失国。子盍图之？”子家以告公，公恐。晏婴闻之，曰：“君固无勇，而又闻是，弗能久矣！”

齐侯登巫山以望晋师。晋人使司马斥山泽之险，虽所不至，必旆而疏陈之。使乘车者左实右伪，以旆先，舆曳柴而从之。齐侯见之，畏其众也，乃脱归。[2]

注释

1. “堑防门而守之，广里”，杜注：“其城南有防，防有门，于门外作堑，横行广一里，故经书‘围’。”杨注说“堑”就是挖壕沟。
2. “斥山泽之险”以下，杜注：“斥，候也。疏建旌旗以为陈，示众也。”杨注：“斥，开拓，排除。”按：关于“斥”的解说，杨注为妥。“使乘车者左实右伪”以下，杜注：“伪以衣服为人形也，建旆以先驱。”杨注：“乘车之士三人……在左者实有人，在右者乃伪装之人。”这里两注可互参。“舆曳柴而从之”，杜注：“以扬尘。”看到尘土飞扬弥漫，一定会认为那里车马很多。“齐侯见之，畏其众也，乃脱归”，杜注：“脱，不张旗帜。”这样理解是对的。

原文

丙寅晦，齐师夜遁。师旷告晋侯曰：“乌乌之声乐，齐师其遁。”邢伯告中行伯曰：“有班马之声，齐师其遁。”叔向告晋侯曰：“城上有乌，齐师其遁！”十一月丁卯朔，入平阴，遂从齐师。

夙沙卫连大车以塞隧而殿。殖绰、郭最曰：“子殿国师，齐之辱也。子姑先乎!"乃代之殿。卫杀马于隘以塞道。晋州绰及之,射殖绰,中肩,两矢夹脰,曰:"止,将为三军获。不止,将取其衷!"顾曰:"为私誓。"州绰曰:"有如日!"乃弛弓而自后缚之。其右具丙亦舍兵而缚郭最。皆衿甲面缚,坐于中军之鼓下。[3]

注释

❸《释文》:"隧者,遂道也。""脰,音豆。"用现代汉语拼音加以说明,脰读 dòu。杜注:"脰,颈也。不止,复欲射两矢中央。"杨注:"衷,中心。其意曰:若不再奔逃,则为我三军所俘虏。若仍奔逃,则我再射,取汝中心。"这里杜、杨两注亦可互参。齐殖绰害怕为晋州绰所杀,要求与州绰私下设誓,晋州绰誓曰:"有如日!"杜注:"言必不杀女,明如日。"按:春秋时期盟誓之词多用"有如某"或"有如某某"这两类句式。"其右具丙":谓具丙为州绰之车右。"衿甲面缚",杜注:"衿甲,不解甲。"杨注:"面缚,即自后缚之。"两注皆是。

原文

晋人欲逐归者,鲁、卫请攻险。己卯,荀偃、士匄以中军克京兹。乙酉,魏绛、栾盈以下军克邿;赵武、韩起以上军围卢,弗克。十二月戊戌,及秦周,伐雍门之萩。范鞅门于雍门,其御追喜以戈杀犬于门中,孟庄子斩其橁以为公琴。[1]己亥,焚雍门及西郭、南郭。刘难、士弱率诸侯之师焚申池之竹木。壬寅,焚东郭、北郭,范鞅门于扬门;州绰门于东闾,左骖迫,还于(东)门中,以枚数阖。[2]

齐侯驾,将走邮棠。大子与郭荣扣马,曰:"师速而疾,略也;将退矣,君何惧焉?且社稷之主不可以轻,轻则失众。君必待之!"[3]将犯之。大子抽剑断鞅,乃止。

注释

❶ 京兹,邿,卢,都是地名。由地名可知晋人率诸侯攻齐路线。萩读

qiū,《释文》:“本又作秋。”“门于某某”句,门是名词作动词用,攻打什么门的意思,下同。楯读 chūn,又读 xún。杜注:“秦周,鲁大夫。赵武及之共伐萩也。雍门,齐城门。杀犬,示闲暇。庄子,孺子速也。楯,木名。”杨注:“萩即楸,亦作橚……楯音荀……亦作杶、櫄……公指鲁襄公。惠士奇则谓公琴即二年《传》之颂琴,颂与公古字通。”按:杨注本王伯申《经义述闻》说。至此,原文的意思应该可以弄明白了。

❷ “东”字衍,据阮元等《校勘记》删。“还于门中”,“还”字音义与“旋”同。杜注:“枚,马檛也。阖,门扇也。数其(枚)〔板〕,示不恐。”杨注据《考工记·凫氏》“钟带谓之篆,篆间谓之枚”先郑注,认为“枚”是钟乳,引焦里堂《左传补疏》云:“以枚数阖犹云数阖之枚。”按:《传》襄廿一年记州绰回忆东闾之役有“识其枚数”之语。除了“阖,门扇也”一句不错,这里杜注殊误。

❸ 杜注:“邮棠,齐邑。大子,光也。荣,齐大夫。言欲略行其地,无久攻意。”是杜元凯认为这里“略”有攻(侵略)而不久的意思。可是杨注认为“略”谓“夺取物资”。与“师速而疾”联系起来看,两注似皆可通。“不可以轻”,轻是草率的意思。

原文

甲辰,东侵及潍,南及沂。

郑子孔欲去诸大夫,将叛晋而起楚师以去之,使告子庚。子庚弗许。楚子闻之,使杨豚尹宜❶告子庚曰:“国人谓不榖主社稷而不出师,死不从礼。不榖即位,于今五年,师徒不出,人其以不榖为自逸而忘先君之业矣。大夫图之,其若之何?”子庚叹曰:“君王其谓午怀安乎?吾以利社稷也。”见使者,稽首而对曰:“诸侯方睦于晋,臣请尝之。❷若可,君而继之。不可,收师而退,可以无害,君亦无辱。”

子庚帅师治兵于汾。于是子蟜、伯有、子张从郑伯伐齐,子孔、子展、子西守。二子知子孔之谋,完守入保。子孔不敢会楚师。

注释

❶ 杜氏不注"杨豚尹宜"。杨注据《说苑·奉使》记楚有豚尹之官,认为《左传》这里豚尹也是使者,杨其氏,宜其名。关于杨豚尹宜的其他说法都不足以服人。

❷ "请尝之",杜注:"尝试其难易也。"我们由《左传》这里记叙的楚子通过使者与子庚的对话,不难想见楚国君臣表现的春秋时代精神。五年不出师则于心不甘的是楚君,以"利社稷"为怀而不肯"怀安"的人是臣,他们都不忘"先君之业",勇于开拓,勇于尝试,这就是春秋时期及其前的楚国人。可惜战国时期保持这种精神的楚人与这种精神本身遭到巨大的创伤。可喜的是后来则时时奋起。

原文

楚师伐郑,次于鱼陵。右师城上棘,遂涉颍,次于旃然。芀子冯、公子格率锐师侵费滑、胥靡、献于、雍梁,右回梅山,侵郑东北,至于虫牢而反。子庚门于纯门,信于城下而还,涉于鱼齿之下。❸甚雨及之。楚师多冻,役徒几尽。

晋人闻有楚师。师旷曰:"不害。吾骤歌北风,又歌南风。南风不竞,多死声,楚必无功!"董叔曰:"天道多在西北。南师不时,必无功。"叔向曰:"在其君之德也。"❹

注释

❸ 杜注:"鱼陵,鱼齿山也。""将涉颍,故于水边权筑小城以为进退之备。旃然水出荥阳城皋县,东入汴。""胥靡,献于,雍,梁,皆郑邑。""信,再宿也。鱼齿山之下有滍水,故言'涉'。"梅山,虫牢,皆专有名词,地名。杨注不赞成认鱼陵为鱼齿山的旧说,认为"鱼陵未详",可是赞成顾栋高认雍梁为一地的说法,又说:"旃然

水……即索水。”按：杨注有据。

④ 杜注：“歌者吹律以咏八风。南风音微，故曰不竞也。师旷唯歌南北风者，听晋楚之强弱。岁在豕韦，月又建亥，故曰多在西北。不时，谓触岁月。”关于叔向语，杜注：“言天时地利不如人和。”孔疏：“此年在豕韦。豕韦一名娵訾，当亥之次也。周十二月，夏之十月，其月又建亥，故曰‘多在西北’。”杨注：“古人迷信，多以乐律卜出兵之吉凶……天道为木星所行之道……南师（即楚师）出征不合天时，而必无功。”今按：不可不注意杨注对古人迷信思想的批评，他的议论自有其时代的高度。我们认为：叔向对“君之德”的重视也自有其思想认识的高度。又，吹律与天时气候的关系，应该还是可以研究的课题。破除迷信，应是研究的结果。

经十有九年[1]

原文

春，王正月，诸侯盟于祝柯。晋人执邾子。

公至自伐齐。

取邾田，自漷水。[2]

季孙宿如晋。

葬曹成公。

夏，卫孙林父率师伐齐。

秋，七月辛卯，齐侯环卒。

晋士匄帅师侵齐。至穀，闻齐侯卒，乃还。[3]

八月丙辰，仲孙蔑卒。

齐杀其大夫高厚。

郑杀其大夫公子嘉[4]。

冬，葬齐灵公。

城西郛。

叔孙豹会晋士匄于柯。

城武城。

注释

❶ 鲁襄公十九年，为公元前554年，周灵王十八年。

❷ 漷读huò，又读huǒ，也有说该读kuò。杜注："取邾田，以漷水为界也。"

❸ "闻齐侯卒，乃还"，不伐丧，得礼。

❹ "公子嘉"，《穀梁》所传《经》同，《公羊》作"公子喜"。杨注引赵坦《春秋异文笺》："或字之讹。"按：《楚辞·天问》："简狄在台喾何宜？玄鸟致贻女何喜？"喜一作嘉。据音韵关系判断，作嘉作喜皆可，未必为字之讹。作嘉，则嘉与宜古韵同部。作喜，则喜与宜现今韵同。嘉喜义近，或可相通。

传十九年

原文

春，诸侯还自沂上，盟于督扬，曰："大毋侵小！"

执邾悼公，以其伐我故。遂次于泗上，疆我田。取邾田，自漷水归之于我。

晋侯先归。公享晋六卿于蒲圃，赐之三命之服。军尉、司马、司空、舆尉、候奄，皆受一命之服。贿荀偃束锦、加璧、乘马，先吴寿梦之鼎。❶

荀偃瘅疽，生疡于头。济河，及著雍，病，目出。大夫先归者皆反。士匄请见，弗内。请后，曰："郑甥可。"二月甲寅，卒，而视，不可含。宣子盥而抚之，曰："事吴敢不如事主！"犹视。栾怀子曰："其为未卒事于齐故也（乎）？"乃复抚之，曰："主苟终，所不嗣事于齐者，有如河！"乃瞑，受含。宣子出，曰："吾浅之为丈夫也！"❷

注释

❶《左传》成公二年:“赐三帅先路、三命之服,司马、司空、舆师、候正、亚旅皆受一命之服。”襄公十九年与成公二年对于晋国领军将帅所赐差别在于先路之有无,其他相同。请参看《左传》成二年注。“贿荀偃束锦、加璧、乘马,先吴寿梦之鼎”,杜注:“荀偃,中军元帅,故特贿之。五匹为束,四马为乘。寿梦,吴子乘也,献鼎于鲁,因以为名。古之献物,必有以先。今以璧、马为鼎之先。”孔疏揭示此类礼典中“以轻先重”的原则,值得注意。

❷ 瘅读 dàn。疽读 jū。杜注:“瘅疽,恶创。”俗称对口疮。疡读 yáng,孔疏:“头创也。”杜注:“士匄,中军佐,故问后也。郑甥,荀吴,其母郑女。”按:“请后”,就是请问谁可以做荀氏宗族领袖的接班人。“不可含”,意思是口噤不可纳物,可见春秋时期人死后有饭含之仪。“事吴”之吴指荀吴,“事主”之主即指荀偃。“其为未卒事于齐故也乎”,“乎”字衍文,说见王氏《经义述闻》卷十八。“嗣事于齐”“卒事于齐”,意思是继续讨伐齐国的战争,维护晋国的霸业,非达目的不止。“有如河”是誓词。《释文》:“桓谭以为荀偃病而目出,初死,其目未合,尸冷乃合,非其有所知也。《传》因其异而记之耳。”我们认为桓谭的解说是对的,由此可知桓氏思想的唯物主义倾向。(杨注已指出唯物主义思想家王充有类似说法。)“吾浅之为丈夫也”,杜注:“自恨以私待人。”杨注:“此士匄自恨语,谓小视荀偃,未视之为大丈夫。”杨注甚是。而《左氏》本意正是以为自特异处表现丈夫精神。

原文

晋栾鲂帅师从卫孙文子伐齐。

季武子如晋拜师,晋侯享之。范宣子为政,赋《黍苗》。季武子兴,再拜稽首,曰:“小国之仰大国也,如百谷之仰膏雨焉。若常膏之,其天下辑睦,岂唯敝邑?”赋《六月》。[1]

季武子以所得于齐之兵，作林钟❷而铭鲁功焉。臧武仲谓季孙曰："非礼也！夫铭，天子令德，诸侯言时计功，大夫称伐。今称伐则下等也，计功则借人也，言时则妨民多矣，何以为铭？且夫大伐小，取其所得以作彝器，铭其功烈以示子孙，昭明德而惩无礼也。今将借人之力以救其死，若之何铭之？小国幸于大国，而昭所获焉以怒之，亡之道也。"❸

注释

❶ 杜注："《黍苗》，《诗·小雅》，美召伯劳来诸侯，如阴雨之长黍苗也，喻晋君忧劳鲁国犹召伯。《六月》，尹吉甫佐天子征伐之诗，以晋侯比吉甫出征以匡王国。"按：范宣子与季武子各人站在自己的立场，赋诗致意。"若常膏之"以下，杨注："膏，泽也，润也。膏雨之膏为形容词，此为动词。其，将也。岂仅我国受此惠泽？"言天下诸侯国都将得到晋侯带来的好处。

❷ 杜注："林钟，律名。铸钟声应林钟，因以为名。"孔疏："度律吕长短然后铸钟，钟声应律，遂以律名钟。此钟声应林钟，故以林钟为名。"这里牵涉音乐律吕的问题，本校注不能详说。

❸ 古天子诸侯大夫铸器勒铭，各有缘由。依杜注，"天子铭德不铭功"，诸侯"举得时，动有功，则可铭也"，大夫则"铭其功伐之劳"；季武子用"所得于齐之兵"作林钟，铭鲁功，在臧武仲看来无一是处。整个这一段说的是作彝器铭其功烈的道理，批评季武子作林钟铭鲁功为"亡之道"。杜注："彝，常也。谓钟鼎为宗庙之常器。"据杨注，"天子令德"之令为动词，"令德即铭德"（本章太炎说），"烈亦功也"，"小国幸于大国"之小国指鲁，大国指齐，"幸者侥幸战而获胜"。上引杜、杨两注都可供参考。

原文

齐侯娶于鲁，曰颜懿姬，无子。其侄鬷声姬生光，以为大子。

诸子仲子、戎子，戎子嬖。仲子生牙，属诸戎子。戎子请以为大子，许之。仲子曰："不可！废常，不祥。间诸侯，难。光之立也，列于诸侯矣。今无故而废之，是专黜诸侯而以难犯，不祥也。君必悔之！"公曰："在我而已。"遂东大子光。❶使高厚傅牙以为大子，夙沙卫为少傅。

齐侯疾，崔杼微逆光。疾病，而立之。光杀戎子，尸诸朝，非礼也。妇人无刑；虽有刑，不在朝市。夏五月壬辰晦，齐灵公卒。庄公即位，执公子牙于句渎之丘。❷以夙沙卫易己，卫奔高唐以叛。

注释

❶ 杜注："颜、鬷皆二姬母姓，因以为号。懿、声皆谥。诸子，诸妾姓子者；二子皆宋女。"按：这里二姬诸子皆齐灵公妻妾。二子（宋二女）是何关系，不很清楚；二姬为姑侄关系，则无可疑。"属诸戎子"，杜注："属，托之。""诸"为"之于"二字之合音。'戎子请以为太子，许之"，杜注："齐侯许之。"前已立太子，这里又许立牙为太子，反映了齐灵公的随意性，难怪他说什么"在我而已"。但是春秋时期诸侯立太子本来不是随意的，二子之一的仲子就知道这一点，所以她说"废常不祥"。杜注把"废常"解释为"废立嫡之常"是对的。何况以前立的太子光已经列于诸侯之会，得到公认，现在怎么能无故而废之呢？"间诸侯，难"，杜注："事难成也。"杨注："间，触犯。难，难成功。"杨先生没有说出"间"之为"触犯"的根据。我们认为"间"可以当"断绝"讲，"间断"为恒言；断绝诸侯的关系，诚然很难。这样讲，勉强可通，终不如依王伯申的说法，谓"间之言干也"（《经义述闻》卷十九"以间先王"条），"干犯"亦为恒言，而服虔早就说过"间，犯也"（见《太平御览·皇亲部十二》引文）。"东大子光"，杜注："废而徙之东鄙。"这当然是齐灵公所做的决定。

❷ 杜注认为妇人"无黥刖之刑"，"犯死刑者犹不暴尸"。孔疏引服虔的说法，认为"妇人从人者也，故不为制刑；及犯恶，从男子之

刑也”，另有不同说法，认为妇人有不同于男人之刑（如宫刑）。句渎之丘，依《释文》，句应读 gōu。

原文

晋士匄侵齐，及穀，闻丧而还，礼也。

于四月丁未，郑公孙虿卒，赴于晋大夫。范宣子言于晋侯，以其善于伐秦也。六月，晋侯请于王，王追赐之大路，使以行，礼也。[3]

秋八月，齐崔杼杀高厚于洒蓝而兼其室。书曰“齐杀其大夫”，从君于昏也。[4]

注释

❸ 杜注：“大路，天子所赐车之总名，以行葬礼。《传》言大夫有功则赐服路。”何休《膏肓》认为郑子蟜为诸侯之大夫，其用车不当称“大路”，可是《左传》孔疏举实例驳何氏，证明杜注可通。杨先生读“使以行”为句，注云：“行，行葬。”引沈钦韩《春秋左传补注》：“谓从柩车行也。”今从之。

❹ 杜注：“洒蓝，晋地。”杨注：“室，货财采邑也。”所谓“从君于昏”，是对“齐杀其大夫”一事的解释，意在说明何以发生此事，这就含有对事件的评价。杨注又说：“齐灵公废太子光而改立公子牙，事属昏庸。而高厚为之傅牙……故曰从君于昏。”今按：帮助主子干糊涂事的人，他自己也是糊涂人。

原文

郑子孔之为政也专，国人患之，乃讨西宫之难与纯门之师。[1]子孔当罪，以其甲及子革、子良氏之甲守。甲辰，子展、子西率国人伐之，杀子孔而分其室。书曰“郑杀其大夫”，专也。

子然、子孔，宋子之子也。士子孔，圭妫之子也。圭妫之班亚宋子而相亲也。（士）〔二〕子孔亦相亲也。僖之四年[2]，子然卒。

简之元年[3],士子孔卒。司徒孔实相子革、子良之室,三室如一,故及于难。子革、子良出奔楚。子革为右尹。郑人使子展当国,子西听政,立子产为卿。

齐庆封围高唐,弗克。冬十一月,齐侯围之。见卫在城上,号之,乃下。问守备焉,以无备告。揖之,乃登。闻师将傅,食高唐人。殖绰、工偻会夜缒纳师,醢卫于军。[4]

"城西郛",惧齐也。

注释

❶ 杜注:"十年尉止等作难西宫,子孔知而不言。前年子孔召楚师至纯门。"按:关于西宫之难,杜注是。杜注所谓"前年",即此前一年,也就是去年。

❷ 这个僖之四年"指郑僖四年,即鲁襄六年,杜注已有说明。

❸ 这里"简之元年",指郑简公元年,即鲁襄公八年。

❹ 卫即夙沙卫。"闻师将傅"以下,杨注:"卫闻齐师将缘城进攻。卫欲高唐人尽力,故为盛膳以食之。"殖绰、工偻会,杜注:"二子,齐大夫。"

原文

齐及晋平,盟于大隧。故穆叔会范宣子于柯。穆叔见叔向,赋《载驰》之四章。叔向曰:"肸敢不承命!"[5]穆叔〔归〕,曰:"齐犹未也,不可以不惧。"乃城武城。

卫石共子卒,悼子不哀。孔成子曰:"是谓蹶其本,必不有其宗!"[6]

注释

❺《载驰》,见《诗·鄘风》。杜注:"四章曰:'控于大邦,谁因谁极。'控,引也。取其欲引大国以自救助。"今按:杜注说是四章,

孔疏谓"'控于大邦'乃是《载驰》五章"。那是因为杜元凯与孔颖达诸人采用了不同的分章的方法。在我们看来,《载驰》以分四章为宜,杜注不误。杜注又说:"叔向度齐未肯以盟服,故许救鲁。"这样讲,与《载驰》意思相合。许救鲁,即所谓承命。又,大隧,杜注:"地,阙。"

❻ 杜注:"蹶犹拔也。"孔疏:"父是亲之极,孝为德之本。于父尚犹不哀,必是不能爱人也……人皆不爱,必将丧家,知其不能保有宗嗣也。"今按:人类社会自进入文明时代之初,早就存在个体与家庭与群体与国家的关系问题。孔疏认为孝是德之本。古代统治者早就强调以忠孝治天下,也早有人认为应该以德治天下。忠诚报国与孝顺父母有没有矛盾?一个连父母也不敬不爱的人,他会向社会奉献爱心吗?社会又怎么会爱他呢?这样的人又怎么能保有他的家庭与宗国?在特殊情况下,忠孝或许不能两全,那就只好以国家为上。然而普遍的情况毕竟是忠孝并不矛盾。

经二十年❶

原文

春,王正月辛亥,仲孙速会莒人,盟于向。

夏,六月庚申,公会晋侯、齐侯、宋公、卫侯、郑伯、曹伯、莒子、邾子、滕子、薛伯、杞伯、小邾子,盟于澶渊。

秋,公至自会。

仲孙速帅师伐邾。

蔡杀其大夫公子燮。蔡公子履出奔楚。

陈侯之弟黄出奔楚。❷

叔老如齐。

冬,十月丙辰朔,日有食之。

季孙宿如宋。

注释

❶ 鲁襄公二十年,为公元前553年,周灵王十九年。

❷ 杜注:"称弟,明无罪也。"孔疏:"贾逵以为称名罪其逼。杜以郑段有罪,去'弟'以罪段,今此存'弟',非是罪黄之文也,言此以排贾氏也。"按:这里是否牵涉《春秋经》的书法问题,有不同说法。《穀梁传》:"其'弟'云者,亲之也。亲而奔之,恶也。"《集解》:"显书'弟',明其亲也。亲而奔逐之,所以恶陈侯。"杨士勋疏赞成《集解》的说法,引郑君《释废疾》亦云"恶陈侯"。可是元程端学《春秋本义》说的是另一个道理,谓"兄弟无可去之道,为人弟而出奔,天伦绝矣",那就该责弟而不该恶陈侯了。清毛西河的说法又不同,他说:"《释例》:书弟所以罪兄。则《春秋》书'弟'甚多,并无此例。"毛西河这里不作具体分析,未免武断。又,"弟黄"之"黄",《公》《穀》作"光",是音同假借。

传二十年

原文

春,及莒平。孟庄子会莒人,盟于向,督扬之盟故也。

"夏,盟于澶渊",齐成故也。❶

邾人骤至,以诸侯之事弗能报也。秋,孟庄子伐邾以报之。

蔡公子燮欲以蔡之晋❷,蔡人杀之。公子履,其母弟也,故出奔楚。

陈庆虎、庆寅畏公子黄之逼,诉诸楚曰:"与蔡司马同谋。"楚人以为讨,公子黄出奔楚。

初,蔡文侯欲事晋,曰:"先君与于践土之盟。晋不可弃,且兄弟也。"畏楚,不能行而卒。楚人使蔡无常❸,公子燮求从先君以利蔡,不能而死。书曰"蔡杀其大夫公子燮",言不与民同欲也;"陈侯之弟黄出奔楚”，言非其罪也。公子黄将出奔，呼于国曰：“庆氏无道，求专陈国，暴蔑其君而去其亲；五年不灭，是无天也！④”

注释

❶ 杜注说“前年诸侯盟督扬”，其所谓“前年”即前此一年，即去年。“齐成”，杜注：“齐与晋平。”杨注谓此事亦在去年。

❷ “以蔡之晋”，杜注：“背楚。”杨注：“犹言以蔡服晋。”讲得呆板一点，就是把蔡带到晋这一边来。

❸ “使蔡无常”，杜注：“征发无准。”杨注：“使，役使征发。无常，无一定限额、标准及时间、次数。”按：两注实同。

❹ “五年不灭，是无天也”，这是对庆氏的诅咒，是向上天的控诉。如若诅咒无效，也就成了对上天的谴责。希望上天公道，若是上天不能主持公道，则天不可信，天不成其为天，要它何用！在古代散文里，《左传》这一句是向上天发出质疑的较早的例子。又，《左氏》这些话似乎并无责弟之意，也没有罪兄之意，不过记实罢了。杨注：“称弟，罪陈侯任二庆。”是杨先生认为实有称弟罪兄之例。但《左氏》并无罪兄之语，所谓罪陈侯的意思实出自推测。

原文

齐子初聘于齐，礼也。①

冬，季武子如宋，报向戌之聘也。褚师段逆之以受享，赋《常棣》之七章以卒。宋人重贿之。归复命，公享之，赋《鱼丽》之卒章。公赋《南山有台》，武子去所，曰：“臣不堪也！”②

卫甯惠子疾，召悼子曰：“吾得罪于君，悔而无及也。名藏在诸侯之策，曰：‘孙林父、甯殖出其君。’君入，则掩之。若能掩之，则吾子也。若不能，犹有鬼神，吾有馁而已，不来食矣！”③悼子许诺，惠子遂卒。

注释

❶ 杨注:"齐子即《经》之叔老。"杜注:"齐鲁有怨,朝聘礼绝,今始复通,故曰'初'。继好息民,故曰'礼'。"

❷ "赋《常棣》之七章以卒",杜注:"七章以卒,尽八章,[①]取其'妻子好合,如鼓瑟琴;宜尔室家,乐尔妻帑',言二国好合,宜其室家,相亲如兄弟。"又说:"《鱼丽》,《诗·小雅》。卒章曰'物其有矣,维其时矣'。喻聘宋得其时。《南山有台》,《诗·小雅》。取其'乐只君子,邦家之基''邦家之光',喻武子奉使能为国光辉。"这里引《鱼丽》《南山有台》两诗赞扬季武子如宋之聘。"武子去所曰:臣不堪也",杜注:"去所,避席。"季武子离席致谦,表示不敢当。

❸ 卫甯惠子临终表示对儿子的希望,要他为"君入"尽心尽力,因为这样可以掩盖死者生前"出其君"的恶名。甯惠子相信人死后化为鬼神,相信鬼神饿必求食,但若生前有出君的恶名而无法掩盖,那死后就只好挨饿,不好意思来歆享后人用于祭祀的食物了。按:《左传》这一类记载反映了春秋时期上层社会较为普遍的思想观念。

经二十有一年[❶]

原文

春,王正月,公如晋。

邾庶其以漆、闾丘来奔。[❷]

夏,公至自晋。

---

① 王伯申谓:"杜解'以卒'二字未安,窃谓'以'犹'与'也(说见《释词》);卒,卒章也。言赋《常棣》之七章与卒章也。"(《经义述闻》卷十八)按:杜解"以卒"二字诚未安,然而杜氏所谓"七章以卒尽八章",与王伯申所谓"七章与卒章"意思终归一致,因为原诗只有八章。

秋，晋栾盈出奔楚。

九月庚戌朔，日有食之。

冬，十月庚辰朔，日有食之。[3]

曹伯来朝。

公会晋侯、齐侯、宋公、卫侯、郑伯、曹伯、莒子、邾子于商任[4]。

注释

❶ 鲁襄公二十一年，当公元前552年，周灵王二十年。《公》《穀》两《传》都说是年孔子生。

❷ 漆、闾丘为邾之二邑。杜注："以邑出为叛。适鲁而言来奔，内外之辞。"孔疏："诸侯之臣入其私邑而以之出奔者，皆书为叛……叛者，背其本国之大辞也。此及莒牟夷、邾黑肱亦以邑叛本国，但叛来归鲁，据其至鲁为文而言'来奔'。内外之辞，言俱是叛而辞异耳。且《传》谓庶其等为三叛人，明其亦是叛也。"杨注于旧注疏不置可否。

❸ 前辈学者（如元李谦，明末清初王夫之）疑《传》襄二十一年所记比月而食之误。杨注认为是年十月庚辰朔"日不入食限"，"史官误记，或司天者误认"为日食。《经》襄二十四年也记有比月再食之事，亦误。

❹ 杜注："商任，地，阙。"依《释文》，这里"任"读rén。

传二十一年

原文

春，公如晋，拜师及取邾田也。

邾庶其以漆、闾丘来奔。季武子以公姑姊[1]妻之，皆有赐于其从者。

于是鲁多盗。季孙谓臧武仲曰："子盍诘盗？"武仲曰："不可诘也。纥又不能。”季孙曰:“我有四封而诘其盗,何故不可?子为司寇,将盗是务去,若之何不能?”武仲曰:“子召外盗而大礼焉,何以止吾盗?子为正卿而来外盗,使纥去之,将何以能?庶其窃邑于邾以来,子以姬氏妻之而与之邑,其从者皆有赐焉。若大盗,礼焉以君之姑姊与其大邑;其次皂牧舆马[2],其小者衣裳剑带:是赏盗也。赏而去之,其或难焉。纥也闻之:在上位者(洒)〔洒〕濯其心,壹以待人,轨度其信,可明征也,而后可以治人。夫上之所为,民之归也。上所不为而民或为之,是以加刑罚焉,而莫敢不惩。若上之所为而民亦为之,乃其所也,又可禁乎?[3]《夏书》曰:‘念兹在兹,释兹在兹,名言兹在兹,允出兹在兹,惟帝念功。’将谓由己壹也。信由己壹,而后功可念也。[4]”

庶其非卿也,以地来,虽贱必书,重地也。[5]

齐侯使庆佐为大夫,复讨公子牙之党,执公子买于句渎之丘。公子鉏来奔。叔孙还奔燕。

注释

❶ 姑姊,这里指姑母。今湘西南民间还有这种称呼。杜注:“盖寡者二人。”《释文》认为杜氏不误,但也承认有姑姊为父之姊一说。今按:以年岁推断,《左传》这里说的是季武子为邾庶其介绍一个老伴,而且已经撮合。

❷ “皂牧舆马”,杜注:“给其贱役,从皂至牧凡八等之人。”《释文》:“凡八等之人,谓皂舆隶僚仆台圉牧也。”孔疏:“绍七年《传》曰:‘皂臣舆,舆臣隶,隶臣僚,僚臣仆,仆臣台。马有圉,牛有牧。’自皂至牧有八等也。‘其次’,谓庶其从者,鲁给之以八等之人。”按:《左传》下文说“其小者衣裳剑带”,所以杨注说:“其次、其小者谓与庶其之礼物之次者与小者。”我们认为此说可从。

❸ “壹以待人”以下,强调诚信而不二三其德,杜注:“征,验也。”孔疏:“谓使其臣信有轨则法度可明以为征验也。”杨注:“轨度作动

词，纳之于轨范也。”“上层人物之所为，下层人物即从而效之，犹‘上有好者，下必有甚焉者矣’（《孟子·滕文公上》）。”按：这些解说都有道理。

❹ 这里所引《夏书》，今见于《尚书·大禹谟》。今所见实属伪古文《尚书》，为杜镇南所未见，所以他说是“逸书”。杜注又说：“兹，此也，谓行此事当念使可施之于此。释，除也，谓欲有所治除于人，亦当顾己得无亦有之。名此事，言此事，亦皆当令可施于此。允，信也。信出于此，则善亦在此。”杨注：“所念而为者在于此，所舍而不为者在于此，所名（号令）所言者在于此，诚信所行者在于此。”那么“此”是什么？杨注认为“此”指当时之轨范而以为标准者。“惟帝念功”句，杜注：“言帝念功则功成也。”杨注：“仅帝能录此成功。”比较两注，实有若干区别，譬如关于“名言兹”之名与关于“念功”之念的理解分明不一样。“将谓由己壹也”句下，杜注：“言非但意念而已，当须信己诚至。”孔疏：“谓信实由己专壹，然后善功可念。”杨注：“将，殆也。诚由自己出于一致，而后功可以录。”我们认为杨注有胜义，也有可疑之处。譬如：“兹”（此）既为当时规范或标准，怎么能够既“念”之又“舍”之呢？杜注说“释”是“除也”，也不允妥。有学者说这里“释”是悦的意思，较为允当。

❺ 杜注：“重地，故书其人。其人书，则恶名彰，以惩不义。”按：《春秋经》书人书名之例，可信。

原文

夏，楚子庚卒。楚子使薳子冯为令尹，访于申叔豫。叔豫曰：“国多宠而王弱，国不可为也。”遂以疾辞。方暑，阙地，下冰而床焉；重茧，衣裘，鲜食而寝。楚子使医视之，复曰：“瘠则甚矣，而血气未动。”❶乃使子南为令尹。

栾桓子娶于范宣子，生怀子。范鞅以其亡也，怨栾氏，故与栾盈为公族大夫而不相能。桓子卒，栾祁与其老州宾通，几亡室矣。[2]怀子患之。祁惧其讨也，诉诸宣子曰："盈将为乱，以范氏为死桓主[3]而专政矣，曰：'吾父逐鞅也，不怒而以宠报之，又与吾同官而专之；吾父死而益富，死吾父而专于国。有死而已，吾蔑从之矣！'其谋如是。惧害于主，吾不敢不言。"范鞅为之征：怀子好施，士多归之。宣子畏其多士也，信之。怀子为下卿，宣子使城著而遂逐之。[4]

注释

❶ 杜注："茧，绵衣。瘠，瘦也。"孔疏："茧是袍之别名，谓新绵着袍，故云绵衣也。置冰床下，使有寒气，其上加绵衣。暑月多衣，所以示疾。"杨注："茧谓新绵袍。重茧，两层绵袍。"甚确。按：因为"鲜食"，所以"瘠则甚矣"。"血气未动"，杜注："言无疾。"原本装病，本无疾。

❷ 杜注："桓子，栾黡。怀子，盈也。十四年，栾黡强逐范鞅，使奔秦。栾祁，桓子妻，范宣子女，盈之母也。范氏，尧后，祁姓。"杨注："老即室老，大夫家臣之长。栾氏之财货几全为其宰州宾所占。"按：明了这一段记载中人与人的关系，这一段所说的当时晋国上层社会内部的倾轧，也就清楚多了。又，"栾祁"之称，用夫家之姓与亲生父亲家之姓合起来称呼妇人，后世妇人惯用这种称呼。

❸ 杜注："桓主，栾黡。"孔疏："桓是黡之谥，大夫称主。"杨注："祁诬栾盈，谓盈以栾黡之死系出范氏毒手。"然则"桓主"仍指栾黡。

❹ 杜注："著，晋邑。在外，易逐。"《左氏》本意应如此。

原文

秋，栾盈出奔楚。宣子杀箕遗、黄渊、嘉父、司空靖、邴豫、董叔、邴师、申书、羊舌虎、叔罴，囚伯华、叔向、籍偃。

人谓叔向曰："子离于罪，其为不知乎？"叔向曰："与其死亡若何？《诗》曰：'优哉游哉，聊以卒岁。'知也。"[5]乐王鲋见叔向，曰：

‘吾为子请。’叔向弗应。出。不拜。其人皆咎叔向。叔向曰:“必祁大夫!”室老闻之,曰:“乐王鲋言于君无不行,求赦吾子,吾子不许。祁大夫所不能也,而曰‘必由之’,何也?”叔向曰:“乐王鲋,从君者也,何能行?祁大夫外举不弃仇,内举不失亲,其独遗我乎?《诗》曰:‘有觉德行,四国顺之。’夫子,觉者也。[6]”

注释

5 “优哉游哉,聊以卒岁”,杜注说见《诗·小雅》,孔疏说见《小雅·采菽》。其实《诗》三百并无“聊以卒岁”句,《小雅·采菽》说的是“优哉游哉,亦是戾矣”,差异甚大。所以杨注说《左传》这里引诗是逸诗。杜注:“言君子优游于衰世,所以辟害卒其寿,是亦知也。”这里杜注所说与诗原意相合。按:这里“知”音义与“智”相同。

6 杜注:“《诗·大雅》。言德行直则天下顺之。觉,较然正直。”孔疏指出《左传》这里引诗见《诗·大雅·抑》。杨注:“‘有觉’为一词,正直之貌,形容德行之正直。”按:“有觉”即“觉觉”,犹《桃夭》“有蕡其实”即“蕡蕡其实”,《载驱》“鲁道有荡”即鲁道荡荡。请参看曾星笠(运乾)先生《有字为重文说》。拙撰《诗经校注·桃夭》有说明,可参看。

原文

晋侯问叔向之罪于乐王鲋,对曰:“不弃其亲,其有焉。”于是祁奚老矣,闻之,乘驲而见宣子,曰:“《诗》曰:‘惠我无疆,子孙保之。’《书》曰:‘圣有谟勋,明征定保。’夫谋而鲜过、惠训不倦者,叔向有焉。[7]社稷之固也,犹将十世宥之,以劝能者。今壹不免其身,以弃社稷,不亦惑乎?鲧殛而禹兴。伊尹放大甲而相之,卒无怨色。管、蔡为戮,周公右王。若之何其以虎[8]也弃社稷?子为善,谁敢不勉?多杀何为?”宣子说,与之乘,以言诸公而免之。不见叔向而归。叔向亦不告免焉而朝。

注释

❼ 引《诗》见《周颂·烈文》。杜注:“言文、武有惠训之德加于百姓,故子孙保赖之。”引《书》见《夏书·胤征》,该篇属伪古文《尚书》,为杜元凯所未见,所以他说是“逸《书》”。杜注又说:“谟,谋也。勋,功也。言圣哲有谋功者,当明信定安之。”杨注:“勋借为训,伪《胤征》即改作训。句言有谋略、有训诲者,当明信而安保之。”杜、杨两注稍有差异,但都可以讲通原文。杜注又说:“谋鲜过,有谟勋也。惠训不倦,惠我无疆也。”据《左氏》这里记祁奚语,叔向就能这样。

❽ 这里“虎”指叔虎,即已被范宣子杀死的羊舌虎。其人为叔向异母弟。

原文

初,叔向之母妒叔虎之母美而不使[9],其子皆谏其母。其母曰:“深山大泽,实生龙蛇。彼美,余惧其生龙蛇以祸女。女,敝族也。国多大宠,不仁人间之,不亦难乎?[10]余何爱焉?”使往视寝。生叔虎,美而有勇力;栾怀子嬖之,故羊舌氏之族及于难。

栾盈过于周,周西鄙掠之。辞于行人曰:“天子陪臣盈,得罪于王之守臣,将逃罪。罪重于郊甸,无所伏窜,敢布其死:昔陪臣书能输力于王室,王施惠焉。其子黡,不能保任其父之劳。大君若不弃书之力,亡臣犹有所逃。若弃书之力而思黡之罪;臣,戮余也,将归死于尉氏,不敢还矣。敢布四体,唯大君命焉。”王曰:“尤而效之,其又甚焉。”使司徒禁掠栾氏者归所取焉,使候出诸轘辕。[11]

注释

❾ 杜注:“不使见叔向父。”杨注:“使侍寝也,由下文‘使往侍寝’知

之。”杨先生这样讲,更为明确。

⑩ 杜注:“敝,衰坏也。龙蛇喻奇怪。”大宠指“六卿专权”。“不仁人间之”,杨注:“谓于六卿中挑拨。”这样,就会生祸端,多麻烦,则女等艰难矣。

⑪ 杜注:“诸侯之臣称于天子曰陪臣。范宣子为王所命,故曰守臣。重得罪于郊甸,谓为郊甸所侵掠也。郭外曰郊,郊外曰甸。布,陈也。输力,谓辅相晋国,以翼戴天子。大君,谓天王。”杨注:“守臣谓为王室守土之臣。此指晋侯。”这样解释“守臣”,比杜注义长。“将归死于尉氏”,意思是回国让主管刑法之官处死。“尤而效之”,杜注:“尤,晋逐盈;而自掠之,是效尤。”这是周王对劫掠栾盈者的批评。“使候出诸轘辕”,杜注:“候,送迎宾客之官也。轘辕关,在缑氏县东南。”这里说的是周王派候人将栾盈送出轘辕关。轘读 huàn,或读 huán。

原文

冬,曹武公来朝,始见也。

会于商任,锢栾氏也。齐侯、卫侯不敬。叔向曰:“二君者必不免。会朝,礼之经也。礼,政之舆也。政,身之守也。怠礼,失政。失政,不立,是以乱也。”[1]

知起、中行喜、州绰、邢蒯出奔齐,皆栾氏之党也。乐王鲋谓范宣子曰:“盍反州绰、邢蒯?勇士也。”宣子曰:“彼栾氏之勇也,余何获焉?”王鲋曰:“子为彼栾氏,乃亦子之勇也。”

齐庄公朝,指殖绰、郭最曰:“是寡人之雄也!”州绰曰:“君以为雄,谁敢不雄?然臣不敏,平阴之役先二子鸣。”[2]庄公为勇爵,殖绰、郭最欲与焉。州绰曰:“东闾之役,臣左骖迫,还于门中,识其枚数,其可以与于此乎?”[3]公曰:“子为晋君也。”对曰:“臣为隶新。然二子者譬于禽兽,臣食其肉而寝处其皮矣。”[4]

注释

❶ 礼主于敬(见《曲礼》郑注),不敬则必失礼,失礼则失政,失政则乱。这一段话算得上叔向的论礼精言,内容甚广:最重要的一项是概括了礼与政的关系,他如会朝在礼典领域的地位,政与守身立身的关系,叔向的意见都值得思索。杨注:"政载礼而行。"就《传》本意而言,这样讲,恐怕正好是弄颠倒了。莫非杨师伯把"政之舆也"句中"之"字也当"其"字或者当"则"字看了? 杜注:"政须礼而行。"孔疏:"礼是政之车舆也。"这样讲,方与《传》意相合。

❷《御览》卷九一八引《尸子》:"战如斗鸡,胜者先鸣。"杨注据《御览》援引《尸子》,恰到好处。杜注:"十八年晋伐齐及平阴,州绰获殖绰、郭最,故自比于鸡斗胜而先鸣。"

❸"东闾之役",亦见《左传》襄十八年。彼《传》云:"州绰门于东闾,左骖迫,还于门中,以枚数阖。"正与此相应。请参见彼《传》注。

❹"子为晋君也",说的是州绰为晋君卖力效劳立功。本《传》上文说"子为彼栾氏",依杜注,"言子待之如栾氏"。可见这里上下文两言"子为","为"的意思并不相同。"臣为隶新",杜注:"言但为仆隶尚新耳。"杨注:"言我初来为汝之臣。"更为明确。

经二十有二年❶

原文

春,王正月,公至自会。

夏,四月。

秋,七月辛酉,叔老卒。

冬,公会晋侯、齐侯、宋公、卫侯、郑伯、曹伯、莒子、邾子、薛伯、杞伯、小邾子于沙随。

公至自会。

楚杀其大夫公子追舒。[2]

注释

❶ 鲁襄公二十二年，为公元前551年，周灵王二十一年。是年孔子两岁。

❷ 杜注：“书名者，宠近小人，贪而多马，为国所患。”是可以证《春秋经》书名之例。

传二十二年

原文

春，臧武仲如晋。雨，过御叔。御叔在其邑将饮酒，曰：“焉用圣人？我将饮酒，而(已)〔己〕雨行，何以圣为？”穆叔闻之，曰：“不可使也而傲使人，国之蠹也。”令倍其赋。[1]

夏，晋人征朝于郑。郑人使少正公孙侨对曰[2]：

在晋先君悼公九年，我寡君于是即位。即位八月，而我先大夫子驷从寡君以朝于执事。执事不礼于寡君，寡君惧。因是行也，我二年六月朝于楚，晋是以有戏之役。楚人犹竞，而申礼于敝邑。[3]敝邑欲从执事而惧为大尤，曰‘晋其谓我不共有礼’，是以不敢携贰于楚。我四年三月，先大夫子蟜又从寡君以观衅于楚，晋于是乎有萧鱼之役。谓我敝邑迩在晋国，譬诸草木，吾臭味也，而何敢差池？楚亦不竞，寡君尽其土实，重之以宗器，以受齐盟；遂帅群臣随于执事，以会岁终。[4]贰于楚者子侯、石盂，归而讨之。(溴)〔湨〕梁之明年，子蟜老矣，公孙夏从寡君以朝于君，见于尝酎，与执燔焉。[5]间二年，闻君将靖东夏，四月又朝，以听事期。不朝之间，无岁不聘，无役不从。以大国政令之无常，国家罢病，不虞荐至，无日不惕，岂敢忘职？[6]

大国若安定之，其朝夕在庭，何辱命焉？若不恤其患而以

为口实,其无乃不堪任命而翦为仇雠?敝邑是惧,其敢忘君命?[7]委诸执事,执事实重图之!

注释

❶ 这是对官员实行经济制裁的一个例子。杜注:“御叔,鲁御邑大夫。武仲多知,时人谓之圣。”仅仅因为御叔讲过“傲使人”的话,鲁国执政者向他施以经济处罚。《周官·夏官·司勋》:“凡颁赏地,三之一食。”《左传》孔疏:“故以重赋为罚,言重倍其赋,当以三分而二入公也。”

❷ 征朝是示意别国来朝,带有随意性、胁迫性,与“召朝”意同。“晋人征朝于郑”,这是霸主征朝的一个例子。杜注:“少正,郑卿官也。公孙侨,子产。”

❸ 杜注已说明戏之役在襄公九年。而郑子产说的二年六月朝于楚一事,杨注已指出“《经》《传》亦未载”。可见确实有不见于《春秋经》与《左传》的事,这一论断确乎不必否认,《传》襄公二十二年记子产的话里就提到三四件。“楚人犹竞”句下,杨注:“竞,强也。晋数伐郑,楚数救郑,即所谓申礼。”按:杨注是。

❹ “四年三月……观衅于楚”,杜注:“实朝,言‘观衅’,饰辞也。言欲往视楚知可去否。”杨注:“此事《经》《传》亦未载。”幸得子产说出来,若不然,后世谁知?“萧鱼之役”,杜注:“在十一年。”该年《左传》有记叙。“吾臭味也”句下,杜注:“晋郑同姓故。”这里显然有同宗相亲、同气相求的意思。“差池,不齐一”,杜注这里用常训。“尽其土实”,意思是尽土地所有,杜注的理解不错。杜氏认为“宗器”即“宗庙礼乐之器,钟磬之属”。孔疏:“言‘以会岁终’,则岁事终以至正月朝正也。”杨注已指出此朝正事又不见于《经》《传》。关于“齐盟”,杨注:“齐同斋。”按:《左传》成十一年已出现“齐盟”。盟誓前必先斋戒,以表明诚意,所以有“斋盟”之称。杜注:“齐,同也。”将“齐盟”的“齐”说成“同”的意思,实误。

❺ 公孙夏随郑君朝晋君一事,《春秋》经传皆未见。杜注:“酒之新

熟,重者为酎。尝新饮酒为尝酎。”按:酎读 zhòu。孔疏引《月令》郑注:“酎之言醇也,谓重酿之酒也。春酒至此始成,与群臣以礼乐饮之于朝,正尊卑也。”杨注:“此云尝酎,尝亦祭名,在夏正七月,详桓五年《传》并注。尝酎,盖尝祭以酎也。”杨先生此说很明确。“与执燔焉”,与读 yù,燔读 fán,《释文》:“燔又作膰……祭肉也。”孔疏:“此言‘尝酎’,谓见于夏祭,故云‘与执燔焉’,谓祭末受胙肉也。”依杜注,“与执燔焉”是“助祭”,则当指协助祭典一事。

❻《释文》:“罢音皮。”杨注:“病亦罢也……罢病同义。”此说可从。杜注:“荐,仍也。”杨注:“不虞谓忧患。”杨先生认为“荐”是“屡”的意思。仍也,屡也,意思相同。

❼ 杜注:“口实,但有其言而已。翦,削也。谓见剥削不堪命,则成仇雠。”孔疏引服虔云:“口实,谓譴让也。”杨注认为这里“口实”应为“话柄、借口”,与《传》廿五年“臣君者岂为其口实”的“口实”不同,后者指口中食物,引伸而言之,则指俸禄;又说:“翦亦弃义……其作岂用。”今从之。

原文

秋,栾盈自楚适齐。晏平仲言于齐侯曰:“商任之会,受命于晋。今纳栾氏,将安用之?小所以事大,信也。失信,不立。君其图之!”弗听。退告陈文子曰:“君人执信,臣人执共。忠信笃敬,上下同之,天之道也。❶君自弃也,弗能久矣!”

九月,郑公孙黑肱有疾,归邑于公,召室老、宗人立段,而使黜官、薄祭:“祭以特羊,殷以少牢,足以共祀。”尽归其余邑,曰:“吾闻之:生于乱世,贵而能贫,民无求焉,可以后亡。敬共事君与二三子。生在敬戒,不在富也。”❷己巳,伯张卒。君子曰:“善戒!《诗》曰:‘慎尔侯度,用戒不虞。’❸郑子张其有焉。”

冬,会于沙随,复锢栾氏也。栾盈犹在齐。晏子曰:“祸将作矣！齐将伐晋，不可以不惧。”

注释

❶ “君人”指君于人者，即为人君者。“臣人”指臣于人者，即为人臣者。君当执信，言而无信，臣民就会效尤。臣当执共，共是恭的意思，敬业尽忠，恪守职责。这里说“忠信笃敬，上下同之”不光是对下民的要求，甚确。“天之道也”，本当如此。

❷ 杜注：“黜官，无多受职。四时祀以一羊，三年盛祭以羊豕。殷，盛也。”孔疏：“礼：大夫时祭少牢，大祭大牢，今黑肱全减之也。”杨注引沈钦韩《春秋左传补注》：“黜官者，减省其家臣，非谓黜段之受职也。”杨先生又说：“殷祭亦省称殷，谓祫禘。”按：上引注疏都可供参考。“生在敬戒，不在富也”，杨注：“敬读为儆……今作警。”按：这两句也可以算作《左传》中的名言，于人生有益。

❸ 引诗见《诗·大雅·抑》。杜注：“侯，维也。义取慎法度，戒未然。”按：“用戒不虞”句，“不虞”也可作“忧患”讲。

原文

楚观起有宠于令尹子南，未益禄而有马数十乘。楚人患之，王将讨焉。子南之子弃疾为王御士，王每见之，必泣。弃疾曰：“君三泣臣矣，敢问谁之罪也？”王曰：“令尹之不能，尔所知也。国将讨焉，尔其居乎？”对曰：“父戮子居，君焉用之？泄命重刑，臣亦不为。”王遂杀子南于朝，轘观起于四竟。❶

子南之臣谓弃疾：“请徙子尸于朝。”❷曰：“君臣有礼，唯二三子。”三日，弃疾请尸，王许之。既葬，其徒曰：“行乎？”曰：“吾与杀吾父，行将焉入？”曰：“然则臣王乎？”曰：“弃父事仇，吾弗忍也！”遂缢而死。

复使薳子冯为令尹，公子齮为司马，屈建为莫敖。有宠于薳子者八人，皆无禄而多马。他日朝，与申叔豫言，弗应而退；从之，入于人中;又从之,遂归。退朝,见之,曰:“子三困我于朝,吾惧,不敢不见。吾过,子姑告我,何疾我也?”对曰:“吾不免是惧,何敢告子!”曰:“何故?”对曰:“昔观起有宠于子南,子南得罪,观起车裂,何故不惧?”自御而归,不能当道。至,谓八人者曰:“吾见申叔,夫子所谓生死而肉骨也。知我者如夫子则可,不然,请止。”辞八人者,而后王安之。

十二月,郑游(贩)〔昄〕将(归)〔如〕晋,未出竟;遭逆妻者,夺之,以馆于邑。丁巳,其夫攻子明,杀之,以其妻行。[3]子展废良而立大叔,曰:“国卿,君之贰也,民之主也,不可以苟。请舍子明之类。”[4]求亡妻者,使复其所。使游氏勿怨,曰:“无昭恶也。”

注释

❶ “御士”,杜注:“御王车者。”杨注说是“侍御之人”,说本王伯申《述闻》,比杜注准确。“三泣臣矣”,意思是多次对着我哭了。杜注又说:“轘,车裂以殉。”按:《左传》下文说的正是“观起车裂”。按:此轘字,《传》襄公廿一年已出现过。又,四竟即四境。

❷ 杜注:“欲犯命取殡。”杨注:“子南之臣欲为弃疾偷盗子南之尸于朝。”杨先生据《广雅·释诂》将“子尸”解说为“君尸”即子南之尸,甚确。

❸ 游贩,阮元等《校勘记》谓“宋本淳熙本岳本作昄”。其人字子明,则可以断定作昄者是。可参看王伯申《春秋名字解诂》(《经义述闻》卷二十三)。按:昄读 pān,或读第三声。又,“将归晋”之“归”当作“如”,阮元等《校勘记》言及之。“丁巳”,杜注:“十二月无丁巳。丁巳,十一月十四日也。”杨注:“疑上文十二月当作十一月。”本校注认为还有可能是“丁巳”日误。

❹ 据杜氏《世族谱》,杨注指出游昄字子明。杜注:“良,游昄子。大叔,昄弟。”立大叔而废良,《左氏》记子展语认为是“舍子明之类”,杜注:“子明有罪而良又不贤故。”杨注:“子明之类指良,盖

父子均为邪恶。”两注皆是。按:国卿怎么能像子明之类作恶苟且呢?

经二十有三年[1]

原文

春,王二月癸酉朔,日有食之。

三月己巳,杞伯匄卒。

夏,邾畀我来奔。

葬杞孝公。

陈杀其大夫庆虎及庆寅。

陈侯之弟黄自楚归于陈。[2]

晋栾盈复入于晋,入于曲沃。[3]

秋,齐侯伐卫,遂伐晋。

八月,叔孙豹帅师救晋,次于雍榆。

己卯,仲孙速卒。

冬,十月乙亥,臧孙纥出奔邾。

晋人杀栾盈。

齐侯袭莒。[4]

注释

❶ 鲁襄公二十三年,乃公元前550年,周灵王二十二年。是年孔子三岁。

❷ 杜注:“诸侯纳之曰归。黄至楚,自理得直,欲为楚所纳。”按:《春秋经》书“归”,殆有义例。

❸ 杜注:“以恶入曰复入。兵败奔曲沃,据曲沃众还与君争。非欲出附他国,故不言叛。”按:《春秋经》书“复入”,殆亦有义例。虽然没有写栾盈之“叛”,但栾氏之叛已无可疑,因为他不能像上文杜

注说的陈侯之弟黄那样“自理得直”。

❹ 杜注:“轻行掩其不备曰袭。因伐晋,还袭莒,不言‘遂’者,间有事。”孔疏引庄廿九年传例,并且说到“间有他事而言‘遂’者两事”,那是因为“彼二者公皆亲在,事不待告,故远承上事,总言诸侯遂行”,而《春秋经》襄廿三年此处所书齐事已与前文隔绝,故不便言“遂”。总之,孔疏这里旨在为《春秋经》书法义例辩护,后世人可以实事求是作出评判。

传二十三年

原文

春,杞孝公卒。晋悼夫人丧之。平公不彻乐,非礼也。礼:为邻国,阙。[1]

陈侯如楚。公子黄愬二庆于楚,楚人召之。使庆乐往,杀之。庆氏以陈叛。夏,屈建从陈侯围陈。陈人城,板队而杀人。役人相命:各杀其长。遂杀庆虎、庆寅。楚人纳公子黄。君子谓庆氏不义,不可肆也,故《书》曰“惟命不于常”。[2]

注释

❶ 杜注:“彻,去也。礼:诸侯绝期,故以邻国责之。”孔疏:“杞孝公,晋平公之舅也……平公于礼为舅当服缌麻三月。但缌服既轻,其恩不过邻国,故《传》言‘礼为邻国阙’也。”杨注:“阙即彻乐。邻国有丧,诸侯亦不举乐。”按:上引两注与孔疏说是。

❷ “板队”的“队”,依《释文》,应读 zhuì。阮元等人《校勘记》谓石经作“坠”。杜注:“庆氏忿其板队,遂杀筑人,故役人怒而作乱。肆,放也。”杨注说“役人相命,各杀其长”是“役夫起义”,又说:“肆,放纵。谓不可以放纵不义之心。肆,亦可释为赦,与襄九年《传》‘肆眚’之肆同。”甚是。《左传》下文引《书》见《周书·康诰》。杜注:“言有义则存,无义则亡。”孔疏:“君子自论庆氏之

罪，所为不义，不可放肆，以为宜其诛灭，故引《尚书·康诰》言天命之不于常，有义则存，无义则亡。”我们认为注疏言是。

原文

晋将嫁女于吴。齐侯使析归父媵之，以藩载栾盈及其士，纳诸曲沃。[3]栾盈夜见胥午而告之，对曰：“不可！天之所废，谁能兴之？子必不免！吾非爱死也，知不集也。”盈曰：“虽然，因子而死，吾无悔矣。我实不天，子无咎焉。”[4]许诺，伏之。而觞曲沃人，乐作，午言曰：“今也得栾孺子何如？”对曰：“得主而为之死，犹不死也！”皆叹，有泣者。爵行，又言；皆曰：“得主，何贰之有！”盈出，遍拜之。

注释

[3] 杜注：“藩，车之有障蔽者。使若媵妾在其中。”孔疏：“晋将嫁女为吴之夫人，齐以女为媵，使析归父送媵女于晋，令与適俱行也……今晋嫁女于同姓，齐以异姓为媵，皆非礼也。”按：齐庄公不顾媵之合礼与否，他抓住机会命人将栾盈藏匿于车中，送到了晋之曲沃。

[4] “吾非爱死也”以下，“爱”是惜而不愿，杜注：“集，成也。”知不集，知道不能成事。“我实不天”以下，杜注：“言我虽不为天所佑，子无大咎，故可因。”按：无咎就是无过失，可因即可依。

原文

四月，栾盈帅曲沃之甲，因魏献子以昼入绛。初，栾盈佐魏庄子于下军，献子私焉，故因之。赵氏以原、屏之难怨栾氏。韩、赵方睦。中行氏以伐秦之役怨栾氏，而固与范氏和亲。知悼子少，而听于中行氏。程郑嬖于公。唯魏氏及七舆大夫与之。[4]

乐王鲋侍坐于范宣子。或告曰：“栾氏至矣。”宣子惧。桓子曰：“奉君以走固宫[5]，必无害也。且栾氏多怨，子为政，栾氏自外，子在位，其利多矣。既有利权，又执民柄，将何惧焉！栾氏所得，其唯魏氏乎？而可强取也。夫克乱在权，子无懈矣。”

公有姻丧。王鲋使宣子墨缞冒绖，二妇人辇以如公；[6]奉公以如固宫。

范鞅逆魏舒，则成列既乘，将逆栾氏矣。趋进，曰：“栾氏帅贼以入。鞅之父与二三子在君所矣，使鞅逆吾子。鞅请骖乘。”持带，遂超乘，右抚剑，左援带，命驱之出。仆请，鞅曰：“之公！”宣子逆诸阶，执其手，赂之以曲沃。

注释

❹ “原、屏之难”，见《左传》成八年。杜注：“庄姬谮之，栾、郤为征。”这里“伐秦之役”，见《左传》襄十四年。杜注：“晋伐秦，栾黡违荀偃命，曰余马首欲东。”这意思是说栾氏不肯唯荀氏马首是瞻。杜注：“七舆，官名。”杨注：“栾氏甚孤立，唯魏氏及七舆大夫助之耳。”

❺ 《左氏》下文有“奉公以如固宫”句，杜注：“固宫，宫之有台观备守者。”孔疏：“盖襄公有别宫，牢固，故谓之固宫。”

❻ “公有姻丧”，即本《传》前文说的“杞孝公卒，晋悼夫人丧之”。“宣子墨缞冒绖”，杜注：“晋自殽战还，遂常墨缞。”孔疏：“夫人为其兄弟当大功。《丧服》：‘大功，布衰裳，牡麻绖。’冒绖者，言以绖冒其首也。乐王鲋使宣子诈为夫人孝服也。”《释文》：“冒绖，以绖冒其首也。一云：缞、冒、绖，三者皆墨之。”杨注：“缞，衰服；冒，冒巾；绖，腰带。三者皆墨色。此妇人丧服，悼夫人服之；使宣子伪为悼夫人之侍御，其服亦如悼夫人之服。”按：杨先生此说本沈钦韩《春秋左传补注》，比较杜氏注与唐初人说合理。“二妇人辇以如公”，杜注：“恐栾氏有内应距之，故为妇人服而入。”杨注：“与二妇人乘辇，非二妇人挽辇。”两说皆可参。

原文

初,斐豹隶也,著于丹书。栾氏之力臣曰督戎,国人惧之。斐豹谓宣子曰:“苟焚丹书,我杀督戎。”宣子喜,曰:“而杀之,所不请于君焚丹书者,有如日!”④乃出豹而闭之。督戎从之。逾隐而待之。⑤督戎逾入,豹自后击而杀之。

范氏之徒在台后。栾氏乘公门。宣子谓鞅曰:“矢及君屋,死之!”鞅用剑以帅卒,栾氏退;摄车从之。遇栾乐,曰:“乐免之!死将讼女于天!”乐射之,不中;又注,则乘槐本而覆。⑥或以戟钩之,断肘而死。栾鲂伤。栾盈奔曲沃,晋人围之。

注释

④ 杜注:“盖犯罪没为官奴,以丹书其罪。”为了获得自由人的身份,官奴斐豹愿立功赎罪。宣子承诺待斐豹杀督戎后“请于君焚丹书”,由是立下誓言,杜注:“言不负要盟如日。”按:“如日”者,如日之明,意思是说话算数不含糊。

⑤ 杜注:“隐,短墙也。”越过短墙,藏在短墙后面等待督戎之入。

⑥ “射之,不中,又注”,杜注:“注,属矢于弦也。”这是说栾乐箭在弦上待发。“乘槐本而覆”,杜注:“栾乐车栎槐而覆。”按:据《释文》与阮元等《校勘记》,可以判断这里“栎”者“轹”之借。杨注:“槐本,槐树根之凸出土上者。栾乐车之一轮触之,以不平衡而倾倒。”我们从《左传》关于战争的记叙,知其时多车战,杜注固不误,而杨注更为明确。

原文

秋,齐侯伐卫。先驱:穀荣御王孙挥,召扬为右。申驱:成秩御莒恒,申鲜虞之傅挚为右。曹开御戎,晏父戎为右。贰广:上之登御邢公,卢蒲癸为右。启:牢成御襄罢师,狼蘧疏为右。胠:商子车御侯朝,桓跳为右。大殿:商子游御夏之御寇,崔如为右;烛庸之越驷乘。[1]

自卫将遂伐晋。晏平仲曰:"君恃勇力以伐盟主,若不济,国之福也;不德而有功,忧必及君。"崔杼谏曰:"不可。臣闻之:小国间大国之败而毁焉,必受其咎。君其图之!"弗听。

陈文子见崔武子,曰:"将如君何?"武子曰:"吾言于君,君弗听也。以为盟主而利其难,群臣若急,君于何有?子姑止之。"文子退,告其人曰:"崔子将死乎?谓君甚而又过之,不得其死。过君以义,犹自抑也,况以恶乎?"[2]

齐侯遂伐晋,取朝歌。为二队,入孟门,登大行。张武军于荧庭,戍郫邵,封少水,以报平阴之役,乃还。[3]赵胜帅东阳之师以追之,获晏氂。八月,叔孙豹帅师救晋,次于雍榆,礼也。

注释

1. 杜注:"先驱,前锋军。申驱,次前军。""贰广,公副车。左翼曰启。右翼曰胠。大殿,后军。"又,据杜注:"曹开御戎,晏父戎为右"两句就齐侯之车而言之;"驷乘"指商子游、夏之御寇、崔如与烛庸之越四人共乘殿车。

2. 依杜注,陈文子是"陈完之孙须无",武子就是崔杼。杨注认为"君于何有"就是"何有于君","言有急则不顾君矣",又说:"'谓君甚'言指摘君主太狠;'而又过之',谓急将杀君,其罪过于君之伐盟主。""己行义超越君之行义,尚当自己抑制,何况己将行恶乎?"这里杨注对于读者准确深入地理解《左传》原意,很有启发作用。

3. 杜注:"张武军,谓筑垒壁。荧庭,晋地。"按:"武军"的意思,《左传》宣十二年、昭十三年可以提供证据,证明这里杜注可信。依杜注,"戍郫邵"是取晋郫邵之地而守之,"封少水"是"封晋尸于少水以为京观"。又,平阴之役,见《左传》襄十八年,其时晋军重创齐师。《左传》襄廿三年这里记齐侯帅师伐晋,"报平阴之役乃还",基本上应该算是胜利者。

原文

季武子无適子。公弥长。而爱悼子，欲立之。访于申丰，曰："弥与纥，吾皆爱之。欲择才焉而立之。"申丰趋退，归，尽室将行。他日，又访焉。对曰："其然，将具敝车而行。"乃止。访于臧纥，臧纥曰："饮我酒，吾为子立之。"季氏饮大夫酒，臧纥为客。既献，臧孙命北面重席，新(樽)〔尊〕絜之；召悼子，降，逆之。大夫皆起。及旅，而召公鉏，使与之齿。[1]季孙失色。

季氏以公鉏为马正。愠而不出。闵子马见之，曰："子无然！祸福无门，唯人所召。为人子者患不孝，不患无所。敬共父命，何常之有？若能孝敬，富倍季氏可也。奸回不轨，祸倍下民可也。"公鉏然之，敬共朝夕，恪居官次。季孙喜，使饮己酒，而以具往，尽舍旃。故公鉏氏富，又出为公左宰。[2]

注释

❶ 杜注："公弥，公鉏。悼子，纥也。"《左传》明言"季武子无適子，公弥长"，无適本该立长，所以申丰不肯帮助武子立悼子为后（接班人，继承人）。臧纥利用乡饮酒礼典帮助季武子达到了目的。"臧孙命北面重席，新尊絜之"，而后"召悼子，降，逆之"，这就是立悼子为季武子之后的意图的实践。"大夫皆起"，这就意味着得到上层社会的承认了。"及旅，而召公鉏，使与之齿"，"而"犹"乃"也，杜注："献酬礼毕，通行为旅。使从庶子之礼，列在悼子之下。"杨注："旅酬所以逮贱，始召公鉏，且使公鉏与一班宾客齿列坐次，则视公鉏为庶子。"按：小戴辑《礼记·中庸》谓"旅酬……所以逮贱也"，《左传》襄廿三年这里贱公鉏而贵悼子，实在是很明白的事。①

❷ 孔疏："悼子既为適子，将承季氏之后，故谓悼子为季氏……'富

---

① 请参看拙著《中国礼制史·先秦卷》第五章第一节《春秋的传承制度》。

倍季氏'，言可过悼子也。""奸回"，回也是奸。"恪居官次"，杜注："次，舍也。"我们认为"恪居官次"就是敬共其官位职守。"使饮己酒，而以具往，尽舍旃"，杜注："具，飨燕之具。"季孙自己带了一套贵重的飨燕器具，到儿子公鉏家饮酒，而后将那套器具留给了这个儿子。"旃"为"之焉"两字之合音，这应该已成常识。"出为公左宰"，杜注："出季氏家臣仕于公。"按：这一句意思应该是说公鉏出仕为鲁襄公之左宰。

原文

孟孙恶臧孙，季孙爱之。孟氏之御驺丰点好羯也，曰："从余言，必为孟孙。"再三云，羯从之。孟庄子疾，丰点谓公鉏："苟立羯，请仇臧氏。"公鉏谓季孙曰："孺子秩，固其所也。若羯立，则季氏信有力于臧氏矣。"[3]弗应。己卯，孟孙卒。公鉏奉羯立于户侧。季孙至，入，哭；而出，曰："秩焉在？"公鉏曰："羯在此矣。"季孙曰："孺子长。"公鉏曰："何长之有？唯其才也。且夫子之命也。"遂立羯。秩奔邾。

臧孙入，哭，甚哀，多涕。出，其御曰："孟孙之恶子也，而哀如是！季孙若死，其若之何？"臧孙曰："季孙之爱我，疾疢也。孟孙之恶我，药石也。美疢不如恶石。[4]夫石犹生我；疢之美，其毒滋多。孟孙死，吾亡无日矣！"

注释

❸ 羯读 jié。杜注："羯，孟庄子之庶子，孺子秩之弟孝伯也。"丰点要羯听话，保证羯"必为孟孙"，杜注："为孟孙后。"可是公鉏认为"孺子秩固其所也"（杜注："固自当立"），又说："若羯立，则季氏信有力于臧氏矣。"王伯申说："'臧'当为'孟'，因上下文'臧氏'而误为'臧'耳。力，功也。"他不以此处杜注（我们这里未引录）为然。杨先生不以此处王伯申说为然，杨注："季孙本欲立悼子，

臧氏仅助成之。至于孟氏，则已定秩为后，若季氏废之而立羯，其势大于臧氏。”按：杨注是。

❹ 疢读 chèn。杜注：“常志相顺从，身之害。常志相违戾，犹药石之疗疾。”孔疏：“治病药分用石，《本草》所云钟乳、矾、磁石之类多矣。”可是王伯申说：“药石，谓疗疾之石，专指一物言之，非为药与石为二物。”他力主药字与疗字同义。而杨主又分药与石为二物，说：“药谓草木之可治病者。石谓如钟乳、矾、磁石之类可用治病者。或谓古针砭用石，谓之砭石。”我们认为孔疏、杨注与实际情况相符。“美疢不如恶石”：用来治病的药石再难看，患病的人可以接受；疡疮再美，患者哪有心思欣赏呢？杨注将“美疢”之美解说为动词，似与“恶石”之恶词性不类，恐不可取。

原文

孟氏闭门，告于季孙曰：“臧氏将为乱，不使我葬。”季孙不信。臧孙闻之，戒。冬十月，孟氏将辟，借除于臧氏。臧孙使正夫助之，除于东门，甲从己而视之。❺孟氏又告季孙。季孙怒，命攻臧氏。乙亥，臧纥斩鹿门之关以出奔邾。

注释

❺“孟氏将辟”以下，杜注：“辟，穿藏也。于臧氏借人除葬道。正夫，隧正。”孔疏：“遂正当属司徒。臧氏为司寇，而借之于臧氏者，盖当时臧氏兼主掌之。”“除于东门”句下，杜注：“畏孟氏，故从甲士视作者。”按：杜注这一句的主语应是臧纥（即臧孙）。杨注说“除于东门”就是“在东门辟墓道”，臧孙派正夫帮助，“又使甲士跟随自己视察正卒除道”，这样讲，更明白易懂。

原文

初，臧宣叔娶于铸，生贾及为而死。继室以其侄，穆姜之姨子也,生纥,长于公宫。姜氏爱之,故立之。臧贾、臧为出在铸。臧武仲自邾使告臧贾,且致大蔡焉,[6]曰:“纥不佞,失守宗祧,敢告不吊。纥之罪,不及不祀。[7]子以大蔡纳请,其可。”贾曰:“是家之祸也,非子之过也。贾闻命矣!”再拜受龟,使为以纳请,遂自为也。臧孙如防,使来告曰:“纥非能害也,知不足也。非敢私请。苟守先祀,无废二勋,敢不辟邑!”[8]乃立臧为。

注释

❻“继室以其侄”,杜注:“女子谓兄弟之子为侄。”可见娣侄为媵或先后同嫁一人的事,春秋时期实曾有过。“大蔡”,杜注:“大龟。”《释文》:“大蔡,龟名也。一云龟出蔡地,因以为名。”孔疏引《汉书·食货志》:“元龟为蔡。”秦汉以前人迷信龟卜,所以大蔡成为礼物。

❼杜注:“远祖庙为祧。”然则“失守宗祧”意即失守远祖之庙,就是被迫离开了宗庙所在之地的意思。“不吊”就是不淑、不幸。“纥之罪不及不祀”,意思是臧纥之罪没有严重到死后不能享受祭祀的地步,杜注:“言应有后。”这样说是对的。

❽“知不足也”,“知”音义与“智”同,杜注:“言使甲从己,但虑事浅耳。”因为虑事浅,所以遭到诬陷与误会。“非敢私请”,杜注:“为其先人请也。”因为先人有功无罪,更不应不祀。“无废二勋”,杜注:“二勋,文仲、宣叔。”孔疏引《左传》哀廿四年记晋侯乞师使之语为证,应有根据。“敢不辟邑”,杜注:“据邑请后,故孔子以为要君。”杨注:“辟同避,谓离防他适。”按:孔子批评臧氏“要君”,事见《论语·宪问》。但是《左传》记臧氏说的“敢不辟邑”,实在应如杨注那样理解,不能附会“要君”之意。

原文

臧纥致防而奔齐。其人曰:“其盟我乎?”臧孙曰:“无辞。”将盟臧氏，季孙召外史掌恶臣，而问盟首[9]焉。对曰："盟东门氏也，曰：'毋或如东门遂不听公命、杀適立庶！'盟叔孙氏也，曰：'毋或如叔孙侨如欲废国常、荡覆公室！'"季孙曰："臧孙之罪，皆不及此。"孟椒曰："盍以其犯门斩关？"季孙用之，乃盟臧氏曰："(无)〔毋〕或如臧孙纥干国之纪、犯门斩关！"臧孙闻之，曰："国有人焉，谁居[10]？其孟椒乎！"

注释

[9] "盟首"，杜注认为是"载书之章首"。可备一说。

[10] "谁居"，杜注："居犹与也。"杨注："居，疑问助词，义同欤。"按：这里与犹欤，两注皆是。

原文

晋人克栾盈于曲沃，尽杀栾氏之族党。栾鲂出奔宋。书曰"晋人杀栾盈"，不言大夫，言自外也。

齐侯还自晋，不入，遂袭莒。门于且于[1]，伤股而退。明日，将复战，期于寿舒。杞殖、华还载甲，夜入且于之隧，宿于莒郊。明日，先遇莒子于蒲侯氏。莒子重赂之，使无死，曰："请有盟。"华周对曰："贪货弃命，亦君所恶也。昏而受命，日未中而弃之，何以事君？"莒子亲鼓之，从而伐之，获杞梁。莒人行成。齐侯归，遇杞梁之妻于郊，使吊之。辞曰："殖之有罪，何辱命焉？若免于罪，犹有先人之敝庐在，下妾不得与郊吊。[2]"齐侯吊诸其室。

齐侯将为臧纥田；臧孙闻之，见。齐侯与之言伐晋，对曰："多则多矣，抑君似鼠。夫鼠昼伏夜动，不穴于寝庙，畏人故也。今君闻晋之乱而后作焉，宁将事之，非鼠如何？"[3]乃弗与田。仲尼曰："知之难也！有臧武仲之知，而不容于鲁国，抑有由也，作不顺而施不恕也。《夏书》曰：'念兹在兹。'顺事、恕施也。"[4]

注释

❶ 杜注:“且于,莒邑。”门于且于,就是攻打且于城门。

❷ 小戴辑《礼记·檀弓下》有与这一段话基本相同的记载。《左传》襄廿三年孔疏引《檀弓》郑注:“行吊礼于野,非也。”孔疏又说:“妇人无外事,虽从柩,亦不得野受吊耳。”

❸ 阮元等《校勘记》:“如何即而何。”杨注从之。今按:这里当面以鼠比齐侯,胆量不可谓不大。

❹ “念兹在兹”句,已见于《左传》襄公廿一年。请参看彼注。又按:孔仲尼这一年才三岁,怎么可能对齐侯与臧孙之间的事发表这样一段评论呢?盖议论于孔子中年以后,而《左氏》穿插于此。

经二十有四年[1]

原文

春,叔孙豹如晋。

仲孙羯帅师侵齐。

夏,楚子伐吴。

秋,七月甲子朔,日有食之,既。[2]

齐崔杼帅师伐莒。

大水。

八月癸巳朔,日有食之。[3]

公会晋侯、宋公、卫侯、郑伯、曹伯、莒子、邾子、滕子、薛伯、杞伯、小邾子于夷仪。

冬,楚子、蔡侯、陈侯、许男伐郑。

公至自会。

陈鍼[4]宜咎出奔楚。

叔孙豹如京师。

大饥。

注释

❶ 鲁襄公二十四年，即公元前549年，周灵王二十三年。这一年孔子四岁。

❷ 孔疏："此与二十一年频月日食，理必不然……先儒因循，莫敢改易。执文求义，理必不通。后之学者，宜知此意也。"然而襄廿四年七月朔之日食可信，杨注："既，尽也。于公历为六月十九日之全食，《经》书'既'，盖由目验。"记目验之事，不应有误。后世历算学家经推算，亦证其可信。

❸ 这里说的日食不可信。请参看《春秋经》襄公二十一年注。研究者或以为史官之误，或以为简乱而致此。

❹ 杜注："陈鍼子八世孙，庆氏之党。书名，恶之也。"孔疏已指出"陈鍼子八世孙"为"《世本》文"。

传二十四年

原文

春，穆叔如晋。范宣子逆之，问焉，曰："古人有言，曰'死而不朽'。何谓也？"穆叔未对。宣子曰："昔匄之祖，自虞以上为陶唐氏，在夏为御龙氏，在商为豕韦氏，在周为唐杜氏，晋主夏盟为范氏，其是之谓乎！"❶穆叔曰："以豹所闻，此之谓世禄，非不朽也。鲁有先大夫曰臧文仲，既没，其言立，其是之谓乎！豹闻之：'大上有立德，其次有立功，其次有立言。'虽久不废，此之谓不朽。❷若夫保姓受氏以守宗祊，世不绝祀，无国无之。禄之大者，不可谓不朽。"❸

注释

❶ 依杜注："陶唐，尧所治地"，则陶唐氏指尧；御龙氏"谓刘累也，事见昭二十九年"；"豕韦，国名"；"唐、杜，二国名"；辅佐晋君主诸

夏之盟者有范氏:"言已世为兴家。"杨注据孙仲容《籀高述林·唐杜氏考》,指出唐杜"实一国名"。按:《左传》这里记范宣子语,认定他范宣子家族渊源颇长,自以为这就是所谓"死而不朽"了。

❷ 杜注认为"立德"者如黄帝尧舜,立功者如禹稷,立言者如史佚、周任、臧文仲。孔疏:"立德谓创制垂法,博施济众,圣德立于上代,惠泽被于无穷……杜以'黄帝尧舜'当之,言如此之类乃是立德也……立功谓拯厄除难,功济于时……立言谓言得其要,理定可传。《记》《传》称"史逸有言",《论语》称'周任有言',及此臧文仲既没其言存立于世,皆其身既没,其言尚存……此三者虽经世代,当不朽腐,故穆子历言之。"杨注认为"立德为最高,立功次之,立言又次之"。这些说法都有道理。两千多年来,《左氏》"不朽"之论,做了一代又一代英烈为人处世的格言。

❸ 祊读 fāng,又读 bēng。杜注:"祊,庙门。"是宗祊即宗庙。能够保守宗庙的人,享高位厚禄的人,历代都有,然而称不上"不朽"。但若古今大款们取财有道,为国家为地方人民福利事业愿意多加投入,那也可以"不朽"的。

原文

范宣子为政,诸侯之币重,郑人病之。[1]二月,郑伯如晋,子产寓书于子西以告宣子,曰:

子为晋国,四邻诸侯不闻令德,而闻重币,侨也惑之。

侨闻君子长国家者,非无贿之患,而无令名之难。

夫诸侯之贿聚于公室,则诸侯贰;若吾子赖之,则晋国贰。诸侯贰,则晋国坏;晋国贰,则子之家坏。何没没也![2]将焉用贿!

夫令名,德之舆也。德,国家之基也。有基无坏,无亦是务乎!有德则乐,乐则能久。《诗》云:"乐只君子,邦家之基。"有令德也夫!"上帝临女,无贰尔心",有令名也夫![3]

注释

❶ 杨注:“晋为霸主,诸侯往朝聘,例须纳币。此币指一切贡献品。”按:杨先生说是。“郑人病之”的“病”,可以当“苦”讲。(《广雅·释诂》:“病,苦也。”)也可以当“难”“患”讲。

❷ 杜注:“贰,离也。赖,恃用之。没没,沈灭之言。”王氏父子以为“没没”是“贪也”,可备一说,比杜注好。杨注:“赖,利也……晋国内部分裂,则当道之臣受祸。没没犹言昧昧,不明白,糊涂。”按:赖、利双声,没、昧双声,杨注得音理,更明确。

❸ “乐只君子,邦家之基”两句,见《诗·小雅·南山有台》。杜注:“言君子乐美其道,为邦家之基,所以济令德。”孔疏认为“乐只君子”句“只”作“旨”,是“美”的意思。杨注:“只,语末助词,无义。此倒装句,言君子乐只也。”我们认为作“只”从杨先生说较胜。“上帝临女,无贰尔心”两句,见《诗·大雅·大明》,杜注:“言武王为天所临,不敢怀贰心,所以济令名。”按:这里“临”是临视,是监临,“无贰尔心”就是“尔心无贰”,也可以说是倒装了。

原文

恕思以明德,则令名载而行之,是以远至迩安。

毋宁使人谓子:“子实生我。”而谓“子浚我以生”乎?❹象有齿以焚其身,贿也。❺

宣子说,乃轻币。

是行也,郑伯朝晋,为重币故,且请伐陈也。郑伯稽首,宣子辞。子西相,曰:“以陈国之介恃大国而陵虐于敝邑,寡君是以〔请〕请罪焉,敢不稽首?❻”

孟孝伯侵齐,晋故也。

注释

❹ 杜注:“毋宁,宁也。浚,取也;言取我财以自生。”孔疏:“宁使人

谓子实能生养我民也？为多取人财，使人言子不能自活而须我民财以生活乎？此二者孰胜也？”按：注疏说是。杨注谓此“浚”字犹“今言剥削”，亦是。我们认为：以霸主国与小国之间关系而论，说是“勒索”更加妥当。

❺《释文》引服虔的说法：“焚读曰偾。偾，僵也。”杜注：“焚，毙也。”孔疏：“焚是烧也。象不烧死，故训为毙。服虔云‘焚读曰偾；偾，僵也’，为生齿牙僵仆其身。”杨注：“以象牙值钱。”为了得到值钱的象齿，所以要象死，这当然是个比喻。

❻“请”字当重，据陆德明《音义》、阮元等人《校勘记》补入。杜注：“请得罪施陈也。”阮元等人《校勘记》：“施陈，犹言加兵于陈。”

原文

夏，楚子为舟师以伐吴，不为军政，无功而还。❶

齐侯既伐晋而惧，将欲见楚子。楚子使薳启彊如齐聘，且请期。齐社，蒐军实，使客观之。陈文子曰：“齐将有寇。吾闻之：兵不戢，必取其族。”❷

秋，齐侯闻将有晋师，使陈无宇从薳启彊如楚，辞，且乞师。崔杼帅师送之，遂伐莒，侵介根。

会于夷仪，将以伐齐。水，不克。

冬，楚子伐郑以救齐，门于东门，次于棘泽，诸侯还救郑。

注释

❶ 舟师就是水军，杜注很明确。“不为军政”，杜注：“不设赏罚之差。”这样讲，在这里是对的。

❷ “薳启彊”的彊，作“疆”者误，杨伯峻先生《春秋左传注》已说明理由，而阮刻本不误。“齐社，蒐军实”以下，杜注：“祭社，因阅数军器以示薳启彊。戢，藏也。族，类也。取其族，还自害也。”杨注：“疑此社为军社……军实指车徒以及军器。蒐军实，即大检阅。

客即薳启彊。”综合杜、杨两注，原文意思应该已经明白了。

原文

晋侯使张骼、辅跞致楚师，求御于郑。郑人卜：宛射犬吉。[3]子大叔戒之曰：“大国之人，不可与也。”对曰：“无有众寡，其上一也。”大叔曰：“不然。部娄无松柏。”[4]二子在幄，坐射犬于外；既食而后食之。使御广车而行，(已)〔己〕皆乘乘车。将及楚师，而后从之乘，皆踞转而鼓琴。[5]近，不告而驰之。皆取胄于橐而胄，入垒，皆下，搏人以投，收禽挟囚。[6]弗待而出。皆超乘，抽弓而射。既免，复踞转而鼓琴，曰：“公孙！同乘，兄弟也，(故)〔胡〕[7]再不谋？”对曰：“曩者志入而已，今则怯也。”皆笑，曰：“公孙之亟[8]也！”

楚子自棘泽还，使薳启彊帅师送陈无宇。

注释

[3] 依《释文》，跞读 lì，也有人读 luò。“求御于郑”，杜注：“欲得郑人自御，知其地利故也。”又说：“射犬，郑公孙。”杨注：“致师即挑战。”按：“致某师”即向某挑战。“求御于郑”就是要求郑人派人为车御。卜而知其吉，可见春秋时期的占卜之习。

[4] “子大叔”即游吉。“大国之人，不可与也”，杜注：“言不可与等也，欲使卑下之。”子大叔告诫宛射犬，为大国之人御车，当自卑下之，不可与之争平等地位。宛射犬回答说：“无有众寡，其上一也。”杜注：“言在己上者有常分，无大小国之异。”孔疏：“其意言：我下郑卿，亦下晋卿。彼若是卿，我当下之；彼是大夫，我不下之。”游吉用一个比喻说：“部娄无松柏。”杜注：“部娄，小阜。松柏，大木。喻小国异于大国。”可知游吉的意思是坚持认为小国之人不可与大国争平等地位。

[5] 杜注：“二子，张骼、辅跞。幄，帐也。广车，兵车。乘车，安车。转，衣装。”孔疏：“踞，谓坐其上也。战车所有可坐其上，明是衣

囊耳。当是盛衣甲之囊也。"杨注:"己,二子自己。""二人皆蹲于转上弹琴。转,轸也。此轸为车后横木。"按:关于"踞转"之转的解说,杨注与杜、孔两氏不同。阮元等人《校勘记》谓惠栋引傅氏《辨误》:"转字从车,与衣装何与?此必轸字之讹。"可见杨注自有根据。《校勘记》又说:"杜意谓转即縳之假借字也。"转何必为轸字之讹?《传》襄二十五年"以帷縳"可证縳与转、卷三字音近义通。縳可以有衣囊的意思,不应作"缚",更不应作"轸"。

❻ 杜注:"禽,获也。"杨注:"禽同擒,所擒获之楚兵。此与囚异词同义。或收之,或挟于腋下。"按:杜注是,杨注更加明确。

❼ "故"为"胡"之讹,阮元等《校勘记》详之。

❽ 杜注:"亟,急也。"这样说实有根据,《诗·灵台》"经始勿亟",笺:"亟,急也。"

原文

吴人为楚舟师之役故,召舒鸠人。舒鸠人叛楚。楚子师于荒浦,使沈尹寿与师祁犁让之。舒鸠子敬逆二子而告"无之",且请受盟。二子复命,王欲伐之。薳子曰:"不可。彼告不叛,且请受盟;而又伐之,伐无罪也。姑归息民,以待其卒。卒而不贰,吾又何求?若犹叛我,无辞,有庸。❶"乃还。

陈人复讨庆氏之党,鍼宜咎出奔楚。

齐人城郏。穆叔如周聘,且贺城。王嘉其有礼也,赐之大路。

晋侯嬖程郑,使佐下军。郑行人公孙挥如晋聘;程郑问焉,曰:"敢问降阶何由?"子羽不能对,归以语然明。然明曰:"是将死矣,不然将亡。贵而知惧,惧而思降,乃得其阶。下人而已,又何问焉?且夫既登而求降阶者,知人也,不在程郑。其有亡衅乎?不然,其有惑疾,将死而忧也。"❷

注释

❶ 杜注："卒，终也。"待其卒，待其后来之表现。"无辞，有庸"，杜注："彼无辞，我有功。"杨注："彼无辞，我伐之则有功矣。"这里杜、杨两注并无区别。

❷ "将亡"与上文"将死"相对而言，则此"亡"是流亡而非死亡。"知人"之"知"，音义同"智"，"知人"是明智之人。杨注："亡衅，逃亡之迹象。"这样说，与原意相符。孔疏将"惑疾"解释为"迷惑之疾"，这当然也是对的。

经二十有五年[1]

原文

春，齐崔杼帅师伐我北鄙。

夏，五月乙亥，齐崔杼弑其君光。

公会晋侯、宋公、卫侯、郑伯、曹伯、莒子、邾子、滕子、薛伯、杞伯、小邾子于夷仪。

六月壬子，郑公孙舍之帅师入陈。

秋，(八)〔七〕[2]月己巳，诸侯同盟于重丘。

公至自会。

卫侯入于夷仪。

楚屈建帅师灭舒鸠。

冬，郑公孙夏帅师伐陈。

十有二月，吴子遏伐楚，门于巢，卒。

注释

❶ 鲁襄公二十五年，当公元前548年，周灵王二十四年。是年孔子五岁。

❷ 据本年《左传》、本年《经》杜注改。

传二十五年

原文

“春,齐崔杼帅师伐我北鄙”,以报孝伯之师也。公患之,使告于晋。孟公绰曰:“崔子将有大志,不在病我,必速归。何患焉?其来也不寇,使民不严,异于他日。”齐师徒归。❶

齐棠公之妻,东郭偃之姊也。东郭偃臣崔武子。棠公死,偃御武子以吊焉。见棠姜而美之,使偃取之。偃曰:“男女辨姓。今君出自丁,臣出自桓,不可。”❷武子筮之,遇“困䷮”之“大过䷛”。史皆曰:“吉!”示陈文子,文子曰:“夫从风,风陨妻,不可娶也。且其繇曰:‘困于石,据于蒺(梨)〔藜〕。入于其宫,不见其妻。凶。’‘困于石’,往不济也;‘据于蒺(梨)〔藜〕’,所恃伤也。‘入于其宫,不见其妻,凶’,无所归也。”崔子曰:“嫠也何害?先夫当之矣。”❸遂取之。

庄公通焉,骤如崔氏,以崔子之冠赐人。侍者曰:“不可。”公曰:“不为崔子,其无冠乎?”崔子因是,又以其间伐晋也,曰:“晋必将报。”欲(弑)〔杀〕公以说于晋,而不获间。公鞭侍人贾举而又近之,乃为崔子间公。❹

注释

❶ 杜注:“徒,空也。”杨注:“即‘不在病我’。”意思是没有向鲁国图个什么,所以空手而归。

❷ 杜注:“齐丁公,崔杼之祖。齐桓公小白,东郭偃之祖。同姜姓,故不可昏。”按:与《左传》襄廿五年这里意思相同的说法,譬如小戴辑《礼记·曲礼上》说过“娶妻不取同姓”,《左传》僖廿三年说“男女同姓,其生不蕃”,《晋语四》说“同姓不昏,恶不殖也”,又

说:"娶妻避其同姓,畏乱灾也。"这些言论,反映了人类自身生产的文明。

❸ 杜注:"《困》六三变为《大过》。""《坎》为中男,故曰夫。变而为《巽》,故曰'从风'。风,能陨落物者。变而陨落,故曰'妻不可娶'。""困于石"以下至"不见其妻,凶",为《困·六三》爻辞,杜注:"《坎》为险为水。水之险者,石不可以动也。坎为险,兑为泽,泽之生物而险者蒺梨,恃之则伤……今卜昏而遇此卦六三失位无应,则丧其妻失其所归也。寡妇曰嫠。言棠公已当此凶。"按:嫠读lí。孔疏:"六三以阴居阳位,是失位也。三应在上,上亦阴爻,是无应也。动而无应,是丧失所归,故不见其妻也。"又引刘炫语,认为《困》六三上承九四,下乘九二,上附之不入,下乘刚而不安,是以名必辱,身必危。孔疏又说:"史者,筮人也。"杨注:"史仅就《困卦》言之,《兑》为少女,《坎》为中男,以少女配中男,故吉。"关于《左传》下文所记陈文子与崔子语的解说,杨注无异词。

❹ "说于晋"的"说",音义与"悦"相同。"庄公通焉,骤如崔氏","其无冠乎",杨注:"凡淫曰通。骤,屡也。其,用法同岂。"本《传》下文三"间"字:"以其间伐晋"与"为崔子间公"两句中"间"字,依杜、杨两注,应为动词,意思是寻找间隙、机会;《左传》庄八年、襄十年也有这样用法的"间"。《左传》襄廿五年这里还有"不获间"句,"间"应为名词,即指空隙或机会。

原文

夏五月,莒为且于之役故,莒子朝于齐。甲戌,飨诸北郭。崔子称疾不视事。

乙亥,公问崔子,遂从姜氏。姜入于室,与崔子自侧户出。公拊楹而歌。侍人贾举止众从者,而入闭门。❶甲兴,公登台而请,弗许;请盟,弗许;请自刃于庙,弗许。皆曰:"君之臣杼疾病,不能听命。近于公宫,陪臣干掫有淫者,不知二命。"❷公逾墙,又射之;中股，反队；遂弑之。

注释

❶ 拊读 fǔ，或作“抚”，《释文》：“拍也。”楹读 yíng，房屋中的柱子。“侍人贾举止众从者，而入闭门”，杜注：“为崔子闭公也。重言‘侍人’者，别下贾举。”按：杨注已指出“众从者”为庄公从者，“下贾举”即本《传》下文说的死庄公之难的贾举。

❷ “甲兴”，应该就是《韩非子·奸劫弑臣》说的“崔子之徒贾举率崔子之徒而攻公”，意思十分明白。“陪臣”以下，据《释文》：干读 hàn，音义与“捍”同，也有就读 gān 的。掫读 zōu，《说文》：“夜戒守有所击也。”段注：“许不云击鼓，而云‘有所击’者，凡有声可警觉者皆是。”杜注：“干掫，行夜也。言行夜得淫人，受崔子命讨之，不知它命。”孔疏：“夜捍寇盗，手有所击，故以干掫为行夜官名也。”杨注谓“干掫”亦单称“掫”，举《左传》昭廿年“宾将掫”为证，与孔疏亦举此年《左传》“宾将掫”句为例正相合。

原文

贾举、州绰、邴师、公孙敖、封具、铎父、襄伊、偻堙皆死。祝佗父祭于高唐，至，复命，不说弁而死于崔氏。申蒯侍渔者，退谓其宰曰：“尔以帑免，我将死。”其宰曰：“免，是反之子义也。”与之皆死。[3]崔氏杀鬷钟蔑于平阴。

晏子立于崔氏之门外。其人曰：“死乎？”曰：“独吾君也乎哉，吾死也？”曰：“行乎？”曰：“吾罪也乎哉，吾亡也？”曰：“归乎？”曰：“君死，安归？君民者，岂以陵民？社稷是主。臣君者，岂为其口实？社稷是养。故君为社稷死则死之，为社稷亡则亡之；若为己死而为己亡，非其私昵，谁敢任之？且人有君而弑之，吾焉得死之，而焉得亡之？将庸何归？”门启而入，枕尸股而哭，兴，三踊而出。[4]人谓崔子：“必杀之！”崔子曰：“民之望也。舍之，得民。”

卢蒲葵奔晋，王何奔莒。

注释

❸ “不说弁”，“说”读 tuō（音义与“脱”同），杜注：“爵弁，祭服。”杨注无异词。“侍渔者”，杜注：“监取鱼之官。”杨注引梁履绳《左通补释》将“侍渔者”解说为“监收鱼税者”，于义为长。“尔以帑免”，杜注：“帑，宰之妻子。”杨注认为“帑”应是“蒯之妻子，托其宰保护之”，甚是，杜注不确。“反子之义”，杜注：“反死君之义。”杨注从之。“与之皆死”，杨注：“皆借为偕。”是与之皆死就是和他一起死。

❹ “君民者”及其下凡六句，杜注：“言君不徒居民上，臣不徒求禄，皆为社稷。”无论君臣，都应该以国家利益为上为重。“将庸何归”，杜注：“将用死亡之义，何所归趣？”按：《经传释词》卷三、《经义述闻》卷十八：“庸，何也。”刘武仲《助字辨略》卷一：“庸何，重言也。”即举《传》襄廿五年此句为证，杨注从之。杜注释“庸”为“用”，实非。然则“将庸何归”就是“将何归”。“枕尸股而哭”，杜注：“以公尸枕己股。”我们认为杜武库此注可通。

原文

叔孙宣伯之在齐也，叔孙还纳其女于灵公。嬖，生景公。丁丑，崔杼立而相之，庆封为左相。盟国人于大宫，曰：“所不与崔、庆者”，晏子仰天叹曰：“婴所不唯忠于君、利社稷者是与，有如上帝！”乃歃。辛巳，公与大夫及莒子盟。大史书曰：“崔杼弑其君。”崔子杀之。其弟嗣书而死者，二人；其弟又书，乃舍之。南史氏闻大史尽死，执简以往，闻既书矣，乃还。❶

闾丘婴以帷缚其妻而载之，与申鲜虞乘而出。鲜虞推而下之，曰：“君昏不能匡，危不能救，死不能死，而知匿其昵，其谁纳之？”行及弇中，将舍，婴曰：“崔、庆其追我。”❷鲜虞曰：“一与一，谁能惧我?”遂舍,枕辔而寝,食马而食。驾而行,出弇中,谓婴曰:“速驱之!崔、庆之众,不可当也。”遂来奔。

崔氏侧庄公于北郭。丁亥,葬诸士孙之里:四翣,不跸,下车七乘,不以兵甲。[3]

注释

❶ 杜注:“《传》言齐有直史,崔杼之罪所以闻。”按:《传》襄廿五年这一段记载,反映了我国先秦时期已经彪炳史册的秉笔直书、前仆后继的良史精神。

❷ 縳读 zhuàn。杨注认为縳当作缚,是形近而误,引《说文》证明这里作缚是束的意思。我们认为杨注此说非是。上年《传》“踞转”之转为縳的借字,縳转音近;縳若作缚,则音相远矣。其实縳有“卷”义(见《集韵》卷三),卷与束义可相包,不必非作缚不可。縳转卷三字音近。“推而下之”,杜注:“下婴妻也。”杨注从之。“匿其昵”,杜注:“匿,藏也。昵,亲也。”杨注直接指出这里所谓“昵”即闾丘婴之妻。“弇中”,杜注:“狭道。”杨注据《方舆纪要》指出弇中地之所在(“临淄西南有弇中峪,界两山间”)其说应可信。

❸ 杜注:“侧,瘞埋之,不殡于庙。士孙,人姓,因名里。死十三日便葬,不待五月。丧车之饰,诸侯六翣。跸,止行人。下车,送葬之车。齐旧依上公礼九乘,又有甲兵,今皆降损。”杨注依俞曲园先生《茶香室经说》谓“侧庄公于北郭”之侧与堲通,堲即《檀弓上》“夏后氏堲周”之堲周,在棺木周围放置烧好的土砖。我们认为“侧庄公于北郭”就是在北郭埋葬齐庄公而使死者不得正葬,杜注可通,俞氏的解释也可备一说。依《周官·冢人》与《左传》哀二年记赵简子誓语,杨注谓此葬庄公于士孙之里也是“不入兆域”之葬,说得很对。其实,杜注、孔疏关于这里所记庄公之葬的解说都与春秋礼制相符,可供参考。崔氏不用当时礼制安葬庄公,表示了他对庄公的贬斥。

原文

晋侯济自泮，会于夷仪，伐齐，以报朝歌之役。齐人以庄公说[1]，使隰鉏请成，庆封如师；男女以班；赂晋侯以宗器、乐器，自六正、五吏、三十帅、三军之大夫、百官之正长师旅及处守者皆有赂。[2]晋侯许之，使叔向告于诸侯。公使子服惠伯对曰："君舍有罪以靖小国，君之惠也。寡君闻命矣。"

晋侯使魏舒、宛没逆卫侯，将使卫与之夷仪。崔子止其帑，以求五鹿。

初，陈侯会楚子伐郑。当陈隧者，井堙木刊，郑人怨之。六月，郑子展、子产帅车七百乘伐陈，宵突陈城，遂入之。

陈侯扶其大子偃师奔墓，遇司马桓子，曰："载余！"曰："将巡城！"遇贾获载其母妻，下之，而授公车。公曰："舍而母。"辞曰："不祥。"[3]与其妻扶其母以奔墓，亦免。

注释

[1] 杜注："以弑庄公说晋也。"这里"说"音义与"悦"同。杨注："以杀庄公向晋解释。《说文》：'说，说释也。'"依杨注，也能把原文讲通，但若这样讲，则"说"就不必是"悦"了。

[2] 杜注："宗器，祭祀之器。乐器，钟磬之属。"六正是"三军之六卿"。杜注又说："五吏，文职。三十帅，武职：皆军卿之属官。百官正长，群有司也。师旅，小将帅。"王伯申《经义述闻》卷十八"五吏三十帅"条："晋之五吏，具在《传》中……盖一司马，二司空，三舆帅，四侯正，五亚旅，此晋五吏之旧制也。自悼公立军尉，而五吏之名遂先军尉而省亚旅……三十帅者，师帅也……若下文'百官之正长师旅'，师旅为官属而非将帅，详见前'师不陵正，旅不逼师'下。"今按："师不陵正，旅不逼师"见《左传》成公十八年，王氏伯申的解说亦见《经义述闻》卷十八。《左传》襄廿五年下文所说的"处守"，杜注认为是"守国者"。可以想见夷仪之役中齐

人赂晋国君臣之多。

❸ 杜注:“虽急,犹不欲男女无别。”由下文可知贾获之母、妻都下了车,故可以断定所谓“不祥”只是托辞。上文“舍而母”之舍,不是舍弃的意思;杨注解说为“安置”,可通。

原文

子展命师无入公宫,与子产亲御诸门。陈侯使司马桓子赂以宗器。陈侯免,拥社,使其众男女别而累,以待于朝。子展执絷而见,再拜稽首,承饮而进献。子美入,数俘而出。祝祓社,司徒致民,司马致节,司空致地,乃还。[4]

秋七月己巳,同盟于重丘,齐成故也。

赵文子为政,令薄诸侯之币而重其礼。[5]穆叔见之。谓穆叔曰:“自今以往,兵其少弭矣。[6]齐崔、庆新得政,将求善于诸侯。武也知楚令尹。[7]若敬行其礼,道之以文辞,以靖诸侯,兵可以弭。”

注释

❹ “陈侯免,拥社”以下,“免”读 wèn,杜注:“免,丧服。拥社,抱社主。示服。累读 lěi,自囚系以待命。承饮,奉觞示不失臣敬。子美,子产也。但数其所俘人数,不将以归。祓,除也。节,兵符。陈乱,故正其众官、修其所职以安定之乃还也。”孔疏将《左传》这里记载的郑国二子率兵车“宵突陈城”之后出现的场面与宣十二年楚子入郑之后出现的情况作了比较,认为是否“别以男女囚系以待命”,反映了不同的心态。杨注则将《左传》这里记载的子展执絷见陈侯与成公二年韩厥见齐侯的情况作了比较,认为“外臣于战胜时见敌国君之礼”如此,又取刘炫说以为“祝”与三司皆郑官,不用服虔说。我们认为杨注是,当从之。

❺ “薄诸侯之币”与《左传》襄廿四年说的“轻币”意思相同。“重其礼”,杜注:“以重礼待诸侯。”这与《左传》襄廿四年所谓“诸侯之

币重”应截然相反。

❻ 杜注：“弭，止也。”弭兵即停战。

❼ 武即赵文子，自谓与楚令尹屈建相知。

原文

楚薳子冯卒，屈建为令尹，屈荡为莫敖。舒鸠人卒叛楚，令尹子木伐之；及离城[1]，吴人救之。子木遽以右师先，子彊、息桓、子捷、子骈、子盂帅左师以退。吴人居其间七日。子彊曰：“久将垫隘[2]，隘乃禽也，不如速战。请以其私卒诱之。简师陈以待我：我克，则进；奔则亦视之。[3]乃可以免。不然，必为吴禽。”从之。五人以其私卒先击吴师，吴师奔；登山以望，见楚师不继，复逐之，傅诸其军。简师会之，吴师大败。遂围舒鸠，舒鸠溃。八月，楚灭舒鸠。

卫献公入于夷仪。

注释

❶ 杜注：“离城，舒鸠城。”

❷ 杜注：“垫隘，虑水雨。”孔疏：“成六年注云：‘垫隘，羸困也。’《方言》云：‘垫，下也。’吴地下湿，久驻于此，虑水雨大至，民将困病，故恐为人所禽制也。”按：孔疏引成六年注所谓“羸困”，羸当作羸，阮元等学者未校出。杨注：“垫隘犹羸弱……隘即垫隘。”这样解说是对的。

❸ 杨注：“私卒当是各将领之家兵。”按：由下文“以待我”句，可知“请以其私卒诱之”句中“其私卒”，应即子强自我之家兵。“简师”句，杜注：“简阅精兵，驻后为陈。”我战而胜之，则“待我”之师可以前进攻杀敌人。“奔则亦视之”，杜注：“视其形势而救助之。”奔即败北，所以必须救助。

原文

郑子产献捷于晋，戎服将事。晋人问陈之罪，对曰：

昔虞阏父为周陶正，以服事我先王。我先王赖其利器用也，与其神明之后也，庸以元女大姬配胡公而封诸陈，以备三恪。则我周之自出，至于今是赖。[1]桓公之乱，蔡人欲立其出；我先君庄公奉五父而立之，蔡人杀之；我又与蔡人奉戴厉公。至于庄、宣，皆我之自立。夏氏之乱，成公播荡，又我之自入，君所知也。[2]

今陈忘周之大德，蔑我大惠，弃我姻亲，介恃楚众，以冯陵我敝邑，不可亿逞，我是以有往年之告。[3]未获成命，则有我东门之役，当陈隧者井堙木刊。敝邑大惧不竞，而耻大姬。天诱其衷，启敝邑之心。陈知其罪，授手于我。[4]用敢献功。

注释

❶ 据《释文》，这里阏读 è。杜注："阏父，舜之后。当周之兴，阏父为武王陶正。舜圣，故谓之神明。庸，用也。元女，武王之长女。胡公，阏父之子满也。周得天下，封夏殷二王后；又封舜后，谓之恪，并二王后为三国，其礼转降，示敬而已，故曰三恪。"杨注："陶正，主掌陶器之官。"这是对杜注"陶正"的解说。杨注认为"赖其利器用"的"赖"是"善"的意思，"此犹言嘉奖"，这也可备一说。"庸以元女"句，杨注用杨遇夫先生《词诠》卷九的说法，将"庸"解说为"乃"，这是纠杜注之误。关于"三恪"，杨注认为《礼记·郊特牲》孔疏引古《春秋左传》说方与古人传说相合，这当然也可供参考。"我周之自出，至于今是赖"两句，杜注："言陈，周之甥，至今赖周德。"我们认为"至于今是赖"句，应该与《左传》上文"赖其利器用"句意思相通，应该指陈国必须向周王及其他大国朝贡"器用"而言。

❷ 杜注："奉戴犹奉事。陈庄公、宣公，皆厉公子。播荡，流移失所。宣十(一)年陈夏徵舒弑灵公，灵公之子成公奔晋，自晋因郑而入也。"杨注指出陈成公之立在宣十一年，别无异议。

❸ "介恃楚众"的"介"，杜氏不注，杨注借用《左传》文六年"介人之

宠”句杜注,仍然将“介恃楚众”的介训为“因”,认为这里是“介、恃义近词连用”,甚确。“不可亿逞”句,杜注:“亿,度也。逞,尽也。”王氏父子否定了杜氏此注,《经义述闻》卷十八:“亿者,满也。逞与盈古字通。言其欲不可满盈也。”杨注用王氏父子说。“往年之告”,杜注:“谓郑伯稽首告晋请伐陈。”按:《左传》襄二十四年记子产寓书于子西以告宣子之后,有“郑伯朝晋……且请伐陈也”“郑伯稽首”诸语,正可为此“往年之告”以及此杜注作证。

❹ “天诱其衷,启敝邑之心”,杜注:“启,开也。开导其心,故得胜。”按:这里所谓“开导其心”,实即上天开导我郑君臣之心。原文所谓“敝邑”,也只可能指郑。“授手于我”,阮元等人《校勘记》说:“案《家语》作‘授首于我’。惠栋云:手,古首字。《仪礼·大射仪·士丧礼》并以手为古文首字。沈彤云‘手当为首,声同而误’,非也。”杨注用洪亮吉《春秋左传诂》说,实与《校勘记》说同。

原文

晋人曰:“何故侵小?”对曰:“先王之命:唯罪所在,各致其辟。且昔天子之地一圻,列国一同,自是以衰。[5]今大国多数圻矣,若无侵小,何以至焉?”晋人曰:“何故戎服?”对曰:“我先君武、庄,为平、桓卿士。城濮之役,文公布命,曰:‘各复旧职。’命我文公戎服辅王,以授楚捷。不敢废王命故也。”士庄伯不能诘,复于赵文子。文子曰:“其辞顺。犯顺不祥。”乃受之。

冬十月,子展相郑伯如晋,拜陈之功。子西复伐陈,陈及郑平。

仲尼曰:“《志》有之:‘言以足志,文以足言。’不言,谁知其志?言之无文,行而不远。晋为伯,郑入陈,非文辞不为功。慎辞也!”[6]

注释

❺ 圻读 qí。杜注:“辟,诛也。”圻者“方千里”,同者“方百里”。“自

是以衰”,衰读 cuī,这里不读 shuāi,杜注:“衰,差降。”孔疏:“周法:大国五百里。”又说:“中国七十,小国五十,是降差。”今按:《孟子·万章下》:“天子之制,地方千里,公侯皆方百里,伯七十里,子男五十里,凡四等。”上引杜注、孔疏盖用《孟子》的说法。

❻ 杜注:“《志》,古书。足,犹成也。”按:《说文》:“志,意也。从心㞢,㞢亦声。”(一作“从心,之声”。)《诗序》:“在心为志。”我们认为志者心之所之,无言则无由表达,无文则不可以垂远,不足以畅达,故不可以无言,不可以无文。“言之无文,行而不远”,杜注:“虽得行,犹不能及远。”然而无论言与文都必须谨慎,所以《左传》下文又说:“慎辞哉!”杜注:“枢机之发,荣辱之主。”孔疏已指出杜注这里用《易·系辞》文。今按:襄公廿五年,孔子不过五岁,不可能发表如本年《左传》记载的高论。前两句出自古《志》,“不言”以下当出自后来的孔子之口。孔子的这一番议论,应发表于修《春秋》或年长后评论史事或古《志》的时候。言与志的关系,言与文的关系,言与行的关系,言与文的必要性与重要性,“慎辞”的重要性,孔子都考虑到了,足为后世鉴戒。

原文

楚𫇭掩为司马,子木使庀赋,数甲兵。甲午,𫇭掩书土、田❶:度山林,鸠薮泽,辨京陵,表淳卤,数(疆)〔强〕潦,规偃(猪)〔瀦〕,町原防,牧隰皋,井衍沃。量入修赋,赋车籍马,赋车兵、徒(卒)〔兵〕、甲楯之数。❷既成,以授子木,礼也。

注释

❶ 𫇭(《释文》:一作薳),读 wěi。庀读 pǐ,具备或治理的意思,杜注即训为“治”。孔疏:“庀训为具而言治者,以下说治赋之事,治之使具,故以庀为治也。”按:庀之为治,《左传》前文已出现过。“书土田”,杜注:“书土地之所宜。”《左氏》下文记有“土地之所宜”的大致内容。

❷“度山林”，杜注：“度量山林之材以共国用。”这里“度”读 duó，“共”音义与“供”同。“鸠薮泽”以下，杜注：“鸠，聚也。聚成薮泽，使民不得焚燎（坏）之，欲以备田猎之处。辨，别也。绝高曰京，大阜曰陵，别之以为冢墓之地。淳卤，埆薄之地；表异，轻其赋税。疆界有流潦者，计数减其租入。偃潴，下湿之地，规度其受水多少。广平曰原。防，堤也。堤防间地不得方正如井田，别为小顷町。隰皋，水岸下湿，为刍牧之地。衍沃，平美之地，则如周礼制以为井田：六尺为步，步百为亩，亩百为夫，九夫为井。”姑不论杜注是否完全正确，从字面看，这里说的是薮泽、京陵与土、田的规划、治理以及相关的赋税。“量入修赋”，杜注：“量九土之所入而治理其赋税。”这里正好与《左传》上文“庀赋”相应。“赋车、籍马”句，杜注：“籍，疏其毛色岁齿，以备军用。”孔疏：“赋与籍，俱是税也。税民之财，使备车马。因车马之异，故别为其文。”我们认为孔疏这里说的不错，“赋车”与“籍马”是平列的动宾结构。下文“赋车兵徒卒”，“卒”当作“兵”，阮元等《校勘记》引梁履绳说是对的，今据改。如孔疏引先郑后郑以及刘炫所说，“车兵”“徒兵”指车上甲士与步卒所执兵器而非人员。下文“甲楯之数”则更加明白，自是兵器而非人。自“赋车籍马”至“甲楯之数”，显与《左氏》前文“数甲兵”句相应。今按：后来治《左氏》诸家发表了与杜注不同的意见，譬如王伯申认为“鸠薮泽”之鸠应读为“究”，亦“相度”之义，其说是。杨注用梁履绳《左通补释》的说法，认为“疆潦”之疆当作强（彊），“谓土性刚硬，受水则潦”，我们认为此说义长。又按：我们由《左传》这一段记载，应可推断楚康王时期君臣治国之有方。

原文

十二月，吴子诸樊伐楚，以报舟师之役。门于巢。巢牛臣曰：“吴王勇而轻；若启之，将亲门。我获射之，必殪。是君也死，（彊）

〔疆〕其少安。”从之。吴子门焉，牛臣隐于短墙以射之。卒。

楚子以灭舒鸠赏子木。辞曰：“先大夫芳子之功也。”以与芳掩。

晋程郑卒。子产始知然明，问为政焉。对曰：“视民如子。见不仁者诛之，如鹰鹯之逐鸟雀也。”子产喜，以语子大叔，且曰：“他日吾见蔑之面而已❶，今吾见其心矣！”子大叔问政于子产，子产曰：“政如农功。日夜思之，思其始而成其终。朝夕而行之，行无越思，如农之有畔，其过鲜矣。”❷

注释

❶ 杜注：“蔑，然明名。”见蔑之面而已，意思是知蔑之面而不知其心。

❷ 将治国之道（“政”）比喻为“农功”，这在先秦文献可以算是比较新鲜的，但不必是最早的。“行无越思”，杜注：“思而后行。”换一个说法，当然是未之思则不行。“如农之有畔”，杜注：“言有次。”杨注：“畔音判，田塍。”我们认为这里“畔”引申为范围、规矩的意思。《国语·周语上》“修其疆畔”，注：“畔，界也。”《后汉书·杜笃传》“爰初开畔”，注：“畔，疆界也。”《说文》段注谓“畔”引申为凡界之称。是其证。行事不超出范围，不越规矩，自然少犯过错。

原文

卫献公自夷仪使与甯喜言，甯喜许之。大叔文子闻之，曰：“乌呼！《诗》所谓‘我躬不说，皇恤我后’者，甯子可谓不恤其后矣。将可乎哉？殆必不可！君子之行，思其终也，思其复也。❸《书》曰：‘慎始而敬终，终以不困。’《诗》曰：‘夙夜匪解，以事一人。’今甯子视君不如弈棋，其何以免乎？奕者举棋不定，不胜其耦；而况置君而弗定乎？必不免矣！❹九世之卿族，一举而灭之，可哀也哉！”

（传）会于夷仪之岁，齐人城郏。其五月，秦晋为成，晋韩起如秦莅盟，秦伯车如晋莅盟，成而不结。❺

注释

❸ “我躬不说，皇恤我后”，杜注谓出《诗·小雅》，孔疏说是“《诗·小雅·小弁》之篇”。其实，《诗·邶风·谷风》也有这两句。杜注又说：“言今我不能自容说，何暇念其后乎！谓甯子必身受祸，不得恤其后也。”这样讲，倒是不背原意的。“思其终也，思其复也”，杜注：“思使终可成。思其可复行。”其说是。

❹ “慎思而敬终，终以不困”，杜注认为出于“逸《书》”，孔疏：“《尚书·蔡仲之命》云：‘慎厥初，惟厥终，终以不困。’此所引者盖是彼文，学者各传所闻而字有改易，或引其意而不全其文，故不同也。”按：孔冲远等人不知道他们读到的《蔡仲之命》实为伪古文（而《左氏》所引自应可信），但他们说的古人引古籍“引其意”的情况毕竟是存在过的。“夙夜匪解，以事一人”，见《诗·烝民》。杜注：“‘一人’以喻君。”又说：“弈，围棋也。”孔疏：“棋者所执之子，故云‘弈者举棋不定，不胜其耦’，谓举子下之，不定则不胜其耦。”杨注：“耦即弈棋之对方。”举棋不定，永远不得取胜。事君当以忠。倘若所事之君不定，还有什么忠可言？那就难免遭祸。

❺ 俞曲园先生《左传古本分年考》认为“此传实当在二十六年‘春’之上”，杨伯峻先生谓“俞说甚确”。其理由，主要看文义之联系，与《左氏》究竟如何分篇卷也有关系，俞、杨两先生论议甚详，兹不具录。我们认为俞、杨两先生此说可从，认为将这一段置于《左传》襄二十五年之末、二十六年“春”之上，就好比《左传》襄二十六年末尾一段放在二十七年“春”之上一样，都是以事纪年，都是补叙性质的文字，位置当如此。又，据杜注，这里说的“会于夷仪之岁”为襄公二十四年，不是二十五年。“成而不结”的意思，就是结而不固。

经二十有六年[1]

原文

春，王二月辛卯，卫甯喜弑其君剽。

卫孙林父入于戚以叛。

甲午，卫侯衎复归于卫。[2]

夏，晋侯使荀吴来聘。

公会晋人、郑良霄、宋人、曹人于澶渊。

秋，宋公杀其世子痤。

晋人执卫甯喜。

八月壬午，许男甯卒于楚。

冬，楚子、蔡侯、陈侯伐郑。

葬许灵公。

注释

❶ 鲁襄公二十六年，当公元前 547 年，周灵王二十五年。是年孔子六岁。

❷ 杜注："复其位曰复归。名与不名，《传》无义例。"孔疏举《左传》中所记实例，意在证明"无义例"之说可信。杨注："《经》书复归者四，皆书其名。"是不以杜注孔疏为然。今按：孔疏用以证明杜注之实例中，有一例是《春秋经》成十六年记"曹伯归自京师"未曾书名；可是彼《经》文不但未曾书名，亦未曾书"复"；"归"上无"复"字，自与《传》成十八年所言"复归"之例不合。杨注是，而杜注孔疏此处所说非是。杨注胜过旧注疏的文字解说颇多，这又是例证之一。

传二十六年

原文

春,秦伯之弟鍼如晋修成。叔向命召行人子员。行人子朱曰:“朱也当御。”三云,叔向不应。子朱怒,曰:“班爵同,何以黜朱于朝?”抚剑从之。[1]叔向曰:“秦、晋不和久矣。今日之事幸而集,晋国赖之;不集,三军暴骨。子员道二国之言无私,子常易之。奸以事君者,吾所能御也!”拂衣从之。[2]人救之。[3]平公曰:“晋其庶乎!吾臣之所争者大。”师旷曰:“公室惧卑。臣不心竞而力争,不务德而争善,私欲已侈,能无卑乎?”[4]

注释

❶ “朱也当御”,杜注:“御,进也。言次当行。”孔疏:“言当进侍君受君命也。”子朱的意思是他应该有机会充当行人出使答秦命。可是叔向不理睬他。“抚剑从之”,杜注:“从叔向也。”杨注:“抚,持也。从叔向以威之。”按:手持剑以从之,诚然带有威胁的气势。

❷ 杜注:“拂衣,褰裳也。”按:“拂衣从之”,这个“从之”与上文“抚剑从之”的“从之”对应。杨注:“拂衣,振衣。盖将与斗。”这样讲,应与原意相合。

❸ 杨注认为“人救之”句中“救”应如《说文》所说:“止也。”甚确。

❹ “臣不心竞而力争”,杜注:“谓二子不心竞为忠而抚剑拂衣。”《释文》:“争,争斗之争。”不心竞为忠而企图通过武斗解决问题,这在当时师旷看来是不妥当的。“不务德而争善”,杜注:“争谓所行为善。”其实就是自以为是。今按:心竞与力争,务德与争善,在《左传》这里是互相对立的两组概念。心竞动心,力争动力。务德是以德为本,争善是自谓所行为善,自己认为自己做的好,实则未必好,所以说“务德”与“争善”对立。“私欲已侈”两句,杜注:

“私欲侈则公义废。”公义既废,公室必卑。“能无卑乎”句与上文“公室惧卑”句相呼应。孔疏引刘炫的说法,认为上文以“不”开头的两句“皆道子朱之心,非叔向之罪”,这就是非分明了。杜注斥“二子”,实有是非不公之嫌。孔疏:“平公见其臣斗而言‘其庶乎’者,以其臣争为国,国事必兴,故庶几于治也。”这样讲,亦应与原文原意相符。

原文

卫献公使子鲜为复[1],辞。敬姒强命之,对曰:“君无信,臣惧不免。”敬姒曰:“虽然,以吾故也。”许诺。初,献公使与甯喜言,甯喜曰:“必子鲜在。不然,必败。”故公使子鲜。

子鲜不获命于敬姒,以公命与甯喜言,曰:“苟反,政由甯氏,祭则寡人。”[2]甯喜告蘧伯玉,伯玉曰:“瑗不得闻君之出,敢闻其入?”遂行,从近关出。告右宰穀,右宰穀曰:“不可!获罪于两君,天下谁畜之?”悼子曰:“吾受命于先人,不可以贰。”穀曰:“我请使焉而观之。”遂见公于夷仪。反,曰:“君淹恤在外十二年矣,而无忧色,亦无宽言,犹夫人也。[3]若不已,死无日矣!”悼子曰:“子鲜在。”右宰穀曰:“子鲜在,何益?多而能亡,于我何为?”悼子曰:“虽然,不可以已。”

注释

❶ 杜注:“使为己求反国。”按:这个“复”不仅仅是反国,实为“复辟”之意。

❷ 宁可只要掌管祭典的权力而放弃政权,这是为何?盖由礼莫重于祭(小戴辑《礼记·祭统》),礼为政之舆(《左传》襄廿一年),政权不得违背由祭典反映的宗教观念与宗法系统,所以卫献公从当时他自身的处境出发,发表了“政由甯氏,祭则寡人”的说法,既争取甯氏的支持,又维护他自身的地位。后世情况变化,这样的言论就很少有了。

❸ 悼子即甯喜。“淹恤在外”，杜注：“淹，久也。”杨注：“淹者，淹留。恤，忧也。淹留忧患即避难之意。”这里自当以杨注为佳。“犹夫人也”，夫读 fú，杜注：“言其为人犹如故。”意思是：献公还是那个献公。

原文

孙文子在戚，孙嘉聘于齐，孙襄居守。二月庚寅，甯喜、右宰穀伐孙氏，不克；伯国伤。甯子出舍于郊。伯国死，孙氏夜哭。国人召甯子，甯子复攻孙氏，克之。辛卯，杀子叔及大子角。书曰“甯喜弑其君剽”，言罪之在甯氏也。❹

孙林父以戚如晋。书曰“入于戚以叛”，罪孙氏也。臣之禄，君实有之。义则进，否则奉身而退。专禄以周旋，戮也。❺

注释

❹ 杜注：“子叔，卫侯剽。言子叔，剽无谥故。”孔疏：“此剽是穆公之孙，黑背之子，于献公为从父昆弟……黑背字子叔，即以子叔为族也……今云杀子叔，亦是举其族为剽，无谥故称族也。”引服虔云：“杀大子角不书，举重者。”按：这里所谓书与不书，自是就《春秋经》而言。孔疏又说：“大夫既书于《经》，则弑君并杀世子，世子亦当书，不得为举重也。杜既不解，当以不告故耳。”这样讲，就把服虔的误解纠正了。“世子不轻于大夫”，孔疏说得对。

❺ 杜注：“林父事剽而衎入，义可以退，唯以专邑自随为罪，故《传》发之。”孔疏：“专禄者，谓专君之禄以为己有，东西随己，谓之为‘专’。”杨注：“专禄指孙林父以戚自随。言其罪可戮杀。”按：上引注疏皆是。

原文

甲午，卫侯入。书曰“复归”，国纳之也。大夫逆于竟者，执其手而与之言。道逆者,自车揖之。逆于门者,颔之而已。

公至,使让大叔文子曰:“寡人淹恤在外,二三子皆使寡人朝夕闻卫国之言,吾子独不在寡人。❶古人有言曰:‘非所怨勿怨。’寡人怨矣。”❷对曰:“臣知罪矣。臣不佞,不能负羁绁以从扞牧圉,臣之罪一也。有出者,有居者,臣不能贰,通外内之言以事君,臣之罪二也。❸有二罪,敢忘其死?”乃行,从近关出。公使止之。

注释

❶ 这里“淹恤”之淹,应该可以训为“久”而不致被批评为“意复”了。“二三子”,杜氏认为指“诸大夫”,可以把原文讲通。“吾子独不在寡人”,杜注:“在,存问之。公闻文子答甯喜之言,故忿之。”杨注从之,无异议。

❷ 不应该抱怨的,就不要埋怨。古人尚且明白这个道理。卫献公这里说古人明白的道理,又说他有怨望,意思是大叔文子对不起他,他的怨望是有道理的。自然还有另一层意思:现在他回国复辟,你大叔文子别指望他待你好。

❸ 大叔文子的这几句话,让人想起《左传》僖廿四年记晋文公之竖头须的一番话,其中说:“居者为社稷之守,行者为羁绁之仆,其亦可也,何必罪居者?”《左氏》襄廿六年记大叔文子语中也有行者(即“出者”),有居者,杜注:“出谓衎,居谓剽也。”我们认为并不尽然,杜注不完全准确,譬如居者就应该包括大叔文子与那些“通外内之言”的“二三子”在内。大叔文子自谓“不佞”,承认自己不才,所以不能跟从献公出行流亡;又自谓“不能贰”,不能“通外内之言”,像二三子那样出卖在位的国君。然则大叔文子究竟是“有罪”呢,还是无罪而且算得上忠臣呢?

原文

卫人侵戚东鄙。孙氏诉于晋,晋戍茅氏。殖绰伐茅氏,杀晋戍三百人。孙蒯追之,弗敢击。文子曰:“厉之不如!”❶遂从卫师,败之圉。雍鉏获殖绰。复诉于晋。

郑伯赏入陈之功:三月甲寅朔,享子展,赐之先路、三命之服,先八邑;赐子产次路、再命之服,先六邑。❷子产辞邑,曰:“自上以下,(隆)〔降〕杀以两,礼也。❸臣之位在四,且子展之功也,臣不敢及赏礼。请辞邑!”❹公固予之,乃受三邑。公孙挥曰:“子产其将知政矣。让不失礼。”

晋人为孙氏故,召诸侯,将以讨卫也。夏,中行穆子来聘,召公也。

注释

❶ 杜注:“厉,恶鬼也。”杨注:“晋戍三百人被杀而死,古人以为皆当为厉。今汝不敢击,尚不如厉。”我们认为从《左氏》原文可以推断:一、春秋时期人们相信人死后为鬼,被杀的人死后为厉(恶鬼);二、当时人们相信恶鬼肯定有复仇的行为。

❷ 杜注:“先路、次路,皆王所赐车之总名,盖请之于王。”孔疏:“诸侯命臣,有请王之法,故云‘盖’也。”以《左氏》宣十六年记晋侯请于王以黻冕命士会为证,其说可信。孔疏又说:“礼,遗人以物,皆以轻先重后,故以路及命服为邑之先也。”按:《周官·春官·典命》《司服》《巾车》有关于社会各等级命服与车服的说明,值得研究。

❸ “隆杀”的“隆”,实为“降”字的形讹,这里依阮元等人《校勘记》改正。降杀以两,意思是社会各等级的人自上而下依次减少同一类的享受,以二为级别之差。这种礼制,以多为贵。

❹ “位在四”,意思是说在当时郑国众卿行列中排第四位。“辞邑”,辞谢郑伯的六邑之赐,子产不肯接受。

原文

楚子、秦人侵吴,及雩娄,闻吴有备而还。遂侵郑。五月,至于城麇。郑皇颉戍之,出与楚师战,败。穿封戌囚皇颉,公子围与之争之,正于伯州犁。伯州犁曰:“请问于囚。”乃立囚,伯州犁曰:“所争,君子也,其何不知?”上其手,曰:“夫子为王子围,寡君之贵介弟也。”下其手,曰:“此子为穿封戌,方城外之县尹也。谁获子?”囚曰:“颉遇王子,弱焉。”❶戌怒,抽戈逐王子围,弗及。楚人以皇颉归。

印堇父与皇颉戍城麇,楚人囚之,以献于秦。郑人取货于印氏以请之,子大叔为令正,以为请。❷子产曰:“不获。受楚之功而取货于郑,不可谓国,秦不其然。若曰:‘拜君之勤郑国!微君之惠,楚师其犹在敝邑之城下。’其可。”弗从。遂行。秦人不予。更币,从子产,而后获之。❸

注释

❶ 典故“上下其手”实出于此。“正于伯州犁”,杜注:“正曲直也。”杨注无异议,因为这里意思明白,不容有异议。“所争,君子也”,杜注:“言王子围及穿封戌皆非细人,易别识也。”这里杨注解说原文意思与杜注恰相反:“谓皇颉为君子,何知不明白,此暗示也。”说得更明白一点,就是要做了俘虏的皇颉承认自己为王子围所俘。“上其手”,杨注说是“高举其手”,则“下其手”自是手向下指。“贵介弟”,杜注:“介,大也。”按:“寡君之贵介弟”与“方城外之县尹”相对,“夫子”与“此子”比较,上其手与下其手分别,地位尊卑之差异很明显,伯州犁的启示也不难领会。“颉遇王子,弱焉”,杜注:“弱,败也。言为王子所得。”盖争战俘就是争功,争功就是争赏。巴结权贵有种种方式,其中有“上下其手”的笑话。

❷ 杜注:“印堇父,郑大夫。”楚人抓了印堇父,并把他献给了秦国。“郑人取货于印氏以请之”,杨注:“向印氏取财货,请于秦以赎印堇父。”如何向秦人说呢?“子大叔为令正,以为请”,杜注以为“令正”为“主作辞令之正”,郑人要令正构思向秦人请赎的说法。

❸ “更币”以下，杜注：“更遣使执币，用子产辞，乃待董父。”按：杜注中“乃待”的“待”当作“得”，阮元等《校勘记》未校出。

原文

六月，公会晋赵武、宋向戌、郑良霄、曹人于澶渊以讨卫，疆戚田。取卫西鄙懿氏六十[4]以与孙氏。“赵武”不书，尊公也。“向戌”不书，后也。郑先宋，不失所也。

于是卫侯会之。晋人执甯喜、北宫遗，使女齐以先归。卫侯如晋，晋人执而囚之于士弱氏。[5]

注释

❹ 杜注以为这个“六十”指“田六十井”，孔疏引服虔认为指“六十邑”。刘炫以服言为是。杨注亦以为服虔说可信，举《左传》昭五年“取东鄙三十邑以与南遗”句为证，确有说服力。

❺ “晋人执甯喜、北宫遗”句下，杜注：“讨其弑君伐孙氏也。遗，北宫括之子。女齐，司马侯。归晋而后告诸侯，故《经》书在‘秋’。”杨注：“使女齐领甯喜、北宫遗先回晋。”按：杜、杨两注皆是。“囚之于士弱氏”，这是因为如杜注所说，士弱为“晋主狱大夫”。杨注：“氏，犹家也。”

原文

秋七月，齐侯、郑伯为卫侯故，如晋。晋侯兼享之。晋侯赋《嘉乐》。国景子相齐侯，赋《蓼萧》。子展相郑伯，赋《缁衣》。叔向命晋侯拜二君，曰：“寡君敢拜齐君之安我先君之宗祧也，敢拜郑君之不贰也！”[1]

注释

❶ 杜注：“《嘉乐》，《诗・大雅》。取其‘嘉乐君子，显显令德，宜民宜

人,受禄于天’。景子,国弱。《蓼萧》,《诗·小雅》,言太平泽及远,若露之在萧,以喻晋君恩泽及诸侯。《缁衣》,《诗·郑风》,义取‘適子之馆兮,还,予授子之粲兮’,言不敢违远于晋。《蓼萧》《缁衣》二诗所趣各不同,故拜二君辞异。”孔疏:“‘嘉乐君子’以下……晋侯赋此,言己嘉乐二君也。”又引刘炫云:“《蓼萧》首章云:‘既见君子,燕笑语兮,是以有誉处兮。’言晋侯有声誉,常处位,是得宗庙安也。”这样讲晋侯赋《嘉乐》,讲景子之赋《蓼萧》,我们认为比上引杜注更切合《左氏》(包括下文记叔向语)原意。杨注谓叔向故意误会齐郑二君之意,似未必然。

原文

国子使晏平仲私于叔向,曰:“晋君宣其明德于诸侯,恤其患而补其阙,正其违而治其烦,所以为盟主也。❷今为臣执君,若之何?”叔向告赵文子,文子以告晋侯。晋侯言卫侯之罪,使叔向告二君。国子赋《辔之柔矣》,子展赋《将仲子兮》,晋侯乃许归卫侯。❸

叔向曰:“郑七穆,罕氏其后亡者也?子展俭而壹。”❹

注释

❷ “恤患”的恤,杨注解释为“忧也”“救也”,在襄廿六年之前的《左传》注里已出现多次(譬如襄七年“恤民为德”,襄十一年“恤祸乱”等句)。杨注认为“正其违”的违指违礼,“治其烦”的烦就是乱,都可以讲通。“所以为盟主也”句,其义有二:一是说晋君当时还居于盟主的地位,二是说晋君之为盟主,乃由于他恤患补阙,正违治烦,能够向诸侯宣其明德。

❸ “为臣执君”,杜注:“谓晋为林父执卫侯。”叔向奉晋侯之命向齐郑二国君宣布卫侯之罪,杜注:“言自以杀晋戍三百人为罪,不以林父故。”关于《辔之柔矣》,杜注:“逸诗,见《周书》。义取宽政以安诸侯,若柔辔之御刚马。”孔疏自《周书》录出《辔之柔矣》一诗,杨注明确指出诗见《逸周书·大子晋》一文。关于《将仲子兮》,杜注

谓此诗见《诗·郑风》，又说："义取众言可畏，卫侯虽别有罪，而众人犹谓晋为臣执君。"晋侯亦畏众言，所以终于许可放卫侯归国。

❹ 杜注："子展，郑子罕之子，居心俭而用心壹。郑穆公十一子，子然、二子孔三族已亡，子羽不为卿，故唯言七穆。"《释文》将郑七穆一一列出，兹不具录。按："二子孔"的说法，见《左氏》襄十九年。

原文

初，宋芮司徒生女子，赤而毛，弃诸堤下。共姬之妾取以入，名之曰弃。长而美。平公入夕，共姬与之食。公见弃也，而视之，尤。姬纳诸御，嬖；生佐，恶而婉。大子痤美而很，合左师畏而恶之。寺人惠墙伊戾为大子内师而无宠。[1]

秋，楚客聘于晋，过宋。大子知之，请野享之，公使往。伊戾请从之，公曰："夫不恶女乎？"[2]对曰："小人之事君子也，恶之不敢远，好之不敢近，敬以待命。敢有贰心乎？纵有共其外，莫共其内，臣请往也。"遣之。至，则欿，用牲，加书，征之；而骋告公曰："大子将为乱，既与楚客盟矣。"公曰："为我子，又何求？"对曰："欲速。"公使视之，则信有焉。问诸夫人与左师，则皆曰："固闻之。"公囚大子。大子曰："唯佐也能免我。"召而使请，曰："日中不来，吾知死矣。"左师闻之，聒而与之语。[3]过期，乃缢而死。佐为大子。公徐闻其无罪也，乃亨伊戾。

注释

❶ "平公入夕"，杜注："平公，共姬子也。"杨注："入夕，即夕时入而问安。"入朝则指朝时入而问安。"公见弃也，而视之，尤"以下，"公"即宋平公，"弃"即名"弃"之女，"尤"即《左传》昭二十八年所谓尤物，指特别美丽的女子。"姬纳诸御"以下，杨注："共姬乃送于平公为御妾。"杜注："佐，元公。佐貌恶而心顺。"而大子痤则"貌美而心很戾"。又，杜注已指出"合左师"即向戌，指出惠墙为氏，伊戾为

名。孔疏引服虔的说法："惠伊皆发声，实为墙戾。"按：服说亦可通。孔疏又说："内师者，身为寺人之官，公使之监知大子内事，为在内人之长也。"杨注关于惠墙伊戾用杜氏说，关于内师用孔疏说。

❷ "大子知之"句下，孔疏："'知之'，谓与楚客旧相知，故请野享之。"杨注无异议。杜注："夫，谓大子也。"是"夫"读 fú。

❸ "纵有共其外，莫共其内"，杜注："伊戾为大子内师，不行，恐内侍废阙。"杨注："共同供，供事，供奉。句谓即使太子有在外服务之人，而无人服务于内。"两注义同，而杨注较为明白。"坎，用牲，加书，征之"，杜注："诈作盟处，为大子反。征，验也。"杨注："此伊戾所诈为……挖坑，用羊或牛，加盟书于牲上，伪作太子曾与楚客盟之迹……"这当然是对太子的诬陷。其时夫人（佐母弃）与左师为诬陷太子的伊戾作旁证，太子知道唯有"恶而婉"的佐才能救他。"左师闻之，聒而与之语"，杜注："聒，讙也。欲使佐失期。"为了夺太子之位，宋人处心积虑倾轧如此。

原文

左师见夫人之步马者，问之。对曰："君夫人氏也。"左师曰："谁为君夫人？余胡弗知？"圉人归，以告夫人。夫人使馈之锦与马，先之以玉，曰："君之妾弃使某献。"左师改命曰"君夫人"，而后再拜稽首受之。❹

郑伯归自晋，使子西如晋聘，辞曰："寡君来烦执事，惧不免于戾，使夏谢不敏。"❺君子曰："善事大国。"

注释

❹ "步马"，杜注："习马。"杨注："今曰溜马。"宋平公夫人弃使人向左师行贿，为的是得到左师的尊重与支持。"使馈之锦与马，先之以玉"，杜注："以玉为锦、马之先。"此礼与同年《左传》上文记郑伯赏入陈之功以路及命服为邑之先正相似。"左师改命曰君

夫人"句下,杜注:"左师令使者改命也。《传》言宋公暗,左师谀,大子所以无罪而死。"孔疏:"左师喜得其赐,故令使者改命曰'君夫人'而后拜受之,使弃成为夫人,《传》言左师之谀也。"按:孔疏分析弃与左师心态,颇为深入而且合乎情理,不具录。

❺ 杜注:"夏,子西名。"按:"不敏"为自谦常用语,如《传》成公二年"敢告不敏",自谓愚钝。

原文

初,楚伍参与蔡(太)〔大〕师子朝友,其子伍举与声子相善也。伍举娶于王子牟。王子牟为申公而亡,楚人曰:"伍举实送之。"伍举奔郑,将遂奔晋。声子将如晋,遇之于郑郊;班荆相与食,而言复故。[1]声子曰:"子行也。吾必复子。"

及宋向戌将平晋、楚,声子通使于晋,还如楚。令尹子木与之语,问晋故焉,且曰:"晋大夫与楚孰贤?"对曰:"晋卿不如楚,其大夫则贤,皆卿材也。如杞、梓、皮革,自楚往也;虽楚有材,晋实用之。"子木曰:"夫独无族姻乎?"[2]对曰:

注释

❶ 杜注:"班,布也。布荆坐地,共议归楚事。"杨注:"荆是草名,班荆,扯草而铺于地,聊以代席,借以为坐。"按:《国语·楚语上》也记载了这件事,没有"班荆相与食"句,可是有"飨之以璧侑"句,韦注:"飨,食也。"是《春秋内外传》皆有食。《左氏》"言复故",就是杜注所说的"议归楚事"。

❷ "夫独无族姻乎",杜注:"夫谓晋。"杜注是,然而原文原意还是不明白。《楚语上》这一句作"彼有公族甥舅,若之何其遗之材也?"原来楚令尹子木不是问晋国公室有没有族姻(肯定有,无须问),而是问晋国公族甥舅何以遗材(公族内外之材),这就与上下文的记叙贯通一气了。《春秋内外传》下文记声子历叙楚材晋用的

实况,可惜当时楚国执政并未从中得到启发。

原文

虽有,而用楚材实多。归生闻之:善为国者,赏不僭而刑不滥。赏僭,则惧及淫人;刑滥,则惧及善人。若不幸而过,宁僭无滥。与其失善,宁其利淫。[3]无善人,则国从之。《诗》曰:“人之云亡,邦国殄瘁。”无善人之谓也。故《夏书》曰:“与其杀不辜,宁失不经。”惧失善也。[4]《商颂》有之曰:“不僭不滥,不敢怠皇。命于下国,封建厥福。”此汤所以获天福也。[5]

注释

❸ 孔疏:“僭谓僭差,滥谓滥佚。赏不僭,所赏必有功不僭差也。刑不滥,所刑必得罪不滥佚也。”今按:不僭不滥,就是恰如其分。“淫人”与“善人”相对,应为恶人。杨注说这里“淫”就是“邪”,与“正”相对,这样讲也对。“失善”,杨注:“刑滥之过。”这是因为滥用刑罚而伤及善人。“利淫”,杨注:“赏僭之失。”这是因为过分奖赏而让恶人(邪人)占了便宜。“与其失善,宁其利淫”,意思是与其因为滥用刑罚而伤及善人,不如因为奖赏过分而让坏人占了便宜。坏人总有一天会揭发而惩罚之,善人一旦伤害则将后悔不及。“宁僭无滥”,或者“与其失善,宁其利淫”,就是比较《左氏》上文“赏僭”句与“刑滥”句的结论。

❹ “无善人,则国从之”,杜注:“从之亡也。”《左传》下文引诗“人之云亡,邦国殄瘁”,说的正是国无善人的结局,杜注:“殄,尽也。瘁,病也。”孔疏:“《诗·大雅·瞻卬》之篇也。言国内贤人之既云已丧亡矣,则邦国尽皆困病。”《左氏》下文引《夏书》,杜注:“逸《书》也。‘不经’,不用常法。”孔疏:“此在《大禹谟》之篇,皋陶论用刑之法也。经,常也。言若错失用刑等,与其杀不罪之人,宁失于不常之罪,谓实有罪而失于妄免也。此《书》之意,惧失善

也。”按:《大禹谟》为伪古文《尚书》诸篇之一,出现于东晋之后,西晋杜武库没有见过,所以他说是“逸《书》”。杨注谓“不经即不守正法之人”,可通。

❺ 杜注:“诗,《商颂》。言殷汤赏不僭差,刑不滥溢,不敢怠解自宽暇,故能为下国所命为天子。”孔疏:“此《商颂·殷武》之篇。”杨注认为“不敢怠皇”就是“不敢偷闲”,又说:“封,大也。”《左氏》认为商汤所以获天福,《商颂·殷武》已道出原因:有天命,不懈怠,而“不僭不滥”一句正与《左传》上文记声子语相应。我们认为“天福”就是天赐之福,也可以说是“大福”(《广雅·释诂》:天,大也)。

原文

古之治民者劝赏而畏刑,恤民不倦。赏以春夏,刑以秋冬。是以将赏,为之加膳,加膳则饫赐,此以知其劝赏也;将刑,为之不举,不举则彻乐,此以知其畏刑也;夙兴夜寐,朝夕临政,此以知其恤民也。三者礼之大节也。有礼无败。❻今楚多淫刑,其大夫逃死于四方,而为之谋主以害楚国,不可救疗,所谓不能也。❼

注释

❻ 这一段以上论礼之三大节:劝赏、畏刑与恤民。“劝赏而畏刑”,杜注:“乐行赏而惮用刑。”杨注先证明这里“劝赏”的“劝”可以是“乐也”之义,而“劝”即“欢”之借,后来则认为“劝”“如字读作劝勉解较宜”。在中国长期的古代社会里,“赏以春夏,刑以秋冬”的安排是对的,因为如杜注所说,那是“顺天时”。“加膳则饫赐”句,饫读 yù,杜注:“饫,餍也。酒食赐下,无不餍足,所谓加膳也。”我们认为所谓加膳就是改善伙食。“不举则彻乐”,杜注:“不举盛馔。”孔疏引《周官·膳夫职》郑注:“杀牲盛馔曰举。”国家将有刑杀罪犯之事,国君竟为之彻乐不举,表示仁爱之心的博

大,即使对将死之罪犯尚且感到不忍。又,将劝赏、畏刑、恤民作礼之三大节看,这里可见礼的广义。而“有礼无败”应该视为治国治礼之名言;其反面的意思,自然是“无礼则败”了。

7 杜注:“疗,治也。所谓楚人不能用其材也。”杨注:“能借为耐,忍也。不能即不相忍,因多淫刑耳。”按:杨注义长。

原文

子仪之乱,析公奔晋。晋人置诸戎车之殿,以为谋主。[8]绕角之役,晋将遁矣,析公曰:“楚师轻窕,易震荡也。若多鼓钧声,以夜军之,楚师必遁。”晋人从之。楚师宵溃。晋遂侵蔡,袭沈,获其君,败申、息之师于桑隧,获申丽而还。郑于是不敢南面。楚失华夏,则析公之为也。[9]

雍子之父兄谮雍子,君与大夫不善是也,雍子奔晋。晋人与之鄐,以为谋主。彭城之役,晋、楚遇于靡角之谷。晋将遁矣,雍子发命于军曰:“归老幼。反孤疾。二人役,归一人。简兵蒐乘,秣马蓐食。师陈焚次,明日将战!”行归者,而逸楚囚。楚师宵溃,晋降彭城而归诸宋,以鱼石归。楚失东夷,子辛死之,则雍子之为也。[10]

注释

8 杜注:“殿,后军。”杨注:“戎车当是晋侯之车,应在中军,谋主不能在后军,则戎车之殿,盖晋侯戎车之后也。”比较两注,亦当以杨先生说为长。

9 杜注:“成六年,晋栾书救郑,与楚师遇于绕角。楚师还,晋侵沈,获沈子。八年,复侵楚,败申息,获申丽。”今按:《国语·楚语上》记声子语,言及“析公之为”,内容与《左传》此处多不同。

10 “不善是”,杜注:“不是其曲直。”鄐读 xù,或读 chù,杜注:“晋邑。”晋楚遇于靡角之谷,在成十八年。“简兵蒐乘”,杜注:“简,择。蒐,阅。”杨注义同。“师陈焚次”,杜注:“次,舍也。焚舍示必死。”杨注:“军队排列军陈。焚烧所宿篷帐。”晋降彭城而归诸宋,以鱼石归,事见《左传》襄元年。杜注:“楚东小国及陈见楚不能救彭城,皆叛。五年,楚人讨陈叛故,杀令尹子辛。”按:《国语·楚语上》亦言及“雍子之为”,多与《左氏》下文所说“苗贲皇之为”混淆。雍子不是苗贲皇,《左氏》时事可考,盖《国语》有含糊之处。但不知《楚语》何以致误。

原文

子反与子灵争夏姬而雍害其事,子灵奔晋。晋人与之邢,以为谋主:捍御北狄,通吴于晋;教吴叛楚,教之乘车、射御、驱侵。使其子狐庸为吴行人焉。吴于是伐巢、取驾、克棘、入州来,楚罢于奔命,至今为患,则子灵之为也。⑪

若敖之乱,伯贲之子贲皇奔晋。晋人与之苗,以为谋主。鄢陵之役,楚晨压晋军而陈。晋将遁矣,苗贲皇曰:“楚师之良,在其中军王族而已。若塞井夷灶,成陈以当之,栾、范易行以诱之,中行、二郤必克二穆,吾乃四萃于其王族,必大败之!”晋人从之。楚师大败,王夷师熸,子反死之,郑叛吴兴,楚失诸侯,则苗贲皇之为也。⑫

注释

⑪《楚语上》记声子语,言及“申公巫臣之为”,与《左氏》这里记“子灵之为”大致相同。韦注:“巫臣,楚申公屈巫子灵也。子反,司马公子侧也。”杜注也说子灵就是巫臣。“雍害”,杨注:“雍同壅。”据说是阻碍、破坏的意思。“教之乘车、射御、驱侵”,孔疏:“教之驱车侵伐人也。”按:“伐巢、取驾、克棘、入州来”都是动宾结构,巢、驾、棘、州来都是地名。

⑫ 杜注:“若敖乱在宣四年。苗,晋邑。”鄢陵之役在成十六年。杜

注又说："栾书时将中军，范燮佐之。易行，谓简易兵备，欲令楚贪己，不复顾二穆之兵。郤锜时将上军，中行偃佐之；郤至佐新军。令此三人分良以攻二穆之兵。楚子重、子辛皆出穆王，故曰二穆。"《左氏》"四萃于其王族"，《楚语上》作"三萃以攻其王族"，王伯申《经义述闻》以为《左氏》作"四萃"是。《左氏》下文"晋人从之，楚师大败，王夷师熸"，《楚语》作"栾书从之，大败楚师，王亲面伤"，两说实际上完全一致。韦注："王，楚恭王也。面伤，谓吕锜射其目。"杜注："夷，伤也。吴楚之间谓火灭为熸。"按：熸读jiān，或读 qián。

原文

子木曰："是皆然矣。"声子曰："今又有甚于此。椒举娶于申公子牟。子牟得戾而亡。君大夫谓椒举：'女实遣之。'惧而奔郑，引领南望曰：'庶几赦余！'亦弗图也。今在晋矣。晋人将与之县，以比叔向。彼若谋害楚国，岂不为患？"

子木惧，言诸王，益其禄爵而复之。声子使椒鸣逆之。⑬

注释

⑬ "子牟得戾而亡"，《楚语》"戾"作"罪"。《左氏》"声子使椒鸣逆之"，《楚语》作"乃使椒鸣召其父而复之"。杜注："椒鸣，伍举子。《传》言声子有辞，伍举所以得反，子孙复仕于楚。"按：这里杜注可以讲通原文。

原文

许灵公如楚，请伐郑，曰："师不兴，孤不归矣。"八月，卒于楚。楚子曰："不伐郑，何以求诸侯？"

冬十月，楚子伐郑。郑人将御之，子产曰："晋、楚将平，诸侯将和，楚王是故昧于一来。不如使逞而归，乃易成也。❶夫小人之性，衅于勇、啬于祸以足其性而求名焉者，非国家之利也，若何从之？”❷子展说，不御寇。十二月乙酉，入南里，堕其城。涉于乐氏，门于师之梁。县门发，获九人焉。涉于汜而归，而后葬许灵公。

卫人归卫姬于晋，乃释卫侯。君子是以知平公之失政也。

晋韩宣子聘于周，王使请事。对曰：“晋士起将归时事于宰旅，无他事矣。”王闻之，曰：“韩氏其昌阜于晋乎！辞不失旧。”❸

注释

❶ “昧于一来”，杜注：“昧犹贪冒。逞，快也。”杨注认为“昧”是冒昧，也可以讲通。“易成”，成是成事，解决问题。易成是易于成事，易于解决问题。

❷ 杜注：“衅，动也。啬，贪也。言郑之欲与楚战者皆衅勇贪名之人，非能为国计虑久利，不可从也。”孔疏：“小人之惟，奋动于勇，贪于祸乱，冀得战斗，以足满其性而自求成武勇之名焉。”如此小人之性，求其私名而已，自非国家之利。杨注认为“衅于勇”应为“勇于衅”之倒，意思是“见于衅隙则凭血气之勇”，这样一来，也就不会考虑到国家长远利益。我们认为杜、杨两说皆可通，其区别仅仅在于如何理解“衅于勇”的“衅”，说各不同而都有根据。王延寿《鲁灵光殿赋》“仡奋衅以轩謦”，衅为奋动之意。《孟子·梁惠王上》“将以衅钟”，衅是用牲畜之血涂抹器物的缝隙。是其证。

❸ 杜注：“起，宣子名。礼：诸侯大夫入天子国称‘士’。时事，四时贡职。宰旅，冢宰之下士。言献职贡于宰旅，不敢斥尊。阜，大也。《传》言周衰，诸侯莫能如礼，唯韩起不失旧。”按：晋韩宣子聘于周，对周王之问称“士”，与周礼正相合，所以周王称赞他不失旧制。这里杜注很准确。

原文

齐人城郏之岁，其夏，齐乌余以廪丘奔晋。袭卫羊角，取之。

遂袭我高鱼:有大雨,自其窦入,介于其库,以登其城,克而取之。[1]又取邑于宋。于是范宣子卒,诸侯弗能治也。及赵文子为政,乃卒治之。文子言于晋侯曰:"晋为盟主,诸侯或相侵也,则讨而使归其地。今乌余之邑皆讨类也,而贪之,是无以为盟主也。请归之!"[2]公曰:"诺。孰可使也?"对曰:"胥梁带能无用师。"晋侯使往。

注释

❶ 齐人城郏,事见《传》襄公二十四年。杜注:"乌余,齐大夫。"按:廪丘、羊角、高鱼,皆地名。"我高鱼","我"者鲁自称,"高鱼"为鲁地。

❷ "皆讨类也",杜注:"言于比类宜见讨。"从赵文子的这些话,可以看出当时晋国君臣仍在为维护霸主地位而继续努力。春秋时代的盟主(霸主),应该扶弱抑强,替周王朝行公道,不容许诸侯相侵。

经二十有七年[1]

原文

春,齐侯使庆封来聘。

夏,叔孙豹会晋赵武、楚屈建、蔡公孙归生、卫石恶、陈孔奂、郑良霄、许人、曹人于宋。[2]

卫杀其大夫甯喜。

卫侯之弟鱄出奔晋。

秋,七月辛巳,豹及诸侯之大夫盟于宋。

冬,十有二月乙(卯)〔亥〕[3]朔,日有食之。

注释

❶ 鲁襄公二十七年,即公元前546年,周灵王二十六年。是年孔子

七岁。

❷ 杜注:"案《传》会者十四国,齐、秦不交相见,邾、滕为私属,皆不与盟。宋为主人,地于宋,则与盟可知。故经唯序九国大夫。楚先晋歃,而书先晋,贵信也。陈于晋会常在卫上,孔奂非上卿,故在石恶下。"据《左氏》所记,孔疏指出诸国大夫及诸侯之身至宋者凡十四国,"不盟者会亦不序也,宋为地主,法当不序于列,故经唯序九国大夫也",又说:"案《传》楚先晋歃,则当先书楚,《传》言'书先晋,晋有信也'。是仲尼贵晋有信,故先书'赵武'也。"据孔疏引《释例·班序谱》,"晋合诸侯二十国,起僖二十八年,尽哀十四年,大率皆陈后次蔡,蔡后次卫,是陈于晋会常在卫上也",然则杜注中"晋会"之"晋"不必从一本改作"盟"。

❸ 杜注孔疏据推算指出《传》是而《经》误,卯当作亥。故据阮元等《校勘记》改正。

传二十七年

原文

春,胥梁带使诸丧邑者具车徒以受地,必周。[1]使乌余具车徒以受封,乌余以〔其〕众出。使诸侯伪效乌余之封者,而遂执之,尽获之。皆取其邑而归诸侯,(诸侯)是以睦于晋。[2]

齐庆封来聘,其车美。孟孙谓叔孙曰:"庆季之车,不亦美乎!"叔孙曰:"豹闻之:'服美不称,必以恶终。'美车何为?"叔孙与庆封食,不敬。为赋《相鼠》,亦不知也。[3]

注释

❶ 杜注:"'诸丧邑',谓齐鲁宋也。周,密也。必密来,勿以受地为名。"按:参看上年《左传》记赵文子语,可知胥梁带自是晋国能臣。据杨注,"具车徒"为的是防止动乱。

❷ "以其众出","其"字据阮元等《校勘记》补入。孔疏引刘炫的话:

“晋宋古本皆不重言‘诸侯’,则唯谓齐鲁宋三国睦耳,不重是也。”孔疏取刘炫说。“使乌余具车徒以受封”“使诸侯伪效乌余之封者”,孔疏:“必使乌余具车徒者,以三国皆具车徒,若不使亦具车徒,恐其惊而觉也。且乌余窃邑,诸侯不能治之,则乌余之众强也;虑其迸散,欲聚以执之,下云‘尽获之’是也。”杜注:“效,致也。使齐、鲁、宋伪若致邑封乌余者。”今按:《左传》襄廿七年首段记叙的故事,说的是晋、齐、鲁、宋四国合谋设计灭了小国乌余。

❸ 杜注:“《相鼠》,《诗·鄘风》。曰:‘相鼠有皮,人而无仪。人而无仪,不死何为?’庆封不知此诗为己,言其暗甚。”我们的意见:叔向为庆封赋《相鼠》,讽刺庆封的“服美不称”,讽刺其无礼、无耻、无仪与无知,则叔向自应取全诗三章之义,杜注未免失之一偏了。又,“齐庆封来聘”,而庆封竟是一个不知《相鼠》为何物的人。派遣庆封这样一个素质低下的大夫官出使,实在与齐国始祖姜太公、与春秋首霸桓公以及贤相管仲诸英烈所在之大国不相称。

原文

卫甯喜专,公患之。公孙免余请杀之,公曰:“微甯子不及此。吾与之言矣。事未可知,只成恶名。❶止也!”对曰:“臣杀之。君勿与知。”乃与公孙无地、公孙臣谋,使攻甯氏;弗克,皆死。公曰:“臣也无罪,父子死余矣!”夏,免余复攻甯氏,杀甯喜及右宰穀,尸诸朝。石恶将会宋之盟,受命而出,衣其尸,枕之股而哭之;欲敛以亡,惧不免,且曰:“受命矣!”乃行。❷

注释

❶ “事未可知,只成恶名”,杜注:“恐伐之未必胜。只,适也。”意思是杀甯喜的事没有把握办成,要是办不成,那就恰恰成就了坏名声。

❷ “臣也无罪,父子死余矣”,臣就是《左氏》上文说的公孙臣,杜注:

"献公出时，公孙臣之父为孙氏所杀。"所以说公孙臣父子为献公而死了。"枕之股而哭之"，与《左氏》襄廿五年记齐庄公为崔杼弑后，"晏子枕尸股而哭"义同。"欲敛以亡"：这个敛如果是小敛，那么石恶已经做到了；如果指大敛（以尸入棺）或以棺入坎之敛，那他是做不到了，因为他受命将会宋之盟，依当时礼制，如《曲礼上》所说："凡为君使者，已受命，君言不宿于家。"他必须尽快出发。可是这又如何能够说成"欲敛以亡"呢？我们认为这个"敛"与大敛或棺柩入坎之敛无关，应该就是收取甯喜尸体的意思。石恶想收取甯喜尸体而逃亡，那当然也做不到。他只好上路了。

原文

子鲜曰："逐我者出，纳我者死：赏罚无章，何以沮劝？[3]君失其信，而国无刑，不亦难乎？且鱄实使之。"遂出奔晋。公使止之，不可。及河，又使止之，止使者而盟于河。托于木门，不乡卫国而坐。木门大夫劝之仕，不可，曰："仕而废其事，罪也。从之，昭吾所以出也。将谁诉乎？吾不可以立于人之朝矣！"终身不仕。公丧之，如税服，终身。[4]

公与免余邑六十，辞曰："唯卿备百邑，臣六十矣。下有上禄，乱也。臣弗敢闻。且甯子唯多邑故死，臣惧死之速及也！"公固与之，受其半。以为少师。公使为卿，辞曰："大叔仪不贰，能赞大事，君其命之！"乃使文子为卿。[5]

注释

❸ 孔疏："章，明也。沮，止也。罚有罪，所以止人为恶；赏有功，所以劝人为善。今赏罚既无章明，何以得为止劝乎？"一说："章"不必训为章明，为什么不能是章法呢？

❹ "托于木门"，木门为地名，下文"木门大夫"应为该地长官。托身于此，杨注："寄寓而不仕也。"不乡卫国而坐，自是背向卫国都

城,以示决绝。"公丧之"以下,杜注:"税,即繐也。丧服繐缞裳,缕细而希,非五服之常,本无月数。痛愍子鲜,故特为此服。此服无月数,而献公寻薨,故言终身。"孔疏:"'公丧之'者,言公为之服丧服也。礼无'税服'之名……服虔云:'衰麻已除,日月已过,乃闻丧而服,是为税服,服之轻者。'案:《礼记》过而追服,实名为税,以闻凶之日为服丧之始。其服,追过而服之,衰麻不为有异,何云服之轻者?"于醴尊先生说:"今上文止及子鲜出奔、终身不仕之说,'终身'云者,不得即谓叙其卒事也,则'公丧之'当即因其出奔而丧之。盖古出奔亦在丧礼。观宣十八年《传》公孙归父袒括发,即位哭,三踊而出,遂奔齐,可见臣既以丧礼自处,则君亦必以丧礼处己矣。故曰'公丧之如税服终身'也。"因为《左氏》上文实未曾言及"子鲜之卒",杜注所谓"痛愍子鲜",实在只能像孔疏那样理解,或者如于醴尊先生理解的那样,唯孔疏所谓"追服",则与本年《左传》不合。我们认为于醴尊先生重视"如税服"的"如"是对的,他的解说是对的。杨注谓"子鲜或死于其稍前",实袭用孔疏的说法。"或"者盖然之疑词,想当然耳。

5 杜注:"赞,佐也。文子,大叔仪。"马王堆三号汉墓出土帛书《春秋事语》也记载了《左氏》这一段说的事,足证《左氏》不诬。

原文

宋向戌善于赵文子,又善于令尹子木,欲弭诸侯之兵以为名。如晋,告赵孟。赵孟谋于诸大夫。韩宣子曰:"兵,民之残也,财用之蠹,小国之大灾也。将或弭之,虽曰不可,必将许之。弗许,楚将许之以召诸侯,则我失为盟主矣。"[1]晋人许之。如楚,楚亦许之。如齐,齐人难之。陈文子曰:"晋、楚许之,我焉得已?且人曰'弭兵',而我弗许,则固携吾民矣[2],将焉用之?"齐人许之。告于秦,秦亦许之。皆告于小国,为会于宋。

注释

❶ 杜注："蠹，害物之虫。"孔疏："害物之虫既名为蠹，故害于物者皆以蠹言之。"又引孙子兵书云："兴师十万，日费千金，是兵为财用之蠹也。"杨注谓"兵，民之残也"句意思是说兵为"残害人民者"，又认为"将或弭之，虽曰不可"两句意思是说"兵未必能弭也"，都说得很允当。这里已经涉及如何看待战争、军队与和平的重大问题。战争有时是无法避免的，军队有时必不可无，然而战争难免灾难，和平毕竟可贵。我们不怕战争，然而热爱和平。我们愿意为和平而战。人民希望过和平日子，对挑起争端的战犯深恶而痛绝之。在宋向戌倡议和平（"弭兵"）的时候，倘若晋国君臣表示拒绝，那就会失民心失众诸侯之心，就会失去盟主之位，不能不让楚而居于次位。在这之前，晋君还算是占居着盟主之位的（尽管有大国并不服气）。

❷《左传》僖公七年"招携以礼"，杜注："携，离也。"《左氏》襄廿七年说的"固携吾民"句，"携"应该也是"离"的意思，杨注："使吾民对执政者携贰。"离心离德，也就是携贰了。

原文

五月甲辰，晋赵武至于宋。丙午，郑良霄至。六月丁未朔，宋人享赵文子，叔向为介。司马置折俎，礼也。仲尼使举是礼也，以为多文辞。[3]戊申，叔孙豹、齐庆封、陈须无、卫石恶至。甲寅，晋荀盈从赵武至。丙辰，邾悼公至。壬戌，楚公子黑肱先至，成言于晋。丁卯，(宋)〔向〕戌如陈，从子木成言于楚。戊辰，滕成公至。子木谓向戌："请晋、楚之从交相见也。"庚午，向戌复于赵孟。赵孟曰："晋、楚、齐、秦，匹也。晋之不能于齐，犹楚之不能于秦也。楚君若能使秦君辱于敝邑，寡君敢不固请于齐！"壬申，左师复言于子木，子木使驲谒诸王。[4]王曰："释齐、秦，他国请相见也。"秋七月戊寅，左师至。是夜也，赵孟及子皙盟，以齐言[5]。庚辰，子木至自陈。陈孔奂、蔡公孙归生至。曹、许之大夫皆至。以藩为军。[6]晋、楚各处其偏。伯夙谓赵孟曰："楚氛甚恶，惧难。"赵孟曰："吾左还，入于宋，若我何？"[7]

注释

❸ 杜注："折俎，体解节折升之于俎，合卿享、宴之礼，故曰礼也。"按：《左氏》宣十六年："王享有体荐，宴有折俎，公当享，卿当宴，王室之礼也。"《左氏》襄廿七年所谓"置折俎，礼也"本此，杜注所谓"合卿享、宴之礼"亦本此。孔疏：《传》宣十六年所记乃"王自言之，故云王室礼耳；其诸侯之待公卿，礼法亦当然也"。又引《周礼·大司马》，证明"宋人此享令司马置折俎"之合礼。《左氏》下文杜注："宋向戌自美弭兵之意，敬逆赵武。赵武、叔向因享宴之会，展宾主之辞。故仲尼以为多文辞。"按：《释文》引沈氏语，谓"举是礼"的"举"是"记录之"。孔疏："仲尼所以特举此礼者，以为此享多文辞，以文辞可为法，故特举而施用之。"引服虔解释"举是礼"的说法，与《释文》引沈氏不同。还有指"文辞"为孔子聘辞一说，如孔疏言，"不知事何所出""事亦不必然也"。我们认为《释文》引沈氏说可从，而孔疏所谓仲尼"使弟子举是宋享赵孟之礼以为后人之法"，自是仲尼修鲁史以为《春秋》时候的事。

❹ 驲读 rì。杜注："驲，传也。谒，告也。"按：这里"传"是外交使者（行人）用车。

❺ "齐言"，杜注："齐其辞，至盟时不得复讼争。"意即结盟之前协商以求消除分歧，统一认识与步调。

❻ "以藩为军"，杜注："示不相忌。"孔疏："古人行兵，止则筑为垒堑，以备不虞。此〔以〕藩篱为军者，方欲弭兵，以示不相忌也。"杨注义同。

❼ 杜注："晋处北，楚处南。伯夙，荀盈。氛，气也。言楚有袭晋之气。"服虔认为伯夙另有其人，非荀盈。但学界多以为这里应以

杜注为是。"吾左还入于宋"句,杜注:"营在宋北,东头为上,故晋营在东,有急可左回入宋东门。"杨注:"还与旋同,向左转而行。"按:这里杜杨两注皆是。

原文

辛巳,将盟于宋西门之外。楚人衷甲⑧。伯州犁曰:"合诸侯之师,以为不信,无乃不可乎?夫诸侯望信于楚,是以来服。若不信,是弃其所以服诸侯也。"固请释甲。子木曰:"晋、楚无信久矣!事利而已。苟得志焉,焉用有信?"大宰退,告人曰:"令尹将死矣,不及三年。求逞志而弃信,志将逞乎?志以发言,言以出信,信以立志,参以定之。信亡,何以及三?"⑨赵孟患楚衷甲,以告叔向。叔向曰:"何害也?匹夫一为不信,犹不可,单毙其死。若合诸侯之卿以为不信,必不捷矣!食言者不病,非子之患也。夫以信召人,而以僭济之,必莫之与也,安能害我?且吾因宋以守,病则夫能致死。与宋致死,虽倍楚可也,子何惧焉?又不及是。曰'弭兵'以召诸侯,而称兵以害我;吾庸多矣,非所患也。"⑩

注释

⑧ 衷甲,杜注:"甲在衣中,欲因会击晋。"杨注用杜氏说。

⑨ "求逞志而弃信"句以下,杜注:"志,言,信,三者具而后身安存。"孔疏:"在心为志,出口为言。志有所之,言乃出口,故志以发言也。与人为信,必言以告之,故言以出信也。于人有信,志乃得立,故信以立志也。人之处身于世,常恐不得安定。参即三也。言也,信也,志也,三者俱备,然后身得安定。欲安其身,用此三者以定之。信亡则志不立,失志必死,不久,何以得及三年?"杨注与杜注孔疏一致。我们认为这里所论言、信、志三者的关系,对"信"的强调,引导世人重视诚信,正是中华民族传统美德的一种反映。

⑩ 杜注:"单,尽也。毙,踣也。不病者,单毙于死。楚食言,当死;晋

不食言，故无患。”孔疏：“匹夫，谓贱人也。贱人一为不信，犹尚不可，况国卿也。不信之人尽踣其死，言无得生者。前覆曰踣，谓倒地死也。‘不病’者，不唯病害而已，必至于死也。言之不用，若食之消散，故谓无信为食言也。”杨注认为“不病”是“不足困人”的意思，这样讲，与杜注孔疏并不矛盾。“以僭济之”，杨注引《说文》谓“僭，假也”，引《诗·小雅·巧言》郑笺谓“僭，不信也”，今按：《释文》也说“僭”是“不信”的意思。杜注：“济，成也。”杨注则援引《易·系辞》王弼注，认为“济”是“利用”的意思。我们认为这里“济”作“成”讲，作“利用”讲，都可以讲通。“必莫之与也”，杨注：“必无人赞同之。”这样讲很对。“吾因宋以守”，杨注连下文“病”字读作一句，今不从。杜注：“为楚所病则欲入宋城。”我们认为应是凭靠宋城以守御之。“病则夫能致死”，杨注认为“夫指晋军，夫犹言人人”，这样讲也很对，全句意思是：楚人若病害我晋，则我晋军必然人人拚死杀敌。“与宋致死，虽倍楚可也”，杜注：“宋为地主，致死助我，则力可倍楚。”杨注：“纵加一倍楚军犹可抗拒。”这样讲，与《左氏》上文联系更紧，比杜注好。“又不及是”句，意思是说楚不至于此，孔疏：“又想楚人之情不应及是之恶。”这样讲，除了将“又”理解为“又想”未必妥当，基本上是对的。“称兵”即举兵。“吾庸多矣，非所患也”，杨注：“庸，用也。言楚背信弃诸侯，于我大有用。”按：这两句连同上句，意思是假设与推断，假设楚人竟然举兵害我，则非但不是祸患，反而于我大有用，因为楚人将失信于众诸侯。

原文

季武子使谓叔孙以公命，曰：“视邾、滕。”既而齐人请邾，宋人请滕，皆不与盟。叔孙曰：“邾、滕，人之私也。我，列国也。何故视之？[11]宋、卫，吾匹也。”乃盟。故不书其族，言违命也。

晋、楚争先。晋人曰：“晋固为诸侯盟主，未有先晋者也。”楚人曰："子言晋、楚匹也，若晋常先，是楚弱也。且晋、楚狎主诸侯之盟也久矣，岂专在晋？"叔向谓赵孟曰："诸侯归晋之德只，非归其尸盟也。子务德，无争先。且诸侯盟，小国固必有尸盟者。楚为晋细，不亦可乎？"⑫乃先楚人。书先晋，晋有信也。

注释

⑪ "何故视之"的"视"，应与《左氏》上文"视邾滕"的"视"义同，而两"视"字所在的两句，意思并不相同。杜注："两事晋楚，则贡赋重，故欲比小国。"杜氏认为"视邾滕"是与小国邾、滕比并，同等看待。"何故视之"，意思是：为什么与小国比并而等同呢？

⑫ 杜注："狎，更也。只，辞。尸，主也。小国主辨具。"孔疏："成二年楚公子婴齐为蜀之盟，诸夏之国大夫皆在，是晋楚更代主诸侯之盟实久也。盟实大国为主，而此云小国主盟，知其主辨具也。"又说："此盟争先歃，不争主备。叔向以小国主盟为言者，叔向以久争不决，或将战斗，因盟时小国有所主，欲令赵孟下楚，假此以劝之耳。"我们认为孔疏道出了叔向的用意：让楚人先歃，只是让他充当"主辨具"的角色而已，"楚为晋细"而已。孔疏举《左传》哀十七年所记季羔之语为证，认为"所言'主辨具'者如彼执牛耳之类"，执牛耳似乎有主盟的意思，实则为"主辨具"之细耳。可见晋人并无让楚人主盟的诚意，只是把楚人当作小国之尸盟者。

原文

壬午，宋公兼享晋、楚之大夫。赵孟为客⑬，子木与之言，弗能对；使叔向侍言焉，子木亦不能对也。

乙酉，宋公及诸侯之大夫盟于蒙门之外。子木问于赵孟曰："范武子之德何如？"对曰："夫子之家事治，言于晋国无隐情，其祝史陈信于鬼神无愧辞。"子木归，以语王。王曰："尚矣哉！能歆神人，宜其光辅五君以为盟主也！"子木又语王曰："宜晋之伯也：有叔向以佐其卿。楚无以当之,不可与争。”[14]晋荀(寅)〔盈〕遂如楚莅盟。

注释

⑬ 杜注:“客,一坐所尊。故季孙饮大夫酒,臧纥为客。”孔疏已指出“季孙饮大夫酒,臧纥为客”见《左传》襄二十三年,并且指出《礼经·燕礼》与《聘礼》的“宾”就是《左氏》这里说的“客”,为一坐所尊。《国语·鲁语下》:“公父文伯饮南宫敬叔酒,以路堵父为客。”这个“客”与《左氏》这里说的“客”是同样的人物。韦注:“睹父,鲁大夫也。客,上客也。礼:饮,尊一人以为客也。”韦注还指出南宫敬叔也是鲁大夫。按:《礼经·燕礼》“记”曰:公“与大夫燕,亦大夫为宾”。可见《礼经》与《左氏》《国语》可以相通,韦注与杜注孔疏有时也可以互证。

⑭ “能歆神人”句以下,杜注:“歆,享也,使神享其祭,人怀其德。五君,谓文、襄、灵、成、景。”孔疏杨注皆引《周语·晋语》证明范武子(士会)之贤,其说有据。“宜晋之伯也”句下,记子木数语,就晋楚二国比较言之,认为还是晋强于楚,这个说法应该是切合实际情况的。

原文

郑伯享赵孟于垂陇,子展、伯有、子西、子产、子大叔、二子石从。赵孟曰:“七子从君以宠武也,请皆赋以卒君贶,武亦以观七子之志。”[1]子展赋《草虫》,赵孟曰:“善哉民之主也！抑武也不足以当之。”[2]伯有赋《鹑之贲贲》,赵孟曰:“床笫之言不逾阈,况在野乎？非使人之所得闻也。”[3]子西赋《黍苗》之四章,赵孟曰:“寡君在,武何能焉?”[4]子产赋《隰桑》,赵孟曰:“武请受其卒章。”[5]子大叔赋《野有蔓草》,赵孟曰:“吾子之惠也。”[6]印段赋《蟋蟀》,赵孟曰:“善哉保家之主也！吾有望矣。”[7]公孙段赋《桑扈》,赵孟曰:

"'匪交匪敖',福将焉往?若保是言也,欲辞福禄,得乎?"⑧卒享,文子告叔向曰:"伯有将为戮矣。诗以言志。志诬其上而公怨之,以为宾荣,其能久乎?幸而后亡。"⑨叔向曰:"然,已侈!所谓不及五稔⑩者,夫子之谓矣。"文子曰:"其余皆数世之主也。子展其后亡者也,在上不忘降。印氏其次也,乐而不荒;乐以安民,不淫以使之,后亡不亦可乎?"

注释

① 贶读 kuàng,赐与,赠送。"请皆赋以卒君贶"句下,杨注:"请七位皆赋诗以完成郑君之赐。"杜注:"诗以言志。"今按:作诗可以言志,诵诗也可言志。"赋诗"有作诗、诵诗两方面的意思,所以可以综合为赋诗以言志。七子既然为赵孟赋诗,自有"卒君贶"之意;而赵孟从七子所赋之诗以观其志,自然也是顺理成章的事。

② 杜注:"《草虫》,《诗·召南》。曰:'未见君子,忧心忡忡。亦既见止,亦既觏止,我心则降。'以赵孟为君子。"按:子展赋《草虫》,意谓得见赵孟,也就得见君子,杜注指出子展"以赵孟为君子",符合赋诗者之意。由《左氏》下文记赵孟的话,可知赵孟由子展所赋诗看出子展堪为"民之主"(因为如杜注所说,"在上不忘降,故可以主民");而对赵孟自己来说,他应该表示谦虚,所谓"武也不足以当之",如杜注所言,这样说是为了"辞君子"。

③ 鹑读 chún,贲读 bēn。毛诗"贲贲"作"奔奔"。杜注:"《鹑之贲贲》,《诗·鄘风》。卫人刺其君淫乱,鹑鹊之不若。义取人之无良,我以为兄,我以为君也。"孔疏亦以为伯有赋此诗"有嫌君之意"。据《左氏》下文,可知赵孟当时就认为"伯有……志诬其上而公怨之以为宾荣",必不能久。笫读 zǐ,这里不可读 dì,阈读 yù。杜注:"笫,箦也。此诗刺淫乱,故云床笫之言。阈,门限。使人,赵孟自谓。"今按:在上国重臣面前搬出"床笫之言",则伯有为人素质之低下可知。

④ 杜注:"《黍苗》,《诗·小雅》,四章曰:'肃肃谢功,召伯营之。列

列征师，召伯成之。’比赵孟于召伯。”赵孟回答：“寡君在，武何能焉？”这与《左氏》前文记赵孟说的“武也不足以当之”一样表示自谦，杜注：“推善于其君。”本该如此。

❺ 杜注：“《隰桑》，《诗・小雅》。义取思见君子，尽心以事之，曰：‘既见君子，其乐如何？’”显然，与子展一样，子产亦“以赵孟为君子”。赵孟说“请受其卒章”，实际上还是“辞君子”。杜注：“卒章曰：‘心乎爱矣，遐不谓矣。中心(藏)〔臧〕之，何日忘之！’赵武欲子产之见规诲。”其实赋诗者、听诗者(子产与赵孟)都可以从《隰桑》诗中得到启发和教益。

❻ 杜注：“《野有蔓草》，《诗・郑风》。取其‘邂逅相遇，适我愿兮’。大叔喜于相遇，故赵孟受其惠。”杨注：“盖子大叔与赵孟乃初次相见，故云不意而会面。”我们认为由《左氏》这里的记载可知：赋诗者(子大叔)表示见到对方正是自己的愿望，听诗者(赵孟)感谢对方(赋诗者)有恩惠加于己，双方投缘，很是融洽。

❼ 杜注：“《蟋蟀》，《诗・唐风》，曰：‘无以大康，职思其居。好乐无荒，良士瞿瞿。’言瞿瞿然顾礼仪。”杨注无异词。我们认为这是印段对赵孟的赞许。赵孟回答说：“保家之主也！吾有望矣！”杜注：“能戒惧不荒，所以保家。”孔疏：“大夫称‘主’，言是守家之主，不亡族也。”按：做保家之主，赵孟从印段赋诗判断其志如此。守家之主也不容易做到，他应该从《唐风・蟋蟀》诗中得到启示。

❽ 杜注：“《桑扈》，《诗・小雅》。义取君子有礼文，故能受天之祜。”这应该是对赵孟的表扬与祝福。“匪交匪敖”，《桑扈》诗本作“彼交匪敖”，阮元等《校勘记》：“案王念孙云‘匪即彼也’，说详《广雅疏证・五下》。”我们认为这一句的解说应取王伯申《经义述闻》说，“匪交匪敖”就是不侮慢不骄傲。这里不必将“匪交”读作“彼交”，拙撰《诗经校注》有说明。原诗“匪交匪敖”下一句是“万福来求”，《左氏》下文说“福将焉往”，说“欲辞福禄得乎”，与诗原义正同。

❾ 王怀祖说:"怨,刺也。言伯有志诬其君,于君享赵孟之时,赋《鹑之贲贲》之诗,公然讥刺之,以为宾荣宠也。"《左氏》下文"幸而后亡",王怀祖认为"此以'而后'二字连读","亡谓出奔也,言伯有幸而后得亡,不幸则为戮"。今从之。

❿ 稔读 rěn,《释文》:"熟也。谷一熟,故为一年。"杜注也说:"稔,年也。"五稔,就是五年。

原文

宋左师请赏,曰:"请免死之邑。"公与之邑六十,以示子罕。子罕曰:"凡诸侯小国,晋、楚所以兵威之,畏而后上下慈和,慈和而后能安靖其国家,以事大国,所以存也。无威则骄,骄则乱生,乱生必灭,所以亡也。天生五材[1],民并用之,废一不可。谁能去兵?兵之设久矣,所以威不轨而昭文德也。圣人以兴,乱人以废。废兴、存亡、昏明之术,皆兵之由也;而子求〔去〕之,不亦诬乎?[2]以诬道蔽诸侯,罪莫大焉。纵无大讨,而又求赏,无厌之甚也!"削而投之。

左师辞邑。向氏欲攻司城,左师曰:"我将亡,夫子存我,德莫大焉。又可攻乎?"君子曰:"'彼(已)〔己〕之子,邦之司直',乐喜之谓乎!'何以恤我,我其收之',向戌之谓乎!"[3]

注释

❶ 五材,杜注:"金木水火土也。"按:《考工记》"以饬五材"郑君注:"玄谓此五材,金、木、皮、玉、土。"但先郑仍以金、木、水、火、土为五材。而《六韬·龙韬·论将》则谓勇、智、仁、信、忠为五材。我们认为说法不同,义各有当。又,水火木金土在《尚书·洪范》里又被称为"五行"。

❷ "谁能去兵"句以下,讲设兵之目的,军队的作用,斥宣扬去兵者之诬,我们应该运用马克思列宁主义的国家学说与军队理论批评《左传》这一段议论的得失。自从国家产生之后,在一个相当长

的历史阶段里，军队“威不轨而昭文德”的职能是必要的。轻易宣扬“去兵”的论调，有可能出自故意麻痹人民头脑的那些人。《左氏》这里说的“兵”，可以是兵器，也可以是军队的代名词。

❸ “彼己之子，邦之司直”，出自《诗·郑风·羔裘》。杜注：“司，主也。乐喜，子罕也。善其不阿向戌。”今按：“邦之司直”，本指一国之中主正直之道、敢于伸张正义的著名人物；依杜注，则指不阿谀奉承的人。“何以恤我，我其收之”，杨注认为是《周颂·维天之命》“假以溢我，我其收之”之变文：“假即遐之借字，何也……恤，《说文》《广韵》引作谧，《诗》作溢，皆声近相通，实皆为赐之假字。诗意谓何以赐与我，我将接收之。”按：杜注：“恤，忧也。收，取也。善向戌能知其过。”可知两注不完全一致，但都可以把原诗讲通。

原文

齐崔杼生成及彊而寡，娶东郭姜，生明。东郭姜以孤入，曰棠无咎，与东郭偃相崔氏。崔成有病而废之，而立明。成请老于崔，崔子许之；偃与无咎弗予，曰：“崔，宗邑也，必在宗主。”[1]成与彊怒，将杀之，告庆封曰：“夫子之身，亦子所知也，唯无咎与偃是从，父兄莫得进矣。大恐害夫子，敢以告。”庆封曰：“子姑退。吾图之。”告卢蒲嫳[2]。卢蒲嫳曰：“彼，君之仇也。天或者将弃彼矣。彼实家乱，子何病焉？崔之薄，庆之厚也。”他日又告。庆封曰：“苟利夫子，必去之。难，吾助女。”

九月庚辰，崔成、崔彊杀东郭偃、棠无咎于崔氏之朝。崔子怒而出，其众皆逃，求人使驾，不得；使圉人驾，寺人御而出，且曰：“崔氏有福，止余犹可。”遂见庆封。庆封曰：“崔、庆一也。是何敢然？请为子讨之。”使卢蒲嫳帅甲以攻崔氏。崔氏堞其宫而守之。[3]弗克，使国人助之；遂灭崔氏，杀成与彊而尽俘其家，其妻缢。嫳复命于崔子，且御而归之。至则无归矣，乃缢。[4]崔明夜辟诸大墓。辛已，崔明来奔。庆封当国。

注释

❶ 杜注："偏丧曰寡。寡，特也。"杨注谓"此寡与鳏同义"。"东郭姜以孤入"，意思是东郭姜带着前夫的遗孤（棠无咎）进了崔杼的家。"有病而废之"，杜注："有恶疾也。"孔疏："若非恶疾，犹堪为后。以疾而废，明是恶疾——疾之恶者也。"又说："彊无病亦不得立者，爱后妻，欲立明故也。"崔杼立子明为后，与当时宗法制度不合。崔成"请老于崔"，杜注："欲居崔邑以终老。"可是崔明的同母异父之兄棠无咎与舅舅东郭偃竟然不同意，理由是："崔，宗邑也，必在宗主。"杜注："宗邑，宗庙所在。宗主谓崔明。"本校注认为：宗邑必在宗主，这样说本来不错，与当时社会观念相符。问题在于崔杼立后不公不如法，因而致生祸乱。

❷ 杜注："夫子，谓崔杼。"孔疏："成、彊是崔杼之子，而云'父兄'者，成、彊之意以崔杼任无咎与偃，弃远宗族，不可自斥于己，故举宗族父兄也。"嫳读 piè，杜注："嫳，庆封属大夫。"

❸ 杜注："堞，短垣。使其众居短垣内以守。"孔疏说是"新筑女墙而守之"。杨注："此堞其宫谓加筑其宫墙也。"杨先生认为此说本洪亮吉《春秋左传诂》，实则孔疏说甚是，而且早于洪氏甚远。唯孔疏与洪氏的说法可能稍有差别，洪氏意谓原有女墙而崔氏加筑之，孔疏则有可能被理解为原无女墙而新筑之。

❹ "其妻缢""至则无归矣，乃缢"，与《左氏》襄二十五年所谓遇"困"之"大过"，所谓"'入于其宫，不见其妻，凶'，无所归也"，正好相应。显然，这是《左氏》着意安排的又一件先兆与结局相应的带离奇色彩的有趣的事。

原文

楚薳罢如晋莅盟，晋侯享之。将出，赋《既醉》。叔向曰："薳氏之有后于楚国也，宜哉！承君命，不忘敏。子荡将知政矣。敏以事君，必能养民，政其焉往？”[5]

崔氏之乱，申鲜虞来奔；仆赁于野，以丧庄公。[6]冬，楚人召之。遂如楚为右尹。

十一月乙亥朔，日有食之。辰在申，司历过也，再失闰矣。[7]

注释

[5] 杜注：“《既醉》，《诗·大雅》，曰：‘既醉以酒，既饱以德。君子万年，介尔景福。’以美晋侯，比之太平君子也。”《左氏》下文记叔向的议论，杨注：“既醉既饱，谢享礼；万年景福，颂晋侯；将出而赋此，甚得其时，所谓敏于事者也。”叔向对薳罢赋《既醉》加以评论之后，谓“子荡将知政矣”“政其焉往”，杜注：“言政必归之。”杜氏前已说明：子荡就是薳罢。此人能事君养民，担任执政是适合的。

[6] “仆赁于野”，杨注：“郊野有自由贫民可供雇佣。”盖谓雇人为仆。“以丧庄公”，杜注：“为齐庄公服丧。”则前文“来奔”，自是奔丧。

[7] 杜注：“谓斗建指申。”是否司历之过，是否再失闰，有异议。孔疏引刘炫的说法：“若据前闰以来短计，不得有再失之理。”江永则斥“左氏之妄”。

经二十有八年[1]

原文

春，无冰。

夏，卫石恶出奔晋。

邾子来朝。

秋，八月，大雩。

仲孙羯如晋。

冬，齐庆封来奔。

十有一月，公如楚。

十有二月甲寅，天王崩。

(乙)〔己〕未[2]，楚子昭卒。

注释

[1] 鲁襄公二十八年，乃公元前545年，周灵王二十七年。是年孔子八岁。

[2] 杜注："十二月无乙未，日误。"按：乙是己之形讹。说见王氏《经义述闻》卷二十四"乙未"条。

传二十八年

原文

春，无冰。梓慎曰："今兹宋、郑其饥乎？岁在星纪，而淫于玄枵，以有时灾，阴不堪阳。蛇乘龙；龙，宋、郑之星也。宋、郑必饥。玄枵，虚中也。枵，耗名也。土虚而民耗，不饥何为？"[1]

夏，齐侯、陈侯、蔡侯、北燕伯、杞伯、胡子、沈子、白狄朝于晋，宋之盟故也。[2]

注释

[1] 枵读xiāo。杜注："岁，岁星也。星纪在丑，斗牛之次。玄枵在子，虚危之次。十八年晋董叔曰：天道多在西北，是岁岁星在亥，至此年十一岁，故在星纪，明(言)〔年〕乃当在玄枵。今已在玄枵，淫行失次。"孔疏："天有十二次，地有十二辰。""言岁星大率十二年而一周天也。"杨注已指出杜注孔疏关于天象历法的说明不够科学，其文颇长，不备录。《左氏》下文说"以有时灾"，到"土虚而名耗"，都是说的天文历法。杜注："时灾，无冰也。盛阴用事而温无冰，是阴不胜阳，地气发泄。蛇，玄武之宿，虚危之星。龙，岁星。岁星，木也。木为青龙，失次出虚危下，为蛇所乘。岁星木位

在东方。东方房、心为宋，角、亢为郑，故以龙为宋、郑之星。玄枵三宿，虚星在其中。岁为宋、郑之星，今失常淫入虚耗之次；时复无冰，地气发泄：故曰土虚民耗。”王伯申不同意“东方之宿房心为宋”一类说法，《经义述闻》卷十八：“龙谓岁星，宋、郑以岁星为候，故曰‘龙，宋、郑之星也’。”引《史记·天官书》为证，其说是。杨注：“时灾，谓天时不正常之灾。”“玄枵相当女、虚、危三宿。虚、危古以为蛇。龙行疾而失位，出虚、危宿下，龙在下而蛇在上，故曰蛇乘龙。”我们认为上引王氏《述闻》与杨注较为明确。

❷ 杜注：“陈侯、蔡侯、胡子、沈子，楚属也。宋盟曰：‘晋楚之从交相见。’故朝晋。”按：宋盟见上年《传》。楚属诸国朝晋，晋属诸国朝楚，是交相见。

原文

齐侯将行，庆封曰：“我不与盟，何为于晋？”陈文子曰：“先事后贿，礼也。小事大，未获事焉，从之如志，礼也。虽不与盟，敢叛晋乎？重丘之盟，未可忘也。❸子其劝行！”

卫人讨甯氏之党，故石恶出奔晋。卫人立其从子圃以守石氏之祀，礼也。

邾悼公来朝，时事也。

“秋八月，大雩”，旱也。

蔡侯归自晋，入于郑。郑伯享之，不敬。子产曰：“蔡侯其不免乎？日其过此也，君使子展迋劳于东门之外，而傲；吾曰‘犹将更之’。今还，受享而惰，乃其心也。君小国，事大国而惰傲以为己心，将得死乎？若不免，必由其子。其为君也，淫而不父。侨闻之：如是者恒有子祸。”❹

注释

❸ 杜注：“事大国当先从其政事，而后荐贿以副己心。”孔疏说到小

国事大国的态度，以为“当每事顺从，若未获大国所命之事，但如其志之所欲，即不待彼命，逆即从之，如其志意，礼也”，又说：“礼者自卑而尊人，故先承意志，是事大之礼也。”我们认为杜注孔疏道出了《左氏》原文之意。又，重丘之盟，事见《左传》襄二十五年，不难考见。

❹《左氏》说某人不免，都是不免于祸的意思。迋音义同“往”。“迋劳于东门之外”，意思是到东门之外去慰劳。“惰傲以为己心，将得死乎”，杨注：“言岂将得死乎，谓不得善终。若以恶死，曰不得其死。”为什么说“若不免，必由其子”呢？这是因为如《左氏》下文所说“淫而不父”而不可避免其子的恶报。蔡侯通大子班之妻，后来为大子所弑，那不是必然的报应吗？奇怪的是在《左氏》一书里未卜先知的事毕竟太神了一点。然而子产说的“淫而不父”者恒有子祸，又毕竟还算是因果联系不太出乎意外的事。

原文

孟孝伯如晋，告将为宋之盟故如楚也。❶

蔡侯之如晋也，郑伯使游吉如楚。及汉，楚人还之，曰：“宋之盟，君实亲辱。今吾子来，寡君谓吾子姑还，吾将使驲奔问诸晋而以告。”子大叔曰：“宋之盟，君命将利小国，而亦使安定其社稷、镇抚其民人，以礼承天之休。此君之宪令，而小国之望也。寡君是故使吉奉其皮币，以岁之不易，聘于下执事。今执事有命曰：‘女何与政令之有？必使而君弃而封守，跋涉山川，蒙犯霜露，以逞君心。’❷小国将君是望，敢不唯命是听？无乃非盟载之言，以阙君德，而执事有不利焉，小国是惧。不然，其何劳之敢惮！”

注释

❶ 杜注：“鲁，晋属，故告晋而行。”因为宋之盟有晋楚之从交相见的

规定，下一回该由晋属诸国朝楚了。

❷ “以礼承天之休”，这里“天之休”与《诗·商颂·长发》“何天之休”句“天之休”义同，即上天之赐。接受上天之赐必以礼，此说比较罕见。“奉其皮币”，杜注：“聘用乘皮束帛。”皮帛指当时礼物。“以岁之不易”句及其下，杜注：“言岁有饥荒之难，故郑伯不得自朝楚。”杨注：“不欲直言其君，谦辞曰执事。此又加下字，则谦之又谦矣。”按：古汉语中这一类谦辞不少。“女何与政令之有”，杨注：“女指游吉，谓汝不足以与郑之政令。”《左氏》下文说明为何必使郑君（郑简公）亲自朝楚。“必使而君弃而封守”句中两“而”字，都应作“尔”“汝”讲。孔疏：“游吉原其意为此辞，作甚之言耳。”若郑君朝楚，自不免跋涉之劳。“以逞君心”，杨注：“以快楚君之意。”原意如此。

原文

子大叔归，复命，告子展曰：“楚子将死矣。不修其政德，而贪昧于诸侯以逞其愿，欲久，得乎？❶《周易》有之，在‘复（䷗）〔䷗〕’之‘颐䷚’，曰：‘迷复，凶。’其楚子之谓乎！欲复其愿而弃其本，复归无所，是谓迷复，能无凶乎？❷君其往也，送葬而归，以快楚心。楚不几十年，未能恤诸侯也，吾乃休吾民矣。”❸

注释

❶ 贪昧犹贪冒，亦犹贪没。昧、冒、没声同义通，也是贪的意思。这是用杨伯峻先生的说法。杨注：“言楚子贪诸侯之奉己也。”

❷ 杜注：“复，反也。极阴反阳之卦，上处极位，迷而复反，失道已远，远而无应，故凶。”孔疏：“《复》为极阴反阳之卦也。上处极位，位极更无所往，故为迷也。既迷而后反，本从下积而至迷，是为失道已远。上应在三，三亦阴爻，远而无应，故凶也。”杨注：“《复卦》变为《颐卦》，只得第六爻阴爻变为阳爻，故用《复》上六爻辞。”

按:这里所说上六爻辞指“迷复,凶”而言。“欲复其愿”句,杜注:“谓欲得郑朝以复其愿。”杨注认为“复即复言之复,实践也”,也可以讲通。“弃其本”句:杜注认为意指“不修德”。杨注引高亨先生的说法,认为“迷复,凶”句意思是:“迷了路而才想回来……然而忘掉原来路径,结果是无处可归。”应该说这两种解释都有道理。一个弃本而复归无所的人,处境实在危险,所以说“凶”。

❸ “楚不几十年,未能恤诸侯”,杜注:“几,近也。言失道远者,复之亦难。”依此说,可知“不几十年”意即不近十年或不到十年。孔疏:“《周易·复卦》上六爻云:‘……以其国君凶,至于十年不克征。’是《易》有‘十年’之语,故游吉期之以十年。”杨注:“未能恤诸侯,即未能争霸,此当时习惯语。恤,忧也。”按:这里引录的两注一疏都很精辟。“吾乃休吾民矣”句,杜注:“休,息也。言楚不能复为害。”这里意思是:楚子将死,楚师不复出,我们的人民可以得到休息了。

原文

裨灶曰:“今兹周王及楚子皆将死。岁弃其次而旅于明年之次,以害鸟帑,周、楚恶之。”[4]

九月,郑游吉如晋,告将朝于楚以从宋之盟。子产相郑伯以如楚,舍不为坛。外仆言曰:“昔先大夫相先君适四国,未尝不为坛。自是至今,亦皆循之。今子草舍,无乃不可乎?”子产曰:“大适小,则为坛。小适大,苟舍而已,焉用坛?[5]侨闻之,大适小有五美:宥其罪戾,赦其过失,救其灾患,赏其德刑,教其不及。小国不困,怀服如归,是故作坛以昭其功,宣告后人:无怠于德。小适大有五恶:说其罪戾,请其不足,行其政事,共其职贡,从其时命。不然,则重其币帛以贺其福而吊其凶,皆小国之祸也。焉用作坛以昭其祸?[6]所以告子孙:无昭祸焉可也。”

注释

❹ 杜注:“裨灶,郑大夫。旅,客处也。岁星弃星纪之次,客在玄枵。岁星所在,其国有福。失次于此,祸冲在南。南为朱鸟,鸟尾曰帑。鹑火、鹑尾,周楚之分,故周王楚子受其咎。俱论岁星过次,梓慎则曰宋郑饥,裨灶则曰周、楚王死,《传》故备举,以示卜占惟人所在。”孔疏:“帑者细弱之名。于人则妻子为帑,于鸟则鸟尾曰帑。妻子为人之后,鸟尾亦鸟之后,故俱以帑为言也。天之分野,鹑火周分,鹑星楚分。岁星之冲当此周楚之分,故周王楚子受其咎也。”今按:这里将天文地理联系在一起了。杜注说的梓慎的事,就在《左传》襄廿八年开头。

❺ “舍不为坛”句下杜注:“至敌国郊,除地封土为坛,以受郊劳。”孔疏:“《聘礼》宾至于近郊,君使卿用束帛劳,无设坛之法。下云‘先君适四国,未尝不为坛’,盖以朝礼君亲行事重,故有之也。”杜注又说:“外仆,掌次舍者。”杨注:“舍者,在郊为帷宫,设旌门,受郊劳也。”“先大夫、先君,泛指以前郑国之君与大臣。四国,四方各国。”“不除草而为舍,谓草舍。”外仆认为草舍不妥,可是子产认为小国君臣聘问大国,不必设坛,草舍即可。

❻ 以上解释为什么说“小适大,苟舍而已”。“说其罪戾”,杜注:“自解说也。”这当然是为了求得大国宽恕。杨注说这是“大国自己文饰其罪过”,恐非。“请其不足”,意思是请示大国不满意的地方。“行其政事”,杜注:“奉行大国之政。”盖出于不得已,不以为快事,适以为苦。“从其时命”,杜注:“从朝会之命。”杨注:“此以从其时命为恶……盖谓不时之命亦从之。”由于不时之命产生不时之需,所以《左氏》下文说到大国之福之凶,“皆小国之祸”。如此,小国对大国不可能没有反感。如果小国聘问大国而于郊设坛,究竟昭示什么呢?岂非将小国之祸昭示世人?昭示小国之祸,也就是昭示大国之恶了。

原文

齐庆封好田而耆酒，与庆舍政，则以其内实迁于卢蒲嫳氏，易内而饮酒。数日，国迁朝焉。使诸亡人得贼者以告而反之，故反卢蒲癸。[1]癸臣子之，有宠，妻之。庆舍之士谓卢蒲癸曰："男女辨姓，子不辟宗，何也？"曰："宗不余辟，余独焉辟之？赋诗断章，余取所求焉。恶识宗？"癸言王何而反之。二人皆嬖，使执寝戈而先后之。[2]

注释

❶ "好田"之好与"耆酒"之耆义近。田是田猎，耆即嗜。杜注："舍，庆封子。庆封当国，不自为政，以付舍。"只因好田耆酒，所以不自为政。由于卢蒲嫳与庆封的关系，庆封居然迁住卢蒲嫳家。下文杜注："内实，宝物、妻妾也。移而居嫳家。"孔疏："封犹有当国之重，故国之卿大夫皆迁就嫳家朝焉。"这种局面当然是所谓陪臣执国命(《论语·季氏》)的结果。"使诸亡人得贼者以告而反之"，杜注："亡人，辟崔氏难出奔者。"杨注："贼乃崔氏之党。欲逃亡之人得崔氏之党者，告于庆氏，以功除罪，令其返国。"这里两注对《左氏》原文的理解是对的。

❷ 杜注："子之，庆舍。子之以其女妻癸。辨，别也。别姓而后可相取。庆氏、卢蒲氏，皆姜姓。"按：《左传》襄廿五年、昭元年也说男女辨姓。《左传》僖廿三年说"男女同姓，其生不蕃"，说的是"男女辨姓"的原因。小戴辑《礼记·乐记》所谓"男女无辨则乱升"，应该有更多的意思。《左传》襄廿八年下文说"宗不余辟"，杜注："言舍欲妻己。"孔疏："癸谓庆舍为宗，言彼宗不于〔我〕处相辟也。"其实就是彼同宗之人一定要把女儿嫁来，不得不娶了。"赋《诗》断章"是比方，杜注："言己苟欲有求于庆氏，不能复顾礼，譬如赋《诗》者取其一章而已。"《左氏》这样讲，倒成了赋诗断章取义说的出处。卢蒲癸在当时算不上素质高的人，但他能概括当时赋《诗》的普遍方式，足见《诗》三百在当时的普及情况。"癸言王

何而反之"句下，杜注认为癸、何二子皆庄公党，寝戈为"亲近兵杖"，杨注："言于庆舍，使王何返齐。""二人皆为舍之近卫，或在舍先，或在舍后。"这样解说，甚确。

原文

公膳，日双鸡。饔人窃更之以鹜，御者知之，则去其肉而以其洎馈。[3]子雅、子尾怒。庆封告卢蒲嫳，卢蒲嫳曰："譬之如禽兽，吾寝处之矣。"使析归父告晏平仲，平仲曰："婴之众不足用也，知无能谋也。言弗敢出，有盟可也。"子家曰："子之言云，又焉用盟？"告北郭子车，子车曰："人各有以事君，非佐之所能也。"陈文子谓桓子曰："祸将作矣。吾其何得？"对曰："得庆氏之木百车于庄。"文子曰："可慎守也已。"[4]

注释

❸ 饔读 yōng。《周官·天官》有"内饔""外饔"二职，皆掌管割烹之事者。依《释文》，鹜读 wù，"鸭也"。"去其肉"，"去"读 jǔ，藏也。洎读 jì，"肉汁也"。杜注："御，进食者。饔人、御者欲使诸大夫怨庆氏，减其膳，盖卢蒲癸、王何之谋。"孔疏："去肉而空以汁馈，欲其怨之深也。"据《左氏》下文，可知果然有人发了怒火。

❹ "得庆氏之木百车于庄"，杜注："庆封时有此木，积于六轨之道。"按：《尔雅·释宫》："六达谓之庄。"孔疏引《尔雅》证明杜注有据。杨注："庄，临淄城大街名。《孟子·滕文公下》'引而置之庄、岳之间'，即此庄。"又说："木乃作屋之材，庄是京都之道，意谓庆氏必败，我可得人得权。"按：在齐言齐，自当以杨注为确。"可慎守也已"，杜注："善其不志于货财。"按：前辈学者认为"得庆氏之木"句以下是陈氏父子以隐语相喻，可谓妙有会心。有木料，建房屋就不愁了，筑工事就不愁了。有慎守之志，有所备，自然不必担心"祸将作"了。

原文

卢蒲癸、王何卜攻庆氏,示子之兆曰:“或卜攻仇,敢献其兆。”子之曰:“克,见血。”冬十月,庆封田于莱,陈无宇从。丙辰,文子使召之,请曰:“无宇之母疾病,请归。”庆季卜之,示之兆,曰:“死。”奉龟而泣,仍使归。庆嗣闻之,曰:“祸将作矣!”谓子家:“速归!祸必作于尝,归犹可及也。”❺子家弗听,亦无悛志。子息曰:“亡矣!幸而获在吴、越。”陈无宇济水而戕舟发梁。❻

注释

❺ 据杜注,可知庆封字子家,庆封又叫庆季;陈文子有子名无宇,又叫桓子;庆嗣为庆封族人,又叫子息。杜武库应该是从《左氏》上下文理清这些人物关系的。不弄清楚人物关系,《左氏》就显得人物错综,脉络复杂,文章难懂。本来是同一个人,偏用不同的称呼,这样,有时候就让《左氏》显得扑朔迷离。把人物的不同称呼弄清楚了,把人物关系弄明白了,如能运用必备的天文地理礼制训诂知识,《左氏》就不太难懂了。“祸必作于尝”,杜注:“尝,秋祭。”据说占卜活动已经预测祸乱会发生在秋祭那一天,如果庆封速归老家,还来得及避祸。

❻ 悛读 quān,杜注:“改寤也。”戕舟发梁,杜注:“戕,残坏也。不欲庆封得救难。”杨注将“发梁”之“发”解说为“撤去”,用章太炎先生说。我们认为这里“发”是“废”的借字(朱骏声《说文通训定声·泰部第十三》谓“发”可假借为“废”),发与戕相对为文,应该也是残坏的意思,而与“发”声韵相同的“废”正有此义。

原文

卢蒲姜谓癸曰:“有事而不告我,必不捷矣。”癸告之。姜曰:“夫子愎,莫之止,将不出。我请止之。”癸曰:“诺。”十一月乙亥,尝于大公之庙,庆舍莅事。卢蒲姜告之,且止之。弗听,曰:“谁敢者?”遂如公。麻婴为尸,庆奊为上献。[7]卢蒲癸、王何执寝戈,庆氏以其甲环公宫。陈氏、鲍氏之圉人为优。庆氏之马善惊,士皆释甲束马而饮酒,且观优,至于鱼里。[8]栾、高、陈、鲍之徒介庆氏之甲。子尾抽桷击扉三,卢蒲癸自后刺子之,王何以戈击之,解其左肩。犹援庙桷,动于甍,以俎、壶投杀人而后死。[9]遂杀庆绳、麻婴。公惧,鲍国曰:“群臣为君故也。”陈须无以公归,税服[10]而如内宫。

注释

❼ 卢蒲姜,为庆舍之女而嫁与卢蒲癸者。“夫子愎”,杜注:“夫子谓庆舍。”按:愎读 bì,倔强、固执的意思。《左氏》下文先言“尝于大公之庙,庆舍莅事”,后言“如公”,杜注:“至公所。”杨注:“至公所,即大公庙。”甚确。“麻婴为尸”,杜注:“为祭尸。”庆奊之奊读 xié,杜注:“上献,先献者。”孔疏:“祭祀之礼,主人先献……公与庆舍不为上献而奊为上献者,庆舍使为之,不可以礼责也。奊即绳也,为下杀庆绳张本。”杨注谓“上献即上宾”“亦曰宾长”。按:这里注疏皆是。

❽ 杜注:“庙在宫内。优,俳。”孔疏:“优者,戏名也。《晋语》有优施,《史记·滑稽列传》有优孟、优旃,皆善为优戏而以优著名。史游《急就篇》云‘倡优俳笑’,是优俳一物而二名也。”杨注:“圉人,养马者。”按:《周官·夏官》圉人一职“掌养马刍牧之事”,可以证明杨注有据。“庆氏之马善惊”句以下,孔疏:“今人谓数惊为好惊,好亦善之意也。”按:善惊就是喜欢突发猛跳狂奔。“释甲束马”,意思是解脱甲胄,约束惊马。杜注:“束,绊之也。鱼里,里名。优在鱼里,就观之。”按:观优就是看戏。

❾ 桷读 jué。甍读 méng。杜注:“桷,椽也。扉,门阖也。以桷击扉为期。甍,屋栋。”《释文》:“扉,音非,门扇也。”孔疏:“《说文》云:‘甍,栋梁也。’是又名为梁。此是屋上之长材,椽所以凭依者也。今俗谓之屋脊。”

❿ 依《释文》,这里“税”字音义与“脱”相同。杨注即用此说,又说:

“服，祭服。”联系《左氏》上文“尝于大公之庙”，可知杨先生说是。

原文

庆封归，遇告乱者。丁亥，伐西门，弗克。还伐北门，克之；入，伐内宫，弗克。反，陈于岳⑪。请战，弗许，遂来奔。献车于季武子，美泽可以鉴。展庄叔见之，曰：“车甚泽，人必瘁，宜其亡也。”叔孙穆子食庆封。庆封(氾)〔泛〕祭，穆子不说，使工为之诵《茅鸱》，亦不知。⑫既而齐人来让，奔吴。吴句余予之朱方，聚其族焉而居之，富于其旧。⑬子服惠伯谓叔孙曰：“天殆富淫人。庆封又富矣！”穆子曰：“善人富谓之赏，淫人富谓之殃。天其殃之也，其将聚而歼旃⑭。”

注释

⑪ 这个“岳”，与《左传》上文“得庆氏之木百车于庄”的庄，都是街道里巷之名。可以陈兵，则应如杨注所说，当为大街。

⑫ 杜注：“礼，食有祭，示有所先也。泛祭远散，所祭不共。工，乐师。《茅鸱》，逸诗，刺不敬。”孔疏：“祭食之礼，各有其处。《论语》云‘泛爱众’，泛是宽博之语。故知泛祭为远散所祭，言其不共也。”杨注：“盖泛祭犹《大祝》之周祭，《曲礼》之遍祭。叔孙宴庆封，非庆封所宜为，封不知礼也。”按：《周官·春官·大祝》注疏颇详，上引注疏皆是。

⑬ 这里“句”读 gōu。杜注：“句余，吴子夷末也。朱方，吴邑。”孔疏：“服虔以句余为余祭。杜以为夷末者，以庆封此年之末始来奔鲁，齐人来让，方更奔吴，明年五月而阍弑余祭，计其间未得赐庆封以邑……”杨注：“庆封奔吴若在二十九年初，余祭赐以邑，亦极可能，服虔较是。”按：杨注所言实“极可能”之事，但恨无更确切之根据，故两说并存之。“富于其旧”，比旧时更富的意思。

⑭ 杜注：“旃，之也。”另一说：旃为“之焉”合音字，杨注已明确指出。歼旃，意思是完全消灭掉。

原文

癸巳，天王崩。未来赴，亦未书，礼也。

崔氏之乱，丧群公子，故鉏在鲁，叔孙还在燕，贾在句渎之丘。及庆氏亡，皆召之，具其器用而反其邑焉。与晏子邶殿，其鄙六十；弗受。子尾曰："富，人之所欲也。何独弗欲？"对曰："庆氏之邑足欲，故亡。吾邑不足欲也，益之以邶殿，乃足欲；足欲，亡无日矣。在外不得宰吾一邑。不受邶殿，非恶富也，恐失富也。且夫富如布帛之有幅焉，为之制度，使无迁也。夫民生厚而用利，于是乎正德以幅之，使无黜嫚，谓之幅利。利过则为败。吾不敢贪多，所谓幅也。"❶与北郭佐邑六十，受之。与子雅邑，辞多受少。与子尾邑，受而稍致之❷；公以为忠，故有宠。

注释

❶ "如布帛之有幅焉"，幅是布帛长宽制度范围。布帛长宽有制度，富贵也应有规矩，不可漫无限制。杜注："迁，移也。"但若立了制度，那就"无迁"，不应随意变化。"夫民生厚而用利"句以下，杜注："言厚、利皆人之所欲，唯正德可以为之幅。黜，犹放也。孔疏："言用正德以为边幅，使有度也。"杨注认为"正德以幅之"句的幅字由布帛之幅引申为限制之义，又说："黜，贬也，下也，退也。此用作不足之义。嫚借为漫，水满而泛滥为漫，此用为过之之义。"幅利者，杨注说是"限制其利"，应该如《左氏》上文所说"正德以福之"（杨注："端正道德以限制之"）。我们考虑可以理解为制度之利，有制度加以限制反而有利，放纵泛滥实为有害而不利。不贪多，有节制，这就是幅，就是求幅利。今按：这里表述的"幅利"思想很重要，为国理财者，志在构建小康与和谐社会者，应予注意。

❷ "受而稍致之"，杜注："致，还公。"杨注："《广雅·释诂》：'稍，尽也。'尽还之于景公。"按：从这里上下文《左传》看，"受之""辞多

受少""稍致之",有程度之分别,杨注是正确的。"稍"训为"尽",与训为"略微",义正相反而各有道理。

原文

释卢蒲嫳于北竟。求崔杼之尸,将戮之;不得。叔孙穆子曰:"必得之!武王有乱(臣)❸十人,崔杼其有乎?不十人,不足以葬。"既,崔氏之臣曰:"与我其拱璧❹,吾献其柩。"于是得之。十二月(乙)〔己〕❺亥朔,齐人迁庄公,殡于大寝。以其棺尸崔杼于市,国人犹知之,皆曰:"崔子也!"❻

注释

❸ 此"臣"字衍,说见阮元等《校勘记》。

❹ 杜注:"崔氏大璧。"孔疏:"其者,其崔杼也,故云'崔氏大璧'。拱谓合两手也。此璧两手拱抱之,故为大璧。"按:语出崔氏之臣,所论事正与崔杼有关,所以"其拱璧"只能是崔氏大璧。

❺ 杜注:"乙亥误。"杨注:"乙乃己之形近误。"是也。

❻ "迁庄公殡于大寝"句下,杜注:"更殡之于路寝也。""崔氏弑庄公,又葬不如礼,故以庄公棺着崔杼尸边,以章其罪。"可是杨注说是"用崔杼之棺,曝崔杼之尸",显然是以此说修正杜注。我们认为庄公之殡应已易棺,而"尸崔杼于市"不必盛其尸于棺中,杜注"以庄公棺着崔杼尸边以章其罪"的说法较为可信。若是不这样理解,"以其棺"前无所承,"其棺"从何而来呢?又,孔疏:"国人犹知之,皆曰'崔子',言犹尚识其形,知是真崔子也。"杨注认为"国人犹知之"的知就是认识的意思,其说可从。

原文

为宋之盟故,公及宋公、陈侯、郑伯、许男如楚。公过郑,郑伯不在;伯有迋劳❶于黄崖,不敬。穆叔曰:"伯有无戾于郑,郑必有大咎。敬，民之主也；而弃之，何以承守？郑人不讨，必受其辜。济泽之阿，行潦之蘋藻，置诸宗室，季兰尸之，敬也。[2]敬可弃乎？”

注释

❶ 这个“迋劳”，与本传前文“君使子展迋劳于东门之外”句中的“迋劳”显然是同样的意思，“迋”音义同“往”，“迋劳”就是前往迎接慰劳。

❷ “伯有无戾于郑，郑必有大咎”，杜注：“伯有不受戮，必还为郑国害。”杨注这里采用杜氏说。“济泽之阿”，杜注：“言薄土。”杨注亦用此说。“行潦之蘋藻”，杜注：“言贱菜。”杨注又无异议。“置诸宗室”，杜注：“荐宗庙。”杨注：“即用作祭品。”按：两注实同。“季兰尸之，敬也”，杜注：“言取蘋藻之菜于阿泽之中，使服兰之女而为之主，神犹享之，以其敬也。”孔疏：“此意取《采蘋》之诗也……彼诗‘采蘋于涧’‘采藻于潦’，此并言行潦之蘋藻……诗言季女，而此言季兰，谓季女服兰草也。”按：杨注即用此孔疏说。孔疏引《采蘋》亦引其意，不是字字句句与原诗相合。杜注孔疏联系《左氏》与毛诗而解说之，自然是因为其间意思相通。

原文

及汉，楚康王卒。公欲反。叔仲昭伯曰：“我楚国之为，岂为一人？行也！”子服惠伯曰：“君子有远虑，小人从迩。饥寒之不恤，谁遑其后？不如姑归也。”叔孙穆子曰：“叔仲子，专之矣。子服子，始学者也。”荣成伯曰：“远图者，忠也。”[3]公遂行。

宋向戌曰：“我一人之为，非为楚也。饥寒之不恤，谁能恤楚？姑归而息民，待其立君而为之备。”宋公遂反。

楚屈建卒，赵文子丧之如同盟，礼也。

王人来告丧。问崩日，以甲寅告。故书之以徵过也。[4]

注释

❸ “专之矣”，杜注：“言足专任。”这是对叔仲昭伯的才识的肯定。“始学者也”，杜注：“言未识远。”这意思当然是说子服惠伯的见识还不够深远。“远图者，忠也”，远图应与本传上文说的“远虑”意同。为国远虑，自是因为忠诚于祖国。

❹《释文》：“徵……本或作惩，误。”杜注：“徵，审也。此缓告，非有事宜，直臣子怠慢，故（以）〔于〕此发例。”杨伯峻先生认为这里“徵”当从或本作惩，说：“读徵为惩。惩，罚也。”依杨注，“徵过”就是惩罚过错。我们认为杜杨两注皆可通。

经二十有九年❶

原文

春，王正月，公在楚。

夏，五月，公至自楚。

庚午，卫侯衎卒。

阍弑吴子余祭。❷

仲孙羯会晋荀盈、齐高止、宋华定、卫世叔仪、郑公孙段、曹人、莒人、滕人、薛人、小邾人，城杞。

晋侯使士鞅来聘。

杞子来盟。

吴子使札来聘。

秋，九月，葬卫献公。❸

齐高止出奔北燕。

冬，仲孙羯如晋。

注释

❶ 鲁襄公廿九年，当公元前544年，周景王元年。是年孔子九岁。

❷ 阍读 hūn。余祭,依《释文》,这个“祭”应读 zhài。杜注:“阍,守门者。下贱,非士,故不言‘盗’。”孔疏:“刑人墨者使守门,既服墨刑,使之守门,是下贱人也。”依杜注,阍之下贱,在士人与盗之下。

❸ 卫献公之葬,非速非缓,与周礼葬制相符。

传二十九年

原文

“春,王正月,公在楚”,释不朝正于庙也。[1]楚人使公亲襚,公患之。穆叔曰:“祓殡而襚,则布币也。”乃使巫以桃、茢先祓殡。楚人弗禁,既而悔之。[2]

二月癸卯,齐人葬庄公于北郭。[3]

夏四月,葬楚康王。公及陈侯、郑伯、许男送葬,至于西门之外,诸侯之大夫皆至于墓。

楚郏敖即位,王子围为令尹。郑行人子羽曰:“是谓不宜,必代之昌。松柏之下,其草不殖。”[4]

注释

❶ 杜注:“释,解也。告庙‘在楚’,解公所以不朝正。”孔疏:“公本在国,每月之朔常以朝享之礼亲自祭庙,今以在外之故阙于此礼。国之守臣于此朔日告庙云:‘公在楚。’史官因书于策。《传》解其告庙之意……解释公所以不得亲自朝正也。”按:“朝正”之“正”,即“王正月”之正,应读 zhēng。

❷ 襚读 suì,《释文》引《说文》:“衣死人衣。”茢读 liè,《释文》引郑注《周礼》云:“茢,苕箒。”杜注:“诸侯有遣使赗襚之礼。今楚欲依遣使之比。”孔疏谓《檀弓》说“襄公朝于荆,康王卒”而荆人请袭,即是此事,虽然所记有异,当以《左传》为可靠。孔疏又说:“《杂记》云:吊者含、襚、赗、临,是诸侯之臣使于邻国之礼也。楚人以诸侯相於,有遣使赗襚之礼,今以公身既在,意在轻鲁,欲以公依

遣使之比,使公亲行之也。”原来楚君臣“意在轻鲁”,所以强迫鲁公亲襚。“祓殡而襚,则布币也”句,杜注:“先使巫祓除殡之凶邪,而行襚礼与朝而布币无异。”又说:“礼:君临臣丧乃祓殡。故楚悔之。”孔疏:“楚以亲襚屈鲁,鲁以祓殡自尊。”引《檀弓》郑注云:“为有凶邪之气在侧。桃,鬼所恶。茢,萑苕,可扫不祥。”孔疏又说:“使巫以茢先祓殡,若以楚子为臣然,所以屈楚也。茢是帚,盖桃为棒也。”杨注大意与上引郑注杜注孔疏一致。孙希旦《礼记集解》谓“当时楚适无知礼者”,说的也有道理。辱人者反自取辱,这一类情况历史上并不罕见。

❸《周官·冢人》:“掌公墓之地,辨其兆域……凡死于兵者,不入兆域。”按:齐庄公死于崔杼爪牙之手,事见鲁襄公廿五年五月乙亥,后来“崔氏侧庄公于北郭”,竟不以礼葬。两年后崔氏灭,但庄公毕竟是死于兵者,所以还是不能葬于齐公兆域。杜注:“兵死不入兆域,故葬北郭。”孔疏引《冢人》为杜注作证,杨注无异辞。

❹郏读 jiá。据杜注,知郏敖为楚康王子,王子围乃康王弟。郏敖继康王之位为楚君,王子围则任令尹之职。杜注:“言楚君弱,令尹强,物不两盛。”杨注:“围为松柏,郏敖仅其下之草而已。”

原文

公还,及方城。季武子取卞,使公冶问,玺书追而与之,曰:“闻守卞者将叛,臣帅徒以讨之,既得之矣。敢告。”公冶致使而退,及舍而后闻取卞。公曰:“欲之而言叛,只见(疏)〔诉〕❺也。”公谓公冶曰:“吾可以入乎?”对曰:“君实有国,谁敢违君?”公与公冶冕服,固辞,强之而后受。公欲无入。荣成伯赋《式微》,乃归。❻五月,公至自楚。

公冶致其邑于季氏,而终不入焉,曰:“欺其君,何必使余?”季孙见之,则言季氏如他日;不见,则终不言季氏。及疾,聚其臣,曰:“我死,必无以冕服敛,非德赏❼也。且无使季氏葬我!”

注释

❺ 疏当为谎字之误也。此惠栋《春秋左传补注》说，今从之。谎读huāng，或读 wū。《说文》："谎，梦言也。"按：《说文》："梦，不明也。"不明而言，妄言也。单说"谎"，释妄释乱释诬均可；说"见谎"，应该是见诬、见欺的意思。由于当时鲁君臣势力的对比是公室受制于臣，季子不必顾虑为襄公疏远，我们认为"见谎"之见应读 xiàn，意思是表现。杨注仍作"见疏"，勉强可通，实不如作"见谎"之确。《左氏》下文记公冶语谓季氏"欺其君"，正好是"见谎"的证明。见谎就是表现为欺侮、欺压。于醴尊先生赞成惠栋以疏为谎字之误一说，认为《左传》昭二十六年"只取诬焉"句法可证成惠说。这里诬就是欺，可是谁欺谁，有个主动与被动的关系必须弄清楚。于先生还说"欲之而言叛"两句应为公冶语，我们认为他的意见可备一说而未必然。

❻ 杜注："《式微》，《诗·邶风》。曰：'式微式微，胡不归？'式，用也。义取寄寓之微陋，劝公归也。"按：杜注近是。杨注说"式"是语首词，别无异议。

❼ 杜注："言公畏季氏而赏其使，非以我有德。"是"德赏"即赏其德行。

原文

葬灵王，郑上卿有事。子展使印段往，伯有曰："弱，不可。"子展曰："与其莫往，弱不犹愈乎？《诗》云'王事靡盬，不遑启处。'东西南北，谁敢宁处？[1]坚事晋、楚，以蕃王室也。王事无旷，何常之有？"遂使印段如周。

吴人伐越，获俘焉，以为阍，使守舟。吴子余祭观舟，阍以刀弑之。

郑子展卒，子皮即位。于是郑饥而未及麦，民病。子皮以子展之命，饩国人粟，户一钟，是以得郑国之民，故罕氏常掌国政，以为上卿。宋司城子罕闻之，曰：“邻于善，民之望也。”❷宋亦饥，请于平公，出公粟以贷，使大夫皆贷。司城氏贷而不书，为大夫之无者贷。宋无饥人。叔向闻之，曰：“郑之罕，宋之乐，其后亡者也，二者其皆得国乎！民之归也。施而不德，乐氏加焉，其以宋升降乎！”❸

注释

❶ 杜注：“印段年少官卑。”这是对原文“弱”的解释。当时会葬周灵王，可是郑君已适楚，而郑之上卿如子展有守国之责，与其没有人参与周之会葬，派遣年少官卑的印段前往，不是还算好吗？杜注：“《诗·小雅》。盬，不坚固也。启，跪也。言王事无不坚固，故不暇跪处。”孔疏指出这里引诗见《小雅·四牡》。杨注引顾炎武《日知录》卷三“王事”条，说“凡交于大国，朝聘、会盟、征伐之事谓之王事”，确有根据。又，杨先生把“启处”解释为“犹言安居”，“不遑启处”就是无暇安居，也明白好懂。“谁敢宁处”，杜注：“谓上卿。”意思是上卿都很忙（“有事”），为什么不能派遣上卿之外的人呢？

❷ 孔疏：“邻，近也，近于善。民亦望君为善也。”人民所仰望者，当然是乐于为人民做好事的执政者。

❸ “贷而不书”“为大夫之无者贷”，出粟贷于民而不要留名于简策，替那些没有粟可贷的大夫出粟贷于民，这当然比“子皮以子展之命，饩国人粟”的善事还要可嘉。“施而不德，乐氏加焉”，杨注：“加犹胜也。”这样说是对的。“以宋升降”，杜注：“升降，随宋盛衰。”杨注：“以，与也。”这里杜、杨两注都是对的。

原文

晋平公，杞出也，故治杞。六月，知悼子合诸侯之大夫以城杞，孟孝伯会之，郑子大叔与伯石往。子大叔见大叔文子，与之语。文子曰：“甚乎，其城杞也！”子大叔曰：“若之何哉！晋国不恤周宗之阙而夏肄是屏,其弃诸姬亦可知也已。[1]诸姬是弃,其谁归之?吉也闻之:弃同即异,是谓离德。《诗》曰:'协比其邻,昏姻孔云。'晋不邻矣,其谁云之!"[2]

齐高子容与宋司徒见知伯,女齐相礼。宾出,司马侯言于知伯曰:"二子皆将不免。子容专,司徒侈,皆亡家之主也。"[3]知伯曰:"何如?"对曰:"专则速及,侈将以其力毙,专则人实毙之。将及矣!"

注释

❶ 肄读 yì,《释文》:"《诗传》云:'斩而复生曰肄。'《方言》云:'枿,余也。秦晋之间曰肄。'"杜注:"周宗,诸姬也。夏肄,杞也。肄,余也。屏,城也。"杨注引沈钦韩《春秋左传补注》:"周宗,言周室也。"杨注又说:"屏,即藩屏,保护之义。此言晋不忧周室之衰弱而惟护助夏代剩余之国。周宗为姬姓之本。周宗尚不忧而尊之,姬姓诸国之被晋所弃,自可知矣。"今按:这里杨注甚确。

❷ 杜注:"《诗·小雅》。言王者和协近亲,则昏姻甚归附也。云,犹旋旋归之。"按:这里引诗见《小雅·正月》。邻是亲近的意思。对姬姓国而言,晋如果不可亲近,那还可以归附谁呢?还有谁可与友好呢?

❸ 杜注:"子容,高止也。司徒,华定也。知伯,荀盈也。女齐,司马侯也。相礼,传威仪也。专,自是也。"杨注认为"侈"就是"奢侈"。按:"二子皆将不免",说的是齐高子容与宋司徒华定都将不免于祸。《左氏》这一类预言很多。观察某些人的表现,根据一般规律预言其前途、结局或命运,应该是可以理解的。

原文

范献子来聘,拜城杞也。公享之,展庄叔执币。射者三耦,公臣不足,取于家臣。家臣展瑕;展(玉)〔王〕父为一耦,公臣公巫召伯、仲颜庄叔为一耦,鄫鼓父、党叔为一耦。[1]

晋侯使司马女叔侯来治杞田，弗尽归也。晋悼夫人愠曰：“齐也取货，先君若有知也，不尚取之。”[2]公告叔侯。叔侯曰：“虞、虢、焦、滑、霍、扬、韩、魏，皆姬姓也，晋是以大。若非侵小，将何所取？武、献以下，兼国多矣，谁得治之？杞，夏余也，而即东夷。鲁，周公之后也，而睦于晋。以杞封鲁犹可，而何有焉？鲁之于晋也，职贡不乏，玩好时至，公卿大夫相继于朝，史不绝书，府无虚月。[3]如是可矣，何必瘠鲁以肥杞？且先君而有知也，毋宁夫人，而焉用老臣？”[4]

杞文公来盟。书曰“子”，贱之也。

注释

❶ 这一段记载的宾射之礼，拙著《中国礼制史·先秦卷》第四章第十节、第五章第十节都曾言及。《周官·射人》：“孤卿大夫以三耦射一侯。”《左氏》这里记载的正是此种礼典。“射者三耦，公臣不足，取于家臣”，杜注：“二人为耦。言公室卑微，公臣不能备于三耦。”这当然也是宾射之礼有阙的反映。

❷ 杜注：“夫人，平公母，杞女也。谓叔侯取货于鲁，故不尽归杞田。”孔疏：“夫人云‘不尚取之’者，先君不高尚此叔侯之取货也。”按：“齐也取货”，“齐”指女叔侯，因为女叔侯又叫女齐。杨注认为“取货”就是取杞田，“田土亦货也”，又认为“不尚取之”的“尚”是佑助的意思，这样讲可以把原文讲通。但我们认为这里依杜注孔疏的讲法也是可以讲通的。

❸ 以上记叔侯的议论，反映了春秋时期大国兼并小国，而小国受大国盘剥的实情。“以杞封鲁犹可，而何有焉”，杨注：“焉，于是也。何有于是即何有于杞，谓不当心目中有杞国在也。”按：杜注：“何有，尽归之。”盖误。但若理解为尽归于鲁，则不误。

❹ 杜注：“言先君毋宁怪夫人之所为，无用责我。”孔疏引服虔云：“毋宁，宁也。宁自取夫人，将焉用老臣乎？”刘炫谓服虔之说未必非也。杨注：“意谓此事先君亦曰不当为也。”我们认为这里杜注亦未必为非。

原文

吴公子札来聘，见叔孙穆子，说之。谓穆子曰："子其不得死乎？好善而不能择人。吾闻君子务在择人。吾子为鲁宗卿而任其大政，不慎举，何以堪之？祸必及子！"

请观于周乐。使工为之歌《周南》《召南》。曰："美哉！始基之矣，犹未也。然勤而不怨矣！"❶为之歌《邶》《鄘》《卫》。曰："美哉渊乎！忧而不困者也。吾闻卫康叔、武公之德如是，是其《卫风》乎！"❷

注释

❶ 季札观乐，乐者合《诗》三百之声乐。《唐》《陈》《颂》《大雅》之外，无论对哪一部分乐歌，季札都称赞一句"美哉"。杜注："美其声。"孔疏："季札所云'美哉'者，皆美其声也……及其八音俱作，取诗为章，则人之情意更复发见于乐之音声。出言为诗，各述己情。声能写情，情皆可见。听音而知治乱，观乐而晓盛衰。神瞽大贤，师旷季札之徒，其当有以知其趣也。"我们赞成注疏的这一观点，相信音乐本身可以赋予知音者美的感受，传达一定的思想感情。季札肯定是诗乐的知音者，当时他一定沉浸在诗乐的美的享受中了。然则合乐之《诗》本身之美亦应无疑。"始基之矣"句下，杜注："《周南》《召南》，王化之基。犹有商纣，未尽善也。"这样讲，肯定与《诗》二南的思想内容有关了。《左氏》下文说"勤而不怨"，则应与《诗》乐与二南思想都有关系，因为从音乐听出哀怨是不成问题的。由前贤对《诗》二南的研究，可知其歌词在某种程度上反映了所谓文王之化，譬如《诗序》，相当精彩地揭示了"《周南》《召南》，正始之道，王化之基"的意义。孔疏："此作《周》《召》之诗，其时犹有纣存，音虽未能安乐，已得不怨怒矣。"这样讲，固不失为一说。我们的看法：《诗》三百篇未必与商纣有什么因缘，然而所谓"王化"、民风见之于诗歌，这是可以理解的。

❷ 杜注:“武王伐纣,分其地为三监。三监叛,周公灭之,更封康叔并三监之地,故三国尽被康叔之化。”孔疏引《书序》:“武王崩,三监叛,周公诛之,尽以其地封弟康叔,故邶鄘卫三国之诗相与同风。”又说:“此三国之风实同是卫诗,而必〔分〕为三者,郑玄云:作者各有所伤,从其本国分而异之,故为邶、鄘、卫之诗焉。”这样解释,分而为三与合而为一,符合史实。“渊乎”句下,杜注:“渊,深也。‘亡国之音哀以思,其民困。’卫康叔、武公德化深远,虽遭宣公淫乱,懿公灭亡,民犹秉义不至于困。康叔,周公弟;武公,康叔九世孙:皆卫之令德君也。听声以为别,故有疑言。”孔疏:“鲁为季札作乐,为之歌声曲耳,不告季札以所歌之乐名也。札言‘吾闻康叔武公之德如是’,是先闻其善;今声合其意,虽不知其名,而疑是卫风也。言‘是其卫风乎’,疑之辞也。直听声以为别,不因名而后知,故有疑言焉。”我们认为上引注疏都是基本上准确的,唯《左氏》原文末尾的疑问语气并不如注疏说的那样明显。

原文

为之歌《王》。曰:“美哉!思而不惧,其周之东乎!”❸为之歌《郑》。曰:“美哉!其细已甚,民弗堪也。是其先亡乎?”❹为之歌《齐》。曰:“美哉泱泱乎!大风也哉!表东海者,其大公乎?国未可量也。”❺

注释

❸ 这里“王”应指《诗·王风》。杜注:“平王东迁,王政不行于天下,风俗下与诸侯同,故不为《雅》。宗周陨灭,故忧思;犹有先王之遗风,故不惧。”这样讲,与《诗·王风》大体相合。今按:《诗序》谓《王风·采葛》“惧谗也”,而季札认为《王风》“思而不惧”,两者似有矛盾。我们认为《诗序》关于《王风·采葛》的解说与原作内容并不切合,不可信,拙撰《诗经刍议》《诗经校注》可参看。这里还是季札说的对,杜注不误。

❹ 这里“郑”应指《诗·郑风》。“美哉，其细已甚”两句以下，杜注：“美其有治政之音，讥其烦碎，知不能久。”今按：《论语·卫灵公》说“放郑声”“郑声淫”，小戴辑《礼记·乐记》说“郑卫之音，乱世之音也，比于慢矣”，而季札听郑声赞其“美哉”，是否可以说孔子与季札对于郑声的评价大不相同？我们认为就《郑风》合乐之音声而言，《郑风》是美的，季札的说法是对的。孔疏：“郑君政教烦碎。情见于诗。以乐播诗，见于声内，言其细碎已甚矣，下民不能堪也。民不堪命，国不可久，是国其将在先亡乎！”就《郑风》思想内容而言，如《清人》实等于自毁长城之反映，而如《扬之水》涉及烦碎之事也难于避嫌。所以我们认为季札关于《郑风》的评论至少有部分的根据。

❺ 杜注：“泱泱，弘大之声。大公封齐，为东海之表式。”按：齐为大国，在姜太公思想指导下，齐国在春秋时代一直是强国之一。后来田齐取代姜齐，在战国时代还是强国之一，《孟子·梁惠王下》有“天下固畏齐之强也”一说。季札说“国未可量也”，后世没有谁批评他说错了。但是我们认为他对《诗·齐风》的称赞并不完全正确。当时季札听到的与《齐风》配合的声乐，很可能并没有反映《齐风》的全部内容，因而导致季札作出并不完全准确的评论。《齐风》有好些篇章（譬如《南山》《敝笱》《载驱》）与泱泱大风联系不上，难道不是吗？

原文

为之歌《豳》。曰：“美哉荡乎！乐而不淫，其周公之东乎？”❻为之歌《秦》，曰：“此之谓夏声。夫能夏则大。大之至也，其周之旧乎！”❼为之歌《魏》。曰：“美哉沨沨乎！大而婉，险而易行，以德辅此，则明主也。”❽

注释

❻ 豳指《诗·豳风》，这在后世通行本居十五国风之末，与季札当年

观乐于鲁听乐师奏出的次序不同。杜注:“乐而不淫,言有节。周公遭管蔡之变,东征三年,为成王陈后稷先公不敢荒淫以成王业,故言其周公之东乎!”孔疏:“荡荡,宽大之意……先闻周公之德,此声同于所闻,故疑之云‘其周公之在东乎’。言在东之时为此声也。”杨注:“盖《王风》为东周作品,《豳风》则西周所作,故此周公之东杜解为征东。”按:杜杨两注孔疏说皆是。

❼ 杜注:“秦本在西戎汧陇之西。秦仲始有车马礼乐,去戎狄之音而有诸夏之声,故谓之夏声。及襄公佐周平王东迁而受其〔故〕地,故曰‘周之旧’。”杨注力证“古指西方为夏”“夏声者,西方之声也”,引《方言》:“夏,大也。自关而西,凡物之(庄)〔壮〕大者而爱伟之,谓之夏。”其说很精辟。后来秦国发展壮大而至于统一中国,那还不算“能夏则大,大之至也”吗?季札居然有此预言,可算是有点神了。

❽ 沨读 féng,或读 fán。杜注:“沨沨,中庸之声。婉,约也。险当为俭,字之误也。大而约,则俭节易行,惜其国小无明君也。”按:杨注认为“险、易为相对之词”,不必依杜注改险为俭,举《易·系辞上》“辞有险易”为证,其说是,当从之。然则杜注所谓“俭节易行”亦欠允当,应依杨注将“险而易行”理解为“虽艰难而行之甚易”。又,《汉书·地理志》小颜注“沨沨”为“浮貌”,与《左氏》记季札语下文“大而婉”相应,比杜注所谓“中庸之声”明确。

原文

为之歌《唐》。曰:“思深哉!其有陶唐氏之遗民乎!不然,何〔其〕忧之远也?非令德之后,谁能若是?”❾为之歌《陈》。曰:“国无主,其能久乎?”❿自《郐》以下无讥焉。⓫

注释

❾ “其有陶唐氏之遗民乎”,王怀祖说:“遗民,本作‘遗风’,此涉下文‘犹有先王之遗民’而误。”杜注:“晋本唐国,故有尧之遗风,忧

深思远，情发于声。”孔疏也说“唐者帝尧旧都之地”。“何忧之远也”，依阮元等《校勘记》，“何”下当补入“其”字。杨注认为“陶唐氏之遗民”的“民”字不误，“令德之后”与“陶唐氏之遗民”正相应，其说是。

⑩ 杜注：“淫声放荡，无所畏忌，故曰‘国无主’。”今按：《诗·陈风》有无淫声，治《诗》者有不同说法。而如《株林》，实为刺君臣淫乱之作。如《月出》，写月写人，实在是美。如《衡门》，甘居衡门之下，感情是健康的。如《墓门》《防有鹊巢》《泽陂》，刺“夫也不良”，问“谁侜予美”，写美人之伤，说是忧深思远实无不可。圣舜神明之后，也可以称得上“令德之后”，不知吴季札何以一概贬斥，一句赞美的话也没有。莫非季札当时听到的《陈风》只有《宛丘》那一类诗乐？后来孔仲尼先生对大舜的歌颂，季札自然听不到了。令德之后，即使为君者一无是处，为臣为民者不应巷无居人，不应举世皆浊。“国无主，其能久乎”，这样说当然有道理，已经足以表现季札的政治眼光；可是在诗言诗，季札对《陈风》的贬斥有以偏概全之弊，有失贤明之公，这实在也是明白的事。

⑪ 郐读 kuài，毛诗作“桧”，桧当为郐之假借字。杜注：“言季子闻此二国歌，不复讥论之，以其微也。”孔疏：“言‘以下’，知兼有《曹》也……郐曹二国皆国小政狭，季子不复讥之，以其微细故也。”今按：《说文》：“讥，诽也。”段注：“讥之言微也，以微言相摩切也。”微言而及大义，则所谓讥应该是指中肯的深刻的批评。无讥，就是不作评论的意思，这里也可以说是不屑于批评。

原文

为之歌《小雅》。曰：“美哉！思而不贰，怨而不言，其周德之衰乎？犹有先王之遗民焉。”⑫为之歌《大雅》。曰：“广哉熙熙乎！曲而有直体，其文王之德乎！”⑬为之歌《颂》。曰：“至矣哉！直而不倨，曲而不屈，迩而不逼，远而不携，迁而不淫，复而不厌，哀而不愁，乐而不荒，用而不匮，广而不宣，施而不费，取而不贪，处而不底，行而不流。五声和，八风平，节有度，守有序。盛德之所同也！”⑭

注释

⑫“思而不贰”句，杜注：“思文武之德，无贰叛之心。”杨注取日本学者竹添光鸿《左传会笺》的说法，认为“思只是哀思，非思文、武”。我们认为这个“思”固然“非思文武”，但也未必就是“哀思”，因为《诗·小雅》七十四篇，并不都写哀思，毕竟有为数不算太少的部分诗歌（如《伐木》《天保》《鱼丽》《南有嘉鱼》《南山有台》《蓼萧》《湛露》《彤弓》《菁菁者莪》《采芑》《车攻》《吉日》《庭燎》《鹤鸣》《斯干》《无羊》《信南山》《甫田》《瞻彼洛矣》《桑扈》《鸳鸯》《鱼藻》《采菽》《隰桑》《瓠叶》凡二十五首）很难说抒发了什么哀思。《左氏》下文说“怨而不言”，杜注：“有哀音。”我们认为《小雅》实有哀音，但也决非“不言”，诗人们大多采取了不吐不快的态度。看来季札这里说的也不完全妥当。

⑬歌颂文王之德，只是《大雅》部分诗歌的内容。季札从《大雅》的声乐感知文王之德，我们由此又可以判断他听到的为《诗·大雅》配制的乐曲只是其中的小部分，还有为数也不算太少的部分他并未听到。杜注：“《雅》《颂》所以咏盛德形容，故但歌其美者，不皆歌变雅。”按：这里所谓变雅，可以肯定并非讴歌文王之德之作。

⑭据杜注，“哀而不愁”是“知命”，“乐而不荒”是“节之以礼”，“用而不匮”是由于“德弘大”，“广而不宣”则“不自显”，“施而不费”是因为“因民所利而利之”，“取而不贪”是因为“义然后取”，“处而不底”表明“守之以道”，“行而不流”是由于“制之以义”，“五声”指宫商角徵羽，“八风”是“八方之气”。王伯申认为“八风平”指八音克谐，此说义长。“节有度”句以下，杜注：“八音克谐，节有度也。无相夺伦，守有序也。《颂》有《殷》《鲁》，故曰盛德之所同。”杨注大体上与杜注一致。

原文

见舞《象箾》《南籥》者,曰:"美哉!犹有憾。"[15]见舞《大武》者,曰:"美哉!周之盛也,其若此乎!"见舞《韶濩》者,曰:"圣人之弘也,而犹有惭德。圣人之难也!"[16]见舞《大夏》者,曰:"美哉勤而不德!非禹,其谁能修之?"[17]见舞《韶箾》者,曰:"德至矣哉!大矣,如天之无不帱也,如地之无不载也。虽甚盛德,其蔑以加于此矣。观止矣![18]若有他乐,吾不敢请已。"

注释

⑮ 依《释文》,箾读 shuò,籥读 yuè。按:箾,或读 xiāo(音义同"箫")。杜注:"《象箾》,舞所执。《南籥》,以籥舞也。皆文王之乐。'美哉',美其容也。文王恨不及己致太平。"杨注:"舞象箾,盖奏箫而为象舞。""舞南籥,盖奏南乐以配籥舞。"杨伯峻先生并不否认《象箾》《南籥》为文王之舞。

⑯ 杜注认为《大武》为周武王之乐,《韶濩》为殷汤乐,而所谓"惭德"是"惭于始伐"。孔疏谓《韶濩》即《周官》所谓"大濩","以其防濩下民,故称濩也",又说:"此言韶濩……韶亦绍也,言其能绍继大禹也。"杨注:"季札或以商汤伐桀为以下犯上,故云'犹有惭德'而表不满。"按:濩读 huò,或读 hù。圣人固有大气魄大手笔,也有犯难的时候,引发"惭德"何怪之有?

⑰ 《大夏》为禹之乐。所谓勤,杜注认为指禹"尽力沟恤"。孔疏:"季札见此舞,叹禹勤苦为民,而不以为恩德。"杨注:"修之谓创此乐舞。"按:上引注疏说是。

⑱ 杜注:"鲁用四代之乐,故及《韶箾》而季子知其终也。"按:鲁兼用四代器服,说见小戴辑《礼记·明堂位》。《韶箾》为舜乐,《释文》指出这里箾音义同箫。孔疏也说:"箾即箫也。《尚书》曰:'箫韶九成,凤皇来仪。'此云韶箾,即彼箫韶是也。"帱读 dào,这里不读 chóu。杜注:"帱,覆也。"天覆地载比喻虞舜德之至大,

无以复加。杨注认为“虽甚盛德”的“虽”应理解为“唯”,又说:“尽善尽美至于最大限度,故曰观止。”按:季札叹为观止,这里还应与其所见乐舞有关,甚至应该说这里主要是向表现大舜盛德的乐舞发出赞叹。王伯申《经传释词》卷三:“‘唯’‘虽’古字通……”例证不少,不备录。

原文

其出聘也,通嗣君也。故遂聘于齐,说晏平仲,谓之曰:“子速纳邑与政!无邑无政,乃免于难。齐国之政将有所归。未获所归,难未歇也。”故晏子因陈桓子以纳政与邑,是以免于栾、高之难。

聘于郑,见子产,如旧相识。与之缟带,子产献纻衣焉。[19]谓子产曰:“郑之执政侈,难将至矣。政必及子。子为政,慎之以礼。不然,郑国将败。”

适卫,说蘧瑗、史狗、史鳅、公子荆、公叔发、公子朝,曰:“卫多君子,未有患也。”

注释

⑲ 缟读 gǎo。纻读 zhù。缟是丝织品,带是大带(杨注:“亦曰绅”)。杜注:“吴地贵缟,郑地贵纻,故各献己所贵,示损己而不为彼货利。”杨注:“麻所织之衣曰纻衣。”孔疏:“杜以缟是中国所有,纻是南边之物,非土所有,各是其贵,知其示损己耳,不为彼货利也。”按:小戴辑《礼记·礼器》:“天不生,地不养,君子不以为礼……居山以鱼鳖为礼,居泽以鹿豕为礼,君子谓之不知礼。”季札与子产互赠礼物,盖有似于《礼器》所谓君子赠物。

原文

自卫如晋,将宿于戚,闻钟声焉,曰:“异哉!吾闻之也:‘辩而不德,必加于戮。’夫子获罪于君以在此,惧犹不足,而又何乐?夫子之在此也,犹燕之巢于幕上。君又在殡,而可以乐乎?"遂去之。文子闻之,终身不听琴瑟。[20]

适晋,说赵文子、韩宣子、魏献子,曰:"晋国其萃于三族乎?"[21]说叔向,将行,谓叔向曰:"吾子勉之!君侈而多良,大夫皆富,政将在家。吾子好直,必思自免于难。"

注释

⑳ 杜注:"戚,孙文子之邑。辩,犹争也。"杨注引梁履绳《左通补释》谓此"辩"当读为变,卫孙文子以臣逐君,非正,所以"辩而不德"这一句意思是:"既为变乱,而又不德。"季札的意思是:卫孙文子既已获罪于君,处境危险,悬心吊胆还怕遭祸,凭什么敲钟取乐(或者说凭什么用乐)呢?何况当时"君又在殡"(杜注:"献公卒未葬"),礼当禁止用乐,怎么可以有钟声闻于外呢。季札把孙文子在戚地过日子比喻为燕筑巢于幕上,杜注:"言至危。"意思是随时有生命危险。孙文子听到有人传达季札这一番议论之后,"终身不听琴瑟",杜注:"闻义能改。"这样,也就可以避祸躲灾了。

㉑ 杜注:"言晋国之政将集于三家。"按:不出百年,终于有三家分晋之事。季札贤明,如此有远见,增添了《春秋左传》的传奇色彩。

原文

秋九月,齐公孙虿、公孙灶放其大夫高止于北燕。乙未,出。书曰"出奔",罪高止也。高止好以事自为功,且专,故难及之。

冬,孟孝伯如晋,报范叔也。

为高氏之难故,高竖以卢叛。十月庚寅,闾丘婴帅师围卢。高竖曰:"苟(请)〔使〕高氏有后,请致邑。"齐人立敬仲之曾孙酀,良敬仲也。十一月乙卯,高竖致卢而出奔晋,晋人城緜而置旃。[1]

郑伯有使公孙黑如楚,辞曰:"楚、郑方恶,而使余往,是杀余也。"伯有曰:"世行也。"子皙曰:"可则往,难则已,何世之有?"[2]伯有将强使之。子晳怒，将伐伯有氏，大夫和之。十二月己巳，郑大夫盟于伯有氏。裨谌曰："是盟也，其与几何？《诗》曰：'君子屡盟，乱是用长。'[3]今是长乱之道也，祸未歇也。必三年而后能纾。"然明曰："政将焉往？"裨谌曰："善之代不善，天命也。其焉辟子产？举不逾等，则位班也。择善而举，则世隆也。天又除之，夺伯有魄，子西即世，将焉辟之？天祸郑久矣！其必使子产息之，乃犹可以戾。[4]不然，将亡矣！"

注释

❶ 鄢读 yǎn，为人名；读 yàn，则为地名。致邑，杜注："还邑于君。"这里"致"与"致政""致仕"的"致"义同，都是奉还国君朝廷的意思。孔疏："此鄢即后所云高偃是也……盖鄢偃声相近而字为二耳。"按：高竖这里所谓"有后"，意即为之立后，使免于绝祀。"良敬仲也"，杜注："良犹贤也。"这里形容词作意动词用，"以某为良"或"以某为贤"的意思。"晋人城緜而置旃"，杜注："晋人善其致邑。"按：高竖致卢，晋人善之，所以筑城于绵，用来安置高竖其人。旃为"之焉"之合音字，杨注已指出。

❷ 依杜注，因为公孙黑"世为行人"，所以伯有将强迫他出使楚国。子晳就是公孙黑，他驳斥伯有所谓"世行"的说法，杨注："可往则往，有危难则止，无所谓代代为使者。"将"世行"理解为"代代为使者"，其说是。

❸ "其与几何"，杜注："言不能久也。"杨注："即'其几何欤'之变句，言不能久。"杨先生本是语言学家，所以能够从句式方面一语中的。《左氏》下文引诗见《诗·小雅·巧言》，《左传》桓十二年已经援引过，请参看彼《传》注。

❹ "举不逾等"句下，意思是：选拔执政要员，如果论资排辈，也该轮到子产了；如果择善，则子产为世所高，当然该选他。"天又除之"句，依王怀祖的说法："之"指子产，犹言天又启之，启者开也，老天开辟(启迪)他。上天为他"夺伯有魄"，杜注说是"丧其精

神”，杨注：“为人作恶，谓之天夺魄。此谓伯有将不得善终。”而子西又已死，则担负郑国执政的责任，子产想躲避也躲避不开。孔疏指出当时还有子皮位本在子产之上，事实也是伯有之后接执政之位者为子皮。但是，郑国政局“必使子产息之，乃犹可以戾”，这也毕竟为事实。杜注：“戾，定也。”《诗·大雅·桑柔》“民之未戾”，毛传：“戾，定也。”是其证。

经三十年[1]

原文

春，王正月，楚子使薳罢来聘。

夏，四月，蔡世子般弑其君固。

五月甲午，宋灾。宋伯姬卒。

天王杀其弟佞夫。[2]

王子瑕奔晋。

秋，七月，叔弓如宋，葬宋共姬。[3]

郑良霄出奔许，自许入于郑。[4]郑人杀良霄。

冬，十月，葬蔡景公。

晋人、齐人、宋人、卫人、郑人、曹人、莒人、邾人、滕人、薛人、杞人、小邾人[5]会于澶渊，宋灾故。

注释

❶ 鲁襄公三十年，为公元前543年，周景王二年。是年孔子十岁。

❷ 杜注：“称‘弟’，以恶王残骨肉。”孔疏：“《传》言‘罪在王’，知称‘弟’以恶王也。”可见《春秋》经传并不认为周王总是对的。

❸ 杜注：“共姬，从夫谥也。叔弓，叔老之子。卿共葬事，礼过厚。三月而葬，速。”孔疏：“夫谥为共，从夫谥而称之耳。共，非夫人之身行也。”孔疏下文引《传》昭三十年、《传》昭三年所书送葬之例，

证明为夫人办理丧事“法皆不使卿”送葬，而应该是士吊大夫送葬，鲁使卿送伯姬之葬，礼过厚。五月卒，七月葬，这样快，也不合礼。

❹ 杜注：“不言复入，独还，无兵。”孔疏：“成十八年《传》例曰：‘以恶曰复入。’谓还而以兵害国为恶事而入。”“良霄独还，无兵，入国始为恶，非是以恶入，故不得书‘复入’。直言‘入’者，自外而入内耳，非彼例也。”按：注疏皆言之有据。

❺《朱子语类》卷八十三说到《春秋》书“人”之例：“书‘人’，恐只是微者。”我们认为此说至少有部分的可信。

传三十年

原文

“春，王正月，楚子使薳罢来聘”，通嗣君也。穆叔问：“王子〔围〕之为政何如？”对曰：“吾侪小人食而听事，犹惧不给命而不免于戾，焉与知政？”❶固问焉，不告。穆叔告大夫曰：“楚令尹将有大事，子荡将与焉助之，匿其情矣。”

子产相郑伯以如晋，叔向问郑国之政焉。对曰：“吾得见与否，在此岁也。驷、良方争，未知所成。❷若有所成，吾得见，乃可知也。”叔向曰：“不既和矣乎？”对曰：“伯有侈而愎，子皙好在人上，莫能相下也。虽其和也，犹相积恶也。恶至无日矣！”

注释

❶ 侪读 chái，“吾侪”指我们同辈人或我们这一类人，或者可以说就是指“我们”。杨注：“不给命，给，足也，谓不足完成使命也。”《左氏》下文说“不免于戾”，这个“戾”应该指罪恶。

❷ 杜注：“驷氏，子皙也。良氏，伯有也。”这两人之间的斗争，称驷、良之争。“未知所成”，杨注：“成即‘大夫和之’之和，今曰调停。”这样说，很准确。

原文

(三)〔二〕月癸未,晋悼夫人食舆人之城杞者。[1]绛县人或年长矣,无子而往,与于食。有与疑年,使之年,曰:“臣小人也,不知纪年。臣生之岁,正月甲子朔,四百有四十五甲子矣,其季于今三之一也。”[2]吏走问诸朝。师旷曰:“鲁叔仲惠伯会郤成子于承匡之岁也。是岁也,狄伐鲁,叔孙庄叔于是乎败狄于咸,获长狄侨如及虺也、豹也,而皆以名其子。七十三年矣。”史赵曰:“亥有二首六身,下二如身,是其日数也。”士文伯曰:“然则二万(二)〔六〕千六百有六旬也。”[3]

注释

❶ 三当作二,据阮元等《校勘记》改。杜注:“舆,众也。城杞在往年。”杨注:“舆人即城杞之役卒……此晋之筑杞城之已归者,晋悼夫人慰劳而食之。”按:杨注指出这里“舆人”与《左传》昭四年的“舆人”不相同(彼“舆人”为贱吏),而与《左传》僖二十八年“舆人”同义。其说皆是。

❷ 杜注:“所称‘正月’,谓夏正月也。三分六甲之一,得甲子甲戌尽癸未。孔疏:“有与同食者问此老人之年,不告以实,疑其年也。‘使之年’者,更使言其真年也。”杨注将“或年长矣”之“或”解说为“有人”,认为“此人似过老,故疑其年龄”,又说:“六十日轮一次甲子,已历四百四十五甲子。其季犹其末、其余,四百四十五甲子,其最后之甲子到今日为三分之一周甲,自甲子至癸未适二十日。”经推算,就可以知道《左氏》下文说的岁日是对的。

❸ “鲁叔仲惠伯会郤成子于承匡之岁”,杜注:“在文十一年。”《左氏》下文记大史等人据字形计算日数,“二万二千”后“二”字当作六,今据孔疏以及阮元等《校勘记》改正。

原文

赵孟问其县大夫,则其属也。召之,而谢过焉,曰:“武不才,任君之大事，以晋国之多虞，不能由吾子，使吾子辱在泥涂久矣，武之罪也。敢谢不才！”遂仕之，使助为政；辞以老。与之田，使为君复陶，以为绛县师，而废其舆尉。[4]

于是鲁使者在晋，归以语诸大夫。季武子曰：“晋未可偷也。[5]有赵孟以为大夫，有伯瑕以为佐，有史赵、师旷而咨度焉，有叔向、女齐以师保其君：其朝多君子，其庸可偷乎？勉事之而后可。”

注释

❹ “不能由吾子”，杜注：“由，用也。”按：《论语·泰伯》“民可使由之”，何晏《集解》：“由，用也。”是其比。“使为君复陶”句以下，杜注：“复陶，主衣服之官。县师，掌地域，辨其夫家人民。”杨注：“为君复陶者，为君办理免役之事，因而为绛县师。”按：依杨注理解《左氏》，文义最顺畅，不必增字解经，自当从之。“废其舆尉”，杜注：“以役孤老故。”像绛县舆尉那样役使孤老而不以民生疾苦为怀的官老爷，理应以尽早撤换为是。

❺ 偷，杜注：“偷，薄也。”按：这个“偷”与《左传》昭十年“不可偷也”句中“偷”字同义。《尔雅·释言》：“佻，偷也。”郝懿行《尔雅义疏》：“佻犹俔也。佻俔皆轻也。轻薄义近。佻偷俔俱声相转。”《左传》杨注：“此作轻视义。”其说甚是。“晋未可偷也”，意即未可轻视晋国。

原文

夏四月己亥，郑伯及其大夫盟。君子是以知郑难之不已也。

蔡景侯为大子般娶于楚，通焉。[1]大子弑景侯。

初，王儋季卒，其子括将见王，而叹。单公子愆期为灵王御士，(过)〔遇〕诸廷，闻其叹而言曰：“乌乎！必有此夫！”入以告王，且曰：“必杀之！不戚而愿大，视躁而足高，心在他矣。[2]不杀，必害！”王曰：“童子何知！”及灵王崩，儋括欲立王子佞夫，佞夫弗知。戊子，儋括围芀，逐成愆；成愆奔平畤。五月癸巳，尹言多、刘毅、单蔑、甘过、巩成杀佞夫。括、瑕、廖奔晋。书曰“天王杀其弟佞夫”，罪在王也。

注释

❶ 蔡景侯通于大子般之妻，与《左传》桓十六年记叙的卫宣公纳大子伋之妻，可以算是性质相类的丑事。

❷ 儋，依《释文》，读 dān。杜注：“括除服见灵王，入朝而叹。”按：父卒，子服丧，除服而犹叹，杨注以为“初脱除丧服，已无余则不当有叹息”。“为灵王御士，过诸廷”，这里“御士”应与《左传》襄二十二年“弃疾为王御士”句中“御士”义同。王怀祖认为“过诸廷”之“过”当为“遇”，字之误也。其说是，当从之。“必有此夫”，杜注：“欲有此朝廷之权。”《左氏》这里意思是：单公子愆期揣测儋括有夺取朝廷之权的欲望。“不戚而愿大”以下，杨注认为意思是：其时儋括不当有忧戚，“而至朝廷，愿望甚大”，他处处张望，如同《左传》桓十三年说的“举趾高，心不固矣”。“心在他矣”，就是另有心思了。

原文

或叫于宋大庙，曰：“嘻嘻，出出！”鸟鸣于亳社，如曰“嘻嘻”。甲午，宋大灾。宋伯姬卒，待姆也。君子谓宋共姬女而不妇，女待人，妇义事也。❸

注释

❸ 杜注：“嘻嘻，热也。出出，戒伯姬。”按：既然说“嘻嘻”是热也，那应该是警告当心火灾；既然说“出出，戒伯姬”，那就是告诉伯姬遇火灾应该迅速跑出来。亳社，杜注：“殷社。”孔疏引服虔云：“殷，宋之祖也，故鸣其社。”这鸟在宋之亳社呼叫，叫声与宋大庙传出来的呼叫一样，那当然也该有警告火灾的意思。后来果然发生了火灾，宋伯姬待姆来而不敢出，终于葬身火海。《左氏》引君子语（实则为左氏自语）评论此事，认为宋共姬（即宋伯姬）自视

为女而非妇了。若是妇而非女，则不至于被火烧死，因为未嫁之女必须待人而行，而妇人（已嫁之女）可以便宜行事。“妇义事”，杜注：“义，从宜也。伯姬时年六十左右。”王伯申认为“义事”之义读为仪，言妇当度事而行，不必待人。杨注：“未嫁曰女，已嫁曰妇。君子谓伯姬其行乃女道，非妇道。”这当然是对伯姬被烧死的批评，并不肯定伯姬待人而行为妥当。我们的看法：即使是女孩子而非已嫁妇人，若遭遇火灾，也不必等到什么人来了才敢离开火发之地，而完全可以拿出自己的勇气和智慧，尽快脱离危险。女道妇道，都应以人为本。如果规定女道为必待人而避害，那真是礼教害人了。

原文

六月，郑子产如陈莅盟。归复命，告大夫曰：“陈，亡国也，不可与也。聚禾粟，缮城郭，恃此二者而不抚其民。其君弱植，公子侈，大子卑，大夫敖，政多门，以介于大国，能无亡乎？[1]不过十年矣！”

秋七月，叔弓如宋，葬共姬也。

郑伯有耆酒，为窟室，而夜饮酒，击钟焉。朝至未已，朝者曰：“公焉在？”其人曰：“吾公在壑谷。”皆自朝布路而罢。[2]既而朝，则又将使子皙如楚，归而饮酒。[3]庚子，子皙以驷氏之甲伐而焚之。伯有奔雍梁，醒而后知之；遂奔许。大夫聚谋，子皮曰：“《仲虺之志》云：‘乱者取之，亡者侮之。推亡固存，国之利也。’[4]罕、驷、丰同生，伯有汰侈，故不免。”

注释

❶ “不可与也”，杜注：“不可与结好。”杨注即取此说。“其君弱植”，孔疏：“《周礼》谓草木为植物，植为树立。君志弱，不树立也。”杨注：“弱植犹言根基不固。哀公有废疾。”然则此句可能有两解：一是说陈哀公作为一国之君，他的政治（统治）基础不坚固；二是

说陈哀公身体条件欠缺，这也有碍于陈国的政治事业。“公子侈”，杨注：“谓公子留。”“大子卑”，杨注：“大子偃师。”按：身为太子，侈与傲固然不好，太卑弱也未必佳。公子留与太子偃师两人，又见于《左传》昭八年。“大夫敖”，意即大夫骄傲。“政多门”，杜注：“政不由一人。”这当然也不利于国家统一的意志与事业。郑子产当时看到的陈国上层社会情况实在糟糕，而陈国的地理环境是“介于大国”（杜注：“介，间也”），则陈国如何能够避免灭亡的命运呢？

❷ 杜注：“窟室，地室。家臣，故谓伯有为公。壑谷，窟室。布路，分散。”按：春秋时期有举国卿大夫先朝执政大臣，而后由执政大臣率群臣朝见国君之礼。群卿大夫一起来朝见伯有，可他“夜饮酒”之事尚未结束，所以《左氏》说是“朝至，未已”。既如此，群卿大夫“皆自朝布路而罢”，杨注：“言自伯有之朝分路散归。”原文正是此意。

❸ “既而朝”，杜注：“伯有朝郑君。”这当然是伯有在家饮酒之后的事。“又将使子皙如楚”，这一句与上一年《左传》记叙“郑伯有使公孙黑如楚”的事相呼应。

❹ “乱者取之”及其下凡四句，又见于《左传》襄十四年，唯彼《传》“乱者取之”在“亡者侮之”句下，“国之利也”句“利”作“道”。彼《传》孔疏据《仲虺之诰》指出非本文，可是当时孔颖达等人看到的《仲虺之诰》实为伪古文，不足为据。从《左氏》称引古籍如《诗》《书》通例，我们认为可以相信这里引录的《仲虺之志》实为原文。而伪古文《尚书·仲虺之诰》说的“取乱侮亡，推亡固存”，可以概括“乱者取之”至“推亡固存”三句，说这是“国之道也”或“国之利也”，也不算题外话。

原文

人谓子产：就直助强。子产曰：“岂为我徒？国之祸难，谁知所敝？或主强直，难乃不生。姑成吾所。”[5]辛丑，子产敛伯有氏之死者而殡之，不及谋而遂行。印段从之，子皮止之。众曰：“人不我顺，何止焉？”子皮曰：“夫子礼于死者，况生者乎？”遂自止之。[6]壬寅，子产入。癸卯，子石入。皆受盟于子皙氏。

注释

5 杜注：“时谓子皙直，三家强。徒，党也。言不以驷、良为党。”按：“岂为我徒”有《论语·述而》说的“君子不党”的意思，子产当时已觉悟到应为国家着想，不能只为少数人谋利。“国之祸难，谁知所敝”，王伯申认为“敝”是“终”的意思。杨注：“敝借为弊，《周礼·大司马》郑注：弊，止也。”这样讲，可以把原意讲通。“或主强直，难乃不生”，杜注：“言能强能直，则可弭难。今三家未能，伯有方争。”这样讲，其实是对强直人家的肯定，惜未见其公耳。“姑成吾所”，杜注：“欲以无所附著为所。”杨注：“所，意也。谓我姑且成我之意。”这里杨注本遇夫先生《古书疑义举例续补》第二十三例，与原意相合。

6 “不及谋而遂行”，杜注：“不与于国谋。”杨注：“不及与诸大夫聚谋而即行。”子产自以为义举，所以决定了就做。他知道有人对他“敛伯有氏之死者而殡之”的做法不理解不高兴，所以事情一完就动身出走，也不和人商量。“印段从之”，杜注：“义子产。”印段认为子产做得对，所以跟着他走。“子皮止之”，我们认为应该是劝止子产的意思。“从之”是从子产，“止之”自然是止子产。“人不顺我”，意思是说子产不肯听从我们的意见。“夫子礼于死者，况生者乎”，“夫子”指子产，子皮肯定子产的行动是对的，说他对死者尚且有礼，何况生者呢？既然众人不理解子产，所以子皮独自劝止子产之行。

原文

乙巳，郑伯及其大夫盟于大宫，盟国人于师之梁之外。伯有闻郑人之盟己也，怒；闻子皮之甲不与攻己也，喜，曰："子皮与我矣！"癸丑晨，自墓门之渎入，因马师颉介于襄库，以伐旧北门。驷带率国人以伐之。皆召子产。子产曰："兄弟而及此，吾从天所与。"❶伯有死于羊肆。子产襚之，枕之股而哭之，敛而殡诸伯有之臣在市侧者，既而葬诸斗城。❷子驷氏欲攻子产。子皮怒之，曰："礼，国之干也。杀有礼，祸莫大焉！"乃止。

于是游吉如晋还，闻难不入，复命于介。八月甲子，奔晋。驷带追之，及酸枣，与子上（盟）用两珪质于河。❸使公孙肸入盟大夫。己巳，复归。

注释

❶ 杜注："大宫，祖庙。师之梁，郑城门。墓门，郑城门。马师颉，子羽孙。驷带，子西之子，子皙之宗主。"墓门之渎，杨遇夫先生《读左传》认为渎借为窦，杨伯峻先生这里用遇夫先生说。马师为郑国官名，盖统管装备之类。"因马师颉介于襄库"，杨注："借颉之助，取襄库之甲而使己众着之。"可见羽颉实有助伯有为乱的行为，难怪后来子皮另派他人任马师。"兄弟而及此，吾从天所与"，杜注："兄弟恩等，故无所偏助。"一旦知道谁是天所与者，则助之。

❷ 杜注："羊肆，市列。斗城，郑地名。"杨注谓羊肆是卖羊之街，又说："枕之股，枕其股也。之作其用。以伯有股为枕。"按：究竟是子产以伯有股为枕，还是让伯有枕在自己的大腿之上，说法不一。但无论如何，这里"枕之股"应与《传》襄廿五年晏子"枕尸股"相类似。

❸ "复命于介"，这里"于"字用同"以"。杨遇夫先生《词诠》卷九有"于用同以"一说。复命于介就是以介复命，由副手向朝廷复命。杨注："子上，驷带也。沈珪于河，为信也。酸枣，陈留县。"按：《释文》出"与子上用两珪质于河"句，说道："一本作'与子上'绝句，'用两珪质于河'别为一句也。"可见本无"盟"字。阮刻本"与子上"句下有"盟"字。我们认为阮刻本勉强可通，可惜没有版本依据。

原文

书曰“郑人杀良霄”，不称“大夫”，言自外入也。

于子蟜之卒也，将葬，公孙挥与裨灶晨会事焉。过伯有氏，其门上生莠。子羽曰：“其莠犹在乎？”❹于是岁在降娄，降娄中而旦，裨灶指之曰：“犹可以终岁。岁不及此次也已。”及其亡也，岁在娵訾之口，其明年乃及降娄。❺

仆展从伯有，与之皆死。羽颉出奔晋，为任大夫。鸡泽之会，郑乐成奔楚，遂适晋。羽颉因之，与之比而事赵文子，言伐郑之说焉。以宋之盟故，不可。❻

子皮以公孙鉏为马师。

注释

❹ 蟜读 jiǎo，或读 qiáo。杜注：“子蟜，公孙虿。卒在十九年。”按：此事《左传》襄十九年有记载。《左氏》襄三十年此处追叙襄十九年四月公孙虿卒后裨灶与子羽的有关议论。莠读 yǒu，《释文》：“草也。”俗称狗尾草，像谷而非谷，常用来比喻冒牌货、坏人。杜注：“子羽，公孙挥。以莠喻伯有。伯有侈，知其不能久存。”按：原意如此。

❺ 杜注：“降娄，奎娄也。周七月，今五月。降娄中而天明。”孔疏引刘炫说，以为五月降娄未中，孔颖达等谓刘氏失之，王伯申认为刘氏说是，杜注当云“周八月，今六月”。《左氏》下文“裨灶指之”句以下，杜注：“指降娄也。岁星十二年而一终。”杨注：“终岁，岁星（木星）绕日一周终也……意谓伯有尚可苟存于木星此次绕日一周。”所谓绕日一周，那是指离开某星空运行，后来回到原来的星空，譬如说木星从降娄运行再及于降娄。“岁不及此次也已”，杜注：“不及降娄。”杨注：“裨灶又谓伯有不能再苟活于木星再次在于降娄。”以下不再是追叙襄十九年子羽、裨灶关于伯有其人的议论，而转入对伯有结局的交代。杜注：“娵訾，营室、东壁。二十

八年岁星淫在玄枵,今三十年在娵訾,是岁星停在玄枵二年。”孔疏引《尔雅·释天》:“娵觜之口,营室、东壁也。”杨注:“二十八年木星在玄枵,则二十九年当在娵訾。三十年周正七月,即伯有死之年月,木星正过娵訾,而未及降娄,故云岁在娵訾之口。”杜注谓今三十年岁星在娵訾,与《左氏》说的“其明年乃及降娄”相合,而裨灶关于伯有之卒的预言恰好得到了验证。

❻ 杜注已指出任为地名,鸡泽之会在襄公三年,“言伐郑之说焉”而不可,是因为“宋盟约弭兵故”。

原文

楚公子围杀大司马芳掩而取其室。申无宇曰:“王子必不免!善人,国之主也。王子相楚国,将善是封殖;而虐之,是祸国也。且司马,令尹之偏而王之四体也。绝民之主,去身之偏,艾王之体,以祸其国,无不祥大焉,何以得免?”❶

为宋灾故,诸侯之大夫会以谋归宋财。冬十月,叔孙豹会晋赵武、齐公孙虿、宋向戌、卫北宫佗、郑罕虎及小邾之大夫,会于澶渊。既而无归于宋,故不书其人。君子曰:“信其不可不慎乎!澶渊之会,卿不书,不信也。夫诸侯之上卿会而不信,宠名皆弃,不信之不可也如是!《诗》曰:‘文王陟降,在帝左右。’信之谓也。又曰:‘淑慎尔止,无载尔伪。’不信之谓也。”❷书曰“某人某人会于澶渊,宋灾故”,尤之也。不书鲁大夫,讳之也。

注释

❶ “艾王之体”,这里艾读 yì(音义与“刈”同),意思是芟刈、杀害。或解释为断绝,与《左传》哀二年“忧未艾也”句中“艾”字义同。阮刻本“无不祥大焉”句,杨注本初版“祥”下有“莫”字,杨注始认“无”为发声词,无义,这样当然可以讲通。可是王伯申早有不同说法,《经传释词》卷二:“焉,犹‘于是’也。”如果作“于是”解释

的“焉”字前面不排斥形容词,则“无不祥大焉”句就是没有不祥大于此,那也是可以讲通的。何况“无不祥”下“莫”字从何而来,还要有版本依据才是呢。杨注本第二版尊重版本依据,去掉“莫”字是对的。再版杨注认为“无不祥大焉”句与“不祥莫大焉”同。无就是莫,不过位置(词序)变化而已。

❷ 这里引君子的议论(实为《左氏》自己的话),强调“信”的重要。引诗“文王陟降,在帝左右”这两句,见《大雅·文王》,杜注:“言文王所以能上接天,下接人,动顺帝者唯以信。”诗“淑慎尔止,无载尔伪”两句,杜注:“逸诗也。言当善慎举止,无载行诈伪。”按:依《左氏》,前两句诗说的是信;后两句诗说的是不信。其实应该这样说:前两句诗说的是文王之信,后两句诗说的是不要不信。

原文

郑子皮授子产政。辞曰:“国小而逼,族大宠多,不可为也。”子皮曰:“虎帅以听,谁敢犯子?子善相之!国无小,小能事大,国乃宽。”❶

子产为政,有事伯石,赂与之邑。子大叔曰:“国,皆其国也,奚独赂焉?”子产曰:“无欲实难。皆得其欲,以从其事而要其成。非我有成,其在人乎?何爱于邑?邑将焉往?”子大叔曰:“若四国何?”子产曰:“非相违也,而相从也,四国何尤焉?《郑书》有之曰:‘安定国家,必大焉先。’❷姑先安大,以待其所归。”既,伯石惧而归邑,卒与之。伯有既死,使大史命伯石为卿,辞;大史退,则请命焉;复命之,又辞。如是三,乃受策入拜。子产是以恶其为人也,使次己位。

注释

❶ “国小而逼”,依杜注,逼是逼近大国。子产认为郑国“不可为”的理由有二:一是国小而靠近大国,这是就地理环境而言,就本国实

力与国际关系而言;二是国内大族多受国君之宠,势力大,不听话,这是说国内政治"不可为"的问题所在。子皮出谋定策,为子产排忧解难,两个办法:一是子皮亲自率领大族听子产的话,谁还敢不听话冒犯子产呢?二是要子产处理好郑国与诸大国的关系。国家不论大小,只要小国能够奉承大国,政治形势就宽缓了。杜注:"为大所恤故也。"意思是:不得罪于大国,自会得到大国的宽恕或谅解。

❷ "有事伯石",杜注:"伯石,公孙段。有事,欲使之。"然则"赂与之邑"是为了调动伯石的积极性。"国皆其国也,奚独赂焉",杜注:"言郑大夫共忧郑国事,何为独赂之?"这里"焉"正当解释为"之"。杨注:"谓国为大众之国,何为独赂之。"其实子大叔的意思,认为国家是他们那些卿大夫掌管的国家,为什么"独赂"伯石呢?"以从其事而要其成"及其下,"要"读 yāo,杨注:"取也,求也。"则原文应该是从事而求其成的意思。"非我有成,其在人乎",杜注:"言成犹在我,非在他也。"杨注谓这里"其"作"岂"用,很准确。"何爱于邑,邑将焉往",杜注:"言犹在国。"这里"爱"与《孟子·梁惠王上》"吾何爱一牛"的"爱"义同。"若四国何",杜注:"恐为四邻所笑。"子大叔担心子产独赂伯石为邻国讥笑,可是子产不以为然,杜注:"言赂以邑欲为和顺。"这样,邻国还有什么理由非难呢?子产进而援引郑国史书说明道理,杜注:"先和大族,而后国家安。"王伯申《经传释词》卷二说"必大焉先"意为"必大是先",说得对。杨注:"必大焉先,必先大之倒装句。"亦通。这里所谓"大"指大族,先安定大族,与《孟子·离娄上》"不得罪于巨室"义同。善事大国,安定大族;把国内外的关系处理好,"非相违也,而相从也",郑国的政治也就成功了。

原文

子产使都鄙有章,上下有服,田有封洫,庐井有伍。大人之忠俭者，从而与之；泰侈者，因而毙之。[3]

丰卷将祭，请田焉。弗许，曰："唯君用鲜，众给而已。"子张怒，退而征役。子产奔晋，子皮止之而逐丰卷。丰卷奔晋。子产请其田里，三年而复之，反其田里及其入焉。[4]

从政一年，舆人诵之，曰："取我衣冠而褚之，取我田畴而伍之。[5]孰杀子产？吾其与之。"及三年，又诵之，曰："我有子弟，子产诲之。我有田畴，子产殖之。子产而死，谁其嗣之？"

注释

3 "都鄙有章，上下有服"，杜注："国都及边鄙车服尊卑各有分部。公卿大夫服不相逾。"杨注："此都、鄙对文，鄙即鄙野；则此都为广义，凡大夫之采邑，侯国之下邑皆可曰都。""服，事也，职也。上下各有任使。"可见这里杜、杨两注颇有不同，当以杨注为是，而杜武库亦自有据。"田有封洫，庐井有伍"，杜注："封，疆也。洫，沟也。庐，舍也。九夫为井，使五家相保。"杨注："庐井一词，为田野之农舍。井田以九夫为井，此则用水之井……伍即下文'取我田畴而伍之'之伍，赋税也。"杨师伯此说亦似较杜注为长。"大人"句下，依杜注，大人"谓卿大夫"，对待其忠俭者则许之依之并赐与之，对待其泰侈者则"因其有罪而毙踣之"。这里所谓毙之、毙踣之，杨注认为是"罚而使之去职"，这样讲也还可通。我们认为就是加以惩罚的意思，挫折之，未必是杀死，也未必不杀，当然也未必是使之去职。

4 "请田焉"，杜注："田，猎也。"这是请求批准丰卷为行祭典而行猎。"弗许"，理由是"唯君用鲜，众给而已"，杜注："鲜，野兽。众臣祭以刍豢为足。"在子产看来，丰卷行祭礼不必用田猎新得的野兽。"征役"，杜注："召兵欲攻子产。"此时子皮实践了"授子产政"的时候许下的诺言，支持子产依制度行政，赶走了丰卷。"子产请其田里"句下，杜注："请于公，不役入。"杨注引杜注"不役入"句役作没，又说："三年后仍使丰卷返国，并将丰卷之田宅及三年以来之总收入送还丰卷。”子产这样做,与《孟子·离娄下》谓人臣“去三年不反,然后收其田里”的古礼正相合。按:阮元等《校勘记》引陈树华先生的说法,以《左氏》襄十一年“以其役邑入者无征”句证杜注“不役入”之不误,我们认为此说可从,不必改“役”为“没”。

❺“取我衣冠而褚之”,杜注:“褚,畜也。奢侈者畏法,故畜藏。”阮元等《校勘记》:“案《吕览·乐成篇》作贮之,玄应书引同。”可见这里“褚”与“贮”通。又,畜与蓄通。“取我田畴而伍之”,杜注:“并畔为畴。”按《说文》:“畔,田界也。”“畴,耕治之田也。”段注:“并畔则二井也。”是畴亦田也。杨注:“《乐成篇》作‘我有田畴,而子产赋之’。此‘伍’字亦‘赋’之借字,纳田税也。”按:杨说至确。

经三十有一年❶

原文

春,王正月。

夏,六月辛巳,公薨于楚宫。❷

秋,九月癸巳,子野卒。

己亥,仲孙羯卒。

冬,十月,滕子来会葬。❸

癸酉,葬我君襄公。

十有一月,莒人弑其君密州。

注释

❶ 鲁襄公三十一年,当公元前542年,周景王三年。是年孔子十一岁。

❷《穀梁传》:“楚宫非正也。”范注:“楚宫,别宫名,非路寝。”《公羊传》何注:“公朝楚,好其宫,归而作之,故名之云尔。”同年《左传》:“公作楚宫……君欲楚也夫,故作其宫。”此年《春秋经》杜

注:“公不居先君之路寝而安所乐,失其所也。”据上引传注,可知“楚宫”所由来,可知襄公薨地与礼制不合。

❸ 杜注:“诸侯会葬,非礼。”《公羊》注疏并不认为“滕子来会葬”非礼。而《穀梁》范注认为“非礼”。今按:诸侯会葬诸侯,诚然非礼。但若滕子之外别无他国诸侯来会葬,也就可以不算大问题,因为滕国小,只是鲁国附庸(《孟子·滕文公上》记滕“父兄百官”称鲁为“吾宗国”),滕君为宗主国君送葬,也还说得通,应该可以说“礼也”。

传三十一年

原文

春,王正月,穆叔至自会,见孟孝伯,语之曰:“赵孟将死矣。其语偷,不似民主;且年未盈五十,而谆谆焉如八九十者:弗能久矣。[1]若赵孟死,为政者其韩子乎!吾子盍与季孙言之?可以树善,君子也。晋君将失政矣。若不树焉,使早备鲁;既而政在大夫,韩子懦弱,大夫多贪,求欲无厌,齐、楚未足与也,鲁其惧哉!”[2]孝伯曰:“人生几何,谁能无偷?朝不及夕,将安用树?”穆叔出而告人曰:“孟孙将死矣。吾语诸赵孟之偷也,而又甚焉!”又与季孙语晋故,季孙不从。

及赵文子卒,晋公室卑,政在侈家。韩宣子为政,不能图诸侯。鲁不堪晋求,谗慝弘多,是以有平丘之会。

齐子尾害闾丘婴,欲杀之,使帅师以伐阳州。我问师故。[3]夏五月,子尾杀闾丘婴以说于我师。工偻洒、渻灶、孔虺、贾寅出奔莒。[4]出群公子。

注释

❶ “其语偷,不似民主”,杜注:“偷,苟且。”杨注:“谓所言毫无远虑。”民主,这里不是与“专制”相对的民主,而是民之主的意思。“未盈五十”,就是未满五十岁。“谆谆焉如八九十者”,杨注:“谆

谆，语絮絮不休貌。”通常都说老人喜欢唠叨。穆叔在澶渊之会看到晋赵孟“语偷”、爱唠叨的表现，断言赵孟将不久于人世，所以说“弗能久矣”。王伯申将“谆谆”解说为眊乱，也讲通了原文。我们认为王、杨两说可并存。

❷ “若不树焉，使早备鲁”，树就是上文说的树善，也就是与韩子结好；杜注：“使韩子早为鲁备。”杨注：“使韩子早为鲁作预备工作。”为什么、凭什么要晋国未来的执政大臣为鲁做准备，我们总想不通。今按：本来是穆叔要孟孝伯转告季孙的意思（从上文“吾子盍与季孙言之”句可以推知），这里意思应该是：如果不肯与韩子结好，那就要季孙（鲁执政大夫）早为鲁做预备工作。“政在大夫”以下凡六句，“大夫”指晋之大夫，他们“求欲无厌”，而齐楚不足与交；那时鲁国面对的形势就可怕了。杨注对这六句的解说是对的。又，于醴尊先生谓“可以树善君子也”当作一句读，“善君子”不是指韩起，而另有其人，我们认为可备一说。

❸ 杜注：“阳州，鲁地。鲁以师往问齐何故伐我。”又说：“伐阳州，不书，不成伐。”这是对《春秋经》不记“伐阳州”所作的解释。

❹ 说就是悦。“渻”，读 shěng。《释文》：“徐本作省。”杜注：“四子，婴之党。”

原文

公作楚宫。穆叔曰：“《大誓》云：‘民之所欲，天必从之。’❶君欲楚也夫，故作其宫。若不复适楚，必死是宫也。”六月辛巳，公薨于楚宫。叔仲带窃其拱璧以与御人，纳诸其怀而从取之，由是得罪。

立胡女敬归之子子野，次于季氏。秋九月癸巳，卒，毁也。❷

己亥，孟孝伯卒。

注释

❶ “公作楚宫”，杜注：“适楚，好其宫，归而作之。”穆叔引《大誓》，杜

注:“今《尚书·大誓》亦无此文,故诸儒疑之。”孔疏:“杜氏在晋之初,亦未见今本。及江东晋元帝时,其豫章内史梅赜始献孔安国所注古文《尚书》,其内有《泰誓》三篇,记传所引《大誓》,其文悉皆有之。”按:《大誓》真本汉代之前已佚,故杜武库未见;杜氏所见者,应为西汉河间女子所得之《泰誓》,孔疏已指出马融、王肃等已疑之;孔颖达等所见梅赜所献《尚书》为伪古文,不可信。但《左氏》这里记的“民之所欲,天必从之”两句,自是真本《尚书·大誓》中的文字,有天从民愿的意思。这个观点不可忽视。

❷ 杜注:“过哀毁瘠,以致灭性。”因亲人去世而过分哀痛,以致损坏身体而死,这样的事古今都有过。

原文

立敬归之娣齐归之子公子裯。穆叔不欲,曰:“大子死,有母弟则立之,无则长立;年钧择贤,义钧则卜:古之道也。[3]非適嗣,何必娣之子?且是人也,居丧而不哀,在戚而有嘉容,是谓不度。不度之人,鲜不为患。若果立之,必为季氏忧。”武子不听,卒立之。比及葬,三易衰,衰衽如故衰。于是昭公十九年矣,犹有童心,君子是以知其不能终也。[4]

冬十月,滕成公来会葬,惰而多涕。子服惠伯曰:“滕君将死矣。怠于其位而哀已甚,兆于死所矣,能无从乎?”癸酉,葬襄公。

注释

❸ 裯读 chóu,这里不读 dāo。“齐归之子公子裯”,杜注:“齐,谥。裯,昭公名。”“古之道也”以上,说的是周礼规定的贵族传承制度。杜注:“立庶子则以年。先人事后卜筮也。义钧谓贤等。”拙著《中国礼制史·先秦卷》相关各节有详论。

❹ “非適嗣,何必娣之子”,杜注:“言子野非適嗣。”按:《左氏》上文说到“立胡女敬归之子子野”,杜注谓“敬归,襄公妾”。妾之娣亦

当为妾(媵妾),则齐归之子不可能为嫡嗣。“是人也”,即后来称为鲁昭公的公子裯。“在戚而有嘉容”句以下,杨注:“戚,忧也。父母死曰在戚。有嘉容,容色喜悦。《礼记·祭统》孔疏引《孝经援神契》云‘天子之孝曰就,诸侯曰度’,则不度犹言不孝。”今按:杨伯峻先生利用纬书解决训诂的问题,这可是惊人的功力!又,既然诸侯不度就是不孝,则昭公为“不度之人”,也就是“不孝之人”。此公在襄公葬前居丧不哀,在为襄公送葬的时候“犹有童心”,视先君之葬为儿戏,居然“三易衰,衰衽如故衰”,杨注:“三次换衣,所换新衣襟若旧衣襟,如未换者。”杜注批评此公“嬉戏无度”,可见此公不唯不懂规矩,更重要的是他根本没有做为一国之君不可缺少的礼制精神。

原文

公薨之月,子产相郑伯以如晋。晋侯以我丧故,未之见也。子产使尽坏其馆之垣而纳车马焉。士文伯让之,曰:“敝邑以政刑之不修,寇盗充斥,无若诸侯之属辱在寡君者何,是以令吏人完客所馆,高其闬闳,厚其墙垣,以无忧客使。今吾子坏之,虽从者能戒,其若异客何?以敝邑之为盟主,缮完葺墙,以待宾客;若皆毁之,其何以共命?寡君使(匄)〔丐〕请命。”[1]对曰:“以敝邑褊小,介于大国,诛求无时,是以不敢宁居,悉索敝赋,以来会时事。逢执事之不闲,而未得见,又不获闻命,未知见时。不敢输币,亦不敢暴露。其输之,则君之府实也,非荐陈之,不敢输也。[2]其暴露之,则恐燥湿之不时而朽蠹,以重敝邑之罪。侨闻文公之为盟主也:宫室卑庳,无观台榭,以崇大诸侯之馆,馆如公寝;库厩缮修,司空以时平易道路,圬人以时塓馆宫室;诸侯宾至,甸设庭燎,仆人巡宫,车马有所,宾从有代,巾车脂辖,隶人、牧、圉各瞻其事,百官之属各展其物;公不留宾,而亦无废事;忧乐同之,事则巡之;教其不知,而恤其不足。

宾至如归,无宁灾患?[3]不畏寇盗,而亦不患燥湿。今铜鞮之宫数里,而诸侯舍于隶人;门不容车,而不可逾越;盗贼公行,而(夭)〔天〕厉不戒;宾见无时,命不可知。[4]若又勿坏,是无所藏币以重罪也。敢请执事:将何以命之?虽君之有鲁丧,亦敝邑之忧也。若获荐币,修垣而行,君之惠也,敢惮勤劳?"

注释

❶ "无若诸侯之属辱在寡君者何","无若……何"这一类句式,意思是"莫奈……何""没法处置……"。"辱在寡君","在"是存,是聘问,"辱"表示对"诸侯之属"的敬重与自己的谦逊。闬读 hàn,闳读 hóng,孔疏:"俱谓门耳。"实则闬闳指里门。"以无忧客使",杜注:"无令客使忧寇盗。"杨注无异词。"缮完葺墙",杜注:"葺,覆也。"孔疏:"此云葺墙,谓草覆墙也。"《释文》说同。杨注:"完借为院。"引《广雅·释宫》:"院,垣也。"按:"完"与"墙"为对文,"缮完"与"葺墙"为性质相类的动宾结构的组合,我们认为杨注是对的。"寡君使匄请命",一说"匄"当作"丐",说见阮元等《校勘记》;唯《释文》认为古不嫌同名同字,作匄可。杜注:"请问毁垣之命。"意思是要求解释毁垣的原因。

❷ "诛求无时",杜注:"诛,责也。"杨注:"责求即责其贡献。"按:诛求无时,就是责令与盟之国贡献并无固定期限,想要就要。"来会时事",杜注:"随时来朝会。"晋国什么时候要求贡献,郑国这一类国家就什么时候送来。"不敢输币",杨注:"输,送也。币指礼物。"不敢输币,就是不敢把礼品送交晋府库。"不敢暴露",就是不敢让礼物露出来,一则要防损坏,二则要防寇盗。"其输之",杨注谓"其犹若也",至确。"非荐陈之,不敢输也",杜注:"荐陈,犹献见也。"原意是:不是公开的行礼的场合(如庭台),不举行相应的礼仪,就不敢将礼物献上。

❸ 依《释文》,庳读 bì。观读 guàn,这里不读阴平声。《释文》:"榭音谢,本亦作谢。土高曰台,有木曰榭。"厩读 jiù。圬读 wū。塓

读 mì。杜注:“圬人,涂者。塓,涂也。”孔疏:“台榭皆高,可升之以观望。言无观望之台榭也。”这样讲,“观”就读 guān(阴平声)而不必读去声 guàn 了。“司空以时平易道路”,杜注:“易,治也。”杨注:“修理道路使之平坦曰平易。”今按:平亦治也。《诗·大雅·皇矣》“修之平之”,平应该是修治的意思。《尔雅》:“平,易也。”这里平、易为同义词连用,与“道路”组成动宾结构,杜注可从。而杨注亦可通。孔疏又说:“往前文公之客馆,如今日晋君之路寝也……圬是涂之所用,因谓泥墙屋之人为圬人。塓亦泥也,使此泥屋之人以时泥涂客馆之宫室也。”这样讲,与相应之原文原意相符。“甸设庭燎”,杜注:“庭燎,设火于庭。”杨注:“甸即《大射》之甸人,亦即《周礼·天官》之甸师。”手执大烛(或火把)于庭,盖即甸人职掌。“仆人巡宫”以下,意思是:使者来此,有仆人巡逻馆舍周围,车马有安置之处,使者带来的仆从有人取代以服役。“巾车脂辖”以下,杜注:“巾车,主车之官。”主车之官负责维修使者所乘之车,杨注:“使辖不生锈并使车轮转动滑利。”隶人、牧、圉也是主盟之国安排好了的,各视其事,各司其职。“百官之属”以下,杜注:“展,陈也。谓群官各陈其物以待宾。宾得速去则事不废。”杨注:“办事能速,则宾主皆不致有废事。”这样讲,兼顾宾主两方面,较为允当。“忧乐同之,事则巡之”,杜注:“巡,行也。”杨注:“巡,抚也。有事则抚之。”两说皆可通。宾主同忧乐,一起办事,这当然好。“无宁灾患”,杜注:“言见遇如此,宁当复有灾患邪?无宁,宁也。”按:依子产的叙述,晋文公做天下盟主的时候,各诸侯国来晋国贡献,受到优待,“宾至如归”,比现在(晋平公主盟时期)好多了。

❹ “今铜鞮之宫”以下,与上文说的晋文公做天下盟主的时候恰成对比。鞮读 dī。杜注:“铜鞮,晋离宫。”数里,够大了。可是“诸侯舍于隶人”,杜注:“舍如隶人舍。”夭厉,阮元等《校勘记》引陆粲、陈树华两前贤的说法,以为夭当作天,今从之。“门不容车”以下,杜注:“门庭之内迫迮,又有墙垣之限。厉犹灾也,言水潦无

时。”杨注认为这里“天厉”之“厉”为“疠”之借字，应取哀元年《左传》“天有灾疠”句杜注，将厉解释为“疾疫”。依杨注，“天厉不时”意思是天灾人病得不到预防与救治。“命不可知”，杨注：“命，晋君接见之命。”不知何时得到晋君接见而完成出使的任务。

原文

文伯复命，赵文子曰：“信。我实不德，而以隶人之垣以赢诸侯，是吾罪也！”❺使士文伯谢不敏焉。晋侯见郑伯，有加礼，厚其宴好而归之。乃筑诸侯之馆。

叔向曰：“辞之不可以已也如是夫！子产有辞，诸侯赖之。若之何其释辞也？《诗》曰：‘辞之辑矣，民之协矣。辞之绎矣，民之莫矣。’❻其知之矣！”

注释

❺“以隶人之垣以赢诸侯”，杜注：“赢，受也。”孔疏：“贾、服、王、杜皆读为盈，盈是满也，故皆训为受。”按：“隶人”自是下等之人，用隶人住处的矮墙短垣接纳诸侯，这当然没有道理，于礼不合。

❻引《诗》见《大雅·板》。杜注：“言辞辑睦则民协同，辞说绎则民安定。莫，犹定也。”今按：“民之协矣”句中“协”字，阮刻本毛诗作“洽”，协洽古同部，故可通用。杜注用毛传郑笺的解说，杨注实无异议。但我们对后两句（“辞之绎矣，民之莫矣”）的看法与毛郑杜杨四前贤不同，我们认为这四句诗实兼善恶言，说见拙撰《诗经校注》与拙著《诗经刍议·论三家诗胜义与四家诗盛衰》。

原文

郑子皮使印段如楚，以适晋告，礼也。

莒犁比公生去疾及展舆。既立展舆，又废之。犁比公虐，国人患之。十一月，展舆因国人以攻莒子，弑之，乃立。去疾奔齐，齐出也。展舆，吴出也。书曰"莒人弑其君买朱鉏"，言罪之在也。[1]

吴子使屈狐庸聘于晋，通路也。赵文子问焉，曰："延州来季子其果立乎？巢陨诸樊，阍戕戴吴，天似启之，何如？"对曰："不立。是二王之命也，非启季子也。若天所启，其在今嗣君乎？甚德而度：德不失民，度不失事，民亲而事有序，其天所启也。有吴国者，必此君之子孙实终之。[2]季子守节者也，虽有国，不立。"

十二月，北宫文子相卫襄公以如楚，宋之盟故也。过郑，印段迋劳于棐林，如聘礼而以劳辞。文子入聘，子羽为行人，冯简子与子大叔逆客。事毕而出，言于卫侯曰："郑有礼，其数世之福也。其无大国之讨乎？《诗》云：'谁能执热，逝不以濯？'礼之于政，如热之有濯也。濯以救热，何患之有？"[3]

注释

1. 这里说"书曰莒人弑其君买朱鉏"，可是《春秋》经文写的是"莒人弑其君密州"，买朱鉏自然就是密州。杜注："买朱鉏，密州之字。"可是古代文献未见有某人之字用三个汉字的情况。阮元等《校勘记》引段玉裁的说法，认为买州鉏"与'密州'音相同"。杨注："买密音近，'朱鉏'急读音近于'州'，'州'缓读音近'朱鉏'。"我们认为此说可通。

2. "延州来季子"，杜注："延州来，季札邑。"孔疏引服虔的说法："延，延陵也。州来，邑名。"杨注："季子即季札，初封延陵……此称延，省称也……后加封州来，故此称延州来季子。"这样讲，比较好懂。杜注所谓"延州来"的读法，也许应该在"延"字后略顿。"其在今嗣君乎"，杜注："嗣君，谓夷昧。"依杜注，吴国后来的国君，实以夷昧子孙终之。

3. 引《诗》见《大雅·桑柔》。杜注："濯，以水濯手。"按："濯以救热”是比喻。“执热”是以手持烫手之物,以水濯手则比较快意舒适了。礼以为政,则政通人和了。

原文

子产之从政也,择能而使之。冯简子能断大事。子大叔美秀而文。公孙挥能知四国之为,而辨于其大夫之族姓、班位、贵贱、能否,而又善为辞令。裨谌能谋,谋于野则获,谋于邑则否。❶郑国将有诸侯之事,子产乃问四国之为于子羽,且使多为辞令;与裨谌乘以适野,使谋可否;而告冯简子,使断之;事成,乃授子大叔使行之,以应对宾客。是以鲜有败事,北宫文子所谓“有礼”也。❷

郑人游于乡校以论执政。然明谓子产曰:“毁乡校,何如?”子产曰:“何为?夫人朝夕退而游焉,以议执政之善否。其所善者,吾则行之;其所恶者,吾则改之:是吾师也,若之何毁之?我闻忠善以损怨,不闻作威以防怨。岂不遽止?然犹防川:大决所犯,伤人必多,吾不克救也。不如小决使道。不如吾闻而药之也。”❸然明曰:“蔑也今而后知吾子之信可事也。小人实不才。若果行此,其郑国实赖之,岂唯二三臣?”仲尼闻是语也,曰:“以是观之,人谓子产不仁,吾不信也!”❹

注释

❶ “美秀而文”,杜注:“其貌美,其才秀。”杨注:“美秀谓其外貌举止。文谓习典章制度诗乐……”这样的人才,内政外交都可以用。“知四国之为”,杜注:“知诸侯所欲为。”不仅如此,公孙挥还有知人之明,又很会说话。裨谌,读 pí chén。“谋于野则获”,杜注:“得所谋也。”“谋于邑则否”,杜注:“此才性之敝。”有些人在特定的环境里方可发挥才能,裨谌就属于这一类人。

❷ 郑国子产执政,做到因材任能,所以很少有办不好的事。把因材任能置于“有礼”的高度,这是先贤治礼以人为本的进步。

❸《国语·周语上》:“防民之口,甚于防川。川壅而溃,伤人必多;民亦如之。是故为川者决之使导,为民者宣之使言。故天子听政,使公卿至于列士献诗……百工谏,庶人传语……而后王斟酌焉,是以事行而不悖。”《左传》襄三十一年记子产不毁乡校的道理,与上引《国语·周语》记邵公谏弭谤的道理完全一致。《左氏》“忠善以损怨”以下,杜注:“为忠善则怨谤损息。欲毁乡校即作威。遽,畏惧也。道,通也。”孔疏:“言不如不毁乡校,使人游处其中,闻谤我之政者而即改焉,以为我之药石也。”杨注:“作威防怨,怨可以急止。”又说:“道同导,引导使之流。”可见这里杨注与杜注基本一致。我们认为上引注疏都可以将原文说通。

❹ 杜注:“仲尼以二十二年生,于是十岁,长而后闻之。”这意思是:仲尼先生说的不信人家批评子产不仁的话,不是襄公三十一年说的,而是他长大之后说的。这样讲,当然是对的。

原文

子皮欲使尹何为邑,子产曰:“少,未知可否。”子皮曰:“愿。吾爱之,不吾叛也。使夫往而学焉,夫亦愈知治矣。”子产曰:“不可!人之爱人,求利之也。今吾子爱人则以政,犹未能操刀而使割也,其伤实多。子之爱人,伤之而已,其谁敢求爱于子?子于郑国,栋也。栋折榱崩,侨将厌焉,敢不尽言?[5]子有美锦,不使人学制焉。大官、大邑,身之所庇也,而使学者制焉,其为美锦不亦多乎?侨闻学而后入政,未闻以政学者也。若果行此,必有所害。譬如田猎,射御贯则能获禽,若未尝登车射御,则败绩厌覆是惧,何暇思获?”[6]子皮曰:“善哉!虎不敏。吾闻君子务知大者远者,小人务知小者近者。我小人也。衣服附在吾身,我知而慎之;大官、大邑所以庇身也,我远而慢之。微子之言,吾不知也。他日我曰:‘子为郑国、我为吾家以庇焉,其可也。’今而后知不足。自今请虽吾家,听子而行。”子产曰：“人心之不同，如其面焉。吾岂敢谓子面如吾面乎？抑心所谓危，亦以告也。”[7]子皮以为忠，故委政焉，子产是以能为郑国。

注释

❺“其伤实多”，杜注：“多自伤也。”杨注置之不顾，应无异议。我们认为“其伤实多”应该包含两方面，一是自伤多，二是伤民多。榱读 cuī，指房屋上的椽子。“侨将厌焉”，依《释文》，这里厌读 yā。《释文》：“厌本又作压。”是厌音义与压同。杨注：“厌通压。子产为政，实由子皮。子皮若败，子产亦必受其影响，故云我亦将被压。”

❻“射御贯”，杜注：“贯，习也。”按：这里杜注本《尔雅·释诂》。“获禽”，禽与擒同，则与获义同；依《说文》，禽为走兽总名，则获禽为动宾词组。这两个讲法都可以讲通。“败绩厌覆”：败绩本义指车辙混乱，绩与迹（蹟）通，“败绩”后来成为打了败仗的专门用语。厌覆就是压覆。杨注：“若未曾登车而驾车猎兽，则唯恐车翻人压，无心思及于得禽兽。”这样理解，其实是对原文的很准确的翻译。

❼人心不同，如脸面各异。但也有千人一面，人同此心的说法。“抑心所谓危”，杨注：“抑，转折连词，今言不过。”这可以作古汉语虚词常识看。子产心里觉得危险的事，告诉子皮，所谓以忠言相告，所谓忠言逆耳，这应该是相知很深者所当为。

原文

卫侯在楚，北宫文子见令尹围之（威）仪，言于卫侯曰：“令尹（似）〔以〕君矣，将有他志。[1]虽获其志，不能终也。《诗》云：‘靡不有初，鲜克有终。’终之实难，令尹其将不免。”公曰：“子何以知之？”对曰：“《诗》云：‘敬慎威仪，惟民之则。’令尹无威仪，民无则焉。民所不则，以在民上，不可以终。”公曰：“善哉！何谓威仪？”对曰：“有威而可畏谓之威，有仪而可象谓之仪。君有君之威仪，其臣畏而爱之，则而象之，故能有其国家，令闻长世。[2]臣有臣之威仪，其下畏而爱之，故能守其官职，保族宜家。顺是以下皆如是，是以上下能相固也。《卫诗》曰：‘威仪棣棣，不可选也。’言君臣、上下、父子、兄弟、内外、大小皆有威仪也。《周诗》曰：‘朋友攸摄，摄以威仪。’言朋友之道，必相教训以威仪也。《周书》数文王之德，曰：‘大国畏其力，小国怀其德。’言畏而爱之也。《诗》云：‘不识不知，顺帝之则。’言则而象之也。[3]纣囚文王七年，诸侯皆从之囚，纣于是乎惧而归之，可谓爱之。文王伐崇，再驾而降为臣，蛮夷帅服，可谓畏之。文王之功，天下诵而歌舞之，可谓则之。文王之行，至今为法，可谓象之。有威仪也！故君子在位可畏，施舍可爱，进退可度，周旋可则，容止可观，作事可法，德行可象，声气可乐，动作有文，言语有章，以临其下，谓之有威仪也。”

注释

❶ “令尹围之威仪”，本作“令尹围之仪”，“威”字衍，说见王氏《经义述闻》卷十八。“令尹似君矣”，孔疏引服虔注，谓“似君”当作“以君”，阮元等《校勘记》认为服注“极为明晰”，今从之。按：令尹动作以君仪，已经暴露公子围“将有他志”；所谓“他志”，即取楚君王之位而代之。

❷ “靡不有初，鲜克有终”两句，出自《诗·大雅·荡》。“敬慎威仪，惟民之则”两句，出自《大雅·抑》。前两句正面的意思，是告诫人们为人处事应该有始有终；后两句告诫在上者言行要严肃慎重，做下民的表率。北宫文子对威与仪的解说，实质上就是认为在民上者应该“有威而可畏”“有仪而可象”，让臣民“畏而爱之”“则而象之”。这样，为君者就能“有其国家，令闻长世”，享有国君的地位，美誉长留后世。这里牵涉礼仪与礼义的关系。所谓威

可畏，仪可象，自然形诸外，而使君“有其国家，令闻长世”，则为礼义而蕴诸威仪之中。

❸ “威仪棣棣，不可选也”，杜注：“棣棣，富而闲也。选，数也。”按：这两句诗见《邶风·柏舟》。《左氏》说是“卫诗”，这与季札观乐将《邶》《鄘》《卫》一概称为“卫风”是一个道理。“朋友攸摄，摄以威仪”，杜注：“攸，所也。摄，佐也。”按：这两句诗见《大雅·既醉》。如杨注所说，前两句（出自《邶风·柏舟》的）“言威仪之多，不可计数”，后两句（出自《大雅·既醉》的两句）“谓朋友之间所佐助者，以威仪也”。《左氏》实质上已经指示了杨注所作的解说。引自《周书》的两句，杜注谓出自逸《书》，孔疏认为在《尚书·武成》篇中，又说：“大国以威加，小国以德抚，故大畏力，小怀德也。”但孔冲远等人看到的《武成》是伪古文，而作伪者把《左传》引的《周书》这两句钞入伪《武成》之中了。我们认为还是杜镇南说的对，《左氏》这里引的两句可视为出自逸《书》，也可能出自逸周书；是不是真《武成》的佚文，尚须考证。“不识不知，顺帝之则”，杜注：“又言文王行事无所斟酌，唯在则象上天。”按：这两句诗出自《大雅·皇矣》。“顺帝之则”，帝斥天帝，杜注说是“上天”，而诗本文说“皇矣上帝”“上帝耆之”“帝谓文王”，可以做为“文王则象上天”的根据。唯杜注“言文王行事无所斟酌”则未必确切，请参看拙撰《诗经校注》的有关解说。关于《左氏》上文所引诸诗的解说，我们的意见与上引注疏亦未必完全相同，这里不再一一说明。

国学经典文库

春秋左传（全本）三

陈戍国　校注

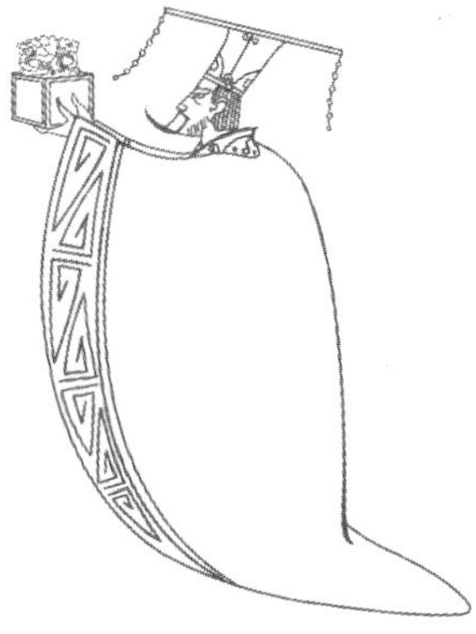

岳麓書社·长沙

昭公

经元年[1]

原文

春，王正月，公即位。

叔孙豹会晋赵武、楚公子围、齐国弱、宋向戌、卫齐恶、陈公子招、蔡公孙归生、郑罕虎、许人、曹人于虢。

三月，取郓。

夏，秦伯之弟鍼[2]出奔晋。

六月丁巳，邾子华卒。

晋荀吴帅师败狄于大卤。[3]

秋，莒去疾自齐入于莒，莒展(舆)[4]出奔吴。

叔弓帅师疆郓田。

葬邾悼公。

冬，十有一月己酉，楚子麇卒。

〔楚〕[5]公子比出奔晋。

注释

❶ 鲁昭公，名裯。裯或作稠，一作袑，三字音近可通。据《左传》襄公三十一年，知此公非鲁襄公嫡嗣。原来定为襄公接班人的子野死了，公子裯得到部分大臣拥立。昭公元年，当公元前541年，周景王四年。是年孔子十二岁。

❷ 《释文》："鍼，其廉反。"依《释文》，则此字读qián，不是"针"的异

体。杜注："称弟，罪秦伯。"按：或谓《春秋经》书法如此。然而有异议，请参看《经》襄公二十年注。

❸ 杜注："大卤，大原，晋阳县。"《释文》引《穀梁传》："中国曰大原，夷狄曰大卤。"按：《公羊传》亦作"大原"。无论大原或大卤，称呼有别，如杨注所说，"其实一地"。

❹《释文》："一本'莒展出奔吴'。"《公》《穀》皆无"舆"字，今据删。

❺"楚"字据阮元等《校勘记》增补。《公》《穀》两《传》所录经文都有"楚"字。

传元年

原文

春，楚公子围聘于郑，且娶于公孙段氏。伍举为介。将入馆，郑人恶之，使行人子羽与之言；乃馆于外。既聘，将以众逆；子产患之，使子羽辞，曰："以敝邑褊小，不足以容从者，请墠听命。"[1]令尹命大宰伯州犁对曰："君辱贶寡大夫围，谓围：'将使丰氏抚有而室。'围布几筵，告于庄、共之庙而来。若野赐之，是委君贶于草莽也，是寡大夫不得列于诸卿也。不宁唯是，又使围蒙其先君，将不得为寡君老，其蔑以复矣！[2]唯大夫图之！"子羽曰："小国无罪，恃实其罪。将恃大国之安靖己，而无乃包藏祸心以图之？小国失恃，而惩诸侯使莫不憾者，距违君命，而有所壅塞不行是惧！[3]不然，敝邑馆人之属也，其敢爱丰氏之祧？"伍举知其有备也，请垂橐而入；[4]许之。

注释

❶ 墠读 shàn。"馆于外"，杜注："舍城外。"这是因为"郑人恶之"，所以没有让楚国来迎亲的队伍入住城内。"请墠听命"，杜注："欲于城外除地为墠行昏礼。"杨注："古代亲迎，婿受妇于女家之

祖庙。子产不欲其入城,欲除地为埠,代丰氏之庙,行亲迎之礼。”今按:杨师伯说的“婿受妇于女家之祖庙”,有《礼经·士昏礼》为证,应可信。

❷ 杜注:“丰氏,公孙段。庄王,围之祖。共王,围之父。”又说:“蒙,欺也。告先君而来,不得成礼于女氏之庙,故以为欺先君。”依杨注,抚也是有,“抚有”是同义词连用,而同尔,使丰氏抚有尔室,意思是使丰氏之女做你的妻室。孔疏:“《文王世子》曰:‘五庙之孙,祖庙未毁,虽为庶人,冠、取妻必告。’郑玄云:‘告于君也。’亦既告君,必须告庙。君尊不主臣昏,故围自告也……告庙云:‘将向丰氏之家取妻。’若使受之于野,不至丰氏之家,是欺先君也。”按:所谓“野赐”,所谓“委君贶于草莽”,指郑国方面提出的“请埠听命”的办法,在城外设埠行昏礼;这样,也就算不上卿行昏礼了,这个卿也就“不得为寡君老”了。杜注:“大臣称‘老’,惧辱命而黜退。”既辱今君,又辱先君,自身也受辱,“其蔑以复矣”,那真是无以复加了。杨注:“言无以返国或复命。”将“复”作“复命”解,亦可通。

❸ “恃实其罪”,杜注:“恃大国而无备则是罪。”《左氏》下文“将恃大国之安靖己”,句首“将”字与上文“将不得为寡君老”的“将”一样,可依王伯申《经传释词》卷八训为“且”。且依靠大国安定保护自己,而大国乃包藏祸心以图我。这里“无乃”作“得无”解,或者将“无”视为语助词,均可;全句略带疑问。“小国失恃”至“是惧”,杨注理解为倒装句,说这个长句意思是:“言惧郑国失楚之依靠,又使诸侯对楚惩戒,使诸侯无不恨楚国,因而抗拒叛离,楚国之命将壅塞不行。”我们认为这里杨注允当。其实也不必说这一长句是倒装句,在“小国失恃”这一小句前头加上“吾唯”二字来理解(仅仅是为了帮助理解,不是说这一小句有脱文),“吾唯……是惧”,全句意思就明白了。杜注:“言己失所恃,则诸侯惩恨以距,君命壅塞不行,所惧唯此。”杜镇南对原文的理解也很允当。

❹ 祧读 tiāo。櫜读 gāo。杜注:“馆人,守舍人也。祧,远祖庙。垂

櫜,示无弓。”孔疏:“此公孙段是穆公之孙,子丰之子……其家无远祖庙也。杜言远祖庙者,顺传文且据正法言之。”杨注:“敝国即是楚国馆人之属……岂敢惜丰氏之祖庙?”引沈钦韩说,认为“祧是庙之通称,不必为远祖庙也”;又引俞曲园说,以为子丰乃别子为祖者,死而立庙即丰氏之祧,亦通。

原文

正月乙未入,逆而出。遂会于虢,寻宋之盟也。祁午谓赵文子曰:“宋之盟,楚人得志于晋。今令尹之不信,诸侯之所闻也。子弗戒,惧又如宋。子木之信称于诸侯,犹诈晋而驾焉,况不信之尤者乎!楚重得志于晋,晋之耻也。[1]子相晋国,以为盟主,于今七年矣。再合诸侯,三合大夫,服齐、狄,宁东夏,平秦乱,城淳于,师徒不顿,国家不罢,民无谤讟[2],诸侯无怨,天无大灾,子之力也!有令名矣,而终之以耻,午也是惧,吾子其不可以不戒!”文子曰:“武受赐矣。然宋之盟,子木有祸人之心,武有仁人之心,是楚所以驾于晋也。今武犹是心也,楚又行僭,非所害也。武将信以为本,循而行之。譬如农夫,是穮是蓘,虽有饥馑,必有丰年。且吾闻之:‘能信不为人下。’吾未能也。《诗》曰:‘不僭不贼,鲜不为则。’信也。能为人则者,不为人下矣。吾不能是难,楚不为患!”[3]楚令尹围请“用牲,读旧书加于牲上而已”[4],晋人许之。

注释

❶ 杜注:“宋盟在襄二十七年。得志谓先歃。”《左氏》下文“惧又如宋”,杜注:“恐楚复得志。”意思是担心又出现宋盟那样的情况,担心楚在诸侯盟会的时候又抢了晋的盟主的位置。“子木之信”以下,杜注:“驾,犹陵也。诈,谓衷甲。尤,甚也。”按:子木无信,楚人衷甲,事亦见《左传》襄二十七年。“不信之尤”,应斥令尹公子围。“楚重得志于晋”,指虢之盟楚若又先歃,这是假设之辞,

若是真变事实,祁午认为那肯定是晋的耻辱。

❷《释文》:“罢音皮。𬤊音独。”用现代汉语拼音表示,这里罢读 pí,不读 bà,𬤊读 dú。杜注:“𬤊,诽也。”按:“师徒不顿”是百姓与军队不觉得疲弊劳累,“国家不罢”是朝廷不觉得困穷,“民无谤𬤊”是人民不埋怨不指责政府与国君以及其他执政者。

❸ 穮读 biāo,蓘读 gǔn。杜注:“穮,耘也。壅苗为蓘。”孔疏:“此言穮、蓘,即《诗》之耘、耔也。”按:孔疏说的“《诗》之耘、耔”,指《诗·小雅·甫田》(不是《齐风·甫田》)“或耘或耔”一句。“虽有饥馑,必有丰年”,杜注:“言耕锄不以水旱息,必获丰年之收。”原文原义实如杜镇南所说,而赵文子已明言以上四句是比喻(“譬如农夫”),孔疏:“以喻礼信不惑,必为诸侯之长也。”所谓诸侯之长,也就是上文说的盟主。“能信不为人下,吾未能也”,杜注:“自恐未能信也。”这意思是说:应该恐惧的是“未能信”,而不是“为人下”,因为若是能信,则必不为人下。引《诗》见《大雅·抑》,杜注:“僭,不信。贼,害人也。”不僭自是诚信,不贼自是有益于人。诚信而有益于人,自然足以为人们所取法。能为人们所取法,当然不为人下了。“吾不能是难,楚不为患”,杨注谓前一句为倒装句,说:“吾难于不能,言吾以不能信为难。”至确。担心的是“未能信”,不是楚之为患。这就是赵武前面说过的“信以为本”,应该称得上美德。

❹ 杜注:“旧书,宋之盟书。楚恐晋先歃,故欲从旧书加于牲上,不歃血。《经》所以不书‘盟’。”这样理解,正道出了楚令尹围的本意。《左传》襄二十七年记楚人语,谓“晋楚狎主诸侯之盟”,而今说什么“读旧书加于牲上而已”,可见其为“不信之尤者”。

原文

三月甲辰,盟。楚公子围设服离卫。❶叔孙穆子曰:“楚公子美矣君哉!”郑子皮曰:“二执戈者前矣!”蔡子家曰:“蒲宫有前,不亦可乎？”楚伯州犁曰：“此行也，辞而假之寡君。”郑行人挥曰：“假不反矣。”伯州犁曰：“子姑忧子皙之欲背诞也。”子羽曰：“当璧犹在，假而不反，子其无忧乎？”❷齐国子曰：“吾代二子愍矣！”陈公子招曰：“不忧何成？二子乐矣。”❸卫齐子曰：“苟或知之，虽忧何害？”宋合左师曰：“大国令，小国共。吾知共而已。”❹晋乐王鲋曰：“《小旻》之卒章善矣！吾从之。”❺

注释

❶ 杜注：“设君服，二人执戈，陈于前以自卫。离，陈也。”孔疏：“杜以离卫即执戈是也，言二人执戈陈列于前以自防卫也。离之为陈虽无正训，两人一左一右，相离而行，故称离卫，离亦陈之义。”杨注：“此服泛指围之一切陈设服饰。设服，设君服也……离与丽古音同在来母歌韵，可相通假……丽又与俪通……离卫，卫即今之卫兵，卫兵成双成对者，谓之俪卫，亦作离卫。”按：杜注孔疏没有把“离卫”何以有二人执戈的意思讲清楚，杨先生讲得很明白了。

❷ 据杜注，“美矣君哉”是“美服似君”的意思，以公子身份而设君服，非君而似君，难免嫌疑。“礼：国君行，有二执戈者在前。”杜注这样说，意思不难明白：楚公子围行走，也有二执戈者在前，那他不是在用国君的仪仗吗？杜注又说：“公子围在会，特缉蒲为王殿屋屏壁，以自殊异，言既造王宫而居之，虽服君服，无所怪也。”孔疏引服虔云：“蒲宫，楚君离宫。言令尹在国已居君之宫，出有前戈，不亦可乎？”但孔疏认为诸侯大夫所见者应为公子围在会之仪，杜注“要惬人情”。楚伯州犁说令尹公子围的设施是“假之寡君”，杜注：“闻诸大夫讥之，故言‘假’，以饰令(大)〔尹〕过。”郑行人挥说“假不反矣”，显然是针对伯州犁的说法而言，杜注：“言将遂为君。”则以前所假借的仪服就不要返还了。“子姑忧子皙之欲背诞也”，这是伯州犁驳斥郑行人挥的话，杜注：“襄三十年郑子皙杀伯有，背命放诞，将为国难。言子且自忧此，无为忧令尹不反戈。”可见伯州犁在想方设法为楚令尹围辩解，转移

人们的视线。“当璧犹在,假而不反,子其无忧乎?”杜注:“当璧谓弃疾事,在昭十三年。言弃疾有当璧之命,围虽取国,犹将有难,不无忧也。”今按:《左传》昭十三年追叙楚共王立嗣之事,此事本在鲁昭公元年之前至少二十年左右,所以子羽在鲁昭公元年可以对伯州犁说起“当璧”之事。子羽就是前面出现过的行人挥,杜注已指出。

❸ “吾代二子愍矣”,杜注:“二子,谓王子围及伯州犁。”孔疏赞成杜注,杨注并无异词。陈公子招说:“不忧何成?二子乐矣。”杜注:“言以忧生事,事成而乐。”这其实也就是忧而成事,忧而后乐。

❹ 杜注对卫齐子的两句话所作的解释是:“言先知为备,虽有忧难,无所损害。”宋合左师所谓“小国共”,《释文》:“共音恭。”杜注解释合左师的话,说:“共承大国命,不能知其祸福。”应该说原文原意都不出杜注之外。

❺ 杜注:“《小旻》,《诗·小雅》。其卒章义取非唯暴虎冯河之可畏也,不敬小人亦危殆。王鲋从斯义,故不敢讥议公子围。”据此,我们认为:晋乐王鲋愿意取法《小旻》卒章,原因是他为人谨慎,不想看到口舌之争惹事生非。

原文

退会,子羽谓子皮曰:“叔孙绞而婉,宋左师简而礼,乐王鲋字而敬,子与子家持之,皆保世之主也。❻齐、卫、陈大夫其不免乎:国子代人忧,子招乐忧,齐子虽忧弗害。夫弗及而忧,与可忧而乐,与忧而弗害,皆取忧之道也,忧必及之。《大誓》曰:‘民之所欲,天必从之。’三大夫兆忧,〔忧〕能无至乎?言以知物,其是之谓矣。”❼

注释

❻ 杜注:“绞,切也;讥其似君反谓之‘美’,故曰‘婉’。无所臧否,故曰‘简’;共事大国,故曰‘礼’。字,爱也;不犯凶人,所以自爱敬。

子，子皮；子家，蔡公孙归生。持之，言无所取与。”诚如孔疏所说，叔孙穆子、宋左师、晋乐王鲋、郑子皮、蔡子家这些人，“持其两端，无所取与，是持之也；弈棋谓不能相害为持，意亦同于此也”。这些人都是“保世之主”。

7 “忧”字当重，说见阮元等《校勘记》。“兆忧”，杜注：“开忧兆也。物，类也。察言以知祸福之类。”杨注引小戴辑《礼记·缁衣》郑注：“物谓事验。”认为后来发生的事情应验了“三大夫兆忧”而忧至的预言。我们认为杨注义长。杜注说“国弱、齐恶当身各无患”，与《左氏》记子羽之语原意实有不合。

原文

季武子伐莒，取郓。莒人告于会。楚告于晋曰：“寻盟未退而鲁伐莒、渎齐盟，请戮其使！”

乐桓子相赵文子，欲求货于叔孙，而为之请。使请带焉，弗与。梁其踁曰：“货以藩身，子何爱焉？”叔孙曰：“诸侯之会，卫社稷也。我以货免，鲁必受师，是祸之也，何卫之为？人之有墙，以蔽恶也；墙之隙坏，谁之咎也？卫而恶之，吾又甚焉。虽怨季孙，鲁国何罪？叔出季处，有自来矣，吾又谁怨？然鲋也贿，弗与，不已。”召使者，裂裳帛而与之，曰：“带其褊矣。”[1]

赵孟闻之，曰：“临患不忘国，忠也；思难不越官，信也；图国忘死，贞也：谋主三者，义也。有是四者，又可戮乎？”乃请诸楚曰：“鲁虽有罪，其执事不辟难，畏威而敬命矣。子若免之，以劝左右，可也。若子之群吏处不辟污，出不逃难，其何患之有？患之所生：污而不治，难而不守，所由来也。能是二者，又何患焉？不靖其能，其谁从之？[2]鲁叔孙豹可谓能矣，请免之以靖能者！子会而赦有罪，又赏其贤，诸侯其谁不欣焉望楚而归之，视远如迩？疆埸之邑，一彼一此，何常之有？王伯之令也，引其封疆而树之官，举之表旗而著之制令,过则有刑,犹不可壹,于是乎虞有三苗,夏有观、扈,商有姺、邳,周有徐、奄。[3]自无令王,诸侯逐进,狎主齐盟,其又可壹乎?恤大舍小,足以为盟主,又焉用之?封疆之削,何国蔑有?主齐盟者,谁能辩焉?吴、濮有衅,楚之执事岂其顾盟?莒之疆事,楚勿与知,诸侯无烦,不亦可乎?莒、鲁争郓,为日久矣。苟无大害于其社稷,可无亢也。去烦宥善,莫不竞劝。[4]子其图之!"固请诸楚,楚人许之,乃免叔孙。

注释

❶ 踁读 jìng。杨注已据《广韵》指出"梁其"为复姓。"叔出季处"以下,杜注:"季孙守国,叔孙出使,所从来久。今遇此戮,无所怨也。"孔疏:"季孙世为上卿,法当上卿守国,次卿出使,以此为从来久耳。必须使上卿者,上卿非不使也。"这样讲,就可以避免读者生疑了。"裂裳帛而与之"以下,杜注:"言带褊尽,故裂裳示不相逆。"杨注:"撕裂裙帛以为带,且歉言,带恐狭小矣,故裂裳也。"说本杨遇夫先生《读左传》。细读《左氏》原文,知杜杨两注皆是,而杨注更为明白。

❷ "不靖其能,其谁从之",杜注:"安靖贤能则众附从。"与此相反,不能安靖贤能,谁跟从你呢?这里靖也是安的意思,"安靖"同义词连用。《逸周书·谥法》:"柔德安众曰靖。"(安,一作"考",或作"好"。以作"安"为是。靖,一作静。靖静古通。)《周语下》"自后稷之始基靖民",韦注:"靖,安也。"是其证。王伯申《经义述闻》卷十九:"靖有表章风劝之义。靖当读为旌。旌,表也。"亦通。

❸ "王伯之令也",杜注:"言三王五伯有令德时。"杨注初版认为这里"令"是"政令"。从《左传》下文"自无令王"句看,这"王伯之令"句的令,应以杜注为允,因为无令德之王伯固不少,王伯而无政令者不可能有。杨注再版说"令,善也",这样更正是对的。"引其封疆"以下,杜注:"引,正也;正封界。树,立也;立官以守国。旌旗以表贵贱。为诸侯作制度法令,使不得相侵犯。"杨遇夫

树达先生说:“官谓界上官寺。表旗即后世界碑之类。制令即后世所谓边界章程。过谓越境。诸文皆承封疆而言。”(《读左传》)我们认为这里当以遇夫先生说为是。按约定各守封疆,谁有过错,就对他用刑罚。虽然这样做了,还是做不到划一而固定。这样讲,还是承封疆而言。“虞有三苗”以下,说的是虞、夏、商、周各个时期都各有不肯驯服的部落或敌国。三苗,见《尚书·尧典》(《舜典》从《尧典》分出来之后,三苗见于《舜典》《淮南子·修务》。观、扈见《楚语上》《汉书·地理志》《吕氏春秋·先己》《史记·夏本记》。姺读 xiān,一读 shēn 亦作“侁”,或作“莘”(读 shēn),邳读 pī,又读 péi。徐、奄见《诗·大雅·常武》与《尚书序》。

❹ 无亢,杜注:“亢,御。”杨注:“亢与下文‘亢身’‘亢宗’之义同,扞蔽、庇护之义。谓护莒。”这里杨注比杜注明确。“去烦宥善,莫不竞劝”,依杨注,“免诸侯动众之劳”“赦免善人叔孙豹”,则“莫不竞力为善”。按:这里杨注实用孔疏说。

原文

令尹享赵孟,赋《大明》之首章。赵孟赋《小宛》之二章。事毕,赵孟谓叔向曰:“令尹自以为王矣❶,何如?”对曰:“王弱,令尹强,其可哉! 虽可,不终。”赵孟曰:“何故?”对曰:“强以克弱而安之,强不义也。不义而强,其毙必速。《诗》曰:‘赫赫宗周,褒姒灭之。’强不义也。❷令尹为王,必求诸侯。晋少懦矣,诸侯将往。若获诸侯,其虐滋甚,民弗堪也,将何以终? 夫以强取,不义而克,必以为道。道以淫虐,弗可久已矣!”

注释

❶ 杜注:“《大明》,《诗·大雅》。首章言文王明明照于下,故能赫赫盛于上。令尹意在首章,故特称首章以自光大。”我们认为楚令尹公子围当时意在《大明》首章,主要是看中了其中“不易维王”一

句，正如《左氏》下文记赵孟谓叔向语所说："令尹自以为王矣。"赵孟赋《小宛》之二章，杜注："《小宛》，《诗·小雅》。二章取其'各敬尔仪，天命不又'，言天命一去，不可复还，以戒令尹。"这里杜注抓住了赵孟的本意。

❷ 叔向说的"不义而强，其毙必速"，可以帮助人们正确认识那些自恃强大而横行霸道、不肯主持正义的势力。引《诗》见《小雅·正月》，杜注："褒姒，周幽王后，幽王惑焉而行不义，遂至灭亡。言虽赫赫盛强，不义足以灭之。"这里杜注甚是。

原文

夏四月，赵孟、叔孙豹、曹大夫入于郑，郑伯兼享之。子皮戒赵孟，礼终，赵孟赋《瓠叶》。子皮遂戒穆叔，且告之，穆叔曰："赵孟欲一献，子其从之。"子皮曰："敢乎？"穆叔曰："夫人之所欲也，又何不敢？"及享，具五献之笾豆于幕下。赵孟辞，私于子产曰："武请于冢宰矣！"乃用一献。❸赵孟为客。礼终乃宴。❹穆叔赋《鹊巢》，赵孟曰："武不堪也！"又赋《采蘩》，曰："小国为蘩，大国省穑而用之，其何实非命？"子皮赋《野有死麕》之卒章，赵孟赋《常棣》，且曰："吾兄弟比以安，尨也可使无吠！"穆叔、子皮及曹大夫兴，拜，举兕爵，曰："小国赖子，知免于戾矣！"❺饮酒乐，赵孟出，曰："吾不复此矣！"

注释

❸ "子皮戒赵孟"以下，杜注："受所戒，礼毕而赋诗。《瓠叶》，《诗·小雅》。义取古人不以微薄废礼，虽瓠叶兔首，犹与宾客享之。"今按：《瓠叶》实为写一献之礼的诗，说见拙著《诗经刍议》与拙撰《诗经校注》，所以《左氏》下文记穆叔语谓"赵孟欲一献"。"及享，具五献之笾豆于幕下"，杜注："朝聘之制，大国之卿五献。"孔疏引《礼经·聘礼》证成杜注，可信。"赵孟辞"，杜注："赵孟自以今非聘郑，故辞五献。"按：赵孟与虢之会，会罢过郑，固非聘郑，杜

注是对的。“武请于冢宰矣”，杜注：“冢宰，子皮。请，谓赋《瓠叶》。”按：这样说，当然是对的。“武”即赵孟自称。

❹ “礼终乃宴”，杜注：“卿会公侯，享宴皆折俎，不体荐。”孔疏：“《传》言‘礼终乃宴’，谓（之）享礼既终，即因而为宴，不待异日也。杜解享宴礼异，所以得相因者，以其殽俎同故也。”引宣十六年《左传》说王室之礼的享宴，又说：“其实诸侯之待公卿，礼亦当然。以卿会公侯，享宴皆折俎不体荐，享宴俎同，故得因行礼也。”杨注：“古人飨礼，飨后必宴，宴即燕。”“此次郑君享赵孟，只用一献，用时不长，故享礼完毕即行宴礼。”我们认为杨注对此次郑伯款待赵孟而享宴得相因的解说，比孔疏所说的“以其殽俎同故也”，较为合理。“礼终乃宴”，《诗·彤弓》孔疏引作“礼终乃燕”，可以作为杨注所谓“古人飨礼，飨后必宴，宴即燕”的旁证。

❺ 杜注：“《鹊巢》，《诗·召南》。言鹊有巢而鸠居之，喻晋君有国，赵孟治之。”杨注：“穆叔意或比赵孟为鹊，以己为鸠。大国主盟，己得安居，免于楚之请杀之也。”这个讲法与杜注完全不同。我们认为这里杜杨两说都未必正确，所谓“楚则失矣，而齐亦未为得也”；因为赵孟听了穆叔之赋诗，回答说“武不堪也”，而杜、杨两说与赵孟的答语并不协调，并不融洽。穆叔赋《鹊巢》，义取该诗三章的“百两御之”“百两将之”“百两成之”，表示对赵孟的欢迎，其他各句实无所当。因为周礼规定诸侯才能用“百两”（说见拙撰《诗经校注》），所以赵孟会说“武不堪也”。赋《采蘩》，杜注：“亦《诗·召南》。义取蘩菜薄物，可以荐公侯，享其信不求其厚。穆叔言小国微薄犹蘩菜，大国能省爱用之而不弃，则何敢不从命？”这里穆叔自己把他赋《采蘩》的用意讲得很明白，无须再作解说。子皮赋《野有死麕》之卒章，杜注：“卒章曰：‘舒而脱脱兮，无感我帨兮，无使尨也吠。’脱脱，安徐。帨，佩巾。义取君子徐以礼来，无使我失节而使狗惊吠，喻赵孟以义抚诸侯，无以非礼相加陵。”我们认为这里杜注大体可取。子皮的意思，盖希望大国不要压迫小国太甚，与穆叔赋《采蘩》有相通处。赵孟赋《常棣》，杜

注:“《常棣》,《诗·小雅》。取其‘凡今之人,莫如兄弟’,言欲亲兄弟之国。”赵孟对自己赋《常棣》的意思也做了交代:“吾兄弟比以安,尨也可使无吠!”杜注:“受子皮之诗。”实际上表示了对子皮赋诗寓意的接受。《左氏》下文至“免于戾矣”,杜注:“三大夫皆兄弟国。兴,起也,兕爵,所以罚不敬。言小国蒙赵孟德比以安,自知免此罚戮。”今按:这里杜注道出了《左氏》原意。我们在这里可以较为充分地领略春秋时代诗礼融合的意义。

原文

天王使刘定公劳赵孟于颍,馆于雒汭。刘子曰:“美哉禹功,明德远矣!微禹,吾其鱼乎!吾与子弁冕、端委[1]以治民、临诸侯,禹之力也。子盍亦远绩禹功而大庇民乎?”对曰:“老夫罪戾是惧,焉能恤远?吾侪偷食,朝不谋夕,何其长也?”[2]刘子归,以语王曰:“谚所谓老将知而耄及之者,其赵孟之谓乎!为晋正卿以主诸侯,而侪于隶人,朝不谋夕,弃神、人矣。神怒,民叛,何以能久?赵孟不复年矣。神怒,不歆其祀;民叛,不即其事:祀、事不从,又何以年?”[3]

注释

❶ 汭读 ruì。杜注:“水曲流为汭。见河雒而思禹功。弁冕,冠也。端委,礼衣。”孔疏:“冠者,首服之总名。弁冕,冠中之小别。弁冕是首服,端委是身服。言弁冕端委,总举冠衣而言,非谓定公赵孟身所自衣也。”引服虔的说法:“礼衣端正无杀,故曰端;文德之衣尚褒长,故曰委。”因为《论语·乡党》说过“非帷裳必杀之”,譬如深衣实即“非帷裳”者,而郑君已指明帷裳谓朝祭之服,孔疏认为朝祭之服当曳地,所以判断服虔的说法是对的。今姑从之。

❷ “远绩禹功”,杜注:“劝赵孟,使纂禹功。”孔疏:“绩亦功也。重其言耳。远绩禹功者,劝之为大功,使远及后世若大禹也。”杨注依《尔雅·释诂》,将“绩”解释为“继”,较为顺畅。赵孟说:“吾侪

偷食,朝不谋食,何其长也”,侪读 chái,杜注:“言欲苟免目前,不能念长久。”孔疏:“侪,等也。言吾等于彼卑贱苟且饮食之人也。”按:依杜注,“何其长也”不是感叹其长(谋虑之长远),而是何能或何必或何可或何得或何及其长。依孔疏,“吾侪偷食”句主语是“吾”,不是“吾侪”,“吾”字后应稍顿,“侪”成了谓语。但我们认为这里“吾侪”作“我等”或“我们一类人”讲,也该可通。

❸ “老将知而耄及之”:《释文》说“知音智”,意思是这个“知”应该看作“智”(音义同“智”)。以其与下文“耄”对文,我们认为《释文》是对的。杜注:“八十曰耄。耄,乱也。”原文意思是:年老将变得明智,然而赶上老耄胡涂起来。“侪于隶人”句,杜注:“言其自此于贱人而无恤民之心。”由此可以判断《左氏》上文“吾侪偷食”的“侪”依孔疏理解是可以的,《左传》这里两个“侪”的意义与用法可以相同。“弃神人矣”,杜注:“民为神主;不恤民,故神人皆去。”春秋时代已经产生这一类观念,譬如《左传》僖公十九年记司马子鱼的话,也说:“民,神之主也。”重神,似乎更重民,这应该是社会观念的大进步。“赵孟不复年矣”,杜注:“言将死,不复见明年。”据说“不复年”的原因就是“神怒民叛”而导致“祀事不从”,什么事也不顺,还能活下去吗?

原文

叔孙归,曾夭御季孙以劳之。旦及日中不出。曾夭谓曾阜曰:“旦及日中,吾知罪矣。鲁以相忍为国也。忍其外,不忍其内,焉用之?”阜曰:“数月于外,一旦于是,庸何伤?贾而欲赢,而恶嚣乎?”❹阜谓叔孙曰:“可以出矣。”叔孙指楹,曰:“虽恶是,其可去乎?”❺乃出见之。

注释

❹ “忍其外,不忍其内”,杜注:“欲受楚戮,是‘忍其外’。日中不出,是‘不忍其内’。”不忍就是有忿恨之心。叔孙恨季孙在虢会进行期间伐莒,使己遭受几乎被杀的危险,所以回国后有怨忿,应可谅

解。“贾而欲赢”两句，杜注：“言譬如商贾求赢利者，不得恶喧嚣之声。”诚然，谁曾听说商贾在市而讨厌市场的喧哗呢？孔疏：“言已伐莒求利而不得恶日中不出。”然而季孙来慰劳叔孙，从早晨等到日中，态度也算够好的了。

❺ 杜注：“楹，柱也。以谕鲁有季孙，犹屋有柱。”房屋怎么能去掉梁柱呢？

原文

郑徐吾犯之妹美，公孙楚聘之矣，公孙黑又使强委禽焉。[1]犯惧，告子产。子产曰：“是国无政，非子之患也。唯所欲与。”犯请于二子，请使女择焉。皆许之。子皙盛饰入，布币而出。子南戎服入，左右射，超乘而出。女自房观之，曰：“子皙信美矣。抑子南夫也。夫夫妇妇，所谓顺也。”[2]适子南氏，子皙怒，既而櫜甲以见子南，欲杀之而取其妻。子南知之，执戈逐之，及冲，〔以〕击之(以戈)。[3]子皙伤而归，告大夫曰：“我好见之，不知其有异志也，故伤。”

注释

❶ “强委禽焉”，强读 qiǎng，这里不读第二声 qiáng。杜注：“禽，雁也。纳采用雁。”强行将雁送到女方家里，叫“强委禽焉”，也就是强行纳采之仪。

❷ “子皙盛饰入”以下，杜注指出子皙就是公孙黑，“布币”就是布陈贽币，杨注谓“子南已聘，故不复纳币”，射箭后“超乘而出”，更一跃登上车以出。“子南夫也”，杜注：“言丈夫。”子皙诚然为美男子，可是子南显示了大丈夫气概，徐氏女看中了子南，也算是有眼光了。今按：“请使女择焉”“唯所欲与”，应该可以证明春秋时代婚姻行为中女方尚有一定的自由。

❸ “及冲”，杜注：“冲，交道。”《说文》：“冲，通道也。从行，童声。《春秋传》曰：‘及冲以击之。’”段注：“《左传》昭元年文……上云

子南执戈逐之，则云‘以击之’，不再出‘戈’，是也。今《传》作‘击之以戈’，亦是浅人所改。”今据《说文》引文与段注校改。

原文

大夫皆谋之。子产曰：“直钧，幼贱有罪，罪在楚也。”❹乃执子南而数之，曰：“国之大节有五，女皆奸之。畏君之威，听其政，尊其贵，事其长，养其亲，五者所以为国也。今君在国，女用兵焉，不畏威也；奸国之纪，不听政也；子皙上大夫，女嬖大夫而弗下之，不尊贵也；幼而不忌，不事长也；兵其从兄，不养亲也。君曰：‘余不女忍杀，宥女以远。’勉速行乎，无重而罪！”❺

五月庚辰，郑放游楚于吴。将行子南，子产咨于大叔。大叔曰：“吉不能亢身，焉能亢宗？彼国政也，非私难也。子图郑国，利则行之，又何疑焉？周公杀管叔而蔡蔡叔，夫岂不爱？王室故也。吉若获戾，子将行之，何有于诸游？”❻

注释

❹ 杜注：“先聘，子南直也。子南用戈，子皙直也。子产力未能讨，故钧其事，归罪于楚。”今按：杜注不完全符合子产的原意。杨注已指出“其实子皙无理，欲夺子南聘妻，不得，又欲杀其夫，子南不过自卫而伤之耳”。还有一条为子南辩护的理由，那就是本来已说好“使女择焉”，为何又不尊重徐氏女的意愿了呢？尽管为子南辩护的理由每一条都可以成立，尽管子产说的“子南用戈，子皙直也”其实也不能成立，但是子产的原意是：在“直钧”的前提下（虽然实际上并不是“直钧”），“幼贱有罪”。子南不但比子皙年幼，而且比子皙卑贱（《左传》下文批评子南“幼而不忌，不事长也”，竟敢“兵其从兄”，证明子南比子皙年幼；又说“子皙上大夫”，批评子南“不尊贵也”，证明子皙、子南有贵贱之分），由是结论就只有一个：“罪在楚也”。楚就是游楚，也

就是子南。这样的推论，在今天看来荒唐之极，但在春秋时代，竟出自贤人子产之口。

❺“女皆奸之”，杜注：“奸，犯也。”杨注即用此说。“余不女忍杀，宥女以远”以下，子产代国君宣布对子南的处分意见。“余不女忍杀”就是我不忍心杀你，饶你一命，你走吧，走得远远的！尽快走，不要加重你的罪行！

❻“亢身”“亢宗”，杜注：“亢，蔽也。”这里就是遮蔽、保护的意思。“蔡蔡叔”，杜注：“蔡，放也。”这是对前一个“蔡”的解释。据《释文》，前一个“蔡”应读 sà，《说文》作㮎，说是放散之义（“散之也”）。“夫岂不爱”以下，孔疏：“夫，谓周公也。夫此周公岂不爱管蔡乎？所以㮎放之，为王室故也。”杨注：“大叔即游吉，为游氏之宗主。”这个注很重要，难怪子产要向大叔提出咨询。游吉有保宗之责，他支持子产为保护国家利益而流放子南，甚至表态说：他游吉若是获罪，子产行罚也是应该的，不必因为游氏诸多人在而有什么顾虑。看来这位游吉也是能顾全大局的人，可是他怎么就不为子南说句公道话呢？也许当时只能照子产的办法，才能维护郑国的社会稳定吧？然而子南受苦了。

原文

秦后子有宠于桓，如二君于景。其母曰：“弗去，惧选！”癸卯，鍼适晋，其车千乘。书曰：“秦伯之弟鍼出奔晋。”罪秦伯也。❶

后子享晋侯，造舟于河，十里舍车，自雍及绛。归取酬币，终事八反。❷司马侯问焉，曰：“子之车尽于此而已乎？”对曰：“此之谓多矣。若能少此，吾何以得见？”女叔齐以告公，且曰：“秦公子必归。臣闻君子能知其过，必有令图。令图，天所赞也。”❸

注释

❶ 杜注：“后子，秦桓公子，景公母弟鍼也。其权宠如两君。选，数

也。恐景公数其罪而加戮。”杨注引《说文》:“选,遣也。”指出段注《说文》引《左传》昭元年此文为证。我们认为两说皆通,后一说义长。《左氏》下文“罪秦伯也”,杜注:“罪失教。”孔疏:“《传》释云‘罪秦伯’,秦伯不豫教诫其弟,不能早为之所,致奢富过度,惧而去国。罪其失兄之教,鍼不自知度,亦是其罪。归罪秦伯,言兄罪耳。”按:秦后子与其兄秦景公的关系,相似于郑共叔段与郑庄公的关系。《左传》隐元年记郑伯克段,杜注也有“讥失教”的说法。宣十七年《左氏》关于母弟例有说明,彼处注疏亦可资参考。我们这里还要说到孔疏认为秦后子“奢富过度”的说法确有根据,他出奔晋而“其车千乘”可为一证。

❷《尔雅·释水》“天子造舟”,郭璞注:“比船为桥。”《释文》引李巡注《尔雅》云:“比其船而渡也。”引郭云:“并舟为桥。”这“并舟为桥”也就是“比船为桥”,把船并列起来做浮桥用。王怀祖说:“造之言曹也,相比次之名也。”其说是。“十里舍车”,杜注:“一舍八乘,为八反之备。”孔疏:“以下言‘八反’,知一舍八乘,为八反之具也。”《左氏》下文为“自雍及绛,归取酬币,终事八反”,雍绛为两地名,杜注:“备九献之仪,始礼自赍其一,故续送其八酬酒币。每十里以八乘车,各以次载币,相授而还,不径至,故言八反。千里用车八百乘,其二百乘以自随,故言千乘。《传》言秦鍼之出极奢富,以成礼欲尽敬于所赴。”按:后子享晋侯,用八反之具与自己随行所带,凡九献,在当时享礼中为最高规格。

❸“此之谓多矣”句以下,杜注:“言已坐车多,故出奔。”杨注:“言己车若少,则不致奔晋而见女也。”两注其实义同。盖安分守己,甘于卑下之位,则不致见忌受排挤,历来如此。女叔齐就是司马侯,此人听了秦鍼的回答,知道秦后子自己明白出奔的原由,所以说他“能知其过,必有令图”,杨注:“令,善也。”据说老天爷会帮助“有令图”之人。

原文

后子见赵孟。赵孟曰:“吾子其曷归?”对曰:“鍼惧选于寡君,是以在此，将待嗣君。”赵孟曰：“秦君何如？”对曰：“无道。”赵孟曰：“亡乎？”对曰：“何为？一世无道，国未艾也。国于天地，有与立焉。不数世淫，弗能毙也。”赵孟曰：“（天）〔夭〕乎？”对曰：“有焉。”赵孟曰：“其几何？”对曰：“鍼闻之：国无道而年谷和熟，天赞之也。鲜不五稔。”[4]赵孟视荫，曰：“朝夕不相及，谁能待五？”后子出，而告人曰：“赵孟将死矣。主民，玩岁而愒日，其与几何？”[5]

注释

[4] “国未艾也”，杜注：“艾，绝也。”某一代国君无道（胡作非为），国家未必灭亡。“国于天地，有与立焉”以下，杜注：“言欲辅助之者多。”因此，如果不是国君接连几代淫乱，那国家还不至于倒台。“天乎”之天当作“夭”，据孔疏与阮元等《校勘记》改。“鲜不五稔”，杜注：“鲜，少也。少尚当历五年，多则不啻。”孔疏：“国无道而岁又饥，则君或早夭。年谷和熟则天佐助之，故少犹五年，多或不啻也。期之五年者，后子之意耳。襄二十七年《传》云‘所谓不及五稔’，盖古有此言也。”按：这里注疏言是。

[5] 玩，《释文》谓字又作忨，引《说文》：“习厌也。”愒，读 kài。杜注：玩，愒，皆贪也。”主于民事（或者说是执政治民）而习厌于过日子，又苦短于时日的人，他还能活多久呢？

原文

郑为游楚乱故，六月丁巳，郑伯及其大夫盟于公孙段氏。罕虎、公孙侨、公孙段、印段、游吉、驷带私盟于闺门之外，实薰隧。[1]公孙黑强与于盟，使大史书其名，且曰“七子”。子产弗讨。

晋中行穆子败无终及群狄于大原，崇卒也。[2]将战，魏舒曰：“彼徒我车，所遇又阨，以什共车，必克。因诸阨，又克。请皆卒，自我始。”乃毁车以为行，五乘为三伍。荀吴之嬖人不肯即卒，斩以徇。[3]为五陈以相离：两于前，伍于后，专为右角，参为左角，偏为前拒[4]，以诱之。翟人笑之。未陈而薄之,大败之。

注释

❶ 杜注:"闺门,郑城门。薰隧,门外道(各)〔名〕。实之者,为明年子产数子晢罪称薰隧门起本。"此外没有更准确的解说。

❷ 杜注谓无终即"山戎",大原即"大卤",又说:"崇,聚也。"盖谓集聚步卒为此战取胜之原由。杨注:"崇,尚也。"盖谓其战胜之道在崇尚步战而非车战。前一说注意集中优势兵力打击敌人,后一说注意因地制宜,各自成理。

❸ "请皆卒"句以下,杜注:"去车为步卒。魏舒先自毁其属车为步陈。乘车者车三人,五乘十五人。今改去车,更以五人为伍,分为三伍。"有宠于将军荀吴的人不肯下车为步卒,"魏舒辄斩之",并且宣示军众。

❹ 孔疏:"五陈者,即两、伍、专、参、偏是也。相离者,布置使相远也。"杨注:"离通丽,附丽也……疑此五阵乃诱敌之陈,其徒卒必少,或以徒卒之数为阵名。"杨先生认为"两"是两个伍,十人;伍则为二十五人(伍可能是五之讹);专即一伍,为五人;参通三(叁),为三五,即十五人;《司马法》及《周官·小司徒》谓百人为卒,而《左传》宣十二年谓二偏为卒,则偏为五十人。孔疏杨注不尽一致,而各可备一说。杨注似近之。

原文

莒展舆立,而夺群公子秩。❺公子召去疾于齐。秋,齐公子鉏纳去疾,展舆奔吴。

叔弓帅师疆郓田,因莒乱也。于是莒务娄、瞀胡及公子灭明以大厖与常仪靡奔齐。❻

君子曰:"莒展之不立,弃人也夫!人可弃乎?《诗》曰'无竞维人',善矣。"❼

注释

❺《左传》庄公十九年“收膳夫之秩”，杜注：“秩，禄也。”《左氏》昭元年这里“夺群公子秩”的秩，也是俸禄的意思。

❻ 杜注：“三子，展舆党。大厖，常仪靡，莒二邑。”

❼ “无竞维人”，杜注：“诗，《周颂》。言惟得人则国家强。”孔疏：“《周颂·烈文》之篇也。彼注云：竞，强也。无强乎维得贤人也。得贤人则国家强矣，故天下诸侯顺其所为也。”今按：《诗·大雅·抑》也有“无竞维人，四方其训之”两句。上引孔疏录出彼《烈文》之注，实合毛传郑笺而言。《左传》昭元年这一段凡二十四字，意义颇为深远。以人为本，人才重要，明乎此者，善矣！治国治民者轻视人民，忽略人才，他自己最终会被历史被人民抛弃，难道不是这样吗？

原文

晋侯有疾，郑伯使公孙侨如晋聘，且问疾。叔向问焉，曰：“寡君之疾病，卜人曰‘实沈、台骀为祟’，史莫之知。敢问此何神也？”子产曰：

昔高辛氏有二子，伯曰阏伯，季曰实沈，居于旷林，不相能也，日寻干戈以相征讨。后帝不臧，迁阏伯于商丘，主辰，商人是因，故辰为商星；迁实沈于大夏，主参，唐人是因，以服事夏、商，其季世曰唐叔虞。当武王邑姜方震大叔，梦帝谓己：“余命而子曰‘虞’，将与之唐，属诸参，而蕃育其子孙。”及生，有文在其手曰“虞”，遂以命之。及成王灭唐，而封大叔焉，故参为晋星。由是观之，则实沈参神也。❶

昔金天氏有裔子曰昧，为玄冥师，生允格、台骀。台骀能业其官，宣汾、洮，障大泽，以处大原。帝用嘉之，封诸汾川，沈、姒、蓐、黄实守其祀。今晋主汾而灭之矣。由是观之，则台骀汾神也。[2]

抑此二者不及君身。山川之神，则水旱疠疫之灾，于是乎禜之。日月星辰之神，则雪霜风雨之不时，于是乎禜之。[3]若君身，则亦出入、饮食、哀乐之事也，山川、星辰之神又何为焉？

注释

❶ “阏伯”之阏读 è。“不相能也”句，早有学者认为这“不相能”应理解为不相安，不相得，和不来，杨注即用此说，当从之。“日寻干戈”，杜注：“寻，用也。”这一句意思是阏伯与实沈天天打架。“后帝不臧”，后即帝，杜注：“臧，善也。”不臧，认为不好。所以后帝把天天打架的两兄弟分开了。“主辰”，杜注：“主祀辰星。辰，大火也。”后面的“主参”自是主祀参星，参读 shēn。“商人是因”，“唐人是因”，这两个“因”可以当“亲近”或“依从”讲。“当武王邑姜方震大叔”，杜注：“邑姜，武王后，齐大公之女。怀胎为震。大叔，成王之弟叔虞。”杨注说同。“梦帝谓己”以下：孔疏认为梦帝者应是邑姜，不是武王；《释文》则指出据《史记·晋世家》叔虞封唐侯，叔虞之子燮父改为晋侯。实沈为参神，本来“唐人是因”，成王灭唐后，参神与封于唐的叔虞有了联系，后来与叔虞之后的晋侯自然发生关系了。

❷ 杜注：“金天氏，帝少皞。裔，远也。玄冥，水官。昧为水官之长。”台骀能继承其父昧为水官之长的事业，疏通汾洮二水，防止大泽泛滥，本居大原，后来受帝封于汾川。可知台骀为汾水之神。沈、姒、蓐、黄四国即台骀之后，后来晋侯灭此四国而有其地。至此，晋国卜人说的“实沈、台骀为祟”而史莫之知的问题得到解答。这一段与上段记公孙侨（子产）的话，神乎其神，自不可全信，唯后世应视为历代传闻，而不必一概斥之为妄诞。

❸ 禜读 yíng。《周官·大祝》“六祈”之一。祭日月星辰之神与山川之神，用牲。

原文

侨闻之：君子有四时，朝以听政，昼以访问，夕以修令，夜以安身。于是乎节宣其气，勿使有所壅闭湫底以露其体，兹心不爽而昏乱百度。今无乃壹之，则生疾矣。[4]侨又闻之：内官不及同姓，其生不殖。美先尽矣，则相生疾，君子是以恶之。[5]故《志》曰："买妾不知其姓，则卜之。"违此二者，古之所慎也。[6]男女辨姓，礼之大司也。今君内实有四姬焉，其无乃是也乎？若由是二者，弗可为也已！四姬有省犹可，无则必生疾矣。[7]

叔向曰："善哉！肸未之闻也。此皆然矣。"

叔向出，行人挥送之。叔向问郑故焉，且问子皙，对曰："其与几何！无礼而好陵人，怙富而卑其上，弗能久矣。"

晋侯闻子产之言，曰："博物君子也！"重贿之。

注释

[4] 湫读 qīu，或读 jiǎo。《释文》引服虔云：湫，"著也"；底，"止也"。杜注："湫，集也。底，滞也。露，羸也。壹之，则血气集滞而体羸露。兹，此也。爽，明也。百度，百事之节。"孔疏："壅谓障而不使行，若土壅水也。闭谓塞而不得出，若闭门户也。湫谓气聚。底谓气止。四者皆是不散之意也。气不散则食不消，食不消则食少，食少则肌肤瘦，肌肤瘦则骸骨露也。言人之养身当须宣散其气，勿使气有壅闭积滞以羸露其形骸也……既露其体，则神识亦弱，致使此心不明、照察失宜，而昏乱百事之节度也。"今按：杜注孔疏已经把"勿使有所壅闭湫底"至"昏乱百度"这一句讲通。"露"与"羸"一声之转，王怀祖认为杜注是对的，不赞成孔疏"骸骨露"一说。王伯申《经传释词》卷八认为这里"兹"是"承上起下之词，犹今人言致令如此也"；杨伯峻先生用杨遇夫先生说，认为这里"兹"是"兹用"之省略（见《词诠》卷六），义同"是以"：这样讲解"兹心不爽"句首"兹"字与上下文的联系，尤其精确。"今无

乃壹之,则生疾矣”,杜注:“同四时也。”杨注:“壹之,专一之;谓人生精气专用之于某一处,而生病也。”今按:“无乃”犹言“得无”。杜注所谓“同四时”,意思是朝、昼、夕、夜四时做专一之事,用专一之神,不肯节宣其气,那正是《左氏》上文说的“壅闭湫底以露其体”,岂有不生疾之理?可见这里两注实同。

❺ 杜注:“内官,嫔御。殖,长也。同姓之相与先美矣,美极则尽,尽则生疾。”孔疏:“同姓未必皆不殖,此以礼法为言,劝励人耳。”至近代,人类生命生育科学发展,终于对同姓婚姻其生不殖这一普遍规律作出正确的解释。因为古人已经从漫长的婚姻生活中发现了同姓婚姻并非美事这一规律(只是解释并不十分科学而已),所以“君子”并不赞扬同姓婚姻,而是“恶之”。

❻ 杜注:“壹四时、取同姓二者,古人所慎。”子产说古人对壹四时、取同姓二者颇加注意,盖以为晋平公之疾起于“违此二者”。

❼ “男女辨姓,礼之大司也”,杜注:“辨,别也。”杨注:“司,主也。”《左氏》已经把避免同姓婚姻的问题提升到“礼之大司”的高度。“今君内实有四姬焉”,指晋平公内宫妻妾中有四个同姓女子(晋平公与此四女皆姬姓)。如果他的疾病缘于他与这四个同姓妻妾的关系,那他的疾病就不可救治了。“四姬有省”句以下,杜注:“据异姓,去同姓,故言省。”孔疏引刘炫的话:“子产言:若于同姓不深,病犹可差。若于四姬有此省,相见稀接御,则此病犹尚可;如无稀省,耽之过度,则必生疾。”刘炫的解说是有道理的。

原文

晋侯求医于秦,秦伯使医和视之。曰:“疾不可为也。是谓近女,室疾如蛊。非鬼非食,惑以丧志。良臣将死,天命不佑。”❶公曰:“女不可近乎?”对曰:“节之!先王之乐,所以节百事也,故有五节;迟速本末以相及,中声以降;五降之后,不容弹矣。于是有烦手淫声,慆堙心耳,乃忘平和,君子弗听也。❷物亦如之,至于烦,乃舍也已，无以生疾。君子之近琴瑟，以仪节也，非以慆心也。天有六气，降生五味，发为五色，征为五声。淫生六疾。六气曰阴、阳、风、雨、晦、明也，分为四时，序为五节，过则为灾：阴淫寒疾，阳淫热疾，风淫末疾，雨淫腹疾，晦淫惑疾，明淫心疾。女，阳物而晦时，淫则生内热惑蛊之疾。今君不节不时，能无及此乎？[3]”

注释

❶ “是谓近女”句下“室”当为“生”，作“室”从上句读者误，说见王氏《经义述闻》卷十九。今按：王氏父子发现《传》凡言“是谓”者文多用韵，这个论断很有道理。但他们推论这里“室”必为“生”字之误，就只是主观猜测，并无有力的根据。其实“室”字不误，杨注修订本引王壬秋先生《湘绮楼日记》同治八年十一月三日的说法是对的。“近读者皆以‘女’‘蛊’为韵，是也。室疾，今言房劳也。”房事劳累过度而生病，是谓“室疾”，《左氏》原文没有错误，不可乱改。但王氏父子指出《说文》“蛊”字段氏注句读之误，毕竟令人欢喜赞叹。

❷ 杜注认为这里“五节”指五声之节，又说：“此谓先王之乐得中声，声成五，降而息也。降，罢退。五降而不息，则杂声并奏，所谓郑卫之声。”孔疏：“女之为节不可得说，故以乐譬之……为乐有五声之节，为声有迟有速，从本至末，缓急相及，使得中和之声。其曲既了，以此罢退……不容更复弹作以为烦手淫声、郑卫之曲也。”又说：“五降不息，则非复正声。手烦不已，则杂声并奏，《记》《传》所谓郑卫之声，谓此也。”刘炫说：“淫声之慢，塞人心耳，乃使人忘失平和之性，故君子不听也。”今按：“淫声之慢”，这“慢”一作漫。淫声本来就过度了，漫即泛滥，实难听，不可听，不当听。这里慆与滔通，与堙义近。杨注：“平和之声即上文之中声”，甚是。中声自然中听。

❸ 杜注：“烦不舍则生疾。”意思是说：该舍则舍，以免生病。君子近琴瑟，依杜注，“为心之节仪，使动不过度”；“非以慆心也”，不是

用来充塞心耳而企求从中得到过分满足的。“天有六气”,《左氏》下文有关于六气的交代。“降生五味”,杜注:“谓金味辛,木味酸,水味咸,火味苦,土味甘,皆由阴阳风雨而生。”孔疏指出杜注“五味”实本《尚书·洪范》与小戴辑《礼记·月令》。“发为五色”以下,杜注:“辛,色白。酸,色青。咸,色黑。苦,色赤。甘,色黄。发,见也。白,声商。青,声角。黑,声羽。赤,声徵。黄,声宫。征,验也。”按:这里“征,验也”一句是解释《左氏》原文“征为五声”一句的征(zhēng),而杜注“赤,声徵”一句则是说赤色与徵(zhǐ)音的关系,“征,验也”与“赤,声徵”两句中征、徵字音义都不同。“淫生六疾”,杜注:“淫,过也。滋味声色所以养人,然过则生害。”六疾,应该也就是《左氏》下文说的六疾。孔疏:“此‘淫生六疾’承气味色声之下,则谓四者之过皆生疾也……非独六气生疾也。但晋侯不以味声色生疾,故医和不言之耳。”《左氏》下文“六气曰”以下,杜注:“六气之化,分而序之则成四时,得五行之节。”六气过度,则生六疾,《左氏》分别作了说明。“女阳物而晦时”句下,杜注:“女常随男,故言阳物。家道当在夜,故言晦时。”孔疏:“以女阳物,故内热;以晦时,故惑蛊也。”王壬秋先生说:“阳物,犹阳事也。男女之交,命门阳动,故云‘阳物晦时’,故云晦疾也。”今晋侯不肯节制,有不时之淫,怎么能不病成这个样子呢?(怎么能不病到眼下这一步呢?)按:上引注疏总算是把《左氏》原文讲通了。唯关于“分为四时,序为五节”两句的四时、五节,杨注认为应依《左氏》上文,四时应为每日之朝昼夕夜,五节应为五声之节,我们认为杨注是对的,当从之。

原文

出,告赵孟。赵孟曰:“谁当良臣?”对曰:“主是谓矣。主相晋国,于今八年,晋国无乱,诸侯无阙,可谓良矣!和闻之:国之大臣,荣其宠禄,任其(宠)〔大〕节;有灾祸兴,而无改焉,必受其咎。今君至于淫以生疾，将不能图恤社稷，祸孰大焉？主不能御，吾是以云也。”[4]赵孟曰：“何谓蛊？”对曰：“淫溺惑乱之所生也。于文，皿虫为蛊。谷之飞亦为蛊。在《周易》，女惑男、风落山谓之‘蛊（䷑）〔䷑〕’。皆同物也。”[5]赵孟曰：“良医也！”厚其礼而归之。

注释

❹“任其宠节”，阮元等《校勘记》认为“宠”当作“大”，今据改。大节，就是大操、大守。任其大节，就是担当重任。“有灾祸兴，而无改焉”，杜注：“改，改行以救灾。”无改，则灾祸不可救。“主不能御，吾是以云”，御是当的意思，或者理解为“止”的意思；“是以云”，所以这样说，即医和前已说过的话，谓“良臣将死，天命不佑”。

❺“谷之飞亦为蛊”，杜注：“谷久积则变为飞虫，名曰蛊。”《左氏》下文“在《周易》，女惑男，风落山，谓之蛊”，杜注：“巽下艮上，《蛊》。巽为长女，为风。艮为少男，为山。少男而说长女，非匹，故惑。山木得风而落。”按：《蛊》之卦象由巽下艮上构成。阮刻本此卦以巽下巽上出之，卦画有误，今代为更正。“巽为长女，为风”“艮为少男，为山”，见于《周易·说卦》。“皆同物也”，杜注：“物犹类也。”因为事物性质同类，所以有可比性，所以可以说“室疾如蛊”。

原文

楚公子围使公子黑肱、伯州犁城犨、栎、郏，郑人惧。子产曰：“不害。令尹将行大事，而先除二子也。祸不及郑，何患焉？”

冬，楚公子围将聘于郑，伍举为介。未出竟，闻王有疾而还，伍举遂聘。十一月己酉，公子围至，入问王疾，缢而弑之，遂杀其二子幕及平夏。右尹子干出奔晋，宫厩尹子皙出奔郑。杀大宰伯州犁于郏。葬王于郏，谓之郏敖。[1]使赴于郑，伍举问应为后之辞焉，对曰：“寡大夫围。”伍举更之曰：“共王之子围为长。”[2]

注释

❶ 杜注："郏敖，楚子麇。"杨注："楚人于楚子麇不为谥，乃以其葬地称之。"我们认为这是由于公子围目中无王兄已久，早就有篡王位之心，所以敢于弑王兄，并且很快就在称呼方面表现了对王兄的无礼。请参看杨注全文。

❷ 杜注："伍举更赴辞，使从礼告终称嗣，不以篡弑赴诸侯。"按：《左传》襄三十一年说到周礼规定的立嗣原则，"大子死，有母弟则立之，无则长立"。《左氏》昭十三年说到"共王无冢適"。而今康王、郏敖已死，公子围为长，伍举更赴辞的意思，显然是要使者赴告诸侯：现在楚国轮到公子围为王了，因为"共王之子围为长"，他继承王位合礼合法。

原文

子干奔晋，从车五乘。叔向使与秦公子同食，皆百人之饩。赵文子曰："秦公子富。"叔向曰："(底)〔厎〕禄以德，德钧以年，年同以尊。公子以国。不闻以富。且夫以千乘去其国，强御已甚。《诗》曰：'不侮鳏寡，不畏强御。'秦、楚，匹也。"❸使后子与子干齿，辞曰："鍼惧选，楚公子不获，是以皆来，亦唯命。且臣与羁齿，无乃不可乎？史佚有言曰：'非羁，何忌？'"❹

注释

❸ 晋叔向给予来奔的楚右尹子干与先来奔的秦公子鍼同等待遇，杜注："百人，一卒也。其禄足百人。"孔疏："百人为卒，《周礼·司马》序官文也。禄足百人，谓与之田，取税以共食，足为百人饩也。"引《晋语》为证，可信。赵文子认为"秦公子富"，秩禄应高于楚子干。叔向加以驳斥，其理由即"厎禄以德"及其下数句。杜注："厎，致也。"叔向的意思是：给来奔者的秩禄，要看他的德行如何，德行同样好的看年齿，年齿相同的看地位，而各国公子来

奔,那就看他原来所属国的大小。没听说过拿富裕程度作标准的。何况秦公子鍼携千乘之车出奔,那是“强御已甚”。《诗·大雅·烝民》不是说过“不侮鳏寡,不畏强御”吗?秦与楚本是势钧力敌的国家,所以从这两个国家来奔的公子应该享受同等待遇。

❹ “使后子与子干齿”,杜注:“以年齿为高下而坐。”秦后子以为自己的情况与楚子干不同,提出了异议,杜注:“不获,不得自安。言俱奔,事有优劣。唯主人命所处,谦辞。后子先来仕,欲自同于晋臣为主人。子干,后来奔,以为羁旅之客。”史佚说:“非羁,何忌?”杜注:“忌,敬也。欲谦以自别。”这是替秦后子作解释。孔疏:“言子干是客,当须敬之,我不敢与同。是谦以自别也。”然而叔向站在晋国的立场看来奔者,他们都是客,应该依固定的标准或原则给予相当的秩禄。

原文

楚灵王即位,薳罢为令尹,薳启彊为大宰。郑游吉如楚葬郏敖,且聘立君;归,谓子产曰:“具行器矣。楚王(汰)〔汏〕侈而自说其事,必合诸侯。吾往无日矣。”子产曰:“不数年未能也。”

十二月,晋既烝,赵孟适南阳,将会孟子余。甲辰朔,烝于温[5];庚戌,卒。郑伯如晋吊,及雍乃复。

注释

❺ 杜注:“烝,冬祭也。孟子余,赵衰,赵武之曾祖。其庙在晋之南阳温县。往会祭之。”孔疏:“杜以孟子余是赵衰一人,盖子余是字,孟是长幼之字也。”杨注:“赵氏世称赵孟,故谓其祖为孟某某以明之。”杨伯峻先生用杨遇夫先生《读左传》的说法,认为“将会孟子余”句中“会”读为禬,就是《说文》解释为“会福祭”的“禬”,这样讲,比杜注顺畅;而杜注所谓“往会祭之”,实增字解经,不可取。“甲辰朔,烝于温”,杜注:“晋既烝,赵孟乃烝其家庙,则晋烝当(作)〔在〕甲辰之前。《传》言‘十二月’,月误。”孔疏与杨注证

成杜镇南说，今从之。

经二年[1]

原文

春，晋侯使韩起来聘。

夏，叔弓如晋。

秋，郑杀其大夫公孙黑。

冬，公如晋，至河乃复。

季孙宿如晋。

注释

❶ 鲁昭公二年，为公元前540年，周景王五年。是年孔子十三岁。

传二年

原文

春，晋侯使韩宣子来聘，且告为政而来见，礼也。观书于大史氏，见《易・象》与鲁《春秋》，曰："周礼尽在鲁矣。吾乃今知周公之德与周之所以王也。"[1]公享之。季武子赋《绵》之卒章。韩子赋《角弓》，季武子拜，曰："敢拜子之弥缝敝邑，寡君有望矣。"武子赋《节》之卒章。[2]既享，宴于季氏。有嘉树焉，宣子誉之。武子曰："宿敢不封殖此树，以无忘《角弓》！"遂赋《甘棠》。宣子曰："起不堪也，无以及召公。"[3]

注释

❶ 杜注："代赵武为政，虽盟主，而修好同盟，故曰礼。《易・象》，上下经之'象辞'。鲁《春秋》，史记之策书。《春秋》遵周公之典以

序事，故曰‘周礼尽在鲁矣’。《易·象》，《春秋》，文王周公之制，当此时儒道废，诸国多阙，唯鲁备，故宣子适鲁而说之。”按：看杜注，周礼在鲁的印象似乎仅仅从鲁《春秋》得到，与《易·象》无关。杜元凯认为这里“象”是《周易》上下经的象辞。孔疏：“《易·系辞》云：‘八卦成列，象在其中。’又云：‘《易》者象也。’是故谓之易象。”卦下总辞谓之为象，爻下别辞谓之为象，孔疏接着说：“其实卦下之语亦是象物为辞，故二者俱为象也。”我们赞成“《易》者象也”一说，认为一部《周易》的特点就是寓哲理于象中。我们还赞成包括《易》在内的群经总以礼为本一说（请参看拙撰《周易校注·序》），认为从《周易》从《易·象》可以探索周礼若干内容。所以我们判断韩宣子见《易·象》与鲁《春秋》而认定周礼在鲁，这样说是有根据的，并不是只有见鲁《春秋》才能接触周礼。清朝大学者张惠言《虞氏易礼·叙》：“《易》者，礼象也。”他援引《左传》昭二年记韩宣子语，将《易·象》理解为《周易》之象，应无疑义。然而另有大学者认为“易”“象”为二事，譬如杨伯峻先生告诉广大读者，他的名著《春秋左传注》“从宋王应麟《困学纪闻》卷六说”，将“易”“象”分读，认为“《易》乃《周易》”“《象》即哀三年《传》‘命藏《象魏》’之《象魏》，因其悬挂于象魏，故以名之，亦省称《象》”，而韩宣子在鲁国看到的《象》“当是鲁国历代之政令”。从鲁国历代之政令接触周礼，当然也无庸置疑。但是，依杨注说的读法，也没有也不能把《周易》排除在韩宣子当年聘鲁而接触周礼的因缘之外，不过此类因缘由杜注说的两项扩而为杨注之三了。我们对杨注说的王深宁关于易象的议论深入追查过，知道杨注引文出处不确。但我们可以根据《周官·大宰》与《大司徒》《大司马》《大司寇》记叙的“象魏”与“治象”“教象”“政象”以及“刑象”，判断杨注有据。所以，关于易象的解释，我们认为杜杨两注皆通。因为杨注说的观察周礼在鲁的因缘较广，所以我们的校注取杨先生说，也把“易”“象”分为两事了。

❷ 杜注：“《绵》，《诗·大雅》。卒章〔义〕取文王有四臣，故能以绵

绵致兴盛。以晋侯比文王,以韩子比四辅。《角弓》,《诗·小雅》,取其'兄弟昏姻无胥远矣',言兄弟之国宜相亲。"季武子赋《绵》之卒章,意在赞颂晋侯和韩子。而韩子赋《角弓》,全诗凡三十二句,意在安抚鲁国君臣,至少季武子当时已经听出了韩子的好意,所以他立刻表示拜谢,杜注:"弥缝,犹补合也,谓以兄弟之义。"晋与鲁本为兄弟之国,晋愿以兄弟之义弥缝鲁国,那正是鲁君所希望的。"武子赋《节》之卒章",杜注:"《节》,《诗·小雅》。卒章取'式讹尔心,以畜万邦',以言晋德可以畜万邦。"这其实可以理解为武子重申刚刚做出的承诺。

❸ 杜注:"封,厚也。殖,长也。"杨注:"封殖犹培殖";引《吴语》韦注:"雍本曰封。"杨先生又加以说明:"即今之培土。"按:封之则厚,殖之则长,杜杨两注义近。杜注又说:"《甘棠》,《诗·召南》。召伯息于甘棠之下,诗人思之而爱其树。武子欲封殖嘉树如甘棠,以宣子比召公。"所以宣子立即表示愧不敢当。

原文

宣子遂如齐纳币。❹见子雅;子雅召子旗,使见宣子。宣子曰:"非保家之主也,不臣。"见子尾;子尾见彊,宣子谓之如子旗。大夫多笑之,唯晏子信之,曰:"夫子,君子也。君子有信,其有以知之矣。"

自齐聘于卫,卫侯享之。北宫文子赋《淇澳》,宣子赋《木瓜》。❺

注释

❹ 杜注:"为平公聘少姜。"既是聘,就应该行礼,纳币为当时昏姻六礼之始。

❺ 杜注:"《淇澳》,《诗·卫风》,美武公也。言宣子有武公之德。"又说:"《木瓜》,亦《卫风》,义取于欲厚报以为好。"杨注用杜元凯说。

原文

夏四月，韩须如齐逆女。齐陈无宇送女，致少姜。少姜有宠于晋侯，晋侯谓之“少齐”。谓陈无宇非卿，执诸中都。少姜为之请，曰：“送从逆班。畏大国也，犹有所易，是以乱作。”[1]

注释

❶“晋侯谓之‘少齐’”，杜注：“为立别号，所以宠异之。”杨注：“于当时之礼，妇应称母家姓。今不称姜，而以其国名为称，所以表示宠异。”按：杨注与孔疏基本相同。其实，“少齐”可以看作昵称。“送从逆班”句以下，杜注：“班，列也。韩须，公族大夫。陈无宇，上大夫。言齐畏晋，改易礼制，使上大夫送，遂致此执辱之罪，盖少姜谦以示讥。”孔疏引《左传》桓三年说明送从逆班之例：“于大国，虽公子亦上卿送之，是送者与逆者俱为上卿，是送者依逆者班列。”“若晋以少姜为夫人，当以上卿逆，齐当以上卿送，是亦送逆同班。”可是少姜嫁到晋国去，不是做夫人，所以不当以上卿送逆。其实当时齐以上大夫送，只是对晋国表示敬畏，未能遵守送从逆班之例，那是自取其辱了。

原文

叔弓聘于晋，报宣子也。晋侯使郊劳，辞曰：“寡君使弓来继旧好，固曰‘女无敢为宾’。彻命于执事，敝邑弘矣，敢辱郊使？请辞。”致馆，辞曰：“寡君命下臣来继旧好，好合使成，臣之禄也。敢辱大馆？”[2]叔向曰：“子叔子知礼哉！吾闻之曰：‘忠信，礼之器也。卑让，礼之宗也。’[3]辞不忘国，忠信也；先国后己，卑让也。《诗》曰：‘敬慎威仪，以近有德。’夫子近德矣。[4]”

注释

❷“彻命于执事，敝邑弘矣”，杜注：“彻，达也。”能达命于大国执事，

我们国家就舒畅了。“好合使成，臣之禄也”，杜注：“得通君命，则于己为荣禄。”这里通君命就是表达国君请结友好邦交的愿望。能通君命，就是完成使命，哪里还敢辱承郊劳，又怎么敢住大宾馆呢？

❸ 杜注：“宗，犹主也。”视忠信为载礼之器，卑让为行礼之主，表明春秋时期对忠信的重视以及为人卑让的自觉。而唯利是图的一班狂妄之徒是不懂得卑让的，他们似乎也不知道忠信为何物，总而言之，他们不愿意接受礼义的观念。

❹ “敬慎威仪，以近有德”，杜注：“《诗》，《大雅》。”这样说，不错。杨注初版本：“《诗·大雅·生民》句。”这就显然不对，而修订本未作修订。今按：《左氏》这里引的两句诗，在《生民》一诗中找不到的，请到《民劳》一诗中找去。毛传：“求近德也。”联系《左氏》上文，引这样两句诗，盖谓忠信卑让以行礼，为的是使自己的言行接近德性。如鲁叔弓者，可算“近德”了。

原文

秋，郑公孙黑将作乱，欲去游氏而代其位，伤疾作而不果。驷氏与诸大夫欲杀之。子产在鄙闻之，惧弗及，乘遽[1]而至；使吏数之，曰：“伯有之乱，以大国之事而未尔讨也。尔有乱心无厌，国不女堪。专伐伯有，而罪一也；昆弟争室，而罪二也；薰隧之盟，女矫君位，而罪三也。有死罪三，何以堪之？不速死，大刑将至！”再拜稽首，辞曰：“死在朝夕，无助天为虐。”[2]子产曰：“人谁不死？凶人不终，命也。作凶事，为凶人。不助天，其助凶人乎？”请以印为褚师，子产曰：“印也若才，君将任之；不才，将朝夕从女。女罪之不恤，而又何请焉？不速死，司寇将至。”七月壬寅，缢。尸诸周市之衢，加木焉。[3]

注释

❶ 杜注：“遽，传驿。”《释文》：“《尔雅》云：‘驲、遽，传也。’孙炎注

云:"传,车。驿,马。"孔疏指出"驲、遽,传也",见《尔雅·释言》。

❷ 孔疏:"言我创疾见作,死在朝夕之间,天已虐我,无更助天为虐也。"杨注义同。

❸ 杜注:"印,子皙之子。褚师,市官。"孔疏:"盖相传说也。"意思是说:杜注认为褚师是市官,传说如此,并无确据。"尸诸周氏之衢"以下,杜注:"衢,道也。书其罪于木,以加尸上。"按:"书其罪",应该就是把《左氏》上文记子产列举的三条死罪写在木上。

原文

晋少姜卒。公如晋,及河;晋侯使士文伯来辞,曰:"非伉俪也。请君无辱。"公还,季孙宿遂致服焉。[4]

叔向言陈无宇于晋侯曰:"彼何罪?君使公族逆之,齐使上大夫送之,犹曰不共:君求以贪!国则不共,而执其使;君刑已颇,何以为盟主?且少姜有辞。"[5]冬十月,陈无宇归。

十一月,郑印段如晋吊。

注释

❹ "致服",杜注:"致少姜之襚服。"杨注即用此说。

❺ "君求以贪",杨注:"以同已,太也。贪犹奢也。"意思是:您的要求太多了。"国则不共",共同恭,杜注:"逆卑于送,是晋国不共。"杨注义同。"君刑已颇",杜注:"颇,不平。"这里批评晋侯对陈无宇的刑罚太不公平。"少姜有辞",杜注:"谓请无宇之辞。"少姜生前就有请晋君赦免陈无宇的话,见《左传》上文。

经三年[1]

原文

春,王正月,丁未,滕子原卒。

夏，叔弓如滕。

五月，葬滕成公。

秋，小邾子来朝。

八月，大雩。

冬，大雨雹。

北燕伯款出奔齐。

注释

❶ 鲁昭公三年，为公元前539年，周景王六年。是年孔子十四岁。

传三年

原文

春，王正月，郑游吉如晋，送少姜之葬。梁丙与张趯见之，梁丙曰："甚矣哉，子之为此来也！"子大叔曰："将得已乎！昔文、襄之霸也，其务不烦诸侯，令诸侯三岁而聘，五岁而朝，有事而会，不协而盟。君薨，大夫吊，卿共葬事；夫人，士吊，大夫送葬。足以昭礼、命事、谋阙而已，无加命矣。[1]今嬖宠之丧，不敢择位，而数于守適，唯惧获戾，岂敢惮烦？[2]少(姜)〔齐〕有宠而死，齐必继室。今兹吾又将来贺，不唯此行也。"张趯曰："善哉！吾得闻此数也。然自今子其无事矣。譬如火焉，火中，寒暑乃退。此其极也，能无退乎？晋将失诸侯，诸侯求烦不获。"[3]二大夫退，子大叔告人曰："张趯有知，其犹在君子之后乎？"[4]

"丁未，滕子原卒。"同盟，故书名。

注释

❶ 趯读tì。杜注："明王之制，岁聘，间朝，在十三年，今简之。先王之制，诸侯之丧，士吊，大夫送葬，在三十年。盖时俗过制，故文襄

虽节之,犹过于古。”按:《左传》昭十三年交代了诸侯于天子朝聘会盟之数,所谓“明王之制”。《左传》昭三十年说明了诸侯之丧应该安排的吊葬诸事。《左传》昭三年这里说的是晋文襄之霸令诸侯朝聘霸主大国之法以及君、夫人薨后吊葬诸事,与明王之制有区别。孔疏:“周室既衰,政在霸主。霸主不可自同天子,以明王旧制大烦诸侯,不敢依用,故设此制以简之。”郑游吉认为此制“足以昭礼、命事、谋阙而已,无加命”,杜注:“朝聘以昭礼,盟会以谋阙。”因为“命有常”,所以无加命。杨注:“除此而外,不再有令烦诸侯。”所谓“除此而外”,应该是除了《左氏》上文“令诸侯”句下说的朝聘会盟与吊葬之外。

❷ “今嬖宠之丧,不敢择位”以下,杜注:“不敢以其位卑而令礼数如守適夫人,然则时適夫人之丧吊送之礼以过文襄之制。”孔疏:“今嬖宠贱妾之丧,不敢计择妾位卑贱而令礼数即同于守適夫人也。言守適者,夫守外职,妻守内职,言夫人守内官之適长,故以守適言夫人也……刘炫云:不敢择取使人于卑贱之位而礼数同于守内官之適夫人也。”生怕得罪于晋君,哪里还敢怕将会产生的麻烦呢?

❸ “得闻此数”,这里“数”指礼数(礼仪节数)。“譬如火焉”句以下,杜注:“火,心星。心以季夏昏中而暑退,季冬旦中而寒退。”孔疏引《月令》为证,不具录。张趯的意思,是说晋平公继承盟主地位,已到达他一生的顶点,也该衰退了,晋国将失去霸主地位,如杨注所说,“诸侯纵欲求麻烦而不得”的时候快要来了。

❹ 杜注:“讥其无隐讳。”《释文》:“知音智。”盖郑游吉(子大叔)承认张趯有智力眼光,还算得上君子。杨注:“此言在君子之后,亦谓其在君子之类。”引《论语》记孔子两言“以吾从大夫之后”为证,极是。杜注于《左氏》原文“在君子之后”实未得其解。

原文

齐侯使晏婴请继室于晋,曰:“寡君使婴曰:‘寡人愿事君,朝夕不倦。将奉质币以无失时,则国家多难,是以不获。[1]不腆先君之適以备内官,焜耀寡人之望;则又无禄,早世殒命,寡人失望。[2]君若不忘先君之好,惠顾齐国,辱收寡人,徼福于大公、丁公,照临敝邑,镇抚其社稷,则犹有先君之適及遗姑姊妹若而人。君若不弃敝邑,而辱使董振择之,以备嫔嫱[3],寡人之望也!'”

韩宣子使叔向对曰:“寡君之愿也。寡君不能独任其社稷之事,未有伉俪;在缞绖之中,是以未敢请。君有辱命,惠莫大焉!若惠顾敝邑,抚有晋国,赐之内主;岂唯寡君举群臣实受其贶,其自唐叔以下实宠嘉之。[4]”

注释

1. “将奉质币以无失时”,杨注:“将犹欲也。无失时谓按时朝聘。”按:质币自是朝聘时候的奉献。又,这里说的“不获”,杜注说是“不得自来”的意思。与《左氏》上文“寡人愿事君朝夕不倦”句联系起来看,这里杜注可通。

2. 焜读 hǔn,又读 kūn。《释文》引服虔云:焜,明也;耀(本作燿),照也。先君之適,杜注:“谓少姜。”孔疏:“言得备妃嫔之列,照明己之意望也。”杨注:“少姜或为齐庄公嫡夫人之女,故云先君之適。”“不腆”“备内”皆谦词。无禄是不幸,早世陨命是早死。这当然令人失望。

3. 徼读 jiǎo,这里不读去声。杜注:“徼,要也。二公,齐先君。言收恤寡人,则先君与之福也。”今按:向外族外姓的先烈先祖求福,相信本族先祖先烈可以将福禄给予外族外姓的人,这在古人的观念里早已流行,说见拙著《中国礼制史·先秦卷》第四章第五节。《左传》昭三年这里记晏婴转述的齐景公的话也可为一证。“先君之適及遗姑姊妹若而人”,孔疏:“‘先君之適’谓適夫人所生,‘及遗姑姊妹’谓非夫人所生者也。”杨注:“姑姊妹盖灵公所生,则景公之大姑小姑也……”又引沈钦韩说:“若而人,即若干人。”这里比杜注孔疏说得好。“董振择之”以下,杜注:“董,正也。

振,整也。嫔嫱,妇官。"孔疏:"言正整选择,示精审也。"齐侯请晋侯在齐国先君適夫人或非夫人所生诸女中认真挑选,以备内官。王伯申将"董振"训为动振,说是"敬之至也"。按:希望人家来择婚,而且要求人家"敬之至也",这恐怕讲不过去。此处王说实不可取。杨注:"董振犹今慎重之意。"已不以王伯申说为意。

❹ 杨注:"正夫人为内官之主,故云内主。"这所谓"内",自指晋侯宫内。"举群臣"以下,杜注:"唐叔,晋之祖。"孔疏:"举亦皆之义,言举朝群臣也。"这里孔疏非是。王怀祖谓举读为"与",当从之。杨注:"齐言大公、丁公,故答言唐叔。"按:《左氏》原文说的是"唐叔以下",不仅唐叔一人,晋之先君皆宠嘉之。

原文

既成昏,晏子受礼,叔向从之宴,相与语。叔向曰:"齐其何如?"晏子曰:"此季世也,吾弗知齐其为陈氏矣。❶公弃其民,而归于陈氏。齐旧四量:豆、区、釜、钟。四升为豆,各自其四,以登于釜;釜十则钟。陈氏三量皆登一焉,钟乃大矣。以家量贷,而以公量收之。❷山木如市,弗加于山;鱼盐蜃蛤,弗加于海。民参其力,二入于公,而衣食其一。公聚朽蠹,而三老冻馁;国之诸市,屦贱踊贵。❸民人痛疾,而或燠休之;其爱之如父母,而归之如流水:欲无获民,将焉辟之?箕伯、直柄、虞遂、伯戏,其相胡公、大姬已在齐矣!❹"

注释

❶ 《释文》说"吾弗知绝句"。杜注:"不知其他,唯知齐将为陈氏。"杨注以"吾弗知"与"齐其为陈氏矣"连读,说:"此犹云我不保齐其为陈氏也。'弗知'古人成语,犹今人云'不保'。"(本杨遇夫先生说)按:湘方言中至今还有"不保""不晓得"这一类俗语,实为"说不定""难保不""相信难免""不可避免"的意思。

❷ 依《释文》,这里量音亮,我们认为现在应该读 liáng。依《释文》,

这里区读 ōu。杜注:“四豆为区;区,斗六升。四区为釜;釜,六斗四升。登,成也。”钟,“六斛四斗”。按:《左氏》说“釜十则钟”,杜注说“釜,六斗四升”,又说“六斛四斗”为一钟,则一钟应为十个六斗四升,一斛应为十斗。“陈氏三量”句以下,杜注:“登,加也。加一,谓加旧量之一也。以五升为豆,五豆为区,五区为釜,则区二斗,釜八斗,钟八斛。”《释文》:“旧本以五升为豆,四豆为区,四区为釜。直加豆为五升,而区釜自大,故杜云区二斗、釜八斗,是也。本或作‘五豆为区,五区为釜’者,为加旧豆区为五,亦与杜注相会。非于五升之豆又五五而加也。”孔疏:“陈氏亦自依釜数,釜十为钟。比于齐之旧钟,不言四而加一,故云钟乃大矣。言其大于齐钟,明亦自十其釜也。”这样讲,实与《释文》义同。“以家量贷,而以公量收之”,因为家量大于公量(即齐旧量),自然是借给人家的付出多,收进来的实际上就少了,所以杜注说:“贷厚而收薄。”

❸ 蜃读 shèn。蛤读 gé,这里不读 há。“山木如市”至“弗加于海”,杜注:“贾如在山、海,不加贵。”孔疏:“‘如’训‘往’也,言将山木往至市也……鱼盐蜃蛤亦如市可知,蒙上文也。”这里杜注孔疏的解说是对的。与《左氏》上文联系,这里说的应该也是陈氏采取的笼络人心的手段,或者说是带给国人的恩惠(所谓做赔本生意)。《左氏》下文“民参其力”至“三老冻馁”,杜注:“言公重赋敛。‘三老’,谓上寿、中寿、下寿,皆八十已上,不见养遇。”孔疏赞成杜镇南说。杨注认为《左氏》这里说的“三老”应与小戴辑《礼记·乐记》《文王世子》所谓“三老五更”的三老义同,皆年老更事致仕者,较为确切。“公聚朽蠹”,国君府库里的衣食之物朽烂了,生虫子了,可是连“三老”也在挨冻受饿,国人怎么会不气愤!“国之诸市屦贱踊贵”,杜注:“踊,刖足者屦。言刖多。”杨注:“屦,麻或革所制之鞋。踊,脚被断者所用,一说为假足,一说为挟持之杖。此言被刑者之多。”按:这里杨注较为详明。齐君刑法已酷,也是失去民心的一个重要原因。

❹ 燠读 yù。杜注:"燠休,痛念之声,谓陈氏也。"这里关于"燠休"的解释,杜注以及孔疏引录的服虔说,皆不确。《释文》引贾逵云:"燠,厚也。休,美也。"杨注用"燠,厚也"一说,认为"休"应依杨遇夫先生《积微居金文说》解释为"赐也","燠休"就是厚赐,"此谓陈氏于民人之痛苦,因厚赐之"。所以齐国人民拥戴陈氏。"箕伯"以下,杜注:"四人皆舜后,陈氏之先。胡公,四人之后,周始封陈之祖;大姬其妃也。言陈氏虽为人臣,然将有国,其先祖鬼神已与胡公共在齐。"孔疏:"神之在否不可测度。而晏子为此言者,以陈氏必兴,姜氏必灭,示己审见其事,故言先神归之。其实神归以否,非晏子所能知也。"引服虔说,将"其相胡公大姬"的"相"解释为"随"的意思。我们认为这里孔疏对原文的理解可以讲通,可从之。

原文

叔向曰:"然。虽吾公室,今亦季世也。戎马不驾,卿无军行,公乘无人,卒列无长。庶民罢敝,而宫室滋侈;道殣相望,而女富溢尤。❺民闻公命,如逃寇雠。栾、郤、胥、原、狐、续、庆、伯降在皂隶,政在家门,民无所依。❻君日不悛,以乐慆忧。公室之卑,其何日之有?谗鼎之铭曰:'昧旦丕显,后世犹怠。'❼况日不悛,其能久乎?"

晏子曰:"子将若何?"叔向曰:"晋之公族尽矣。肸闻之:公室将卑,其宗族枝叶先落,则公〔室〕从之。肸之宗十一族,唯羊舌氏在而已。肸又无子;公室无度,幸而得死,岂其获祀?"❽

注释

❺ "季世"即衰落之世。"戎马不驾"以下,杜注:"言晋衰弱,不能征讨、救诸侯。"公乘无人,卒列无长",杜注:"百人为卒。言人皆非其人,非其长。"盖久不习军事,可以充当战士与指挥员的角色难得找了,甚至连国君车乘用人也缺乏了。"庶民罢敝"以下四

句，每两句各成一对比，老百姓穷困已极，路上饿死的人接连不断，可是宫室更加奢侈。“女富溢尤”，杜注：“女，嬖宠之家。”杨注取遇夫先生说：“尤当读为訧。《说文》：‘訧，罪也。’”按：《论语·为政》：“多闻阙疑，慎言其余，则寡尤。”何晏《集解》引包咸注：“尤，过也。”寡尤即少过。《左氏》这里说溢尤，那应该是为非作歹肆无忌惮了。

❻ 郤读 xì。“栾、郤”以下，杜注：“八姓，晋旧臣之族也。皂隶，贱官。”“政在家门”，杜注：“大夫专政。”一方面是原有旧臣八姓降为贱官，一方面是新贵或旧臣中另有人专权跋扈，这正如《诗·小雅·十月之交》所谓“高岸为谷，深谷为陵”，变化大了。“民无所依”，亦如《十月之交》说的：“今此下民，亦孔之哀。”

❼ 杜注：“悛，改。慆，藏也。”孔疏：“刘炫云：‘慆，慢也。好音乐而慢易忧祸也。’杜以慆为藏，当以读如弓韬之韬。言以音乐乐身，埋藏忧愁于乐中，犹古诗云埋忧地下也。”杨注取日本学者竹添光鸿《左传会笺》说，将“以乐慆忧”句解释为“以娱乐度过忧患”，其实与杜注孔疏义近。“公室之卑，其何日之有”，杜注：“言今至。”杨注：“言公室不日将卑微。”两注又是义近。“谗鼎之铭”句下，杜注：“昧旦，早起也。丕，大也。言夙兴以务大显，后世犹解怠。”这其实是说晋君已陷于淫乐，无所作为，晋国的形势已不如前，令人失望。

❽ 阮刻本“公从之”，杨注本于“公”下增“室”字，“公室”与上文“宗族枝叶”相对，甚是，今从之。“肸又无子”，杜注：“无贤子。”子不贤，犹无子。但此时叔向殆真无已出生且已成人之子，说见《左传》昭廿八年杨注。《左氏》昭三年“公室无度”，杜注：“无法度。”这样讲，与《左氏》上文“君日不悛，以乐慆忧”相应。“幸而得死”，杜注：“言得以寿终为幸。”这样的讲法，《左氏》前文早有之。“岂其获祀”，杜注：“言必不得祀。”

原文

初，景公欲更晏子之宅，曰："子之宅近市，湫隘嚣尘，不可以居，请更诸爽垲者。"辞曰："君之先臣容焉。臣不足以嗣之，于臣侈矣。且小人近市，朝夕得所求，小人之利也。敢烦里旅？"[1]公笑曰："子近市，识贵贱乎？"对曰："既利之，敢不识乎？"公曰："何贵何贱？"于是景公繁于刑，有鬻踊者，故对曰："踊贵屦贱。"既已告于君，故与叔向语而称之。景公为是省于刑。君子曰："仁人之言，其利博哉！晏子一言而齐侯省刑。《诗》曰：'君子如祉，乱庶遄已。'其是之谓乎！"[2]

注释

❶ 垲读 kǎi。杜注："湫，下。隘，小。嚣，声。尘，土。爽，明。垲，燥也。先臣，晏子之先人也。侈，奢也。"由于晏子住宅处于下湿喧嚣多尘埃之地，齐景公想为他换个明亮干爽的住地。晏子自言：他的先人住过的房子，他认为自己无力继承，对他来说已经够奢侈了。何况这住宅有近市之利，还换什么呢？又岂敢劳烦里旅呢？杜注："旅，众也，不敢劳众为己宅。"杨注："里旅即《周语中》《鲁语上》之司里，亦即《鲁语上》之里人。其职掌卿大夫之家宅。说参《左传会笺》及《读左传》。"按：《周官》中已有职掌宫室、宅田、都邑营造之官（见《地官》）。齐景公要办的事，自有专员负责。《左氏》这个"里旅"应该是职掌卿大夫之家宅者。比较杜注，杨注义胜。

❷ 引诗见《诗·小雅·巧言》，杜注："如，行也。祉，福也。遄，疾也。言君子行福则庶几乱疾止也。"这样讲，大致意思不差。唯"行福"一说实为牵强。按：《左传》宣十七年也引了《巧言》这两句，杜注并无"行福"一说。我们认为这里"如"还是训"若"或训"而"较妥。（看《经传释词》卷七）

原文

及晏子如晋，公更其宅。反，则成矣。既拜，乃毁之，而为里室皆如其旧，则使宅人反之，(且)〔曰:“〕谚曰:‘非宅是卜，唯邻是卜。’[3]二三子先卜邻矣。违卜不祥。君子不犯非礼，小人不犯不祥，古之制也。[4]吾敢违诸乎?”卒复其旧宅，公弗许。因陈桓子以请，乃许之。

注释

[3] “使宅人反之”，杜注:“还其故室。”杨注:“使旧宅之居者仍返居旧宅。”“且”为“曰”之误，阮元等《校勘记》已有此疑，而王伯申《经义述闻》卷十九引其父王怀祖说，论证有力，杨注也有详细的说明，不具录。

[4] “非宅是卜，唯邻是卜”，杜注:“卜良邻。”古人重视与良邻为伴，《论语》就说“里仁为美”。《左氏》下文“二三子先卜邻矣”，杜注:“二三子谓邻人。”在先邻居们也问过卜了，所以彼此信任。“君子不犯非礼”，杜注:“去俭即奢为非礼。”晏子不肯去俭即奢，是自视为君子;不肯违卜，是因为违卜不祥。“小人不犯不祥”是退一步说，意思是:若违卜，则不如小人了。盖早有此传闻，所以说是“古之制也”。

原文

夏四月，郑伯如晋，公孙段相，甚敬而卑，礼无违者。晋侯嘉焉，授之以策，曰:“子丰有劳于晋国，余闻而弗忘。赐女州田，以胙乃旧勋。”[1]伯石再拜稽首，受策以出。君子曰:“礼，其人之急也乎!伯石之汏也，一为礼于晋，犹荷其禄，况以礼终始乎?《诗》曰:‘人而无礼，胡不遄死?’其是之谓乎!”[2]

注释

[1] 杜注:“策，赐命之书。子丰，段之父。”杨注:“胙，酬报也。”为了

酬报公孙段(伯石)之父“有劳于晋国”(孔疏引服虔言及子丰随郑僖公适晋一事),晋侯“授之以策”,还将州县之田赐给了公孙段。

❷ 杜注:“汏,骄也。”《左氏》这里又记君子语(实为当时流传的先贤说法,也可能是《左传》作者自己说自己的看法),宣传礼之当行且须急行。又一次引《诗·鄘风·相鼠》,仍然是为了强调礼之于人的重要。

原文

初,州县,栾豹之邑也。及栾氏亡,范宣子、赵文子、韩宣子皆欲之。文子曰:“温,吾县也。”二宣子曰:“自郤称以别,三传矣。晋之别县不唯州,谁获治之?”❸文子病之,乃舍之。二〔宣〕子曰:“吾不可以正议而自与也。”皆舍之。及文子为政,赵获曰:“可以取州矣。”文子曰:“退!二子之言,义也。违义,祸也。余不能治余县,又焉用州?其以徼祸也?君子曰:‘弗知实难。’知而弗从,祸莫大焉!❹有言州必死!”

丰氏故主韩氏,伯石之获州也,韩宣子为之请之,为其复取之之故。

注释

❸ 杜注:“州,本属温。温,赵氏邑。郤称,晋大夫,始受州。自是州与温别,至今传三家。言县邑既别甚多,无有得追而治取之。”二宣子这样说,用意自是为了驳斥赵文子取州的企图。

❹ “弗知实难”,杜注:“患不知祸所起。”按:《左氏》上文说“违义,祸也”,然则“知而弗从”的“知”是知祸所自起,“从”是从义,“弗从”是不从义,那祸就不可避免了。所谓“祸莫大焉”,意思是祸莫大于知祸所起而不从义。“焉”,犹“于是”也,说见王伯申《经传释词》卷二。

原文

五月，叔弓如滕葬滕成公，子服椒为介。及郊，遇懿伯之忌，敬子不入。惠伯曰："公事有公利，无私忌。椒请先入。"❶乃先受馆。敬子从之。

晋韩起如齐逆女。公孙虿为少姜之有宠也，以其子更公女而嫁公子。人谓宣子："子尾欺晋，晋胡受之？"宣子曰："我欲得齐而远其宠，宠将来乎？"❷

注释

❶ 杜注："忌，怨也。懿伯，椒之叔父。敬子，叔弓也。叔弓礼椒，为之辟仇。惠伯，子服椒也。《传》言叔弓之有礼。"孔疏引《檀弓下》关于此事的记载，然后发表议论如下："懿伯……为人所杀。及滕郊，遇懿伯之忌，逢其仇也。敬叔不入，以礼惠伯，欲使惠伯报叔父之仇，杀彼人也。惠伯以公义不可，先入受馆……而郑玄注云：'敬叔有怨于懿伯，难惠伯，故不入。'又云：'敬叔于昭穆以懿伯为叔父。'其言差错，不可显解，是郑之谬也。"今按：《檀弓》记惠伯自言以懿伯为叔父，而《左氏》这里不详。我们认为这里注疏对《檀弓》与《左传》而言都是对的。杨伯峻先生据杜氏《世族谱》考知懿伯乃子服椒（惠伯椒）之父，将"忌"作"忌日"讲，认为正副使赴滕送葬，逢副使父亲忌日，暂不入滕境，有意稽缓一日，以免犯忌，我们认为这样解释对《左传》而言并无不通。唯《檀弓》记惠伯自言懿伯为其叔父，"叔"字无缘为衍文，《檀弓》为先秦文献，杜氏《世族谱》未必无误，所以我们认为这里仍当以旧注疏为是。

❷ 杜注："宠谓子尾。"杨注："不受其女，是远之也。"按：宣子知道公孙虿（子尾）为齐君宠幸之人，晋国要得到当时大国之一的齐国支持，如果疏远了齐国的宠臣，那齐国还会向晋靠拢吗？齐君还会爱戴晋君吗？

原文

秋七月，郑罕虎如晋，贺夫人，且告曰："楚人日征敝邑，以不朝立王之故。敝邑之往，则畏执事其谓寡君：'而固有外心。'其不往，则宋之盟云。进退罪也！[3]寡君使虎布之。"宣子使叔向对曰："君若辱有寡君，在楚何害？修宋盟也。君苟思盟，寡君乃知免于戾矣。君若不有寡君，虽朝夕辱于敝邑，寡君猜焉。君实有心，何辱命焉？[4]君其往也！苟有寡君，在楚犹在晋也。"

注释

[3] 《左传》宣公九年记"王使来征聘"。《左氏》昭三年"楚人日征敝邑"，这个"征"就是征聘。因为襄二十七年宋之盟早已确立了楚与晋狎主诸侯之盟的地位，楚灵王新立，众诸侯自应聘楚朝贡，用现在流行的话，就是应该表示表示，意思意思。你郑国不肯主动来，他楚王就老是派人上门来催。郑罕虎对晋国君臣说：我郑国往朝楚吧，就怕晋国执事诸位将会责备我郑国之君说："你本来就有外心。"若不派人往朝楚国，那就会顾虑宋之盟会的约定，顾虑楚人会拿宋之盟责问我郑国。我们是进退两难，往与不往都是罪过。

[4] "寡君猜焉"，杜注："猜，疑也。"这是常训。"君实有心，何辱命焉"，杜注："言若有事晋心，至楚可不须告。"按：后世读者由这一类记载可以想见春秋时代小国君臣的心态，还可以想见狎主诸侯盟的岁月里盟主的心理。

原文

张趯使谓大叔曰："自子之归也，小人粪除先人之敝庐，曰：'子其将来。'今子皮实来，小人失望。"大叔曰："吉贱，不获来，畏大国，尊夫人也。且孟曰'而将无事'，吉庶几焉。"[5]

小邾穆公来朝，季武子欲卑之。穆叔曰："不可。曹、滕、二邾实不忘我好，敬以逆之犹惧其贰，又卑一睦，焉逆群好也？其如旧而加敬焉！《志》曰：‘能敬无灾。’又曰：‘敬逆来者，天所福也。’”[6]季孙从之。

注释

5 “粪除”之粪，与小戴辑《礼记·曲礼上》“凡为长者粪之礼”句中“粪”字义同。《曲礼》之“粪”，《释文》：“扫席前曰粪。”是此“粪”亦除也。“粪除先人之敝庐”，是为了迎接贵宾。“子其将来”，“其”“将”义同。“吉贱，不获来”，杜注：“贱，非上卿。”因为贱，所以没有资格来，没有获得机会来。“且孟曰‘而将无事’，吉庶几焉”，杜注：“孟，张趯也。庶几如趯言。”按：同一年《左传》上文记郑游吉正月如晋，对张趯说“今兹吾又将来贺”，而张趯说“自今子其无事焉”，所以这里记七月之事，张氏使有“子其将来”的话，而游吉（大叔）有“孟曰‘而将无事’，吉庶几焉”的解说。

6 “季武子欲卑之”，杜注：“不欲以诸侯礼待之。”这里“卑之”是意动用法。“又卑一睦”，杜注：“一睦，谓小邾。”孔疏：“睦，亲也。言曹、滕、二邾皆亲鲁，小邾是亲鲁者之一国也。”鉴于当时的“国际”形势与鲁国的“国际”地位，鲁国要保持在周围诸国中宗主国的地位，不能不对这些小国采取友好态度。“焉逆群好也”，“焉”字应从杨注属下句读，较为顺畅。所谓“《志》曰”，应是当时能够看到的文献的说法。这里引“《志》曰”，说的都是“敬”的好处，不敬就会产生相反的坏的结果。

原文

“八月，大雩”，旱也。

齐侯田于莒，卢蒲嫳见，泣，且请曰：“余发如此种种，余奚能为！”公曰：“诺！吾告二子。”归而告之。子尾欲复之。子雅不可，曰：“彼其发短而心甚长，其或寝处我矣！”[1]九月，子雅放卢蒲嫳于北燕。

燕简公多嬖宠，欲去诸大夫而立其宠人。冬，燕大夫比以杀公之外嬖。[2]公惧，奔齐。书曰："北燕伯款出奔齐。"罪之也。

注释

[1] 嫳读 piē。这里"见"依《释文》应读 xiàn（音义与"现"同），"种种"依《释文》"本亦作董董"。杜注："嫳，庆封之党，襄二十八年放之于竟。种种，短也。自言衰老，不能复为害。"按：钱竹汀已论证种种与董董古声正同，训为"短"，是因为董短双声，声同义亦相通。董董也就是短短。"吾告二子"，杜注："二子，子雅、子尾。"子雅认为嫳的话不可信，"彼其发短而心甚长"以下，杨注谓"彼其"即"彼之"意，"'心长'与'发短'对言，心长谓工于心计也"。其发诚已短，其心依然长。"寝处"则用嫳之成句，见《左传》襄二十八年。

[2] 杜注："比，相亲比。"杨注："比乃勾结、朋比之义。""外嬖谓宠臣……亦可谓外宠"。这里杜杨两注皆是。

原文

十月，郑伯如楚，子产相。楚子享之，赋《吉日》。既享，子产乃具田备，王以田江南之梦。[3]

齐公孙灶卒。司马灶见晏子，曰："又丧子雅矣。"晏子曰："惜也！子旗不免，殆哉！姜族弱矣，而妫将始昌。二惠竞爽犹可，又弱一个焉[4]，姜其危哉！"

注释

[3] 杜注："《吉日》，《诗·小雅》。宣王田猎之诗。楚王欲与郑伯共田，故赋之。"杨注："田备即田猎用具。以，与也。"上引注解都很准确。按：楚王能赋《诗》达意，子产一听就能判断楚王的用意，这件事与其他同类事一样，可资以说明春秋时代上层社会交流思

想的一种特殊方式以及《诗》三百篇当时普及的情形。杜注:“楚之云梦跨江南北。”楚王率臣属田猎于大江南北的云梦地区,有时队伍中会有如同郑伯子产一类的外宾。杨注谓当时实无跨江南北之云梦泽。我们的意见,若非左氏误记,那情况应该是:原本有的,可能后来的云梦缩小了罢?

❹ 杜注已说明公孙灶即子雅,而司马灶为齐大夫。这里《左氏》记晏子一段议论的意思:子旗也不免危险,姜族之齐衰弱了,妫姓(陈氏)开始昌盛。“二惠竞爽”以下,杜注:“子雅、子尾皆齐惠公之孙也。竞,强也。爽,明也。”杨注取杜氏说。我们的理解:《左氏》这里记晏子的话,盖以为两子在世,刚强而不胡涂,齐公室尚可维持,而今又死了一个,姜齐危险了。这里“弱”的意思有二:一是衰弱,“姜族弱矣”之弱是;二是死了,与“公孙灶卒”的“卒”,“又丧子雅”的“丧”义同,“又弱”就是“又丧”。罕见“个”在古汉语里作量词的情况,而《左氏》用的这一“个”,是不是如同《书·秦誓》之“个”亦作“介”,怕是很难说的。至于《左氏》昭公五年“置馈于个”之“个”,则另是一义了。

经四年[1]

原文

春,王正月,大雨雹。

夏,楚子、蔡侯、陈侯、郑伯、许男、徐子、滕子、顿子、胡子、沈子、小邾子、宋世子佐、淮夷会于申。

楚人执徐子。

秋七月,楚子、蔡侯、陈侯、许男、顿子、胡子、沈子、淮夷伐吴,执齐庆封,杀之。遂灭赖。[2]

九月,取鄫。

冬,十有二月乙卯,叔孙豹卒。

注释

❶ 鲁昭公四年,即公元前538年,周景王七年。是年孔子十五岁。

❷ 杜注:"楚子欲行霸,为齐讨庆封,故称齐。"按:襄二十七年宋之盟会,其时楚已确立与晋狎主诸侯之盟的地位,楚子熊虔本来就是不乐于沉默的人,他要乘机行霸事,实不难理解。如不然,齐庆封在吴,干卿甚事?又,"遂灭赖"的赖,《公》《穀》作"厉"。赖厉双声,古多通作。

传四年

原文

春,王正月,许男如楚,楚子止之,遂止郑伯。复田江南,许男与焉。

使椒举如晋求诸侯,二君待之。椒举致命曰:"寡君使举曰:'日君有惠,赐盟于宋,曰:"晋楚之从交相见也。"以岁之不易,寡人愿结欢于二三君。'使举请间。君若苟无四方之虞,则愿假宠以请于诸侯。"❶晋侯欲勿许,司马侯曰:"不可。楚王方侈,天或者欲逞其心以厚其毒,而降之罚,未可知也。其使能终,亦未可知也。晋、楚唯天所相,不可与争。君其许之,而修德以待其归。若归于德,吾犹将事之,况诸侯乎?若适淫虐,楚将弃之,吾又谁与争?"〔公〕曰:"晋有三不殆,其何敌之有?国险而多马,齐、楚多难。有是三者,何乡而不济?"❷对曰:"恃险与马,而虞邻国之难,是三殆也。四岳、三涂、阳城、大室、荆山、中南,九州之险也,是不一姓。冀之北土,马之所生,无兴国焉。恃险与马,不可以为固也,从古以然。是以先王务修德音以亨神人,不闻其务险与马也。邻国之难,不可虞也。或多难以固其国,启其疆土;或无难以丧其国,失其守宇。若何虞难?齐有仲孙之难而获桓公,至今赖之。晋有里、丕之难而获文公,是以为盟主。卫、邢无难,敌亦丧之。故人之难不可虞也。[3]恃此三者而不修政德,亡于不暇,又何能济?君其许之!纣作淫虐,文王惠和,殷是以陨,周是以兴,夫岂争诸侯?"乃许楚使。使叔向对曰:"寡君有社稷之事,是以不获春秋时见。诸侯,君实有之,何辱命焉?"[4]椒举遂请昏,晋侯许之。

注释

❶ "日君有惠"的"日",与《左传》襄三年"日君乏使"的"日"义同,都是说的"昔日""以前"。杜注:"不易,言有难。"这是杜氏为"以岁之不易"句作的解释。《左传》襄三年有同样的句子,可以参证。"请间"的间,原作"閒","閒"在古汉语里有两种意思是很常见的(此外有不很常见的意义):第一种是二以上数者之"间"的间,"间隙"的间(读 jiàn);第二种是"闲暇"的闲。其实第二种意思可以归属第一种,"闲"自在忙之间,与忙相对,与忙碌比较而言。《左氏》这里说"请间",《释文》说有读"闲"者,由上下文意应可推知读"闲"(xián)者是。"苟无四方之虞"句以下,杜注:"虞,度也。欲借君之威宠以致诸侯。"按:"请间""假宠",都是外交辞令,听起来十分客气。用现在的说法:"请间"是请您有空闲的时候如何,或者是请您拨冗如何;"假宠"是借您的面子,托您的关照。"四方之虞"的"虞",王怀祖说是"忧"的意思,当从之。

❷ "唯天所相",杜注:"相,助也。"得天助者胜。"修德以待其归",我自修德,静观彼归宿何处。"归"是归宿、下场。"公曰"之"公",依阮元等《校勘记》补入。"三不殆",杜注:"殆,危也。"不殆则无危而可恃。"何乡而不济":"乡"通"向"。哪一方面办事不成呢?意即无往而不胜,无事而不成,无处而不可通。

❸ "恃险与马,不可以为固也,从古以然",杨注:"以同已。"今按:《孟子·公孙丑下》宣扬封疆之界、山溪之险、兵革之利不足以域民、固国、威天下的观点,而春秋晚期某些人的思想还没有如同孟子那样进步,譬如晋平公还在说什么"国险而多马",然而司马侯

的思相比晋平公进步远了。“务修德音以亨神人”：杨注将亨读为享，自有其理由。我们也自有看法，认为亨自通，不必读为享。除非讲不通，何必轻言假借？《左氏》自作亨，不作享。杜注：“亨，通也。”孔疏：“言治民事神，使人神通说，故云以亨神人也。”自《国语·楚语下》记《周书》言及上古重黎“绝地天通”以后，不少贤哲究天人之际，企图探明通神人之路。《左传》昭四年这里十分明确地提出了“亨神人”的事情，而且以“务修德音”为前提，这是很了不起的思想。至于不脱离“神”的观念，自是历史的局限，那是古人长时期间无法摆脱的局限。我们这里考虑到注码❷与❸之间的四个“虞”字，意思与《左氏》前文“苟无四方之虞”的“虞”不同。“虞邻国之难”句，杨注据杨遇夫先生《读左传》，谓“虞读为娱”，意思是对邻国的危难感到快乐。其实于醴尊先生《香草校书》卷四十二已有此说并指出其本字为娱。这样固然可以把《左氏》原文讲通。但我们认为“虞邻国之难”与《左传》上文“恃险与马”相接相对，“虞”与“恃”义近应无疑义。邻国之难，人之难，不可以为娱乐，不可以为凭恃。可凭恃者，在司马侯心目中，唯务德音以亨神人。《左氏》下文“恃此三者”，实际上已经把“虞邻国之难”的“虞”理解为“恃”了。

❹ “不获春秋时见”，杜注：“言不得自往。谦辞。”按：《周官·大宗伯》：“时见曰会。”不获时见，意思是不得往会。“诸侯，君实有之”，这是承认楚君实有诸侯，也就是承认楚君享有霸主地位，承认楚国的实力。要原来独主诸侯之盟的晋君承认楚王分享霸主地位与利益，实不易易。楚自开国以来，历代君臣惨淡经营，终于有此局面。“何辱命焉”，意思是不必征求意见，你自己去做就是了。

原文

楚子问于子产曰：“晋其许我诸侯乎？”对曰：“许君。晋君少安,不在诸侯。其大夫多求,莫匡其君。在宋之盟又曰如一。若不许君,将焉用之?”王曰:“诸侯其来乎?”对曰:“必来!从宋之盟,承君之欢,不畏大国,何故不来?不来者,其鲁、卫、曹、邾乎?曹畏宋,邾畏鲁,鲁、卫逼于齐而亲于晋,唯是不来。其余君之所及也,谁敢不至?”❺王曰:“然则吾所求者无不可乎?”对曰:“求逞于人,不可。与人同欲,尽济。”❻

注释

❺“晋君少安,不在诸侯”,于醴尊先生说:“不在者,不察也。”这是对的。又说:“少安,当谓其自少安逸耳。”这也勉强可通。“在宋之盟……将焉用之”,杜注:“焉用宋盟。”杨注取杜氏说,意思是:那宋盟又有何用?“不畏大国”,杜注:“大国,晋也。”不必惧怕晋国报复,为何不来?“君之所及也”,杜注:“言楚威力所能及。”这里应指楚之邻国,晋之威力不能及者。

❻杜注:“逞,快也。求人以快意,人必违之。”但若是想人之所想,做人家希望你做的事,那你就什么事都可以办成。

原文

大雨雹。季武子问于申丰曰:“雹可御乎?”对曰:“圣人在上,无雹;虽有,不为灾。古者日在北陆而藏冰,西陆朝觌而出之。❶其藏冰也,深山穷谷,固阴冱寒,于是乎取之。其出之也,朝之禄位,宾,食,丧,祭,于是乎用之。其藏之也,黑牡、秬黍以享司寒。其出之也,桃弧、棘矢以除其灾。其出入也时。食肉之禄,冰皆与焉。❷大夫命妇,丧浴用冰。祭寒而藏之,献羔而启之。公始用之,火出而毕赋,自命夫命妇至于老疾,无不受冰。山人取之,县人传之,舆人纳之,隶人藏之。❸夫冰以风壮,而以风出。其藏之也周,其用之也遍,则冬无愆阳,夏无伏阴,春无凄风,秋无苦雨,雷出不震,无灾霜雹,疠疾不降,民不夭札。今藏川池之冰弃而不用,风不越而杀,雷不发而震，雹之为灾，谁能御之？❹《七月》之卒章，藏冰之道也。❺”

注释

❶“日在北陆而藏冰”句，杜注：“陆，道也。谓夏十二月，日在虚、危，冰坚而藏之。”杨注加详而谓古代取冰在十二月。“西陆朝觌而出之”，杜注：“谓夏三月，日在昴、毕，蛰虫出而用冰。春分之中奎星朝见东方。”孔疏：“觌，见也。西道之宿有星（阮元等《校勘记》说这个“星”，一作“早”，我们认为两通）朝见者，于是而出之，谓奎星晨见而出冰也。”杨注谓杜注与服虔皆据奎星朝见而言。杨先生认为君王似二月即开冰窖，他人用冰当在夏正三、四月。

❷“固阴冱寒”句下，冱读 hù，杜注：“冱，闭也。必取积阴之冰，所以道（远）〔达〕其气，使不为灾。”孔疏：“牢阴闭寒，言其不得见日，寒甚之处……”藏冰于此，取冰也就在此。“朝之禄位”句下，孔疏：“此谓公家用之也。朝廷之臣，食禄在位大夫以上，皆当赐之冰也。”而公家宾客享食丧祭之事，须用冰者，“于是乎用之”。杨注认为“朝之禄位谓卿大夫士”，则用冰者范围更大。“黑牡秬黍”以下，杜注：“黑牡，黑牲也。秬，黑黍也。司寒，玄冥，北方之神，故物皆用黑。有事于冰，故祭其神。桃弓棘箭，所以禳除凶邪，将御至尊故。食肉之禄，谓在朝廷治其职事就官食者。”杨注义同而加详，而孔疏辨析最为详明。

❸《释文》：“祭寒而藏之，本或作‘祭司寒’者非。”杜注认为这里“祭寒”就是“享司寒”。杨注无异议。“献羔而启之”以下，杜注：“谓二月春分，献羔祭韭，始开冰室。公先用，优尊。火星昏见东方，谓三月、四月中。”孔疏：“此云火出而毕赋，谓以火出而后赋之，以火出为始也。”《左传》昭十七年谓火出于夏为三月，杜注兼言四月。“自命夫命妇至于老疾”，杜注：“老，致仕在家者。”则疾也应该指上层社会中患病者。下层社会中“老疾”未必有受冰之宠。“山人”以下，杜注：“山人，虞官。县人，遂属。舆、隶皆贱官。”这些官吏品位不高，各有各的职务。

❹ 杜注:“冰因风寒而坚,顺春风而散用。”杨注取杜氏说,不同的是将“因风而壮”的“壮”理解为“壮实”,给人一种形象感。“其藏之也周”,杜注:“周,密也。”深山穷谷之中,不可谓不密。“其用之也遍”,杜注:“及老疾。”那当然只是上层社会的老疾。在申丰看来,藏冰用冰能做到这样,就不致冰雹为灾了。“冬无愆阳”至“民不夭札”,说的是天气正常不为灾的情况。杜注:“愆,过也。”冬愆阳则温,“伏阴谓夏寒”。春日应无寒风。秋天应无霖雨为人所患苦。有雷而不为霹雳。成灾之霜雹不下,引发疠疾之恶气不降,人民也就不会患疠疾而夭死了。“今藏川池之冰”句下,杜注:“既不藏深山穷谷之冰,又火出不毕赋,有余则弃之。”这样做,与古时藏冰用冰大不同。“风不越而杀”句以下,杜注:“越,散也。言阴阳失序,雷风为害。”冰雹为灾,有谁能止之呢?

❺ 杜注:“《七月》,《诗·豳风》。卒章曰:‘二之日凿冰冲冲’,谓十二月凿而取之;‘三之日纳于凌阴’,凌阴,冰室也;‘四之日其蚤,献羔祭韭’,谓二月春分,蚤开冰室以荐宗庙。”孔疏引郑玄《箴〈膏肓〉》与刘炫说,认为“申丰见时失藏冰之礼而有雹,推之阴阳,知此伏阴所致,亦圣人之寓言也。详载其言者,以著藏冰之礼不可废耳。”“申丰寄言于此以谏失政,其雹不是尽由冰也。”按:申丰实有为而发。《左氏》所谓“藏冰之道”,也就是前贤说的“藏冰之礼”。

原文

夏,诸侯如楚,鲁、卫、曹、邾不会。曹、邾辞以难,公辞以时祭,卫侯辞以疾。郑伯先待于申。六月丙午,楚子合诸侯于申。椒举言于楚子曰:“臣闻诸侯无归,礼以为归。今君始得诸侯,其慎礼矣。霸之济否,在此会也。[1]夏启有钧台之享,商汤有景亳之命,周武有孟津之誓,成有岐阳之蒐,康有酆宫之朝,穆有涂山之会,齐桓有召陵之师,晋文有践土之盟。君其何用?宋向戌、郑公孙侨在,诸侯之良也,君其选焉。"王曰:"吾用齐桓。"[2]

注释

❶ 诸侯在他自己的国家至高无上,但他归服于有礼之王,这就是所谓"诸侯无归,礼以为归"。会诸侯于申,是楚子第一次单独以盟主身份召集的盟会,如果开不成,则楚子的号召力、凝聚力,楚王的霸主地位,楚国的实力,自然大有可疑。所谓"霸之济否,在此会也",这样说,是对申之会的重要意义的充分认识和肯定。当时楚国有头脑的政治家对申之会的重要意义有充分地估计。

❷ "夏启"到"践土之盟",《左氏》下文记楚椒举的议论概括为"六王二公之事"。这六王二公将自己成就王霸之业的显赫功绩分别通过某时某地某一次或多时多地某一方面的活动(朝享、会盟、誓命、蒐师)酣畅淋漓地表现于当时,并载入永久的史册。"吾用齐桓",杜注:"用会召陵之礼。"孔疏引服虔的说法:"召陵之役,齐桓退舍以礼,楚灵王今感其意,是以用之。"楚子召集、主持申之会的缘由,至此已经完全清楚了。

原文

王使问礼于左师与子产。左师曰:"小国习之,大国用之,敢不荐闻?"献公合诸侯之礼六。子产曰:"小国共职,敢不荐守?"献伯、子、男会公之礼六。君子谓合左师善守先代,子产善相小国。[3]

王使椒举侍于后以规过。卒事不规。王问其故,对曰:"礼,吾〔所〕未见者有六焉[4],又何以规?"

注释

❸ "敢不荐闻",杜注:"言所闻,谦示所未行。"《左氏》下文说宋向戌"献公合诸侯之礼六",盖宋襄公尝欲称霸,所以对公合诸侯之礼留心过;然而此公毕竟未能称霸,毕竟未能实行公合诸侯之礼,所以向戌只能说是"荐闻",那是实话实说,不必视为谦辞。"小国

共职,敢不荐守”,是郑子产实话实说,“伯子男会公之礼”乃是郑君的职守,确曾出色地实行过。杜注:“其礼同,所从言之异。”孔疏:“以左师献公合诸侯之礼六,子产献伯子男会公之礼六,若其各异,凡十二礼,下椒举云‘礼,吾所未见者六焉’,故知其礼同也。于公言之,云‘合诸侯之礼’;于伯子男言之,云‘会公之礼’:是所从言之异。”杨注先说向戌所献与子产所献“相合而全”,其义与杜注孔疏相同;后来说椒举于向戌与子产二人所献之礼“未见者有六”仅一半耳,则未免误会。向戌所荐为先代曾予留意之礼,子产所荐为自己辅佐国君一贯实行之礼,所荐皆无所失,所以《左氏》称君子之言表扬二者之善。

❹ 杜注:“左师、子产所献六礼,楚皆未尝行。”椒举诚贤者,但他对未尝实践之事也不敢妄加评论。未曾行过,甚至未尝见过,不知为不知,这种态度是对的。由此似乎还可以推知:与中原各国相比,楚国礼乐文明当时稍逊,怕也不必讳言。然而不久就赶上来了,那是不久的后话。

原文

宋大子佐后至。王田于武城,久而弗见。椒举请辞焉。王使往,曰:“属有宗祧之事于武城,寡君将堕币焉,敢谢后见。”❶

徐子,吴出也,以为贰焉,故执诸申。

楚子示诸侯侈。椒举曰:“夫六王二公之事,皆所以示诸侯礼也,诸侯所由用命也。夏桀为仍之会,有缗叛之。商纣为黎之蒐,东夷叛之。周幽为大室之盟,戎狄叛之。皆所以示诸侯汏也,诸侯所由弃命也。今君以汏,无乃不济乎!”❷王弗听。

注释

❶ “田于武城”“属有宗祧之事于武城”,杜注:“言为宗庙、田猎。”这里“属”读 zhǔ,不读别的音(如 shǔ)。《释文》认为这个“属”是

“适也”。《左氏》下文“堕币”的堕读 huī,《释文》:“布也。服云:输也。”阮元等《校勘记》谓此字或作隳。杜注:“恨其后至,故言将因诸侯会布币乃相见。”孔疏:“朝聘之礼,客必致币于主,据主则为受,据客则为输。《传》襄三十一年子产论币云:‘……非荐陈之,不敢输也。’是谓布币为输币也。言将待输币之时乃相见,见既在后,故遣我来,敢谢后见也。”又引服虔的说法,以为“将输受宋之币于宗庙”,而孔疏旋即加以驳斥,认为礼之享币不以荐宗庙。今以《礼经·聘礼》证之,知孔疏言是。

❷ 以上说三王(夏桀、商纣、周幽)之事,与前面六王二公之事成一对比。杜注:“仍、缗,皆国名。黎,东夷国名。大室,中岳。”今按:《左氏》这里提到的周幽王的事,《史记·周本纪》有记载;夏桀与商纣的事,杨注已指出《韩非子·十过》可供参考。这三王之事,《左氏》认为“皆所以示诸侯汏也”。(《左传》昭三年“伯石之汏也”,杜注:“汏,骄也。”)今楚子于申之会“示诸侯侈”,椒举说:“今君以汏,无乃不济乎!”杜氏无注,杨注:“以同已,太也。”椒举的意思是:楚王过分骄侈,必不会成就事业。

原文

子产见左师曰:“吾不患楚矣。汏而愎谏,不过十年。”左师曰:“然。不十年侈,其恶不远。〔恶〕远(恶)而后弃。善亦如之,德远而后兴。”❸

注释

❸ “汏而愎谏”:汏是骄;愎是刚愎(依杜注,“愎”作“很”讲,也通);谏,依《集韵》,为“谰”字,诬言相披。一个骄纵刚愎而无善言的人,在世上混不了多久。杨注引《周书·谥法》注,谓愎谏意即“去谏”,自成一说,然而在词法句法上缺乏必要的有力的说明。“恶远而后弃”的“恶远”,阮刻本作“远恶”,这里据杜注与文例乙之。“恶远”若作“远恶”,就未必是《左氏》原意了,就有可能产生

岐义。杜注:"恶及远方,则人弃之。"按:杨注认为这里"远"字应包含时间与地域两方面,较杜注义长。又,我们认为《左氏》下文"德远而后兴"与这上一句"恶远而后弃"正相对。德及久远,而后必兴。

原文

秋七月,楚子以诸侯伐吴。宋大子、郑伯先归,宋华费遂、郑大夫从。使屈申围朱方,八月甲申克之❶,执齐庆封而尽灭其族。

将戮庆封,椒举曰:"臣闻无瑕者可以戮人。庆封唯逆命,是以在此,其肯从于戮乎?播于诸侯,焉用之?"王弗听,负之斧钺以徇于诸侯,使言曰:"无或如齐庆封弑其君、弱其孤以盟其大夫!"❷庆封曰:"无或如楚共王之庶子围弑其君——兄之子麇而代之,以盟诸侯!"王使速杀之。

注释

❶ 杜注:"朱方,吴邑,齐庆封所封也。"又说:"八月无甲申,日误。"孔疏证明确是日误。

❷ "庆封唯逆命",杜注:"逆命,谓性不恭顺。"也就是不肯驯服听话的意思。"其肯从于戮乎",杜注:"言不肯默而从戮。"杨注:"其作岂用。"椒举这些话的意思,是告诉楚王不要"播于诸侯",不要"以徇于诸侯",不要宣布他的罪行了,也不要庆封在诸侯面前游行示众了,以免招惹麻烦。因为如椒举前面所说,"无瑕者可以戮人",其言下之意,你楚王并非无瑕之人,要杀庆封,杀就是了,何必给庆封说话的机会,让他反过来批判你楚王呢?

原文

遂以诸侯灭赖。赖子面缚衔璧,士袒,舆榇从之,造于中军。王问诸椒举,对曰:"成王克许,许僖公如是;王亲释其缚,受其璧,焚其榇。”[3]王从之。迁赖于鄢。

楚子欲迁许于赖,使斗韦龟与公子弃疾城之而还。

申无宇曰:“楚祸之首,将在此矣。召诸侯而来,伐国而克,城竟莫校,王心不违,民其居乎?民之不处,其谁堪之?[4]不堪王命,乃祸乱也。”

注释

[3] 古诸侯国破之后,破国之君如何面见战胜国之君?胜者如何对待国破之君?这里说的赖子与楚子所行的礼仪,并非前无所承。《左传》僖六年记楚成王率师攻打许国,那一次战役之后演出了相似的一幕。那以前,昭四年之后,还有基本相似的场面出现。请参看僖六年《左传》注。

[4] “城竟莫校”句以下,杜注:“谓筑城于外竟,诸侯无与争。言将有事,不得安也。”杨注:“王有何心,其事皆成,不违其意。”又说:“处犹居,亦安居之意。”民不得安居,有谁忍受得了?

原文

“九月,取鄫”,言易也。莒乱,著丘公立而不抚鄫,鄫叛而来,故曰“取”。凡克邑不用师徒曰“取”。

郑子产作丘赋,国人谤之,曰:“其父死于路,己为虿尾[1],以令于国,国将若之何?”子宽以告。子产曰:“何害?苟利社稷,死生以之。且吾闻为善者不改其度,故能有济也。民不可逞,度不可改。《诗》曰:‘礼义不愆,何恤于人言!’吾不迁矣!”[2]浑罕曰:“国氏其先亡乎?君子作法于凉,其敝犹贪。作法于贪,敝将若之何?姬在列者,蔡及曹、滕其先亡乎?逼而无礼。郑先卫亡,逼而无法。政不率法,而制于心。民各有心,何上之有[3]?”

冬,吴伐楚,入棘、栎、麻,以报朱方之役。[4]楚沈尹射奔命于夏汭,(咸)〔葴〕尹宜咎城钟离,薳启彊城巢,然丹城州来。东国水,不可以城。彭生罢赖之师。

注释

❶ “子产作丘赋”，杜注：“丘，十六井，当出马一匹，牛三头。今子产别赋其田，如鲁之田赋。”孔疏引《左传》哀十一年注：“丘赋之法，因其田财通出马一匹、牛三头。今欲别其田及家财各为一赋，故言田赋。”孔疏作结论说：“是一丘出两丘之税。案：《周礼》有夫征、家征，夫征谓出税，家征谓出车徒、给徭役。此牛马之属，则《周礼》之家征也。”这里问题是：子产作丘赋，增加了国人的负担，所以“国人谤之”。杨注：“丘赋疑与鲁成公元年之丘甲同意，谓一丘之人出军赋若干。”其实还是增加国人负担。“其父死于路”，杜注：“谓子国为尉兵所杀。”按：子产之父为子国，《左传》襄十年记其事。谤子产者因而谤及其父。所谓“己为虿尾”，杜注：“谓子产重赋毒害百姓。”其实这里所谓“国人”，所谓“百姓”，与现在说的“公民”“百姓”有实质内容的差别。子产当时执政，有责任帮助国君领导郑国克服困难，在大国的夹缝中谋生存，这就必须有相当的财力，作丘赋实不得已而为之。

❷ “苟利社稷，死生以之”，杜注：“以，用也。”杨注：“以，由也。此作动词，谓无论生死，不计较矣。”杨先生的解说更好，杜注亦通。子产为国家而不计人言，敢于冒风险的精神，应该肯定。大约两千年后，林则徐写下“苟利国家生死以”的诗句，表现了与当年郑子产同样的献身精神。“民不可逞，度不可改”，杨注：“逞，纵也。”杜注：“度，法也。”子产这两句话，还有上文“苟利社稷，死生以之”两句，表明了十分坚定的意志。引诗“礼义不愆”两句，杜注：“逸诗也。子产自以为权制济国，于礼义无愆。”正因为此，子产才敢于坚持，说：“吾不迁矣。”不迁就是坚定不移。

❸ 杜注：“浑罕，子宽。凉，薄也。”子宽批评子产作丘赋的新政，认为子产凉薄贪赋，其敝必大。“敝将若之何”，杜注：“言不可久行。”子宽分析了春秋时期姬姓诸小国的国运，认为蔡及曹、滕将

先亡,因为它们“逼而无礼”;郑将先卫而亡,因为逼而无法。《左传》编纂在春秋时代过后,所记人物预言得到应验不算怪事。“政不率法”至“何上之有”,杜注:“子产权时救急,浑罕讥之正道。”杨注:“浑罕所谓政,即政策,实指子产之作丘赋;所谓法,乃其先代之法。言子产丘赋不循旧法,而由己心制订……则民心不同,将无上矣。上谓执政者。”我们认为杨先生的解说与《左氏》原意正合,而杜注所谓“浑罕讥之正道”则未必准确。民众可能各有不同的心愿,执政者应该用正确的(符合大多数国民利益的)原则精神统一民心。国民心目中无上还是有上,应取决于在上者(执政者)是否为大多数国民为国家谋利益,让民众放心。而在上者制订、颁布新政,是否受国民拥护,与政策是维护还是违背或损害民众和国家利益有关,当然也与政策是否为民众理解有关。为什么《左传》襄三十年记载的“舆人”用歌谣方式表达的对子产的政绩所作的评价会前后不同呢?历史研究者自应深长思之。

❹ 杜注:“棘、栎、麻,皆楚东鄙邑。”按:这里所谓“入”,应该只是“入侵”“进入”的意思,未必与什么通例相合。

原文

初,穆子去叔孙氏;及庚宗❶,遇妇人,使私为食而宿焉。问其行,告之故;哭而送之。适齐,娶于国氏,生孟丙、仲壬。梦天压己,弗胜;顾而见人,黑而上偻,深目而豭喙,号之曰:“牛,助余!”乃胜之。旦而皆召其徒,无之。且曰:“志之!”

及宣伯奔齐,馈之;宣伯曰:“鲁以先子之故,将存吾宗,必召女。召,女何如?”对曰:“愿之久矣!”鲁人召之,不告而归。既立,所宿庚宗之妇人献以雉。问其姓,对曰:“余子长矣,能奉雉而从我矣。”❷召而见之,则所梦也。未问其名,号之曰:“牛!”曰:“唯。”皆召其徒使视之。遂使为竖,有宠;长,使为政。❸公孙明知叔孙于齐。归,未逆国姜;子明取之。故怒。其子长而后使逆之。

注释

❶ 杜注:"成十六年辟侨如之难奔齐。庚宗,鲁地。"由此可知:《左传》用"初"字领起的记叙,未必与上一段记叙的事情发生于同时同年,很可能是对往年的回顾。譬如昭四年这里"初"以下的一段,记成十六年以及此后的事,距昭四年好多年了,早的在昭四年以前约三十七年。

❷ "妇人献以雉",杜注:"献穆子。"按:《周官·大宗伯》谓"士执雉",郑注:"雉取其守介而死,不失其节。"庚宗妇人的意思,是告诉穆子:她在等着他。如果献以雉是表示有子矣,那穆子就不必问有子否。《左氏》下文"问其姓",杜注:"问有子否。"《释文》:"女生曰姓。姓谓子也。"从《左氏》下文所记妇人的答语可以判断,这里杜注与陆元朗《释文》都是对的。杨注引文献(譬如《广雅》《小尔雅》)证"姓"可训为"子",甚是。

❸ 《释文》:"唯,应辞,犹咻也。"孔疏:"《曲礼》云:'父召无"诺"。先生召无"诺"。"唯"而起。'郑玄云:'应辞。唯恭于诺。'"杨注:"竖牛应曰'唯',则以子应父也。"这样说是有道理的。杜注:"竖,小臣也。"据《周官·天官》序官郑君关于"内竖"之注,杨注认为《左传》这里"竖""盖未冠为官之义",这样说比杜注允当。"长使为政",杜注:"为家政。"这样讲,未可必。可能是"为家政",但也可能是为国政之初步。

原文

田于丘莸,遂遇疾焉。竖牛欲乱其室而有之,强与孟盟,不可。叔孙为孟钟,曰:"尔未际,飨大夫以落之。"既具,使竖牛请日。入,弗谒;出,命之日。及宾至,闻钟声。牛曰:"孟有北妇人之客。"怒,将往,牛止之。宾出,使拘而杀诸外。❹牛又强与仲盟,不可。仲与公御莱书观于公,公与之环,使牛入示之。入,不示;出,命佩之。

牛谓叔孙："见仲而何？"叔孙曰："何为？"曰："不见？既自见矣，公与之环而佩之矣。"遂逐之，奔齐。[5]疾急，命召仲，牛许而不召。

注释

❹"叔孙为孟钟"以下，杜注："际，接也。孟未与诸大夫相接见。"孔疏："大夫将立適子，必须接见同寮。季武子立纥，饮大夫酒，是其事也。孟丙未与大夫交接，故为之作钟，因落钟令与相见。"杨注与旧注疏基本一致。"飨大夫以落之"，杜注："以豭猪血衅钟曰落。"孔疏谓"衅祭之法，以血浇落之""落之即是衅也。"杨注认为衅与落有区别，"古代凡器用，如钟、鼓之类，及宗庙，先以猪、羊或鸡之血祭之，曰衅""然后飨宴，则名之曰落，犹今言落成典礼。"我们认为杨注可从。依杜注，"既具"是"飨礼具"，"使竖牛请日"是"请飨日"。孔疏解释了"使竖牛"的原因，由于其时命士以上父子异宫（看《内则》可知），所以必须有专人传达。竖牛"入弗谒"（杜注："谒，白也"），"出命之日"（杜注："诈命日"），不向穆子请示，而以私定飨日告诸宾（大夫），目的当然是行诈。"宾至，闻钟声"，因为穆子不知飨日，闻钟声而感到可怪，竖牛谎报"孟有北妇人之客"，杜注："北妇人，国姜也。客谓公孙明。"而公孙明是穆子愤恨之人，穆子听了竖牛的话，不能不勃然大怒。由是竖牛乘机会将孟丙杀了。

❺"仲与公御莱书观于公"，杜注："莱书，公御士名。仲与之私游观于公宫。"《左氏》下文"公与之环"，杜注："赐玉环。"依古礼，士以下人见公，必由大夫引荐；得公赐，应示其族主。"入不示"承上文，是指竖牛不以示叔孙。"出，命佩之"，杨注："诈以叔孙之命命仲佩之。"竖牛问叔孙见了仲壬觉得如何，叔孙觉得可怪，所以有"何为"之反问，竖牛告诉叔孙："既自见矣。"杜注："言仲已自往见公。"加上竖牛说的"公与之环而佩之矣"，仲壬如此失礼，叔孙激怒，于是将仲壬驱逐出境。就这样，叔孙穆子適妻所生二子都不得立为嗣了。

原文

杜洩见，告之饥渴，授之戈。对曰：“求之而至，又何去焉？”竖牛曰：“夫子疾病，不欲见人。”使置馈于个而退。牛弗进，则置虚，命彻。[6]十二月癸丑，叔孙不食；乙卯，卒。牛立昭子而相之。

公使杜洩葬叔孙。竖牛赂叔仲昭子与南遗，使恶杜洩于季孙而去之。杜洩将以路葬，且尽卿礼。南遗谓季孙曰：“叔孙未乘路，葬焉用之？且冢卿无路，介卿以葬，不亦左乎？”[7]季孙曰：“然。”使杜洩舍路；不可，曰：“夫子受命于朝而聘于王，王思旧勋而赐之路，复命而致之君。君不敢逆王命而复赐之，使三官书之。吾子为司徒，实书名。夫子为司马，与工正书服；孟孙为司空，以书勋。[8]今死而弗以，是弃君命也。书在公府而弗以，是废三官也。若命服，生弗敢服，死又不以，将焉用之？”乃使以葬。[9]

季孙谋去中军，竖牛曰：“夫子固欲去之。”

注释

[6] 杜注：“杜洩，叔孙氏宰也。牛不食叔孙，叔孙怒，欲使杜洩杀之。”所以叔孙授之戈。“求之而至，又何去焉”，杜注：“言求食可得，无为去竖牛。盖杜洩力不能去，设辞以免。”杨注：“言叔孙尝求牛其人，牛已至，又何故去之。盖杜洩愤懑语。”比较杜杨两注，我们认为杜氏说的“求食可得”，与《左氏》原文“求之而至”的本义实不相符，应以杨注为是。“使置馈于个”，杜注：“个，东西厢。”杨注据金鹗《求古录礼说》，认为这里“个”是“东厢房”；又据沈钦韩《春秋左传补注》，说这里“个犹隔也”，亦作阁，可以放存物品。我们认为：据小戴辑《礼记·月令》“左个右个”，个指厢房，则《左氏》这里杜注大体不误；又据叔孙穆子当时情况以及竖牛之为人，则应以金鹗说为是。“置虚，命彻”，杜注：“写器令空，示若叔孔已食，命去之。”这样，叔孙就只有饥饿而死了。

[7] “将以路葬”以下，杜注：“路，王所赐叔孙车。冢卿，谓季孙。介，

次也。左,不便。”杨注:“左,邪也,不正也。”因为叔孙之路为周王所赐,而季孙未曾有此殊荣,故季孙无路。依礼制,大夫不得乘路,更不得用以陪葬。

❽ 这里说的是聘礼的正常情况。杜注指出“夫子谓叔孙”,他受命聘于王,事在襄二十四年,当时周灵王“感其有礼以念其先人”,叔孙由是得赐路。“复命而致之君”,鲁襄公复赐之,都是当时聘礼的规定。“使三官书之”,三官指司徒、司马与司空。据杜注,司徒“谓季孙也,书名定位号”;司空即“夫子”“谓叔孙也”,“服”即车服之器,“工正所书”;司空即孟孙,记下叔孙穆子聘于王而立下的功勋。

❾ “弗以”就是不用。杜洩据礼力争,终于说服了季孙。依礼制规定,“其宫室车旗衣服礼仪各眂其命之数”(《周官·典命》)。所谓“命服”,既视命数而定,自然是生前可服、死也可用以陪葬的。

经五年[1]

原文

春,王正月,舍中军。

楚杀其大夫屈申。

公如晋。

夏,莒牟夷以牟娄及防、兹[2]来奔。

秋,七月,公至自晋。

戊辰,叔弓帅师败莒师于蚡泉。[3]

秦伯卒。[4]

冬,楚子、蔡侯、陈侯、许男、顿子、沈子、徐人、越人伐吴。

注释

❶ 鲁昭公五年,即公元前537年,周景王八年。是年孔子十六岁。

❷ 牟娄、防、兹都是专有名词,可以说都是地名。

❸ 杜注:"蚡泉,鲁地。"蚡读 fén。《公羊传》书经作"濆",《释文》:"濆泉,踊泉也……《穀梁》作贲泉。"按《释文》"踊泉"之踊,或作涌。

❹ 此秦伯卒当在九月,由昭公六年正月秦景公之葬可以推知。

传五年

原文

"春,王正月,舍中军",卑公室也。毁中军于施氏,成诸臧氏。初,作中军,三分公室而各有其一。季氏尽征之,叔孙氏臣其子弟,孟氏取其半焉。及其舍之也,四分公室,季氏择二,二子各一,皆尽征之而贡于公。以书使杜泄告于殡,曰:"子固欲毁中军。既毁之矣,故告。"[1]杜泄曰:"夫子唯不欲毁也,故盟诸僖闳,诅诸五父之衢。"受其书而投之,帅士而哭之。

叔仲子谓季孙曰:"带受命于子叔孙曰:'葬鲜者自西门。'"季孙命杜泄,杜泄曰:"卿丧自朝,鲁礼也。吾子为国政未改礼,而又迁之?群臣惧死,不敢自也。"[2]既葬而行。

注释

❶ "'舍中军',卑公室也",孔疏:"襄十一年初作三军,十二分其国民,三家得七,公得五,国民不尽属公,公室已是卑矣。今舍中军,四分公室,三家自取其税,减己税以贡于公,国民不复属于公,公室弥益卑矣。是舍中军者,三家所以卑弱公室也。"《左氏》下文"毁中军于施氏,成诸臧氏",杜注:"季氏不欲亲其议,敕二家会诸大夫发毁置之计,又取其令名。"刘炫以为"施者舍也,臧者善也",与原文"施氏""臧氏"的意思实难强合。杨注本惠栋《春秋左传补注》,认为"毁中军于施氏者,于施氏之家讨论此谋也""成

之于臧氏者,立约于臧氏之家也”,这样讲,实与杜注一致。依杜注,“初作中军,三分公室而各有其一”,则“三家各有一军家属”,“季氏尽征之”则“无所入于公”,“叔孙氏臣其子弟”而“以父兄归公”,孟氏则“复以子弟之半归公”,可见季氏最为专恣,目中全无国君了。由于叔孙家祸,季孙舍中军,四分公室而择二,孔疏:“季氏……独取其半,为专已甚,又择取善者,是专之极,故《传》言‘择二’以见之。”《左氏》下文说“二子各一”,指叔孙、孟氏各取公室四分之一;“皆尽征之而贡于公”,杜注:“国人尽属三家,三家随时献公而已。”杨注据《左传》襄十一年以及前贤说法,认为初作中军时候“季氏尽征之”,是“或征卒乘,或征田赋”,“叔孙氏臣其子弟”是“仍以为奴隶兵,其老弱者则为自由民”,“孟氏取其半焉”是“一半为自由民,或出军赋,或出田赋,一半仍为奴隶”;而舍中军之后“四分公室”,所谓“皆尽征之”,意思是“皆为自由民,或征军赋,或征田赋,各家以其所入之若干贡于公”。我们认为杨注更切合实际。

❷ “葬鲜者自西门”,杜注:“不以寿终为鲜。西门,非鲁朝正门。”孔疏:“叔孙饿死,而带言‘葬鲜’,知不得以寿终者名之为‘鲜’,言年命鲜少也。”《尚书大传》:“西方者何也? 鲜方也。”章太炎先生据此解说葬鲜自西,杨注引之,亦自可通,但并未突出正门与偏门之分。杜洩据一贯之鲁礼,为安葬叔孙争个公道。“卿丧自朝,鲁礼也”,杜注:“从生存朝觐之正路。”孔疏赞成杜注“以‘自朝’为从生存朝觐之正路”的说法。礼未改则不当迁变,所以杜洩说“不敢自也”,杜注:“自,从也。”“不敢自”就是不敢从西门。

原文

仲至自齐,季孙欲立之。南遗曰:“叔孙氏厚则季氏薄。彼实家乱,子勿与知,不亦可乎?”南遗使国人助竖牛以攻诸大库之庭,司宫射之,中目而死。竖牛取东鄙三十邑以与南遗。

昭子即位，朝其家众，曰："竖牛祸叔孙氏，使乱大从，杀適立庶；又披其邑，将以赦罪。罪莫大焉！必速杀之！"竖牛惧，奔齐。孟、仲之子杀诸塞关之外，投其首于宁风之棘上。❶

仲尼曰："叔孙昭子之不劳，不可能也。周任有言曰：'为政者不赏私劳，不罚私怨。'《诗》云：'有觉德行，四国顺之。'"❷

注释

❶ "使乱大从"，杜注："使从于乱。"服虔注："使乱大和顺之道也。"自词法论之，这里服注较顺。王伯申认为"乱从犹言犯顺"，杜注非。杨注据惠栋与王伯申说，认为"乱大从"是"乱重要之顺道"，与服注义近。"披其邑，将以赦罪"，杜注："披，析也。谓以邑与南遗。昭子不知竖牛饿杀其父，故但言其见罪。"杨注："赦与释同。"按：这里两注皆是。《左氏》下文杜注：塞关，"齐鲁界上关"；"宁风，齐地。"弄明白两个地名，则原文也就不难懂了。

❷ 这里引孔仲尼的话，也应该是孔子后来整理鲁《春秋》的时候说的。鲁昭公五年孔仲尼先生不过十六岁一少年，未必能作此议论。"叔孙昭子之不劳"，杜注："不以立己功劳，据其所言善之。时鲁人不以饿死语昭子。"《左氏》下文"不可能"句，杨注："言难能。"两注皆是，可从之。下文《左氏》引周任之言，我们不知出处，盖春秋时代人犹记古贤周任有此议，如同《尚书·盘庚》记迟任之言。"为政者不赏私劳，不罚私怨"，是非赏罚一出于公而不计较个人恩怨，国家就有希望了。下文《左氏》引诗见《诗·大雅·抑》，杜注："觉，直也。言德行直则四方顺从之。"德行直，自然也就会"不赏私劳，不罚私怨"，更不会"使乱大从"了。

原文

初，穆子之生也，庄叔以《周易》筮之，遇"明夷䷣"之"谦䷎"，以示卜楚丘。❸〔楚丘〕曰："是将行而归为子祀。以谗人入，其名曰牛。卒以馁死。[4]‘明夷’,日也。日之数十,故有十时,亦当十位。自王已下,其二为公,其三为卿。日上其中,食日为二,旦日为三。[5]‘明夷’之‘谦’,明而未融,其当旦乎?故曰‘为子祀’。日之‘谦’当鸟,故曰‘明夷于飞’。明(之)〔而〕未融,故曰‘垂其翼’。象日之动,故曰‘君子于行’。当三在旦,故曰‘三日不食’。[6]‘离’,火也;‘艮’,山也。‘离’为火,火焚山,山败。于人为言,败言为谗,故曰:‘有攸往。主人有言。’言必谗也。纯‘离’为牛,世乱谗胜,胜将适‘离’,故曰‘其名曰牛’。[7]‘谦’不足,飞不翔,垂不峻,翼不广。故曰:其为子后乎![8]吾子,亚卿也,抑少不终[9]。”

注释

❸ 杜注:“庄叔,穆子父得臣也。‘离’下‘坤’上,‘明夷’。‘艮’下‘坤’上,‘谦’。‘明夷’初九变为‘谦’。楚丘,小人姓名。”孔疏:“‘离’为日,‘坤’为地。《彖》曰:‘明入地中,“明夷”。’夷者,伤也。日在地中,光不外发,则为明伤也……“艮”为山。《彖》曰:‘地中有山,“谦”。以高下下,谦虚之义。”按:“谦”卦所附《彖辞》无“地中有山”句,这一句在《象辞》中,可见上引孔疏后一个“彖”为“象”字之讹。

❹ 杨注本重“楚丘”二字,自有根据,今从之。依杜注,“是将行”的“行”是“出奔”,“归为子祀”是归国“奉祭祀”。孔疏:“此先略言卦意有此四事也。‘是’者是此子也,将出奔而归为国卿奉子叔孙之祭祀也,并以谗人入而其名曰‘牛’,然此子终以饿死也。”这里注疏都与原文的意思相合。

❺ 依杜注,“明夷,日也”指“日明伤”(“‘离’为日;夷,伤也”),“日之数十”指“甲至癸”十干。杜注又说:“日中当王,食时当公,平旦为卿,鸡鸣为士,夜半为皂,人定为舆,黄昏为隶,日入为僚,晡时为仆,日昳为台,隅中、日出阙不在第,尊王公,旷其位。日中盛明,故以当王。”此下依次定食日为公位,旦日为卿位。杨注据先秦文献考知古人分一昼夜为十时,“大概有鸡鸣(亦曰夜乡晨、鸡

初鸣)、昧爽(亦曰昧旦)、旦(亦曰日出、见日、质明)、大昕(亦曰昼日)、日中(亦曰日之方中)、日昃(亦曰日下昃)、夕、昏(亦曰日旰、日入)、宵(亦曰夜)、夜中(亦曰夜半)等名"。杨先生不同意杜注所谓日中当王,他说:"盖日上其中者,日由地中上,鸡初鸣也;食日者,昧爽也;旦日者,日初出也。如次始得其序。"我们认为杨先生的说法自是一家之言,然而这里杜注也自有道理。盖卜楚丘以一昼夜分为十时,以十时之间人们所见天地的光亮程度比当时社会十等人地位之高低,《左传》昭七年所谓"天有十日,人有十等"正是《左传》昭五年"日之数十,故有十时,亦当十位"的意思。杜注认为"日中盛明,故以当王",在当时应该是不错的。

❻ 杜注:"融,朗也。离在坤下,日在地中之象,又变为谦。谦道卑退,故曰明而未融。日明未融,故曰'其当旦乎'。庄叔,卿也。卜豹为卿,故知'为子祀'。"孔疏:"《说卦》:'离为日,为雉。'雉为鸟也……日为高明,鸟为微细。今日之谦退,不得高明,下当为细,是日光不足,故当鸟也。"既然当鸟,故有"于飞"之时。《左氏》下文"明而未融,故曰'垂其翼'",马王堆出土汉帛书《周易》"其"下有"左"字,后来出土的楚竹书《周易》不见《明夷》简文。《左氏》较早,引文无"左"字,不知有脱文否。杜注:"于日为未融,于鸟为垂翼。"这样说,与《明夷》之《谦》的卦象正相合。《左氏》下文"象日之动"以下,杜注:"《明夷·初九》得位有应,君子象也。在明伤之世,居谦下之位,故将辟难而行。旦位在三,又非食时,故曰'三日不食'。"孔疏解释杜注所谓"明夷初九得位有应"之后,又说:"位当三而时在旦,是三日象也。旦又未至食时,非食时则无可食,故曰'三日不食'也。"依注疏说法,叔孙穆子三日不食而饿死,那是命中注定无可逃避了。

❼ "《离》,火也"至"言必谗也",解说《离》《艮》合体。杜注:"《艮》为言。为《离》所焚,故言败。《离》变为《艮》,故言有所往。往而见烧,故主人有言。言而见败,故必谗言。"杨注已指出《左氏》"日之《谦》"至"言必谗也"这一段,是对《明夷》初九爻辞的解

说。“纯‘离’为牛”以下，杜注：“《易》：《离》上《离》下，《离》。‘畜牝牛，吉。’故言‘纯《离》为牛’。《离》焚山则《离》胜，譬世乱则谗胜。山焚则《离》独存，故知名‘牛’也。竖牛非牝牛，故不吉。”杨注引焦里堂《左传补疏》：“《明夷》上《坤》下《离》，以《坤》配《离》，故云‘纯离’。纯，耦也，谓与《离》相耦者《坤》也，即牛也。《易》以《坤》为牛。”按：《周易·说卦》：“坤为牛。”又说：坤“为子母牛”。焦里堂《易章句》卷十：“凡称牛皆指坤，牝牛童牛是也。”纯有“耦”的意思，譬如《礼经·乡射礼》《大射仪》：“以纯数告；亦有奇者，亦曰奇”，“二算为纯……一算为奇”，纯的意思很明白。我们认为《左传》“纯《离》为牛”句的解释当以焦说为佳。

❽ 杜注：“谦道冲退，故飞不远翔。峻，高也。翼垂下，故不能广远。不远翔，故知不远去。”孔疏谓《左传》记卜楚丘之言推演爻辞既讫，“乃复更推卦体以终为祀之言，故曰‘其为子后’以总结前言也。”这里杜注孔疏的说法与原文相符，杨注并无异议。

❾ 杜注：“旦日，正卿之位。庄叔父子世为亚卿，位不足以终尽卦体，盖引而致之。”按：庄叔虽然筮得《明夷》之《谦》，当旦而居卿位，但由于《明夷》之《谦》是明而未融，所以只能做到亚卿。《左氏》说“抑少不终”，今翻译如下：“只是还稍微有点遗憾，这就是不得善终。”

原文

楚子以屈（伸）〔申〕为贰于吴，乃杀之；以屈生为莫敖，使与令尹子荡如晋逆女。过郑，郑伯劳子荡于（汜）〔氾〕，劳屈生于菟氏。晋侯送女于邢丘。[1]子产相郑伯，会晋侯于邢丘。

注释

❶ 氾读 fàn。菟读 tú，这里以不读 tù 为妥。依《释文》，两“劳”字皆读 lào。杜注：“氾、菟氏，皆郑地。《传》言楚强，诸侯畏敬其使。”

按：依周礼，诸侯派大夫来聘，使者过邦假道，国君没有必要亲自迎接过境或入境使者；诸侯嫁女，国君不必亲自送女至某地。这里记郑伯亲劳楚国派往晋国迎亲的使者，晋侯送女于邢丘，并不合当时礼制，所以注疏认为郑伯晋侯那样做，是出自对楚王的敬畏。

原文

公如晋，自郊劳至于赠贿，无失礼。晋侯谓女叔齐曰："鲁侯不亦善于礼乎？"对曰："鲁侯焉知礼！"公曰："何为？自郊劳至于赠贿，礼无违者。何故不知？"对曰："是仪也，不可谓礼。礼，所以守其国、行其政令、无失其民者也。今政令在家，不能取也；有子家羁，弗能用也；奸大国之盟，陵虐小国；利人之难，不知其私；公室四分，民食于他，思莫在公，不图其终；为国君，难将及身，不恤其所：礼之本末，将于此乎在？而屑屑焉习仪以亟，言善于礼，不亦远乎？"❷君子谓叔侯于是乎知礼。

注释

❷《左传》昭二十五年记子大叔将揖让周旋之礼视为仪而非礼的认论，认为礼必须是天经地义民之行。《左传》昭五年这里记女叔齐答晋侯语，认为"礼所以守其国，行其政令，无失其民者"，这是礼之根本及其大用；失却礼之根本，譬如鲁侯连国家（公室）也守不住，行那些礼仪何用？"今政令在家"，这里意思是政令出自大夫。"有子家羁弗能用"，杜注："羁，庄公玄孙懿伯也。"此子毕竟是鲁昭公信得过的自家人，"弗能用"，应是无可奈何的事，大约鲁昭公其时一点人事权也没有了。"奸大国之盟"至"利人之难"，杜注："谓伐莒取郓。谓往年莒乱而取鄫。不自知有私难。"杨注相同。"民食于他"，杜注："他谓三家也。言鲁君与民无异。"孔疏："言公如民然，求食于他也。"杨注以为《左传》这里说的是民赖大夫为生。《左氏》下文"思莫在公，不图其终"，杜注：

“无为公谋终始者。”杨注:“民心已不在鲁公……昭公本人亦不念及后果。”其实当时群臣之心亦不在公。“不恤其所”,依杨注,意思是说鲁公“不以其地位可危为忧”。《左氏》下文“礼之本末将于此乎在”,杨注认为这是“将在于此乎”之倒装句,礼之本末“在守国、行政、无失民”,这样讲,与《左氏》前文照应,比杜注所谓“在恤民与忧国”更为妥当。“屑屑焉习仪以亟”,杜注:“言以习仪为急。”《释文》:亟,“急也”。杨注引《后汉书·崔骃传》注:“屑屑犹区区也。”则《左氏》这一句及其下文意思是说:“而急于习行细小的礼节仪式,猥琐不堪。说是‘善于礼’,不是差得远了吗?”我们这里还要说明一点:女叔齐将“仪”与“礼”对立,实有不当。我师沈凤笙文倬先生重视“礼若仪之互申其义”,认为“义以蕴诸中,仪以形诸外,二者皆然也”①,这样讲,就避免了持论的偏执。

原文

晋韩宣子如楚送女,叔向为介。郑子皮、子大叔劳诸索氏。❶大叔谓叔向曰:“楚王汏侈已甚,子其戒之!”叔向曰:“汏侈已甚,身之灾也,焉能及人?若奉吾币帛,慎吾威仪,守之以信,行之以礼,敬始而思终,终无不复。❷从而不失仪,敬而不失威,道之以训辞,奉之以旧法,考之以先王,度之以二国❸,虽汏侈,若我何?”及楚。

注释

❶ 杜注:“河南成皋县东有大索城。”杨注也认为这个“索氏”是地名,而说法与杜注实有区别。皆以其地在河南,是杜杨两注相同处。

❷ 杜注:“事皆可复行。”杨注用杜氏说。按:事皆可复行,那就是说

---

① 见沈师凤笙先生《蓟闇述礼·曲礼考叙论》。收入上海远东出版社1996年版《学术集林》(卷九)。

事情做得不错。若是做错了，也就不可复行了。

❸ “从而不失仪”以下，杜注：“从，顺也。”杨注：“顺从主人而不失仪度……恭敬主人而不失晋为大国之风采……道，引导也。训辞谓前贤之言语……旧法谓故事、旧礼。”按：这里杨注较为详明。孔疏：“圣人教训之辞，用之以通意，故言‘道之’也。聘使旧故之法，奉承以致命，故言‘奉之’也。”这样解释“道之以训辞，奉之以旧法”，亦通。“考之以先王”以下，杜注：“以先王之礼成其好。度晋楚之势而行之。”孔疏：“用先王之礼以成其交好，故言‘考之’也。量二国形势以传通时事，故言‘度之’也。”因为孔疏这里说的“先王之礼”实即前面说过的“聘使旧故之法”，所以我们认为孔疏实有犯复之嫌。杨注将“考之以先王”解释为“以先王之事稽考之”，比孔疏义长。

原文

楚子朝其大夫，曰：“晋，吾仇敌也。苟得志焉，无恤其他。今其来者，上卿、上大夫也。若吾以韩起为阍，以羊舌肸为司宫，足以辱晋，吾亦得志矣。可乎？”❹大夫莫对。薳启彊曰：“可。苟有其备，何故不可？耻匹夫不可以无备，况耻国乎！是以圣王务行礼，不求耻人。朝聘有珪，享頫有璋；小有述职，大有巡功；设机而不倚，爵盈而不饮；宴有好货，飧有陪鼎；入有郊劳，出有赠贿：礼之至也！❺国家之败，失之道也，则祸乱兴。城濮之役，晋无楚备，以败于邲。邲之役，楚无晋备，以败于鄢。自鄢以来，晋不失备，而加之以礼，重之以睦，是以楚弗能报而求亲焉。既获姻亲，又欲耻之以召寇仇，备之若何？谁其重此？若有其人，耻之可也；若其未有，君亦图之！晋之事君，臣曰可也：求诸侯而麇至；求昏而荐女，君亲送之，上卿及上大夫致之。犹欲耻之，君其亦有备矣；不然，奈何？韩起之下，赵成、中行吴、魏舒、范鞅、知盈；羊舌肸之下，祁午、张趯、籍谈、女齐、梁丙、张骼、辅跞、苗贲皇：皆诸侯之选也。韩襄为公族大夫，韩须受命而使矣；箕襄、邢带、叔禽、叔椒、子羽，皆大家也。韩赋七邑，皆成县也。[6]羊舌四族，皆强家也。晋人若丧韩起、杨肸，五卿、八大夫辅韩须、杨石，因其十家九县，长毂九百，其余四十县，遗守四千，奋其武怒，以报其大耻；伯华谋之，中行伯、魏舒帅之：其蔑不济矣！君将以亲易怨，实无礼以速寇，而未有其备，使群臣往遗之禽[7]，以逞君心，何不可之有？”王曰：“不穀之过也，大夫无辱。”厚为韩子礼。王欲敖叔向以其所不知，而不能，亦厚其礼。

韩起反，郑伯劳诸圉。辞不敢见，礼也。[8]

注释

❹ “以韩起为阍”，杜注：“刖足使守门。”《左氏》下文“以羊舌肸为司宫”，杜注：“加宫刑。”孔疏：“欲以叔向为司宫，为奄官之长，则韩起为阍，亦欲令为门官之长。”杨注已指出杜镇南谓楚将刖韩起之足“则未必然”；我们认为孔疏谓楚欲令韩起为门官之长，实亦揣测之辞。

❺ 頫读 tiào。“朝聘有珪”至“大有巡功”，杜注：“珪以为信。享，飨也。頫，见也。既朝聘而享见也，臣为君使，执璋。诸侯适天子曰述职。天子巡守，曰巡功。”孔疏引《周官·典瑞》的记载与《礼经·聘礼》之“记”以及这两篇文献之郑注证“朝聘有珪”，指出：“享頫有璋”句杜注与《周官·小行人》郑注说的享頫意义不同，兹不具录。《释文》：“郑、服皆以享为献耳。”又说：“述职，述其所治国之功职也。”“巡功，巡所守之功绩。”杨注认为春秋时期“小国朝于大国，犹诸侯朝于天子”，意思是亦当有述职之事；而“大国适小国，犹天子之巡守。”《左氏》下文“设机而不倚，爵盈而不饮”，杜注：“言务行礼。”《释文》谓“机音几”，意思是说这个“机”就是“几”的借字。孔疏：“朝聘之礼有设几进爵之时。朝礼虽亡，而《聘礼》有其略也。”下引《聘义》，而后说：“是言务在行礼，不敢倚机，不敢饮酒也。”这里杜注孔疏都是对的。“宴有好货”

句以下,杜注:"宴饮以货为好,衣服车马在客所无。熟食为飧。陪,加也。加鼎所以厚殷勤。宾至,逆劳之于郊;去,则赠之以货贿。"这样说也是与原文原意相合的,有孔疏可参。"礼之至也"句,自是对上文说的行礼的赞美。

❻ "求诸侯而麇至"以下,杜注:"麇,群也。荐,进也。"这里说的求诸侯与求昏,事见上年与本年《左传》。"皆诸侯之选",杜注:"言非凡人。"《左氏》下文"皆大家也","大家"指能人高手强者。"皆成县也",杜注:"成县,赋百乘也。"杨注:"韩氏收七邑之赋,此七邑皆大县。"杨先生认为"成县"的"成"是盛、大的意思,犹如《左传》襄十四年所谓"成国"就是大国,说本俞曲园先生《春秋左传平议》。我们认为这里杜、杨两注可互参,并无矛盾。

❼ "长毂九百",杜注:"长毂,戎车也。县百乘。"杨注义同。"其余四十县遗守四千",杜注:"计遗守国者,尚有四千乘。"杨注用杜氏说。"使群臣往遗之禽",杨注:"谓群臣往敌晋,是遗晋以俘虏。"按:杨注是,"遗晋"之遗当读 wèi,赠与的意思,这里不读 yí。

❽ 杜注:"圉,郑地名。"为什么说"辞不敢见,礼也"?杜注:"奉使,君命未反故。"当时聘礼规定,出使反命之后方可归家做别的事。又,即使从权宜之计,大臣奉命出使,归国途中亦不当受他国之君亲劳。说见陶鸿庆先生《左传别疏》。

原文

郑罕虎如齐,娶于子尾氏。❶晏子骤见之。陈桓子问其故,对曰:"能用善人,民之主也。"

"夏,莒牟夷以牟娄及防、兹来奔。"牟夷非卿而书,尊地也。莒人诉于晋,晋侯欲止公。范献子曰:"不可。人朝而执之,诱也。讨不以师,而诱以成之,惰也。为盟主而犯此二者,无乃不可乎?请归之,闲而以师讨焉❷。"(又)〔乃〕归公。❸秋七月,公至自晋。

莒人来讨,不设备。戊辰,叔弓败诸蚡泉,莒未陈也。

注释

❶ 杜注:“自为逆也。”按:这就是所谓卿大夫亲迎之礼。越国境,必须经过国君批准。

❷ “人朝而执之”,杨注:“似引诱其来而执之。”这是所谓诱捕。“讨不以师”,杨注:“怠慢于用兵以讨伐不义。”这叫作“惰”。二者都不是光明正大的事,范献子说二者非盟主所当为。“闲而以师讨焉”,杜注:“闲,暇也。”

❸ 阮刻本作“又”,杨注本作“乃”。杨先生没有交代版本根据。但从上文语气看,这里以作“乃”为是。

原文

冬十月,楚子以诸侯及东夷伐吴,以报棘、栎、麻之役。薳射以繁扬之师会于夏汭。越大夫常寿过帅师会楚子于琐。闻吴师出,薳启彊帅师从之;遽不设备,吴人败诸鹊岸。[1]

楚子以驲至于罗汭。吴子使其弟蹶由犒师;楚人执之,将以衅鼓。王使问焉,曰:“女卜来吉乎?”对曰:“吉!寡君闻君将治兵于敝邑,卜之以守龟,曰:‘余亟使人犒师,请行以观王怒之疾徐而为之备,尚克知之。’龟兆告吉,曰:‘克可知也。’君若欢焉好逆使臣,滋敝邑休怠而忘其死,亡无日矣。[2]今君奋焉震电冯怒,虐执使臣将以衅鼓,则吴知所备矣。敝邑虽羸,若早修完,其可以息师。难易有备,可谓吉矣![3]且吴社稷是卜,岂为一人?使臣获衅军鼓,而敝邑知备,以御不虞,其为吉孰大焉?国之守龟,其何事不卜?一臧一否,其谁能常之?城濮之兆,其报在邲。今此行也,其庸有报志[4]?”乃弗杀。

楚师济于罗汭,沈尹赤会楚子,次于莱山。薳射帅繁扬之师先入南怀,楚师从之,及汝清。吴不可入,楚子遂观兵于坻箕之山。

是行也,吴早设备,楚无功而还,以蹶由归。楚子惧吴,使沈尹射待命于巢,薳启彊待命于雩娄,礼也。[5]

秦后子复归于秦,景公卒故也。

注释

❶ 这一段中棘、栎、麻、繁扬、琐、鹊岸都是地名。上年《左传》已出现“夏汭”,杜注说是“汉水曲入江,今夏口”,杨注认为杜说“恐不确”,而应该是西淝河(古称夏肥水)下游入淮水处。今从之。

❷ “尚克知之”,杨注用杨遇夫先生《词诠》的说法,认为“尚”是庶几的意思。其实王伯申《经传释词》卷九早有此说,还可以追溯得更远(譬如《尔雅·释言》)。“休殆”,杜注:“休,解也。”这个“解”与后来出现的“懈”音义相同,解懈古今字。

❸ “冯怒”,杜注:“冯,盛也。”按:这个“冯”,依《释文》当读 píng,与“凭”音义相同。“凭怒”为楚地彼时方言,怒之甚者。杨注引《楚辞·天问》“康回冯怒”为证,甚是。“修完”,杜注:“完器备。”这里是修理完整充实的意思。“息师”,杜注:“息楚之师。”这里是阻止楚师进攻。“难易有备”,杨注:“句谓无论患难或平安俱有所准备。”这样就可以保证吉祥,不必担心意外了。

❹ “其庸有报志”,杜注:“言吴有报楚意。”杨注:“其庸,反诘副词连用,岂也。岂有报志,谓卜来虽吉,而已被杀,则吉之应验在于战而吴胜。”究其实,这里杜杨两注义同。细玩蹶由这一番话,不难看出其柔中有刚。

❺ 杜注:“善有备。”今按:这里“礼也”二字若非衍文,那就只能视遣将待命、“以蹶由归”(不杀来使,不发兵犯人)为礼了。巢、雩娄,都是地名。

经六年[1]

原文

春,王正月,杞伯益姑卒。

葬秦景公。[2]
夏，季孙宿如晋。
葬杞文公。
宋华合比出奔卫。
秋，九月，大雩。
楚薳罢帅师伐吴。
冬，叔弓如楚。
齐侯伐北燕。

注释

❶ 鲁昭公六年，乃公元前536年，周景王九年。是年孔仲尼先生十七岁。

❷ 秦景公之葬无讥评，应该是不速也不缓，然则此秦伯之卒应当在上年秋九月。

传六年

原文

春，王正月，杞文公卒。吊如同盟，礼也。

大夫如秦葬景公，礼也。[1]

三月，郑人铸刑书。[2]叔向使诒子产书[3]，曰：

始吾有虞于子，今则已矣。昔先王议事以制，不为刑辟，惧民之有争心也。[4]犹不可禁御，是故闲之以义，纠之以政，行之以礼，守之以信，奉之以仁；制为禄位，以劝其从；严断刑罚，以威其淫。惧其未也，故诲之以忠，耸之以行[5]，教之以务，使之以和，临之以敬，莅之以强，断之以刚；犹求圣哲之上、明察之官、忠信之长、慈惠之师。民于是乎可任使也，而不生祸乱。民知有辟，则不忌于上；并有争心，以征于书，而徼幸以成之：弗可为矣！

注释

❶ 杜注:“合先王士吊、大夫送葬之礼。”孔疏已指出这种礼仪的明确的表述见《左传》昭三十年。

❷ 杜注:“铸刑书于鼎,以为国之常法。”孔疏:“二十九年《传》云:‘晋赵鞅、荀寅赋晋国一鼓铁以铸刑鼎,著范宣子所为刑书焉。’彼是铸之于鼎,知此亦是鼎也。”杨注用杜注孔疏说。

❸ 杜注说“诒,遗也”,据《释文》,可知这个“遗”读 wèi 不读 yí,是寄送的意思。

❹ 杜注:“虞,度也,言准度子产以为己法。已,止也。”杨注依洪亮吉《春秋左传诂》、吴闿生《文史甄微》,将这个“虞”解释为“望”,引《广雅》为证,我们认为比杜注将“虞”解释为“度”更为顺畅,可从之。“昔先王议事以制”以下,杜注:“临事制刑,不豫设法也。法豫设则民知争端。”王伯申《经义述闻》:“议读为仪。仪,度也。制,断也。谓度事之轻重以断其罪,不豫设为定法也。”说“不豫设为定法”,与杜注同。关于“议事”的解释,王说义长。“刑辟”,就是刑法。孔疏:“法既豫定,民皆先知,于是倚公法以展私情,附轻刑而犯大恶,是无所忌而起争端也。”其实,法豫定而民先知,合法的事就做,不敢违法,有何不好? 这里关键在于法是谁家的法,法是否为最广大的国民所拥护,法是不是真正合理。

❺ 杜注:“耸,惧也。”孔疏:“行善得善,行恶得恶,举善恶之行以恐惧之。”按:耸当惧讲,与“竦”音义相同。《尔雅·释诂》:“竦,惧也。”可见杜注有根据。然而孔疏说“举善恶之行以恐惧之”,善行又为何要恐惧之? 王氏父子据“耸之以行”的耸在《汉书·刑法志》作“怓”(师古注:“怓,奖也”),认为“耸之以行”句是“举善行以奖劝之”。我们认为这里不妨兼采两说:举恶行以惧之,举善行以劝之。

原文

夏有乱政而作《禹刑》,商有乱政而作《汤刑》,周有乱政而作

《九刑》：三辟之兴，皆叔世也。[5]今吾子相郑国，作封洫，立谤政，制参辟，铸刑书，将以靖民，不亦难乎？《诗》曰：“仪式刑文王之德，日靖四方。”又曰：“仪刑文王，万邦作孚。”如是，何辟之有？[6]民知争端矣，将弃礼而征于书，锥刀之末，将尽争之。乱狱滋丰，贿赂并行。终子之世，郑其败乎！肸闻之：“国将亡，必多制。”其此之谓乎！

复书曰：“若吾子之言，侨不才，不能及子孙。吾以救世也。既不承命，敢忘大惠？”

士文伯曰：“火见，郑其火乎？火未出，而作火以铸刑器，藏争辟焉。火如象之，不火何为！”[7]

注释

❺ “三辟之兴皆叔世也”，杜注：“言刑书不起于始盛之世。”孔疏：“三辟，谓《禹刑》《汤刑》《九刑》也。辟，罪也。三者断罪之书，故为刑书。皆是叔世所为，言刑书不起于始盛之世。”“叔世”的意思，杨注用王葵园先生为《汉书·刑法志》所作补注的说法，认为是“对上世言之”，可从。

❻ 杜注已指出“作封洫”在襄三十年，“立谤政”即作丘赋，在昭四年。“制参辟”，《释文》说“参”一音三（叁），是据文意注音，杜注：“谓用三代之末法。”孔疏：“制参辟、铸刑书是一事也。为其文是制参辟，勒于鼎是铸刑书也。三代之辟皆取前世故事制以为法，子产亦取上世故事，故谓之‘制参辟’。”由此可见前面注❺所说王益吾先生关于“叔世”的解释是正确的。“仪式刑文王之德”两句见《诗·周颂·我将》，杜注：“言文王以德为仪式，故能日有安靖四方之功。刑，法也。”孔疏：“仪式刑三者皆为法也。言以德为仪式法者，是文王之德也。”引服虔注：“仪，善。式，用。刑，法。靖，谋也。言善用法文王之德，日日谋安四方。”孔疏认为服氏“此解于文便于杜也”。今按：“仪式刑文王之德”，毛诗“德”作“典”，毛传：“仪，善。刑，法。典，常。靖，谋也。”毛传与服注有同有异。我们对于《诗·周颂·我将》的解说，请参看拙撰《诗经

校注》。“仪刑文王，万邦作孚”两句，见《诗·大雅·文王》，杜注：“言文王作仪法，为天下所信。”诸家说法与杜注基本一致。“如是，何辟之有”，杜注：“言《诗》唯以德与信，不以刑也。”杨注：“言不必有法律。”按：“何辟之有”的辟，作“刑”讲可，作“法”讲与上文联系更紧。叔向否认立法的必要，历史证明他的思想观点与社会发展的形势已不适应。

❼ 杜注：“火，心星也，周五月昏见。刑器，鼎也。象，类也。同气相求，火未出而用火，相感而致灾。”孔疏：“作刑书以示民，教民使争罪，故谓之争辟……今郑火未出而用火以铸鼎，及火星出，则相感以致灾。”杨注认为“火如象之”句中“如”用法同“而”，其说可从，因为这样讲不但与古音之理相合，而且有《汉书·五行志》为证。

原文

“夏，季孙宿如晋。”拜莒田也。晋侯享之，有加笾。武子退，使行人告曰：“小国之事大国也，苟免于讨，不敢求贶；得贶不过三献。今豆有加，下臣弗堪，无乃戾也？”韩宣子曰：“寡君以为欢也。”对曰：“寡君犹未敢；况下臣，君之隶也，敢闻加贶？”固请彻加，而后卒事。晋人以为知礼，重其好货。[1]

宋寺人柳有宠，大子佐恶之。华合比曰：“我杀之！”柳闻之，乃坎，用牲，埋书，而告公曰：“合比将纳亡人之族，既盟于北郭矣。”[2]公使视之，有焉，遂逐华合比。合比奔卫。于是华亥欲代右师，乃与寺人柳比，从为之征，曰：“闻之久矣。”公使代之。见于左师，左师曰：“女夫也必亡！女丧而宗室，于人何有？人亦于女何有？[3]《诗》曰：‘宗子维城。毋俾城坏，毋独斯畏。’女其畏哉！[4]”

注释

❶ 依杜注，所谓“加笾”，是“笾豆之数多于常礼”；所谓“得贶不过三献”，是因为“《周礼》大夫三献”。孔疏：“《典命》云公侯伯之卿

皆三命,知其当三献也。大夫,卿之总名,故注云‘三献’也。”这样讲,总算找到了根据。“固请彻加,而后卒事”:坚决请求彻走加笾,而后接受享宴之礼。“重其好货”,杜注:“宴好之货。”杨注:“盖即酬币、侑币之属。”晋人重视这些东西。

❷ “乃坎,用牲,埋书”,杜注:“诈为盟处。”按:掘坎,用牲歃血,埋书于坎,是古人结盟必须做的事。寺人柳伪造结盟之处,是为了诬陷华合比。他向宋平公报告:“合比将纳亡人之族,既盟于北郭矣。”杜注:“亡人,华臣也,襄十七年奔(卫)〔陈〕。”北郭,自是寺人柳诈为盟处。

❸ 华亥,华合比之弟,想得到华合比的右师官位,“乃与寺人柳比,从为之征”。这里“比”相当于后来常说的“勾结”“朋比”或“狼狈为奸”,“征”是出具伪证。《左氏》下文记左师向戌批评华亥。“女夫也必亡”,杜注“夫谓华亥。”杨注用章太炎先生说法,认为“女夫”是轻视之词,与《庄子·列御寇》的“而夫”有相同的意味。“女丧而宗室”,杨注:“宗室犹言宗子、宗主。”丧而宗室,意思是“陷害你的宗主”。“人亦于女何有”,杜注:“言人亦不能爱女。”杨注:“人于女则轻贱之。”按:两注义近。

❹ 引诗见《大雅·板》。杜注:“言宗子之固若城。俾,使也。”孔疏:“言宗人当固之,毋使此城倾坏,倾坏则女独矣;女既独,此必有所畏惧也。”杨注:“此以华合比为华氏之宗子,即华族之城垣也。”“言若使此城倾坏,女则孤独而足有可畏者。”按:《诗》“毋独斯畏”句,盖杜注将“斯”当“此”讲,杨注当连词看而讲作“则”,我们认为杨注较顺。“女其畏哉”,这个“其”应作“将”看,或者作“殆”讲,《经传释词》卷五:“其犹殆也。”又说:“其犹将也。”

原文

六月丙戌,郑灾。

楚公子弃疾如晋,报韩子也。过郑,郑罕虎、公孙侨、游吉从郑伯以劳诸柤,辞不敢见;固请,见之。见如见王,以其乘马八匹私面;见子皮如上卿,以马六匹;见子产,以马四匹;见子大叔,以马二匹。[1]禁刍牧采樵,不入田,不樵树,不采蓺,不抽屋,不强丐,誓曰:“有犯命者,君子废,小人降!”舍不为暴,主不慁宾,往来如是。[2]郑三卿皆知其将为王也。

韩宣子之适楚也,楚人弗逆。公子弃疾及晋竟,晋侯亦将弗逆;叔向曰:“楚辟,我衷,若何效辟?《诗》曰:‘尔之教矣,民胥效矣。’从我而已,焉用效人之辟?《书》曰:‘圣作则。’无宁以善人为则,而则人之辟乎?[3]匹夫为善,民犹则之,况国君乎?”晋侯说,乃逆之。

注释

❶ 柤读jū,杜注:“郑地。”“见如见王”,杜注:“见郑伯如见楚王,言弃疾共而有礼。”《左氏》下文,“以其乘马八匹私面”,依杜注,“私面”是私见郑伯;杨注:“私面即私觌,谓外臣以私人身份见东道国之君。”我们认为杨注这里比杜注更为明白。“见子皮如上卿”,杜注:“如见楚卿。”按:见郑伯以其乘马八匹,以下见子皮、子产、子大叔,如杜注所说,“降杀以两”。

❷ “不樵树”句以下,杜注:“艺,种也。君子则废黜不得居位,小人则退给下剧也。慁,患也。”孔疏:“不樵树,不伐树以为樵。不采艺,不采所种之菜果。服虔云:‘抽,裂也,言不毁裂所舍之屋也。丐,乞也,不就人强乞也。’”杨注认为“不抽屋”是不撤屋宇之木为用,“盖一切皆听东道国供给,不私取用”。既如此,也就可以做到“舍不为暴”(杨注:“寄宿于东道国不作暴行”),用不着强抢强丐(乞)了。“主不慁宾”,杨注:“此谓东道国不以过客过患。”往来都这样,如何不好呢?

❸ 杜注:“辟,邪也。衷,正也。”为什么效法邪恶呢?《左氏》下文引诗见《小雅·角弓》,杜注:“言上教下效。”杨注义同。“《书》曰:

‘圣作则。’”杜注：“逸《书》。则，法也。”按：此句今见于伪古文《尚书·说命》，意思是圣人为法则，他人皆当仿效。《左氏》下文“无宁以善人为则”两句，杜注：“无宁，宁也。”杨注也认为这里“无宁”的“无”是“语首助词，无义”。应该以善人为法则，怎么能效法人家的邪恶呢？

原文

“秋九月，大雩。”旱也。

徐仪楚聘于楚，楚子执之。逃归。惧其叛也，使薳泄伐徐。吴人救之。令尹子荡帅师伐吴，师于豫章，而次于乾谿。吴人败其师于房钟，获宫厩尹弃疾。❶子荡归罪于薳泄而杀之。

“冬，叔弓如楚。”聘，且吊败也。

十一月，齐侯如晋，请伐北燕也。士匄相士鞅逆诸河❷，礼也。晋侯许之。十二月，齐侯遂伐北燕，将纳简公。晏子曰：“不入。❸燕有君矣，民不贰。吾君贿，左右谄谀，作大事不以信，未尝可也。”

注释

❶ 豫章、乾谿、房钟，皆地名。

❷《释文》：“古本‘士匄’或作‘王正’，董遇、王肃本同。学者皆以士匄是范宣子即士鞅之父，不应取其父同姓名人以为介，今传本误也，依‘王正’为是。”又说：“案士文伯是士鞅之族，亦名匄，无妨今相范鞅即文伯也。”按：士文伯名匄，见《左传》襄三十一年。看来《左传》昭六年这里“士匄”是否当作“王正”，前人有异议，而陆德明《释文》并无定论。杨注修订本亦不以为当作“王正”。我们认为这个“士匄”可能就是《左传》襄三十一年的那个士文伯，《左传》昭六年这里“士匄”二字不必改，故仍之。

❸“不入”，意思是齐师不能侵入燕国，齐侯不能纳简公为燕君。也可以说“不入”就是“不纳”。燕简公出奔齐，事在鲁昭公三年。

经七年[1]

原文

春，王正月，暨齐平。[2]

三月，公如楚。

叔孙婼如齐莅盟。[3]

夏，四月甲辰朔，日有食之。

秋，八月戊辰，卫侯恶卒。

九月，公至自楚。

冬，十有一月癸未，季孙宿卒。

十有二月癸亥，葬卫襄公。

注释

❶ 鲁昭公七年，即公元前535年，周景王十年。是年孔子十八岁。

❷ 杜注："暨，与也。燕与齐平。前年冬齐伐燕，间无异事，故不重言燕，从可知。"按：杜注所谓"前年"指上一年。如果对本年与上年《经》《传》之间的联系稍加注意，那就应该肯定这里杜注是对的。

❸ 婼读chuò，这里不读ruò。按：此字《穀梁传》同，《公羊传》作"舍"。杨注已指出"舍"与"婼"古韵部为平入通转。孔疏："鲁与齐邻，公远适楚，虑其或来侵伐，遣使与之盟，寻旧好也。"

传七年

原文

"春，王正月，暨齐平。"齐求之也。癸巳，齐侯次于虢。燕人行成，曰："敝邑知罪，敢不听命？先君之敝器请以谢罪！"公孙皙曰："受服而退，俟衅而动可也。"二月戊午，盟于濡上。燕人归燕姬，赂以瑶瓮、玉椟、斝耳。[1]不克而还。

注释

❶ 濡读rú。斝读jiǎ。杜注："濡水出高阳县东北，至河间鄚县入易水。"又说："瑶，玉也。椟，匮也。斝耳，玉爵。"孔疏说高阳没有濡水，未知杜说何所据。又说："斝是爵名，文承'玉椟'之下，明亦以玉为之。言'耳'者，盖此器旁有耳，若今之杯，故名耳。"杨注认为关于濡水的解说，杜注可从。

原文

楚子之为令尹也，为王旌以田。芋尹无宇断之，曰："一国两君，其谁堪之？"[2]及即位，为章华之宫，纳亡人以实之。无宇之阍入焉。无宇执之，有司弗与，曰："执人于王宫，其罪大矣！"执而谒诸王。王将饮酒，无宇辞曰："天子经略，诸侯正封，古之制也。封略之内，何非君土？食土之毛，谁非君臣？故《诗》曰：'普天之下，莫非王土。率土之滨，莫非王臣。'[3]天有十日，人有十等。下所以事上，上所以共神也。故王臣公，公臣大夫，大夫臣士，士臣皂，皂臣舆，舆臣隶，隶臣僚，僚臣仆，仆臣台。马有圉，牛有牧，以待百事。今有司曰：'女胡执人于王宫？'将焉执之？周文王之法曰：'有亡，荒阅。'所以得天下也。吾先君文王作仆区之法，曰：'盗所隐器，与盗同罪。'所以封汝也。[4]若从有司，是无所执逃臣也；逃而舍之，是无陪台也：王事无乃阙乎？昔武王数纣之罪以告诸侯曰：'纣为天下逋逃主，萃渊薮。'故夫致死焉。君王始求诸侯而则纣，无乃不可乎？若以二文之法取之，盗有所在矣。"[5]王曰："取而臣以往。盗有宠，未可得也。"遂赦之。[6]

注释

❷ "为王旌以田"，杜注："析羽为旌。王旌，游至于轸。"《释文》说：

"游音留",是将游当作旒之借字了。按:《左氏》原文的意思是说:楚王子围当令尹的时候,举行田猎而用楚王之旗,像楚王那样僭用周天子之旗。"芋尹无宇断之",芋尹是官名,无宇自是人名,"断之"应是断令尹所用王旌,他不能容忍王子围当时的僭越。楚王用周天子那样规格的旌旗,你令尹也用王旌,那不是一国两君了吗?

❸"天子经略,诸侯正封",杜注:"经营天下,略有四海,故曰经略。封疆有定分。"孔疏据《左传》庄二十一年注,认为"经略"之"略"是疆界的意思:"经营天下,以四海为界,界内皆为己有,故言略有四海……诸侯封内,受之天子,非己自营,故言正封,谓不侵人,不与人,正之使有定分。"《左氏》下文"食土之毛",杜注:"毛,草也。"引诗见《小雅·北山》,杜注:"滨,涯也。"孔疏引郑笺:"此言王之土地广矣,王之臣又众矣,何求而不得?何使而不行?'率土之滨'者,地之形势水多于土,民居水畔,故云循土之涯也。"杨注:"正,治也……经略与正封同义。"这样讲,加上将"食土之毛"解说为"食生产于土者",是杨注比旧注疏讲得精当的两处(但也不必说旧注疏错了多少)。

❹"有亡,荒阅",杜注:"荒,大也。阅,蒐也。有亡人,当大蒐其众。"杨注:"此'有亡',谓奴隶之有逃亡者。"此说可从。"吾先王文王",杜注:"楚文王。"楚之先君文王当然不是周文王,杜注不误。"仆区之法",区读ōu,杜注:"《仆区》,刑书名。"《释文》引服虔注:"仆,隐也。区,匿也。为隐匿亡人之法也。"杜注说是刑书名,盖此刑书内容讲的是如何处罚隐匿逃亡奴隶的窝主,可以说杜、服两注未必有什么矛盾。"盗所隐器,与盗同罪",依杜注,这两句的意思应该是:"隐盗所得器"者,与盗器者同罪。"所以封汝也",杜注:"行善法,故能启疆,北至汝水。"孔疏:"言去盗贼,所以大启封疆也。"引《左传》哀十七年"封畛于汝"为证,其说有据。

❺"逃而舍之,是无陪台也":台是上文说的"人有十等"的最低的一等。杨注引俞正燮《癸巳类稿·仆臣台义》:"谓之台者,罪人为

奴;又逃亡复获之,则为陪台。"《左氏》这里说"无陪台",那是"逃而舍之"的结果,所以杜注说:"言皆将逃。"这当然也就是王事的阙失了。"纣为天下逋逃主,萃渊薮",杜注:"萃,集也。天下通逃,悉以纣为渊薮泽而归之。"孔疏:"此在《尚书·武成》篇也……是言天下罪人逋逃者以纣为主,集而归之,如鱼入深渊,兽奔薮泽也。"按:孔疏说的《武成》乃伪古文,造伪者将《左传》昭七年这十个字抄入,意图增加伪古文的可信成分。然而《左传》这十个字不应受伪古文牵连而见疑。它们应该有可能见于真古文《尚书·周书》,但不一定非见于《武成》,我们在真《武成》(即《逸周书·世俘》)篇中没有看到这十个字的句子。"故夫致死焉",这里"夫"读 fú,杜注:"人欲致死讨纣。"意思是人人愿以死与纣王相拼。"若以二文之法取之":所谓"二文之法",无疑指周文王与楚文王之法。"盗有所在矣",杜注:"言王亦为盗。"因为王窝藏逃犯,与纣一样。

❻ "取而臣以往",这里"而"就是"你",杜注:"往,去之。"意思是:捉拿了你的逃臣离开吧。"盗有宠,未可得也",杜注:"'盗有宠',王自谓。"盗有所恃(其所恃即王),你怎能捉拿呢?"遂赦之",杜注:"赦无宇。"这对无宇来说,当然要算是碰上了好运气。

原文

楚子成章华之台,愿以诸侯落之。❶大宰薳启彊曰:"臣能得鲁侯。"薳启彊来召公,辞曰:"昔先君成公命我先大夫婴齐曰:'吾不忘先君之好,将使衡父照临楚国,镇抚其社稷,以辑宁尔民。'婴齐受命于蜀。奉承以来,弗敢失陨而致诸宗祧。日我先君共王引领北望,日月以冀,传序相授,于今四王矣!❷嘉惠未至,唯襄公之辱临我丧。孤与其二三臣悼心失图,社稷之不皇,况能怀思君德?❸今君若步玉趾,辱见寡君,宠灵楚国,以信蜀之役,致君之嘉惠,是寡君既受贶矣,何蜀之敢望?其先君鬼神实嘉赖之,岂唯寡君?君若不

来，使臣请问行期，寡君将承质币而见于蜀，以请先君之贶。”❹

注释

❶ 杜注：“宫室始成，祭之为‘落’。”孔疏：“以其言‘落’，必是以酒浇落之，虽不如庙以血涂其上，当祭中溜之神以安之。”可是王怀祖批评上引注疏于礼皆无据，他说：“‘与诸侯落之’者，与诸侯始其事也……‘落之’之事，享也，非祭也。”（《经义述闻》卷十九）今以为王氏说是。

❷ 这里蜀是鲁地，《左传》宣十八年已出现过。《左氏》昭七年杜注：“蜀盟在成二年。衡父，公衡。”这里所记楚大宰薳启彊的一席话，显然是外交辞令。实际上，当年蜀之盟是楚侵鲁的结果，公衡只是被鲁国派往楚充当人质罢了，哪有什么“照临楚国”的光彩？“奉承以来”以下，杜注：“言奉成公此语以告宗庙。”《左氏》下文“日我先君共王”以下，孔疏：“日，谓往日也。婴齐与鲁盟于蜀，事在成二年共王之初，共王即望鲁朝，故言往日我先君共王引领北望也。”所谓“日月以冀”，实在是天天盼月月盼的意思，当然这也是外交场合说得好听的话。“于今四王矣”，杜注：“四王，共、康、郏敖及灵王。”这样说，确乎盼望已久。

❸ 所谓“襄公之辱临我丧”，指襄公二十八年如楚临康王丧。“悼心失图”，杜注：“在哀丧故。”因为在办丧事，当时楚国君臣悲痛而心无他图。“社稷之不皇”句以下，杜注：“皇，暇也。言有大丧，多不暇。”甚至连怀念并想望鲁君惠德的心思都来不及了。

❹ 杜注：“言但欲使君来，不敢望如蜀复有质子。”孔疏：“言开其恩宠，赐以威灵以及楚国，以明受命于蜀之事不虚致，令君之嘉惠于楚，即是寡君受贶矣。”王伯申关于“宠灵楚国”一句的解说是：“言宠楚国而赐之以福也。”他认为这里“灵”是福，宠灵即宠福。岂止楚国现在的君王得受嘉惠，连我们的先王的鬼神也都受益呢。“君若不来”句以下，略带威胁之辞。“请问行期”，杜注：“问鲁见伐之期。请，问也。”王伯申说：“下文曰‘寡君将承质币而见

于蜀’,则行期当谓会盟之期……若伐鲁之期,由楚定之,何须问鲁乎?”按:王伯申说是。杨注:“质,贽也。”贽币,是见面礼物。难道楚君会带礼物来拜见鲁君吗?仍然外交辞令而已。

原文

公将往,梦襄公祖。梓慎曰:“君不果行。襄公之适楚也,梦周公祖而行。今襄公实祖,君其不行。”子服惠伯曰:“行!先君未尝适楚,故周公祖以道之。襄公适楚矣,而祖以道君。不行何之?”[5]

三月,公如楚。郑伯劳于师之梁。孟僖子为介,不能相仪;及楚,不能答郊劳。[6]

注释

[5] 杜注:“祖,祭道神。”襄公廿八年有适楚之事,所以由他主祭道路之神,引导昭公适楚,这在昭公梦中是可以做到的。这就正如襄公当年适楚之前梦见周公祭道路之神一样,因为周公曾经适楚,所以可以引导襄公适楚之路。这样,“不行,何之”?肯定可以成行了。古有鬼神引路的传说,《左传》的记载应该是比较早的。

[6] “师之梁”,杜注:“郑城门。”《左氏》下文记孟僖子为介而不能相仪,意思是说孟僖子不懂聘问之礼。杜注:“为下僖子病不能相礼张本。”这样说是有根据的。

原文

夏四月甲辰朔,日有食之。晋侯问于士文伯曰:“谁将当日食?”对曰:“鲁、卫恶之。卫大,鲁小。”公曰:“何故?”对曰:“去卫地,如鲁地。于是有灾,鲁实受之。其大咎,其卫君乎?鲁将上卿。”[1]公曰:“《诗》所谓‘彼日而食,于何不臧’者,何也?”对曰:“不善政之谓也。国无政,不用善,则自取谪于日月之灾,故政不可不慎也。务三而已:一曰择人,二曰因民,三曰从时。”[2]

注释

❶ “鲁、卫恶之”，《释文》认为这里“恶”如字读，不读 wù。杜注：“受其凶恶。”《左氏》这里的意思，是说鲁卫两国会受到日食的灾祸，卫受灾大，鲁受灾小。为什么这样说呢？“去卫地，如鲁地”以下，杜注：“卫地，豕韦也。鲁地，降娄也。日食于豕韦之末，及降娄之始乃息，故祸在卫大，在鲁小也。周四月，今二月，故日在降娄。灾发于卫而鲁受其余祸。八月卫侯卒，十一月季孙宿卒。”今按：士文伯就日食而发的议论，自是建立在不能正确看待日食而为迷信束缚的思想基础上。

❷ 引诗“彼日而食，于何不臧”两句见《小雅·十月之交》。彼，毛诗作“此”。诗疏：“今此日而反食，于何不善乎？犹言一何不善，为不善之大，是凶亡之征也。”彼诗疏下文即引《左传》昭七年记晋侯感日食问诗而士文伯作答的一段话，颇为得当。“国无政，不用善，则自取谪于日月之灾”，杜注：“谪，谴也。”我们认为士文伯这些话本意在于劝戒国君用善，心虽良苦而实亦无稽之言。孔疏：“设有天变当与天下为灾，何独卫君鲁卿当其咎也？若日食在其分次，其国即当有咎，则每于日食必有君死，岂日食之岁常有一君死乎？足明士文伯言卫君鲁卿之死不由日食而知矣。”如孔疏所言，“圣人假之神灵，作为鉴戒”“天道深远，有时而验，或亦人之祸衅偶与相逢”“其言若有若无，其事若信若不信，期于大通而已，世之学者宜知其趣焉”。《左氏》下文说政务三，杜注：“择贤人。因民所利而利之。顺四时之所务。”这三点做好了，怎么会取谪于日月之灾呢？

原文

晋人来治杞田，季孙将以成与之。谢息为孟孙守，不可，曰：“人有言曰：‘虽有挈瓶之知，守不假器，礼也。’夫子从君，而守臣丧邑，虽吾子亦有猜焉。”❸季孙曰：“君之在楚，于晋罪也。又不听晋，鲁罪重矣！晋师必至！吾无以待之，不如与之；间晋而取诸杞。吾与子桃。[4]成反，谁敢有之？是得二成也。鲁无忧而孟孙益邑，子何病焉？”辞以无山，与之莱、柞；乃迁于桃。晋人为杞取成。

注释

[3] 杜注：“成，孟氏邑，本杞田。谢息，僖子家臣。”谢息为孟孙守成，不同意季孙以成与晋。“挈瓶之知”句以下，杜注：“挈瓶汲者喻小知，为人守器犹知不以借人。”杨注谓瓶在古为汲器，又说：“挈，垂也。挈瓶即垂瓶者，汲水者。”与杜注一致。谢息认为守成地不失是他的责任。“夫子从君”句以下，杜注：“‘夫子’谓孟僖子，从公如楚。”这时候守成而失地，如何向主子交代？杜注：“言季孙亦将疑我不忠。”杨注无异词。

[4] “间晋而取诸杞”句以下，杜注：“候晋间隙可复伐杞取之。”桃自是地名。

原文

楚子享公于新台，使长鬣者相。好以大屈，既而悔之。[5]薳启彊闻之，见公，公语之；拜贺。公曰：“何贺？”对曰：“齐与晋、越欲此久矣。寡君无适与也[6]，而传诸君。君其备御三邻，慎守宝矣。敢不贺乎？”公惧，乃反之。

注释

[5] “使长鬣者相”，杜注：“鬣，须也。欲光夸鲁侯。”按：鬣，《说文》引作儠，有“长壮儠儠”一说，所以杨注说：“证以十七年《传》文，长鬣者当为长壮之人。”而焦里堂《左传补疏》、马宗琏《春秋左传补注》早已这样解说过。“好以大屈”，杜注：“宴好之赐。大屈，弓名。”孔疏引《鲁连书》记同一事，谓“楚子享鲁侯于章华之台，与大曲之弓”，“大屈”作“大曲”。《释文》引贾逵的说法：“宝金可以为剑，出大屈也。”则大屈为地名。我们认为“长鬣”或“长儠”，

“大屈”或“大曲”，弓名或地名，都可以讲通《左氏》原文。但是除了孔疏引《鲁连书》之外，我们不同意诸家将“好以大屈”的“好”解释为“宴好之赐”。我们认为这里“好”就是“赐”，就是“与”，就是“赐予”，“好以大屈”就是赐以大屈之弓或剑，就是孔疏引《鲁连书》所谓“与大曲之弓”。《周官·内饔》：“凡王之好赐肉脩，则饔人共之。”《玉府》：“凡王之好赐，共其货贿。”《内府》：“凡王及冢宰之好赐予，则共之。”郑注：“好赐，王所善而赐也。”孙仲容《周礼正义》卷八说“好赐与好用义同”，又说《内府》“好赐予”是“有所厚好则赐予之”。皆未谛而且迂曲。今按：好赐，好赐予，同义词并列。西周成王时器大保毁铭“易休余土”，“易”就是“锡”，就是“赐”；“休”与“易”义同，也是“赐”的意思；“休”与“好”古韵同部，在这里意思相通。“易休”就是“好赐”。请参看杨遇夫（树达）先生《积微居金文说》卷三《大保毁跋》。

⑥ 据《释文》，“无適与”的“適”读 dì。无適与，意思是没有专一的赠送对象。

原文

郑子产聘于晋。晋侯疾。韩宣子逆客，私焉，曰：“寡君寝疾，于今三月矣，并走群望，有加而无瘳。[1]今梦黄熊入于寝门，其何厉鬼也？”对曰：“以君之明，子为大政，其何厉之有？昔尧殛鲧于羽山，其神化为黄熊以入于羽渊，实为夏郊，三代祀之。晋之盟主，其或者未之祀也（乎）？”韩子祀夏郊。[2]晋侯有间，赐子产莒之二方鼎。[3]

注释

❶ “私焉”，杜注：“私语。”《左氏》下文“并走群望”，阮元等《校勘记》引臧琳的说法，认为“走”当作“趣”，臧氏引《诗·大雅·棫朴》传笺作证，我们认为其说有可从者。杜注：“晋所望祀山川，

皆走往祈祷。”王伯申《述闻》谓“并走”的“并”是“遍”的意思，这与杜注“皆走往”的“皆”正好一致，其说亦可从。瘳读 chōu，病愈的意思。“有加而无瘳”，意思是病情唯有加重，不见好转。

❷ 杜注：“鲧，禹父，夏家郊祭之。历殷周二代，又通在群神之数，并见祀。”孔疏引小戴辑《礼记·祭法》为证。“子为大政”，杨注：“大政，正卿。”这里所谓子为大政，指韩宣子。子产认为晋侯之疾非厉鬼作祟所致，盖由未祀鲧之故。所以韩宣子行夏郊祀鲧之礼，孔疏：“言祀夏家所郊者。”而祀典环节不见于《左氏》。又，上一句“其或者未之祀也乎”，“也”与“邪”同，疑词，“乎”字有可能为后人所加，请参看《经义述闻》卷十八“也乎”条（唯王氏父子肯定此“乎”字为衍文）。

❸ 杜注：“间，差也。方鼎，莒所贡。”据《释文》，杜注：“差也”的“差”读 chài（去声）。按：差与瘥为古今字。《国语·晋语八》也记载了晋平公疾，子产提醒晋君臣应祀夏郊一事，比《左传》详明。其中关于祀典环节与祭祀理论的说明很重要，久为学者所忽视。我们认为：如果没有《晋语八》揭示的祭祀理论与仪注，宣公十二年与昭公七年记载的两个族外祭典就无法解释。譬如宣公十二年记“楚子使唐狡与蔡鸠居告唐惠侯”，为何要这样做呢？请参看拙著《中国礼制史·先秦卷》第四章第五节。

原文

子产为丰施归州田于韩宣子，曰：“日君以夫公孙段为能任其事，而赐之州田。今无禄早世，不获久享君德。其子弗敢有，不敢以闻于君，私致诸子。”宣子辞。子产曰：“古人有言曰：‘其父析薪，其子弗克负荷。’施将惧不能任其先人之禄，其况能任大国之赐？纵吾子为政而可，后之人若属有疆埸之言，敝邑获戾，而丰氏受其大讨。❹吾子取州，是免敝邑于戾而建置丰氏也。敢以为请！”宣子受之，以告晋侯。晋侯以与宣子。宣子为初言，病有之，以易原县于乐大心。[5]

注释

❹“其父析薪”两句是比喻。父亲劈柴，儿子背不动、挑不起，比方老一辈创业而下一代不能继承。“任大国之赐”，任是承受的意思。“纵吾子为政而可”句以下，意思是：即使您做执政而能容许，您之后如何？杜注：“恐后代宣子者将以郑取晋邑罪郑。”杨注：“属，副词，会适，碰巧。疆埸之言谓以晋之州田与郑人。”若是将来代宣子执政者不知原委，不能容忍晋之州田到了郑人名下，那时，敝邑获罪，而丰氏将遭受严重惩罚。

❺杜注：“‘初言’，谓与赵文子争州田。乐大心，宋大夫。原，晋邑，所以赐乐大心也。”按：韩宣子与赵文子争州田，事见《左传》昭三年。“病有之”，杨注：“以有州田为愧。”又说：“此盖以州田与乐大心换取原县。”《左氏》原意正如此。

原文

郑人相惊以伯有，曰：“伯有至矣！”则皆走，不知所往。铸刑书之岁二月，或梦伯有介而行，曰：“壬子，余将杀带也。明年壬寅，余又将杀段也。”及壬子，驷带卒，国人益惧。齐、燕平之月壬寅，公孙段卒，国人愈惧。其明月，子产立公孙泄及良止以抚之，乃止。子大叔问其故。子产曰：“鬼有所归，乃不为厉。吾为之归也。”大叔曰：“公孙泄何为？”子产曰：“说也。为身无义而图说，从政有所反之，以取媚也。不媚，不信。不信，民不从也。”[1]

注释

❶杜注：“介，甲也。”“介而行”，就是着甲而行。“子产立公孙泄及良止以抚之”，杜注：“公孙泄，子孔之子也。襄十九年郑杀子孔。良止，伯有子也。立以为大夫，使有宗庙。”子产认为这样做，“鬼有所归，乃不为厉”，让他们各归于自家宗庙，就不会做恶鬼游荡

吓人为祟了。“公孙洩何为”,杜注:“子孔不为厉,问何为复立洩。”为何立公孙洩为大夫而使有宗庙呢?“说也,为身无义而图说”句下,杜注:“伯有无义,以妖鬼,故立之恐惑民。并立洩,使若自以大义存诛绝之后者,以解说民心。民不可使知之,故治政或当反道以求媚于民。说而后信之。”孔疏认为“从政有所反之”“反之谓反正道也”,又说:“媚,爱也。从其正事治国家者,有所反于正道以取民爱也……今既立良止,恐民以鬼神为惑,故反违正道,兼立公孙洩以取媚于民,令民不惑也。”杨先生关于“为身无义而图说”句有不同解释,杨注:“说同悦,谓取得欢心。言伯有、子孔皆身为不义,而伯有为鬼而求得欢。”我们不赞成“民不可使知之”的旧说,但是不能不强调一个客观的事实:当时包括贤者子产在内的人们不能比较科学地认识所谓鬼神,包括立大夫而后立宗庙祀鬼神在内的行为都无所谓科学。然而“不媚,不信”“不信,民不从也”,这样讲毕竟是合理的。

原文

及子产适晋,赵景子问焉,曰:“伯有犹能为鬼乎?”子产曰:“能。人生始化曰魄,既生魄,阳曰魂。用物精多,则魂魄强,是以有精爽至于神明。匹夫匹妇强死,其魂魄犹能冯依于人以为淫厉,况良霄,——我先君穆公之胄,子良之孙,子耳之子,敝邑之卿,从政三世矣!郑虽无腆,抑谚曰‘蕞尔国’;而三世执其政柄,其用物也弘矣,其取精也多矣,其族又大,所冯厚矣;而强死,能为鬼,不亦宜乎!”❷

注释

❷ 这一段解说伯有犹能为鬼的原因。“人生始化曰魄”句以下,杜注孔疏与杨注有不同说法。杜、孔认为“魄,形也”“阳,神气也”,将人生始化理解为“人之生始变化为形”,而杨先生谓“人生始

化”之化即死。我们认为两说各有道理。“用物精多则魂魄强”以下，意思较为明白：人生享用之物精良充足，他的魂魄就强；反之，魂魄就弱。“精爽至于神明”，依孔疏，“精亦神也，爽亦明也，精是神之未著，爽是明之未昭”“此言从微而至著耳”。这中间自然有个过程。“匹夫匹妇强死，其魂魄犹能凭依于人”，杜注：“强死，不病也。人，谓匹夫匹妇贱身。”贱人尚且有魂魄而为“淫厉”，何况贵人如伯有者！良霄就是伯有，他出身高贵，他家从政已三世，取精用弘，如杜注所言，“魂魄所冯者贵重”，能为厉鬼，有什么奇怪呢？“郑虽无腆”，杜注：“腆，厚也。”无腆自然是不厚。“蕞尔国”，蕞读 zuì，杜注：“蕞，小貌。”按：“无腆”与“蕞尔国”有相近的意思，皆谓郑是小国，不富不强。

原文

子皮之族饮酒无度，故马师氏与子皮氏有恶。齐师还自燕之月，罕朔杀罕魋。罕朔奔晋。韩宣子问其位于子产，子产曰：“君之羁臣，苟得容以逃死，何位之敢择？卿违，从大夫之位；罪人以其罪降：古之制也。[3]朔于敝邑，亚大夫也；其官，马师也；获戾而逃。唯执政所置之！得免其死，为惠大矣，又敢求位？”宣子为子产之敏也，使从嬖大夫。[4]

注释

❸ 羁臣，为暂时寄宿之臣，自外国来者，与外国君主来投奔者被称为寓公有相近的意思。“卿违，从大夫之位”，杜注：“谓以礼去者降位一等。”非以礼去者，如《左氏》下文所说“获戾而逃”者，自不得享受仅仅降位一等的待遇。“罪人以其罪降”，杜注：“罪重则降多。”看来当时还没有如同后世“引渡”的“国际法”。杨注把“卿违”解释作“离开本国”，此可补旧注疏之阙。

❹ 杜注：“为子产故，使降等，不以罪降。”孔疏：“晋之嬖大夫，亦是

下大夫。”杨注：“从犹《论语·先进》‘以吾从大夫之后’之从，随也。此谓随此班位。”按：此说是。

原文

秋八月，卫襄公卒。晋大夫言于范献子曰：“卫事晋为睦。晋不礼焉，庇其贼人而取其地，故诸侯贰。《诗》曰：‘䳭鸰在原，兄弟急难。’又曰：‘死丧之威，兄弟孔怀。’兄弟之不睦，于是乎不吊；况远人，谁敢归之？[1]今又不礼于卫之嗣，卫必叛我。是绝诸侯也。”献子以告韩宣子。宣子说，使献子如卫吊，且反戚田。

卫齐恶告丧于周，且请命。王使（臣）〔郕〕[2]简公如卫吊，且追命襄公曰：“叔父陟恪，在我先王之左右，以佐事上帝。余敢忘高圉、亚圉？”[3]

注释

❶ 引《诗》见《小雅·常棣》。杜注：“䳭鸰，雝渠也，飞则鸣，行则摇，喻兄弟相救于急难，不可自舍。威，畏也。言有死丧则兄弟宜相怀思。”《左氏》下文“兄弟之不睦”及其下凡三句，杨注：“卫、晋本兄弟之国，而不相亲睦，远人谁敢服晋。”甚确。

❷ 杨伯峻先生《春秋左传注》校作郕，今从之。

❸ “追命襄公曰”以下，杜注：“陟，登也。恪，敬也。帝，天也。叔父，谓襄公。命，如今之哀策。二圉，周之先也，为殷诸侯，亦受殷王追命者。”孔疏：“案《周本纪》，高圉是公刘玄孙之孙，高圉生亚圉。亚圉，大王亶父之祖也。并为殷之诸侯。今王追命襄公而云‘不忘二圉’，知其亦是受殷王追命，此杜以意言耳。”王伯申说：“恪读为格，《尔雅》曰：格、陟、登，升也。’是格与陟同义。陟格，谓魂升于天也。”（《经义述闻》卷十九）恪格古字相通，譬如《论语·为政》“有耻且格”，《汉山阳太守祝睦碑》格作恪，例证很多，王氏作了说明。我们认为王伯申关于“陟恪”的解释比杜注允

当。又,前贤据《史记》裴骃《集解》、司马贞《索隐》引《世本》推断周之先公世系,结论不同缘于理解不同。据《周本纪》计算,可知高圉为公刘玄孙之孙,而亚圉则为高圉之子,孔疏有据。杨伯峻先生《春秋左传注》初版本与修订本的说法不完全相同,兹不具录。我们认为《周本纪》的说法不一定很准确。《左氏》"追命襄公"之命,可能是令、教或告的意思,与"锡命""来锡命"的"命"在内容方面并不相同。如果一定要说本年《左氏》所谓"追命"与《左氏》庄元年的"来锡命"相同,那就不能不认为两《传》都有一些事情(譬如赐赠赙仪)省略未载。

原文

九月,公至自楚。孟僖子病不能(相)[1]礼,乃讲学之,苟能礼者从之。及其将死也[2],召其大夫,曰:"礼,人之干也。无礼,无以立。吾闻将有达者曰孔丘,圣人之后也,而灭于宋。其祖弗父何,以有宋而授厉公。及正考父佐戴、武、宣,三命兹益共,故其鼎铭云:'一命而偻,再命而伛,三命而俯。循墙而走,亦莫余敢侮。饘于是,鬻于是,以糊余口。'其共也如是。[3]臧孙纥有言曰:'圣人有明德者,若不当世,其后必有达人。'[4]今其将在孔丘乎!我若获没,必属说与何忌于夫子,使事之而学礼焉,以定其位。"[5]故孟懿子与南宫敬叔师事仲尼。仲尼曰:"能补过者,君子也。《诗》曰:'君子是则是效。'孟僖子可则效已矣。"[6]

注释

❶ "相"为衍文,说见阮元等《校勘记》、王氏《经义述闻》。

❷ 杜注:"二十四年孟僖子卒,《传》终言之。"按:孟僖子(即仲孙貜)卒于昭廿四年,《春秋经》有记载。《左氏》提前十多年记孟僖子临死说的话,而且还是预言(下文"将有达者曰孔丘",说的是将来的事),这一类记载,难免令人疑惑。我们不止一次肯定《左

传》记史的真实与可信，但并不是说此书处处可信，事事无疑，其中有些话（譬如古史传说与故事细节）恐怕无法证实，只好做传闻或揣测或虚拟看的。

❸ “其祖弗父何”以下，叙述孔子先祖，突出弗父何，特别突出宣传正考父。此人为弗父何之曾孙，生孔父嘉。孔父嘉为孔子六代祖，其后人以孔为氏。自正考父至孔子为七代。“三命兹益共”，杜注：“三命，上卿也。言位高益共。”按：《后汉书·马援传》注引此句作“三命滋益恭”。杨伯峻先生认为“滋益”是同义词连用，其说甚是。关于鼎铭的解说，杜注：“俯共于伛，伛共于偻。”循墙而走，“言不敢安行”“其共如是，〔人〕亦不敢侮慢之”“于是鼎中为饘、鬻”。又说：“饘、鬻，糊属。言至俭。”孔疏：“糊、饘、鬻、糜，相类之物。稠者曰糜，淖者曰鬻，糊、饘是其别名。将糜向口，故曰以糊余口。”按：糊，原来一般写作餬。饘读 zhān。鬻读 zhù，后来一般写作粥（读 zhōu）。又按：正考父庙中鼎铭形象地突出了庙主生前的恭敬。

❹ 杜注：“圣人之后有明德而不当大位，谓正考父。”孔疏：“圣人，谓殷汤也。不当世，谓不得在位为国君也。上文具言考父之德，知此……止谓正考父也。”杨注本王伯申说，认为这里“圣人”指弗父何及正考父，更合乎《左氏》原意。按：“其后必有达人”，这是《左氏》喜欢发表的预言之一。

❺ “获没”，依杜注，是“得以寿终”。“必属说与何忌于夫子”，属读 zhǔ（音义与“嘱”同），说读 yuè，杜注：“说，南宫敬叔。何忌，孟懿子。皆僖子之子。”这里说的“夫子”，自然是孔仲尼先生。“以定其位”，杜注：“知礼则位安。”可知孟僖子临终命二子向孔子学礼，目的是为了“安位”，他懂得礼的重要意义与功用。孔疏：“此时仲尼未仕，不得称为‘夫子’。以未仕之时，为仕后之语，是丘明竟尊之而失事实。陈桓未死言谥，亦此类也。”是唐代学者并不讳言《左氏》之失实。

❻ 引诗见《小雅·鹿鸣》。《左氏》记孔仲尼引《诗》称赞孟僖子能补过，

可以供人效法。按:孟僖子命二子师事孔子,在临死之时,即昭廿四年,其时孔子已过而立之年,应该可以发表较为成熟的议论了,也该可以为人师了。然则《左氏》这里又是把后面的事提前说了。

原文

单献公弃亲用羁。❶冬十月辛酉,襄、顷之族杀献公而立成公。

十一月,季武子卒。晋侯谓伯瑕曰:"吾所问日食,从矣,可常乎?"❷对曰:"不可!六物不同,民心不壹,事序不类,官职不则,同始异终,胡可常也?《诗》曰:'或燕燕居息,或憔悴事国。'其异终也如是。"❸公曰:"何谓六物?"对曰:"岁、时、日、月、星、辰,是谓也。"公曰:"多语寡人辰,而莫同。何谓辰?"对曰:"日月之会是谓辰,故以配日。"❹

注释

❶ "单献公"的"单"读 shàn。杜注:"献公,周卿士……羁,寄客也。"弃亲不用而用外国来的客人,所以引起亲族的不满。

❷ "吾所问日食"以下,杨注引《汉书·五行志下之下》师古注:"从谓如士文伯之言也。可常谓常可以此占之不。"目前似以此解为较妥。

❸ "六物不同"句以下,王伯申《经义述闻》卷十九:"则,犹等也,均也。""同也,壹也,类也,则也,皆谓同也。不同,不壹,不类,不则,皆谓异也。故曰'同始异终'也。"按:王氏此说比杜注好,杨注取王氏说。《左氏》下文引《诗》,见《小雅·北山》,杜注:"言不同。"诗原意是说劳役不均而待遇迥异,杜注"言不同"抓住了要义。

❹ 杜注:"一岁日月十二会,所会谓之辰。"孔疏对岁、时、日、月、星、辰六物都作了解释,关于辰的说法是:"辰谓日月所会,一岁十二会,从子至亥也。"又说:"东南隅有辰也。大火谓之辰也。又有日月之会辰也。又,北方有辰星也。日月会谓之辰者:辰,时也,

言日月聚会有时也。”《左氏》这里“六物”之一的辰,自是日月之会的辰。“故以配日”,杜注:“谓以子丑配甲乙。”孔疏:“言辰无常所,分在十二,以十干配之,明非一所也。”按:这里说的是干支纪日法。

原文

卫襄公夫人姜氏无子,嬖人婤姶生孟絷。孔成子梦康叔谓己:“立元!余使羁之孙圉与史苟相之。”史朝亦梦康叔谓己:“余将命而子苟与孔烝鉏之曾孙圉相元。”史朝见成子,告之梦,梦协。晋韩宣子为政,聘于诸侯之岁,婤姶生子,名之曰元。孟絷之足不良能行。[5]孔成子以《周易》筮之,曰:“元尚享卫国,主其社稷。”遇“屯(☵)〔☳〕”。又曰:“余尚立絷,尚克嘉之。”遇“屯(☵)〔☳〕”之“比(☵)〔☷〕”,以示史朝。史朝曰:“‘元亨’,又何疑焉?”成子曰:“非长之谓乎?”对曰:“康叔名之,可谓长矣。孟非人也,将不列于宗,不可谓长。且其繇曰:‘利建侯。’嗣吉,何建?建非嗣也。二卦皆云,子其建之!康叔命之,二卦告之,筮袭于梦,武王所用也,弗从何为?[6]弱足者居。侯主社稷,临祭祀,奉民人,事鬼神,从会朝,又焉得居?各以所利,不亦可乎!”故孔成子立灵公。[7]

十二月癸亥,葬卫襄公。

注释

[5] 婤音 zhōu,一读 chōu。姶读 è。康叔就是《史记·卫康叔世家》说的周公之弟,名封,卫之始封君。杜注:“成子,卫卿,孔达子孙烝鉏也。元,孟絷弟。梦时元未生。羁,烝鉏子。苟,史朝子。协,合也。”按:婤姶生元在昭二年,那一年韩宣子做为晋国执政聘于诸侯;则孔成子梦康叔,其时应在昭二年生元之前。“孟絷之足不良能行”,杜注:“跛也。”阮元等《校勘记》:“不良能行,犹言不善于能行也。《正义》欲于‘不良’断句,非也。”杨注取《校

勘记》说,今从之。

❻ “元尚享卫国,主其社稷”,杜注:“令蓍辞。”杨注:“尚,表希冀之副词。”这两句令蓍辞的意思很明白,就是表示一个愿望,盼孔成子次子元当上卫国之君。“余尚立絷,尚克嘉之”,杜注:“嘉,善也。”杨注:“筮立元,又筮立絷,此亦命筮之辞。上尚字,犹也。下尚字,表希冀。”孔成子两筮之,“曰”与“又曰”之下记的是两筮之辞,意图通过比较决定立元抑或立絷。因为筮立元遇《屯》,而《周易》曰“《屯》元亨”,所以史朝认为应立元,不必怀疑。“非长之谓乎”,杜注:“言《屯》之‘元亨’谓年长,非谓名‘元’。”孔成子认为“元亨”也许是元者亨,也就是首出者(长者)亨的意思,所以怀疑应以立絷为好。史朝说:“康叔名之,可谓长矣。”杜注:“善之长也。”史朝的下文,依杜注,意思是说孟絷“足跛非全人,不可立为宗主”,唯有立元为妥。杜注又说:“繇,卦辞。嗣子有常位,故无所卜,又无所建。今以位不定卜嗣得吉,则当从吉而建之也。”因为嗣子有常位,所以本无须卜,无须建。既然足跛者不可立为嗣,那也就无须卜了。按:“利建侯”是《屯》之卦辞。杨注:“既云建侯,则非絷嗣位。”这就是“建非嗣”的意思。“二卦皆云”,杜注:“谓再得《屯卦》,皆有‘建侯’之文。”则宜建元为侯而非立絷为嗣,二卦足以为据了。“筮袭于梦”以下,杜注:“《外传》云:‘《大誓》曰:朕梦协朕卜,袭于休祥,戎商必克。’此武王辞。”孔疏:“《外传》云者,《国语》引《大誓》也。古文《尚书·大誓》具有此文。此《传》之意取《大誓》也。”尽管孔颖达等人看到的《大誓》不可能出自真古文《尚书》,但我们还是认为可以说:这里引的孔疏说的不错。关于《外传》所引《大誓》三句的解释,请参看拙撰《尚书校注·泰誓中》。既然有康叔之命,二卦之辞,筮与梦相合,从前周武王也依筮与梦合作出决断,你为什么不从筮与梦呢?

❼ “弱足者居”以下,杜注:“跛则偏弱,居其家,不能行。孟跛利居,元吉利建。”为侯者主社稷之事,不应老是呆在家里,必能行,所

以不能是弱足者。所以孔成子终于立了灵公,杜注:“灵公,元也。”

经八年[1]

原文

春,陈侯之弟招杀陈世子偃师。

夏,四月辛丑,陈侯溺卒。

叔弓如晋。

楚人执陈行人干徵师[2],杀之。

陈公子留出奔郑。

秋,蒐于红。

陈人杀其大夫公子过。

大雩。

冬,十月壬午,楚师灭陈。[3]执陈公子招,放之于越。杀陈孔奂。葬陈哀公。

注释

❶ 鲁昭公八年,是公元前534年,周景王十一年。是年孔子十九岁。

❷ 行人即专使(奉命出使他国之人。)依《释文》,干读gān,这里是姓。杜注:“称行人,明非行人罪。”这样说,出自《春秋》经传书法,是从前辈学者发现的原书通例作的推论。

❸ 这是春秋时期楚师第一次灭了陈国,五年后复国。

传八年

原文

春,石言于晋魏榆。晋侯问于师旷曰:“石何故言?”对曰:“石不能言,或冯焉。不然,民听滥也。抑臣又闻之曰:‘作事不时,怨讟动于民,则有非言之物而言。’今宫室崇侈,民力雕尽,怨讟并作,莫保其性,石言不亦宜乎?”[1]于是晋侯方筑虒祁之宫,叔向曰:“子野之言君子哉!君子之言,信而有征,故怨远于其身。小人之言,僭而无征,故怨咎及之。《诗》曰:‘哀哉不能言,匪舌是出,唯躬是瘁。哿矣能言,巧言如流,俾躬处休。’[2]其是之谓乎!是宫也成,诸侯必叛,君必有咎,夫子知之矣。”

注释

❶ 杜注:“魏榆,晋地。”《释文》,孔疏引服虔注,都认为是魏邑。盖本名榆,属晋,故又叫晋榆。后来三家分晋,此地属魏,称魏榆了。“石不能言,或冯焉”,杜注:“谓有精神冯依石而言。”这里“冯”为“凭”之借。“民听滥也”,杜注:“滥,失也。”孔疏:“或民听滥失实,无言而妄称有言也。”还有第三种说法:“作事不时,怨讟动于民,则有非言之物而言。”讟是怨言,读 dú。杨注认为“作事不时”是违农时,我们认为“怨讟动于民”就是人民怨愤,民心不宁。在当时的师旷看来,那正是“非言之物而言”的时候。杜注:“雕,伤也。性,命也,民不敢自保其生命。”杨注用王氏父子说:“性之言生也,莫保其生,言无人能保其生活或生存。”按:“今宫室崇侈”,难免“作事不时”;“民力雕尽”“莫保其性”,必然“怨讟并作”。这样,“石言”,又何足怪呢?

❷ 虒读 sī。杜注:“虒祁,地名。在绛西四十里,临汾水。子野,师旷字。”杨注认为“僭而无征”的僭与“信而有征”的信为对文,“不信也”。按:这里“征”应该是证明或验证的意思,与信或不信确有关系。《左氏》下文引《诗》见《小雅·雨无正》,杜注:“‘不能言’,谓不知言理。以僭言见退者,其言非不从舌出,以僭而无信,自取瘁病,故哀之。哿,嘉也。巧言如流,谓非正言而顺叙。以听言见答者,言其可嘉,以信而有征,自取安逸。”孔疏:“据今毛、郑解诗,‘哀哉不能言’者,贤人不能言也,不能以其正道曲从君心,

故身见困病。‘哿矣能言’，乃指时世所谓能言者巧言从俗……得使身居休美。”可见杜注孔疏对《诗》原文的理解刚好相反。叔向引诗断章，以自己的理解，用来表示自己的意思。而如杜注所说，师旷的一番议论“终归于谏”可以无疑。

原文

陈哀公元妃郑姬生悼大子偃师，二妃生公子留，下妃生公子胜。二妃嬖，留有宠，属诸〔司〕徒招与公子过。哀公有(废)〔瘘〕疾。[1]三月甲申，公子招、公子过杀悼大子偃师而立公子留。夏四月辛亥，哀公缢。干徵师赴于楚，且告有立君[2]。公子胜诉之于楚，楚人执而杀之。公子留奔郑。

书曰“陈侯之弟招杀陈世子偃师”，罪在招也。“楚人执陈行人干徵师杀之”，罪不在行人也。[3]

叔弓如晋，贺虒祁也。游吉相郑伯以如晋，亦贺虒祁也。史赵见子大叔，曰：“甚哉其相蒙[4]也！可吊也，而又贺之？”子大叔曰：“若何吊也？其非唯我贺，将天下实贺。”

秋，大蒐于红，自根牟至于商[5]、卫，革车千乘。

注释

❶“属诸司徒”的司，据阮元等《校勘记》补入。“哀公有瘘疾”的瘘，据阮元等《校勘记》改正。

❷杜注：“干徵师，陈大夫。”《左氏》下文“告有立君”，杨注：“有读为又。”此说可从。

❸这里为《春秋》经传书“弟”例与不罪行人例提供了证据。

❹杜注：“蒙，欺也。”杨注即取此说。

❺杜注：“商，宋地。”杨注：“惠士奇谓此文当纪于定公时，故避定公讳，不曰宋而曰商。”按：惠氏这个意见，见其所著《春秋说》。

原文

七月甲戌，齐子尾卒。子旗欲治其室。丁丑，杀梁婴。八月庚戌，逐子成、子工、子车，——皆来奔，——而立子良氏之宰。其臣曰："孺子长矣，而相吾室，欲兼我也。"授甲，将攻之。陈桓子善于子尾，亦授甲，将助之。或告子旗，子旗不信；则数人告，将往；又数人告于道，遂如陈氏。桓子将出矣，闻之而还，游服而逆之。[1]请命，对曰："闻彊氏授甲将攻子，子闻诸？"曰："弗闻。""子盍亦授甲？无宇请从。"子旗曰："子胡然？彼孺子也，吾诲之犹惧其不济，吾又宠秩之，——其若先人何？子盍谓之？《周书》曰：'惠不惠，茂不茂。'康叔所以服弘大也。"[2]桓子稽颡曰："顷、灵福子，吾犹有望。"遂和之如初。[3]

注释

❶ "游服而逆之"，杜注："去戎备，着常游戏之服。"逆，这里与"迎"字相通。

❷ "吾又宠秩之"，杜注："谓为之立宰。"按：《左氏》上文有"立子良氏之宰"句，杜注说是子旗为子良立宰。《左氏》下文"子盍谓之"，杜注："'谓之'，使无攻我。"《左氏》下文引《周书》，杜注："《周书》，《康诰》也。言当施惠于不惠者，劝勉于不勉者。茂，勉也。"孔疏："今子良不能勉力为善，欲令桓子劝勉之。"杨注："子旗引此，盖谓子良氏虽不惠不勉，我仍惠之勉之，望无宇向其言之。"这样讲，把子旗引《康诰》的用意落实了，比孔疏允当。"康叔所以服弘大也"，杜注："服，行也。"杨注："《康诰》又云：'汝惟小子，乃服惟弘。'言汝（康叔）虽小子，所作当宽大。服，事也。弘同宏，宽大也。此句即所以释《康诰》此句。"按：这里自当以杨注为佳。

❸ "稽颡"，稽依《释文》读 qǐ，颡读 sǎng。杨注："稽颡本凶礼之最重者，旧社会谓之磕响头。""惠公生顷公及公子栾、公子高，顷公

生灵公。公子栾之子公孙灶即栾施之父子雅;公子高之子公孙虿即高彊之父子尾,灵公与子雅、子尾为从兄弟。”又说:“福子者,其神佑助子也。”这里杨注已够详明。“吾犹有望”,杜注:“望子旗惠及己。”于是栾、高两家像原本一样和好了。

原文

陈公子招归罪于公子过而杀之。九月,楚公子弃疾帅师奉孙吴围陈,宋戴恶会之。冬十一月壬午,灭陈。舆嬖袁克杀马、毁玉以葬。楚人将杀之,请置之;既又请私,私于幄,加绖于颡而逃。❶

使穿封戌为陈公,曰:“城麇之役不谄。”侍饮酒于王,王曰:“城麇之役,女知寡人之及此,女其辟寡人乎?”对曰:“若知君之及此,臣必致死礼以息楚。”❷

注释

❶ 经文说“十月壬午楚师灭陈”,《左传》这里说“十一月壬午灭陈”,杜注:“壬午,十月十八日。《传》言十一月,误。”按:《左氏》这里“十一月”的“一”应该是衍文。“舆嬖”句,杜注:“舆,众也。袁克嬖人之贵者,欲以非礼厚葬哀公。”孔疏:“葬无杀马毁玉之法,知欲以非礼厚葬哀公也。”而孔疏引服虔转述的一种说法如下:“马,陈侯所乘马。玉,陈侯所佩玉。故杀马毁玉,不欲使楚得之。”杨注引顾炎武《日知录》卷二十七的说法,认为舆嬖即嬖大夫,又引邵宝《左觿》的解说,认为“杀马毁玉以葬”就是“以马玉为殉”,据说这是因为“马不杀,玉不毁,不可以殉”。《左氏》下文“请置之”,杜注说是“置马玉”,杨注:“《说文》:‘置,赦也。’……谓袁克请赦己。”这里杨注义长。“既又请私”以下:杜杨两注大不同。杜注:“私,尽君臣恩。幄,帐也。逃不欲为楚臣。”杨注认为这里“请私”之私与《左传》襄十五年“将私焉”之私,都是“小便”的意思,说本俞曲园《茶香室经说》;又说:“经为

首绖。加首绖，为哀公服丧。”我们认为这里杨注是对的。

❷ 杜注：“城麇役在襄二十六年，戌与灵王争皇颉。”那时候，穿封戌在公子围（即后来的楚灵王）面前毫无谄媚之态。“寡人之及此”，杜注：“‘及此’，谓为王。”那时候你若知道我将为王，你就会回避我吧？“必致死礼以息楚”，杜注：“息，宁静也。”孔疏：“致死礼者，欲为郏敖致死杀灵王也。”杨注这里用杜注、孔疏说。

原文

晋侯问于史赵曰：“陈其遂亡乎？”对曰：“未也。”公曰：“何故？”对曰：“陈，颛顼之族也；岁在鹑火，是以卒灭。陈将如之。今在析木之津，犹将复由。❸且陈氏得政于齐而后陈卒亡。自幕至于瞽瞍无违命，舜重之以明德，置德于遂。遂世守之。及胡公不淫，故周赐之姓，使祀虞帝。❹臣闻盛德必百世祀。虞之世数未也，继守将在齐，其兆既存矣！”❺

注释

❸ 杜注：“陈祖舜。舜出颛顼。颛顼氏以岁在鹑火而灭，火盛而水灭。箕斗之间有天汉，故谓之析木之津。由，用也。”孔疏：“颛顼崩年，岁星在鹑火之次……岁星，天之贵神，所在必昌。鹑火得岁而火益盛，火盛而水灭。颛顼水德，故以此年终也。陈是颛顼之族，故知灭将如之，亦当岁在鹑火陈乃灭也。”又说：“《释天》云：析木之津，箕斗之间汉津也……刘炫谓：是天汉即天河也。天河在箕斗二星之间，箕在东方木位，斗在北方水位。分析水木以箕星为隔，隔河须津梁以渡，故谓此次为析木之津也。”这里孔疏引刘炫对析木之津的解释明白好懂，与史志有关说法相合。“犹将复由”句，孔疏指出杜注出处在《尔雅·释诂》，然后说：“言将用是而更兴。”我们认为这里杜注孔疏也该算是把原文讲通了的，而杨注本顾炎武引宋魏了翁说，抓住了“由”字的本义，将原文讲

活了，更为确切。杨伯峻先生说："由即《说文》之甹，木生条也。《尚书·盘庚》'若颠木之有由枿'可证。此谓尚将复生也。"析木与复由正相照应。

❹ 杜注："幕，舜之先。瞽瞍，舜父。从幕至瞽瞍间，无违天命废绝者。遂，舜后。盖殷之兴，存舜之后，而封遂，言舜德乃至于遂。胡公满，遂之后也，事周武王，赐姓曰妫，封诸陈，绍舜后。"杨注《左氏》在"胡公不淫"四字旁用专名号，意思是说不淫为胡公字（引李慈铭《越缦堂读书记》说），应该是有理由的，符合古人名字相应的规律。

❺ 中国古代歌颂大舜盛德的文献很多，如《尚书·尧典》（后来从《尧典》分出《舜典》）、《论语·泰伯》《卫灵公》《尧曰》和《孟子·滕文公上》《离娄》上下、《万章上》《尽心》上下，二《礼记》的若干篇以及史书、子书等等。所谓"百世祀"，言其多耳。盛德永远流传，万古长存；说"万古"，也只是言其多罢了。所谓"继守将在齐"，也是由于大舜之后裔盛德积累所致。所谓"其兆既存"，可参看《左传》庄廿二年与昭三年相关记载。

经九年❶

原文

春，叔弓会楚子于陈。❷

许迁于夷。

夏，四月，陈灾。

秋，仲孙貜❸如齐。

冬，筑郎囿。❹

注释

❶ 鲁昭公九年，为公元前533年，周景王十二年。是年孔子二十岁。

❷ 杜注:"以事往,非行会礼。"孔疏:"楚子在彼,鲁敬大国,自往会之,非楚子召使会,自以小国事大国之礼往。"依注疏,这一回鲁叔弓往陈会楚子,既不是出于楚之征聘,也不是《周官·大宗伯》所谓"时见曰会"。

❸ 玃读 jué。

❹ 《释文》:"囿音又,苑也。于郎地筑苑。"

传九年

原文

春,叔弓、宋华亥、郑游吉、卫赵黡会楚子于陈。[1]

二月庚申,楚公子弃疾迁许于夷,实城父。取州来、淮北之田以益之,伍举授许男田。然丹迁城父人于陈,以夷濮西田益之。迁方城外人于许。

周甘人与晋阎嘉争阎田。晋梁丙、张趯率阴戎伐颍。王使詹桓伯辞于晋[2],曰:"我自夏以后稷,魏、骀、芮、岐、毕,吾西土也。及武王克商,蒲姑、商奄,吾东土也。巴、濮、楚、邓,吾南土也。肃慎、燕、亳,吾北土也。吾何迩封之有?文、武、成、康之建母弟以蕃屏周,亦其废队是为,岂如弁髦而因以敝之?[3]先王居梼杌于四裔,以御螭魅,故允姓之奸居于瓜州。伯父惠公归自秦,而诱以来,使逼我诸姬,入我郊甸,则戎焉取之。戎有中国,谁之咎也?[4]后稷封殖天下,今戎制之,不亦难乎?伯父图之!我在伯父,犹衣服之有冠冕,木水之有本原,民人之有谋主也。伯父若裂冠毁冕,拔本塞原,专弃谋主,虽戎狄,其何有余一人?"[5]叔向谓宣子曰:"文之伯也,岂能改物?翼戴天子,而加之以共。自文以来,世有衰德而暴(灭)〔蔑〕宗周,以宣示其侈,诸侯之贰不亦宜乎?[6]且王辞直,子其图之!"宣子说。王有姻丧,使赵成如周吊,且致阎田与襚,反颍俘。

王亦使宾滑执甘大夫襄以说于晋,晋人礼而归之。

注释

❶ 黡读 yǎn。按:《左氏》这里说的"会楚子于陈",与同年《春秋》经文记的"叔弓会楚子于陈"显然是同一回事,而《左氏》比经文多记了三个国家派专使赴陈之会。这一段可以作为《左氏》传《春秋》而详于《春秋》的证据之一。这一类证据太多。又,《左氏》这一段记小国自以事大国之礼往会,本年《经》注已言之。

❷ 杜注:"阴戎,陆浑之戎。颍,周邑。辞,责让之。桓伯,周大夫。"诸家说同。

❸ "我自夏以后稷"以下,杜注:"在夏世以后稷功,受此五国,为西土之长。"《左氏》下文"及武王克商"之下,说周王朝东土、南土、北土疆界所及。"吾何迩封之有",杜注:"迩,近也。"孔疏:"言我之封疆何近之有。"王使詹桓伯说的上面的话,无非突出周王朝疆域之大。詹桓伯说的"文武成康之建母弟"以下,明言其目的是"蕃屏周"(作周的藩篱屏蔽,起保卫作用)。"亦其废队是为"句,杜注:"为后世废队兄弟之国,当救济之。"杨注:"建母弟者,防周室之废坏与坠落耳。"这就与杜注完全不同,我们取杨说。杜注关于"岂如弁髦而因以敝之"的解说是:"童子垂髦始冠,必三加冠,成礼而弃其始冠,故言弁髦,因以敝之。"我们玩味《左氏》原文,认为这几句的意思是周王抱怨晋国君臣:我周先王封赏你们的先公,使你们有土有势,你们对待我周王,怎么能视之如弁髦,冠礼始成而敝之弃之?

❹ 杜注:"言梼杌,略举四凶之一。下言四裔,则三苗在其中。"孔疏已指出四凶早见于《左传》文十八年,他们是浑兜(驩敦)、穷奇(共工)、梼杌(鲧)、饕餮(三苗)。我们认为螭魅和所谓四凶一样,也指外族部落或部落联盟。因其尚未臣服,所以必派人御之。"允姓之奸"以下,杜注:"允姓,阴戎之祖。与三苗俱放三危者。瓜州,今敦煌。僖十五年,晋惠公自秦归;二十二年,秦晋迁陆浑

之戎于伊川。邑外为郊，郊外为甸，言戎取周郊甸之地。咎在晋。”今按：《礼记·曲礼下》说“天子同姓谓之伯父”。所谓允姓，疑即后世称为猃狁的部落之祖。杨注认为“戎焉取之”句中“焉”是“于是”的意思，比孔疏“焉犹何也”一说妥当。

❺ “虽戎狄，其何有余一人”，杜注：“伯父犹然，则虽戎狄无所可责。晋率阴戎伐周邑，故云然。”孔疏：“言伯父我亲，犹自如此，则虽戎狄，其何有恩义于我一人？既无恩亲，侵我亦无可责。”这里注疏都不违《左氏》原意，可取。

❻ “文之伯也”，《释文》有伯“音霸”一说，则“文之伯”指文公称霸可知。此句以下，杜注：“言文公虽霸，未能改正朔，易服色。翼，佐也。宗周，天子。”杨注认为“加之以共”句共同恭，这是常训；本惠士奇、洪亮吉说，认为“暴灭宗周”句灭当作蔑，举《左传》襄二十年“暴蔑其君”句以及石经为证，其说良是。据先秦文献句例，杨注认为“宗周谓周王室”，比杜注更准确。“以宣示其侈”句，杜、孔无辞，杨注引《说文》以及段注，谓“侈”之本义为“掩胁”“自多以陵人”，甚是。

原文

夏四月，陈灾。郑裨灶曰：“五年陈将复封，封五十二年而遂亡。”子产问其故，对曰：“陈，水属也。火，水妃也，而楚所相也。今火出而火陈，逐楚而建陈也。妃以五成，故曰五年。岁五及鹑火，而后陈卒亡，楚克有之，天之道也，故曰五十二年。”❶

注释

❶ “陈，颛顼之后”，注家都这么说。孔疏认为“颛顼以水德王天下，故为水属也”；而陈之先祖虞舜被认为以土德王天下，何以不说是土属呢？孔疏：“盖裨灶知陈将欲复兴，须取水为占验，假此以为言耳，未必帝王子孙永与所承同德。”杨注这里无异议。“火，水妃也”句，《释文》说妃一音配，火与水可以互为配合。这一句

以下，杜注："火畏水，故为之妃。相，治也。楚之先祝融为高辛氏火正，主治火事。火，心星也……水得妃而兴。陈兴则楚衰，故曰'逐楚而建陈'。妃，合也。五行各相妃合，得五而成，故五岁而陈复封……是岁岁在星纪，五岁及大梁而陈复封。自大梁四岁而及鹑火。后四周四十八岁，凡五及鹑火，五十二年。天数以五为纪，故五及鹑火，火盛水衰。"杜注之外，还有别的说法，不具引。就天文历法而言，我们认为杜注自有据；然而将天象与人事与国家兴亡牵合，而且得到春秋时期陈国历史的验证，显然又出于《左氏》预言的巧妙安排。

原文

晋荀盈如齐逆女，还。六月，卒于戏阳。殡于绛，未葬；晋侯饮酒，乐。膳宰屠蒯趋入，请佐公使尊，许之。❶而遂酌以饮工，曰："女为君耳，将司聪也。辰在子卯，谓之疾日；君彻宴乐，学人舍业：为疾故也。君之卿佐，是谓股肱。股肱或亏，何痛如之！女弗闻而乐，是不聪也。"❷又饮外嬖嬖叔，曰："女为君目，将司明也。服以旌礼，礼以行事，事有其物，物有其容。今君之容，非其物也❸；而女不见，是不明也。"亦自饮也，曰："味以行气，气以实志，志以定言，言以出令。臣实司味。二御失官而君弗命，臣之罪也！"" 公说，彻酒。❹

注释

❶ 戏阳，绛，都是地名。"趋入"，快步而进，是为了表示对国君的尊敬。"请佐公使尊"句以下，杜注："公之使人执尊酌酒，请为之佐，公许之。"杨注："尊为古之酒杯。"

❷ "辰在子卯"句以下，杜注："疾，恶也。纣以甲子丧，桀以乙卯亡，故国君以为忌日。"这里训疾为恶。杨注："疾日即忌日。"举《礼记·玉藻》谓于此二日食粗粮菜汤为证，可信。杨伯峻先生又

说:“学人谓学习音乐者……舍业,则停止司乐。”“业谓乐器覆饰栒上之版,刻如锯齿状者。”这样讲,“业”与《诗·周颂·有瞽》“设业”之业同。按:“彻宴乐”“弗闻而乐”,这两句中的“乐”与《左氏》上文“晋侯饮酒,乐”句中“乐”字,都是音乐,而“饮酒,乐”与“弗闻而乐”两句中“乐”作动词用,奏乐的意思。(弗闻而乐,意思是:不告诉晋君当天为忌日,竟然发生奏乐的事。)总而言之,子卯疾日不应用乐。因此也就可以判断:“学人舍业”句,杨注从梁履绳《左通补释》说,认为舍业是停止习乐,这样讲是对的。

❸ 杜注:“旌,表也。事,政令。物,类也。容,貌也。有卿佐之丧而作乐欢会,故曰非其物。”孔疏引《周官·司服、保氏》、小戴辑《礼记·少仪》证“服以旌礼,礼以行事”以及“物有其容”,很有说服力。我们认为《左传》这几句实际上是在说礼,说礼的服饰与礼容,说礼的重要意义。

❹ 杜注:“气和则志充。在心为志,发口为言。工与嬖叔,侍御君者。失官,不聪明。”孔疏:“调和饮食之味,以养人,所以行气也。气得和顺,所以充人志也。志意充满,虑之于心,所以定言语也。详审言语,宣之于口,所以出号令也……今工师不聪,叔也不明,二侍御者并失其官,而君不出令以罪之,必是食味失宜,是臣之罪也。”这样讲,是由于屠蒯的身份为膳宰,似乎在自责,实则谏君。今按:《礼记·檀弓下》亦记此事,文字颇有差异(如屠蒯作杜蒉),而内容毕竟相近。其主旨概括为“子卯不乐”(这个乐也应读 yuè),是为我国礼乐传统的一项内容。

原文

初,公欲废知氏而立其外嬖,为是悛而止。秋八月,使荀跞佐下军以说焉。❺

孟僖子如齐殷聘,礼也。❻

“冬,筑郎囿。”书,时也。季平子欲其速成也,叔孙昭子曰:

“《诗》曰：‘经始勿亟，庶民子来。’焉用速成？其以剿民也？无囿犹可，无民其可乎？”[7]

注释

❺ 悛读 quān，改的意思。悛而止，“欲废知氏而立其外嬖”之意消止，改而不废知氏了。依《释文》，跞读 lì。杜注：“跞，荀盈之子知文子也。佐下军，代父也。说，自解说。”杨注取杜氏说。

❻ 杜注：“自叔老聘齐至今二十年，礼意久旷。今修盛聘以无忘旧好，故曰礼。”孔疏：“殷训盛也。”又说：“《王制》云：‘诸侯之于天子也，比年一小聘，三年一大聘。’郑玄云：‘小聘使大夫，大聘使卿。’《聘礼》既是大聘使卿矣，殷聘又当盛于大聘，不知以何为盛，或当享礼之物多矣。”杨注：“凡丰盛之举古多曰殷”，譬如殷荐、殷同、殷见、殷事等。唯孔疏所谓“殷聘又当盛于大聘”，是不是因为与上一次聘问的时间相隔超过三年而聘礼格外隆重？如不然，真该问一问以何为盛了。

❼ 引《诗》见《大雅·灵台》，杜注：“言文王始经营灵台，非急疾之；众民自以子义来劝，乐为之。”孔疏：“子成父事，不待督帅，故云‘子来’，以示民乐之意。”杨注义同。“剿民”，杜注：“剿，劳也。”兴土木而急于求成，那是劳民而不加爱护。没有供大人贵族玩乐的囿园，总还是可以过日子的；没有人民（失了民心），怎么可以维持呢？

经十年[1]

原文

春，王正月。

夏，齐栾施来奔。

秋，七月，季孙意如、叔弓、仲孙貜帅师伐莒。

戊子,晋侯彪卒。

九月,叔孙婼如晋。葬晋平公。[2]

〔冬〕十有二月甲子,宋公成卒。[3]

注释

❶ 鲁昭公十年,当公元前532年,周景王十三年。是年孔子二十一岁。

❷ 杜注:"三月而葬,速。"这里杜注实际上已经指出晋人办理平公丧事的失礼。

❸ 杜注:"无'冬',史阙文。"按:查《春秋经》,每一年都有春夏秋冬四时,冬之后或十月,或十一月,或十二月,也有不书某月者。譬如襄公二十七年、昭公四年,"冬"字之后接写"十有二月"四字。可以肯定地说:《春秋》一书每一年的经文没有不记春夏秋冬四时的。根据上文所述,《春秋》昭十年经文"十有二月"之前宜补入"冬"字。

传十年

原文

春,王正月,有星出于婺女。郑裨灶言于子产曰:"七月戊子,晋君将死。今兹岁在颛顼之虚,姜氏、任氏实守其地,居其维首;而有妖星焉,告邑姜也。[1]邑姜,晋之妣也。天以七纪,戊子逢公以登,星斯于是乎出,吾是以讥之[2]。"

注释

❶ "有星出于婺女",杜注:"客星也。不书,非孛。"杨注:"婺女即女宿……此是古所谓客星从婺女宿出现。"按:《春秋》昭十七年经传书"冬有星孛于大辰"句,而《左传》昭十年这里所谓"星"不是孛,不见于本年《春秋》经文。"今兹岁在颛顼之虚"以下,杜注:

"岁，岁星也。颛顼之虚，谓玄枵。姜，齐姓。任，薛姓。齐薛二国守玄枵之地。客星居玄枵之维首。邑姜，齐大公女，晋唐叔之母。星占婺女为既嫁之女，织女为处女。邑姜，齐之既嫁女。妖星在婺女，齐得岁，故知祸归邑姜。"孔疏："维者，纲也。玄枵次有三宿，女为其初女，是次之纲维也。居其维首，谓星居之也。其玄枵维首而有妖异之星焉，以将死之妖告邑姜也……言其子孙当死也。"杨注："维即星次。古有分野之说，玄枵为齐之分野。而婺女（女宿）又为玄枵三宿之首也。"杨先生认为妖星即客星，非常见之星。杨注有据。除了与杨注有矛盾的说法，上引杜注孔疏皆可取。

❷ "天以七纪"，杜注："二十八宿面七。"杨注："二十八宿分布四方，每方七宿。"这里当然是杨先生的解释好懂。"戊子逢公以登"句以下，杜注："逢公，殷诸侯居齐地者。逢公将死，妖星出婺女，时非岁星所在，故齐自当祸而以戊子日卒。"孔疏引古文献（如《左传》昭二十年、《周语下》）说明逢公来历，又说："逢公死时，妖星亦出婺女，于时岁星不在齐分，故齐地之君自当其祸；此时岁在齐分，故外孙当之。"也就是说：这一回该晋平公遭祸了。"吾是以讥之"，杨注认为这个"讥"与《说文》"卟"同，意思是卜以问疑，裨灶以星象卜之而知晋君将死于戊子。按：杨注可通。但我们认为这里"讥"通"几"，察也（小戴辑《礼记·玉藻》注可为证）。"吾是以讥之"，我因此察之、明之。

原文

齐惠栾、高氏皆耆酒，信内多怨，强于陈、鲍氏而恶之。❶

夏，有告陈桓子曰："子旗、子良将攻陈、鲍。"亦告鲍氏。桓子授甲而如鲍氏，遭子良醉而骋，遂见文子，则亦授甲矣。使视二子，则皆（从）〔将〕❷饮酒。桓子曰："彼虽不信，闻我授甲，则必逐我。及其饮酒也，先伐诸？"陈、鲍方睦，遂伐栾、高氏。子良曰："先得公，陈、鲍焉往？"遂伐虎门。❸

晏平仲端委立于虎门之外;四族召之,无所往。其徒曰:“助陈、鲍乎?”曰:“何善焉?”“助栾、高乎?”曰:“庸愈乎?”[4]“然则归乎?”曰:“君伐,焉归?”公召之,而后入。公卜使王黑以灵姑銔率,吉;请断三尺焉而用之。[5]五月庚辰,战于稷,栾、高败,又败诸庄。国人追之,又败诸鹿门。栾施、高彊来奔。陈、鲍分其室。

注释

❶ “齐惠栾、高氏”,杜注:“栾、高二族皆出惠公。”孔疏:“皆出惠公,故曰‘惠栾高氏’也。”意思是说齐惠公的后代栾氏高氏两家的主子,据《左传》下文,知其所指为栾施、高彊两人。耆,这里与嗜通。“信内多怨”,杜注:“说妇人言,故多怨。”《左氏》原意正如此。

❷ 这里“从”当作“将”,说见阮元等《校勘记》。

❸ 杜注认虎门为公门。孔疏引《周官·师氏》郑注说虎门为路寝门,又引或说认为是宫之外门。我们认为这里当以或说为是,因为二子不可能一开始就攻入路寝门。

❹ “何善焉”,杜注:“言无善义可助。”杨注用杜氏说。“庸愈乎”,杜注:“罪恶不差于陈、鲍。”杨注:“庸,岂也。”引陆粲的说法,“愈犹胜也”,意谓:“栾、高岂胜于陈、鲍吗?”《左氏》原意当如此。

❺ 銔读 pī,或读 pēi。杜注:“王黑,齐大夫。灵姑銔,公旗名。断三尺,不敢与君同。”孔疏:“‘公卜’,卜与栾、高战也。灵姑銔者,齐侯旌旗之名。卜使王黑以此灵姑銔之旗率人以战,得吉也。礼:诸侯当建交龙之旂,此灵姑銔盖是交龙之旂。当时为之名,其义不可知也。”杨注:“此灵姑銔即桓公之龙旗。”“王黑以大夫而用齐侯旗,实奉齐侯命,故不断二仞,而请断三尺,示恭敬而已耳。”说本章太炎先生《春秋左传读》以及《礼纬·含文嘉》。

原文

晏子谓桓子:“必致诸公!让,德之主也。〔让之〕[6]谓懿德。凡有血气,皆有争心,故利不可强,思义为愈。义,利之本也。蕴利生孽,姑使无蕴乎!⑦可以滋长。"桓子尽致诸公,而请老于莒。

桓子召子山,私具幄幕、器用、从者之衣屦而反棘焉。子商亦如之,而反其邑。子周亦如之,而与之夫于。反子城、子公、公孙捷而皆益其禄。凡公子、公孙之无禄者,私分之邑。国之贫约孤寡者,私与之粟。曰:"《诗》云'陈锡载周',能施也。桓公是以霸。"⑧公与桓子莒之旁邑,辞。穆孟姬为之请高唐,陈氏始大。

注释

⑥"让之"二字,据阮元等《校勘记》补入。

⑦古人关于义与利的关系多有争辩,我们认为《左传》这几句对义利关系的阐发较为精辟。依杜注,这几句大意是:人类社会免不了争执。利不可强取,取利而思义者为胜。义是利的根本。"蕴,畜也。孽,妖害也。"若是蓄利而生妖害,那就以不蓄利为好。

⑧引《诗》见《大雅·文王》。杜注:"言文王能布陈大利以赐天下,行之周遍。"孔疏:"锡,赐。载,行。周,遍也……此言文王之能施也。桓公亦用此能霸诸侯。焉得不务施乎?言己多施为此也。"《释文》:"载如字,《诗》作哉。"今按:周就是姬周。杨注将"陈锡载周"句中的"锡"理解为"所得赏赐",说"陈锡载周"句言文王布陈所得赏赐以赐予人,未必妥当;将"载周"解释为造周,则袭前人之说而胜于杜注孔疏。《尔雅》:"载,始也。"《广雅》:"作,造,始也。"哉周、造周,都是始周。可参看拙撰《诗经校注》。

原文

秋七月,平子伐莒,取郠。献俘,始用人于亳社。臧武仲在齐,闻之,曰:"周公其不飨鲁祭乎?周公飨义,鲁无义。《诗》曰:'德音孔昭,视民不佻。'佻之谓甚矣,而壹用之,将谁福哉?"①

戊子,晋平公卒。郑伯如晋,及河,晋人辞之。游吉遂如晋。

九月,叔孙婼、齐国弱、宋华定、卫北宫喜、郑罕虎、许人、曹人、莒人、邾人、〔滕人、〕[2]薛人、杞人、小邾人如晋,葬平公也。

注释

❶ 郠读 gěng。"始用人于亳社",杜注:"以人祭殷社。"按:这正是小戴辑《礼记·王制》说的"诸侯祭因国之在其地而无主后者"。用人牲于亡国之社,可见族外之祭春秋时代还有奉行之者。《左氏》下文批评鲁人此祭无义,为其先祖周公之不飨,盖由于此祭在当时某些人看来似有不合祭祀通例之嫌,而且不该用人牲。引《诗》见《小雅·鹿鸣》,《释文》:"视如字,《诗》作示。"杜注:"佻,偷也。言明德君子必爱民。"孔疏:"言君子之人为宾客,德音甚明,其视下民不偷薄苟且也。"杨注用毛诗郑笺说,与杜注孔疏意思不同。我们的意见,见拙撰《诗经校注》。"佻之谓甚矣"句以下,杜注:"壹,同也。同人于畜牲。"孔疏:"偷之已谓甚矣,而一同畜牲用之,将谁肯福佑之哉?"杨注取杨遇夫先生《读左传》的说法,取《说文》而认为"壹用之"句壹是专壹,不认可杜注将"壹"讲成"同也";而《左氏》对鲁人用人牲的批评,杨注与前贤注疏一样,也是把握住了的。臧武仲批评祭祀用人牲的时候,已是春秋时代晚期。周礼在鲁,而鲁人竟一意孤行用人牲,这反映了礼制的顽固性。

❷ "滕人"二字,据阮元等《校勘记》补入。

原文

郑子皮将以币行,子产曰:"丧焉用币,用币必百两,百两必千人。千人至,将不行。不行,必尽用之。几千人而国不亡?"[3]子皮固请以行。

既葬,诸侯之大夫欲因见新君。叔孙昭子曰:"非礼也。"弗听。叔向辞之,曰:"大夫之事毕矣,而又命孤。孤斩焉在衰绖之中,其以嘉服见，则丧礼未毕；其以丧服见，是重受吊也[4]：大夫将若之何？”皆无辞以见。

子皮尽用其币，归，谓子羽曰：“非知之实难，将在行之。夫子知之矣，我则不足。《书》曰：‘欲败度，纵败礼。’我之谓矣。夫子知度与礼矣！我实纵欲，而不能自克也。”[5]

注释

[3] “将以币行”，杜注：“见新君之贽。”《左氏》下文“丧焉用币”句，意思是此行为送葬，不必携带见新君之贽。“百两”，依杜注是“载币用车百乘”，盖规格如此。“百两必千人”句以下，杨注用章太炎《春秋左传读》说，以为“百乘必从以千人”，以《贾子·大政》为证，其说有据；又引《吕览·贵因》高注，认为《左氏》这里“将不行”的“行”应训“还”，“将不行”就是将不能返还，这比杜注训“行”为“用”好。“几千人而国不亡”，杜注：“言千人之费不可数。”意思是：这样花费数次，国家也就亡了。杨注义同。

[4] 以嘉服见不可，以丧服见也不可，所以上文说“非礼也”。“孤斩焉在衰绖之中”，杜注谓其时“犹服斩衰”。王伯申谓斩读为慚，“慚之言憯也”，“慚焉者，哀痛忧伤之貌”，这样讲，聊备一说。据《间传》，我们认为杜注是，王氏并未驳倒杜注。

[5] “非知之实难，将在行之”，杜注：“言不患不知，患不能行。”《左氏》下文说“夫子知之矣”，指子产已知其以币行而必尽用之。“《书》曰”以下，杜注谓引自逸《书》，孔疏说是出于《尚书·太甲篇》，因为孔颖达诸人不知道他们看到的《太甲》是伪古文。但《左氏》引的这两句应不伪。孔疏：“言已放纵情欲，毁败礼仪法度。”这样讲，倒是不违原意。子产懂得有关礼仪法度，可是我（子皮）“欲因丧以庆新君，故纵而行之，不能自胜”。按：由此可知春秋时期实行过霸主新君不见各国来使的礼法，而此前此后并不如此。

原文

昭子至自晋,大夫皆见。高彊见而退。昭子语诸大夫曰“为人子不可不慎也哉!昔庆封亡,子尾多受邑,而稍致诸君;君以为忠,而甚宠之。将死,疾于公宫,辇而归,(吾)〔君〕亲推之。其子不能任,是以在此。忠为令德,其子弗能任,罪犹及之,难不慎也?[1]丧夫人之力,弃德、旷宗以及其身,不〔亦〕[2]害乎?《诗》曰‘不自我先,不自我后’,其是之谓乎!”[3]

冬十二月,宋平公卒。初,元公恶寺人柳,欲杀之。及丧,柳炽炭于位,将至,则去之。比葬,又有宠。

注释

❶ 阮刻本“吾亲推之”,“吾”字当为“君”字之形近误,杨注本不误,今据正。“难不慎也”,于醴尊先生认为“难疑当作唯,形近而误”(《香草校书》卷四十二)。杨注用遇夫(树达)先生《词诠》的说法,认为“难”为奈何之合音。杨先生此说亟是,当从之。

❷ “亦”,据阮元等《校勘记》增补。

❸ 杜注:“夫人谓子尾。旷,空也。”孔疏:“言人居身难,可不谨慎?”杨注引顾炎武《日知录》卷二十七:“旷宗,谓使其庙旷而不祀。”我们认为这里三注皆是。《左氏》下文引《诗》见《小雅·正月》或《大雅·瞻卬》,杜注:“言祸乱不在他,正当己身,以喻高彊身自取此祸。”其说是。

经十有一年[1]

原文

春,王二月,叔弓如宋。

葬宋平公。

夏,四月丁巳,楚子虔诱蔡侯般杀之于申。

楚公子弃疾帅师围蔡。

五月甲申,夫人归氏薨。

大蒐于比蒲。

仲孙貜会邾子,盟于祲祥。

秋,季孙意如会晋韩起、齐国弱、宋华亥、卫北宫佗、郑罕虎、曹人、杞人于厥慭。[2]

九月己亥,葬我小君齐归。

冬,十有一月丁酉,楚师灭蔡,执蔡世子有以归,用之。[3]

注释

❶ 鲁昭公十一年,即公元前531年,周景王十四年。是年孔子二十二岁。

❷ "杀之于申""大蒐于比蒲",申与比蒲为地名无可疑。依杜注,祲祥、厥慭皆地名,唯其地何在,杜镇南当时已不详,所以说"阙"。又,祲祥,《穀梁》同,《公羊》作侵羊;厥慭,《穀梁》同,《公羊》作屈银:或因同声,或因同韵部,故可通作。

❸ 杜注:"用之,杀以祭山。"孔疏:"父既死矣,犹称世子者,君死而国被围,未暇以礼即位,故国以'世子'告。"这里注疏都是对的。《史记·管蔡世家》有不同说法,但我们没有理由据后出之《史记》否定《春秋》经传。

传十一年

原文

春,王二月,叔弓如宋",葬平公也。

景王问于苌弘曰:"今兹诸侯何实吉?何实凶?"对曰:"蔡凶。此蔡侯般弑其君之岁也,岁在豕韦,弗过此矣。楚将有之,然壅也。岁及大梁,蔡复,楚凶,天之道也。"[1]

楚子在申，召蔡灵侯。灵侯将往，蔡大夫曰："王贪而无信，唯蔡于感。[2]今币重而言甘，诱我也。不如无往。"蔡侯不可。（五）〔三〕[3]月丙申，楚子伏甲而飨蔡侯于申，醉而执之。夏四月丁巳，杀之；刑其士七十人。公子弃疾帅师围蔡。

注释

❶ 杜注："襄十三年蔡世子般弑其君，岁在豕韦。至今十三岁，岁复在豕韦。般即灵侯也。言蔡凶不过此年。"按：营室为二十八宿之一。《广雅》说"营室谓之豕韦"，《尔雅》说"营室谓之定"，则豕韦与定实同。古豕韦氏国，春秋时卫地，卫为营室之分野，故营室谓之豕韦。（见王怀祖《广雅疏证》卷九上）在苌弘看来，蔡世子般弑君岁在豕韦，其遭凶亦必为岁在豕韦。"楚将有之，然壅也"句以下，杜注："蔡近楚，故知楚将有之。楚无德而享大利，所以壅积其恶。楚灵王弑立之岁，岁在大梁。到昭十三年，岁复在大梁。美恶周必复，故知楚凶。"杨注已指出大梁也是十二星次之一。在苌弘看来，楚灵王与蔡侯般一样，弑君登位岁在何处，其遭凶亦必岁在何处。"美恶周必复"，杜元凯用这句见于本年《左传》下文的话，概括了苌弘及其同类人（如裨灶）的观念。这类观念，后世叫"循环论"。我们认为对这类观念固不应作简单否定，但又认为不能不指出其不尽然。

❷ 杜注："蔡，近楚之大国，故楚常恨其不服顺。"杨注用焦里堂说："感为憾之省，故杜以恨字解之……此句犹云'唯恨于蔡'。"这里杜、杨说是。

❸ 五当作三，阮元等《校勘记》已言之。

原文

韩宣子问于叔向曰："楚其克乎？"对曰："克哉！蔡侯获罪于其君，而不能其民，天将假手于楚以毙之，何故不克？然肸闻之：不信以幸，不可再也。[4]楚王奉孙吴以讨于陈，曰：‘将定而国。’陈人听命，而遂县之。今又诱蔡而杀其君，以围其国；虽幸而克，必受其咎，弗能久矣。桀克有缗以丧其国，纣克东夷而陨其身，楚小位下而亟暴于二王，能无咎乎？天之假助不善，非祚之也，厚其凶恶而降之罚也。[5]且譬之如天，其有五材而将用之，力尽而敝之，是以无拯，不可没振。[6]”

注释

[4] “不能其民”，杜注：“不能施德。”这样增字解经，实不可取。杨注引朱骏声《说文通训定声》：“能犹得也。”然则“不能其民”就是不得其民，这样讲，比杜注允当。今按：《尚书·尧典》《顾命》《文侯之命》，《诗·大雅·民劳》，都有“柔远能迩”句，“能”与“柔”义相近，能犹安也。说见《经义述闻》卷三。《汉书·百官公卿表》也有“柔远能迩”句，师古注：“能，善也。”我们认为“不能其民”与“柔远能迩”两句中“能”字义同。《左氏》下文“天将假手于楚以毙之”，杜注：“借楚手以讨蔡。”杨注取杜镇南说。“不信以幸，不可再也”，意思是：不能做到诚信而得到幸运，这样的事只有一次。

[5] “楚王奉孙吴以讨于陈”，“孙吴”已见于《左传》昭八年，此人即陈哀公元妃郑姬生悼太子偃师之子，后来的陈惠公。“将定而国”的“而”为“尔”之借。“县之”，“县”本行政单位名词，这里用如动词，“县之”就是灭其国而使之为县。“桀克有缗”以下，杜注：“纣为黎之蒐，东夷叛之。桀为仍之会，有缗叛之。故伐而克之。”孔疏：“桀身奔南巢，故云丧国也。纣首县白旗，故云陨身也。”这里注疏自有据。“楚小位下”以下，孔疏：“亟，数也。比于桀纣，则楚小位下，而数行暴虐甚于桀纣二王，能无咎恶乎?”天假手于楚，助楚行不善之事(或者理解为天借助于此不善之楚)，不是要赐福于楚，而是要楚积累凶恶之行而后降罚于它。

[6] 杜镇南认为“五材”指金木水火土五物，又说：“拯犹救助也。不可没振，犹没不可复振。”孔疏：“天之用楚，犹如人用五材，力尽

而敝,敝则弃之,是以无救助之者。拯是救溺之名,遂以救溺为喻也。不可沉没之后复振救之,振亦救也。言楚如没水不可救也。”杨注认为“不可没振”犹云不可终兴,这样讲,比孔疏顺当。杜注说是“没不可复振”,殆即终不可复兴之意。

原文

五月〔甲申〕,齐归薨。大蒐于比蒲,非礼也。

孟僖子会邾庄公,盟于祲祥,修好,礼也。

泉丘人有女,梦以其帷幕孟氏之庙,遂奔僖子,其僚从之。盟于清丘之社,曰:“有子,无相弃也!”[1]僖子使助薳氏之簉。反自祲祥,宿于薳氏,生懿子及南宫敬叔于泉丘人。其僚无子,使字敬叔。[2]

楚师在蔡。晋荀吴谓韩宣子曰:“不能救陈,又不能救蔡,物以无亲。晋之不能,亦可知也已。为盟主而不恤亡国,将焉用之?”[3]

注释

❶ “以其帷幕孟氏之庙”句,幕应为动词作谓语,覆盖的意思。《周易·井卦》上六爻辞“井收勿幕”,王辅嗣注:“幕犹覆也。”虞注:“幕,盖也。”与辅嗣义同。皆可为证。不知注家多不解说这一句何故。“其僚从之”,杜注:“邻女为僚友者随而奔僖子。”在清丘之社,二女自共盟,发愿永不相弃。杨注说“此盖二女与僖子盟”,指斥杜注谓“二女自共盟”不确。我们认为这里杜注可信。若为二女与僖子盟如此,二女无子则僖子可弃之,当非二女所愿。

❷ 簉读 zào,《释文》:“本又作造。”杜注:“簉,副倅也。薳氏之女为僖子副妾,别居在外,故僖子纳泉丘人女,令副助之。”杨注谓“簉,即妾”,引沈钦韩《春秋左传补注》两说,认为较好的解释是:薳氏乃别邑,僖子使二女别居于此为簉,故下宿于薳氏。《左氏》下文“生懿子及南宫敬叔于泉丘人”,生二子者自是“梦以帷幕孟氏之庙”者,

因为下文明言“其僚无子”。而“使字敬叔”则是“有子,无相弃”的明确的安排,杜注:“字,养也。似双生。”这样解说可信。

❸“物以无亲”,杜注:“物,事也。”孔疏:“事事如此,以是故无人肯亲我晋国。”杨注引顾亭林《左传杜解补正》:“物,人也。”我们认为顾说不误。“人物”恒言,“物”有时可以当人讲。“为盟主而不恤亡国”,那还要盟主何用?适足以见晋之不能而已。考察昭十年、十一年前后的形势,应该明白一个事实:晋国的盟主地位已是名存实亡,晋国君臣只能徒唤“式微式微胡不归”了。

原文

秋,会于厥慭,谋救蔡也。郑子皮将行,子产曰:“行不远,不能救蔡也。蔡小而不顺,楚大而不德,天将弃蔡以壅楚,盈而罚之。蔡必亡矣!且丧君而能守者鲜矣。三年,王其有咎乎?美恶周必复,王恶周矣。”❹

注释

❹“天将弃蔡以壅楚,盈而罚之”,这两句的意思与本年《传》上文“楚将有之,然壅也”“天之假助不善……厚其凶恶而降之罚也”相同。《左氏》下文“丧君而能守者鲜矣”,这一句承上文“蔡必亡矣”,指蔡君新丧,其臣民无力守国。“三年,王其有咎乎”,这个“咎”与《周易》卦爻辞中多次出现的“咎”义同;原文意思是:不出三年,楚王将有灾难。“美恶周必复,王恶周矣”,杜注:“元年,楚子弑君而立,岁在大梁。后三年,十三岁,岁星周复于大梁。”杨注:“言无论美或恶,吉或凶,逢岁星绕一周必有报。”楚王为恶(弑君自立)之后,岁星绕了一周,恶有恶报,时候到了。

原文

晋人使狐父请蔡于楚,弗许。

单子会韩宣子于戚,视下,言徐。叔向曰:“单子其将死乎!朝有著定,会有表;衣有襘,带有结。会朝之言,必闻于表著之位,所以昭事序也。视不过结、襘之中,所以道容貌也。[5]言以命之,容貌以明之,失则有阙。今单子为王官伯,而命事于会,视不登带,言不过步,(貌)〔视〕不道容,而言不昭矣。不道,不共;不昭,不从:无守气矣!”[6]

注释

[5] 襘读 guì;依《释文》所说反切之法,可读 guài。“朝有著定”句下,杜注:“著定朝内列位常处,谓之表著。野会设表以为位。襘,领会。结,带结也。”孔疏:“著定谓伫立定处,故谓朝内列位常处也……此是朝上之位贵贱有定处也。”又说:“天子于野会诸侯,设表以为位也……盟主之会诸侯,必亦〔以〕旂表位。”《说文》:“襘,带所结也。”段注谓襘即《玉藻》《曲礼》《深衣》之袷,说:“襘即袷,会合同义。”段君认为“杜注得之,许合二者为一,似误。”阮元等《校勘记》也说:“杜释襘为领会,可正许氏之误。”《左氏》下文“会朝之言”句,意思是:朝会发言,应该让所有在位的人听到,明白事理顺序。《说文》段注:“‘视不过结襘之中’,即《曲礼》‘视天子不上于袷,不下于带’,《玉藻》‘侍君视带以及袷’也。”杨注认为“所以道容貌”句中“道”可依《广雅》释为“治”,道容貌就是治容貌,这样讲是对的。

[6] “命事于会”,意思是在会朝的时候宣布事情(包括周王的什么想法)。“视不登带”,视线在对方衣带之下。“言不过步”,一步之外的人听不到。“视不登带,言不过步”就是《左氏》前文说的“视下言徐”,与“会朝之言必闻于表著之位”“视不过结襘之中”恰相反,应该算是失礼了。“貌不道容”句,“貌”当作“视”,说见王伯申《述闻》。《左氏》上文谓言所以昭事序,视所以道容貌,《述闻》的根据在此,杨注谓王氏说“无据”,盖不察上文句式之故。我们认为王说可从。“不道,不共”以下,杜注:“貌正曰共,言顺曰

从。”我们认为这里“貌正”应该说成“视正”。孔疏:“言无守身之气,将必死。”这里孔疏是对的,可取。

原文

九月,葬齐归,公不戚。晋士之送葬者,归以语史赵。史赵曰:“必为鲁郊!”侍者曰:“何故?”曰:“归姓也。不思亲,祖不归也。”❶叔向曰:“鲁公室其卑乎!君有大丧,国不废蒐。有三年之丧,而无一日之戚。国不恤丧,不忌君也;君无戚容,不顾亲也。❷国不忌君,君不顾亲,能无卑乎?殆其失国。”

冬十一月,楚子灭蔡,用隐大子于冈山。申无宇曰:“不祥!五牲不相为用,况用诸侯乎?❸王必悔之!”

注释

❶ “必为鲁郊”,杜注:“言昭公必出在郊野,不能有国。”孔疏:“言昭公必为鲁人所逐而出在郊。”杨注引章太炎说此鲁郊指郊祭与寄食而言,我们认为章说虽有据,但未必合符《左氏》原意,故不具录。“归姓也”以下,“归”指齐归,昭公之母,杜注:“姓,生也。言不思亲,则不为祖考所归佑。”杨注认为这里“归姓”之姓即《左传》昭四年“问其姓”之姓,就是“儿子”的意思,“归姓”即齐归之子;又说“祖不归”句的“归”是依附的意思,“祖不归”谓祖不助佑。这里杨先生言之有据。不思亲,不为亲所护佑,所以昭公就只有被驱逐的下场了。

❷ “国不废蒐”,杜注:“谓蒐比蒲。”这是五月甲申日的事,见本年《传》前文。“不恤丧”,杨注:“恤,忧也,哀也。”不恤丧就是不因丧事而忧而哀。“不忌君也”,杜注:“忌,畏也。”杨注:“若解为敬也,亦通。”按:忌有敬的意思,如《左传》昭元年“非羁何忌”句,杜注认为“忌”就是敬,是其证。“君无戚容,不顾亲也”,指昭公治母丧而“不戚”,“不顾亲”就是上文说的“不思亲”。

❸ 杜注:“五牲,牛、羊、豕、犬、鸡。”孔疏:“世子虽未即位,以其父既死,则当君处,故以‘诸侯’言之,甚之也。”五牲尚且不相为用,怎么能用诸侯或准诸侯(诸侯之嗣)作牺牲呢?

原文

十二月,单成公卒。

楚子城陈、蔡、不羹,使弃疾为蔡公。王问于申无宇曰:“弃疾在蔡,何如?”对曰:“择子莫如父,择臣莫如君。郑庄公城栎而置子元焉,使昭公不立。齐桓公城穀而置管仲焉,至于今赖之。臣闻五大不在边,五细不在庭;亲不在外,羁不在内。今弃疾在外,郑丹在内,君其少戒!”[4]王曰:“国有大城,何如?”对曰:“郑京、栎实杀曼伯,宋萧、亳实杀子游,齐渠丘实杀无知,卫蒲、戚实出献公。若由是观之,则害于国。末大必折,尾大不掉,君所知也。[5]”

注释

❹ “郑庄公城栎而置子元焉,使昭公不立”,事见《左传》桓十二年、十五年。“齐桓公城穀而置管仲焉”,杜注:“城穀在庄三十二年。”《左氏》下文“五大不在边”句以下,杜注:“上古金木水火土谓之五官,玄鸟氏、丹鸟氏亦有五,又以五鸠鸠民,五雉为五工正,盖立官之本也……今无宇称习古言,故云‘五大’也。言五官之长专盛过节,则不可居边;细弱不胜任,亦不可居朝廷。”孔疏引贾逵的说法:“五大,谓大子,母弟,贵宠公子、公孙,累世正卿也。郑众云……五细,贱妨贵,少陵长,远间亲,新间旧,小加大也。不在廷,不当使居朝廷为政也。此‘五大’‘五细’,无宇唯言‘五’耳,不知‘五’者何谓,故先儒各自以意言之。虽杜之言亦无明证,正以彼不必通,故改之耳。”杨注认为贾逵郑众关于“五大”“五细”的解释是对的,而杜注实误。李贻德《春秋贾服注辑述》:“下文历引京、栎、萧、亳、渠丘、蒲、戚者,正为五大之证。”据此,我们认

为杨注的判断正确，贾、郑说可取。“羁不在内”，杨注：“羁谓他国来此寄居之臣。”以《左传》昭元年“非羁何忌”与《左传》昭七年“单献公弃亲用羁”两语证之，这里杨注无疑又是对的。“君其少戒”，这是提醒楚子应有所戒备。

❺ 孔疏：“末大必折，以树方喻也。尾大不掉，以畜兽喻也。”树枝大而树根小，则树必折断。畜兽尾巴太大，则摇摆甩动不便。申无宇用这些比喻，说明国君掌握的国都应该大于其他人的辖地，朝廷（中央）的力量应该能够控制（驾御）地方。

经十有二年[1]

原文

春，齐高偃帅师纳北燕伯于阳。

三月壬申，郑伯嘉卒。

夏，宋公使华定来聘。

公如晋，至河乃复。

五月，葬郑简公。[2]

楚杀其大夫成熊。

秋，七月。

冬，十月，公子慭出奔齐。

楚子伐徐。

晋伐鲜虞。

注释

❶ 鲁昭公十二年，当公元前530年，周景王十五年。是年孔子二十三岁。

❷ 杜注：“三月而葬，速。”按：上文记载“三月壬申，郑伯嘉卒”，至五月之葬，前后跨三个月。本年《左传》说是“六月葬郑简公”，那就

应是“四月而葬”，仍与周礼规定的诸侯自死至葬的时间不合。

传十二年

原文

春，齐高偃纳北燕伯款于唐，因其众也。

三月，郑简公卒。将为葬除，及游氏之庙，将毁焉。子大叔使其除徒执用以立，而无庸毁，曰：“子产过女而问何故不毁，乃曰：‘不忍庙也。诺，将毁矣。’”[1]既如是，子产乃使辟之。司墓之室有当道者，毁之则朝而堋，弗毁则日中而堋，子大叔请毁之，曰：“无若诸侯之宾何？”子产曰：“诸侯之宾能来会吾丧，岂惮日中？无损于宾而民不害，何故不为？”遂弗毁，日中而葬。[2]君子谓子产于是乎知礼。礼，无毁人以自成也。[3]

注释

❶ “将为葬除”，杜注：“除葬道。”意思是为送郑简公之葬而除道（开路）。除道而遇到游氏之庙拦路，就在要毁庙的时候，“子大叔使其除徒执用以立，而无庸毁”，杜注：“用，毁庙具。”孔疏：“用谓毁庙之具，若今锹镬之类也。庸，亦用也。教其除道之徒：执所用作具以伫立，而无用即毁庙也。”《左氏》下文“子产过女”至“诺，将毁矣”，杜注：“教毁庙者之辞。”杨注认为“子产过女而问何故不毁”句中“而”为假设连词，犹“如”，其说是。前引杜注孔疏皆是。

❷ “辟之”，杨注谓“辟同避”，意即避开游氏之庙，这是对的。“司墓之室”句，杜注：“司墓之室，郑之掌公墓大夫徒属之家。”孔疏：“言‘之室有当道者’，则非司墓自家之室，故注以为‘徒属之家’。”杨注：“以下文‘而民不害’推之，知是徒属之家。”杨先生用心缜密，观察入微，这样讲，也就证明杜注孔疏的正确。堋读bèng，《释文》谓此字“礼家作窆”，堋与窆两字双声义同。杜注：

"堋,下棺。"孔疏:"《周礼》作窆,《礼记》作封,此作堋,皆是葬时下棺于圹之事。而其字不同,是声相近,经篆隶而字转易耳。"杨注引《说文》与段注,其说不异。《左氏》这里说"毁之则朝而堋,弗毁则日中而堋",因为毁当道之家,则道直,送葬下圹就会快,不毁当道之家,则须绕道,下葬就迟了。"无若诸侯之宾何",杜注:"不欲久留宾。"意思是早点办完送葬之事,好让来送葬的诸侯之宾早点回国,而这就必须毁当道之家。子产决定不毁当道之家,因为这样做,"无损于宾而民不害"。"日中而葬"一句,交代了执行子产决定的结局。

❸ 郑康成《六艺论》说"《左氏》善于礼",这样说符合《左氏》一书的实际。此书论礼精言甚多,这里就说得很精辟。"礼,无毁人以自成也。"毁人以自成的不是礼,绝对不是为人类大多数所愿意接受的礼,决非好礼,决非可以流传的礼。谓子产于是乎知礼,也是对的。懂得礼不毁人以自成,可以算"知礼"了。

原文

夏,宋华定来聘,通嗣君也。享之,为赋《蓼萧》。弗知,又不答赋。昭子曰:"必亡!宴语之不怀,宠光之不宣,令德之不知,同福之不受,将何以在?"❶

齐侯、卫侯、郑伯如晋,朝嗣君也。公如晋,至河乃复。取郠之役,莒人诉于晋,晋有平公之丧未之治也,故辞公。公子慭遂如晋。

晋侯享诸侯。子产相郑伯,辞于享,请免丧而后听命;晋人许之:礼也。❷

注释

❶ 杜注:"《蓼萧》,《诗·小雅》。义取'燕笑语兮,是以有誉处兮',乐与华定燕语也。又曰:'既见君子,为龙为光。'欲以宠光宾也。又曰:'宜兄宜弟,令德寿凯。'言宾有令德,可以寿乐也。又曰:

‘和鸾雍雍，万福攸同。’言欲与宾同福禄也。”宋华定不知《蓼萧》何意，不知如何答对，这就足以表现他不具备当时外交使节的条件。“宴语之不怀”以下，杜注：“怀，思也。宣，扬也。为二十年华定出奔传。”孔疏：“不怀、不宣、不知、不受，皆据华定为文也。《诗》云‘燕笑语兮’，言定当思此笑语与主相对也。《诗》云‘为龙为光’，定当应此宠光宣扬之也。《诗》云‘令德(受)〔寿〕凯’，定当知己有德与否，须辞谢之也……各准事而为之文。”这里实际上提出了春秋时期外交场合赋《诗》与答对的基本原则。“准事而为之文”应有两方面的意思：一是准事赋《诗》，二是准事作答。以事为准，否则云里雾里，那就莫明其妙了。

❷“请免丧而后听命”，是因为其时郑简公尚未安葬。孔疏：“郑逼于楚，以固事晋，故父虽未葬，朝晋嗣君不得已而行，于情可许也。诸侯相享，享必有乐，未葬不可以从吉，故辞享为得礼。”这样讲，于情于礼，都可以令人首肯。“晋人许之：礼也”，杜注：“善晋不夺孝子之情。”我们在“请免丧而后听命”句下施一分号，在“晋人许之”句下施一冒号，因为我们认为这里子产辞享与晋人许之二者皆合于礼。

原文

晋侯以齐侯宴，中行穆子相。投壶，晋侯先，穆子曰：“有酒如淮，有肉如坻。寡君中此，为诸侯师。”中之。齐侯举矢，曰：“有酒如渑，有肉如陵。寡人中此，与君代兴！”亦中之。伯瑕谓穆子曰：“子失辞。吾固师诸侯矣，壶何为焉，其以中儁也？齐君弱吾君，归弗来矣。”❸穆子曰：“吾军帅强御，卒乘竞劝。今犹古也，齐将何事？”公孙傁趋进，曰：“日旰君勤，可以出矣！”以齐侯出。❹

楚子谓“成虎，若敖之余也”，遂杀之。或谮成虎于楚子，成虎知之而不能行。书曰“楚杀其大夫成虎”，怀宠也。❺

六月，葬郑简公。

注释

❸“为诸侯师”，杨注说是为诸侯长的意思。晋昭公君臣还想维护诸侯盟主的地位。“与君代兴”，杜注：“代，更也。”齐侯振兴国家的志向也很明白。“子失辞”是批评穆子失言（讲错了话）。“吾固师诸侯矣”，是说我们晋国本来就是诸侯之长，何必设壶而祝祷之？“其以中儁也”，杜注：“言投壶中，不足为儁异。”士文伯（伯瑕）认为投壶中与不中，无与于晋国在天下诸侯中的地位，游戏不干政治，这当然有些理由。“齐君弱吾君”两句，杜注：“欲与晋君代兴，是弱之。”《释文》：“轻吾君以为弱也。”他回齐国以后，不会再参与盟会了，这也是他“弱吾君”的必然。

❹“吾军帅强御”以下，杨注谓“强御犹强梁”，引朱彬的说法：“竞，争也。劝，勉也，助也。”其实“竞”也有“强”的意思（《诗·大雅·抑》“无竞维人”句郑笺可证），“强”有劝勉的意思，所以我们认为竞劝就是强勉，“卒乘竞劝”就是步卒骑兵车徒劝勉奋发的意思。“齐将何事”，杜注：“言晋德不衰于古，齐不事晋，将无所事。”杨注引顾炎武的说法：“言晋强不异于昔，齐将何所为。”顾说允当而且简明。“公孙傁”以下，傁读 sǒu，旰读 gàn。趋进与昭公九年“膳宰屠蒯趋入”句“趋入”义同，是快步走近。日旰是天色已晚。君勤是国君劳苦（《说文》：“勤，劳也”）。“以齐侯出”，杨注：“以犹与也。”此为常训。

❺杜注：“解《经》所以书名。”按：《经》实书“成熊”，孔疏说是名熊字虎。

原文

晋荀吴伪会齐师者，假道于鲜虞，遂入昔阳。秋八月壬午，灭肥，以肥子绵皋归。

周原伯绞虐其舆臣。使曹逃。❶冬十月壬申朔，原舆人逐绞而立公子跪寻。绞奔郊。

甘简公无子，立其弟过。过将去成、景之族。成、景之族赂刘献公，丙申，杀甘悼公而立成公之孙鳅。[2]丁西，杀献大子之傅庾皮之子过[3]，杀瑕辛于市，及宫嬖绰、王孙没、刘州鸠、阴忌、老阳子。

注释

[1] 杜注："原伯绞，周大夫原公也。舆，众也。曹，群也。"杨注取杜氏说。

[2] 杜注："甘简公，周卿士。成公景公，皆过之先君。"这里所谓"公"，不是王侯，而是周王朝卿士。"去成、景之族"，"去"是除掉的意思。"成、景之族赂刘献公"以下，杜注："欲使杀过。刘献公，亦周卿士，刘定公子。悼公即过。鳅，平公。"按：鳅读 qiū。这里所谓立某，说的是立某为宗族之主。

[3] 杜注："过，刘献公太子之傅。"杨注："庾皮为献大子之傅，过为庾皮子。"按：杨注是。

原文

季平子立而不礼于南蒯。南蒯谓子仲："吾出季氏而归其室于公，子更其位，我以费为公臣。"子仲许之。南蒯语叔仲穆子，且告之故。

季悼子之卒也，叔孙昭子以再命为卿。及平子伐莒，克之，更受三命。叔仲子欲构二家，谓平子曰："三命逾父兄，非礼也。"平子曰："然。"故使昭子。[1]昭子曰："叔孙氏有家祸，杀適立庶，故婼也及此。若因祸以毙之，则闻命矣；若不废君命，则固有著矣。"[2]昭子朝而命吏曰："婼将与季氏讼，书辞无颇。"[3]季孙惧而归罪于叔仲子，故叔仲小、南蒯、公子慭谋季氏。慭告公，而遂从公如晋。南蒯惧不克，以费叛如齐。子仲还，及卫，闻乱，逃介而先；及郊，闻费叛，遂奔齐。[4]

注释

❶“欲构二家”，杜注：“欲构，使相憎。”杨注：“构乃离间义。”两注皆是。“三命逾父兄，非礼也”，杜注：“言昭子受三命，自逾其先人。”叔仲子认为昭子受三命非礼，季平子谓“然”，同意叔仲子的看法，“故使昭子”，杜注：”使昭子自贬黜。”孔疏引小戴辑《礼记·文王世子》以及有关郑注，证明三命不逾父兄的规定“唯于内朝则然”，又说：“彼言‘三命不逾父兄’者，自谓在公内朝位在父兄下耳，非谓不得受三命逾父兄也。叔仲子欲构二家，因礼有三命不逾父兄之法，遂言昭子受三命自逾其先人，以此为非礼也。平子初得其言，不甚晓解，故‘使昭子’令自贬黜；见昭子不服，乃自知其非。”按：叔仲子歪曲《文王世子》原意，孔疏已驳之。昭子不服，见《左氏》下文。

❷“若因祸以毙之”以下，祸指上文说的叔孙氏“家祸”（参见《左传》昭四年），杜注：“言因乱讨，己不敢辞。著，位次。”昭子的意思是：若依君命，则朝廷上的位次早已固定，无所谓“三命逾父兄非礼”。

❸杜注：“颇，偏也。”叔孙昭子决定与季平子打一场官司，自谓“书辞无颇”，意思是告状的话（讼辞）没有偏颇，不会让人抓住把柄。

❹杜注：“慭，子仲。介，副使也。言‘及郊’，解《经》所以书‘出’。”按：“逃介而先”，意思是避开副使而先逃。因为本年《春秋经》写了“公子慭出奔齐”，所谓“出”，应该是从自己的国家往外跑；而此时公子慭“从公如晋”，如果不交代他还而“及郊”，怎么能判断他是“出奔”呢？“及郊”，自是及本国之郊。

原文

南蒯之将叛也，其乡人或知之，过之而叹且言曰：“恤恤乎！湫乎！攸乎！深思而浅谋，迩身而远志，家臣而君图，有人矣哉！”❺

注释

❺ 杜注："乡人过蒯而叹。恤恤，忧患。湫，愁隘。攸，悬危之貌。家臣而图人君之事，故言思深而谋浅，身近而志远。"孔疏认为"深思而浅谋"句"言其知小而谋大也"，"迩身而远志"句"言其越分以求通也"，"家臣而君图"句"言其非己所当为也"："上二句言其心，下一句指其事。"杨注引俞曲园《春秋左传平议》，认为"恤恤乎湫乎攸乎"句中恤、湫、攸三字都可以作"忧"讲（湫借为愁，攸借为悠），"深忧之，故重言之"。这当然可备一说。杨注认为"深思而浅谋"句指南蒯"欲去累年专政之季氏"而谋援于远且恶鲁之晋，"迩身而远志"句谓南蒯"身为季氏家臣而志欲去之"，"家臣而君图"句意谓"己为家臣而为鲁君谋以费及季氏室奉公"，这些解说比杜注孔疏准确，而且落到了实处。杨注又认为"有人矣哉"句中"人"谓人才，"而南蒯非其人"，我们认为这样说未免迂曲。看《左氏》原文，"有人"之人自指南蒯而言，意思十分明白："深思而浅谋，迩身而远志，家臣而君图"者有人，非南蒯而谁呢？这与《论语·宪问》"有荷蒉而过孔氏之门者，曰：'有心哉，击磬乎！'"句说的有心之人同样明白。

原文

南蒯枚筮之，遇"坤䷁"之"比䷇"，曰"黄裳元吉"，以为大吉也。❻示子服惠伯，曰："即欲有事，何如？"惠伯曰："吾尝学此矣。忠信之事则可，不然必败。外强内温，忠也；和以率贞，信也：故曰'黄裳元吉'。黄，中之色也；裳，下之饰也；元，善之长也。中不忠，不得其色；下不共，不得其饰；事不善，不得其极。外内倡和为忠，率事以信为共，供养三德为善，非此三者弗当。❼且夫《易》，不可以占险，将何事也？且可饰乎？中美能黄，上美为元，下美则裳，参成可筮。犹有阙也，筮虽吉，未也！"❽

注释

❻ 枚筮之，杜注："不指其事，泛卜吉凶。"今按：伪古文《尚书·大禹谟》"枚卜功臣，惟吉之从"，伪孔传以为"枚谓历卜之而从其吉"。所谓历卜之"，与这里杜注说的"泛卜吉凶"意同，"不指其事"，所卜内容较为宽泛。《坤卦》六五爻变九五，成了《比卦》。"黄裳元吉"为《坤卦》六五爻辞，"元吉"就是大吉(《周易》疏：元，大也)。

❼ "外强内温"以下，杜注："坎险故强，坤顺故温。强而能温，所以为忠。水和而土安正。和正，信之本也。"孔疏："刚强以御难，柔顺以事主，故外强而能内温，所以为忠也。"又说："坎为水，水性和柔。坤为土，土性安正。率，循也。贞，正也。用和柔之性以循安正，道既和且正，信之本，故为信也。"按："坎为水""坤为土"，见《周易·说卦》。杨注谓"坤为水，坎为土"，不知何据。《左氏》下文解释"黄裳元"三字，杨注颇得其义。"黄，中之色也"，杨伯峻先生说："此中字有双关义，按下文有上中下之义，此则借为衷，谓里衣，亵衣。"可是《左氏》下文"中不忠"句"中"字，杨注说是"中心"的意思。我们认为杨先生据具体情况作出具体解释，他的说法符合实际情况。"下不共"句，共就是恭。"不得其饰"，杜注："不为裳。"这样讲，与《左氏》上文"裳，下之饰也"句相应。"不得其极"，杜注："失中德。"孔疏认为依杜注，是"极训为中"。杨注："极犹今标准、准则。"这样讲，与杜注孔疏一致，因为在古代哲人心目中，"中"就是标准、准则。"外内倡和"以下三句，一一回应上文，又一一解说上文所谓"忠""共""善"，也就对上文提出的"黄""裳""元"又一一作了回应与说明。"供养三德为善"，杜注："三德，谓正直、刚克、柔克也。"这样讲，有突兀之嫌，因为与《左氏》上文失去照应。"非此三者弗当"，杜注："非忠、信、善不当此卦。"其实，上一句所谓"三德"，亦应指"忠、信、善"三者。

❽ 杜注："'夫《易》犹此《易》，谓'黄裳元吉'之卦。"孔疏："且夫《易》……唯可以占忠信之事，不可以占危险之事也。问南蒯今

将欲为何事也？且可饰乎？"《左氏》下文"中美能黄"，杨注将句中"能"解释为"乃"，甚确；说"例证见《词诠》"则可疑非其朔。①"参成可筮"，杜注："参美尽备，吉可如筮。"《释文》：参，"又音三"。是参美即上文三德，即忠信善三者。"犹有阙也"句下，杜注："有阙，谓不参成。"杨注："犹，假设连词，如果。句言若于三德有缺失。"按：三德若有失，即使筮得"元吉"，也不能成事。

原文

将适费，饮乡人酒。乡人或歌之曰："我有圃，生之杞乎！从我者子乎，去我者鄙乎，倍其邻者耻乎！已乎已乎，非吾党之士乎！"[9]

平子欲使昭子逐叔仲小。小闻之，不敢朝。昭子命吏谓小"待政于朝"，曰："吾不为怨府[10]。"

注释

[9] 杜注："言南蒯在费欲为乱，如杞生于园圃，非宜也……子，男子之(通)〔美〕称，言从己可不失今之尊。邻，犹亲也。'已乎已乎'，言自遂不改。"孔疏："圃者，所以殖菜蔬也。杞非可食之物。我有圃，生之杞，以喻南蒯在费欲为乱也……去我而背叛者，鄙贱之行也。倍其邻近者，耻恶之事也。"引服虔的说法："已乎〔已乎〕，决绝之辞，则谓歌者自言己意可已乎已乎，此南蒯今已非是吾党之士。"我们认为服说义长。又，"已乎已乎"，与《论语·微子》的"已而已而"义同。

[10] "吾不为怨府"，杜注："言不能为季氏逐小，生怨祸之聚。"杨注采用杜说。

原文

楚子狩于州来，次于颍尾，使荡侯、潘子、司马督、嚣尹午、陵尹

---

① 王伯申《经传释词》卷六："能，犹乃也，亦声相近也。"

喜帅师围徐以惧吴。楚子次于乾谿，以为之援。雨雪，王皮冠，秦复陶，翠被，豹舄，执鞭以出。[1]仆析父从。右尹子革夕[2]；王见之，去冠、被，舍鞭，与之语，曰："昔我先王熊绎，与吕级、王孙牟、燮父、禽父并事康王。四国皆有分，我独无有。今吾使人于周，求鼎以为分，王其与我乎？"对曰："与君王哉！昔我先王熊绎辟在荆山，筚路蓝缕以处草莽，跋涉山林以事天子，唯是桃弧棘矢以共御王事。[3]齐，王舅也；晋及鲁、卫，王母弟也。楚是以无分，而彼皆有。今周与四国服事君王，将唯命是从，岂其爱鼎？"王曰："昔我皇祖伯父昆吾，旧许是宅。今郑人贪赖其田而不我与。[4]我若求之，其与我乎？"对曰："与君王哉！周不爱鼎，郑敢爱田？"王曰："昔诸侯远我而畏晋。今我大城陈、蔡、不羹，赋皆千乘，子与有劳焉；诸侯其畏我乎？"对曰："畏君王哉！是四国者，专足畏也；又加之以楚，敢不畏君王哉？"[5]

注释

1. "秦复陶"，杜注："秦所遗羽衣也。"杨注疑为以禽兽毛绒做的御寒之衣。"翠被豹舄"，杜注："以翠羽饰被。以豹皮为履。"杨注谓"被当读为帔""盖以翠毛为之，所以御风雪"，其说可信。
2. 杜注："子革，郑丹。夕，莫见。"这个"莫"就是"暮"，臣下夜间朝见君上，叫"夕"。
3. 依杜注，熊绎为楚始封君，吕级即吕伋（齐太公之子丁公），王孙牟就是卫康叔子康伯，燮父为晋唐叔之子，禽父即周公子伯禽，并事周成王子康王。"四国皆有分"句，杜注："四国，齐晋鲁卫。分，珍宝之器。"那时候，周王分同姓与亲近诸侯以珍玉，楚既非同姓，又非亲近，所以无有。楚灵王现在恃国力而傲周，打算"使人于周，求鼎以为分"，大有予取予求的口气。"筚路蓝缕以处草莽"句，杜氏不注，那是因为《左传》宣十二年有"筚路蓝缕以启山林"句，杜镇南已经在那里注释过了。"唯是桃弧棘矢以共御王事”，杜注：“桃弧棘矢以御不祥，言楚在山林，少所出有。”杨注用俞曲园说，认为“共”同供，“供御犹言进奉、贡献”，其说是。

❹ “昔我皇祖伯父昆吾”以下，杜注：“陆终氏生六子，长曰昆吾，少曰季连。季连，楚之祖，故谓昆吾为伯父。昆吾尝居许地，故曰‘旧许是宅’。”孔疏：“其地此时属郑，故云‘郑人贪赖其田而不我与’。”按：太史公记其所闻，作《楚世家》，杜注当本此。杨注：“赖，利也。”按：《史记·高祖本纪》“大人常以臣无赖”，裴骃《集解》：“晋灼曰：‘许慎曰‘赖，利也’。无利入于家也。或曰江淮之间谓小儿多诈狡猾为‘无赖’。”江淮之间正是楚地，楚子说的“郑人贪赖”，应是既贪又无赖（今言耍赖、赖皮）的意思。

❺ 杜注：“四国，陈，蔡，二不羹。”按：孔疏引刘炫的说法，据《楚语》判断这里“四国”当是“三国”。孔疏总是佑杜贬刘，似乎杜总是对的，而刘总是错的。其实刘有对的见解，杜也有错的时候。《经义述闻》卷十九：“此言‘四国’者，涉上文两‘四国’字而误（上文曰‘四国皆有分’，又曰‘周与四国’）……四当为三……刘说是也。”钱竹汀《潜研堂答问》有为杜注辩护的说法，王氏详加驳议，兹不具录。孔、钱之外，以杜说为是者尚多。学人或认为此类“四”字误，或以为不误。杨注似有模棱两可之嫌。但无论如何，我们认为《左传》昭十二年这里上下文没有言及“叶”，而明言“大城陈、蔡、不羹”三城；杜注说有“二不羹”，而孔疏引录的刘炫的说法认为不可信：则此处终当以“四”作“三”为妥。“专足畏也”，杨注认为“专”是单、独的意思，即使无楚，已足使诸侯畏；加之以楚，则更可畏了。

原文

工尹路请曰：“君王命剥圭以为戚柲，敢请命。”王入视之。析父谓子革：“吾子，楚国之望也。今与王言如响，国其若之何？”子革曰：“摩厉以须。王出，吾刃将斩矣。”❻王出，复语。左史倚相趋过，王曰："是良史也，子善视之！是能读《三坟》《五典》《八索》《九丘》。"对曰："臣尝问焉：昔穆王欲肆其心周行，天下将皆必有车辙马迹焉；祭公谋父作《祈招》之诗以止王心，王是以获没于(祗)〔祇〕宫。[7]臣问其诗而不知也。若问远焉，其焉能知之？"王曰："子能乎？"对曰："能！其诗曰：'祈招之愔愔，式昭德音。思我王度，式如玉，式如金！形民之力，而无醉饱之心。'"[8]王揖而入，馈不食，寝不寐，数日不能自克，以及于难。

仲尼曰："古也有志：'克己复礼，仁也。'信善哉！楚灵王若能如是，岂其辱于乾谿？"[9]

晋伐鲜虞，因肥之役也。

注释

⑥ 戚读 qī，柲读 bì。"剥圭以为戚柲"，杜注："戚，斧也。柲，柄也。破圭玉以饰斧柄。"在工尹请命，楚子离开之后，析父批评子革附和楚子，杜注："讥其顺王心如响应声。"析父有失望之感。"摩厉以须"以下，杜注："以己喻锋刃，欲自摩厉以斩王之淫慝。"杨注："厉同砺，摩今作磨。谓磨刀剑以待之也。"甚确。

⑦ "《三坟》《五典》《八索》《九丘》"，杜注："皆古书名。"孔疏引诸家解说这些古书，然后说："此诸家者各以意言，无正验。"这样说是对的。"昔穆王欲肆其心"，杜注："周穆王。肆，极也。"杨注："肆，放恣，放纵。"两注义正一致。"祭公谋父"以下，杜注："谋父，周卿士。祈父，周司马，世掌甲兵之职。招，其名。祭公方谏游行，故指司马官而言。此诗逸。获没，不见篡弑。"杨注引雷学淇《竹书纪年义证》，认为祭公谋父是周公之孙，谋父为其名，而于"祈招"之义则认为不必强求确解。这样的谨慎态度，是可取的。"祗宫"之祗，《家语》作支，可以推知此字当从氏(因为支氏古同部)，不当从氐。参看阮元等《校勘记》。

⑧ 杜注："愔愔，安和貌。式，用也。昭，明也。金玉取其坚重。言国

之用民,当随其力任,如金冶之器随器而制形,故言形民之力,去其醉饱过盈之心。”杨注用丁声树先生说,认为诗中“式昭德音”句“式”字为助动词,是“应该之义”。我们认为“式如玉,式如金”两句的“式”字,依杜注解释为“用”,可通;但也可以采用丁声树先生的讲法。下文“形民之力”的“形”,应依王伯申《述闻》说,读为刑。按:杜注谓“随器而制形”,这个形,也就是型,刑型可通。段玉裁认为“杜注得之”,就这个形字而言,他说得对。刑犹成也,之犹是也,力犹务也。“形民之力”这一句的意思,可依王伯申说,理解为“惟成民是务”。杨注修订本改用李富孙《春秋左传异文释》说:“谓程量其力之所能为而不过也。”实较胜而可从。

❾ 孔疏:“克训胜也。己谓身也。谓身能胜去嗜欲,反复于礼也。”引刘炫的说法:“使礼义胜其嗜欲,身得归复于礼,如是乃为仁也。”按:据《左氏》这里记载的孔仲尼先生的说法,“克己复礼,仁也”一语古志已有之,孔子并不具有这一名言的创作权。是年孔子二十三岁,还未必可以称为圣人或思想家,但若不过就古志已有之的名言发一点感叹,应该是可以做到的了。如果说这里的感叹是在他修鲁史《春秋》的时候发表的,也很可信;看《左氏》下文,可知这里的感慨分明是就楚灵王辱于乾谿一事而发的。

经十有三年[1]

原文

春,叔弓帅师围费。

夏,四月,楚公子比自晋归于楚,弑其君虔于乾谿。

楚公子弃疾杀公子比。

秋,公会刘子、晋侯、齐侯、宋公、卫侯、郑伯、曹伯、莒子、邾子、滕子、薛伯、杞伯、小邾子于平丘。[2]

八月甲戌,同盟于平丘。公不与盟。

晋人执季孙意如以归。

公至自会。

蔡侯卢归于蔡。陈侯吴归于陈。[3]

冬,十月,葬蔡灵公。[4]

公如晋,至河乃复。

吴灭州来。

注释

❶ 鲁昭公十三年,为公元前529年,周景王十六年。是年孔子二十四岁。

❷ 刘子,当即上年《左传》有记载的刘献公,周卿士。平丘之会载入《春秋》而以"刘子"为首,应该含有尊周王室的意思。又,平丘之会诸侯,"刘子"之下为晋侯,表明晋侯的盟主地位还在维持。时无楚子入会,殆因楚有内乱(所谓乾谿事件发生在前,见本年《经》上文)。看本年《左传》,知齐侯并不甘心事晋,可知晋君在齐侯心目中的位置已经不太重要。

❸ 杜注:"陈蔡皆受封于楚,故称爵。诸侯纳之曰归。"本年《春秋公羊传》:"其言归何?不与诸侯专封也。"《春秋穀梁传》:"善其成之会而归之……使如失国辞然者,不与楚灭也。"三《传》说法不同,或尊诸侯盟主,或尊姬周王室,各有各的道理。

❹ 杜注:"蔡复而后以君礼葬之。"按:蔡灵公即蔡侯般,被楚子诱杀,事见《春秋》经传昭公十一年。

传十三年

原文

春,叔弓围费,弗克,败焉。平子怒,令见费人执之,以为囚俘。冶区夫[1]曰:"非也。若见费人,寒者衣之,饥者食之,为之令主而共其乏困;费来如归,南氏亡矣。[2]民将叛之,谁与居邑?若惮之以威,惧之以怒,民疾而叛,为之聚也。若诸侯皆然,费人无归,不亲南氏,将焉入矣?”平子从之。费人叛南氏。

楚子之为令尹也,杀大司马薳掩而取其室。及即位,夺薳居田,迁许而质许围。蔡洧有宠于王,——王之灭蔡也,其父死焉。——王使与于守而行。申之会,越大夫戮焉。王夺斗韦龟中犨,又夺成然邑,而使为郊尹。蔓成然故事蔡公。[3]故薳氏之族及薳居、许围、蔡洧、蔓成然皆王所不礼也,因群丧职之族,启越大夫常寿过作乱,围固城,克息舟,城而居之。

注释

❶ 杜注:“区夫,鲁大夫。”据《释文》,这里区读 ōu。

❷ “共其乏困”,杨注:“共同供。”于其乏困时供给其所需。“费来如归”,杨注:“言费邑之人来投季氏者如归家然。”这就会反映人心所向。

❸ 据杜注,薳居是薳掩族人,许围是许大夫名围者,蔡洧为仕楚者,其父死于楚灭蔡时。杜注又说:“韦龟,令尹子文玄孙。中犨,邑名。成然,韦龟子。郊尹,治郊竟大夫。蔡公,弃疾也。故,犹旧也。韦龟以弃疾有当璧之命,故使成然事之。”而昭四年在申诛戮的越大夫,应依于醴尊先生的理解,视为不知其名氏者;若以为此人就是《左氏》下文说的作乱的常寿过,则其作乱自在昭四年被戮之前。如不然,就只能将“戮”理解为“辱”了。

原文

观起之死也,其子从在蔡,事朝吴,曰:“今不封蔡,蔡不封矣。我请试之。”以蔡公之命召子干、子皙,及郊而告之情,强与之盟;入袭蔡。蔡公将食,见之而逃。观从使子干食,坎、用牲、加书而速行。[4]己徇于蔡,曰:“蔡公召二子,将纳之,与之盟而遣之矣,将师而从之。”[5]蔡人聚，将执之；辞曰：“失贼成军，而杀余何益？”乃释之。朝吴曰：“二三子若能死亡，则如[6]违之，以待所济。若求安定，则如与之，以济所欲。且违上，何适而可？”众曰：“与之！”乃奉蔡公，召二子而盟于邓，依陈、蔡人以国[7]。

注释

❹ 杜注：“观起死在襄二十二年。朝吴，故蔡大夫声子之子。”杨注认为杜元凯说的“观从以父死怨楚，故欲试作乱”不确，为之更正，说：“观从在报父仇，朝吴尤在恢复祖国。”此说甚是。“子干子皙”，杜注：“二子皆灵王弟。元年，子干奔晋，子皙奔郑。”待到二子入郊，将有情况告诉他们，杜注：“告以蔡公不知谋。”蔡公逃跑之后，“观从使子干食坎，用牲，加书而速行”，杜注：“使子干居蔡公之牒，食蔡公之食，并伪与蔡公盟之征验以示众。”按：这里记载的盟誓方式，与《左传》昭六年记的“坎，用牲，埋书”相同。

❺ “已徇于蔡”，杜注：“已，观从也。”徇，这里是遍地行走而到处告示的意思。《左氏》下文四句，是观从到处散布的流言，杜注：“诈言蔡公将以师助二人。”按：杜注所谓“伪与蔡公盟之征验”，所谓“诈言”，已经道破观从为恢复蔡国而作的事都是计谋。

❻ 杨注认为这个“如”与下文“则如与之”句中“如”字，都是“应当”的意思，其说是。说本杨遇夫先生《词诠》卷五，而王伯申《经传释词》卷七早有此说。

❼ 孔疏：“二子更无兵众，唯依倚陈、蔡人耳。‘以国’者，许为复其国，以此招慰之。”按：《左氏》原意应如此。

原文

楚公子比、公子黑肱、公子弃疾、蔓成然、蔡朝吴帅陈、蔡、不羹、许、叶之师，因四族之徒以入楚。及郊，陈、蔡欲为名，故请为武军。蔡公知之，曰：“欲速！且役病矣。请藩而已。”乃藩为军。蔡公使须务牟与史猈先入，因正仆人杀大子禄及公子罢敌。[1]公子比为王，公子黑肱为令尹，次于鱼陂。公子弃疾为司马，先除王宫。使观从从师于乾谿，而遂告之，且曰："先归复所。后者劓！"[2]师及訾梁而溃。

注释

❶ 依杜注，公子比即子干，公子黑肱即子晳，公子弃疾即蔡公，"四族"指薳氏、许围、蔡洧、蔓成然。"陈、蔡欲为名，故请为武军"，杜注："欲筑垒壁，以示后人为复仇之名。"杨注："此请为武军，则筑壁垒，树陈、蔡军旗。"按：这是陈、蔡人的愿望，而蔡公以"役病"为辞，主张"请藩而已"。杜注："藩，离也。"《释文》："离也，依字应作篱。今作离，假借也。"孔疏："'蔡公知之'，知陈、蔡人之情也。蔡公，楚之公子，犹尚吝惜本国，耻有报仇之名，筑垒以示后世，故请藩而已。"猈读 pí，或读 pái。"公子罢敌"的"罢"读 pí。杜注："须务牟、史猈，楚大夫，蔡公之党也。正仆，大子之近官。"杨注谓正仆人即仆人正，仆人之长。须务牟与史猈奉蔡公命，利用大子近官仆人之长的方便，杀了大子禄与公子罢敌，这是楚灵王在位末期一场宫廷政变的开始。

❷ "使观从从师于乾谿"以下，杜注："从乾谿之师，告使叛灵王。劓，截鼻。"杨注认为"复所""谓复其禄位、居室、田里、资财也"，"而劓本有割义"。我们认为这里杜、杨两注皆可通，而劓殆与"复所"义相反。先归者复，后归者割，先归者恢复其原有的地位、待遇，后归者将被剥夺其原有地位、待遇的部分或全部。向后归者施以截鼻的惩罚，也不是不可能。

原文

王闻群公子之死也，自投于车下，曰："人之爱其子也，亦如余乎？"侍者曰："甚焉！小人老而无子，知挤于沟壑矣。"王曰："余杀人子多矣,能无及此乎?"右尹子革曰:"请待于郊,以听国人。"王曰:"众怒不可犯也!"曰:"若入于大都而乞师于诸侯?"王曰:"皆叛矣!"曰:"若亡于诸侯,以听大国之图君也?"王曰:"大福不再,只取辱焉!"❸然丹乃归于楚。

王沿夏,将欲入鄢。芋尹无宇之子申亥曰:"吾父再奸王命,王弗诛,惠孰大焉?君不可忍,惠不可弃,吾其从王!"乃求王,遇诸棘(围)〔闱〕,以归。❹夏五月癸亥,王缢于芋尹申亥氏。申亥以其二女殉而葬之。

注释

❸ "若入于大都""若亡于诸侯",杨注认为这里两"若"字为传疑副词,作"或"讲。王伯申《经传释词》卷七说"若犹或也",已经举《左传》昭十三年"若入于大都"句为例。"大福不再,只取辱焉",杨注:"大福谓为君王。"楚灵王已经明白自己的至高无上的地位保不住了,待于郊,入于大都,亡于诸侯,都只有一个下场:被侮辱或者被杀。

❹ "再奸王命",杜注:"谓断王旌,执人于章华宫。"按:事见《左传》昭七年。"君不可忍"句下,意思是不可忍心见君王遭难,不可背弃君王的恩惠,申亥决心追随楚灵王左右。"乃求王,遇诸棘围以归":求王就是寻找楚灵王。杜注:"棘,里门。闱,门也。"棘围当作棘闱,据杜注、《释文》与阮元等《校勘记》改。孔疏引孔晁的说法,认为棘是楚邑之名,《释文》亦引孔晁此说。"以归"就是与归。关于楚灵王辱于乾谿的下场,文献有不同记载,兹不具录。

原文

观从谓子干曰:"不杀弃疾,虽得国,犹受祸也。"子干曰:"余不忍也。"子玉曰:"人将忍子。吾不忍俟也。"乃行。

国每夜骇曰:"王入矣!"乙卯夜,弃疾使周走❺而呼曰:"王至矣!"国人大惊。使蔓成然走告子干、子皙曰:"王至矣!国人杀君司马[6],将来矣!君若早自图也,可以无辱。众怒如水火焉,不可为谋。"又有呼而走至者,曰:"众至矣!"[7]二子皆自杀。

注释

5 "周走",杜注:"周,遍也。"周走就是遍地奔走。由于《楚世家》记此事作"弃疾使船人从江上走呼",所以章太炎《左传读》判断太史公读《左传》"周走"之周为舟,亦可通。

6 杜注:"司马谓弃疾也。言司马见杀,以恐子干。"按:本年《左传》上文谓"公子弃疾为司马",这里杜注可信。

7 "众至矣"与上文"王至矣""将来矣",都是使诈借鬼神吓人。"众",应包括上文说的"王"与"司马"之魂。

原文

丙辰,弃疾即位,名曰熊居。葬子干于訾,实訾敖。杀囚,衣之王服而流诸汉,乃取而葬之,以靖国人。[1]使子旗为令尹。

楚师还自徐,吴人败诸豫章,获其五帅。

平王封陈、蔡[2],复迁邑,致群赂,施舍,宽民,宥罪,举职。召观从,王曰:"唯尔所欲。"对曰:"臣之先佐开卜。"乃使为卜尹。[3]

注释

1 杜注:"不成君,无号谥者,楚皆谓之敖。"孔疏:"元年《传》云'葬王于郏,谓之郏敖',此云'葬子干于訾,实訾敖',并以地名冠敖,未知其故。"我们认为以地名冠敖,意思是葬于某地之敖。敖有两说:一说敖即豪,相当于酋长,有领袖的意思;一说敖即傲,对外人言,称敖者为楚人之骄傲,有"魂魄毅兮为鬼雄"的意思。"杀囚,衣之王服"句以下,杨注引杨遇夫先生《读左传》的说法:"时灵王之柩未出,恐国人疑灵王未死,或有异志,故为此使国人安定也。"虽然又是使诈,但实为当时"靖国人"之一谲术。

❷ 本年《左传》上文谓朝吴、观从等“奉蔡公”“依陈蔡人以国”，则弃疾（即蔡公）之即位为楚王，实得陈蔡人之力，封陈蔡实为必然之事。

❸ “佐开卜”以下，杜注：“佐卜人开龟兆。”为卜尹，就是任卜人之长。据《周官·春官》之序官，大卜为下大夫，而卜师位为上士，卜人之长应为大卜。

原文

使枝如子躬聘于郑，且致犨、栎之田。事毕，弗致。郑人请曰：“闻诸道路，将命寡君以犨、栎，敢请命。”对曰：“臣未闻命。”既复，王问犨、栎，降服而对，曰：“臣过失命，未之致也。”王执其手，曰：“子毋勤！[4]姑归。不穀有事，其告子也。”

他年，芋尹申亥以王柩告。乃改葬之。

初，灵王卜，曰：“余尚得天下！”不吉。投龟，诟天而呼曰：“是区区者而不余畀，余必自取之！”[5]民患王之无厌也，故从乱如归。

注释

❹ “子毋勤”，孔疏：“言子毋以见使为勤劳。”王伯申《经义述闻》卷十九：“勤犹辱也。以其降服而对，故曰子毋辱。”孔疏失之。

❺ “余尚得天下”，杜注：“尚，庶几。”我们认为这个“尚”应该是“当”的意思。杨注已指出“此命龟之辞”。楚公子虔命龟，说：“我当得天下？”不应该以“我庶几得天下”命龟，因为“庶几”不如“当”之明确。裴学海先生《古书虚字集释》卷九说“尚”字或作“当”，这是对的，因为“当”字（繁体为“當”）本从“尚”得声；但是裴先生说“尚”字作“当”在此字作“犹”或作“乃”讲的情况下，则不尽然。诟读 hòu，一读 gòu，有怒斥或责骂的意思。“是区区者而不余畀”，杜注：“区区，小天下。”意思是：这小小的天下不给我。

原文

初，共王无冢適；有宠子五人，无適立焉。乃大有事于群望[6]，而祈曰："请神择于五人者，使主社稷。"乃遍以璧见于群望，曰："当璧而拜者，神所立也，谁敢违之？"既，乃与巴姬密埋璧于大室之庭；使五人齐，而长入拜。[7]康王跨之，灵王肘加焉，子干、子晳皆远之。平王弱，抱而入，再拜，皆厌纽。斗韦龟属成然焉，且曰："弃礼违命，楚其危哉！"[8]

注释

[6] 杜注："群望，星辰山川。"孔疏引《楚语》谓"诸侯祀天地三辰及其土之山川"，引孔晁注："三辰，日、月、星也。祀天地，谓二王后也。非二王后，祭分野山川而已。"孔疏认为"诸侯得祭分野之星""于十二次，鹑尾为楚，当祀翼轸之星及其国内山川"。按：《左传》哀六年明言"江、汉、雎、漳，楚之望也"，《左传》昭十三年孔疏谓"其山盖荆山、衡山之类"，但这并非楚之群望的全部。

[7] 杜注："巴姬，共王妾。大室，祖庙。"依《释文》，"齐"读 zhāi（这里音义同"斋"），则"使五人齐"句义谓命共王之宠子五人整洁身心。"长入拜"，杜注："从长幼以次拜。"杨注同。

[8] "平王弱"句中"弱"字，与《左传》文十二年"有宠而弱"、《史记·五帝本纪》"弱而能言"之"弱"义同，幼小的意思。杜注："微见璧纽以为审识。"杨注："厌同压，压纽即当璧。"这里杜注杨注都对，而杨注较为明白。"斗韦龟属成然焉"，杜注："知其将立，故记其子。"杨注："韦龟知平王必将为楚君，故嘱托其子曼成然于平王。"按：其时平王年幼，这一句的意思应该是嘱咐其子曼成然记住平王当璧而应为神所立之事。"弃礼违命"两句，杜注："弃立长之礼，违当璧之命，终致灵王之乱。"杨注："共王死，康王立，是立长也。杜误。疑弃礼违命言不当祈神立嗣也。"我们认为杜注诚有时而误，但是这里不误。在共王无冢適的情况下，立长是可

以的，因为符合周礼的传承制度；祈神立嗣也不奇怪，因为符合春秋时代迷信神灵的思想观念。共王死，康王立，这是立长，因为合礼，所以没有引起内乱。后来平王得立，因为与当璧之命相合，所以没有带来传承方面的内乱（其他方面的动荡是另一回事，与传承无关）。而杜注说的灵王之乱，一是因为弃礼，二是因为违命，这样说，正与《左传》原义相合。《左传》原义正如此。至于灵王之乱的真正原因，自应另做探讨，但那是另一回事了。不知杨先生何以判断这里杜注为误。

原文

子干归。韩宣子问于叔向曰："子干其济乎？"对曰："难。"宣子曰："同恶相求，如市贾焉，何难？"对曰："无与同好，谁与同恶？取国有五难：有宠而无人，一也；有人而无主，二也；有主而无谋，三也；有谋而无民，四也；有民而无德，五也。[1]子干在晋十三年矣，晋、楚之从，不闻达者，可谓无人。族尽亲叛，可谓无主。无衅而动，可谓无谋。为羁终世，可谓无民。亡无爱征，可谓无德。王虐而不忌；楚君子干，涉五难以弑旧君，谁能济之？[2]有楚国者，其弃疾乎！君陈、蔡，城外属焉。苛慝不作，盗贼伏隐，私欲不违，民无怨心。先神命之，国民信之。芈姓有乱，必季实立，楚之常也。获神，一也；有民，二也；令德，三也；宠贵，四也；居常，五也：有五利以去五难，谁能害之？[3]子干之官，则右尹也；数其贵宠，则庶子也；以神所命，则又远之。其贵亡矣，其宠弃矣，民无怀焉，国无与焉，将何以立？"

注释

[1] 依杜注，"有宠而无人"，则难于取国；这里的"人"指贤人，"宠须贤人而固"。"有人而无主"，也难于取国，因为"虽有贤人，当须内主为应"。"有主而无谋"，也难于取国，这里"谋"指"策谋"。

"有谋而无民",没有民众支持,还是难于取国。"有民而无德",仍然难于取国,杜注:"四者既备,当以德成。"即使有贤人,有内主,有策谋,有民众,但若缺少德行,要想取国,也难。

❷ 与《左传》上文说的"取国有五难"相应,这里说的是子干恰恰不具备取国必备的五个条件。杜注:"晋楚之士从子干游,皆非达人。"这就证明子干无人。"无亲族在楚",可知子干无主。"召子干时楚未有大衅",可知其无谋。"终身羁客在晋,是无民。"孔疏:"子干之亡,楚人无爱念之征验也。"由此可以推知其无德。"王虐而不忌",杜注:"灵王暴虐,无所畏忌,将自亡。"杨注取俞曲园说,认为这一句是说"灵王虽暴虐而尚不忌刻,观其赦芋尹无宇及使穿封戌为陈公二事,殊有君人之度"。我们认为杜俞两说皆通,唯探讨《左氏》原意,盖谓灵王尚有君人之度,而子干无一善可陈;就文理言,俞说较胜。"楚君子干"句下,杜注:"言楚借君子干以弑灵王,终无能成。"杨注:"言无人能使之成功。"这是因为子干"涉五难",不具备成功的条件。

❸ 与《左传》上文说的"取国有五难"而子干"涉五难"相应,这里分析弃疾"有五利以去五难",恰好具备取国必备的五个条件。"君陈蔡,城外属焉",弃疾本已奉命为蔡公,杜注:"城,方城也。时穿封戌既死,弃疾并领陈事。"方城实际上已归属弃疾。"苛慝不作"句下,意思是:不做烦苛污秽邪恶之事,盗贼躲藏。"私欲不违",杜注:"不以私欲违民事。"杨注:"虽有私欲,而不违礼。"两说皆可通。"先神命之",杜注:"先神谓群望。"(孔疏:"楚国既封即有三望,三望起于先代,故曰先神。")"芈姓有乱,必季实立",芈读 mǐ,芈为楚君之姓,这里《左传》原文意思是说:楚国王室若有动乱,终归是小王子继承王位(得立为君),这是楚史常见之事。依杜注,"获神"以下,说的是弃疾具备取国之"五利",可以去"五难",也就是可以取国,谁也不能损害他。

原文

宣子曰:“齐桓、晋文,不亦是乎?”对曰:“齐桓,卫姬之子也,有宠于僖;有鲍叔牙、宾须无,隰朋以为辅佐,有莒、卫以为外主,有国、高以为内主;从善如流,下善齐肃;不藏贿,不从欲,施舍不倦,求善不厌:是以有国,不亦宜乎?❹我先君文公,狐季姬之子也,有宠于献;好学而不贰;生十七年,有士五人,有先大夫子余、子犯以为腹心,有魏犫、贾佗以为股肱;有齐、宋、秦、楚以为外主,有栾、郤、狐、先以为内主;亡十九年,守志弥笃。惠、怀弃民,民从而与之。献无异亲,民无异望;天方相晋,将何以代文?此二君者,异于子干。共有宠子,国有奥主;无施于民,无援于外;去晋而不送,归楚而不逆:何以冀国?”❺

注释

❹“齐桓,卫姬之子也”以下,说齐桓公所以有国的缘故。“有莒、卫以为外主”,杜注:“齐桓出奔莒、卫,有舅氏之助。”杨注取杜氏说。“有国、高以为内主”,杜注:“国氏、高氏,齐上卿。”按:内主,自是已在国内可以提供帮助者。“从善如流”,杜注:“言其疾也。”这是说乐于从善,急于行善。“下善齐速”,杜注:“齐,严也。肃,敬也。”若依《释文》,则此“齐”音义与“斋”同。王伯申《经义述闻》卷二十一“齐肃”条:“齐字当训为疾,与肃同意,故以‘齐肃’连文。《尔雅》曰:‘肃齐,疾也。’敬不可久,故欲其疾速也。”杨注以王伯申说为是。今按:有学者谓“齐速”与“趑趄”同为联绵词,一声之转耳,其义为谦恭貌。“不藏贿”,杜注:“清也。”古代国君如果真有能不藏贿者,在今天看来也很可贵。“不从欲”,杜注:“俭也。”杨注取朱彬《经传考证》说,认为这里“从”应读为纵,“意与上文‘私欲不违’义近”。按:这里杜注朱注杨注皆是。高贵如齐桓而能俭不纵欲,不违礼,无疑称得上明君了。他有这样优良的品行,当然有资格享国为君了。

❺ “共有宠子，国有奥主”，杜注：“谓弃疾也。”按：“共”指楚共王。孔疏：“室内西南隅谓之奥。奥是内之义。奥主，国内之主，故谓弃疾也。”我们认为这里孔疏是有根据的。“无施于民”以下凡四句，意思是说子干未施恩德于国民，国外没有人支援他，离开久羁之晋国没有人欢送，回到故国没有人欢迎，他凭什么希望取国为君呢？杜注：“《传》言子干所以蒙弑君之名，弃疾所以得国。”这应该是对《左传》昭十三年“子干归”以下一大段内容的概括。

原文

晋成虒祈，诸侯朝而归者皆有贰心。为取郠故，晋将以诸侯来讨。叔向曰：“诸侯不可以不示威。”乃并征会，告于吴。❶秋，晋侯会吴子于良；水道不可，吴子辞；乃还。七月丙寅，治兵于邾南，甲车四千乘。羊舌鲋摄司马，遂合诸侯于平丘。

子产、子大叔相郑伯以会。子产以幄幕九张行。子大叔以四十，既而悔之；每舍，损焉；及会，亦如之。❷

注释

❶ “诸侯不可以不示威”，杜注：“知晋德薄，欲以威服之。”本来，如果德薄，就应修德施惠才行。而其时实际情况是：自襄二十七年宋之盟以来，楚国强横，晋国示弱，最明显的事情就是楚先后吞并陈、蔡，而晋人一声不响，无力制止，大失楚之外诸侯之望，所以这里说“不可以不示威”。倘若晋人不能显示自己的声威，则其昔日盟主地位将会丧失，对诸侯们的指挥将失去作用。“乃并征会”，王伯申《经义述闻》卷十七：“并之言普也，遍也。”“乃并征会，言遍征会也。”杨注：“征，召也。”召诸侯来会，与诸侯主动来朝会，毕竟有区别，就像“来聘”与“征聘”有区别一样。

❷ 杜注：“幄幕，军旅之帐。”《释文》：“四合象宫室曰幄，在上曰幕。”孔疏：“幕大而幄小。幄在幕下张之。幄幕九张，盖九幄九幕

也。”杨注亦用杜注孔疏说。“子大叔以四十”，意思是说子大叔带幄与幕各四十张随行，知道子产的情况后，“每舍损焉”，杨注：“每住宿一次，减少幄幕一次。”子大叔后悔自己带多了，所以用减损法。这样，“及会亦如之”，杜注：“亦九张也。《传》言子产之适宜，大叔之从善。”杨注义同。

原文

次于卫地，叔鲋求货于卫，淫刍荛者。卫人使屠伯馈叔向羹，与一箧锦，曰：“诸侯事晋，未敢携贰；况卫在君之宇下，而敢有异志？刍荛者异于他日，敢请之。”[3]叔向受羹反锦，曰：“晋有羊舌鲋者，渎货无厌，亦将及矣。为此役也，子若以君命赐之，其已。”客从之。未退而禁之。

注释

❸“叔鲋求货于卫，淫刍荛者”，叔鲋就是羊舌鲋，叔向之弟，杜注：“欲使卫患之而致货。”《释文》：“饲牲曰刍，草薪曰荛。”孔疏：“刍者，饲牛马之草也。荛者，共燃火之草也。”马宗琏《春秋左传补注》谓“叔鲋摄司马，不禁樵采之事”，他认为“淫刍荛者”就是“不禁樵采”。杨注依杨遇夫先生《读左传》，将“淫”解释为“纵”，认为“刍荛者指晋军之刈草砍柴人”。放纵晋军之刈草砍柴人，这与马宗琏说的叔鲋不禁樵采之事义同。杨注以《左氏》下文“刍荛者异于他日”，判断“刍荛者”为晋人，其说是。屠伯对叔向说“敢请之”，是觉得“刍荛者异于他日”必有原因，所以请问有关情况。杜注认为“敢请之”是“请止之”，从《左氏》下文“禁之”可知杜注是对的。但若没有下文“禁之”，则“请之”自可作“请示情况”理解。

原文

晋人将寻盟，齐人不可。晋侯使叔向告刘献公，曰：“抑齐人不盟,若之何?”对曰:“盟以厎信。君苟有信,诸侯不贰,何患焉?告之以文辞,董之以武师,虽齐不许,君庸多矣。天子之老,请帅王赋:‘元戎十乘,以先启行。’迟速唯君!”[4]

注释

[4] “盟以厎信,厎读 zhǐ,杜注:“厎,致也。”这个“厎”与《左传》宣三年“有所厎止”句中“厎”字义同。“董之以武师”句以下,杜注:“董,督也。庸,功也。讨之有辞,故功多也。”杨注取杜镇南说。“天子之老请帅王赋”,杜注:“天子大夫称老。”按:此刘子(刘献公)自称。杨注:“王赋,谓王军。”《左氏》下文“元戎十乘,以先启行”两句,引自《诗·小雅·六月》,杜注:“元戎,戎车在前者。启,开也。行,道也。”孔疏:“元,大也。大戎,戎车之大在军前者也。”《小雅·六月》郑笺谓元戎“可以先前启突敌陈之前行”。孔疏谓元戎本出自《司马法》文,乃“大车之善者”。这样说可信,用于启突敌阵的战车当然不是一般的车。“迟速唯君”,杜注:“欲佐晋讨齐。”刘子表示愿意率领王军为开道先锋,帮助晋国讨伐不听话的齐人。

原文

叔向告于齐,曰:“诸侯求盟,已在此矣。今君弗利,寡君以为请。”对曰:“诸侯讨贰,则有寻盟。若皆用命,何盟之寻?”叔向曰:“国家之败,有事而无业,事则不经;有业而无礼,经则不序;有礼而无威,序则不共;有威而不昭,共则不明。不明弃共,百事不终,所由倾覆也。[5]是故明王之制,使诸侯岁聘以志业,间朝以讲礼,再朝而会以示威,再会而盟以显昭明。志业于好,讲礼于等,示威于众,昭明于神,自古以来未之或失也。[6]存亡之道,恒由是兴。晋礼主盟,惧有不治;奉承齐牺而布诸君,求终事也。君曰‘余必废之’,何齐之有?[7]唯君图之,寡君闻命矣!”齐人惧,对曰:“小国言之,大国制之，敢不听从？既闻命矣，敬共以往，迟速唯君！”

注释

❺ “有事而无业，事则不经”，杜注：“业，贡赋之业。”今按：将“事”与“业”加以区别，“事”较为宽泛，“业”较为具体。没有具体的业，则事无正经可言。但一般情况是“事业”相连，并无区分的必要。“有业而无礼，经则不序”，杜注：“须礼而有次序。”礼的一个重要原则就是讲次序。“有礼而无威，序则不共”，杜注：“礼须威严而后共。”这个“共”通“恭”，敬的意思，礼主于敬，恭敬与威严互为因果。“有威而不昭，共则不明”以下，杜注：“威须昭告神明，而后信义著。信义不明，则弃威。不威，弃礼。无礼，无经。无经，无业，故百事不成。”前文说的“国家之败”，就是因为百事不成而至于“倾覆”。

❻ 与上文相应，这里说的就是志业、讲礼、示威与昭明四事。“使诸侯岁聘以志业”以下，杜注：“志，识也。岁聘以修其职业。三年而一朝，正班爵之义，率长幼之序。六年而一会，以训上下之则，制财用之节。十二年而一盟，所以昭信义也。”杨注取杜镇南说。我们认为杜注大致是对的。依《左氏》原文，也只能这样讲：三年一朝，就是“间朝”；“再朝而会”自是“六年一会”；“再会而盟”也就十二年了。但在实际生活中，年限并不如此整齐。《左传》下文，依杜注，“志业于好”为聘，“讲礼于等”是朝，“示威于众”是会，“昭明于神”是盟。《左氏》谓“自古以来未之或失”，而实际情况并不尽然，只是理想中的“明王之制”要求如此而已。

❼ “晋礼主盟”，杜注：“依先王先公旧礼主诸侯盟。”杨注用此说。“奉承齐牺”，杜注谓“齐牺”就是“齐盟之牺牲”。这个“齐”音义与“斋”同。据《左传》成十一年，杨注谓“盟会”称为齐盟，盟之牺牲称为齐牺。我们认为“奉承”的意思就是恭敬地献上。“奉承齐牺”就是恭敬地献上齐盟之牺牲，也就是礼主盟会。“布诸君”，“诸”为“之于”二字之合音，君指齐国之君。主盟而布告盟

会之意于你齐国之君,“求终事也”,以求把天下诸侯间的事情办好。“何齐之有”,这个“齐”音义又与“斋”同。齐国之君不肯寻盟,那还有什么齐盟可言?齐盟又有何用?

原文

叔向曰:“诸侯有间矣。不可以不示众。”八月辛未,治兵,建而不旆;壬申,复旆之。[8]诸侯畏之。

邾人、莒人诉于晋,曰:“鲁朝夕伐我,几亡矣。我之不共,鲁故之以。”晋侯不见公,使叔向来辞,曰:“诸侯将以甲戌盟。寡君知不得事君矣,请君无勤!”[9]子服惠伯对曰:“君信蛮夷之诉,以绝兄弟之国,弃周公之后,亦唯君。寡君闻命矣!”叔向曰:“寡君有甲车四千乘在,虽以无道行之,必可畏也;况其率道,其何敌之有?牛虽瘠,偾于豚上,其畏不死?南蒯、子仲之忧,其庸可弃乎?若奉晋之众,用诸侯之师,因邾、莒、杞、鄫之怒,以讨鲁罪,间其二忧,何求而弗克?”[10]鲁人惧,听命。

注释

[8] “诸侯有间矣”,杜注:“间,隙也。”有间,就不是亲密无间,不是友好而完全一致了。“不可以不示众”,与《左传》上文“不可以不示威”义同。“治兵”,依杜注即“习战”,实际上就是示众、示威。“建而不旆”,杜注:“建立旌旗,不曳其旆。旆,游也。”杨注:“游即旒,旌旗飘带。”《左氏》下文说“壬申,复旆之”,杜注:“军将战,则旆,故曳旆以恐之。”先是习战,所以建旗而不旆;壬申日旗上曳旆,表示将有战事,令不听话的诸侯恐惧。

[9] “鲁故之以”,就是“以鲁之故”。杜注:“不共晋贡,以鲁故也。”邾人、莒人这样说,意在使晋侯迁怒于鲁。“请君无勤”,杜注:“托谦辞以绝鲁。”杨注:“勤,劳也。”我们认为“请君无勤”与本年《左传》上文“子毋勤”义同,“无勤”也是毋辱的意思。但杜杨两注并

可通。取杨说,“请君无勤”,用现代汉语讲,就是不劳您大驾,不麻烦您啦。

⑩“以无道行之”,这里“无道”与下文“率道”相对。抽象地说,依杨注,“率道”是循道,以盟主身份为邾人、莒人主持公道;“无道”是没有道理可言。按“道”的实词意义而言,“率道”是顺大路,“无道”是没有大路可行。即使不讲公道,即使没有大路可行,晋军甲车四千乘,车多兵多,也未免有点可怕。“牛虽瘠”以下,偾读fèn,杜注:“仆也。”孔疏:“前覆曰仆。言牛倒豚上,豚必死也。言牛虽瘠者,谓鲁以晋为无德,轻之,故以瘦牛自喻。”杨注义同。“南蒯、子仲之忧,其庸可弃乎”,杜注:“弃,犹忘也。”杨注指出“南蒯、子仲之忧”见昭十二年传,又说:“‘其庸’二字同义,岂也。”这里两注言是。“邾、莒、杞、鄫之怒”,杜注:“四国近鲁,数以小事相忿……”可见对鲁国有怨言者不止于上文说的向晋君控诉鲁国的邾、莒。“间其二忧”,杜注:“因南蒯、子仲二忧为间隙。”晋国调动对鲁国不利的因素,掌握本国兵众与诸侯的人马,追求什么目的而不能达到呢?

原文

“甲戌,同盟于平丘”,齐服也。令诸侯日中造于除。癸酉,退朝。子产命外仆速张于除;子大叔止之,使待明日。及夕,子产闻其未张也,使速往,乃无所张矣。⑪

及盟,子产争承,曰:“昔天子班贡,轻重以列。列尊贡重,周之制也。卑而贡重者,甸服也。郑伯,男也;而使从公侯之贡,惧弗给也。敢以为请!⑫诸侯靖兵,好以为事。行理之命无月不至,贡之无艺,小国有阙,所以得罪也。诸侯修盟,存小国也。贡献无极,亡可待也。存亡之制,将在今矣!”⑬自日中以争,至于昏,晋人许之。

注释

⑪ “令诸侯日中造于除”，杜注：“除地为坛，盟会处。”按：“日中”，指甲戌日中。“癸酉退朝”，杜注：“先盟朝晋。”盟会定于次日。“子产命外仆速张于除”，杜注：“张幄幕。”目的是便于次日盟会的活动。可是子大叔命外仆“待明日”张幄幕而不必赶在癸酉日速张。癸酉日傍晚，子产听说幄幕未张，命外仆速往，“乃无所张矣”，杜注：“地已满也。《传》言子产每事敏于大叔。”的确，《左传》已通过若干具体事件始末的交代突出子产把握全局与处理事务的敏锐。

⑫ “争承”，杜注：“承，贡赋之次。”孔疏：“争贡赋之次，言所出贡赋多少之次当承何国之下，故言争承也。”为本国谋利益，子产所争当然是郑国向盟主上贡越轻越好。“昔天子班贡”以下，杜注：“列，位也。公侯地广，故所贡者多。甸服，谓天子畿内共职贡者。言郑国在甸服外，爵列伯子男，不应出公侯之贡。”孔疏：“畿外之国，则卑者贡轻，尊者贡重。”郑国为畿外之国，位非公侯，怎么能承担公侯的贡赋呢？“惧弗给也”，意思是害怕不能满足要求，担心所贡不足规定之数。“敢以为请”：大胆请求按男爵的位次上贡。

⑬ “诸侯靖兵”以下，杜注：“靖，息也。行理，使人通聘问者。艺，法制。”“无月不至”以下，孔疏：“言晋国使人来责贡赋之命，无月不至于郑，每月皆来也。服虔云：‘艺，极也。一曰常也。’二者并非正训。杜以艺为经艺，故为法制也。贡有法制定数，征求无限，则不可共也。”又说：“‘极’谓限极，‘无极’谓无已时。”今按：“好以为事”句，杜、孔没有解说，杨注认为意思是“以友好为事”，可信。“贡之无艺”句，杨注不同意杜、孔，而赞成服虔的说法（“艺，极也”），认为“即下文‘贡献无极’”。杨注是对的。“贡之无艺”以下，意思是：小国上贡没有极限，则必有阙失之时，那就会得罪大国了。大国主持众诸侯修盟，本来是为了安抚小国。如果小国贡

献大国没有极限,那小国就只有亡国的下场了。后来北宋苏老泉的名篇《六国论》,应该是从《左传》这一类议论得到启发的。“存亡之制,将在今矣”,诸家不注这两句。我们认为解释这两句的关键在“制”字,这个“制”有“主宰”的意思,扼守(控制)的意思,也可以当作“关键”看。今日不争,“贡之无艺”就不会改变,将来郑国就惨了。这可是郑国存亡的关键。

原文

既盟,子大叔咎之曰:“诸侯若讨,其可渎乎?”子产曰:“晋政多门,贰偷之不暇,何暇讨?国不竞亦陵,何国之为!”⑭

公不与盟。晋人执季孙意如,以幕蒙之,使狄人守之。司铎射怀锦,奉壶饮冰以蒲伏焉。守者御之,乃与之锦而入。⑮晋人以平子归,子服湫从。

子产归,未至,闻子皮卒,哭,且曰:“吾已!无为为善矣。唯夫子知我!”

仲尼谓:“子产于是行也,足以为国基矣。《诗》曰:‘乐只君子,邦家之基。’子产,君子之求乐者也。”且曰:“合诸侯,艺贡事,礼也。”⑯

注释

⑭“咎之”就是责怪之。“诸侯若讨,其可渎乎”,杜注:“渎,易也。”孔疏:“言诸侯若来讨郑,其可不由子轻易晋乎?”杨注以杜注孔疏为较长,认为这里“其”作“岂”用,其说可从。“贰偷之不暇”以下,杜注:“贰,不壹。偷,苟且。不竞争则为人所侵陵,不成为国。”孔疏:“政出多门,则其情不一。情既不一,则各怀苟且。各自苟且……何暇来讨郑乎?”杨注义同。

⑮“以幕蒙之”,杜注:“蒙,裹也。”“司铎射”,射读 yè,杜注:“鲁大夫。”杨注认为司铎是官名,射是人名,说本吴闿生《文史征微》。

"怀锦"以下,杜注:"蒲伏,窃往饮季孙。冰,箭筩盖,可以取饮。"孔疏:"今司铎射窃往饮季孙之所,似小儿伏地而手行……此以壶盛饮,用此冰以饮之。"杨注:"实则冰即矢筩,即棚之借字。"矢筩无疑可用以取饮。杨注认为明陆粲《左传附注》说的"饮之以冰"(冰如字读)亦有理,但我们认为此说不如前说合理,因为夏至六月仓促之间冰不易得。"守者御之"以下,杨伯峻先生认为这个"御之"意思是"阻止之",甚确。"乃与之锦而入",这当然是守者受贿的结果。

⑯ 引《诗》见《小雅·南山有台》。杜注:"言乐与君子为治,乃国家之基本。"杨注:"君子之所以乐,以其能为国家之根基也。"比较杜杨两注,应知这里杨注更为允当。"艺贡事,礼也",杜注:"嫌竞争不顺,故以礼明之。"孔疏:"盟主会合诸侯,限艺贡赋之事,使贡赋有常,是为礼也……则子产争之,不为有失。"今按:《左氏》这里记载的孔子的议论,可能出于当时议论,也可能是在晚年编定《春秋》的时候说的。

原文

鲜虞人闻晋师之悉起也,而不警边,且不修备。晋荀吴自著雍以上军侵鲜虞,及中人,驱冲竞,大获而归。[1]

楚之灭蔡也,灵王迁许、胡、沈、道、房、申于荆焉。平王即位,既封陈、蔡,而皆复之,礼也。隐大子之子庐归于蔡,礼也。悼大子之子吴归于陈,礼也。

冬十月,葬蔡灵公,礼也。

公如晋。荀吴谓韩宣子曰:"诸侯相朝,讲旧好也。执其卿而朝其君,有不好焉,不如辞之。"乃使士景伯辞公于河。

吴灭州来。令尹子期请伐吴;王弗许,曰:"吾未抚民人,未事鬼神,未修守备,未定国家,而可民力[2],败不可悔。州来在吴,犹在楚也。子姑待之。"

注释

❶ 著雍、中人，都是地名。杜注："驱冲车与狄争逐。"今按：这里"驱冲"的"冲"，与《诗·大雅·皇矣》"临冲"的"冲"应为一物，乃冲锋陷阵用的战车。

❷ "可民力"，"可"是用的意思。《吕氏春秋·离俗览·用民》："民无常用也，无常不用也，唯得其道为可。"高注："可，用也。"杨伯峻先生《春秋左传注》录《传》昭十三年文作"用民力"，而阮刻本录《传》文作"可民力"，故为解说如上。

原文

季孙犹在晋。子服惠伯私于中行穆子曰："鲁事晋，何以不如夷之小国？鲁，兄弟也；土地犹大，所命能具。若为夷弃之，使事齐、楚，其何瘳于晋？亲亲，与大，赏共，罚否，所以为盟主也。子其图之！谚曰：'臣一主二。'吾岂无大国？"❶穆子告韩宣子，且曰："楚灭陈、蔡，不能救；而为夷执亲，将焉用之？"乃归季孙。

注释

❶ "土地犹大，所命能具"，这里"犹"是"尚"的意思，不算最大，但还算大，杨注："晋所命之贡赋皆能具备。"《左氏》下文"若为夷弃之"以下，"夷"指邾、莒等小国，晋君若因为邾、莒诸小国控告鲁国而弃绝之，使事齐、楚，对晋国有什么好处？"亲亲，与大，赏共，罚否"，杨注："亲其所当亲之兄弟国，赞助土地犹大之国，奖赏能供贡者……惩罚其不供者……"我们认为杨注道出了《左氏》原意。"亲亲"的后一个"亲"，"与大"的大，"赏共"的共，皆鲁自谓也。"罚否"的否，指邾、莒等"夷之小国"，杨注："否即不共。"本年《传》上文记邾人、莒人诉于晋，自言"我之不共"。《左氏》下文引谚语"臣一主二"句及其下，杜注："言一臣必有二主，道不合，得去事他国。""言非独晋可事。"按：《左氏》记子服惠伯说的意

思，杜镇南的解说十分准确。话都说到这个份上，“子其图之”，你们晋人合计合计吧，还要把鲁国怎么样呢？

原文

惠伯曰：“寡君未知其罪，合诸侯而执其老。若犹有罪，死命可也！若曰无罪而惠免之，诸侯不闻，是逃命也，何免之为？请从君惠于会。”[2]宣子患之，谓叔向曰：“子能归季孙乎？”对曰：“不能。鲋也能。”乃使叔鱼。叔鱼见季孙，曰：“昔鲋也得罪于晋君，自归于鲁君。微武子之赐，不至于今。虽获归骨于晋，犹子则肉之，敢不尽情？归子而不归，鲋也闻诸吏：将为子除馆于西河。其若之何？”且泣。平子惧，先归。惠伯待礼。[3]

注释

❷“请从君惠于会”，杜注：“欲得盟会见遣，不欲私去。”因为如本年《传》上文所说，私去，则“诸侯不闻，是逃命也”，何以见其无罪？换句话说，惠伯希望晋君给季孙一个面子，让他风风光光地离晋归鲁。可是，这个惠伯忘记从另一个角度考虑问题了：季孙风光了，那不就意味着晋君错了吗？晋君体面又何在呢？

❸“昔鲋也得罪于晋君”以下，杜注：“盖襄二十一年坐叔虎与栾氏党并得罪。武子，季平子祖父。”若非季武子帮助，我叔鲋不得回归，不得有今天。“将为子除馆于西河”，杜注：“西使近河。”杨注：“除，修治也。此句犹言使子居住于西河。”引武亿《左传义证》：“西河是晋之西鄙，益远于鲁，故下文遂云‘平子惧’，惧其远。”《左氏》这里原意是：放你回鲁国去，既然你不肯走，那就为你在西河修间房子，请你到西河去住吧。怎么样？“且泣”，杜注：“泣以信其言。”装出伤心哭泣的样子，似乎很替季孙担忧，季平子不但信了，而且害怕了，不等晋人请到西河住的正式通知，立刻决定回归鲁国。“惠伯待礼”，杜注：“待见遣之礼。”而季平子不愿“待礼”了。

经十有四年[1]

原文

春，意如至自晋。

三月，曹伯滕卒。

夏，四月。

秋，葬曹武公。[2]

八月，莒子去疾卒。

冬，莒杀其公子意恢。

注释

❶ 鲁昭公十四年，即公元前528年，周景王十七年。是年孔子二十五岁。

❷ 《经》上文说“三月，曹伯滕卒”，下文始言八月事，则此“秋，葬曹武公”之秋，应指七月。小戴辑《礼记·礼器》《杂记下》都说“诸侯五月而葬”，《左传》隐元年也说“诸侯五月”，则可以判断曹武公（曹伯滕）之葬与周礼相合。

传十四年

原文

春，“意如至自晋”，尊晋罪己也。尊晋罪己，礼也。

南蒯之将叛也，盟费人。司徒老祁、虑癸伪废疾，使请于南蒯曰：“臣愿受盟而疾兴，若以君灵不死，请待间而盟。”[1]许之。二子因民之欲叛也，请朝众而盟，遂劫南蒯曰：“群臣不忘其君，畏子以及今，三年听命矣。子若弗图，费人不忍其君，将不能畏子矣。子何所不逞欲？请送子。”请期五日。遂奔齐。侍饮酒于景公，公曰：

“叛夫！”对曰：“臣欲张公室也。”子韩皙曰：“家臣而欲张公室，罪莫大焉！”司徒老祁、虑癸来归费，齐侯使鲍文子致之。[2]

注释

❶“司徒老祁、虑癸”，杜注：“二人，南蒯家臣。间，差也。”孔疏引服虔的说法：“司徒，姓也。老祁，字也。虑癸亦姓字也。二子，季氏家臣也。”马宗琏《春秋左传补注》认为司徒是官名，实为小司徒，“盖老祁、虑癸二人皆为司徒也。”二人都是季氏家臣，杨注认为当从服说。“伪废疾”句，杨注赞成俞曲园的解释：“废当读为发。伪发疾者，言伪为疾发也……若废疾，则是痼病矣，岂能即愈，乃曰‘请待间而盟’乎？”俞氏此说较为确当合理。杜注：“间，差也。”按：《论语·子罕》有“病间”句，何晏《集解》引孔曰：“病小差曰间。”是其证。

❷“司徒老祁、虑癸来归费”，杜注：“归鲁。”《左氏》下文“齐侯使鲍文子致之”，杜注：“南蒯虽叛，费人不从，未专属齐。二子逐蒯而复其旧，故《经》不书‘归费’。齐使文子致邑，欲以假好，非事实也。”孔疏：“是二子自以费归，非齐人来归也。齐人因其自归而使文子致邑，施恩于鲁。”注疏解说本年《春秋经》不书“归费”的缘故，把本年《左传》记载齐侯使人致邑的真相说明白了。

原文

夏，楚子使然丹简上国之兵于宗丘，且抚其民：分贫振穷，长孤幼，养老疾，收介特，救灾患，宥孤寡；赦罪戾，诘奸慝，举淹滞；礼新叙旧，禄勋合亲，任良物官。[1]使屈罢简东国之兵于召陵，亦如之。好于边疆[2]，息民五年，而后用师：礼也。

注释

❶“简上国之兵于宗丘”，简兵与《诗·车攻》“选徒”义同，杜注：“上国在国都之西，西方居上流，故谓之上国。宗丘，楚地。”《左氏》下

文说“抚民”之事。“分贫振穷”，杜注：“分，与也。振，救也。”我们认为这里“分贫”与“振穷”义相类。“收介特”，杜注：“介特，单身民也。收聚不使流散。”这里杜注较为允当。依杜注，“宥孤寡”是“宽其赋税”，“诘奸慝”是责问奸慝之人，“举淹滞”是选拔“淹滞有才德而未叙者”。“礼新叙旧”以下，杜注：“新，羁旅也。勋，巧也。亲，九族。物，事也。”孔疏：“大体贫穷相类，细言穷困于贫。贫者家少货财，穷谓全无生业。分财货以与贫者，授生业以救穷者……虽有罪戾，原情可恕者赦放之。奸邪慝恶为民害者，诘治之。贤才淹滞未蒙任用者，举用之。外人新来者，礼待之。旧人未用者，进叙之。施禄于功勋，使有功必得禄也。和合其亲戚，使宗族皆相亲也。任贤良以职事，使野无遗贤；准事能以任官，皆令才职相当，不使违方易务。此皆抚民之事也。”按：这里孔疏详明而且准确。

❷ “好于边疆”，杜注：“结好四邻。”可以说这是楚平王时期奉行的外交基本方针。

原文

秋八月，莒著丘公卒。郊公不戚，国人弗顺，欲立著丘公之弟庚(与)〔舆〕❸。蒲余侯恶公子意恢而善于庚(与)〔舆〕，郊公恶公子铎而善于意恢。公子铎因蒲余侯而与之谋，曰：“尔杀意恢，我出君而纳庚(与)〔舆〕。”许之。

楚令尹子旗有德于王，不知度，与养氏比而求无厌。王患之。九月甲午，楚子杀斗成然而灭养氏之族。使斗辛居郧，以无忘旧勋。❹

冬十二月，蒲余侯兹夫杀莒公子意恢，郊公奔齐。公子铎逆庚(与)〔舆〕于齐，齐隰党、公子鉏送之，有赂田。

注释

❸ 据阮元等《校勘记》改。

❹ “有德于王，不知度”，杜注：“有佐立之德。”不知度，意思是不懂得分寸。“与养氏比而求无厌”，杜注“养氏，子旗之党，养由基之后。”比就是结党朋比。“求无厌”就是贪得无止境，与上文“不知度”义近。“楚子杀斗成然而灭养氏之族”，杨注：“斗成然亦曰蔓成然，即子旗。”此可以为恃德而不知度者戒。“使斗辛居郧，以无忘旧勋”，杜注：“辛，子旗之子郧公辛。”旧勋，指斗辛先辈为楚王室建立的功劳。

原文

晋邢侯与雍子争鄐田，久而无成。士景伯如楚，叔鱼摄理。韩宣子命断旧狱，罪在雍子。雍子纳其女于叔鱼，叔鱼蔽罪邢侯。❶邢侯怒，杀叔鱼与雍子于朝。宣子问其罪于叔向，叔向曰：“三人同罪，施生戮死可也。雍子自知其罪而赂以买直，鲋也鬻狱，邢侯专杀，其罪一也。己恶而掠美为昏，贪以败官为墨，杀人不忌为贼。《夏书》曰：‘昏、墨、贼，杀。’皋陶之刑也。❷请从之。”乃施邢侯而尸雍子与叔鱼于市。

注释

❶ 鄐字已见于《左传》襄二十六年，读 chù，地名。“蔽罪邢侯”，杜注：“蔽，断也。”孔疏引《周官·大司寇》以及先郑注与《尚书·康诰》以及伪孔传，证明“蔽”有断狱讼的意思。蔽，或作弊，杨注：“蔽、弊音近通作。”然则蔽罪邢侯就是判断罪责由邢侯承担。

❷ “三人同罪，施生戮死可也”，杜注：“施，行罪也。”其时三人有生者，有死者。在叔向看来，三人同罪，所以死者固当戮，生者亦当施（行罪）。杨注引文献证明“陈尸曰施”，意思是生者当戮而陈尸，死者已戮而亦当陈尸。“赂以买直”，杨注：“买直，购买胜诉也。”雍子以女嫁叔鱼，显然是实行贿赂的一种方式。“鲋也鬻狱”，杨注：“司法官受贿而不以情理判曲直曰鬻狱。”我们认为这

一句应该说是司法官受贿而不以法律与事实断案判曲直曰鬻狱。“己恶而掠美为昏”以下,杜注:“掠,取也。昏,乱也。墨,不洁之称。忌,畏也。”杨注:“昏谓雍子,墨谓叔鱼,贼谓邢侯。”这里杜杨两注都很准确。“《夏书》曰:昏、墨、贼,杀”,杜注:“逸书。三者皆死刑。”盖叔向与《左氏》著者当时尚见此《夏书》,知道皋陶治狱定昏、墨、贼三者皆死刑,而叔向谓雍子、叔鱼、邢侯三人同罪,实有根据。到杜镇南注解《春秋左传》的时候,叔向与《左氏》著者所见记有皋陶之刑的部分《夏书》已佚,看不到了。

原文

仲尼曰:“叔向,古之遗直也。治国制刑,不隐于亲。三数叔鱼之恶,不为末减,(曰)〔由〕义也夫,可谓直矣!❸平丘之会,数其贿也,以宽卫国,晋不为暴。归鲁季孙,称其诈也,以宽鲁国,晋不为虐。邢侯之狱,言其贪也,以正刑书,晋不为颇。三言而除三恶,加三利。杀亲益荣,犹义也夫!”❹

注释

❸ “古之遗直”,杜注:“言叔向之直,有古人遗风。”杨注取杜氏说。“不为末减”,杜注:“末,薄也。减,轻也。皆以正言之。”不因为与叔鱼有兄弟关系,就把叔鱼之恶说得小些、少些。“曰义也夫”,“曰”为“由”字之脱误,说见王氏《经义述闻》卷十九。言行出于正义,叔向可以称得上正直的人了。

❹ “平丘之会”以下,举三事以明叔向之为人。平丘之会与归鲁季孙,两事见《左传》昭十三年。“数其贿也”,杜注:“谓言卖货无厌。”事情是叔向示意卫人向叔鲋行贿,叔鲋止刍荛者,使卫国不再因为晋国刍荛者的活动而感到紧张。“称其诈也”,杜注:“谓言‘鲋也能’。”事情是晋昭公放鲁季孙归国,而季孙要求“从君惠于会”,不肯走,叔向建议韩宣子用叔鲋,让叔鲋使诈将季孙吓走。“言其贪也”,指叔向批评叔鲋“贪以败官为墨”。“以正刑

书”,意思是以刑书为正,以《夏书》记载的皋陶之刑为正。“晋不为颇”,这个“颇”与《尚书·洪范》“无偏无颇”的“颇”义同,也是“偏”的意思。“三言而除三恶,加三利”,杜注:“三恶,暴、虐、颇也。”孔疏:“暴是乱下之称,虐是杀害之名,大同而小异。”今按:三利应指“宽卫国”“宽鲁国”“正刑书”。其实,三恶除而三利加,晋国赢得“不为暴”“不为虐”“不为颇”的名声,也该算是三利了。“杀亲益荣”,杜注:“荣名益己。”“杀亲”自是由于叔向的一番议论而其弟叔鲋陈尸于市,“益荣”指叔向赢得美名与赞誉。“犹义也夫”,王伯申《述闻》:“犹读为由,字之假借也。”“再言‘由义也夫’,所以深叹美之。”这样讲,比杜注孔疏好。

经十有五年❶

原文

春,王正月,吴子夷末卒。

二月癸酉,有事于武宫。籥入,叔弓卒。去乐,卒事。❷

夏,蔡朝吴出奔郑。

六月丁巳朔,日有食之。

秋,晋荀吴帅师伐鲜虞。

冬,公如晋。

注释

❶ 鲁昭公十五年,当公元前527年,周景王十八年。是年孔子二十六岁。

❷ 杜注:“武宫,鲁武公庙,成六年复立之。”孔疏:“有事,谓有祭事于武公之宫庙也。祭必有乐,乐有文舞武舞,文执羽籥,武执干铖。其入庙也,必先文而后武。当籥始入,叔弓暴卒。故于是去乐不用,而终卒祭事也。”按:大臣卒,不用乐,古文献(如《檀弓

下》、《左传》昭公九年）多言之。

传十五年

原文

春，将禘于武公，戒百官。梓慎曰："禘之日，其有咎乎！吾见赤黑之祲，非祭祥也，丧氛也。其在莅事乎！"❶二月癸酉，禘。叔弓莅事，籥入而卒。"去乐，卒事"，礼也。

楚费无极害朝吴之在蔡也，欲去之，❷乃谓之曰："王唯信子，故处子于蔡。子亦长矣，而在下位，辱；必求之，吾助子请。"又谓其上之人曰："王唯信吴，故处诸蔡；二三子莫之如也，而在其上，不亦难乎？弗图，必及于难！"夏，蔡人逐朝吴，朝吴出奔郑。王怒，曰："余唯信吴，故置诸蔡。且微吴，吾不及此。女何故去之？"无极对曰："臣岂不欲吴？然而前知其为人之异也。吴在蔡，蔡必速飞；去吴，所以翦其翼也。"❸

六月乙丑，王大子寿卒。

注释

❶ "春，将禘于武公"，这里所谓禘，与小戴辑《礼记·王制》《祭统》"夏祭曰禘"不同时。历史上有过不限于夏季的禘祭，说见拙撰《中国礼制史·先秦卷》第三章第六节。小戴辑《礼记·祭义》有"春禘秋尝"一说，前辈礼家多以为"禘"字讹误，其说似还可以商榷。《左氏》下文"戒百官"，杜注认为戒是齐戒，这样说是对的。孔疏："是将祭必齐，祭前预戒之也。"戒之令齐。这个"齐"音义同"斋"。"禘之日其有咎乎"，咎是灾，是殃，是祸。祲读 jīn，又读 jìn。杜注："祲，妖氛也。盖见于宗庙，故以为非祭祥也。氛，恶气也。莅，临也。"孔疏："意疑莅事者当其咎也。"到时候谁个主其祭事，谁就遭殃。

❷ 依《释文》,“费无极”的费读 fèi。阮元等《校勘记》已指出“费无极”的“极”,《史记·楚世家》作忌。杜注:“朝吴,蔡大夫,有功于楚平王。故无极恐其有宠,疾害之。”是“害”为“疾害”之害,即嫉妒、忌恨的意思。“欲去之”,意思是想除掉他。

❸ “臣岂不欲吴”以下,杜注:“非不欲善吴。”杨注:“前犹早也。异,谓有异心,不忠于楚。意谓我早知朝吴之为人之有异心。”孔疏将“前知其为人之异也”解说为“此朝吴于事必豫前知其为人之有异于余人也”,实误。“吴在蔡,蔡必速飞”以下,杜注:“以鸟喻也。言吴在蔡,必能使蔡速强而背楚。”除掉朝吴,就把蔡的翅膀翦断了。

原文

秋八月戊寅,王穆后崩。

晋荀吴帅师伐鲜虞,围鼓。❶鼓人或请以城叛,穆子弗许。左右曰:“师徒不勤而可以获城,何故不为?”穆子曰:“吾闻诸叔向曰:‘好恶不愆,民知所适,事无不济。’或以吾城叛,吾所甚恶也。人以城来,吾独何好焉?赏所甚恶,若所好何?若其弗赏,是失信也,何以庇民?力能则进,否则退,量力而行。吾不可以欲城而迩奸,所丧滋多。”❷使鼓人杀叛人而缮守备。围鼓三月,鼓人或请降。使其民见,曰:“犹有食色,姑修而城!”军吏曰:“获城而弗取,勤民而顿兵,何以事君?”❸穆子曰:“吾以事君也。获一邑而教民怠,将焉用邑?邑以贾怠,不如完旧。贾怠无卒,弃旧不祥。鼓人能事其君,我亦能事吾君。率义不爽,好恶不愆,城可获而民知义所,有死命而无二心,不亦可乎?”❹鼓人告食竭力尽,而后取之。克鼓而反,不戮一人,以鼓子䳒鞮❺归。

冬,公如晋,平丘之会故也。

注释

❶ 杜注："鼓，白狄之别。"按："围鼓"自是"伐鲜虞"之役的一部分。

❷ "好恶不愆"以下，杜注："愆，过也。适，归也。"孔疏："在上者所好恶不有愆过，则下民知所适归，言皆知归于善也。"国民知道归于善而避恶，那国家的事就没有办不成的了。"赏所甚恶"，杨注："此谓或以吾城叛，固己之所恶；人以城叛，亦当为己之所恶而不当赏。"如果奖赏自己感到可恶者，那么，对自己所喜欢的，又将如何？赏罚不当则失信，一旦失了信用，"何以庇民？"凭什么保有人民？伐国取城，应凭实力，量力而行，不能凭奸诈手段。"不可以欲城而迩奸，所丧滋多"，这正如《左传》僖二十五年记晋文公的话所说："信，国之宝也，民之所庇也。得原失信，何以庇之？所亡滋多。"杨注亦用此语，然而用此语说明昭十五年《左传》何处，我们与杨先生稍有区别，也许用各有当，各得其所。"欲城而迩奸"的奸，指那些"请以城叛"的鼓人。

❸ "犹有食色，姑修而城"，这里"而"就是"你""汝"，或者当复数讲，就是"你们的"，应无可疑。注家多不说"食色"何意。与《左传》下文"告食竭力尽"相对，这"食色"应是不饥不疲尚堪一战的神色。《尔雅·释诂》："食，伪也。"所以食色也可以说是伪装的神色，不是真心投降的样子。"勤民而顿兵"，杨注引《左传》襄四年"甲兵不顿"句孔疏："顿谓挫伤折坏。"杨注又说："兵指兵器。"按："顿兵"与"甲兵不顿"义正相反。

❹ "获一邑而教民怠"以下，《释文》："贾音古，下同。"杜注："完犹保守。"孔疏："今若受其降人，便是许其叛主，则是教我国人，令其外叛，是虽获一邑而教民怠惰，不守死事君，是所得少，所失多。"这样，获邑又将何用？获邑而换来怠惰，不如保守原来的疆域而保持各为其主的忠诚。"贾怠无卒"以下，杜注："卒，终也。爽，差也。知义所在也，苟吴必其能获，故因以示义。"获邑换取怠惰，不是好结果。抛弃原有的诚信，决非好事。孔疏："言今不听

降叛，使鼓人能事其君也；教民不怠，是我亦能事吾君也。”又说：“此时荀吴自度己力必其能获，故因以示义。”按：孔疏这后一句应该是实话。否则，也许时人与后世会拿宋襄之仁来讥笑荀吴了。当然，能做到有死命而尽忠无二心，总该算是好事。

❺ 《释文》：“䳒，本又作鸢。”鸢读 yuān。鞮读 dī。杜注：“鸢鞮，鼓君名。”

原文

十二月，晋荀跞如周葬穆后，籍谈为介。既葬，除丧，以文伯宴，樽以鲁壶。[1]王曰：“伯氏！诸侯皆有以镇抚王室，晋独无有，何也？”文伯揖籍谈。对曰：“诸侯之封也，皆受明器于王室，以镇抚其社稷，故能荐彝器于王。晋居深山，戎狄之与邻，而远于王室，王灵不及，拜戎不暇，其何以献器？”[2]王曰：“叔氏，而忘诸乎！叔父唐叔，成王之母弟也，其反无分乎？密须之鼓与其大路，文所以大蒐也；阙巩之甲，武所以克商也：唐叔受之以处参虚，匡有戎狄。其后襄之二路、戚钺、秬鬯、彤弓、虎贲，文公受之，以有南阳之田，抚征东夏，非分而何？[3]夫有勋而不废，有绩而载，奉之以土田，抚之以彝器，旌之以车服，明之以文章，子孙不忘，所谓福也。福祚之不登叔父，焉在？[4]且昔而高祖孙伯黡司晋之典籍，以为大政，故曰籍氏。及辛有之二子董之晋，于是乎有董史。女，司典之后也，何故忘之？”籍谈不能对。宾出，王曰：“籍父其无后乎！数典而忘其祖。”[5]

注释

❶ 杜注：“文伯，荀跞也。鲁壶，鲁所献壶樽。”《释文》：“樽，本或作尊，又作罇。并同。”孔疏引《周官·司尊彝》以及郑注为证。今按：杜注孔疏没有说到的，杨注有之。“既葬，除丧”，杨注引姚鼐《左传补注》：“古人丧服，由重受轻，皆曰除丧。”杨注认为“以文伯宴”的“以”是与的意思。这些说法都是对的。

❷ “诸侯皆有以镇抚王室”以下，杜注：“镇抚王室，谓贡献之物。文伯无辞，揖籍谈使对。”杨注义同。“诸侯之封也，皆受明器于王”以下，杜注认为“明器”“谓明德之分器”，又说：“荐，献也。彝，常也。谓可常宝之器，若鲁壶之属。”杨注指出“明器”还有另一个意思，指殉葬之器物，这个意思与《左传》昭十五年所说的“明器”具有不同的意义。其说是。《左氏》下文“晋居深山……王灵不及，拜戎不暇”，杜注：“言王宠灵不见及，故数为戎所加陵。”孔疏：“数为戎所侵陵，拜谢戎师不有闲暇。”杨注谓“灵，福也”，引焦里堂《左传补疏》：“拜，服也。拜戎不暇谓服戎不暇也。”杨注又说：“据定四年《传》……晋则疆以戎索，乃知晋之先君自常与戎狄周旋。”此说亦是。说得更明白一点，“王灵不及”，意思就是周天子赐福不及晋。“拜戎不暇”，意思是我晋之先君忙于应付戎狄之侵陵，自顾不暇，哪里还有器物可以贡献呢？这些话里，分明寓有对王室分封的不满。

❸ 周景王这些话，驳斥籍谈所谓“王灵不及”，用事实说明先王之于晋决非“无分”。这里“分”字与《左传》昭十二年“四国皆有分”“求鼎以为分”“楚是以无分”诸“分”字义同，指宝物重器之赐。“王曰叔氏”以下，杜注：“叔，籍谈字。密须，姞姓国也……文王伐之，得其鼓路以蒐……参虚，实沈之次，晋之分野。”按：“阙巩之甲”，杜注说是阙巩国所出铠，杨注以为不确。“其后襄之二路”，杜注认为是“周襄王所赐晋文公大路、戎路。”“戚钺、秬鬯”以下，杜注：“鏚，斧也。钺，金钺。秬，黑黍。鬯，香酒。”《左传》僖二十八年明文记载晋文公受“彤弓、虎贲”之赐，“以有南阳之田”，籍谈怎么把这些事情忘记了呢？孔疏引小戴辑《礼记·王制》：“诸侯赐弓矢然后征，赐铁钺然后杀，赐圭瓒然后为鬯。”怎么能说王室于晋“无分”呢？“抚征东夏”，孔疏：“服者抚之，叛者征之。晋于诸夏国差近西，故令主东夏。”是王室之于晋，恩宠与希望不可谓不大。

❹ “有勋而不废”，杜注：“加重赏。”这样，也就是不废弃那些建立了

功勋的人。“有绩而载”，杜注：“书功于策。”这就表明王室不会忘记那些有功绩的人。依杜注，“有南阳”即“奉之以土田”，“襄之二路”即“旌之以车服”，“旌旗”之赐即“明之以文章”。杜注认为“抚之以彝器”指“弓钺之属”，我们以为未必妥当，因为我们没有听说过彝器包括弓钺之属，也许是孤陋寡闻之过。“福祚之不登，叔父焉在”，杜注：“言福祚不在叔父，当在谁邪？”《释文》：“‘福祚之不登叔父’绝句。”按：陆德明据杜注断句。杨注引顾炎武《日知录》卷二十七：“言亡其彝器，是福祚之不登，恶在其为叔父乎？”显然，顾氏句读不同于杜注与《释文》。两说皆可，今从杜、陆。

❺ 黶读 yǎn。杜注：“孙伯黶，晋正卿，籍谈九世祖。辛有，周人也。其二子适晋为大史。籍黶与之共董督晋典，因为董氏。董狐其后。”孔疏：“辛有，平王时人也。此王因籍说董，言晋国唯有籍董二族世掌典籍。”杨注引日人安井衡《左传辑释》以为二子就是次子，“谓第二子”，其说可通。董当是卒有第二子，后来适晋做了大史。“女，司典之后也”，女指籍谈，司典指伯黶，籍谈为司典伯黶之后。“籍父其无后乎”以下，杜注谓“忘其祖”是“忘祖业”，孔疏：“定十四年晋人败范、中行氏之师于潞，获籍秦。秦即谈之子，是无后。”意思是：孙伯黶司晋之典籍以为大政，而籍秦在潞成了战俘，哪里还掌管什么典籍，是籍父已经无后。籍谈议论晋之先君已经忘记了祖业，何况籍秦呢。

原文

籍谈归，以告叔向。叔向曰：“王其不终乎！吾闻之：‘所乐必卒焉。’今王乐忧，若卒以忧，不可谓终。[6]王一岁而有三年之丧二焉，于是乎以丧宾宴，又求彝器，乐忧甚矣，且非礼也。彝器之来，嘉功之由，非由丧也。三年之丧，虽贵遂服，礼也。王虽弗遂，宴乐以早，亦非礼也。礼，王之大经也。一动而失二礼，无大经矣。[7]言以考典，典以志经。忘经而多言、举典，将焉用之？”[8]

注释

❻ “所乐必卒焉”，这里“焉”用同“于是”，实兼介词“于”与代词“是”两词之用，说见杨遇夫先生《词诠》卷七（杨先生认为“是”为代名词）。王伯申《经传释词》卷二也说过“焉犹‘于是’也”，但王氏所谓“于是”实际上与“乃”“则”同义，并不如杨先生说的兼介词“于”与代词“是”两词之用。《左氏》这里“所乐必卒焉”，意思是“所乐必卒于是”，必死于所乐（“是”指代“所乐”）。“今王乐忧，若卒以忧，不可谓终”，承上文，自可得出乐忧则卒于忧的结论，而这当然不是善终（寿终）。

❼ “王一岁而有三年之丧二焉”，杜注：“天子绝期，唯服三年，故后虽期，通谓之三年丧。”按：杜镇南此说未谛。天子绝期，与周礼规定的服制相合。但是天子不绝三年服制。据《礼经·丧服》，夫不为妻服三年丧；唯据《墨子》记载，夫为妻为嫡长子皆服丧三年。春秋以前，两种服制都在实行，都可以在文献里找到证据；战国之后，夫为妻服三年丧的事终于被期服完全取代。《左传》昭十五年所谓“王一岁而有三年之丧二”，指周景王此年有太子之丧和王穆后之丧。孔疏以《丧服传》“父必三年然后娶”一说推论“夫之于妻有三年之义，故可通谓三年之丧”，可以作一条旁证，但是毕竟不够率直有说服力。我们认为为妻服三年丧的制度当时尚未完全取消，《左传》昭十五年本身就提供了证据。《左氏》下文说周王失礼：“以丧宾宴，又求彝器”，在服丧期间宴享宾客，还向晋国求贡彝器，是在忧而乐已经过分了。“彝器之来，嘉功之由”，彝器本是由于有可嘉可旌之功才制造并贡献的，怎么能由丧事产生并贡献呢？① “三年之丧，虽贵遂服”，杜注：“天子诸

---

① 容庚先生有《商周彝器通考》，将彝器分为五类。另与张维持合著《殷周青铜器通论》，其第四章为“青铜器的类别和用途”。郭沫若先生《两周金文辞大系》为研治彝器及其铭文者所必读。郭氏《金文丛考·器铭考释》言及彝器，谓“彝者祭器之统称”。郭说犹有可商，本校注无需多说。

侯除丧当在卒哭，今王既葬而除，故讥其不遂。”孔疏：“遂由申也，竟也。其意言：三年之丧，虽贵为天子，由当申遂其服，使终日月，乃是礼也。除丧大速，是非礼也。”杨注义同。“王虽弗遂，宴乐以早”，杜注：“言今虽不能遂服，犹当静默，而便宴乐，又失礼也。”杨注指出“以早”的“以”就是“太”“甚”的意思，“以早”就是太早。按：也就是孔疏说的“大速”。“礼，王之大经也”以下，杜注：“失二礼，谓既不遂服，又设宴乐。”这样说又未谛，因为宴乐就是不遂服的表示。我们从《左氏》本文可以判断：这里说的“失二礼”，就是“以丧宾宴，又求彝器”。杨注引前贤说义同。周景王这样做，还有什么礼为大经可言呢？

8 “言以考典”以下，杜注：“考，成也。为二十二年王室乱传。”孔疏：“人之出言所以成典法也。典法所以记礼经也。王一动而失二礼，忘已大经矣。而多为言语，举先王分器之典，将焉用之？”按：《说文》谓“典”是五帝之书，从册在丌上，后来用以泛指典籍。《左氏》上文说“礼，王之大经也”，则“典以志经”的意思应该是说典籍用以志礼。杨注说“经即礼”，甚确。然则忘经也就是忘礼，所以王“一动而失二礼”。忘了礼，所以王就干出“以丧宾宴，又求彝器”的事，这样，多言，举故典（寻求旧籍），又有何用？

经十有六年[1]

原文

春，齐侯伐徐。

楚子诱戎蛮子，杀之。

夏，公至自晋。

秋，八月己亥，晋侯夷卒。

九月，大雩。

季孙意如如晋。

冬，十月，葬晋昭公。[2]

注释

❶ 鲁昭公十六年,为公元前526年,周景王十九年。是年孔子二十七岁。

❷ 杜注:“三月而葬,速。”按:杜说是。

传十六年

原文

春,王正月,公在晋,晋人止公。不书,讳之也。

(齐侯伐徐。)[1]

楚子闻蛮氏之乱也与蛮子之无质也[2],使然丹诱戎蛮子嘉,杀之,遂取蛮氏。既而复立其子焉,礼也。[3]

注释

❶ 杨注引石韫玉《读左卮言》:“‘齐侯伐徐’四字应接‘二月丙申’之文,中间楚取蛮氏一段,别是一事而错简在此。”杨遇夫树达先生《读左传》说同。从《左氏》下文内容看,我们认为石氏、杨先生说的有道理。这里问题在于“齐侯伐徐”句上接还是下接“二月丙申”句。如果上接,则出师之日为二月丙申,出师之日与至于蒲隧有可能为同一日。如果下接,则出师之日不详,与至于蒲隧未必为同一日(未必都是二月丙申)。也许下接“二月丙申”较好。

❷ 杜注:“质,信也。”无质就是无信。

❸ 杨注认为自“楚子”至“礼也”这一段应该放在下一段“其是之谓乎”句后。我们认为证据不足,姑仍之。

原文

〔齐侯伐徐。〕二月丙申,齐师至于蒲隧,徐人行成。徐子及郯人、莒人会齐侯,盟于蒲隧,赂以甲父之鼎。[4]叔孙昭子曰:“诸侯之无伯,害哉!齐君之无道也,兴师而伐远方,会之有成而还,莫之亢也。无伯也夫!《诗》曰:‘宗周既灭,靡所止戾。正大夫离居,莫知我肄。’其是之谓乎!”[5]

注释

❹ 杜注:“甲父,古国名……徐人得甲父鼎以赂齐。”按:这蒲隧之盟肯定没有如同《左传》襄二十七年说的“晋楚争先”那样的局面出现,肯定由齐侯充当了盟主。看来当时无论晋楚,其盟主地位已经动摇了。

❺ “诸侯之无伯,害哉”,杜注:“为小国害。”叔孙昭子这样说,反映了当时小诸侯国摆脱霸主国之外的大国控制与压迫的希望,在某种程度上也反映了天下要求统一的心愿。“无伯也夫”,没有霸主,像齐国这样的大国就敢于为所欲为而“莫之亢也”,没有谁制止。这里当然也可以换个说法:当时老霸主不行了,齐国正在争取做新伯。引《诗》见《小雅·雨无正》,杜注:“戾,定也。肄,劳也。言周旧为天下宗,今乃衰灭,乱无息定,执政大夫离居异心,无有念民劳者。”孔疏:“言今晋衰微,不能止乱,晋之诸卿异心,不忧民之劳苦,如诗人之所云。”杨注无异议。

原文

(二)〔三〕月,晋韩起聘于郑,郑伯享之。子产戒曰:“苟有位于朝,无有不共恪!”孔张后至,立于客间;执政御之,适客后;又御之,适县间。客从而笑之。[1]

注释

❶ 阮刻本“二月”,杨注本作“三月”,有版本根据,今从之。“苟有位于朝,无有不共恪”,杨注:“共同恭。恪,敬也。”郑伯宴享晋国来聘的韩起一行,子产事先要求在朝大夫:“凡上朝有定位的大夫,

都必须恭敬。”孔张迟到了，“立于客间，执政御之”，杜注：“执政，掌位列者。御，止也。”杨注引俞正燮《癸巳类稿》二《执政解》，谓执政为“主司其事者，犹《大射仪》之为政”，杨伯峻先生认为“亦犹《乡饮酒礼》之司正”，其说有据，甚是；又说：“御，拒也。今言阻挡。”我们认为这里“御”训为禁止或者阻挡，皆通。“适客后，又御之，适县间”，杜注：“县，乐肆。”孔疏据见存《公食大夫礼》推之，说：“飨食事俱在庙，郑玄飨食并言，则享位亦当然也。孔张后至，盖宾入庙门乃始来至，当从大夫适东夹之南西面位也。”可是他竟“入客行间”，“执政御之……张乃移立于客之西也；‘又御之，适县间’，适钟磬乐肆之间也”。又说：“张初立客间，已在西方；被御适客后，又益西也；又被御，适县间，盖又复益西，入于颂磬钟镈之间也。”在这种情况面前，来聘的宾客焉得不笑？

原文

事毕，富子谏曰：“夫大国之人，不可不慎也！几为之笑而不陵我？我皆有礼，夫犹鄙我；国而无礼，何以求荣？[2]孔张失位，吾子之耻也。”子产怒，曰：“发命之不衷，出令之不信，刑之颇类，狱之放纷，[3]会朝之不敬，使命之不听，取陵于大国，罢民而无功，罪及而弗知：侨之耻也。孔张，君之昆孙，子孔之后也，执政之嗣也，为嗣大夫；承命以使，周于诸侯：国人所尊，诸侯所知。立于朝而祀于家，有禄于国，有赋于军，丧、祭有职，受脤、归脤。其祭在庙，已有著位。在位数世，世守其业而忘其所，侨焉得耻之？[4]辟邪之人而皆及执政，是先王无刑罚也。子宁以他规我。[5]”

注释

[2] “几为之笑而不陵我”，杜注：“言数见笑则心陵侮我。”孔疏：“言数被笑，必陵侮我也。”杨注：“几，反诘副词，岂也。例证见《词诠》。言岂有被笑而不欺我之事。”按：“几”作“岂”讲，王伯申

《经传释词》卷五已言之。《左氏》下文“我皆有礼,夫犹鄙我”以下,杜注:“鄙,贱也。”杨注:“夫指韩起等晋人。”这里杜、杨两注都是对的。“国而无礼,何以求荣”,这也可作论礼精言看。一个野蛮的民族或国家,一个连起码的礼节也不懂的民族或国家,它在国际上无荣耀可言。

❸ “发命之不衷”,杜注:“衷,当也。”按:“发命”与下文“出令”义近。“出令之不信”,不信即不诚。“刑之颇类”,杜注:“缘事类以成偏颇。”孔疏引服虔的说法:“颇,偏也。类,不平也。”服氏读类为纇(lèi),所以有“不平”的意思。“狱之放纷”,杜注:“放,纵也。纷,乱也。”比较“发命之不衷”句下一串由偏正词组构成的排比,“之”字下面都是子产不希望看到的情况,所以我们认为“刑之颇类”的解释应取服说,杜注非是。

❹ 孔张为子孔之孙,而子孔为郑襄公兄,尝执郑国之政,所以《左传》这里说:“孔张,君之昆孙”“执政之嗣也”。杨注引邵晋涵《尔雅释亲正义》,认为“远孙俱得称昆孙”,而孔张为郑穆公之曾孙,所以称“昆孙”。《左氏》下文说“立于朝而祀于家”,杜注:“卿得自立庙于家。”按:据小戴辑《礼记·祭法》,适士以上皆有立庙资格,不必为卿方可祀于家。然而《郊特牲》说“诸侯不敢祖天子,大夫不敢祖诸侯,而公庙之设于私家,非礼也”,所以周礼对“祀于家”的限制不可不加以注意。《左氏》下文“有禄于国”,杜注说是“受禄邑”。次句“有赋于军”,杜注谓“军出,卿赋百乘”,杨注谓此句意思是“有采邑之卿大夫皆出军赋”,这样说比较融通。再次句“丧祭有职”,杜注说是“有所主”。又次句“受脤归脤”,脤读 shèn,杜注:“受脤谓君祭,以肉赐大夫。归脤谓大夫祭,归肉于公。皆社之戎祭也。”此说可信。“其祭在庙”句以下,杜注:“谓助君祭。”孔疏:“谓郑伯其祭在先君之庙,孔张有助祭著位在庙中,以有事为业,言其所掌有常也。”服虔有不同说法,不具录。我们认为这里孔疏与杜注相应,已可讲通《左氏》原文。杨注:“著位,著即位也。”其说是。“世守其业而忘其所”,指孔张忘记

了自己有位于朝，有著位在庙。就孔张而言，“世守其业”，实不应如此。

❺ 杜注：“规，正也。”《经传释词》卷六引《说文》：“宁，愿词也。”愿子用别的道理规正我的过失。

原文

宣子有环，其一在郑商。宣子谒诸郑伯，子产弗与，曰：“非官府之守器也，寡君不知。”子大叔、子羽谓子产曰：“韩子亦无几求，晋国亦未可以贰。晋国、韩子，不可偷也。❶若属有谗人交斗其间，鬼神而助之，以兴其凶怒，悔之何及？吾子何爱于一环？其以取憎于大国也？盍求而与之？”子产曰：“吾非偷晋而有二心。将终事之，是以弗与，忠信故也。侨闻君子非无贿之难，立而无令名之患。侨闻为国非不能事大字小之难，无礼以定其位之患。❷夫大国之人，令于小国而皆获其求，将何以给之？一共一否，为罪滋大。大国之求，无礼以斥之，何餍之有？吾且为鄙邑，则失位矣。若韩子奉命以使而求玉焉，贪淫甚矣，独非罪乎？出一玉以起二罪，吾又失位，韩子成贪，将焉用之？且吾以玉贾罪，不亦锐乎！❸”

注释

❶ “宣子有环”，环是玉环，杜注：“玉环同工共朴，自共为双。”《尔雅·释器》：“肉好若一谓之环。”孔疏：“环亦璧之类也。言其一在郑商，则其一在韩子。知其同工共朴，相与为双，故韩子欲得而双之。”本来是一双（又叫一对），缺其一，则不完美，不成其为环（“完”），人皆有求完整、完美之心。“韩子亦无几求”，杜注：“言所求少。”韩宣子不曾为一己之欲向郑国提过多少要求。“晋国亦未可以贰”，意思是不可以背叛晋国。“不可偷也”，杜注：“偷，薄也。”无论是对晋国，还是对韩宣子个人，都不应轻视。

❷ 强调“忠信”，是中华民族传统美德的重要内容之一。王伯申《经

义述闻》卷十九:“难亦患也。之,是也。言君子非无贿是患,而无令名是患;为国非不能事大、字小是患,无礼以定其位是患也。”患无令名,患不能事大字小,唯有持忠信态度。

❸ “一共一否,为罪滋大”,杜注:“滋,益也。”杨注:“或供给,或拒绝,得罪更大。”对于大国的索取,“无礼以斥之”,杨注:“言不依礼以驳斥之。”则大国“何餍之有”,将永无满足之日。“吾且为鄙邑,则失位矣”,杜注:“不复成国。”孔疏:“若晋之大夫求无不得,则郑国乃为晋之边鄙之邑,不复成国,谓失国君之位矣。”韩子奉命以使者身份来郑国求玉,在子产看来,“贪淫甚矣,独非罪乎”,杨注:“独,岂也。例证见《词诠》。”其实,王伯申《经传释词》卷六就说过“独,犹‘宁’也,‘岂’也”,并且举例以明之。“出一玉以起二罪”,孔疏:“‘一共一否’为郑国之罪也,贪淫为韩子之罪也。”一块玉环而产生两条罪状,又何必呢?“以玉贾罪”,贾读gǔ,买的意思。“不亦锐乎”,杜注:“锐,细小也。”我们的理解,这后面两句的意思是拿玉买罪过,不是太不合算了吗?

原文

韩子买诸贾人。既成贾矣[4],商人曰:“必告君大夫!”韩子请诸子产曰:“日起请夫环,执政弗义,弗敢复也。今买诸商人,商人曰‘必以闻’,敢以为请!”子产对曰:“昔我先君桓公,与商人皆出自周,庸次比耦以艾杀此地,斩之蓬蒿藜藋而共处之,世有盟誓以相信也,曰:‘尔无我叛,我无强贾,毋或匄夺。尔有利市宝贿,我勿与知。’[5]恃此质誓,故能相保以至于今。今吾子以好来辱,而谓敝邑强夺商人,是教敝邑背盟誓也,毋乃不可乎!吾子得玉而失诸侯,必不为也。若大国令而共无艺,郑鄙邑也,亦弗为也。[6]侨若献玉,不知所成。敢私布之!”韩子辞玉,曰:“起不敏,敢求玉以徼二罪?敢辞之!”

注释

❹《释文》:“成贾,音嫁,本或作价。”杨注以为这里“成价疑即今之成交”,其说可通。据《左传》下文“辞玉”,似可推知其玉可能已经到手。

❺“昔我先君桓公,与商人皆出自周”以下,杜注:“郑本在畿内周,桓公东迁,并与商人俱。庸,用也。用次更相从耦耕。”杨注:“庸次比耦犹言共同合作。艾同刈。艾杀犹言清除。”又说:“斩之”的之作其用,“斩其蓬蒿藜藋也”。《经传释词》卷九说“之,其也”,已举此句为例证。《左氏》下文“尔无我叛,我无强贾”以下,杜注:“无强市其物。”意思是我不强买你的货物,也不乞求,更不掠夺。杨注:“利市犹言好买卖,宝贿犹言奇货。”勿与知,意思是我不干涉你。这里“我”是子产代郑国官方自指,“尔”指商人,尔我之间早有盟誓如此。

❻“若大国令而共无艺”,杜注:“艺,法也。”杨注谓“共无艺”就是供贡无法则。按:“共无艺”包括奉大国指令而“强夺商人”之事。孔疏:“韩子以威逼之,其贾必贱,故商人欲得‘告君大夫’。子产知其非和买,故云然也。”《左传》下文“郑鄙邑也”句,与上文“吾且为鄙邑,则失位矣”句义同。“亦弗为也”,意即郑国人(包括子产)不愿干。

原文

夏四月,郑六卿饯宣子于郊。宣子曰:“二三君子请皆赋,起亦以知郑志。”❶子齹赋《野有蔓草》,宣子曰:“孺子善哉,吾有望矣!”❷子产赋郑之《羔裘》,宣子曰:“起不堪也!”❸子大叔赋《褰裳》,宣子曰:“起在此,敢勤子至于他人乎?”子大叔拜,宣子曰:“善哉!子之言是。不有是事,其能终乎?”❹子游赋《风雨》,子旗赋《有女同车》,子柳赋《萚兮》。宣子喜曰:“郑其庶乎!二三君子以君命贶起，赋不出郑志，皆昵燕好也。二三君子，数世之主也，可以无惧矣！”[5]宣子皆献马焉，而赋《我将》。子产拜，使五卿皆拜，曰：“吾子靖乱，敢不拜德！”[6]

注释

1. “请皆赋，起亦以知郑志”，《左传》这一类话不少，足以证明春秋时代中上层社会赋诗明志的习尚。
2. 齹读 cuó，或读 cī。杜注：“子齹，子皮之子婴齐也。《野有蔓草》，《诗·郑风》。取其‘邂逅相遇，适我愿兮’。”宣子称赞子齹赋《野有蔓草》，说“吾有望矣”，杜注：“君子相愿，己所望也。”这里表现了宾主之间的融洽，表现了郑国对大国的希望。
3. 杜注：“言‘郑’，别于《唐·羔裘》也。取其‘彼己之子，舍命不渝，邦之彦兮’，以美韩子。”今按：言“郑”，也有别于《桧风·羔裘》。孔疏引郑笺：“己，语辞也。舍，犹处也。渝，变也。处命不变，谓守死善道，见危授命之类也。”孔疏又说：“《释训》云：‘美士为彦。’言一邦之美士，以美韩子也。”宣子的答辞是“起不堪也”，杜注：“不堪国之司直。”然则子产赋此诗，应取诗中有“邦之司直”一句。或者可以这样说：子产取诗中“邦之彦兮”以美韩子，则“起不堪也”这一句意思应该是“不堪邦之彦也”。
4. 杜注：“《褰裳》诗曰：‘子惠思我，褰裳涉溱。子不我思，岂无他人？’言宣子思己，将有《褰裳》之志；如不我思，亦岂无他人？”我们认为子大叔赋此诗，表达了郑国君臣希望得到晋国关照的诚恳。“起在此，敢勤子至于他人乎”，杜注：“言己今崇好在此，不复令子适他人。”意思是说晋国承诺会照顾郑国。“子大叔拜”，杜注：“谢宣子之有郑。”韩宣子称子大叔赋《褰裳》之善，说“不有是事，其能终乎”，杜注：“韩起不欲令郑求他人，子大叔拜以答之，所以晋郑终善。”晋郑关系终归是好的。这里杜注还算允当。
5. 杜注：“《风雨》诗，取其‘既见君子，云胡不夷’。”“《有女同车》，取其‘洵美且都’，爱乐宣子之志。”“《萚兮》诗，取其‘倡，予和女'，言宣子倡，己将和从之。"杨注并无异议。"郑其庶乎"，杜注："庶几于兴盛。"韩起见郑有群臣如此，所以预料郑国不会衰败。"赋不出郑志"以下，杜注："六诗皆《郑风》，故曰不出郑志。昵，亲也。赋不出其国，以示亲好。"宣子称赞是日在宴赋诗二三君子，皆可以辅佐郑君主政，郑国数世之内可以无惧了。

❻ 杜注："《我将》，《诗·颂》。取其'日靖四方，我其夙夜，畏天之威'，言志在靖乱，畏惧天威。"从子产的答语，可以推知子产看重宣子借《我将》诗表示的靖乱之志，所以他率领郑国群臣拜宣子之德。杨注认为韩起赋《我将》，"盖亦取'于时保之'，保小国也"，我们认为杨先生对杜注的补充与《左氏》记载的情况，与《诗》本文，与赋诗者的愿望，恰相符合，其说可从。当时像郑这样的小国，太需要大国的帮助与保护了。

原文

宣子私觐于子产以玉与马，曰："子命起舍夫玉，是赐我玉而免吾死也，敢〔不〕借手以拜❼！"

公至自晋，子服昭伯语季平子曰："晋之公室，其将遂卑矣。君幼弱，六卿强而奢傲，将因是以习；习实为常，能无卑乎？"平子曰："尔幼，恶识国？"

秋八月，晋昭公卒。

注释

❼ "借手以拜"，杜注："以玉〔、马〕借手拜谢子产。"按：《左传》这里"敢"下脱"不"字，杜注"玉"下脱"马"字，皆据阮元等《校勘记》补入。

原文

"九月，大雩"，旱也。

郑大旱，使屠击、祝款、竖柎有事于桑山。斩其木，不雨。子产曰："有事于山，蓺山林也。而斩其木，其罪大矣！"[1]夺之官邑。[2]

冬十月，季平子如晋葬昭公。平子曰："子服回之言犹信。子服氏有子哉！"

注释

❶ "使屠击、祝款、竖柎有事于桑山"，杜注："三子，郑大夫。有事，祭也。"按：先秦文献中"有事"之事，多指祭祀活动。"蓺山林"，杜注："蓺，养护，令繁殖。"祭山本意应为养护林木，可是三子竟敢"斩其木"，那又何必祭山呢？所以子产认为三子罪大。其实三子祭山目的在祈雨，可是祈雨之目的又怎么能由"斩其木"的手段达到呢？斩木而不雨，正说明当时斩伐树林实属盲目。当然祈雨活动都只是迷信神灵而已。后来的历史研究者，应该从这一类记载领悟保护生态环境的科学性。

❷ 杨注："之，其也。"是与《左氏》上文"斩之蓬蒿藜藋"句中"之"字同一用法。"夺之官邑"，即夺其官邑。

经十有七年[1]

原文

春，小邾子来朝。

夏，六月甲戌朔，日有食之。[2]

秋，郯子来朝。

八月，晋荀吴帅师灭陆浑之戎。

冬，有星孛于大辰。[3]

楚人及吴战于长岸。[4]

注释

❶ 鲁昭公十七年，为公元前525年，周景公王二十年。是年孔子二

十八岁。

❷ 杨注:“此年六月无日食,日食在周正九月癸酉朔,而据《传》文,亦在周正六月。”按:杨伯峻先生校注《春秋左传》,往往能用天文学研究成果验证或纠正《春秋》经传关于天文现象的记载。这里杨注说“《传》文或是错简”。但不知《春秋经》昭十七年何以致误。我们认为这里《经》《传》相应,上下文相接,并无错简痕迹。后人推断古文献记载天文现象可靠与否,即使有科学根据,还是要谨慎。疑则疑之,杨先生并未擅改《经》《传》一字,十分谨慎。

❸ 杜注:“大辰,房心尾也。妖变非常,故书。”按:《尔雅·释天》有“大辰,房心尾也”一说。《公羊传》:“孛者何?彗星也。”《左氏》孔疏:“彗为帚也。言其状似扫帚,光芒孛孛然。妖变之星非常所有,故书之。”这些说法都是对的。

❹ 杜注:“吴楚两败,莫肯告负,故但书‘战’而不书‘败’也。长岸,楚地。”孔广森《春秋公羊通义》:“河曲之敌,两无胜也。长岸之敌,两有负也。”杜、孔两说义同。

传十七年

原文

春,小邾穆公来朝。公与之燕。季平子赋《采叔》,穆公赋《菁菁者莪》。昭子曰:“不有以国,其能久乎?”❶

注释

❶ 杜注:“《采叔》,《诗·小雅》。取其‘君子来朝,何锡与之’。以穆公喻君子。《菁菁者莪》,亦《诗·小雅》。取其‘既见君子,乐且有仪’,以答《采叔》。”杨伯峻先生取杜注作解。《左氏》下文“不有以国,其能久乎”,杜注:“嘉其能答赋,言其贤,故能久有国。”孔疏:“言不有学问之人以治其国,其国能长久乎?”杨注认为“不有”是假设连词,“以”训“为”,“其”训“岂”,原文意思是:

若无治国之人才，国家岂能长治久安？这里依杨注理解原文，更为准确顺畅。

原文

夏六月，甲戌朔，日有食之。祝史请所用币。昭子曰：“日有食之，天子不举，伐鼓于社；诸侯用币于社，伐鼓于朝：礼也。”平子御之，曰：“止也！唯正月朔，慝未作，日有食之，于是乎有伐鼓用币，礼也。其余则否。”大史曰：“在此月也。[2]日过分而未至，三辰有灾，于是乎百官降物；君不举，辟移时；乐奏鼓，祝用币，史用辞。[3]故《夏书》曰：‘辰不集于房，瞽奏鼓，啬夫驰，庶人走。’[4]此月朔之谓也。当夏四月，是谓孟夏。”平子弗从。昭子退，曰：“夫子将有异志，不君君矣。”[5]

注释

❷ 杜注：“礼，正阳之月日食，当用币于社，故请之。”据《左传》，日食发生之日究竟怎么办，昭子与平子说法似乎不同。昭子认为：是日天子可伐鼓于社，诸侯应伐鼓于朝而用币于社。平子认为：如果日食发生在正月初一，其日慝未作，则有伐鼓用币之事，否则，就不可伐鼓用币。昭子的看法与大史一致，可是平子制止大史那样做。“大史曰：在此月也”，杜注：“正月，谓建巳正阳之月也，于周为六月，于夏为四月。慝，阴气也。四月纯阳用事，阴气未动而侵阳灾重，故有伐鼓用币之礼也。平子以为六月非正月，故大史答言‘在此月也’。”原来分歧是由于平子误解了正月。

❸ “日过分而未至”，杜注：“过春分而未夏至。”杨注同。“三辰有灾”，杜注：“三辰，日、月、星也。日月相侵，又犯是宿，故三辰皆为灾。”按：“是宿”指地球。日、月与地球三物一线，故有日食现象，古人误以为灾，其实未必为灾。“百官降物”以下，依杜注，“降物”指素服，过日食时君臣素服，君辟正寝，乐人伐鼓，祝用币

于社，大史用辞以自责。因为当时不知日食何以出现，误以为那是天帝对人间君臣的警告与不满，所以人间君臣才有《左传》这里记载的表现。

❹ “《夏书》曰”以下，杜注：“逸《书》也。集，安也。房，舍也。日月不安其舍则食。瞽，乐师。车马曰驰，步曰走，为救日食备也。”孔疏：“此《尚书·胤征》文也……孔安国云：啬夫，主币之官。驰取币，礼天神。啬夫于《周礼》无文……庶人在官若胥徒之属。使之取币而礼天神也。众人走，共救日食之百役也。”大史说的“日过分而未至”至“庶人走”这一番话，为平子说的“唯正月朔”做了解释。今按：关于日食之成因，杜注违背科学，那是因为当时科学的天文学尚未产生。关于古人救日食的行为，注疏与原文原意相符。“当夏四月，是谓孟夏”，杜注：“言此六月，当夏家之四月。”夏四月自是孟夏，夏之首月，夏之始。

❺ “夫子将有异志，不君君矣”，杜注：“安君之灾，故曰有异志。”孔疏：“日食，阴侵阳、臣侵君之象。救日食，所以助君抑臣也。平子不肯救日食，乃是不君事其事也。刘炫云：乃是不复以君为君矣。”我们认为：尽管这里注疏误将天文现象与人事联系起来，违背科学精神，但是并不违背《左传》原意与当事人的思想实际。春秋时期昭十七年鲁昭子、平子与大史对日食的认识原本就是那样，如《左氏》所说，如杜注孔疏所说。

原文

秋，郯子来朝，公与之宴。昭子问焉，曰：“少皞氏鸟名官，何故也？”郯子曰：“吾祖也。我知之。昔者黄帝氏以云纪，故为云师而云名；炎帝氏以火纪，故为火师而火名；共工氏以水纪，故为水师而水名；大皞氏以龙纪，故为龙师而龙名。[1]我高祖少皞挚之立也，凤鸟适至，故纪于鸟，为鸟师而鸟名。凤鸟氏，历正也；玄鸟氏，司分者也；伯赵氏，司至者也；青鸟氏，司启者也；丹鸟氏，司闭者也。祝鸠氏，司徒也；鴡鸠氏，司马也；鸤鸠氏，司空也；爽鸠氏，司寇也；鹘鸠氏，司事也：五鸠，鸠民者也。五雉，为五工正，利器用，正度量，夷民者也。九扈，为九农正，扈民无淫者也。[2]自颛顼以来，不能纪远，乃纪于近。为民师而命以民事，则不能故也。[3]”仲尼闻之，见于郯子而学之，既而告人曰：“吾闻之：‘天子失官，〔官〕学在四夷。’犹信！”[4]

注释

❶ “黄帝氏以云纪”以下，杜注：“黄帝，轩辕氏，姬姓之祖也。黄帝受命有云瑞，故以云纪事，百官师长皆以云为名号。缙云氏，盖其一官也。炎帝，神农氏，姜姓之祖也；亦有火瑞，以火纪事，名百官。共工，以诸侯霸有九州者，在神农前，大皞后；亦受水瑞，以水名官。大皞，伏牺氏，风姓之祖也，有龙瑞，故以龙命官。”今按：此类古史传闻，歧说难以考实。包括《左氏》上下文说的少皞氏以鸟名官在内，我们认为都可以视为上古社会诸多部落各有自己信奉之神并以为图腾的观念与组织的反映。或认为五行说之产物，那大概是后人敷衍与揣测的结果。就《左氏》昭十七年原文而言，其说解似根据不足。

❷ “凤鸟氏，历正也”，杜注：“凤鸟知天时，故以名历正之官。”孔疏：“历正，主治历数、正天时之官，故名其官为凤鸟氏也。当时名官，直为鸟名而已。其所职掌与后代名官所司事同。所言历正以下及司徒、司寇、工、农之属，皆以后代之官所掌之事托言之，言尔时鸟名如今之此官也。”这里孔疏为如何理解司分以下诸官名做了有益的提示。据杜注，“玄鸟，燕也，以春分来，秋分去”，所以把司分之官称“玄鸟氏”；“伯赵，伯劳也，以夏至鸣，冬至止”，所以把司至之官叫“伯赵氏”；“青鸟，鸧鴳也，以立春鸣，立夏止”，所以称司启官为“青鸟氏”；“丹鸟，鷩雉也，以立秋来，立冬去”，所以把司闭之官称为“丹鸟氏”。杜注：“以上四鸟皆历正之属官。”孔疏：“分、至、启、闭，立四官使主之，凤皇氏为之长，故云四鸟皆

历正之属官也。”按:“凤皇氏为之长”,“凤皇氏”以称“凤鸟氏”为妥。杜注又说:“祝鸠,鵻鸆也;鵻鸆孝,故为司徒,主教民。鴡鸠,王鴡也,挚而有别,故为司马,主法制。鸤鸠,鴶鵴也,鸤鸠平均,故为司空,平水土。爽鸠,鹰也,鸷,故为司寇,主盗贼。鹘鸠,鹘鵰也,春来冬去,故为司事。鸠,聚也;治民上聚,故以鸠为名。”这里解释了五种以鸠名官的含义。还有五工正之官,在少皞氏时代分别以雉名之,各有什么含义,杜镇南已经不能一一说清楚了。《左氏》也只笼统地作一说明,道是“利器用,正度量,夷民者也”。杜注:“夷,平也。”孔疏:“雉声近夷,雉训夷,夷为平,故以雉名工正之官,使其利便民之器用,正丈尺之度、斗斛之量,所以平均下民也。”这在当少皞之时,真能有这一类设施,那可是中华民族远古文明的光辉了。“九扈为九农正”以下,杜注:“扈有九种也……以九扈为九农之号,各随其宜,以教民事。扈,止也,止民使不淫放。”关于九扈各自的含义,杜镇南无法一一道明,因为《左氏》也只能作一个笼统的概括了。孔疏援引前贤众说,到后来也表示怀疑,认为“其言不经,难可据信”。以上就是东周景王二十年郯子说的“少皞氏鸟名官”传说的大致情形。

❸ 杜注:“颛顼氏,代少皞者,德不能致远瑞而以民事命官。”孔疏:“天瑞远,民事近。为民之师长而命其官以民事,则为不能致远瑞故。”杜注孔疏都说:颛顼以来以民事命官。据《史记·五帝本纪》,颛顼为黄帝之孙,而黄帝时代有“官名皆以云命”之制。帝喾高辛为颛顼族子,帝尧为帝喾子。颛顼以后,奉图腾之神者有之(譬如殷商以玄鸟为图腾),以远瑞命官者实未见于华夏正史。

❹ 仲尼先生学于郯子,杜注说“于是仲尼年二十八”。孔疏、杨注说此时仲尼年二十七,我们认为这里杜注可从。“天子失官”,官字当重,说见梁履绳《左通补释》以及杨伯峻先生《春秋左传注》。杜注:“失官,官不修其职也。”孔疏:“孔子称学在四夷,疾时学废也。郯,少皞之后,以其后则远,以其国则小矣。鲁,周公之后,以其世则近,以其国则大矣。然其礼不如郯,故孔子发此言也。”盖

其时华夏各诸侯国动荡剧烈，社会变迁较大，而四夷各族社会相对稳定，中原诸侯各国原来的文化制度传之四夷，在四夷反而得以保存。后世"礼失而求诸野"一说，与《左传》昭十七年"官学在四夷"的观点一脉相承。

原文

晋侯使屠蒯如周，请有事于雒与三涂。苌弘谓刘子曰："客容猛，非祭也，其伐戎乎？陆浑氏甚睦于楚，必是故也。君其备之！"❶乃警戒备。九月丁卯，晋荀吴帅师涉自棘津，使祭史先用牲于雒。陆浑人弗知，师从之。庚午，遂灭陆浑，数之，以其贰于楚也。陆浑子奔楚，其众奔甘鹿。周大获。宣子梦文公携荀吴而授之陆浑，故使穆子帅师；献俘于文宫。❷

注释

❶ "请有事于雒与三涂"，杜注："雒，雒水也。三涂，山名，在陆浑南。"按：这里所谓"有事"，与上年《左传》"有事于桑山"句所谓"有事"义同。先秦典籍中"有事"，非祀即戎。苌弘既据"客容猛"而断言所谓"有事"非祭，自然可以推断其"有事"为"伐戎"。"伐戎"之戎指陆浑氏（戎族之一），伐即讨伐，是戎事（战争之事）。

❷ 杜注："欲以应梦。"因为《左氏》上文说"宣子梦文公携荀吴而授之陆浑"，所以派穆子（即荀吴）为将帅领兵伐戎，战事结束后在晋国为文公立的庙（文宫）献俘。

原文

冬，有星孛于大辰西，及汉。❶申须曰："彗，所以除旧布新也。天事恒象。今除于火，火出必布焉，诸侯其有火灾乎？"❷梓慎曰："往年吾见之，是其征也，火出而见。今兹火出而章，必火；〔火〕入而伏。其居火也久矣，其与不然乎？[3]火出，于夏为三月，于商为四月，于周为五月。夏数得天，若火作，其四国当之，在宋、卫、陈、郑乎！宋，大辰之虚也；陈，大皞之虚也；郑，祝融之虚也：皆火房也。星孛(天)〔及〕汉；汉，水祥也。卫，颛顼之虚也，故为帝丘，其星为大水；水，火之牡也。[4]其以丙子若壬午作乎！水火所以合也。若火入而伏，必以壬午，不过其见之月。"[5]

郑裨灶言于子产曰："宋、卫、陈、郑将同日火。若我用瓘斝玉瓒，郑必不火。"子产弗与。[6]

注释

❶ 杜注："夏之八月，辰星见在天汉西。今孛星出辰西，光芒东及天汉。"孔疏："今孛星又出于大辰之西，而尾东指，光芒历辰星而东及天汉也。"如果上引注疏无误，则《左氏》原文"西"当从上句读，属下读作"西及汉"者误。

❷ 杜注："天道恒以象类告示人。今火向伏，故知当须火出乃布散为灾。"孔疏："彗，扫帚也。其形似彗，故名焉。帚，所以扫去尘。彗星象之，故所以除旧布新也。言此星见必有除旧之事。"可见所谓除旧布新是由彗星的形状发生联想的判断，没有科学根据。"今除于火"以下，则是由前面的并无科学根据的判断作出的推论。杨注："言此时大火之星将不见。大火星再出现，必布散为灾。"与杜注义同而较为明白。

❸ "是其征也，火出而见"，"见"读 xiàn（音义与"现"同），杜注："征，始有形象而微也。"《左氏》下文"必火"下当重"火"字，说见臧琳《经义杂记》。孔疏："往年吾见之……当时火出之时而彗星已见，是随火而行也。今年火星之出而彗星章明……必当火入之时与火俱伏也。"杨注义同。"其居火也久矣"，杜注："历二年。"杨注："彗星与大火相居二年来已二次。"这里杨注比杜注明确。"其与不然乎"，杜注："言必然也。"杨注取杜氏说，认为"其作岂用，与作句中助词"，其说可从。

❹ “夏数得天”，杜注：“得天正。”孔疏：“斗柄所指，一岁十二月分为四时。夏以建寅为正，则斗柄东指为春，南指为夏，是为得天四时之正也。若殷、周之正，则不得正。”杨注引《周书·周月》证“夏数得天”“言夏正与自然气象适应”，允当而且明白。“若火作，其四国当之”，谓火星之出，当宋、卫、陈、郑四国分野。杜注：“大辰，大火，宋分野。大皞居陈。木，火所自出。祝融，高辛氏之火正，居郑。房，舍也。天汉，水也……卫星营室。营室，水也。牡，雄也。”孔疏：“虚者，旧居之处也。陈为大皞之虚，郑为祝融之虚，卫为颛顼之虚，皆先王先公尝居此地……大辰，星名，非人居也，而亦谓之虚者，以天之十二次，地之十二域。大辰为大火之次，是宋之区域，故谓宋为大辰之虚，犹谓晋地为参虚。”又说：“阴阳之书有五行嫁娶之法。火畏水，故以丁为壬妃，是水为火之雄。”杨注关于四国之野的解释与上引杜注孔疏大体相同，异议殊少。唯以为“任、宿诸国始是大皞之后”，盖谓大皞之虚应该是任、宿诸国；可是杨先生又说“相传大皞居陈”，则《左氏》认“陈”为大皞之虚并无不可，因为相关相类的记载都是传说而已。再者，杨先生说杜注所谓“木，火所自出”“恐傅会之谈”，我们认为不然。《左传》昭公十八年注疏谓木为火之母，意思也是说“木，火所自出”。《周易·鼎卦》所附《大象》：“木上有火，鼎。”则所谓“木，火所自出”，盖取诸《鼎》。何况钻木取火的说法古文献中多见，实非傅会之谈。又，“星孛天汉”句“天”字为“及”字之讹，今据阮元等《校勘记》改正。

❺ “其以丙子若壬午作乎”，杨注已指出这里“若”作“或”讲。王伯申《经传释词》卷七：“若，犹‘或’也。”杨注又说：“作谓发火灾。”联系上文看，这样说是对的。“水火所以合也”，杜注：“丙午火，壬子水。水火合而相薄，水少而火多，故水不胜火。”孔疏：“丙是火曰午，是火位。壬是水曰子，是水位。故丙午为火，壬子为水……但彗在大辰为多，及汉为少，水少而火多，故水不胜火。火行其意，水必助之，故此丙子、壬午之日当有火灾。”《左氏》

下文"若火入而伏,必以壬午",杜注:"尚未知今孛星当复随火星俱伏不,故言'若'。"按:原文意思是说:倘若大火星入而不出,则火灾之作必在壬午。"不过其见之月",这里"见"音义与"现"同,杜注:"火见,周之五月。"谓火灾之作必在周之五月的壬午之日。杨注已指出《左氏》这一段记载的申须、梓慎的议论并不科学,杜注亦未必确。我们赞成杨注的批评。但我们认为《左氏》这里反映当时上层社会的迷信观念,当时文化人的观念如此,这是事实。而天文分野的说法,其时天文现象的发生,后人不必怀疑其可信。

❻ 瓘读 guàn,斝读 jiǎ。杜注:"瓘,珪也。斝,玉爵也。瓒,勺也。欲以禳火。"杨注关于瓘斝玉瓒的解说略有不同,不具录。《左氏》这里说:裨灶向子产建议用三种玉器共祭祀用来禳火,"子产弗与",杜注:"以为天灾流行,非禳所息故也。"可知子产的思想实有科学的唯物倾向。

原文

吴伐楚。阳匄为令尹,卜:战不吉。司马子鱼曰:"我得上流,何故不吉?且楚故,司马令龟,我请改卜。❶"令曰:"鲂也以其属死之,楚师继之,尚大克之?"吉。战于长岸,子鱼先死,楚师继之,大败吴师。获其乘舟余皇,使随人与后至者守之:环而堑之,及泉,盈其隧炭,陈以待命。❷

吴公子光请于其众,曰:"丧先王之乘舟,岂唯光之罪?众亦有焉。请借取之以救死!"众许之。使长鬣者三人潜伏于舟侧,曰:"我呼〔余〕皇,则对。师夜从之!"三呼,皆迭对。❸楚人从而杀之。楚师乱,吴人大败之,取余皇以归。

注释

❶ "楚故,司马令龟",杨注:"楚故犹言楚国旧例。"引杨遇夫先生

《读左传》:“令龟即命龟也。”《左氏》这里意思是:依楚国惯例,应由司马命龟,告以所卜之事,所以司马子鱼请求改卜。

❷ 杜注:“余皇,舟名。环,周也。隧,出入道。”孔疏:“守舟者虽环而堑之,堑犹不合有出入之路,故满路置火以防吴人也。”杨注:“此楚人防吴人窃取余皇。盖移舟于岸,四周挖深沟,以至泉水……故以炭填满之,为阵以待吴人。”稍作比较,应不难判断:这里杨注较为允当而且明确。

❸ “我呼”下,据阮元等《校勘记》补“余”字。杜注:“师,吴师也。迭,更也。”杨注用杜注。

经十有八年❶

原文

春,王三月,曹伯须卒。

夏,五月壬午,宋、卫、陈、郑灾。❷

六月,邾人入鄅。❸

秋,葬曹平公。❹

冬,许迁于白羽。

注释

❶ 鲁昭公十八年,公元前524年,周景王二十一年。是年孔子二十九岁。

❷ 杜注:“来告,故书。天火曰灾。”按:“天火曰灾”,是《左传》宣十六年揭示的一条通例。《春秋经》所书,凡非鲁国之事,都应该是同盟之国来告者。本年《左传》记“皆来告火”,可为证。《公羊传》:“宋、卫、陈、郑灾,何以书?记异也。何异尔?异其同日而俱灾也。”我们觉得奇怪的是:上年《左传》记梓慎语,谓“其以丙子若壬午作”“若火入而伏,必以壬午”,而裨灶预言“宋、卫、陈、

郑将同日火”,竟然不幸而言中了。这其中究竟有必然之理,还是偶然的呢?如果其中有必然之理,则不能不惊叹了,中国先秦竟有哲人在探索天人关系的道路上走了这么远的路,后人何以不能把其中奥妙说个清楚?如果梓慎、裨灶不过偶然言中而已,治《春秋左传》者也该把话说明白啊!关于昭公十八年五月四国同日火的事,其原因,可惜本校注就说不明白。事情何以如此凑巧呢?然而其事不假,实不必疑。

❸ 鄅,杜注说是国名,《释文》:“鄅音禹,许慎、郭璞皆音矩,国名。”《公》《穀》同。

❹ 关于曹平公之葬,注家不说什么,大概是因为无须评论。曹伯须卒于本年三月。“葬曹平公”的时间在本年“秋”,而《春秋经》中“秋”指七月至九月无可置疑,我们认为《春秋经》昭十八年此“秋”应为七月。自三月至七月,时间跨度为五个月,则曹平公之葬的期限与周礼规定相符。

传十八年

原文

春,王二月乙卯,周毛得杀毛伯过而代之。苌弘曰:“毛得必亡!是昆吾稔之日也,侈故之以。而毛得以济侈于王都,不亡何待?”❶

三月,曹平公卒。

注释

❶ 杜注:“毛伯过,周大夫。得,过之族。”毛得杀毛过而代居其位,孔疏:“毛氏世有采地,为畿内之国。于时天子微弱,故自杀自代,不能禁之。”其时周天子无力治畿内之事,诸侯无力治族内之事,卿大夫无力治族内家内之事。礼崩伦常蔑灭如此。“昆吾稔之日”以下,杜注:“昆吾,夏伯也。稔,熟也。侈恶积熟,以乙卯日

与桀同诛。”孔疏：“是乙卯者，昆吾之君恶熟之日也。由其侈，故以此日死也。而毛得以此日成其侈恶于王都，不亡何待？”杨注谓侈恶积熟即恶贯满盈之意，“侈故之以”为“以侈之故”的倒装句，其说是。“不亡何待”，除了死路一条，还有别的什么吗？

原文

夏五月，火始昏见。丙子，风。梓慎曰：“是谓融风，火之始也。❶七日，其火作乎！❷”戊寅，风甚。壬午，大甚。宋、卫、陈、郑皆火。梓慎登大庭氏之库以望之❸，曰：“宋、卫、陈、郑也。”数日，皆来告火。

注释

❶ 杜注：“东北曰融风。融风，木也。木，火母，故曰火之始。”孔疏：“东北木之始，故融风为木也。木是火之母，火得风而盛，故融为火之始。”关天融风，杨注引《淮南子·地形》高注以及张晏说，与杜注大体一致。好在这里杨注没有批评杜注孔疏以及高注张晏说为“傅会之谈”。

❷ “七日，其火作乎”，杜注：“从丙子至壬午，七日。壬午，水火合之日。故知当火作。”杨注这里用杜注。

❸ “梓慎登大庭氏之库以望之”，杜注：“大庭氏，古国名，在鲁城内。鲁于其处作库，高显。故登以望气，参近占以审前年之言。”按：古有观天望气占侯而推断事变并作出预言的专门家（或者称为星术师、方术士），梓慎、裨灶等人出名较早，但是并非最早之人。

原文

裨灶曰：“不用吾言，郑又将火。”郑人请用之，子产不可。子大叔曰：“宝，以保民也。若有火，国几亡。可以救亡，子何爱焉？❸”子产曰：“天道远，人道迩，非所及也。何以知之？灶焉知天道？是亦多言矣,岂不或信?”遂不与。亦不复火。[4]

注释

❸《说文·丝部》:“几,微也,殆也。”《尔雅·释诂》:“迩,几,近也。”“几,殆,危也。”郭注:“几,犹殆也。”《左传》昭十八年这个“几”应该是殆的意思,或者近的意思,作“危”讲亦可。“子何爱焉”,这个“爱”的意思,与《孟子·梁惠王上》“吾何爱一牛”之“爱”同。

❹ 子产这一番议论,言及“天道”“人道”两个范畴。对人类来说,天道距离远,人道是切身之道。吾人当知人道,可是人道与天道不相类,如何能够明白天道呢?裨灶又如何知晓天道呢?“是亦多言矣,岂不或信”,杜注:“多言者或时有中。”子产的意思很明白,他认为裨灶预言宋、卫、陈、郑皆火,不过是偶尔言中罢了。“遂不与。亦不复火”,子产终不将玉器与裨灶禳火,后来郑国也没有因为不听裨灶的话而再次遭受火灾。我们认为子产那一番话表现了一时(不是永远)不向迷信屈服的勇气,然而无论天道人道,都值得探索,不应该一句“何以知之”了事。但我们不必苛求子产,他当时能够讲出那些话,已经很有思想,很有勇气,很了不起了。

原文

郑之未灾也,里析告子产曰:“将有大祥,民震动,国几亡。吾身泯焉,弗良及也。[5]国迁,其可乎?”子产曰:“虽可,吾不足以定迁矣。”及火,里析死矣,未葬;子产使舆三十人迁其柩。

注释

❺“将有大祥”,杜注:“祥,变异之气。”孔疏:“祥者,善恶之征……里析以民动、国亡为大祥者,彼对文言耳。”里析所说的祥,其实是凶祥,是恶征。“吾身泯焉”,杜注:“言将先灾死。”里析的意思是他看不到郑国的火灾了。“弗良及也”,孔疏引服虔的话:“弗

良及者，不能及也。良，能也。”孔疏斥服氏此说“妄言耳”，而杨注用服氏说。我们认为杨先生这里用服氏说，可从；孔疏以不妄为妄，不可从。

原文

火作，子产辞晋公子、公孙于东门，使司寇出新客，禁旧客勿出于宫。使子宽、子上巡群屏摄，至于大宫。使公孙登徙大龟，使祝史徙主祏于周庙，告于先君。[6]使府人、库人各儆其事。商成公儆司宫，出旧宫人，置诸火所不及。司马、司寇列居火道，行火所焮。城下之人，伍列登城。明日，使野司寇各保其征，郊人助祝史除于国北，禳火于玄冥、回禄，祈于四鄘。[7]书焚室而宽其征，与之材。三日哭，国不市。使行人告于诸侯。

宋、卫皆如是。陈不救火，许不吊灾，君子是以知陈、许之先亡也。

注释

[6] “使子宽、子上”以下，杜注：“二子，郑大夫。屏摄，祭祀之位。大宫，郑祖庙。巡行宗庙，不得使火及之。登，开卜大夫。祏，庙主石函。周王，厉王庙也。有火灾，故合群主于祖庙，易救护。”孔疏：“《楚语》说事神之礼云：‘使名姓之后能知牺牲之物、彝器之量、屏摄之位、坛场之所而心率旧典者为之宗。’知屏摄是祭祀之位也。”“每庙木主皆以石函盛之，当祭则出之，事毕则纳于函，藏于庙之北壁之内，所以辟火灾也。文二年《传》云‘郑祖厉王’，故知郑之周庙是厉王庙也。”按：《左氏》下文“告于先君”句，应该是将何以徙主祏于周庙之事向祖宗之神报告。祏读 shí。

[7] 儆，读 jǐng。焮读 xìn。杜注：“儆，备火也。商成公，郑大夫。司宫，巷伯寺人之官。旧宫人，先公宫女。”孔疏：“《曲礼》云：‘在府言府，在库言库。’皆是藏财贿之处。故使其人各自儆守以防火

也。”依杜注，“司马、司寇列居火道”，用意在“备非常”；“城下之人为部伍列登城”，意思是“为部伍登城备奸”。孔疏认为“行火所焮”是令司马司寇到火所炙烧之处视察，以备非常。“城下之人”是什么人，孔疏说：“亦是司马、司寇之人”；我们认为这些人既与司马、司寇并列，则应该是另外一些人，原来不在都城之内的人。令他们登城的意图，孔疏说是“备奸寇”。《左氏》下文“使野司寇各保其征”，杜注：“野司寇，县士也。火之明日，四方乃闻灾，故戒保所征役之人。”孔疏引《周官·县士》郑注说明古代野与县的范围，因为“县士分在四方”“火之明日四方乃闻有灾，故戒使各保其所应受征役之人，皆令具备，以待上命，虑有所须当征之”。杨注义同。“郊人助祝史除于国北”以下，杜注：“为祭处于国北者，就大阴禳火。玄冥，水神。回禄，火神。鄘，城也。城积土，阴气所聚，故祈祭之，以禳火之余灾。”孔疏：“郊人，当谓郊内乡之人也。祝史，掌祭祀之官也。使此乡人助祝史除地在城之北作坛场为祭处也。就国北者，南为阳，北为阴，就大阴禳火也……祭水神，欲令水抑火。祭火神，欲令火自止。禳其余灾，虑更火也。”我们认为上引注疏与《左氏》原意相符。发生火灾之后，子产领导郑国官民做了积极的救灾工作，也举行了祭祀活动。子产实为了不起的政治家，但他毕竟不是彻底的唯物主义者。

原文

六月，鄅人藉稻❶，邾人袭鄅。鄅人将闭门，邾人羊罗摄其首焉，❷遂入之，尽俘以归。鄅子曰：“余无归矣！”从帑于邾。邾庄公反鄅夫人而舍其女。❸

注释

❶ 杜注：“其君自出藉稻，盖履行之。”孔疏：“周之六月，夏之四月，种稻之时。”引服虔云：“藉，耕种于藉田也。”杨注认为此服说不

可从,因为其时非行藉礼之时,所以此藉稻"即巡行踏勘其藉田以督农奴耕种"。终究与"藉田"有关。今从之。

❷ "摄其首",杜注:"斩得闭门者头。"孔疏:"摄训为持也。斩得闭门者首而持其头。"焦里堂《左传补疏》:"摄首者,手提其头。"按:羊罗未必已斩闭门者之首,但应已挟持其头。

❸ "从帑于郏",杨注:"其妻室亦被俘,故从之而至郏。"按:这里帑字与孥通,指妻儿子女。从帑就是使妻儿子女跟从。"反鄅夫人而舍其女",孔疏:"言止舍其女而留之。"

原文

秋,葬曹平公。往者见周原伯鲁焉,与之语,不说学。归以语闵子马,闵子马曰:"周其乱乎?夫必多有是说,而后及其大人。大人患失而惑,又曰'可以无学,无学不害'不害而不学,则苟而可;于是乎下陵上替,能无乱乎?❹夫学,殖也,不学将落。❺原氏其亡乎!"

注释

❹ 据杜注,原伯鲁是周大夫。据《释文》,"不说学"的说"音悦",则"不说学"就是不喜欢读书学习。这里曹国举行平公葬礼的时候,有人从自己与原伯鲁谈话当中得到的印象。"夫必多有是说"以下,杜注:"国乱俗坏,言者适多渐以及大人。大人,在位者。"杨注:"是说,不学之说……言不好学之说多,然后影响及在位者。"这样解释,与杜注是一致的。"大人患失而惑",杜注:"患有学而失道者以惑其意。"孔疏认为"大人患失而惑"是疑惑于此言(即不说学之言)。或者以为"无学不害""不害而不学",杜注:"以为无害遂不学,则皆怀苟且。""于是乎下陵上替",还能不出乱吗?杨注认为"大人患失"就是"患失位","惑"则"不明理也",又说:"以无知为无害,因而不学,则一切政务苟且即可。在

下者驾陵于上……在上者废弛也”,则必乱。在我们看来,“大人患失”者,“患失位”而已,不“患失道”,杨注可从。因为如果患不学而失道,就不会有《左氏》下文说的情况了。

❺ 杜注:“殖,生长也。言学之进德如农之殖苗,日新日益。”孔疏:“夫学如殖草木也,令人日长日进,犹草木之生枝叶也。不学则才知日退,将如草木之队落枝叶也。”今按:《左氏》这里用一个比喻说明学习的重要,实又一至理名言。

原文

七月,郑子产为火故,大为社,祓禳于四方,振除火灾,礼也。乃简兵大蒐,将为蒐除。子大叔之庙在道南,其寝在道北,其庭小;过期三日,使除徒陈于道南庙北,曰:“子产过女而命速除,乃毁于而乡!”子产朝,过而怒之。除者南毁。子产及冲,使从者止之,曰:“毁于北方。”❶

注释

❶ “其庭小”,杜注:“庭,蒐场也。”杨注:“其庭,谓子大叔庙寝之庭。”按:这里杨注是而杜注非。“使除徒陈于道南庙北”,杨注:“除徒,子大叔所命清除场地之徒卒。陈,列也。”承《左氏》上文,“子大叔之庙在道南,其寝在道北”,则“道南庙北”之除徒离庙近,其所向必为庙。“乃毁于而乡”,杜注:“而,女也。毁女所乡。”《释文》说乡“本又作向”,是子大叔要除徒们在子产发怒的时候毁庙,因为他料定子产由于仁爱与敬神之心不会同意毁庙(《左传》昭十二年已有子产不毁游氏之庙的事),所以故意要除徒们这样做。冲,《说文》说是通道。子产走到通道,派人制止除徒毁庙,命令他们“毁于北方”,杨注:“不毁庙而毁其居室。”可是毁居室何以就算是仁爱呢?莫非这是因为古人重庙而轻居室?或者还有别的说法?譬如说:所谓“毁于北方”,其实只是要除徒们清除北方之场地而不必是毁寝?用“毁”者,是不是也因为“古

人之文多有从一而省"者呢？但此说毕竟牵强，毁于北方应该是以庙为重的意思。

原文

火之作也，子产授兵登陴。子大叔曰："晋无乃讨乎？"子产曰："吾闻之：小国忘守则危，况有灾乎？国之不可小，有备故也。"❷既，晋之边吏让郑曰："郑国有灾，晋君、大夫不敢宁居，卜筮走望，不爱牲玉。郑之有灾，寡君之忧也。今执事撊然授兵登陴，将以谁罪？❸边人恐惧，不敢不告！"子产对曰："若吾子之言，敝邑之灾，君之忧也。敝邑失政，天降之灾，又惧谗慝之间谋之以启贪人，荐为敝邑不利以重君之忧。幸而不亡，犹可说也；不幸而亡，君虽忧之，亦无及也。郑有他竟，望走在晋。❹既事晋矣，其敢有二心？"

注释

❷ 陴读 pí。"授兵登陴"，意思是发给兵器，登上城墙。"国之不可小"，这个"小"作意动词用，意思是"轻视""小看"。

❸ "卜筮走望"，孔疏："奔走而望祭之，祭山川，故为望也。"杨注："走望，谓四出祭祀名山大川。"这里孔疏与杨注并无矛盾。撊读 xiàn，或读 jiǎn，疑此处可读 hàn（音义与"悍"同）。"撊然授兵登陴，将以谁罪"，杜注："撊然，劲忿貌。"孔疏引服虔的说法："撊，猛貌也。"我们认为这里"撊然"就是悍然。将以谁罪，将以罪谁，打算向谁问罪呢？

❹ "间谋之"，《释文》："间，间厕之间。"间谋之，乘机设计谋破坏之。"荐为敝邑不利"，杜注："荐，重也。"杨注认为这个"重"就是再次。"犹可说也"，杜注："说，解也。"意思是"我郑国幸而不亡，授兵登陴的原因还可以说清楚。"郑有他竟，望走在晋"，杜注："言郑虽与他国为竟，每瞻望晋，归赴之。"孔疏："其所瞻望奔走而归之者，唯在晋耳。"杨注引顾亭林《日知录》卷二十七："言郑有他

竟之忧也，则望晋走晋以救助之。”按：顾氏之说较杜注孔疏义长。我们认为这里“望走”与上文“走望”相应，“在”这里有听凭的意思：我们郑国别的边界名山大川，听凭晋国到处祭祀，就拜托你们救助吧。

原文

楚左尹王子胜言于楚子曰：“许于郑，仇敌也，而居楚地以不礼于郑。❶晋、郑方睦，郑若伐许而晋助之，楚丧地矣。君盍迁许？许不专于楚。郑方有令政，许曰：‘余旧国也。’郑曰：‘余俘邑也。’叶在楚国，方城外之蔽也。❷土不可易，国不可小，许不可俘，仇不可启。君其图之！”楚子说。冬，楚子使王子胜迁许于析，实白羽。❸

注释

❶ 杜注：“十三年平王复迁邑，许自夷迁居叶，恃楚而不事郑。”孔疏：“其实自荆迁也。”杨注用杜注孔疏说。

❷ “许不专于楚”，杜注：“自以旧国，不专心事楚。”孔疏引刘炫的说法：“当以畏郑之故，外设备御，不得专心事楚耳。”按：许国岂敢自以为受封早，为“旧国”而有背于楚呢？杜、刘两说比较，刘说可信。杨注有新说：“许若迁出楚境，则不为楚所专有。”这样讲，亦不失为一解。“郑方有令政”，杨注：“令，善也。”这是因为当时郑有子产主政。“余旧国也”，杜注：“许先郑封。”须知“余，旧国也”为许君语而出自楚左尹王子胜的转述，则此为历史事实为当时人所共知。“余俘邑也”，杜注：“隐十一年郑灭许而复存之，故曰‘我俘邑’。”这也是当时人所共知的史实。“方城外之蔽也”，杜注：“为方城外之蔽障。”这里所谓方城，即《左传》襄廿六年“方城外之县尹也”，《左传》僖四年“楚国方城以为城”句中的方城。

❸ 析，白羽，都是地名，杜注：“于《传》时白羽改为析。”则实一地。

经十有九年[1]

原文

春，宋公伐邾。

夏，五月戊辰，许世子止弑其君买。[2]

己卯，地震。

秋，齐高发帅师伐莒。

冬，葬许悼公。[3]

注释

❶ 鲁昭公十九年，即公元前523年，周景王二十二年。是年孔子入而立之年。

❷ “止”是许世子之名。孔疏：“案《传》，许君饮止之药而卒耳，实非止弑也。言书曰‘弑其君’，则仲尼新意书‘弑’也。”又说：“许止身为国嗣，国非无医，而轻果进药，故罪同于弑。虽原其本心，而《春秋》不赦其罪，盖为教之远防也。”原来许悼公是喝错了药而死，只因这药是他的立为世子的儿子进的，所以《春秋》就说许世子止弑君，据说这样写是仲尼先生的意思。即便如此，也该是后来的事了，孔子而立之年应该还没有这样的“新意”。但若如史学家万斯大《学春秋随笔》所说，许止进药，“是有心毒杀之”，则《春秋》本该书“弑”，无所谓“仲尼新意”了。

❸ 许悼之葬，不是速，应该是缓。自“五月”至“冬”，过期了。不知杜武库何以于此处无讥。

传十九年

原文

春，楚工尹赤迁阴于下阴，令尹子瑕城郏。叔孙昭子曰：“楚不在诸侯矣,其仅自完也,以持其世而已。”[1]

楚子之在蔡也,郹阳封人之女奔之,生大子建。及即位,使伍奢为之师。费无极为少师,无宠焉;欲谮诸王,曰:“建可室矣。”王为之聘于秦。无极与逆,劝王取之。正月,楚夫人嬴氏至自秦。[2]

注释

❶ “楚不在诸侯矣”,与《左传》昭四年记子产语“晋君少安,不在诸侯”有相同的意思。所谓“不在诸侯”,就是无称霸诸侯之志,在众诸侯心目中已经失去霸主或盟主形象。“其仅自完也”以下,杜注:“迁阴城郏,皆欲以自完守。”杨注:“完,保守也。持,守也,保也。”到楚平王时期,楚之国力仅足自守,楚平王也只想维持基业,无力扩张了。

❷ 郹读 jú,一说读 jué。《周官·地官》有“封人”:“掌设王之社壝,为畿封而树之。”后有以此官名为姓氏者。所谓奔,指女人不经过正式的婚礼而主动与男子同居。“可室矣”,杜注:“室,妻也。”可室就是可以结婚娶妻了。“楚夫人嬴氏至自秦”,杜注:“王自取之,故称‘夫人至’,为下‘拜夫人’起。”按:这是春秋时期上层社会父夺子妻的又一例。

原文

鄅夫人,宋向戌之女也,故向宁请师。二月,宋公伐邾,围虫。[1]三月,取之,乃尽归鄅俘。

夏,许悼公疟。五月戊辰,饮大子止之药卒。大子奔晋。书曰:“弑其君”。君子曰:“尽心力以事君,舍药物可也。”[2]

邾人、郳人、徐人会宋公。乙亥,同盟于虫。

注释

❶ 杜注:“宁,向戌子也,请于宋公伐邾。虫,邾邑。”邾子自己招来的祸,现在人家打进来了。

❷《释文》:“疟,鱼略反,病也。”杨注直接指出许悼公所患之病即疟疾。“君子曰”以下,杜注:“药物有毒,当由医,非凡人所知。讥止不舍药物,所以加弑君之名。”孔疏:“此君子论止之罪也。言为人臣子,尽心尽力以事君父,如《礼记·文王世子》之为即自足矣……许世子不舍药物,致令君死,是违人子之道,故《春秋》书其‘弑君’……”请参看本年《春秋经》注❷。

原文

楚子为舟师以伐濮。费无极言于楚子曰:“晋之伯也,迩于诸夏。而楚辟陋,故弗能与争。若大城城父而置大子焉,以通北方,王收南方,是得天下也。”❸王说,从之。故太子建居于城父。

令尹子瑕聘于秦,拜夫人也。

秋,齐高发帅师伐莒,莒子奔纪鄣。使孙书伐之。

初,莒有妇人,莒子杀其夫;已为嫠妇。及老,托于纪鄣,纺焉以度而去之。及师至,则投诸外。或献诸子占,子占使师夜缒而登。❹登者六十人,缒绝,师鼓躁;城上之人亦噪。莒共公惧,启西门而出。七月丙子,齐师入纪。

注释

❸“晋之伯也”,《释文》:“伯音霸。”这里“伯”就是“霸”的意思。“辟陋”,意思是偏僻贫困寒酸。“若大城城父”句,杜注:“城父,今襄城城父县。”阮元等《校勘记》引段玉裁说,认为城父县应该作“父城县”。王伯申《经义述闻》卷十九据《水经·汝水注》,也把“城父”改作“父城”,并指出杜注谓此地今属襄城是对的,正在“方城之外”;而惠栋《春秋左传补注》认为此“父城”属沛国,实不确,因为不在“方城之外”。按:王氏说是。“置大子”,意即将大子建安顿在此,由大子主持此地政务及其他。

❹嫠读 lí。嫠妇就是寡妇。“纺焉以度而去之”,依《释文》,这里

“度”读 duó,丈量的意思;“去”读 jǔ,引《三国志·魏志》裴注:“古人谓藏为去。”按:杜注:“因纺纑连所纺以度城而藏之以待外攻者,欲报仇。”《释文》:“纑,麻缕也。”孔疏:“此妇人以麻纑度城高下,令长与城等而去藏之。去即藏也。字书‘去’作‘弆’……连所纺之纑以为绳,故下云‘投绳城外’。”这样解释,应已道出原文原意。“及师至,则投诸外”,孔疏:“当是系绳城上而投其所垂于外。”杨注用此说。“或献诸子占”,子占即《左氏》上文“使孙书伐之”句中的孙书,杜注:“孙书,陈无宇之子子占也。”“夜缒而登”,依杜注,即“缘绳登城”。

原文

是岁也,郑驷偃卒。子游娶于晋大夫,生丝,弱,其父兄立子瑕。子产憎其为人也,且以为不顺,弗许,亦弗止。驷氏耸。❶

注释

❶ 杜注:“子游,驷偃也。弱,幼小。子瑕,子游叔父驷乞。”孔疏:“案:《世本》:子游、子瑕并公孙夏之子。”则子瑕为丝之叔父,杜注误说为子游叔父。“子产憎其为人”以下,杜注谓子产“憎子瑕”,又说:“舍子立叔,不顺礼也。”这里“立叔”应该说是“立弟”。“弗许,亦弗止”,杜注:“许之为违礼,止之为违众,故中立。”杨注用杜氏说。“驷氏耸”,与《左氏》下文“驷氏惧”义同。

原文

他日,丝以告其舅。冬,晋人使以币如郑,问驷乞之立故。驷氏惧,驷乞欲逃,子产弗遣;请龟以卜,亦弗予。大夫谋对,子产不待而对客曰:“郑国不天,寡君之二三臣札瘥夭昏。今又丧我先大夫偃,其子幼弱,其一二父兄惧队宗主,私族于谋而立长亲。❷寡君与其二三老曰:‘抑天实剥乱是,吾何知焉?’谚曰‘无过乱门’,民有乱兵,犹惮过之,而况敢知天之所乱?[3]今大夫将问其故,抑寡君实不敢知,其谁实知之?平丘之会,君寻旧盟曰:'无或失职!'若寡君之二三臣,其即世者,晋大夫而专制其位,是晋之县鄙也,何国之为?"[4]辞客币而报其使,晋人舍之。

注释

❷“郑国不天”以下,杜注谓“不天”就是“不获天福”,又说:“大死曰札,小疫曰瘥,短曰夭,未名曰昏。”王伯申《经义述闻》卷十九引其父怀祖先生说:“昏之言泯,没也。”王氏父子不同意将“昏”解释为“未名而死”,他们的意见是对的。然而这里“昏”还是“死”的意思,札、瘥、夭、昏都是“死”的意思,只是情况有区别罢了。杨注:“因疫疠而死曰札”“病死曰瘥”“短命而死曰夭”,昏“亦作殙”。《广雅》:“殙,死也。”今从王氏父子说与杨先生说。《左氏》下文“惧队宗主,私族于谋而立长亲”,杜注:“于私族之谋宜立亲之长者。”孔疏:“大夫继世为一宗之主,恐队失之也。”王伯申说:“私谋于族而立长亲也,倒言之,则曰‘私族于谋’矣。”杨注谓“私族于谋”即“谋于私族”之倒文,明陆粲《左传附注》已经提出过这样的解说,那就早于王氏《述闻》了。

❸“寡君与其二三老曰”以下,孔疏:“二三老者,郑之卿大夫也。”杜注:“言天自欲乱驷氏,非国所知。”杨注:“实则天子、诸侯、卿大夫之用事臣均可曰老……剥犹乱也……句言天欲乱继承常法,吾等何能与闻。”这里杨注补杜、孔之阙,甚是。《左氏》下文引谚语“无过乱门”,意思是:民间有乱兵,吾人尚且害怕因为经过(“过”,可以是造访的意思)而惹麻烦,何况碰上老天爷造成的乱子,谁还敢打听(或造访)惹事呢?于醴尊先生疑“乱兵”的“兵”字为衍文,说:“以上下文案之,亦不当指乱兵。”乱门,依《周语》记太子晋语,即指“乱人之门”。韦注:“乱人,狂悖怨乱之人也。过其门,干其怒也。”所以说“无过乱门”。我们认为这样解释实有道理。

❹ “其即世者”，杨注：“即世犹去世。”裴学海先生《古书虚字集释》卷五：“其犹与也。”这个意思，可由王氏《经传释词》卷五推知：“其”犹“若”也，“若”可训为“及”，则“其”有时也可训为“及”，这个“及”就是“与”的意思。《左氏》原文“若寡君之二三臣，其即世者”，就是“设若寡君之二三大臣与（或作“及”）已经去世的大臣”，必须这样理解，上下文意思才能贯通，才能顺畅。“晋大夫而专制其位”句中“其”字，即指“寡君之二三臣与已去世者”；这些人如果都由晋大夫专制，那么郑国不就成了晋国的县邑或边区了吗？那郑国何以成其为国？子产这样讲，表明了反对晋国干涉内政的态度。

原文

楚人城州来。沈尹（戍）〔戌〕曰：“楚人必败！昔吴灭州来，子旗请伐之，王曰：‘吾未抚吾民。’今亦如之，而城州来以挑吴，能无败乎？”侍者曰：“王施舍不倦，息民五年，可谓抚之矣。”（戍）〔戌〕曰：“吾闻抚民者，节用于内而树德于外，民乐其性而无寇仇。今宫室无量，民人日骇，劳罢死转，忘寝与食，非抚之也！”❶

郑大水，龙斗于时门之外洧渊，国人请为禜焉。❷子产弗许，曰：“我斗，龙不我觌也。龙斗，我独何觌焉？禳之，则彼其室也。❸吾无求于龙，龙亦无求于我。”乃止也。

令尹子瑕言蹶由于楚子，曰：“彼何罪？谚所谓‘室于怒，市于色’者，楚之谓矣。舍前之忿可也。”❹乃归蹶由。

注释

❶ “沈尹”下面这个字，《释文》说“音恤”，则此字当作“戌”，不是“戍”。依《释文》，“挑吴”的挑读 tiǎo，“劳罢”的罢应读 pí（音义与“疲”同）。“民乐其性”，孔疏：“性，生也。兵革并起，则民不乐生……”《左氏》下文“宫室无量”应该是不停地大兴土木的意思。

"民人日骇",老百姓天天受惊吓。"劳罢死转",杜注:"转,迁徙也。"杨注:"死转即死而转尸也。"民人被迫服劳役,累得没有休息和吃饭的时间,这还叫抚养他们吗?

❷ 杜注:"时门,郑城门也。"洧是水名。洧渊是洧水流经河南新郑县形成的水潭。郑国涨洪水,人们怀疑是龙斗于洧渊造成的。禜是祭名。

❸ 觌读 dí,看见的意思。子产不同意祭祀洧渊,理由是我们与龙彼此不相见,不相干。杜注:"渊,龙之室。"龙在龙之室,与我等何干,何必祭它呢?杨注:"彼其,其作之用。"甚是。

❹ 昭五年,楚灵王执吴王弟蹶由以归楚。"谚所谓'室于怒,市于色'者",杜注:"言灵王怒吴子而执其弟,犹人忿于室家而作色于市人。"王伯申说:"言怒于室色于市也。"杨注义同。"舍前之忿",就是后世说的"捐弃前嫌"。

经二十年[1]

原文

春,王正月。

夏,曹公孙会自鄸出奔宋。[2]

秋,盗杀卫侯之兄絷。[3]

冬,十月,宋华亥、向宁、华定出奔陈。[4]

十有一月辛卯,蔡侯庐卒。

注释

❶ 鲁昭公二十年,当公元前522年,周景王二十三年。是年孔仲尼先生三十一岁。

❷ "曹公孙会自鄸出奔宋",《公羊传》:"奔未有言'自'者,此其言'自'何?畔也。畔则曷为不言其'畔'?为公子喜时之后讳也。

《春秋》为贤者讳，何贤乎公子喜时？让国也。”“善善及子孙，贤者子孙，故君子为之讳也。”本来是一个背叛祖国的人，只因他的先人有让国之贤，所以《春秋经》就把这位贤人之后背叛祖国的行为说成“出奔”，因为《春秋》有为贤者讳这一通例。但也有持异议者。譬如戴溪说：“《春秋》之法莫重乎君臣之义。臣以君之邑叛，以先世之贤而讳之，则《春秋》之法废矣。凡据邑入他国谓之叛，舍邑而出奔，岂得云叛？”汪克宽也为公孙会辩护。其他持不叛之议者不少，总之，都是为了宣扬忠君之大义。与《公羊传》为代表的一派议论比较，倒是持不叛之议者合符当时之理。难道因为先人之贤，就可以掩盖后人的过失？为贤者讳而包庇其后，殊无道理。这里关键是历史事实究竟如何。若是为了维护君臣大义，歪曲真相，将真叛说成不叛，更无道理了。

❸ 杜注：“齐豹作而不义，故书曰‘盗’。所谓求名而不得。”孔疏：“《释例》曰：‘士杀大夫，则书曰盗。’则此书‘盗’，贬之使同于士也。三十一年《传》说《春秋》褒贬之义云：‘或求名而不得，或欲盖而名章，惩不义也。’”按：《左传》昭三十一年已经以《春秋》书齐豹曰“盗”为例，证明《春秋经》实有此书法，从知这里杜注孔疏可信。船山先生《春秋稗疏》卷下谓：“凡《春秋》所书‘盗’，皆下大夫以降而擅杀人者。”与孔疏所引《释例》不尽相同，而其精神实一致。“卫侯之兄縶”，縶读 zhí，阮刻本《公羊》作輙，《穀梁》作辄。《正字通》谓輙为辄之俗字。今輙为辄之异体字。按：縶与辄音近。可是船山先生说：“出公不应与伯祖父同名，《左氏》为是。”（《春秋稗疏》卷下）而卫侯之兄何以名縶（辄），《穀梁传》说得最清楚，大意谓其人腿有毛病，是“有天疾者”。

❹ 杜注：“与君争而出，皆书名，恶之。”按：《春秋》书名之例，这里又添一证。

传二十年

原文

春，王二月己丑，日南至。梓慎望氛，曰："今兹宋有乱，国几亡，三年而后弭。蔡有大丧。"❶叔孙昭子曰："然则戴、桓也。汰侈无礼已甚，乱所在也。"

注释

❶ 杜注："是岁朔旦冬至之岁也，当言'正月己丑朔日南至'。时史失闰，闰更在二月后，故《经》因史而书'正月'，《传》更具于二月记'南至'日以正历也。氛，气也。时鲁侯不行登台之礼，使梓慎望气。"孔疏："历法十九年为一章，章首之岁必周之正月朔旦冬至……今年复为章首，故云是岁朔日冬至之岁也。朔日冬至，谓正月之朔，当言'正月己丑朔日南至'……时史谓闰月为正月，故《经》因史而书'正月'，从其误而书之；《传》以《经》之正月实非正月，更具于二月记'南至'之日以正历之失也。日南至者，谓冬至也。冬至者，周之正月之中气。历法闰月无中气，中气必在前月之内。时史误以闰月为正月而置冬至于二月之朔，既不晓历数，故闰月之与冬至悉皆错也。"杨注据诸说推算，谓"己丑为二月初二"，认为"古历粗疏，于天象未尽相合"。《周官·春官》之序官"冯相氏"下郑注："世登高台，以视天文之次序"。登台为的是观测天文，而梓慎登台望气即行此礼，或者说与此礼相类。

原文

费无极言于楚子曰："建与伍奢将以方城之外叛，自以为犹宋、郑也，齐、晋又交辅之，将以害楚，其事集矣。"王信之，问伍奢。伍奢对曰："君一过多矣，何信于谗？"❷王执伍奢。使城父司马奋扬杀大子,未至,而使遣之。[3]三月,大子建奔宋。王召奋扬,奋扬使城父人执己以至。王曰:"言出于余口,入于尔耳,谁告建也?"对曰:"臣告之。君王命臣曰:'事建如事余。'臣不佞,不能苟贰。奉初以还,不忍后命,故遣之。[4]既而悔之,亦无及已。"王曰:"而敢来,何也?"对曰:"使而失命,召而不来,是再奸也。逃无所入。"[5]王曰:"归,从政如他日!"

注释

❷ "君一过多矣"以下,杜注:"一过,纳建妻。"意思是:您有那么一次过失就够严重的了,为何还信谗言呢?

❸ 杜注:"知大子冤,故遣令去。"这当然是有意放走大子建。

❹ "臣不佞,不能苟贰",杜注:"佞,才也。"臣虽然不才,但也不会苟且背主。"奉初以还",杜注:"奉初命以周旋。""初命"指"事建如事余","还"读 xuán,这里与"周旋"的"旋"音义相同。"不忍后命","后命"指"杀大子",不忍心执行这一命令,所以把大子放了。

❺ "使而失命"以下,杜注:"奸,犯也。"意思是:奉使杀大子而未杀,是违背使命;奉召而不来,这就是两次犯错误了,即便逃命也无处可逃。

原文

无极曰:"奢之子材,若在吴,必忧楚国。盍以免其父召之?彼仁,必来;不然,将为患。"王使召之,曰:"来!吾免而父。"棠君尚谓其弟员曰:"尔适吴,我将归死。吾知不逮;我能死,尔能报。闻免父之命,不可以莫之奔也!亲戚为戮,不可以莫之报也![6]奔死免父,孝也;度功而行,仁也;择任而往,知也;知死不辟,勇也。父不可弃,名不可废,尔其勉之!相从为愈。[7]"伍尚归。奢闻员不来,曰:"楚君、大夫其旰食乎!"[8]楚人皆杀之。

注释

❻ “棠君尚”以下，杜注：“棠君，奢之长子尚也，为棠邑大夫。员，尚弟子胥。”《释文》：“棠君尚，君或作尹。员音云。”杨注：“王引之《述闻》以为作‘尹’者是，或①谓‘《传》文本无“尚”字’，皆未必确。”按：王引之确实说过“作尹者是也”“棠尹尚，奢之长子尚也。”但他并未说过“《传》文本无‘尚’字”，倒是驳斥过“《传》文本无‘尚’字”一说。“吾知不逮”，《释文》：“知音智，注及下‘知也’同。”杜注：“自以知不及员。”《左氏》下文“我能死”，意谓我能为救父而死（明知楚王说的“免而父”有诈，为救父而往必死，但不可不往）。下文“尔能报”，意谓你有才智，能报亲戚被杀之仇。下文“亲戚为戮”，意即亲戚被杀。王伯申《经义述闻》卷十九引其父怀祖先生的说法：“亲戚，谓其父也。”引钱晓徵《史记考异》，也说是“古人称父母为亲戚”。我们认为古人确实有称父母为亲戚者，然而《左传》昭二十年这里“亲戚”应该指父兄，王氏父子与钱晓徵说皆非是。伍尚自知其为免父而应楚王之召必死，并且已于上文明告其弟伍员，则下文“亲戚为戮”句，“亲戚”应包括他们的父亲和他自己在内。顾亭林《日知录》卷二十四“亲戚”条已说明古人所谓“亲戚”不限于“父母”，其中有一例如下：“《三国志》张昭谓孙权曰：‘况今奸宄竞逐，豺狼满道，乃欲哀亲戚，顾礼制。’此谓其父兄。”这个例证之上，就是《左传》昭二十年“棠君尚谓其弟员”一段，由顾氏行文脉络，可以断知也属于谓“亲戚”为父兄一类。

❼ 杜注：“仁者贵成功。员任报仇。尚为勇。俱去为弃父。俱死为废名。愈，差也。”孔疏：“病差谓之愈。言其胜共死也。”关于“相从为愈”句，杨注：“从读为纵，各不相强也。从如字读亦通，谓从

① 此“或”字，杨注初版本作“又”，则认为亦《述闻》说，误甚。修订本改“或”是对的。

我之言。”按:“从”如字读,取服虔说。又按:《左传》这里宣扬春秋时期对孝、仁、知、勇的崇尚。孝、仁、知、勇之受重视,应始于春秋时期之前。

8 旰读 gàn,晚的意思。杜注:“将有吴忧,不得早食。”盖伍奢知道儿子员的意志与才干,估计楚国君臣不得安宁的日子将会到来。真所谓知子莫若父了。

原文

员如吴,言伐楚之利于州于。公子光曰:“是宗为戮而欲反其仇,不可从也。”员曰:“彼将有他志。余姑为之求士,而鄙以待之。”[9]乃见鱄设诸焉,而耕于鄙。[10]

注释

9 杜注:“州于,吴子僚。光,吴公子阖庐也。反,复也。光欲弑僚,不利员用事,故破其议。而员亦知之,计未得用,故进勇士以求入于光,退居边鄙。”《经义述闻》卷十九引王怀祖说:“古谓野为鄙。‘鄙以待之’,谓退处于野以待之也。故下文又言‘耕于鄙’。”王氏父子认为这里杜注训鄙为边鄙非是。今从王氏父子说。

10 鱄读 zhuān,字一作专,或作刬。杜注:“鱄诸,勇士。”孔疏:“见谓为之绍介,使之见光。”杨注谓“鱄设诸”之设为语词,其说是,当从之。

原文

宋元公无信多私,而恶华、向。华定、华亥与向宁谋曰:“亡愈于死,先诸?”[1]华亥伪有疾,以诱群公子。公子问之,则执之。夏六月丙申,杀公子寅、公子御戎、公子朱、公子固、公孙援、公孙丁,拘向胜、向行于其廪。公如华氏请焉,弗许,遂劫之。癸卯,取大子栾与母弟辰、公子地以为质。[2]公亦取华亥之子无戚、向宁之子罗、华定之子启，与华氏盟，以为质。

注释

❶ 杜注："恐元公杀己，欲先作乱。"杨注认为"亡愈于死"句"亡"是逃亡。盖华、向诸人认为作乱未遂则可逃亡，犹愈于被元公杀死。

❷ 杜注："栾，景公也。辰及地，皆元公弟。"《释文》，孔疏引《世族谱》，阮元等《校勘记》，皆认为辰及地当为元公之子，杜注误。

原文

卫公孟絷狎齐豹，夺之司寇与鄄，有役则反之，无则取之。[1]公孟恶北宫喜、褚师圃，欲去之。公子朝通于襄夫人宣姜，惧而欲以作乱。故齐豹、北宫喜、褚师圃、公子朝作乱。

初，齐豹见宗鲁于公孟，为骖乘焉。[2]将作乱而谓之曰："公孟之不善，子所知也。勿与乘！吾将杀之。"对曰："吾由子事公孟，子假吾名焉，故不吾远也。[3]虽其不善，吾亦知之；抑以利故，不能去：是吾过也。今闻难而逃，是僭子也。子行事乎，吾将死之以周事子，而归死于公孟，其可也。[4]"

注释

❶ 杜注："公孟，灵公兄也。齐豹，齐恶之子，为卫司寇。狎，轻也。鄄，豹邑。絷足不良，故有役则以官邑还豹使行。"这分明是予取予求，分明是对齐豹的狎侮。"夺之司寇与鄄"，杨注："之犹其也。"这是对杜注的补充。对于其他词语的解说，杨注用杜注。

❷ "齐豹见宗鲁于公孟"，杜注："荐达也。"孔疏认为"见宗鲁于公孟"句中"见"字与"乃见鱄设诸焉"句中"见"义同，"谓为之绍介"，其说与杜注义同。"为骖乘焉"，依《释文》，乘读 shèng，杜注："为公孟骖乘。"马宗琏《春秋左传补注》："《月令》郑注：'人君之车必使勇士衣甲居右而参乘，备非常也。'宗鲁为公孟骖乘，亦是取其有勇力。"杨注用杜、马二注说，可从。

❸ “吾由子事公孟”句，意思是我经由您的介绍（或者说是推荐），才得到在公孟那里效力的机会。“子假吾名焉，故不吾远也”，杜注：“言子借我以善名，故公孟亲近我。”杨注义同。

❹ “是僭子也”，杜注：“使子言不信也。”按：僭有不信的意思，如《诗·小雅·巧言》“僭始既涵”郑笺可为证。这里“僭”为使动用法。“子行事乎”以下，意思是：您做您的事吧，我将要死在这里，以尽事子之责。杜注：“周犹终竟也。”孔疏：“杜意终不泄子言，是终事子。”这里注疏实质上是相通的。

原文

丙辰，卫侯在平寿。公孟有事于盖获之门外。❺齐子氏帷于门外而伏甲焉，使祝蛙置戈于车薪以当门，使一乘从公孟以出。（使）华齐御公孟，宗鲁骖乘。及闳中，齐氏用戈击公孟，宗鲁以背蔽之，断肱，以中公孟之肩。❻皆杀之。

公闻乱，乘，驱自阅门入。庆比御公，公南楚骖乘。使华寅乘贰车。及公宫，鸿駵魋驷乘于公。❼公载宝以出。褚师子申遇公于马路之衢，遂从。过齐氏，使华寅肉袒执盖以当其阙。齐氏射公，中南楚之背。公遂出，寅闭郭门，窬而从公。公如死鸟。❽析朱鉏宵从窦出，徒行从公。

注释

❺ 杜注：“有事，祭也。盖获，卫郭门。”杨注用杜注。按：这里“丙辰”与《左氏》下文“丁巳”为频日，两天之内不可能有这么多事，其日误可知。

❻ “使华齐御公孟”句，“使”字为衍文，如孔疏所说：“计华齐是公孟之臣，自为公孟之御，非齐氏所当使，必不得有‘使’字。”阮元等《校勘记》已据孔疏而言之。闳读 hóng。杜注：“闳，曲门中。”杨注：“盖祝蛙以薪车当门，故从曲门出。”这样讲，应可备一说。

❼ 孔疏："'乘驱'者，乘车而疾驱也。阅门者，卫城门，盖偏侧之门，其路远齐氏。"按："自阅门入"，亦应与求安全有关。"庆比御公"，御者驾车马。"公南楚骖乘"，这里"骖乘"与上文说的宗鲁为公孟骖乘有相同的意思。"使华寅乘贰车"，依杜注，"贰车"是"公副车"。"鸿駵魋驷乘于公"，杜注："鸿駵〔魋〕复就公乘，一车四人。"乘贰车者不在同一车，所以不计在内。

❽ "使华寅肉袒执盖以当其阙"，杜注："肉袒，示不敢与齐氏争。执盖蔽公而去。阙，空也。以盖当侍从空阙之处。"顾亭林《左传杜解补正》认为"肉袒示必死"，杨注谓顾氏说"较长"，当从之。"寅闭郭门"，意思是华寅关闭了城郭之门，杜注："不欲令追者出。"然则卫灵公一行人已出郭门可知。"公如死鸟"，杜注："死鸟，卫地。"这地名很可怪，何以得名不详。

原文

齐侯使公孙青聘于卫。既出，闻卫乱，使请所聘。公曰："犹在竟内，则卫君也。"乃将事焉，遂从诸死鸟，请将事。辞曰："亡人不佞，失守社稷，越在草莽，吾子无所辱君命。"宾曰："寡君命下臣于朝，曰：'阿下执事。'❶臣不敢贰！"主人曰："君若惠顾先君之好，(昭)〔照〕临❷敝邑，镇抚其社稷，则有宗祧在。"❸乃止。卫侯固请见之。不获命，以其良马见，为未致使故也。卫侯以为乘马。宾将掫，主人辞曰："亡人之忧，不可以及吾子。草莽之中，不足以辱从者。敢辞！"宾曰："寡君之下臣，君之牧圉也。若不获扞外役，是不有寡君也。臣惧不免于戾，请以除死！"亲执铎，终夕与于燎。❹

注释

❶ "宾曰"以下，《左氏》以"宾"与"主人"对举，宾指齐侯之使公孙青，主人指卫侯。"阿下执事"，杜注："阿，比也。命己使比卫臣下。"于醴尊先生《香草校书》卷四十二："阿下之义，顾炎武《补

正》引傅氏说以为亲附而卑下之,似较杜解'命己使比卫臣下'之说为长。惟'执事'之说未有纠正。窃谓'执事'指卫侯,非指卫臣也。"于氏举《左传》襄二十二年、僖二十六年为证,其说可以服人,当从之。然则这里所谓"阿下执事",即亲附卫侯。

❷ 阮元等《校勘记》列诸本作"照"者多,引毛氏《六经正误》也说"照作昭,误"。我们认为据《左传》辞例而言,也应该说,"昭临"当作"照临"。

❸ "有宗祧在",杜注:"言受聘当在宗庙也。"这样解说,与当时聘礼规定相合。其时卫侯已离开国都,离开宗庙所在地,"越在草莽",所以不能接受外国使者的聘问。

❹ "以其良马见",杜注:"以为相见之礼。"行聘礼不妥当,行相见礼是可以的。"为未致使故也",杜注:"未致使,故不敢以客礼见。"孔疏:"'客礼见'者,若已致君命,则享有庭实,复有私觌私面之礼。今为未致使,故但以良马见也。"这里注疏都是对的。可参考《礼经·聘礼》。"乘马"的乘,读 shèng,这里不读 chéng。掫读 zōu,或读 qū。"卫侯以为乘马",杜注:"喜其敬己,故贵其物。"杨注:"乘马,驾乘之马。"按:本来就是良马。"宾将掫",杜注:"掫,行夜。"孔疏:"下文'终夕与于燎',故知掫是行夜也。《说文》云:'掫,夜戒有所击也。从手取声。'"杨注无异议。《左氏》下文的对话,即由"宾将掫"而起。非本国臣民,怎么好意思命他巡夜("掫")呢?杨注谓"不足以辱从者"句"从者"指公孙青,杜注谓"不有寡君"句中"有"的意思是"相亲有",都是对的。"终夕与于燎",杜注:"设火燎以备守。"章太炎先生读燎为僚,谓与于卫侯之巡夜者。两说皆可通。

原文

齐氏之宰渠子召北宫子。北宫氏之宰不与闻谋,杀渠子,遂伐齐氏,灭之。丁巳晦,公入,与北宫喜盟于彭水之上。秋七月戊午朔，遂盟国人。八月辛亥，公子朝、褚师圃、子玉霄、子高鲂出奔晋。闰月戊辰，杀宣姜。卫侯赐北宫喜谥曰“贞子”，赐析朱鉏谥曰“成子”，而以齐氏之墓予之。❺

卫侯告宁于齐，且言子石。❻齐侯将饮酒，遍赐大夫曰：“二三子之教也！”苑何忌辞，曰：“与于青之赏，必及于其罚。在《康诰》曰：‘父子兄弟，罪不相及。’况在群臣？臣敢贪君赐以干先王？”❼

注释

❺“赐北宫喜谥曰‘贞子’”以下，杜注：“皆（未）死而赐谥及墓田，《传》终而言之。”按：阮刻本杜注“皆未死而赐谥”，“皆”下有“未”字，我们这里据阮元等《校勘记》及其所引段玉裁说删“未”字。杜注既然说“《传》终言之”，自不得有“未”字。

❻“告宁于齐”，将平定内乱的事告诉齐侯。“且言子石”，杜注：“子石，公孙青。言其有礼。”孔疏引《世本》证之，知杜注可信。

❼“父子兄弟，罪不相及”，孔疏：“此非《康诰》之全文，引其意而言之。其本文云：‘子弗祗服厥父事，大伤厥考心；于父不能字厥子，乃疾厥子；于弟弗念天显，乃弗克恭厥兄；兄亦不念鞠子哀，大不友于弟：惟吊兹，不于我政人得罪。’孔安国云：‘至此不孝、不慈、弗友、不恭，不于我执政之人得罪乎！道教不至所致。’又曰：‘文王作罚，刑兹无赦。’言刑此不孝不慈之人无赦也。刑不慈者，不可刑其父又刑其子；刑不孝者，不可刑其子又刑其父。是为‘父子兄弟罪不相及’。”《尚书·康诰》孔疏与此《左传》孔疏意思相通。所谓“孔安国”，当然是指伪孔传。父子兄弟罪不相及，可知群臣之间也是罪不相及。“臣敢贪君赐以干先王”，杜注：“言受赐则犯《康诰》之义。”杨注：“先王指成王。成王封康叔为卫之始封君，《康诰》乃为此作。”苑何忌的意思，简单而又明白一点说，其实就是前文一个“辞”字，不愿接受齐侯赐酒。他不愿“与于青之赏”，当然也不愿“及于其罪”。

原文

琴张闻宗鲁死,将往吊之。仲尼曰:“齐豹之盗,而孟縶之贼,女何吊焉?君子不食奸,不受乱,不为利疚于回,不以回待人,不盖不义,不犯非礼。”[8]

注释

[8] 杜注:“琴张,孔子弟子,字子开,名牢。”孔疏谓琴牢一字子张,引服虔说则已指出其时“未有子张”,因为他还没生出来呢。王伯申《经义述闻》批评杜注误用王肃之臆说,认为“王肃《家语》未出以前不得有琴张名牢之说”。王氏《读书杂志》也批评《左传》杜注“殆为《家语》所惑”。按:王氏父子要说明的是“琴张”与“牢”本非一人。我们认为王氏父子这里说的很对,又认为这里最要紧的应该是指出《左传》昭二十年所谓“琴张”并非孔子学生,而另是一人。杨注正是这样做的,其说本服虔,甚确。“齐豹之盗”以下,杜注:“言齐豹所以为盗,孟縶所以见贼,皆由宗鲁。如公孟不善而受其禄,是食奸也。许豹行事,是受乱也。疚,病。回,邪也。以利故不能去,是病身于邪。知难不告,是以邪待人。以周事豹,是盖不义。以二心事縶,是非礼。”杨注谓“不盖不义”的“盖”是掩盖,又认为用《广雅·释言》“盖,党也”一训亦“可通”,但“不如取掩盖义”。其实杜注所谓“以周事豹,是盖不义”即当用掩盖义。又,由“女何吊焉”句,可以判断孔仲尼这一段话是当面质疑,如杨注所说,“据孔丘止琴张之吊宗鲁,或友朋相规劝”。已过而立之年的孔子此时发表一些议论,应该可以代表他的较为成熟的思想观点了。《左传》此后记叙孔子的言论,应该是随时随地现实生活的反应,而不是孔子晚年整理《春秋》的时候针对鲁史发表的追论了。

原文

宋华、向之乱,公子城、公孙忌、乐舍、司马强、向宜、向郑、楚建、兒甲出奔郑。其徒与华氏战于鬼阎，败子城。❶子城适晋。

华亥与其妻，必盥而食所质公子者而后食。公与夫人每日必适华氏，食公子而后归。华亥患之，欲归公子。向宁曰："唯不信，故质其子。若又归之，死无日矣！"公请于华费遂，将攻华氏。对曰："臣不敢爱死。无乃求去忧而滋长乎？臣是以惧，敢不听命？"公曰："子死亡有命，余不忍其訽。"❷

注释

❶ 兒读 ní。依杜注，楚建为"楚平王之亡大子"，兒甲为"小邾穆公子"。"其徒"即"八子之徒众"。鬼阎为地名。"败子城"，即"子城为华氏所败"。

❷ 訽读 hòu，或读 gòu，《释文》："本或作诟，同。"杜注："訽，耻也。"孔疏："天命欲尽，非人所免。我不忍其耻，欲丧子以伐之。"杨注："子谓太子栾及其弟公子辰、公子地。"关于"子死亡有命"句的解说，宜合孔疏与杨注而言之。

原文

冬十月，公杀华、向之质而攻之。戊辰，华、向奔陈，华登奔吴。向宁欲杀大子，华亥曰："干君而出，又杀其子，其谁纳我？且归之有庸！"使少司寇牼以归，曰："子之齿长矣，不能事人。以三公子为质，必免。"公子既入，华牼将自门行；公遽见之，执其手，曰："余知而无罪也。入，复而所！"❸

注释

❸ "干君而出"以下，杨注："干，犯也。"将大子放归，则"可以为功善"，杜注认为这就是"归之有庸"。牼读 kēng。"使少司寇牼以归"，杜注："以三公子归公也。牼，华亥庶兄。"《左氏》下文"子之齿长矣"以下，"子"也应该是太子栾及其弟公子辰、公子地，孔

疏:“言年齿既长,不能他国事人为臣。”杜注:“质,信也。送公子归,可以自明不叛之信。”这样,自可免于处罚。“公子既入”,指三公子归入于国君所在。“华轾将自门行”,杜注:“从公门去。”他完成了以三公子归公一事,正要离开公门的时候,卫灵公立刻接见他,说:“余知而无罪也,入,复而所!”杜注:“而,女也。所,所居官。”杨注同。

原文

齐侯疥,遂痁,期而不瘳。[1]诸侯之宾问疾者多在,梁丘据与裔款言于公曰:“吾事鬼神丰,于先君有加矣。今君疾病为诸侯忧,是祝、史之罪也。诸侯不知,其谓我不敬。君盍诛于祝固、史嚚以辞宾?[2]”公说,告晏子。

注释

❶ 疥读 jiè,或读 gāi。痁读 shān。杜注:“痁,疟疾。”《释文》:“疥,旧音戒,梁元帝音该。依字则当作痎。《说文》云:‘两日一发之疟也。’痎音皆。后学之徒佥以疥字为误。案《传》例因事曰遂。若痎已是疟疾,何为复言‘遂痁’乎?”王氏父子赞成陆德明的说法,这是对的。今按:《说文》:“疥,搔也。”“疟,寒热休作病。”又说:“痁,有热疟。”“痎,二日一发疟也。”段注:“疥急于搔,因谓之搔,俗作瘙。”又说:疥,“有热无寒之疟也”。段君已明确表示不赞成改疥为痎。《说文》本来很明白,疥与疟、痎、痁不同类,后三者为一类。杨注:“疥是疥,痁是痁,两病同时有,非因此疾转彼疾。”有《晏子春秋·内谏上》作“疥且痁”为证,可知《左氏》作“疥”不误。下文“期而不瘳”,《释文》:“期音基。”意思是过了一年也不见好。

❷ 杜注:“欲杀嚚、固以辞谢来问疾之宾。”是杜镇南以嚚、固为人名。孔疏证成之,不具录。按:梁丘据向齐景公建议杀人祛病,嬖大夫事君多如此。

原文

晏子曰："日宋之盟[3]，屈建问范会之德于赵武，赵武曰：'夫子之家事治；言于晋国，竭情无私。其祝、史祭祀，陈信不愧。其家事无猜，其祝、史不祈[4]。'建以语康王，康王曰：'神人无怨，宜夫子之光辅五君以为诸侯主也。'"公曰："据与款谓寡人能事鬼神，故欲诛于祝、史。子称是语何故？"对曰："若有德之君，外内不废，上下无怨，动无违事；其祝、史荐信，无愧心矣。是以鬼神用飨，国受其福，祝、史与焉。其所以蕃祉老寿者，为信君使也，其言忠信于鬼神。[5]其适遇淫君，外内颇邪，上下怨疾；动作辟违，从欲厌私；高台深池，撞钟舞女；斩刈民力，输掠其聚；以成其违，不恤后人；暴虐淫从，肆行非度，无所还忌；不思谤讟，不惮鬼神；神怒民痛，无悛于心；——其祝、史荐信，是言罪也；其盖失数美，是矫诬也；进退无辞，则虚以求媚。[6]是以鬼神不飨，其国以祸(之)，祝、史与焉。[7]所以夭昏孤疾者，为暴君使也，其言僭嫚于鬼神。"

注释

[3] 杜注："日，往日也。宋盟在襄二十七年。"

[4] 孔疏引《左传》襄二十七年："其祝、史陈信于鬼神，无愧辞。"这应该可以用来解说《左传》昭二十年"其祝、史祭祀，陈信不愧"两句。而杜注："家无猜疑之事，故祝史无求于鬼神。"这自然是对"其家事无猜，其祝、史不祈"两句的解说了。

[5] "若有德之君"以下：依杜注杨注，"外内不废"是国家事、宫中事"无废事"；依孔疏，"上下无怨"，"此犹如《孝经》'上下无怨'也，言人臣及民上下无相怨耳"。服虔认为"上下谓人神"，孔疏并不反对，然则《左氏》下文的"上下怨疾"句，就应该是说人与神相怨疾了。"动无违事"，杨注说违事是违礼之事，我们认为违事是行不通的事，而杨注亦可从。《左氏》谓"其祝、史荐信，无愧心矣"，杜注："君有功德，祝、史陈说之，无所愧。"按：祝、史荐信，自是对

鬼神而言,杨注:“荐信犹言陈其实情。荐,进也。此谓进言。”其说甚是。然则“荐信”就未必只说功德了。唯因为“祝、史荐信”,所以“鬼神用飨”;又因为“鬼神用飨”,所以“国受其福”。杨注认为“用飨”之用是因的意思,我们认为上有“是以”,这里“用”可以作“享用”解,不必讲成“因”了。这里“用飨”可以视为同义词连用。鬼神既然歆飨,则必福佑我国,当时社会观念如此。“祝史与焉”,杜注:“与受国福。”因为祝史祭祀荐信有功,所以理应“与受国福”。“其所以蕃祉老寿者,为信君使也,其言忠信于鬼神”,与下文“所以夭昏孤疾者,为暴君使也,其言僭嫚于鬼神”,恰成对比。很明显,上文“若有德之君”至“其言忠信于鬼神”,与下文“其适遇淫君”至“其言僭嫚于鬼神”,也是恰成对照。

❻ “外内颇邪”,“颇邪”为同义词连用,颇亦邪也;“外内”也是指国家事与宫中事。“动作辟违”,“辟违”也是同义词连用,全句意思是行为乖僻。“从欲厌私”,杜注:“使私情厌足。”杨注引吴闿生《文史甄微》:“从音纵。”这当然是可以讲通的。“斩刈民力”,“斩刈”有摧残、扼杀的意思。“输掠其聚”,杜注:“掠,夺取也。”孔疏:“输,堕也。故为堕毁,夺其所聚之物。”杨注引章太炎先生《左传读》,认为这里“输”读为愉,依《诗·唐风·山有枢》“他人是愉”句郑笺将“愉”解释为取,亦通。这样,“输”与“掠”亦为近义词连用。“暴虐淫从”以下三句,杜注:“还,犹顾也。”孔疏:“肆,纵恣也。恣意行非法度之事也。”依杜注,“无所还忌”就是“无所顾忌”。《左氏》下文“不思谤讟”,孔疏谓“思”字“俗本作畏,定本作思”,我们认为两本皆可通,但这里不妨从俗本作“畏”,“不畏”与下文“不惮”正相应。“神怒民痛,无悛于心”,足见其罪恶极大,其刚愎顽固,不思改悔,不可救药。如果“适遇淫君……肆行非度……无悛于心”,为祝史者“荐信”,该怎么办呢?《左氏》认为“是言罪也”,杜注:“以实白神,是为言君之罪。”杨注取杜氏说。“其盖失数美,是矫诬也”,杜注:“盖,掩也。”数,在这里读 shǔ,列举、计算的意思。孔疏:“掩盖愆失,妄数美善,是矫

诈诬罔也。"杨注这里取孔疏说。"进退无辞,则虚以求媚":辞是说理的言辞,进退无辞就是进退没有个说法,讲不出理由,无实情可言;依杜注,"虚以求媚"就是"作虚辞以求媚于神"。既如此,"是以鬼神不飨其国以祸之"。

❼ 俞曲园《春秋左传平议》认为此句"之"字为衍文,"当以'鬼神不飨'为句,'其国以祸'为句"。经过斟酌,我们认为俞氏此说可从,因为不如此,就会出现"不飨其国"的连续,而这是不能搭配的,"国"怎么可能作"飨"的宾语呢?有"享国"的说法,可是鬼神岂能飨国?依俞先生说,则"鬼神不飨"与上文"鬼神用飨"相对,"其国以祸"与前文"国受其福"相对。"祝、史与焉",杜镇南当年如果作注,这里应该是"与受国祸"了罢。

原文

公曰:"然则若之何?"对曰:"不可为也:山林之木,衡鹿守之;泽之萑蒲,舟(鲛)〔鮫〕守之;薮之薪蒸,虞候守之;海之盐蜃,祈望守之。❽县鄙之人,入从其政;逼(介)〔尒〕之关,暴征其私;承嗣大夫,强易其贿。❾布常无艺,征敛无度;宫室日更,淫乐不违。内宠之妾,肆夺于市;外宠之臣,僭令于鄙。私欲养求,不给则应。❿民人苦病,夫妇皆诅;祝有益也,诅亦有损:聊、摄以东,姑、尤以西,其为人也多矣。虽其善祝,岂能胜亿兆人之诅?⓫君若欲诛于祝、史,修德而后可。"公说,使有司宽政,毁关去禁,薄敛已责。⓬

注释

❽ "舟鲛守之",阮元等《校勘记》引庄述祖的说法:"鲛当作鮫,鮫即'艢'字。"《说文·竹部》引《春秋传》曰"泽之自艢",段注:"自当作舟……鲛当是鮫误。"艢或作鮫。今据阮元等《校勘记》引庄述祖说与《说文》及段注改鲛为鮫。杜注:"衡鹿、舟鲛、虞候、祈望,皆官名也。言公专守山泽之利,不与民共。"按:杜注:孔疏与陆氏

《释文》皆不知“舟鲛”之鲛当作“𩵋”。孔疏谓齐侯自立诸官,“使之守,掌专山泽之利,不与民共,故鬼神怒而加病也”,这样讲,与《左氏》原意相符。

❾“县鄙之人,入从其政;逼介之关,暴征其私”,杜注:“介,隔也,迫近国都之关。言边鄙既入服政役,又为近关所征税,(相)〔枉〕暴夺其私物。”孔疏:“齐于竟内更复置关,不与常礼同,以隔外内,故注‘介’为‘隔’也……县鄙之人入从国之政役,近关又征税夺其私物,而使民困也。”由注疏可知杜、孔皆未曾悟及“逼介”句中字讹。《释文》亦然。王伯申《经义述闻》卷十九:“逼介,本作逼尒(今俗作尔)。尒,即迩字也。逼尒二字,义本相近……注本作‘尒,近也,迫近国都之关’,‘迫近’二字正释‘逼尒’二字,则正文之本作‘逼尒’明矣。”按:介者“尒”之形讹,王伯申言之有理。“承嗣大夫,强易其贿”,杨注:“承嗣大夫,谓大夫之世袭其位者。强易犹言强买。易,交易。贿,财物也。”这里杨注可从。探《左氏》上文,“其私”“其贿”两“其”字为物主代词,代“县鄙之人”。

❿“布常无艺”,杜注:“艺,法制也。言布政无法制。”孔疏:“布其寻常之政无准艺。”杨注认为“常指政令”“言所布政令毫无准则”。《左氏》下文“征敛无度”,无度与无艺义同。“宫室日更”,日更是天天变换。“淫乐不违”,杜注:“违,去也。”淫乐不违就是天天淫乐,不肯停歇。“肆夺于市”,杜注:“肆,放也。”说的是在市场恣意掠夺。“僭令于鄙”,杜注:“诈为教令于边鄙。”杨注无异议。“私欲养求,不给则应”,杜注:“养,长也。所求不给,则应之以罪。”孔疏:“言此嬖宠之臣私有所欲,长养其情,求物共之;民不共给,则应之以罪。”今按:“私欲养求”,就是私欲之养,私欲之求,为满足私欲所需要的一切。“不给则应”,如不供给,就会很快采取手段加以打击。从“布常无艺”句至此,说的是统治集团中某些人为所欲为,为害人民。

⓫“祝有益也,诅亦有损”,祝和诅相对,益与损相对。“亦”这里应

该是表示转折意思的副词。杨遇夫先生《词诠》卷七说“亦”作副词,有“特”“但”的意思。裴学海先生《古书虚字集释》卷三:“‘亦’犹‘则’也。”《左传》昭二十年这个“亦”正是“但”或“则”的意思。“聊、摄以东”以下,杜注:“聊、摄,齐西界也。”“姑、尤,齐东界也。”孔疏:“聊、摄、姑、尤,皆是邑也。”又说:“万万曰亿,万亿曰兆。”聊、摄、姑、尤诸地能够做祝史的人多了,他们虽然善于祝诅,岂能胜过民人之诅?毕竟民人众多,民人在苦病之中必然都要发出诅咒啊!

⑫《左氏》上文说的“毁关去禁”,把设立的关卡毁了,向民人颁布的禁令去掉,杨注:“山泽之利与民共。”这些措施都是所谓“宽政”。《释文》:“责,本又作债,同。”薄敛已责:薄敛是少取,已责是杜注所说的“除逋责”,将民人所欠债务免了。

原文

十二月,齐侯田于沛。招虞人以弓,不进。公使执之,辞曰:“昔我先君之田也,旃以招大夫,弓以招士,皮冠以招虞人。臣不见皮冠,故不敢进。”乃舍之。❶仲尼曰:“守道不如守官。”君子韪之。❷

注释

❶“田于沛”以下,田是田猎,杜注:“言疾愈行猎。沛,泽名。”又说:“虞人,掌山泽之官。”古有招礼,朝廷(或国君)招用不同身份不同阶级的人,采取不同的方式,包括使用不同的信物,譬如“旃以招大夫,弓以招士,皮冠以招虞人”。齐侯招虞人以弓,虞人不敢进,那只能怪齐侯错行招礼。孔疏释之甚详。虞人向齐侯说明他不敢进的原因,齐人知道自己错用了信物,只好释放了虞人。

❷杜注:“君招当往,道之常也。非物不进,官之制也。”依杜注,守道不如守官制。杨注认为这里所谓“道”即君臣相接为义,“君子韪之”句有为孔子言与非孔子言两解,其说是。杜注:“韪,是

也。”君子认为“守道不如守官”的说法是对的。

原文

齐侯至自田。晏子侍于遄台，子犹驰而造焉。❶公曰：“唯据与我和夫！”晏子对曰：“据亦同也，焉得为和？”公曰：“和与同异乎？”对曰：“异！和如羹焉：水、火、醯、醢、盐、梅以（烹）〔亨〕鱼肉，燀之以薪，宰夫和之，齐之以味；济其不及，以泄其过。君子食之，以平其心。君臣亦然。君所谓可而有否焉，臣献其否以成其可；君所谓否而有可焉，臣献其可以去其否：是以政平而不干，民无争心。❷故《诗》曰：‘亦有和羹，既戒既平。鬷嘏无言，时靡有争。’❸先王之济五味、和五声也，以平其心、成其政也。声亦如味：一气，二体，三类，四物，五声，六律，七音，八风，九歌，以相成也；清浊，大小，短长，疾徐，哀乐，刚柔，迟速，高下，出入，周疏，以相济也。❹君子听之，以平其心。心平，德和，故《诗》曰：‘德音不瑕’。❺今据不然。君所谓可，据亦曰可；君所谓否，据亦曰否。若以水济水，谁能食之？若琴瑟之专壹，谁能听之？同之不可也如是！”

注释

❶ 遄台自是台名。杜注：“子犹，梁丘据。”齐侯从行猎之地回到国都，晏子在遄台侍侯，梁丘据奔驰而至。

❷ 以上用一个比方论“和”与“同”之异。孔疏：“醯，酢也。醢，肉酱也。”杨注：“酢即醋字。”杜注：“燀，炊也。”这是用《说文》的讲法。《释文》：燀，“燃也”。炊则必有燃火。燀读 chǎn。按：宰夫和之是“调和其味”，杨注这样说是对的。《左氏》：“齐之以味”以下，杜注：“齐（阮元等《校勘记》认为当作‘济’），益也。泄，减也。”孔疏：“齐之者，使酸咸适中。济益其味不足者，泄减其味大过者。”杜镇南认为君臣关系“亦如羹”，又说：“否，不可也。献君之否以成君可。”杨注：“献谓指出并纠正之，使去其不可，而得纯

可。”这是对前一个“献”的解说。关于后一人“献”，杨注：“谓指出并加益之，去其不可，转否为可。”能如此，则政治平和而无人干犯，民人没有争斗之心。杨注谓“政平而不干”句也有两解，一解是政令不违礼制，另一解是民人不犯政令，我们认为两说皆可。

❸ 引《诗》见《诗·商颂·烈祖》。杜注：“诗颂殷中宗，言中宗能与贤者和齐可否，其政如羹，敬戒且平。和羹，备五味，异于大羹。鬷，总也。嘏，大也。言总大政能使上下皆如和羹。”孔疏：“诗言殷王中宗非徒身自贤明，亦有和羹之臣，臣与其君可否相济，如宰夫之和齐羹也。此臣既敬戒其事矣，既志性和平矣，中宗总齐大政，自上及下无怨恨之言，时民无有相争斗讼者也。言其上下悉如和羹。”杨注认为“既戒且平”句“戒”是戒宰夫，平是其味适中；“鬷假”当依《中庸》与毛诗理解为“奏格”，奏是献羹，格是神至；无言即无所指摘。但我们也不完全赞成杨先生的解说，“既戒既平”句中“戒”与“平”应该同承“和羹”言，“奏格”两字不应各不相干。

❹ “先王之济五味、和五声也”，杜注：“济，成也。”和是调和而使和谐。杨注：“五味，辛、酸、咸、苦、甘。五声，宫、商、角、徵、羽。”晏子以五味、五声喻做人为政，“平心”就是静气（或者说是气和），就不会恣意妄为，这样的人从政主事，就有“成其政”的希望，就有建设和谐社会的希望。《左氏》下文，“一气”至“九歌”：杜注谓“须气以动”，孔疏说：“气是作乐之主，故先言之”；杜注谓“舞者有文武”，孔疏说“文舞执羽籥，武舞执干戚，舞者有文武之二体”；杜注说“三类”指“风、雅、颂”，孔疏谓“乐以歌诗为主，诗有风、雅、颂……是三者类别各不同”；杜注认为《左氏》所谓“四物”指“杂用四方之物以成器”，孔疏认为“乐之所用八音之器……非一处能备，故杂用四方之物以成器”；杜注谓五声指“宫、商、角、徵、羽”，孔疏据《乐记》与《汉书·律历志》详尽地解释了五声的名义及其自然之理；杜注认为“六律”指“黄钟、大蔟、姑洗、蕤宾、夷则、无射”，孔疏引《周官·大师》以及郑注、《汉书·律历志》及

其他相关文献作了解说;《释文》以为"七音"指宫、商、角、徵、羽、变宫、变徵(孔疏引《周语》及贾逵注与其他有关文献证杜注有据,我们这里并未摘录杜注孔疏);杜注谓"八风"就是"八方之风","九歌"歌颂的是"九功之德",而"六府三事谓之九功",孔疏都有较为详明地解释,不具录。杜注又说:"此九者合,然后相成为和乐。"所谓和乐应该就是和谐的音乐歌曲,应该是和谐社会的和谐的反映。"周疏",杜注:"周,密也。"或作"周流",《释文》已辩"周流"之"流"不妥,宜作"疏",因为《左氏》"清浊"至"周疏"十组皆自相对,"疏"作"流"则"周流"不相对了。孔疏:"'周疏'以上凡十事,皆两字相对,其义相反,乃言乐声如此相反以成音曲,犹羹之水火相反,人之和而不同也。"

❺ 此诗见《诗·豳风·狼跋》,杜注:"义取心平则德音无瑕阙。"孔疏引郑笺:"不瑕,言不可疵瑕也。"

原文

饮酒乐。公曰:"古而无死,其乐若何?"晏子对曰:"古而无死,则古之乐也,君何得焉?昔爽鸠氏始居此地,季萴因之,有逢伯陵因之,蒲姑氏因之,而后大公因之。古(者)〔若〕❼无死,爽鸠氏之乐,非君所愿也。"❻

注释

❻ "古而无死",杨注:"而犹如也,假设连词。"杜注:"爽鸠氏,少皞氏之司寇也。"萴读 zè,或读 cè,或读 shì。杜注:"季萴,虞夏诸侯,代爽鸠氏者。逢伯陵,殷诸侯,姜姓。蒲姑氏,殷周之间代逢公者。"杨注引《汉书·地理志下》师古注:"武王封大公于齐,初未得爽鸠氏之地,成王以益之也。"所以说"大公因之"。这里杨注援引古文献恰到好处。杜注又说:"齐侯甘于所乐,志于不死,晏子称古以节其情愿。"按:使爽鸠不死,则齐地永奏爽鸠氏之乐,安得有后世齐景公之乐?古之人君不少人求不死,无奈自然

人生之法则何！

❼ “者”者“若”之讹，阮元等《校勘记》已言之。

原文

郑子产有疾，谓子大叔曰：“我死，子必为政。唯有德者能以宽服民，其次莫如猛。夫火烈，民望而畏之，故鲜死焉；水懦弱，民狎而玩之，则多死焉：故宽难。”疾数月而卒。大叔为政，不忍猛，而宽。郑国多盗，取人于萑苻之泽。[1]大叔悔之，曰：“吾早从夫子，不及此。”兴徒兵以攻萑苻之盗，尽(杀)之。[2]盗少止。

注释

❶ 萑读 zhuī，若作“萑”，应读 huán。因为寇盗应该是藏在草木茂密处，则应该是《说文》所谓萑“草多貌”者。《释文》谓“萑音丸”，与读 huán 者音近，恐非，因为读 huán 的萑并无“草多”之貌。但若其地本名萑苻，那就无须辨了。杜注：“萑苻，泽名。于泽中劫人。”王伯申《经义述闻》卷十九：“劫人而取其财，不得谓之取人。取读为聚……人，即盗也。谓群盗皆聚于泽中……又非徒于泽中劫人也。”杨遇夫先生《读左传》：“疑《传》文本只作‘聚于萑苻之泽’，‘聚’下半字坏，故误分为‘取人’二字耳。”这样讲，比王伯申的说法更精彩。

❷ “尽杀之”，“杀”字为衍文，说见阮元等《校勘记》。

原文

仲尼曰：“善哉！政宽则民慢，慢则纠之以猛。猛则民残，残则施之以宽。宽以济猛，猛以济宽，政是以和。《诗》曰：‘民亦劳止，汔可小康。惠此中国，以绥四方。’施之以宽也。[3]‘毋从诡随，以谨无良。式遏寇虐，惨不畏明。’纠之以猛也。[4]‘柔远能迩，以定我王。’平之以和也。[5]又曰：‘不竞不絿，不刚不柔。布政优优，百禄是遒。’和之至也！[6]”及子产卒，仲尼闻之，出涕，曰：“古之遗爱也！”[7]

注释

❸“民亦劳止”至“以绥四方”，见《诗·大雅·民劳》，杜注：“汔，其也。康，绥，皆安也。周厉王暴虐，民劳于苛政，故诗人刺之，欲其施之以宽。”孔疏：“止，辞也。”“中国，京师也。四方，诸夏也。”杨注：“汔，庶几也。”后出者义胜。

❹“毋从诡随”至“惨不畏明”四句，亦见《大雅·民劳》，杜注：“诡人随人无正心，不可从。谨敕，慎也。式，用也。遏，止也。惨，曾也。言为寇虐曾不畏明法者，亦当用猛政纠治之。”依孔疏，毋从是不可舍从的意思。我们认为这里“从”可以作“纵”讲，也可以作随从讲。杨注：“式，助动词，应也。”这个讲法本丁声树先生说，比杜注好。

❺“柔远能迩，以定我王”，亦见《大雅·民劳》，杜注：“柔，安也。迩，近也。远者怀附，近者各以能进，则王室定。”孔疏也说：“能，谓才能也。”按：注疏关于“能”的解说皆非是。这里“能”与“安”“善”义近，说见王伯申《经义述闻》卷三。《左氏》下文“平之以和”，应与上文“平其心，成其政”“心平，德和”义同。

❻“不竞不絿”至“百禄是遒”，见《诗·商颂·长发》，杜注：“言汤政得中和。竞，强也。絿，急也。优优，和也。遒，聚也。”孔疏：“汤之为政，不大强，不大急，不大刚，不大柔，布行政教优优然和绥，百种福禄于是聚而归之。言其和之至也。”杨注：“絿，音求，缓也。”这样讲，刚好与杜注孔疏相反。刚与柔相对，竞与絿相对，其说亦通。

❼杜注：“子产见爱，有古人之遗风。”王怀祖说：“爱即仁也。谓子产之仁爱有古人之遗风，非谓其见爱于人也。以子产为古之遗仁，犹以叔向为古之遗直耳。”（《经义述闻》卷十九）按：王氏父子说甚是。

经二十有一年[1]

原文

春,王三月,葬蔡平公。

夏,晋侯使士鞅来聘。

宋华亥、向宁、华定自陈入于宋南里以叛。

秋,七月壬午朔,日有食之。

八月乙亥,叔辄卒。[2]

冬,蔡侯朱出奔楚。[3]

公如晋,至河乃复。

注释

❶ 鲁昭公二十一年,当公元前521年,周景王二十四年。是年孔子三十二岁。

❷ “叔辄”,《穀梁传》同,《公羊传》辄作痤。按:辄字声属知母二等,韵在盍摄(段玉裁《表》八部);痤字声属从母,韵在阿摄(段氏十七部)。声不同纽,韵不同摄(部),不知何由发生歧异。

❸ “蔡侯朱”,《公羊》同,《穀梁》作“蔡侯东”,穀梁赤谓“东”即东国。杨注:“朱与东国为两人,《穀梁》误。”有出土蔡侯朱之缶为证,杨注可信。

传二十一年

原文

春,天王将铸无射,[1]泠州鸠[2]曰:“王其以心疾死乎?夫乐,天子之职也。夫音,乐之舆也;而钟,音之器也。天子省风以作乐,器以钟之,舆以行之。[3]小者不窕,大者不摦,则和于物;物和则嘉成。[4]

故和声入于耳而藏于心，心亿则乐。窕则不咸，摦则不容，心是以感，感实生疾。[5]今钟摦矣，王心弗堪，其能久乎？”

注释

❶ 杜注已指出这里“天王”是周景王，“无射”是钟名，其得名是因为“律中无射”。这里“射”读 yì。按：《周语》也记载了周景王二十四年铸钟一事。

❷《释文》泠作伶，认为作泠者非。杜注：“伶，乐官。州鸠，其名也。”据《周语》记载，伶州鸠通晓天文律历已达精妙神奇的境界。

❸《论语·季氏》：“天下有道，则礼乐征伐自天子出。”可知在古人所谓有道之世，音乐与礼与征伐一样，是由天子制定的。《左传》昭二十一年所谓“夫乐，天子之职也”正是这个意思，杜注：“职，所主也。”说得不错。《左氏》“夫音，乐之舆也”以下，杜镇南注：“乐因音而行。音由器以发。”也道出了《左氏》原意。《左氏》所谓“天子省风以作乐”，说是“作乐”，则仍然有视为“天子之职”的意思，杜注：“省风俗作乐以移之。”作乐移风，据说是古时天子教化的重要手段之一。“器以钟之，舆以行之”，杜注：“钟，聚也，以器聚音。乐须音以行。”按：“器以钟之，舆以行之”两句，与上文“夫音，乐之舆也；而钟，音之器也”相应。

❹ 摦读 huà。杜注：“窕，细不满。摦，横大不入。”然则不窕就不至于细不满，不摦就不至于横大不入，这就是所谓小大皆宜了。杨注认为“和于物”之物“泛指人物、事物、器物”。凡物皆和，所以杜注说“嘉乐成也”。

❺“心亿则乐”，杜注：“亿，安也。”杨注用杜氏说。“窕则不咸”，杜注：“不充满人心。”杨注：“咸，遍也。”“此谓音细则能闻者不周遍。”这里杜、杨两注的区别在于：“咸”究竟是就一人之心而言，还是指能闻者之多寡而言。按：《左氏》下文只说“王心弗堪”，则与能闻者周遍与否无关，这里当以杜注为是。“摦则不容”，杜注：“心不堪容。”杨注：“音太响而难容。”这里杜、杨两注倒是一

致的。“心是以感”句以下,杨注:“感借为憾,不安也。”长久的不安,是会生病的。这里杨注可从。

原文

三月,葬蔡平公。蔡大子朱失位,位在卑。[1]大夫送葬者归,见昭子;昭子问蔡故,以告。昭子叹曰:“蔡其亡乎!若不亡,是君也必不终。《诗》曰:‘不解于位,民之攸塈。’今蔡侯始即位,而適卑,身将从之。[2]”

注释

❶“蔡大子朱失位,位在卑”,杜注:“不在適子位,以长幼齿。”孔疏引小戴辑《礼记·丧大记》证明国君初死之时大子与众子孙即有位置之别,“况其至葬君道成矣”,更应有適庶之异。孔疏又说:“大子失其位,明其不在適子位也。‘位在卑’,是以长幼为齿,盖处其庶兄之下。”按:孔疏言是。

❷引《诗》见《大雅·假乐》。“解”读 xiè(音义同“懈”),塈读 xì,又读 jì。杜注:“塈,息也。”我们认为这里昭子引《诗·假乐》,义取“不解于位”句及其相关者。“今蔡侯始即位而适卑”,杨注:“所往非嗣承之位,而是卑位。”《左氏》下文“身将从之”,意思是说蔡大子朱的身份也就随之卑下了,他做大子的地位也就随着丧失了。

原文

夏,晋士鞅来聘。叔孙为政,季孙欲恶诸晋,使有司以齐鲍国归费之礼为士鞅。士鞅怒,曰:“鲍国之位下,其国小,而使鞅从其牢礼,是卑敝邑也。将复诸寡君!”鲁人恐,加四牢焉,为十一牢。[3]

注释

❸“季孙欲恶诸晋”以下,杜注:“憎叔孙在己上位,欲使得罪于晋。

鲍国归费在十四年，牢礼各如其命数。鲁人失礼，故为鲍国七牢。言鲁不能以礼事大国，且为哀七年吴征百牢起。”孔疏指出杜注所谓“牢礼各如其命数”的根据在《周官·掌客》，又说：《周官·掌客》谓诸侯牢礼各以其命数，“卿大夫来者亦当牢礼如其命数，计鲍国齐卿不过三命，于法当三牢，而鲁人失礼，为鲍国七牢也；下云加四为十一，知本七也”。孔疏又说：“七牢于礼厚矣。而鞅怒者：但陈设为鞅，鞅必不怒；其时鲁人报云鲍国之礼，鞅遂怒其轻己。”这样讲，可谓曲尽人情了。其实，鲍国七牢，士鞅十一牢，皆为失礼；后来吴征百牢，那是肆意妄为，更谈不上礼了。

原文

宋华费遂生华貙、华多僚、华登。貙为少司马。多僚为御士，与貙相恶，乃谮诸公曰：“貙将纳亡人。”亟言之。公曰：“司马以吾故亡其良子。死亡有命，吾不可以再亡之。”对曰：“君若爱司马，则如亡。死如可逃，何远之有？”[1]公惧，使侍人召司马之侍人宜僚，饮之酒而使告司马。司马叹曰：“必多僚也！吾有谗子而弗能杀，吾又不死；抑君有命，可若何？”乃与公谋逐华貙，将使田孟诸而遣之。[2]公饮之酒，厚酬之，赐及从者。司马亦如之。张匄尤之，曰：“必有故！”使子皮承宜僚以剑而讯之[3]，宜僚尽以告。张匄欲杀多僚，子皮曰：“司马老矣。登之谓甚，吾又重之，不如亡也！”

注释

❶ 貙读 chū，或读 qū。杜注：“亡人，华亥等。司马，谓费遂为大司马。良子，谓华登。”孔疏谓“亟言之”即数言之，引服虔谓此句“亟”训为“疾”。按：训“疾”则“亟”读 jí，训“数”则读 qì，《释文》谓此字读“欺冀反”，则亦认为当训“数”。“数言之”，即屡言之。“死亡有命，吾不可以再亡之”，这是宋元公的话，相信何时死亡是命中注定的，不忍心再逐华貙，让华费遂家再出一个“亡人”

（亡命国外的人）。“君若爱司马”句以下，杜注：“言若爱大司马，则当亡走失国。”又说：“言亡可以逃死，勿虑其远，以恐动公。”多僚故意吓唬宋元公，意思是：您既然认为逃亡可以救命，那就不要担心跑得远了，总是越远越好。

❷ “使告司马”，杜注：“告司马，使逐华貙。”《左氏》下文“抑君有命”以下，孔疏：“抑，语助……言无如之何，遂谋逐之。”按：王伯申《经传释词》卷三谓“抑，词之转也”，这样讲，比看作笼统的语助要好些。“将使田孟诸而遣之”，意思是让华貙到孟诸去打猎，而后放逐他流亡国外。

❸ “张匄尤之”，匄读 gài，《释文》：“本亦作丐。”杜注：“张匄，华貙臣。尤，怪赐之厚。”故疑其中必有缘由。“使子皮承宜僚以剑而讯之”，杜注：“子皮，华貙。讯，问也。”杨注取杜镇南说。

原文

五月丙申，子皮将见司马而行，则遇多僚御司马而朝。张匄不胜其怒，遂与子皮、臼任、郑翩杀多僚，劫司马以叛，而召亡人。壬寅，华、向入。乐大心、丰愆、华牼御诸横。华氏居卢门，以南里叛。六月庚午，宋城旧鄘及桑林之门而守之。❹

注释

❹ “御诸横”，“诸”为“之于”二字合音，横为地名。“居卢门”以下，杜注：“卢门，宋东城南门。旧鄘，故城也。桑林，城门名。”杨注将这个“桑林”与殷汤祷于桑林之野那个桑林相联系，认为桑林之门“当在宋都郊外，作外城据点以守之”。其说当可信。

原文

秋七月壬午朔，日有食之。公问于梓慎曰：“是何物也？祸福何为？”对曰：“二至，二分，日有食之，不为灾。日月之行也：分，同道也；至，相过也。其他月则为灾，阳不克也，故常为水。”❶于是叔辄哭日食。昭子曰：“子叔将死，非所哭也。”八月，叔辄卒。

冬十月，华登以吴师救华氏。齐乌枝鸣戍宋。厨人濮曰：“《军志》有之：‘先人有夺人之心，后人有待其衰。’❷盍及其劳且未定也伐诸！若入而固，则华氏众矣，悔无及也！”从之。丙寅，齐师、宋师败吴师于鸿口，获其二帅公子苦雂、偃州员。❸华登帅其余以败宋师。

注释

❶ 杜注：“二至，冬至、夏至。二分，春分、秋分。二分日夜等，故言同道。二至长短极，故相过也。”孔疏：“日月之行，交则相食，自然之理。但日为君象，月为臣象，阴既侵阳，如臣掩君，圣人因之设教，制为轻重。”按：既为自然之理，为何附会人事？所谓圣人设教，则圣人所需，为他所代表的阶级或国家服务，所言是否为自然之理实不可必了。二至二分为自然之理，这样说是不错的，因为经得起事实验证；而是否成灾，也应该由历史加以验证才能确定。“阳不克也，故常为水”，杜注：“阴侵阳，是阳不胜阴。”孔疏：“日食是阴侵阳，是阳不胜也，故日食常为水灾。”可是事实并非完全如《左氏》所说，所以孔疏下文写道：“‘常水’之言既无其验，足知是贤圣假托日食以为戒耳。”这样讲，比《左氏》所记梓慎的说法有道理，可信。

❷ 杨注已指出“先人有夺人之心”句已见《左传》文七年、宣十二年。这一句重在先声夺人，重在挫人锐气，丧其心魄。“后人有待其衰”句，意思是避其锐气，待敌衰而后出击取胜。皆所谓善谋者。

❸ 依《释文》，雂读 qián，一读 qín，或读 kān。“偃州员”，员读 yún，或读 yuán。杜注：“二帅，吴大夫。”

原文

公欲出，厨人濮曰：“吾小人，可借死。而不能送亡，君请待之。”乃徇曰：“杨徽者，公徒也！”[4]众从之。公自杨门见之，下而巡之，曰：“国亡君死，二三子之耻也，岂专孤之罪也？”齐乌枝鸣曰：“用少，莫如齐致死。齐致死，莫如去备。彼多兵矣，请皆用剑！”从之。华氏北，复即之。[5]厨人濮以裳裹首而荷以走，曰：“得华登矣！”遂败华氏于新里。

翟偻新居于新里，既战，说甲于公而归。华姓居于公里，亦如之。[6]

注释

❹“公欲出”，杜注：“出奔。”宋元公以为兵败，不能不弃国出走。“可借死”以下，杜注：“可借使死难。请君待复战决胜负。徽，识也。”于醴尊先生说：“借死者，谓君死而已借之也。”“借死与送亡为偶。”此说义长。孔疏：“令其各自扬徽，欲知其助公多少，如《汉书》绛侯之令军人云：‘为刘氏者左袒。’”按：阮刻本“杨徽”之杨，据阮元等《校勘记》，诸本多作“扬”。杨、扬两字相通，如“扬雄”之扬，亦可作杨。“徽”为何物？杨注：“肩章胸章难以挥扬，郑玄义似较胜。”所谓郑玄义，指郑注说的“徽号，旌旗之名也”。郑君此注见小戴辑《礼记·大传》注，杨注修订本关于这个出处的说法是对的。

❺“华氏北，复即之”，杜注：“北，败走。”杨注：“即，就也，从也，即复追之。”

❻“翟偻”的偻，读 lǚ。“说甲”的说，读 tuō（音义与“脱”同）。姓读 tǒu。杜注谓翟偻“居华氏地而助公战”，华姓“亦如偻，新说甲归”。杨注义同。

原文

十一月癸未，公子城以晋师至。曹翰胡会晋荀吴、齐苑何忌、卫公子朝救宋。丙戌，与华氏战于赭丘。郑翩愿为鹳，其御愿为鹅。[1]子禄御公子城,庄堇为右。干犨御吕封人华豹,张匄为右。相遇,城还。华豹曰:"城也!"城怒而反之,将注,豹则关矣,曰:"平公之灵尚辅相余!"豹射,出其间。[2]将注,则又关矣。曰:"不狎,鄙!"抽矢。城射之,殪。张匄抽殳而下。射之,折股。扶伏而击之,折轸。[3]又射之,死。干犨请一矢,城曰:"余言汝于君。"对曰:"不死伍乘,军之大刑也!干刑而从子,君焉用之?子速诸!"[4]乃射之,殪。大败华氏,围诸南里。

注释

❶ "郑翩愿为鹳",鹳读 guàn,杜注:"郑翩,华氏党。鹳、鹅皆陈名。"此当时阵法战法,盖与鹳、鹅飞走之状相似。

❷ 堇读 jǐn。"城怒而反之",杜注:"怒其呼已。反,还战。"杨注用杜镇南说。"将注,豹则关矣",杜注:"注,傅矢。关,引弓。"华豹射箭动作比公子城快。"平公之灵尚辅相余",杜注:"平公,公子城之父。"这是公子城在祈祷其先父神灵帮他。"豹射,出其间",杜注:"出子城、子禄之间。"没有射中。

❸ "不狎,鄙",杜注:"狎,更也。"孔疏认为城此语可有两解,一是"城言我不狎习则鄙";二是"城谓豹:'女频射我,不使我得更递,是为鄙也'"。联系下文,据说"豹服此言(即'不使我得更递'),故抽矢而止"。"抽矢",杜注:"豹止不射。"于醴尊也说"抽矢"的抽有收的意思。"殪",杜注:"豹死。"而《左氏》下文"抽殳"的抽应该是拔的意思。公子城射断了他的大腿。"扶伏"就是匍匐,由《释文》可以判断。"折轸",杜注:"折城车轸。"城车后面的横木,是张匄用殳击断的。

❹ "请一矢",杜注:"求死。"意思是请用一矢结果性命。"余言汝于君",杜注:"欲活之。"意思是为他向国君说好话(求情),让他不死。"不死伍乘,军之大刑也",杜注:"同乘共伍,当皆死。"盖当时军法有这一条。"子速诸",求快用一矢,即求速死。

原文

华亥搏膺而呼，见华貙，曰："吾为栾氏矣！"貙曰："子无我迋。不幸而后亡。"[5]使华登如楚乞师。华貙以车十五乘、徒七十人，犯师而出，食于睢上，哭而送之，乃复入。

楚薳越帅师将逆华氏，大宰犯谏曰："诸侯唯宋事其君。[6]今又争国，释君而臣是助，无乃不可乎？"王曰："而告我也后，既许之矣。"

注释

❺ "吾为栾氏矣"，杜注："晋栾盈还入作乱而死，事在襄二十三年。"杨注用杜镇南说。"子无我迋，不幸而后亡"，杜注："迋，恐也。"王伯申认为这里"迋"乃恇之假借，"言子毋以是言恐惧我"；又说："今日之事，不幸而后死亡，幸犹不亡也。"《说文》段注认为《左传》昭廿一年这个"迋"亦诳之假借，王伯申以为非是。

❻ 孔疏："言诸侯之内唯宋之臣民善事其君。"杨注认为"当时诸侯，政权多下移"，如鲁如晋，国君只有虚名了，像宋国这样的国君受拥戴的情况已不多见。其实，宋国也有华、向之流并不爱君，不然，何以发生内乱如此？

原文

蔡侯朱出奔楚。费无极取货于东国，而谓蔡人曰："朱不用命于楚，君王将立东国。若不先从王欲，楚必围蔡。"蔡人惧，出朱而立东国。朱诉于楚。楚子将讨蔡，无极曰："平侯与楚有盟，故封。其子有二心，故废之。灵王杀隐大子，其子与君同恶，德君必甚。又使立之，不亦可乎！且废置在君，蔡无他矣。"[1]

公如晋，及河。鼓叛晋，晋将伐鲜虞，故辞公。

注释

❶ 杜注："东国，隐大子之子，平侯庐之弟，朱叔父也。盟于邓，依陈蔡人以国。"按："盟于邓"一事，见《左传》昭十三年。"其子有二心"，承上文，"其子"指平侯之子，杜注："子谓朱也。"《左氏》下文"灵王杀隐大子，其子与君同恶"，这个"其子"指隐大子之子，即东国。如杨注所说，楚平王杀灵王，是与东国同恶灵王；就东国而言，是与楚平王同恶，且德其为父复仇。孔疏："荷恩谓之德。言荷君恩必甚也。"费无极说："废置在君，蔡无他矣"，杜注："言权在楚，则蔡无他心。"蔡国弱，自无可奈何。

经二十有二年[1]

原文

春，齐侯伐莒。

宋华亥、向宁、华定自宋南里出奔楚。

大蒐于昌间。[2]

夏，四月乙丑，天王崩。

六月，叔鞅如京师，葬景王。王室乱。[3]

刘子、单子以王猛居于皇。

秋，刘子、单子以王猛入于王城。

冬，十月，王子猛卒。[4]

十有二月癸酉朔，日有食之。[5]

注释

❶ 鲁昭公二十二年，是公元前 520 年，周景王二十五年。孔仲尼先生这一年三十三岁。

❷ "昌间"无疑是地名。《穀梁》同，《公羊》作"昌奸"。间与奸音同，故《公羊》用"奸"，实无妨。

❸ 杜注:“三月而葬,乱,故速。”又说:“未知谁是,故但曰‘乱’。”就因为王室乱,所以天王崩三月即葬。按:本年《左传》杜注已指出“《经》书六月”之“误”。然则天王崩至葬为四月,仍嫌已速。

❹《史记·周本纪》:“景王爱子朝,欲立之,会崩……国人立长子猛为王,子朝攻杀猛。猛为悼王。”如同年《左传》杜注所说,“悼王”为王子猛卒后周人议定之“谥”。本年《春秋经》杜注:“‘王猛’,书名,未即位。”意思是说:《经》书“王猛”是书名,而书名的原因是他没有即位。杜注又说:“未即位,故不言‘崩’。”孔疏:“王人以在皇告,故书皇也。景王既葬,猛当成君,仍书名者,王室大乱,未得以礼即位故也……未成君者法当书名,此王猛虽未即位,异于诸侯,故称王而以名系之……未即位,不成为王,故不言‘崩’也。”杜注孔疏这样讲,都有关乎《春秋》书法。又,本年《左传》谓“十一月乙酉王子猛卒”,而《经》书“十月”,《经》误。此上《经》书“王猛入于王城”在“秋”,亦误。

❺ 杜注已指出“当为‘癸卯朔’,书‘癸酉’,误”。孔疏详言推算的根据与过程以及结果,兹不具录。杨注:“以《传》文所载甲子推之,癸酉为闰十二月朔。”杨先生引陈厚耀《补春秋长历》谓“《经》失一‘闰’字”。至此,《春秋经》昭二十二年的文字之误才算完全解决。

传二十二年

原文

春,王二月甲子,齐北郭启帅师伐莒。莒子将战,苑羊牧之谏曰:“齐帅贱,其求不多,不如下之。大国不可怒也。”❶弗听,败齐师于寿余。齐侯伐莒,莒子行成。司马灶如莒莅盟,莒子如齐莅盟,盟于稷门之外。莒于是乎大恶其君。❷

注释

❶ 王伯申《经义述闻》卷二十三《春秋名字解诂下》"莒苑牧之字羊"条:"古姓名与字并称者,恒先字而后名。"依王氏说,"苑羊牧之"苑是姓,羊是字,牧之是名。"齐帅贱,其求不多",意思是说:齐师来伐,其帅若非在高位之人,他的要求不会太多。"不如下之",这个"下"是表示卑下、谦让、服输的意思,即使理解为表面求降亦可。

❷ 杜注:"灶,齐大夫。稷门,齐城门也。"杨注:"齐使莅盟,不于城内,而于城外,是有意辱之,故莒大夫大恶莒子。"这里"恶"读wù,厌恶的意思。

原文

楚薳越使告于宋,曰:"寡君闻君有不令之臣为君忧,无宁以为宗羞?寡君请受而戮之。"[3]对曰:"孤不佞,不能媚于父兄,以为君忧,拜命之辱!抑君臣日战,君曰'余必臣是助',亦唯命。人有言曰:'唯乱门之无过。'君若惠保敝邑,无亢不衷以奖乱人,孤之望也。[4]唯君图之!"楚人患之。诸侯之戍谋曰:"若华氏知困而致死,楚耻无功而疾战,非吾利也。不如出之以为楚功,其亦(能)无〔能〕为也已。救宋而除其害,又何求?"乃固请出之,宋人从之。己巳,宋华亥、向宁、华定、华貙、华登、皇奄伤、省臧、士平出奔楚。

宋公使公孙忌为大司马,边(卬)〔印〕[5]为大司徒,乐祁为司城,仲幾为左师,乐大心为右师,乐輓为大司寇,以靖国人。

注释

❸ "不令之臣":令是善的意思,不令之臣就是恶臣、奸臣。"无宁以为宗羞",杜注:"无宁,宁也。言华氏为宋宗庙之羞耻。"杨注用马瑞辰说,以为"无宁"可以理解作"无乃"。无乃,乃也,乃与宁

一声之转。“请受而戮之”，实际上是准备接纳来投奔的华、向诸人的意思，与上年《左传》“楚薳越帅师将逆华氏”句相应。

❹ “抑君臣日战”，指宋元公及其拥戴者与发起内乱的华、向一党的武斗。“君曰‘余必臣是助’，亦唯命”，与上年《左传》“释君而臣是助，无乃不可乎”句相应，实际上是对楚平王、薳越姑息宋国华、向一党的批评与抱怨。“唯乱门之无过”，与《左传》昭十九年“无过乱门”句义同。“君若惠保敝邑，无亢不衷以奖乱人”，孔疏：“亢，高也。衷，善也。奖，劝也。无高贵不善之事以劝乱人为恶也。”杨注认为这里“亢”如同《传》昭元年“吉不能亢身”之亢，“捍蔽、保护之义”，“无亢不衷”就是不保护不善之人，这样讲，比孔疏更允当更好懂。你们楚国君臣“无亢不衷”，那就是“惠保敝邑”，那正是宋元公所希望的。

❺ 阮刻本此字作“卭”，四库本作“卬”。按：《释文》谓此字读“五郎反”，“卭”无此音，故断知此字当作“卬”。

原文

王子朝、宾起有宠于景王。王与宾孟说之，欲立之。刘献公之庶子伯蚠事单穆公，恶宾孟之为人也，愿杀之；又恶王子朝之言，以为乱，愿去之。宾孟适郊，见雄鸡自断其尾；问之，侍者曰：“自惮其牺也。”遽归告王，且曰：“鸡其惮为人用乎？人异于是。牺者，实用人。人牺实难，己牺何害？”[1]王弗应。

注释

❶ 杜注：“子朝，景王之长庶子。宾起，子朝之傅。孟即起也。王语宾孟，欲立子朝为大子。”“伯蚠”之蚠，读 fén。“见雄鸡自断其尾”以下，杜注认为“自惮其牺”句意思是：“畏其为牺牲奉宗庙，故自残毁。”杨注义同。《左氏》下文“鸡其惮为人用乎”以下，杜注：“鸡牺虽见宠饰，然卒当见杀；若人见宠饰，则当贵盛，故言异

于鸡。”杜镇南解释“牺者实用人”及其下文说:“言设使宠人如宠牺,则不宜假人以招祸难,使牺在己则无患害己。喻子朝欲使王早宠异之。”孔疏引《说文》谓“牺,宗庙之牲也”,引《周官·牧人》郑注谓“牺牲,毛羽完具也”,这实际上交代了宾孟见雄鸡自断其尾而感悟疾归的原因,或者说是交代了宾孟发表那一段议论的缘起。杨注:“为人之牺实难,赵孟能贵之,赵孟能贱之也。为己之牺,则无害……”杨先生认为“牺者,实用人”句犹言为牺牲者实被人用,“实用人”即实用于人,这样解释较为明白。我们认为《左氏》记宾孟的话,近乎寓言,或许是借题发挥。杜注孔疏关于牺牲的解说不一定很完善。而杨注关于《左氏》这一段话的补注实有可以参考的意见,不具录。

原文

夏四月,王田北山,使公卿皆从。将杀单子、刘子。王有心疾,乙丑,崩于荣锜氏。戊辰,刘子挚卒,无子。单子立刘蚠。五月庚辰,见王;遂攻宾起,杀之;盟群王子于单氏。

晋之取鼓也,既献而反鼓子焉。❷又叛于鲜虞。六月,荀吴略东阳,使师伪籴者负甲以息于昔阳之门外;遂袭鼓,灭之;以鼓子鸢鞮归,使涉佗守之。❸

注释

❷ “既献”,杜注:“献于庙。”杨注:“谓献捷于庙,献后又使鼓子归国为君。”按:既然献庙之后让鼓子归国,说明并未将鼓子用作人牲。杨注可从。

❸ “略东阳”,杜注:“略,行也。”按:这里所谓“略”为略地之略,所谓“行”为巡行之行。《左传》隐五年“吾将略地焉”,杜注:“略,总摄巡行之名。”有行而取之的意思。“东阳”是地域之名。“使师伪籴者”句,意思是派部队假扮作买粮食的人,披甲在身,潜伏在

昔阳门外。晋荀吴"以鼓子鸢鞮归",《左传》昭十五年已出现过。"使涉佗守之",杜注:"守鼓之地。涉佗,晋大夫。"杨注用杜镇南说。

原文

丁巳,葬景王。王子朝因旧官、百工之丧职秩者与灵、景之族以作乱,帅郊、要、饯之甲以逐刘子。[1]壬戌,刘子奔扬。单子逆悼王于庄宫以归。王子还夜取王以如庄宫。[2]

癸亥,单子出。王子还与召庄公谋,曰:"不杀单旗,不捷。与之重盟,必来。背盟而克者多矣。"从之。樊顷子曰:"非言也,必不克!"遂奉王以追单子,及领,大盟而复。[3]杀挚荒以说。刘子如刘。单子亡。乙丑,奔于平畤,群王子追之。单子杀还、姑、发、弱、鬷、延、定、稠。子朝奔京。丙寅,伐之。京人奔山。刘子入于王城。辛未,巩简公败绩于京。乙亥,甘平公亦败焉。

叔鞅至自京师,言王室之乱也。闵马父曰:"子朝必不克。其所与者,天所废也!"[4]

注释

❶ 杜注:"百工,百官也。"杨注认为"百工之工乃工匠之工",较为准确。"郊、要、饯之甲",杜注:"三邑,周地。"三邑之甲即三邑之武装。"逐刘子",杜注:"逐伯蚠。"其说是。

❷ 杜注:"杨,〔周〕邑。悼王,子猛也。王子还,子朝党也;不欲使单子得王猛,故取之。"杨注解说的内容稍有增补,但并无异议。

❸ 杜注:"领,周地。欲重盟,令单子、刘子复归。"单子即单旗,刘子即伯蚠。

❹ 杜注:"闵马父,闵子马,鲁大夫。'天所废',谓群丧职秩者。"按:有"群丧职秩者"的帮助,王子朝为何还是"必不克"?闵马父的理由是:因为子朝所与者皆"天所废"之人。支持子朝者都是上

天要废除的人，他还有什么法子取胜呢？

原文

单子欲告急于晋，秋七月戊寅，以王如平畤，遂如圃车，次于皇。刘子如刘。单子使王子处守于王城。盟百工于平宫。辛卯，鄩肸伐皇，大败；获鄩肸。壬辰，焚诸王城之市。❶八月辛酉，司徒丑以王师败绩于前城。百工叛。己巳，伐单氏之宫，败焉。庚午，反伐之。辛未，伐东圉。

冬十月丁巳，晋籍谈、荀跞帅九州之戎及焦、瑕、温、原之师，以纳王于王城。庚申，单子、刘盆以王师败绩于郊，前城人败陆浑于社。

十一月乙酉，王子猛卒，不成丧也。己丑，敬王即位，馆于子旅氏。❷十二月庚戌，晋籍谈、荀跞、贾辛、司马督帅师军于阴、于侯氏、于谿泉，次于社。王师军于氾、于解，次于任人。闰月，晋箕遗、乐徵、右行诡济师取前城，军其东南；王师军于京（楚）。❸辛丑，伐京，毁其西南。

注释

❶ 平畤、圃车、皇皆地名，在前面的《经》《传》已见过。“王子处守于王城”以下，杜注：“王子处，子猛党。守王城，距子朝。平宫，平王庙。鄩肸，子朝党。”杨注用杜元凯说。“焚诸王城之市”，杜注：“焚鄩肸。”将鄩肸活活地烧死了。

❷ “敬王即位”，杜注：“敬王，王子猛母弟王子匄。”孔疏认为后王子猛称悼王，与王子匄称敬王一样，都是周人之谥。“馆于子旅氏”，杜注；“子旅，周大夫。”这里馆就是舍。

❸ 阮元等《校勘记》引段玉裁的说法，认为“楚”字是衍文。今从之。

昭公

经二十有三年[1]

原文

春，王正月，叔孙婼如晋。

癸丑，叔鞅卒。

晋人执我行人叔孙婼。[2]

晋人围郊。[3]

夏，六月，蔡侯东国卒于楚。

秋，七月，莒子庚舆来奔。

戊辰，吴败顿、胡、沈、蔡、陈、许之师于雞父。胡子髡、沈子逞灭。[4]获陈夏齧。

天王居于狄泉。

尹氏立王子朝。[5]

八月乙未，地震。

冬，公如晋；至河，有疾，乃复。

注释

❶ 鲁昭公二十三年，是公元前519年，周敬王元年。是年孔仲尼先生三十四岁。

❷ 杜注："称'行人'，讥晋执使人。"孔疏："凡诸侯有罪，盟主当以师讨之，不宜执其使人，故讥之。"看来古往今来都把"执使人"、杀使者视为天下之大不韪。

❸ 杜注:"讨子朝也。郊,周邑。围郊在叔鞅卒前,《经》书后,从赴。"意思是:晋国军队包围了周的郊邑,此事本来发生在叔鞅死之前,《春秋经》记此事在"叔鞅卒"之后,那是因为鲁人赴告在后。

❹ "胡子髡、沈子逞灭",杜注:"国虽存,君死,曰'灭'。"孔疏:"其意言本国虽存,其君见杀,与灭国相类,据君身言之,谓之'灭'。"按:此亦属《春秋》书法之例。

❺ 杜注:"尹氏,周世卿也。书'尹氏立子朝',明非周人所欲立。"孔疏:"朝不应立,立庶以乱国。书'尹氏立朝',所以恶尹氏也。隐四年卫人立晋,善其得众;书'卫人',言举国共立之。此书'尹氏立朝',明非周人所欲立,独尹氏立之耳。"按:注疏言是。

传二十三年

原文

春,王正月壬寅朔,二师围郊。癸卯,郊、鄩溃。丁未,晋师在平阴,王师在泽邑。王使告间;庚戌,还。[1]

邾人城翼,还,将自离姑。公孙鉏曰:"鲁将御我。"欲自武城还,循山而南;徐鉏、丘弱、茅地曰:"道下,遇雨将不出,是不归也。"遂自离姑。武城人塞其前,断其后之木而弗殊;邾师过之,乃推而蹶之。[2]遂取邾师,获鉏、弱、地。

注释

❶ "王使告间",杨注:"此告间,告晋师以子朝之乱稍平,欲晋师撤回,谓己力足以胜子朝也。"按:告间就是报告情况好转,不大紧张了。"庚戌,还",杜注:"晋师还。"《左氏》原意正如此。

❷ 杜注:"离姑,邾邑。从离姑则道径鲁之武城。"邾人回国怎么走,如道径鲁之武城,则必先行假道之礼;不然,就会遇到阻拦。公孙鉏提出"循山而南"而不过武城的走法,可是那条路不好走,"道

下,遇雨将不出”(杜注:“谓此山道下湿”)。于是决定取道武城,实际上他们是想偷越邻国,果然碰上了麻烦。“武城人塞其前,断其后之木而弗殊”以下,依杜注与《释文》,意思是:武城人“以兵塞其前道”,又将邾人背后退路两旁的树木砍到暂时不倒下的程度;待邾师经过,将树推倒,将道路阻断。这里还有必要解释的是“断其后之木而弗殊”的“殊”字。《左传释文》引《说文》:“殊,死也……一曰断也。”段注:“按:弗殊者,谓不绝也。”是弗殊即不断。《方言》:“跌,蹶也。”反过来讲,蹶,跌也。《左传》襄十九年之孔疏直截了当地说:“蹶,倒也。”《左氏》昭二十三年说“推而蹶之”,是不推则不倒也。待邾师一过,将树木推倒,可阻断其后。邾人若是往后逃跑,也难免被绊倒地。

原文

邾人诉于晋,晋人来讨。叔孙婼如晋,晋人执之。书曰:“晋人执我行人叔孙婼”,言使人也。晋人使与邾大夫坐,叔孙曰:“列国之卿,当小国之君,固周制也。邾又夷也。寡君之命介子服回在,请使当之:不敢废周制故也。”❶乃不果坐。

韩宣子使邾人(取)〔聚〕其众,将以叔孙与之。叔孙闻之,去众与兵而朝。士弥牟谓韩宣子曰:“子弗良图,而以叔孙与其仇,叔孙必死之!鲁亡叔孙,必亡邾。邾君亡国,将焉归?子虽悔之,何及?所谓盟主,讨违命也。若皆相执,焉用盟主?”乃弗与,使各居一馆。❷士伯听其辞而诉诸宣子,乃皆执之。

注释

❶ 这里言及周制,杜注:“在礼,卿得会伯子男,故曰当小国之君。”孔疏:“僖二十九年《传》曰:‘在礼,卿不会公侯,会伯子男可也。’于礼得与相会,故当小国之君。”《左氏》说“固周制”,可证周礼实有天子之卿当小国之君的规定,后来春秋时期则有大国之卿当小

国之君的说法。何况“邾又夷也”(杜注:“邾杂有东夷之风”),叔孙氏自然不愿意与邾大夫并坐讼曲直了。“寡君之命介子服回在,请使当之”,杜注:“子服回,鲁大夫,为叔孙之介副。”杨注:“介亦奉君命,故云命介。”按:杜、杨两注皆是。为了维护周制,叔孙婼要求晋人让介副与邾大夫并坐,因为他们才是等级相当的人。“所谓盟主,讨违命也”:违命,即违抗命令,不听话。作为盟主,不讨伐那些违背盟约的人,就无所谓同盟,也无所谓盟主了。“若皆相执”,杜注:“听邾众取叔孙,是为诸侯皆得辄相执。”若是这样,“焉用盟主”,要盟主何用!

❷ “使各居一馆”,贾逵认为这一句意思是“使邾、鲁大夫各居一馆”,而郑众认为这一句意思是“使叔孙、子服回各居一馆。”杜注:“分别叔孙、子服回。”可知杜元凯取郑众说。孔疏证成郑众、杜氏说,不具录。按:于醴尊先生认为当取贾逵说,邾、鲁大夫始本同馆,后来各居一馆。《左氏》下文言乃馆叔孙于箕,“舍子服昭伯于他邑”,在既归邾子之后。我们认为郑、杜说误而贾、于说是。

原文

士伯御叔孙,从者四人,过邾馆以如吏。❸先归邾子。士伯曰:“以刍荛之难,从者之病,将馆子于都。”叔孙旦而立,期焉。❹乃馆诸箕。舍子服昭伯于他邑。

范献子求货于叔孙,使请冠焉。取其冠法,而与之两冠,曰:“尽矣。”❺为叔孙故,申丰以货如晋。叔孙曰:“见我,吾告女所行货。”见,而不出。吏人之与叔孙居于箕者,请其吠狗,弗与。及将归,杀而与之食之。叔孙所馆者,虽一日,必葺其墙屋,去之如始至。

注释

❸ “过邾馆以如吏”,杜注:“欲使邾人见叔孙之屈辱。”杨注这里用杜氏说。

❹ “叔孙旦而立，期焉”，杜注：“立，待命也。从旦至旦为期。”杨注：“期，待也，即待命。”关于“期”的解说，杜、杨不同。阮元等《校勘记》谓“日之市亦曰期”，“而日之市仅见此”，是为孤证。我们认为“旦而立，期焉”可以解释为大清早就恭立待命于其地。

❺ “范献子求货于叔孙，使请冠焉”，杜注：“以求冠为辞。”按：求货，就是求贿赂。范献子本意是向叔孙求贿赂，不好意思，所以用讨帽子做借口。“取其冠法”以下，杜注：“既送作冠模法，又进二冠以与之，伪若不解其意。”杨注：“不知范献子冠之大小，故使人取范为冠之模法……而为两冠以与之，且曰‘尽矣’，以塞其口。”依杜注：“作冠模法”与“二冠”皆为叔孙所与。依杨注：为冠之模法即作冠之尺寸，是叔孙派人向范献子讨得；照这个尺寸做的两个帽子，则为叔孙送与范献子之物。比较杜、杨两注，杨注更合符情理，可从之。

原文

夏四月乙酉，单子取訾，刘子取墙人、直人。[1]六月壬午，王子朝入于尹。癸未，尹圉诱刘佗杀之。丙戌，单子从阪道，刘子从尹道伐尹。单子先至而败，刘子还。己丑，召伯奂、南宫极以成周人戍尹。庚寅，单子、刘子、樊齐以王如刘。甲午，王子朝入于王城，次于左巷。秋七月戊申，鄩罗纳诸庄宫。尹辛败刘师于唐。丙辰，又败诸鄩。甲子，尹辛取西闱。[2]丙寅，攻蒯，蒯溃。

莒子庚舆虐而好剑；苟铸剑，必试诸人。国人患之。又将叛齐。乌存帅国人以逐之。庚舆将出，闻乌存执殳而立于道左，惧将止死。[3]苑羊牧之曰：“君过之！乌存以力闻可矣，何必以弑君成名！”遂来奔。齐人纳郊公。

注释

❶ 訾读 zī，这里不读 zǐ。訾，墙人，直人，杜注：“三邑，属子朝者。”

❷ 杜注:“郓罗,周大夫,郓肸之子。”唐与西闱皆周地。

❸ 杜注:“殳长而无刃。”孔疏引《考工记》证明殳长丈二而无刃。杨注:“庚舆畏惧将被止而死之。”我们不知道“殳长而无刃”与庚舆其人是否将被止而死之有什么必然联系。其实杜武库所谓“长而无刃”仅仅是对殳的解释罢了。

原文

吴人伐州来。楚薳越帅师及诸侯之师,奔命救州来。吴人御诸钟离。子瑕卒,楚师熸。[1]

吴公子光曰:“诸侯从于楚者众,而皆小国也。畏楚而不获已,是以来。吾闻之曰:‘作事威克其爱,虽小必济。’[2]胡、沈之君幼而狂,陈大夫齧壮而顽,顿与许、蔡疾楚政。楚令尹死,其师熸,帅贱、多宠,政令不壹;七国同役而不同心,帅贱而不能整,无大威命:楚可败也。若分师先以犯胡、沈与陈,必先奔;三国败,诸侯之师乃摇心矣。诸侯乖乱,楚必大奔。请先者去备薄威,后者敦陈整旅。[3]”吴子从之。

注释

❶ 熸读 jiān。杜注:“子瑕即令尹,不起所疾也。吴楚之间谓火灭为熸。军之重主丧亡,故其军人无复气势。”杨注从《左传》中举例证明“熸未必仅吴、楚间语”,其说是。

❷ “吾闻之曰”以下,孔疏:“《尚书·胤征》云:‘威克厥爱,允济。爱克厥威,允罔功。’是古有此言。”按:《胤征》为伪古文,不足以证古有此言。然而此言既见于《左传》,则古有此言,可信。作伪古文《尚书》者将《左传》此言采入(文字略有差异,但基本相同),我们不必因为此言今见于伪古文而怀疑此语之古。杜注:“克,胜也。军事尚威。”杨注:“吴师比诸楚及诸侯之师自为弱少,但用威,故云‘虽小必济’。”这里杜、杨两注都是对的。

❸ “请先者去备薄威,后者敦陈整旅”,杜注:“示之以不整以诱之。

敦,厚也。”按:前面《左传》昭二十一年已出现“去备”一词,与《左传》昭二十三年这个“去备”意思一致,都是不列阵、显出随便散漫而少威严的样子。先用这样的队伍麻痹敌人,后用敦厚无懈的阵容显示强大,用整齐威武的部队冲锋陷阵,这样可以致胜。

原文

戊辰晦,战于雞父。[4]吴子以罪人三千先犯胡、沈与陈,三国争之。吴为三军以系于后,中军从王,光帅右,掩余帅左。吴之罪人或奔或止,三国乱。吴师击之,三国败;获胡、沈之君及陈大夫。舍胡、沈之囚,使奔许与蔡、顿,曰:“吾君死矣!”师噪而从之。三国奔,楚师大奔。书曰“胡子髡、沈子逞灭,获陈夏齧”,君臣之辞也。[5]不言“战”,楚未陈也。

注释

❹ 雞父为地名。杜注:“七月二十九日。违兵忌晦战,击楚所不意。”孔疏:“楚以兵之忌日,不意吴来击之,必不设备。吴人故违兵忌,以晦出兵而战,击楚所不意也。”以《左传》成十六年记鄢陵之战证之,杜注孔疏可信。彼《传》说“陈不违晦……以违天忌,我必克之”,正可与《左传》昭廿三年同类记载相应。

❺ “书曰”以下释《经》,杜注:“国君,社稷之主,与宗庙共其存亡者,故称‘灭’。大夫轻,故曰‘获’。获,得也。”孔疏谓《释例》说法与杜注义同,以《春秋左传》证之,认为此类说法可信,又说:“君存国灭,则‘灭’文在上,‘灭谭’‘灭许’是也。国存君死,则‘灭’文在下,胡子、沈子是也。”萧楚《春秋辨疑·书灭辨上》:“《春秋》书‘灭’者,国覆而祀绝也。凡直书‘灭’者,罪其来灭者,不罪其见灭者,言其力屈而死故也。”如此说确,则《经》《传》昭廿三年不罪胡子、沈子而罪吴,然则《孟子》所谓“春秋无义战”一说又有可疑了。难道雞父之战有义与不义之分吗?

原文

八月丁酉，南宫极震。苌弘谓刘文公曰："君其勉之！先君之力可济也。周之亡也，其三川震。今西王之大臣亦震，天弃之矣！东王必大克。"❶

注释

❶ "苌弘谓刘文公曰"以下，杜注："文公，刘蚠也。先君，谓蚠之父献公也。"苌弘所说的"周之亡也，其三川震"，杜注："谓幽王时也。三川，泾、渭、洛水也。地动川岸崩。"按：《国语·周语》也记载了幽王二年西周三川皆震这件大事。《左传》昭廿三年"今西王之大臣亦震"以下，杜注："子朝在王城，故谓西王。敬王居狄泉，在王城之东，故曰东王。"本年《传》上文已经交代说"王子朝入于王城"，所以这里杜注说"子朝在王城"。杨注："王城本在洛阳西北，敬王此时居在洛阳城外。"《左氏》这里所谓"西王""东王"，实就方位而言。

原文

楚大子建之母在郹，召吴人而启之。❷冬十月甲申，吴大子诸樊❸入郹，取楚夫人与其宝器以归。楚司马薳越追之不及，将死，众曰："请遂伐吴以徼之。"薳越曰："再败君师，死且有罪。亡君夫人，不可以莫之死也！"❹乃缢于薳澨。

公为叔孙故如晋，及河，有疾而复。

注释

❷ 郹读 jú。杜注："郹，郹阳也。平王娶秦女，废太子建，故母归其家。"杨注："启，开城门。"吴人入郹，是楚人放进来的。

❸ 杜注："诸樊，吴王僚之太子。"但《释文》已疑为传写之误，因为吴王僚"何容僚子乃取遏号为名"。《传》既误，杜注亦误。杨注认

为《左氏》这里“吴大子诸樊”应从《史记·吴世家》作“公子光”，其说较确。

❹“请遂伐吴以徼之”：依《释文》，这里“徼”读 yāo（音义与“邀”同）。杜注：“徼要其胜负。”这里“徼”“要”同义词连用，“要”读 yāo，音义亦与“邀”同。杨注认为“徼同儌，儌倖也”，句意“谓伐吴侥幸求胜”，这样讲更为顺当。“再败君师”，杜注：“此年秋败于雞父，设往复败为再败。”杨注：“救州来已一败，此次若求侥幸，恐再败。”按：“救州来”一战与雞父之战，皆见于本年《左传》。比较两战的情况，当以杨注所指为切。“不可以莫之死也”，意思是不可不死。

原文

楚囊瓦为令尹，城郢。沈尹（戌）〔戍〕曰：“子常必亡郢。苟不能卫，城无益也。古者天子守在四夷；天子卑，守在诸侯。诸侯守在四邻；诸侯卑，守在四竟。慎其四竟，结其四援，民狎其野，三务成功。❶民无内忧而又无外惧，国焉用城？今吴是惧而城于郢，守已小矣。卑之不获，能无亡乎？昔梁伯沟其公宫而民溃，民弃其上，不亡何待？❷夫正其疆埸，修其土田，险其走集，亲其民人，明其伍候，信其邻国，慎其官守，守其交礼；不僭不贪，不懦不耆；完其守备，以待不虞：又何畏矣！❸《诗》曰：‘无念尔祖，聿修厥德。’❹无亦监乎若敖、蚡冒至于武、文，土不过同；慎其四竟，犹不城郢。今土数圻而郢是城，不亦难乎？❺”

注释

❶ 杜注：“囊瓦，子囊之孙子常也……楚用子囊遗言已筑郢城矣，今畏吴，复增修以自固。”而沈尹戍预言“子常必亡郢”，其理由是“天子守在四夷，守在诸侯”“诸侯守在四邻，守在四竟”，岂在乎一城之固？所谓“天子守在四夷”，杜注：“德及远。”天子若卑，则守在诸侯，杨注：“以诸侯御四夷之侵。”所谓“诸侯守在四邻”，杜

注："邻国为之守。"诸侯若卑，则守在四竟，杜注："裁自完。"《左氏》下文"慎其四竟，结其四援"，杜注："结四邻之国为助。"原文意思很明白，注家应无异议。依杜注，"民狎其野"之狎，安习的意思；"三务成功"的三务，谓"春夏秋三时之务"。杨注用杜注。

❷ "卑之不获"，杜注："不获守四竟。"这样讲，是因为《左氏》上文说过"诸侯卑，守在四竟"，而楚囊瓦意在城郢以自固，已顾不上四竟之守，还能避免灭亡吗？"昔梁伯沟其公宫而民溃"，杜注："在僖十八年。"孔疏："事在十九年。诸本皆然。当是转写误。"

❸ "险其走集"，杜注："走集，边竟之垒辟。"《释文》："辟音壁。"《左氏》下文"明其伍候"，杜注："使民有部伍，相为候望。"孔疏："贾、服、王、董皆作'五候'。贾、服云：'五候，五方之候也……'王云：'五候，山候、林候、泽候、川候、平地候也。'董云：'五候，候四方及国中之奸谋也。'"阮元等《校勘记》引惠栋的说法，指出《周书·程典》有"明其五候"一语，古"伍"字皆作"五"。按：杜注关于"伍候"的说法，卢文弨先生以为非是(见《逸周书》卢校)，陈逢衡先生则认为与原意甚合(见《逸周书补注》)，我们认为杜注可通。《左氏》下文"守其交礼"句，杜注谓"交礼"就是"交接之礼"。再下文"不僭不贪，不懦不耆"，耆读 qí，这里不读 shì，也不读 zhǐ，杜注："懦，弱也。耆，强也。"孔疏："不僭，守信也。不贪，廉正也。不懦，不受辱也。不强，不陵人也。此皆论守竟之事。"《左氏》再下文"完其守备"句，意思很明白，说的也是守竟之事。如此"以待不虞"即非常之事，还有什么可忧可惧的事呢？

❹ 引《诗》见《诗·大雅·文王》，杜注："无念，念也。聿，述也。义取念祖考则述治其德以显之。"杨注："无，发语词，无义。聿亦发语词。句谓念尔祖，修其德。"我们认为杜、杨两注就《左传》而言可通；但就《大雅·文王》而言，"无念"就是"毋念"，"无"不必为发语词，"聿"可以视为发语词。说见拙著《诗经刍议》与拙撰《诗经校注》。原诗这两句后面是"承言配命，自求多福"两句，意在劝诫殷士(殷商后人)：不要老是眷恋你们的先祖的高位，而应该

像你们的先祖那样，与天命长相配合，由自己求得幸福。

5 王伯申《经传释词》卷十引“无亦监乎若敖、蚡冒至于武、文”作一句读，将“无亦”之“无”作发声词讲，则“无亦，亦也”。沈尹戌这一句意在劝告楚人借鉴楚之先君。“若敖、蚡冒至于武、文”，杜注：“四君皆楚先君之贤者。”按：四君诚贤，但他们统治下的楚国疆域还不算辽阔，所以《左氏》说“土不过同”，杜注：“方百里为一同。言未满一圻。”沈尹戌故意把当时楚国说得过小，目的是要突出他的下文。四君慎其四竟，不以筑国都为重，“今土数圻，而郢是城，不亦难乎”！杜注：“方千里为圻。言守若是，难以为安也。为定四年吴入楚传。”联系上文看，不难明白，这里《左氏》旨在宣扬以德治国结四邻的重要，说明仅仅增修都城以自固不足以守国。

经二十有四年[1]

原文

春，王（三）〔二〕月丙戌，仲孙貜卒。[2]

婼至自晋。

夏，五月乙未朔，日有食之。

秋，八月，大雩。

丁酉，杞伯郁釐卒。[3]

冬，吴灭巢。[4]

葬杞平公。

注释

1 阮刻本此经“二十”下无“有”字。《春秋公羊传》《春秋穀梁传》经文皆有“有”字，此亦当有，今据补。按：鲁昭公二十四年，为公元前518年，周敬王二年。是年孔仲尼先生三十五岁。

2 阮刻本作“王三月”，《公》《穀》三皆作二，按：当以作“二”为是。

貜读 jué。

❸ 犛,依《释文》读 lí,“又音来”,则可读 lái。

❹ 杜注:“楚邑也。书‘灭’,用大师。”孔疏:“大都以名通,故不系楚也。襄十三年传例曰:用大师焉曰灭。”按:尽管《春秋经》书“灭”有通例,其时诸国之灭合与不合,仍应视具体情况作出判断。

传二十四年

原文

春,王正月辛丑,召简公、南宫嚚以甘桓公见王子朝。刘子谓苌弘曰:“甘氏又往矣!”对曰:“何害?同德度义。《大誓》曰:‘纣有亿兆夷人,亦有离德。余有乱(臣)十人,同心同德。’此周所以兴也。君其务德,无患无人。”❶戊午,王子朝入于邬。

注释

❶ “同德度义”,度读 duó,杜注:“度,谋也。言唯同心同德,则能谋义。子朝不能于我无害。”孔疏已指出“同德度义”语出《泰誓》,伪孔传:“德钧则秉义者强。”刘炫说:“必其与彼德同,乃度义之胜负。但使德胜,不畏彼强。”他批评杜注之谬,其实杜元凯并无轻视德的意思。杨注认为这里“度”是“居”的意思,引日本学者竹添光鸿《左传会笺》的说法,谓“度与宅通,犹在也,言所谓同德者,唯在于义耳”,这样讲,更为允当。《左氏》下文明引《尚书·大誓》,杜注:“言纣众亿兆兼有四夷,不能同德,终败亡。武王言我有治臣十人,虽少,同心也。今《大誓》无此语。”杨注:“夷为语中助词,无义。”“亦借为奕,《说文》:‘大也。’……或谓亦为语首助词,亦通。”我们认为关于《大誓》中“夷”的解说,杨注义长。杜注谓“今《大誓》无此语”,那是因为他没有看到真古文《尚书》的《大誓》一篇(他看到的《大誓》已经是伪作),不足为怪。后来的伪古文《尚书·泰誓中》有此语,那是因为后来的造伪者把《左

传》援引的这几句抄入书中了，所谓伪中之伪，而杜镇南也没有看到。周所以兴，乃是因为君臣同心同德。“君其务德，无患无人”，意在劝告惟德是务，不要担心没有人拥护。

原文

晋士弥牟逆叔孙于箕。叔孙使梁其踁待于门内，曰：“余左顾而欬，乃杀之。右顾而笑，乃止。”[2]叔孙见士伯，士伯曰：“寡君以为盟主之故，是以久子。不腆敝邑之礼，将致诸从者，使弥牟逆吾子。”[3]叔孙受礼而归。二月，“婼至自晋”，尊晋也。

三月庚戌，晋侯使士景伯莅问周故。士伯立于乾祭而问于介众。[4]晋人乃辞王子朝，不纳其使。

注释

❷ 踁读 jìng，这里音义同“胫”，不读 kēng，今“胫”字行而“踁”字废。欬读 kài，意思是咳嗽，但与“咳嗽”的咳(ké)并不完全同音。杜注：“踁，叔孙家臣。疑士伯来杀己，故谋杀之。”要梁其踁在门内等着，看他叔孙氏的示意行事。

❸ “久子”，杜注：“久执子以谢邾。”杨注：“将释叔孙归于鲁，致以赠贿饯行之礼。从者实指叔孙。古人常言‘执事’‘从者’‘左右’，意谓其下属，不直指其人，亦表敬之方式。”这样讲，很对。“使弥牟逆吾子”，意思是说晋君派我士弥牟(即士伯)来迎接你。

❹ 杜注：“莅，临也。就问子朝、敬王，知谁曲直。乾祭，王城北门。介，大也。”据《释文》，乾读 gān，祭读 zhài。“问于介众”，依杜注，即问于大众。王伯申认为“介”当作“其”，杨注认为王氏此说不可取，故不从。

原文

夏五月乙未朔，日有食之。梓慎曰：“将水。”昭子曰：“旱也。

日过分而阳犹不克，克必甚，能无旱乎？阳不克，莫将积聚也。”❶

六月壬申，王子朝之师攻瑕及杏，皆溃。

郑伯如晋，子大叔相。见范献子，献子曰：“若王室何？”对曰：“老夫其国家不能恤，敢及王室？抑人亦有言曰：‘嫠不恤其纬，而忧宗周之陨，为将及焉。’❷今王室实蠢蠢焉，吾小国惧矣；然大国之忧也，吾侪何知焉？吾子其早图之！《诗》曰：‘瓶之罄矣，惟罍之耻。’王室之不宁，晋之耻也。❸”献子惧而与宣子图之，乃征会于诸侯，期以明年。

注释

❶ 杜注：“阴胜阳，故曰‘将水’。过春分，阳气盛时而不胜阴，阳将猥出，故为旱。阳气莫然不动，乃将积聚。”王伯申说：“‘莫’当作其，下属为句，言阳气不克，其将积聚而为旱也。”杨注认为“阳不克莫”的“莫”即暮，“已过其时为暮，此与‘日过分而阳犹不克’同意。”三说不同。我们认为“阳不克”当作一句读，犹《左氏》上文“日过分而阳犹不克”句，至“克”字读断；“莫”字下属为句，作“谋”讲，谋将积聚而为旱。《诗·小雅·巧言》“圣人莫之”，毛传：“莫，谋也。”是其证。又，《广雅·释诂》：“莫，布也。”布而将积聚，亦可通。

❷ “嫠不恤其纬”以下，杜注：“嫠，寡妇也。织者常苦纬少，寡妇所宜忧。”寡妇本该担心织布之纬，可是现在她发愁的不是纬，而是为周王朝将要没落而忧愁，这是因为如杜注所言，“恐祸及已”。

❸ 引《诗》见《小雅·蓼莪》。杜注：“罍，大器。瓶，小器，常禀于罍者。而所受罄尽，则罍为无余，故耻之。”孔疏：“瓶喻周，罍喻晋。言周之微弱，恒依恃于晋。今王室乱矣，晋无力以助之，是晋之耻也。”按：上引注疏言是。

原文

“秋八月，大雩”，旱也。

冬十月癸酉，王子朝用成周之宝珪〔沈〕[1]于河。甲戌，津人得诸河上。阴不佞以温人南侵，[2]拘得玉者，取其玉。将卖之，则为石。王定而献之，与之东訾。

楚子为舟师以略吴疆。沈尹（戌）〔戌〕曰："此行也，楚必亡邑。不抚民而劳之，吴不动而速之[3]，吴踵楚而疆埸无备，邑能无亡乎？"

注释

❶《释文》："本或作'沈于河'"，可知一本有"沈"字，《周本纪》正义引《传》亦可证，《汉书·五行志》引文亦可证。

❷ 杜注："不佞，敬王大夫。晋以温兵助敬王南侵子朝。"杨注取杜镇南说。

❸ 杜注："速，召也。"杨注："速之谓使吴速出兵也。"按：吴本不动兵，在某种意义上可以说是楚人有以召之。这里杜镇南说较为准确，可从之。

原文

越大夫胥犴劳王于豫章之汭，越公子仓归王乘舟。[4]仓及寿梦帅师从王，王及圉阳而还。

吴人踵楚，而边人不备，遂灭巢及钟离而还。沈尹（戌）〔戌〕曰："亡郢之始，于此在矣。王壹动而亡二姓之帅，几如是而不及郢？《诗》曰：'谁生厉阶？至今为梗！'其王之谓乎！[5]"

注释

❹ 犴读 àn。劳读 lào。汭读 ruì。归读 kuì（音义同"馈"）。乘读 shèng。杜注："汭，水曲。归，遗也。"这里遗读 wèi。

❺ 引《诗》见《诗·大雅·桑柔》。杜注："厉，恶。阶，道。梗，病也。为定四年吴入郢传。"杨注："阶所以升堂，以喻祸乱所由进……"

这里引《诗》,恰切地预示楚平王的行为成了楚国即将遭受的祸乱的来由(或阶梯)。

经二十有五年❶

原文

春,叔孙婼如宋。

夏,叔诣会晋赵鞅、宋乐大心、卫北宫喜、郑游吉、曹人、邾人、滕人、薛人、小邾人于黄父。

有鸜鹆来巢。❷

秋,七月上辛,大雩;季辛,又雩。❸

九月己亥,公孙于齐,次于阳州。齐侯唁公于野井。❹

冬,十月戊辰,叔孙婼卒。

十有一月己亥,宋公佐卒于曲棘。

十有二月,齐侯取郓。

注释

❶ 鲁昭公二十五年,即公元前517年,周敬王三年。孔仲尼先生这一年三十六岁。

❷ 鸜读qú,《释文》:“又作鸲。”鹆读yù。杜注:“非常,故书。”《公羊》也说:“何以书?记异也。何异尔?非中国之禽也。宜穴又巢也。”《穀梁传》也有《公羊》说的意思。按:鸜鹆俗名“八哥儿”,能学人说话,其异或在此。说其时中国无“八哥儿”,恐不然。

❸ 杜注:“季辛,下旬之辛也。言又重上事。”孔疏:“月有三辛。上辛,上旬之辛也…… 上辛是大雩,明季辛亦大雩也。”“此书二‘雩’者,上辛雩而得雨,雨少,寻即为旱,故季辛又雩。”

❹ 杜注:“讳奔,故曰‘孙’,若自孙让而去位者。阳州,齐鲁竟上邑。未敢直前,故次于竟。”“齐侯来唁公,公不敢远劳,故逆之往至野

井。"《释文》:"孙音逊,本亦作逊。注及《传》同。竟音境。""唁音彦。吊失国曰唁。"

传二十五年

原文

春,叔孙婼聘于宋。桐门右师见之,语,卑宋大夫而贱司城氏。昭子告其人曰:"右师其亡乎?君子贵其身而后能及人,是以有礼。今夫子卑其大夫而贱其宗,是贱其身也,能有礼乎?无礼必亡!"❶

宋公享昭子,赋《新宫》。昭子赋《车辖》。❷明日宴,饮酒,乐。宋公使昭子右坐❸,语,相泣也。乐祁佐,退而告人曰:"今兹君与叔孙其皆死乎?吾闻之:'哀乐而乐哀,皆丧心也。'心之精爽,是谓魂魄。魂魄去之,何以能久?"❹

注释

❶ 杜注:"右师乐大心居桐门。司城,乐氏之大宗也。卑,贱,谓其才德薄。唯礼可以贵身,贵身故尚礼。贱人,人亦贱己。"孔疏引扬子《法言》说明敬人与见敬,侮人与见侮的关系,又说:"欲其身之贵,是以须有礼,然后能以尊贵之道及于他人。既尊贵他人,是以有礼。"按:人应该懂得尊重他人。"无礼必亡",这应该算是论礼精言之一。

❷《礼经·燕礼》"记"云"下管《新宫》",郑注认为《新宫》是《小雅》逸篇。《左传》昭廿五年这里记宋公赋《新宫》,杜注认为《新宫》是"逸诗"。孔疏:"其诗辞义皆亡,无以知其意也。"《左氏》下文记昭子赋《车辖》,杜注:"《诗·小雅》。周人思得贤女以配君子,昭子将为季孙迎宋公女,故赋之。"孔疏认为《车辖》诗中实有逆女之事,杜注有据。我们认为这里注疏是对的。

❸"右坐",杜注:"坐宋公右以相近,言改礼坐。"孔疏引《礼经·燕

礼》，说明“礼坐公西向，宾南向”；而宋公使昭子右坐，在宋公之北，同西向，那是把礼坐改了。

❹ “今兹”就是今年。依杜注，“哀乐”是“可乐而哀”，“乐哀”是“可哀而乐”。那分明是丢失了正常之心。古人所谓魂魄，依《左氏》记乐祁的议论，那是心之精爽，杨注：“精爽犹言精明。”我们认为那就是精神灵气所聚。人有无魂魄，古代哲人实有争议；人心之有精爽，总该不至于一概否认的罢？在古人看来，一个人丢了魂魄，决然不能久活了。

原文

季公若之姊为小邾夫人，生宋元夫人，生子以妻季平子。昭子如宋聘，且逆之。公若从，谓曹氏勿与，鲁将逐之。曹氏告公，公告乐祁。[5]乐祁曰：“与之！如是，鲁君必出。政在季氏三世矣，鲁君丧政四公矣。无民而能逞其志者，未之有也。[6]国君是以镇抚其民。《诗》曰：‘人之云亡，心之忧矣！’鲁君失民矣，焉得逞其志？靖以待命犹可，动必忧！[7]”

注释

❺ 杜注：“曹氏，宋元夫人。”杨注：“曹，小邾君之姓。曹氏即宋元夫人。”可见这里杜、杨两注并无矛盾。据杨注，可知古代姓与氏之间的关系。

❻ “政在季氏三世矣”，杜注：“文子、武子、平子。”《左氏》又说“鲁君丧政四公矣”，杜注：“宣、成、襄、昭。”按：鲁君丧政，政在季氏，就是《论语·季氏》说的礼乐征伐自大夫出。孔子说的“政逮于大夫四世矣”，何晏《集解》引前人注谓四世指“文子、武子、悼子、平子”，则彼所谓“四世”与《左传》昭廿五年所谓“三世”实同。孔疏：“悼子生平子，政在季氏唯云‘三世’，不数悼子者，悼子未为卿而卒不执鲁政，故不数也。”此说是，则何晏《集解》所引前人说不

确。或以为“政逮于大夫四世矣”为鲁定公时孔子所说，这样理解较为妥当。“无民而能逞其志者”，就算有吧，必不能长久。

❼ 引《诗》见《诗·大雅·瞻卬》。杜注：“言无人则忧患至。”杨注：“诗本义盖谓人才丧失为心之忧虑。而乐祁之引此句，人指人民，即《传》所谓民或民人，应上语‘无民’意。”杨先生这样讲，帮助我们既了解诗本义，又明白引诗者用意，甚确。乐祁认为鲁君不得逞志原因在于失民，这当然也有道理。“靖以待命犹可”，意思是说鲁君如能安心过日子，顺从天命，还是可以活下去的；如果想逞志妄动，则必有忧患。

原文

夏，会于黄父，谋王室也。赵简子令诸侯之大夫输王粟、具戍人，曰：“明年将纳王。”

子大叔见赵简子，简子(间)〔问〕揖让周旋之礼焉。对曰：“是仪也，非礼也。”[1]简子曰：“敢问何谓礼？”对曰：

注释

❶ 《乐记》：“升降上下，周还裼袭，礼之文也。”《释文》：“还音旋。”孔疏：“周谓行礼周曲回旋也。”《左传》昭廿五年所谓“揖让周旋之礼”，当与《乐记》所谓“升降上下周还”相同，指行礼过程中的屈伸俯仰进退，特别是表示避让与诚敬的礼仪动作。《左氏》孔疏引小戴辑《礼记》中的《乐记》《仲尼燕居》与《左传》昭公五年等文献诸相关文句，然后说：“凡此诸文，皆言礼与仪异……但为大异，但所从言之有不同耳。礼是仪之心，仪是礼之貌。本其心谓之礼，察其貌谓之仪。行礼必为仪，为仪未是礼，故云仪非礼也。郑玄《礼序》云：‘礼者体也，履也。统之于心曰体，践而行之曰履’……郑谓体为礼，履为仪，是其所以礼仪别也。”按：上引郑注孔疏都有道理。但我们认为一般说来仪就是礼，不应将二者割裂或对立。如果仪容动作十分恰当地将礼意表达出来，那当然就是礼了。

原文

吉也闻诸先大夫子产曰:“夫礼,天之经也,地之义也,民之行也。”[2]天地之经,而民实则之。则天之明,因地之性,生其六气,用其五行。气为五味,发为五色,章为五声。淫则昏乱,民失其性。是故为礼以奉之[3]:为六畜、五牲、三牺,以奉五味;为九文、六采、五章,以奉五色;为九歌、八风、七音、六律,以奉五声。[4]为君臣上下以则地义,为夫妇外内以经二物,为父子、兄弟、姑姊、甥舅、昏媾、姻亚以象天明,为政事、庸力、行务以从四时。[5]为刑罚、威狱,使民畏忌,以类其震曜杀戮;为温慈、惠和,以效天之生殖长育。[6]民有好、恶、喜、怒、哀、乐,生于六气,是故审则宜类以制六志[7]:哀有哭泣,乐有歌舞,喜有施舍,怒有战斗;喜生于好,怒生于恶。是故审行信令,祸福赏罚,以制死生:生,好物也,死,恶物也。好物,乐也;恶物,哀也。哀乐不失,乃能协于天地之性,是以长久。

注释

❷ 杜注:“经者,道之常。义者,利之宜。行者,人所履。”所谓天经地义民行,既不得不然,又出于自然。

❸ 杜注:“日、月、星、辰,天之明也。高、下、刚、柔,地之性也。”六气“谓阴、阳、风、雨、晦、明”,五行指“金、木、水、火、土”。五味是“酸、咸、辛、苦、甘”,五色即“青、黄、赤、白、黑”,五声为“宫、商、角、徵、羽”,“滋味声色过则伤性”,所以“制礼以奉其性”。孔疏:“口欲尝味,目欲视色,耳欲听声,人之自然之性也。欲之不已,则失其性。圣人虑其失性,是故为礼以奉养其性使不失也。”杨注全用杜注。

❹ 杜注:六畜是“马、牛、羊、鸡、犬、豕”,五牲是“麋、鹿、麏、狼、兔”,三牺指“祭天、地、宗庙三者”,九文“谓山、龙、华、虫、藻、火、粉米、黼、黻也”,六采指“画缋之事杂用天地四方之色”(东方青,南

方赤,西方白,北方黑,天玄,地黄)。又说:“青与赤谓之文,赤与白谓之章,白与黑谓之黼,黑与青谓之黻,五色备谓之绣。集此五章以奉成五色之用。”而《左氏》下文说的“九歌、八风、七音、六律、五声”,早已见于《左传》昭二十年,五声又见于本年《传》上文。按:“五牲”又见于《左传》昭十一年,彼年《传》杜注说是“牛、羊、豕、犬、鸡”;本年《传》孔疏谓“始养之曰畜,将用之曰牲”,又谓“六畜之内,取其毛羽完具别养以共祭祀者乃名为牺”。杨注关于“五牲”的解释用《传》昭十一年杜注,关于“三牺”的解释用孔疏兼用杜注,又说:“三牺即牛、羊、豕也……盖以牛、羊、豕用于祭天、祭地、祭宗庙,犬与鸡不用也。无论大牢、少牢或特牲,皆不数犬、鸡。”我们认为杨注关于“五牲”不同解说的取舍,关于“三牺”的说明,都是对的。关于其他的说法,杨注实无异议。

❺ 杜注:“君臣有尊卑,法地有高下。”这就是所谓“则地义”。杨注取杜氏说。《左氏》下文“为夫妇外内以经二物”,杜注:“夫治外,妇治内,各治其物。”孔疏:“物,事也。治理外内之二事也。”杨注:“外内即夫妇。二物谓阴阳,亦即刚柔。经,法也。”这里杨注有补充作用,较为准确。“为父子”以下至“以象天明”,杜注:“六亲和睦以事严父,若众星之共辰极也。妻父曰昏,重昏曰媾,婿父曰姻,两婿相谓曰娅。”《左氏》下文“为政事”至“以从四时”,杜注:“在君为政,在臣为事,民功曰庸,治功曰力。行其德教,务其时要,礼之本也。”孔疏引《论语·子路》记孔子语,将“政”与“事”加以区分,其说有据。总之,《左氏》这里说的是“则地义”与“象天明”。杜注认为“礼之本”在此,虽然不是很完整,但毕竟抓住了当时社会礼制的一个重要部分。

❻ 杜注:“雷震电曜,天之威也。圣人作刑戮以象类之。”按:雷电皆出于天,“为刑罚威狱”亦以象天明。《左氏》下文“为温慈惠和”句,明言“以效天之生殖长育”。孔疏说《左氏》“‘为父子’以下至‘生殖长育’,覆上‘则天之明’也”,这样概括是不错的。

❼ “民有好、恶、喜、怒、哀、乐,生于六气”以下,杜注:“此六者皆禀

阴阳风雨晦明之气。""为礼以制好恶喜怒哀乐六志,使不过节",自然就很有必要了。孔疏:"下云'审行信令',谓人君行之,知此'审则宜类',亦是人君……此'六志',《礼记》谓之'六情'。在己为情,情动为志,情志一也,所从言之异耳。"按:《礼记·礼运》有所谓"七情",指喜怒哀惧爱恶欲七者。孔冲远说的《礼记》"六情",很有可能就是这"七情"。

原文

简子曰:"甚哉,礼之大也!"对曰:"礼,上下之纪,天地之经纬也,民之所以生也,是以先王尚之。故人之能自曲直以赴礼者,谓之成人。[8]大,不亦宜乎!"简子曰:"鞅也请终身守此言也!"

注释

8 "天地之经纬也",杜注:"经纬错居以相成者。"孔疏:"言礼之于天地,犹织之有经纬,得经纬相错乃成文,如天地得礼始成就。"杨注:"天地之经纬犹言天经地义。"杨先生这样讲,最为简明。"是以先王尚之",杨注:"尚之犹言以之为第一等事。"按:古人重礼,古文献中多见。"故人之能自曲直以赴礼者,谓之成人",杨伯峻先生说"有委屈其情以赴礼者,亦有本其情性以赴礼者",此即所谓"能自曲直以赴礼"。依《左传》昭公廿五年记子大叔的说法,人若不能自曲直以赴礼,则不可谓之"成人"。成人与否,决定于能否"自曲直以赴礼"。我们认为《左氏》记子大叔关于礼的专论十分重要,值得注意。

原文

宋乐大心曰:"我不输粟。我于周为客。若之何使客?"晋士伯曰:"自践土以来,宋何役之不会,而何盟之不同?曰'同恤王室',子焉得辟之?子奉君命以会大事,而宋背盟,无乃不可乎?"右师不

敢对,受牒而退。士伯告简子曰:“宋右师必亡!奉君命以使,而欲背盟以干盟主,无不祥大焉!”❶

注释

❶ “我于周为客”,杜注:“二王后,为宾客。”因为乐大心代表宋国说话,而宋为殷商之后,当时与杞国之君为二王(夏商)之后,对周而言,他们是宾客。“自践土以来”,杜注:“践土在僖二十八年。”自践土之盟以来,宋国君臣还算是比较听话的。“右师不敢对,受牒而退”,杜注:“右师,乐大心。”孔疏:“于时号令输王粟、具戍人,宋之所出人粟之数书之于牒。‘受牒而退’,言服从也。”我们认为可以这样理解。“欲背盟以干盟主,无不祥大焉”,干是冒犯的意思,杜注:“言不善无大此者。”杨注:“古人多言‘不祥莫大焉’,改‘莫’为‘无’,句法变。言再无凶恶之事大于此。”按:杨先生此说甚精确。“无不祥大焉”就是“不祥无大焉”,也就是“不祥莫大焉”,这里“焉”有“于此”的意思,“无”即“莫”,古“无”“莫”双声。《广雅·释言上》:“莫,无也。”说见钱竹汀先生《十驾斋养新录》卷五“古无轻唇音”条。

原文

“有鸜鹆来巢”,书所无也,师己曰:“异哉!吾闻文、(武)〔成〕❷之世童谣有之,曰;‘鸜之鹆之,公出辱之。鸜鹆之羽,公在外野,往馈之马。鸜鹆跦跦,公在乾侯,征褰与襦。鸜鹆之巢,远哉遥遥;稠父丧劳,宋父以骄。鸜鹆鸜鹆,往歌来哭!’童谣有是,今鸜鹆来巢,其将及乎?”❸

秋,书再雩,旱甚也。

注释

❷ 阮元等《校勘记》列举“武”作“成”各本。以鲁史言,作“成”是。

❸ 跦读 zhū。襦读 rú。童谣第一第二句,杜注:“言鸜鹆来则公出辱

也。”第五句以下，杜注：“馈，遗也。跦跦，跳行貌。褰，袴也。稠父，昭公。死外，故丧劳。宋父，定公。代立，故以骄。”末尾两句，杜注：“昭公生出歌，死还哭。”杨注：“昭公死于乾侯，故以为言。”又说：“征，求也。襦，短衣也。”按：“稠父”，稠一作裯，阮元等《校勘记》已指出。童谣为韵文，杨注解说其韵部甚详。《左氏》下文“童谣有是”以下，意思是：文、成之世童谣有如上文说的这样一些事，今昭公时期鸜鹆来巢，会怎么样呢？“其将及乎”，杜注：“将及祸也。”会有祸灾发生。鲁文公至成公时期流行的童谣，竟然预言数十年后的事情并得到应验，后世读者不能不以为奇！世人喜谈《左氏》之文学性，不能不注意其结构之奇。

原文

初，季公鸟娶妻于齐鲍文子，生甲。公鸟死，季公亥与公思展与公鸟之臣申夜姑相其室。及季姒与饔人檀通，而惧，乃使其妾抶己，以示秦遄之妻，曰：“公若欲使余，余不可；而抶余。”[1]又诉于公甫，曰：“展与夜姑将要余！”秦姬以告公之。[2]公之与公甫告平子。平子拘展于卞而执夜姑，将杀之；公若泣而哀之，曰：“杀是，是(余)杀〔余〕也！”将为之请，平子使竖勿内。日中不得请，有司逆命，公之使速杀之。[3]故公若怨平子。

注释

1. 杜注：“公鸟，季公亥之兄，平子庶叔父。公亥即公若也。展，季氏族。相，治也。季姒，公鸟妻，鲍文子女。饔人，食官。秦遄，鲁大夫，妻公鸟妹秦姬也。”按：抶读 chì，笞击的意思，《左传》文十年已出现此字。“公若欲使余”，杨注：“使即襄二十一年《传》‘美而不使’之使，使其视寝也。此盖当时所用词义。”但据我们所知，这一类词义后世还有，即现代社会至少民间还有。这个“使”就是“用”的意思，今湘方言还有将所谓性服务（男女之事）说成

"用"的俗语。

❷ 杜注:"公甫,平子弟。"所谓"要余",杜注说是"要劫我以非礼"的意思。"公之,亦平子弟",亦见杜注。杨注已指出季姒所言"皆诬辞"。

❸ "平子使竖勿内",杨注:"左右小吏皆可曰竖……内同纳,不使入内,平子不欲见之。"《左氏》下文"有司逆命",杜注:"执夜姑之有司欲迎受杀生之命。"杨注用杜氏说。

原文

季、郈之鸡斗。季氏介其鸡,郈氏为之金距。平子怒,益宫于郈氏,且让之。❹故郈昭伯亦怨平子。

臧昭伯之从弟会,为谗于臧氏而逃于季氏。臧氏执旃。平子怒,拘臧氏老。将禘于襄公,万者二(人)〔八〕,其众万于季氏。臧孙曰:"此之谓不能庸先君之庙。"❺大夫遂怨平子。

注释

❹ "季氏介其鸡",《释文》:"介又作芥。"杜注:"捣芥子播其羽也。或曰:'以胶沙播之为介鸡。'"孔疏引贾逵云:"捣芥子为末,播其鸡翼,可以坌郈氏鸡目。"又引郑众的说法:"介,甲也。为鸡着甲。"孔疏:"以郈氏为金距言之,则着甲是也。"杨注认为距"即鸡跗蹠骨后方所生之尖突起部,中有硬骨质之髓,外被角质鞘,故可为战斗之用""郈氏盖于鸡脚爪又加以薄金属所为假距"。《左氏》下文"平子怒"以下,杜注:"怒其不下己,侵郈氏室以自益。让,责也。"这些解说都是对的。

❺ "臧氏执旃",杨注认为这个"旃"为"之焉之合音字",亟是。"执旃",就是"执之焉",抓住了臧会。作为报复,季平子拘捕了臧氏家臣之长("老")。"将禘于襄公"以下,杜注:"禘,祭也。万,舞也。于礼,公当三十六人。"阮元等《校勘记》认为"万者二人"句

"二人"当作"二八",因为禘祭万舞无用二人之礼。孔疏:"季氏私祭家庙与禘同日,言'将禘',是豫部分也。乐人少,季氏先使自足,故于公万者唯有二人。其众万于季氏,轻公重己,故大夫遂怨。"若依此说,则"万者二人"句不误了。我们认为鲁君之禘"万者二八"仍然与礼不合,所以这里"二人"可以作"二八"。二人则太少。"此之谓不能庸先君之庙",杜注:"不能用礼也,盖襄公别立庙。"杨注:"功曰庸,酬功亦曰庸,意谓不能使昭公祭祀其父以报襄公之功。"按:杨注较为明确。

原文

公若献弓于公为,且与之出射于外,而谋去季氏。公为告公果、公贲,公果、公贲使侍人僚柤告公。公寝,将以戈击之,乃走。公曰:"执之!"亦无命也。惧而不出,数月不见。公不怒。又使言,公执戈以惧之,乃走。又使言,公曰:"非小人之所及也!"❶公果自言。公以告臧孙,臧孙以难;告郈孙,郈孙以可,劝。告子家懿伯,懿伯曰:"谗人以君徼幸。事若不克,君受其名,不可为也。舍民数世以求克事,不可必也。且政在焉,其难图也!"公退之。辞曰:"臣与闻命矣,言若泄,臣不获死!"乃馆于公。❷

注释

❶ 杜注:"公为,昭公子务人。果、贲,皆公为弟。"公果、公贲使侍人僚柤将"谋去季氏"一事报告昭公。《释文》:"侍人,本亦作寺人。"柤读 chá,或读 zhā。昭公假装"将以戈击之",并且说要"执之",可是"亦无命也",杜注:"独言'执之',无敕命。"实在是有口无心。数月之后,"公曰:'非小人之所及也。'"杜注:"谓僚柤为小人。"可见昭公担心的是"去季氏"的计划无法实现,是僚柤与公果们办不成"去季氏"的大事,而不是不愿"去季氏"。

❷ 后来昭公以"谋去季氏"一事征求臧孙、郈孙、子家懿伯诸人的意

见,唯"郈孙以可劝"。臧孙以为难,懿伯说"不可为也",而且明言"谗人以君徼幸。事若不克,君受其名",杜注:"受恶名。"孔疏:"谗人,谓公若、郈孙之徒谗季氏者,劝君使伐季氏,以君徼天之幸,幸而得胜,则以为己功;不胜,则推君为恶。不可从也。"《左氏》下文所谓"舍民数世",与本年《左传》上文说的"鲁君丧政四公矣""鲁君失民矣"意思相同。"且政在焉",即上文说的"政在季氏"。昭公手中无权,所以说"难图"。"公退之",杜注:"退使去。"可是懿伯不肯退去,杜注:"恐受泄命之罪,故留公宫以自明。"

原文

叔孙昭子如阚。公居于长府。❸九月戊戌,伐季氏,杀公之于门,遂入之。平子登台而请曰:"君不察臣之罪,使有司讨臣以干戈,臣请待于沂上以察罪。"弗许。请囚于费,弗许。请以五乘亡,弗许。❹子家子曰:"君其许之。政自之出久矣!隐民多取食焉,为之徒者众矣;日入慝作,弗可知也。众怒不可蓄也,蓄而弗治,将蕰;蕰畜,民将生心;生心,同求将合。❺君必悔之!"弗听。郈孙曰:"必杀之!"公使郈孙逆孟懿子。

注释

❸ 依《释文》,这里阚读 kàn,不读 hǎn。杜注:"阚,鲁邑。长府,官府名。"杨注指出"长府即《论语·先进》之'长府',藏财货之府库"。按:《论语·先进》说"鲁人为长府",何晏《集解》引郑注:"长府,藏名也。藏财货曰府。"《左传》这里记的也是鲁人的事。

❹ "请待于沂上以察罪",杜注:"鲁城南自有沂水,平子欲出城待罪也。大沂水出盖县南……"孔疏:"此注云'鲁城南自有沂水',谓出鲁县者也。又云'大沂水出盖县南……',谓襄十八年之沂水也。"杨注谓《传》昭廿五年所谓沂"非小沂河",实与杜注孔疏一

致。臧励龢等编《中国古今地名大辞典》辨之甚详。“请囚于费”,这个“费”就是《论语·季氏》“颛臾固而近于费”之费,读bì,何晏《集解》引马注:“费,季氏邑。”那是季平子的老巢。“请以五乘亡”,这个“乘”读shèng。季平子请求允许他带五乘人马作随从,流亡他国。杨注:“五乘,其从者不多。”昭公必欲杀之,所以都不答应。

❺“政自之出久矣”,与本年《左传》上文说的“政在季氏三世矣”义同。“隐民多取食焉”,杜注:“隐,约,穷困。”杨注:“即贫民之投靠季氏者。”这说明季氏当时比昭公得民心。“日入慝作”以下,杜注:“慝,奸恶也。日冥,奸人将起,叛君助季氏不可知。”杨注用杜注。“众怒不可蓄也”句以下,杜注:“季氏众。蕴,积也。”季氏之众积其怨忿,就会生叛心。“同求将合”,杜注认为“同求”指“与季氏同求叛君者”,他们将会聚合叛乱。何必逼迫他们走到这一步呢?

原文

叔孙氏之司马鬷戾言于其众[6]曰:“若之何?”莫对。又曰:“我家臣也,不敢知国。凡有季氏与无,于我孰利?”皆曰:“无季氏,是无叔孙氏也。”(骏)〔鬷〕戾曰:“然则救诸!”帅徒以往,陷西北隅以入。公徒释甲执冰而踞[7],遂逐之。

注释

❻“言于其众”,杨注引王伯申的话,认为这个“言”就是“问”的意思,说见《读汉书杂志》。按:看王氏父子《读汉书杂志》第九《贾谊传》“言问其臣”条,其中言及《左传》昭廿五年“司马鬷戾言于其众”句。又,王伯申《尔雅述闻》“讯,言也”条有同样的说法。

❼“公徒释甲执冰而踞”,杜注:“言无战心也。冰,椟丸盖。或云椟丸是箭筩,其盖可以取饮。”孔疏:“二十七年《传》说此事云:‘岂其伐人而说甲执冰以游!’则此踞是游也。《曲礼》云:‘游无倨!’

倨是慢也，谓傲慢而游戏。”又说：“十三年《传》云‘司铎射奉壶饮冰’，谓执此也。《诗》云‘抑释掤忌，抑鬯弓忌’。鬯藏弓，则冰藏矢也。毛传云：‘掤所以覆矢。’掤与冰字虽异，音义同，是一器也。”杨注实用杜镇南、孔冲远说。

原文

孟氏使登西北隅以望季氏，见叔孙氏之旌，以告。孟氏执郈昭伯，杀之于南门之西，遂伐公徒。

子家子曰：“诸臣伪劫君者而负罪以出，君止。意如之事君也，不敢不改。”公曰：“余不忍也！”与臧孙如墓谋，遂行。[8]

注释

[8] “诸臣伪劫君者”以下，杜注：“使若非君本意者，君自可止不出。”孔疏：“今子家意欲得令诸臣等伪作劫君以伐季氏者，令负罪而出，君自可止住。”这是子家子为昭公找个台阶从伐季氏的漩涡中脱身。“负罪以出”，意思是诸臣伐季氏而有罪，事败出国亡命。如果昭公在伐季氏的事故中只是一个被裹挟者，那他就可以继续止住国君之都。“意如之事君也”，杜注：“意如，季平子名。”子家子认为季平子在经历一场动乱之后，不能不正视有人反对他的事实，不敢不改变一些作为。可是昭公坦承：“余不忍也。”伐季氏，实为昭公纵容并亲自支持之事。此公不肯容忍季氏之僭越，又不忍心让那些伐季氏的臣子“负罪以出”，所以他“与臧孙如墓谋”，杜注：“辞先君且谋所奔。”杨注引《礼记·檀弓下》“去国则哭于墓而后行”，可以说明古人去国先如墓之为必然，其首途不可不如此。

原文

己亥，公孙于齐，次于阳州。齐侯将唁公于平阴，公先至于野井。齐侯曰：“寡人之罪也。使有司待于平阴，为近故也。”书曰：

“公孙于齐，次于阳州。齐侯唁公于野井。”礼也。将求于人，则先下之，礼之善物也。齐侯曰：“自莒疆以西，请致千社以待君命。寡人将帅敝赋以从执事，唯命是听。君之忧，寡人之忧也。”公喜。子家子曰：“天禄不再。天若胙君，不过周公，以鲁足矣。失鲁而以千社为臣，谁与之立？[9]且齐君无信，不如早之晋。”弗从。

注释

[9] “礼之善物”，杜注：“物，事也。”礼之善物，就是处理得当而合礼的事。“请致千社”，杜注：“二十五家为社。千社，二万五千家，欲以给公。”《左氏》下文“以待君命”，杜注：“待君伐季氏之命。”我们认为这里“以待君命”应该还有别的意思。致千社，实际上就是让鲁昭公需要的一切都从千社之民获取。“寡人将帅敝赋以从执事”，此“执事”如同《左传》昭廿四年记晋士伯所谓“不腆敝邑之礼，将致诸从者’一语中的“从者”义同，实指鲁昭公。“天禄不再”句以下，孔疏：“天之福禄不可再，谓得齐千社，复得鲁国也。胙，报也。天若报君，终不得过于周公……既失鲁国，而以千社为臣于齐，谁复与之立也？言从君之人皆将弃君去矣。”杨注：“既得千社，不能再君鲁国。周公即鲁国之义，鲁以周公受封也。”又说：“受齐千社，是为臣于齐矣，谁为君复位？立与位古文同。”按：孔疏杨注言是。

原文

臧昭伯率从者将盟，载书曰：“戮力壹心，好恶同之！信罪之有无，缱绻从公，无通外内！”以公命示子家子。子家子曰：“如此，吾不可以盟。羁也不佞，不能与二三子同心，而以为皆有罪。或欲通外内，且欲去君。二三子好亡而恶定，焉可同也？陷君于难，罪孰大焉！通外内而去君，君将速入，弗通何为？而何守焉？”[10]乃不与盟。

注释

⑩ 载书"信罪之有无"句,杜注:"信,明也。处者有罪,从者无罪。"这是以跟随昭公流亡与否划线,区别有罪与无罪。《诗·大雅·民劳》"以谨缱绻",孔疏言及昭廿五年《左传》"缱绻从公"句,谓"缱绻者,牢固相著之意,非善恶之辞"。杨注:"据《毛诗·大雅·民劳》孔疏,缱绻犹今言坚决。"这样讲,比杜注说的"缱绻,不离散"更为明确。"羁也不佞",羁为子家子自称,不佞则谦称不才。"以为皆有罪"句,杜注:"从者陷君,留者逐君,皆有罪也。"这是对载书"信罪之有无"的异议。"通外内而去君"至"而何守焉"四句,是对载书"无通外内"的否定,杜注:"去君,伪负罪出奔,不必缱绻从公。何必守公!"杨注:"言己可能欲与国内国外交谈,且欲离君奔走。"又说:"逃亡寄居,无所守也。"这里杜、杨两注把握了子家子"不与盟"的用意。

原文

昭子自阚归,见平子。平子稽颡⑪,曰:"子若我何?"昭子曰:"人谁不死?子以逐君成名,子孙不忘,不亦伤乎?将若子何!"平子曰:"苟使意如得改事君,所谓生死而肉骨也!"

注释

⑪ "平子稽颡",杨注:"稽颡为凶拜,此平子示已逐君之哀戚。"按:《周官·大祝》"九拜"中有吉拜与凶拜,郑注:"吉拜,拜而后稽颡,谓齐衰不杖以下者……凶拜,稽颡而后拜,谓三年服者。"小戴辑《礼记·檀弓上》:"拜而后稽颡,颓乎其顺也。稽颡而后拜,颀乎其至也。"据郑注,拜而后稽颡是殷之丧拜,稽颡而后拜是周之丧拜。孙仲容《周礼正义》卷四十九引段玉裁的说法:"拜者,常礼。稽首者,敬之至也。稽颡者,哀之至也。"孙仲容说:"云'吉拜,拜而后稽颡'者,郑谓此吉拜亦丧拜中之吉拜也。""郑以

拜稽颡、稽颡拜为殷周礼异,盖由臆定……”其实《大祝》之凶拜即周之丧拜,从这个意义上说,杨注谓“稽颡为凶拜”,应该算是对的。反复玩味,我们认为:既然吉拜、凶拜中都有稽颡,而此吉拜亦丧拜中之吉拜,丧礼即凶礼,则视稽颡为凶拜,有何不可?《檀弓下》:“拜稽颡,哀戚之至隐也。稽颡,隐之甚也。”也是把稽颡与凶事联系在一起。

原文

昭子从公于齐,与公言。子家子命:“适公馆者,执之!”公与昭子言于幄内。曰:“将安众而纳公。”公徒将杀昭子,伏诸道。左师展告公,公使昭子自铸归。⑫

平子有异志。冬十月辛酉,昭子齐于其寝,使祝宗祈死。⑬戊辰,卒。左师展将以公乘马而归⑭,公徒执之。

注释

⑫ 孔疏:“昭子谋归安众而后纳公,则独公得入,从公伐季氏者不得入,故欲杀昭子也。”公徒“伏诸道”意思是从公伐季氏的那些人埋伏在道路上。“公使昭子自铸归”,杜注:“辟伏兵。”杨注:“铸今山东肥城县南之铸乡……改道以避伏兵。”这里杜、杨两注说是。

⑬ 这里齐读 zhāi(音义与“斋”同)。《释文》:齐“又作斋”。《左氏》下文“使祝宗祈死”,祈死即求死,昭子对季平子绝望了。

⑭ 这里“以”是“与”的意思。“乘”读 chéng,用《释文》的话说,是“乘如字,骑马也”。杜注:“展,鲁大夫。欲与公俱轻归。”

原文

壬申,尹文公涉于巩,焚东訾,弗克。❶

十一月,宋(公)❷元公将为公故如晋,梦大子栾即位于庙,己与平公服而相之。旦召六卿,公曰:“寡人不佞,不能事父兄,以为二三子忧,寡人之罪也!若以群子之灵,获保首领以殁,唯是楄柎所以藉干者,请无及先君![3]”仲幾对曰:“君若以社稷之故,私降昵宴,群臣弗敢知。若夫宋国之法,死生之度,先君有命矣;群臣以死守之,弗敢失队。臣之失职,常刑不赦。臣不忍其死,君命只辱[4]。”宋公遂行。己亥,卒于曲棘。

十二月庚辰,齐侯围郓。

注释

❶ 杜注:“文公,子朝党。于巩县涉洛水也。东訾,敬王邑。”杨注取杜镇南说。

❷ 此“公”字衍,阮元等《校勘记》已言之。

❸ “唯是楄柎所以藉干者”:楄读 biān,一读 pián,柎读 fū,或读 pǒu。杜注:“楄柎,棺中笭床也。干,骸骨也。”孔疏:“《说文》云:‘楄,方木也。’‘干,胁也。’木以藉胁,明是棺中笭床也。宋元所言藉干者,举胁而言耳,非独为胁,故去‘干,骸骨也’。”杨注:“楄柎,古时棺中垫尸体之木板。”宋元自料死后不得厚葬,唯有木板垫尸,但愿先君灵寝不要受到连累。

❹ 只,读 zhǐ,刚好,杜注:“言君命必不行。只,适也。”杨注用杜注。按:“君命只辱”,适辱君命,只是有辱君命而已。

原文

初,臧昭伯如晋;臧会窃其宝龟偻句,以卜为信与僭,僭吉。[5]臧氏老将如晋问,会请往。昭伯问家故,尽对。及内子与母弟叔孙,则不对;再三问,不对。归,及郊,会逆;问,又如初。至,次于外而察之,皆无之。执而戮之,逸,奔郈。郈鲂假使为贾正焉。[6]计于季氏;臧氏使五人以戈楯伏诸桐汝之闾,会出,逐之;[7]反奔,执诸季氏中门之外。平子怒曰:“何故以兵入吾门?”拘臧氏老,季、臧有恶。

及昭伯从公，平子立臧会。[8]会曰："偻句不余欺也！"

楚子使薳射城州屈，复茄人焉；城丘皇，迁訾人焉。使熊相禖郭巢，季然郭卷。[9]子大叔闻之，曰："楚王将死矣！使民不安其土，民必忧；忧将及王，弗能久矣。"

注释

❺ 偻读 lǚ，一读 lóu。句读 jù，一读 gōu。杜注："偻句，龟所出地名。"杨注引竹添光鸿《左传会笺》："偻句只是龟名。"这样说是对的。"以卜为信与僭，僭吉"，杜注："僭，不信也。"意思是：卜问是诚信好呢，还是不诚信好呢？结论竟然是不诚信反而好。

❻ 这里"贾"依《释文》读 jià（音义与现代汉语"价格"之价相同）。杜注："鲂假，郈邑大夫。贾正，掌货物使有常价，若市吏。"按：杜镇南说是。

❼ "计于季氏"，杜注："送计簿于季氏。"孔疏说明"郈在后为叔孙私邑，此时尚为公邑，故使贾正（通）〔送〕计簿于季氏"。《左氏》下文"以戈楯伏诸桐汝之间"，杜注："桐汝，里名。"杨注："间，里门也。"

❽ 杜注："立以为臧氏后。"杨注用杜注。

❾ 《释文》："禖音梅，卷音权。"熊相与季然都是楚大夫。卷与巢都是地名。杜注："使二大夫为巢、卷筑郭也。"郭是城郭，这里名词用作动词。

经二十有六年[1]

原文

春，王正月，葬宋元公。[2]

三月，公至自齐，居于郓。

夏，公围成。

秋，公会齐侯、莒子、邾子、杞伯，盟于鄟陵。

公至自会，居于郓。

九月庚申，楚子居卒。

冬，十月，天王入于成周。

尹氏、召（伯）〔氏〕、毛伯以王子朝奔楚。[3]

注释

❶ 鲁昭公二十六年，是公元前516年，周敬王四年。孔仲尼先生这一年三十七岁。

❷ 杜注："三月而葬，速。"按：自去年十一月宋元公之卒到今年正月安葬，出入凡三月，就周礼而言，下葬快了。

❸ 杜注："'召伯'当言'召氏'，《经》误也。尹、召族奔非一人，故言'氏'。书'奔'在'王入'下者，王入乃告诸侯。"孔疏："《传》言召伯盈逐王子朝，朝及召氏之族奔楚，召伯逆王于尸，与王入于成周。则召氏族出奔，召伯身不奔也，知'召伯'当为'召氏'，《经》误也。"杨注说同。

传二十六年

原文

春，王正月庚申，齐侯取郓。

葬宋元公如先君，礼也。

"三月，公至自齐，处于郓"，言鲁地也。

夏，齐侯将纳公，使无受鲁货。申丰从女贾，以币锦二两（缚）〔縳〕一如瑱，适齐师，谓子犹之人高齮："能货子犹，为高氏后，粟五千庾。"[1]高齮以锦示子犹，子犹欲之；齮曰："鲁人买之，百两一布。以道之不通，先入币财。"子犹受之，言于齐侯曰："群臣不尽力于鲁君者，非不能事君也。[2]然据有异焉[3]：宋元公为鲁君如晋，卒于曲棘;叔孙昭子求纳其君,无疾而死。不知天之弃鲁耶?抑鲁君有罪于鬼神,故及此也?君若待于(曲)[4]棘,使群臣从鲁君以卜焉:若可,师有济也,君而继之,兹无敌矣;若其无成,君无辱焉。[5]”齐侯从之,使公子鉏帅师从公。

注释

❶ 依《释文》,缚当作縳,否则此字不应读 zhuàn。瑱,依《释文》读 diān,今读 zhèn。齮读 yǐ。杜注:“丰、贾二人皆季氏家臣。二丈为一端,二端为一两,所谓匹也。二两,二匹。瑱,充耳。縳,卷也。急卷使如充耳,易怀藏。齮,子犹家臣。子犹,梁丘据。”杨注义同。按:“縳一如瑱”的縳,与《左传》襄二十五年“闾丘婴以帷縳其妻”的縳义同。“能货子犹”句以下,杜注:“言若能为我行货于子犹,当为请使得为高氏后,又当致粟五千庾。庾,十六斗。凡八千斛。”这里所谓“货”“行货”,与后世常说的“行贿”“收买”意思相同。

❷ “以道之不通,先入币财”,杨注:“古人送礼,先以轻物,后以重物。”这与《左氏》僖公三十三年“以乘韦先牛十二犒师”一事同类。“道之不通”自是借口。

❸ “据有异焉”:据即梁丘据。杜注:“异,犹怪也。”

❹ 此“曲”字,涉上文“卒于曲棘”而误衍。孔疏已言之。

❺ “使群臣从鲁君以卜焉”,杜注:“卜知可伐否。”看《左氏》下文,可知这里未必真卜,实际上只是派人率师先行试探情况。“君而继之”以下,杨注:“而,乃也,始也。兹……则也,因此也。谓若出师无成,不烦君亲自统帅。”按:杨说甚确。

原文

成大夫公孙朝谓平子曰:“有都以卫国也,请我受师。”许之。请纳质;弗许,曰:“信女足矣!”告于齐师曰:“孟氏,鲁之敝室也。

用成已甚,弗能忍也;请息肩于齐。”[5]齐师围成。成人伐齐师之饮马于淄者,曰:“将以厌众。”鲁成备而后告曰:“不胜众。”[6]

注释

[5] “成大夫”至“请我受师”,杜注:“以成邑御齐师。”《左氏》下文“请纳质”,意思是成大夫请求纳质于季平子,如杜注所说,这是因为“恐见疑”。季氏说“信女,足矣”,杨注:“谓相信汝,则足矣,何必纳质。”于是成大夫告于齐师,自“孟氏”至“请息肩于齐”,杜注:“敝,坏也。公孙朝诈齐师,言欲降,使来取成。”杨注:“谓孟氏用成邑之民力与财货太甚,民不能忍受。”按:杜、杨两注都道出了成大夫公孙朝的本意。

[6] “成人伐齐师之饮马于淄者”以下,杜注:“以厌众心,不欲使知己降也。”按:这里说的“众心”,指成邑军民之心。“将以厌众”这个话,自然是向齐师(公子鉏及其部众)作解释的时候说的。杨注认为这里淄指小汶河,非临淄。“鲁成备”句,杜注:“告齐言众不欲降,己不能胜。”杨先生这里用杜注,杜注是对的。

原文

师及齐师战于炊鼻。齐子渊捷从洩声子,射之,中楯瓦,繇朐汏辀,匕入者三寸。声子射其马,斩鞅,殪。[1]改驾,人以为鬷戾也,而助之。子车曰:“齐人也!”将击子车;子车射之,殪。其御曰:“又之。”[2]子车曰:“众可惧也,而不可怒也。”子囊带从野洩,叱之;洩曰:“军无私怒。报乃私也。将亢子。”[3]又叱之,亦叱之。冉竖射陈武子,中手;失弓而骂。以告平子,曰:“有君子白皙、鬒须眉,甚口。”[4]平子曰:“必子彊也。无乃亢诸?”对曰:“谓之‘君子’,何敢亢之?”[5]

注释

[1] 杜注:“炊鼻,鲁地。声子,鲁大夫。瓦,楯脊。”杨注谓齐子渊捷其人名捷字子车,子渊为氏;洩声子为鲁大夫,“下文作野洩,盖氏

野，名洩，声子其谥号”。《左氏》下文“繇朐汰辀”以下：繇读yóu。朐读qú，《释文》：“本又作軥，同。”辀读zhōu。杜注：“朐，车轭。辀，车辕。繇，过也。汰，矢激。匕，矢镞也。殪，死也。”匕入，“入楯瓦也”。孔疏：“射之中楯瓦，先言中之之处，更说矢来之状，繇车轭，矢激，从车辕之上。其矢之匕镞入著楯瓦者犹深三寸，言其弓力多而矢入深也。”又说：“盖朐軥字通用耳，繇即由也，训为从也；从上而过，故言繇过也。宣四年《传》云‘伯棼射王汰辀’，注云：‘汰，过也。’此云‘汰，矢激’，谓矢激汰其上而过也。”《左氏》下文“声子射其马”以下，杨注：“此言声子亦善射，其矢先断鞅，尚杀马。”按：上引杜注、孔疏、杨注皆是。

❷ “又之”，杜注：“又欲使射余人。”杨注用杜注。

❸ 子囊带为齐大夫，喝叱鲁大夫野洩（声子），野洩说：“军无私怒，报乃私也，将亢子。”杜注：“欲以公战御之，不欲私报其叱。”杨注：“亢同抗，敌也。”《左氏》原意如此。

❹ 晳读xī，白色。此字后讹作皙，本来晳、皙形义有别，今从俗。鬒读zhěn，《释文》：“黑也。”孔疏：“《说文》云：‘鬒，稠发也。’鬒须眉者，言须眉皆稠多也。甚口者，谓大口也。”杨注：“白皙言其肤色……甚口，善骂也。”鬒须眉，杨先生认为意思是“须眉黑且密”，这样讲，鬒有黑色与稠密二义，分明合《说文》与《释文》而言之。

❺ 杜注：“子彊，武子字。”杨注谓陈武子为陈无宇长子，而后来的军事家孙武为其弟书之后。《经传释词》卷十：“无乃，犹‘得无’也。”此实本《公羊传》宣十二年注。“亢诸”，“亢”同“抗”，“诸”为“之乎”之合音。“谓之君子，何敢亢之？”杜注：“伪言不敢违季氏。”你季平子既然承认陈子强为君子，我们岂敢与他为敌？

原文

林雍羞为颜鸣右，下。苑何忌取其耳，颜鸣去之。苑子之御曰："视下！"顾。苑子剸林雍，断其足，(鑋)〔䡖〕而乘于他车以归。颜鸣三入齐师，呼曰："林雍乘！"[6]

注释

[6] "苑子剸林雍"以下：剸读 fú，《说文》："击也。"鑋，依《释文》读 qìng，或读 qīng。《说文》金部"鑋"下引《春秋传》作"䡖"，今据改。阮元等《校勘记》认为䡖盖胫字之异者，此说犹可商。杜注："䟫，一足行。"䟫亦当作䡖。"颜鸣三入齐师"以下，杜注："言鲁人皆致力于季氏，不以私怨而相弃。"杨注用杜镇南说。

原文

四月，单子如晋告急。五月戊午，刘人败王城之师于尸氏。戊辰，王城人、刘人战于施谷[1]，刘师败绩。

秋，"盟于鄟陵"，谋纳公也。

七月己巳，刘子以王出。庚午，次于渠。王城人焚刘。[2]丙子，王宿于褚氏。丁丑，王次于萑谷。庚辰，王入于胥靡。辛巳，王次于滑。晋知跞、赵鞅帅师纳王，使(汝)〔女〕宽守(关)〔阙〕塞。[3]

注释

[1] 杜注："刘人，刘蚠之属。王城，子朝之徒。"按：尸氏、施谷，皆地名。

[2] "刘子以王出"，杜注："师败，惧而出。"孔疏："今为子朝所逐，盖自刘而出也。"《左氏》下文"次于渠"，杜注："渠，周地。"再下文"焚刘"，杜注说是"烧刘子邑"。孔疏："王既弃刘而去，故王城人焚刘。"

[3] 杜注："女宽，晋大夫。"《释文》："女音汝，本亦作汝。"可见"汝宽"之汝这里当作"女"。下文"关"当作"阙"，阮元等《校勘记》已言之。

原文

九月,楚平王卒。令尹子常欲立子西,曰:“大子壬弱[4];其母非適也,王子建实聘之。子西长而好善。立长则顺,建善则治。王顺国治,可不务乎?”子西怒曰:“是乱国而恶君王也。国有外援,不可渎也。王有適嗣,不可乱也。败亲,速仇,乱嗣,不祥!我受其名,赂吾以天下,吾滋不从也,楚国何为?[5]必杀令尹!”令尹惧,乃立昭王。

注释

[4] 杜注:“壬,昭王也。”阮元等《校勘记》引陈树华先生的说法:“哀六年云‘楚子轸卒’,则昭王名轸。疑壬非昭王,或者即位后改名邪?《史记·楚世家》《十二诸侯年表》并作(轸)〔珍〕,盖传写异文。《伍子胥传》仍作轸。”这样说是对的,杨注即本此说。杨先生又说:“弱,幼小也。”据《传》昭十九年,杨先生推知昭王是年至多八岁,其说是。

[5] “是乱国而恶君王也”句以下,杜注:“言王子建聘之,是章君王之恶。外援,秦也。渎,僈也。不立王,秦将来讨,是速仇也。”杨注:“壬为適嗣,子西为庶,废適立庶,当时谓之乱。”杨先生认为“败亲”即上文“恶君王”之义,败亲、速仇、乱嗣“此三者皆不祥之事”。按:杨先生说甚是。《左氏》下文“我受其名”,杜注:“受恶名。”这当然非子西所愿。再下文“赂吾以天下,吾滋不从也”,杜注:“滋,益也。”孔疏:“赂吾以天下,使吾为天子,吾益不从也。”丢了名声,即使得天下,亦不肯为。看重名声有如此者!

原文

冬十月丙申,王起师于滑。辛丑在郊,遂次于尸。十一月辛酉,晋师克巩。召伯盈逐王子朝。王子朝及召氏之族、毛伯得、尹氏固、南宫嚚奉周之典籍以奔楚。阴忌奔莒以叛。召伯逆王于尸,及刘子、单子盟。遂军圉泽,次于隄上。癸酉,王入于成周。甲戌,盟于襄宫。[1]晋师〔使〕成公般戍周而还。十二月癸未,王入于庄宫。[2]

注释

❶ “召伯逆王于尸”,尸即《左氏》上文“刘人败王城之师于尸氏”句“尸氏”,地名。“遂军圉泽”以下,杜注:“圉泽、隄上,皆周地。成周,今洛阳。”《左氏》下文“盟于襄宫”,杜注谓襄宫即“襄王之庙”。诸家皆无异词。

❷ “晋师使成公般戍周而还”,阮刻本无“使”字,而阮元等《校勘记》列举“师下有使字”诸本,无“使”不通,今据补。杜注:“般,晋大夫。庄宫,在王城。”按:庄宫自是周庄王之庙。

原文

王子朝使告于诸侯曰:

昔(成)〔武〕王克殷,成王靖四方,康王息民,并建母弟以蕃屏周,亦曰:“吾无专享文、武之功,且为后人之迷败倾覆而溺入于难,则振救之。”至于夷王,王愆于厥身,诸侯莫不并走其望,以祈王身。[3]至于厉王,王心戾虐,万民弗忍,居王于彘。诸侯释位,以间王政;宣王有志,而后效官。[4]至于幽王,天不吊周,王昏不若,用愆厥位。携王奸命,诸侯替之,而建王嗣,用迁郏鄏[5],则是兄弟之能用力于王室也。至于惠王,天不靖周,生颓祸心,施于叔带。惠、襄辟难,越去王都,则有晋、郑咸黜不端,以绥定王家,则是兄弟之能率先王之命也。[6]在定王六年,秦人降妖,曰:“周其有頿王,亦克能修其职;诸侯服享,二世共职。王室其有间王位,诸侯不图,而受其乱灾。”[7]至于灵王,生而有頿;王甚神圣,无恶于诸侯。灵王、景王,克终其世。

注释

❸“至于夷王，王愆于厥身”，杜注：“夷王，厉王父也。愆，恶疾也。”杨注用杜注。《左氏》下文“诸侯莫不并走其望”两句，杨注：“谓夷王身患恶疾，诸侯皆遍祭其国之名山大川，为王祈祷。”按：《左氏》这里“走其望”，与《左传》昭十年记“郑国有灾，晋君大夫不敢宁居，卜筮走望”之走望义近。

❹“诸侯释位”句以下，杜注：“间犹与也。去其位，与治王之政事。宣王，厉王子。彘之乱，宣王尚少，召公虎取而长之。效，授也。”孔疏认为“诸侯释位以间王政”指厉王流于彘之后的共和时期，“共和之年，官之政事皆决于二相，宣王长而有志，堪为人主，二相乃致其官政于王也”。王伯申认为《左氏》这里“宣王有志”的“志”，与《左传》哀十六年“失志为昏”句“志”字义同，“谓心知也”。惠栋《九经古义》认为“宣王有志”“谓长而有知识也”“王伯厚以为有拨乱之志，恐非”，王伯申认为惠说是。沈钦韩《春注左传补注》：“效官，致天子之位于宣王也。”杨注谓“沈说较胜”。

❺杜注：“幽王，宣王子。若，顺也。愆，失也。携王，幽王少子伯服也。王嗣，宜臼也。幽王后申姜生大子宜臼。王幸褒姒生伯服，欲立之而杀大子。大子奔申。申伯与鄫及西戎伐周……立宜臼。是为平王，东迁郏鄏。”孔疏引《汲冢书纪年》认为携是地名，幽王死后周大臣立王子余臣于携，以本非適，故称携王。杨注用王静安先生说，认为“吊古淑字”，而淑是善的意思；“天不吊周”及其下凡三句，“谓天不佑周，使王昏乱不顺，因失其位”。杨注：“替，废也。郏鄏即今洛阳市。”其说是。按：郏读 jiá，鄏读 rǔ。

❻“至于惠王”以下，杜注：“惠王，平王六世孙，颓，惠王庶叔也，庄十九年作乱，惠王适郑。襄王，惠王子。叔带，襄王弟。僖二十四年，叔带作难，襄王处氾。黜，去也。晋文杀叔带，郑厉杀子颓，为王室去不端直之人。”依《释文》，“施于叔带”句施读 yì。孔疏谓“诸本咸或作减”。杨注认为“施”是“延”的意思，“减黜”为同义

词连用，其说皆可从。王伯申《经义述闻》卷四“咸刘厥敌”条，卷十七“克减侯宣多，咸黜不端”条，谓咸、减为灭绝之义，至确。

❼ 杜注：“定王，襄王孙。定王六年，鲁宣八年。二世谓灵、景。间王位，谓子朝也，今子朝以为王猛。受乱灾，谓楚也，今子朝以为晋。”孔疏：“当时秦人有此妖语，若似自上而下神凭之然，故云‘降妖’也。然自‘受其乱灾’以上皆是妖语，‘至于灵王’以下是子朝演说妖言，谓子猛当间王位耳。‘服享’，言诸侯服从，献国之所有。”杨注：“此王子朝用妖语为己谋。王室中人间王位者先指王猛，今指敬王。诸侯不图，自指晋、鲁、宋、卫诸国。”按：上引杜注孔疏，都可供参考。杨先生补正孔疏，可从。

原文

今王室乱，单旗、刘狄剥乱天下，壹行不若，谓：“先王何常之有？唯余心所命，其谁敢（请）〔讨〕之？”帅群不吊之人，以行乱于王室，侵欲无厌，（规）〔玩〕求无度，贯渎鬼神，慢弃刑法，倍奸齐盟，傲很威仪，矫诬先王。❽晋为不道，是摄是赞，思肆其罔极。兹不穀震荡播越，窜在荆蛮，未有攸底。❾若我一二兄弟甥舅奖顺天法，无助狡猾，以从先王之命，毋速天罚，赦图不穀，则所愿也。敢尽布其腹心及先王之经，而诸侯实深图之！❿

注释

❽ “其谁敢请之”，请当作讨，据阮元等《校勘记》改正。“规求”之规当作玩，据孔疏改。杜注：“单旗，穆公也。刘狄，刘份盆也。壹，专也。言先王无常法。吊，至也。”按：杜镇南谓“吊”是“至”的意思，不确。杨注：“不吊即不淑，不善，不祥。”这就对了。杨注上文说“剥乱同义词连用”，也说得对；下文说“规求亦通”，这样讲，视孔疏所谓“服、王、孙皆注云‘玩，贪也’”而不见，置版本于不

顾,实不可从。

⑨ 杜注:"贯,习也。凌,易也。摄,持也。赞,佐也。先王,谓景王。肆,放也。兹,此也。此'不穀',子朝自谓。底,至也。攸,所也。"孔疏谓"倍即背也",不错;谓齐盟为"齐同之盟",不确。杨注谓"背奸即背而触犯之","思肆其罔极""谓欲放纵其无道无厌之欲也","兹不穀"之"兹"为"今"字之义,皆可信。

⑩《国语·周语》"以奖王室",韦注:"奖,成也。"杨伯峻先生认为《左氏》昭廿六年"奖顺天法"句"奖"字也是"成"的意思,其说有据。孔疏认为"无速天罚"句"速"是"召"的意思,"劝诸侯无召天罚",这样讲,在训诂方面没有疑义。杨注认为"先王之经"即"先王之命",也讲得通,但不如理解为"先王常训"或"祖宗常规"更顺当。

原文

昔先王之命曰:"王后无適则择立长,年钧以德,德钧以卜。"王不立爱,公卿无私,古之制也。穆后及大子寿早夭即世,单、刘赞私立少,以间先王亦唯伯仲叔季图之![11]

闵马父闻子朝之辞,曰:"文辞以行礼也。子朝干景之命、远晋之大以专其志,无礼甚矣!文辞何为?"[12]

注释

⑪《左传》襄三十一年也记载有意思相同的"先王之命",实即周礼规定的传承制度的概括。"穆后及大子寿早夭即世",事见《左传》昭十五年。"单刘赞私立少,以间先王",杜注:"间错先王之制。"王伯申《经义述闻》卷十九:"间之言干也。谓干犯先王之命也。""间与干声相近,故字亦相通。"按:伯申此说甚确。

⑫"干景之命",违犯景王的旨意。"远晋之大",这里"远"是疏远、轻视的意思,全句说的是忽视了晋国作为大国的地位(作为盟主

的作用)。“以专其志”,杨注:“谓心专欲为王,无他思虑。”我们以为这一段话值得注意的是“文辞以行礼也”这个判断。在闵马父看来,文章言辞的一个重要使命,一个重要功能,就是行礼。如果无礼,要文辞何用?把语言文字的功用与行礼直接联系起来,《左氏》这样明确,应该算是文献学史上最早的一次。

原文

齐有彗星,齐侯使禳之。晏子曰:“无益也,只取诬焉。天道不謟,不贰其命,若之何禳之!且天之有彗也,以除秽也;君无秽德,又何禳焉?若德之秽,禳之何损?❶《诗》曰:‘惟此文王,小心翼翼;昭事上帝,聿怀多福。厥德不回,以受方国。’君无违德,方国将至,何患于彗?❷《诗》曰:‘我无所监,夏后及商。用乱之故,民卒流亡。’若德回乱,民将流亡,祝、史之为无能补也!❸”公说,乃止。

注释

❶ “只取诬焉”,这里“只”与《左氏》昭十三年“只取辱焉”以及昭廿五年《左氏》“君命只辱”句“只”字义同。“天道不謟”,謟读 tāo,《释文》:“本又作慆。”杜注:“謟,疑也。”天道不疑,自然不必祭而禳之。“天之有彗也,以除秽也”,与《左传》昭十七年“彗,所以除旧布新也”义近。“君无秽德”,无秽可除,自然也就不必祭以禳除之。“若德之秽,禳之何损”,杨注:“谓于其秽德无减损也。”杨先生说是。

❷ 引《诗》见《大雅·大明》。杜注:“翼翼,共也。聿,惟也。回,违也。言文王德不违天人,故四方之国归往之。”君不违德,诸侯都将来归,出现彗星有什么患害呢?

❸ “我无所监”至“民卒流亡”,杜注:“逸诗也。言追监夏商之亡,皆以乱故。”杨注已指出“我无所监”句“监”字与《大雅·荡》“殷鉴不远”句“鉴”字义同。“若德回乱”句,我们认为这里“回乱”也

是近义词连用。君王德行邪乱,民将流亡,祝史所行禳事又有何用?“若德回乱”以下三句,与上文“若德之秽,禳之何损”两句义同。春秋时代有头脑的人(包括像晏子这样的思想家),重视祭祀一类活动,更看重德行,这无疑可以算是思想的进步。

原文

齐侯与晏子坐于路寝。公叹曰:“美哉室!其谁有此乎?”晏子曰:“敢问何谓也?”公曰:“吾以为在德。”对曰:“如君之言,其陈氏乎!陈氏虽无大德而有施于民。豆、区、釜、钟之数,其取之公也薄,其施之民也厚。❶公厚敛焉;陈氏厚施焉,民归之矣。《诗》曰:‘虽无德与女,式歌且舞。’陈氏之施,民歌舞之矣。后世若少惰,陈氏而不亡,则国其国也已!❷”公曰:“善哉!是可若何?”对曰:“唯礼可以已之。❸在礼:家施不及国,民不迁,农不移,工贾不变,士不滥,官不滔,大夫不收公利。”公曰:“善哉!我不能矣。吾今而后知礼之可以为国也!”对曰:“礼之可以为国也久矣,与天地并!君令臣共,父慈子孝,兄爱弟敬,夫和妻柔,姑慈妇听,礼也。君令而不违,臣共而不贰;父慈而教,子孝而箴;兄爱而友,弟敬而顺;夫和而义,妻柔而正;姑慈而从,妇听而婉:礼之善物也。”公曰:“善哉!寡人今而后闻此礼之上也!”对曰:“先王所禀于天地以为其民也,是以先王上之。”❹

注释

❶ “豆、区、釜、钟之数”,指四种容量单位之间的关系。“其取之公也薄”,杜注:“谓以公量收。”以公室颁用量器收进百姓所贡诸物,比陈氏用自家量器借贷给别人的少。“其施之民也厚”,杜注:“谓以私量贷。”指陈氏用自家量器借贷粟米诸物给百姓,比用公室颁用量器收进百姓所贡诸物多。事见《左传》昭三年。

❷ 引《诗》见《诗·小雅·车舝》。杜注:“义取虽无大德,要有喜说

之心，欲歌舞之式用也。”杨注：“式，当也。”用丁声树先生《式字说》，这比杜注准确。“陈氏而不亡”句以下，杨注：“而犹如也，假设之词。”《左氏》这里意思是：陈氏如果不亡，则齐国将为陈氏之国。

❸ “唯礼可以已之”，杜注：“已，止也。谓陈氏不代齐君。”这是晏子给齐景公出的主意，未必有道理。试想：如果齐景公不把晏子的意见放在心上，那情况将会如何？陈氏一如既往待人处事以礼，如果比接受晏子意见而行礼的齐君做得好，趋势与结局又将如何？

❹ “礼之可以为国也久矣”句，杜注：“有天地则礼义兴。”孔疏引《易·序卦》证成杜注，不具录。按：“礼之可以为国”，即以礼治国。晏子认为此治国之道与天地并存，表明他对以礼治国的重视。“子孝而箴”，杜注：“箴，谏也。”《左氏》下文“今而后闻此礼之上也”，杨注：“谓闻此尊尚礼。”再下文“先王上之”，孔疏：“礼与天地同贵，是以先王上之。”按：这里“上之”也是“尊尚礼”的意思。

经二十有七年[1]

原文

春，公如齐。

公至自齐，居于郓。

夏，四月，吴弑其君僚。[2]

楚杀其大夫郤宛。[3]

秋，晋士鞅、宋乐祁犁、卫北宫喜、曹人、邾人、滕人会于扈。

冬，十月，曹伯午卒。

邾快来奔。[4]公如齐。

公至自齐，居于郓。

注释

❶ 鲁昭公二十七年，是公元前515年，周敬王五年。仲尼先生这一年三十八岁。

❷ 杜注："僚亟战民罢，又伐楚丧，故光乘间而动。称国以弑，罪在僚。"孔疏数说吴僚"亟战"与"伐楚丧"，然后说："言举国皆欲弑之，非独光之罪，故不书'光弑'。"按：《春秋》书法如此。

❸ 杜注："无极，楚之谗人，宛所明知而信近之以取败亡，故书名罪宛。"按：《春秋》记大夫被杀而不称其名，则表明该大夫实无罪，例见《左传》文七年。《春秋经》昭廿七年记"楚杀其大夫郤宛"，孔疏："此郤宛书名，故杜迹其为罪之状，书名所以罪宛也。"

❹ 杜注："快，郑命卿也。故书。"孔疏："诸侯大夫再命以上皆书于《经》，自一命以下大夫及士《经》皆称'人'，名氏不得见。此皆典策之正文也。"书与不书，取决于合制与否。

传二十七年

原文

"春，公如齐。公至自齐，处于郓。"言在外也。

吴子欲因楚丧而伐之，使公子掩余、公子烛庸帅师围潜。使延州来季子聘于上国[1]，遂聘于晋，以观诸侯。楚莠尹然、(工)〔王〕尹麇[2]帅师救潜，左司马沈尹(戌)〔戌〕帅都君子与王马之属以济师，与吴师遇于穷。[3]令尹子常以舟师及沙汭而还。左尹郤宛、工尹寿帅师至于潜。吴师不能退。

注释

❶ 《左氏》下文有"上国有言"句，《释文》引贾注："上国与中国同。"

❷ 此句"工"当作"王"。孔疏作王，其所引服虔注则启人疑窦，阮元等《校勘记》说诸本以作"王"者为多。杜注："二尹，楚官。然、

麇,其名。”

❸ 杜注:“都君子,在都邑之士有复除者。王马之属,王之养马官属校人也。济,益也。”穷为地名。孔疏:“本或‘穷’下有‘谷’字者,为定七年《传》‘败尹氏于穷谷’,涉彼而误耳。”杨注用孔疏此说。

原文

吴公子光曰:“此时也,弗可失也!”告鱄设诸曰:“上国有言曰:‘不索,何获?’我,王嗣也。吾欲求之。事若克,季子虽至,不吾废也。”❹鱄设诸曰:“王可弑也。母老子弱,是无若我何?”光曰:“我,尔身也。”❺

注释

❹ “此时也,弗可失也”,杜注:“欲因其师徒在外,国不堪役以弑王。”显然,《左氏》这里记公子光的话,有“时不可失,机不再来”的意思。鱄读 zhuān。“鱄设诸”为勇士之名,杨注认为“设”盖语词,可从。“不索,何获”,杨注:“索,求也。谓己不索求,则无从获王位。”按:此言意在宣扬人的主观能动性,谓吾人当积极进取,凡事不可消极等待。所以公子光下文说“吾欲求之”。求之,必须具备充足的条件。对当时的公子光而言,“我,王嗣也”就是一个重要条件。杜注:“光,吴王诸樊子也,故曰‘我,王嗣’。”孔疏已指出杜注用《史记》为说,引服虔的说法:“夷昧生光而废之,僚者夷昧之庶兄,夷昧卒,僚代立,故光曰‘我,王嗣也’。”这其实是用《公羊》说,与《左氏》说合。

❺ “母老子弱,是无若我何”,杜注:“犹言‘我无若是何’,欲以老弱托光。”《史记·刺客列传》记此事,把鱄诸刺吴王僚当作士为知己者死的典型之一。“我,尔身也”,杜注:“言我身犹尔身。”然则尔母犹我母,尔子犹我子,尔母老子弱不足虑。

原文

夏四月,光伏甲于堀室而享王。王使甲坐于道,及其门。门阶户席皆王亲也,夹之以铍。羞者献体改服于门外。执羞者坐行而入,执铍者夹承之,及体以相授也。⑥光伪足疾,入于堀室。鱄设诸置剑于鱼中以进,抽剑刺王,铍交于胸,遂弑王。阖庐以其子为卿。⑦

季子至,曰:"苟先君无废祀,民人无废主,社稷有奉,国家无倾,乃吾君也。吾谁敢怨?哀死事生,以待天命;非我生乱,立者从之:先人之道也。"复命哭墓,复位而待。⑧吴公子掩余奔徐,公子烛庸奔钟吾。楚师闻吴乱而还。

注释

⑥ 依《释文》,堀读 kū(音义与"窟"同);铍读 pī,《说文》:"剑也。"《左氏》"王使甲坐于道及其门"句以下,杜注:"坐道边至光门。羞,进食也。献体,解衣。坐行,膝行。"孔疏:"从门至阶,从阶至户,从户至室,皆是王之亲兵也。"又说:"铍之锋刃及进羞者体也。王之左右必更有人受羞以进王,故言相授也。虽则相授,进羞者得至王所。"按:《左氏》"执铍者夹承之",杜注谓"承执羞者"。《左氏》下文"及体以相授也",杜注说是"铍及进羞者体,以所食授王",孔疏正本《左氏》与杜注而言。

⑦ 杜注:"阖庐,光也。以鱄诸子为卿。"这算是对鱄诸的报答。

⑧ "非我生乱"至"先人之道也",杜注:"吴自诸樊以下兄弟相传而不立適,是乱由先人起也。季子自知力不能讨光,故云尔。"按:吴"先人之道"指的是吴国先人所立的传承制度。唯其"先人之道"即使改为立適之制,也未必能保证不生乱阶。《左氏》下文"复命哭墓",杜注:"复使命于僚墓。"再下文"复位而待",杜注:"复本位待光命。"皆是。于礼制当如此。《礼经·聘礼》可为证。

原文

郤宛直而和，国人说之。鄢将师为右领，与费无极比而恶之。[1]令尹子常贿而信谗；无极谮郤宛焉，谓子常曰："子恶欲饮子酒。"又谓子恶："令尹欲饮酒于子氏。"子恶曰："我贱人也，不足以辱令尹。令尹将必来辱，为惠已甚；吾无以酬之，若何？"无极曰："令尹好甲兵。子出之，吾择焉。"取五甲五兵，曰[2]："置诸门。令尹至，必观之，而从以酬之。"及飨日，帷诸门左。[3]无极谓令尹曰："吾几祸子！子恶将为子不利，甲在门矣。子必无往！且此役也[4]，吴可以得志；子恶取赂焉而还，又误群帅，使退其师，曰：'乘乱不祥。'吴乘我丧，我乘其乱，不亦可乎？"令尹使视郤氏，则有甲焉；不往，召鄢将师而告之。将师退，遂令攻郤氏，且爇之[5]。

注释

❶ 郤宛即下文"子恶"。"直而和"，杜注："以直事君，以和接类。"《释文》："说音悦。"对"直而和"的人，国人没有理由不喜欢。按：鄢将师为人名。杜注："右领，官名。"《左氏》下文"与费无极比而恶之"，比是朋比为奸，恶是嫉恨，杜注："恶郤宛。"

❷ "五甲五兵"，甲是盔甲，兵是兵器。《周官·司右》"五兵"，注引《司马法》指出"五兵"的具体名称，孔疏引服虔说："兵，戟也。"盖一家之言。"五甲五兵"句下"曰"字，杜注："曰，无极辞。"意思是："曰"下又是无极的话。因为"曰"之上"取五甲五兵"记的是郤宛所为之事，非言语，所以这里"曰"字与俞曲园先生说的"一人之辞而加曰字例"不合。

❸ "而从以酬之"，"而"即汝（"尔"），"酬之"与上文"无以酬之"之"酬之"义同，杜注："酬，报献。"又说："张帷，陈甲兵其中。"这是对"帷诸门左"句"帷诸"两字的解说了。

❹ 杜注："此春救潜之役。"事见本年《左传》上文。

❺ 爇读 ruò。杜注："爇，烧也。"

原文

子恶闻之，遂自杀也。国人弗爇。令曰：“不爇郤氏，与之同罪！”或取一编菅焉，或取一秉秆焉，国人投之，遂弗爇也。[6]令尹炮之，尽灭郤氏之族党，杀阳令终与其弟完及佗，与晋陈及其子弟。[7]晋陈之族呼于国曰：“鄢氏、费氏自以为王，专祸楚国，弱寡王室，蒙[8]王与令尹以自利也；令尹尽信之矣，国将如何！”令尹病之。

注释

❻ 杜注：“编菅，苫也。秉，把也。秆，稿也。”《释文》引《说文》：秆，“禾茎也。”引李巡说：“编菅茅以覆屋曰苫。”孔疏：“或取一片苫，或取一把稿……谓投菅秆于地，故遂不烧也。”

❼ 孔疏引服虔的说法：“鄢将师称令尹使女燔炮之。燔、炮、爇，皆是烧也。”俞曲园先生《茶香室经说》：“尹即里尹。国人既不肯爇，鄢将师乃令闾胥里宰之属举火然之。”杨注取俞曲园说，不以服虔说为然，今从杨说。“杀阳令终”以下，杜注：“令终，阳匄子。晋陈，楚大夫。皆郤氏之党。”又有不少人被谗遇害，谗人与信谗者害人误国类如此！

❽ 杜注：“蒙，欺也。”现代汉语还有这种说法。这里蒙读 mēng，不读 méng，也不读 měng。

原文

秋，会于扈，令(成)〔戍〕周，且谋纳公也。宋、卫皆利纳公，固请之。范献子取货于季孙，谓司城子梁与北宫贞子曰：“季孙未知其罪，而君伐之。请囚，请亡，于是乎不获，君又弗克而自出也。夫岂无备而能出君乎？季氏之复，天救之也，休公徒之怒，而启叔孙氏之心，不然，岂其伐人而说甲执冰以游！[1]叔孙氏惧祸之滥而自同于季氏，天之道也。鲁君守齐，三年而无成。季氏甚得其民，淮夷与之，有十年之备，有齐、楚之援，有天之赞，有民之助，有坚守之心，有列国之权；而弗敢宣也，事君如在国。[2]故鞅以为难。二子皆图国者也；而欲纳鲁君，鞅之愿也。请从二子以围鲁；无成，死之。”二子惧，皆辞。乃辞小国，而以难复。[3]

注释

❶“请囚请亡”至“而自出也”，事见《左传》昭二十五年。“季氏之复”，杜注：“复，犹安也。”杨注：“季氏仍不失其位势，故曰复。”我们认为这里杜、杨两说皆可通。“伐人而说甲执冰以游”，这一句与《左氏》昭二十五年“公徒释甲执冰而踞”句相应。

❷“叔孙氏”至“天之道也”，孔疏：“言季氏无罪而公滥讨之，叔孙氏亦惧祸之滥及于己而自同心于季氏，俱叛公，此乃天之常道也。”这样讲，应已道出《左氏》原意。“鲁君守齐”，杜氏无注，杨注认为句中“守”字是“求请”的意思，说见杨遇夫先生《读左传》，甚确。季氏“有齐楚之援”，杜注：“公虽在齐，言齐不致力。”季氏而“有列国之权”，杨注：“言季氏之权势若诸侯。”按：此即所谓政出于大夫之门。“而弗敢宣也”，杜注：“宣，用也。”杨注：“谓不自立为君或别立君。”杨先生认为这里“宣”是宣扬、公开的意思，又认为这个“宣”依杨遇夫先生释为骄奢，亦通。“事君如在国”句，杜注：“书‘公行’，告‘公至’是也。”顾亭林先生认为杜镇南此注“谬矣”，他说：“当时诸侯出奔，其国即别立一君，惟鲁不敢，故昭公虽在外而意如犹以君礼事之，范鞅所言正为此也。”（《日知录》卷二十七）杨注亦引顾亭林此说，但其中“季孙意如犹每岁买马，具从者之衣履而归之于公”句不知自何而来。又，我们认为杜镇南说的“书‘公行’，告‘公至’”，也有尊君之意（尽管有点虚伪），实不必如顾亭林那样斥之为“谬”。

❸“而以难复”，杜注：“以难纳白晋君。”这里以“白”释“复”是对的，这个“复”与《左氏》上文“季氏之复天救之也”句中“复”字意义大不同。

原文

孟懿子、阳虎伐郓。郓人将战,子家子曰:“天命不慆久矣![4]使君亡者,必此众也。天既祸之,而自福也,不亦难乎?犹有鬼神,此必败也。[5]呜呼!为无望也夫!其死于此乎?”公使子家子如晋,公徒败于且知[6]。

注释

[4] 杜注:“慆,疑也。言弃君不疑。”我们认为这一句意思是说当时有些人(譬如郓人)不疑天命,而其实天命不是固定不变的;天命已改,而不疑天命者仍然愿为昭公而战。

[5] 杜注:“言尚有鬼神以助君,此战必当败也。况无鬼神乎!”按:“犹有鬼神”之犹,应依杨注作“如果”讲。这里意思是:如有鬼神相助,也是必败无疑,何况并无鬼神呢!

[6] 杜注:“且知,近郓地也。”按:杜注是。据《释文》,这里且读 jū。

原文

楚郤宛之难,国言未已,进胙者莫不谤令尹。[1]沈尹(戌)〔戌〕言于子常曰:“夫左尹与中厩尹莫知其罪,而子杀之,以兴谤讟,至于今不已。[2](戌)〔戌〕也惑之:仁者杀人以掩谤,犹弗为也;今吾子杀人以兴谤,而弗图,不亦异乎!夫无极,楚之谗人也,民莫不知:去朝吴,出蔡侯(宋)〔朱〕,丧太子建,杀连尹奢,屏王之耳目使不聪明。不然,平王之温惠共俭有过成、庄,无不及焉;所以不获诸侯,迩无(及)〔极〕也。[3]今又杀三不辜以兴大谤,几及子矣。子而不图,将焉用之?夫鄢将师矫子之命,以灭三族——国之良也,而不愆位。[4]吴新有君,疆埸日骇。楚国若有大事,子其危哉!知者除谗以自安也;今子爱谗以自危也,甚矣其惑也!”子常曰:“是瓦之罪,敢不良图!”九月己未,子常杀费无极与鄢将师,尽灭其族,以说于国。谤言乃止。

注释

❶ 杜注:"进胙,国中祭祀也。谤,诅也。"杨注:"此进胙者盖即分致诸人之膰肉者。"我们认为:既然说是"进胙",应该是在下位者将膰肉进献于在上位者。

❷ 杜注:"左尹,郤宛也。中厩尹,阳令终。"

❸ 啚,"鄙"的古字,杜注:"迩,近也。"《左氏》这里意思是说:平王温惠共俭超过楚成王、庄王,没有赶不上的地方,可是不能得到众诸侯拥戴做盟主,就是因为亲近、任用了费无极的缘故。

❹ 杜注:"三不辜,郤氏,(陈)〔阳〕氏,晋陈氏。"《左氏》下文"国之良也,而不愆位",杜注:"在位无愆过。"按:《左氏》这里肯定了三族的为人。

原文

冬,公如齐。齐侯请飨之,子家子曰:"朝夕立于其朝,又何飨焉?其饮酒也。"❺乃饮酒,使宰献,而请安。❻子仲之子曰重,为齐侯夫人,(日)〔曰:〕"请使重见。"子家子乃以君出。❼

十二月,晋籍秦致诸侯之戍于周。鲁人辞以难。

注释

❺ "请飨之",杜注:"设飨礼。"子家子认为不必设飨礼,孔疏:"子家以公虽居郓,以齐为主,此年已再如齐,数相见,不为宾客,故言朝夕立于其朝,又何须设飨礼焉;'其饮酒也',劝其用宴礼而饮酒耳。"按:如孔疏引郑注所说:"享谓享大牢以饮宾,是为礼之大者。"既是数相见,则不必用礼之大者;若是名实不符,倒反见轻侮了。所以不如干脆行饮酒礼好了。

❻ 杜注:"比公于大夫也。礼:君不敌臣。宴大夫,使宰为主。献,献爵也。请安,齐侯请自安不在坐也。"孔疏以燕礼证杜注,而刘炫

说“请安”有异议，但无论如何，“请飨之”“乃饮酒，使宰献”，那分明是以臣礼待鲁昭。齐侯怠慢鲁昭公已经很明显了。杨注用杜注孔疏说。

❼ 阮刻本“日请使重见”，日是曰字之讹。杜注：“今行饮酒礼而欲使重见从宴，媟也。”媟读 xiè（音义与“亵”同），即轻薄怠慢。所以子家子以君出，“以”是“与”的意思，杜注：“辟齐夫人。”当时礼制使然。

经二十有八年[1]

原文

春，王三月，葬曹悼公。[2]

公如晋，次于乾侯。

夏，四月丙戌，郑伯宁卒。

六月，葬郑定公。[3]

秋，七月癸巳，滕子宁卒。

冬，葬滕悼公。[4]

注释

❶ 鲁昭公二十八年，当公元前514年，周敬王六年。这一年孔仲尼先生三十九岁。

❷ 杜注：“六月而葬，缓。”按：上年《春秋经》书“冬十月，曹伯午卒”。

❸ 杜注：“三月而葬，速。”按：同年《春秋经》上文书“四月丙戌郑伯宁卒”。

❹ 这里杜注没有说什么“缓”或者“速”。有三种可能，一是速，二是缓，三是不缓也不速。看《春秋经》，“冬”字下可以是十月（如《经》昭廿六年、廿七年），可以是十一月（如《经》桓十五年、昭十一年），也可以是十二月（如《经》庄廿六年、僖十二年、昭十年），

还可以不系何月(如《经》昭十九年、二十一年)。所以,昭二十八年“冬,葬滕悼公”究竟是否合符周礼规定,应该另作考证。据本年《春秋经》上文,滕子之卒在七月,若其葬在十月,则为“四月而葬,速”;若其葬在十二月,则为“六月而葬,缓”;若葬在十一月,则为“五月而葬”,刚好符合规定。

传二十八年

原文

春,公如晋,将如乾侯。子家子曰:“有求于人而即其安,人孰矜之?其造于竟。”[1]弗听。使请逆于晋,晋人曰:“天祸鲁国!君淹恤在外,君亦不使一个辱在寡人,而即安于甥舅,其亦使逆君?”使公复于竟而后逆之。[2]

注释

❶“有求于人而即其安”:既是向人家求助,就近其所安。“人孰矜之”?谁人怜悯你呢?“其造于竟”,这里“竟”只能是边境,杜注:“欲使次于竟以待命。”杨注:“造,适也,往也。”按:也可以说是“至也”“诣也”。

❷“淹恤”是久忧。“君亦不使一个辱在寡人”,杜注:“一个,单使。”杨注:“在,存问。《传》隐十一年‘君与滕侯辱在寡人’,即此义。然此处用当时惯语,而实际表示通知求援。”这样讲,很准确。“而即安于甥舅,其亦使逆君”,杜注:“言自使齐逆君。”按:鲁与齐为甥舅关系,所以这里“甥舅”实指齐国。依杜注,则“其亦使逆君”句下应该施句号。杨注:“其犹岂。言君既安于齐,岂亦使我逆君乎。”依杨注,则“其亦使逆君”句下应施疑问号。“使公复于竟而后逆之”,杜注:“逆者乾侯也。言公不能用子家,所以见辱。”按:《左氏》上文说“使请逆于晋”,则昭公已至晋境内。这里说“使公复于竟”,意思是使昭公回到晋国边境,然后派人来边境

迎接。乾侯在晋鲁交界之地,则杜注"逆者乾侯"可通,疑杜注"逆者"之"者"当作"诸"。

原文

晋祁胜与邬臧通室。[3]祁盈将执之,访于司马叔游。叔游曰:"《郑书》有之:'恶直丑正,实蕃有徒。'无道立矣,子惧不免。[4]《诗》曰:'民之多辟,无自立辟。'姑已,若何?"盈曰:"祁氏私有讨,国何有焉?"[5]遂执之。祁胜赂荀跞,荀跞为之言于晋侯,晋侯执(祈)〔祁〕盈。祁盈之臣曰:"钧将皆死,慭使吾君闻胜与臧之死也以为快!"[6]乃杀之。夏六月,晋杀祁盈及杨食我。食我,祁盈之党也,而助乱,故杀之。遂灭祁氏、羊舌氏。

注释

[3] 杜注:"二子,祁盈家臣也。通室,易妻。"这是当时统治阶级中某些人物私生活糜烂的一个例子。

[4] 杜注:"《郑书》,古书名也。言害正直者,实多徒众。"孔疏:"以直为恶,以正为丑,恶直事,丑正道,如此人者实蕃多有徒众,言时世慕善者少,从恶者多。"杨注义同。唯杨注似乎有揭露伪古文《尚书·仲虺之诰》采《郑书》"实繁有徒"句之意,则推测之词,证据似不足。"无道立矣,子惧不免",杜注:"言世乱谗胜。"叔游提醒祁盈多多提防祸乱。

[5] 引《诗》见《诗·大雅·板》。孔疏:"辟,邪也。辟,法也。民之多有邪辟者,于此之时无自谓所立者为法,是言无道之世法不可为。"至此,叔游劝告祁盈:"姑已,若何?"杜注:"姑,且也。已,止也。"可是祁盈自有主张,他说:"祁氏私有讨,国何有焉?"杜注:"言讨家臣,无与国事。"《左氏》原意实如此。

[6] "钧将皆死"句以下,杜注:"钧,同也。慭,发语之音。"按:慭读yìn。孔疏:"杀胜与臧,盈亦死。不杀,盈亦死。同将皆死,不如

杀之,使盈闻而快意。”杨注引《说文》:“慭,甘也。”引赵坦《宝甓斋札记》:“慭与宁相近。”并指出:“吾君,祁盈之臣谓盈。”与杜注孔疏义同,而关于“慭”的解说较为准确。

原文

初,叔向欲娶于申公巫臣氏,其母欲娶其党。叔向曰:“吾母多而庶鲜,吾惩舅氏矣。”❶其母曰:“子灵之妻杀三夫、一君、一子,而亡一国两卿矣,可无惩乎?吾闻之:‘甚美必有甚恶。’是郑穆少妃姚子之子,子貉之妹也。子貉早死,无后,而天钟美于是,将必以是大有败也。❷昔有仍氏生女,鬒黑而甚美,光可以鉴,名曰‘玄妻’。乐正后夔取之,生伯封,实有豕心,贪惏无餍,忿纇无期,谓之‘封豕’。有穷后羿灭之,夔是以不祀。且三代之亡,共子之废,皆是物也。❸女何以为哉?夫有尤物足以移人,苟非德义,则必有祸。❹”叔向惧,不敢取。平公强使取之,生伯石。

伯石始生,子容之母走谒诸姑,曰:“长叔姒生男。”❺姑视之,及堂,闻其声而还,曰:“是豺狼之声也,狼子野心。非是,莫丧羊舌氏矣!”遂弗视。

注释

❶ 申公巫臣氏,杜注:“夏姬女也。”叔向欲娶此女,而其母希望叔向娶娘家女为妻。“吾母多而庶鲜”句下,杜注:“言父多妾媵而庶子鲜少,嫌母氏性不旷。”杨注:“谓舅氏家女不生育也。”原来叔向不欲娶舅氏家人,是因为对生育问题有顾虑。“父多妾媵”,这些妾媵来自母党,当时制度如此。“嫌母氏性不旷”,谓不满于其母心胸之狭隘。

❷ 杜注:“子灵,巫臣。妻,夏姬也。三夫,陈御叔、楚襄老及巫臣也。时巫臣已死。”一君,陈灵公。一子,夏徵舒。“而亡一国”,指春秋之陈。两卿,指孔宁、仪行义。“甚美必有甚恶”,应该是当时

流行的一种观点，孔疏："甚美谓夏姬之身，甚恶当在其后。"《左氏》下文"是郑穆少妃姚子之子"至"天钟美于是"，杜注："子貉，郑灵公夷。是，夏姬也。钟，聚也。"天把美色汇集在此女身上了。承《左氏》上文的说法，"甚美必有甚恶"，因此必有大败在后，故有下文"将必以是大有败也"。与杜注、孔疏相比，杨注少有区别（如关于三夫），基本相同。

❸ 杜注："有仍，古诸侯也。美发为鬒。"按：鬒读 zhěn，今鬒字废而用鬒字。"光可以鉴"，杜注："发肤光色可以照人。"以发黑故，名有仍氏此女为"玄妻"。据"乐正后夔取之"句知取玄妻者为后夔，此人为舜典乐之君长。《左氏》下文纇读 lèi，《释文》："纇又作类，立对反，服作类。"惏读 lán（音义同"婪"），《释文》："《方言》云：'楚人谓贪为惏。'餍，亦作厌。"杜注："纇，戾也。封，大也。羿，篡夏后者。夏以妹喜，殷以妲己，周以褒姒，三代所由亡也。共子，晋申生，以骊姬废。"孔疏关于伯封的说法："其人贪耆财利饮食无知餍足，忿怒狼戾无有期度，时人谓之大猪。"杨注："夏桀宠末喜，殷纣宠妲己，周幽宠褒姒，皆因之被灭亡。共子即晋太子申生，以晋献公宠骊姬废。是物即美色。"上引注疏都是对的，道出了原文原意。

❹ 杜注："尤，异也。"孔疏："苟，诚也。诚不以德义自持，则必有祸。"按：后世以"尤物"指美色而误人祸国之女，实源于《左氏》。

❺ 杜注："子容母，叔向嫂，伯华妻也。姑，叔向母。兄弟之妻相谓姒。"杨注："兄弟之妻为娣姒，年长者为姒，稚者为娣，以妇之年龄言，不以兄弟之年言。"按：杨注是。

原文

秋，晋韩宣子卒，魏献子为政。分祁氏之田以为七县，分羊舌氏之田以为三县。司马弥牟为邬大夫，贾辛为祁大夫，司马乌为平陵大夫，魏戊为梗阳大夫，知徐吾为涂水大夫，韩固为马首大夫，孟丙为盂大夫，乐霄为铜鞮大夫，赵朝为平阳大夫，僚安为杨氏大夫。谓贾辛、司马乌为有力于王室，故举之。谓知徐吾、赵朝、韩固、魏戊，余子之不失职、能守业者也。[1]其四人者，皆受县而后见于魏子，以贤举也。

注释

❶ 杜注："卿之庶子为余子。"孔疏引《左传》宣二年注："余子，適子之母弟也。庶子，妾子也。"又说："彼適庶分为三等，故余子与庶子为异。此无所对，故总谓庶子为余子也。"又说："并称余子者，言其父祖是余子，就余子子孙之内选其贤者而用之，此四人不失常职，能守其父祖之业者也。"杨注取杜注孔疏说。

原文

魏子谓成鱄："吾与戊也县，人其以我为党乎？"对曰："何也？戊之为人也，远不忘君，近不逼同，居利思义，在约思纯，有守心而无淫行。[2]虽与之县，不亦可乎？昔武王克商，光有天下，其兄弟之国者十有五人，姬姓之国者四十人，皆举亲也。夫举无他，唯善所在，亲疏一也。《诗》曰：'唯此文王，帝度其心。莫其德音，其德克明。克明克类，克长克君。王此大国，克顺克比；比于文王，其德靡悔。既受帝祉，施于孙子。'心能制义曰'度'，德正应和曰'莫'，照临四方曰'明'，勤施无私曰'类'，教诲不倦曰'长'，赏庆刑威曰'君'，慈和遍服曰'顺'，择善而从之曰'比'，经纬天地曰'文'。九德不愆，作事无悔，故袭天禄，子孙赖之。[3]主之举也，近文德矣，所及其远哉！"

注释

❷ 杜注认为"远不忘君"句"远"是疏远的意思，"近不逼同"句是"不逼同位"的意思，"居利思义"是"不苟得"，"在约思纯"是"无

滥心”。孔疏:“‘远不忘君’,言职虽疏远而心在公室,常忠敬也。‘近不逼同’,言亲近有宠,不逼迫同位,常谦共也。‘居利思义’,临财不苟得,思义可取乃取之也。‘在约思纯’,处贫匮而思纯固,无叨滥之心也。有守善之心而无淫邪之行,虽则亲子而与之县,不亦可乎!”杨注:“守谓保持当时礼义,淫行则谓过犯礼义。”杨先生这里紧扣礼义这个标准,比孔疏所谓“守善”较为允当。

❸ 引《诗》见《大雅·皇矣》。杜注:“美文王能王大国,受天福,施及子孙。”《释文》:“‘唯此文王’,《诗》作‘唯此王季’。”引《尔雅》云:“貊,莫。安,定也。”孔疏对《左氏》下文所谓九德作了详尽地解说,不具录。今按:“唯此文王”句,韩诗同。杨注取陈启源、陈奂说,认为作“文王”是。拙著《诗经刍议》,拙撰《诗经校注》有关说法可供参考,兹不具论。关于“九德”的含义,杨注基本用杜注。《左氏》“九德不愆”以下,杜注:“九德,上九曰也。皆无愆过,则动无悔吝。袭,受也。”周之子孙赖依文王之德,所以能享国长久。

原文

贾辛将适其县,见于魏子。魏子曰:“辛来!昔叔向适郑;鬷蔑恶❹,欲观叔向,从使之收器者而往,立于堂下,一言而善。叔向将饮酒,闻之,曰:‘必鬷明也!’下,执其手以上,曰:‘昔贾大夫恶,娶妻而美,三年不言不笑。御以如皋❺,射雉,获之,其妻始笑而言,贾大夫曰:“才之不可以已!我不能射,女遂不言不笑夫!”今子少不飏❻;子若无言,吾几失子矣。言〔之〕不可以已也如是!’遂如故知。今女有力于王室,吾是以举女。行乎,敬之哉!毋堕乃力❼!”

注释

❹ “鬷蔑恶”与下文“昔贾大夫恶”,两“恶”字,依杜注,皆貌丑之意。

❺ “御以如皋”,杜注:“为妻御之皋泽。”孔疏:“如,往也。为妻御车以往泽也。”注疏说解皆是。

❻“不飏”，杜注：“颜貌不扬显。”这可以证明“其貌不扬”的说法由来已久。“少不飏”的“少”，应该是“稍”“略”或“少顷”的意思。

❼“毋堕乃力”，依《释文》，堕读 huī（音义同“隳”），杜注：“堕，损也。”杨注引《晋语二》韦注：“力，功也。”按：两注皆是。

原文

仲尼闻魏子之举也，以为义，曰：“近不失亲，远不失举，可谓义矣。”又闻其命贾辛也，以为忠：“《诗》曰：‘永言配命，自求多福。’忠也。[8]魏子之举也义，其命也忠，其长有后于晋国乎！”

注释

❽引《诗》见《大雅·文王》。杜注：“永，长也。言能长配天命致多福者唯忠。”孔疏：“言王者长自言我之所为配上天之命而行之，是自家众多之福使归己。此诗之意，言忠则然也。言魏子能忠，必有多福归之。”今按：《左氏》这里记孔子对魏子举义命忠的赞扬，应该是孔子有所闻之后不久的事。如果说是孔子晚年治《春秋》时候的事情，也不是完全不可能。

原文

冬，梗阳人有狱，魏戊不能断，以狱上。其大宗赂以女乐，魏子将受之。魏戊谓阎没、女宽[9]曰：“主以不贿闻于诸侯。若受梗阳人，贿莫甚焉。吾子必谏！”皆许诺，退朝，待于庭。[10]馈入，召之。比置，三叹。既食，使坐；魏子曰：“吾闻诸伯叔，谚曰：‘唯食忘忧。’吾子置食之间三叹，何也？”同辞而对曰：“或赐二小人酒，不夕食；馈之始至，恐其不足，是以叹。中置，自咎曰：‘岂将军食之而有不足？’是以再叹。及馈之毕，愿以小人之腹为君子之心，属厌而已。”[11]献子辞梗阳人。[12]

注释

❾ 阎没，女宽，杜注："二人，魏子之属大夫。"杨注认为这里杜注未必确，因为据文献（譬如《周语·晋语九》）可以考知二人为晋大夫。可是《左氏》这里阎没、女宽谏魏戊者，不当为晋臣，必另有来历。则杜注未必误。

❿ 这里两"贿"字与上年《左传》"令尹子常贿而信谗"句"贿"字义同，贪图贿赂的意思。"退朝，待于庭"，杜注："魏子朝君。退而待于魏子之庭。"杨注："二子先退，待于魏子之庭。"这样说是对的，然则杜注"退"字不当从上读可知。

⓫ "或赐二小人酒，不夕食"以下，杜注："或，他人也。言饥甚。魏子中军帅，故谓之将军。属，足也。言小人之腹饱犹知厌足，君子之心亦宜然。"杨注："中置，上菜之半也。"又说："属，适也。厌，足也。已，止也。"杨注为杜注做了补正的工作。今按：阎没、女宽"同辞而对"，肯定是早已编好的谏辞。《左氏》此类情节，与《孟子》《国策》《吕氏春秋》等古籍中常见的寓言故事相似，在编好的故事中寓讽谏之意。

⓬ "辞梗阳人"，这里"辞"与《左氏》上文"魏子将受之"句中"受"相对，自是拒绝的意思。

经二十有九年❶

原文

春，公至自乾侯，居于郓。齐侯使高张来唁公。❷

公如晋，次于乾侯。❸

夏，四月庚子，叔诣卒。

秋，七月。

冬，十月，郓溃。❹

注释

❶ 鲁昭公二十九年，当公元前513年，周敬王七年。仲尼先生年届不惑。

❷ “公至自乾侯”，杜注：“以乾侯(至)〔致〕，不得见晋侯故。”孔疏：“往年公如晋，次于乾侯，虽入晋竟不得与晋侯相见，故书‘至自乾侯’。以乾侯致告于庙者，为不得见晋侯故。”这与《春秋经》昭二十六年书“公至自齐”的情况不同，彼自得与齐侯相见，故可书“自齐”。《左氏》下文“齐侯使高张来唁公”，杜注：“唁公至晋不见受。高张，高偃子。”孔疏：“二十五年公新失国，齐侯唁公可矣。于此复唁公者，公以齐不忧己，弃而适晋，望得晋人矜之，晋侯不肯见公，齐侯心复恨公，嫌公此举，故遣唁公，所以嗤笑公也。故云‘唁公至晋不见受’，又似更复失国，故唁之。”杨注认为这里杜注较合情理。我们认为这里孔疏已道出彼时鲁昭公君臣的难堪与失落感，言之可信。

❸ 杜注：“复不见受，往乾侯。”身为国君而备尝流落异邦的滋味，没有亲身经历的人难以言传。

❹ 杜注：“民逃其上曰溃。溃散叛公。”孔疏已指出“民逃其上曰溃”为文三年传例，又说：“郓人溃散而叛公，使公不得更来，当是季氏道之使然。”看《公》《穀》两传，可知郓人并不喜欢昭公。如果真是季氏道之使然，则《左传》昭廿五年所谓季平子愿得“改事君”，实难以令人置信；所谓“平子有异志”倒是可信的。

传二十九年

原文

春，公至自乾侯，处于郓。齐侯使高张来唁公，称“主君”。子家子曰：“齐卑君矣，君只辱焉！”公如乾侯。[1]

三月己卯，京师杀召伯盈、尹氏固及原伯鲁之子。尹固之复

也，有妇人遇之周郊，尤之曰："处则劝人为祸，行则数日而反，是夫也，其过三岁乎？"❷

注释

❶ "称主君"，杜注："比公于大夫。"孔疏引《左传》襄十九年"事吴敢不如事主"与《左传》昭元年"主是谓矣"为证。因为这两个例子都是称大夫为主，而《左传》昭二十九年这里称沦落为寓公的诸侯为"主"，所以孔疏认为这里是把鲁公比方为大夫了。杨注引相关文献（如《鲁世家》《晋语八》《齐策一》《秦策二》《墨子·贵义》《鲁问》等）证明春秋战国卿大夫实有"主君"之称，也就证明了《左传》昭二十九年这里杜注可信。《左氏》下文称"齐卑君矣，君只辱焉"，杜注："言往事齐，适取辱。"所谓"齐卑君矣"，正与"比公于大夫"互为因果。"公如乾侯"，杜注："为齐所卑，故复适晋，冀见恤。"鲁昭公君臣一行当时处境及其苦衷也许正是这样。

❷ "处则劝人为祸"，指尹氏固党子朝而为王室之乱。"行则数日而反"，指尹固与子朝奔楚而道还，事在昭二十六年。"是夫也，其过三岁乎"，杨注："其用法同岂，言其生存不能过三年也。"按："是夫"，应指尹固之流。

原文

夏五月庚寅，王子赵车入于鄻以叛，阴不佞败之。❸

平子每岁贾马，具从者之衣屦而归之于乾侯。公执归马者，卖之，乃不归马。❹

卫侯来献其乘马曰"启服"，堑而死。公将为之椟，子家子曰："从者病矣，请以食之。"乃以帏裹之。❺

注释

❸ 鄻读 liǎn。杜注："赵车，子朝之余也。见王杀伯盈等，故叛。鄻，周邑。"按：阴不佞，人名，盖当时将领。

❹ 杜注:“贾,买也。”执归马者卖之,杨注:“盖执其人而卖其马。”按:这一段三“归”字,应该都是“馈”的借字。

❺ 杜注:“启服,马名。”孔疏据《尔雅·释畜》及相关文献解说马名由来,杨注说同,不具录。“堑而死”,杜注:“隋堑死也。”这里隋与堕通。“公将为之椟”,杜注:“为作棺也。”孔疏:“公感子家子之言,方始依礼以帷裹之。”按:子家子请以马肉食从者,是因为众人跟随昭公流亡实在已经够辛苦了,要求吃点马肉而补充点营养也自有其理由。杜注:“《礼》曰:敝帷不弃为埋马也。”孔疏已指出这所谓《礼》指《檀弓》。其说是。

原文

公赐公衍羔裘,使献龙辅于齐侯,遂入羔裘。齐侯喜,与之阳穀。[6]公衍、公为之生也,其母偕出。公衍先生,公为之母曰:“相与偕出,请相与偕告。”三日,公为生;其母先以告,公为为兄。公私喜于阳穀而思于鲁,曰:“务人为此祸也,且后生而为兄,其诬也久矣!”[7]乃黜之,而以公衍为大子。

注释

❻ 杜注:“龙辅,玉名。阳穀,齐邑。”孔疏引《周官·地官·掌节》注以及此注所引杜子春说,证明龙辅为何物,而《周官》贾疏则指明《左传》昭廿九年所谓龙辅“与此别也”,我们认为或许当以贾公彦说为是,而《左氏》孔疏仅可供参考。杨注引《说文》,以为龙即珑,“祷旱玉”而“龙文”,本沈钦韩说。然而《周官·掌节》所谓泽国用龙节,又怎么会是祷旱之玉呢?沈钦韩说亦未必是。《周官·掌节》说的是“邦国之使节”,应该是邦交所用。金制而以英荡辅之,有龙文者,始可称为龙辅,不必是玉。

❼ “其母偕出”,杜注:“出之产舍。”孔疏引《内则》说明“产舍是侧室”。其实产舍即妇女生产儿女之室,侧室自非正室。“偕出”就

是一同出之产舍。“请相与偕告”，杜注：“留公衍母，使待己共白公。”盖公衍母与公为母嫡庶之分未严，其子先出生者为大子，所以有公为母留公衍母使待己而后先告生子的事发生。“务人为此祸也”，杜注：“务人，公为也。始与公若谋逐季氏。”昭公至此终于意识到处境的困苦来自逐季氏的计谋，全是公为惹的祸。“后生而为兄，其诬也久矣”，诬是欺蒙的意思。事情弄清楚了。

原文

秋，龙见于绛郊。魏献子问于蔡墨曰：“吾闻之：虫莫知于龙；以其不生得也，谓之知。信乎？”对曰：“人实不知，非龙实知。古者畜龙，故国有豢龙氏，有御龙氏。”[1]献子曰：“是二氏者，吾亦闻之，而〔不〕[2]知其故。是何谓也？”对曰：

注释

[1] “龙见于绛郊”，见读 xiàn（音义同“现”），杜注：“绛，晋国都。”《左氏》下文“莫知于龙”“谓之知”“非龙实知”，三“知”字读 zhì（音义同“智”）。杜注：“蔡墨，晋太史。言龙无知，乃人不知之耳。豢、御，养也。”孔疏：“此是人实不知，非是龙实能知。言龙可生得，非是不生得也。故说古有养龙之事，以证龙可生得也。”引服虔说：“礼：养犬豕曰豢。知其以谷养，盖龙亦食谷也。御与圉同，言养龙犹养马，故称御。”按：服虔称“礼养犬豕曰豢”，实见于《月令》郑注。

[2] 阮元等《校勘记》以为“而下有‘不’字”诸本“是也”，今据补。

原文

昔有飂叔安，有裔子曰董父，实甚好龙，能求其耆欲以饮食之；[3]龙多归之。乃扰畜龙[4]，以服事帝舜。帝赐之姓曰董，氏曰豢龙，封诸鬷川；鬷夷氏其后也。[5]故帝舜氏世有畜龙。及有夏孔甲，扰于有帝；帝赐之乘龙，河、汉各二，各有雌雄。[6]孔甲不能食，而未获豢龙氏。有陶唐氏既衰，其后有刘累，学扰龙于豢龙氏，以事孔甲，能饮食之；夏后嘉之，赐氏曰御龙，以更豕韦之后。[7]龙一雌死，潜醢以食夏后。夏后飨之，既而使求之。惧而迁于鲁县，范氏其后也。

注释

❸ 飂读 liù，与“廖”相通。或读 liáo。杜注：“飂，古国也。叔安，其君名。裔，远也。玄孙之后为裔。”“耆欲”，耆同嗜。“饮食之”，这里饮食作动词用，依《释文》，饮读 yìn，食读 sì，不读 shí，后面的“不能食”“饮食之”“食夏后”三“食”字都应读 sì。

❹ “扰畜龙”，杜注：“扰，顺也。”孔疏：“顺龙之所欲而畜养之。”杨注：“扰，驯服之也。”按：杨注较顺。

❺ 鬷读 zōng。杜注：“鬷水上夷皆董姓。”孔疏引《郑语》，谓祝融之后八姓，“董姓：鬷夷；豢龙则夏灭之矣”。按：上引杜注说“鬷水上夷皆董姓”，可知为夏所灭者乃豢龙氏，为董姓之一支，非全部董姓。

❻ “有夏孔甲”以下，杜注：“孔甲，少康之后九世君也。其德能顺于天。”孔疏引《帝王世纪》证之，将旁系算在内，凑足九世，未必准确。“帝赐之乘龙”以下，杜注将“河汉各二”合为四，孔疏：“《传》言‘赐之乘龙’，赐之一乘之龙也；即云‘河汉各二’，是河汉共一乘也；又云‘各有雌雄’，是河汉之二皆一雌一雄也。”服虔有不同说法，兹不具录。

❼ 杜注：“陶唐，尧所治地。夏后，孔甲。更，代也。以刘累代彭姓之豕韦。累寻迁鲁县，豕韦复国，至商而灭。累之后世复承其国为豕韦氏，在襄二十四年。”按：由此杜注可知上文所谓“灭”，可能只是衰落的意思，不必为“灭绝”之灭。又，今古文经学对于《左氏》这里记载的传说持不同态度，或信或疑。其实，任何古籍的任何传说是否信史，都必须由科学的考证加以检验，未可遽信。

而远古人类想象的神奇为后世所理解，视之为想象的产物即可，本来是未必完全属实的。

原文

献子曰："今何故无之？"对曰：

夫物，物有其官，官修其方，朝夕思之。一日失职，则死及之。失官不食。官宿其业，其物乃至；若泯弃之，物乃坻伏，郁湮不育。[8]故有五行之官，是为五官，实列受氏姓，封为上公，祀为贵神。社稷五祀，是尊是奉。木正曰句芒，火正曰祝融，金正曰蓐收，水正曰玄冥，土正曰后土。[9]龙，水物也；水官弃矣，故龙不生得。不然，《周易》有之：在"乾䷀"之"姤䷫"，曰"潜龙勿用"，其"同人䷌"曰"见龙在田"，其"大有䷍"曰"飞龙在天"，其"夬䷪"曰"亢龙有悔"，其"坤䷁"曰"见群龙无首，吉"，"坤"之"剥䷖"曰"龙战于野"。若不朝夕见，谁能物之？[10]

注释

[8] 杜注认为"官修其方"的"方"是法术，"官宿其业"的"宿"是"安"的意思，又说："设水官修则龙至。泯，灭也。坻，止也。郁，滞也。湮，塞也。育，生也。"孔疏："每物各有其官主掌之也。其人居此官者，修其为官方术，从朝至夕，终日修之。若一日失其所掌之职，令其官方不理，则有死罪及之，居官者当死矣……得死罪是不食禄也。居官者安其为官之业，使职事修理，则其所掌之物乃自生至。水官修则龙至，其余亦当然也。若灭弃所掌之事，则职事不修，则其物乃止息而潜伏沈滞雍塞，不复生育，以此故不可生而得也。"王伯申认为"官宿其业"的宿为"夙"或"肃"之借字，"言居官者能敬修其业，其所掌之物乃至也"。王怀祖认为"坻伏"之坻读为敀，敀伏义同，"言灭弃其业而不修，则所掌之物乃隐伏而

不出也”。刘师培谓“郁湮即郁伊之转音”，又转为郁邑，如《后汉书·崔寔传》章怀注所说为“不申之貌”，而贾逵、杜预乃将此类两字并列系双声叠韵之字而分析解之，实误。杨注引王氏父子与刘申叔改正杜注孔疏，可从。

⑨ 杜注：“五官之君长能修其业者，死皆配食于五行之神，为王者所尊奉。正，官长也。”杜镇南下文解释五正之神，不具录。孔疏谓社本土神之名，稷本谷神之名，其说是。按：这里“五祀”当即下文木、火、金、水、土五行之祭。

⑩ “在‘乾☰’之‘姤☴’”，杜注说是“乾初九变”。“潜龙勿用”是乾初九爻辞。“其‘同人☲’”，杜注说是“乾九二变”。“见龙在田”即乾九二爻辞。“其‘大有☲’”，杜注说是“乾九五变”。“飞龙在天”即乾九五爻辞。“其‘夬☱’”，杜注说是“乾上九变”。“亢龙有悔”即乾上九爻辞。“其‘坤☷’”，杜注谓“乾六爻皆变”。“见群龙无首，吉”是乾用九爻辞。“‘坤’之‘剥☶’”，杜注：“坤上六变。”“龙战于野”是坤上六爻辞。孔疏：“若使龙不朝夕出见，谁能知其动静而得以物名之？《易》言‘潜龙’‘飞龙’及‘龙战’之等，明是见其飞潜，见其战斗而得以物名之。”杨注：“史墨引《周易》言龙者……证明龙古实有之，且经常见之。不然，谁能描写如此细致？物谓述其形。”按：这里《左氏》原意当如杨说。

原文

献子曰：“社稷五祀，谁氏之五官也？”对曰：

少皞氏有四叔，曰重，曰该，曰修，曰熙，实能金、木及水。使重为句芒，该为蓐收，修及熙为玄冥，世不失职，遂济穷桑⑪，此其三祀也。颛顼氏有子曰犁，为祝融；共工氏有子曰句龙，为后土：此其二祀也。后土为社。稷，田正也。有烈山氏之子曰柱为稷，自夏以上祀之。周弃亦为稷，自商以来祀之。⑫

注释

⑪ 杜注："穷桑，少皞之号也。四子能治其官，使不失职，济成少皞之功，死皆为民所祀。穷桑，地在鲁北。"孔疏引贾逵注："处穷桑以登为帝，故天下号之曰穷桑帝。"则穷桑者，地名而兼帝号。

⑫ 田正，杜注："掌播殖也。"又说："烈山氏，神农世诸侯。"《释文》："烈，如字。《礼记》作厉山。"孔疏引刘炫的说法："盖柱是名，其官曰农，犹呼周弃为稷。"按：《左氏》称"柱为稷"，不必"其官曰农"。下文"周弃亦为稷"，杜注："弃，周之始祖，能播百谷。汤既胜夏，废柱而以弃代之。"此说可以成立。

原文

冬，晋赵鞅、荀寅帅师城汝滨，遂赋晋国一鼓铁，以铸刑鼎，著范宣子所为刑书焉。[1]仲尼曰："晋其亡乎？失其度矣！夫晋国将守唐叔之所受法度，以经纬其民；卿大夫以序守之，民是以能尊其贵，贵是以能守其业。贵贱不愆，所谓度也。文公是以作执秩之官，为被庐之法，以为盟主。[2]今弃是度也而为刑鼎，民在鼎矣，何以尊贵？贵何业之守？贵贱无序，何以为国？且夫宣子之刑，夷之蒐也，晋国之乱制也，若之何以为法[3]！"蔡史墨曰："范氏、中行氏其亡乎？中行寅为下卿而干上令，擅作刑器以为国法，是法奸也。又加范氏焉，易之亡也！[4]其及赵氏，赵孟与焉；然不得已，若德，可以免。"

注释

❶ 杜注："赵鞅，赵武孙也。荀寅，中行荀吴之子。汝滨，晋所取陆浑地。令晋国各出功力共鼓石为铁，计令一鼓而足，因军役而为之，故言遂。"孔疏引服虔的解说："鼓，量名也。"杨注："鼓为衡名，亦为量名。"据推算，作为计容量之单位与器皿，一鼓为十二斛；作为

重量单位,则一鼓为当时之四百八十斤。按:《左传》昭公六年三月记郑人铸刑书,其事与晋人铸刑书性质相同。

❷ 孔疏:“范宣子制作刑书……今荀寅谓此等宣子之书可以长为国法,故铸鼎而铭之以示百姓,犹如郑铸刑鼎。仲尼讥之,其意亦与叔向讥子产同。”譬如叔向说“民知有辟,则不忌于上”,仲尼说“民在鼎矣,何以尊贵”,究其实两者意思是一致的。《左氏》谓“文公是以作执秩之官,为被庐之法”,杜注:“僖二十七年文公蒐被庐,修唐叔之法。”按:《左氏》记僖二十七年晋人“大蒐以示之礼,作执秩以正其官”,而后一战而霸。仲尼以为如此“文之教”治国最好,而铸刑鼎则必然失其度,无以为国,这反映了孔子反对以法治国的落后思想。

❸ “今弃是度”至“何以尊贵”,杜注:“弃礼尊书,故不尊贵。”杨注认为“民在鼎矣”句中“在读为察,谓民察鼎以知刑”。两注皆合原意。《左氏》下文“贵何业之守”至“何以为国”,杜注:“民不奉上,则上失业。”孔疏:“威权在鼎,民不忌上,贵复何业之守?……贵贱既无次序,何以得成为国?”《左氏》下文“宣子之刑,夷之蒐也”以下,杜注:“范宣子所用刑乃夷蒐之法也。夷蒐在文六年,一蒐而三易中军帅,贾季、箕郑之徒遂作乱,故曰乱制。”如此乱制,固不可以为法。

❹ 杜注:“范宣子刑书,中既废矣,今复兴之,是成其咎。”孔疏引刘炫的说法:“范氏取〔夷〕蒐之法以为国制,虽则为非,书已废矣。纵应有祸,亡衅已歇。今荀寅更述其事,又加增范氏之恶焉。范氏已欲免祸,今复改易之而使亡。”王怀祖说:“杜、刘、孔三君皆未晓‘易’字之义而强为之词……今按:‘易之亡也’四字作一句读。易者,疾也,速也,言中行寅擅作刑器以召祸,又加以范氏之旧恶,是速之使亡也。”杨注:“易之,谓范氏改易被庐之法。”可见杨先生仍用刘氏说。我们认为:范氏改易被庐之法,或者中行寅改行范氏之法,如果改得好,何至于亡?这里“易”训改易,仍然讲不通,不如改从王氏父子说。

经三十年[1]

原文

春,王正月,公在乾侯。

夏,六月庚辰,晋侯去疾卒。

秋,八月,葬晋顷公。[2]

冬,十有二月,吴灭徐,徐子章羽奔楚。

注释

❶ 鲁昭公三十年,为公元前512年,周敬王八年。这一年孔子四十一岁。

❷ 杜注:"三月而葬,速。"杜注是。

传三十年

原文

"春,王正月,公在乾侯。"不先书"郓"与"乾侯",非公,且征过也。[1]

注释

❶ 杜注:"征,明也。二十七年、二十八年公在郓,二十九年公在乾侯,而《经》不释朝正之礼者,所以非责公之妄,且明过谬犹可掩,故不显书其所在,使若在国然。自是郓人溃叛,齐晋卑公,子家忠谋终不能用,内外弃之,非复过误所当掩塞,故每岁书公所在。"孔疏:"自三十年至于终没,则皆显书其所在之地,《传》皆随年而互言其事,明罪之在公,非复过谬也。"又说:"季氏夺公郓邑,与公交战,行货齐晋使不纳公,祷于炀宫求君不入,及其死也,犹欲绝其兆域,加之恶谥,闵公之事复安在乎?"杜元凯《春秋序》说的

“微显阐幽，裁成义类”，由此可见。

原文

夏六月，晋顷公卒；秋八月，葬。郑游吉吊，且送葬。魏献子使士景伯诘之，曰：“悼公之丧，子西吊，子蟜送葬。今吾子无贰，何故？”❷对曰：“诸侯所以归晋君，礼也。礼也者，小事大、大字小之谓。事大在共其时命，字小在恤其所无。以敝邑居大国之间，共其职贡，与其备御不虞之患，岂忘共命？❸先王之制：诸侯之丧，士吊，大夫送葬；唯嘉好、聘享、三军之事，于是乎使卿。晋之丧事，敝邑之间，先君有所助执绋矣；若其不间，虽士、大夫有所不获数矣。大国之惠，亦庆其加而不讨其乏，明厎其情，取备而已，以为礼也。❹灵王之丧，我先君简公在楚，我先大夫印段实往，敝邑之少卿也；王吏不讨，恤所无也。今大夫曰：‘女盍从旧？’旧有丰有省，不知所从。从其丰，则寡君幼弱，是以不共；从其省，则吉在此矣。唯大夫图之！”晋人不能诘。

注释

❷《左氏》下文已交代“先王之制：诸侯之丧，士吊，大夫送葬”，而且有先例，譬如襄十五年晋悼公之丧，郑国派子西吊丧，子蟜送葬，吊丧送葬者非一人，而奉使者地位在卿。“今吾子无贰”，意思如杜注所说：“吊(丧)、〔葬〕共使。”本来应该依先王之制派遣身份不同的两个使者，可是郑国派来吊丧与送葬的为同一人。所以魏献子派人诘问为什么。

❸“小事大，大字小”，杨注：“小国服事大国，大国抚爱小国。”这里“字”与《书·康诰》“于父不能字厥子”句中“字”义同。“共其时命”，杜注“随时共所求。”杨注：“僖七年《传》管仲谓‘守命共时之谓信’，此‘共其时命’或即管仲之‘守命共时’，谓承大国之命，恭于时事，吊丧送丧亦时事也。”按：杨注义长，唯依杨注，则“共”

字音义与“恭”同;而杨注所谓“送丧”似当作“送葬”。杜注“随时共所求”勉强可通,终嫌未达一间。“共其职贡”至“岂忘共命”,杜注:“言不敢忘共命,以所备御者多不及办之。”杨注有异议,说:“与读为参与之与,盖同盟国,必同其战备……备御不虞之患,即被伐之患。共命即共时命,言依时贡献,又求其救助,共同攻战,不致忘吊丧送葬之礼。”[①]这里当然还是杨注义胜。

❹“敝邑之间”,“若其不间”,依《释文》,间音闲。杜注:“绋,輓索也。礼:送葬必执绋。”《左氏》下文“有所不获数”,意谓“不得如先王礼数”。再下文“大国之惠”以下,杜注:“庆,善也,谓善其君自行。厎,致也。”孔疏:“善其有加,不讨其乏。明知郑国致其情实,取充备而已。”杨注:“加谓加于礼例,如君自行,或上卿行。乏,缺乏,即不备礼数,恤其所无也。”“备,具也,谓取其备具礼仪而已,不责其如礼数也。”这是因为人家心诚,尽力了,心意到了,也就可以算是合乎礼了,何必苛求呢?

原文

吴子使徐人执掩余,使钟吾人执烛庸。二公子奔楚。楚子大封而定其徙,使监马尹大心逆吴公子,使居养,莠尹然、左司马沈尹(戌)〔戌〕城之;取于城父与胡田以与之:将以害吴也。❶子西谏曰:“吴光新得国而亲其民,视民如子,辛苦同之,将用之也。若好吴边疆,使柔服焉,犹惧其至;吾又(疆)〔强〕其仇以重怒之,无乃不可乎?❷吴,周之胄裔也,而弃在海滨,不与姬通;今而始大,比于诸华,——光又甚文,将自同于先王。❸不知天将以为虐乎,使翦丧吴国而封大异姓乎?其抑亦将卒以祚吴乎?其终不远矣。我盍姑亿吾鬼神而宁吾族姓,以待其归,将焉用自播扬焉?❹”王弗听。

---

① 杨注这一段话,“备御不虞之患,即被伐之患”,修订本“被伐之患”作“被伐防备”,反不如初版原文顺畅;“吊丧送葬之礼”则比杨注上文“吊丧送丧”准确。

注释

❶ “楚子大封”以下，杜注：“大封，与土田，定其所徙之居。二子奔楚，楚使逆之于竟也。养，即所封之邑。”《左氏》下文，依杜注，“城之”就是“城养”（在养邑修建城郭），而“胡田”即故胡子之地。“将以害吴”，杜氏不注，杨先生也不注，盖因其意思明白，谓将凭借养邑的力量采取对吴不利的行动。

❷ “若好吴边疆”以下，《释文》谓“好”读 hào。盖杜氏意谓此句意思是“设若喜好扩边开土，欲望得到吴国边地”，所以《释文》作此注音。杨注：“与吴、楚相交界处之吴人修好。”这样讲也行，可是“好”不读 hào 了。“柔服”，杜注：“谓不与吴构怨。”这就是相交好的意思了。“犹惧其至”，杨注：“至谓军旅至。”担心吴军来犯。“吾又疆其仇”，疆当作强（异体作“彊”），乃字之形讹，阮元等《校勘记》已言之。杜注：“仇谓二公子。”杨注谓“重怒”即“加重其怒”。人家本来就对你不满，你收留人家的仇人，那人家岂不更加恼火，更加恨你？

❸ 胄读 zhòu。裔读 yì。胄、裔都是指后人（后代子孙）。吴是靠海之国，建国后长期不与中原同姓之国联系，所以《左氏》说“而弃在海滨，不与姬通”。“今而始大”，这里两“而”字都可以作“乃”讲，表示意思有转折。“比于诸华”，与华夏诸国并列。“光又甚文，将自同于先王”，杨注：“文谓有知识。”杜注：“‘先王’，谓大王、王季，亦自西戎始比诸华。”按：光指吴王阖庐，做吴王前称为公子光。吴国的历史，可以从《史记·吴太伯世家》了解。

❹ “不知天将以为虐乎”至“其终不远矣”，杜注：“言其事行，可知不久。”杨注：“谓不知天意何在，或者使阖庐为暴虐于邻国；或者使阖庐自灭亡其国，而使邻国扩大土地；或者终福佑吴国而为害邻国，其结果不久可以知之。”显然，这里杨注颇为详明。“我盍姑亿吾鬼神”，杜注：“亿，安也。”盍，与《左氏》上文“女盍从旧”句“盍”字义同，是“何不”的意思。下文“以待其归”，杜注：“善恶

之归。”再下文“将焉用自播扬焉”，杜注：“播扬，犹劳动也。”何必自己费神或者劳师动众呢？

原文

吴子怒。冬十二月，吴子执钟(吴)〔吾〕子，遂伐徐，防山以水之。[5]己卯，灭徐。徐子章禹断其发，携其夫人以逆吴子。吴子唁而送之，使其迩臣从之，遂奔楚。楚沈尹(戌)〔戍〕帅师救徐，弗及；遂城夷，使徐子处之。[6]

注释

5 “防山以水之”，杜注：“防壅山水以灌除。”杨注：“此盖利用堤防以山水攻城最早纪载。”这里“水”作动词用。

6 “徐子章禹断其发”以下，杜注：“断发，自刑示惧。迩，近也。夷，城父也。”迩臣即近臣。城夷即修筑城郭于城父。杨注关于徐子断发的解说不同，说是“示从吴俗为吴民也”。以《传》哀七年仲雍断发、《传》十二年“吴发短”证之，当以杨注义长。

原文

吴子问于伍员曰：“初而言伐楚[1]，余知其可也，而恐其使余往也，又恶人之有余之功也。今余将自有之矣，伐楚何如？”对曰：“楚执政众而乖，莫适任患。若为三师以肄焉[2]：一师至，彼必皆出；彼出则归，彼归则出，楚必道敝。亟肄以罢之，多方以误之，既罢而后以三军继之，必大克之！[3]”阖庐从之。楚于是乎始病。

注释

1 “初而言”，“而”即“你”(“汝”或者“尔”)。杜注：“在二十年。”

2 依《释文》，“莫适任患”句适读dì，或以为应读第二声。“莫适任患”，无人直可抵当患难者。“若为三师以肄焉”，杜注：“肄，犹劳也。”杨注：“肄读为肆……突然袭击而又退也。”说本陆粲。按：杨注已指出《左传》文十二年“若使轻者肆焉”句中“肆”字义同。我们认为杜注亦通，而陆氏说更为允当。王怀祖谓作肄者本字，训为犯突，其说与陆粲义实一致。

❸ “楚必道敝”，杜注：“罢敝于道。”《左氏》下文“亟肄以罢之”，杜注：“亟，数也。”肄训劳训突袭而退，都行，仍以训突袭为佳。

经三十有一年❶

原文

春，王正月，公在乾侯。

季孙意如会晋荀跞于适历。❷

夏，四月丁巳，薛伯穀卒。

晋侯使荀跞唁公于乾侯。

秋，葬薛献公。

冬，黑肱以滥来奔。❸

十有二月辛亥朔，日有食之。

注释

❶ 鲁昭公三十一年，当公元前511年，周敬王九年。这一年仲尼先生四十二岁。

❷ 跞读lì，《公》《穀》作栎，音同。适历，依《释文》，适读dì。杜注：“适历，晋地。”

❸ 杜注：“黑肱，邾大夫。滥，东海昌虑县。不书‘邾’，史阙文。”按：这里《春秋》三传关于“不书‘邾’”的解说，都未必有说服力，不具录。

传三十一年

原文

“春,王正月,公在乾侯。”言不能外内也。❶

晋侯将以师纳公,范献子曰:“若召季孙而不来,则信不臣矣;然后伐之,若何?”晋人召季孙。献子使私焉,曰:“子必来,我受其无咎。”❷季孙意如会晋荀跞于適历,荀跞曰:“寡君使跞谓吾子:‘何故出君?有君不事,周有常刑。❸子其图之!’”季孙练冠麻衣,跣行,❹伏而对曰:“事君,臣之所不得也,敢逃刑命?君若以臣为有罪,请囚于费,以待君之察也,亦唯君;若以先臣之故,不绝季氏,而赐之死;若弗杀弗亡,君之惠也,死且不朽;若得从君而归,则固臣之愿也,敢有异心?”

注释

❶ 杜注:“公内不容于臣子,外不容于齐晋,所以久在乾侯。”按:上一年《春秋经》孔疏认为“三十一年云‘不能外内’”,实“言公之罪也”。鲁昭公不能明察并适应当时政治形势,实有咎由自取之嫌。

❷ “我受其无咎”,杜注:“言我为子受无咎之任。”孔疏:“其使子必无咎。受其货,故保任之。”杨注引日本学者竹添光鸿《左传会笺》:“受其无咎犹保其无咎也……受与保义相近。”有可靠古文献为证,其说可信。

❸ “出君”是逼走或者驱逐君主。有君主而不肯侍奉,这是周礼所不容许的。周礼对于敢于犯上作乱的臣民,用常刑加以惩罚。《尚书·吕刑》可为证。

❹ 跣读 xiǎn。孔疏:“练冠,盖如丧服斩衰既练之后布冠也。麻衣,当是布深衣也。《问丧》云:‘亲始死,徒跣。’跣行不屦,以其不得事君,示己忧戚之深也。”按:《礼经·丧服》“记”谓“练冠,麻,麻

衣縓缘”,《曹风·蜉蝣》谓“麻衣如雪”,麻衣纯用布,无采饰可言,加上赤脚行走,表示忧戚之深。

原文

夏四月,季孙从知伯如乾侯。子家子曰:“君与之归!一惭之不忍,而终身惭乎?”公曰:“诺!”众曰:“在一言矣,君必逐之!”❺荀跞以晋侯之命唁公,且曰:“寡君使跞以君命讨于意如,意如不敢逃死,君其入也!”公曰:“君惠顾先君之好,施及亡人,将使归粪除宗祧以事君,则不能见夫人。已所能见夫人者,有如河!”❻荀跞掩耳而走,曰:“寡君其罪之恐,敢与知鲁国之难?臣请复于寡君。”退而谓季孙:“君怒未怠,子姑归祭。”❼子家子曰:“君以一乘入于鲁师,季孙必与君归。”公欲从之。众从者胁公,不得归。

“薛伯穀卒。”同盟,故书。

注释

❺ 杜注:“言晋既忧君,君一言使晋,晋必逐之。”如杨注所说,“众人误以为鲁昭一言可使晋逐季氏”。实则当时晋人根本不可能按鲁昭公的意思办任何事情。

❻ “粪除宗祧”,杨注引《说文》:“粪,弃除也。”按:小戴辑《礼记·曲礼上》记有“为长者粪之礼”。《左氏》这里所谓“粪除宗祧”,意即打扫宗庙,准备祭祀先祖。“不能见夫人”以下,依《释文》,“夫”读 fú。杜注:“夫人谓季孙也。言若见季孙,已当受祸,明‘如河’以自誓。”按:“不能见夫人”就是不能见那个家伙。先秦文献中“有如某”作誓词多见,譬如《左传》襄十九年也说“有如河”,《左传》僖二十四年说“有如白水”,《史记·晋世家》作“河伯视之”。有神灵监视,谁敢戏言!照常理,国家升平盛世,君臣关系应该和谐,而鲁昭公与执政大臣矛盾很深,闹到君不愿见臣的地步,真是不共戴天了。

❼“掩耳而走”，杜注：“怪公所言，示不忍听。”荀跞何曾料想鲁昭公会说出“不能见夫人”的话，初听其言，必然惊讶，所以有“掩耳而走”的事。“寡君其罪之恐”以下，杜注：“言恐获不纳君之罪，今纳而不入，何敢复知耶？”他只好决定回国向晋君复命，报告情况。“君怒未怠，子姑归祭”，荀跞告诉季孙意如：你的国君正在气头上，愤恨不少减（怒火正旺），你姑且回国主政事吧。按：《左传》襄公二十六年谓“政由甯氏，祭则寡人”，所以杜注认为“子姑归祭”就是要季孙“归摄君事”，这样推论是符合原意的。这样，主政主祭，与季孙在鲁国的实际地位正相符。

原文

秋，吴人侵楚，伐夷，侵潜、六。❶楚沈尹（戌）〔戌〕帅师救潜，吴师还。楚师迁潜于南冈而还。吴师围弦。左司马（戌）〔戌〕、右司马稽帅师救弦，及豫章；吴师还，始用子胥之谋也。

“冬，邾黑肱以滥来奔。”贱而书名，重地故也。君子曰：“名之不可不慎也如是！夫有所有名，而不如其已。❷以地叛，虽贱，必书地以名其人，终为不义，弗可灭已。是故君子动则思礼，行则思义，不为利回，不为义疚。❸或求名而不得，或欲盖而名章，惩不义也。齐豹为卫司寇，守嗣大夫，作而不义，其书为‘盗’。邾庶其、莒牟夷、邾黑肱以土地出，求食而已，不求其名：贱而必书。此二物者，所以惩肆而去贪也。❹若艰难其身以险危大人，而有名章彻，攻难之士将奔走之。若窃邑叛君以徼大利而无名，贪冒之民将置力焉，是以《春秋》书齐豹曰‘盗’，三叛人名，以惩不义，数恶无礼，其善志也。❺故曰：《春秋》之称微而显，婉而辨。上之人能使昭明，善人劝焉，淫人惧焉，是以君子贵之。❻”

注释

❶ 夷，潜、六，杜注：“皆楚邑。”按：这里“六”读 lù，不读 liù，是专有名

词,不是数词。

❷ 杜注:“黑肱非命卿,故曰贱。”按:所谓命卿,应如小戴辑《礼记·王制》所说,为“命于天子”或“命于其君”者。王伯申读《左氏》下文“名之不可不慎也如是夫”作一句,他不赞成以“夫”字下属为句。恐不然。下文谓“夫有所有名,而不如其已”,杜注:“有所,谓有地也。言虽有名,不如无名。已,止也。”王伯申说:“所,时也。言名者人之所欲得也,然有时有名而不如无名,若邾黑肱之以地叛而书名是也。”(《经义述闻》卷十九)此说可从,比杜注好,因为王氏举出不少例证,足以证明“所”可训为“时”。

❸ “不为利回”,杜注:“回正心也。”杨注:“回即违,违礼也。谓不为利而违礼。”这样讲,比杜注明确。“不为义疚”,杜注:“疚,病也。见义则为之。”杨注:“见义勇为,不因不为而内疚。”与杜注一致。王伯申有异议,他说:“不为义疚,当作不为不义疚。”“不为不义疚,言不为不义而内省多疚也。不义,即回邪也。”今按:“不为义疚”句,杜注已讲通,并非曲为之说,杨注更为顺当。王伯申凭空增补一“不”字,其说不可取。

❹ “齐为卫司寇”以下,杜注:“求名而不得也。二十年豹杀卫侯兄,欲求不畏强御之名。”又说:“春秋叛者多,唯取三人来适鲁者。三人皆小国大夫,故曰贱。物,事也。肆,放也。齐豹书‘盗’,惩肆也。三叛人名,去贪也。”杨注于此并无异议。

❺ “攻难之士将奔走之”,杜注:“攻,犹作也。奔走,犹赴趣也。”依《释文》,句中“攻难”之难读 nàn(意思是灾患)。“贪冒之民将置力焉”,杜注:“尽力为之,不顾于见书。”杨注:“贪冒即贪墨,与二十八年《传》‘贪惏无餍’之贪惏同义。置犹致也。”《左氏》下文“数恶无礼,其善志也”,杜注:“无礼,恶逆。皆数而不忘,记事之善者也。”杨注:“数,责也。善志谓善于记述。”我们认为这里“恶”亦责也,读 wù,“数恶”则为近义词连用。

❻ “《春秋》之称微而显,婉而辨”以下,杨注用《晋语八》韦注,认为“称”即述,“谓叙述史事”。杜注:“文微而义著,辞婉而旨别。

'上之人'谓在位者。在位者能行其法,非贱人所能。"可是杨注认为"上之人"可能指《左传》作者使《春秋》之义明显。今按:《左传》成十四年记述"君子"的一段话,说:"《春秋》之称微而显,志而晦,婉而成章……惩恶而劝善,非圣人,谁能修之?"所以有一种意见认为《左传》昭三十一年这里所谓"上之人"应该就是"圣人",应该是后来写《左传》的人对孔子的称赞。我们认为这里当以杜注为是,"君子贵之"是说君子看重《春秋》,因为《春秋》一书能使"上之人"(在位者)昭明,能劝善惧淫。"善人劝焉,淫人惧焉",意思是好人受到勉励,妄诞之人觉得恐惧。

原文

十二月辛亥朔,日有食之。是夜也,赵简子梦童子裸而转以歌⑦,旦占诸史墨,曰:"吾梦如是,今而日食,何也?"对曰:"六年及此月也,吴其入郢乎?终亦弗克。入郢必以庚辰,日月在辰尾。庚午之日,日始有谪。火胜金,故弗克。"⑧

注释

⑦ 杜注:"转,宛转也。"沈钦韩《春秋左传补注》:"转者,舞之节以应歌也。"按:沈说义胜。

⑧ "六年及此月也"以下,预测吴后入郢的事。杜注:"庚(辰)〔日〕有变,日在辰尾,故曰'以庚辰',定四年十一月庚辰吴入郢。辰尾,龙尾也。周十二月,今之十月,日月合朔于辰尾而食。谪,变气也。庚午,十月十九日,去辛亥朔四十一日,虽食在辛亥,更以始变为占也。午,南方楚之位也。午,火;庚,金也。日以庚午有变,故灾在楚。楚之仇敌唯吴,故知入郢必吴。火胜金者,金为火妃,食在辛亥。亥,水也。水数六,故六年也。"孔疏:"金以畏火之故,金为火妃,夫妻相得而强,是楚强盛之兆,虽被吴入,必不亡国。故知吴入郢,终亦弗克,言其不能灭楚也。"杨注已指出《左氏》记史墨语难免附会之谈。然而就《左氏》这一段记载而言,毕

竟预测得到了应验，自是《左传》作者刻意安排的结果。

经三十有二年[1]

原文

春，王正月，公在乾侯。取阚。[2]

夏，吴伐越。

秋，七月。

冬，仲孙何忌会晋韩不信、齐高张、宋仲幾、卫世叔申、郑国参、曹人、莒人、薛人、杞人、小邾人，城成周。[3]

十有二月己未，公薨于乾侯。

注释

❶ 鲁昭公三十二年，当公元前510年，周敬王十年。仲尼先生这一年四十三岁。

❷ 杜注："公别居乾侯，遣人诱阚而取之，不用师徒。"孔疏："四年《传》例曰：'凡克邑不用师徒曰取。'知公遣人诱而取之，不用师徒也。"

❸ "国参"之参，《释文》音"七南反"，可知此字读 cān，这里不读 shēn，也不读 cēn。杜注："世叔申，世叔仪孙也。国参，子产之子。不书'盟'，时公在外，未及告公，公已薨。"孔疏："此云'城成周'者，实未城也……此未城而已书'城'，知本以城事召集，因集而书'城'耳。"按：就事论事，孔疏说是。

传三十二年

原文

"春，王正月，公在乾侯。"言不能外内，又不能用其人也。[1]

“夏，吴伐越”，始用师于越也。史墨曰：“不及四十年，越其有吴乎？越得岁而吴伐之，必受其凶！”[2]

注释

❶《左氏》“言不能外内”，与上年《传》“言不能外内”意同。“不能用其人”，杜注：“其人谓子家羁也。言公不能用其人，故于今犹在乾侯。”如果探讨鲁昭公失国落难的原因，《左氏》的议论值得参考。

❷ 杜注：“存亡之数，不过三纪。岁星三周，三十六岁，故曰‘不及四十年’。哀二十二年越灭吴，至此三十八岁。此年岁在星纪。星纪，吴越之分也。岁星所在，其国有福。吴先用兵，故反受其殃。”据推算，孔疏也认为此年岁在星纪，然后说：“于十二次分野，星纪是吴越之分也。岁星是天之贵神，所在之次，其国有福。今越得岁星，故吴伐之则凶也。吴越同分而云越福吴凶者，以吴先用兵，故反受其殃，贾逵云然，杜从之也。”我们认为上引注疏的弊病仍然在于天文历法与社会政治、国家兴衰的牵强附会。譬如“岁星所在，其国有福”，这个判断有何根据？是否可信？凭什么说“存亡之数不过三纪”？有这样的规律吗？《左氏》记史墨关于“不及四十年，越其有吴”的预言，大概也是事后的设计。

原文

秋八月，王使富辛与石张如晋，请城成周。天子曰：“天降祸于周，俾我兄弟并有乱心，以为伯父忧。[1]我一二亲昵甥舅，不皇启处，于今十年；勤戍五年。余一人无日忘之，闵闵焉如农夫之望岁，惧以待时。[2]伯父若肆大惠，复二文之业，弛周室之忧，徼文、武之福以固盟主，宣昭令名，则余一人有大愿矣！[3]昔成王合诸侯城成周以为东都，崇文德焉。今我欲徼福假灵于成王，修成周之城，俾戍人无勤，诸侯用宁，蝥贼远屏，晋之力也。[4]其委诸伯父，使伯父实重图之，俾我一人无征怨于百姓，而伯父有荣施，先王庸之！❺”范献子谓魏献子曰：“与其戍周，不如城之。天子实云，虽有后事，晋勿与知可也。从王命以纾诸侯，晋国无忧，是之不务，而又焉从事？”❻魏献子曰：“善！”使伯音对曰：“天子有命，敢不奉承以奔告于诸侯？迟速衰序，于是焉在。”❼

注释

❶ 杜注：“子朝之乱，其余党多在王城，敬王畏之，徙都成周。成周狭小，故请城之。俾，使也。兄弟，谓子朝也。伯父，谓晋侯。”按：王室兄弟都有乱心，是不得和睦相安。当时天下诸侯盟主挟天子以发号施令，也不愿意看到长久不得安宁的王室局面。

❷ “于今十年”，杜注：“谓二十三年二师围郊至于今。”其实，王室之乱始于昭二十二年四月周景王崩之后，至昭三十二年，正是十年。“勤戍五年”，杜注：“谓二十八年晋籍秦致诸侯之戍至于今。”孔疏：“案二十七年十二月晋籍秦致诸侯之戍于周，而此杜云二十八年者，以十二月垂尽，去在十二月，至周则在二十八年，故云五年也。”此说甚当，杨注无异词。“余一人无日忘之”以下：“余一人”为古天子自称，反映了他至高无上的地位，杜注：“念诸侯劳。闵闵，忧貌。王忧乱，常闵闵冀望安定，如农夫之忧饥，冀望来岁之将熟。”杨注：“岁谓丰收。时谓收割之时。”杜、杨两注皆是，而杨先生的说法更确切。

❸ 杜注：“肆，展放也。二文，谓文侯仇、文公重耳。弛，犹解也。”徼福，《左氏》多见，杨注：“谓晋求文王、武王赐之福佑。”《左氏》下文“以固盟主”以下，谓晋求巩固盟主地位，宣扬好名声，则效力于王室最为捷径，我周天子“请城成周”这个大愿望可以提出来了。王室有求于晋，晋也有望于王室，可以说是互相需要。

❹ “昔成王合诸侯”以下，杜注：“作成周、迁殷民以为京师之东都，所以崇文王之德。”又说：“蝥贼，谓灾害。”杨注认为“文德”不是指文王之德，而是“言非武功”，引洪颐煊《经义丛钞》，谓“蝥贼喻

人”“谓贼害之人”：这两处，是对杜镇南的更正。杨注又说“徼福与假灵义相近，谓求其福”“诸侯之戍可以撤回，则诸侯可因此而安宁”。又说：“屏，即《礼记·王制》‘屏之远方’之屏，逐放也。”这样解释，是对杜注的三处补充。按：杨注对杜注的更正与补充，皆可从。

❺ “我一人”与上文“余一人”义同。杜注：“征，召也。庸，功也。先王之灵以为大功。”杨注：“施，惠也，功也。庸，此作动词，酬功也。谓先王将酬汝之功而福佑之。”按：这里杜、杨两注可互参。杜元凯谓“先王之灵以为大功”，则必当酬汝之功而福佑之，应可推知。

❻ “天子实云”，杜注：“云欲罢戍而城。”《左氏》下文“虽有后事，晋勿与知可也”，意思是：依周天子“大愿”，修成周之城之后，王室即使还有什么事，我们晋国可以不闻不问不管了。“从王命以纾诸侯”，杨注：“罢诸侯戍周之兵。”我们认为“从王命”就是“修成周之城”，“纾诸侯”就是让诸侯撤回戍周之兵，如《左氏》上文所说，“俾戍人无勤，诸侯用宁”。而“晋国无忧”自在“纾诸侯”之中。“是之不务，而又焉从事”：不努力做这样的事，你又干什么呢？

❼ 杜注：“伯音，韩不信。衰，差也；序，次也：在周所命。”按：“衰”读cuī，这里不读shuāi。杜注“衰，差也”的差，读cī。“于是焉在”，意思是“于是在焉”，或“在于是焉”。杨注：“迟速谓工作之时与进度，差序谓工作量及分配各国之等级。”这里杜、杨两注皆是。

原文

冬十一月，晋魏舒、韩不信如京师，合诸侯之大夫于狄泉，寻盟，且令城成周。魏子南面。卫彪傒曰：“魏子必有大咎！干位以令大事，非其任也。《诗》曰：‘敬天之怒，不敢戏豫。敬天之渝，不敢驰驱。’况敢干位以作大事乎？”❽

己丑，士弥牟营成周。计丈数，揣高卑；度厚薄，仞沟洫；物土方，议远迩；量事期，计徒庸，虑（财）〔材〕用，书糇粮：以令役于诸侯。属役赋丈，书以授帅，而效诸刘子。韩简子临之，以为成命。[9]

注释

❽ “魏子南面”，杜注：“居君位。”《释文》：“徯音兮。”卫彪徯认为魏舒必有大灾难（《说文》：咎，灾也），因为“干位以令大事，非其任也”，杨注：“谓以卿而居君位，颁命于诸侯，非其位任。”引《诗》见《大雅·板》，杜注：“戒王者，言当敬畏天之谴怒，不可游戏逸豫，驰驱自恣。渝，变也。”孔疏：“此据上天断章取意。”我们认为这里卫彪徯引《诗》，是取其“不敢”之意。因为敬天，所以“不敢戏豫”“不敢驰驱”，又怎么敢冒犯南面之位以令大事呢？

❾ “计丈数”，杜注：“计所当城之丈数也。”孔疏：“谓周回远近之丈数也。知者，下别云‘揣高卑，度厚薄’故也。”《左氏》下文杜注：“度高曰揣。度深曰仞。物，相也，相取土之方面远近之宜。知事几时毕，知用几人功，知费几（财）〔材〕用，知用几粮食。”这样就可以下达任务给各国诸侯了。“属役赋丈”，杜注：“付所当城尺丈。”杨注：“随国之大小，分嘱出役若干，完成工程若干丈。”按：这里杨注更为明确。“书以授帅”，杜注：“帅，诸侯之大夫。”杨注用杜注。原文意思是将任务书面送达各国诸侯派来完成工程的领队（即大夫）。“效诸刘子”，杜注：“效，致也。”杨注：“刘子，刘文公。”刘子是奉周王之命谋划整个工程的人物。“韩简子临之，以为成命”，杜注：“临履其事以命诸侯。”杨注：“成命，定命，今曰既定方案。”我们认为韩简子是奉晋侯之命代表盟主监督工程的人物，权威大于刘子。

原文

十二月，公疾。遍赐大夫，大夫不受。赐子家子双琥、一环、一璧、轻服，受之。[1]大夫皆受其赐。己未，公薨。子家子反赐于府人，曰："吾不敢逆君命也。"大夫皆反其赐。[2]书曰"公薨于乾侯"，言失其所也。[3]

注释

[1] "双琥"，杜注："琥，玉器。"孔疏："《周礼·大宗伯》云：'以玉作六器，以礼天地四方。白琥礼西(力)〔方〕。'郑玄云：'虎猛象秋严。'《礼经》及《记》言'琥'多矣，都不说其状。盖刻玉为虎形也。"《左氏》下文"一环、一璧、轻服"，杜注谓"轻服"为"细好之服"，孔疏引《释器》："肉倍好谓之璧，肉好若一谓之环。"按：这里注疏说是。

[2] "反赐于府人"，杨注："府人盖掌管鲁侯货藏之官。"按：《周官·天官冢宰》有"大府""玉府""内府""外府"诸职，《春官宗伯》有"天府"一职，其职掌与杨注所言相似；据序官，知其各有府人。"吾不敢逆君命也"，子家子此言，为的是说明先前接受昭公所赐的理由。"大夫皆反其赐"，跟随昭公流亡的大夫都像子家子一样，将先前接受昭公所赐的器物反还府人。

[3] 杜注："不薨路寝为失所。"按：死不得其所，古人亦视为失礼，就国君而言尤其如此。

原文

赵简子问于史墨曰："季氏出其君，而民服焉，诸侯与之。君死于外，而莫之或罪〔。何〕[1]也？"对曰："物生有两，有三，有五，有陪贰。故天有三辰，地有五行，体有左右，各有妃耦；王有公，诸侯有卿，皆有贰也。天生季氏以贰鲁侯，为日久矣；民之服焉，不亦宜乎？鲁君世从其失，季氏世修其勤，民忘君矣。[2]虽死于外，其谁矜之？社稷无常奉，君臣无常位，自古以然。[3]故《诗》曰：'高岸为谷，深谷为陵。'三后之姓，于今为庶，(王)〔主〕所知也。[4]在《易》卦，雷乘'乾'曰'大壮䷡'，天之道也。[5]昔成季友，桓之季也，文姜之爱子也;[6]始震而卜,卜人谒之,曰:‘生有嘉闻[7],其名曰友,为公室辅。’及生,如卜人之言,有文在其手曰‘友’,遂以名之。既而有大功于鲁,受费以为上卿。至于文子、武子,世增其业,不(费)〔废〕旧绩。鲁文公薨,而东门遂杀适立庶,鲁君于是乎失国,政在季氏,于此君也四公矣。[8]民不知君,何以得国?是以为君慎器与名,不可以假人!"[9]

注释

❶ 杨伯峻先生《春秋左传注》据金泽文库本增此“何”字,甚是。据文意,亦当有此“何”字。

❷ “各有妃耦”,《释文》:“妃音配。”杜注:“谓陪贰。”按:妃耦即配偶,音义相同。“鲁君世从其失”,《释文》:从,“本亦作纵”。《经义述闻》卷十九“鲁君世从其失”条引王怀祖说:“失读为佚(佚字又作逸)。佚与勤正相反。言鲁君世纵其佚以失民,季氏世修其勤以得民也。”按:此说可取。

❸ “其谁矜之”,矜可以是“怜”的意思(参看《诗·小雅·鸿雁》毛传),可以是“哀”的意思(参看《书·吕刑》“俾我一日”句《释文》引马注)。“社稷无常奉”,杜注:“奉之无常人,言唯德也。”《左氏》下文“君臣无常位”,意思应该是:居君位者无常人,言唯德也。“自古以然”,杜注:“史墨迹古今以实言。”杨注:“以同已。”今按:“社稷无常奉,君臣无常位,自古以然”三句反映的思想很重要。反天命的思想在春秋前期以前就有了。后来陈胜发出了“王侯将相宁有种乎”的呼喊,表明反天命的观念已深入下层社会了。反天命,求民主,这是我国古代十分可贵的思想。

❹ 引《诗》见《小雅·十月之交》,杜注:“言高下有变易。”《左氏》下文“三后之姓”至“王所知也”:“王”当作“主”,说见阮元等《校勘记》。杜注:“三后,虞、夏、商。”孔疏:“三代子孙,自有为国君者言。其贱者为庶人也。”按:贱者为庶人,则无足怪。《左氏》原意,应该是说昔日三代之贵族“于今为庶”,这才算是高下有变

易，君臣无常位。孔冲远等人所谓“贱者”，应指三代之子孙中的贱者。

❺ 杜注：“乾下震上，《大壮》。震在乾上，故曰雷乘乾。乾为天子，震为诸侯而在〔乾〕上，君臣易位，犹臣大强壮，若天上有雷。”孔疏：“乾为天为刚，震为雷为动。天以刚而动，动则为雷，壮之大者，故曰大壮。《说卦》：‘乾为天为君。’君之极尊者是天子也。‘震为长子’，其卦云：‘震惊百里。’……是诸侯之象，诸侯而在天子之上，象如君臣易位，是天之道也。”按：君臣易位，正是高下变易。“天之道也”，意谓天道如此，所以有“人间正道是沧桑”的说法。

❻ “桓之季也”，杨注：“季友为桓公季子。”

❼ “始震而卜”：《释文》谓“震如字，一音身”，实际上就是说这个“震”与《诗·大雅·生民》“载震载夙”之震义同。孔疏：“震，动也。怀妊始动，知有震娠而即卜也。”按：杨注实与《释文》与孔疏义同。嘉闻，杜注：“嘉名闻于世。”按：所谓嘉名，即下文《左氏》说的“其名曰友”。及生而有文在其手曰“友”，果如此，那是要算得上“嘉闻”了。事见《左传》闵二年。《释文》：“闻音问。”嘉闻是好名声。

❽ “有大功于鲁”，指季友立僖公，事亦见《左传》闵二年。后来有受费以为上卿之事。“文子武子”，指文子行父、武子宿。“不费旧绩”，“费”当作“废”，说亦见阮元等《校勘记》。“东门遂杀適立庶”，事见《左传》文十八年。“鲁君于是乎失国”，太史公《鲁世家》说是“失国政”，杜注认为“失国”即“失国权”，二者实无差别。“政在季氏，于此君也四公矣”，四公即鲁文公薨后的宣、成、襄、昭。鲁文公以前固有大臣执政，而鲁君左右朝纲，并未失国。

❾ “民不知君”，则君已失民，“得国”无从谈起。“器与名”，杜注：“器，车服。名，爵号。”孔疏：“借人名器，则君失位矣，故不可以假人也。言鲁君失民，是借季氏以权柄，故令昭公至此出外，因以戒人君使惩创也。”按：尽管孔仲尼先生也说过“唯器与名不可以

假人”的话(见《左传》成二年),我们认为《左传》昭三十二年这里记史墨的话并未能够准确地指明鲁君四公失国的真正原因。鲁君失国,问题的症结在于失民,而失民之于鲁君,只是早晚之间的事,这是为他们的阶级本性与治国之道已经决定了的。试看鲁昭公流亡在外,临死还能用大量器服遍赐大夫,可以推知他和他的先辈霸占了多少财富。除此之外,当然还有别的原因,不具论。

国学经典文库

春秋左传 (全本) 四

陈成国　校注

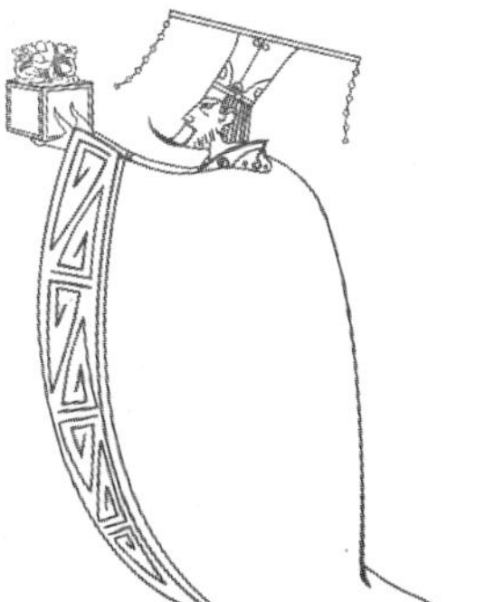

岳麓書社 · 长沙

图书在版编目(CIP)数据

春秋左传/陈戍国校注. —长沙:岳麓书社,2019.6
(国学经典文库)
ISBN 978-7-5538-0959-5

Ⅰ.①春... Ⅱ.①陈... Ⅲ.①中国历史—春秋时代—编年体
②《春秋左传》—注释 Ⅳ.①K225.04

中国版本图书馆 CIP 数据核字(2018)第 078109 号

CHUNQIU ZUOZHUAN
春秋左传
校　　注:陈戍国
责任编辑:张丽琴
责任校对:舒　舍
封面设计:贺红梅

岳麓书社出版发行
地址:湖南省长沙市爱民路 47 号
直销电话:0731-88804152　0731-88885616
邮编:410006
岳麓书社网址:www.yueluhistory.com

2019 年 6 月第 1 版第 1 次印刷
开本:890mm×1240mm　1/32
印张:43
字数:1042 千字
ISBN 978-7-5538-0959-5
定价:98.00 元

承印:长沙鸿发印务实业有限公司

如有印装质量问题,请与本社印务部联系
电话:0731-88884129

定公

经元年❶

原文

春,王。❷

三月,晋人执宋仲幾于京师。

夏,六月癸亥,公之丧至自乾侯。

戊辰,公即位。❸

秋,七月癸巳,葬我君昭公。❹

九月,大雩。

立炀宫。❺

冬,十月,陨霜杀菽。

注释

❶《史记·鲁世家》:"昭公卒于乾侯。鲁人共立昭公弟宋为君,是为定公。"鲁定公元年,当公元前509年,周敬王十一年。这一年孔子四十四岁。

❷ 杜注:"公之始年而不书'正月',公即位在六月故。"孔疏:"凡新君初立,必于岁首元日朝正于庙,因即改元正位,百官以序,国史因书于策,云'元年春,王正月,公即位'也……此年不书'正月'者,公即位在六月故也。《传》称'昭公丧及坏隤,公子宋先入',则正月之时定公犹从昭公之丧在于乾侯,未入鲁竟,国内无君,不是即位阙礼,故不须书'正月'也。"按:这里注疏言是。

❸ 杜注:"定公不得以正月即位,失其时,故详而日之。"《公》《穀》两

传认为即位日之有特殊含义,与《左传》并不一致。

❹ 杜注:“公在外薨,故八月乃葬。”这当然不是正常情况。

❺ 杜注:“炀公,伯禽子也。其庙已毁,季氏祷之而立其宫。书以讥之。”孔疏:“诸侯之礼,亲庙有四。计炀公玄孙既薨,其庙即已毁矣。季氏祷于炀公,以求昭公不入。公死于外;谓祷有益,而更立其宫赛之。于礼,不合更立。恶其改变国典,故书以讥之。”按:《公》《穀》两《传》皆以为炀宫不宜立,《公羊传》更明确指出“立炀宫非礼”。《左氏》无此意。

传元年

原文

春,王正月辛巳,晋魏舒合诸侯之大夫于狄泉,将以城成周。魏子莅政。卫彪傒曰:“将建天子,而易位以令,非义也。大事奸义,必有大咎!晋不失诸侯,魏子其不免乎?”❶是行也,魏献子属役于韩简子及原寿过,而田于大陆,焚焉;还,卒于甯。范献子去其柏椁,以其未复命而田也。❷

注释

❶ “将建天子”,杜注:“立天子之居。”《左氏》下文,与上年《左传》“魏子必有大咎”“干位以令大事”诸句义同。“不免”即不免灾祸,即上文说的“必有大咎”。

❷ 杜注:“简子,韩起孙不信也。原寿过,周大夫。”孔疏:“此时诸国为天子筑城,但当为君各致徒役而已,宜使天子之臣自号令之。”按:这里所谓“属役”,应与上年《左传》“属役赋丈”义同。魏献子将城成周工程规划托付韩简子、原寿过监督执行,他自己到大陆打猎去了。杜注:“疑此田在汲郡吴泽荒芜之地,火田并见烧也。”这是说魏献子田猎之事。孔疏引《禹贡》孔传谓“大陆”为泽名,引《尔雅·释地》及孙炎注为证,其说较妥。《左氏》下文记魏

献子"卒于甯",杜注意谓甯是"近吴泽"之地名。"范献子去其柏椁"以下,杜注:"范献子代魏子为政,去其柏椁,示贬之。"孔疏引《丧大记》说明"卿葬,于礼用柏椁",又说:"以其未复君命而为田猎,故献子去其柏椁,不使用也。"杨注无异议。按:去其柏椁以示贬之,则贬之为士也。其实,置君命于不顾,图一己之快意,恐怕也算不上国士。

原文

孟懿子会城成周。庚寅,栽。宋仲幾不受功,曰:"滕、薛、郳,吾役也。"❶薛宰曰:"宋为无道,绝我小国于周,以我适楚,故我常从宋。晋文公为践土之盟,曰:'凡我同盟,各复旧职!'若从践土,若从宋,亦唯命!"仲幾曰:"践土固然。"❷薛宰曰:"薛之皇祖奚仲,居薛以为夏车正。奚仲迁于邳。仲虺居薛,以为汤左相。若复旧职,将承王官,何故以役诸侯?"仲幾曰:"三代各异物,薛焉得有旧?为宋役,亦其职也。"❸士弥牟曰:"晋之从政者新,子姑受功。归,吾视诸故府。"❹仲幾曰:"纵子忘之,山川鬼神其忘诸乎?"士伯怒,谓韩简子曰:"薛征于人,宋征于鬼。宋罪大矣!且已无辞而抑我以神,诬我也。'启宠纳侮',其此之谓矣。❺必以仲幾为戮!"乃执仲幾以归。三月,归诸京师。

注释

❶ 杜注:"栽,设板筑。"据《诗·绵》"缩板以载"句,杨注认为"载乃夯土",而栽与载通。我们认为栽应即"设板筑"之筑(筑土)。《左氏》下文"宋仲幾不受功",就是不接受任务。"滕、薛、郳,吾役也",杜注:"欲使三国代宋受功役也。"《释文》:郳,"小邾国"。春秋时代小国受欺压之事多见,这里只是一个例证。

❷ 践土之盟,见《左传》僖二十八年。"若从践土,若从宋",两"若"字可以作"或"讲(《经传释词》卷七"若"字条)。"践土固然",杜

注:“固曰从旧。薛旧为宋役。”宋仲幾的意思是:依践土之盟,薛亦当为宋所役。

❸ “薛之皇祖”至“夏车正”,杜注:“皇,大也。奚仲为夏禹掌车服大夫。”按:奚仲作车,古史传说中实有之。“仲虺居薛”以下,杜注:“仲虺,奚仲之后。承,奉也。”薛宰这些话的意思是说:仲虺做殷汤左相,而践土之盟有各复旧职的约定,则仲虺后人应承奉王官,为什么还要为诸侯役使呢?“三代各异物”以下,杜注:“言居周世,不得以夏殷为旧。”论旧职,薛为宋所役,也是旧职,杨注:“宋为微子之后,故云亦其职。”这里“亦”犹“也是”,犹“践土固然”之“固”。

❹ “晋之从政者新”,杜注:“言范献子新为政,未习故事。”孔疏谓范献子代魏舒日短(辛巳至庚寅相去唯十日),证成杜注。“子姑受功归”,要求宋仲幾姑且接受功役而归,别的话以后再说。“吾视诸故府”,杜注:“求故事。”杨注:“故府盖藏档案之所,归而查档案以决之。”待查阅有关文件、考察先例之后作出宋应该或不应该受功役的决定。

❺ 杜注:“山川鬼神盟所告。”仲幾的意思,是说山川鬼神不会忘记。“薛征于人”以下,杜注认为“典籍故事人所知也”,可是宋人“取证于鬼神”,那是用鬼神来压我欺我,其罪已大。“启宠纳侮”,杜注:“开宠过分,则纳受侵侮。”孔疏:“《尚书·说命》傅说进戒于王云:‘无启宠纳侮。’古有此言,故云‘其此之谓矣’。开彼宠人过其本分,其人不知止足,乃至侵侮在上。据在上受之,故云纳侮。”按:伪古文《尚书·说命中》有“无启宠纳侮”一语。无论如何,“启宠纳侮”为古先之语,应无可疑;可能出自真古文《尚书》,也可能即出自真《兑命》一文,然而尚须证明。

原文

城三旬而毕[6],乃归诸侯之戍。

齐高张后，不从诸侯。❼晋女叔宽曰："周苌弘、齐高张皆将不免。苌叔违天，高子违人。天之所坏，不可支也；众之所为，不可奸也。"❽

注释

❻ "城三旬而毕"，王伯申说："计当始于昭三十二年冬十一月十五日庚辰，毕于十二月十五日己未（不毕于十二月十四日者，《长历》云：'十一月小'），非自定元年正月筑城，至二月始毕也。杜氏不悟元年春正月合诸侯之大夫为误载前年十一月之事，乃以辛巳、庚寅并属之元年正月，疏矣。"（《经义述闻》卷十九）可是沈钦韩有不同说法，亦自言之成理，兹不具录。

❼ 杜注："后则不及诸侯之役。"《左氏》原意应如此。

❽ "不免"，也应该是不免于灾祸的意思。杜注："天既厌周德，苌弘欲迁都以延其祚，故曰违天。诸侯相帅以崇天子，而高子后期，故曰违人。"上天使它败坏，谁能够支撑它？众人用心合力干的事，谁能够冒犯？《左氏》原意当如此。

原文

夏，叔孙成子逆公之丧于乾侯。季孙曰："子家子亟言于我，未尝不中吾志也。吾欲与之从政。子必止之，且听命焉。"❶子家子不见叔孙，易幾而哭。叔孙请见子家子，子家子辞，曰："羁未得见，而从君以出。君不命而薨，羁不敢见。"❷叔孙使告之曰："公衍、公为实使群臣不得事君。若公子宋主社稷，则群臣之愿也。凡从君出而可以入者，将唯子是听。子家氏未有后，季孙愿与子从政。此皆季孙之愿也，使不敢以告。❸"对曰："若立君，则有卿士、大夫与守龟在，羁弗敢知。若从君者，则貌而出者，入可也；寇而出者，行可也。若羁也，则君知其出也，而未知其入也，羁将逃也！"❹

注释

❶ 杜注:“成子,叔孙婼之子。”“季孙曰”以下,孔疏:“言子家子数于公处致言于我,云‘意如事君不敢不改’,又言‘君以一乘入于鲁师,季孙必与君归’,季孙之意实然,故云‘未尝不中吾志’。‘吾欲与之从政’,欲用为大夫也。公丧归则从者散,故令止之。‘且听命’者,一听子家之所为。”按:杜注所谓“众(士)〔事〕皆谘问子家子”,也是对“且听命”句的解说。注疏都是对的,而孔疏对《左氏》这里记季孙所言的领会颇得神似。

❷ 杜注:“幾,哭会也。不欲见叔孙,故朝夕哭,不同会。”“羁未得见”以下,杜注:“出时成子未为卿。言未受昭公之命,托辞以拒叔孙。”意思是:叔孙成子为卿,未曾得到昭公批准,子家子不予承认,所以不与相见。按:沈钦韩《春秋左传补注》用《诗·小雅·楚茨》毛传的说法,认为“幾”应训为“期”,“易幾”就是“易期”,改易自己朝夕哭的时间,使叔孙无缘相见。杨注用沈钦韩说。我们认为沈氏此说比杜注准确,可从。

❸《左传》昭二十五年记公为、公若谋去季氏,与谋者、与闻者当中并无公衍。可是《左氏》定公元年说“公衍、公为实使群臣不得事君”,孔疏:“谋逐季氏,公为为之……但以公衍见复为大子,季氏欲俱废之,故言此也。”公子宋即后来即位为君的定公。“子家氏未有后”以下,杨注:“‘后’读为《论语·宪问》‘臧武仲以防求为后于鲁’之后”,意思是立子家羁为子家氏之后。“使不敢以告”,杜注:“不敢,叔孙成子名。”至此,《左氏》这一段也就没有难懂的句子了。杨注对其中“皆季孙之愿也”一句的把握最为全面而且准确,可参看,兹不具录。

❹《左氏》这几句意思是:立君的事,应该与卿士大夫商量,还应该问一问守龟的表示,我子家羁不敢过问。至于什么人可以入鲁返国,那应该是“貌而出者”,杜注:“貌出谓以义从公,与季氏无实怨。与季氏为寇仇者自可去。”至于我子家羁自己呢,昭公知道我

随他出走，不会知道我入鲁返国了。我将逃亡他邦。子家羁这里表明了坚持忠君（忠于已故昭公）的立场。

原文

丧及坏隤，公子宋先入，从公者皆自坏隤反。[5]六月癸亥，公之丧至自乾侯。戊辰，公即位。[6]

注释

5 隤读 tuí。坏隤为地名，应在鲁境内。“从公者皆自坏隤反”，杜注：“出奔。”可见当年从昭公流亡者都是昭公忠臣，都不是“貌而出者”。然而不必都是“寇而出者”，如子家子，未必与季氏为寇仇。

6 杜注：“诸侯薨五日而殡，殡则嗣子即位。癸亥昭公丧至，五日殡于宫，定公乃即位。”孔疏：“自癸亥至戊辰五日殡讫，则嗣子即位，故定公以此日即位也。”按：孔疏据小戴辑《礼记·丧大记》《杂记》以及《公》《穀》两《传》说明有关的礼制，可备参考。

原文

季孙使役如阚公氏，将沟焉；荣（駕）〔驾〕鹅曰：“生不能事，死又离之，以自旌也？纵子忍之，后必或耻之。”[1]乃止。季孙问于荣（駕）〔驾〕鹅曰：“吾欲为君谥，使子孙知之。”对曰：“生弗能事，死又恶之，以自信也？[2]将焉用之？”乃止。

注释

1 杜注：“阚，鲁群公墓所在也。季孙恶昭公，欲沟绝其兆域，不使与先君同。駕鹅，鲁大夫荣成伯也。旌，章也。”按：駕当作驾，说见阮元等《校勘记》。“生不能事”至“以自旌也”句，意思是：昭公在世，季孙不肯侍奉；昭公死后，季孙想把昭公之墓与鲁先君墓隔绝，这不是季孙自己将自己的罪行明白地暴露在世上吗？杨注认为“纵子忍之”句，“谓狠心为之”；“后必或耻之”句，“谓日后必有以为耻者”。杨注可从。

❷ “以自信也”，孔疏：“信，明也。以自明己之不臣也。”杨注：“信同申、伸，也同耶，犹言以此自己表明己之恶公乎，与上‘以自旌也’意义同。”按：杨注这里用杨遇夫先生说。我们认为这里孔疏杨注两说一致。

原文

秋七月癸巳，葬昭公于墓道南。孔子之为司寇也，沟而合诸墓。[3]

昭公出故，季平子祷于炀公。九月，立炀宫。

周巩简公弃其子弟，而好用远人。[4]

注释

❸ “沟而合诸墓”，杨注：“于昭公之墓外为沟，扩大墓域，表示昭公墓与鲁群公之墓同一兆域。”按：杨注可备一说。我们认为：《左氏》上文“季孙使役如阚公氏，将沟焉”，句中沟是沟绝；这里“沟而合诸墓”句中沟是沟通，是沟合。孔疏：“孔子之为司寇在定公十年以后，未知何年沟之。”可见《左氏》是把后来的事提前记在这里了。杜注：“明臣无贬君之义。”孔子自是维护当时礼制之人。

❹ 杜注：“简公，周卿士。远人，异族也。为明年巩氏贼简公张本。”好用异族之人，为春秋时代的宗法社会所不容。

经二年[1]

原文

春，王正月。

夏,五月壬辰,雉门及两观灾。[2]

秋,楚人伐吴。

冬,十月,新作雉门及两观。

注释

❶ 鲁定公二年,为公元前508年,周敬王十二年。孔子这一年四十五岁。

❷ 杜注:"雉门,公宫之南门。两观,阙也。天火曰灾。"这里观读guàn。孔疏:"观与象魏、阙,一物而三名也。观与雉门俱灾,则两观在雉门之两旁矣。"按:这里注疏皆是。关于象魏,可参看《周官·大宰》及其注疏。

传二年

原文

夏,四月辛酉,巩氏之群子弟贼简公。

桐叛楚。吴子使舒鸠氏诱楚人,曰:"以师临我。我伐桐。为我使之无忌。"[1]秋,楚囊瓦伐吴,师于豫章。吴人见舟于豫章,而潜师于巢。冬十月,吴军楚师于豫章,败之;[2]遂围巢,克之,获楚公子繁。

邾庄公与夷射姑饮酒。私出,阍乞肉焉;夺之杖以敲之。[3]

注释

❶ 舒纠为楚之属国。"吴子使舒纠氏诱楚人"以下,杜注:"教舒纠诱楚,使以师临吴。"《左氏》下文"我伐桐"以下,杜注:"吴伐桐也。伪若畏楚师之临己,而为伐其叛国以取媚者也。欲使楚不忌吴,所谓'多方以误之'。"孔疏:"'为我使之无忌',谓为我之畏楚形状,使楚人无复防忌于我也。若楚不忌吴,则师不设备,欲因其无备而掩袭取之耳。"按:注疏说皆是。"多方以误之"为伍员语,

语见《左传》昭三十年。

❷ “吴人见舟于豫章”以下，“见”音义与“现”字同，杜注：“伪将为楚伐桐。实欲以击楚。”所以有“潜师于巢”的事。“吴军楚师于豫章，败之”，杜注：“楚不忌故。”杨注：“军，动词，击也。”因为楚不忌吴，轻吴而无备，所以被吴人突袭击败了。

❸ 杜注：“射姑，邾大夫。出，辟酒。”杨注：“私，小便。”是借小便之故辟酒。“阍乞肉焉”以下，杜注：“夺阍杖以敲阍头也。”《释文》：“阍音昏，守门人也。敲……《说文》作毃，云：‘击头也。’《字林》同。又，一曰：击声也。”按：“夺之杖”句，杨注认为句中“之”是“其”的意思，甚确。据《礼经·燕礼》“宾所执脯以赐钟人于门内溜”，可知宴享之间赐脯给钟人不违礼，然则以脯肉赐阍者亦应为许可之事。阍者向参与宴会的老爷讨块肉吃，实不为过，而当时未必知道从宴会之处出来的老爷要干什么及其手中执脯与否也。只是乞求而已，谁料想讨来脑袋挨打的疼痛呢？杜注：“为明年邾子卒传。”阍者一遇机会，向当局告发敲打过他的脑袋的人，恐怕也没有什么奇怪的。惠定宇《春秋左传补注》论及此事，可参看。杨注认为《燕礼》宾执脯赐钟人与《左传》定公二年阍者向大夫乞肉两事不可互释，我们认为大夫随意打阍者毕竟没有道理。

经三年❶

原文

春，王正月，公如晋，至河乃复。❷

二月辛卯，邾子穿卒。

夏，四月。

秋，葬邾庄公。❸

冬，仲孙何忌及邾子盟于拔。❹

注释

❶ 鲁定公三年，即公元前507年，周敬王十三年。这一年孔仲尼先生四十六岁。

❷ 孔疏："三《传》皆无其说，不知何故乃复。贾逵云：'刺缓朝见辞，失所不讳，罪己。'贾虽为此解，于《传》无文，不可从，故杜不言。刘炫谓公以六月即位，此年便即往朝，于事未为缓也，晋人何以辞之？"今按：定公前年六月即位，至此一年又六个月，于事实为已缓，贾逵的解说是有道理的。况且定公即使为昭公服丧，也没有一年六个月的规矩。不知刘炫、孔冲远等人凭什么说"于事未为缓也"。

❸ 杜注："六月乃葬，缓。"按：这倒真是缓了。

❹ 杜注："拔，地，阙。"同年《左传》作"郯"，杜注："郯即拔也。"江永《春秋地理考实》认为此"郯"即《春秋经》宣公四年所谓"郯"，杨注从之，应可信。

传三年

原文

春，二月辛卯。邾子在门台，临廷。阍以瓶水沃廷；邾子望见之，怒。阍曰："夷射姑旋焉。"命执之。弗得。滋怒，自投于床，废于炉炭，烂，遂卒。先葬以车五乘，殉五人。庄公卞急而好洁，故及是。❶

秋九月，鲜虞人败晋师于平中，获晋观虎，恃其勇也。❷

注释

❶ "夷射姑旋焉"以下，杜注："旋，小便。见其不洁，执射姑。废，隋也。"按：这里隋即堕之借。邾子身体堕入炭火之中，被烧烂了，也就死了。"先葬以车五乘"以下，杜注："欲藏中之洁，故先内车及

殉，别为便房，盖其遗命。卞，躁疾也。"孔疏："以人从葬谓之殉。邾子好洁，以人为殉，欲备地下扫除。若令与柩同入，恐其污履藏内。欲其藏中之洁，故先内车及殉，别为便房处之……礼：国君〔即〕位而为椑。初立即营死事。当是平素之时先有此命，葬者奉行之。"杨注："此言邾庄公之好洁而急躁……因其好洁，闻小便而怒；因其卞急，故于事不加思索而信谗言。"又说："便房即墓中之耳房，犹正殿之有便殿。"按：上引杜注孔疏杨注都有道理。但阍者告发夷射姑，未必是口出谗言。而一个小国之君，竟然安排死后葬身之处人殉扫除之事，则亦可恶已极。

❷ 杜注："平中，晋地。"杨注："谓观虎之被俘，由于恃一人之勇故。"两注言是。

原文

冬，盟于郯，修邾好也。[3]

蔡昭侯为两佩与两裘以如楚，献一佩一裘于昭王。昭王服之，以享蔡侯；蔡侯亦服其一。子常欲之，弗与；三年止之。[4]

唐成公如楚，有两肃爽马。子常欲之，弗与；亦三年止之。唐人或相与谋，请代先从者，许之。饮先从者酒，醉之；窃马而献之子常。子常归唐侯。自拘于司败，曰："君以弄马之故，隐君身，弃国家。群臣请相夫人以偿马，必如之。"[5]唐侯曰："寡人之过也。二三子无辱！"皆赏之。

注释

❸ 杜注："郯即拔也。公即位，故修好。"

❹ 杜注："佩，佩玉也。"按：子常即楚令尹囊瓦。蔡昭侯仅仅因为不肯把一佩一裘赠与子常，被留止于楚三年不得回国。这里"三年"可能是实数，而实数三年已经够久了。

❺ 杜注："成公，唐惠侯之后。肃爽，骏马名。"孔疏："宣十二年《传》

有唐惠侯,故云唐惠侯之后也。”唐成公因为不肯将骏马肃爽赠与子常,所以也被扣留于楚三年。“唐人或相与谋,请代先从者”,孔疏:“谓请楚,楚许之也。”代先从者,应该是代先从者从唐君成公。“自拘于司败”,杜注:“窃马者自拘。”司败,官名,即司寇。“君以弄马之故”以下,弄马即玩马,杜注:“隐,忧约也。相,助也。夫人谓养马者。”则“夫人”之夫应读 fú。杨注谓“隐君身”是讳言被拘,“相夫人以偿马”意即“必得好马如旧马以偿唐侯”,甚确。

原文

蔡人闻之,固请而献佩于子常。子常朝,见蔡侯之徒,命有司曰:“蔡君之久也,官不共也。明日礼不毕,将死!”[6]蔡侯归,及汉,执玉而沈,曰:“余所有济汉而南者,有若大川!”[7]蔡侯如晋,以其子元与其大夫之子为质焉,而请伐楚。

注释

[6] “蔡君之久也,官不共也”,杜注:“言楚所以礼遣蔡侯之物不共备故。”杨注:“言蔡侯之所以久留于楚,由于有司不供给馈赠饯别之礼品。”显然,杜、杨两注意思一致。“明日礼不毕,将死”,意思是明日礼遣蔡侯之事必须完成,也就是说明日一定送蔡侯归国,否则,将处死有司。

[7] 这里“执玉而沈”是誓告汉水之神的礼仪动作。杜注:“自誓言若复渡汉,当受祸,明如大川。”按:“有若大川”,与《左传》襄十九年“有如河”意思相近。

经四年[1]

原文

春,王二月癸巳,陈侯吴卒。

三月，公会刘子、晋侯、宋公、蔡侯、卫侯、陈子、郑伯、许男、曹伯、莒子、邾子、顿子、胡子、滕子、薛伯、杞伯、小邾子、齐国夏于召陵，侵楚。[2]

夏，四月庚辰，蔡公孙姓帅师灭沈，以沈子嘉归，杀之。

五月，公及诸侯盟于皋鼬。[3]

杞伯成卒于会。

六月，葬陈惠公。

许迁于容城。

秋，七月，公至自会。

刘卷卒。

葬杞悼公。

楚人围蔡。

晋士鞅、卫孔圉帅师伐鲜虞。

葬刘文公。

冬，十有一月庚午，蔡侯以吴子及楚人战于柏举，楚师败绩。[4]

楚囊瓦出奔郑。[5]

庚辰，吴入郢。[6]

注释

❶ 鲁定公四年，即公元前506年，周敬王十四年。是年仲尼先生四十七岁。

❷ 杜注："于召陵先行会礼，入楚竟，故书'侵'。"按：春秋时期有会遇之礼。会是预先约定的相见。请参看拙著《中国礼制史·先秦卷》第五章第八节。

❸ 据杜注，知皋鼬是地名。鼬读yòu。杨注："鼬音枏。"误。按：杨注中"枏"字盖"柚"之形讹。

❹ 杜注："师能左右之曰'以'。皆陈曰'战'。大崩曰'败绩'。吴为蔡讨楚，从蔡计谋，故书'蔡侯以吴子'，言能左右之也。囊瓦

称'人',贪以致败,不能死难,罪贱之。柏举,楚地。"孔疏引僖二十六年与庄十一年传例以及《释例》,证明杜注言之有据。

❺ 杜注:"书名,恶之。"孔疏:"不称名为贵之,是称名为恶之。"《经》《传》有此书法。

❻ 杜注:"弗地曰'入'。吴不称'子',史略文。"孔疏:"'弗地曰入',襄十三年传列也。"又说:"史略文,无义例。"按:注疏言是。

传四年

原文

春三月,刘文公合诸侯于召陵,谋伐楚也。

晋荀寅求货于蔡侯,弗得;言于范献子曰:"国家方危,诸侯方贰,将以袭敌,不亦难乎?水潦方降,疾疟方起,中山不服。弃盟取怨,无损于楚,而失中山不如辞蔡侯。吾自方城以来,楚未可以得志,(祇)〔只〕取勤焉。[1]"乃辞蔡侯。

注释

❶ "中山不服"以下,杜注:"中山,鲜虞。晋楚同盟,伐之为取怨。晋败楚侵方城,在襄十六年。"王怀祖说:"勤,犹辱也。""只取勤焉,亦谓只取辱也。"(《经义述闻》卷十九)"楚未可以得志"句,杨注:"谓晋未可以得志于楚。"又说:"勤,劳也。意谓仅劳师费财耳。"我们认为这里杨注可从,不必唯王氏父子之言是听。

原文

晋人假羽旄于郑,郑人与之。明日,或旆以会,晋于是乎失诸侯。[2]将会,卫子行敬子言于灵公曰:"会同难,啧有烦言,莫之治也。其使祝佗从!"[3]公曰:"善!"乃使子鱼;子鱼辞,曰:"臣展四体以率旧职,犹惧不给而烦刑书;若又共二,徼大罪也。[4]且夫祝,社稷之常隶也。社稷不动,祝不出竟,官之制也。君以军行,祓社衅鼓,祝奉以从,于是乎出竟。若嘉好之事,君行师从,卿行旅从,臣无事焉。❺”公曰:“行也!”

注释

❷ 杜注:“析羽为旌,王者游车之所建。郑私有之。因谓之羽旄,借观之。或,贱者也。继旐曰旆。令贱人施其旆,执以从会,示卑郑。”孔疏引《周礼·司常》及郑注解说有关名物,下面的话就杜注而言:“注不引全羽而以析羽解之者,以全羽尊于析羽,郑人所有未必尊贵,故以析羽解之。计羽旄所用,其费无多,晋人自应有之。而襄十四年范宣子假羽毛于齐,此又假羽旄于郑者,或当制作巧异,故闻而借观之。”又说:“郑是列国而晋卑侮之,诸侯于是知晋轻蔑,心皆怨恨,故晋于是乎失诸侯。”按:“失诸侯”意思是失诸侯之心,得不到拥戴,也就当不成盟主了。这里杨注的区别,一是不认为“或旆以会”的“或”是贱者,二是批评晋人借物而不归还。依常理,一而再地借物不还,与勒索何异?由是也就失诸侯之心了。“或”之本义诚不必是贱者,所以,比较杜注孔疏与杨注,我们认为这里终当以杨注为长。

❸ “啧有烦言”,啧读 zé。杜注:“子行敬子,卫大夫。”又说:“啧,至也。烦言,忿争。祝佗,大祝子鱼。”孔疏:“谓至于会时有烦乱忿争之言,无才辨者则莫之能治也。”杨注:“烦言,争论不一。句谓互相怒争而言论分歧。”今从杨说。按:《论语·雍也》记时人称“祝鮀之佞”,祝鮀即祝佗。杨伯峻先生《春秋左传注》肯定祝佗“其人口才甚好”。派遣祝佗从卫灵公参与盟会,是为了应付“会同”之难,应付“啧有烦言”而“莫之治”的局面。

❹ “臣展四体以率旧职”以下:“展四体”就是尽全力。至今还有“四肢不空(kòng)”的说法。杨注:“率,循也。旧职谓继承其先人之职。大祝为世袭职位。”《左氏》这里意思是:我尽全力从事本职工作,还怕应付不过来呢。“而烦刑书”,意谓因为失职而劳烦有

司按有关刑书律例施以惩罚。“若又共二”，杜注：“共二职。”《释文》：“共音恭。注同。”徼，意谓干求，获得。若是供奉两件工作，就会因失职而犯下大罪。

❺ 杜注：“隶，贱臣也。社稷动，谓国迁。师出先〔有〕事，祓祷于社谓之宜社。于是杀牲，以血涂鼓鼙为衅鼓。”《左氏》下文“祝奉以从”，杜注认为“奉”是“奉社主”；再下文“嘉好之事”，杜注：“谓朝会。”孔疏：“彼军行，唯有社，无稷。今社稷俱动，故知谓国迁也。国迁唯在竟内，得云祝不出竟者，《诗》称‘公刘迁豳’、大王来岐及《春秋》杞都陈留而迁缘陵及许迁于析之属，并是离弃本国，远适他土，故有出竟之事。”又说：“礼：军行必以庙主、社主从军而行……亲祖严社之义也。是军行必载社主行，故祝官奉主以从。”至于朝会之事，“君行师从，卿行旅从”，从者人数多少不一，或身份不一，而社稷之主不动，我祝不必出竟，自然也就没有必要陪同君卿行动了。今按：《论语·宪问》谓“祝鮀治宗庙”。奉社稷之主与宗庙之主，皆祭祀神灵之事，故可由祝兼领之。《左氏》定四年这里祝为社稷常隶，不涉宗庙之事。况且朝会不必以社主行，也不必以庙主行，所以子鱼说“无事”。

原文

及皋鼬，将长蔡于卫，❶卫侯使祝佗私于苌弘曰：“闻诸道路，不知信否。若闻蔡将先卫，信乎？”苌弘曰：“信！蔡叔，康叔之兄也。先卫，不亦可乎！”子鱼曰：

以先王观之，则尚德也。昔武王克商，成王定之，选建明德以藩屏周，故周公相王室以尹天下，于周为睦。❷分鲁公以大路、大旂，夏后氏之璜，封父之繁弱，殷民六族——条氏、徐氏、萧氏、索氏、长勺氏、尾勺氏，使帅其宗氏、辑其分族、将其类丑以法则周公；用即命于周，是使之职事于鲁，以昭周公之明德。❸分之土田陪敦，祝、宗、卜、史，备物、典策，官司、彝器，因商奄之民,命以《伯禽》而封于少皞之虚。[4]分康叔以大路、少帛、綪茷、旃旌、大吕,殷民七族——陶氏、施氏、繁氏、锜氏、樊氏、饥氏、终葵氏;封畛土略,自武父以南及圃田之北竟,取于有阎之土以共王职,取于相土之东都,以会王之东蒐。[5]聃季授土,陶叔授民,命以《康诰》而封于殷虚。皆启以商政,疆以周索。[6]分唐叔以大路,密须之鼓,阙巩,沽洗,怀姓九宗,职官五正,命以《唐诰》而封于夏虚,启以夏政,疆以戎索。[7]三者皆叔也,而有令德,故昭之以分物;不然,文、武、成、康之伯犹多,而不获是分也:唯不尚年也。

注释

❶ 皋鼬是地名,已见于《经》。"将长蔡于卫",杜注:"欲令蔡先卫歃也。"按:先歃者为后歃者之长,因为与盟而歃者代表国家,关乎国家地位名誉,所以非同小可。

❷ "以先王观之"以下,意思是:从先王的处事看来,既然是尚德(凭德行高下定地位高下),那就不是尚齿(凭年龄长幼老少定地位先后)。昔日武王克商之后,成王定国,就选拔任用明德之人做周朝的藩卫屏障。"周公相王室"以下,杜注:"尹,正也。睦,亲厚也,以盛德见亲厚。"周公助王室治理天下,其得亲厚之程度也是凭德行而不凭其他。

❸ 杜注:"鲁公伯禽也。此大路,金路,锡同姓诸侯车也。交龙为旂,《周礼》同姓以封。璜,美玉名。封父,古诸侯也。繁弱,大弓名。丑,众也。即,就也,使六族就周,受周公之法制,共鲁公之职事。昭,显也。"孔疏引《周官·巾车》《司常》以及郑注解说"大路、大旂",郑注说:"金路,以金饰诸末。大旂,九旗之画交龙者……同姓以封,谓王子母弟以功德出封若鲁卫也。"这也就落实了杜注关于"大路、大旂"的定义。"夏后氏之璜"自是历代所传夏后氏之宝。"条氏"至"尾勺氏"为殷民六族,周成王将此六族赐予鲁公,孔疏:"使六族之长各自帅其当宗同氏。辑,合也。合其所分

枝属族属也，将其族类人众以法则周公。令其移家居鲁，用就受周公之命，是以使之共职事于鲁，以昭周公之明德也。下赐殷民七族，亦是使之法则康叔，令共职事于卫也。赐唐叔及怀姓九宗亦然。”按：上引注疏大体准确。

❹ “土田陪敦”：杜注：“陪，增也。敦，厚也。”孔疏认为“陪敦”即附庸。杨注也认为“土田陪敦”就是《诗·鲁颂·閟宫》的土田附庸。《左氏》下文“祝、宗、卜、史”以下，杜注：“大祝、宗人、大卜、大史，凡四官。典策，春秋之制。官司，百官也。彝器，常用器。商、奄，国名也……伯禽，周公世子。时周公唯遣伯禽之国，故皆以付伯禽。少皞虚，曲阜也。”孔疏：“祝宗，接神之官。大卜，主卜。大史，主书。与此四等官人，使之将归于鲁也……杜不解‘备物’，则与‘典策’为一也。‘备物典策’，谓史官书策之典……‘官司彝器’，谓百官常用之器，盖罇罍俎豆之属，具赐鲁也。”又说：“《传》言‘命以伯禽’，于体例‘命以《康诰》’‘命以《(康)〔唐〕诰》’，则‘伯禽’亦似策命篇名。”刘炫也说“《伯禽》为命书”。王伯申说：“窃谓‘备物’即服物也……土田陪敦，祝宗卜史，服物典策，皆四字平列。‘服’与‘备’古字通。”按：上引孔疏与刘炫、王伯申照顾到上下文的句法词例，其说皆有理。唯“陪敦”应依裘锡圭先生说：陪敦即仆庸，仆是戎臣，庸是被奴役之农夫（见裘先生《说“仆庸”》一文）。

❺ 依《释文》，绪读 qiàn。茷读 fèi，或读 pèi。杜注：“康叔，卫之祖。少帛，杂帛也。绪茷，大赤，取染草名也。通帛为旃。析羽为旌。”杜镇南谓大吕是钟名，又说：“畛，涂所径也。略，界也。武父，卫北界。圃田，郑薮名。有阎，卫所受朝宿邑。盖近京畿，为汤沐邑。王东巡守，以助祭泰山。”王伯申说：“杂帛者，谓其帛色赤白相杂也。杂与少不同义，不得以少帛为杂帛。且杂帛为物，物是旗名，而杂帛则非旗名。可谓之物，不可谓之杂帛，亦不可谓之少帛。犹之通帛为旃，可谓之旃，不可谓之通帛也。今案少帛盖即小白。”王伯申谓小白为旗名，本《逸周书·克殷》以及孔晁注。

而《左传》定四年孔疏已明确指出"绮茷是大赤,大赤即今之红旗"。自"陶氏"至"终葵氏",为周成王赐予康叔之"殷民七族"。"相土"为殷商先祖之一。"东蒐"即杜注所谓东巡守。

❻ 杜注:"聃季,周公弟,司空。陶叔,司徒。《康诰》,《周书》。殷虚,朝歌也。皆,鲁、卫也。启,开也。居殷故地,因其风俗,开用其政,疆理土地以周法。索,法也。"杨注:"疆以周索,依周制画经界、分地理也。"按:《考工记·栗氏》记量器铭有"时文思索"句,郑注以"索"为"法"。《左传》定四年"疆以周索",杜注谓"索"即"法",杨注谓"周索"即"周制",都是有根据的。

❼ 依杜注,《左氏》下文"唐叔"为晋之祖,密须是国名,阙巩是甲名,沽洗为钟名。"怀姓九宗"以下,杜注:"怀姓,唐之余民。九宗,一姓为九族。职官,五正五官之长。《唐诰》,诰命篇名也。夏虚,大夏,今大原晋阳也……大原近戎而寒,不与中国同,故自以戎法。"今按:有学者解说"怀姓九宗"不与杜镇南同。杨注认为文献中"夏政"未必全可信,而所谓"戎索"与其时戎狄游牧生活相适应,这一类实事求是的说法,都有道理,不具录。

原文

管蔡启商,惎间王室,王于是乎杀管叔而蔡蔡叔,以车七乘、徒七十人。[8]其子蔡仲改行帅德,周公举之,以为己卿士,见诸王而命之以蔡。其命书云:"王曰:'胡!无若尔考之违王命也!'"[9]若之何其使蔡先卫也?

注释

❽ 惎读 jì。杜注:"惎,毒也。周公摄政,管叔、蔡叔开导纣子禄父以毒乱王室。周公称王命以讨二叔。蔡,放也。与蔡叔车徒而放之。"王伯申说:"'毒乱'之语不辞。惎之言基。基,谋也。间,犯也。谓谋犯王室也。"这是关于"惎间王室"的最佳解说。按:《释文》谓"蔡蔡叔"句上"蔡"字读"叔达反",那就是说要读 shā。而

杜注为“放也”,“放”不是杀。如果是杀,那就不必与之车徒了。况且“管叔”前已有“杀”字,若是杀蔡叔,文句就不必如同现在还能看到的这样写了。可是这里《释文》关于上“蔡”的注音无可疑。又按:上“蔡”字《说文》实作“𥻦”,读 sà,见《说文·米部》:“𥻦,𥽕𥻦散之也。”段注:“𥻦者复举字,𥽕者衍字。《左传正义》两引《说文》‘𥻦,散之也’可证……是‘𥻦’本谓散米,引伸之,凡放散皆曰𥻦,字讹作蔡耳,亦省作杀。”读此段注,从知“蔡蔡叔”实当作“𥻦蔡叔”,𥻦就是放散;省作杀,也只能是流放的意思,不是处决砍头。《释文》谓此字读“叔达反”,不误。

⑨ “改行帅德”,改其父之行,帅德义之路。杨注谓帅同率,“循也”,其说是。这里突出的又是“德”而非年齿。“以为己卿士”,杜注:“为周公臣。”杨注:“言周公举之,立于王朝,为己助手也。”这里杜、杨两注可以相通。杨伯峻先生认为“卿士”还有“周王朝六卿之长”的意思,而蔡仲任为卿士显然只是一般的卿大夫。“见诸王”,见读 xiàn(音义同“现”)。“命之以蔡”,杜注:“命为蔡侯。”封侯是大事,应由王批准,所以“见诸王”在先。“其命书云”以下,命书即锡命之书,杜注:“胡,蔡仲名。”命辞的意思很明白,只是希望蔡仲不要像他父亲那样违抗周王之命。

原文

武王之母弟八人,周公为大宰,康叔为司寇,聃季为司空,五叔无官,岂尚年哉?曹,文之昭也;晋,武之穆也。曹为伯甸,非尚年也。⑩今将尚之,是反先王也。

晋文公为践土之盟。卫成公不在;夷叔,其母弟也,犹先蔡。其载书云:“王若曰:晋重,鲁申,卫武,蔡甲午,郑捷,齐潘,宋王臣,莒期。”藏在周府,可覆视也。⑪吾子欲复文、武之略而不正其德,将如之何?

苌弘说,告刘子,与范献子谋之,乃长卫侯于盟。

注释

⑩ “五叔无官”，杜注说“五叔”是管叔鲜、蔡叔度、成叔武、霍叔处、毛叔聃（阮元等《校勘记》谓此“聃”字误，当作“郑”）。“曹，文之昭也”，杜注说是“文王子，与周公异母”，孔疏说曹是晋之叔父。“晋，武之穆也”，杜注说是武王子。“曹为伯甸，非尚年也”，杜注：“以伯爵居甸服，言小。”孔疏：“曹为伯爵而在甸服，非是尊尚年长也。”今按：《周官·职方氏》《大行人》说王畿之外方五百里侯服，又其外方五百里甸服；《左传》定四年孔疏引郑玄说，认为曹正在甸服。我们认为郑君说可信。《尚书·禹贡》也说到“甸服”，而其实与《周官》说的并不相同。

⑪ 这里以践土之盟为证，说明卫先于蔡的成例。杜注：“践土、召陵二会，《经》书‘蔡’在‘卫’上，霸主以国大小之序也。子鱼所言，盟歃之次。”《左氏》记子鱼之言，引践土之盟留下的载书证明盟则卫先于蔡，而且说此载书“藏在周府可覆视”，很有说服力。

原文

反自召陵，郑子大叔未至而卒。晋赵简子为之临[1]，甚哀，曰：“黄父之会，夫子语我九言，曰：‘无始乱，无怙富，无恃宠，无违同，无敖礼，无骄能，无复怒，无谋非德，无犯非礼。’”[2]

沈人不会于召陵，晋人使蔡伐之。夏，蔡灭沈。秋，楚为沈故，围蔡。

伍员为吴行人以谋楚。楚之杀郤宛也，伯氏之族出；伯州犁之孙嚭，为吴大宰以谋楚。[3]楚自昭王即位，无岁不有吴师。蔡侯因之，以其子乾与其大夫之子为质于吴。

注释

❶ 这个“临”是“临丧”之临。《曲礼上》“临丧不笑”，“入临不翔”，《檀弓下》“君临臣丧”，《杂记下》“含、襚、赗、临”，《左传》宣十二

年“卜临于大官”,诸“临”字都是“临丧”。

❷ 黄父之会,见《左传》昭二十五年。语读 yù,“语我”即告我、教我。九言,就是下面九句话,都以“无”字开头,“无”表禁忌,皆告诫语。“无骄能”,杜注“以能骄人”说的是“骄能”两字的意思。“无复怒”,依杜注:“复,重也。”为何“无谋非德”?因为“非所谋也”。非德则不谋。为何“无犯非礼”?杜注:“《传》言简子能用善,言所以遂兴。”其实,“无犯非礼”就是“非礼则无犯”,不犯非礼之事。以上四无是杜镇南注释了的。还有五无,杜氏不注。但是,“无敖礼”句,杨注有说法:“敖同傲。谓勿向有礼傲。”我们的看法:“无始乱”就是不要挑起事端。“无怙富”就是不要仗着自家富裕而欺侮人。“无恃宠”就是不要仗着有靠山后台而压迫人。“无违同”就是不要违背同盟,换言之,就是要求同其好恶。

❸ 这里“谋”是图谋,是谋害,是志在报复。“为某以谋楚”,意思是以某种身份图谋报复楚国。行人是外交官,大宰是执政大臣。

原文

冬,蔡侯、吴子、唐侯伐楚,舍舟于淮汭,自豫章与楚夹汉。左司马(戌)〔戍〕谓子常曰:“子沿汉而与之上下。我悉方城外以毁其舟,还塞大隧、直辕、冥阨。子济汉而伐之,我自后击之,必大败之!”[1]既谋而行。武城黑谓子常曰:“吴用木也。我用革也,不可久也。不如速战!”[2]史皇谓子常:“楚人恶子而好司马。若司马毁吴舟于淮,塞城口而入,是独克吴也。子必速战!不然,不免。”乃济汉而陈。自小别至于大别,三战。[3]子常知不可,欲奔;史皇曰:“安,求其事;难,而逃之:将何所入?子必死之,初罪必尽说。”[4]

注释

❶ “舍舟于淮汭”以下,《释文》认为舍有两个意思,一是“置也”,一是“弃也”。这里“舍”应该是置的意思。豫章是地名。“悉方城

外以毁其舟”以下,杜注:“以方城外人毁吴所舍舟。”大隧,直辕,冥阨,“三者汉东之隘道”。

❷ “武城黑谓子常”以下,杜注:“黑,楚武城大夫。”杨注:“用木用革盖指战车而言。吴车无饰,纯以木为之。楚车以革漫之,须加胶筋。用革者滑易而固,然不耐雨湿,胶革解散,反不如徒木之无患,故曰不可久。”此本姚鼐说。但我们认为用木用革主要指战车而言,又不仅仅指战车而言。杜注:“用,军器。”这一类说法还可斟酌。

❸ 杜注:“史皇,楚大夫。司马,沈尹戌。城口,三隘道之总名。”杨注用杜注。“自小别至于大别”,杜注:“《禹贡》汉水至大别南入江,然则此二别在江夏界。”孔疏谓“二别近汉之名”。杨注引洪亮吉的说法:“大别、小别皆淮南、汉北之山。”今从之。“三战”,自是二别山之间吴楚两军的三次遭遇战。

❹ “子常知不可”,杜注:“知吴不可胜。”《左氏》下文“史皇曰”以下:“安,求其事”,依杜注,这是说平安时期“求知政事”。下文“难而逃之”,应该指危难时节只顾逃命而不顾国家,这里“难”读 nàn(第四声)。“将何所入”,意思是将入于何所。“子必死之,初罪必尽说”,杜注:“言致死以克吴,可以免贪贿致寇之罪。”杨注用杜注。

原文

十一月庚午,二师陈于柏举。❺阖庐之弟夫概王晨请于阖庐曰:“楚瓦不仁,其臣莫有死志;先伐之,其卒必奔。而后大师继之,必克!”弗许。夫概王曰:“所谓‘臣义而行,不待命’者,其此之谓也。今日我死,楚可入也!”❻以其属五千,先击子常之卒。子常之卒奔,楚师乱,吴师大败之。子常奔郑。史皇以其乘广死。❼

注释

❺ 杜注:“二师,吴、楚师。”柏举自是地名。船山先生说:“柏举当在

汉川云梦之间……盖汉北也，而京相璠谓之汉东，非是。”（《春秋稗疏》卷下）

❻ 杜注：“瓦，子常名。”孔疏：“臣见义则行，不待君命，古有此言，故云‘其此之谓也’。今日我致死而战，楚可入也。”杨注：“此楚指楚国都郢。”诸说皆是。

❼ 依《释文》，乘读 shèng。“史皇以其乘广死”，杜注：“以战死。”又说：“楚王或主帅所率之兵车曰乘广，宣十二年《传》‘楚子为乘广三十乘，分为左右’可证。”按：两注皆是。这里“以”表领率之义。（参看杨遇夫树达先生《词诠》卷七。岳麓书社 1984 年版《经传释词》卷一天头附录杨遇夫先生案语：“‘以’有引率、带领之义。此无，当补。”）

原文

吴从楚师，及清发。[1]将击之，夫概王曰：“困兽犹斗，况人乎？若知不免而致死，必败我。若使先济者知免，后者慕之，蔑有斗心矣。半济而后可击也。”从之。又败之。楚人为食，吴人及之；奔。食而从之，败诸雍澨。五战及郢。[2]

己卯，楚子取其妹季芈畀我以出，涉雎。鍼尹固与王同舟。王使执燧象以奔吴师。[3]

注释

❶ 这“从”是追逐的意思。（《诗·齐风·还》“并驱从两肩兮”，毛传：“从，逐也。”）杜注：“清发，水名。”吴军追击楚军，追到清发水边。

❷ 杜注：“奔食，食者走不陈，故不在战数。”依此注，知杜镇南以“奔食”连读。由孔疏知孔冲远等亦如此读。杨注从俞曲园《春秋左传平议》读，“奔”字单独成句，“食”连下文读。两相比较，应知当以俞读为是。杨注谓“吴人及之”句“及”用本义，又说：“吴师追

及之,楚师弃食而奔……吴师食楚师所为之食而后又追逐之。"这样解说,最为顺畅。从清发追到雍澨,又一次打败了楚军。孔疏:"五战:谓济汉而陈,自小别至于大别三战也,柏举也,清发也,此已五矣;若复数雍澨,则为六也。传例:皆陈曰战。奔食而从之,则食者走不暇为陈,故不数也。"杨注引《吕氏春秋·简选》"五战五胜,遂有郢"句为证,十分恰当,显示了杨伯峻先生熟谙古文献的深厚功力。

❸ 睢指睢水。《释文》引《世族谱》:"季芈、畀我皆平王女也。"引服虔的说法:"畀我,季芈之字。"然则季芈畀我为一人。孔疏:"礼:妇人许嫁笄而称字。季芈称字,是许嫁也。盖遭乱夫死,而改适钟建耳。"《左氏》下文"鍼尹固与王同舟",这里说的是"涉睢"的时候。下文"王使执燧象以奔吴师",杜注:"烧火燧系象尾,使赴吴师惊却之。"孔疏指出这里杜注是用贾逵说。按:孔疏如下的说法也值得注意:"礼有金燧木燧,皆取火之物,故以燧名火也……王将涉睢,吴师来逼,故使以火系象尾,令突吴师……言'执燧象'者,既系火于尾,执而(率)〔牵〕向吴师,乃放之。"杨注用不少材料证明殷商时中原有象,春秋战国时楚犹有象,又认为燧象犹火牛,其说甚是。"执燧象"句,杨注引《广雅·释言》将"执"训为胁,又说:"此谓迫使火象入吴军使之奔逃。"说得很允当。我们认为"执"有持而导引的意思,旧注疏亦通。

原文

庚辰,吴入郢。以班处宫。子山处令尹之宫,夫概王欲攻之;惧而去之。夫概王入之。❹

左司马(戌)〔戍〕及息而还,败吴师于雍澨,伤。初,司马臣阖庐;故耻为禽焉,谓其臣曰:"谁能免吾首?"吴句卑曰:"臣贱,可乎?"司马曰:"我实失子。可哉!"三战皆伤,曰:"吾不〔可〕用也已!"句卑布裳,刭而裹之;藏其身而以其首免。❺

注释

❹ “以班处宫”，杜注：“以尊卑班次处楚王宫室。”《穀梁传》说得更确切，不具录。“子山处令尹之宫”，杜注：“子山，吴王子。”因为害怕夫概王的威严，子山离开了楚令尹之府。“夫概王入之”，杜注：“入令尹官也。”由《左氏》所述可以推想当年吴军攻入郢都之后的情况。

❺ “及息而还”，息是地名。“司马臣阖庐”以下，杜注：“司马尝在吴为阖庐臣，是以今耻于见禽。”《左氏》下文“谁能免吾首”，是司马戌问自家臣仆的话，杨注：“谓不使吴得其尸与首也。”又说：“下文仅言‘句卑’，似句卑为吴人而从司马戌者。”按：“句卑”的句读gōu。“我实失子，可哉”，杜注：“失不知子贤。”孔疏：“言我比来失子，不知子有贤行，临难能免吾首。女今可守此言哉！”《左氏》下文“吾不用也已”句，“不”下当有“可”字，据阮元等《校勘记》补入。所谓“不可用”，杨注：“言将死也。”下文杜注：“司马已死，到取其首。《传》言司马之忠壮。”孔疏：“言布裳刭之，是司马伤而自杀，故云‘已死’。谋毁舟败吴，是忠也。虽伤犹战不止，是壮也。”这里注疏对《左氏》原文的理解是准确的。

原文

楚子涉雎，济江，入于云中。王寝，盗攻之，以戈击王；王孙由于以背受之，中肩。❶王奔郧，钟建负季芈以从。由于徐苏而从。

郧公辛之弟怀将弑王，曰：“平王杀吾父；我杀其子，不亦可乎！”辛曰：“君讨臣，谁敢仇之？君命，天也；若死天命，将谁仇？《诗》曰：‘柔亦不茹，刚亦不吐。不侮矜寡，不畏强御。’唯仁者能之。❷违强陵弱，非勇也；乘人之约，非仁也；灭宗废祀，非孝也；动无令名，非知也。❸必犯是，余将杀女！”

注释

❶ “入于云中”，杜注：“入云梦泽中，所谓江南之梦。”孔疏：“郢都在

江北雎东，王走西，涉雎，又南济江，乃入于云中，知此在江南。昭三年王与郑伯田于江南之梦，谓此也。”《左氏》下文所谓“盗”，不知何人，“以戈击王”，则决非楚昭王忠诚卫士可知。“王孙由于以背受之”，王孙由于才是楚王的忠臣，愿意舍自家性命为主子挨了一击。“王孙”是姓还是其人身份？“由于”应该是人名。“中肩”，“盗”那一戈击中了王孙由于的肩膀。

❷ 杜注：“辛，蔓成然之子斗辛也。昭十四年楚平王杀成然。”按：成然为楚平王所杀，留下两个儿子郧公辛与其弟怀。为弟者要乘机杀楚昭王，为父报仇；而为兄者不同意，理由是“君命天也，若死天命，将谁仇”。既然死于天命，仇恨谁呢？《左氏》下文引《诗》，见《大雅·烝民》，杜注：“言仲山甫不辟强陵弱。”《左氏》记斗辛之言，认为唯仁者能够做到不辟强陵弱。这里矜读 guān（音义与“鳏夫”之鳏同）。

❸ “乘人之约”，这个“约”与《论语·里仁》“不仁者不可以久处约”句的“约”义同，贫困的意思。杨注：“约指昭王此时正处困境。”按：与此“乘人之约”句相同的一个说法是“乘人之危”。仁者不当如此。《左氏》下文“灭宗废祀”，杜注：“弑君罪应灭宗。”犯了这样的罪，当然称不上“孝”了。“令名”是好名声。一举一动都应该考虑效果。行为没有好名声，那么，还要一意孤行，就称不上“知”了。这个“知”，音义与“智”同。

原文

斗辛与其弟巢以王奔随。吴人从之，谓随人曰：“周之子孙在汉川者，楚实尽之。天诱其衷，致罚于楚。而君又窜之，周室何罪？君若顾报周室，施及寡人，以奖天衷，君之惠也。❹汉阳之田，君实有之。”楚子在公宫之北，吴人在其南。子期似王，逃王而己为王，曰：“以我与之，王必免。”❺随人卜：“与之？不吉。”乃辞吴曰：“以随之辟小而密迩于楚，楚实存之。世有盟誓，至于今未改。若难而弃之，何以事君？执事之患不唯一人，若鸠楚竟，敢不听命？”[6]吴人乃退。（鑪）〔鑢〕金初（官）〔宦〕于子期氏，实与随人要言。[7]王使见；辞，曰：“不敢以约为利。”王割子期之心，以与随人盟。[8]

注释

❹“周之子孙在汉川者，楚实尽之”，这两句的意思，与《左传》僖二十八年所谓“汉阳诸姬，楚实尽之”完全相同，因为周之子孙与诸姬完全相同。“天诱其衷”这一句，在《左传》成公十三年、襄公廿五年、哀公十六年还可以看到。衷是内心、中心，当然也是真心。天诱其衷，可以理解为“诱其天衷”，讨得天之真心，要致罚于楚。“而君又窜之”，杜注：“窜，匿也。”《左氏》下文“君若顾报周室”以下：顾报是惠顾、报答。“施及寡人”句施读 yì，延展而至于寡人（吴君）。“以奖天衷”，杜注：“奖，成也。”杨注：“意谓助成天意。”也就是帮助致罚于楚。能这样，那就是“君之惠”了。

❺“子期似王”，杜注：“子期，昭王兄公子结也。”兄弟面貌酷似，这没有什么奇怪。“逃王”应该是让王逃走的意思。“而已为王”，而子期装扮为王，对随人说：“把我交给吴人，我们楚王就必定可以避免被俘，就必定可以逃脱了。”

❻“以随之辟小而密迩于楚”以下，杨注：“辟同僻。”随地处偏僻而国小。密迩是靠近的意思。小国而与楚邻，居然偷安于世，这实在是楚国让我们随国得以保存。随与楚世代有盟誓，至今不变。如果因为楚王有难而背盟，我们又何以侍奉吴王呢？“执事之患不唯一人”以下，杜注：“一人，楚王。鸠，安集也。”杨注谓执事之患“不仅在昭王一人，而在楚众”，“安集即安辑”，若能安辑楚众于国境，我们敢不听命！

❼鑪当作鑢，官当作宦，皆字之形讹，说见《释文》、阮元等《校勘记》。杜注：“要言：无以楚王与吴，并欲脱子期。”鑢金本在子期那里干事（杨注说是子期家臣），与随人有此约言。

❽“王使见”，杜注：“王喜其意，欲引见之，以比王臣，且欲使盟随

人。”按:“与随人要言”者为鑢金。“不敢以约为利”者也是鑢金,杜注:“此约谓约言也。此一时之事,非为德举,故辞不敢见,亦不肯为盟主。”王伯申认为这里“约与利相对为文,仍谓穷困耳”“陆粲《左传附注》曰:‘不敢乘君父困约之时以为利’,是也”。杨注用王伯申说。我们认为陆、王、杨说皆是,但应指出陆氏说在前。“王割子期之心以与随人盟”,杜注:“当心前割取血以盟,示其至心。”杨注:“庄三十二年《传》叙孟任割臂盟公,亦仅破肤取血。”按:两注说皆是。

原文

初,伍员与申包胥友。其亡也,谓申包胥曰:“我必复楚国!”❶申包胥曰:“勉之!子能复之,我必能兴之!”及昭王在随,申包胥如秦乞师,曰:“吴为封豕长蛇,以荐食上国,虐始于楚。❷寡君失守社稷,越在草莽,使下臣告急,曰:‘夷德无厌,若邻于君,疆埸之患也。逮吴之未定,君其取分焉!若楚之遂亡,君之土也。若以君灵抚之,世以事君!’”❸秦伯使辞焉,曰:“寡人闻命矣。子姑就馆,将图而告。”对曰:“寡君越在草莽,未获所伏;下臣何敢即安?”立,依于庭墙而哭;日夜不绝声、勺饮不入口七日。秦哀公为之赋《无衣》,九顿首而坐。❹秦师乃出。

注释

❶ “我必复楚国”,杜注:“复,报也。”杨注据《史记·伍子胥列传》作“我必覆楚”,认为《左传》定四年“此复乃假借字”“复即覆,倾覆也”,本俞曲园《春秋左传平议》说。

❷ 乞师,请求出师,即借兵。杜注:“荐,数也。言吴贪害如蛇豕。”孔疏:“荐,再也。再亦数之义也。”杨注实无异词。“虐始于楚”,意思是吴之为害造虐从侵楚开始。

❸ “夷德无厌”以下:视吴为夷,因其如《左传》昭三十年所说,“吴,

周之胄裔也，而弃在海滨，不与姬通”。《左传》定四年杜注：“吴有楚则与秦邻。”那时秦国就有疆埸之患了。“逮吴之未定”，指吴尚未定楚。“君其取分焉”，这是为秦君计较利弊，杜注认为秦应“与吴共分(其)〔楚〕地”。这样，如果楚国灭亡了，那么，你们秦军夺取的楚地也就成了秦君的土地；如果借秦君的灵光而楚国得到安抚(杜注：“抚，存恤也”)，那么，楚国将世世代代侍奉秦君。

❹ “未获所伏”，杜注：“伏，犹处也。”所伏即所处，即所安。我国君未安，下臣我何敢就馆得安？“秦哀公为之赋《无衣》”，杜注：“《诗·秦风》。取其‘王于兴师，修我戈矛，与子同仇，与子偕作，与子偕行’。”孔疏将此诗解说为刺诗，与杜注不合。依杜注，则秦哀赋《无衣》也不过断章取义而已。按：这里说秦哀公赋《无衣》，赋是吟诵的意思，与作诗的意思不同。“九顿首而坐”，杜注：“《无衣》三章，章三顿首。”只因赋《无衣》表示秦哀公愿意出兵帮助申包胥复兴楚国，所以申包胥九顿首表示感谢。杨注谓“勺饮不入口七日”此言或太过，我们认为《左传》多有不必凿实之辞，此言也可以理解为夸张。阎百诗《潜丘札记》卷五谓“九顿首”为“礼之至变”，其实人在激动之际自不可衡以常礼。

经五年[1]

原文

春，王三月辛亥朔，日有食之。[2]

夏，归粟于蔡。[3]

於越入吴。[4]

六月丙申，季孙意如卒。

秋，七月壬子，叔孙不敢卒。

冬，晋士鞅帅师围鲜虞。

注释

❶ 鲁定公五年,当公元前505年,周敬王十五年。这一年孔仲尼先生四十八岁。

❷ 此次日食,《公羊》《穀梁》所传《春秋经》都说发生在定公五年正月。杨注已指出"此为公元前五〇五年二月十六日之日环食"。其言凿凿,原来有前辈天文历法学者的可靠的推算结果为根据。所以这里判断"三月"之当否,不应采取"三占从二"的办法。我们感到纳闷的是:杨注何以独斥《公羊》之误?又,杨注本"春"下"三月"上无"王"字,应系脱误。

❸ 杜注:"蔡为楚所围,饥乏,故鲁归之粟。"《公》与《穀》两传说是"诸侯归之"。孔疏:"诸侯或亦归之,要此《经》所书,其意不及诸侯,故显而异之,言'鲁归之粟'。"杨注:"《春秋》例,不书主者,鲁史自不书'鲁'也。"按:《春秋》经例如此,杜杨两注实有根据。唯其时有无其他诸侯归粟于蔡,鲁史记载是否完备亦未可必。

❹ 杜注:"於,发声也。"孔疏:"越是南夷,夷言有此发声。史官或正其名,或从其俗,'越'与'於越'史异辞,无义例。"按:这里"於"读wū。

传五年

原文

春,王人杀子朝于楚。

"夏,归粟于蔡",以周亟,矜无资。[1]

"越入吴",吴在楚也。

六月,季平子行东野;还,未至,丙申卒于房。阳虎将以玙璠敛,仲梁怀弗与,曰:"改步改玉。"阳虎欲逐之,告公山不狃。不狃曰:"彼为君也,子何怨焉?"[2]

既葬，桓子行东野，及费。子泄为费宰，逆劳于郊，桓子敬之；劳仲梁怀，仲梁怀弗敬。子泄怒，谓阳虎："子行之乎！"[3]

注释

❶ 杜注："亟，急也。"杨注："周即赒，救也，给也……此谓救济急难。矜，怜悯也。"杨先生认为"无资"之资与《左传》僖三十三年"脯资饩牵竭矣"之资义同，指粮食。矜无资就是怜悯没有饭吃而挨饿的人。按：《尔雅·释训》："矜怜，抚掩之也。"抚掩有存恤、救助的意思，则"矜无资"应有救助挨饿者的意思。总之，矜与赒义近。

❷ 玙读 yú，璠读 fán。狃读 niǔ。杜注："玙璠，美玉，君所佩。怀，亦季氏家臣。昭公之出，季孙行君事，佩玙璠祭宗庙。今定公立，复臣位，改君步，则亦当去玙璠。不狃，季氏臣，费宰子泄也。为君，不欲使僭。"孔疏："阳虎以平子尝佩此玉，故将以敛之……步谓行也。《玉藻》云：'君与尸行接武。大夫继武。士中武。'……是君臣步不同也。《玉藻》又云：'公侯佩山，玄玉。大夫佩水，苍玉。'是君臣玉不同也。昭公之出，季氏行君事，为君行，佩君玉。及定公立，季氏复臣位，故步、玉皆改矣。家臣谓季氏为君，故注云'不欲使僭'。"杨注指出杜注谓玙璠为君主所佩用，盖据《吕览·安死》之高注，其他解说杨先生实无异议。

❸ 杜注："桓子，意如子季孙斯。怀时从桓子行，轻慢子泄。"所以子泄发怒，对阳虎说："子行之乎！"杜注；"行，逐怀也。为下阳虎囚桓子起。"杨注用杜注。

原文

申包胥以秦师至。秦子蒲、子虎帅车五百乘以救楚。子蒲曰："吾未知吴道。"使楚人先与吴人战，而自稷会之，大败夫概王于沂。[1]

吴人获薳射于柏举，其子帅奔徒以从子西，败吴师于军祥。[2]

秋七月，子期、子蒲灭唐。

九月，夫概王归，自立也；以与王战而败，奔楚，为堂谿氏。[3]

注释

❶ 杜注："五百乘，三万七千五百人。道犹法术。稷、沂，皆楚地。"杨注认为"道"指战法战术，较为明确。依《楚策一》，杨注认为这里秦师是"千乘万人"而合制，可备一说。

❷ 杜注："薳射，楚大夫。奔徒，楚散卒。"按："以从子西"，这里"从"是归属、跟从的意思。子西也应该是楚大夫。军祥为楚地，杜注已言之。

❸ "奔楚，为堂谿氏"，杜注："《传》终言之。"意思是说：这是后话，写史者把结局提前说出来了。

原文

吴师败楚师于雍澨，秦师又败吴师。吴师居麇，子期将焚之；子西曰："父兄亲暴骨焉，不能收，又焚之，不可！"子期曰："国亡矣！死者若有知也，可以歆旧祀？岂惮焚之？"[4]焚之而又战，吴师败。又战于公婿之谿，吴师大败，吴子乃归。囚阖舆罢。阖舆罢请先，遂逃归。[5]

注释

❹ 杜注："麇，地名。前年楚人与吴战，多死麇中。言不可并焚。""子期曰"以下，杜注："言焚吴复楚，则祭祀不废。"按：所谓"焚吴"与杜注上文"并焚"不合。杨注："收谓收敛楚师战死之尸骨。"又说："可以歆旧祀"句"可"借为"何"。"言国亡，死者若有知，何以享旧祭？因不畏焚之。"这当然也可备一说，而且没有"焚吴"与"并焚"的矛盾。（事实上，如果不能收父兄亲暴骨，则必然是一焚俱焚。）但是，由于"死者有知"与否不因国之存亡而有异，所以，"可以歆旧祀"之"可"是不是"何"的借字，似尚可

斟酌。

❺ “公婿之谿”，杜注：“楚地名。”“闉舆罢”，《释文》：“闉音因。舆音余，又作与，羊汝反。罢音皮。”杜注：“舆罢，楚大夫。请先至吴而逃归。言吴唯得楚一大夫，复失之，所以不克。”杨注用杜注。

原文

叶公诸梁之弟后臧从其母于吴，不待而归；叶公终不正视。❶

乙亥，阳虎囚季桓子及公父文伯，而逐仲梁怀。冬十月丁亥，杀公何藐。己丑，盟桓子于稷门之内。庚寅，大诅。逐公父歜及秦遄，皆奔齐。❷

注释

❶ “叶公”之叶，旧读 shè。今读 yè。杜注：“诸梁，司马沈尹（戍）〔戌〕之子叶公子高也。吴入楚，获后臧之母。楚定，臧弃母而归。”这真是大逆不道。“叶公终不正视”，杜注：“不义之。”这件事反映了春秋晚期的社会伦理观念。

❷ “大诅”为盟誓大典的重要仪注。杨注：“诅，祭神以加祸于某某。大诅者，与诅者多也。”按：“公父歜”，父读 fǔ，歜读 chù。遄读 chuán。杜注：“歜即文伯也。秦遄，平子姑婿也。《传》言季氏之乱。”我们认为这可以称为阳虎之乱，《论语·季氏》所谓“陪臣执国命”也。

原文

楚子入于郢。初，斗辛闻吴人之争宫也，曰：“吾闻之：‘不让则不和。不和，不可以远征。’吴争于楚，必有乱；有乱则必归。焉能定楚？”王之奔随也，将涉于成臼；蓝尹亹涉其帑，不与王舟。及宁，王欲杀之。子西曰：“子常唯思旧怨以败，君何效焉？”王曰：“善！使复其所，吾以志前恶。”❸王赏斗辛、王孙由于、王孙圉、钟建、斗巢、申包胥、王孙贾、宋木、斗怀。子西曰："请舍怀也！"王曰："大德灭小怨，道也。"[4]申包胥曰："吾为君也，非为身也。君既定矣，又何求？且吾尤子旗，其又为诸？"[5]遂逃赏。

注释

❸ 亹读 wěi，这里不读 mén。帑读 nú，指妻子。杜注："亹，楚大夫。宁，安定也。恶，过也。"杨注："前恶即子常为政，使楚几被灭亡，其时昭王不过十五岁。"按："前恶"究竟指什么，杨注可备一说。但若"志前恶"又是记别人之恶，那与"子常唯思旧怨"有什么两样？岂不又该提出"君何效焉"这个疑问来？我们认为这里"志前恶"应该是记住昭王自己曾经产生过"欲杀"蓝亹的恶念。

❹ "斗辛"至"斗怀"，杜注："九子皆从王有大功者。"子西有异议，认为斗怀不应计入有大功者之列，要求从中舍弃。杜注："以初谋弑王也。"按：斗怀初谋弑王，见上年《左传》。"大德灭小怨"句，杜注："终从其兄免王大难，是大德。"有此大德，其小怨可以不计较，是为通例。

❺ "吾尤子旗"以下，杜注："子旗，蔓成然也。以有德于平王，求欲无厌，平王杀之。在昭十四年。"按：这里"尤"是斥责的意思。我既不以子旗为然，岂能像他那样做呢！

原文

王将嫁季芈，季芈辞曰："所以为女子，远丈夫也。钟建负我矣！"[1]以妻钟建，以为乐尹。[2]

注释

❶ "负我"，背过我的意思。这里决没有对不起我的意思。这里负是负荷之负，不是负心之负。

❷ "以为乐尹"，杜注："司乐大夫。"即乐官之长。由此可知楚国当时有乐官之设置。

原文

王之在随也，子西为王舆服以保路，国于脾泄。[3]闻王所在，而后从王。王使由于城麇，复命。子西问高厚焉，弗知。子西曰："不能，如辞。[4]城不知高厚小大，何知？[5]"对曰："固辞不能，子使余也。人各有能有不能。王遇盗于云中，余受其戈，其所犹在。"袒而视之背，曰："此余所能也。脾泄之事，余亦弗能也。"

晋士鞅围鲜虞，报观虎之(役)〔败〕也。[6]

注释

[3] 杜注："脾泄，楚邑也。失王，恐国人溃散，故伪为王车服，立国脾泄，以保安道路人。"孔疏："王之在随也，国内无主(一作'王')，子西以民无所依，恐其溃散，故伪为王之车服以安道路之人，国于脾泄之地。于时子西盖假称王矣。"杨注无异词。

[4] "不能，如辞"，杜注："言自知不能，当辞勿行。"孔疏："'敢'为'不敢'，'如'为'不如'，古人之语然也。僖二十二年《传》云：'若爱重伤，则如勿伤；爱其二毛，则如服焉。'《经》《传》之文，此类多矣。"依孔疏，"如辞"就是"不如辞"。子西的意思：既然知道自己不能胜任，那就不如辞职，为何还要去干呢？孔疏提出了古汉语中实在多见的以正为反的句例，而且提出了正确理解这一类语例的方法。

[5] 杨注读"小大何知"为一句，解释说："言城墙之高低厚薄犹不能知，何由知其周围之大小。此从孔疏引王肃读。据上文只问高厚，此读可从。"我们有不同看法，理由是：就算知道城墙之高低厚薄，又何由知其周围之大小？要弄清城周围之大小，城墙之高低厚薄只是必要条件之一而已。在子西看来，"城不知高厚小大"，还谈得上智慧贤明吗？"小大"只是承上文"高厚"而顺势拓宽言之。上文如不言高厚，只言小大，或者只言高低，都不会改变子西那一番话的用意。

[6] "役"当作"败"，依阮元等《校勘记》改。杜注："三年鲜虞获晋观

虎。”按：看《左传》定公三年便知。

经六年[1]

原文

春，王正月癸亥，郑游速帅师灭许，以许男斯归。[2]

二月，公侵郑。公至自侵郑。

夏，季孙斯、仲孙何忌如晋。

秋，晋人执宋行人乐祁犂。[3]

冬，城中城。

季孙斯、仲孙忌帅师围郓。[4]

注释

❶ 鲁定公六年，即公元前504年，周敬王十六年，仲尼先生这一年四十九岁。

❷ 《春秋毛氏传》：“此乘楚败而灭之，然灭其师，仍不灭其国，观哀元年《经》书‘楚子、陈侯、随侯、许男围蔡’可见。”《春秋大事表》谓“楚败而许灭，楚复而许封。”按：毛大可说得对，顾栋高说的可能也是事实。

❸ 杜注：“称‘行人’，言非其罪。”按：不执行人，不斩来使，古今通例，违者失礼。

❹ 杜注：“‘何忌’不言‘何’，阙文。郓贰于齐，故围之。”孔疏：“郓是鲁邑，辄曰围之，必是郓邑叛也。三《传》并无其事，不知何为而叛。明年齐人归郓，是叛属齐也。”按：这里杜注孔疏言是。

传六年

原文

春，郑灭许，因楚败也。

二月，公侵郑取匡，为晋讨郑之伐胥靡也。[1]往不假道于卫；及还，阳虎使季、孟自南门入，出自东门，舍于豚泽。[2]卫侯怒，使弥子瑕追之；公叔文子老矣，辇而如公，曰："尤人而效之，非礼也。昭公之难，君将以文之舒鼎、成之昭兆、定之鞶鉴，'苟可以纳之，择用一焉'；'公子与二三臣之子，诸侯苟忧之，将以为之质'。此群臣之所闻也。今将以小忿蒙旧德，无乃不可乎？大姒之子，唯周公、康叔为相睦也；而效小人以弃之，不亦诬乎？天将多阳虎之罪以毙之。[3]君姑待之，若何？"乃止。

注释

❶ 杜注："胥靡，周地也。周儋（dān）翩因郑人以作乱，郑为之伐胥靡，故晋使鲁讨之。匡，郑地。取匡不书，归之晋。"孔疏："郑伐周事，须从下文戍周发之，故《传》文乃逆指下事为次也。"按：孔疏已指出郑伐周的事见本年《左传》下文。

❷ 春秋时期有假道之礼，参见《左传》宣公十四年。豚泽自是地名。

❸ 依杜注，"文之舒鼎"指卫文公之鼎，"成之昭兆"指卫成公用过的宝龟，"定之鞶鉴"指卫定公用过的鞶带，"鞶带而以镜为饰也"。孔疏谓舒鼎即卫文公所铸而名"舒"之鼎，成公新得之龟"以灼之出兆，兆文分明，故名为昭兆"，又说："入其国门，非也。追伐其师，亦非也。尤其（罪）〔非〕而复效之，为非礼也。下云'效小人以弃之，即云天将多阳虎之罪，则公叔文子知此出入卫（门）〔明〕是阳虎之计，非鲁公使然，'尤人'谓尤阳虎也。"按：上引杜注孔疏与《左氏》原意相符。所谓"昭公之难"，自指鲁昭公流亡之事。《左氏》下文"苟可以纳之"以下，杨注："言谁能使鲁昭复入鲁国，三宝可择用其一。"再下文"将以为之质"，杜注："为质，求纳鲁昭公。"当鲁昭蒙难之时，君愿意想方设法纳昭公，这是群臣都知道的。可是现在因为有小忿而遮盖鲁公旧德，这怎么行呢？"大姒之子"以下，杜注："大姒，文王妃。"大姒之子周公、康叔兄弟相睦，他们的后人若是相弃，那是效法小人，岂非诬妄？

原文

夏，季桓子如晋，献郑俘也。阳虎强使孟懿子往报夫人之币，晋人兼享之。孟孙立于房外，谓范献子曰："阳虎若不能居鲁而息肩于晋，所不以为中军司马者，有如先君！"❹献子曰："寡君有官，将使其人，鞅何知焉？"献子谓简子曰："鲁人患阳虎矣！孟孙知其衅，以为必适晋，故强为之请以取入焉。"❺

注释

❹ 杜注已指出"季桓子如晋献郑俘"是献二月侵郑取匡之俘。"阳虎强使孟懿子往报夫人之币"，杜注："虎欲困辱三桓并求媚于晋，故强使正卿报晋夫人之聘。"孔疏："聘礼者……聘君与夫人一使兼致之，夫人不别使也。"阳虎安排的孟懿子之行，实与"夫人不别遣使"的礼法不合。"晋人兼享之"，杜注："贱鲁，故不复两设礼，明《经》所以不备书。"按："兼享之"，就是同时燕享季桓子与孟懿子，不两设礼。孟孙对范献子说的话，杜注："称'先君'以征其言，若欲使晋，必厚待之。"孔疏："示已知阳虎必将作乱而出奔也。中军司马，晋国大夫之最贵者。为求此官，似若欲使晋厚待之，然令晋知其情耳。诸言'有如'，皆是誓词，称'先君'以征其言，似若欲晋必从之。"杨注："孟孙知阳虎专权横强太甚，不能久在鲁，乃因其取匡献俘之功，私请于晋，为之留一去路，而以誓言出之。"我们认为杨注实与孔疏一致。

❺ "孟孙知其衅"以下，杨注："衅，兆也。知阳虎有不容于鲁之预兆。"杜注："欲令晋人闻虎当逃走，故强设请托之辞，因此言以入晋，令晋素知之。"我们认为所谓"取入"，就是寻得入某地之路，寻得进身之途。

原文

四月己丑，吴大子终累败楚舟师，获潘子臣、小惟子及大夫七人。楚国大惕，惧亡。子期又以陵师败于繁扬。[1]令尹子西喜曰："乃今可为矣！"于是乎迁郢于鄀，而改纪其政，以定楚国。[2]

周儋翩率王子朝之徒，因郑人将以作乱于周。郑于是乎伐冯、滑、胥靡、负黍、狐人、阙外。[3]六月，晋阎没戍周，且城胥靡。

注释

❶ 杜注："终累，阖庐子，夫差兄。舟师，水战。"潘子臣、小惟子，杜注谓"二子，楚舟师之帅"。《左氏》下文"楚国大惕"，这里"惕"应是忧惧、惊惧的意思。下文所谓"陵师"，杜注说是"陆军"，孔疏："南人谓陆为陵，此时犹然。《释地》云：'高平曰陆。大陆曰阜。大阜曰陵。'是陵陆大小之异名耳。"按：繁扬亦自是地名，阮元等《校勘记》说"襄四年《传》作繁阳"，杨注说同。又，繁这里可读 pán。

❷ 鄀读 ruò，地名。杨注："纪，治理。"改纪其政，指政治方面的改变措施。杜注："《传》言楚赖子西以安。"按：这也可以算是"《传》终言之"。

❸ 儋读 dān。杜注："儋翩，子朝余党。郑伐周六邑，在鲁伐郑取匡前。于此见者，为戍周起也。"杨注并无异议。

原文

秋八月，宋乐祁言于景公曰："诸侯唯我事晋。[1]今使不往，晋其憾矣！"乐祁告其宰陈寅，陈寅曰："必使子往！"他日，公谓乐祁曰："唯寡人说子之言，子必往！"陈寅曰："子立后而行，吾室亦不亡。唯君亦以我为知难而行也。"见溷而行。[2]赵简子逆，而饮之酒于绵上；献杨楯六十于简子。陈寅曰："昔吾主范氏；今子主赵氏，又有纳焉。以杨楯贾祸，弗可为也已。[3]然子死晋国，子孙必得志于宋。"范献子言于晋侯曰："以君命越疆而使，未致使而私饮酒，不敬二君，不可不讨也！"[4]乃执乐祁。

注释

❶《左传》定四年已经有“晋于是乎失诸侯”的说法。《左传》定六年这里说“诸侯唯我事晋”,可见晋国的霸主地位至此殆已不复存在。

❷“子立后而行”以下,杜注:“寅知晋政多门,往必有难,故使乐祁立后而行。”《左氏》下文“见溷而行”,见读 xiàn(音义与“现”同),杜注:“溷,乐祁子也。见于君,立以为后。”既已立后,则可无后顾之忧,也就表示了知难而行、义无反顾的决心。

❸“杨楯”,杜注:“杨,木名。”杨注:“古代盾或以木为之,此杨木非水杨……或即黄杨,木材黄色,质坚致,故以为盾。”《左氏》下文“主范氏”“主赵氏”,“主”在这里是名词作动词用,“以为主”的意思。“以杨楯贾祸”以下,贾读 gǔ,杜注:“知范氏必怨,将得祸。”事已至此,无法可想了。

❹杜注:“献子怒祁比赵氏,《经》所以称‘行人’。”杨注:“二君谓晋定公与宋景公。”按:“致使”就是通过必要的礼仪完成使命,向对方国君致意。古时大臣不当有国外私交。代表本国君主出使,应该与对方国君或其代表交往,与其他人交往是“不敬二君”的错误行为。所以晋国范献子认为不可不讨伐(惩罚或处分)“未致使而私饮酒”者。

原文

阳虎又盟公及三桓于周社,盟国人于亳社,诅于五父之衢。❺冬,十二月,天王处于姑莸,辟儋翩之乱也。❻

注释

❺“周社”“亳社”,即《左传》闵二年所谓“两社”。杨注:“周社自是鲁之国社,以其为周公后也。鲁因商奄之地,并因其遗民,故立亳社。”五父之衢为地名。由《左氏》记载,可知阳虎安排的两盟一

诅各有其地，而且并无错误，问题在于阳虎肆其私意而失当时之礼。杜注："《传》言三桓微，陪臣专政，为八年阳虎作乱起。"这样说自有根据。

❻ 莸读 yóu。杜注："姑莸，周地。"按："辟儋翩之乱"，辟与避同。

经七年[1]

原文

春，王正月。

夏，四月。

秋，齐侯、郑伯盟于咸。

齐人执卫行人北宫结以侵卫。齐侯、卫侯盟于沙。[2]

大雩。

齐国夏帅师伐我西鄙。

九月，大雩。[3]

冬，十月。

注释

❶ 鲁定公七年，为公元前 503 年，周敬王十七年。孔子这一年是"知天命"之年。

❷ 杜注："称'行人'，非使人之罪。"我们已在上年《春秋经》杜注看到这个说法。"盟于沙"，沙是地名，同年《左氏》作"琐"，沙琐音同。杜注："结叛晋也。"惠士奇《春秋说》："春秋东诸侯之党，齐卫为魁。桓三年齐侯卫侯胥命于蒲，伤天下之无王也。定七年齐侯卫侯结谋于琐，琐即沙声之转，伤天下之无霸也。"张自超《春秋宗朱辨义》以为"中国自此无伯矣"。我们认为惠、张二说是对的。晋国的霸主地位至此已不复存在。

❸ 本年《经》"大雩"两见，杜注于两处皆言"过也"。孔疏："盖时有

小旱，故《传》不言‘旱’。未应合雩，故杜云‘过也’。”按：孔疏引贾逵说“旱也”。如果不是旱，为什么雩呢？《经》言“雩”，应该说是纪实。雩是为了禳除旱象。

传七年

原文

春，二月，周儋翩入于仪栗以叛。

齐人归郓、阳关，阳虎居之以为政。

夏四月，单武公、刘桓公败尹氏于穷谷。[1]

“秋，齐侯、郑伯盟于咸”，征会于卫。卫侯欲叛晋，诸大夫不可。使北宫结如齐，而私与齐侯曰：“执结以侵我！”齐侯从之，乃盟于琐。[2]

注释

1. 杜注：“仪栗，周邑。郓、阳关皆鲁邑，中贰于齐，齐今归之。”穷谷也是地名。依杜注，单武公为穆公子，刘桓公为文公子，“尹氏复党儋翩共为乱也”，所以忠于周敬王的卿大夫要击败他们。

2. “征会于卫”，杜注：“征，召也。”齐郑召卫，是为了缔结对抗晋国的同盟。卫国诸大夫不赞成背叛晋国，卫侯想好了一个办法，派北宫结出使，把他的主意私下告诉齐侯，这个办法就是“执结以侵我”。依杜注，卫侯这样做，“欲以齐师惧诸大夫”，借齐军入侵来胁迫卫国诸大夫服从。齐侯采取卫侯的办法，果然奏效，齐郑卫三国“乃盟于琐”，杜注：“琐即沙也。”

原文

齐国夏伐我。阳虎御季桓子，公敛处父御孟懿子，将宵军齐师。齐师闻之，堕，伏而待之。处父曰：“虎不图祸，而必死！”[3]苫夷曰:“虎陷二子于难,不待有司,余必杀女!”[4]虎惧,乃还,不败。

冬十一月戊午,单子、刘子逆王于庆氏。晋籍秦送王。己巳,王入于王城,馆于公族黨氏,而后朝于庄宫。[5]

注释

❸ “阳虎御季桓子”以下,“御某”即为某驾车,杜注:“处父,孟氏家臣,成宰公敛阳。”杨注据《广韵》断定公敛为复姓。“将宵军齐师”句,杨注:“言将夕击齐军。”这里“军”是动词,与《左传》定二年“吴军楚师于豫章”句中“军”字义同。“齐师闻之”句下,堕读 huī(音义与“隳”同),杜注:“堕毁其军以诱敌,而设伏兵。”《左氏》下文“而必死”句,杜注:“而,女也。”孔疏:“齐人设伏待鲁,若又其伏内,是为祸也。虎不谋此祸,而欲夜掩齐师,女必死。处父欲自杀之。”杨注无异议。

❹ 杜注:“苫夷,季氏家臣。二子,季、孟。”孔疏:“言不待掌刑戮之有司,余必自杀女也。”这里注疏言是。

❺ 杜注:“庆氏,守姑莸大夫。”又说:“黨氏,周大夫。”按:依《释文》,这里黨读 zhǎng。又,庄宫即庄王庙,杜注已言之。

经八年[1]

原文

春,王正月,公侵齐。公至自侵齐。

二月,公侵齐。

三月,公至自侵齐。[2]

曹伯露卒。

夏,齐国夏帅师伐我西鄙。

公会晋师于瓦。公至自瓦。

秋,七月戊辰,陈侯柳卒。

晋士鞅帅师侵郑,遂侵卫。
葬曹靖公。[3]
九月,葬陈怀公。[4]
季孙斯、仲孙何忌帅师侵卫。
冬,卫侯、郑伯盟于曲濮。[5]
从祀先公。[6]
盗窃宝玉、大弓。[7]

注释

❶ 鲁定公八年,当公元前 502 年,周敬王十八年。这一年孔仲尼先生五十一岁。

❷ 钟文烝《春秋穀梁补注》:"此发往月致时之通例,因重明往时致月、往月致月之例也。知是特发往月致时例者,案《左氏》贾逵注曰:'还至不月,为曹伯卒月。'贾明于《穀梁》,必用穀梁家之义,明此年两'侵'两'致',皆是往月致时之例,而《传》特发之。"按:《穀梁传》以及范宁《集解》、杨士勋疏,《公羊传》徐彦疏皆可参。我们相信:当年孔子整理鲁史成《春秋》,必有义例。三《传》各有发明,其中必有相通者。

❸ 葬曹靖公,不速也不缓。自三月卒至七月葬,与周礼规定的诸侯葬期恰相符。

❹ 杜注:"三月而速葬。"自七月卒至九月葬,出入三个月,比周礼规定的诸侯葬期快多了。

❺ 杜注:"结叛晋。曲濮,卫地。"按:如果晋国的霸主地位没有丧失,其他各国就不应该撇开盟主而私下结盟。

❻ 杜注:"从,顺也。先公,闵公、僖公也。将正二公之位次,所顺非一,亲尽,故通言'先公'。"孔疏:"庙主失次,唯此(指闵、僖)二公,故知从祀先公唯闵、僖耳。"按:就定公在位时期的鲁国宗庙祭祀而言,所谓"从祀先公"必须注意的问题的确仅仅在于闵、僖二公之位次。

❼ 杜注:“盗谓阳虎也。家臣贱,名氏不见,故曰‘盗’。宝玉,夏后氏之璜。大弓,封父之繁弱。”孔疏:“《春秋》之例,再命之卿始得名氏书经。阳虎,季氏家臣,以贱,名氏不见,故书曰‘盗’。‘盗’者,贱人之称也。此‘宝玉大弓’,必是国之重宝,历世掌之,故自刘歆以来说《左氏》者,皆以为夏后氏之璜、封父之繁弱,成王所以分鲁公也。”按:船山先生《春秋稗疏》以为“从祀先公,盗窃宝玉大弓”相连成文,“盖阳虎从定公以祀,因作乱而掠宝玉大弓以叛”“从者,阳虎从也”“合二句为一事,顺读之,大义自昭然矣”。这样理解,可备一说,而未必然。

传八年

原文

春,王正月,公侵齐,门于阳州。士皆坐列,曰:“颜高之弓六钧。”皆取而传观之。阳州人出,颜高夺人弱弓,籍丘子鉏击之,与一人俱毙。偃,且射子鉏,中颊,殪。❶颜息射人中眉,退曰:“我无勇。吾志其目也。”❷师退,冉猛伪伤足而先。其兄会乃呼曰:“猛也殿!”❸

注释

❶ “门于阳州”,杜注:“攻其门。”攻门而战士坐列,则当如杜注所说:“言无斗志。”《左氏》下文“颜高之弓六钧”以下,杜注:“颜高,鲁人。三十斤为钧。六钧,百八十斤,古称重,故以为异强。子鉏,齐人。毙,仆也。”《释文》:“颜高与一人俱为子鉏所击而仆……孙炎云:‘前覆曰仆。’”又说:“殪,於计反,死也。言颜高虽为子鉏所击,偃仆且射,子鉏中颊而死……一读且音子余反,云:‘偃且,人姓名也。’检《世族谱》无此人,一读非也。”按:《释文》言是。杨注:“谓颜高及其他一人俱被击而扑地……颜高虽倒地,尚有弱弓,卧而仰射,中子鉏面颊,死之。”与《释文》完全一致。

❷ 杜注:“颜息,鲁人。”按:《说文》:“志,意也。”定八年《左传》:“吾志其目也。”意思是:我的意向是要射他的目(眼睛)。结果是射人中眉,与本意不相合,所以自谦说“我无勇”(我没有本事,算不上善射),实则又如杜注所说:“以自矜。”

❸ 杜注:“会见师退而猛不在列,乃大呼诈言‘猛在后为殿’。《传》言鲁无军政。”杨注认为这里也可能另有意思:“会不欲猛先行,呼之殿后。”按:《论语·雍也》记“孟之反不伐,奔而殿”一事,说过“非敢后也,马不进也”两句话。事又见《左传》哀十一年。冉会要他的弟弟冉猛殿后,盖与“不伐”之观念有关,杨注不很明白,但仍可从。

原文

二月己丑,单子伐榖城,刘子伐仪栗。辛卯,单子伐简城,刘子伐盂,以定王室。

赵鞅言于晋侯曰:“诸侯唯宋事晋。好逆其使,犹惧不至;今又执之,是绝诸侯也!”将归乐祁,士鞅曰:“三年止之,无故而归之,宋必叛晋。”献子私谓子梁曰:“寡君惧不得事宋君,是以止子。子姑使溷代子。”[4]子梁以告陈寅,陈寅曰:“宋将叛晋,是弃溷也。不如待之!”乐祁归,卒于大行。士鞅曰:“宋必叛!不如止其尸以求成焉。”乃止诸州。[5]

注释

❹ “三年止之”,杜注:“执乐祁在六年。”按:自定公六年晋人执宋乐祁,至此时乐祁被扣留在晋国已涉三年。“献子私谓子梁”以下,杜注:“献子,范鞅。子梁,乐祁。溷,乐祁子。”要乐祁叫儿子来顶替做人质,这是范鞅的馊主意。

❺ 宋将叛晋,晋可能杀死宋留在晋的人质。若是乐祁让儿子溷来代替自己做人质,岂不就是将溷抛弃了吗?“不如待之”,杜注:“留

待，勿以子自代。”后来的情况是：乐祁归国途中死在大行山。于是士鞅建议“止其尸以求成”，扣留乐祁的尸体以要挟宋与晋谈和，杜注：“州，晋地。”晋人将乐祁的尸体扣留在名叫“州”的那个地方。

原文

公侵齐，攻廪丘之郛。主人焚冲，或濡马褐以救之，遂毁之。主人出，师奔。阳虎伪不见冉猛者，曰：“猛在此，必败！”猛逐之，顾而无继，伪颠。虎曰：“尽客气也！”[6]

苫越生子，将待事而名之。阳州之役获焉，名之曰阳州。

注释

[6] 杜注：“郛，郭也。冲，战车。马褐，马衣。”《左氏》下文“遂毁之”，杜注以为是“毁郛”，又说：“攻郛人少，故遣后师走往助之。”孔疏引贾逵说，“以为主人出，鲁师奔走而却退，言鲁无战备也”。杨注认为是“廪丘守将出战，鲁师奔逃”，则分明用贾逵说。稍作比较，知此处贾说义长，杜注非是。《左氏》下文的意思是：阳虎假装没有看见冉猛，说若是猛在这里，必然战胜敌人；冉猛受到激励，奋力追逐廪丘人，可是回顾无人相随，势单力孤，就假装踣倒在地；阳虎所谓“尽客气也”，知道士气不振，无可奈何。杜注：“言皆客气，非勇。”这当然是说鲁军不肯奋勇杀敌。杨注认为“尽客气”包括廪丘人而言，恐亦非是。按：今湘方言还有把不肯下手、不敢用力、不愿狠心说成“讲客气”的话。

原文

夏，齐国夏、高张伐我西鄙。晋士鞅、赵鞅、荀寅救我。公会晋师于瓦。范献子执羔，赵简子、中行文子皆执雁。鲁于是始尚羔。[1]

晋师将盟卫侯于鄟泽[2]，赵简子曰：“群臣谁敢盟卫君者？”涉佗、成何曰："我能盟之。"卫人请执牛耳，成何曰："卫，吾温、原也，焉得视诸侯？"将歃，涉佗挼卫侯之手，及捥。卫侯怒，王孙贾趋进，曰："盟以信礼也。有如卫君，其敢不唯礼是事而受此盟也？"❸

注释

❶ 杜注："献子，士鞅也。简子，赵鞅也。中行文子，荀寅也。礼：卿执羔，大夫执雁。鲁则同之，今始知执羔之尊也。卿不书，礼不敌公，史略之。"孔疏："'礼：卿执羔，大夫执雁。'《周礼·大宗伯》文也。""今见士鞅执羔，始知执羔之尊，于是方始尚羔，令卿执之，记礼废之久也。"杨注引《礼经·士相见礼》所谓"上大夫相见以羔""下大夫相见以雁"证成杜注，因为上大夫即卿，所以可见《礼经·士相见礼》《周官·大宗伯》与《左传》定八年及其杜注有相通之处。

❷ 鄟读 zhuān。鄟泽是地名。

❸ "卫人请执牛耳"，杜注："盟礼，尊者莅牛耳，主次盟者。卫侯与晋大夫盟，自以当莅牛耳，故请之。"孔疏："盟用牛耳，卑者执之，尊者莅之。'请执牛耳'，请使晋大夫执牛耳……今卫侯与晋大夫盟，自以当为盟主，宜莅牛耳，故请晋大夫使执之。"按：这里杜注孔疏说是。挼读 zùn，捥读 wàn。杜注："挼，挤也。血至捥。"孔疏："挼是推排之意，故为挤也。"阮元等《校勘记》引惠栋《左传补注》："《史记》'樊於期偏袒扼捥。'《索隐》曰：'捥，古腕字。'"《左氏》下文"王孙贾趋进"以下，杜注："贾，卫大夫。信，犹明也。"杨注认为杜注"信犹明也"不确，说"信当读为伸""此言盟以伸礼有如卫君，亦谓卫君来盟伸礼，而晋之所为，则非伸礼也"。《左氏》"其敢不唯礼是事而受此盟也"，杜注："言晋无礼，不欲受其盟。"杨注："其用法同岂。言外之意将不受此盟。"这与杜注是一致的。

原文

卫侯欲叛晋，而患诸大夫。王孙贾使次于郊。大夫问故，公以晋诟语之，且曰："寡人辱社稷，其改卜嗣，寡人从焉！"❹大夫曰："是卫之祸，岂君之过也？"公曰："又有患焉，谓寡人：'必以而子与大夫之子为质！'"大夫曰："苟有益也，公子则往，群臣之子敢不皆负羁绁以从？"❺将行，王孙贾曰："苟卫国有难，工商未尝不为患，使皆行而后可。"公以告大夫，乃皆将行之。行有日，公朝国人，使贾问焉，曰："若卫叛晋，晋五伐我，病何如矣？"皆曰："五伐我，犹可以能战！"贾曰："然则如叛之，病而后质焉，何迟之有？"❻乃叛晋。晋人请改盟，弗许。

秋，晋士鞅会成桓公，侵郑，围虫牢，报伊阙也。❼遂侵卫。

注释

❹ "公以晋诟语之"，诟读 gòu，语读 yù，杜注："诟，耻也。"卫君将晋人加给卫国的耻辱告诉诸大夫。"其改卜嗣"以下，杜注："使改卜他公子以嗣先君，我从大夫所立。"杨注这里用杜注。

❺ "必以而子与大夫之子为质"，杨注："卫君述晋人之言。而同尔。尔子，卫君之子。"《左氏》下文"公子则往"以下，杨注："则犹假若，假设连词。"按：《广雅·释器》："羁，勒也。"《说文》："绁，犬系也。"《左传》僖二十四年："臣负羁绁从君巡于天下。"杜注："羁，马羁。绁，马缰。"彼《释文》引《说文》谓羁为马络头。《左传》原意盖表示愿意接受约束随行。

❻ "行有日"，杜注："有期日。"《左氏》下文"若卫叛晋……病何如矣"，杨注："谓危及国家将如何。"本《周官·小司寇》孙氏《正义》而言，其说是。至此，卫国君臣已经把叛晋将会引起的最危险的后果都设想到了。《左氏》下文"然则如叛之"以下，杨注："如，当也。谓应当先叛晋。"等到出现危及国家的局面然后决定送君臣之子为质，也不为晚啊！

❼ 虫牢是地名。"报伊阙"，杜注："六年，郑伐周阙外。晋为周报之。"

原文

九月，师侵卫，晋故也。

季寤、公鉏极、公山不狃皆不得志于季氏，叔孙辄无宠于叔孙氏，叔仲志不得志于鲁，故五人因阳虎。[1]阳虎欲去三桓，以季寤更季氏，以叔孙辄更叔孙氏，己更孟氏。冬十月，顺祀先公而祈焉。辛卯，禘于僖公。[2]壬辰，将享季氏于蒲圃而杀之，戒都车，曰："癸巳至！"成宰公敛处父告孟孙，曰："季氏戒都车，何故？"孟孙曰："吾弗闻。"处父曰："然则乱也，必及于子。先备诸！"与孟孙以壬辰为期。[3]

注释

❶ "五人因阳虎"，杨注："因有依靠、凭借之义。"我们认为这里"因"就是"依""亲"的意思。因与依两字为阴阳对转，因与亲两字韵同。《诗·鄘风·载驰》"谁因谁极"，"因"可训为依，也可训为"亲"。《皇矣》"因心则友"，毛传："因，亲也。"这样解说"因"字，本校注前已做过。

❷ "顺祀先公而祈焉"以下，杜注："将作大事，欲以顺祀取媚。辛卯，十月二日。不于太庙者，顺祀之义当退僖公，惧于僖神，故于僖庙行顺祀。"孔疏："《释例》曰：'大祭于太庙以审定昭穆，谓之禘。禘于太庙，礼之常也。各于其宫，时之为也。虽非三年大祭而书'禘'，用禘礼也。然则禘者，审定昭穆之祭也。今为顺祀而禘于僖公，则是并取先公之主尽入僖庙而以昭穆祭之，是为周禘礼也……礼：祭尊可以及卑，后世之主宜上徙太庙而食，今徙上世之主下入僖庙祀之，当时所为，非正礼也。"按：禘于僖公非正礼，与《春秋》闵二年以及同年《左传》所谓"吉禘于庄公"一样。唯是否顺祀或逆祀，关键还是在于孰先孰后，孰上孰下。

❸ 杜注认为都车即都邑之兵车，又说："阳虎欲以壬辰夜杀季孙，明日癸巳以都车攻二家。处父期以兵救孟氏；壬辰，先癸巳一日。"按：杨注谓"先备诸"句"诸"字意思是"之乎"，其说是。

原文

阳虎前驱;林楚御桓子,虞人以铍、盾夹之;阳越殿。[4]将如蒲圃,桓子咋谓林楚曰:“而先皆季氏之良也,尔以是继之。”对曰:“臣闻命后。阳虎为政,鲁国服焉;违之征死,死无益于主。”桓子曰:“何后之有?而能以我适孟氏乎?”对曰:“不敢爱死,惧不免主。”桓子曰:“往也!”[5]孟氏选圉人之壮者三百人,以为公期筑室于门外。林楚怒(焉)〔马〕及衢而骋。[6]阳越射之,不中。筑者阖门,有自门间射阳越,杀之。阳虎劫公与武叔,以伐孟氏。公敛处父帅成人,自上东门入,与阳氏战于南门之内,弗胜。又战于棘下,阳氏败。

注释

[4] “林楚御桓子”以下:林楚为桓子驾车,管山林的虞人手执铍、盾挟持桓子。杜注:“越,阳虎从弟。”阳越殿后,这个“殿”与同年《左传》前文“猛也殿”句殿字义同。

[5] 杜注:“咋,暂也。”阮元等《校勘记》引钱辛楣先生的说法,疑经注此字皆无口旁,则字当作乍(说见《十驾斋养新录》卷二)。咋谓林楚曰,就是突然对林楚说。“而先皆季氏之良也”以下,杜注:“欲使林楚免己于难,以继其先人之良。后犹晚也。”孔疏:“而,女也。言女先祖以来皆为季氏忠良之臣。女今不良,反以是杀我之事继续之。”按:这里杜注孔疏不尽一致,孔疏讲的是原文原意,杜注讲的是桓子言外之志。“违之征死”,杨注:“征,召也。言违阳虎之命,招死而已。”这样死了,对主人也毫无益处。“何后之有”,桓子的意思,认为林楚闻命不算晚,只要现在听话,按他桓子的话办事(“以我适孟氏”),就可以算是继其先为季氏之良。“不敢爱死”,杨注:“爱,惜也。言死犹不惜。”桓子下令:“往也!”杜注:“言必往。”季、孟有共同利益,当时桓子唯有适孟氏方可免祸,所以作出这个决定。

[6] “孟氏选圉人之壮者”以下,杜注:“实欲以备难,不欲使人知,故

伪筑室于门外,因得聚众。公期,孟氏支子。骋,驰也。”杨注用杜注之外,指出圉人为奴隶,自有根据。“林楚怒马”,阮刻本“马”作“焉”,非是,今据诸本(包括四库本)改正。杨注:“怒马,使马怒。马怒则奔驰,故《公羊传》作骤马。”其说是。

原文

阳虎说甲如公宫,取宝玉、大弓以出;舍于五父之衢,寝而为食。其徒曰:“追其将至!”虎曰:“鲁人闻余出,喜于征死,何暇追余?”[7]从者曰:“嘻,速驾!公敛阳在。”公敛阳请追之,孟孙弗许。阳欲杀桓子,孟孙惧而归之。子言辨舍爵于季氏之庙而出。[8]阳虎入于讙、阳关以叛。

郑驷歂[9]嗣子大叔为政。

注释

[7] “鲁人闻余出,喜于征死”以下:杜注仍然把这个“征”解释为“召”。孔疏:“鲁人欢喜季孙免于召死之事,何暇追我!”可知孔疏与杜注意思相同。杨注:“此征死与上文征死不同。此征字当读为緾(tīng),缓也。即文十六年《传》,定十四年《传》之‘纾死’。”说本杨遇夫先生《读左传》。我们认为这里杨注是,旧注疏非。

[8] “子言辨舍爵于季氏之庙”,杜注:“子言,季寤。辨,犹周遍也。遍告庙,饮酒,示无惧。”杨注:“遍实酒于爵,以置于祖祢之前,此古人将出奔告别之礼。”按:两注皆是。

[9] 歂读 chuán。杜注:“歂,驷乞子,子然也。”杨注用杜注。

经九年[1]

原文

春,王正月。

夏，四月戊申，郑伯虿卒。

得宝玉、大弓。❷

六月，葬郑献公。❸

秋，齐侯、卫侯次于五氏。❹

秦伯卒。

冬，葬秦哀公。❺

注释

❶ 鲁定公九年，为公元前501年，周敬王十九年。仲尼先生这一年五十二岁。

❷ 杜注："弓，玉，国之分器，得之足以为荣，失之足以为辱，故重而书之。"杜氏说是。钟文烝《春秋穀梁补注》认为杜意实本《公羊》。

❸ 杜注："三月而葬，速。"这与以前由杜注判为"速"的丧葬情况相似。

❹ 杜注："五氏，晋地。不书'伐'者，讳伐盟主，以次告。"孔疏："《传》言'齐侯伐晋夷仪'，乃与卫侯次于五氏。次既告，则伐亦应告，故杜以为讳伐盟主，直以次告。"按：孔广森《春秋公羊通义》引赵汸说，谓不忍言伐晋，有与杜注孔疏相近的意思。

❺ 秦哀公三十六年卒，唯卒于何月，《史记》并未明示(《秦本纪》《十二诸侯年表》均不载)。据《春秋经》，可判定此公之卒在其年"秋"，此公之葬在其年之"冬"。杜注不言其葬之速或缓，有两种可能，一是无法判断，二是不速也不缓，可以无讥。这一类情况，以前已经有过。

传九年

原文

春，宋公使乐大心盟于晋，且逆乐祁之尸；辞，伪有疾。乃使向巢如晋盟，且逆子梁之尸。子明谓桐门右师出，曰："吾犹衰绖，而子击钟，何也？"[1]右师曰："丧不在此故也。"既而告人曰："己衰绖而生子，余何故舍钟？"[2]子明闻之，怒，言于公曰："右师将不利戴氏。[3]不肯适晋，将作乱也。不然无疾。"乃逐桐门右师。

注释

❶ 子梁之尸即乐祁之尸。杜注："子明，乐祁之子溷也。右师，乐大心，子明族父也。右师往到子明舍，子明逐使出门去。"杨注："出谓出国迎尸。"按：杜、杨对原文"出"的解说不一，这里杜说较胜，因为右师并不愿意出国迎尸。衰绖读 cuī dié。"吾犹衰绖"，意思是说子明他自己正在服丧。《曲礼上》："邻有丧，舂不相。虽有殡，不巷歌。"何况同族之人正在服亲丧，怎么能够击钟作乐呢？杜注："忿其不逆父丧，因责其无同族之恩。"其说是。

❷ "丧不在此故也"，杨注："言丧在晋。"指乐祁死在晋。"己衰绖而生子"，杜注："己，子明也。"乐大心（右师）批评子明服亲丧期间有生育之事，并未严守服制，如何可以要求人家舍钟不作乐呢？

❸ 杜注："乐氏，戴公族。"杨注："戴氏指宋国"。说本杨遇夫先生《积微居小学金石论丛·左传戴氏考》。

原文

郑驷歂杀邓析而用其竹刑。君子谓子然于是不忠。苟有可以加于国家者，弃其邪可也。《静女》之三章，取彤管焉。《竿旄》"何以告之"，取其忠也。故用其道，不弃其人。[4]《诗》云："蔽芾甘棠，勿翦勿伐，召伯所茇。"思其人犹爱其树，况用其道而不恤其人乎？[5]子然无以劝能矣！

注释

❹ 杜注:“邓析,郑大夫。欲改郑所铸旧制,不受君命而私造刑法,书之于竹简,故云竹刑。加犹益也。弃,不责其邪恶也。”《左氏》下文“《静女》之三章”以下,杜注:“言《静女》三章之诗虽说美女,义在彤管。彤管,赤管笔,女史记事规诲之所执。”《左氏》再下文“《竿旄》何以告之”以下,杜注:“录《竿旄》诗者,取其中心愿告人以善道也。言此二诗皆以一善见采,而邓析不以一善存身。”孔疏:“故君子引二诗以讥子然也。”照道理,既然采用了那个人的主张,就不应该将那个人抛弃。

❺ 杜注:“《诗》,《召南》也。召伯决讼于蔽芾小棠之下,诗人思之,不伐其树。茇,草舍也。”孔疏:“《诗》,《召南·甘棠》之篇也。蔽芾,小貌。甘棠,杜也。”“彼蔽芾然小者,甘棠之树也。勿得翦削之,勿得斫伐之,此乃是召伯舍息之处。”杨注:“蔽芾为树高大覆貌。”又说:“恤,顾也。不顾其人即弃其人。”按:朱子《诗集传》谓“蔽芾,盛貌”。杨注关于“蔽芾”的说法与朱子义近。

原文

夏,阳虎归宝玉、大弓,书曰“得”,器用也。凡获器用曰“得”,得用焉曰“获”。❶

注释

❶ 杜注:“器用者,谓物之成器可为人用者也。”孔疏:“凡获此器物之用者谓之为得也。得用者,谓将此器用以得于物焉谓之为获。”又说:“案《春秋》书‘获’唯有囚俘。囚俘不可以为器物。除囚俘之外唯有获麟,麟为灵兽,帝王所重,不可以凤羽麟皮以饰器物。”杨注:“意谓得一般器物,《经》用‘得’字;得生物曰获。”我们认为:就《左氏》原文而言,“获器用曰得,得用焉曰获”,两句似乎是同义反复,即使有差别也是很细微的。刘武仲谓“焉”有

作"之辞"者，杨遇夫先生《词诠》、裴学海先生《古书虚字集释》有相同的说法。得用之曰获，"用之"可以是使用过程，"用之"者只能是人。这样讲，未免穿凿而求之过细了。"获得"可以连用，视为同义词并用应该是可以的。

原文

六月，伐阳关。阳虎使焚莱门，师惊。犯之而出，奔齐，请师以伐鲁，曰："三加，必取之！"[2]齐侯将许之，鲍文子谏曰："臣尝为隶于施氏矣。鲁未可取也。上下犹和，众庶犹睦，能事大国，而无天灾，若之何取之？阳虎欲勤齐师也：齐师罢，大臣必多死亡，己于是乎奋其诈谋。[3]夫阳虎有宠于季氏而将杀季孙，以不利鲁国，而求容[4]焉。亲富不亲仁，君焉用之？[5]君富于季氏而大于鲁国，兹阳虎所欲倾覆也。鲁免其疾，而君又收之，无乃害乎？"

注释

[2] "三加"句，杜注："三加兵于鲁。"杨注："谓三次加兵于鲁，必取鲁。"这是阳虎的话，意在怂恿齐人伐鲁。

[3] "欲勤齐师"，想劳累齐国军队。"齐师罢"，《释文》谓"罢音皮"，可知"罢"就是"疲劳"的"疲"。到齐国军队疲劳不堪，齐国大臣因战争而多死亡的时候，阳虎就可以施展他的狡诈伎俩了。

[4] "求容"，杜注："求自容。"杨注："求容谓博取喜悦。"两注皆是而杨注义长。

[5] 阳虎说："为富不仁矣，为仁不富矣。"见《孟子·滕文公上》。杨注引此语，恰到好处。阳虎乃为富不仁之人，君如何能用他！

原文

齐侯执阳虎，将东之；阳虎愿东。乃囚诸西鄙。尽借邑人之车，锲其轴，麻约而归之。载葱灵，寝于其中而逃。[6]追而得之，囚于

齐。又以葱灵逃，奔〔宋，遂奔〕晋，适赵氏。仲尼曰："赵氏其世有乱乎！"❼

注释

❻ 杜注："阳虎欲西奔晋，知齐必反己，故诈以东为愿。"齐人果然上当，将阳虎关押到西部边界上了。"尽借邑人之车"以下，杜注："锲，刻也，欲绝追者。葱灵，辎车名。"《释文》引《说文》，谓葱灵为"衣车"。孔疏："贾逵云：'葱灵，衣车也。有葱有灵。'然则此车前后有蔽，两旁开葱，可以观望。葱中竖木谓之灵。今人犹名葱木为灵子。其内容人卧，故得寝于其中而逃。"杨注："深刻车轴，以麻束之，而后还于借主。盖知已逃，必用其车以追之，车轴被深刻，易折，则难追矣。"这样解说，是对杜注孔疏的补充，明白易懂。又，葱借为窗，阮元等《校勘记》已明之。

❼ 阮元等《校勘记》列举有"宋遂奔"三字诸本，今据以增补。《左氏》下文引仲尼先生语，应该是孔子当时对阳虎"适赵氏"一事发表的评判，未必是他晚年整理鲁史成《春秋》的时候发表的议论。"赵氏其世有乱乎"，杜注："受乱人故。"孔疏："言其当世将有乱也。"这是预言。杨注已指出事情的结局实不如孔子所言，可证孔子的预言并不是句句准确。他没有考虑到事物（包括人）的特殊性，是可以变化的。

原文

秋，齐侯伐晋夷仪。敝无存之父将室之，辞，以与其弟，曰："此役也不死，反必娶于高、国。"❶先登，求自门出，死于霤下。东郭书让登，犁弥从之，曰："子让而左，我让而右，使登者绝而后下。"书左，弥先下。❷书与王猛息，猛曰："我先登！"书敛甲，曰："曩者之难，今又难焉！"猛笑曰："吾从子，如骖之〔有〕靳。"❸

注释

❶ 杜注:“无存,齐人也。室之,为取妇。高氏、国氏,齐贵族也。无存欲必有功,还取卿相之女。”杨注用杜注。

❷ “东郭书让登”,杜注:“登城非人所乐,故让众使后而已先登。”杨注:“让登者,抢登耳,让借为攘,实已欲先登。”按:杜注所谓“让众使后”,“让”也应读为攘;若不然,“让众”如何可以“使后”?己又何以先登?“犁弥从之”以下,杜注:“恐书先下,故又谲以让之下入城也。书从弥言左行,弥遂自先下,亦让也。”孔疏:“言使登城人绝皆上讫,然后与书下,遂自下,亦让书而先下。”今按:注疏中所有的“让”字,都应该读为攘,可视情况决定是否应如杨注释为“抢”。《说文》:“攘,推也。”段注:“古推让字如此作。《上曲礼》注曰:‘攘,古让字。’……凡退让用此字,引申之,使人退让亦用此字,如攘寇、攘夷狄是也。”段君援引《上曲礼》注的说法,见郑君为《曲礼上》“君出就车,则仆并辔授绥,左右攘辟”诸句所作之注。彼“攘辟”就是让避,彼攘不当释为“抢”。而《左传》定九年这里所谓“让”,实在应如段君所说,“使人退让”的意思。

❸ “书与王猛息”句,杨注已指出王猛即犁弥,杜注:“战讫共止息。”东郭书与犁弥在一起歇息。“书敛甲”句,杜注:“敛甲,起欲击猛。《左氏》下文“曩者之难,今又难焉”,意思是说王猛让东郭书为难或难堪。杜注:“靳车,中马也。猛不敢与书争,言已从书如骖马之随靳也。”《释文》说骖即骈马,又说:“本或作如骖之有靳,非也。”王怀祖说:“作‘有靳’者是也。陆本脱去‘有’字,反以有‘有’字者为非,误矣。”王氏又说:“如杜说,则靳即服马也,骖马后于服马,故曰如骖之有靳。如孔说,则靳是当胸之皮也,靳在服马之胸,正当骖马之首,故曰如骖之有靳。若云如骖之靳,则文不成义矣。”按:杨注关于“如骖之有靳”句的解释与杜注孔疏以及王氏说不同,如下:“服背有靳,靳亦曰游环……两骖之辔由外贯于游环中,而总于御者。则靳所以使骖随服,不致外出或前行。

王猛之意，吾必如骖，行在服马后。”我们认为杜、孔、杨三说皆通，而“如骖之靳”句靳上应当有“有”字可以肯定。

原文

晋车千乘在中牟。卫侯将如五氏，卜过之，龟焦。卫侯曰：“可也。卫车当其半，寡人当其半，敌矣！”乃过中牟。❹中牟人欲伐之；卫褚师圃亡在中牟，曰：“卫虽小，其君在焉，未可胜也。齐师克城而骄，其帅又贱；遇，必败之。不如从齐。”乃伐齐师，败之。齐侯致禚、媚、杏于卫。❺

注释

❹“五氏”“中牟”都是地名。“卫侯将如五氏”以下，杜注：“齐侯在五氏，将往助之。”又说：“卫至五氏，道过中牟，畏晋，故卜。龟焦，兆不成，不可以行事也。卫侯怒晋甚，不复顾卜，欲以身当五百乘。”杨注：“卫车五百辆，卫侯自谓己能当五百辆，则敌晋中牟之车千辆矣。”按：两注皆是。

❺“不如从齐”，这里“从”也是追逐的意思。禚，当作禚，读 zhuó。禚、媚、杏，三地名。致禚媚杏于卫，是把这三个地方赠送给卫国。杜注：“三邑皆齐西界。以答谢卫意。”

原文

齐侯赏犁弥，犁弥辞曰：“有先登者，臣从之。晳帻而衣狸制。”公使视东郭书，曰：“乃夫子也。——吾贶子。”公赏东郭书；辞，曰：“彼，宾旅也。”乃赏犁弥。❻

注释

❻“晳帻而衣狸制”，杜注：“晳，白也。〔帻，〕齿上下相值。制，裘也。”孔疏：“衣狸制谓著狸皮也。裁皮著之，明是裘矣。故以制

为裘也。”杨注:“制,今之斗篷,以狸为之,故曰狸制。说见俞正燮《癸巳类稿》卷二《制解》。”按:关于“制”的解释,前辈学者有异议。《左氏》原文说的是“衣狸制”,若制为斗篷,是否可以说“衣斗篷”,尚须证明。“吾贶子”句,杜注:“贶,赐也。”《左氏》下文“彼宾旅也”句,杜注:“言彼与我若宾主相让。旅,俱进退。”杨注引阮芝生《左传杜注拾遗》,认为犁弥“疑系他国之人初仕于齐者,故书以宾旅称之”,又引陶鸿庆《左传别疏》:“宾旅,犹言羁旅之臣。”可知犁弥本非齐人,作为“老外”而能效力,更应该受到嘉奖了。

原文

齐师之在夷仪也,齐侯谓夷仪人曰:“得敝无存者,以五家免。”乃得其尸。公三襚之,与之犀轩与直盖,而先归之。坐引者,以师哭之,亲推之三。⑦

注释

⑦ “以五家免”,杜注:“给其五家,令常不共役事。”这里“共”与后来的“供”相当。“公三襚之”以下,杜注:“襚,衣也。比殡,三加襚,深礼厚之。犀轩,卿车。直盖,高盖。”孔疏:“送死之礼,衣服曰襚,故以襚为衣也。公三襚之,则明三时与衣,自死至殡,有袭与小敛、大敛,比殡三加衣也。无存旧是贱人,盖初以士服,次大夫服,次卿服也。下与之犀轩,犀轩是卿车,明三襚终以卿服。”又说:“指言卿车者,言以贵者赏之也。鱼轩以鱼皮为饰,犀轩当以犀皮为饰也。《考工记》:‘车人为盖。’不言有曲。此云直盖,或时有曲直。故云‘直盖,高盖’,亦谓车盖也。”《左氏》下文“坐引者”以下,杜注:“停丧车以尽哀也。君方为位而哭,故挽丧者不敢立。”又说:“齐侯自推丧车,轮三转。”杨注:“出葬时,军队哭临,挽车者不敢立,乃坐。古之坐,似今之跪。”这里杜、杨两注可互补,合而言之,也就可以算是将《左氏》原文原意道出了。

经十年[1]

原文

春，王三月，及齐平。

夏，公会齐侯于夹谷。[2]公至自夹谷。

晋赵鞅帅师围卫。

齐人来归郓、讙、龟阴田。[3]

叔孙州仇、仲孙何忌帅师围郈。

秋，叔孙州仇、仲孙何忌帅师围郈。

宋乐大心出奔曹。

宋公子地出奔陈。[4]

冬，齐侯、卫侯、郑游速会于安甫。

叔孙州仇如齐。

宋公之弟辰暨仲佗、石彄出奔陈。[5]

注释

❶ 鲁定公十年，当公元前500年，周敬王二十年。孔仲尼先生这一年五十三岁。

❷ “及齐平”，杜注：“平前八年再侵齐之怨。”因为与齐平，所以有《春秋经》下文说的夹谷之会。王夫之《春秋稗疏》卷下：“此夹谷为淄川之境，鲁东齐西，正其地矣。春秋之‘祝其’，非汉之‘祝其’……”意思是说：春秋时代的“祝其”在淄川之境，《后汉书》所谓“祝其”在郯莒之境，非一地。又，有前辈学者已揭示鲁“及齐平”表明鲁人政治态度的转变。由于原为诸侯盟主的晋的影响力下降，鲁人不能不重视本国与邻国齐的关系。

❸ 杜注：“三邑皆汶阳田也。泰山博县北有龟山，阴田在其北也。会夹谷，孔子相，齐人服义而归鲁田。”杜镇南这样讲，肯定了夹谷

之会孔子的作用。没若夹谷之会无孔子，强大的齐国怎么会有服义的表现呢？

❹ “乐大心出奔曹”，杜注：“书名，罪其称疾不适晋。”按：《左氏》《穀梁》传《春秋》皆作乐大心，《公羊》作乐世心，可证“世”为“大”之借字。“公子地出奔陈”，杜注：“贪弄马以距君命，书名，罪之也。”《春秋经》书名之例，于此亦可见其用心。请参看下面的注❺。

❺ 这一条牵涉《春秋经》书弟与书名两例。彄读 kōu。杜注：“暨，与也。宋公宠向魋，不听辰请；辰愤而将大臣出奔，虚请自忿。称弟，示首恶也。仲佗、石彄皆为国卿，不能匡君静难，而为辰所牵帅出奔。称名，亦罪之也。”孔疏：“凡大夫出奔书名，皆是罪恶。故杜迹其为罪之状，解其书名之由。佗既出奔，辰为之请，请而不许，是虚其请也。公唯不许而已，未尝责其妄请。不被迫逐，自忿出奔，是辰之罪也。”下引《释例》，不具录。

传十年

原文

春，“及齐平”。

夏，公会齐侯于祝其，实夹谷。孔丘相。犁弥言于齐侯曰：“孔丘知礼而无勇。若使莱人以兵劫鲁侯，必得志焉。”[1]齐侯从之。孔丘以公退，曰：“士兵之！两君合好，而裔夷之俘以兵乱之，非齐君所以命诸侯也。[2]——裔不谋夏，夷不乱华，俘不干盟，兵不逼好。——于神为不祥，于德为愆义，于人为失礼，君必不然！[3]”齐侯闻之，遽辟之。[4]

注释

❶ 据杜注，“夹谷即祝其”，“孔丘相”是“相会仪”，“莱人”即齐所灭

莱夷。孔疏已指出齐侯灭莱是襄公六年的事。莱人早已臣服于齐,听候齐君驱使。犁弥所谓“必得志焉”,意思是劫持鲁公,迫使鲁国君臣就范(接受齐人的条件)。

❷ “士兵之”,杜注:“以兵击莱人。”这里“兵”作动词用。“裔夷之俘以兵乱之”,杜注:“裔,远也。”裔夷即远夷。莱夷而为齐人所俘者,被指使“以兵劫鲁侯”,“乱之”就是破坏了“两君合好”的盟会气氛。“非齐君所以命诸侯”,这话是故意说给齐侯听的,意思是相信齐侯不会指使诸侯干出这等破坏盟会的事来,相信齐侯自己也不会干这等事。这样也就给了齐景公一个台阶。

❸ 孔疏:“夏,〔大〕也。中国有礼仪之大,故称夏;有服章之美,谓之华。华,夏,一也。莱是东夷,其地又远。‘裔不谋夏’,言诸夏近而莱地远。‘夷不乱华’,言莱是夷而鲁是华。”《左氏》下文“俘不干盟,兵不逼好”:俘指莱夷而为齐人之俘,兵指裔夷“以兵乱之”的兵。“干”与“逼”相对义近,黩犯、威胁、破坏的意思。“盟”与“好”指两君合好。“于神为不祥”,杜注:“盟将告神,犯之为不善。”祥、善义近。杨注无异词。

❹ “遽辟之”:遽是急忙、赶快的意思。辟之,即使之避开。杜注:“辟,去莱兵也。”

原文

将盟,齐人加于载书曰:“齐师出竟,而不以甲车三百乘从我者,有如此盟!”孔丘使兹无还揖对,曰:“而不反我汶阳之田,吾以共命者,亦如之!”❺齐侯将享公,孔丘谓梁丘据曰:“齐、鲁之故,吾子何不闻焉?事既成矣,而又享之,是勤执事也。且牺象不出门,嘉乐不野合。❻飨而既具,是弃礼也;若其不具,用秕稗也。用秕稗,君辱;弃礼,名恶。子盍图之?夫享所以昭德也;不昭,不如其已也。❼”乃不果享。

“齐人来归郓、灌、龟阴之田。”

注释

❺ “兹无还”:“还”依《释文》应读 xuán,杜注:“无还,鲁大夫。”按:杜元凯认为“兹”是姓。而杨注据《通志·氏族略》谓“兹无”即“兹毋”,应为复姓。未敢遽定孰是。《左氏》下文“而不反我汶阳之田”以下,杜注:“须齐归汶阳田,乃当共齐命。于是孔子以公退,贱者终其事,要盟不洁,故略不书。”按:杜镇南这里所谓“贱者终其事”,贱者当指兹无还。其时气氛紧张,仲尼先生相会仪,也许不能不这样应对齐人。

❻ “是勤执事也”,句中“勤”字与上年《左传》“阳虎欲勤齐师也”句中“勤”字义同。“牺象不出门”以下,杜注:“牺象,酒器牺尊象尊也。嘉乐,钟磬也。”孔疏:“此言‘不出门’‘不野合’者,谓享燕正礼,当设于宫内,不得违礼而行妄作于野耳,非谓祭祀之大礼也。”又说:“此时齐鲁敌国释怨和平,未有殊异之欢,无假非常之事,孔子知齐怀诈,虑其掩袭,托正礼以拒之,故言不野合。”按:杜注孔疏言是。

❼ 杨注:“既,尽也。意谓在此夹谷行享礼,牺尊、象尊、钟、磬尽备。”这是“飨而既具”的意思。为什么说“是弃礼也”?“因牺、象不出国门,钟、磬不合奏于野之故。”《左氏》下文“若其不具”以下,杜注:“秕,谷不成者。稗,草之似谷者。言享不具礼,秽薄若秕稗。”若是用秕稗,那是辱君,杨注:“君指齐侯。谓享不具礼,有辱齐君。”而弃礼的行为一旦发生,那是要坏名声的。你不可不考虑这样的结果!“夫享所以昭德也”以下,杜注:“孔子知齐侯怀诈,故以礼距之。”如果享礼不能宣扬德行,要享礼何用?杨注:“已,止也。谓不如不享。”这里杜、杨两注皆是。

原文

晋赵鞅围卫,报夷仪也。初,卫侯伐邯郸午于寒氏,城其西北而守之;宵熸。[1]及晋围卫,午以徒七十人门于卫西门,杀人于门中,曰:“请报寒氏之役!”❷涉佗曰:“夫子则勇矣。然我往,必不敢启门!”亦以徒七十人,旦门焉;步左右,皆至而立,如植。❸日中不启门,乃退。反役,晋人讨卫之叛故,曰:“由涉佗、成何。”于是执涉佗以求成于卫,卫人不许。晋人遂杀涉佗,成何奔燕。君子曰:“此之谓弃礼,必不钧。《诗》曰:‘人而无礼,胡不遄死?’涉佗亦遄矣哉!”❹

注释

❶ 杜注:“前年齐为卫伐晋夷仪,故伐卫以为报……午,晋邯郸大夫。寒氏即五氏也。前年,卫人助齐伐五氏。”《左氏》下文“城其西北而守之,宵熸”,杜注:“午众宵散。”杨注:“城为动词,攻城也。谓攻破寒氏城西北隅而以兵守之。”杨注可为杜注的补充。

❷ “门于卫西门”,前一“门”字是动词,进攻城门的意思。“请报寒氏之役”,邯郸午说是对卫侯伐寒氏的报复。

❸ 涉佗吹嘘自己勇气甚于邯郸午,说:“夫子(邯郸午)诚然有勇气,但若是我去攻门,他们必定不敢开门!”《左氏》下文至“如植”句,杜注:“至其门下,步行门左右,然后立待,如立木不动以示整。”杨注用杜注。

❹ “反役”以下,意思是说晋人班师(彻兵)之后,探讨卫人叛晋的缘故,认为是由涉佗、成何造成(或引发)的。杜注:“捘卫侯手故。”事见《左传》定公八年。本年《左传》“君子曰”以下,杜注认为“必不钧”句“言必见杀,不得与人等”,杨注:“成何言卫仅比晋之县邑,涉佗则推卫侯之手,皆无礼,而罪之轻重不同,涉佗为重。”下文《左氏》引《诗》,见《诗·鄘风·相鼠》,杜注:“遄,速也。”意思是说涉佗也是无礼,也该速死。

原文

初,叔孙成子欲立武叔,公若藐固谏曰:“不可!”成子立之而卒。公南使贼射之，不能杀。[1]公南为马正，使公若为郈宰。武叔既定，使郈马正侯犯杀公若；不能。其圉人曰：“吾以剑过朝，公若必曰：‘谁之剑也？’吾称子以告，必观之。吾伪固而授之末，则可杀也。”使如之。公若曰：“尔欲吴王我乎？”[2]遂杀公若。

侯犯以郈叛。武叔懿子围郈，弗克。秋，二子及齐师复围郈，弗克。叔孙谓郈工师驷赤曰：“郈非唯叔孙氏之忧，社稷之患也。将若之何？”对曰：“臣之业，在《扬水》卒章之四言矣。”叔孙稽首[3]。驷赤谓侯犯曰：“居齐、鲁之际而无事，必不可矣！子盍求事于齐以临民？不然，将叛。”侯犯从之。齐使至，驷赤与郈人为之宣言于郈中曰：“侯犯将以郈易于齐，齐人将迁郈民。”众凶惧。[4]驷赤谓侯犯曰：“众言异矣！子不如易于齐，与其死也；犹是郈也，而得纾焉。何必此？齐人欲以此逼鲁，必倍与子地。且盍多舍甲于子之门，以备不虞。”[5]侯犯曰：“诺！”乃多舍甲焉。

侯犯请易于齐，齐有司观郈。将至，驷赤使周走呼曰：“齐师至矣！”郈人大骇，介侯犯之门甲，以围侯犯。驷赤将射之，侯犯止之，曰：“谋免我！”侯犯请行，许之。[6]驷赤先如宿，侯犯殿。每出一门，郈人闭之。及郭门，止之，曰：“子以叔孙氏之甲出，有司若诛之，群臣惧死。”[7]驷赤曰：“叔孙氏之甲有物，吾未敢以出。”犯谓驷赤曰：“子止而与之数。”驷赤止而纳鲁人，侯犯奔齐。齐人乃致郈。[8]

注释

❶ 杜注：“藐，叔孙氏之族。公南，叔孙家臣，武叔之党。”公若曾表态不赞成叔孙成子立武叔为后，公南派贼人暗杀公若，但一时未能达到目的。杨遇夫先生《读左传》有异议，不具录。

❷ “吾以剑过朝”至“则可杀也”，杨伯峻先生认为这里“朝谓郈宰之朝”，杜注：“伪为固陋不知礼者，以剑锋末授之。”孔疏引小戴辑《礼记·少仪》说以刀剑授人之礼：“是礼授刀剑，当以锋刃自乡而授其镮。今圉人伪为固陋不知礼者，以剑锋末授之，欲因推而

杀之。"《左氏》下文"使如之",孔疏:"言使为如此之计而欲杀之。"换言之,意思是派遣圉人到公若府上去依计行事。再下文"尔欲吴王我乎",杜注:"见剑向己,逆呵之。鱄诸杀吴王,亦用剑刺之。"杨注:"公若见圉人以剑锋向己,便呵斥之,谓尔欲以我为吴王僚乎,即刺杀己也。"按:"吴王"本来是个名词,这里用如动词,"吴王我"即以我为吴王。

❸ "臣之业"以下,杜注:"《扬水》,《唐风》。卒章四言,曰'我闻有命'。"孔疏引《唐风·扬之水》郑笺:"不敢以告人而去者,畏昭公谓己动民心。"杨注认为"臣之业"句意思是说"臣之事",又说:"杜注解四言为'我闻有命'四字,是也,即许之之意。"按:这里所谓"许之之意",许其"非唯叔孙氏之忧,社稷之患"。《左氏》下文"叔孙稽首",杜注:"谢其受己命。"杨注用杜注。

❹ "齐使至"以下,杜注:"诈为齐使言也。"杨注:"郈人,郈邑之群吏而党于驷赤者。为之,因之也,因齐使至。'易'谓易地,下文'倍与子地'可证。杜注'谓易其民人',误。"我们认为这里杨注可从,杜注"谓易其民人"实误,"以郈易于齐",郈与齐皆指地。"齐人将迁郈民"句,"民"自指人。"众凶惧",杜注:"不欲迁。"这样说是对的。

❺ 杨注认为"子不如易于齐,与其死也"是倒装句,本应作"与其死也,不如易于齐",这就好懂了。"犹是郈也"句以下,杜注谓"以郈民易取齐人,与郈无异"一说又不大明白,杨注:"谓以郈换齐他邑,他邑亦郈也。纾,祸害缓和。"这样讲,又比杜注准确好懂。"何必此"句以下,杨注:"此指郈。甲,古代护身之衣。置甲于门,有事易于取用,故云备不虞。"按:杨注是。

❻ "介侯犯之门甲"句,杨注:"郈人取侯犯所置门内之甲而着之。""驷赤将射之"句以下,杜注:"伪为侯犯射郈人。"这是触发众怒的事,所以侯犯制止将射之人,请求商量他自己脱身免祸的事。于是侯犯请求放行,杜注:"郈人许之。"

❼ "驷赤先如宿,侯犯殿",杜注:"宿,东平无盐县,故宿国。"我们认

为“先”与“殿”对言，“先”应有先行的意思，“殿”自是殿后。“郈人闭之”，杜注：“闭其后门。”这样，出后门者没有退路，不得复入。“及郭门，止之”，这是因为若出了郭门，就到了城外，不得入城。“子以叔孙氏之甲出”以下，杜注：“诛，责也。”有司如果责问叔孙氏之甲何在，则众家臣必然担心受死。

8 “叔孙氏之甲有物”以下，杜注：“物，识也。赤还救侯犯也。”杨注：“谓叔孙氏之甲有标记。”就因为此，所以驷赤说他不敢以叔孙氏之甲出，出则必被捕。“子止而与之数”，杜注：“数甲以相付。”驷赤照办，而侯犯奔齐。“齐人乃致郈”，杜注：“致其名簿也。为下武叔如齐传。”杨注无异议。

原文

宋公子地嬖蘧富猎，十一分其室，而以其五与之。公子地有白马四；公嬖向魋，魋欲之。公取而朱其尾、鬣以与之。地怒，使其徒抶魋而夺之。[1]魋惧，将走，公闭门而泣之，目尽肿。母弟辰曰：“子分室以与猎也，而独卑魋，亦有颇焉。子为君礼，不过出竟，君必止子。”公子地出奔陈，公弗止。辰为之请，弗听。辰曰：“是我迋吾兄也。吾以国人出，君谁与处？”[2]冬，母弟辰暨仲佗、石彄出奔陈。[3]

武叔聘于齐。齐侯享之，曰：“子叔孙！若使郈在君之他竟，寡人何知焉？属与敝邑际，故敢助君忧之。”[4]对曰：“非寡君之望也。所以事君，封疆社稷是以，敢以家隶勤君之执事？夫不令之臣，天下之所恶也，君岂以为寡君赐？”[5]

注释

1 杜注：“地，宋景公弟，辰之兄也。”此人将自家货贿的十一分之五给了他宠爱的蘧富猎。杜注：“向魋，司马桓魋也。”宋景公要了公子地的四匹白马，将马的尾、鬣染红了，送给桓魋，这当然是因为景公宠爱这位司马。抶读 chì。公子地派下属（徒党）鞭打了向魋，夺走了马匹。

❷ “子分室”至“有颇焉”，这是景公同母弟辰批评公子地的话，认为公子地对蘧富猎与向魋实不公平（这里“颇”是有偏心不公正的意思）。“子为君礼”至“君必止子”，这是辰向公子地提出的解决矛盾的建议。杜注：“礼，辟君也。”于醴尊先生《香草校书》卷四十三：“为君礼当指其平日事君以礼……今必不见弃于君也。杜解以礼为辟君，则即指出竟为礼，与‘君必止子’语意转不足。且下文‘公弗止’‘辰曰是我迋吾兄也’，则使地出竟，自出辰意，不由礼之当然。苟礼之当然，亦何迋乎？虽如辰者似未足语此……又一说读‘礼’为‘体’……《仪礼·丧服传》云：‘昆弟一体也。’又云：‘昆弟四体也。’公子地者宋景公之弟也，故曰‘子为君体’。此说与‘君必止子’语亦呼应。”按：于先生说可从。又，依杜注，迋是欺骗的意思。

❸ 杜注：“佗，仲幾子。强，褚师段子。皆宋卿，众之所望，故言‘国人’。”宋景公同母弟的意思：我率领国人出奔，你国君与谁在国内相处呢？盖示怨忿并以示要挟。

❹ “若使郈在君之他竟”以下，属读 zhǔ，与《左传》成二年“属在戎行”的“属”义同，适也。“属与敝邑际”，恰好与我齐国接界。设若郈不与我齐国接界，“寡人何知焉”，杨注：“意谓他国可能取之，我不能预料。”《左氏》下文“故敢助君忧之”，杜注：“以致郈德叔孙。”杨注谓“君”指鲁君，这些解说都是对的。

❺ “非寡君之望也”，杨注：“意谓鲁君不以此为德。”《左氏》下文“封疆社稷是以”，意谓这才是鲁君最为关切者。杜注：“以犹为也。”杨注：“意谓为国家土地之安全，于是事齐。”再下文“敢以家隶勤君之执事”以下，杜注：“言义在讨恶，非所以赐寡君。”杨注：“家隶即家臣，此指侯犯。言中之意，侯犯之叛，齐亦参与。”按：看本年《左传》上文记“侯犯以郈叛”之事，可知杨说有据。又，“不令之臣”即不好（居心不良）的家臣，亦指侯犯之流。

经十有一年[1]

原文

春，宋公之弟辰及仲佗、石彄、公子地自陈入于萧以叛。[2]

夏，四月。

秋，宋乐大心自曹入于萧。

冬，及郑平。

叔还如郑莅盟。[3]

注释

❶ 鲁定公十一年，是公元前499年，周敬王二十一年。这一年孔子五十四岁。

❷ 杜注："萧，宋邑。称弟例在前年。"按：这里所谓前年，不应该是定公九年，因为定九年没有说到称弟之例。我们认为凡杜注所谓"前年"，皆指本年之前一年即去年，这里指定公十年。上年《经》谓"宋公之弟辰暨仲佗、石彄出奔陈"，杜注："称弟，示首恶也。"可参看《春秋》经传襄公二十年注、《左传》宣公十七年注。

❸ 杜注："还，叔诣曾孙。"依《释文》，这里"还"读xuán（音与"回旋"之"旋"同）。《释文》又说："案《世族谱》，叔还是叔弓曾孙。此云叔诣，误也。"孔疏引《世本》证叔还为叔弓曾孙，"杜云'叔诣曾孙'，转写误耳"。

传十一年

原文

春，宋公母弟辰暨仲佗、石彄、公子地入于萧以叛。秋，乐大心从之。大为宋患,宠向魋故也。[1]

“冬,及郑平”,始叛晋也。[2]

注释

❶ “乐大心从之”,这一句是《左氏》对《春秋经》“宋乐大心自曹入于萧”一句的说明。经文杜注:“入萧从叛人,叛可知。”叛宋的两股势力汇合,“大为宋患”,为害于宋也就大了。“宠向魋故也”,杜注:“恶宋公宠不义以致国患。”但我们认为宋景公宠向魋不应该是萧之叛的唯一的原因(“故”)。

❷ 本年《春秋经》“及郑平”句,杜注:“平六年侵郑取匡之怨。”《左氏》“始叛晋也”句,自就鲁国而言,杜注:“鲁自僖公以来世服于晋,至今而叛,故曰‘始’。”杨注与杜注一致。但在我们看来,鲁之叛晋,应该不自定公十一年始,应该早于此年。譬如去年(定公十年)“会齐侯于夹谷”,实质上何尝不是叛晋的行为?

经十有二年[1]

原文

春,薛伯定卒。

夏,葬薛襄公。

叔孙州仇帅师堕郈。[2]

卫公孟彄帅师伐曹。[3]

季孙斯、仲孙何忌帅师堕费。

秋,大雩。

冬,十月癸亥,公会齐侯,盟于黄。

十有一月丙寅朔,日有食之。[4]

公至自黄。

十有二月,公围成。公至自围成。[5]

注释

❶ 鲁定公十二年，即公元前498年，周敬王二十二年。是年孔仲尼先生五十五岁。

❷ 依《释文》，这里堕读huī（音义与“隳”同）。杜注：“堕，毁也。患其险固，故毁坏其城。”孔疏：“良由其城险固，家臣数以背叛，仲由为季氏宰，进计季孙，防其后患，令堕三都，以是故毁坏其城。虑其拒之，故帅师而往。”又说：“《左氏》不言孔子之计，当是仲由自立此谋。但《传》称费人袭鲁而仲尼在焉，是仲尼知其事，谓‘堕之为是故不禁也’。”今按：孔仲尼支持（是否主持，尚须证据）堕三都的事，应无疑问。在史无前例的“文化大革命”中，曾有批判孔子的革命派说：“孔老二极端仇视鲁国新兴地主阶级，一心想推翻季氏的政权，恢复西周奴隶制的秩序。”“公元前498年，孔丘为了削弱三桓势力，曾同鲁定公合谋攻打三家封邑的城堡。”（看中华书局1974年版《〈论语〉批注·阳货篇第十七》）我们的意见：不必因为彻底否定所谓“文化大革命”，也就完全否定当年“革命”派批判孔子的一切言论。譬如上文摘录的几句，恐怕其中多多少少已经触及问题的本质。可以换一个说法：孔子对于“政逮于大夫”“陪臣执国命”的政治局面不肯容忍，那是无须否认的事实。本年《春秋经》下文记“堕费”事，与“堕郈”事性质相同。

❸ 杜注：“弫，孟絷子。”孔疏：“《世族谱》云：‘孟絷无子，灵公以其子弫为之后也。’为后则为其子，故云孟絷子。此实公孙而不称‘公孙’者，絷字公孟，故即以公孟为氏。刘炫谓公孟生得赐族，故弫即以族告。”杨注用杜注孔疏。

❹ 王夫之《春秋稗疏》卷下：“定十二年十一月丙寅朔食，《授时》在十月，失闰也。”杨注引王韬《春秋日食辨正》说，意思基本一致。本来应该记作十月丙寅朔日食，因为失闰，记作“十有一月丙寅朔”了。

❺ 杜注：“国内而书‘至’者，成强若列国，兴动大众，故出入皆告

庙。"孔疏:"成,鲁邑。国内用兵计不应书,而出入皆书者,为兴动大众皆告庙也。"按:这在《春秋》一书定公十一年以前没有过,可算是特例。

传十二年

原文

夏,卫公孟彄伐曹,克郊。还,滑罗殿。未出,不退于列。其御曰:"殿而在列,其为无勇乎?"罗曰:"与其素厉,宁为无勇。"[1]

仲由为季氏宰,将堕三都。于是叔孙氏堕郈。季氏将堕费,公山不狃、叔孙辄帅费人以袭鲁。公与三子入于季氏之宫,登武子之台。费人攻之,弗克。入及公侧,仲尼命申句须、乐颀下,伐之。费人北;国人追之,败诸姑蔑。二子奔齐,遂堕费。[2]将堕成,公敛处父谓孟孙:"堕成,齐人必至于北门。且成,孟氏之保障也;无成,是无孟氏也。子(伪)〔为〕不知,我将不(坠)〔堕〕。[3]"

冬十二月,公围成,弗克。

注释

❶ 杜注:"郊,曹邑。罗,卫大夫。未出曹竟,罗不退在行列之后。素,空也。厉,猛也。言伐小国当如畏者,以诱致之。"孔疏:"罗以曹国小弱,不敢来追卫师,而在后为殿是空设严猛等。与其空为严猛,宁为无勇示弱诱之,使曹人不惮以为后图。"这里杜注孔疏可能与《左氏》原意相符。于醴尊先生《香草校书》卷四十三认为厉列二字义本可通,素厉者空列也,不必解说为空设严猛。这样讲,也可备一说。

❷ 杜注:"仲由,子路。三都,费、郈、成也,强盛将为国害,故仲由欲毁之。不狃,费宰也。辄不得志于叔孙氏。"杨注:"季孙、叔孙、孟孙三人称为'三子',乃当时习语。"俞曲园疑《左氏》"入及公

侧”句“入”字乃“矢”字之误，“言费人自台下仰攻，故矢及公侧也”（《茶香室经说》），此说虽无版本根据，然而很大程度上可信，因为合理。“仲尼命申句须、乐颀下伐之”，杜注：“二子，鲁大夫。仲尼时为司寇。”但是《左氏》下文“二子奔齐”句“二子”不是申句须与乐颀，杜注：“二子，不狃、叔孙辄。”

❸ “子伪不知”句，“伪”当作“为”；“我将不坠”句，“坠”当作“堕”：据阮元等《校勘记》改。杨注已指出《孔子世家》全用此传。我们认为公敛处父说的不堕成邑的理由，就其国防意义言之，可以成立。

经十有三年[1]

原文

春，齐侯、卫侯次于垂葭。

夏，筑蛇渊囿。

大蒐于比蒲。[2]

卫公孟彄帅师伐曹。

〔秋，〕[3]晋赵鞅入于晋阳以叛。

冬，晋荀寅、士吉射入于朝歌以叛。

晋赵鞅归于晋。[4]

薛弑其君比。

注释

❶ 鲁定公十三年，当公元前497年，周敬王二十三年。孔子这一年五十六岁。

❷ “夏，筑蛇渊囿”，杜注：“书不时也。”张应昌《春秋属辞辨例编》：“鲁政不修，非时勤民，筑囿奉己，而己志不及国也。”《春秋》下文“大蒐于比圃”，杜注：“夏蒐非时。”按：夏为农忙季节，大兴土木，

大蒐，都是错误的，因为非时而妨农。

❸ 据阮元等《校勘记》补“秋”字。《公》《穀》所传《春秋》经文此处都有“秋”字。

❹ 杜注：“韩、魏请而复之，故曰‘归’。言韩、魏之强犹列国。”孔疏：“成十八年《传》例曰：凡去其国，诸侯纳之，曰‘归’。此《传》称‘韩魏以赵氏为请’，故赵鞅得称归；韩、魏非诸侯，亦从诸侯纳之例者，韩、魏之强犹列国也。”孔疏下文引《释例》为证，不具录。按：非诸侯而从诸侯之例，实有违于孔子思想，所以有些学者颇为不满，譬如刘逢禄《公羊春秋何氏解诂笺》有这一类意见。

传十三年

原文

“春，齐侯、卫侯次于垂葭”，实(郥)〔郹〕氏。使师伐晋。将济河，诸大夫皆曰“不可”，邴意兹曰：“可。锐师伐河内，传必数日而后及绛。绛不三月，不能出河，则我既济水矣。”乃伐河内。齐侯皆敛诸大夫之轩，唯邴意兹乘轩。❶

齐侯欲与卫侯乘，与之宴而驾乘广，载甲焉；使告曰：“晋师至矣！”齐侯曰：“比君之驾也，寡人请摄。”乃介而与之乘，驱之。或告曰：“无晋师。”乃止。❷

注释

❶ 郥当作郹，说见阮元等《校勘记》。杜注：“意兹，齐大夫。”河内与绛都是地名，《汉书·地理志》有其名。“传必数日而后及绛”，杜注：“传告晋。”杨注：“传谓传车，即驿传。河内距绛远，驿车奔驰，亦必历数日而后到。”这样解说，比杜注明白。“绛不三月不能出河”以下，杨注：“言绛闻警，整顿军马……至少三个月始能

渡河。此时,我已返师回黄河之东矣。”探下文,知齐师很快就攻打了河内。“唯邴意兹乘轩”,杜注:“以其言当。”诸大夫都说不可以打河内,言皆不当,所以齐侯下令将他们的车马收缴了。

❷ “驾乘广”,杨注:“乘广,本楚战车名,齐亦有之。”按:“乘广”早见于《左传》宣公十二年。“驾乘广”之驾,杨伯峻先生认为意思是“车马已套好”,今从之。“比君之驾也,寡人请摄”,杜注:“以己车摄代卫车。”这样讲并不准确。句中“驾”字应与上文“驾乘广”句“驾”字义同。杨注:“言及君车驾好,我请摄御。摄,代也。代其驾御也。”这就道出了原文原意。“乃介而与之乘”句以下,杜注:“《传》言齐侯轻,所以不能成功。”杨注:“介,着所载之甲。驱驰欲临阵,齐侯伪示勇。”其实原文并无“轻脱”的意思。比较两注,又当以杨注义长。

原文

晋赵鞅谓邯郸午曰:“归我卫贡五百家,吾舍诸晋阳。”午许诺;归,告其父兄。父兄皆曰:“不可!卫是以为邯郸;而置诸晋阳,绝卫之道也。不如侵齐而谋之。”乃如之,而归之于晋阳。❶赵孟怒,召午而囚诸晋阳;使其从者说剑而入,涉宾不可。乃使告邯郸人曰:“吾私有讨于午也。二三子,唯所欲立!”❷遂杀午。赵稷、涉宾以邯郸叛。

夏六月,上军司马籍秦围邯郸。邯郸午,荀寅之甥也;荀寅,范吉射之姻也。❸而相与睦,故不与围邯郸,将作乱。董安于闻之,告赵孟曰:“先备诸!”赵孟曰:“晋国有命:‘始祸者死!’为后可也。”安于曰:“与其害于民,宁我独死!请以我说。”❹赵孟不可。

注释

❶ 杜注:“十年,赵鞅围卫,卫人惧,贡五百家,鞅置之邯郸。今欲(徒)〔徙〕著晋阳。晋阳,赵鞅邑。”邯郸午不赞成赵鞅徙卫所贡

五百家于晋阳的决定,杜注:"言卫以五百家在邯郸,常为是故与邯郸亲。"但若将此五百家迁往晋阳,那就会断绝与卫来往之道,所以邯郸午要想方设法维持晋与卫的友好关系,而这就要避免卫人怀疑。"不如侵齐而谋之",杜注:"侵齐,则齐当来报。欲因惧齐而徙,则卫与邯郸好不绝。"《左氏》下文"乃如之"以下,杜注:"欲如是谋而后归卫贡。"这本是一番良苦用心,可惜赵鞅竟不能察。

❷ "赵孟怒"以下,杜注:"赵鞅不察其谋,谓午不用命,故囚之。涉宾,午家臣,不肯说剑入,欲谋叛。"这里"说剑"的"说",音义同"脱"。"吾私有讨于午"以下,"吾私"显然是赵鞅自谓,杜注:"午,赵鞅同族,别封邯郸,故使邯郸人更立午宗亲。"孔疏引《世族谱》证明赵鞅与邯郸午为五从兄弟,"是同族也",不具录。

❸ 杜注:"婿父曰姻。荀寅子娶吉射女。"孔疏引《尔雅·释亲》为证。按:注疏说可信。

❹ 杜注:"安于,赵氏臣。"此人劝赵孟预先做好应付邯郸作乱的准备,探下文,其实是劝赵孟首先发难,杨注已指出这一点。然而赵孟此时在口头上没有同意。"与其害于民,宁我独死",杜注:"惧见攻必伤害民。"为了避免被动,董安于宁愿牺牲自己。"请以我说",杜注:"晋国若讨,可杀我以自解说。"《左氏》原意如此。

原文

秋七月,范氏、中行氏伐赵氏之宫。赵鞅奔晋阳,晋人围之。范皋夷无宠于范吉射,而欲为乱于范氏。梁婴父嬖于知文子,文子欲以为卿。韩简子与中行文子相恶,魏襄子亦与范昭子相恶。❺故五子谋将逐荀寅而以梁婴父代之,逐范吉射而以范皋夷代之。荀跞言于晋侯曰:"君命大臣:'始祸者死!'载书在河。今三臣始祸,而独逐鞅,刑已不钧矣。请皆逐之!"❻

注释

❺ 杜注："皋夷，范氏侧室子。文子，荀跞。简子，韩起孙不信也。中行文子，荀寅也。襄子，魏舒孙曼多也。昭子，士吉射。"明白了《左氏》这里记载的人与人之间的关系，读者理解《左氏》原意不难。

❻ 杜注："五子，范皋夷，梁婴父，知文子，韩简子，魏襄子。"此五人合谋作乱。"荀跞言于晋侯曰"以下，按：荀跞为五子之一，他对梁婴父有偏爱，则此人在晋侯面前献策不可能没有私心。"载书在河"，杜注："为盟书沈之河。"杨注于此用杜注，又引贾逵说，指出"三臣始祸"句中"三臣"指"范、中行、赵"三人。既然始构祸者三人，现在仅驱逐赵鞅一个，这处罚就已经不公平了。

原文

冬十一月，荀跞、韩不信、魏曼多奉公以伐范氏、中行氏，弗克。二子将伐公，齐高彊曰："三折肱知为良医。唯伐君为不可，民弗与也。我以伐君在此矣！三家未睦，可尽克也。克之，君将谁与？若先伐君，是使睦也。"❼弗听，遂伐公。国人助公，二子败；从而伐之。❽丁未，荀寅、士吉射奔朝歌。

韩、魏以赵氏为请。十二月辛未，赵鞅入于绛，盟于公宫。❾

注释

❼ "二子将伐公"以下，杨注："二子，范氏、中行氏。"杜注："高彊，齐子尾之子。昭十年奔鲁，遂适晋。"三折肱，三未必是实数，肱读gōng。"三折肱知为良医"，杨注："此盖古人常语……犹今言久病知医。"按：胳膊由肘到肩的一段叫肱，泛指胳膊。能够一次又一次把断了的胳膊接好，那肯定是良医（医术高明者）。《左氏》下文的意思是说不可伐君，因为"民弗与也"，国民不支持。"我以伐君在此矣"，高彊现身说法，他自己就因为当年攻打国君才

落到这步田地。"三家未睦"以下,杜注:"三家,知、韩、魏。"因为三家未能团结,所以各个击破,可以把他们完全打败。杨注:"言若尽克三家,晋公自与范、中行。"但若先攻打国君,那就会促使三家团结,那就没法打败他们了。

❽ 杨注:"三家从而伐范、中行。"从而伐之,接着攻打。

❾ 杜注:"《经》所以书赵鞅归。"在公宫结盟,则公必在内与盟,君臣应该和好如初了。

原文

初,卫公叔文子朝而请享灵公;退,见史鰌而告之。史鰌曰:"子必祸矣!子富而君贪,其及子乎!"文子曰:"然。吾不先告子,是吾罪也。君既许我矣,其若之何?"史鰌曰:"无害。子臣,可以免。富而能臣,必免于难。上下同之。[1](戌)〔戍〕[2]也骄,其亡乎?富而不骄者鲜,吾唯子之见。骄而不亡者,未之有也。(戌)〔戍〕必与焉!"[3]及文子卒,卫侯始恶于公叔(戌)〔戍〕,以其富也。公叔(戌)〔戍〕又将去夫人之党[4],夫人诉之曰:"戍将为乱。"

注释

❶ "朝而请享灵公",朝见卫灵公而请求灵公光临宴会,用现代的说法,就是卫公叔文子朝见国君的时候说要请灵公吃饭喝酒。杜注:"欲令公临其家。"史鰌即史鱼,以正直著称。在史鰌看来,公叔文子请卫灵公吃饭,必然惹祸。"子富而君贪,其及子乎",杨注:"言祸将及尔。"为什么这样说?《左氏》所记史鰌语以及杜注孔疏皆无说。我们认为可以由"子富而君贪"句推断。还应该指出:臣下请国君吃饭喝酒,本来有违于当时礼制。这一点,《左传》庄二十二年孔疏已经明言。《左氏》下文"君既许我矣",意思是国君已经答应光临我家了。"其若之何",将怎么办呢?"子臣,可以免",杜注:"言能执臣礼。"杨注引于鬯先生的说法:"臣

者,屈服之义也。”杨先生认为这样解释“亦通”。为臣子者尽到自己的本分,能够让国君体察自己的忠诚,就正常情况而言,应该可以免除灾祸了。“上下同之”,杜注:“言尊卑皆然。”这样做,难能而可贵。

❷ 阮元等《校勘记》云:“凡人名多用戌亥字,惟此用戍守字。”今据改。杜注:“戍,文子之子。”

❸ “戍必与焉”,杜注:“与祸难。”《左氏》这里意思是:富而不骄的人少见,骄而不灭亡的人没有过。公叔戍为人骄傲,必然遭祸而灭亡。反过来说,若使公叔戍像他的父亲文子那样,不骄不躁,则必可免于难了。

❹ “夫人之党”,杜注:“灵公夫人南子党,宋朝之徒。”公叔戍想除掉国君夫人之党,用后世眼光看,也许可以理解,但在当时未免不臣之罪与骄躁之嫌,他是大祸临头了。

经十有四年❶

原文

春,卫公叔(戌)〔戍〕来奔。卫赵阳出奔宋。

二月辛巳,楚公子结、陈公孙佗人帅师灭顿,以顿子牂归。

夏,卫北宫结来奔。

五月,於越败吴于槜李。❷

吴子光卒。

公会齐侯、卫侯于牵。

公至自会。

秋,齐侯、宋公会于洮。

天王使石尚来归脤。❸

卫世子蒯聩出奔宋。卫公孟彄出奔郑。

宋公之弟辰自萧来奔。

大蒐于比蒲。

邾子来会公。❹

〔冬,〕城莒父及霄。❺

注释

❶ 鲁定公十四年,即公元前496年,周敬王二十四年。这一年孔子五十七岁。

❷ 杜注:"於越,越国也。使罪人诈吴乱陈,故从未陈之例书'败'也。"檇读zuì。这里檇李是地名。

❸ 脤读shèn。杜注:"石尚,天子之士,石氏,尚名。脤,祭社之肉,盛以(脤)〔蜃〕器以赐同姓诸侯,亲兄弟之国,与之共福。"孔疏引《周官·典命》《大宗伯》《大行人》和《左传》襄二十六年以及成十三年、《礼记·曲礼》证成杜注,而杨注并无异议。

❹ 杜注:"会公于比蒲,来而不用朝礼,故曰'会'。"按:杨注用杜注。我们认为这里应以顾炎武《日知录》卷四"邾子来会公"条解说为佳:"来会非朝也,会于大蒐之地也。嘉事不以野成,故明年正月复来朝。"

❺ 杜注:"公叛晋,助范氏,故惧而城二邑也。此年无'冬',史阙文。"按:莒父、霄,是二邑之名。孔疏谓"城实在秋,非时而城,故特辨冬阙"。说杜注"特辨冬阙",是对的;说"城实在秋,非时而城",则实无根据。

传十四年

原文

春,卫侯逐公叔戍与其党,故赵阳奔宋,戍来奔。

梁婴父恶董安于,谓知文子曰:"不杀安于,使终为政于赵氏,赵氏必得晋国。盍以其先发难也讨于赵氏?"文子使告于赵孟曰:"范、中行氏虽信为乱,安于则发之,是安于与谋乱也。晋国有命:

‘始祸者死！’二子既伏其罪矣，敢以告！”赵孟患之，安于曰：“我死而晋国宁、赵氏定，将焉用生？人谁不死？吾死莫矣！”[1]乃缢而死。赵孟尸诸市，而告于知氏曰：“主命戮罪人，安于既伏其罪矣。敢以告。”知伯从赵孟盟。而后赵氏定，祀安于于庙。[2]

顿子牂欲事晋，背楚而绝陈好。二月，楚灭顿。

注释

❶“二子既伏其罪矣，敢以告”，杜注：“告使讨安于。”为了主子与国家的安定，董安于慷慨赴死。“人谁不死？吾死莫矣。”《说文》：“莫，日且冥也。”日且冥即将暮，也就是傍晚了。《诗·周颂·臣工》“维莫之春”，郑笺：“莫，晚也。”世上没有不死的人，我要算是死得迟、活得长的人了。

❷“安于既伏其罪矣，敢以告”，这两句与上文“二子既伏其罪矣，敢以告”相对，为的是塞知文子之口，实不得已而言之。孔疏：“赵鞅叛而得还，不敢违命，故安于自缢死耳。”也有不得已的意思。“祀安于于庙”，杜注：“赵氏庙。”孔疏：“礼，臣有大功，配食于庙……今赵氏祀安于于赵氏之庙，其意亦如此也。”孔冲远引《周官·司勋》与《尚书·盘庚》以及旧说孔安国传为证。杨注：“此赵鞅亦行配食之礼。”按：诸说皆是。

原文

“夏，卫北宫结来奔。”公叔戌之故也。

吴伐越，越子句践御之，陈于槜李。句践患吴之整也，使死士再禽焉；不动。[1]使罪人三行，属剑于颈，而辞曰：“二君有治，臣奸旗鼓。不敏于君之行前，不敢逃刑，敢归死！”遂自刭也。师属之目。越子因而伐之，大败之。[2]

注释

❶“越子句践御之，陈于槜李”，这里御是拒的意思，抵抗的意思，陈

就是阵。“句践患吴之整也”以下，“患吴之整”是担心吴军阵营严整而无法击破的意思，杜注：“使敢死之士往辄为吴所禽，欲使吴师为取之，而吴不动。”俞曲园先生《群经平议》卷二十七：“禽谓禽吴之士卒也。盖句践使敢死之士再犯吴阵，禽其前列者以归，欲使吴师惊乱，而吴竟不动，是其整也。”此说与杜注分明不同，杨注以为俞氏“此说较妥”。还有一些说法，或求之过深，今不取。

❷ 既然“使死士再禽焉，不动”，由是“使罪人三行”。这里“罪人”指由罪人组成的敢死之士(《左氏》上文说的“死士”)，“三行”即第三次冲向吴阵。这里“三行”可能不是虚数。“属剑于颈”，杜注：“以剑注颈。”这里抱着拼命杀敌的决心了。“二君有治”以下，杜注指出“治”是“治军旅”，“奸旗鼓”是“犯军令”。“不敏于君之行前”句，杜注、孔疏、杨注都不作解说，我们认为这是死士们或所谓“罪人”们故作自责之辞，意思是国君临阵督战而我们这些人未能杀敌立功，表现不佳。“不敢逃刑，敢归死”，杨注引《汉书·申屠嘉传》“自归上”句小颜注，说意思是“归首于天子”，也就是决心自杀。一个个接连自刎，“师属之目”，杨注：“吴师皆注目视之。”越军趁吴师注意力被死士吸引之际，发起进攻，终于大败吴师。

原文

灵姑浮以戈击阖庐，阖庐伤将指；取其一屦。❸还，卒于陉，去槜李七里。夫差使人立于庭；苟出入，必谓己曰：“夫差！而忘越王之杀而父乎?”则对曰：“唯，不敢忘！”三年，乃报越。❹

晋人围朝歌。公会齐侯、卫侯于脾、上梁之间，谋救范、中行氏。析成鲋、小王桃甲率狄师以袭晋，战于绛中，不克而还。❺士鲋奔周，小王桃甲入于朝歌。

注释

❸ 杜注：“姑浮，越大夫。”阖庐即当时吴王。杜注：“其足大指见斩，

遂失屦,姑浮取之。”杨注引《左传》宣四年孔疏,谓“足以大指为将指,手以中指为将指”。按:杜、杨两注皆是。

❹ “夫差使人”以下,依《释文》,“夫差”之夫读 fū,杜注:“夫差,阖庐嗣子。”这里嗣子即嗣王位之子。“而忘越王之杀而父乎”,两“而”字都是第二人称代词,相当于“你”或“你的”。“三年,乃报越”,杜注:“后三年,哀元年。”按:这里“三”也不是虚数。杨注:“此所谓三年,三个年头而已,即此年、明年、后年耳。”杨先生说是。

❺ 脾,上梁,都是地名。杜注:“脾、上梁间即牵。”牵也是地名。鲁公为何与齐侯、卫侯会于牵?杜注:“齐鲁叛晋,故助范、中行也。”析成鲋、小王桃甲为何率狄师以袭晋?因为如杜注所说:“二子晋大夫,范、中行氏之党。”

原文

“秋,齐侯、宋公会于洮”,范氏故也。[1]

卫侯为夫人南子召宋朝。会于洮,大子蒯聩献盂于齐,过宋野。野人歌之,曰:“既定尔娄猪,盍归吾艾豭?”[2]大子羞之,谓戏阳速曰:“从我而朝少君![3]少君见我,我顾,乃杀之!”速曰:“诺!”乃朝夫人。夫人见大子。大子三顾,速不进。夫人见其色,啼而走,曰:“蒯聩将杀余!”公执其手以登台。大子奔宋。尽逐其党,故公孟彄出奔郑,自郑奔齐。

注释

❶ 杜注:“谋救范氏。”救字,阮刻本误作“杀”。《左氏》上文明言“谋救范、中行氏”,这里自应以作“救”为是。杨注引文不误。

❷ 豭读 jiā,《释文》:“豭音加,牡豕也。”杜注:“南子,宋女也。朝,宋公子,旧通于南子。在宋呼之。”《左氏》下文“会于洮”以下,杜注:“蒯聩,卫灵公大子。盂,邑名也。就会献之,故自卫行而过宋

野。"所谓"就会献之",指卫大子打算乘诸侯会于洮的时机献出盂邑。经过宋野的时候,卫大子听到那里野人唱歌的讽刺。杜注:"娄猪,求子猪,以喻南子。艾豭喻宋朝。艾,老也。"孔疏:"《释兽》云:'豕,子猪。''牝,豝。'牝者谓之豝,则豭是猪之牡,故以喻宋朝也。以娄猪为求子之猪,相传为说耳。"按:杨注指出艾另有美义,其说是。

❸ 杜注:"速,大子家臣。"孔疏:"少君,犹小君也。君为大君,夫人为小君。"杨注无异词。

原文

大子告人曰:"戏阳速祸余。"戏阳速告人曰:"大子则祸余。大子无道,使余杀其母。余不许,将戕于余;若杀夫人,将以余说。余是故许而弗为,以纾余死。谚曰:'民保于信。'吾以信义也!"❹

冬十二月,晋人败范、中行氏之师于潞,获籍秦、高彊。又败郑师及范氏之师于百泉。❺

注释

❹ "将戕于余",杜注:"戕,残杀也。"《左氏》下文"若杀夫人,将以余说",杨注:"杀而归罪于己以解脱其罪。"再下文"纾余死",纾是缓的意思。"民保于信",民以信誉而自保。"吾以信义也",杜注:"使义可信,不必信言。"杨注用杜注。

❺ 杜注:"郑救范氏,故并败。"按:百泉乃是地名。

经十有五年❶

原文

春,王正月,邾子来朝。

鼷鼠食郊牛,牛死;改卜牛。❷

二月辛丑，楚子灭胡，以胡子豹归。
夏，五月辛亥，郊。[3]
壬申，公薨于高寝。[4]
郑罕达帅师伐宋。
齐侯、卫侯次于渠蒢。
邾子来奔丧。[5]

注释

❶ 鲁定公十五年，当公元前495年，周敬王二十五年。孔子这一年五十八岁。

❷ 杜注："不言所食处，举死，重也。改卜，礼也。"《公羊传》："曷为不言其所食？漫也。"何休注："漫者，遍食其身。灾，不敬也。"《穀梁传》："不敬莫大焉。"范注："定公不敬最大，故天灾最甚。"《汉书·五行志中上》记刘向有关说法，不具录。上引杜镇南之外诸家，都将人事与天灾牵合。杜注所说重点不同，似比《公》《穀》以及刘、何、范诸说妥当。既然原来卜定的郊牛不可用了，礼当改卜。

❸ 杜注："书过。"毛西河《春秋毛氏传》："周五月为夏三月。孟春祈谷之祭不得过分。三月，则过分矣。故杜氏曰'过'也，非礼也。"孔广森、钟文烝有不同说法，不具录。

❹ 杜注："高寝，宫名。不于路寝，失其所。"按：依周礼，死非其所则失礼。

❺ 杜注："诸侯奔丧，非礼。"孔疏："昭三十年《传》曰：'诸侯之丧，士吊，大夫送葬。'诸侯亲自奔丧、会葬，皆非礼。《公羊》亦云：奔丧非礼也。"这一类说法都有根据。

原文

秋，七月壬申，姒氏卒。
八月庚辰朔，日有食之。

九月，滕子来会葬。[6]

丁巳，葬我君定公；雨，不克葬。戊午，日下昃，乃克葬。辛巳，葬定姒。[7]

冬，城漆。[8]

注释

❻ 杜注："诸侯会葬，非礼也。"请参看上面的注❺。

❼ "日下昃"应是夕阳西下的意思。《战国策·魏二》记魏惠王死，天大雨雪，太子弛期择日更葬，行周文王之义，避免"欲亟葬"之嫌。小戴辑《礼记·曾子问》记因故而不得终礼之事，其中应有"雨沾服失容"而废丧葬之意。可见"雨不克葬"的事不算错误，《左传》说是"礼也"。有相反的说法，譬如《穀梁传》谓"葬不为雨止"，认为"雨不克葬"是"丧不以制"，这样讲，非《左氏》意，《公羊传》也不这样讲。"葬定姒"，仅就其时日而言，实与当时礼制相合，所以三《传》及其注疏虽有讥词，那是在别的方面。

❽ 杜注："邾庶其邑。"孔疏引《左传》庄二十八年："凡邑有宗庙、先君之主曰都，无曰邑。邑曰筑，都曰城。"又说："是言漆是大都，自应称'城'。言'庶其邑'者，意在排旧说。"按：《公》《穀》并未就"城漆"说什么话，则孔疏所谓"排旧说"，应该指三《传》之外别的意见，譬如孔疏提到的颍氏的说法。

传十五年

原文

春，邾隐公来朝。子贡观焉：邾子执玉高，其容仰；公受玉卑，其容俯。[1]子贡曰："以礼观之：二君者，皆有死亡焉。夫礼，死生存亡之体也。将左右周旋、进退俯仰于是乎取之，朝、祀、丧、戎于是乎观之。今正月相朝而皆不度，心已亡矣！嘉事不体，何以能久？[2]

高、仰，骄也；卑、俯，替也。骄近乱，替近疾。君为主，其先亡乎！❸”

注释

❶ 杜注：“玉，朝者之贽。”孔疏引《周官·典瑞》、小戴辑《礼记·曲礼下》证明诸侯朝必执玉，实有根据。执玉与受玉相对，高与卑相对，仰与俯相对。邾子与鲁定公的关系，是附庸国与宗主国的关系。该卑者高，该俯者仰，殊与容礼不合。

❷ “夫礼，死生存亡之体也”，这个“体”是依据的意思，也可以当“履”讲。死生存亡都应履行礼的精神法则。“左右周旋”与“进退俯仰”，一举一动都应求其合礼。“朝、祀、丧、戎”诸事，都应依礼而行。“今正月相朝而皆不度”，杜注：“不合法度。”这是“心已亡”的表现。“嘉事不体”：杜注谓“嘉事”即指“朝礼”，我们认为“不体”就是不合礼。“嘉事不体”，意思就是说邾子来朝见鲁定公，双方表现都已失礼。朝礼而失礼，如何能活得久长呢？

❸ 高而仰，是骄的表现。卑则俯，是衰弱废罢的形貌。骄则必狂躁昏乱，衰弱颓废则近于重病。杨注：“近者言非在病中，而有病兆。”邾子朝见鲁定公，自当以鲁君为主。定公在朝礼过程中失礼，他将会先亡吧。这当然只是子贡的预言与猜测。

原文

吴之入楚也，胡子尽俘楚邑之近胡者。楚既定，胡子豹又不事楚，曰：“存亡有命，事楚何为？多取费焉。”❹二月，楚灭胡。

注释

❹ “存亡有命”，这是将国家存亡交由天命决定，所以不考虑尽人事而争取适应环境，掌握命运。“多取费焉”，王怀祖说：“多，读为‘亦祇以异’之祇。祇，适也。”王伯申说：“言服事楚国，何益之有？适自取贡献之费而已。”（见《经义述闻》卷十八）按：“亦祇以异”，祇以作“衹”为佳，见阮元等《诗经校勘记》。依现代汉语，就

写作"只"好了,至少可以避免与"天神地祇"的"祇"混淆。

原文

夏五月壬申,公薨。仲尼曰:"赐不幸言而中。是使赐多言者也!"[1]郑罕达败宋师于老丘。[2]

"齐侯、卫侯次于蘧挐[3]",谋救宋也。

"秋七月壬申,姒氏卒。"不称"夫人",不赴,且不祔也。[4]

注释

❶ 杜注:"以微知著,知之难者。子贡言语之士,今言而中,仲尼惧其易言,故抑之。"按:偶然言而中,若是沾沾自喜,从此而多言胡说,则为不幸之事了。

❷ 杜注:"罕达,子蠡之子。老丘,宋地。"阮刻本此杜注中"宋地"作"宋也",而《校勘记》中不见纠误,很容易让人产生误解。"老丘"怎么就是宋呢?杨注引杜注不误。

❸ 杨注:"蘧挐即渠蒢,音近而异字,非一地二名。"按:杨先生说是。

❹ 杜注:"赴同祔姑夫人之礼二者皆阙,故不曰'夫人'。"孔疏:"夫人初薨,赴于同盟之国。其辞当云'夫人某氏薨',是赴则成夫人也。礼:適妻祔于適祖姑,妾祔于妾祖姑。若得祔祖姑,则亦成夫人矣……故此以不赴兼又不祔解不称'夫人'也。"杨注用孔疏说。

原文

葬定公,雨,不克襄事,礼也。[5]

"葬定姒"。不称"小君",不成丧也。[6]

"冬,城漆。"书,不时告也。[7]

注释

❺ 杜注:"襄,成也。雨而成事,若汲汲于欲葬。"按:急于冒雨克葬,

则失礼。《左氏》说得对。

❻ 杜注:“公未葬而夫人薨,烦于丧礼,不赴,不祔,故不称‘小君’,臣子怠慢也。反哭于寝,故书‘葬’。”孔疏:“‘小君’者夫人之号,‘不称小君’与‘不称夫人’,其事同矣。故知‘不成丧’者即不赴不祔是也。由不赴不祔,夫人之丧礼不成,故‘不称小君’也。此定姒实是夫人,臣子怠慢,不成其礼,故书‘卒’,不称‘薨’,书‘葬’而不称‘小君’,所以罪臣子也。哀十二年孟子卒,《传》曰‘不反哭,故不言葬小君’,是由反哭于寝,故书‘葬’也。”杨注用杜注。其实《春秋》经传都没有记定姒葬后反哭之事,杜注孔疏所谓“反哭于寝”只能算是推断之辞。

❼ 杜注:“实以秋城,冬乃告庙。鲁知其不时,故缓告。从而书之,以示讥。”依此说,如无传注说明真实情况,则读《春秋经》者很有可能受到蒙骗。不知孔圣人何以不在整理鲁史成《春秋》的工作中说明实际情况。莫非他让《春秋》说假话还是为了坚持为尊者讳的原则?那他老先生赞许“直哉史鱼”又是为何?为什么仲尼先生做不到“邦有道如矢,邦无道如矢”呢?说来容易做来难啊!

哀公

经元年[1]

原文

春，王正月，公即位。

楚子、陈侯、随侯、许男围蔡。[2]

鼷鼠食郊牛。改卜牛。

夏，四月辛巳，郊。[3]

秋，齐侯、卫侯伐晋。

冬，仲孙何忌帅师伐邾。

注释

❶《史记·鲁世家》："十五年，定公卒，子将立，是为哀公。"唐司马贞《索隐》："《系本》'将'作'蒋'也。"《释文》："哀公名蒋，定公之子，盖夫人定姒所生。敬王二十八年即位。"按：鲁哀公元年，当公元前494年，周敬王二十六年。《释文》谓哀公于敬王二十八年即位，实误，二十八当作二十六。这一年孔仲尼先生五十九岁。

❷ 杜注："随世服于楚，不通中国。吴之入楚，昭王奔随，随人免之，卒复楚国。楚人德之，使列于诸侯，故得见。《经》定六年郑灭许，此复见者，盖楚封之。"杨注义同。

❸ 杜注："书过也。不言所食，非一处。"孔疏："桓五年传例云：'凡祀启蛰而郊，过则书。'今以四月始郊，已入春分之气，故书过也。宣三年郊牛之口伤，成七年鼷鼠食郊牛角，言其伤食之处。此不

言所食处者，所食非一处也。”按：注疏言是。

传元年

原文

春，楚子围蔡，报柏举也。[1]里而栽，广丈，高倍。夫屯昼夜九日，如子西之素。[2]蔡人男女以辨。使疆于江、汝之间而还。蔡于是乎请迁于吴。[3]

注释

❶《春秋经》定四年：“蔡侯以吴子及楚人战于柏举，楚师败绩。”此柏举之恨不报，则楚人不成其为楚人。《左传》哀元年所谓“楚子围蔡，报柏举也”，已说明其为柏举之役的回报。后来有《史记·项羽本纪》说的“楚虽三户，亡秦必楚”，更充分表现了楚人图存图强、勇武好胜的性格。

❷“里而栽”以下，杜注：“栽，设板筑为围垒，周匝去蔡城一里。垒厚一丈，高二丈。夫犹兵也，垒未成，故令人在垒里屯守蔡。子西本计为垒当九日而成。”孔疏：“筑墙立板谓之栽。栽者竖木以约版也。楚虑外人救蔡，则于表里受敌，故筑围垒……以围之，欲置兵其内以攻蔡，使外人不得救之。”杨伯峻先生“疑非筑城”，判断为筑碉堡，认为“素”是预定计划，然则“如子西之素”就是照子西预定计划办。今从杨先生说。

❸杜注：“辨，别也。男女各别，系累而出降。楚欲使蔡徙国在江水之北、汝水之南，求田以自安也。蔡权听命，故楚师还。楚既还，蔡人更叛楚就吴。”孔疏：“蔡人冀令楚去，心虽不肯，权宜许之。楚还之后，蔡更自议，已与楚恶，不如事吴，故请迁于吴，以吴为援。”这里杜注孔疏的解说可信，合乎情理。

原文

吴王夫差败越于夫椒，报槜李也。[1]遂入越。越子以甲楯五千保于会稽，使大夫种因吴大宰嚭以行成。吴子将许之，伍员曰：

注释

❶ 夫椒为地名。杜注："槜李在定十四年。"按："报槜李"的报，与同年《左传》上文"报柏举也"句"报"字义同，报复的意思。槜李，指《春秋》经传定十四年记载的"於越败吴于槜李"一战，其时夫差之父阖庐负伤致死。

原文

不可！臣闻之："树德莫如滋，去疾莫如尽。"[2]昔有过浇杀斟灌以伐斟鄩，灭夏后相。后缗方娠，逃出自窦，归于有仍，生少康焉。为仍牧正，惎浇，能戒之。浇使椒求之。逃奔有虞，为之庖正，以除其害。[3]虞思于是妻之以二姚，而邑诸纶，有田一成，有众一旅。能布其德而兆其谋，以收夏众，抚其官职。使女艾谍浇，使季杼诱豷。遂灭过、戈，复禹之绩，祀夏配天，不失旧物。[4]今吴不如过，而越大于少康，或将丰之，不亦难乎？[5]句践能亲而务施，施不失人，亲不弃劳。与我同壤而世为仇雠。于是乎克而弗取，将又存之，违天而长寇仇；后虽悔之，不可食已！[6]姬之衰也，日可俟也！介在蛮夷而长寇仇，以是求伯，必不行矣！[7]

注释

❷ "树德莫如滋，去疾莫如尽"，这两句是古语，所以伍员说是"臣闻之"，是听来的。杨注已指出《战国策·秦策三》引《书》有这两句，只是"去疾"作"除害"，仅两字不同而意思实无差别，又说："今在伪古文《泰誓》中。"按：杨先生指的是伪古文《尚书·泰誓

下》“树德务滋，除恶务本”两句。伪孔传：“立德务滋长，去恶务除本。”立德一定要让它发扬光大，去恶一定要连根除掉（治病最好是把病根干净去掉）。

❸“过浇”，过读 guō，浇读 ào。鄩读 xún。缗读 mín。惎读 jì（音义与“忌”同）。杜注：“浇，寒浞子封于过者。二斟，夏同姓诸侯。”又说：“夏后相，启孙也。后相失国，依于二斟，复为浇所灭。后缗，相妻。娠，怀身也。后缗，有仍氏女。牧，官之长。惎，毒也。戒，备也。椒，浇臣。虞，舜后诸侯也。梁国有虞县。庖正，掌膳羞之官。赖此以得除己害。”根据上引杜注，已经可以明白《左氏》原意。参看《左传》襄四年，则《左传》哀公元年这里相关的话更明白了。杨注并无异议。

❹豷读 xì。杜注：“思，有虞君也。虞思自以二女妻少康。姚，虞姓。纶，虞邑。方十里为成，五百人为旅。兆，始。《传》襄四年曰：‘靡自有鬲氏收二国之烬，以灭浞而立少康。’女艾，少康臣。谍，候也。豷，浇弟也。季杼，少康子后杼也。过，浇国。戈，豷国。物，事也。”孔疏言及“少康能布恩惠以收夏众，以德抚靡，故得用靡遗民灭浞而立之”一事。杨注言及“女艾打入浇处为间谍”一事，又解释“祀夏配天”一句说：“依古礼，祀天以先祖配之，此则祀夏祖而同时祀天帝也。”我们认为“不失旧物”句在“复禹之绩，祀夏配天”之后，则意思应该是不失旧制。旧物有时可以指旧礼、旧制。不妨说：这里“不失旧物”也就是“复禹之绩”。

❺依《释文》，“不亦难乎”句“难”字读 nàn（第四声）。杜注：“言与越成，是使越丰大，必为吴难。”杨注：“或者天将使越丰大。若吴与越和，吴将难为也。”若依杨注，则“难”不应读第四声，而该读第二声，不是名词而为副词了。但《左氏》“或将丰之”句“或”字实不必确定为吴越平事，应以杨注义长。

❻“句践能亲而务施”，“能亲”与《书》《诗》“柔远能迩”句“能迩”义同。《诗·大雅·民劳》郑笺：“能犹伽也……顺伽其近者。”《经义述闻》卷三：“伽与如古字通，是‘能’为‘如顺’之意。”然则

"能亲"应该是顺伽其亲者,顺伽应该是顺从、和协的意思。"务施",以施舍为务。"施不失人,亲不弃劳",杜注:"所加惠赐皆得其人。推亲爱之诚则不遗小劳。"而杨注认为"亲不弃劳"意思是"有功劳者不弃而亲爱之"。我们认为杨注较胜。"于是乎克而弗取"以下,杜注:"犹言天与不取。食,消也。已,止也。"孔疏:"言悔恨之深结于心腹,不可如食之消止。"杨注:"不取其国,则实使仇生长。不可食犹今言吃不消。"这些解说都不背原文原意,而杨先生的说法明确而且通俗好懂。

❼ 杜注:"姬,吴姓。言可计日而待。"杨注:"吴居越与楚之间。夫差有为霸主之心。"可是天与不取而长寇仇,凭这样的作为图取霸业,肯定做不到,行不通。

原文

弗听。退而告人曰:"越十年生聚,而十年教训;二十年之外,吴其为沼乎!"[8]三月,越及吴平。"吴入越"不书,吴不告庆,越不告败也。

注释

❽ "十年生聚,而十年教训",杜注:"生民聚财富而后教之。"孔疏引服虔说,杨注引《越语上》《韩非子·内储说上》,对所谓"生聚"与"教训"做了具体说明,文长不录。"吴其为沼乎",杜注:"谓吴宫室废坏,当为污池。为二十二年越入吴起本。"杨注这里用杜注。

原文

夏四月,齐侯、卫侯救邯郸,围五鹿。[1]

吴之入楚也,使召陈怀公。怀公朝国人而问焉,曰:"欲与楚者右,欲与吴者左。陈人从田,无田从党。"[2]逢滑当公而进,曰:"臣闻国之兴也以福,其亡也以祸。今吴未有福,楚未有祸,楚未可弃,吴未可从。而晋,盟主也;若以晋辞吴,若何?”公曰:“国胜君亡,非祸而何?”[3]对曰:“国之有是多矣,何必不复?小国犹复,况大国乎?臣闻:国之兴也,视民如伤,是其福也;其亡也,以民为土芥,是其祸也。[4]楚虽无德,亦不艾杀其民。吴日敝于兵,暴骨如莽,而未见德焉。天其或者正训楚也,祸之适吴,其何日之有?”[5]陈侯从之。及夫差克越,乃修先君之怨。秋八月,吴侵陈,修旧怨也。

注释

❶ 杜注:“赵稷以邯郸叛,范、中行氏之党也。五鹿,晋邑。”对“五鹿”这个地名的解说,杨注较为具体,兹不录。

❷ 杜注:“都邑之人无田者随党而立。不知所与,故直从所居。田在西者居右,田在东者居左。”按:这里所谓“与”,帮助、支持的意思,有站在哪一边的意思。

❸ “当公而进”,杜注:“当公,不左不右。”这是因为逢滑对当时吴楚兴亡与祸福自有眼光。“而晋,盟主也”,这样说,也表明了当时国际形势的一种看法,实际上,晋国的盟主地位当时已丧失殆尽。“国胜君亡”,杜注:“楚为吴所胜。”杨注:“楚国为吴所胜,楚君逃亡。”其实,吴之入楚,表明吴楚胜败、兴亡与祸福的形势并非不可判断。

❹ “臣闻国之兴也”以下,杜注:“如伤,恐惊动。芥,草也。”视民如伤者国必兴。爱护国民,是有福之象。视民如土芥者,国必亡。轻贱国民,是将有祸之征。对待人民的态度,成了国家兴亡祸福的先兆。

❺ “艾杀”并例,艾也是杀。杨伯峻先生认为这里“艾同刈”,刈当然有杀的意思。“暴骨如莽”,杜注:“草之生于广野莽莽然,故曰草莽。”杨注:“如草莽,言其多。”然则“暴骨如莽”是形容人民死亡之多。“天其或者正训楚也”,杜注:“使惧而改过。”这是借用天的神力威严加强警醒作用。“何日之有”,杜注:“言今至。”这样解说是对的。

原文

齐侯、卫侯会于乾侯，救范氏也。师及齐师、卫孔圉、鲜虞人伐晋，取棘蒲。❶

吴师在陈，楚大夫皆惧，曰："阖庐惟能用其民，以败我于柏举。今闻其嗣又甚焉，将若之何？"子西曰："二三子恤不相睦，无患吴矣。昔阖庐食不二味，居不重席，室不崇坛，器不彤镂，宫室不观，舟车不饰，衣服财用择不取费；❷在国，天有灾疠，亲巡其孤寡而共其乏困；在军，孰食者分而后敢食，其所尝者卒乘与焉：勤恤其民而与之劳逸，是以民不罢劳，死(不)知〔不〕旷。❸吾先大夫子常易之，所以败我也。❹今闻夫差：次有台榭陂池焉，宿有妃嫱嫔御焉；一日之行，所欲必成，玩好必从，珍异是聚，观乐是务；视民如仇而用之日新。夫先自败也已，安能败我？❺"

冬十一月，晋赵鞅伐朝歌。

注释

❶ 杜注："鲁师不书，非公命也。孔圉，孔烝鉏曾孙。鲜虞，狄师，贱，故不书。"孔疏："杜以《经》书'齐、卫伐晋'，《传》言四国伐晋，故唯解鲁与鲜虞不书意也。"按：棘蒲显然是地名。

❷ "食不二味"，孔疏："谓与在下同其好恶，不别二为美味也。"简明一点说，就是与臣民同吃，不开小灶。"居不重席"，杨注："居即今之坐。古之坐若今之跪。席地而坐，地面有席。唯士仅一层席，此阖庐亦一层席。"按："不重"与"不二"义同。孙仲容说："凡同席而重累设之者为重席。"用席之多少，亦与人之身份有关。论古人设席，可参看孙仲容《籀高述林》卷二《加席重席说》。《左氏》下文"室不崇坛"，杜注："平地作室，不起坛也。"杨注无异议。"器不彤镂"，杜注："彤，丹也。镂，刻也。"杨注："此言器物不漆红色，不雕刻花纹。"实亦与杜注一致。"宫室不观"，观读 guàn，杜注："观，台榭。"杨注："宫室不筑楼台亭阁。"亦本杜注作解。

"舟车不饰"句意思很明白,就是不装饰舟车。"衣服财用择不取费",杜注:"选取坚厚,不尚细靡。"总而言之,以上都是尚俭朴之意,说的是吴王阖庐自己的生活。

❸ "孰食",孰一作熟。孰、熟,古今字。"孰食者分而后敢食",杜注:"必须军士皆分熟食,不敢先食。分犹遍也。"孔疏引孙武兵书相关的说法,谓为将之道当如此。按:孙武为将,正是由阖庐重用得以施展其军事才干。阖庐受到孙武的影响,应无可疑。"其所尝者卒乘与焉",这里乘读 shèng,与读 yù,杜注:"所尝,甘珍非常食。"应该说:这里"所尝"与上文"孰食"毕竟是有区别的。"民不罢劳","罢"音义与"疲"字同。"死不知旷",当作"死知不旷",说见阮元等人《校勘记》,杜注:"知身死不见旷弃。"顾亭林《左传杜解补正》:"旷,空也。言不为徒死,知上必有以恤之。"杨注谓"顾说胜",我们认为可从。

❹ "吾先大夫子常易之"以下,杜注:"易犹反也。"按:《左传》定公四年谓"楚瓦不仁,其臣莫有死志",与这里说的"子常易之"义同,正与上文说的阖庐的表现相反,所以昔日阖庐能够打败楚国。

❺ "次有台榭陂池"以下,陂在这里读 bēi,不读 pí,也不读 pō,杜注:"积土为高曰坛,有木曰榭,过再宿曰次。妃嫱,贵者;嫔御,贱者:皆内官。"孔疏认为"次有台榭陂池"句,"言夫差所停三日则役民为此也";认为所谓内官即妇官。"一日之行"至"观乐是务",意思是说夫差贪图享乐,想要什么就非弄到手不可,必欲尽兴而后快。"视民如仇,而用之日新",杨注:"使用民力,一事刚完,又有役使,无有完时,似以前未曾使用者。"总之是:夫差把人民当仇敌,变着花样玩弄、奴役人民。这样,他自己先把自己打败了,怎么能奈何我们呢?

经二年❶

原文

春,王二月,季孙斯、叔孙州仇、仲孙何忌帅师伐邾,取漷东田及沂西田。癸巳,叔孙州仇、仲孙何忌及邾子盟于句绎。[2]

夏,四月丙子,卫侯元卒。

滕子来朝。

晋赵鞅帅师纳卫世子蒯聩于戚。[3]

注释

❶ 鲁哀公二年,是公元前493年,周敬王二十七年。孔夫子这一年进入耳顺之年。

❷ 据《释文》,漷读guō,又读huó。“句绎”,句读gōu。按:句绎自是地名。

❸ 孔疏:“世子者,父在之名。蒯聩父既死矣,而称‘世子’者,晋人纳之,以‘世子’告,言是正世子,以示宜为君也。《春秋》以其本是世子,未得卫国,无可褒贬,故因而书‘世子’耳。”按:关于“世子”之称的含义,孔疏的说法是有根据的。又,“戚”是地名。

原文

秋,八月甲戌,晋赵鞅帅师及郑罕达(帅师)战于铁,郑师败绩。[4]

冬,十月,葬卫灵公。[5]

十有一月,蔡迁于州来。

蔡杀其大夫公子驷。[6]

注释

❹ 阮刻本这一句“帅师”重出,“郑罕达”下“帅师”为衍文,说见《春秋公羊传》哀公二年阮元等《校勘记》。“战于铁”,《榖梁传》本同,《公羊传》本铁作栗,《释文》说“一本作秩”,杨注:“铁、栗、秩,古皆同韵部。”杜注:“皆陈曰战。大崩曰败绩。铁在戚城南。罕达,子皮孙。”

❺ 杜注:“七月而葬,缓。”按:本年《经》记四月卫侯元卒,至此十月,

前后出入凡七阅月。以周礼而论,此卫侯之葬,是缓期了。

⑥ 杜注:"怀土而欺大国,故罪而书名。"《春秋》书名之例,《经》哀公二年"公子驷"亦可为一证。

传二年

原文

春,伐邾,将伐绞。邾人爱其土,故赂以漷、沂之田而受盟。

初,卫侯游于郊,子南仆。[1]公曰:"余无子,将立女。"不对。他日,又谓之。对曰:"郢不足以辱社稷,君其改图!君夫人在堂,三揖在下,君命只辱。"[2]夏,卫灵公卒。夫人曰:"命公子郢为大子,君命也!"对曰:"郢异于他子;且君没于吾手,若有之,郢必闻之。且亡人之子辄在。"乃立辄。[3]

注释

❶ 杜注:"子南,灵公子郢也。仆,御也。"这所谓御就是驾车。

❷ "余无子",杜注:"蒯聩奔,无大子。"杨注:"此仅云无他適子耳。"按:杜注所谓"无大子",意即无世子,无可以嗣位之適子。杜杨义同。"郢不足以辱社稷":郢即子南,自谦不堪重任而使社稷(国家)蒙辱。"君其改图",是请国君改变主意。"三辑在下",杜注:"三揖:卿,大夫,士。"孔疏:"《周礼·司士》云:'孤卿特揖,大夫以其等旅揖,士旁三揖。'郑玄云:'特揖,一一揖之。旅,众也。大夫爵同者,众揖之。三揖者,士有上、中、下。"杨注:"士位低下,不敢受,皆逡遁避开,故王从旁揖之。"郑众、服虔有异议,今谓当以郑玄说为妥,可从之。"君命只辱",杜注:"言立適当以礼,与(内)外〔内〕同之。今君私命事,必不从適为辱。"这里杨注与杜注基本一致。诚然,立適如何可以私命事呢?那是何等重大的事,必以礼。

❸ "郢异于他子",杜注:"言用意不同。"据杨注及其援引之竹添光鸿

《左传会笺》，所谓用意不同，有两种意思，一是操守与他子不同，一是身份地位与他子不是同等高贵。“且君没于吾手”以下，杜注：“言当以临没为正。”而子南故意否认卫灵公临终对他说的话，这表明此子实无意于为君。“且亡人之子辄在”以下，杜注：“辄，蒯聩之子出公也，灵公適孙。”按：这以上交代了辄得以立的事。

原文

六月乙酉，晋赵鞅纳卫大子于戚。宵迷，阳虎曰：“右河而南，必至焉。”使大子绻，八人衰绖，伪自卫逆者。告于门，哭而入，遂居之。[4]

注释

[4] “宵迷”，杨注：“临夜迷路。”《左氏》下文“右河而南必至焉”以下，杜注：“是时河北流过元城界，戚在河外，晋军已渡河，故欲出河右而南。绻者始发丧之服。欲为卫人逆，故衰绖成服。”孔疏：“是时晋军已渡河矣，师人昏迷不知戚处，阳虎忆其渡处在戚之北，河既北流，据水所向，则东为右，故欲出河右而南行也。”又说：“此‘大子绻’者，礼：不至丧所不括发，故以绻代之耳。灵公以四月卒，今以六月而大子绻，故云‘绻，始发丧之服’也。”按：这里绻即礼书（如小戴辑《礼记》）多见之“免”，读 wèn，杨注已指出。杨先生引服虔的说法：“衰绖，为若从卫来迎大子也。”句中“为”字，就是阮刻本《左传》中的“伪”。杨先生又说：“蒯聩使此八人告戚之守门者，开门迎之。”依《左传》下文，则伪装迎大子者哭而入戚，而且占领了戚邑。蒯聩随后也进了此邑。《史记·卫世家》记叙这件事与《左氏》有相似的文字，可参看。

原文

秋八月，齐人输范氏粟，郑子姚、子般送之。士吉射逆之，赵鞅御之。遇于戚。阳虎曰："吾车少，以兵车之旆与罕、驷兵车，先陈，罕、驷自后随而从之。彼见吾貌，必有惧心。于是乎会之，必大败之！"[1]从之。卜战，龟焦。乐丁曰："《诗》曰：'爰始爰谋，爰契我龟。'谋协，以故兆询可也。"[2]简子誓曰："范氏、中行氏反易天明，斩艾百姓，欲擅晋国而灭其君。[3]寡君恃郑而保焉。今郑为不道，弃君助臣；二三子顺天明，从君命，经德义，除诟耻，在此行也！克敌者，上大夫受县，下大夫受郡，士田十万，庶人、工、商遂，人臣隶圉免。[4]志父无罪，君实图之！若其有罪，绞缢以戮：桐棺三寸，不设属、辟；素车朴马，无入于兆：下卿之罚也。[5]"

注释

❶ 杜注："子姚，罕达。子般，驷弘。"《左氏》下文所谓"逆之"，就是迎之；所谓"御之"，就是拒之。"阳虎曰"以下，杜注有不可取者，所以杨注引沈钦韩《春秋左传补注》说："兵车之旆，所谓大将旗鼓也。先建旆于兵车，示中军精锐在是，则罕、驷兵车来者不得不分良列阵以当我。"我们认为"以兵车之旆与罕、驷兵车"当作一句读，"与"的意思，与《左传》襄公二十五年"一与一，谁能惧我"句中"与"相同，与本年《传》上文"赵鞅御之"句"御"的意思相类。"先陈"作一句读，此句以下，杜注："晋人先陈，郑人随之，不知其虚实，见车多，必惧。"这里说"晋人先陈"是对的，而郑人"必惧"的原因，杨注有异议，认为郑人畏惧的是阳虎的容貌。我们认为这里杜注可信，因为两军会战，某一个人的容貌恐不足以令对方众将士畏惧。"于是乎会之"，杜注："会，合战。"在心理上气势上压倒敌人之后，在战场上击败敌人，这当然是可能的。

❷ 如杜注所说，"龟焦"则"兆不成"，乐丁为"晋大夫"。引《诗》见《大雅·绵》。孔疏："爰，于也。既见周原之地肥美可居，于是始集豳人从己者，于是与谋议；人谋既从，于是契灼我龟而卜之：言先人谋，后卜筮也。"《左氏》下文"谋协"以下，杜注："询，谘询也。故兆，始纳卫大子，卜得吉兆。言今既谋同，可不须更卜。"杨注认

为"以故兆询"句中"询"是信的意思,较杜注义长。

❸ "反易天明",杜注:"不事君也。"孔疏:"下事上,臣事君,法则天之明道。臣不事君,是反易天之明道也。"杨注认为明与命音同可通,"天明即天命"。按:《传》昭二十五年"则天之明,因地之性",可证孔疏所谓"法则天之明道"有据;而《书·大诰》"绍天明即命"可证杨注亦可通。"斩艾百姓",这个"艾"与《左传》哀元年"楚虽无德,亦不艾杀其民"句中"艾"字义同。

❹ "顺天明"就是遵从天之明道(或者说是服从天命)。"经德义",杨注用《左氏》宣十二年杜注:"经,法也。"《左氏》下文"上大夫受县"以下,杜注引《周书·作雒篇》:"千里百县,县有四郡。"上大夫克敌立功者受县,下大夫受郡,可见其时县大于郡。"士田十万"以下,杜注认为这里"十万"即十万亩,"庶人、工、商遂"的遂是"得遂进仕","人臣隶圉免"的免是"去厮役"。《释文》:"何休注《公羊》云:艾草为防者曰厮,汲水浆者曰役。"又引苏林与韦昭的说法,认为厮是取薪者。关于"士田十万,杨注取张苑峰先生的意见,认为十万即十万步,"百步一亩,则千亩"。杨注又说:"人臣为'男为人臣'之人臣,谓奴隶。"隶圉也是奴隶。"自'上大夫'至'隶圉',当指克敌所获各种身份之俘虏。"按:上引诸说大多可从。

❺《释文》引服虔的说法:"赵鞅晋阳以畔,后得归,改名志父,《春秋》仍旧,犹书'赵鞅'。"可是杨注认为这"改名之说不足信"。杜注:"志父,赵简子之一名也。言已事济,君当图其赏。绞,所以缢人物。属,辟,棺之重数:王棺四重,君再重,大夫一重。"《释文》:"棺用难朽之木。桐木易坏,不堪为棺,故以为罚。"孔疏引《丧大记》,然后说:"《大记》之文从外向内,大棺之内有属,属之内有椑。椑,亲身之棺……郑玄云:赵简子云'不设属辟',时僭也。为时僭日久,自言'无罪',则僭设有罪,乃不设耳……杜言此棺之重数者,以明不设属辟为罚也。"《左氏》下文"素车朴马",杜注:"以载柩。"所谓素、朴,应该都是没有装饰的意思。"无入于兆",杜注:"兆,葬域。"不许入兆域,当然也是责罚。"下卿之罚

也”，杜注：“为众设赏，自设罚，所以能克敌。”按：自上文“范氏、中行氏反易天明”至此，皆赵简子誓辞。先说“此行”缘由，然后说“克敌者”受赏，最后说自己若有罪则请罚：确实足以勉励同僚与下属，并且激励自己。“此行”克敌也就在意料之中了。

原文

甲戌，将战，邮无恤御简子，卫大子为右。登铁上，望见郑师众，大子惧，自投于车下。❶子良授大子绥而乘之，曰：“妇人也！”❷简子巡列，曰：“毕万，匹夫也：七战皆获，有马百乘，死于牖下。群子勉之！死不在寇。”❸繁羽御赵罗，宋勇为右。罗无勇，麇之；吏诘之，御对曰：“痁作而伏。”❹卫大子祷曰：“曾孙蒯聩敢昭告皇祖文王、烈祖康叔、文祖襄公：郑胜乱从，晋午在难，不能治乱，使鞅讨之。❺蒯聩不敢自佚，备持矛焉。敢告无绝筋，无折骨，无面伤，以集大事，无作三祖羞。大命不敢请，佩玉不敢爱。❻”

注释

❶ 杜注：“邮无恤，王良也。铁，丘名。”孔疏言及御为古六艺之一，以及王良之善御，其说有据。

❷ “子良授大子绥而乘之”，孔疏：“《曲礼》云：‘凡仆人之礼，必授人绥。’《论语》称孔子上车，‘必正立执绥’而升。绥者，挽以上车之索，故授之使之升也。”我们认为孔疏这里用仆人之礼解说授绥之事，甚确。《左氏》下文记子良语“妇人也”，杜注：“言其怯。”这样解说也很准确。

❸ 杨注：“巡列，犹言视察队伍。”杜注：“毕万，晋献公卿也。皆获，有功。死于牖下，言得寿终。”孔疏：“襄二十七年《传》曰：‘唯卿备百邑。’注云：‘一乘之邑也。’《坊记》云：‘家富不过百乘。’百乘，卿之极制也。《檀弓》云：‘饭于牖下，小敛于户内……所以即远也。’则礼之正法死于牖下。”按：“饭于牖下”的“饭”，是“饭

含”之饭，丧礼中的仪注之一。与孔疏所引《檀弓》相同的说法，又见于《坊记》。《左氏》下文“死不在寇”，杜注：“言有命。”杨注：“言勇战未必死于敌。”死生既有命，不在乎与敌寇厮杀与否，诸位何不奋勇赴战呢？

❹ 繁羽、赵罗、宋勇，杜注：“三子，晋大夫。”又说：“麇，束缚也。痁，疟疾也。”按：洪亮吉《左传诂》认为“稛麇字同”。《说文》：“稛，豢束也。”可见洪氏说与杜注同。稛即今之捆字。又，痁读 shān。

❺ “郑胜乱从”以下，杜注：“胜，郑声公名。释君助臣为从于乱。午，晋定公名。鞅，简子名。”杨注据《左传》昭五年“使乱大从”句，认为“郑胜乱从”是郑胜“乱顺道”的意思，说自可通。

❻ “备持矛焉”，杜注：“戎右持矛。”按：这一类以“备”字领起的词组或短句，与《左传》成公二年“敢告不敏，摄官承乏”“属当戎行”等句子意思相同或相近。“敢告无绝筋”以下，祷告祈请先祖神灵保佑自己避免绝筋、折骨与面伤。“以集大事”，杜注：“集，成也。”目的是成就大事。“无作三祖羞”，不使上文说的“皇祖文王”“烈祖康叔”“文祖襄公”三祖觉得丢脸。“大命不敢请”以下，杜注：“不敢爱，故以祈祷。”孔疏：“‘大命不敢请’者，谓己之身命不敢私请苟以求生。”而“佩玉不敢爱”者，自然是因为祷请必须用玉，怎么好意思吝啬不肯奉献给神灵呢？又，孔疏认为上文“敢告无绝筋”三句“谓军之士众无令损伤”，那就不仅是为自己的生命安全而祷告了。这当然也可备一说。

原文

郑人击简子；中肩，毙于车中。获其蜂旗。❼大子救之以戈。郑师北。获温大夫赵罗。大子复伐之，郑师大败；获齐粟千车。赵孟喜曰：“可矣！”傅傁曰：“虽克郑，犹有知在，忧未艾也。”❽

注释

❼ 杜注：“毙，踣也。蜂旗，旗名。”按：《说文》毙一作獘：“顿仆也。”

又说:“踣,僵也。”段注:“踣与仆音义皆同。”应该注意的是:踣,仆,未必就是死,不过向前倒地而已。譬如《左氏》这里说简子“毙于车中”,但他并没有死。

8 “获温大夫赵罗”,于醴尊认为此赵罗是范氏之党,与上文赵氏之赵罗为两人;杜注合为一人,误。傻读 sǒu。《释文》谓傻“又作叟”,“有知,音智”。杜注:“赵孟,简子也。喜大子前怯今更勇。傅傻,简子属也。言知氏将为难,后竟有晋阳之患。”按:《诗·小雅·庭燎》“夜未艾”,未艾是未断、未止的意思。《左氏》这里“忧未艾”应该是忧未断,忧未止,因为如杜注所说,还有后患,不得无忧。

原文

初,周人与范氏田。公孙尨税焉,赵氏得而献之。吏请杀之,赵孟曰:“为其主也,何罪?”止,而与之田。[1]及铁之战,以徒五百人宵攻郑师,取蜂旗于子姚之幕下,献,曰:“请报主德!”

注释

1 杜注:“尨,范氏臣,为范氏收周人所与田之税。”有赵氏者,“得尨以献简子”,赵孟不但不杀他公孙尨,而且没有怪罪他,甚至做到了“止而与之田”这一步。杜注:“还其所税。”杨注:“公孙尨为范氏收田税,赵氏得之,不但不杀,且留之,与之以田。”杨先生这样解释,说出了《左氏》原意。田都给了他,岂止是“还其所税”而已!

原文

追郑师。姚、般、公孙林殿而射,前列多死。赵孟曰:“国无小!”[2]既战,简子曰:“吾伏弢呕血,鼓音不衰,今日我上也!”大子曰:“吾救主于车,退敌于下;我,右之上也!”邮良曰:“我两靷将绝,吾能止之;我,御之上也!”[3]驾而乘材,两靷皆绝。[4]

注释

❷ “国无小”,杜注:“言虽小国,犹有善射者。”杨注:“言不能轻视小国,虽小国,亦有善战者。”这里又是杨注义长。

❸ “伏弢呕血”,杜注:“弢,弓衣。呕,吐也。”按:杜注所谓弓衣,与杨注说的“盛弓之袋”,只是一物。“今日我上也”,杜注:“我功为上。”《左氏》下文“救主于车”,指上文记载的卫大子以戈救简子于车中一事;“退敌于下”指上文记“大子复伐之,郑师大败”一事。“右之上”,右即上文“卫大子为右”之右,卫大子自认为他是所有担任车右的人中功劳最大的人。孔疏:“《说文》云:‘靷,引轴也。’僖二十八年注云:‘在胸曰靷。’然则此皮约马胸而引车轴也。两靷将绝而能制焉,言其御之和也。”邮良自认他是御者中功劳最大的人。杨注认为这里靷当作靳,“王良善御,能以将断靳控制骖马”。杜注:“止使不绝。”然则“御之上”可以理解为御者中技术最高超的人。总而言之,《左氏》上文记晋军主帅简子居功自伐,其他的人效尤居功。

❹ 杜注:“材,横木,明细小也。”孔疏:“乘小木而靷绝,示其将绝之验也。”杨注义同。

原文

吴泄庸如蔡纳聘,而稍纳师。师毕入,众知之。蔡侯告大夫,杀公子驷以说。哭而迁墓。[5]冬,蔡迁于州来。

注释

❺ 杜注:“元年,蔡请迁于吴,中悔,故因聘袭之。”这件事,本是蔡侯与吴人合谋而发生的。“杀公子驷以说”,杜注:“杀驷以说吴,言不时迁,驷之为。”杨注:“蔡侯杀公子驷以向吴解说,于是无人敢阻止矣。”比较杜、杨两注,知其关于“说”的解释不一致,今两存

之。“哭而迁墓”，杜注：“将迁，与先君辞，故哭。”杨注用杜注，可见两注关于“哭而迁墓”的解释完全一致。但我们认为“与先君辞”与“迁墓”不可等同。

经三年❶

原文

春，齐国夏、卫石曼姑帅师围戚。❷

夏，四月甲午，地震。

五月辛卯，桓宫、僖宫灾。❸

季孙斯、叔孙州仇帅师城启阳。

宋乐髡帅师伐曹。

秋，七月丙子，季孙斯卒。

蔡人放其大夫公孙猎于吴。❹

冬，十月癸卯，秦伯卒。

叔孙州仇、仲孙何忌帅师围邾。

注释

❶ 鲁哀公三年，是公元前492年，周敬王二十八年。孔仲尼先生这一年六十一岁。

❷ 杜注：“曼姑为子围父，知其不义，故推齐使为兵首。‘戚’不称‘卫’，非叛人。”《公》《穀》两《传》都发表了关于围戚之事的批评，不具录。按：杜注盖受《公》《穀》两《传》启发而作。

❸ 这里桓宫为桓公庙，僖宫是僖公庙。杜注：“天火曰灾。”

❹ 杜注说公孙猎是“公子驷之党”。《公羊传》：“称‘人’者，恶大夫骄蹇作威相放，当诛，故贬。”这里也可作《春秋》称“人”之例的证明。《传》僖七年、文九年、宣元年可参。

传三年

原文

春，齐、卫围戚，求援于中山。

夏五月辛卯，司铎火。火逾公宫，桓、僖灾。救火者皆曰："顾府！"[1]南宫敬叔至，命周人出御书，俟于宫，曰："庀女！而不在，死！"[2]子服景伯至，命宰人出礼书以待命，命不共，有常刑；[3]校人乘马，巾车脂辖；百官官备，府库慎守，官人肃给；[4]济濡帷幕，郁攸从之，蒙葺公屋，自大庙始，外内以悛；助所不给：[5]"有不用命，则有常刑，无赦！"公父文伯至，命校人驾乘车。季桓子至，御公立于象魏之外，命救火者："伤人则止。财可为也。"命藏象魏，曰："旧章不可亡也！"[6]富父槐至，曰："无备而官办者，犹拾沈也。"[7]于是乎去表之槁，道还公宫。[8]孔子在陈，闻火，曰："其桓、僖乎！"[9]

刘氏、范氏世为昏姻，苌弘事刘文公，故周与范氏。赵鞅以为讨。六月癸卯，周人杀苌弘。

注释

❶ 杜注："司铎，宫名。"孔疏："此司铎虽是公小宫，在公宫之后，非君来往之急，又是人火，所以轻而不书。或可举庙重以略之。"又说："司铎初被人火，火越宫而至庙。以火逾宫，故以'灾'言之。"章太炎认为"司铎盖官署之在宫城中者"，"即后世之郎署"(《春秋左传读》)。杨伯峻先生认为依礼制桓僖二庙应已毁而不存，"其犹存者，或者季、叔孙、孟三卿皆桓公之后，三家用事，尊其始祖也""三家之用事，始于僖公，僖庙不毁，亦报德之举乎"。盖本《左传》哀公三年"孔子在陈闻火"句下孔疏引服虔说。这些解说都各有道理。"顾府"，杜注："言常人爱财。"因为如杨注所说："府库，财物所在。"救火者怀有同样的爱财之心，不能不"顾

府”的。

❷ 庀读 pǐ。杜注:“敬叔,孔子弟子南宫阅。周人,司周书典籍之官。御书,进于君者也。使待命于宫。庀,具也。”杨注:“疑庀借为庇……省介词于字,庇于女也。即以此寄托于汝保护之。不在即有失,则死罪。”我们认为承上文“救火”言,杨注可通。

❸ 杜注:“景伯,子服何也。宰人,冢宰之属。”杨注更直接指出宰人疑即《周官》之宰夫。“以待命”,杜注以为意思是“待求之命”。杨注:“‘命不共’即《书·甘誓》之‘不恭命’。言奉命不尽职,则有一定之刑。”按:“不”如何则“有常刑”,这类句式先秦文献(譬如《书·费誓》《周官·小宰》《大司徒》《小司徒》《小司寇》)中屡见。

❹ 杜注:“校人,掌马。巾车,掌车。乘马,使四匹相从,为驾之易。国有火灾,恐有变难,故慎为备。”杨注:“辖为车轴两头之键,涂之以脂……使车行滑利也。”杨先生认为“百官官备”的意思是“各种官吏无不在职位”,“官人肃给”的意思是司主馆舍者肃敬供给(这里用俞曲园先生的说法)。我们认为这里杜、杨两注并无矛盾,似可互补。

❺ 杜注:“郁攸,火气也。濡物于水,出用为济。”杨注用章太炎先生说,认为“济亦濡也”;用王绍兰《经说》,认为杜注所谓“火气”即“火器”之讹,其所谓火器即救火器具。杨先生说:“济濡帷幕,谓以透湿之帷幕覆盖近火处,使之勿被火。”然则“郁攸从之”就是用过帷幕之后,用救火器灭火。“蒙葺公屋”,杜注:“以濡物冒覆公屋。”又说:“悛,次也。先尊后卑,以次救之。”按:“自大庙始”,这正是救火“先尊后卑”的原则的决定。杨注:“其人力物力有不足者,他人助之。”这样讲,应已道出了《左氏》原意。

❻ 杜注:“乘车,公车。象魏,门阙。《周礼》:正月县教令之法于象魏,使万民观之。故谓其书为象魏。”杜镇南这里引的《周礼》,见《周官·大司马》。《周官·大宰》有相类的说法。“命救火者”以下,杨注:“人命重,财物轻,宁焚物而勿伤人。”又说:“当时象魏悬挂法令使万民知晓之处,因名法令亦曰象魏,即旧章也。”此本

服虔说。旧章不可亡,这是对治国经验的重视。以人为本,重视人命,这当然要算是可以传世垂远的宝贵思想。

❼ 杜注:"槐,富父终生之后。沈,汁也。言不备而责办,不可得。"杨注:"无备谓灭火之备,官办指上百官官办诸事,事事有人负责,然不能灭火。犹羹汁倾覆于地,无法捡拾。"按:《左氏》这里用比喻,倒也生动,足明事理。

❽ 《释文》:"还,本又作环。"杜注:"表,表火道风所向者,去其(槁)〔稿〕积。开除道周匝公宫,使火无相连。"按:"去表之稿",把火道之稿去掉。杨注:"环绕公宫开辟火巷,使火不致延及公宫。"以"环绕"释"还",可从。

❾ 杜注:"言桓、僖亲尽而庙不毁,宜为天所灾。"今按:《左氏》这里记孔夫子的话,是事后论事。夫子认为桓、僖二庙依礼制也该毁了。宜处置以礼,是天所以警人也。

原文

秋,季孙有疾,命正常曰:"无死!南孺子之子,男也,则以告而立之;女也,则肥也可。"[1]季孙卒,康子即位。既葬,康子在朝。南氏生男,正常载以如朝,告曰:"夫子有遗言,命其圉臣曰:'南氏生男,则以告于君与大夫而立之。'今生矣,男也,敢告。"遂奔卫。康子请退。公使共刘视之,则或杀之矣。乃讨之。[2]召正常,正常不反。

注释

❶ 杜注:"正常,桓子之宠臣。欲付以后事,故敕令勿从己死。南孺子,季桓子之妻。言若生男,告公而立之。肥,康子也。"按:鲁卿大夫立后,也应该遵守嫡庶制度。

❷ "康子请退"以下,杜注:"退,辟位也。共刘,鲁大夫。"按:这里"共刘"的共读 gōng。"或杀之矣"句意思是有人杀了他(指南孺

子生下的那个男婴)。“乃讨之”,杜注:“讨杀者。”

原文

冬十月,晋赵鞅围朝歌,师于其南。荀寅伐其郛,使其徒自北门入,己犯师而出。[3]癸丑,奔邯郸。十一月,赵鞅杀士皋夷,恶范氏也。[4]

注释

❸ “师于其南”,杜注谓其南是范中行所在。“荀寅伐其郛”以下,杜注:“伐其北郭围。”又说:“荀寅使在外救己之徒击赵氏围之北门,因外内攻得出。”杨注并无异议。

❹ 杜注:“恶范氏而杀其族。言迁怒。”杨注:“士皋夷即定十三年《传》之范皋夷。”又说:“赵鞅杀之,所以防其为祸于后也。”依杨注,赵鞅杀人,岂是迁怒?实有为为之。

经四年[1]

原文

春,王二月庚戌,盗杀蔡侯申。[2]

蔡公孙辰出奔吴。

葬秦惠公。

宋人执小邾子。[3]

夏,蔡杀其大夫公孙姓、公孙霍。

注释

❶ 鲁哀公四年,即公元前491年,周敬王二十九年。孔夫子这一年六十二岁。

❷ 杜注:“贱者,故称‘盗’。不言弑其君,贱盗也。”《释文》:“‘蔡侯

申’,今本皆如此。案:宣十七年‘蔡侯申卒’,是文侯也。今昭侯是其玄孙,不容与高祖同名。未详何者误也。”杨注:“曾祖与曾孙同名,孔颖达疏以为‘必有误者’。不知若以世次计,则相距六代;若以庙次计,则相距七公:其同名不足怪异。”按:杨先生说是。

❸ 杜注:“邾子无道于其民,故称‘人’以执。”依此说,从知《春秋》称“人”,所讥所贱者不仅在于“人”之本身,还在于“人”的对手或者他所涉及的另一方。

原文

晋人执戎蛮子赤,归于楚。❹

城西郛。

六月辛丑,亳社灾。❺

秋,八月甲寅,滕子结卒。

冬,十有二月,葬蔡昭公。葬滕顷公。❻

注释

❹ 杜注:“晋耻为楚执诸侯,故称‘人’以告,若蛮子不道于其民也。赤本属楚,故言‘归’。”按:此亦称“人”,请参看注❸。

❺ 杜注:“天火也。亳社,殷社,诸侯有之,所以戒亡国。”孔疏:“盖武王伐纣,以其社班赐诸侯,使各各立之,所以戒亡国也。其社有屋,故火得焚之。”又引《公》《穀》两传以及《郊特牲》说亳社,兹不具录。请参看拙著《中国礼制史·先秦卷》第四章第二节以及第五章第二节。

❻ “葬蔡昭公”,杜注;“乱故,是以缓。”本年《春秋经》上文记“二月”盗杀蔡侯申,至此十有二月之葬,实在是缓慢了。“葬滕顷公”一事杜注不说什么。按:自八月之卒至此十有二月之葬,出入凡五月,恰与周礼有关规定相合,是可以免于“速”与“缓”之讥。

传四年

原文

春，蔡昭侯将如吴；诸大夫恐其又迁也，承公孙翩逐而射之；入于家人而卒。[1]以两矢门之，众莫敢进。文之锴后至，曰："如墙而进，多而杀二人。"[2]锴执弓而先；翩射之，中肘；锴遂杀之。故逐公孙辰，而杀公孙姓、公孙盱[3]。

注释

❶ 句中"承"字，自来读法解说不一。有读至"承"字绝句者，有连下句读者。有释为"乘"的（如俞曲园），有当"佐"讲的（如沈钦韩），有说成"恐"的（如洪亮吉），有说是"跟随"的（如杨注）。杜注："承音惩，盖楚言。"我们赞成杜镇南此说。《左氏》记楚言不仅出现在这里，前文已有之（如《左传》庄四年、宣十二年）。我们认为杜注"承音惩"，也就是读为"惩"的意思，这里惩可以解释为"苦于"。"惩公孙翩"，苦于公孙翩护卫蔡昭侯，所以追逐公孙翩而射之。"入于家人而卒"，此卒者固是蔡侯，孔疏："言'将入吴'，已适吴矣。翩在路逐而杀之，遂入于凡人之家。"按：孔疏此说恐误，依此说，公孙翩岂不成了杀君之人？

❷ "以两矢门之"，杜注："翩以矢自守其门。"依杜注，后来赶到的文之锴也是蔡国的大夫。"如墙而进"，是"并行如墙俱进"的意思。杨注："翩只二矢，最多不过死二人。"《左氏》原意应如此。

❸ 盱读 xū。杜注："盱即霍也。"公孙盱即公孙霍，蔡国大夫。

原文

夏，楚人既克夷虎，乃谋北方。左司马眅、申公寿余、叶公诸梁致蔡于负函，致方城之外于缯关，曰："吴将溯江入郢，将奔命焉。"[1]

为一昔之期，袭梁及霍。[2]单浮余围蛮氏，蛮氏溃，蛮子赤奔晋阴地。[3]司马起丰、析与狄戎以临上雒，左师军于菟和，右师军于仓野，使谓阴地之命大夫士蔑曰："晋楚有盟，好恶同之。若将不废，寡君之愿也。不然，将通于少习以听命！"[4]士蔑请诸赵孟，赵孟曰："晋国未宁，安能恶于楚？必速与之！"士蔑乃致九州之戎，将裂田以与蛮子而城之，且将为之卜；蛮子听卜，遂执之与其五大夫，以畀楚师于三户。[5]司马致邑、立宗焉，以诱其遗民，而尽俘以归。[6]

注释

❶ 眅读 pān，或读 pàn。杨注说此字读"攀"字上声（pǎn），实本《释文》。杜注："夷虎，蛮夷叛楚者。"司马眅、申公寿余、叶公诸梁，都是楚国大夫。"致蔡于负函"以下，杜注："此蔡之故地人民，楚因以为邑。致之者，会其众也。负函、缯关，皆楚地。"这里杜注应不误。杜注："逆流曰溯。"所谓"吴将溯江入郢，将奔命焉"，这是预告吴人将再次侵入楚国郢都，将有"奔命"之事。

❷ 杜注："伪辞当备吴，夜结期，明日便袭梁、霍，使不知之。"梁、霍都是地名。杨注："昔、夕古音同，此昔字即作夕用。"正因为这里昔作夕用，所以杜注说袭梁、霍是"明日"之事。可见这里杜、杨两注实一致。

❸ "单浮余"的单，读 shàn，这里是姓氏。杜注："浮余，楚大夫。阴地，河南山北，自上雒以东至陆浑。"

❹ 司马，指司马眅。"司马起丰、析与狄戎"以下，析、丰皆楚邑，杜注："发此二邑人及戎狄。"杨注："起，汉谓之兴，征召卒乘也。此谓征召丰、析及狄戎之民为兵。"按：这里杜、杨两注也是一致的。又按：《左氏》下文上雒、菟和、仓野，皆地名；"临""军"，皆动词。杜注："命大夫，别县监尹。"孔疏认为"命大夫"是"特命大夫"。杨注："命大夫者，曾经周王或晋侯所亲命之大夫。"我们认为阴地既为"晋阴地"，则杨注自有根据，较杜注孔疏义长。"晋楚有盟"以下，意思是：如果晋国人不废旧盟，那正是我们楚国君臣的

愿望,那你们就该和我国“好恶同之”,你们就该把蛮子赤交给我们。“不然,将通于少习以听命”,杜注:“少习,商县〔东〕武关也。将大开武关道以伐晋。”这也是所谓先礼后兵,楚人这一番言论还应该算是比较得体的。

❺ “士蔑乃致九州之戎”,杜注:“九州戎,在晋阴地陆浑者。”致是召集的意思。“将裂田以与蛮子而城之”:士蔑声称要分田给蛮子,而且要建筑城邑,杜注指出其实是“以诈蛮子”。蛮子信以为真,前来听卜,于是被抓住,连同五大夫送到三户那个地方,交给了楚人。

❻ 杜注:“楚复诈为蛮子作邑、立其宗主。”以此引诱蛮子遗民,结果将他们全部抓获,带回楚国了。按:这里司马还是那个司马,楚国的大夫司马眅。

原文

秋七月,齐陈乞、弦施、卫甯跪救范氏。庚午,围五鹿。九月,赵鞅围邯郸。冬十一月,邯郸降。荀寅奔鲜虞,赵稷奔临。十二月,弦施逆之,遂堕临。[1]国夏伐晋,取邢、任、栾、鄗、逆畤、阴人、盂、壶口,会鲜虞,纳荀寅于柏人。[2]

注释

❶ “赵稷奔临”,杜注:“临,晋邑。”这个临与《左氏》上文“以临上雒”句中“临”字意思大不相同,一为名词,一为动词。于醴尊《香草校书》卷四十三“获温大夫赵罗”条:《传》四年云“赵稷奔临”。“赵稷非荀氏之党与? 荀党有赵稷,范党独不可有赵罗乎?”依于氏此说,这哀公四年的赵稷与定公十三年的赵稷亦非一人。“遂堕临”,这里“堕”与《左氏》定公十二年“堕费”“堕成”以及“我将不堕”三“堕”字音同义同。

❷ 依《释文》,任读 rén,鄗读 huò,或读 hào。“邢”至“壶口”,杜注:

"八邑,晋地。"《左氏》下文"会鲜虞,纳荀寅于柏人",杜注:"晋邑也……弦施与鲜虞会也。"按:弦施、国夏为齐将。齐虽不弱,然晋为大国,不至于让齐军过分深入内地。有前辈学者已指出这一点,所以说《左氏》这里记事未必完全可信。

经五年❶

原文

春,城毗。

夏,齐侯伐宋。

晋赵鞅帅师伐卫。

秋,九月癸酉,齐侯杵臼卒。

冬,叔还如齐。

闰月,葬齐景公。❷

注释

❶ 鲁哀公五年,当公元前490年,周敬王三十年。是年孔仲尼先生六十三岁。

❷ 本年《经》记齐景公九月卒,至年末闰月葬,应该算是非速非缓,与周礼有关规定相符。

传五年

原文

春,晋围柏人,荀寅、士吉射奔齐。初,范氏之臣王生恶张柳朔,言诸昭子,使为柏人。昭子曰:"夫非而仇乎?"对曰:"私仇不及公,好不废过,恶不去善,义之经也。臣敢违之?"❶及范氏出,张柳朔谓其子:"尔从主,勉之!我将止死。(主)〔王〕生授我矣,吾不可以僭之！"遂死于柏人。[2]

注释

[1] "使为柏人"，杜注："为柏人宰也。昭子，范吉射也。"杨注引孔广森《经学卮言》之六，认为张柳是古之复姓，张一作长。"夫非而仇乎"，他不是你的仇人吗？《左氏》这里记范氏家臣王生举荐贤人不避仇雠。"私仇不及公"，杜注："公家之事也。""好"与"恶"，"过"与"善"，两两相对，意思是不以私人好恶而埋没人家的优点，掩饰人家的错误。这是讲道理的原则。"臣敢违之"，敢者不敢也。以疑问语气表示相反的意思，古汉语中这一类句式颇为常见。

[2] "及范氏出"，杜注："出柏人奔齐。"此范氏，当指范吉射。张柳朔嘱咐儿子勉力事主，他自己则决心为主尽忠。"我将止死"以下，杜注："授我死节。"止死是留守而赴死于难。"吾不可以僭之"以下，杨伯峻先生援引遇夫先生《读左传》："僭，不信也。"意思是我不能让举荐我者失信于范氏，也就是不让任用我者失信于社会，那就只有一条路可走了，如杜注所说："为吉射距晋战死。"

原文

夏，赵鞅伐卫，范氏之故也；遂围中牟。

齐燕姬生子，不成而死。诸子鬻姒之子荼嬖[3]，诸大夫恐其为大子也，言于公曰："君之齿长矣，未有大子，若之何？"公曰："二三子间于忧虞，则有疾疢。亦姑谋乐，何忧于无君？"[4]公疾，使国惠子、高昭子立荼，置群公子于莱。

注释

[3] "诸子鬻姒之子荼嬖"，杜注："燕姬，景公夫人。不成，未冠也。诸子，庶公子也。鬻姒，景公妾。荼，安孺子。"杨注："诸子，天子、诸侯姬妾之官称。"杨先生在《左传》襄十九年找到了内证，其

说可信。按:嬖,是得到宠爱的意思。

❹ 疢读 chèn。杜注:"景公意欲立荼而未发,故以此言塞大夫请。"孔疏:"公谓群臣云:'若间暇于忧虞,谓国无忧虞,事得间暇,则恐有疾疢,不得饮乐。今既无忧虞,又无疾疢,亦且谋乐,何忧乎无君?"杨伯峻先生认为这里"间"是"参与、间厕之义",不同意将"间"作"间暇"看,我们认为这里应以杨说为是。按:"间于忧虞,则有疾疢",与《诗·小雅·正月》"癙忧以痒"句义相同。《诗·小雅·小弁》:"心之忧矣,疢如疾首。"也是这个意思。

原文

秋,齐景公卒。冬十月,公子嘉、公子驹、公子黔奔卫,公子鉏、公子阳生来奔。莱人歌之,曰:"景公死乎不与埋,三军之事乎不与谋;师乎师乎,何党之乎?"❶

郑驷秦富而侈,嬖大夫也,而常陈卿之车服于其庭。❷郑人恶而杀之。子思曰:"《诗》曰:'不解于位,民之攸塈。'不守其位,而能久者,鲜矣。❸《商颂》曰:'不僭不滥,不敢怠皇',命以多福。❹"

注释

❶ 莱人这首歌,当年采风编《诗》者未加注意,所以《诗》三百不见。杜注:"师,众也。党,所也。之,往也。称谥,盖葬后而为此歌,哀群公子失所。"杜注甚是。杨注用杜注。

❷ 身为大夫而"常陈卿之车服于其庭",是不肯安分守己的表现,实难免僭越之嫌。礼制如果不能容忍,那就势必出事。

❸ 杜注:"子思,子产子国参也。《诗·大雅》。攸,所也。塈,息也。"孔疏:"《诗·大雅·嘉乐》之篇也。言在上者不解惰于其位,民之所以得安息。驷秦弃位僭上,是惰于位也。"惰于位则不可长久,总的情况如此。

❹ 杜注:"僭,差也。滥,溢也。皇,暇也。言驷秦违《诗·商颂》,故

受祸。”孔疏指出这里引《诗·商颂》见于《殷武》一篇，认为此篇“歌成汤之德不僭差，不滥溢，不敢怠惰而自暇，以此之故，上天命以多福也”。又说：“《诗》于‘怠皇’之下更云‘命于下国，封建厥福’，《传》言‘命于多福’，不复具引诗文，取其意而言之也。杜云‘违《诗·商颂》’，上言《诗》，下言《颂》，以驷秦于此二诗皆违……”我们认为孔疏这样讲，也许正是杜注本意。

经六年❶

原文

春，城邾瑕。

晋赵鞅帅师伐鲜虞。

吴伐陈。

夏，齐国夏及高张来奔。❷

叔还会吴于柤。

秋，七月庚寅，楚子轸卒。❸

齐阳生入于齐。❹

齐陈乞弑其君荼。❺

冬，仲孙何忌帅师伐邾。

宋向巢帅师伐曹。

注释

❶ 鲁哀公六年，即公元前489年，周敬王三十一年。孔夫子这一年六十四岁。

❷ 杜注：“二子阿君废长立少，既受命，又不能全，书名，罪之也。”可见《春秋经》书名之例在这里又找到了证据。

❸ 《释文》已指出“轸”字《史记》作“珍”。杨注：“轸即昭二十六年之太子壬。壬其本名，楚君即位后例改名，轸其所改名。”杨伯峻

先生还指出“珍”“轸”形音均近，这是书写产生差异的原因之一。杜注：“未同盟而赴以名。”按：上年《春秋经》书“齐侯杵臼卒”，杜注：“再同盟也。”然则上年《春秋》是既同盟而书其名了，与本年《春秋》书法分明有矛盾。查《春秋》全经，可知此类问题正多。我们不能不怀疑本年《春秋》之杜注不确。

❹ 杜注：“为陈乞所逆，故书‘入’。”孔疏引《传》成十八年例：“凡去国，国逆而立之，曰‘入’。”说明《经》哀六年记阳生之入齐是“依例书入”。

❺ 杜注：“弑荼者朱毛与阳生也，而书‘陈乞’，所以明乞立阳生而荼见弑，则祸由乞始也。楚比劫立，陈乞流涕，子家惮老，皆疑于免罪，故《春秋》明而书之，以为弑主。”如依杜镇南此说，则可知《春秋经》有探本始书弑主的情况。

传六年

原文

春，晋伐鲜虞，治范氏之乱也。

“吴伐陈”，复修旧怨也。楚子曰：“吾先君与陈有盟，不可以不救！”乃救陈，师于城父。

齐陈乞(伪)〔为〕事高、国者，每朝必骖乘焉；❶所从必言诸大夫，曰：“彼皆偃蹇，将弃子之命，皆曰：‘高、国得君，必逼我，盍去诸？’❷固将谋子，子早图之！图之，莫如尽灭之。需，事之下也。❸”及朝，则曰：“彼虎狼也，见我在子之侧，杀我无日矣。请就之位。”❹又谓诸大夫曰：“二子者祸矣，恃得君而欲谋二三子，曰：‘国之多难，贵宠之由。尽去之而后君定。’❺既成谋矣。盍及其未作也，先诸？作而后悔，亦无及也！”大夫从之。夏六月戊辰，陈乞、鲍牧及诸大夫以甲入于公宫。昭子闻之，与惠子乘如公。战于庄，败。❻国人追之，国夏奔莒，遂及高张、晏圉、弦施来奔。

注释

❶ “为事”，为或作伪，伪字后起，如《说文》段注所说：“凡有所变化曰为。”作伪就有所变化了。杜注：“高张、国夏受命立荼，陈乞欲害之，故先伪事焉。”这里杨注用杜注。“每朝必骖乘焉”，杨注：“言与之同车上朝，己在车右。”这样做，既示亲近，且示卑下。

❷ “所从必言诸大夫”，杜注：“言其罪过。”按：这里“言”有责让之意，与《周易·需·九二》“小有言”之“言”义同。请参看拙撰《周易校注》。《楚辞》有“偃蹇”，《广雅》解释为夭挢，王逸说是高貌。《左氏》杜注：“偃蹇，骄敖。”与《楚辞》中“偃蹇”意思相通。“将弃子之命”句，可以理解为将置你的性命于不顾，也可以讲作将不听你的命令，这后一种讲法较好。“高国得君”以下，杜注：“得君宠也。”杨注：“荼为高、国所立，高、国实掌政权。荼幼小，高、国足以挟之以令于国，即得君也。”高、国得君，其威势必然逼迫我们。何不除掉他们呢？

❸ 杜注：“需，疑也。”孔疏：“需是懦弱之意。懦弱持疑不能决断，是为事之下者。劝其决断而尽杀之。”杨注义同。

❹ 杜注：“欲与诸大夫谋高、国，故求就之。”杨注：“盖此时在朝，高、国在卿位，陈乞伪事高、国，在其侧，不得与诸大夫言，因以己畏被杀，而请往诸大夫行列，就而与言。”此注盖已探得《左氏》原意。

❺ “二子”指高、国，“二三子”指诸大夫。“恃得君而欲谋二三子”句，意思是：高、国依仗得君宠而获得的权势，想加害于诸大夫，这也就是所谓“祸矣”。“国之多难”以下三句，杨注：“此伪造高、国之言而述于诸大夫，言高、国云，国之多患难，由于贵宠也。”将这些受贵宠之人完全除掉，国君才可以安定。

❻ 昭子即高张。惠子即国夏。鲍牧即鲍圉之孙。“战于庄，败”，杜注：“高，国败也。庄，六轨之道。”按：庄又见于《左传》昭十年，杨注说是临淄城内大街，可信。太史公亦记其事（见《田敬仲完世

家》),与《左氏》不尽同。

原文

秋七月,楚子在城父,将救陈。卜战,不吉;卜退,不吉。王曰:“然则死也!再败楚师,不如死!弃盟逃仇,亦不如死!死,一也;其死仇乎!”❶命公子申为王,不可;则命公子结,亦不可;则命公子启,五辞而后许。将战,王有疾。庚寅,昭王攻大冥,卒于城父。子闾退,曰:“君王舍其子而让,群臣敢忘君乎?从君之命,顺也。立君之子,亦顺也。二顺不可失也!”与子西、子期谋,潜师闭涂,逆越女之子章,立之而后还。❷

注释

❶ “再败楚师”,杜注:“前已败于柏举,今若退还,亦是败。”如果因为卜不吉而不敢出兵,那还不如死呢!“弃盟逃仇”,盟指昭十三年与陈结盟,仇指吴人,指定公四年吴人败楚师于柏举而后入郢之仇。既然同样是死,那就不如与仇敌拼个死!发愿死于仇,决不后退,这就是楚国人!

❷ 杜注:“申,子西;结,子期;启,子闾:皆昭王兄。大冥,陈地,吴师所在。”公子启“五辞而后许”,依杜注所说,是“从命许立”;依《左氏》记子启自己的说法,那叫“顺”。子启与子西、子期商量,决定“立君之子”嗣位,依当时制度,如《左氏》记子启所言,那也叫“顺”,因为应该这样。杜注又说:“潜师,密发也。闭涂,不通外使也。越女,昭王妾。章,惠王。”杨注与杜元凯这些解说基本相同。

原文

是岁也,有云如众赤鸟,夹日以飞,三日。楚子使问诸周大史,周大史曰:“其当王身乎?若禜之,可移于令尹、司马。”❸王曰:“除腹心之疾,而置诸股肱,何益?不穀不有大过,天其夭诸?有罪受

罚，又焉移之？”遂弗禜。❹

注释

❸ 孔疏引服虔云：“诸侯皆有大史，主周所赐典籍，故曰周大史。一曰：是时往问周大史。”杨伯峻先生本沈钦韩《春秋左传补注》，认为服虔所谓“一曰”之说是，有《说苑·君道篇》为佐证，可信。杜注：“日为人君，妖气守之，故以为当王身。”又说：“禜，禳祭。”今按：禳祭，就是通过祭祀活动，祈求神灵排除灾祸。《左氏》这里把天象与人间灾祸联系起来，当然毫无科学道理可言。

❹ 君比腹心，臣比股肱。身为国君，不肯把腹心之疾转移到股肱上，这样思考问题，实难能而可贵。“不穀不有大过”以下，孔疏：“言己若无大罪，天其妄夭之乎？必是身有大罪，天乃下罪。有罪受罚，又焉移之？”楚昭王既然这样想，于是就不举行禜祭了。

原文

初，昭王有疾，卜曰：“河为祟。”王弗祭。大夫请祭诸郊，王曰：“三代命祀，祭不越望。江、汉、雎、漳，楚之望也。祸福之至，不是过也。不穀虽不德，河非所获罪也。”遂弗祭。❺孔子曰：“楚昭王知大道矣！其不失国也宜哉！《夏书》曰：‘惟彼陶唐，帅彼天常，有此冀方。今失其行，乱其纪纲，乃灭而亡。’又曰：‘允出兹在兹。’❻由己率常，可矣！❼”

注释

❺ “三代命祀，祭不越望”：三代应指夏、商、周三朝。所谓“命祀”，应指祭祀礼仪与人的身份相应，各视其命之数。杜注：“诸侯望祀竟内山川星辰。”按：小戴辑《礼记·王制》：“诸侯祭名山大川之在其地者。”杜注与《王制》的说法正相吻合。“江、汉、雎、章，楚之望也”，杜注：“四水在楚界。”如果是江水之神降祸或带来福祉，那就应该拜祭这四水之神。“河非所获罪也”：这“河”指黄河

之神。当时黄河不在楚国境内,楚人不至于得罪黄河之神,所以也就不必向这个河神致祭。倘若当时楚人而祭黄河之神,那就越望而违背命祀制度了。

❻ “《夏书》曰”以下,杜注:“逸《书》言尧循天之常道。灭,亡,谓夏桀也。唐虞及夏同都冀州,不易地而亡,由于不知大道故。又,逸《书》言信出己则福亦在己。”按:有《左传》癖的杜元凯读《左》注《左》的时候,伪古文《尚书》尚未问世,所以他称《左传》所录《尚书》语句出于逸《书》。东晋伪古文《尚书》问世,所以后来孔冲远等人为《左传》作疏,可以指出《左氏》上引《夏书》见于《五子之歌》第三章了。陆德明《释文》:“《书》无‘帅彼天常’一句,下亦微异。”亦本伪古文《尚书·五子之歌》而言。唯《左氏》所引逸《书》下句“允出兹在兹”,实不见于《五子之歌》;而作伪古文《尚书》者将此句录入《大禹谟》中,唐初陆、孔两大家均未言及,一千三百多年之后的杨伯峻先生当然可以指明其下落了。

❼ “由己率常”:率常就是“帅彼天常”,由己就是身体力行。这在孔子看来是很好的,应予赞许。今按:楚昭王懂命祀;宁死不肯弃盟逃仇;不肯移腹心之疾于股肱,宁肯自己受死,不将灾祸加害大臣。孔子称赞他“知大道”,这不为过誉。估计孔仲尼先生是在听到楚昭王君臣的事迹,或看到相关材料的时候发表这一番议论的。

原文

八月,齐邴意兹来奔。

陈僖子使召公子阳生。阳生驾而见南郭且于,曰:“尝献马于季孙,不入于上乘;故又献此,请与子乘之。”出莱门而告之故。[1] 阚止知之,先待诸外;公子曰:“事未可知。反,与壬也处!”戒之,遂行。逮夜,至于齐,国人知之。[2] 僖子使子士之母养之,与馈者皆入。

注释

❶ 依《释文》,“且于”的且,读 jū;“上乘”的乘,读 shèng。杜注:“且于,齐公子鉏,在鲁南郭。”上乘指上等。上次所献马未入季孙上乘,故拟再献。杜注又说:“畏在家人闻其言,故欲二人共载,以试马为辞。”杜注指出莱门是“鲁郭门”,阳生驾而出此郭门之后,才把陈僖子使召一事告诉公子鉏。

❷ 杜注:“阚止,阳生家臣子我也。待外,欲俱去。壬,阳生子简公。”公子阳生要阚止回府与壬在一起,并告诫那些知道自己行踪的人(譬如阚止),使无泄言。“逮夜,至于齐,国人知之”,杜注:“故以昏至,不欲令人知也。国人知而不言,言陈氏得众。”杨注用杜注。

原文

冬十月丁卯,立之。将盟,鲍子醉而往;其臣差车鲍点曰:“此谁之命也?”陈子曰:“受命于鲍子。”遂诬鲍子,曰:“子之命也!”鲍子曰:“女忘君之为孺子牛而折其齿乎,而背之也?”❸悼公稽首,曰:“吾子奉义而行者也。若我可,不必亡一大夫。若我不可,不必亡一公子。义则进,否则退,敢不唯子是从?废兴无以乱,则所愿也。”❹鲍子曰:“谁非君之子?”乃受盟。使胡姬以安孺子如赖,去鬻姒,杀王甲,拘江说,囚王豹于句渎之丘。❺

注释

❸ “立之”是立公子阳生为君(即下文“悼生”)。“将盟”是要诸大夫结盟,表态拥立新君。杜注:“点,鲍牧臣也。差车,主车之官。”当鲍点质问改立国君、盟诸大夫是“谁之命”的时候,陈僖子见鲍子醉,故诬称为鲍子之命。鲍子驳斥了陈僖子的诬词。杜注:“孺子,荼也。景公尝衔绳为牛,使荼牵之,荼顿地,故折其齿。”景公爱孺子如此,立其为嗣自无可疑。“而背之也”:“而”就是“你”,第二人称代词,指陈子;“背”是违背;“也”同耶,表示

反问。

❹ 杜注:“悼公,阳生。”行稽首礼,表示对鲍子的敬重。悼公首先肯定鲍子为“奉义而行”者。杜注:“言己可为君,必不怨鲍子。‘公子’,自谓也。恐鲍子杀己,故要之。”阳生的一番话,尊鲍,重义,唯愿“废兴无以乱”,在情在理。杨注:“废谓废荼,兴谓立己。亡一大夫,亡一公子,皆乱。言废立之际,勿使流血。”这里杜、杨两注都很准确。

❺ “谁非君之子”,杜注:“言阳生亦君之子,固可立。”既如此,就可以受盟约了。“使胡姬以安孺子如赖”以下,杜注:“胡姬,景公妾也。赖,齐邑。安,号也。”鬻姒为荼之母,去之(杨注:“去盖遣送他处”)。王甲,江说,王豹,杜注:“三子,景公嬖臣,荼之党也。”或杀之,或拘囚之,都有处理结果。依《释文》,江说的说“音悦”,句窦之丘的句“音钩”,窦“音豆”,这是所谓直音法。

原文

公使朱毛告于陈子,曰:“微子则不及此。然君异于器,不可以二。器二不匮,君二多难。敢布诸大夫!”❻僖子不对而泣,曰:“君举不信群臣乎?以齐国之困,困又有忧,少君不可以访,是以求长君。庶有能容群臣乎?不然,夫孺子何罪?”❼毛复命,公悔之。毛曰:“君大访于陈子,而图其小可也。”使毛迁孺子于骀,不至,杀诸野幕之下,葬诸殳冒淳。❽

注释

❻ 杜注:“朱毛,齐大夫。”悼公派朱毛告诉陈僖子的话,杜、杨均无注。我们认为“微子则不及此”句意思是:如果没有你陈子,那就没有现在这样的情况(我就不会做齐国之君)。然而国君与各类器具不同,不可以有两个。器具同时有两个(甚至两个以上),就不会有缺少了不够用的忧虑。国君同时出现两个,那就会有很多

灾难。我大胆把这个想法告诉你,请考虑吧!悼公言下之意,要陈僖子自重,不要干涉国事,别想恃功自骄当太上皇,要小心脑袋。

❼ “举不信”,杜注:“举,皆也。”认为都不可信。“以齐国之困,困又有忧”,杜注:“内有饥荒之困,又有兵革之忧。”这是当时齐国面临的形势,所谓内忧外患。《左氏》下文“少君不可以访”,少君指孺子荼,访是何意?《说文》:“泛谋曰访。”可见访不是一般的就而问之,而是就近(靠拢某人)广问(广泛的多方面的咨询)。少君不懂国事,所以说不可以访(不可以广泛地请问,问也没有用),所以要找一个长君(年龄较大而懂事的人做国君)。“庶亦能容群臣乎”,庶是庶几,《诗·王风·兔爰》孔疏引《易》注:“庶,幸也。几,觊也。”希冀之词。希望悼公能够宽容群臣。“不然,夫孺子何罪”,意思是:若悼公容不下帮助你登上君主之位的群臣,那孺子有什么罪过呢?言外之意是:我们何必要帮助你登上君主之位呢?

❽ 依《释文》,骀读 tái,殳读 shū。杜注:“大谓国政,小谓杀荼。恐骀人不从,故毛驻于野,张帐而杀之。骀,齐邑。殳冒淳,地名。实以冬杀,《经》书‘秋’者,史书秋记始事,遂连其死通以冬告鲁。”杨注似无异议。但若细心领会,杨先生这里置杜注于不顾,我们认为其实已经表明了不以为然的意思。我们认为杜氏此说顶多只能算是特例。如果都以“史书秋记始事,遂连……通以冬告鲁”为理由解《经》说《传》,那就难免随意性,而《春秋》经传的时间记载也就不可靠而难于置信了。试问:《春秋》昭二十年“盗杀卫侯之兄絷”,其事在秋抑或在冬?《春秋》哀二年“蔡杀其大夫公子驷”,究竟是不是冬天的事?应该无须多疑。

经七年[1]

原文

春,宋皇瑗帅师侵郑。[2]

晋魏曼多帅师侵卫。

夏,公会吴于鄫。[3]

秋,公伐邾。八月己酉,入邾,以邾子益来。[4]

宋人围曹。

冬,郑驷弘帅师救曹。

注释

❶ 鲁哀公七年,当公元前488年,周敬王三十二年。孔仲尼先生这一年六十五岁。

❷ 瑗读 yuàn。同年《左传》认为宋之侵郑,"郑叛晋故也",则由此战可以知道宋人仍然心向晋国。

❸《释文》:"鄫,本又作缯。"《穀梁》作缯,可读 zēng,或读 zèng。

❹ 杜注:"他国言'归'。于鲁言'来'。内外之辞。"内外有别,用辞自当不同。

传七年

原文

春,宋师侵郑,郑叛晋故也。

晋师侵卫,卫不服也。

"夏,公会吴于鄫。"吴来征百牢,子服景伯对曰:"先王未之有也。"吴人曰:"宋百牢我,鲁不可以后宋。且鲁牢晋大夫过十,吴王百牢,不亦可乎!"[1]景伯曰:"晋范鞅贪而弃礼,以大国惧敝邑,故敝邑十一牢之。君若以礼命于诸侯,则有数矣;若亦弃礼,则有淫者矣。周之王也,制礼:上物不过十二,以为天之大数也。今弃周礼而曰必百牢,亦唯执事。"[2]吴人弗听。景伯曰:"吴将亡矣,弃天而背本。不与,必弃疾于我。"乃与之。[3]

注释

❶ 杜注:“吴欲霸中国。是时吴过宋,得百牢。”杨注谓吴会鲁哀于鄫,“不必绕道过宋”“或宋享吴以百牢是以前事”。杨先生这样说是对的。唯吴人自己说“宋百牢我”,应该实有其事。按:当时中原已无诸侯盟主,吴已击败越国,想行霸主之威于中原。宋人惧吴,以百牢飨之。既有此先例,所以吴人主动向鲁国征求百牢之飨。由此可以推想:鲁哀公会吴于鄫,此会应是吴人征会。鲁子服景伯以“先王未之有”为理由,表示不接受吴人提出的百牢之征,可是吴人说:“鲁牢晋大夫过十,吴王百牢,不亦可乎!”杜注:“晋大夫,范鞅也。在昭二十一年。”鲁以十一牢飨晋大夫范鞅的事,吴人知之,鲁人也承认(见《左氏》下文)。孔疏:“《王制》云:‘君十卿禄。’鲁牢晋大夫过十,故吴王自谓合得百牢。”可见吴人百牢之征虽然是霸道无礼,但又不是毫无根据。

❷ “以大国惧敝邑”,杨注已指出这一句中“惧”是使动用法,“谓以晋为大国使我恐惧也”,其说是,因为景伯只能自称鲁国为“敝邑”。“十一牢之”,这里“牢”是名词用如动词,谓以十一牢飨晋范鞅。“君若以礼命于诸侯,则有数矣”,杜注:“有常数。”孔疏撮述《周官·大行人》说的上公九牢,侯伯七牢,子男五牢,认为“是常数也”,其实天子飨诸侯之礼也有常数。“若亦弃礼,则有淫者矣”,杜注:“淫,过也。”譬如鲁牢晋大夫过十,宋百牢吴,都是“淫”。“周之王也,制礼:上物不过十二,以为天之大数也”,杜注:“上物,天子之牢。天有十二次,故制礼象之。”按:《周礼·掌客》云:“王合诸侯而飨礼,则具十有二牢。”郑玄说这是“飨诸侯而用王礼之数。”明陆粲《左传附注》:“‘上物’亦通言之,如冕与旗俱十二旒,玉路樊缨十二就之类皆是。”总之,上物以十二为数,这个说法自有根据,周礼实有此规定。“今弃周礼”以下,谓吴人恃强背礼,鲁人也无可奈何。

❸ “弃天而背本”,杜注:“违周为背本。”孔疏:“弃十二之数为弃天,

违周礼是背本。"杨注:"吴本泰伯之后,违周礼,故云背本。"按:泰伯为古公亶父长子,周文王之伯父。就在本年《左传》下文,说"大伯端委以治周礼",而大伯后人如吴王夫差竟违背周礼,这还不叫"背本"吗?当时若是鲁人不给夫差百牢,又将如何?"必弃疾于我",杜注:"放弃凶疾来伐击我。"杨注说"弃疾犹今言加害"。为了避开吴人的伐击(加害),鲁人送去了百牢之飨。

原文

大宰嚭召季康子,康子使子贡辞。大宰嚭曰:"国君道长而大夫不出门,此何礼也?"对曰:"岂以为礼?畏大国也!大国不以礼命于诸侯,苟不以礼,岂可量也?寡君既共命焉,其老岂敢弃其国?❶大伯端委以治周礼;仲雍嗣之,断发文身,裸以为饰,岂礼也哉?有由然也!❷"

注释

❶ 嚭读 pǐ。当时嚭为吴国太宰。"国君道长",杜注:"盖言君长大于道路。"现在的读者对"长大于道路"不很明白。杨注:"此谓国君稽留于道路甚久远。盖吴王自吴至鄫,路途千余里;即鲁哀自曲阜至鄫,亦四百余里。"这就比较明白了。国君仆仆道涂,大夫不出门,这是为何?有这样的礼吗?子贡的回答很巧妙,杜注:"畏大国,不敢虚国尽行。"大国"不以礼,岂可量也?"既然像吴这样的大国不按周礼办事,那么,天知道它会干出什么事来?小国想不出它会怎样胡作非为。我们的国君既已奉命赴会,我们这些做臣子的岂敢不尽心守护社稷,岂能让国君弃国呢?

❷ 杜注:"大伯,周大王之长子。仲雍,大伯弟也……仲雍嗣立,不能行礼致化,故效吴俗,言其权时制宜以辟灾害,非以为礼也。端委,礼衣也。"孔疏引王肃的话解释"端委"说:"委貌之冠,玄端之衣也。"今按:子贡这些话说明吴大伯、仲雍的作为,即使非礼,"有由然也"。言外之意是说:现在吴王弃礼实在不应该,将会导致灭亡。

原文

反自鄫。以吴为无能为也，季康子欲伐邾，乃飨大夫以谋之。子服景伯曰："小所以事大，信也；大所以保小，仁也。背大国，不信；伐小国，不仁。民保于城，城保于德。失二德者，危，将焉保？"[3]孟孙曰："二三子以为何如？恶贤而逆之[4]？"对曰："禹合诸侯于涂山，执玉帛者万国。今其存者无数十焉，唯大不字小、小不事大也。知必危，何故不言？鲁德如邾，而以众加之，可乎？"不乐而出。[5]

注释

❸ "以吴为无能为也"，杜注："弃礼，知其不能霸也。"就《左氏》原文而言，就是断定吴人不可能有什么大的作为，所以不足惧，所以季康子有伐邾之谋。子服景伯的话，杜注："大国，吴也。二德，信与仁也。"按：小国指邾。吴国有意保护邾。鲁伐邾，既失事大国之信，又失保小国之仁。失却信与仁二德，鲁国自危，还能保什么呢？

❹ "恶贤而逆之"，恶读 wū，杜注："孟孙贤景伯，欲使大夫不逆其言，恶犹安也。"杨注："此问诸大夫之意，且言何者为贤，我则迎之。"杨先生认为这里"恶"是"何也"，"逆"是"迎也"，杜注误，别的说法也不可取。我们认为：从《左氏》下文"不乐而出"的飨宴结局，如果推断孟孙与季康子的立场一致，而与季、孟意见相左的是对孟孙问的大夫与景伯的意见，则孟孙所谓"恶贤而逆之"，可以作如同杨注的理解。

❺ "不乐而出"这一句证明飨宴的结局是不欢而散。若是"不乐而出"仅仅是因为众大夫与执政大臣季康子一人意见相左，则注❹引杜注的说法未必不对。但《左氏》自昭二十五年以来所记孟氏与季氏两家相合者多，因为他们利益一致。所以我们还是认为杨注可从。

原文

秋，伐邾。及范门，犹闻钟声。大夫谏，不听。茅成子请告于吴，不许，曰："鲁击柝闻于邾。吴二千里，不三月不至，何及于我？且国内岂不足？"成子以茅叛。师遂入邾，处其公宫。众师昼掠，邾众保于绎。师宵掠，以邾子益来，献于亳社；囚诸负瑕，负瑕故有绎。[1]

注释

❶"邾众保于绎"以下，杜注："绎，邾山也，在邹县北。益，邾隐公也。昼夜掠，《传》言康子无法。"依杜注，"以其亡国与殷同"，所以将邾子益献于亳社。负瑕也是地名，杜注以为鲁邑，又说："鲁得邾之绎民，使在负瑕，故使相就以辱之。"今按："献于亳社"应该是一个祭典。"负瑕故有绎"，是说负瑕这个地方从此有了从绎那里掳掠来的绎人。杨注引吴北江先生《文史甄微》可参。

原文

邾茅夷鸿以束帛乘韦，自请救于吴，曰："鲁弱晋而远吴，冯恃其众，而背君之盟，辟君之执事，以陵我小国。[2]邾非敢自爱也，惧君威之不立。君威之不立，小国之忧也。若夏盟于鄫衍，秋而背之，成求而不违，四方诸侯其何以事君？[3]且鲁赋八百乘，君之贰也；邾赋六百乘，君之私也。以私奉贰，唯君图之！"吴子从之。[4]

注释

❷"鲁弱晋而远吴"句以下，杜注："冯，依。辟，陋。"杨注已指出"弱、远皆动词意动用法，谓以晋国为弱，以吴国为远"。《左氏》"辟君之执事"，杨注："谓以吴君为浅陋、鄙陋。虽言'执事'，实指其君。"杨先生这些解说，都很准确。"以陵我小国"，陵是侵陵的意思。

❸ 杜注:“鄫衍即鄫也。”吴鲁会于鄫,的确是当年夏天的事,会而有盟,当可信。“成求而不违”,杜注:“言鲁成其所求,无违逆也。”我们认为“成求而不违”句意思应该是成鲁所求而顺之,换个说法,是唯鲁所求是从。如果这样,四方诸侯将如何侍奉你吴君呢?

❹ 杜注:“贰,敌也。鲁以八百乘之赋贡于吴,言其国大。”杨注:“赋谓军赋……鲁此时兵力仅八百辆兵车。贰即陪贰、副贰之贰。”这里杜、杨两注实有区别。联系《左氏》下文观之,当以杜注为长。“君之私也”,杜注:“为私属。”既然是你吴王的私属,你肯把私属奉送给鲁国吗?奉送给副贰尚可,奉送给敌人岂不糟糕!如此说来,在郏茅夷鸿心目中,贰应为敌贰之贰。

原文

“宋人围曹。”郑桓子思曰:“宋人有曹,郑之患也。不可以不救!”冬,郑师救曹,侵宋。

初,曹人或梦众君子立于社宫而谋亡曹;曹叔振铎请待公孙彊,许之。旦而求之曹,无之。戒其子,曰:“我死,尔闻公孙彊为政,必去之!”❶及曹伯阳即位,好田弋。曹鄙人公孙彊好弋,获白雁,献之,且言田弋之说;说之,因访政事,大说之。有宠,使为司城以听政。梦者之子乃行。❷

注释

❶ 杜注:“社宫,社也。振铎,曹始祖。”杨注:“社是曹之国社,宫乃社之围墙。”这样说是对的。“旦而求之曹”,曹字属下句读亦可。“必去之”,杨注:“言离曹也。”由《左氏》下文“梦者之子乃行”句,可知杨注又是对的。这里“去之”不是除掉。

❷ “好田弋”以下,依《释文》,好读 hào。弋读 yì。《释文》:“缴射也。‘之说’如字,‘说之’音悦,下‘大说’同。”按:“田弋之说”,说读 shuì,或读 shuō。所谓田弋之说,就是猎兽射禽的说法(乐

趣与技艺等)。司城,官名。杨注:“听政即上文‘为政’。”梦者之子知梦境已验,于是离开了曹国。

原文

彊言霸说于曹伯,曹伯从之,乃背晋而奸宋。宋人伐之,晋人不救。筑五邑于其郊,曰黍丘、揖丘、大城、钟、邘。[3]

注释

❸ “霸说”,图谋称霸诸侯的学说(理论与谋术)。“背晋而奸宋”:背晋是因为其时晋已衰落,失却昔日盟主的约束力。奸宋是侵犯宋国(杨注:“奸同干,犯也”)。“黍丘”至“邘”,五邑名。联系本《传》上文,此五城应成于宋、郑之战后。杨注:“公孙彊于曹郊筑五城也。”此说与沈钦韩《春秋地名补注》一致。我们曾经怀疑此五邑是否宋人所筑,但证据不足。

经八年[1]

原文

春,王正月,宋公入曹,以曹伯阳归。[2]

吴伐我。

夏,齐人取讙及阐。[3]

归邾子益于邾。

秋,七月。

冬,十有二月癸亥,杞伯过卒。

齐人归讙及阐。

注释

❶ 鲁哀公八年,为公元前487年,周敬王三十三年。是年仲尼先生

六十六岁。

❷ 杜注:“曹人背晋而奸宋,是以致讨。宋公既还,而不忍褚师之诟,怒而反兵,一举灭曹。灭非本志,故以‘入’告。”孔疏:“传例曰:‘不有其地曰入。’案《传》,宋实灭曹而有之,《经》书为‘入’,故杜原其事而解之。”按:《春秋经》书“入”之例,《公羊传》隐公二年说:“入者何?得而不居也。”宋萧楚撰《春秋辨疑》,其书卷一有《书入辨》,可参考。

❸ 讙、阐为地名,《穀梁》同。杜注:“不书‘伐’,兵未加而鲁与之邑。”孔疏:“《公羊》《穀梁》以为赂齐……畏齐故赂之,非《左氏》意也。”阐,《公羊》作僤,是同部相假。

传八年

原文

春,宋公伐曹。将还,褚师子肥殿;曹人诟之。不行,师待之。公闻之,怒,命反之;遂灭曹,执曹伯〔阳〕及司城强以归,杀之。

吴为邾故,将伐鲁,问于叔孙辄。叔孙辄对曰:“鲁有名而无情。伐之,必得志焉!”❶退而告公山不狃,公山不狃曰:“非礼也!君子违,不适仇国。未臣而有伐之,奔命焉,死之可也!所托也,则隐。❷且夫人之行也,不以所恶废乡。今子以小恶而欲覆宗国,不亦难乎!若使子率,子必辞!王将使我。”子张疾之。❸

注释

❶ “问于叔孙辄”,杜注:“问可伐不。辄,故鲁人。”孔疏交代叔孙辄奔吴的经过,不具录。“有名而无情”,杜注:“有大国名,无情实。”叔孙辄了解鲁国,一部《春秋》足以证明鲁国的基本情况正如叔孙辄所言。杜注:“不狃亦故鲁人。”但不狃何以来吴,杜注孔疏没有明确交代。《左传》定十二年说公山不狃、叔孙辄“二子

奔齐”,未及其他。可能后来奔吴亦二子同行。

❷ “君子违”以下,杜注:“违,奔亡也。未臣所适之国,若有伐本国者,则可还奔命,死其难。曾所因托,则为之隐恶。”孔疏认为这里所谓“违”指“有故而去者”,未臣所适之国者可以死本国之难,“既臣之后,则身是新君之臣,性命非复己有,故不复得为旧君死节也”。杨注认为“不适仇国”就是“不往与祖国为仇之国”,这是对的。“未臣而有伐之”句以下,杨注认为“有同又”,又说:“此言于鲁未尽为臣之道,又劝他国伐之,复为效力,则不如死也。托谓嘱托,委任。所托即任以伐鲁之役。”引沈钦韩《春秋左传补注》:“隐者,身不与焉。”今按:这里杨注及其所引沈钦韩注义长。

❸ “且夫人之行也”句以下,据《释文》,“夫”读 fú,“恶”读 wù。“夫人”,指有故而离开宗国之人。杜注:“不以其私怨恶废弃其乡党之好。”《左氏》下文记公山不狃批评叔孙辄说:“今子以小恶而欲覆宗国,不亦难乎!”这话说得很好,可以证明我国至迟在春秋时代已经流行热爱“宗国”的思想。杜注:“辄,鲁公族,故谓之宗国。”杨注分析“宗国”有二义,一谓同姓之国,一谓祖国,其说有据。“若使子率”句以下,杜注:“子张,辄也。”孔疏:“率谓在军前引道,率领先行,非为军之将帅也。故不狃云:‘子辞,王将使我。’以其知鲁道者唯此二人故也。”杨注:“疾之犹言自恨前言之误。”按:如杨注所言,则叔孙辄不失为可谏可教可救之人。

原文

王问于子洩,对曰:“鲁虽无与立,必有与毙。❹诸侯将救之,未可以得志焉。晋与齐、楚辅之,是四仇也。夫鲁,齐、晋之唇。唇亡齿寒,君所知也。不救何为?”

注释

❹ 子洩即公山不狃。“鲁虽无与立,必有与毙”,杜注:“缓时若无能自立,急则人人知惧,皆将同死战。”杨注认为“鲁虽无与立”言平

日无可靠盟国,"必有与毙"言急时必有同仇敌忾,愿与同抵抗侵略而亡之国。我们认为杜注就鲁国内部君臣而言,杨注就鲁国与之结盟的诸国而言,应该都是讲得通的。合而言之,也许正好是公山不狃原意。

原文

三月,吴伐我。子泄率,故道险,从武城。❶初,武城人或有因于吴竟田焉,拘鄫人之沤菅者,曰:"何故使吾水滋?"及吴师至,拘者道之,以伐武城,克之。❷王犯尝为之宰,澹台子羽之父好焉,国人惧。❸懿子谓景伯:"若之何?"对曰:"吴师来,斯与之战,何患焉?且召之而至,又何求焉?"❹

注释

❶ "子泄率",子泄在军前引道。"故道险",杜注:"故由险道,欲使鲁成备。"按:武城是地名,其地多险道。杨注认为"故道险"是"故意从险道行军",甚确。其实杜注亦此意。

❷ 据杜注,《左氏》下文的意思是说:鄫人沤菅者用过的水流到吴界,"侨田吴界"的武城人把沤菅的鄫人抓起来,问他:"为何把我饮用的水弄得又脏又黑?"《释文》:"滋音玄,本亦作兹,子丝反。《字林》云:黑也。"杜注:"滋,浊也。"水弄浊了,也就喝不得、用不得了。亦通。吴军来到这边界,被抓过的鄫人为他们带路,打下了武城。这可是子泄始料不及的。

❸ 杜注:"王犯,吴大夫,故尝奔鲁为武城宰。澹台子羽,武城人,孔子弟子也。其父与王犯相善,国人惧其为内应。"这里产生两种说法:如果鄫人带领吴军已经打下了武城,那么,所谓国人惧有内应,就只是对澹台子羽之父的误会而已。可是孔疏认为《左氏》上文"拘者道之以伐武城,克之"尚未实克,"以伐武城,克之"两句只是"拘者"对吴人说的话,设想而已。我们认为两说都有

道理。

❹ 杨注:"懿子即孟孙。"按:吴军来犯,孟孙问子服景伯有何对策,景伯说:"斯与之战,何患焉?"杨注:"斯为承接连词,则也,乃也。"吴人打来了,那就与他们打就是了,怕什么呢?"且召之而至,又何求焉?"杜注:"言犯盟伐邾,所以召吴。"自己找来的,没法回避了。

原文

吴师克东阳而进,舍于五梧。明日,舍于蚕室。公宾庚、公甲叔子与战于夷,获叔子与析朱鉏,献于王。王曰:"此同车。必使能,国未可望也。"明日,舍于庚宗,遂次于泗上。❺

微虎欲宵攻王舍,私属徒七百人,三踊于幕庭;卒三百人,有若与焉。及稷门之内,或谓季孙曰:"不足以害吴,而多杀国士,不如已也。"❻乃止之。吴子闻之,一夕三迁。

注释

❺ 东阳,五梧,蚕室,杜注:"三邑,鲁地。"又说:"公宾庚、公甲叔子并析朱鉏为三人,皆同车,《传》互言之。同车能俱死,是国能使人,故不可望得。"按:"战于夷""舍于庚宗",夷与庚宗亦鲁地名。"次于泗上",驻扎于泗水之岸。《论语·雍也》"必在汶上",汶上为汶水上,即汶水侧畔。"泗上"盖即泗水之岸。杨注:"泗上,今泗水县。"我们认为泗水县固在泗水两岸,然而说泗上就是泗水县,恐未必确。《左传》哀公十三年"自泓上观之",泓上即泓水之岸边,应无疑义。

❻ 杜注:"微虎,鲁大夫。于帐前设格,令士试跃之。卒,终也。终得三百人任行。有若,孔子弟子,与在三百人中。"于"私属徒"句,杨注:"属今作嘱,私自令其徒七百人于帐幕外之庭三踊也。"这样讲,有比杜注说得明白的意思,但"三踊"未免拘泥了。"及稷

门之内”句以下，杜注：“三百人行至稷门。”此时有人劝告季孙，杨注：“多，只也。国士，有知识者，说见《孝经·孝治章》宋邢昺疏。”这样的三百勇士乘黑夜去进攻吴王的营帐，恐不足以损伤吴人，只会让我们的贤智之士遭受损伤，不如停止这样的行动吧。按：这样依杨注串讲，可以明白原文原意。然而《孝经·孝治章》邢疏并未否定“知礼义之士”的说法，所以我们认为“国士”应该是知礼义、有知识的杰出人士。譬如有若，并非以有知识闻名，而是以知礼义孝弟著称的（当然知礼义孝弟也可以称得上“有知识”）。又，重视知识与重视人才的思想，至迟春秋时代就已流行，这一点值得注意。

原文

吴人行成。将盟，景伯曰：“楚人围宋，易子而食，析骸而爨，犹无城下之盟。[7]我未及亏而有城下之盟，是弃国也。吴轻而远，不能久，将归矣，请少待之。”弗从。景伯负载，造于莱门。乃请释子服何于吴，吴人许之；以王子姑曹当之，而后止。[8]吴人盟而还。

注释

7. 杜注：“在宣十五年。”景伯反对与来犯之吴结城下之盟，所以拿《左传》宣十五年所记楚宋之事做比较。
8. “景伯负载”以下，杜注：“以言不见从，故负载书将欲出盟。释，舍也。鲁人不以盟为了，欲因留景伯为质于吴；既得吴之许，复求吴王之子以交质；吴人不欲留王子，故遂两止。”杨注用杜注。

原文

齐悼公之来也，季康子以其妹妻之；即位而逆之。季鲂侯通焉；女言其情，弗敢与也；齐侯怒。[1]夏五月，齐鲍牧帅师伐我，取讙及阐。

或谮胡姬于齐侯，曰："安孺子之党也。"六月，齐侯杀胡姬。

齐侯使如吴请师，将以伐我。乃归邾子。邾子又无道，吴子使大宰子余讨之，囚(请)〔诸〕楼台，栫之以棘；使诸大夫奉大子革以为政。❷

注释

❶ 杜注："鲂侯，康子叔父。"《左传》桓十八年服虔注："傍淫曰通。"又说："凡淫曰通。"季鲂侯通于季康子之妹，是下淫。淫为丑事。"女言其情"，情是实事实情。"弗敢与也"，季康子知其实情，不敢将其妹送归齐悼公了。

❷ "囚诸楼台"，诸为"之于"二字合音，阮刻本误作"请"，今据众本改正。栫读 jiàn(音义同"荐")，《释文》："本又作荐。"杜注："齐未得季姬，故请师也。吴前为邾讨鲁。惧二国同心，故归邾子。子余，大宰嚭。栫，壅也。革，邾大子桓公也。"栫究竟是什么？杨注："此谓以棘针为篱以围之也。"引《广韵》与《广雅》为证，其说明白而且可信。

原文

秋，及齐平。九月，臧宾如如齐莅盟。齐闾丘明来莅盟，且逆季姬以归，嬖。❸

鲍牧又谓群公子曰："使女有马千乘乎？"公子诉之。公谓鲍子："或谮子，子姑居于潞以察之。若有之，则分室以行；若无之，则反子之所。"❹出门，使以三分之一行；半道，使以二乘；及潞，麇之以入❺，遂杀之。

冬十二月，"齐人归讙及阐"，季姬嬖故也。

注释

❸ 杜注："宾如，臧会子。明，闾丘婴之子也。盟不书，讳略之。"孔

疏:“鲁以淫女见伐丧邑,又屈服求盟,是可耻之事。一盟皆不书者,讳其恶而略之。”《左氏》下文“逆季姬以归,嬖”,指齐悼公将季康子之妹迎归,宠幸不变。这件事,说明当时社会关于贞节观念的偏见,不如后来明清时期严重。

❹ 杜注:“有马千乘,使为君也。鲍牧本不欲立阳生,故讽动群公子。潞,齐邑。”有公子向悼公揭发了挑动群公子不满情绪的鲍牧,悼公对鲍牧说:“有人说你的坏话了,你暂时住到潞邑去考察吧。如果有别人揭发的那回事,你就处分家产而后带着你的部分家室走吧。如果没有那回事,你就回到你原来的地方去。”

❺ 这里“麇”与《左传》哀公二年“罗无勇,麇之”句中“麇”字义同,所以杜镇南说:“麇亦束缚。”

经九年[1]

原文

春,王二月,葬杞僖公。[2]

宋皇瑗帅师取郑师于雍丘。[3]

夏,楚人伐陈。

秋,宋公伐郑。

冬,十月。

注释

❶ 鲁哀公九年,即公元前486年,周敬王三十四年。孔子这一年六十七岁。

❷ 杜注:“三月而葬,速。”杨注已指出:“‘僖’,《史记》例作‘釐’。”按:僖、釐二字古同韵部(都在所谓之咍部,曾星笠先生所谓噫摄,段若膺所谓第一部),例得通假。

❸ 杜注:“书‘取’,覆而败之。”孔疏已指出《传》庄十一年例说过

"覆而败之曰取"的话,然后概述本年《左传》所记宋郑之战,而后说:"是于例正合书'取'也。"由此又可见:所谓"传例"毕竟有些可信,不应一概否认。

传九年

原文

春,齐侯使公孟绰辞师于吴。吴子曰:"昔岁寡人闻命,今又革之;不知所从,将进受命于君。"❶

郑武子賸之嬖许瑕求邑,无以与之。请外取,许之;故围宋雍丘。宋皇瑗围郑师,每日迁舍,垒合。郑师哭。子姚救之,大败。❷二月甲戌,宋取郑师于雍丘,使有能者无死,以郑张与郑罗归。❸

"夏,楚人伐陈",陈即吴故也。

宋公伐郑。

注释

❶ 杜注:"齐与鲁平,故辞吴师。"去年"齐侯使如吴请师"(见上年《左传》),所以本年《传》说"昔岁寡人闻命"。"今又革之",这个"革"是"更""改"的意思。先请师,后辞师,不知听什么话好,所以说"不知所从"。不久我将进到面前来听取您的吩咐。意思是吴人将打到齐国来。

❷ 賸读 shèng,杜注:"賸,罕达也。瑕,武子之属。"许瑕向宠爱他的主子武子讨封一个地方,郑武子没有可以给他的地方。许瑕请求允许他到外国夺取,郑武子賸同意了,所以许瑕率人马围攻宋国的雍丘。可是宋国的皇瑗率领队伍把许瑕的人马包围了。杜注:"作垒堑,成辄徙舍合其围。"许瑕率领的郑国官兵痛哭呼救,郑子姚带人来救,可是被宋国军队打得大败。杜注:"子姚,武子賸也。"是郑武子纵容下属,实则害了下属。

❸ “使有能者无死”，杜注：“惜其能也。”按：惜之是因为还想用之。“以郏张与郑罗归”，郏读 jiá，杜注：“郑之有能者。”以其有能，所以把他们带回宋国，不杀他们。

原文

秋，吴城邗，沟通江、淮。[1]

晋赵鞅卜救郑，遇水适火，占诸史赵、史墨、史龟。[2]史龟曰：“‘是谓沈阳，可以兴兵；利以伐姜，不利(子)〔子〕商。’伐齐则可，敌宋不吉。”[3]史墨曰：“盈，水名也。子，水位也。名位敌，不可干也。炎帝为火师，姜姓其后也。水胜火，伐姜则可。”[4]史赵曰：“是谓如川之满，不可游也。郑方有罪，不可救也。救郑则不吉，不知其他。”[5]阳虎以《周易》筮之，遇“泰䷊”之“需䷄”，曰：“宋方吉，不可与也。微子启，帝乙之元子也。宋、郑，甥舅也。祉，禄也。若帝乙之元子归妹而有吉禄，我安得吉焉！”[6]乃止。

冬，吴子使来儆师伐齐。[7]

注释

❶ 邗读 hán。杜注：“于邗江筑城穿沟，东北通射阳湖，西北至末口入淮，通粮道也。今广陵韩江是。”按：杨注已指出韩江见于《水经注》。

❷ “遇水适火”，杜注：“水火之兆。”孔疏引服虔的说法：“兆南行适火。卜法：横者为土，立者为木，邪向经者为金，背经者为火，因兆而细曲者为水。”按：服氏说的是占卜的时候看到的兆象。杨注：“灼龟之兆，先细曲，又背经而南行，故云‘水適火’。”这当然是以服虔所说卜法为根据的敷衍。史赵、史墨、史龟，杜注：“皆晋史。”古代史官精于占卜，有文献为证。

❸ 史龟的这一段话，前四句是韵文（阳、兵、姜、商四字协韵），是当时习见习闻的占卜用语，如同《周易》的卦爻辞；后两句是史龟的

判断。“不利子商”句，杜注：“子商谓宋。”这说明至迟自杜镇南以来有作“子”之本。有学者认为此“子”应作“于”，如同《诗·齐风·鸡鸣》“无庶予子憎”句“子”应作“于”一样。我们认为两说都有道理，可以说两通。杜注又说：“火阳得水，故沈。兵，阴类也，故可以兴兵。姜，齐姓。”在史龟看来，可以伐齐，不可以与宋为敌，也就是不要救郑。

❹ 杜注：“赵鞅姓盈。宋姓子。水盈坎乃行。子姓又得北方水位。二水俱盛，故言不可干。神农有火瑞，以火名官。”《史记·赵世家》说赵氏之先与秦同祖，所以孔疏说：“今卜赵鞅伐宋，故以嬴子二姓为占也。”按：史墨认为盈是水名，子处水位，盈与子相当（相敌），不可相犯。而齐姜既为炎帝之后，亦必有火瑞。水可胜火，赵嬴（盈）之水可胜姜齐之火。所以结论与史龟一样，可以伐姜齐，不可干宋救郑。杨注已经指出这里问题在于史墨作出判断的根据并不完全明确。

❺ 杜注：“既盈而得水位，故为如川之满，不可冯游，言其波流盛。郑以嬖宠伐人，故以为有罪。救郑则当伐宋，故不吉也。”可见在史赵看来，也是不宜伐宋救郑。

❻ 乾下坤上为泰，乾下坎上为需。遇泰之需，是泰卦六五变而为九五。“曰宋方吉，不可与也”，杜注认为“不可与”是“不可与战”的意思，杨注认为“不可与”意思是“不可当”“不可敌”，这样说更为明确。杜注又说：“《泰·六五》曰：‘帝乙归妹，以祉，元吉。’帝乙，纣父。五为天子，故称帝乙。阴而得中，有似王者嫁妹，得如其愿，受福禄而大吉。宋、郑为昏姻甥舅之国，宋为微子之后，今卜得帝乙之卦，故以为宋吉。吉在彼，则我伐之为不吉。”是阳虎以《周易》筮之，得到的判断也与三史一样，认为不可伐宋救郑。

❼ 杜注：“前年齐与吴谋伐鲁，齐既与鲁成而止，故吴恨之，反与鲁〔谋〕伐齐。”杨注认为这里“儆”是“告戒”的意思，又说：“吴与鲁尝为盟，故戒告鲁出军也。”按：《左氏》原文说“使来儆师”，来者来鲁国，杨注可从。

经十年[1]

原文

春,王二月,邾子益来奔。

公会吴伐齐。[2]

三月戊戌,齐侯阳生卒。

夏,宋人伐郑。

晋赵鞅帅师侵齐。

五月,公至自伐齐。

葬齐悼公。[3]

卫公孟彄自齐归于卫。[4]

薛伯夷卒。

秋,葬薛惠公。[5]

冬,楚公子结帅师伐陈。吴救陈。[6]

注释

❶ 鲁哀公十年,为公元前485年,周敬王三十五年。这一年仲尼先生六十八岁。

❷ 杜注:"书'会',从,不与谋。"孔疏:"'不与谋'者,谓彼心自定,遣来召我,则彼为伐主,我往会之,故言会某伐某。"按:这样讲,是为了说明鲁参加这一次伐齐之战处于被动地位,胁从而已。历代治《春秋》者看法不一,贬斥鲁人者不少。

❸ 承本年《经》上文,葬齐悼公如果在五月,则杜注应该说"三月而葬,速"。此不书,则齐悼公下葬之事应该记在'秋七月'之下。但本年《经》"秋"下无"七月",盖杜镇南从简,要读者自己从哀九年以前《左氏》经注悟出。

❹ 杜注:"书'归',齐纳之。"孔疏:"成十八年《传》例曰:'凡去其

国，诸侯纳之，曰归。'此书'自齐归'，知是齐纳之。"按：杜注、孔疏言是。

❺ 承本年《经》上文，薛伯夷卒在五月，如果葬在秋九月，则其葬不缓不速，恰与周礼制度相符。又，"薛伯夷"的夷，《穀梁》同，《公羊》作寅，一声之转耳。

❻ 杜注："季子不书，陈人来告不以名。"孔疏："《传》称'延州来季子救陈'，即是季札也。"杨注："《春秋》于吴，除与鲁有关者……例不书其卿大夫之名。此亦季札帅师，而不书名，非鲁事也。"按：本年《左氏》杜注已指出季札"至今盖九十余"。孔疏引孙毓说，以为此延州来季子"或是札之子与孙也"，疑此说是。人活到九十余岁也不是不可能，只是九十余岁还要率师出征，恐怕难了。

传十年

原文

春，邾隐公来奔。齐甥也，故遂奔齐。

公会吴子、邾子、郯子伐齐南鄙，师于鄎。齐人弑悼公，赴于师。吴子三日哭于军门之外。徐承帅舟师，将自海入齐；齐人败之，吴师乃还。❶

注释

❶ 鄎读 xī。杜注："鄎，齐地。邾、郯不书，兵并属吴，不列于诸侯。""齐人弑悼公，赴于吴"，杜注："以说吴。"这里"说吴"就是使吴人高兴，然则《左氏》下文记"吴子三日哭于军门之外"却是为何？杨注引服虔的解说："诸侯相临之礼。"按：当时两军对陈，诸侯相临只能如此。《左氏》下文"徐承帅舟师"以下，杜注："承，吴大夫。"其帅舟师意在自海上袭齐，早就把当时"不伐丧"的通例抛开了。

原文

夏，赵鞅帅师伐齐，大夫请卜之。赵孟曰："吾卜于此起兵。事不再令，卜不袭吉。行也！"于是乎取犁及辕，毁高唐之郭，侵及赖而还。[2]秋，吴子使来复儆师。

冬，楚子期伐陈。吴延州来季子救陈，谓子期曰："二君不务德而力争诸侯，民何罪焉？我请退，以为子名：务德而安民。"[3]乃还。

注释

[2] "吾卜于此起兵"句以下，杜注："谓往岁卜伐宋不吉，利以伐姜，故令兴兵。再令，渎也。袭，重也。"杨注解说"事不再令"句："令，命龟也。谓一事不再次卜。"解说"卜不袭吉"句："谓再卜亦不致又得吉兆。"按：伪古文《尚书·大禹谟》"卜不习吉"，孔疏："卜法：不得因前之吉更复卜之，不须复卜也。""卜不袭吉"当即"卜不习吉"。袭习音同，例可通假。又，犁、辕、高唐、赖，皆地名。据杜注孔疏，犁一名隰，隰一作湿。

[3] "二君不务德"以下，杜注："二君，吴楚。"孔疏："此说务德安民，是大贤之事。"按："力争诸侯"，盖即称霸之事。"我请退，以为子名"，请吴楚各自退兵，各成务德安民之名。务德应当求安民，安民即是务德。若是生灵涂炭，何德之有？必无令名。务德安民的观点很可贵，所以孔疏认为那是"大贤之事"。

经十有一年[1]

原文

春，齐国书帅师伐我。

夏，陈辕颇出奔郑。

五月，公会吴伐齐。

甲戌，齐国书帅师及吴战于艾陵，齐师败绩。[2]获齐国书。

秋，七月辛酉，滕子虞母卒。[3]

冬，十有一月，葬滕隐公。[4]

卫世叔齐出奔宋。

注释

❶ 鲁哀公十一年，为公元前484年，周敬王三十六年。孔夫子这一年六十九岁。

❷ 杜注："公与伐而不与战。艾陵，齐地。"据《释文》，此杜注两"与"字读yù。

❸ 孔疏："四年滕子结卒，虞母代结为君。"按："虞母"之母，一作毋。虞母是滕隐公的名字。

❹ 滕隐公自卒至下葬，出入五个月，不为缓，亦不为速。

传十一年

原文

春，齐为鄎故，国书、高无丕帅师伐我，及清。季孙谓其宰冉求曰："齐师在清，必鲁故也。若之何？"求曰："一子守，二子从公御诸竟。"季孙曰："不能。"求曰："居封疆之间。"季孙告二子，二子不可。[1]求曰："若不可，则君无出。一子帅师，背城而战；不属者，非鲁人也。鲁之群室，众于齐之兵车；一室敌车优矣，子何患焉？二子之不欲战也宜，政在季氏。当子之身，齐人伐鲁而不能战，子之耻也大，不列于诸侯矣！"[2]

注释

❶ 丕读pī。杜注："清，齐地……冉求，鲁人，孔子弟子。"齐国军队进犯，季孙问冉求该怎么对付。冉求建议执掌鲁国政权的季孙、孟孙、叔孙三子，"一子守，二子从公御诸竟"，一人守国都，二人随国君到边境御敌。杜注："自度力不能使二子御诸竟。"这里

"二子"指叔孙、孟孙。既不能使二子御诸竟,退而求其次,可以"居封疆之间",杜注:"封疆,竟内近郊之地。"《尔雅·释地》:"邑外谓之郊。"郭璞注:"邑,国都也。"《说文》:"距国百里为郊。"段注引《周官》杜子春注:"五十里为近郊,百里为远郊。"可是谁曾想到:二子连近郊之地也不肯居守呢。

❷ "不属者,非鲁人也",杜注:"属,臣属也。言不战为不臣。"杨遇夫先生《读左传》认为这里"属"是"会"的意思,不属就是不会。杨注认为这里"属"两义皆可。为臣而不肯参与卫国战争,那当然不能算是鲁国人了。"鲁之群室",杜注:"群室,都邑居家。"杨注说群室就是"卿大夫之家",比杜注明确。"一室敌车优矣"以下,杨注:"此一室指季氏……季孙之兵车独多,而齐师所出少,故云以季孙之兵力敌齐甚有余裕。"你不必发愁。杜注:"言二子恨季氏专政,故不尽力。"这是意料之中的事,不足为怪。"当子之身"以下,外国来犯而我国不能抗战,那是你执政大臣的大耻辱,是我们国家的大耻辱,你还能列身于诸侯之中吗?鲁国还算是诸侯国之一吗?"子之耻也大"句,"大"字属下句读亦可,但我们认为从上句读较好。

原文

季孙使从于朝,俟于黨氏之沟。❶武叔呼而问战焉,对曰:"君子有远虑,小人何知?"懿子强问之,对曰:"小人虑材而言,量力而共者也。"武叔曰:"是谓我不成丈夫也。"退而蒐乘。❷孟孺子洩帅右师,颜羽御,邴洩为右。冉求帅左师,管周父御,樊迟为右。季孙曰:"须也弱。"(有)子〔有〕曰:"就用命焉。"❸季氏之甲七千,冉有以武城人三百为己徒卒,老幼守宫,次于雩门之外。五日,右师从之。公叔务人见保者而泣,曰:"事充政重,上不能谋,士不能死,何以治民?吾既言之矣,敢不勉乎!"❹

注释

❶ “季孙使从于朝”，杜注：“使冉求随己之公朝。”但实际上并未领冉求上公朝，而命冉求“俟于黨氏之沟”，杜注：“黨氏沟，朝中地名。”杨注：“黨氏沟，宫与黨氏间之沟也。”这里“黨”依《释文》应读 zhǎng，不读 dǎng。

❷ “武叔呼而问战焉”以下，杨注已指出武叔名州仇，即叔孙，懿子即仲孙何忌。冉求回答叔孙，说自己“小人何知”；回答仲孙，说自己材力不够讲不出来。杜注：“言子所问非己材力所及，故不能言。”杨注揭出冉求的真正用意，“谓考虑、衡量听者之材力而后言，则我之不言，由对方不足与言也”。然而武叔听出了冉求的意思，如杜注所说：“知冉求非己不欲战，故不对。”由是武叔退而蒐乘，杜注：“蒐，阅。”依《释文》，蒐读 sōu，乘读 shèng。蒐乘就是检阅战马车乘，有准备上战场的意思。

❸ “须也弱”以下，须指樊迟，须是樊迟之名。“有子”，这里当作“子有”，说见阮元等《校勘记》引刘原父《春秋权衡》。杜注：“虽年少，能用命。（有）子〔有〕，冉求也。”

❹ 雩门，杜注：“南城门也。”又说：“五日乃从，言不欲战。务人，公为，昭公子。”杨注用杜注。“保者”，杜镇南说是“保守城者”。“事充”以下，杜注：“繇役烦。赋税多。既言人不能死，已不敢不死。”今按：公叔务人，《礼记·檀弓下》作公叔禺人。“政重”，杨注谓政读为征，其说与杜注并无矛盾。

原文

师及齐师战于郊。齐师自稷曲。师不逾沟，樊迟曰：“非不能也。不信子也。请三刻而逾之。”如之。众从之。❶师入齐军。

注释

❶ 杜注：“稷曲，郊地名。”杨注：“此谓自稷曲攻鲁师。”探下文，盖齐

鲁两军之间隔有堑沟,“师不逾沟”句,意即鲁师尚未越沟迎战,杨注对这一句的解说应已道出原意。樊迟的话是对冉求说的:不是不能越过沟去,而是因为不相信你的话。“请三刻而逾之”句以下,杜注:“与众三刻约信。如樊迟言,乃逾沟。”杨注:“刻有戒约之义,盖谓申明号令者三次而冉有先逾沟。依樊迟之言行之,众皆逾沟。”杨先生认为“三刻”的“三”是实数,我们认为其说未必不可从;但是先逾沟者可以是冉有,也可以是樊须。

原文

右师奔,齐人从之。陈瓘、陈庄涉泗。❷孟之侧后入以为殿,抽矢策其马,曰:“马不进也!”林不狃之伍曰:“走乎?”不狃曰:“谁不如?”曰:“然则止乎?”不狃曰:“恶贤?”徐步而死。❸

师获甲首八十,齐人不能师。宵,谍曰:“齐人遁。”冉有请从之,三;季孙弗许。❹

注释

❷ “右师奔”,右师指孟孺子泄率领的鲁军,竟然不战而逃。“齐人从之”,杜注:“逐右师。”《左氏》下文“陈瓘陈庄涉泗”,杜注:“二陈,齐大夫。”按:瓘读 guàn,泗是泗水。

❸ 杜注:“之侧,孟氏族也,字反。”如杜注所说,此人“不欲伐善”,所以说自己殿后是由于“马不进也”,似乎不是由于他自己勇敢。“林不狃之伍曰”句,杜注:“不狃,鲁士。五人为伍。败而欲走。”林不狃所谓“谁不如”以下,杜注:“我不如谁而欲走,言止战恶足为贤,皆无战志。‘徐行而死’,言鲁非无壮士,但季孙不能使。”杨注认为“林不狃之伍”句“伍”字似可解为同军营者,“谁不如”句“如”字疑为“当”的意思:“我若走,谁不当走?”按:“如”训为“当”,说见王伯申《经传释词》卷六,杨注有据。孟之侧不伐,其事又见于《论语·雍也》。

❹ “师获甲首八十”,杜注:“冉求所得。”准确地说:应该是冉求率领的左师所得。“齐人不能师”,杜注:“不能整其师。”如此,鲁军右师虽败,但就整体言之,清之一战败者为齐。“宵谍曰”句以下,杜注:“谍,间也。”杨注:“请追逐齐师者三次。”杨先生将“冉有请从之三”句中“从之”解说为追逐是对的,说是“三次”则未免拘泥了。

原文

孟孺子语人曰:“我不如颜羽,而贤于邴洩。子羽锐敏,我不欲战而能默,洩曰‘驱之’。”❺

公为与其嬖僮汪锜乘,皆死,皆殡。孔子曰:“能执干戈以卫社稷,可无殇也!”❻

冉有用矛于齐师,故能入其军。孔子曰:“义也!”❼

注释

❺《左氏》上文谓孟孺子洩帅右师,颜羽御,邴洩为右,所以这里杜注说“二子与孟孺子同车”。《左氏》下文杜注:“子羽,颜羽。锐,精也;敏,疾也:言欲战。”而孟孺子则“心虽不欲,口不言奔”,邴洩则公然说“驱之”,“言驱马欲奔”,所以孟孺子自谓“不如颜羽而贤于邴洩”,意思是:与敢于迅速投入战场的颜羽相比,孟孺子自愧不如;可是与想驱马逃跑的邴洩比起来,他孟孺子那就强多了。其实孟孺子自己是逃兵,与邴洩比,那也是五十步笑百步罢了。

❻ 公为,即公叔务人。《释文》:“僮,本亦作童,音同。”锜读 yǐ,或读 qí。杜注:“皆,俱也。”童汪锜与公为一起战死,一起殡于某处。杜注:“时人疑童子当殇。”孔疏说明丧葬之礼于殇者必降于成人。然而孔子早在当时已经发表了评论,认为童汪锜能执干戈以卫社稷,不应该用殇者的丧葬制度对待他。礼以义起,我们认为

孔子这里的评论很有道理。按:小戴辑《礼记·檀弓下》也记载了公为与汪童战死之事与孔子相关的议论,唯公为作公叔禺人,汪锜作汪踦,此处还有少量文字之异。

❼ 杜注:“言能以义勇。不书‘战’,不皆陈也。不书‘败’,胜负不殊。”杨注:“盖冉有知齐军之情,以用矛为利,左师俱用矛也。”按:《左传》这里记孔子关于汪锜与冉有的赞誉,应该是孔子当时听到有关清之战的事情之后发表的评论。

原文

夏,陈辕颇出奔郑。初,辕颇为司徒,赋封田以嫁公女;有余,以为(巳)〔己〕大器。❶国人逐之,故出。道渴,其族辕咺进稻醴、粱糗、腶脯焉;❷喜曰:“何其给也?”对曰:“器成而具。”曰:“何不吾谏?”对曰:“惧先行。”❸

注释

❶ “赋封田”以下,杜注:“封内之田悉赋税之。(长)〔大〕器,钟鼎之属。”杨注用杜注。

❷ 咺读 xuān,或读 xuǎn。糗读 qiǔ。杜注:“糗,干饭也。”《释文》:“‘稻醴’音礼,以稻米为醴酒。粱糗……以粱米为之。”又说:“腶脯……加姜桂曰腶也。”杨注:“族,属也。稻醴,以稻米所酿之甜酒。粱糗,以精细小米所为之干饭。腶脯,杂有姜与桂所腌之干肉。”按:杨注补杜注之缺,比杜注更为明白。所以,对于《春秋左传》研究者而言,我们认为杨伯峻先生惠泽学林,功不可没。

❸ “何其给也”,杨注:“给,足也。”道渴肚饥的时候,不但有稻醴,还有粱糗腶脯,那就不能不惊诧口福不浅了。“器成而具”,杜注:“具此醴糗。”杨注:“意谓余早知将被逐,故大器铸成,即具备食品。”显然,这里还是杨注比较完备而且明白。“惧先行”,杜注;“恐言不从,先见逐。”杜元凯此注已足。

原文

为郊战故，公会吴子伐齐。五月，克博；壬申，至于嬴。中军从王，胥门巢将上军，王子姑曹将下军，展如将右军。❶

齐国书将中军，高无丕将上军，宗楼将下军。陈僖子谓其弟书："尔死，我必得志！"宗子阳与闾丘明相厉也。桑掩胥御国子，公孙夏曰："二子必死。"❷将战，公孙夏命其徒歌《虞殡》，陈子行命其徒具含玉，公孙挥命其徒曰："人寻约！吴发短。"❸东郭书曰："三战必死。于此三矣！"使问弦多以琴，曰："吾不复见子矣！"陈书曰："此行也，吾闻鼓而已，不闻金矣！"❹

注释

❶ 杜注："博、嬴，齐邑也。二县皆属泰山。"按："中军从王"，中军是吴中军（杜注已指出），王是吴王夫差。《左氏》下文所记胥门巢、王子姑曹、展如，杜注："三将，吴大夫。"杨注："鲁师未书，盖哀公及三卿俱在军中。"这样说，想当然，应该这样。

❷ "陈僖子谓其弟书"以下，杜注："书，子占也。欲获死事之功。"欲其弟死而已获功，殊不近人情。"宗子阳与闾丘明相厉"，杜注："相劝厉致死。子阳，宗楼也。"杨注这里用杜注。"桑掩胥御国子"，杜注："国子，国书。"桑掩胥为国书驾车。杨注认为"二子必死"句二子指桑掩胥与国书。

❸ "命其徒歌《虞殡》"以下，杜注："《虞殡》，送葬歌曲。示必死。子行，陈逆也。具含玉，亦示必死。约，绳也。八尺为寻。吴发短，欲以绳贯其首。"按：《虞殡》盖我国古代最早之挽歌。"人寻约"，意思是每人都备有八尺绳索。因为吴人发短，不够用来捆绑俘虏或首级，所以要用绳索，这表现了公孙挥希望部下英勇作战、多杀（或抓）敌人的心情。

❹ 杜注："三战，夷仪、五氏与今。弦多，齐人也，六年奔鲁。问，遗也。按："三战必死"，不知此说何所据。"吾不复见子矣"，杜注：

“言将死战。”这就是所谓奋不顾身。陈书即陈僖子之弟。“此行也”句以下,杜注:“鼓以进军,金以退军。不闻金,言将死也。传言吴师强,齐人皆自知将败。”但公孙挥是例外,他要求的只是多杀或多抓敌人,不肯唱低调,杨注已指明这一点。

原文

甲戌,战于艾陵。展如败高子。国子败胥门巢;王卒助之,大败齐师,获国书、公孙夏、闾丘明、陈书、东郭书,革车八百乘,甲首三千,以献于公[5]。

将战,吴子呼叔孙,曰:“而事何也?”对曰:“从司马。”[6]王赐之甲、剑铍,曰:“奉尔君事,敬无废命!”叔孙未能对;卫赐进,曰:“州仇奉甲从君!”而拜。[7]

注释

[5] “以献于公”,这个“公”指鲁哀公。杜注:“公以兵从,故以劳公。”

[6] 据杜注,这里“叔孙”指武叔州仇。“而事何也”,杜注:“问何职。”叔孙的答复是“从司马”,杜注:“从吴司马所命。”按:这里杜注误,杨注已指出“从司马犹言为司马”(实则杨注之前早有学者如沈钦韩等人已指明这一点)。

[7] 铍读 pí,《说文》:“大针也。一曰:剑而刀装者。”《左氏》这里铍只可能是所谓“剑而刀装者”,段注:“实剑而用刀削裹之,是曰铍。”杜注:“赐,子贡,孔子弟子。”孔疏:“子贡卫人,故称卫赐。”杨注:“君赐臣剑,是欲其死,疑古无受剑铍之礼,故叔孙不知所对。”子贡代武叔州仇回答吴王,说“州仇奉甲从君”,意思是接受君王所赐,愿意为君王效劳,听从驱遣。“而拜”,杜注:“拜受之。”现在要问:从子贡的话是否可以判断州仇仅仅拜受吴王所赐之甲,因而也就证明了杨注怀疑的正确呢?我们认为古代君王赐剑的事情是有的,然而赐剑是否即为赐死,应该由赐剑同时宣布的话语

决定。譬如本年《左传》下文记吴王以属镂赐伍子胥，那明明是要他“死”(自裁)。但是这里吴子赐剑铍，明告州仇“奉尔君事，敬无废命”，怎么会成了要他的命呢？面临“将战”，正当用人之际，则赐之甲、剑铍，决非“欲其死”，而是要他奋勇杀敌。子贡不言“剑铍”，盖语急从省耳。

原文

公使大史固归国子之元，置之新箧，褽之以玄纁，加组带焉；置书于其上，曰：“天若不识不衷，何以使下国？”[8]

注释

[8] 褽读 wèi，《释文》：“别本作褽。”纁读 xūn，《释文》：“本亦作勋。”《左氏》“公使大史固归国子之元”以下，杜注：“归于齐也。元，首也，吴以献鲁。褽，荐也。”杨注：“此谓以红黑色与浅红色之帛作垫。组带即编丝为组之带，不知加于国书之头颅上，抑箧上，文意不明。”我们认为这里杨注谨慎而且准确。“天若不识不衷”句以下，杜注：“言天识不善，故杀国子。”杨注认为“不衷”指齐侯，不指国子，这是取日本学者竹添光鸿《左传会笺》的说法，又说：“书为鲁所加，自是鲁人语……”按：《左氏》明言为鲁哀公语，“使下国”者，“公会吴子伐齐”，“下国”为鲁哀公谦称。

原文

吴将伐齐，越子率其众以朝焉，王及列士皆有馈赂。吴人皆喜，唯子胥惧，曰：“是豢吴也夫！”[1]谏曰：“越在我，心腹之疾也。壤地同，而有欲于我；夫其柔服，求济其欲也。不如早从事焉！得志于齐，犹获石田也，无所用之。越不为沼，吴其泯矣！[2]使医除疾，而曰‘必遗类焉’者，未之有也。《盘庚之诰》曰：‘其有颠越不共，则劓殄无遗育，无俾易种于兹邑。’是商所以兴也。今君易之，将以求大，不亦难乎！”[3]弗听。使于齐，属其子于鲍氏，为王孙氏。反役，王闻之，使赐之属镂以死。[4]将死，曰：“树吾墓槚，槚可材也。吴其亡乎！三年，其始弱矣。盈必毁，天之道也。”[5]

注释

❶ 杜注：“豢，养也。若人养牺牲，非爱之，将杀之。”这样说，正是《左氏》原文本意。

❷ 依杜注，“有欲于我”是“欲得吴”，“从事焉”是“从事击之”。我们认为“柔服”是温顺服从的意思，那越人表示软弱服帖，是为了达到他们“欲得吴”的愿望，我们还不如对他们早下手为强。即使吴国攻打齐国得手，那好比得了一块不可耕的石田，有什么用呢？“越不为沼，吴其泯矣”，杨注：“犹言吴不亡越，越将灭吴。”其说是。

❸ “必遗类焉”，杨注：“类同纇，戾也，即指所患之疾。”好比叫医生治病，而又叮嘱医生说“一定要保留所患之疾”，这样的人是没有的。“盘庚之诰”以下，杜注：“《盘庚》，商书也。颠越不共，从横不承命者也。劓，割也。殄，绝也。育，长也。俾，使也。易种，转生种类。”孔疏引孔安国传（孔冲远不知其为伪孔传）：“颠，陨。越，队也。不恭，不奉上命。”又说：“刑名以截鼻为劓，劓是割也……易谓转易。无使转生种类，不令更有恶子孙也。”按：王伯申认为“育读为胄”“无遗育即无遗胄”（《经义述闻》卷三）。曾星笠先生《尚书正读》认为“无俾易种”句“易”是延易的意思。然则“无俾易种于兹邑”，就是杨注说的“毋使其延种于此地”。伍子胥的意思：《盘庚》说的对“颠越不共”者采取的坚决消灭的办法，是殷商所以兴起的原因。“今君易之”句以下，杨注：“易之，违之也，反之也。大谓强大，意实指霸业。”伍子胥批评吴王：你采取了与《盘庚》说的相反的办法，以图强国求霸业，不是太困难了吗？

❹ 杜注：“私使人至齐，属其子改姓为王孙，欲以辟吴祸。”顾亭林《左传杜解补正》没有采取杜注所谓“私使人至齐”的说法，认为

"子胥为吴王使于齐",不是私交。杨注取顾氏说,应该是认为这个说法好。按:"属其子"的"属"是把儿子嘱托于某的意思。"反役"句以下,杜注:"艾陵役也。属镂,剑名。"夫差听说伍子胥"属其子于鲍氏",以为不忠,所以赐剑令子胥自裁。

5. 檟读 jiǎ,树名。杜注:"越人朝之,伐齐胜之,盈之极也。为十三年越伐吴起。"杨注谓"三年"指三年后,认为《左传》这里以及其他书所记伍子胥的议论(关于吴亡的预言)"甚有近小说家言不足信者"。但我们认为"盈必毁,天之道也",这两句话说的真理总是对的。

原文

秋,季孙命修守备,曰:"小胜大,祸也。齐至无日矣!"

冬,卫大叔疾出奔宋。初,疾娶于宋子朝,其娣嬖。子朝出,孔文子使疾出其妻,而妻之。疾使侍人诱其初妻之娣,置于犁,而为之一宫,如二妻。[1]文子怒,欲攻之,仲尼止之;遂夺其妻。或淫于外州,外州人夺之轩以献。[2]耻是二者,故出。卫人立遗,使室孔姞。[3]疾臣向魋纳美珠焉,与之城鉏。[4]宋公求珠,魋不与,由是得罪。及桓氏出,城鉏人攻大叔疾,卫庄公复之,使处巢。死焉,殡于郧,葬于少禘。[5]

注释

1. 杜注:"疾即齐也。子朝,宋人,仕卫为大夫。娣,所娶女之娣。"卫大叔疾本来娶的是宋子朝的两个女儿,他特别喜爱的是那两姐妹中年少的一个。宋子朝出奔之后,孔文子唆使大叔疾将妻休了,把自己的女儿嫁给大叔疾为妻。杜注:"犁,卫邑。"疾派自家侍人勾引元配妻子的女弟,安置在犁那个地方,为那个女弟专门安排了一套住室。这样,大叔疾就有了两个妻子。

2. 孔文子知道大叔疾不能专爱自己的女儿,想攻打大叔疾,被孔仲尼劝阻而罢。但是孔文子还是夺回了自家女儿。“或淫于外州”句以下,杜注:“外州,卫邑。轩,车也,以献于君。”杨注“谓疾又与他女通奸于外州”,又说:“‘之’作‘其’用,夺疾所乘之轩,盖往外州淫某女时夺之。”杨先生这样讲,比别的解说合乎情理和文理,今从之。

❸ 杨注:“以妻被夺,轩又被夺为耻。”知此二耻,所以出奔。“卫人立遗”句以下,杜注:“遗,疾之弟。孔姞,孔文子之女,疾之妻。”这里意思是:因为疾已出奔,所以立遗为其族之嗣主。杨注已指出“室”这里作动词用,遗“以孔姞为其室,即娶其嫂”。孔姞成了遗之妻。

❹ “疾臣向魋”,杜注:“为宋向魋臣。”因为疾将美珠奉献向魋,所以向魋把城鉏那块地方给了疾。杜注:“城鉏,宋邑。”

❺ “桓氏出”,指哀公十四年向魋出奔。“卫庄公复之”,杜注:“听使还。”卫庄公让疾回到卫国,将他安排在巢,后来疾就死在巢了。杜注:“终言疾之失所也。巢,郧,少禘,皆卫地。”

原文

初,晋悼公子慭亡在卫,使其女仆而田。大叔懿子止而饮之酒,遂聘之;生悼子。悼子即位,故夏戊为大夫。悼子亡,卫人翦夏戊。❶

孔文子之将攻大叔也,访于仲尼。仲尼曰:“胡簋之事则尝学之矣,甲兵之事未之闻也。”退,命驾而行,曰:“鸟则择木,木岂能择鸟?”❷文子遽止之,曰:“圉岂敢度其私?访卫国之难也。”将止;鲁人以币召之,乃归。❸

注释

❶ 杜注:“仆,御。田,猎。懿子,大叔仪之孙。悼子,大叔疾。夏戊,悼子之甥。翦,削其爵邑。”按:“遂聘之”句,杜注没有解说。杨

注:“聘为妻也。”日本学者竹添光鸿《左传会笺》:“懿子娶憖女,生悼子及一女。女适夏氏,生戊,故戊是懿子之外孙(于悼子为甥舅)。”关于史事的交代,这些注解似可信。若是参看鲁哀公廿五年传,读者就可以理会《左氏》这一段的原意了。

❷ “胡簋之事”以下,杜注:“胡簋,礼器名。夏曰胡,周曰簋。”孔疏:“……以胡簋言礼事,《论语·卫灵公》问曰‘俎豆之事’,意亦同也。”据小戴辑《礼记·明堂位》,则夏器名琏,殷器名瑚,孔疏:“包咸、郑玄等注《论语》,贾、服等注此传,皆云‘夏曰胡’,杜亦同之,或别有所据,或相从而误。”杨注据阮元《积古斋钟鼎款识》的说法,谓“胡簋即簠簋”,用盛稻粱,足备一说。但我们认为此说与杜注孔疏并无矛盾。孔疏又说:“军旅甲兵,亦治国之具也。此以文子非礼,欲国内用兵,灵公空问军陈,故并不答,非轻甲兵也。”孔疏此说甚好。我们认为孔仲尼先生不但不轻甲兵,而且并非于甲兵之事“未之闻”“未之学”,请参看拙撰《四书校注》相关的议论。仲尼先生只是因为孔文子非礼,所以决定离开卫国,好比良禽择木而栖,仲尼先生他是想择国而仕啊。

❸ 杜注:“圉,文子名。度,谋也。”《左氏》记文子语,自言访于仲尼不是为了谋私,而是“访卫国之难”,杨注以为“访卫国之难”的“访”若依《孔子家语》作“防”,则“于文义为顺”。我们认为《左氏》这里“访”不必改为“防”。“访”本有“就问”“泛谋”的意思,“议论”的意思,就问卫国之难,议论卫国之难,说自可通。“将止”句,意思是孔子见孔文子诚恳挽留,打算留止卫国。“鲁人以币召之,乃归”,杜注:“于是自卫反鲁……”就这样改变了留止卫国的决定。孔疏引《史记·孔子世家》证明有季康子派人以币迎孔子事,可信。

原文

季孙欲以田赋❹,使冉有访诸仲尼。仲尼曰:“丘不识也。”三发，卒曰："子为国老⑤，待子而行，若之何子之不言也？"仲尼不对，而私于冉有曰："君子之行也，度于礼：施取其厚，事举其中，敛从其薄。如是则以丘亦足矣。若不度于礼，而贪冒无厌，则虽以田赋，将又不足。且子季孙若欲行而法，则周公之典在；若欲苟而行，又何访焉？"⑥弗听。

注释

④ 杨注认为贾逵的说法以及杜注皆不可信，其他诸说也很难说通。杨先生自己的见解："据下文孔丘语，'则以丘亦足矣'，可知此为兵役法改革，重于成元年之丘赋"。又据《论语·颜渊》记哀公之言及《鲁语下》记孔丘私于冉有之言，杨注断言"此为田亩税，为十分抽二，或者甚于此"。在找到更妥当的说法之前，姑依杨先生此说。

⑤ 《左传》哀公十六年记哀公之诔称孔子为"一老"。小戴辑《礼记·檀弓上》记哀公之诔称孔丘为"耆老"。《左传》哀十一年这里称孔子为"国老"。孔子一生不遇明君，但他生前毕竟得到过国人（部分有识之士）特别是孔门弟子的尊敬。鲁哀公在孔子逝世后讲一两句表示尊重孔子的话也不奇怪。

⑥ "施取其厚，事举其中，敛从其薄"，这应该是治国治民务必遵循的原则。给予人民的多，取之于民者少，办事适度，这样就会得到人民真诚拥护。"如是则以丘亦足矣"，杜注："丘，十六井，出戎马一疋，牛三头，是赋之常法。"杨注："此当指成元年以后行之至今之兵役法。"钱宾泗认为这个"丘"乃是孔子自称，"是说照我看来也尽够了"（《周官著作时代考》，见《燕京学报》第十一期）。我们认为杜注、杨注有根据，钱先生的解说亦自可通。"若不度于礼"句以下，意思是说季孙背礼而行，将永无厌足的时候；若是想做到行政事而有法则，何不依周公之典办呢？若是想图苟且，又何必来问我呢？

经十有二年[1]

原文

春,用田赋。

夏,五月甲辰,孟子卒。[2]

公会吴于橐皋。[3]

秋,公会卫侯、宋皇瑗于郧。[4]

宋向巢帅师伐郑。

冬,十有二月,螽。

注释

❶ 鲁哀公十二年,当公元前483年,周敬王三十七年。这一年孔仲尼先生晋“不逾距”之年。

❷ 杜注:“鲁人讳娶同姓,谓之‘孟子’。《春秋》不改,所以顺时。”孔疏认为“鲁人常言称‘孟子’”,引《论语》“君取于吴为同姓,谓之‘吴孟子’”为证。按:小戴辑《礼记·坊记》:“鲁《春秋》犹去夫人之姓曰‘吴’,其死曰‘孟子卒’。”孔疏:“是旧史书为‘孟子卒’,及仲尼修《春秋》,以鲁人已知其非,讳而不称‘姬氏’。讳国恶,礼也;因而不改,所以顺时世也。”从知鲁《春秋》本如此,杜注孔疏说是。

❸ 橐皋是地名。杨注认为即今安徽巢湖市柘皋镇,十分明确。

❹ 杜注:“郧,发阳也。”孔疏据《左传》哀公十七年推知“郧即发阳,一地二名”,证成杜注。杨注引王夫之《春秋稗疏》说,认为鲁会吴之地应在琅邪姑幕,后来称为莒县,不在吴国。杨先生谓王说较为可信。又,“郧”字《公羊》作“运”,是音同假借。

传十二年

原文

春，王正月，用田赋。

夏五月，昭夫人孟子卒。昭公娶于吴，故不书姓。死不赴，故不称“夫人”。不反哭，故不言“葬小君”。孔子与吊，适季氏。季氏不絻。放绖而拜。❶

注释

❶ “不反哭”以下，杜注：“反哭者，夫人礼也。以同姓，故不成其夫人丧。孔子始老，故与吊也。絻，丧冠也。孔子以小君礼往吊，季孙不服丧，故去绖，从主节制。”这里絻读 wèn，一作免，音同。孔疏：“杜以孔子与吊，明其已去臣位。若在臣位，则服小君之丧，不得云‘与吊’而已。故云‘孔子始老’。‘始老’者，谓始致事也。”又说：“礼，齐衰之丧，始死而絻以至于成服。絻以代吉冠，故以絻为丧冠也。孔子以季孙当服臣为小君之礼，故以小君礼往吊季氏。《传》言‘适季氏’，谓适季氏哭位，故杜言‘往适’，谓就其哭位也。季孙既不服丧，孔子不得服吊服，故去绖，从主节制也……《曲礼》云：‘凡非吊丧，非见国君，无不答拜者。’郑玄云：‘丧宾不答拜，不自宾客也。’……而此言孔子‘放绖而拜’者……谓丧主既拜宾，宾不答拜耳。其初见主人，或吊者先拜……”今按：上引杜注孔疏对吊丧之礼的说明，确有根据。小戴辑《礼记·曲礼下》相关孔疏可供参考。

原文

公会吴于橐皋。吴子使大宰嚭请寻盟；公不欲，使子贡对曰：“盟所以周信也，故心以制之，玉帛以奉之，言以结之，明神以要之。

寡君以为苟有盟焉,弗可改也已;若犹可改,日盟何益?今吾子曰'必寻盟',若可寻也,亦可寒也。"❷乃不寻盟。

注释

❷ 杜注:"周,固。""心以制之"是"制其义"。"玉帛以奉之"是"奉贽明神"。"言以结之"是"结其信"。"明神以要之"是"要以祸福"。当时结盟的形式必须具备的要素,一是有共同接受的约束,二是托明神以监督,而"制其义""结其信',则至少应该是口头表达的希望。如果可以随意更改盟约,那么,天天结盟、寻盟也没有用处,没有意义。"若可寻也,亦可寒也",杨注已指出这里"寻与寒相反为义"。阮元等《校勘记》:"诸本作寻。《仪礼·有司彻》郑注引作焊,俗字。"杜注:"寻,重也。寒,歇也。"杨注:"寻,温暖之义;寒,寒凉也。"按:焊是将热转凉的物体(譬如食物、身体)加热,寒是热的物体转凉,原来比较高的温度停歇下来。如此说来,杜注可通,杜、杨两注实一致。子贡代鲁哀公讲的这一番话实有道理。当时人们称赞子贡能说会道,所以《论语·先进》以"言语"许之。

原文

吴征会于卫。初,卫人杀吴行人且姚而惧,谋于行人子羽;子羽曰:"吴方无道,无乃辱吾君?不如止也。"❶子木曰:"吴方无道。国无道,必弃疾于人。吴虽无道,犹足以患卫。往也!长木之毙,无不摽也;国狗之瘈,无不噬也;而况大国乎?"❷

注释

❶ "且姚",且读 jū。杜注:"子羽,卫大夫。子木,卫大夫。"无道是没有道德仁义之心,失信于世人。若杀其行人,必连累国君,所以还是以不杀其行人为好,以留止而款待之为好。但若已杀之,那就不能不顾及后果。

❷ 摽读 piāo，瘈读 zhì，这里不读 chì。杜注："摽，击。瘈，狂也。噬，啮也。"孔疏："长木喻吴国大也。狗瘈喻吴失道也。国狗犹家狗，言家畜狂狗必啮人也。"杨注："此言大树死而倒，所遇无不被击。"又说："国狗与国马同，一国之名马、一国之名狗也……瘈狗今曰疯狗，为其所咬，血中毒，得恐水病，死极惨。"按：上引注疏皆是，而杨注比较明白好懂。

原文

秋，卫侯会吴于郧。公及卫侯、宋皇瑗盟，而卒辞吴盟。吴人藩卫侯之舍。子服景伯谓子贡曰："夫诸侯之会，事既毕矣，侯伯致礼、地主归饩以相辞也。今吴不行礼于卫，而藩其君舍以难之，子盍见大宰？"乃请束锦以行。❶语及卫故，大宰嚭曰："寡君愿事卫君，卫君之来也缓，寡君惧，故将止之。"❷子贡曰："卫君之来，必谋于其众；其众或欲或否，是以缓来。其欲来者，子之党也。其不欲来者，子之仇也。若执卫君，是堕党而崇仇也，夫堕子者得其志矣。且合诸侯而执卫君，谁敢不惧？堕党崇仇而惧诸侯，或者难以霸乎？"❸大宰嚭说，乃舍卫侯。

注释

❶ "吴人藩卫人之舍"，杜注："藩，篱。"杨注："藩犹围也。"吴国派兵包围了卫人的住所。"侯伯致礼，地主归饩"，杜注："侯伯致礼，以礼宾也。地主，所会主人也。饩，生物。各以礼相辞让。难，苦困也。"孔疏："侯伯，诸侯之长，谓盟主也。侯伯为主，则诸侯之从己者皆为宾。致礼礼宾，当谓有以礼之，或设饮食与之宴也。地主，所会之地主人也，当归生物于宾。礼：牲生曰饩。"按：依当时外交礼制，结盟事了，各以礼告别，而"吴不行礼于卫"，所以子服景伯建议子贡面见吴大宰嚭。子贡"乃请束锦以行"，束锦应该是准备见面礼，杜注："以赂吴。"其说是。

❷ “语及卫故”，杜注：“若本不为卫请者。”好像只是随便说到与卫国有关的事。“止之”，杜注：“止，执。”按：这个“止”说得客气一点，也是留下来的意思。

❸ “堕党崇仇”，杜注：“堕，毁也。”依《释文》，这个堕读 huī，与“隳”相通。按：“崇”是个多义词，有高大、厚长、充满、积聚或敬尚诸义项。毁伤同党，益长仇敌，这就会使同盟诸侯恐惧。这样做，要实现霸业会有困难吧！

原文

卫侯归，效夷言。子之尚幼，曰：“君必不免，其死于夷乎！执焉，而又说其言，从之固矣！”❹

注释

❹ “效夷言”以下，杨注：“夷言，吴语。”杜注：“子之，公孙弥牟。出公辄，后卒死于越。”俞曲园先生《群经平议》卷二十七：“从之固矣，犹曰从之必矣……言卫侯效夷言，终必死于夷也。顾氏《补正》曰：‘“固”如“与人而不固”之固。’非是。”杨注用俞氏说。

原文

冬十二月，螽。季孙问诸仲尼，仲尼曰：“丘闻之：火伏而后蛰者毕。今火犹西流，司历过也。”❶

注释

❶ 杜注：“火，心星也。火伏在今十月。‘犹西流’，言未尽没，知是九月。历官失一闰，《释例》论之备。”孔疏：“今以《长历》推《春秋》，此十二月乃夏之九月，实周之十一月也。此年当有闰而今不置闰，此为失一闰月耳。十二月不应螽，故季孙怪之。仲尼以斗建在戌，火星尚未尽没，据今犹见，故言‘犹西流’，明夏之九月

尚可有螽也。"可是杨伯峻先生有不同见解，他说："此次及明年蝗灾俱在十二月，即今农历之十月，于当时为罕见，故季孙问。"又说："孔丘之意，谓时已十月，天空应不见心宿二，昆虫应皆蛰伏，然心宿二犹遥见于西方天空，逐见沉没，乃司历者之误。杜注因之谓此年应闰而未闰，其实此年不当闰，明年亦十二月仍有飞蝗，而闰当在十二月后。"是司历并无过失，殆孔圣人过矣。按：杨先生所处时代的天文历算学，比孔冲远等学者所处的时代远为先进可信，今从杨注。

原文

宋郑之间有隙地焉。曰弥作、顷丘、玉畅、嵒、戈、钖。子产与宋人为成，曰："勿有是！"及宋平、元之族自萧奔郑，郑人为之城嵒、戈、钖。[2]九月，宋向巢伐郑，取钖，杀元公之孙；遂围嵒。十二月，郑罕达救嵒；丙申，围宋师。

注释

[2] 杜注："隙地，闲田。"《释文》："一本作间地。"嵒读 yán，今作岩。钖读 yáng，据《释文》，此字一读 xì。弥作、顷丘、玉畅、嵒、戈、钖，杜注："凡六邑。"《左氏》下文回顾了六邑的往事。"勿有是"，杜注："俱弃之。"可知六邑是子产执政的时候送给宋国的。宋平、元之族自萧奔郑，事在定十五年，杜注已指出。"郑人为之城嵒、戈、钖"，杜注："城以处平、元之族。"

经十有三年[1]

原文

春，郑罕达帅师取宋师于嵒。[2]

夏，许男成卒。[3]

公会晋侯及吴子于黄池。[4]
楚公子申帅师伐陈。
於越入吴。

注释

❶ 鲁哀公十三年，为公元前482年，周敬王三十八年。孔仲尼这一年七十一岁。

❷ “罕达”之罕，《公羊》作轩。两字都从“干”得声，音同通假。杜注：“书‘取’，覆而败之。”看《左传》，可知郑伐宋师的嵒之战符合《春秋经》书“取”之例。

❸ 《释文》，成，“本或作戊”。《公羊》作戌。按：成、戊、戌三字形近易讹。

❹ 黄池自是地名。此事同年《左传》之外，又详见于《史记·吴太伯世家》《国语·吴语》。杜注：“夫差欲霸中国，尊天子，自去其僭号而称‘子’以告令诸侯，故史承而书之。”孔疏引《吴语》说此事，谓“晋侯命董褐告吴王”：“‘夫诸侯无二君，而周无二王，君若无卑天子而曰吴公，孤敢不顺从君命？’吴王许诺。”根据《吴语》的记载，孔冲远等人说：“是其去僭号也，于此会去王号耳。其于吴国犹称王不改也。”我们认为上引杜注孔疏说可信。《史记·吴太伯世家》记黄池之会在“春”非“夏”，杨伯峻先生说：“盖吴用夏正。”但《吴太伯世家》没有夫差去僭号的记载，而“长晋定公”的记载与《左氏》“先晋人”相合。可见文献于黄池之会谁为盟主有不同说法，我们认为内传未必是而外传未必误，这里不拟辨异，姑两存之。

原文

秋，公至自会。
晋魏曼多帅师侵卫。
葬许元公。[5]

九月，螽。

冬，十有一月，有星孛于东方。[6]

盗杀陈夏区夫。[7]

十有二月，螽。[8]

注释

❺ 许元公夏卒秋葬，可能是不速也不缓。

❻ 杜注："平旦众星皆没而孛乃见，故不言所在之次。"孔疏引《公羊传》："孛者何？彗星也。其言'于东方'何？见于旦也。"孔疏已指出杜元凯这里用《公羊》说。杨注谓《公羊》说可疑，引竹添光鸿说，自有天文学的根据。

❼ 据《释文》，这里"区"读 ōu。《公羊》作彄，则读 kōu，与"区"音近。杜注："称'盗'，非大夫。"赵鹏飞《春秋经筌》："以盗之贱而及君大夫之贵，国无政刑矣。"《左氏》没有交代这件事，然而正如赵鹏飞所说，当时陈国的政治刑法与社会局势是糟糕极了。

❽ 杜注："前年季孙虽闻仲尼之言，而不正历，失闰至此年，故复'十二月螽'，实十一月。"杨伯峻先生有不同见解，请参见上年《左传》杨注。

传十三年

原文

春，宋向魋救其师。郑子賸使徇曰："得桓魋者有赏！"魋也逃归。遂取宋师于嵒，获成讙、郜延。以六邑为虚。[1]

夏，公会单平公[2]、晋定公、吴夫差于黄池。

注释

❶ 成讙、郜延，杜注："二子，宋大夫。"《左氏》下文"以六邑为虚"，杜注："空虚之，(名)〔各〕不有。"阮元等《校勘记》："各不有者，宋、

郑皆不有之,如子产所约也。"按:子产所约,见上年《左传》。

❷ "单平公"之单读 shàn,杜注:"平公,周卿士也。不书,尊之,不与会。"这里所谓"不书",还是指不见于《春秋经》的意思。

原文

六月丙子,越子伐吴,为二隧。畴无余、讴阳自南方,先及郊。吴大子友、王子地、王孙弥庸、寿於姚自泓上观之。[3]弥庸见姑蔑之旗,曰:"吾父之旗也。[4]不可以见仇而弗杀也!"大子曰:"战而不克,将亡国。请待之!"弥庸不可,属徒五千[5],王子地助之;乙酉战,弥庸获畴无余,地获讴阳。越子至,王子地守。丙戌复战,大败吴师,获大子友、王孙弥庸、寿於姚。丁亥入吴,吴人告败于王。王恶其闻也,自刭七人于幕下。[6]

注释

❸ "为二隧",杜注:"隧,道也。"顾亭林《左传杜解补正》谓"隧即古队字"。杨注:"两说义异而实同,出兵异道,自各为一队。"按:杨说甚是。"畴无余、讴阳自南方"以下,杜注:"二子,越大夫。"杨注引章太炎先生《春秋左传读》卷八:"古字讴、欧通。"是讴阳即欧阳。杨注谓畴无余、讴阳率领的越军先"至吴国都郊区"。《左氏》下文"吴大子友"至"自泓上观之",杜注:"观越师。泓,水名。"杨注引沈钦韩关于泓上的解说有异议,不具录。

❹ 杜注:"姑蔑,越地……弥庸父为越所获,故姑蔑人得其旌旗。"按:古代将帅之旗必有足以互相区别的明白的标识,让人一看便知,所以弥庸在泓上观越师而能辨别旗帜。

❺ "不可"就是不肯,不同意。杜注:"属,会也。"这里属读 zhǔ。属徒就是集合士卒。

❻ "王恶其闻也"以下,恶读 wù,杜注:"恶诸侯闻之。"刭是用刀割脖子。吴王在自己的军帐幕下杀死七人,杜注:"以绝口。"就是

以免消息泄漏。

原文

秋七月辛丑，盟，吴、晋争先。吴人曰："于周室，我为长。"晋人曰："于姬姓，我为伯。"❶赵鞅呼司马寅曰："日旰矣，大事未成，二臣之罪也！建鼓整列，二臣死之，长幼必可知也！"❷对曰："请姑视之！"反，曰："肉食者无墨。今吴王有墨，国胜乎？大子死乎？且夷德轻，不忍久，请少待之。"乃先晋人。❸

注释

❶ 依杜注，"吴晋争先"是"争歃血先后"。吴人的意思："吴为大伯后，故为长。"晋人的想法：晋在姬姓诸侯中做盟主已久，故"为侯伯"，为诸侯之长，诸侯之霸。杜注已指出这里"伯即霸"。

❷ 杜注："寅，晋大夫。旰，晚也。大事，盟也。二臣，鞅与盈。"孔疏："杜以鞅呼寅与语，明其同忧国事，故以二臣为鞅为寅也。"刘炫不以杜注为然，孔疏驳刘而护杜，又说："建，立也。立鼓击之，与战也。"然则"整列"是整顿队伍，"二臣死之"是说赵鞅与司马寅抱定不怕牺牲之决心，"长幼必可知也"是说决战以定高低，分雌雄，明歃血之先后，结盟之主次。

❸ "肉食者无墨"，杜注："墨，气色下。"按：依《左传》庄公十年的说法，"肉食者鄙"。可是一般说来，肉食者营养良好，容光焕发，应无墨色。"今吴王有墨，国胜乎"以下，杜注："国为敌所胜。"看到吴王脸色不好，不知原因何在。是因为国内被来犯之敌攻败了？还是大子死了呢？当时中原姬姓诸国视吴为夷，夷人性情轻狂浮躁，不可能长久地隐忍不发。所以深入观察吴王神色的人（据《吴语》，此人正是董褐）返回晋军营地之后，建议"少待之"，杜注："少待，无与争。"据《左氏》这里记载，七月之盟的结局是"先晋人"，而实际是否如此，有异说。

原文

吴人将以公见晋侯，子服景伯对使者曰："王合诸侯，则伯帅侯牧以见于王。伯合诸侯，则侯帅子、男以见于伯。自王以下，朝聘玉帛不同，故敝邑之职贡于吴有丰于晋，无不及焉，以为伯也。[1]今诸侯会，而君将以寡君见晋君，则晋成为伯矣；敝邑将改职贡：鲁赋于吴八百乘，若为子、男，则将半邾以属于吴，而如邾以事晋。且执事以伯召诸侯，而以侯终之，何利之有焉？"[2]吴人乃止；既而悔之，将囚景伯，景伯曰："何也立后于鲁矣；将以二乘与六人从，迟速唯命！"[3]遂囚以还。及户牖，谓太宰曰："鲁将以十月上辛有事于上帝、先王，季辛而毕。何世有职焉，自襄以来，未之改也。若不会，祝宗将曰：'吴实然。'且谓：'鲁不共而执其贱者七人，何损焉？'"[4]大宰嚭言于王曰："无损于鲁而(祇)〔只〕为名，不如归之。"乃归景伯。[5]

注释

❶ 子服景伯对使者说的话至此，概述"伯帅侯牧以见于王""侯帅子男以见于伯"的基本制度。杜注："伯，王官伯。侯牧，方伯。"孔疏："王合诸侯，则伯帅侯牧……言帅侯牧者，举尊而言，其实尽帅之也。伯合诸侯，则侯帅子男，侯谓牧也，牧帅诸国之君见于伯也。亦当尽帅在会诸侯，独云'子男'，举小为言，其实亦见在会者尽帅以见伯也。"《左氏》下文"自王以下"，至"以为伯也"，意思是：王公侯牧等级不同，朝聘所用贡献不同，譬如鲁见于吴所用贡献多于鲁见于晋，那是因为鲁认吴为方伯。这种情况反映了吴王称霸的事实，吴一度压倒晋侯做盟主的事实。

❷ 如果吴人率鲁公见晋君，那就是承认晋为诸侯之长，鲁就不过是子男而吴不过是州牧而已。杜注："半邾，三百乘。如邾，六百乘。"孔疏："七年《传》茅夷鸿请救于吴，云：'鲁赋八百乘，君之贰也；邾赋六百乘，君之私也。'今鲁赋八百乘以贡于吴，以吴为伯

故也……鲁既以晋为伯，吴为牧，牧卑于伯，则将半邾三百乘以属于吴，而如邾六百乘以事于晋也。”杨注与孔疏实无二致。“执事以伯召诸侯”以下，说“执事”实际上是说吴君，意思是：吴本来以伯的身份召集众诸侯会盟，而终于落个侯的身份，这样对吴国有什么好处呢？

❸ “何也立后于鲁矣”以下，杜注：“何，景伯名。”杨注：“立后者，有不返鲁之准备。一乘三人，二乘六人，皆从者。”按：景伯已立后嗣，自无后顾之忧。吴人要拘留他，他唯有二乘六人相随而已，慢点或者快点，随便好了。

❹ 这里“户牖”是地名，杜注已经指明。“鲁将以十月上辛有事于上帝、先王”以下，孔疏：“七月辛丑盟，囚景伯以还。今景伯称‘十月’，当谓周之十月，非祭上帝、先公之时。且祭礼终朝而毕，无上辛尽于季辛之事。景伯以吴信鬼，皆虚言以恐吴耳。”我们认为孔冲远等人这样解说合乎情理。阮元等《校勘记》据孔疏引文判断“先王”似当作“先公”。王氏父子据桓五年孔疏断言“作先公者是”（《经义述闻》卷十九），而其说实不可信。杨注：“云祭‘先王’，则吴之祖亦受祭，可以恐吴。”何况还有《家语·辩物篇》亦作“先王”可为书证。从知杨伯峻先生此说甚确。“何世有职焉”以下，杜注：“有职于祭事。”“自襄以来”句中“襄”指鲁襄公。景伯先人从襄公以来在鲁国宗庙祭祀大典中担任相当的职务，未曾改变过。到时候若是景伯不能供职，将会出现什么情况呢？“祝宗将曰”以下，杜注：“言鲁祝宗将告神云：‘景伯不会，坐为吴所囚。’吴人信鬼，故以是恐之。”杨注：“何与从者六，皆非卿，故云‘贱者七人”。鲁纵不恭于吴，而吴仅执其贱者。”这又何损于鲁呢？

❺ 杜注：“适为恶名。”抓了鲁国“贱者七人”并带回吴国，于鲁既无损，于吴只会得个坏名声，所以大宰嚭认为不合算，不如把景伯等人释放回国。

原文

吴申叔仪乞粮于公孙有山氏，曰："佩玉蘂兮，余无所系之。旨酒一盛兮，余与褐之父睨之。"❶对曰："粱则无矣，粗则有之。若登首山以呼曰：'庚癸乎！'则诺。"❷

王欲伐宋，杀其丈夫而囚其妇人。大宰嚭曰："可胜也，而弗能居也。"乃归。

冬，吴及越平。❸

注释

❶ 蘂读 ruǐ。"一盛"之盛读 chéng。"褐之父"，"父"读 fǔ。杜注："申叔仪，吴大夫；公孙有山，鲁大夫：旧相识。"按：吴大夫乞粮，必有缘故。杜注："蘂然，服饰备也。已独无以饰佩，言吴(主)〔王〕不恤下。"又说："一盛，一器也。睨，视也。褐，寒贱之人。言但得视，不得饮。"王伯申引《丧大记》郑注："盛，谓今时杯杅也。"杨注解释申叔仪的歌词，认为前两句"言有佩玉而无系着处"，后两句"言虽有甜酒一杯，我与老翁仅邪视而不得饮也。"关于前两句的解说，我们认为杜注义长。

❷ 杜注："军中不得出粮，故为私隐。庚，西方，主谷。癸，北方，主水。传言吴子不与士共饥渴，所以亡。"孔疏："食以稻粱为贵，故以粱表精。若求粱米之饭则无矣，粗者则有之。若我登首山以叫'庚癸乎'，女则诺。"孔疏认为这是公孙有山"故作隐语为私期也"，又说："庚在西方，谷以秋熟，故以庚主谷。癸在北方，居水之位，故以癸主水。言欲致(饼)〔饭〕并致饮也。"杨注："《越绝书·计倪内经》分货为十等，甲乙为高等货，庚为下等货，癸更下。"杨伯峻先生认为公孙有山氏的意思是：上等酒饭是没有了，到时候给你粗茶淡饭充饥渴吧。我们认为杜、杨两注并无矛盾，应可并存，孔疏亦可通。

❸ 孔疏："言吴不能报越，求与之平，终伍员所谓'三年始弱'也。"

按:越灭吴,则在鲁哀公二十二年。

经十有四年[1]

原文

春,西狩获麟。[2]

小邾射以句绎来奔。[3]

夏,四月,齐陈恒执其君,置于舒州。[4]

庚戌,叔还卒。

注释

❶ 鲁哀公十四年,当公元前481年,周敬王三十九年。这一年孔仲尼先生七十二岁。

❷ 杜注:"麟者仁兽,圣王之嘉瑞也。时无明王,出而遇获。仲尼伤周道之不兴,感嘉瑞之无应,故因鲁《春秋》而修中兴之教,绝笔于'获麟'之一句,所感而作,固所以为终也。冬猎曰狩。盖虞人修常职,故不书狩者。大野在鲁西,故言西狩。得用曰获。"今按:孔疏已经批评说《公羊》者关于《春秋经》"西狩获麟"的解释,认为其"言既不经,事无所据,苟佞时世,妄为虚诞"。在我们看来,杜注所谓"仁兽""嘉瑞",虽然不如《公羊》家那样荒诞,但也未能免臆说之嫌。杨注:"杜之此说本于《史记·三代世表序》《十二诸侯年表序》及《孔子世家》。"可见杜氏臆说实有自来。又,《公羊传》《穀梁传》都在解说《春秋经》"西狩获麟"句后结束,盖认为《春秋》为孔子作,而孔子之作《春秋》绝笔于"获麟"之一句。《左氏》不然,所以左氏所传《春秋经》还有下文。

❸ 这里射读 yì,句读 gōu。杜注:"射,小邾大夫。句绎,地名。《春秋》止于'获麟',故射不在三叛人之数。自此以下至十六年,皆鲁《史记》之文。弟子欲存'孔子卒',故并录以续孔子所修之

《经》。”孔疏：“此上仲尼修《记》，此下是其本文。弟子欲存‘孔子卒’，故因《经》之末并录鲁之旧史，以续孔子所修之《经》，记仲尼卒之月日，示后人使知之耳。这一类解说，杨注认为皆臆说。但我们认为杜注孔疏虽然没有确切的依据，仍不失为一说，而且也还合乎情理。唯《春秋经》哀十六年记“孔丘卒”，无论如何不可能为孔仲尼先生所书。说是史官或孔子弟子所记，方可以让后世读者接受。子不语神怪，“西狩获麟”可能为鲁史记原来所有，似亦不应为孔子所书。但“获麟”也可能不算怪异之事，记实罢了。以仲尼先生之勤奋，哀十五年以前的《鲁史记》他都修订过，这样说则应该是可以的。

❹ 舒州，《史记·齐太公世家》作“徐州”，司马贞《索隐》：“徐音舒，其字从人。《左氏》作‘舒’。舒，陈氏邑。《说文》作郐，郐在薛县。”江永《春秋地理考实》以为“此齐之极北，与燕界者”，杨注认为“此说有理”。按：执而置之，是关押，与《左传》成十七年记晋栾书执晋厉公相仿。

原文

五月庚申朔，日有食之。

陈宗竖出奔楚。

宋向魋入于曹以叛。

莒子狂卒。[5]

六月，宋向魋自曹出奔卫。

宋向巢来奔。

齐人弑其君壬于舒州。[6]

秋，晋赵鞅帅师伐卫。

八月辛丑，仲孙何忌卒。

冬，陈宗竖自楚复入于陈，陈人杀之。

陈辕买出奔楚。

有星孛。

饥。

注释

❺《释文》:"狂,其廷反。"由此反切知狂应读 qíng。

❻ 孔疏:"宣四年《传》例曰:'凡弑君称"君",君无道也;称"臣",臣之罪也。'发凡言例,是周公旧典。此鲁史不书陈桓之名,盖依凡例,以齐君无道故。"依孔疏此说,可知:一、孔子绝笔(如果此说可信的话)之后的《春秋经》仍然有例可循。二、"齐人弑其君壬",有齐君无道的意思,也包含有田常仁德获得民心的意思。

传十四年

原文

春,西狩于大野。叔孙氏之车子鉏商获麟,以为不祥,以赐虞人。[1]仲尼观之,曰:"麟也!"然后取之。

注释

❶ 杜注:"大野在高平钜野县东北大泽是也。车子,微者。鉏商,名。"获麟之事,杜氏以为"时所未尝见,故怪之",又说:"虞人,掌山泽之官。"孔疏:"杜以'车子'连文,为将车之子,故为微者。鉏商是其名也。《家语》说此事云:'叔孙氏之车士曰子鉏商。'王肃云:'车士,将车者也。子,姓。鉏商,名。今《传》无'士'字。服虔云:'车,车士,微者也。子,姓。鉏商,名。'以子为姓,与杜异。"可见杜预与王肃两说有同有异,而王肃与服虔可能为一家。王伯申说:"服以车为车士,是也。""今案:子鉏,盖其氏;商,其名也。""今此'子鉏'知非字者,古人名字相应,鉏与商不相应故也。"(《经义述闻》卷十九)杨注谓王伯申说可从。

原文

小邾射以句绎来奔，曰："使季路要我，吾无盟矣。"使子路，子路辞。季康子使冉有谓之曰："千乘之国，不信其盟；而信子之言，子何辱焉？"对曰："鲁有事于小邾，不敢问故，死其城下可也。彼不臣而济其言，是义之也，由弗能！"❷

注释

❷"小邾射以句绎来奔"句下，杜注："子路信诚，故欲得与相要誓而不须盟。"按：小邾射本意正如此。"济其言"，杜注："济，成也。"这也不错。孔疏："季孙之意，以小邾射不信千乘之国而信子路之言，是其重子路过于一国，子路当以过荣，不宜耻与言。约子路之意：鲁伐小邾，非己能禁，将令己言不信，不可与射约也。又，射是窃地叛臣，臣之罪恶者也；而子路与之相要，便是以射为义。耻与不义交好，故辞而不能也。"孔冲远等人这一段话，准确地解释了季康子与子路的对话。"由弗能"，由是子路之名。子路重义重诚信，他看重原则。又，"使季路要我"句中"要"字，读 yāo。

原文

齐简公之在鲁也，阚止有宠焉。及即位，使为政。陈成子惮之，骤顾诸朝。诸御鞅言于公曰："陈、阚不可并也，君其择焉！"❶弗听。

子我夕，陈逆杀人；逢之，遂执以入。陈氏方睦；使疾，而遗之潘沐，备酒肉焉；飨守囚者，醉而杀之，而逃。子我盟诸陈于陈宗。❷

注释

❶ 杜注："简公，悼公阳生子壬也。阚止，子我也。""成子，陈常。心不安，故数顾之。鞅，齐大夫。"杨注："鞅盖一般仆御之官，故曰诸御。"按：御是驾车马者。这一类人较多，譬如《周官・夏官》有

大驭、戎仆、齐仆、道仆、田仆、驭夫多人。可证杨注有据。鞅提醒齐简公:"陈成子与阚止不能和谐相处,您应该从中作出选择。"杜注:"择用一人。"既不相能,就应该分离。

❷ 杜注:"夕,视事。陈逆,子行,陈氏宗也;子我逢之。"俞曲园《群经平议》卷二十七:"人臣见于君,朝见谓之朝,莫见谓之夕。""盖子我将夕见公,适遇陈逆杀人,遂执之以入也。"杜注将"子我夕"句"夕"字解释为"夕视事",曲园先生以为"失之"。"陈氏方睦"句以下,杜注认为"方睦"是"宗族和",又说:"使诈病,因内潘沐,并得内酒肉。潘,米汁,可以沐头。"杨注:"陈逆以酒肉享看守者,使之醉而杀之以逃。"孔疏:"陈宗,陈氏宗主,谓陈成子也。尽集陈氏宗族,就成子家盟也。"李贻德《春秋贾服注辑述》认为"陈宗"即陈氏宗主之家,杨注用此说。我们认为陈宗就是陈族宗庙。"子我盟诸陈于陈宗",杜注:"失陈逆,惧其反为患,故盟之。"本不相能的阚止与诸陈反而以结盟的方式联合起来了。

原文

初,陈豹欲为子我臣,使公孙言己;已,有丧而止。既,而言之,曰:"有陈豹者,长而上偻,望视,事君子必得志,欲为子臣。吾惮其为人也,故缓以告。"[3]子我曰:"何害?是其在我也。"使为臣。他日,与之言政,说;遂有宠。谓之曰:"我尽逐陈氏而立女,若何?"对曰:"我远于陈氏矣。且其违者不过数人,何尽逐焉?"[4]遂告陈氏。子行曰:"彼得君;弗先,必祸子!"子行舍于公宫。[5]

注释

❸ 杜注:"豹亦陈氏族。言己,介达之。"《释文》:介,"媒介也,亦因也"。杨注:"言己,谓使公孙推荐自己。已,已而,言不久。陈豹有丧,公孙遂不言。"可能是因为子我之家有丧事,所以公孙没有对子我说什么。"既而言之",杜注:"既,终丧也。"公孙向子我介

绍陈豹，说此人“长而上偻，望视，事君子必得志”。杜注谓上偻是“肩背偻”，望视是“目望阳”，得志是“得君子意”。杨注：“长谓身高。”又说：上偻“盖谓背上部曲屈也”，这是承杜注而言。杨先生认为“望视”是“仰视貌”，这是用梁履绳《左通补释》引纪晓岚说。我们认为“事君子必得志”句意思是侍奉您肯定会双方满意。公孙还对子我说：“吾惮其为人也，故缓以告。”杜注：“恐多诈。”我担心他为人不诚实。所以迟至今日才告诉您。

4 “我远于陈氏矣”句以下，杜注：“言己疏远。违，不从也。”服虔注：“违者，不从子我者。”陈豹的意思是说：“跟您过不去的只有少数几个人，为什么都要赶走呢？”这样说，好像讲道理的样子，而且让子我造成错觉：似乎与他作对的并不多。

5 “子行”即陈逆。“舍于公宫”，舍字与同年《传》下文“出舍于库”以及《左传》哀八年“舍于蚕室”“舍于庚宗”三个“舍”字基本意思相同。杜注：“子行逃而隐于陈氏，今又隐于公宫。”杨注：“子行迁居于公宫，据下文子行在幄及杀侍人，盖将为内应。杜注谓‘隐于公宫’，误。”今按：公宫岂能容人随意迁居？子行逃而隐匿于公宫，为的是做内应，这样解说，也许好懂些。这里杜注不误。杨注大多说对了，而“迁居”之说实不可取。“舍”固不必为隐匿之义，而如《汉书·季布传》“敢有舍匿，罪三族”之舍匿，舍与匿有关联应无疑义。杜注所谓“隐于公宫”，“隐”是随文作解。但不是随意乱用的。

原文

夏五月壬申，成子兄弟四乘如公。子我在幄，出，逆之；遂入，闭门。侍人御之，子行杀侍人。[6]公与妇人饮酒于檀台，成子迁诸寝。公执戈，将击之；大史子余曰：“非不利也，将除害也。”[7]

成子出舍于库，闻公犹怒，将出，曰：“何所无君？”[8]子行抽剑，曰：“需，事之贼也。谁非陈宗？所不杀子者，有如陈宗！”乃止。[9]

注释

❻ 杜注:“幄,帐也。听政之处。”子我有宠于公,得在听政之处。“侍人御之”,这里侍人应该是齐简公的侍人与子我的侍人,杜注认为只是“子我侍人”,不完全对。成子诸人入公宫,宫内众多侍人发起抵抗。“子行杀侍人”,杜注:“素在内,故得杀人。”杨注:“陈恒于公宫必先布置私人,子我入宫为内应,亦必率其私人。简公侍者非一,若子我不率众徒,安得杀之?”按:杨先生这里说“子我入宫为内应”,不知有何凭据。入宫为内应者是子行,杨注这里“子我”必为“子行”之误。

❼ “大史子余曰”以下,杜注:“言将为公除害。”杨注用杜注。

❽ “将出”这个“出”是出奔,服虔注已指明,杨注用服注。“何所无君”,李贻德《左传贾服注辑述》:“是欲奔异国之辞。”原文意思是:何处没有国君呢?既不容于此国之君,那就投奔异国之君吧。

❾ “需,事之贼也”,杜注:“言需疑则害事。”按:“需”有疑的意思。《传》哀六年:“需,事之下也。”杜注:“需,疑也。”怀疑则犹豫,则寡断,则有可能坏事。“谁非陈宗”,杜注:“言陈氏宗族众多。”孔疏:“子行称国内之人谁非陈宗?言陈氏宗族众多,力足成事,何为畏子我欲出奔!”这已经很明确地表明反对成子出奔。《左氏》下文“所不杀子者”句以下,杜注:“言子若欲出,我必杀子,明如陈宗!”孔疏:“陈宗,谓陈之先人。此称‘有如陈宗’,由定六年孟懿子谓范献子曰:‘所不以阳虎为中军司马者,有如先君!’彼注云:‘称先君以征其言。’此亦然也。服虔云:‘陈宗,先祖鬼神也。’”这里孔疏很明确,服注、杜注都是对的。“乃止”,陈成子于是打消了出奔的念头。

原文

子我归,属徒,攻闱与大门;皆不胜,乃出。陈氏追之,失道于弇中,适丰丘。丰丘人执之,以告;杀诸郭关。⑩成子将杀大陆子方,陈逆请而免之。以公命取车于道，及耏；众知而东之，出雍门[11]；陈豹与之车，弗受，曰："逆为余请，豹与余车，余有私焉。事子我而有私于其仇，何以见鲁、卫之士？"东郭贾奔卫。[12]庚辰，陈恒执公于舒州；公曰："吾早从鞅之言，不及此！"

注释

⑩ 杨注认为属徒就是会合私卒。杜注："闱，宫中小门。大门，公门也。弇中，狭路。丰丘，陈氏邑。"郭关为齐关门，亦见杜注。杨注据金鹗《求古录礼说》，认为"闱"是"宫墙之小门，更正了杜注的一个小小的失误。

⑪ 耏读 ér。杜注："子方，子我臣。"杨注引《通志·氏族略》，认为齐太公之后而食邑陆乡者因号大陆氏，这就是说：大陆是姓，大陆子方是一个人的姓名。杨注又认为此人就是《左氏》下文说的东郭贾。陈逆请求成子免子方一死，子方以公命取道中行人车出奔。杜注指出：众人"知其矫命夺车，遂使东"。按：耏是地名。"东之"，方位词作动词用，用杨注的说法，就是"逼使东返"。"出雍门"，杜注说雍门就是"齐城门"。

⑫ 杜注："传言陈氏务施。贾即子方。"按：大陆子方知道自家主人子我与陈逆、陈豹有仇，所以不愿意与主人的仇人有什么私交。

原文

宋桓魋之宠害于公；公使夫人骤请享焉，而将讨之。未及，魋先谋公，请以鞌易薄；公曰："不可！薄，宗邑也。"乃益鞌七邑。而请享公焉，以日中为期，家备尽往。[1]公知之，告皇野曰："余长魋也。[2]今将祸余，请即救！"司马子仲曰："有臣不顺，神之所恶也，而况人乎？敢不承命！不得左师不可[3]，请以君命召之。"

注释

❶ 杜注认为宋桓魋"恃宠骄盈"，于国君不利，又说："夫人，景公母

也，数请享饮，欲因请讨之。”（杨注认为这里杜注把“夫人骤请享焉”句中“骤”解释为“数”非是，应依吴闿生《文史甄微》解释为“急”。）谁料桓魋先图谋害公，“请以鞌易薄”句以下，杜注：“鞌，向魋邑。薄，公邑。欲因易邑为公享宴而作乱。”因为薄是“宗邑”（杜注：“宗庙所在”），所以宋君不同意交换，但是为了安抚桓魋，将七个邑附加于鞌，一并赐给了他。桓魋“请享公焉”，杜注：“伪喜于受赐。”按：“焉”可以是语助词，可以是“于是”的意思。是否请求享公于鞌，不可必。杨注说是有个“享所”，亦未明言何地。“家备尽往”，杨注认为“家备”是“甲兵之备”，杨注：“谓魋以其私家之兵甲尽往享所。”我们认为这里杨注与杜注应无矛盾。

❷ 杜注：“少长育之。皇野，司马子仲。”杨注：“谓向魋从小为我所养育长大。”按：“长魋”是“使魋长大”的意思，“长”作动词用。

❸ 杜注：“左师，向魋兄向巢也。”按：司马为皇野官职，杨注已明确指出。皇野（子仲）认为要制服桓魋，不能不先取得左师向巢的支持与帮助。

原文

左师每食击钟；闻钟声，公曰：“夫子将食。”既食，又奏；公曰：“可矣。”以乘车往，曰：“迹人来告曰：‘逢泽有介麇焉。’公曰：‘虽魋未来，得左师，吾与之田，若何？’君惮告子，野曰：‘尝私焉。’君欲速，故以乘车逆子。”❹与之乘，至。公告之故；拜，不能起。司马曰：“君与之言。”公曰：“所难子者，上有天，下有先君！”❺对曰：“魋之不共，宋之祸也，敢不唯命是听！”司马请瑞焉，以命其徒攻桓氏。其父兄故臣曰：“不可！”其新臣曰：“从吾君之命！”遂攻之。❻

注释

❹ “乘车”就是一车四马，这里“乘”读 shèng。“以乘车往”者应该

是司马子仲。“迹人来告”至“以乘车逆子”,是司马子仲对左师说的一席话。杜注认为迹人是“主迹禽兽者”,“介麇”之介是“大”的意思,“君惮告子”句意思是“难以游戏烦大臣”,“尝私焉”句“尝”是“试”的意思。孔疏:“《周礼·夏官》‘迹人掌邦田之政,凡田猎者受令焉’,郑玄云:‘迹之言迹,知禽兽之处也。”这里有两个问题:一是“迹人”在《周官·地官》,不在《夏官》;二是所引郑注其实在贾疏中,而且与原文差异较大。杨注也说“《周礼·夏官》有迹人”,沿袭《左氏》孔疏之误。又,杨注谓“介麇”之介应该是《方言》说的“兽无耦”的意思,“尝私焉”是“以私人身份试与左师言”,恐怕也还有求证或商量的必要。为何有无耦之獐则行猎?“尝私焉”是不是曾经私下相好过?究竟该如何讲好?“君欲速”以下,意思只能是:因为国君想快一点见到你,快一点与你一起去田猎,所以派我以车马来迎接你。

❺“君与之言”,杜注:“使公与要誓。”杨注:“皇野告公与向巢盟誓。言,誓也。”杨伯峻先生举《左传》成十三年“言誓未就”句为证,其说是。“所难子者”句以下,杜注:“言虽诛魋,要不负言使祸难及子。”指天神先君发誓,古结盟中常见语。

❻“司马请瑞焉”句以下,杜注:“瑞,符节,以发兵。桓氏,向魋。”杜注还指出:说桓氏不可伐者,是“司马故臣”中“与桓魋无怨者”。司马新臣虽然与向魋无恩怨可言,但都愿意服从国君之命,于是向桓氏发起了进攻。

原文

子颀骋而告桓司马。司马欲入,子车止之,曰:“不能事君,而又伐国,民不与也;只取死焉!”向魋遂入于曹以叛。❼

六月,使左师巢伐之。欲质大夫以入焉,不能;亦入于曹,取质。魋曰:“不可。既不能事君,又得罪于民,将若之何?”乃舍之。❽民遂叛之,向魋奔卫。向巢来奔,宋公使止之,曰:“寡人与子有言矣,不可以绝向氏之祀!"辞曰:"臣之罪大!尽灭桓氏可也。若以先臣之故而使有后,君之惠也。若臣,则不可以入矣。"

注释

❼ 颀读 qí。杜注:"子颀,桓魋弟。桓司马,即魋也。"杨注用杜注。"司马欲入",杜注:"入攻君。"杨注:"此司马为向魋,非皇野。"两注皆是。"子车止之",杜注:"车亦魋弟。"子车不同意攻打国君,故加以劝阻。

❽ "欲质大夫以入焉"以下,杜注:"巢不能克魋,恐公怒,欲得国内大夫为质,还入国。不能得大夫,故入曹,劫曹人子弟而质之,欲以自固。"杨注:"劫曹人为质,是得罪民。"①既如此,"乃舍之",杜注:"舍曹子弟。"可见左师也不愿得罪于民。

原文

司马牛致其邑与珪焉,而适齐。向魋出于卫地,公文氏攻之,求夏后氏之璜焉;与之他玉而奔齐。陈成子使为次卿;司马牛又致其邑焉,而适吴。[9]吴人恶之,而反。赵简子召之,陈成子亦召之。卒于鲁郭门之外,坑氏葬诸丘舆。[10]

注释

❾ "司马牛致其邑与珪焉"句以下,杜注:"牛,桓魋弟也。珪,守邑符信。公文氏,卫大夫。"按:公文氏向桓氏索要夏后氏之璜,是因为此璜可贵。《左传》定公四年记武王克商之后成王分鲁以夏后氏之璜,孔疏认为此玉乃"夏后氏所宝,历代传之"。《左氏》哀十四年下文所谓"他玉",自然不是夏后氏之璜。向魋用别的玉石应付公文氏的勒索之后,出奔齐国。司马牛知道向魋来了,将齐国赏封给他的那个邑退还齐国朝廷,去而适吴,杜注:"示不与魋

---

① "是得罪民",杨注初版本"民"上有"于"字,修订本已删。实可不删。

同。”看来司马牛与向魋不共戴天。

⑩ 杜注：“阬氏，鲁人也……录其卒、葬所在，愍贤者失所。”这里所说的贤者，只能是指司马牛。杨注认为这个司马牛未必就是《论语·颜渊》那个司马牛，其说可谓谨慎。

原文

甲午，齐陈恒弑其君壬于舒州。孔丘三日齐，而请伐齐，三。[1]公曰：“鲁为齐弱久矣。子之伐之，将若之何？”对曰：“陈恒弑其君，民之不与者半。以鲁之众，加齐之半，可克也！”公曰：“子告季孙。”孔子辞，退而告人曰：“吾以从大夫之后也，故不敢不言！”[2]

初，孟孺子泄将圉马于成，成宰公孙宿不受，曰：“孟孙为成之病，不圉马焉。”[3]孺子怒，袭成，从者不得入，乃反。成有司使，孺子鞭之。秋八月辛丑，孟懿子卒。成人奔丧，弗内；袒、免、哭于衢。听共，弗许；惧，不归。[4]

注释

① “三日齐”句，齐读 zhāi（音义与“斋”同）。“请伐齐”，是因为孔子不能容忍齐国出现臣弑君而不受到制裁的局面。这后面的“三”字，可能是说孔子多次请求鲁哀公兴师伐齐，也可能是说不折不扣的三次。

② “吾以从大夫之后”，杜注：“尝为大夫而去，故言‘后’。”按：此说不完全正确。“从大夫之后”，意思就是做过大夫，有谦虚的表示。请参看杨伯峻先生的《论语译注》。又，《论语·宪问》也记载有孔子请伐齐陈恒的事，文字有些区别。

③ 杜注：“泄，孟懿子之子孟武伯也。圉，畜养也。成，孟氏邑。病，谓民贫困。”杨注：“孟孙指孟懿子。”这里意思是说：贫困地区的贫困的人民不乐意为统治者养马，因为他们知道是统治者不让他们过上好日子。

❹ “孺子鞭之”，杜注：“恨恚，故鞭成有司之使人。”杨注用此杜注。“成人奔丧”以下，杨注：“成人，成宰也。”成宰来奔孟懿子之丧，孟孺子不予接纳，所以成宰只能在街上大道行袒免之仪。“听共”以下，杜注：“请听命共使。”孟孺子也不应允。成宰惧怕，杜注：“不敢归成，为明年成叛传。”

经十有五年❶

原文

春，王正月，成叛。

夏，五月，齐高无丕出奔北燕。❷

郑伯伐宋。

秋，八月，大雩。

晋赵鞅帅师伐卫。

冬，晋侯伐郑。

及齐平。❸

卫公孟彄出奔齐。❹

注释

❶ 鲁哀公十五年，是公元前480年，周敬王四十年。仲尼先生这一年七十三岁。

❷ 丕读pī。臣而称名，《春秋经》自有成例。

❸ 杜注：“鲁与齐平。”《春秋经》所书各独立事项而无主语者，皆就鲁而言。

❹ 彄读kōu。与注❷一样，虽无传，然而可以据《春秋》成例判断事情的性质。

传十五年

原文

春，成叛于齐。武伯伐成，不克；遂城输。❶

夏，楚子西、子期伐吴，及桐汭。陈侯使公孙贞子吊焉，及良而卒；将以尸入，吴子使大宰嚭劳，且辞曰："以水潦之不时，无乃廪然陨大夫之尸，以重寡君之忧？寡君敢辞。"❷上介芋尹盖对曰："寡君闻楚为不道，荐伐吴国，灭厥民人；寡君使盖备使，吊君之下吏。无禄！使人逢天之戚，大命陨队，绝世于良。废日共积，一日迁次。❸今君命逆使人曰：'无以尸造于门。'是我寡君之命委于草莽也。且臣闻之曰：'事死如事生，礼也。'于是乎有朝聘而终、以尸将事之礼，又有朝聘而遭丧之礼。若不以尸将命，是遭丧而还也，无乃不可乎！❹以礼防民犹或逾之，今大夫曰'死而弃之'，是弃礼也。其何以为诸侯主？先民有言曰：'无秽(虐)〔虐〕士。'❺备使奉尸将命，苟我寡君之命达于君所，虽陨于深渊，则天命也，非君与涉人之过也。"吴人内之。❻

注释

❶《春秋左传》凡"城某"都是在某地筑城的意思。"城输"，输是地名。在输地筑城的用意，杜注："以逼成。"筑输城，对成地无疑起到威慑作用。

❷"使公孙贞子吊焉"，杜注："吊为楚所伐。"可见吊礼的内容不仅仅是吊丧。"及良而卒"句以下，杜注："良，吴地。聘礼：若宾死未将命，则既敛于棺，造于朝，介将命。"孔疏已指出杜注所谓"聘礼"以下的句子为《礼经》原文。"吴子使大宰嚭劳且辞曰"以下，"劳"者慰劳使者一路辛苦，"辞"者辞其以尸入都城。杜注："廪然，倾动貌。"杨注："廪当读为滥，谓恐或泛滥而陨大夫之尸也。"

说本杨遇夫先生《读左传》。按:与《左氏》上文"水潦之不时"联系起来思索,应知这里杨注较为明确。陨者,落也,失也,坏也。如果陨大夫之尸,岂不加重了我们国君的忧虑?所以我们的国君只好提出辞谢了。据《左氏》下文,可知"辞"就是要求无以尸入吴国都城,更"无以尸造于门"。

❸ 上介乃外交副使之称,芋尹为楚官名(《集韵》卷五上声噳第九)。杜注:"盖,陈大夫贞子,上介。"又说:"荐,重也。备,犹副也。绝世,犹言弃世。"杨先生认为"荐"就是屡;又认为备者自谦之词,"言无其才德,仅列其位而已",说又本杨遇夫先生《读左传》。"吊君之下吏"即"吊君",是不直面君王的说法。"无禄"即"不幸"。逢天之戚,戚,忧愁。大命陨队,队也是陨。"废日共积,一日迁次",杜注:"废行道之日,以共具殡敛所积聚之用。一日便迁次,不敢留君命。"依《礼经·聘礼》,来吊之宾既入境,则必当完成使命,而自始死(卒)之日至殡,主人应供其所需而且尽礼。

❹ "我寡君之命委于草莽",按:以君命聘于某君,当以本国君命达于某君之朝;今若"无以尸造于门",则将本国君命抛于郊外了,是失礼之事。"事死如事生",小戴辑《礼记·祭义》《中庸》等文献也说过,可证此语实为周代祭礼之原则,表示祭祀死者的诚恳。"朝聘而终以尸将事之礼""朝聘而遭丧之礼",皆见于《礼经·聘礼》。而今公孙贞子入吴境而死,吴国人不允许以尸将命,是把以尸将命视为遭丧而还(因为"遭丧而还"不存在以尸将事的情况),这怎么可以呢?

❺ 杜注:"虐士,死者。"按:杜元凯、孔冲远等人皆不知"虐"字之误,阮元等人亦不察此。唯于鬯《香草校书》卷四十三指出此"虐"字为"虚"字之讹,"虚者,魖之假借字也"。于醴尊先生还说:"阮元《校勘记》引淳熙本'虚'作'虗'。'虗'与'虚'并谐庀声,亦得假借,此足证非'虐'字矣。'虐'虽亦从'庀'而不谐其声,故不通于假借之例也。""《说文·鬼部》云:'魖,耗鬼也。'故死者得有'虚

士'之称。"杨注用于氏说,还有如下的发挥:"吴拒绝已死之使者入城,是以死者为污秽也。"这样,《左氏》这里所谓"先民有言"的意思就很明白了。

6 "备使",芋尹盖自指。"奉尸将命"是依当时聘礼办事。"我寡君之命达于君所",是奉君命出使者的职责。"陨于深渊"是就"吴子使大宰嚭"所谓"陨大夫之尸"而言,是芋尹盖前面说的"大命陨队"的申述。即使"陨于深渊",也要完成使命,认"天命"而已,志不可夺。"非君与涉人之过也",杜注:"《传》言芋尹盖知礼。"杨注引沈钦韩《春秋左传补注》:"涉人犹津吏。"按:杜、沈两注皆是。点出"涉人",其实也是对太宰嚭所谓"水潦之不时"的表态。

原文

秋,齐陈瓘如楚;过卫,仲由见之,曰:"天或者以陈氏为斧斤,既斫丧公室,而他人有之,不可知也;其使终飨之,亦不可知也。[1]若善鲁以待时,不亦可乎?何必恶焉?"子玉曰:"然。吾受命矣,子使告我弟。"[2]

注释

1 瓘读 guàn。杜注:"瓘,陈恒之兄子玉也。仲由,子路。"《左氏》下文记子路的话,分析了田常"斫丧公室"的两种前途,一是"他人有之",二是田氏"终飨之"。杜注:"飨,受也。"事实是"其使终飨之"。

2 杜注:"仲由事孔子,故为鲁言。弟,成子也。"陈瓘表示愿意把子路的意思转告其弟陈恒。

原文

冬,及齐平。子服景伯如齐,子赣为介,见公孙成,曰:"人皆臣人，而有背人之心；况齐人虽为子役，其有不贰乎？[1]子，周公之孙也，多飨大利，犹思不义；利不可得，而丧宗国，将焉用之？”[2]成曰：“善哉！吾不早闻命。”

注释

❶ 杜注：“公孙成，成宰公孙宿也。”《左氏》下文记子赣对公孙成说的话，杜注：“言子叛鲁，齐人亦将叛子。”孔疏：“谓凡人皆臣事于人，当一心事上。今公孙成而有背人之心，谓背鲁适齐，况他国齐人，虽为子役，岂有不学子而为叛贰乎？言必效子而为叛贰。”按：“其有不贰乎”，孔疏认为“其”是“岂”，可从。“而有背人之心”，孔疏将“而”讲成连词，恐不确；我们认为这个“而”就是“尔”，单数第二人称代词。

❷ “周公之孙”，杨注认为这里“孙犹后代之义”，其说是。“多飨大利”以下，这个“飨”与《左氏》上文“终飨之”句中“飨”字义同，杜注：“飨，受也。”子赣的意思是：你身为周公后人，得到那么多好处，尚且想做不义之事（指背鲁适齐）。一时得不到什么利益，你就背叛了宗国。杜注：“丧宗国，谓以邑入齐，使鲁有危亡之祸。”这样的人，哪里敢用呢？杜注：“传言仲尼之徒皆忠于鲁国。”杨注谓“宗国即祖国。”皆甚确。从知中华民族爱祖国的思想感情，春秋前已有之。

原文

陈成子馆客，曰：“寡君使恒告曰：‘寡君愿事君如事卫君。’”[3]景伯揖子赣而进之，对曰：“寡君之愿也！昔晋人伐卫，齐为卫故，伐晋冠氏，丧车五百；因与卫地，自济以西，禚、媚、杏以南，书社五百。[4]吴人加敝邑以乱；齐因其病，取讙与阐：寡君是以寒心。若得视卫君之事君也，则固所愿也！”成子病之，乃归成。公孙宿以其兵甲入于嬴。[5]

注释

❸ “馆客”，杜注：“使景伯、子赣就馆。”《左氏》下文“寡君使恒”，恒即陈成子。“寡君愿事君如事卫君”句，杜注：“言卫与齐同好而鲁未肯。”按：陈成子转达的齐侯的话，显然是外交辞令。其言外之意是：你们鲁国人不像卫国人待我好。

❹ 禚读 zhuó。杜注已指出：“昔晋人伐卫”指定八年的事，“齐伐晋冠氏”指定九年的事，冠氏是地名。“书社五百”，杜注：“二十五家为一社，籍书而致之。”依杜注：可知这里“书社”之书是动词。杨注引高士奇《春秋地名考略》：“言‘以南’，则是割三邑之南境以与卫，非全致也。”然则“济以西”句也该像高氏说的“以南”那样理解了。

❺ “病之”，杜注：“病其言也。”又说：“嬴，齐邑。”因为陈成子将成邑归还了鲁，所以原来做成宰的公孙宿只好带领兵甲入于嬴了。

原文

卫孔圉取大子蒯聩之姊，生悝。孔氏之竖浑良夫长而美，孔文子卒，通于内。大子在戚，孔姬使之焉。大子与之言曰：“苟使我入获国，服冕乘轩，三死无与。”❶与之盟。为请于伯姬。

注释

❶ 蒯读 kuǎi，聩读 kuì，悝读 kuī。杜注：“孔圉，孔文子也。蒯聩姊，孔伯姬。”浑良夫“通于内”，即“通伯姬”，与伯姬有不正当的性关系。“孔姬使之焉”，杜注：“使良夫诣大子所。”《左氏》下文记大子蒯聩的话，杜注：“冕，大夫服。轩，大夫车。三死，死罪三。”杨注：“蒯聩求助其获国，许其成事封为大夫，并赦其三死罪。”

原文

闰月，良夫与大子入，舍于孔氏之外圃。昏，二人蒙衣而乘，寺人罗御，如孔氏。孔氏之老栾宁问之，称姻妾以告。[2]遂入，适伯姬氏。既食，孔伯姬杖戈而先，大子与五人介，舆豭从之。迫孔悝于厕，强盟之，遂劫以登台。[3]栾宁将饮酒，炙未熟，闻乱，使告季子；召获驾乘车，行爵食炙，奉卫侯辄来奔。[4]

注释

[2] 杜注："圃，园。二人，大子与良夫。蒙衣，为妇人服也。自称昏姻家妾。"杨注："外圃，家外之菜园也。"又说："此谓姻家之妾来耳。"按：杨注较为明白好懂。又，"孔氏之老"，即孔氏家臣之长（总管）。《左传》中凡某氏之老，都是某氏家臣之长（宰）。

[3] "大子与五人介"句以下，杜注："介，被甲。舆豭豚，欲以盟。孔氏专政，故劫孔悝，欲令逐辄。"孔疏："豭是豕之牡者……此用豕者，郑玄云：人君用牛。伯姬迫孔悝，以豭，下人君耳。然则蒯聩自谋取国，宁复降下人君，于时迫促，难得牲耳。"俞曲园读厕为侧，《群经平议》卷二十七："此《传》曰'迫孔悝于厕，强盟之'，盖亦边侧之义。孔悝见众至，必走避之，故迫之至边侧之处，使无可走避，乃得与之盟也。"我们认为杨注所谓"厕非盟所"合乎情理，俞曲园先生的解释可信。于醴尊先生《香草校书》卷四十三："'遂劫以登台'，则台明是孔氏之家台，非卫宫中之台。"其说亦是。

[4] 杜注："季子，子路也，为孔氏邑宰。召获，卫大夫。驾乘车，言不欲战。"孔疏："《论语》称子路为季路，则字季，故呼为季子也……下云'食焉不辟其难'，是食孔氏之禄，故知为孔氏邑宰。"俞曲园先生说："获者人名，而非卫大夫，盖与季子同仕于孔氏者也。召者，栾盈召之也。栾盈将饮酒，炙未熟而闻乱，于是使告季子，又召获使驾乘车。其告季子也，盖将使之救孔悝；而其召获驾车，则将奉辄出奔也。部署既定而炙亦熟，遂饮食之而奉卫侯来奔，非独获奉之，乃栾盈奉之也。"俞先生这里说得入情入理，条分缕

晰，可从之。杨注用俞氏说。按：获者，盖臧获之获，栾氏之仆从。

原文

季子将入，遇子羔将出，曰："门已闭矣。"季子曰："吾姑至焉。"子羔曰："弗及！不践其难！"季子曰："食焉，不辟其难！"❺子羔遂出，子路入。及门；公孙敢门焉，曰："无入为也！"季子曰："是公孙〔也〕。求利焉，而逃其难？由不然，利其禄，必救其患！"❻有(死)〔使〕者出，乃入，曰："大子焉用孔悝？虽杀之，必或继之。"❼且曰："大子无勇。若燔台，半，必舍孔叔。"大子闻之，惧，下石乞、盂黡敌子路。以戈击之，断缨。子路曰："君子死，冠不免。"结缨而死。孔子闻卫乱，曰："柴也其来，由也死矣！"❽

注释

❺"子羔将出"，杜注："子羔，卫大夫高柴，孔子弟子，将出奔。"子羔告诉子路："门已闭矣。"杨注认为这里"门"应该是《史记·仲尼弟子列传》说的城门，既非宫门，也非孔氏家门，别的说法也不对。"季子曰：吾姑至焉"，杜注："且欲至门。"子羔劝子路回避，杜注："言政不及己，可不须践其难。"然而子路不肯避难，杜注："谓食孔氏禄。"孔疏："子羔谓季子将欲救君，故言政不及己，不当践其难。季子欲救孔悝，故言食其禄焉，不辟其难。"由此可见孔子两弟子不同的政治观与人生观，亦可见子路之为人。

❻"公孙敢门焉"，"门"作动词用，意思是"守门"，见杜注。"无入为也"，杜注："言辄已出，无为复入。"阮元等《校勘记》认为"是公孙"句下脱"也"字，其说有据，是以据补。"由不然"，"由"是季子自指，子路名由。"利其禄，必救其患"，子路仗义，知恩图报，为救主而不畏赴死，这是他必然的选择。

❼"必或继之"，杜注："言己必继孔悝为难攻大子。"子路不知孔悝已被迫与大子结盟，认为孔悝因反对大子而有可能已被杀，所以

说了这些话。

❽ 杨注说孔叔即孔悝。从"必舍孔叔"句,可知季子又认为孔悝还在大子等人手里,所以他要设法救还。"下石乞、盂黡敌子路",杜注:"二子,蒯聩党。敌,当也。"子路敌不过石、盂两人,帽上之缨被击断了,他"结缨而死",因为他记着"君子死,冠不免"的古训。杜注:"不使冠在地。"君子即使要死了,也要端端正正地戴好帽子,不使落地。孔子知道弟子们的气质,他能判断弟子们应付突发变故的结局。

原文

孔悝立庄公。庄公害故政,欲尽去之,先谓司徒瞒成曰:"寡人离病于外久矣,子请亦尝之!"[9]归告褚师比,欲与之伐公,不果。

注释

❾ 杜注:"庄公,蒯聩也。故政,辄之臣。""故政"之政与《书·立政》之政义同,指诸有司。蒯聩担心老臣生乱,有心将他们通通除去。"离病于外",离者罹之借,指出奔在外遭受苦难。"尝之",这里尝是试的意思。蒯聩要司徒瞒成也尝试流亡之苦。

经十有六年[1]

原文

春,王正月己卯,卫世子蒯聩自戚入于卫。

卫侯辄来奔。

二月,卫子还成出奔宋。[2]

夏,四月己丑,孔丘卒。[3]

注释

❶ 鲁哀公十六年,为公元前 479 年,周敬王四十一年。是年孔仲尼

先生七十四岁。

❷ 据《释文》,这里"还"读 xuán。杜注认为"卫子还"即瞒成。

❸ 杜注:"仲尼既告老去位,犹书'卒'者,鲁之君臣宗其圣德,殊而异之。鲁襄二十二年生,至今七十三也。四月十八日乙丑,无己丑。己丑,五月十二日。日月必有误。"按:关于孔仲尼先生的生年(由此而牵涉到他享年多少),关于孔夫子有没有资格得到《春秋经》书"卒"的地位,历来颇多争议。《释文》:"孔子作《春秋》终于'获麟'之一句,《公羊》《穀梁》经是也。弟子欲记圣师之卒,故采鲁《史记》以续夫子之《经》而终于此。丘明因随而做《传》终于哀公。从此已下,无复经矣。"我们的意见:无论如何,"孔丘卒"一句不可能是孔子自己写入《春秋经》的。但若是孔子弟子写入《春秋》,直呼其名,也不妥当,所以《释文》认为这一句是孔子弟子"采鲁《史记》以续"《春秋经》,这样说还可以斟酌。而杜注所谓"鲁之君臣宗其圣德"的说法实亦未可全信,因为孔子生前(除了任司寇的短时期内)未曾受到鲁之国君重臣应该给予的充分的尊重,这是不必讳言的事实。据推算,孔子享年可以说是七十四岁(钱大昕所谓"实七十四算")。这是说虚岁(鲁襄二十一年与哀十六年各计一岁)。若论足岁,则为七十三。钱竹汀《十驾斋养生录》卷二"孔子生年月日"条可供参考。

传十六年

原文

春,瞒成、褚师比出奔宋。

卫侯使鄢武子告于周,曰:"蒯聩得罪于君父君母,逋窜于晋。晋以王室之故,不弃兄弟,置诸河上。天诱其衷,获嗣守封焉,使下臣肸敢告执事。"❶王使单平公对,曰:"肸以嘉命来告余一人,往谓叔父:余嘉乃成世,复尔禄次。敬之哉!方天之休。弗敬弗休,悔其可追？”[2]

注释

❶ 杜注：“武子，卫大夫肸也。河上，戚也。”按：《左传》成十三、襄廿五、定四年“天诱其衷”已经出现过，意思是老天爷诱导其中心意愿。“获嗣守封”，意思是得承君位，领封守土。“告执事”，这里实际上就是报告周天子。

❷ “嘉命”，这里就是好消息、佳音。“余一人”，天子自称。“叔父”，指同姓诸侯，这里指卫君蒯聩。“余嘉乃成世”句以下，杜注：“继父之世，还居君之禄次。言天方授尔以休。”俞曲园《群经平议》卷二十七：“《诗·鹊巢》篇‘维鸠方之’，毛传曰：‘方，有之也。’然则方天之休者，欲其保有天之休命也，杜解非是。”《释文》将这个“休”解说为“美也”，亦非。“弗敬弗休”句以下，“休”字与上文“方天之休”的“休”义同，如杨注所说，都是“赐也”。杨注又说：“言已若不敬，则天不赐福。”果如此，又岂可追悔呢？

原文

夏四月己丑，孔丘卒。公诔之曰：“旻天不吊，不慭遗一老；俾屏余一人以在位，茕茕余在疚。呜呼哀哉，尼父！无自律。”[1]子赣曰：“君其不没于鲁乎？夫子之言曰：‘礼失则昏，名失则愆。’失志为昏，失所为愆。生不能用，死而诔之，非礼也。称‘一人’，非名也。君两失之。”[2]

注释

❶ 杜注：“仁覆闵下，故称旻天。吊，至也。慭，且也。俾，使也。屏，蔽也。疚，病也。律，法也。言丧尼父，无以自为法。”孔疏引《周官·大祝》郑众注，说明诔是赐命之辞；又引《礼记·檀弓上》郑玄注，谓此郑注“错读《左传》，云以字为谥”。杨注认为不吊就是不淑、不善，用王静安说；又说：“称尼父者，孔丘字仲尼，父犹仲山

甫之甫也。"关于其他词句的解说,杨注用杜注。

❷ "不没于鲁",意思是在鲁国将不得善终。"礼失则昏"句:这个昏是乱的意思(《书·牧誓》"昏弃厥肆祀弗答",伪孔传:"昏,乱")。失了礼节,就会乱套。"名失则愆"句:《左氏》自己将"愆"的意思定为"失所"("失所为愆")。失志就是神志不清,这也就必然胡乱,胡作非为,这就是"昏"。失了名分,就会失去安身之地,就是失所,这就是愆,就是过错。夫子生前得不到重用,做国君的等他死了就给他一个谥号,这是非礼,国君失礼了。杜注:"天子称'一人',非诸侯之名。"按:子赣认为鲁哀公身为诸侯,不应该自称"余一人"。这位诸侯"非礼""非名",是"两失之"。

原文

六月,卫侯饮孔悝酒于平阳,重酬之。大夫皆有纳焉。醉而送之,夜半而遣之。载伯姬于平阳而行,及西门,使贰车反祏于西圃。❶子伯季子初为孔氏臣,新登于公,请追之;遇载祏者,杀而乘其车。许公为反祏,遇之,曰:"与不仁人争明,无不胜。"❷必使先射。射三发,皆远许为。许为射之,殪。或以其车从,得祏于橐中。孔悝出奔宋。

注释

❶ 为了感谢臣下的拥戴,卫庄公宴飨并重谢孔悝,杨注引《礼记·祭统》记载的卫孔悝之鼎铭以及郑注为证,从知《左氏》可信。"大夫皆有纳焉",杜注:"纳财贿也。"杨注义同。"醉而送之"以下,杜注:"夜遣者惭负孔悝,不欲令人见。"而孔悝则"载其母俱去"。祏读 shí。"使贰车反祏于西圃",杜注:"使副车还取庙主。西圃,孔氏庙所在。祏,藏主石函。"孔疏引郑君说,认为孔悝家庙不得有主,"知是僭为之耳"。杨注援引《魏书·礼志》载清河王怿《议》:"大夫及士既得有庙,何得无主?"我们认为此《议》甚是。

❷ “新登于公”，杜注：“升为大夫。”杨注义亦以“登”为升官之升。“请追之”句下，杜注：“子伯杀载祏者。孔悝怪载祏者久不来，使公为反逆之。‘不仁人’，谓子伯季子也。‘明无不胜’，言必胜。”若依杜注，则“明无不胜”作一句读，“明”字不从上句读。王怀祖说：“疑当读‘与不仁人争明’为句。明犹强也。”杨注：“争明，争强也。”今从之。

原文

楚大子建之遇谗也，自城父奔宋；又辟华氏之乱于郑，郑人甚善之。又适晋，与晋人谋袭郑；乃求复焉，郑人复之如初。[1]晋人使谍于子木，请行而期焉；子木暴虐于其私邑，邑人诉之。郑人省之，得晋谍焉，遂杀子木。其子曰胜，在吴，子西欲召之，叶公曰：“吾闻胜也诈而乱，无乃害乎？”子西曰：“吾闻胜也信而勇，不为不利。舍诸边竟，使卫藩焉。”[2]叶公曰：“周仁之谓信，率义之谓勇。吾闻胜也好复言，而求死士，殆有私乎？复言非信也，期死非勇也。子必悔之！”弗从。召之，使处(吴)竟为白公。[3]

注释

❶ “与晋人谋袭郑，乃求复焉”，杨注：“求复居郑国。”按：谋为内应，故求复居郑国。

❷ “晋人使谍于子木”句下，杜注：“请行袭郑之期。子木即建也。”杨注：“请行，晋之间谍请行回晋也。期，相约袭郑之期也。”这个“期”是约期的意思。杨注较为准确。“郑人省之”，杨注：“省，今言考察。”这里就是因邑人之投诉而调查有关情况。“叶公曰”以下，杜注：“叶公，子高，沈诸梁也。”按：“叶公”之叶，旧读 shè。刘向《新序·杂事五》有寓言故事“叶公好龙”，这个叶公亦名子高，而寓言自是附会，并非信史。“舍诸边竟，使卫藩焉”，杜注：“使为藩屏之卫。”既为藩屏，自然应该居住(驻扎)在边境。

❸ 杜注:“周,亲也。率,行也。言之所许,必欲复行之,不顾道理。”杨注:“密合仁道始谓之信。”“循义而行始谓之勇……复言,出口为言,必实践之也。”我们认为这里杨注较为准确。“求死士,殆有私乎”,杜注:“私谋复仇。”又说:“期,必也。”杨注:“不仁不义之言而复之,非信。”“非义之死则非勇。”今按:俞曲园先生认为“‘复言’谓‘好复言’也,‘期死’谓‘求死士’也”,皆承上文而言;期与求古音相近,文异而义同。这样讲,我们认为顾及上下文,最合原意。叶公劝子西不要将大子建之子胜从边境召回,因为其人非信非勇,不可用;如果召回,必将后悔。子西不接受叶公劝告,召回建之子胜,安排他住在吴楚交界的边境,称为“白公”。杜注:“白,楚邑也。”从知胜之住地属楚而与吴相接,不在吴境之内。王怀祖谓“使处吴竟”句“吴”字乃涉上文“在吴”而衍,杨注认为王氏此说不可从。但我们仍从王怀祖说,因为我们认为“处吴竟”而不在吴国境内,这样的说法是否可通,尚须证明。而这一类证明恐怕很难。杨注:“吴境,楚与吴接界之境,非吴境内也。”那就仍然是楚境,为什么叫吴境呢?这里如果不能证明“处吴境”的处是相接,则其理实难明白。

原文

请伐郑,子西曰:“楚未节也。不然,吾不忘也。”❶他日又请,许之。未起师,晋人伐郑;楚救之,与之盟。胜怒,曰:“郑人在此,仇不远矣!”❷胜自厉剑,子期之子平见之,曰:“王孙何自厉也?”曰:“胜以直闻。不告女,庸为直乎?将以杀尔父!”❸平以告子西,子西曰:“胜如卵,余翼而长之。楚国第我死,令尹、司马非胜而谁?”❹胜闻之,曰:“令尹之狂也!得死,乃非我。”❺子西不悛。胜谓石乞曰:“王与二卿士,皆五百人当之,则可矣。”乞曰:“不可得也。”曰:“市南有熊宜僚者,若得之,可以当五百人矣。”乃从白公而见之。与之言,说。告之故,辞。承之以剑,不动。胜曰:“不为利谄,不为威惕,不泄人言以求媚者。去之!”[6]

注释

❶ “楚未节也”,杜注:“言楚国新复政令,犹未得节制。”如果现在的楚国不是这样,我怎么会忘记伐郑复仇的大事呢?

❷ “郑人在此,仇不远矣”,杜注:“比子西于郑人。”杨注:“胜以郑有杀父之仇,子西救郑,且与之盟,于是比子西如杀父仇人。”两注义同。

❸ 厉剑就是磨剑。“胜以直闻”句以下,杨注:“庸,岂也,反诘副词。尔父谓子期,仇子西,必仇子期。”按:杨注甚确。要杀人之父,事先当面告诉此父之子,如此直率,世上怕真是少有。

❹ 杨注:“不告己父而告子西者,子西为令尹也。”告子西,为的是提醒他早做防备。《左氏》下文记子西语谓“胜如卵,余翼而长之”,杜注说是“以鸟为喻”。按:“翼”如《诗·大雅·生民》“鸟覆翼之”之翼。“翼而长之”,就是保护他,抚养他成长。“楚国第我死”以下,杜注谓此“第”为“用士之次第”,杨注不以为然,认为当从武亿《经读考异》说。杨注:“第为假设连词,谓在楚国,若我死,令尹或司马必胜也。”意思是:他子西若死,令尹或司马之职非胜莫属,必然由胜充当,所以胜根本没有必要杀子西而夺位。杨注对这里《左氏》原意的分析是对的。

❺ “令尹之狂也”以下,狂是昏乱,杜注:“言我必杀之。若得自死,我乃不复成人。”杨注用杜注。

❻ 杜注:“石乞,胜之徒。二卿士,子西、子期。”胜对石乞说:楚王与子西、子期,他们三位合起来一共需要五百人方能对付。石乞说:市南熊宜僚可当五百人之勇。胜与石乞找到了熊宜僚,与他说话,他表示高兴。杜注:“告欲作乱,宜僚辞距之。”胜拔剑指其喉,他不动声色。胜于是称赞熊宜僚不为利所动,不为威所惧,也不至于出卖人言以求当局喜爱,认为可以放过他。按:关于《左氏》原文“与之言,说”的理解,我们的说法与杨注不同。我们认

为“与之言，说”与《左氏》下文“告之故，辞”“承之以剑，不动”三句结构相似，“说”与“辞”“不动”的主语都是宜僚。可以说“辞”与“不动”者宜僚，“说”者胜与石乞，但必须作令人信服的说明。

原文

吴人伐慎，白公败之。请以战备献❶，许之。遂作乱。秋七月，杀子西、子期于朝，而劫惠王。子西以袂掩面而死。子期曰：“昔者吾以力事君，不可以弗终。”抉豫章以杀人而后死。❷石乞曰：“焚库、弑王，不然不济。”白公曰：“不可！（杀）〔弑〕王，不祥。焚库，无聚。将何以守矣？”乞曰：“有楚国而治其民，以敬事神，可以得祥，且有聚矣，何患？”❸弗从。叶公在蔡。方城之外皆曰：“可以入矣！”子高曰：“吾闻之：以险徼幸者，其求无餍，偏重必离。”闻其杀齐管修也而后入。❹

注释

❶ “请以战备献”，杜注：“与吴战之所得铠杖、兵器，皆备而献之。欲因以为乱。”孔疏：“服虔云：‘欲陈士卒甲兵如与吴战时，所入献捷。’杜以陈列甲兵士卒以入王宫，人情所不许，岂当时肯听之？故以为战时所得铠杖兵器，皆备具献之。所得既多，欲因献用之以作乱。”杨注：“此亦献捷，然不于庙而于朝，则非大捷可知，故作战所用之甲兵亦献之。”这样解释，与杜注、孔疏的区别盖在于所献不仅是作战所获，说本惠栋《春秋左传补注》引其父惠士奇的意见，可供参考。

❷ “子西以袂掩面而死”，杜注：“惭于叶公。”按：叶公劝子西不要召胜用胜，事见本年《左氏》上文。“昔者吾以力事君”句以下，意思是：过去我以勇力为国君效劳，不能临终表现窝囊。杜注：“以效其多力。豫章，大木。”杨注：“抉，拔取也。豫章即今樟木……朝廷自无此树，或生于庭，子期多力，拔取此树以杀人而死。”按：临

终杀无辜之人,逞匹夫之勇而已。

❸ “以敬事神”以下:春秋时候楚人也重视祭祀之礼,石乞认为只要能够以敬重的态度祭祀神灵,就可以得到吉祥。小戴辑《礼记·祭统》:“敬尽然后可以事神明,此祭之道也。”又,“有聚”指府库里财物丰富。能如此,怕什么呢?

❹ “以险徼幸者”以下,杜注:“险犹恶也。所求无餍,则不安。譬如物偏重则离败。欲须其毙而讨之。管修,楚贤大夫,故齐管仲之后。闻其杀贤,知其可讨。”杨注认为“以险徼幸者”意思是“以犯险而求得逞于万一者”,又说:“偏重,不平也。不平乃私心所致,众心不附。”这里杨注较为准确而且明白。按:“闻其杀齐管修也而后入”,听说白公杀贤者,知道白公那里已经众心离散,叶公乃入而平乱。

原文

白公欲以子闾为王,子闾不可;遂劫以兵。子闾曰:“王孙若安靖楚国、匡正王室而后庇焉,启之愿也,敢不听从?若将专利以倾王室,不顾楚国,有死不能!”❺遂杀之,而以王如高府。石乞尹门。圉公阳穴宫,负王以如昭夫人之宫。❻

注释

❺ 杜注:“子闾,平王子启,五辞王者。”《左氏》下文“安靖楚国”,安与靖为同义词连用,安定的意思。“庇”是庇护。“专利”是图一己之利,或者说是独占利益。“有死不能”,杜注:“不能从。”即宁死不从。

❻ 杜注:“高府,楚别府。”尹门就是“为门尹”,管门之开关与守卫工作。杜注又说:“公阳,楚大夫。昭夫人,王母,越女。”按:杜注是。又,圉是公阳之姓,“穴宫”是挖洞通王宫的意思。

原文

叶公亦至,及北门,或遇之,曰:“君胡不胄?❶国人望君如望慈父母焉;盗贼之矢若伤君,是绝民望也,若之何不胄?”乃胄而进。又遇一人曰:“君胡胄?国人望君如望岁焉,日日以幾;若见君面,是得艾也。❷民知不死,其亦夫有奋心,犹将旌君以徇于国;而又掩面以绝民望,不亦甚乎?”❸乃免胄而进。

遇箴尹固帅其属将与白公,子高曰:“微二子者,楚不国矣。弃德从贼,其可保乎?”❹乃从叶公。使与国人以攻白公。

注释

❶ 胄读 zhòu,古代打仗时戴的有防护作用的帽子。后来叫兜鍪,又叫盔。这里名词作动词用,就是戴盔披甲的意思。胡不胄,就是为何不披甲戴盔。

❷ “国人望君如望岁焉”,杜注:“岁,年谷也。”《释文》:“幾音冀,本或作冀。”依《释文》,幾当读 jì,这里不读上声,也不读阴平声。“日日以幾”,就是天天盼望。杜注:“冀君来。”又说:“艾,安也。”能见君面,就安心了。

❸ “民知不死”以下,意思是“国民见到你,知道你还活着,就会人人都有奋起之心。“犹将旌君以徇于国”,杜注:“旌,表也。”国民仍将以君为旗帜而号召献身国事,可是你却戴着头盔把面目遮掩了;不能让国民看到你的表情,肯定失望:你这不就大错了吗?按:杨注认为“夫有奋心”句“谓人人有奋战之心”,可从。又,“旌君”可以是以君为表率的意思。

❹ “箴尹固帅其属将与白公”,杜注:“欲与白公并。”这样解说是望文生义。杨注:“与,从也,助也。”箴尹固率领他的部属要去帮助白公,这样讲,意思就很明白了。子高就是叶公。“微二子者,楚不国矣”以下,杜注:“二子,子西、子期也。柏举之败,二子功多。”杨注:“德指子西、子期,贼自指白公胜。”“若固与叶

公为敌，是弃有德于楚之二卿士而从贼也。其义同岂，保，安也。”按：杜、杨两注皆是。柏举之败，见《左传》定公四年，其时箴尹固在。

原文

白公奔山而缢，其徒微之。❶生拘石乞而问白公之死焉，对曰：“余知其死所，而长者使余勿言。”曰：“不言将(烹)〔亨〕！”乞曰：“此事〔也〕克则为卿，不克则(烹)〔亨〕。❷固其所也，何害！”乃(烹)〔亨〕石乞。王孙燕奔頯黄氏。❸

〔沈〕诸梁兼二事，国宁。乃使宁为令尹，使宽为司马，而老于叶。❹

注释

❶ 杜注：“微，匿也。”孔疏：“《释诂》云：‘匿，微也。’舍人曰：‘匿，藏之微也。’郭璞曰：‘微，谓逃藏也。《左传》曰：“其徒微之。”是也。’”这里注疏都有根据，可信。

❷ “长者使余勿言”，杜注：“长者，谓向公也。”烹与亨义同，“此事”下有无“也”字亦义同，为尊重原貌，今据阮元等《校勘记》改之补之。

❸ 頯读 kuī 或 kuí。杜注：“燕，胜弟。頯黄，吴地。”按：白公胜，其弟燕，皆所谓大子建之子，而为楚平王之孙，故有“王孙”之称。

❹ “诸梁”上当有“沈”字，据阮元等《校勘记》补入。杜注：“二事：令尹，司马。宁，安也。”国宁即国安。依杜注，做了令尹的“宁”为子西之子子国，做了司马的“宽”为子期之子。“老于叶”是后来的事，杜注：“《传》终言之。”按：“老于叶”，故称叶公。

原文

卫侯占梦。嬖人求酒于大叔僖子，不得；与卜人比而告公曰：

“君有大臣在西南隅，弗去，惧害。”乃逐大叔遗。[1]遗奔晋。

卫侯谓浑良夫曰：“吾继先君而不得其器，若之何？”良夫代执火者，而言曰：“疾与亡君，皆君之子也。召之，而择材焉可也；若不材，器可得也。”[2]竖告大子。大子使五人舆豭从己，劫公而强盟之，且请杀良夫。公曰：“其盟免三死。”[3]曰：“请三之后有罪杀之。”公曰：“诺哉！”

注释

❶ 嬖人，杜注：“以能占梦见爱。”又说：“僖子，大叔遗。”只因大叔遗不肯送酒给嬖人喝，所以嬖人与卜人勾结（“比”），“告公”，示意卫侯驱逐大叔遗，杜注：“托占卜梦而言。”杨注：“杜以‘嬖人’属首句，不通，今从武亿《经读考异》。”按：这样说，则杜注认为嬖人“以能占梦见爱”也就未必可信了。

❷ 杜注：“国之宝器，辄皆将去。”所以卫侯蒯聩“不得其器”。“良夫代执火者而言”，杜注：“将密谋，屏左右。”杨注：“执火即执烛。”杨先生考证当时尚无烛座，浑良夫代执火者用手执烛，而与卫侯密谋。蒯聩有二子，一为亡君辄，一为疾。“召之而择材焉”以下，杜注：“召辄。辄若不材，可废其身，因得其器。”按：辄出亡事见《左传》哀十五年。

❸ 杜注：“大子，疾。盟，求必立己。”按：《左传》哀十五年记“大子与五人介，舆豭从之……强盟之”，彼时大子为蒯聩，结盟对象为孔悝。《左传》哀十六年这里记“大子使五人舆豭从己”，大子指蒯聩之子疾，而疾之结盟对象为蒯聩。两件事有惊人的相似，是儿子学老子了。疾为何请杀良夫？日本学者竹添光鸿《左传会笺》：“恶良夫之欲召辄，故必杀之。蒯聩所谓“其盟免三死”，杜注：“盟在十五年。”此指《左传》哀十五年记蒯聩承诺孔悝“三死无与”一事。

传十七年[1]

原文

春，卫侯为虎幄于藉圃，成，求令名者而与之始食焉。[2]大子请使良夫。良夫乘衷甸两牡，紫衣狐裘；至，袒裘，不释剑而食。大子使牵以退，数之以三罪而杀之。[3]

注释

❶ 鲁哀公十七年，是公元前478年，周敬王四十二年。这一年夏四月，孔夫子逝世一周年。《左氏》无经之传自这一年始。《公》《穀》无无经之传，所以早在解释过《春秋经》哀十四年"西狩获麟"句后结束了。

❷ 杜注："于藉田之圃新造幄幕，皆以虎兽为饰。"惠栋《春秋左传补注》认为藉圃只是"圃名"。竹添光鸿《左传会笺》："《传》言'于藉圃'，又言'成'，是一定不动，非幄幕也。幄当读为楃。楃，木帐也。盖卫侯作小屋于藉圃，其形如楃而刻虎。"杨注用惠氏与竹添光鸿说，比杜注好。

❸ 杜注："以良夫应为令名。衷甸，一辕，卿车。紫衣，君服。食而热，故偏袒，亦不敬。三罪：紫衣，袒裘，带剑。"《释文》认为衷甸之甸即《说文》之佃，《说文》引《春秋传》"乘中佃"，许慎说是"一辕车也"。孔疏："甸即乘也。四丘为甸，出车一乘，故以甸为名……衷，中也。盖以四马为上乘，两马为中乘，大事驾四，小事驾二，为等差故也。""《管子》称齐桓好服紫衣……今《传》言紫衣为良夫之罪，明紫是君服，良夫僭之，故言'紫衣君服'也。大夫狐裘非僭，言之者，为'袒裘'张本。礼：裘上有衣谓之裼……裼衣之上乃有朝祭正服，裘上有两衣也……裼则袒正服，露裼衣……然则在君之所，于法唯有露裼衣耳，无露裘之时。今良夫为食热之故，偏袒其裘，则并裘亦袒，是不敬也。剑是害物之器，

不得近至尊,故近君则解剑。良夫与君食而不释剑,亦不敬也。"杨注已指出《传》哀十五年记蒯聩与良夫盟,许其服冕乘轩,然则"良夫乘衷甸两牡"有什么罪呢?可是孔疏早就说过"衷佃"非三罪之一,就算是罪,也不是重罪。杨注又说:"数三罪者,免死之罪;杀之,另加罪。"这样说,盖与《左氏》原意相合。总之,大子疾蓄意杀浑良夫,找理由并不困难。

原文

三月,越子伐吴,吴子御之笠泽,夹水而陈。越子为左右句卒[4],使夜或左或右,鼓噪而进;吴师分以御之。越子以三军潜涉,当吴中军而鼓之;吴师大乱。遂败之。[5]

注释

[4] "句卒",句读 gōu,杜注:"句卒,钩伍相著,别为左右屯。"杨注于此无异议。

[5] 杜注:"左右句卒为声势以分吴军,而三军精卒并力击其中军,故得胜也。"杨注谓"潜涉"可以是潜行水中,也可以是偷渡而仍用舟船,这里以"后说较安"。

原文

晋赵鞅使告于卫曰:"君之在晋也,志父为主。请君若大子来,以免志父。不然,寡君其曰'志父之为也'。"[1]卫侯辞以难,大子又使椓之。[2]夏六月,赵鞅围卫。齐国观、陈瓘救卫,得晋人之致师者。[3]子玉使服而见之,曰:"国子实执齐柄,而命瓘曰:'无辟晋师!'岂敢废命?子又何辱?"简子曰:"我卜伐卫,未卜与齐战。"乃还。[4]

注释

[1] 杜注:"恐晋君(为)〔谓〕志父教使不来。"杨注:"志父,即赵鞅。

若,或也。”按:“志父为主”,这个“主”应与《孟子·万章上》“或谓孔子于卫主痈疽,于齐主侍人瘠环”两“主”字义近,区别仅在于主与被主者究竟在哪一方而已。请参看拙撰《四书校注》相关部分。

❷ 杜注:“椓,诉父欲速得其处。”杨注用顾炎武、沈钦韩、洪亮吉诸前贤说,谓椓、诼古通用,“此言大子疾于赵鞅使者前毁谤中伤其父”。按:杨注是,当从之。

❸ 杜注:“国观,国书之子。”今按:《周官·夏官·环人》“掌致师”,郑注:“致师者,致其必战之志。古者将战,先使勇力之士犯敌焉。”可见“致师”即挑战,“得晋人之致师者”,即生俘晋人来挑战者。《左传》宣十二年有“致师”场面,可参看。

❹ “子玉使服而见之”以下,杨注指出子玉就是陈瓘。杜注:“释囚服,服其本服。”国氏、高氏曾经掌握齐国的行政大权,而齐简公被杀之后,执齐柄者实为田常(陈恒)。或认为“国子实执齐柄”句所谓国子指“国观”,实误。这里子玉之言,不过故意沿用旧说而已。齐国重臣国子命我“无辟晋师”,我“岂敢废命”,杜注:“欲必敌晋。”意思就是要坚决执行命令,不回避你们晋国军队。“子又何辱”,杜注:“言不须来致师,自将往战。”这里“子”指“晋人之致师者”。《左氏》下文记赵简子的话,杜注:“畏子玉。”故以“未卜与齐战”为理由而宣布班师回晋。

原文

楚白公之乱,陈人恃其聚而侵楚。❶楚既宁,将取陈麦。楚子问帅于大师子穀与叶公诸梁,子穀曰:“右领差车与左史老,皆相令尹、司马以伐陈,其可使也。”子高曰:“率贱,民慢之,惧不用命焉。”❷子穀曰:“观丁父,鄀俘也;武王以为军率,是以克州、蓼,服随、唐,大启群蛮。彭仲爽,申俘也;文王以为令尹,实县申、息,朝陈、蔡,封畛于汝。唯其任也,何贱之有?”❸子高曰:“天命不(谄)

〔謟〕。令尹有憾于陈，天若亡之，其必令尹之子是与，君盍舍焉？臣惧右领与左史有二俘之贱而无其令德也！”王卜之，武城尹吉[4]；使帅师取陈麦。陈人御之，败。遂围陈。秋七月己卯，楚公孙朝帅师灭陈。

王与叶公枚卜子良以为令尹。沈尹朱曰：“吉！过于其志。”叶公曰：“王子而相国，过将何为？”他日，改卜子国，而使为令尹。[5]

注释

❶ 杜注：“聚，积聚也。”杨注：“聚谓聚粮食。”按：两注都有根据。恃自家之聚，乘白公之乱，不考虑其他因素（条件），以小侵大，实在是错误的决定。

❷ “子穀曰”以下，杜注：“言此二人皆尝辅相子西、子期伐陈，今复可使。”又说：“右领、左史，皆楚贱官。”杨注认为右领、左史“非贱官”。杨遇夫先生《读左传》：“据下文子穀语，二人盖皆俘也，似非谓贱官。”按：两位杨先生说是。这里率就是帅。子高的意思：将帅如果没有威信，不受尊重，下民轻慢他，不会听他指挥，这是很可怕的事。

❸ 鄀读 ruò。杜注已指出《左氏》下文记子穀语中所谓“武王”乃是楚武王，“文王”乃是楚文王。观丁父本是鄀国战俘，楚武王用他为军率，取得了“克州、蓼，服随、唐，大启群蛮”的功绩。彭仲爽本是申国战俘，楚文王用他为令尹，也取得了伟大的胜利。“实县申、息”，杜注：“楚文王灭申、息以为县。”“县”在这里作动词，意思是使某地以为县。“朝陈、蔡”，“朝”作动词用，意思是使陈、蔡来朝。“封畛于汝”，杜注：“开封畛，比至汝水。”杨注：“谓开拓楚之封疆至于汝水。”这样讲较为明白好懂。“唯其任也”以下，意思是：就看他是否胜任，有什么贵贱之分呢？

❹ “天命不谄”，谄当作謟，依阮元等《校勘记》改正。杜注：“謟，疑也。”天命不謟就是天命无可疑。“令尹有憾于陈”以下，杜注：“十五年子西伐吴，陈使贞子吊吴，以此为恨。”杨注：“叶公初云，

天若亡陈,必将佑助令尹之子,故又云君何不置之为军帅。下句始言右领、左史难以胜任。”杨先生这样讲,是将“舍”理解为“舍置”之舍,义属上句了,与杜注所谓“舍右领与左史”将“舍”理解为“舍弃”之舍而义属下句不同。“王卜之,武城尹吉”,杜注:“武城尹,子西子公孙朝。”楚惠王占卜的结果,以武城尹公孙朝做军率为吉。

❺ 杜注:“枚卜,不斥言所卜以令龟。子良,惠王弟。志,望也。过相,将为王也。子国,宁也。”杨注用杜注而略作补充说明,并无异议。按:据占卜,若是用子良为令尹,则大吉超过其志,意思是还会超过做相,那不就是还要做王吗?那还得了!所以只好改卜,让子国做了令尹。

原文

卫侯梦于北宫,见人登昆吾之观,被发北面而噪曰:“登此昆吾之虚,绵绵生之瓜。余为浑良夫,叫天无辜!”[1]公亲筮之。胥弥赦占之,曰:“不害。”与之邑,置之;而逃奔宋。[2]卫侯贞卜,其繇曰:“如鱼竀尾,衡流而方羊。裔焉大国,灭之将亡。阖门塞窦,乃自后逾。”[3]

注释

❶ 杜注:“卫有观在古昆吾氏之虚,今濮阳城中。绵绵,瓜初生也。良夫善己,有以小成大之功,若瓜之初生,谓使卫侯得国。本盟当免三死,而并数一时之事为三罪杀之,故自谓无辜。”孔疏:“北宫,卫侯之别宫……在昆吾观北,故此人北面向君而叫噪也。”杨注:“昆吾之观必在北宫之南,筑于昆吾废址,故梦其人向北而叫。”唯昆吾之观究竟何在,难寻确据。

❷ “胥弥赦占之”,杜注:“赦,卫筮史。”《左氏》下文,“不害”自是无害,与甲金文、《周易》中“无尤”义同。杜注:“言卫侯无道,卜人不敢以实对,惧难而逃也。”杨注用杜注。

❸ 繇读 zhòu。竀读 chèng，或读 chēng，此字一作赪，《说文》作赬。《左传》哀十七年这里以读阴平声为好。依杜注，“贞卜”是“正卜梦之吉凶”。《左氏》下文“如鱼”句以下，杜注：“竀，赤色，鱼劳则尾赤。横流方羊，不能自安。裔，水边。言卫侯将若此鱼。”钱大昕《十驾斋养新录》卷二“衡流而方羊”条：“杜氏以‘裔焉’连上为句。刘炫谓当以‘方羊’为句，其说当矣。而孔颖达曲护杜义，辨之甚力。然《毛诗正义》亦出颖达之手，而《汝坟》疏引《左传》‘如鱼赪尾，衡流而彷徉’，正与刘氏读合。”钱氏《潜研堂文集》卷七也说到《左氏》这一段的句读，与《养新录》所说义同，不具录。“阖门塞窦，乃自后逾”，这两句也是繇辞，杜注已指明。杨注同意刘炫与钱氏说，而于“裔焉大国”句解说颇为精当，谓“‘焉’用法同‘於’，谓卫边于大国也，其实亦如此”。又，刘炫以为卜繇之辞文句相韵，钱氏《潜研堂文集》谓“《左氏传》无不韵之繇”，都说得很对。“方羊”与“将亡”韵，“窦”与“逾”韵，皆可无疑。繇辞前两句与后两句都用比喻，都与卫君作为、卫国政事暗合，读者自可领会（请参看下文注❹以及再下文注❸）。

原文

冬十月，晋复伐卫，入其郛。将入城，简子曰：“止！叔向有言曰：‘怙乱灭国者无后。’”卫人出庄公而与晋平。❹晋立襄公之孙般师而还。

注释

❹ “怙乱灭国者无后”，杜注：“不欲乘人之衰。”杨注：“恃他国之乱而灭之者，其人无后，此赵鞅信叔向之言不欲灭卫也。”《左氏》上文记繇辞“灭之将亡”，说的是“将亡”而实未亡，与是年夏六月、冬十月晋两次伐卫结局相符。“卫人出庄公而与晋平”，杨注谓“卫庄公为国人所逐，乃出走齐”，我们认为这情形正与繇辞“阖门塞窦，乃自后逾”的寓意一致。

原文

十一月，卫侯自鄄入，般师出。[1]

初，公登城以望，见戎州，问之；以告。公曰："我姬姓也，何戎之有焉？"翦之。[2]公使匠久。公欲逐石圃，未及而难作。辛巳，石圃因匠氏攻公。公阖门而请，弗许；逾于北方而队，折股。[3]戎州人攻之。大子疾、公子青逾从公，戎州人杀之。公入于戎州己氏。[4]——初，公自城上见己氏之妻发美，使髡之，以为吕姜髢。——既入焉，而示之璧，曰："活我，吾与女璧。"己氏曰："杀女，璧其焉往？"[5]遂杀之而取其璧。

卫人复公孙般师而立之。十二月，齐人伐卫，卫人请平。立公子起，执般师以归，舍诸潞。[6]

注释

❶ 杜注："辟蒯聩也。"按：鄄是地名。蒯聩即卫庄公。

❷ 杜注："戎州，戎邑。"应该是戎人居住的地方。江慎修《春秋地理考实》："卫之城外有己氏人居住，谓之戎州。"沈钦韩《春秋地名补注》："州者，是其州党之名。"杨注认为江、沈两说"皆合情理"。"我姬姓也"句下，杜注："言姬姓国何故有戎邑。"卫庄公不能容忍，故下令"翦之"，杜注："削坏其邑聚。"这就种下了祸根。

❸ "公使匠久"，杜注："久不休息。"石圃其人，杜注说是"卫卿，石恶从子。"石圃利用匠氏劳累而久不得休息的不满，进攻卫君。卫庄公得不到匠氏、石圃的宽容，"逾于北方而队，折股"，杜注："终如卜言'乃自后逾'。"按：这里"队"读 zhuì（音义与"坠"同）。折股，是摔断了大腿。

❹ 杜注："青，疾弟。己氏，戎人姓。"戎州人把大子疾与公子青两兄弟杀了。仓促之际，卫庄公很可能是孤身一人逃命而躲进己氏家里。

❺ 髡读 kūn。髢读 dí。"见己氏之妻发美"以下，杜注："吕姜，庄公

夫人。髢,髲也。"按:髲读 bì,是假发。"活我"是让我活。这里"活"是使动用法。"璧其焉往",意思是璧将跑到哪里去。自"初"至"以为吕姜髢"是补叙。有此补叙,读者对于卫庄公与戎人之间矛盾或仇恨的由来就明白了。

❻ 杜注:"起,灵公子。潞,齐邑。"杨注:"潞疑在齐都郊外"。但杨先生此说也未必有确据。按:"舍诸潞",是将般师安置在潞。

原文

公会齐侯,盟于蒙。孟武伯相。齐侯稽首,公拜。齐人怒。武伯曰:"非天子,寡君无所稽首。"[1]武伯问于高柴曰:"诸侯盟,谁执牛耳?"季羔曰:"鄫衍之役,吴公子姑曹。发阳之役,卫石魋。"武伯曰:"然则彘也。"[2]

宋皇瑗之子麇,有友曰田丙,而夺其兄(劋)〔鄸〕般邑以与之。(劋)〔鄸〕般愠而行,告桓司马之臣子仪克。[3]子仪克适宋,告夫人曰:"麇将纳桓氏。"公问诸子仲。——初,子仲将以杞姒之子非我为子,麇曰:"必立伯也,是良材。"子仲怒,弗从;——故对曰:"右师则老矣。不识麇也。"公执之。[4]皇瑗奔晋。召之。

注释

❶《周官·大祝》有九拜,一曰稽首,第五至第九都是拜,只是拜的内容与名称略有不同。郑注:"稽首,拜头至地上。"孔疏:"稽首,拜中最重,臣拜君之拜。"又说:"君拜臣下,当从空手拜。"《荀子·大略》:"平衡曰拜。下衡曰稽首。"很多文献证明:相见礼仪中诸仪,稽首重于其他诸拜。《左传》哀十七年这里"齐侯稽首,公拜",齐侯行拜礼最重者,而鲁哀公只是行一般的拜礼,齐人认为自己显得卑下,所以发怒。孟武伯认为众诸侯都是天子之臣,都只须向天子稽首。既然天子不在这里,则寡君不必在这里行稽首礼。齐人始明此礼,所以对孟武伯也就无可奈何了。

❷ 杜注:“执牛耳,尸盟者。季羔,高柴也,郑衍在七年。发阳,郧也,在十二年。石魋,石曼姑之子。彘,武伯名。郑衍则大国执,发阳则小国执。据时执者无常,故武伯自以为可执。”杨注不赞成黄元同先生《礼说》所谓“执牛耳为盟主”一说。按:《左传》襄二十七年谓“诸侯盟,小国固必有尸盟者”,执牛耳者为小国大夫,证明杨伯峻先生的说法确有根据。

❸ 杜注:“瑗,宋右师。”杨注:“其兄当是麇之兄。”劖当作酁,说见阮元等《校勘记》。酁读 chán,《说文》:“宋地也。”酁般,盖以邑为氏者。杨注:“般封于酁,故曰酁般也。”其说是。“告桓司马之臣子仪克”,杜注:“克在下邑,不与魋之乱,故在。”杨注这里用杜注。

❹ “子仲将以杞姒之子非我为子”,杜注:“为適子。杞姒,子仲妻。”杨注用杜注,下同。“麇曰”以下,杜注:“伯,非我兄。”是麇主张立非我之兄,与子仲说相忤。子仲不接受麇的建议,反而诬告他,杜注:“言右师老,不能为乱,麇则不可知。”听了子仲的话,宋景公下令逮捕了麇。按:自“初”至“子仲怒,弗从”,这些话是插叙,让读者知道子仲与麇发生矛盾的由来。

传十八年❶

原文

春,宋杀皇瑗。公闻其情,复皇氏之族,使皇缓为右师。❷

巴人伐楚,围鄾。初,右司马子国之卜也,观瞻曰:“如志。”故命之。及巴师至,将卜帅,王曰:“宁如志,何卜焉?”使帅师而行。请承,王曰:“寝尹、工尹,勤先君者也。”❸三月,楚公孙宁、吴由于、薳固败巴师于鄾,故封子国于析。君子曰:“惠王知志。《夏书》曰:‘官占:唯能蔽志,昆命于元龟。’其是之谓乎!《志》曰:‘圣人不烦卜筮。’❹惠王其有焉。”

注释

❶ 鲁哀公十八年，是公元前477年，周敬王四十三年。这一年夏四月，孔仲尼先生逝世两周年。

❷ “公闻其情”，杜注：“言宋景公无常也。缓，瑗从子。”孔疏据《世族谱》推算，认为缓可能是瑗之从孙。按：宋景公去年下令执麇，今年初下令杀瑗，不久又下令“复皇氏之族”，又任命缓为右师，杜镇南讥其“无常”。杨注：“知其父子之冤。”可见杨伯峻先生有不同看法。

❸ 鄾读 yōu，杜注：“楚邑。”又说：“子国未为令尹时，卜为右司马，得吉兆，如其志。观瞻，楚开卜大夫，观从之后。”杨注用此杜注。“故命之”，杜注：“命以为右司马。”可知子国之卜真正是“如志”，求什么得到了什么。后来卜帅，楚王认为既然“宁如志”，不须再卜。杜注：“宁，子国也。”子国为帅，“请承”，杜注：“承，佐。”杨注：“请王任命辅佐者。”楚王认为寝尹、工尹可任辅佐之职，杜注：“柏举之役，寝尹吴由于以背受戈，工尹固执燧象奔吴师，皆为先君勤劳。”杨注则指出柏举之役见《左传》定公四年，工尹彼时为鍼尹，即薳固（《史记·楚世家》《伍子胥列传》作屈固）。

❹ “惠王知志”，杜注：“知用其意。”我们认为这里所说的“志”，应该就是《左氏》上文所谓“如志”之志，知志就是理解并利用有志者的宏图远虑或雄心壮志，调动他们的积极性，使为国家效力。实质上就是知人善任。有看人透彻、用人果断的意思。“《夏书》曰”以下，杜注：“逸书也。官占，卜筮之官。蔽，断也。昆，后也。言当先断意后用龟也。不疑，故不卜也。”《释文》：“《尚书》‘能’作‘克’，‘克’亦‘能’也。”孔疏：“《夏书》，《大禹谟》之篇也。唯彼‘能’作‘先’耳……孔安国云：‘帝王立卜占之官，故曰官占……官占之法，先断人志，后命于元龟，言志定然后卜也。’杜虽不见古文，其解亦与孔合。”按：孔疏所谓《大禹谟》之篇“能”作

“先”，不确，《释文》的说法可以为证，后来《尚书》的段玉裁校本亦作“克”。“先”与“克”形近易讹，孔冲远等人所见者应为讹本。我们在《四书五经》中多次指出：因为伪古文《尚书》出自东晋，西晋的儒将杜预未曾见伪古文《尚书》，那倒也是事实。在孔冲远等人看来，“官占唯能蔽志，昆命于元龟”出于《大禹谟》之篇；在杜镇南将军看来，这里引文应出于“逸书”：他们说的都是自己的见闻。“《志》曰”后面的一句，“圣人不烦卜筮”，则是《左氏》自己据所见所闻引用的古语。圣人不疑，自有主见，所以不烦卜筮。卜筮历来为疑而不决者所用。

原文

夏，卫石圃逐其君起，起奔齐。卫侯辄自齐复归，逐石圃，而复石魋与大叔遗。[5]

注释

[5] 石圃，《史记·卫康叔世家》作“石曼尃”，司马贞《索隐》：“诸本或无曼字。”尃，或作塼。按：圃、尃音同，可通假。无曼字是。据《卫康叔世家》，斑师（即《左传》般师）后为卫君者是公子起，石尃逐起。《左氏》谓卫侯辄复归后“复石魋与大叔遗”，杜注：“皆蒯聩所逐。”事固宜然。

传十九年[1]

原文

春，越人侵楚，以误吴也。[2]

夏，楚公子庆、公孙宽追越师，至冥，不及乃还。

秋，楚沈诸梁伐东夷，三夷男女及楚师盟于敖。[3]

冬，叔青如京师，敬王崩故也。[4]

注释

❶ 鲁哀公十九年，为公元前476年，周敬王四十四年。这一年夏四月，孔子逝世三周年。依传统意见，春秋时期到这一年止。

❷ 杜注："误吴，使不为备。"按："误吴"，即造成越无图吴之意的假象，麻痺吴人心志。

❸ "伐东夷"，杜注："报越。"又说："从越之夷三种。敖，东夷地。"此三夷本从越，与楚人盟，则楚人胜越可知。或者这也是越所以误吴者。

❹ 杜注："言敬王能终其世，终苌弘言'东王必大克'。叔青，叔还子。"《释文》："案《传》敬王崩在此年，《世本》亦尔。"孔疏："苌弘言在昭二十三年。此叔青如京师，自为敬王崩。"按：关于周敬王在位之年，杨注认为应"以《左传》为据，因《左传》早于《史记》"。杨注另有根据，今从之。

传二十年[1]

原文

春，齐人来征会。夏，会于廪丘，为郑故，谋伐晋。郑人辞诸侯。秋，师还。[2]

吴公子庆忌骤谏吴子，曰："不改，必亡！"弗听。出居于艾，遂适楚。[3]闻越将伐吴，冬，请归平越，遂归，欲除不忠者以说于越；吴人杀之。[4]

注释

❶ 鲁哀公二十年，为公元前475年，周元王元年。依传统意见，战国时期自此年始。

❷ 齐人征会谋伐晋，众诸侯会于廪丘，这说明晋已失去盟主地位，反映了齐国号召诸侯的能力以及田氏势力在齐国、在当时国际的地

位。杜注:“终叔向言晋公室卑。”这是符合实际情况的见解。“郑人辞诸侯”,杨注:“郑不欲伐晋”。这说明晋作为昔日霸主,尚有余威。

❸ “骤谏”,杨注用服虔说:“骤,数也。”《左氏》下文“不改,必亡”,杨注认为“不改”是“不改变当时所行之政令”,则《左氏》这里意思是:不改革,国必亡。“弗听”,杜注:“吴子弗听。”吴王夫差不采纳公子庆忌的建议。庆忌愤而出居于艾,后来到了楚国。

❹ “欲除不忠者以说于越”,杨注:“欲除不忠于吴者以求与越构和。”此注最为准确。“以说于越”,“说”这里不读 yuè,不是“悦”,因为除不忠于吴者如何可以使越悦呢?若是除不忠于越者,则可以悦越;倘如此,庆忌就不是爱吴国的吴公子了。所以这里“说”应该读 shuì。“吴人杀之”,杜注:“言其不量力。”凡人想挽救垂死的东西,都是自不量力。

原文

十一月,越围吴。赵孟降于丧食[1],楚隆曰:“三年之丧,亲昵之极也。主又降之,无乃有故乎?”赵孟曰:“黄池之役,先主与吴王有质,曰:‘好恶同之。’今越围吴,嗣子不废旧业而敌之,非晋之所能及也,吾是以为降。”[2]楚隆曰:“若使吴王知之,若何?”赵孟曰:“可乎?”隆曰:“请尝之。”乃往。

注释

❶ 杜注:“赵孟,襄子无恤。时有父简子之丧。”杨注:“简子赵鞅当死于此年,无恤继承卿位。在父丧中,古礼食品必须减杀,今因吴被围,有灭亡之势,而己不能救助,又降等于丧父之食。”我们认为这里杜、杨两注都很准确。杨伯峻先生说的“古礼”,请参看《礼经·丧服》之传,小戴辑《礼记》中的《问丧》《间传》《三年问》以及《丧服四制》等篇。

❷ 杜注:“楚隆,襄子家臣。黄池在十三年。先主,简子。质,盟信也。嗣子,襄子自谓,欲敌越救吴。”这里杨注全用杜注。赵孟说他本想继承先主之志,与吴王“好恶同之”,无奈晋国已经没有救吴的力量,因此只好“降于丧食”以明心迹了。

原文

先造于越军,曰:“吴犯间上国多矣。[3]闻君亲讨焉,诸夏之人莫不欣喜。唯恐君志之不从,请入视之。”许之。告于吴王曰:“寡君之老无恤,使陪臣隆敢展谢其不共[4]:黄池之役,君之先臣志父得承齐盟,曰:‘好恶同之。’今君在难,无恤不敢惮劳,非晋国之所能及也,使陪臣敢展布之!”王拜稽首,曰:“寡人不佞,不能事越,以为大夫忧,拜命之辱!”与之一箪珠,使问赵孟,曰:“句践将生忧寡人,寡人死之不得矣!”[5]王曰:“溺人必笑。吾将有问也:史黯何以得为君子?”对曰:“黯也进不见恶,退无谤言。”王曰:“宜哉!”[6]

注释

❸ 这一句关键是“犯间”两字该如何理解。犯是侵犯。间,如《榖梁传》桓二年“孔父间也”,范氏《集解》的说法是:间谓捍御。《左传》哀二十年这里“间”是否也可以作“捍御”讲呢?其实,这里“间”亦“犯”也,“犯间”是同义词连用。说见《经义述闻》卷十九“以间先王”条。

❹ “寡君之老无恤”以下,杜注:“展,陈也。”杨注:“吴王与晋侯匹敌,赵无恤晋之正卿,故称‘老’,楚隆又无恤之臣,故自称‘陪臣’。”又说:“谢,谢罪,今言道歉。”按:“不共”即不恭。

❺ “使问赵孟”,杜注:“问,遗也。”吴王派使者赠送一箪珠给赵孟。“寡人死之不得矣”,杨注:“谓己不得善终。”说得通俗一点,就是不得好死。

❻ “溺人必笑,吾将有问也”,这里“有问”之问是问题、疑问,与“使问赵孟”句中“问”意思不同,杜注:“以自喻所问不急,犹溺人不知所为而反笑。”梁履绳《左通补释》引《尚静斋经说》,谓“溺人必笑”盖当时之谚,而杨伯峻先生也许认为这样说是对的。杜注:“晋史黯云:‘不及四十年吴当亡。’吴王感问此也。”赵孟对史黯其人的评论,杜注:“时行则行,时止则止。”孔疏:“为时所用,进在朝廷,言行无愆,不见怨恶,言人无恶之者;时所不用,退归私室,则无诽谤之言:故得‘君子’之名也。”这里杜注❶孔疏对《左氏》原文的解说实有区别,我们认为孔疏更切合原意。“宜哉”,吴王听了赵孟的回答,认为史黯宜有“君子”之名,实质上此时应已明白史黯何以有“吴当亡”的预言,而夫差自己此时已经感到身死国亡的结局为期不远了。

传二十一年❶

原文

夏五月,越人始来。❷

秋八月,公及齐侯、邾子盟于顾。齐人责稽首,因歌之,曰:“鲁人之皋,数年不觉,使我高蹈。唯其儒书,以为二国忧。”❸是行也,公先至于阳穀,齐闾丘息曰:“君辱举玉趾以在寡君之军,群臣将传遽以告寡君。比其复也,君无乃勤?为仆人之未次,请除馆于舟道。”❹辞曰:“敢勤仆人?”

注释

❶ 鲁哀公二十一年,为公元前474年,周元王二年。这是战国时期第二年。

❷ 杜注:“越既胜吴,欲霸中国,始遣使适鲁。”这里“来”是来鲁国。

❸ 杜注:“责十七年齐侯为公稽首不见答。〔顾,〕齐地。皋,缓也。

高蹈,犹远行也。言鲁人皋缓,数年不知答齐稽首,故使我高蹈来为此会。二国,齐、邾也。言鲁据(用)《周礼》不肯答稽首,令齐、邾远至。”孔疏:“《士丧礼》始死复魂之辞云:‘皋! 某复!’郑玄云:‘皋,长声也。’皋者缓声而长引之,是‘皋’为缓也。高蹈,高举足而蹈地,故言犹远行也……行不出竟而言远者,止为鲁不稽首而为此会,虽近犹恨,故以远言之耳。”王伯申说:“训‘皋’为‘缓’,于古无据……皋,当读为‘咎’,言鲁人不答稽首之咎,数年而犹不自觉,故使我高蹈而来也……下文曰‘唯其儒书,以为二国忧’,正谓鲁人拘守儒书,故数年不知其咎也。”(《经义述闻》卷十九)杨注以王伯申说为是。按:从音韵、训诂方面看,王氏说义长。又,王氏谓高蹈为嗔怒貌,也胜过杜注孔疏。由王伯申说可以推知:“以为二国忧”句中“二国”应指齐、鲁,与邾无关。杨注引傅逊说亦谓二国为齐、鲁。然则杜注孔疏说又有误。就古韵而言,责稽首之歌前三句与后一句皆韵,唯第四句韵稍不谐,应不难说明。

❹ 杜注:“息,间丘明之后。次,舍也。舟道,齐地。”日本学者竹添光鸿《左传会笺》:“在,存也,谓存问之。齐侯以师出,故云‘寡君之军’。”杨注用杜注,用竹添光鸿说。杨先生认为“传遽同义词连用,谓驿站车马”,“未次”之“次”作动词,“犹准备行馆”;“勤,劳苦也”。这些解说都是必要的补充。

传二十二年[1]

原文

夏四月,邾隐公自齐奔越,曰:“吴为无道,(执)〔执〕父立子。”越人归之,大子革奔越。[2]

冬十一月丁卯,越灭吴,请使吴王居甬东。辞曰:“孤老矣,焉能事君?”乃缢。越人以归。[3]

注释

❶ 鲁哀公二十二年,即公元前473年,周元王三年,入战国时期后第三年。

❷ 杜注:“郳隐公八年为吴所囚,十年奔齐。”孔疏:“革为郳君十余年矣,仍称为‘大子’者,承其父归之下,故系父言之。”杨注:“越之国势既强,郳隐求助,越人送之返国,其子革反奔越。”吴人立臣子为新君,迫使旧君逃亡;越人让旧君复位,接纳了逃来的新君:世事苍黄反覆如此。

❸ 杜注:“甬东,越地。”夫差自杀(但不一定是自缢),又见于其他多种文献(如《吴语》《吴太伯世家》《越王句践世家》《伍子胥列传》《吴越春秋》《越绝书》等)。“越人以归”,杜注:“以其尸归,终史墨、子胥之言。”按:自哀公元年吴王夫差败越于夫椒,至此哀公二十二年越灭吴,凡二十二年,古老的中国东南方吴越大地上演了一出悲壮的反映兴衰存亡的活剧。句践、夫差、范蠡、文种、子胥、伯嚭这些鲜活的人物形象,“十年生聚,十年教训”“卧薪尝胆”“盈必毁,天之道也”这些宝贵的成语典故:供后世借鉴的价值是永恒的。

传二十三年[❶]

原文

春,宋景曹卒。季康子使冉有吊且送葬,曰:“敝邑有社稷之事,使肥与有职竞焉,是以不得助执绋,使求从舆人[❷],曰:‘以肥之得备弥甥也,有不腆先人之产马,使求荐诸夫人之宰,其可以称旌繁乎!’[❸]”

注释

❶ 鲁哀公二十三年,为公元前472年,周元王四年,入战国后第四年。

❷ 杜注："景曹，宋元公夫人，小邾女，季桓子外祖母。肥，康子名。竞，遽也。求，冉有名。舆，众也。"孔疏："宋景曹者，宋景公之母，姓曹氏也……此曹是平子之妻母，故为桓子外祖母也。今康子是桓子之子，父之外祖母卒，故使冉有吊且送葬。妇人多以姓系夫，此以景公见在，遣吊景公，故系其子。小邾曹姓，故称景曹。"杨注："此职竞与《诗·小雅·十月之交》'职竞由人'不同……职竞犹言职务繁剧。"引杨遇夫先生《读左传》，认为"使求从舆人"之舆，即《传》昭七年"皂臣舆"之舆，是执杂役者。然则《左传》哀廿三年这里的"舆人"，"盖即辇柩车者"，"从舆人盖执绋之谦辞"。按：关于舆人的说解，应从杨注。除此之外，上引杜注孔疏都很准确，可从之。

❸ 杜注："弥，远也。康子父之舅氏，故称弥甥。荐，进也。称，举也。繁，马饰繁缨也。终乐祁之言，政在季氏。"杨注："称，副也……此季康子赙以马，谓能称宋君太夫人之马饰不。"按：《经传释词》卷五："其，犹尚也，庶几也。"该可以此马配得上繁缨了吧。若依《释文》，"旌繁"之繁读 pán，这里不读 fán，也不读 pó。

原文

夏六月，晋荀瑶伐齐。高无丕帅师御之。知伯视齐师，马骇，遂驱之，曰："齐人知余旗，其谓余畏而反也？"及垒而还。❹将战，长武子请卜，知伯曰："君告于天子，而卜之以守龟于宗祧，吉矣；吾又何卜焉？且齐人取我英丘；君命瑶，非敢耀武也，治英丘也。以辞伐罪足矣，何必卜？"❺壬辰，战于犁丘。齐师败绩，知伯亲禽颜庚。❻

秋八月，叔青如越，始使越也。越诸鞅来聘，报叔青也。❼

注释

❹ 杜注："荀瑶，荀跞之孙，知伯襄子。"马受惊而奔，有可能让人产生错觉。古代战场旗帜上大书将帅姓氏，看旗帜可以判断部队所

属。“齐人知余旗”句及其下文,意思是:齐人据我的旗帜,将会说某害怕而反常。杨注:“至齐师营垒而返。”

❺ 杜注:“武子,晋大夫。”知伯认为不必再卜,因为国君在将军事行动报告天子之前,已经在宗庙卜得吉兆。国君命我率师来此,不是要炫耀武力,目的只是治齐取英丘。宣布讨伐的理由就够了,何必再卜!

❻ 杜注:“犁丘,隰也。颜庚,齐大夫颜涿聚。”主将亲自上战场,并且生俘了敌军头目。

❼ 来聘,有报聘,这是礼尚往来。

传二十四年[1]

原文

夏四月,晋侯将伐齐,使来乞师,曰:“昔臧文仲以楚师伐齐,取穀;宣叔以晋师伐齐,取汶阳。寡君欲徼福于周公,愿乞灵于臧氏。”[2]臧石帅师会之,取廪丘。军吏令缮,将进,莱章曰:“君卑政暴;往岁克敌,今又胜都,天奉多矣,又焉能进?是躗言也。役将班矣!”[3]晋师乃还。饩臧石牛,大史谢之,曰:“以寡君之在行,牢礼不度,敢展谢之!”[4]

邾子又无道,越人执之以归,而立公子何。何亦无道。

注释

❶ 鲁哀公二十四年,即公元前471年,周元王五年,入战国后第五年。

❷ 杜注已指出,取穀“在僖二十六年”,取汶阳“在成二年”,又说:“以臧氏世胜齐,故欲乞其威灵。”杨注:“灵亦福也……此言欲使臧氏帅师。”这是因为人们有那样一种观念,以为某人做同一类事,总会伴随有同样的运气与结果。古人相信这种观念的为数不

太少，即今人也可能不是根本没有。《左传》宣十二年杨注已说明，《广雅·释言》有“灵，福也”一说。

❸ 杜注：“石，臧宾如之子。”廪丘，地名多见。“军吏令缮”以下，杜注：“晋军吏也，缮治战备。莱章，齐大夫。”《左氏》下文是莱章对晋国的批评，“君卑政暴”，晋出公卑弱无实力，执政大夫强暴少恩。依杜注，“往岁克敌”指“禽颜庚”，“今又胜都”指“取廪丘”，得天之赐已多，如何还能进取？譓读 huì，或读 mài，或读 wèi。杜注：“譓，过也。”《释文》：“谓过谬之言。服云：伪不信言也。《字林》作譓，云：梦言，意不慧也。”孔疏：“俱是不实之义，各自以意训耳。”阮元等《校勘记》引钱大昕说，认为譓言即《说文》引《春秋传》所谓“嗙言”，亦可作“謗言”。“謗训诐，诐又训夸，夸、诐义较‘过’‘伪’尤长。”[①]从知譓言即夸诞之言。“役将班矣”，杨注：“谓班师也。班师即还师。”

❹ 杜注：“生曰饩。”则“饩臧石牛”即用一生牛犒赏臧石。“大史谢之”以下，杜注谓大史为“晋大史”，在行即“在军行”，不度就是“不如礼度”。按：“谢之”，是致歉的意思。“敢展谢之”，就是敢陈布歉意。为何牢礼不度？只因为寡君之在军行，准备不周。

原文

公子荆之母嬖，将以为夫人，使宗人衅夏献其礼。对曰：“无之。”❶公怒，曰：“女为宗司；立夫人，国之大礼也，何故无之？”对曰：“周公及武公娶于薛，孝、惠娶于商，自桓以下娶于齐，此礼也则有。若以妾为夫人，则固无其礼也。”❷公卒立之，而以荆为大子，国人始恶之。

闰月，公如越，得大子适郢，将妻公而多与之地。公孙有山使告于季孙。季孙惧，使因大宰嚭而纳赂焉，乃止。❸

---

① 原文见《潜研堂文集》卷七。

注释

❶ 杜注:“荆,哀公庶子。宗人,礼官也。”按:衅夏为宗人之名。鲁哀公命令衅夏将诸侯立夫人的礼仪程序奏上,可是衅夏说无此礼仪。

❷ 杜注:“武公,敖也。孝公,称。惠公,弗皇。商,宋也。桓公始娶文姜。”《释文》:“孝、惠娶于商。定公名宋,是哀公之父,故衅夏为讳而称商也。”衅夏的意思是说:像周公及武公娶于薛,孝、惠娶于商,桓以下娶于齐那样的婚礼仪节是有的,而立妾为夫人的礼仪是没有的。杨注引《公羊传》僖三年记阳穀之会、《孟子·告子下》记葵丘之会规定“无以妾为妻”,可证衅夏持之有据。

❸ “得大子适郢”,杜注:“适郢,越王大子。得,相亲说也。”杨注用杜注。“季孙惧”以下,杜注:“嚭,故吴臣也。季孙恐公因越讨己,故惧。”惧祸而行贿,越人“将妻公而多与之地”之事被劝止住了。

传二十五年[❶]

原文

夏五月庚辰,卫侯出奔宋。

卫侯为灵台于藉圃,与诸大夫饮酒焉。[❷]褚师声子袜而登席,公怒;辞曰:“臣有疾,异于人;若见之,君将(𣪠)〔彀〕之。是以不敢。”[❸]公愈怒。大夫辞之,不可;褚师出。公戟其手,曰:“必断而足!”闻之。褚师与司寇亥乘,曰:“今日幸而后亡!”[❹]

公之入也,夺南氏邑,而夺司寇亥政。公使侍人纳公文懿子之车于池。[❺]

注释

❶ 鲁哀公二十五年,为公元前470年,周元王六年,入战国后第

六年。

❷ 藉圃，卫国地名。《左传》哀十七年记“卫侯为虎幄于藉圃”，事过八年，卫侯建灵台于此。《诗·大雅·灵台》咏周文王建灵台一事，《诗序》笺：“天子有灵台者，所以观祲象，察气之妖祥也。”毛传：“神之精明者称灵，四方而高曰台。”孔疏：“此实观气祥之台，而名曰灵者，以文王之化行似神之精明，故以名焉。”其实诸侯亦建灵台，供游玩观赏之用。卫侯与诸大夫饮酒于灵台，此亦灵台用处之一。《孟子·梁惠王上》谓文王建灵台与民同乐，哀廿五年《左传》记卫侯与诸大夫饮酒同乐于灵台，可见灵台之用不仅仅在于观祲象了。

❸ 般当作㱔，依《说文解字》引《春秋传》改正。㱔读 ǒu（音义与“呕”同）。杜注：“古者见君解袜。”杨注谓杜氏此说“于古礼文及他经俱无据”，诚然。《说文》：“袜，足衣也。”段注：“《左传》曰‘褚师声子袜而登席’，谓燕礼宜跣也。”惠栋、阎若璩、毛大可亦持此说。按：设席于台上，登席围座燕饮，脱袜为的是避免尘土入席。褚师声子不脱袜，卫侯颇为恼火。褚师解释说“臣有疾”，杜注：“足有创疾。”他怕君若见之，“将㱔之”，杜注：“㱔，呕吐也。”君若见其创疾，心作呕而不快，所以他不敢解袜。

❹ 可是卫侯更加发怒。“大夫辞之，不可”，杜注：“共辞谢公，公不可解。”褚师只好离开，“公戟其手”，杜注：“抵徒手屈肘如戟形。”杨注：“以左手叉腰右手横指如戟形，今人怒骂时犹有作此状者。”显然，杨注明白好懂多了。“必断而足”：卫侯见褚师出，还在他背后这样叫骂，说“一定要砍断你的腿”。褚师听到卫侯的叫骂，与司寇亥一同乘车而出，说：“今日幸而后亡！”杜注：“恐死，以得亡为幸。”觉得能逃命而免死，就算是幸运了。

❺ 杜注：“南氏，子南之子公孙弥牟。懿子，公文要。公有忿，使人投其车于池水中。”杨注：“司寇亥时为卫司寇，亦卿，夺其官，即夺其政。”意思很明白：“夺司寇亥政”，就是罢了司寇亥的官。

原文

初,卫人翦夏丁氏,以其帑赐彭封弥子。弥子饮公酒,纳夏戊之女。嬖,以为夫人。其弟期,大叔疾之从孙甥也;少畜于公,以为司徒。[1]夫人宠衰,期得罪。公使三匠久。公使优狡盟拳弥,而甚近信之。[2]

注释

❶ 杜注已指出卫人翦夏丁氏"在十一年",彭封弥子即"弥子瑕"。而杨注谓"此夏丁即夏戊",因为《左传》哀十一年说的就是"卫人翦夏戊",别无翦夏丁氏的事情。"纳夏戊之女",杨注认为实际上是弥子"进夏戊之女于公"。此女得到卫侯宠爱,被立为夫人;而其弟期从小得到卫侯抚养,此时被任为司徒。《左氏》谓"其弟期,大叔疾之从孙甥也",杜注:"期,夏戊之子。姊妹之孙为从孙甥,与孙同列。"这里对若干人物关系的交代正确无误。

❷ "公使优狡盟拳弥",杜注:"优狡,俳优也。拳弥,卫大夫。使俳优盟之,欲耻辱也。"杨注引竹添光鸿《左传会笺》,认为优狡是优人名狡,其说可信。"甚近信之"句,应该是卫侯颇亲近信任优狡的意思。

原文

故褚师比、公孙弥牟、公文要、司寇亥、司徒期因三匠与拳弥以作乱。皆执利兵,无者执斤。[3]使拳弥入于公宫,而自大子疾之宫噪以攻公。鄄子士请御之,弥援其手,曰:"子则勇矣,将若君何?不见先君乎?君何所不逞欲?且君尝在外矣,岂必不反?当今不可,众怒难犯。休而易间也。"乃出。[4]将适蒲,弥曰:"晋无信,不可。"将适鄄,弥曰:"齐、晋争我,不可。"将适泠,弥曰:"鲁不足与。请适城鉏以钩越,越有君。"乃适城鉏。弥曰:"卫盗不可知也。请速自我始。"乃载宝以归。[5]

注释

❸ 杜注:褚师比是“袜登席者”,公孙弥牟是“丧邑者”,公文要是“失车者”,司寇亥是“夺政者”。按:司徒期则是《左氏》上文说的因夫人宠衰而得罪者。三匠为卫侯役使久而劳苦。拳弥为卫侯使优人加以耻辱的大夫。这些人聚集起来造反,乃必然之事。杨注:“三匠与拳弥犹在公宫,故因之。”此说未必确切,由《左氏》下文“使拳弥入于公宫”,可以推断拳弥入公宫是后来的事,起义之初不在公宫。杜注:“信近之,故得入。”此说实误,因为三匠与拳弥并非卫侯信近之人。盖三匠与拳弥反对卫出公态度明朗,故众人因之。“皆执利兵”句以下,杜注:“斤,工匠所执。”兵者兵器,斤者斧斤。众人手持武器,这是卫侯亲自做了导火线的武装起义。

❹ 杜注:“鄄子士,卫大夫。”又说:“先君,蒯聩也。乱不速奔,故为戎州所杀。欲令早去。”关于“先君”的解说,杨注用杜注。《左氏》下文单言“君”,杨伯峻先生说:“君谓出公辄,言其出奔,亦可快意也。”这样讲,与《左氏》原文原意相合。“当今不可”句以下,杜镇南无注,杨伯峻先生说:“不可敌作乱者。休,定也。言乱定则易于离间。”杨注可从。“乃出”,探下文,知应是卫出公与拳弥出奔。

❺ 杜注:“蒲近晋邑。鄄,齐晋界上邑……泠,近鲁邑。城鉏,近宋邑。宋南近越,转相钩牵。”凡四适而后定,盖如杜注所说:“弥诈不知谋,故公信之。”《左氏》下文“卫盗不可知也”以下,杜注:“欺卫君。言君以宝自随,将致卫盗;请速行,已为先发,而因载宝归卫也。”杨注这里用杜注。我们认为这里杜注实有是有非。依杜注,“请速”下应施逗号或感叹号。我们过去用感叹号,表示采用杜氏说法。今知“请速”应与下文“自我始”连读为一句,“速”是招致的意思。《易经·需卦》“有不速之客”,孔疏:“速,召也。”召招字通。《易·解·六三》“致寇至”,《象》曰“自我致戎”,与《左传》哀廿五年“卫盗不可知也,请速自我始”,大意正相同。有可

能招致盗寇的事,拳弥愿意由他来先做;这样讲,原文意思就串通了。在拳弥,自然还是为了“欺卫君”。

原文

公为支离之卒,因祝史挥以侵卫。卫人病之。懿子知之,见子之,请逐挥。[6]文子曰:“无罪。”懿子曰:“彼好专利而妄。夫见君之入也,将先道焉。若逐之,必出于南门而适君所。夫越新得诸侯,将必请师焉。”[7]挥在朝,使吏遣诸其室。挥出,信,弗内。五日,乃馆诸外里,遂有宠;使如越请师。[8]

注释

6. 杜注:“支离,陈名。挥,卫祝史。”杨注引日本学者竹添光鸿《左传会笺》关于“支离之卒”的说法,“盖分为数队以误敌”,较杜氏说为妥,可从之。杨先生又说:“祝与史本二职,此盖挥兼二事,故称祝史挥。”按:此说有据(譬如祝、史分职,《周官》可为证),亦可从。“懿子知之”句以下,杜注:“知挥为内间。子之,公孙弥牟文子也。”请逐挥,目的是驱逐内间。
7. “彼好专利而妄”句以下,杜注:“妄,不法。若见君有入势,必道助之。虽知其为君间,不审察,私共评之。”懿子预料祝史挥若被逐,则必出南门而奔至卫出君幕下,必赴越国请师以安定卫君。
8. “挥在朝”句以下,杜注:“难面逐之,先逐其家。”杨注:“谓俟其下朝返家,然后使吏遣送之。”两句义异,杨注义胜,杜说非是。“挥出”以下,杜注:“再宿为信。外里,公所在。”祝史挥果然投奔公所在而去,这与卫人子之等“弗内”有关。“使如越请师”,杜注:“请师伐卫求入。”这也不出懿子所料。

原文

六月,公至自越,季康子、孟武伯逆于五梧。郭重仆,见二子,曰:“恶言多矣,君请尽之!”[1]公宴于五梧,武伯为祝;恶郭重,曰:“何肥也?”季孙曰:“请饮彘也! 以鲁国之密迩仇雠,臣是以不获从君,克免于大行。又谓重也肥?”[2]公曰:“是食言多矣,能无肥乎?”饮酒不乐。公与大夫始有恶。[3]

注释

❶ 五梧,杜注:“鲁南鄙也。”又说:郭重仆是“为公仆”。这个“仆”与《论语·子路》“冉有仆”、《左传》宣十五年“申叔时仆”两仆字义同,驾车的意思。“恶言多矣”以下,杜注:“二子不臣之言甚多,欲使公尽极以观之。”杨注:“郭重盖先见二子,然后向鲁哀言曰:二子不臣之言甚多,君于此次相见可以尽诘之。”这样讲,比杜注明确。

❷ “武伯为祝”,杜注:“祝,上寿酒。”问郭重为何肥胖如此,既如杜注所说,是“訾毁其貌”;又如杨注所说,“盖已知郭重有挑拨离间之言”,所以出言有厌恶之意。“请饮彘也”以下,杜注:“饮,罚之。言重随君远行劬劳,不宜称‘肥’。”彘即孟武伯。“以鲁国之密迩仇雠”以下,杨注:“齐、鲁常交恶。大行犹远行。”因为密迩仇雠,季康子忙于国事,所以不能随君远行。应该感谢郭重随君远行劳苦,怎么能讥笑他肥胖呢!

❸ “公曰”以下,杜注:“以激三桓之数食言。为二十七年公孙邾起。”杨注:“盖季孙、孟孙屡许公而不践约,故鲁哀借此指桑骂槐。”明里斥郭重之食言而肥,暗里骂二子不守为臣之分。又,杜注所谓“公孙邾”,孙音义与逊同。

传二十六年[1]

原文

夏五月,叔孙舒帅师会越皋如、(后)〔舌〕庸、宋乐茷纳卫侯。

文子欲纳之，懿子曰："君愎而虐。少待之，必毒于民，乃睦于子矣。"❶师侵外州，大获。出御之，大败。掘褚师定子之墓，焚之于平庄之上。❷

文子使王孙齐私于皋如，曰："子将大灭卫乎？抑纳君而已乎？"皋如曰："寡君之命无他，纳卫君而已。"文子致众而问焉，曰："君以蛮夷伐国，国几亡矣，请纳之。"众曰："勿纳！"曰："弥牟亡而有益，请自北门出。"众曰："勿出！"重赂越人；申开守陴而纳公，公不敢入。师还。❸

注释

❶ 鲁哀公二十六年，即公元前469年，周元王七年，入战国后第七年。

❷ "后庸"，后当作舌，阮元等《校勘记》已言之。茷读fèi。杜注："舒，武叔之子文子也。皋如、(后)〔舌〕庸，越大夫。乐茷，宋司城子(纳)〔潞〕。卫侯，辄也。愎，狠也。"依《左氏》下文杜注，懿子的意思是：卫侯辄心狠手辣，稍等些时候，他肯定会毒害国民，百姓就会和你文子融洽起来。

❷ "师侵外州"之师，杜注认为是"越纳辄之师"。《左氏》下文"出御之，大败"，杜注："卫师败。"杜镇南又说："定子，褚师比之父也。平庄，陵名也。"掘墓焚尸，表现了卫侯对褚师比及其父的深仇大恨。

❸ "申开守陴而纳公"句以下，杜注："申，重也。开重门而严设守备，欲以恐公，使不敢入。"卫侯果然不敢入。越纳辄之师回了本国。

原文

立悼公，南氏相之。以城鉏与越人，公曰："期则为此。"❹令苟有怨于夫人者报之。司徒期聘于越，公攻而夺之币。期告王；王命取之，期以众取之。公怒，杀期之甥之为大子者，遂卒于越。❺

注释

❹ 杜注:“悼公,蒯聩庶弟公子黚也。”黚读 qián,《史记·卫康叔世家》作黔,或作虔。“以城鉏与越人”以下,卫侯判断这是司徒期的主意(杜注谓“期”即司徒期),孔疏:“卫人得以城鉏与越者,卫人赂遗与越,虽公所在亦以与之。”杨注无异议。

❺ 杜注:“夫人,期姊也。怒期而不得加戮,故敕宫女,令苦困期姊。”显然,这是卫出公故意这样做。《左氏》下文杜注谓司徒期聘于越是“为悼公聘”。卫出公“攻而夺之币”句中“之”作“其”字用(《经传释词》卷九:之,其也)。司徒期报告了越王,奉越王命以众取其币,“公怒,杀期之甥之为大子者”,杜注:“忿期而及其姊为夫人者,遂复及夫人之子。”

原文

宋景公无子,取公孙周之子得与启畜诸公宫,❶未有立焉。于是皇缓为右师,皇非我为大司马,皇怀为司徒,灵不缓为左师,乐茷为司城,乐朱鉏为大司寇。六卿三族降听政,因大尹以达。❷大尹常不告,而以其欲称君命以令;国人恶之。司城欲去大尹,左师曰:“纵之,使盈其罪。重而无基,能无敝乎?”❸

注释

❶ 杜注:“周,元公孙子高也。得,昭公也。启,得弟。畜,养也。”孔疏指出《史记·宋微子世家》有关世系不同,“其说杀昭公得立之所由与此不合”,而得为昭公则相同。按:得,《宋微子世家》作特。

❷ 宋六卿,即右师、大司马、司徒、左师、司城、大司寇。而《左传》文七年、成十五年将左师列第二位,其他四卿列左师后,依次类推。杜注:“三族,皇、灵、乐也。降,和同也。大尹,近官有宠者,六卿因之以自通达于君。”俞曲园先生《群经平议》卷二十七谓降与共声近,“降听政即共听政”“下文曰‘三族共政无相害也’,‘降听

政'即是'共政',前用假字,后用正字耳"。俞氏说甚确。关于大尹,杨注谓杜氏说"不知何据",认为梁履绳《左通补释》引《周氏附论》,于鬯《香草校书》的意见,"俱可备一说"。实亦"不知何据"。我们认为,从《左氏》下文看,毋宁说杜注近之,而于醴尊疑为外戚官名亦有可能。

❸ 司城想将大尹一官除掉,而左师主张先放纵他,"使盈其罪",让他恶贯满盈。"重而无基,能无敝乎",杜注:"言势重而无德以为基,必(叛)〔败〕也。"杨注这里用杜注。

原文

冬十月,公游于空泽。辛巳,卒于连中。大尹兴空泽之士千甲,奉公自空桐入,如沃宫。[4]使召六子,曰:"闻下有师,君请六子画。"六子至,以甲劫之,曰:"君有疾病,请二三子盟。"乃盟于少寝之庭,曰:"无为公室不利!"大尹立启,奉丧殡于大宫,三日而后国人知之。[5]司城茷使宣言于国曰:"大尹惑蛊其君而专其利"(令)〔今〕君无疾而死,死又匿之。是无他矣,大尹之罪也!"[6]

注释

❹ 杜注:"空泽,宋邑。连中,馆名。"士千甲,杜注认为即"甲士千人"。"奉公自空桐入,如沃宫",杜注:"奉公尸也。梁国虞县东南有地名空桐。沃宫,宋都内宫名。"按:后来秦始皇出游,死于沙丘,李斯、赵高等人秘不发丧,行从直道至咸阳,与《左传》哀公廿六年所记大尹奉卫君尸如沃宫有相似的情形。

❺ 大尹以死去了的卫君的名义发布命令,后来有仿效者。李斯、赵高等人奉秦始皇尸返咸阳途中,"更为书赐公子扶苏、蒙恬,数以罪,赐死",诈为诏立胡亥为太子,都是以始皇名义发布的命令。《左传》哀廿六年记"大尹立启,奉丧殡于大宫",俞曲园先生说:"大宫者,宋之祖庙也。""殡于大宫者,宋人用殷礼也。"举《檀弓

下》记"殷朝而殡于祖"为证,其说是。

❻ "令君",令当作今。阮元等《校勘记》列举作"今"诸本。反复体会文义,我们认为作"今"是。"今君无疾而死"句以下,杜注:"言大尹所弑。"按:司城欲去大尹,把这样的罪名扣在大尹头上,是很厉害的一手。

原文

得梦启北首而寝于卢门之外,己为(鸟)〔乌〕而集于其上,咮加于南门,尾加于桐门,曰:"余梦美,必立!"❼

注释

❼ "得梦启北首而寝于卢门之外"句以下,杜注:"卢门,宋东门。北首,死象。(卢)〔在〕门外,失国也。桐门,北门。"孔疏:"《礼运》云'死者北首……'故以北首为死象。"杨注引马宗琏《春秋左传补注》认为杜注谓卢门为东门,"非是",此处杜注应同于昭二十一年《传》注,作"卢门,宋东城南门"。上引孔、马等人的意见都是对的。"鸟"当作"乌",因为揆之文义,这里不当用泛指之共名"鸟",自以作特指之"乌"为是,阮元等《校勘记》可参。咮读zhòu,这里指鸟嘴。嘴巴盖了南门,尾巴盖了北门,得自以为做了个美梦,自以为被立于嗣主者非己莫属。

原文

大尹谋曰:"我不在盟,无乃逐我?复盟之乎!"使祝为载书。六子在唐盂。将盟之,祝襄以载书告皇非我。皇非我因子潞、门尹得、左师谋曰:"民与我,逐之乎!"❽皆归授甲,使徇于国,曰:"大尹惑蛊其君,以陵虐公室。与我者,救君者也!"众曰:"与之!"大尹徇曰:"戴氏、皇氏将不利公室。与我者,无忧不富!"众曰:"无别!"❾戴氏、皇氏欲伐公,乐得曰:"不可!彼以陵公有罪。我伐公,则甚焉。”使国人施于大尹，大尹奉启以奔楚。乃立得[10]，司城为上卿。盟曰：“三族共政，无相害也！”

注释

❽ 杜注：“少寝庭但以君命盟六卿，大尹不盟。”所以大尹担心自己被逐，要设法复盟。《左氏》下文杜注谓唐盂为地名，又说：“襄，祝名。子潞，乐茷。”门尹得即乐得。皇非我与乐茷、乐得、左师商量说：国民支持我们，就把大尹赶走吧！

❾ “使徇于国”，意思是要他们行示国中，到处宣布大尹之罪，号召救君。大尹也派人徇示国中，做反宣传，指斥戴氏皇氏将不利国君，拉拢国民反对他们。杜注：“戴氏即乐氏。”大尹放话说：支持他大尹的人，不要担心发不了财。“众曰无别”，杜注：“恶其号令与君无别。”似可备一说。杨遇夫先生《读左传》认为这句话是说众人谓大尹与不利公室者固无别，这样讲，与上文的联系还紧凑些，比杜注好。

❿ “戴氏、皇氏欲伐公”，杜注：“公谓启。”乐得不赞成伐启，因为人家还说陵虐公室有罪呢。“使国人施于大尹”，杜注：“施罪于大尹。”大尹奉君启出奔楚国而去，于是得被立为宋君。

原文

卫出公自城鉏使以弓问子赣，且曰：“吾其入乎？”[1]子赣稽首受弓，对曰：“臣不识也。”私于使者曰：“昔成公孙于陈，甯武子、孙庄子为宛濮之盟而君入。献公孙于(卫)齐，子鲜、子展为夷仪之盟而君入。今君再在孙矣，内不闻献之亲，外不闻成之卿，则赐不识所由入也。[2]《诗》曰：‘无竞惟人，四方其顺之。’若得其人，四方以为主，而国于何有？”[3]

注释

❶ 句中“问”字，与《左传》哀二十年“与之一箪珠，使问赵孟”句中

“问”字义同,彼《传》杜注:“问,遗也。”卫出公即卫侯辄。城鉏已见于上年《左传》,杜注:“近宋邑。”卫出公在此地派人将一把弓赠送给子赣。

❷ “昔成公孙于陈”句及其下,《释文》:“孙音逊,本亦作逊。”杜注:“僖二十八年,卫成公奔楚,遂适陈。”杜注又指出:“甯武子、孙庄子为宛濮之盟而君入”,盟在僖二十八年;“献公孙于(卫)齐”,事在襄十四年;有夷仪之盟而君入,事在襄二十六年。“今君再在孙矣”,杜注:“谓十五年孙鲁,今又孙宋。”杨注用此杜注。《左氏》下文杜镇南不注,杨注:“献之亲”指子鲜、子展从献公于外,而与甯喜谋纳公;“成之卿”指孙庄、宁武皆成公之卿。内外两不闻,是以子赣不知卫出公凭什么可以入国复辟。

❸ 杜注:“《诗》,《周颂》。言无强,惟得人也。”孔疏:“《诗·周颂》,《烈文》之篇也。竞,强也。无强乎唯得贤人也。若得贤人,四方诸国皆顺从之矣。”显然,这是把《诗》中“训之”讲成“顺之”了。今按:其实这两句诗又见于《大雅·抑》。《抑》中与这两句相对的另两句诗是:“有觉德行,四国顺之。”段玉裁说过:“训,顺也,此六书之假借。”“引伸之,凡顺皆曰训。”但既然是相对而言,则必有细微的差别。训之,应该是以说教而使从之;顺之,明是出于德行之感化。而说教出于贤人,则所谓训之未必与德行无关;顺之乃顺其德行,亦未必仅有身教而无言传也。“若得其人”,应该是若得贤人。“四方以为主”,杜注:“为主〔主〕四方。”其实也就是“四方其训之”。“而国于何有”,杨注:“此犹言得国有何难哉。”联系上文看,这是子赣批评卫出公未能纳贤用贤,所以“再在孙”而难以入国为主。

传二十七年[1]

原文

春,越子使(后)〔舌〕庸来聘,且言邾田,封于骀上。[2]二月,盟于平阳,三子皆从。康子病之,言及子赣,曰:“若在此,吾不及此夫!”[3]武伯曰:“然。何不召?”曰:“固将召之。”文子曰:“他日请念。”[4]

夏四月己亥,季康子卒。公吊焉,降礼。[5]

注释

❶ 鲁哀公二十七年,是公元前468年,周贞定王介元年,入战国后第八年。

❷ 杜注:“欲使鲁还邾田,封竟至骀上。”杨注:“越以霸主身份派舌庸来与鲁谈,协定以邰上为鲁、邾交界处。”按:杨注更为明确。

❸ “盟于平阳”,杜注谓此平阳为西平阳。“三子皆从”,杜注:“季康子、叔孙文子、孟武伯皆从舌庸盟。”杨注:“杜误,从鲁哀公也。”如果杜镇南说三子皆从哀公与舌庸盟,也许就对了。“康子病之”,杜注:“耻从蛮夷盟。”杨注:“亦耻以公、卿从一大夫盟也。”依春秋时代礼制,小国之上卿当大国之下卿,中当其上大夫,下当其上大夫,鲁国三子若皆为上卿,而越国舌庸连下卿也不是,则杨注完全正确;否则,这里杨注可能有一点问题。(请参看拙著《中国礼制史·先秦卷》第五章第八节。)“言及子赣”以下,杜注谓子赣若在此,“不及与越盟。”杨注谓子贡善于辞令,足以拒绝舌庸强求之盟,以“十二年子贡曾却吴王夫差之请寻盟”为例证,可以说明《左氏》记康子之言以及杜注的判断。

❹ “他日请念”,杜注:“言季孙不能用子赣,临难而思之。”杨注用杜注。

❺ “公吊焉,降礼”,杜注:“礼不备也。言公之多妄。”杨注引《传》二十五年“公与大夫始有恶”以及下《传》“三桓亦患公之妄也”证明这里《左氏》所记的情况以及杜注之合情理,其说是。

原文

晋荀瑶帅师伐郑,次于桐丘。郑驷弘请救于齐。齐师将兴,陈成子属孤子三日朝，设乘车两马，系五邑焉；召颜涿聚之子晋，曰："隰之役，而父死焉。以国之多难，未女恤也。今君命女以是邑也，服车而朝，毋废前劳！"❶乃救郑。及留舒，违穀七里，穀人不知。及濮，雨，不涉。子思曰："大国在敝邑之宇下，是以告急。今师不行，恐无及也！"❷成子衣制杖戈，立于阪上；马不出者，助之鞭之。❸知伯闻之，乃还，曰："我卜伐郑，不卜敌齐。"使谓成子曰："大夫陈子，陈之自出。陈之不祀，郑之罪也，故寡君使瑶察陈衷焉，谓大夫'其恤陈乎'。若利本之颠，瑶何有焉！"成子怒，曰："多陵人者皆不在。知伯其能久乎？"❹

注释

❶ "陈成子属孤子"句及其下，杜注："属，会死事者之子，使朝三日以礼之。乘车两马，大夫服，又加之五邑。"杨注引章太炎先生《春秋左传读》："邑当为裛之省文……此乃策书之囊。竹简繁重，故一策书分为五囊也。"今按：如果这里邑是城邑，死于国事者之子每人五邑，那该要拿多少个城邑赏给他们？所以这里应该说章先生的解释较为合理。陈成子对颜涿聚之子晋说了一番话，杜注："隰役在二十三年。"而父指晋之父，即颜涿聚。"今君命女以是邑也"，命即锡命，是邑即隰，陈成子假君命以隰赐晋，这才是以城邑赏之：唯晋一人得城邑之赐，赐予晋者惟一邑。"服车而朝"指上文"乘车两马""朝三日"。"毋废前劳"，杨注："前劳指颜涿聚之功。"意思是鼓励颜晋继承父志立新功。

❷ 留舒、穀，皆齐地。濮，水名。"违穀七里，穀人不知"，杜注："言其整也……违，去也。"又说："子思，国参。"依《释文》，这个"参"读 cān。按：这个子思应该是郑国人，随郑驷弘来齐国求救者。"大国在敝邑之宇下"及其下文，"大国"指晋，荀瑶已帅晋师次于郑地桐丘，譬之为"在敝邑之宇下"。齐师因雨而不能过濮水，恐怕就赶不上救郑国了。

❸ "成子衣制杖戈"以下，杜注："制，雨衣也。"杨注引俞正燮《癸巳

类稿·制解》谓制为今之斗蓬,可备一说。

❹ 晋军主帅知伯听说陈成子衣制杖戈,亲自帮助将士赶马,于是退兵回晋国去了。杜注:“畏其得众心。”这样说是对的。“陈之不祀,郑之罪也”,杜注:“十七年楚独灭陈,非郑之罪。盖知伯诬陈子,故陈子怒,谓其多陵人。衷,善也。”顾亭林《左传杜解补正》引傅逊说:“衷,中也,察其中见灭之由。”杨注认为“傅说较长”,杜注误。“谓大夫其恤陈乎”,大夫指陈成子,“其”为拟议之辞,这一句意思是:陈成子该为陈国之亡发愁吧。“若利本之颠”句及其下,杜注:“言陈灭于己无伤。”杨注:“本指陈,陈恒之所自出也。此诬陈恒以陈亡为己利。犹言汝不恤陈,与我无害。”我们认为这里杜、杨两注并无异议。“多陵人者皆不在,知伯其能久乎”,沈钦韩《春秋左传补注》、洪亮吉《左传诂》于此引《尔雅·释诂》:“在,终也。”杨注从之,又说:“其作岂用。”我们认为这样解说很准确。倘若当时陈成子真这样说过,岂非也有先见之明吗?但也可能是偶然言中而已。

原文

中行文子告成子曰:“有自晋师告寅者,将为轻车千乘以厌齐师之门。则可尽也。”成子曰:“寡君命恒曰:‘无及寡,无畏众。’虽过千乘,敢辟之乎?将以子之命告寡君。”❺文子曰:“吾乃今知所以亡。君子之谋也:始,衷,终,皆举之而后入焉。今我三不知而入之,不亦难乎!”❻

注释

❺ 杜注:“文子,荀寅。此时奔在齐。”《释文》:“厌,於甲反,又音於辄反。”我们认为这个厌就是压,应读 yā。荀寅告诉陈成子,说晋师将派“轻车千乘”向齐师军门压来,即将尽歼齐军,杨注之意如此。“成子曰”句以下,杜注:“成子疑其有为晋之心也。”孔疏谓“无及寡”句意思是“无陵侮寡少而横及之”。杨注谓“无及寡”句

“及”是攻击、打击之义。按:“无及寡,无畏众”,盖即陈成子本人的思想意志,托命于君,自是尊君之义。成子表示将以荀寅的话报告齐君,既示尊君,慎重,意谓将与国君研究,而且表示警告:倘若谎报军情,必将受到惩罚。

❻ 荀寅说他至此终于知道自己为何出奔逃亡的原因了。杜注:“自恨已无知。”杨注于此用杜注。《左氏》下文“始、衷、终”并举,则“衷”同“中”可知。杜注:“谋一事则当虑此三变,然后入而行之,所谓君子三思。悔其言不可复。”孔疏:“君子之为谋也,思其始,思其中,思其终,三者尽无猜嫌,皆可举而行之,然后设言以入前人焉。”杨注谓“皆举之”句中“举”字是“谋”的意思,有《吕氏春秋·异宝》高注为证;又说:“入谓入言于上”。这样解说,胜杜注,而且胜孔疏。所谓“三不知而入之”,意思应该是不知思其始,不知思其中,也不知谋其终,未经深思而匆忙报告,自然难于为领导人所接受。

原文

公患三桓之侈也,欲以诸侯去之;三桓亦患公之妄也:故君臣多间。[1]公游于陵阪,遇孟武伯于孟氏之衢,曰:“请有问于子:余及死乎?”对曰:“臣无由知之。”[2]三问,卒辞不对。

公欲以越伐鲁而去三桓。秋八月甲戌,公如公孙有陉氏;因孙于邾,乃遂如越。[3]国人施公孙有山氏。[4]

注释

❶ 杨注引《说文》及其段注解释“侈”字本义,谓凡自多以陵人曰侈,甚是。三桓自侈,必然欺人,甚而欺公。鲁哀公总是担心三桓之侈及己,杜注:“欲求诸侯师以逐三桓。”《鲁周公世家》:“三桓亦患公作难。”如果像昭公那样不自量力,勇于与三家摊牌,真所谓妄。“君臣多间”,杜注:“间,隙也。”多间隙,就是不融洽,不和谐。

❷ “请有问于子”句以下，杜注：“问已可得以寿死不。”哀公当时心态之不得安宁可知。“臣无由知之”，意思是臣下我没办法知道。

❸ 杜注：“有陉氏即有山氏。”杨注：“氏犹家也。”《左氏》所谓“孙于邾”，《鲁周公世家》作“去如邹”，彼时邾、邹两字音同可互作。“乃遂如越”，因为“公欲以越伐鲁而去三桓”。

❹ 杜注：“以公从其家出故也。终子赣之言，君不没于鲁。”杨伯峻先生用《晋语九》韦注：“施，劾捕也。”杨注：“疑即二十六年《传》‘施于大尹’之施，罪之也。”此说确不可易，彼杜注不误。

原文

悼之四年，晋荀瑶帅师围郑，未至，郑驷弘曰：“知伯愎而好胜。早下之，则可行也。”❶乃先保南里以待之。知伯入南里，门于桔柣之门。郑人俘酅魁垒，赂之以知政，闭其口而死。❷

注释

❶ “早下之”：“下”有降于敌或使敌降两种意思。由《左氏》上文“知伯愎而好胜”、下文“可行也”推断，这里“下”可以是示以谦下的意思。杜注：“行，去也。”杨注：“谓可使晋军退去。”我示以屈服，知伯好胜的心理得到满足，他就退兵了。这有何不好呢？

❷ “先保南里以待之”，杜注：“保，守也。南里在城外。”桔读 jié，柣读 dié。桔柣之门，《左传》庄二十八年杜注说是郑远郊之门。酅读 xī，杜注：“酅魁垒，晋士。”这里诸家无异议。“赂之以知政”，杜注：“欲使反为郑。”所以许诺魁垒，事成后让他担任郑国的知政。谁料此人不肯应允，郑人只好堵住他的嘴，让他窒塞而死了。

原文

将门，知伯谓赵孟：“入之！”对曰：“主在此。”知伯曰：“恶而无勇，何以为子？”对曰：“以能忍耻，庶无害赵宗乎！”❸知伯不悛，——

赵襄子由是惎知伯，——遂丧之。知伯贪而愎，故韩、魏反而丧之。[4]

注释

❸ 杜注："将攻郑门。"知伯命赵孟攻入城去，可是赵孟不肯冲锋，杜注："主谓知伯也。言主在此，何不自入？"此注实不合情理，所以杨注有不同说法："赵孟盖谦言，主在此，吾不能先也。"杨先生此注义长。"知伯曰"以下，杜注："恶，貌丑也。简子废嫡子伯鲁而立襄子，故知伯言其丑且无勇，何以立为子。"赵孟回答的意思是：他之所以得立为太子，是因为他能为社稷为宗庙忍受耻辱，有希望无害于赵氏宗族。我们认为这恰好是愎而好胜的知伯比不上的。

❹ 惎读 jì，杜注："毒也。"但是这里以作"忌恨"讲为贴切。"遂丧之"，丧作使动词用，杨注已指出这一句意思是"知伯帅韩、魏之师围赵襄子于晋阳，欲灭亡之"。《左氏》下文"韩、魏反而丧之"，杜注引《史记》说后来"知伯帅韩、魏围赵襄子于晋阳，韩、魏反与赵氏谋杀知伯于晋阳之下"。此事"在春秋后二十七年"。孔疏的说法稍有不同，认为"事在《春秋》获麟之后二十七年"。我们认为不如换一个说法，此事不发生在鲁哀公二十七年，也决非鲁悼公四年之事，而是鲁悼公十四年（周贞定王介十六年）之事，在入战国后第二十三年（公元前 453 年）。《左氏》又一次提前写后来发生的事，用杜注的惯例，是所谓"终言之也"。杨注指出这里是"终陈恒之言"，甚确。

参考书目

十三经注疏,中华书局影印阮刻本。1980 年。

春秋左传正义,晋杜预注,唐孔颖达等正义。四库本。

春秋左传贾服注辑述,清李贻德辑述。清经解续编本。

春秋左传注(修订本),杨伯峻先生编著。中华书局 1990 年第 2 版。

国语,上海古籍出版社 1988 年。

史记(附三家注),汉司马迁撰。中华书局 1959 年点校本。

春秋公羊传注疏,汉何休注,唐徐彦疏。中华书局影印阮刻本,1980 年。

春秋穀梁传注疏,晋范宁注,唐杨士勋疏。中华书局影印阮刻本,1980 年。

春秋释例,晋杜预著。四库本。

春秋集传纂例,唐陆淳撰。四库本。

左传杜解补正,明末清初顾炎武撰。学海堂本。

春秋毛氏传,清毛奇龄撰。四库本。清经解本。

春秋说,清惠士奇撰。清经解本。

春秋大事表,清顾栋高撰。清经解续编本。四库本。

春秋左传补注,清惠栋撰。学海堂本。四库本。

春秋辨疑,宋萧楚著。丛书集成初编本。四库本。

春秋左传诂,清洪亮吉撰。清经解续编本。

经义述闻,清王引之著。江苏古籍出版社 1985 年。

春秋左传补注,清沈钦韩撰。清经解续编本。

群经平议,清俞樾著。清经解续编本。续修四库全书本。

香草校书(下册),清于鬯著。中华书局 1984 年。

史记春秋十二诸侯史事辑证，刘操南先生著。天津古籍出版社1992年。

说文解字注，清段玉裁撰。上海古籍出版社1981年。

尔雅注疏，晋郭璞注，宋邢昺疏。中华书局影印阮刻本。1980年。

经典释文，唐陆德明撰。黄焯先生校。中华书局1983年。

春秋稗疏，明末清初王夫之著。岳麓书社1993年。

春秋地理考实，清江永著。清经解续编本。四库本。学海堂本。

经传释词，清王引之著。岳麓书社1984年。

词诠，杨树达先生撰。中华书局1965年第2版。

古书虚字集释，裴学海先生撰。中华书局1954年。

周易集解，唐李鼎祚集解。北京中国书店1984年。

尚书今古文注疏，清孙星衍撰。清经解本。中华书局2004年第2版。

仪礼正义，清胡培翚撰。清经解续编本。四部备要本。

周礼正义，清孙诒让撰。中华书局1987年。

周易校注，陈戍国撰。岳麓书社2004年。

尚书校注，陈戍国撰。岳麓书社2004年。

诗经校注，陈戍国撰。岳麓书社2004年。

礼记校注，陈戍国撰。岳麓书社2004年。

四书校注，陈戍国撰。岳麓书社2004年。

中国礼制史·先秦卷，陈戍国著。湖南教育出版社2002年。

跋一

早年听说清章实斋尝谓六经皆史，人文社会科学界都表示认可。近年知道已有学者说过六经皆礼，至少有治礼学者表示赞赏。《乐经》今不可见，姑不论。我们认为：《四书五经》皆史也，皆礼也。《四书五经》是中华民族优秀传统文化遗产的重要部分。自姬周以来，历代研究《四书五经》或其中某部分的文化人何止成千上万，历代解说《四书五经》或其中某部分而有著述流布者又何止成千上万！这对治史治礼者而言，不必一空依傍而向壁虚造，自然应该是值得庆幸的事。

我生也晚，学习、研究《四书五经》也晚。涵咏有年，终于觉得《四书五经》的研究存在如下两种情形：19 世纪以前的学者基本上没有见过甲骨文、楚汉帛书、竹书、秦简等出土文献，所见金文也少；20 世纪的大多学者（不是全部），由于历史原因，过于轻率地否定、疏忽或抛弃了我中华礼义之邦的礼学礼制。大致如此。所以，除了出自若干既具备先进思想又熟悉出土文献又懂得古代礼制，真正能从事古典新证的学者，此外，迄今为止的有关《四书五经》的论述大多表现出明显的缺陷。基于这样的认识，我们觉得：只要具备相关条件，深入研究、准确解说《四书五经》及其相关内容的事情，犹有可为。

我们的《四书五经》由《四书》《周易》《尚书》《诗经》《礼记》与《春秋左传》组成，都是校注本，凡六种。与其他五种一样，我们的《春秋左传》本来也指望在利用出土文献以及大多礼制的解说两方面超越前修时贤。但是我们无法回避、无法绕过矗立在这个领域里的一座高山，这就是杨伯峻先生编著的大作《春秋左传注》（以下仍简称杨注），因为杨先生本来就是著名语言学家，既熟谙甲金文以及他老人家生前能看到的其他出土文献，又深入研究过《春秋左传》的礼制礼学。毫无疑问，如果照抄杨先生的大部头著述，那就与照抄其他前修时贤一样，将毫无意义。在反复诵读过《春秋左传》原著，长期研究过杨注修订本及其初版本之后，我们自认拙撰《春秋左传》固然较多地汲取了前修时贤（包括杨伯峻先生）的真知灼见，但是仍然有自己的见解，仍然不失自己的特色，这可以在如下三个方面看到。

第一，前修时贤众说纷纭，不可能都对，我们必须择其善。既然研究对象都是《四书五经》（这里研究对象都是《春秋左传》），则诸家意见不可能都不相同，我们必须求其朔。无论如何，都要尊重原创（首倡）。杜元凯的《春秋左氏经传集解》有攘前人之善为己有的嫌疑，后学实有讥之者，我们这里姑置不论（但是应该肯定：杜氏毕竟有很多好的意见）。而杨注对于前贤相同诸说的处理，明显存在不能求其朔的毛病；这种情形，主要是在杨遇夫（树达）先生的大著可以提供正确解说的时候发生。譬如《左传》桓公六年"奉牲以告曰博硕肥腯"以下，杨注认为《左氏》"谓民力之普存"释博字，"谓其畜之硕大蕃滋"释硕字，"谓其不疾瘯蠡"释肥字，"谓其备腯咸有"释腯字，有没有根据？杨注："说详杨树达先生《读左传》。"今按：此说实不妥。殊不知遇夫先生此说的出处乃是《说文》段注，怎么能视而不见呢？又如《左传》襄十年"余羸老也"，"也"犹"矣"也；《左氏》昭十三年"则如违之……则如与之"，"如"犹"当"也：这些说法，杨遇夫先生《词诠》虽亦有之，但是早在遇夫先生之前，譬如王伯申《经传释词》已经说过。论学术创见，当然应该说最早的。后出者当然不能算是创见。先师郭君重晋稀先生为杨遇夫树达先生嫡传弟子。说到遇夫先生和他老人家的著述，我辈油然而生敬意。然而说到学术的创见，那就必须求其朔初，必须实事求是。遇夫先生在文字学、训诂学、文献学、《汉书》学诸领域创见多得很，但他老人家并不认为什么说法都是他的发现。我们尊重学术界任何一家大师的成果（首倡），就像尊重本门前辈（包括本门祖师）的学说一样。

第二，关于中国古代礼学礼制的认识，我们与杨伯峻先生多有相同，但也有不同。譬如春秋时期有没有三年丧服，国君赐剑给臣下究竟可否一概归纳为赐死，“礼，政之舆也”一语究竟该如何理解，我们的校注与杨注有不同说法。《春秋经》文公八年“公孙敖如京师，不至而复”，本校注据《礼经・聘礼》作解，杨注误。《左传》昭公廿七年“复命哭墓”，杜注不误，杨注用杜注也行，然而未能指出杜注根据在《礼经・聘礼》，似未达一间。《左传》襄公十三年“先王卜征五年”句，杨注关于“卜征”的解说从先郑而违后郑，弃杜注孔疏于不顾，本校注恰与杨注相反。又如族外之祭与招礼，杨注在应该提到的时候没有提到，应该说明的时候并未说明。这里举两个例子:《左传》宣公十二年“使唐狡与蔡鸠居告唐惠侯”而乞灵一事，《左传》昭七年记晋韩子祀夏郊，都与《国语・晋语八》揭示的当时通例之外的祭祀礼制相关，惜乎杨注未闻。

第三，本校注对于《左氏》好些词语的解释，与杨注相违，还有或许本意一致，而着重点迥别的情形。譬如《左传》闵二年“危身以速罪”、《左传》哀廿五年“请速自我始”句中“速”字的理解，本校注没有采纳杨注的说法。《左传》昭十七年杨注批评杜注所说“木，火所自出”为附会之谈，我们反以为杜注有据。《左氏》昭公七年“好以大屈”句，“好”字何解，杨注似未了。关于《左传》昭四年“以亨神人”句的意思，《左传》昭元年“穆叔赋《鹊巢》”及其相关下文的解说，我们的校注与杨注完全不同。

综合如上所说三个方面的情况，加上校勘文字、指示出处两方面的意见，再加上关于《左传》思想观点的评议，本校注与杨注修订本的差异尚不在少数。我们注意到杨先生的《修订小记》。先生虚怀若谷,在修订本里采纳了很多读者的正确意见。我们将杨先生晚年编著的《春秋左传注》比作高山,肯定为《春秋左传》学史上新的里程碑,当然是就其修订本而言。我们能够体会或者想象杨先生完成《春秋左传注》的修订工作之后该是何等快慰,那是克尽学术责任的如释重负,那是又一部名山之作成就的无比喜悦。

鄙人浅薄,自知缺点与错误难免。拙著《中国礼制史》先秦至隋唐五代凡四卷单行本已出版多年,赵宋以下两卷出版至今也三年多了,在回顾并做自我检讨的时候,发现其中尚有疏失(不仅仅校勘方面如此)。譬如对历代王朝礼制的研究还可以深入与扩充,而对佛道二氏礼的研究,拙著尤其不够。四年前,鄙人注意到一位署名雷闻的学者针对拙著《中国礼制史·隋唐五代卷》而写的颇为认真的批判文章。反复读过雷君的文章之后,鄙人认为其中有些说法不可苟同,然而毕竟有说得对的地方。这里谨向雷闻君致谢!更期待读者与专家(像雷闻君那样有专攻的学者)对拙著《中国礼制史》所有六卷的批判,对拙撰《四书五经》校注所有六种的批判。只要他说得对,鄙人理(礼)当表示谢忱;只要有机会,自应尽可能迅速弥补缺点,改正错误。噫!安得数十百千雷闻君,不吝指教,使我学问长进开心颜!

是为跋。

陈戍国 2005 年 9 月 7 日写于湖南大学友谊村之三楼,12 月 16 日修订蒇事。

附记

岳麓书社朋友见告:《四书五经》即将出版精装本,版式将有改动。这就给了我又一次修订机会。至此,除了刚出版不久的《春秋左传校注》只有一处小改动,其他五种都做了认真的修改(其中《四书校注》也只有一处更正)。今后如果发现还有错误,只要有机会,我还将做出修订,以求本书的近于完善。

陈戍国 2006 年 7 月 9 日谨识

跋二

鄙人“而立”之年实未立，一事无成。“不惑”之年疑惑正多，所以不远千里而多方拜师求学。“知天命”之年已知天命，更知尚须努力学习，方可不落后于时代太远。“耳顺”之年应岳麓书社之命校注《四书五经》，以一人之力勉为其难，终有《四书五经》问世。

如今已是“不逾矩”之年，应岳麓书社老朋友之命，多方面多角度孜孜以求减少乃至于消灭《四书五经》各方面的错误或瑕疵。鄙人知道这很难做到，虽不能至，心向往之。

欢迎读者大众不吝批评！亟盼治经学之同道惠予指教！

陈戍国 2016 年 6 月 6 日初撰，12 月 8 日酌定于湖南大学

感谢岳麓书社将重订《四书五经》之机会赐我。此次重订，断断续续，耗费鄙人大半年之久，终于迎来了退休之日。不敢说本书已经完美无缺，但可以说鄙人知错必纠矣。唯愿有下次重订之机会。

陈戍国 2016 年 12 月 12 日于湖南大学